C0-BXA-938

WITHDRAWN

HARVARD LIBRARY

WITHDRAWN

INTELLECTUS GRATIAE

SUPPLEMENTS TO

VIGILIAE CHRISTIANAE

Formerly Philosophia Patrum

TEXTS AND STUDIES OF EARLY CHRISTIAN LIFE
AND LANGUAGE

EDITORS

J. DEN BOEFT — R. VAN DEN BROEK — W.L. PETERSEN
D.T. RUNIA — J.C.M. VAN WINDEN

VOLUME XXXVIII

INTELLECTUS GRATIAE

DIE ERKENNTNISTHEORETISCHE
UND HERMENEUTISCHE DIMENSION
DER GNADENLEHRE AUGUSTINS VON HIPPO

VON

JOSEF LÖSSL

BRILL

LEIDEN · NEW YORK · KÖLN

1997

This book is printed on acid-free paper.

BR
65
.A9
L67
1997

ISSN   0920-623X
ISBN   90 04 10849 1

© Copyright 1997 by Koninklijke Brill, Leiden, The Netherlands

All rights reserved. No part of this publication may be reproduced, translated, stored in
a retrieval system, or transmitted in any form or by any means, electronic,
mechanical, photocopying, recording or otherwise, without prior written
permission from the publisher.

Authorization to photocopy items for internal or personal
use is granted by Koninklijke Brill provided that
the appropriate fees are paid directly to The Copyright
Clearance Center, 222 Rosewood Drive, Suite 910
Danvers MA 01923, USA.
Fees are subject to change.

PRINTED IN THE NETHERLANDS

PATRI MEO SEPTUAGENARIO

VORWORT

χάρις δ᾽, ἅπερ ἅπαντα τεύχει τὰ μείλιχα θνατοῖς,
ἐπιφέροισα τιμὰν καὶ ἄπιστον ἐμήσατο πιστόν
ἔμμεναι τὸ πολλάκις·

ἁμέραι δ᾽ ἐπίλοιποι
μάρτυρες σοφώτατοι.

(Pindar)

Vorliegende Untersuchung wurde im Sommersemester 1996 von der Katholisch-Theologischen Fakultät der Universität Regensburg als Dissertation angenommen.

Mein ungeteilter Dank gilt all denen, die ihre Durchführung ermöglichten, namentlich Prof. Dr. Hermann Josef Sieben, der mich auf das Thema aufmerksam machte, Prof. Dr. Norbert Brox, der es als Doktorvater begleitete, und Prof. DDr. Ulrich G. Leinsle, der das Zweitgutachten übernahm. Viele Detailfragen wurden erörtert mit Prof. Dr. Ferdinand Ulrich, Dr. Richard Loftus, Dr. Ferdinand Prostmeier, Dr. Franz Dünzl, Dr. Knut Wenzel, Ueli Dill und David Robertson. Von einem sehr frühen Stadium an am intensivsten begleitet hat den Arbeitsprozeß Dr. Alfons Fürst. Ihm danke ich für die erfrischend kritische Lektüre des Manuskripts, umso mehr als er sie während einer kritischen Phase einer eigenen Arbeit auf sich nahm. Für die Lektüre von Kapitel I und einige detaillierte Verbesserungsvorschläge danke ich Niels Kröner. Niemandem außer dem Verfasser selbst mögen allerdings verbleibende Fehler angelastet werden.

Zu danken habe ich außerdem der Universität Regensburg für ein vom Oktober 1995 bis August 1996 gewährtes Promotionsstipendium, Prof. Dr. Nikolaus Henkel und Prof. Dr. Friedrich Niewöhner für die Ermöglichung der Teilnahme am 21. Internationalen Sommerkursus der Herzog August Bibliothek Wolfenbüttel sowie Dr. Graham Gould vom Department of Theology and Religious Studies der School of Humanities am King's College London für ein visiting fellowship, während dessen erster Phase die Drucklegung dieser Arbeit erfolgen konnte.

Für die Aufnahme dieser Arbeit in die Reihe *Supplements to Vigiliae Christianae* danke ich den Herausgebern, besonders Prof. Dr. Jan Den Boeft, für geduldige und zuvorkommende verlegerische Betreuung dem Verlag Brill, namentlich Frau Mattie Kuiper.

In Stellvertretung für alle, weit über die engen Grenzen des Akademischen hinaus, denen ich zu Dank verpflichtet bin, sei dieses Buch meinem Vater gewidmet, der heute seinen 70. Geburtstag feiert.

London, den 22. März 1997   J. M. L.

INHALT

KORREKTUREN UND ERGÄNZUNGEN

S. **1**, Anm. 3: A.J. Parel, Justice and Love in the Political Thought of Saint Augustine, in: Meynell, Grace 71-84; Feinberg, Justice; McGrath, Justice; S. **15**, Anm. 45: païens; S. **74**, Anm. 166: Ps 18,13; S. **90-93**: Ring, Gnadenbegriff; S. **97** (fünfte Zeile von unten): Politik; S. **97**, Anm. 5: L. Grasmück, Coercitio. Staat und Kirche im Donatistenstreit, 1964; S. **106**, Anm. 27: 2 Tim 2,20; S. **128**, Anm. 110: ἀκρασία; S. **129**, Anm. 114: εἰσενέγκης; S. **149**: W. Wieland, Offenbarung bei Augustin (= TTS 1), Mainz 1978; S. **171**, Anm. 129: Kapitel II, S. 50-52; S. **181**: 1 Tim 3,7; S. **223**, Anm. 54: V. Buchheit, Augustinus unter dem Feigenbaum, in: VigChr 22 (1968) 257-271; S. **238**: Ps 21,27; S. **239**: 1 Joh 2,16; S. **241**: ἄνοδος; Meijering; S. **241**, Anm. 148: Ps 32,22; 118,34.73.144; S. **243**, Anm. 155: Ps 29,11; 1 Tim 1,5; 1,8; S. **302**, Anm. 492: Wermelinger, Rom 91.245-247; gegen Zumkeller in: AugLG 7, 68f.; S. **305**, Anm. 513: Ijob 28,28; S. **325**, Anm. 65: Ps 33,3: *in domino laetabitur anima mea*; S. **352**: 1 Joh 2,16; S. **397**, Zeile 11: ursündliches Phänomen; S. **398**: Apolinarismus; S. **400**, Anm. 474: Definition; S. **405**: Ps 50,19; S. **417**: earlier and later works; S. **421**: God restitutes; S. **440**: G.I. Bonner; S. **442** (vierte Zeile von unten): païens; S. **446**: Van Fleteren; S. **456**: McGrath, McKinnon; außerdem zu den Stichworten Leser, Lektüre, *narratio*, Narrativität: K. Wenzel, Zur Narrativität des Theologischen (= Regensburger Studien zur Theologie 52), Frankfurt a.M. 1997; sowie zu Kapitel IV K. Pollmann, Doctrina Christiana. Untersuchungen zu den Anfängen der christlichen Hermeneutik unter besonderer Berücksichtigung von Augustinus, *de doctrina christiana* (= Paradosis 41), Fribourg 1996.

EINLEITUNG

Thema

»Paulus hatte gesprochen – und Augustinus hatte verstanden. Das sollte genügen.«[1] Dieser Satz, den Peter Brown in seiner noch immer maßgeblichen Augustinus-Biographie auf die Problematik der späten Gnadenlehre münzte (ihre Inhalte, die Vehemenz, mit der Augustin sie gegen ihre Gegner verteidigte, und ihre Wirkungsgeschichte), gilt in gewisser Hinsicht für das Gesamtwerk Augustins. Um Einsicht (*intellectus*) war es Augustin seit seiner Jugend gegangen. In späteren Werken reflektierte er frühere Lebensabschnitte nach dem Grad an Einsicht, den er glaubte, in ihnen jeweils erlangt zu haben. Daß er dabei auch Irrwege beschritten hatte, interpretierte er als Teil seines Lebensplans. In den Kontroversen, die er in späteren Lebensabschnitten ausfocht, spiegelten sich für ihn eigene frühere Denkerfahrungen wider.

Gegenstand dieses Lernprozesses war für Augustin sein (christlicher) Glaube, wie er ihn in der Heiligen Schrift grundgelegt und von der kirchlichen Tradition überliefert vorfand. Ihm entspricht das Konzept des *intellectus fidei* und das zu ihm hinführende Lernprogramm einer *fides quaerens intellectum*, eines Glaubens, der seine Verwirklichung erst in der Einsicht findet. Wie im Eingangszitat angedeutet, konzentrierte sich Augustin dabei auf die Gnadenlehre Paulus', wie sie vor allem im Römer- und Galaterbrief entfaltet wird. Den Hintergrund für seine Überlegungen jedoch bildet die gesamte Tradition philosophisch-religiöser Gelehrsamkeit der heidnischen und christlichen Antike.[2]

Von den Widersprüchlichkeiten seines Programms (vor allem, was die Realität des Bösen angesichts der Existenz eines allmächtigen, guten und gerechten Gottes betrifft)[3] zeigte Augustin sich nicht irritiert: So wie er die diesbezüglichen biblischen Aussagen verstand, war das grundlegendste Menschheitsproblem intellektueller Natur, ein Problem der Wahrnehmung, ein erkenntnistheoretisches und angesichts der biblischen Texte hermeneutisches Problem. Mochte seine Lösung von menschlicher Seite aus auch unmöglich erscheinen, im Glauben konnte festgehalten werden: Gott würde den zum Heil bestimmten Menschen die dazu notwendigen Fähigkeiten schon verleihen, vor allem die Fähigkeit zur Einsicht. Trifft diese Beobachtung zu, dann ist bei Augustin dem Konzept einer unter Voraussetzung der genannten Fähigkeit erstrebten Glaubenseinsicht (*intellectus fidei*) das grundlegendere Konzept einer im Glauben an die Güte (Liebe) Gottes erhofften Gnadeneinsicht (*intellectus gratiae*) vorgeschaltet. Als Gegenstand der Hoffnung wäre letztere als mit dem Heil selbst identisch einzusehen.[4] Die exemplarische Darstellung der Entwicklung dieses Konzepts im Gesamtwerk Augustins ist das Thema der vorliegenden Arbeit.

---

[1] Brown, Augustinus 315.

[2] Vgl. dazu Flasch, Logik, bes. 107f.; Marrou, Ende; Rist, Augustine.

[3] Vgl. dazu Parel, Justice and Love; Van Bavel, The Double Face of Love (Lit.).

[4] So auch Flasch, Logik 97-108.

Forschungsgeschichtlicher Kontext

Die enge Verbindung von Person und Werk ist ein zentraler Aspekt der Augustinforschung. Die Annäherung an Augustin erfolgt über das literarische Werk, das sich als Reflexion einer intellektuellen und spirituellen Entwicklung darbietet, die der Lebensweg Augustins ist. Die biographischen Anfänge jener Entwicklung sind in der Lektüre von Ciceros *Hortensius* durch den 19-jährigen Rhetorikstudenten 373 in Karthago zu suchen. Deren unmittelbare Auswirkung war die Bekehrung zum Manichäismus auf der Stufe eines *auditor*.[5] Zwölf Jahre später, 386, brachte die Begegnung mit neuplatonischen Schriften in Mailand den 31-jährigen Rhetor am kaiserlichen Hof dem Christentum nahe. Letzteres war zwar der Glaube seiner Mutter und demgemäß wohl auch sein Kinderglaube gewesen. Die genaueren Umstände und Motive der Bekehrung Augustins, der sich zuletzt auch vom Manichäismus abgewandt und mit der Akademischen Skepsis sympathisiert hatte, sind jedoch trotz dieser einfachen Grundkonstellation so komplex, daß inzwischen allein die Aufarbeitung ihrer Forschungsgeschichte eine eigene Untersuchung rechtfertigen würde.[6] Folgende Fakten sind dennoch gesichert: Mit seinem 32. Geburtstag am 13. November 386 wurde Augustin im Sinne seiner Bekehrung zum christlichen Glauben literarisch tätig. Er sollte es bis zu seinem Lebensende mit ständig wachsender Intensität und wachsendem Ausstoß bleiben. Ostern 387 ließ er sich in der Mailänder Bischofskirche von Ambrosius taufen. Ende 388 kehrte er nach Tagaste zurück und führte ein Leben als literarisch tätiger und aszetisch lebender *seruus dei* im Dienst der Kirche. 390/1 beschritt er die kirchliche Ämterlaufbahn, wurde Presbyter und zwischen 395 und 397 Bischof von Hippo Regius, der er bis zu seinem Tod 430 blieb.

Um die Zeit der Bischofsweihe zwischen Mai 395 und August 397[7] trat, wie es scheint, seine geistige Entwicklung in eine weitere entscheidende Phase. Noch vor Beginn des Presbyterats (Ende 390, Anfang 391) hatte er ein intensives, philosophisch und pastoral-homiletisch akzentuiertes Bibelstudium begonnen. Dessen Ziel war nicht die philologische Sicherung des Bibeltextes sowie der Umstände seiner Entstehung und Überlieferung, sondern die Umsetzung von dessen kirchlich überlieferten dogmatischen Gehalten in wirksame Rhetorik durch den dialektisch geschulten Prediger in der Gemeinde, nicht zuletzt in Auseinandersetzung mit heterodoxen Positionen (Manichäismus und Donatismus). Die in der Zeit von 390 bis 397 entstandenen Werke legen von diesem Arbeitsschwerpunkt beredt Zeugnis ab.[8] Noch war Augustin jedoch auf der Suche nach einem erkenntnistheoretischen und hermeneutischen Anhaltspunkt für eine künftige theologische Grundposition. Er sollte ihn 397 mit *ad Simplicianum* 1,2 finden.[9] Ebendort trägt

---

[5] Zu diesem Komplex der Situation um 373 vgl. Feldmann, Einfluß.

[6] Vgl. hierzu Madec, Neoplatonisme; Lössl, The One, bes. 80-82.

[7] Genaueres dazu siehe unten zu Beginn von Kapitel III.

[8] Diese Entwicklung exemplarisch anhand des Argumentationsganges in *lib. arb.* nachzuvollziehen war auch meine Absicht in Lössl, Wege.

[9] Die ersten Reflexionen darauf in einem Brief an den Adressaten des Werkes, Simplician, den späteren Nachfolger Ambrosius' als Bischof von Mailand, zeugen von einer gewissen Zaghaftigkeit. Augustin war sich nicht sicher, ob er sich mit der darin vorgelegten prädestinatianistischen

er zum ersten Mal radikal und konsequent seinen *intellectus gratiae* vor, indem er die Unbedingtheit der göttlichen Vorherbestimmung zum Heil in eine Beziehung notwendiger Abhängigkeit von der Verwerfung aller nicht zum Heil Vorherbestimmten zwingt.[10] Mit Recht wird *ad Simplicianum* deshalb als Eckstein der Gnadenlehre Augustins und als Schlußstein wesentlicher Elemente ihrer Entwicklung betrachtet.[11] So kommt es auch, daß einer Vielzahl von Untersuchungen zur Entwicklung des Frühwerks bis 397 für die weitere Entwicklung oft nur in Einzelaspekte zerfallende Darstellungen gegenüberstehen.[12] Dieser Tendenz soll mit der hier vorliegenden Arbeit begegnet werden.

Wenn auch der Eindruck bezüglich 397, was das Zusichkommen des *intellectus gratiae* im Denken Augustins angeht, durchaus richtig ist, so heißt das doch nicht, daß letzteres nach 397 stagnierte. Es entwickelte sich zwar nicht mehr auf den *intellectus gratiae* hin, aber doch im Rahmen des *intellectus gratiae* weiter. So sah es auch Augustin und reflektierte deshalb jeweils nicht nur auf seinen aktuellen Schaffensprozeß, sondern auch revidierend auf sein Frühwerk.[13] Wenn dort auch, wie im folgenden in einem ersten Kapitel gezeigt werden soll, der Gnadenbegriff selbst noch fehlt, beginnt sich doch das Konzept des *intellectus gratiae* in seinen Grundstrukturen bereits abzuzeichnen. In einem zweiten Kapitel soll dann die Entwicklung des Konzepts zwischen 390 und 397 (bis *ad Simplicianum* einschließlich), in einem dritten, vierten und fünften Kapitel die Breite des Spektrum seiner vielfältigen Akzentuierungen im Spätwerk aufgezeigt werden: In

---

Auslegung von Röm 9 noch auf dem Boden der Orthodoxie bewegte. Vgl. *ep.* 37 (CChr.SL 44, 3f.). Gegen Ende seines Lebens sollten ihn solche Zweifel nicht mehr plagen. Vgl. Flasch, Logik 7-11.48-51.

[10] Direkt begründet er damit seine Prädestinationslehre, indirekt auch die Erbsündenlehre; denn die in Adam von allen begangene Ursünde ist im Sinne des *intellectus gratiae* Voraussetzung dafür, daß alle nicht zum Heil Vorherbestimmten als von Gott zur ewigen Verdammnis Verworfene einzusehen sind. Zu den literarischen Zusammenhängen vgl. demnächst J. Lössl, *De peccatorum meritis et remissione* y *de spiritu et littera.* Su dependencia respecto al *De libero arbitrio* y *Ad Simplicianum*, in: Augustinus (1997).

[11] Vgl. Flasch, Logik 240-303.

[12] Nach Richard Simon und Jacques Bénigne Bossuet erwähnenswert sind in diesem Zusammenhang Weber, Kritische Geschichte; Platz, Römerbrief; Löhrer, Glaubensbegriff; Zeoli, Grazia; Lorenz, Gnade und Erkenntnis; Fredriksen, Interpretation; vgl. außerdem Schindler, Art. Gnade, in: RAC 11 (1981) 382-446; Simonis, Gnadenlehre; Flasch, Logik; ebd. bes. auch 299-303 das chronologisch geordnete Literaturverzeichnis. Zu einer Aktualisierung des letzteren bis Ende 1994 s. Lössl, Spuren 214-227.

[13] Noch in einem seiner letzten Werke schreibt der greise Bischof ganz im Geiste seines oben beschriebenen, nunmehr gnadentheologisch akzentuierten Intellektualismus, er habe sein ganzes Leben lang versucht, sich geistig weiterzuentwickeln und er gehe aus diesem Grund davon aus, daß er auch zum gegenwärtigen Zeitpunkt noch keine Perfektion im Geist erreicht habe, weswegen seiner Argumentation auch niemand zu folgen brauche, der meine, bessere Argumente zu der betreffenden Fragestellung beibringen zu können. *Dono perseu.* 55 (PL 45, 1027): *quamuis neminem uelim sic amplecti omnia mea, ut me sequatur, nisi in iis in quibus me non errasse perspexerit. nam propterea nunc facio libros, in quibus opuscula mea retractanda suscepi, ut nec me ipsum in omnibus me secutum fuisse demonstrem, sed proficienter me existimo deo miserante scripsisse, non tamen a perfectione coepisse: quandoquidem arrogantius loquor quam uerius, si uel nunc dico me ad perfectionem sine ullo errore scribendi iam in ista aetate uenisse.* Zu einem ähnlichen Gedanken in *ep.* 143 vgl. Brown, Augustinus 309 sowie im folgenden zu Beginn von Kapitel IV.

der Sakramentenlehre bis zum Beginn der pelagianischen Kontroverse (397-412), in der Entwicklung der Hermeneutik (397-426), schließlich in der Auseinandersetzung mit dem Pelagianismus (412-430).

Es geht in der vorliegenden Arbeit also nicht um eine allgemeine Darstellung der intellektuellen Entwicklung Augustins, obwohl natürlich schon rein äußerlich die Orientierung an der zeitlichen Abfolge der Veröffentlichung der ja auch voneinander abhängigen literarischen Erzeugnisse Augustins unvermeidlich ist. Vielmehr soll das Konzept des *intellectus gratiae* in seinen verschiedenen Entwicklungsstufen in allen Phasen der geistigen Entwicklung Augustins ins Auge gefaßt werden: 386 in seinen Grundstrukturen bereits erkennbar, war es auch 430 noch nicht verloren. 397 zum Durchbruch gekommen, hatte es sich also vorher darauf hin entwickelt. Es stand aber auch nachher nicht still. Nicht um ein antikem Denken fremdes »Gnadendogma« im Sinne des Spätmittelalters oder der frühen Neuzeit geht es hier, sondern um eine für seine Zeit typische, wenn auch von Augustins Genie den veränderten Zeitverhältnissen angepaßte erkenntnistheoretisch-hermeneutische Denkstruktur, nach der intellektuelle Tätigkeit als Gnade und Gnade als intellektuelle Tätigkeit aufgefaßt wird. Augustin gestand zu, im Laufe der Zeit einige Details seines Denkens modifiziert zu haben, etwa im Bereich der Lehre vom *initium fidei*,[14] aber er bestritt, dabei »neue Dogmen erfunden« zu haben.[15] Daß er, wie vor allem in Kapitel V deutlich werden wird, seinen *intellectus gratiae* im Spätwerk vor allem in Kontroversen entwickelte, entsprach ganz seiner grundsätzlichen Vorstellung davon.[16]

Die Rücksicht, unter der Augustins Gnadenlehre im folgenden untersucht werden soll, ist also jene, die im Gesamtwerk Augustins selbst als Grundanliegen erkennbar wird. Das eingangs formulierte Problem des *intellectus gratiae* stellte Augustin sich dabei nicht nur selber, er forderte es als Kirchenlehrer auch von seinen Adressaten ein. Nicht so freilich, daß er von jedem Gläubigen erwartet hätte, auf seinem Niveau Theologie zu treiben — aber die Implikationen dieser Theologie meinte er um des Heiles selbst willen, das ja in der Einsicht dieser Implikationen bestand, niemandem vorenthalten zu dürfen. Insofern hat der *intel-*

---

[14] Vgl. in *retract.* 2,1 (CChr.SL 57, 89) die Besprechung der Exegese von Röm 7,14 in *ad Simplicianum* 1,1: *in qua illa apostoli uerba: »lex spiritalis est, ego autem carnalis sum« etc.* [Röm 7,14], *quibus caro contra spiritum confligere ostenditur* [vgl. Gal 5,17], *eo modo exposui, »tamquam homo describatur adhuc sub lege nondum sub gratia constitutus«* [vgl. *ad Simplicianum* 1,1,9]. *longe enim postea etiam spiritalis hominis — et hoc probabilius — esse posse illa uerba cognoui.*

[15] Etwa zur Erbsündenlehre. Als er von pelagianischer Seite dahingehend befragt wurde, wehrte er sich mit dem Hinweis, daß er diese bereits in den 390er Jahren gegen die Donatisten vertreten hatte. Vgl. Simonis, Erbsünde; sowie im folgenden (Kapitel III).

[16] Vgl. *retract.* 2,1 (CChr.SL 57, 89). In *c. Iul.* 1,21f. (PL 44, 654-656) argumentiert Augustin auch im Hinblick auf die Theologie Johannes' Chrysostomus so. Der Grund, warum Chrysostomus' Erbsündenlehre weniger akzentuiert sei als seine sei, daß Chrysostomus sich nicht mit solchen Leugnern der Erbsünde (*inimici gratiae*) wie den Pelagianern habe auseinandersetzen müssen wie er. Man müßte allerdings zurückfragen, warum Augustin dann in *ad Simplicianum* 1,2 eine so radikale Prädestinationslehre entwickelte, wenn er sich doch in keiner Kontroverse befand. Oder befand er sich vielleicht doch in einer heute nicht mehr nachvollziehbaren Kontroverssituation, etwa zu manichäischen oder gar neuplatonischen Positionen? Vgl. Flasch, Logik 52-56. Lössl, Spuren 198 und dort Anm. 41.

lectus gratiae zwar tatsächlich auch eine pastorale Intention, diese ist jedoch einer weit grundlegenderen Sachebene untergeordnet, die Augustin selbst ein unmittelbares intellektuelles Anliegen war.[17] Ihm ging es bei den zuweilen heftigen Diskussionen um seine Gnadenlehre nicht um Gefühle oder Vorstellungen, seien es eigene oder solche der Adressaten, sondern um mit Sachargumenten untermauerte Einsicht. Für Augustin waren Gnade und Heil entweder in der Einsicht verwirklicht, oder überhaupt nicht.

Nun ist speziell dieser Komplex, die erkenntnistheoretisch-intellektuelle und hermeneutische Dimension der Gnadenlehre Augustins, nie umfassend anhand des Gesamtwerks untersucht worden. Ein Grund dafür könnte sein, daß es Arbeiten zur Erbsünden-, Gnaden- und Prädestinationslehre zuhauf gibt,[18] ebenso eingehende und hochqualifizierte philosophische Studien zur Erkenntnislehre.[19] Zur Kombination »Gnade und Erkenntnis« liegt aber bis heute nur die bereits 1964 veröffentlichte Untersuchung von Rudolf Lorenz vor.[20] Sie beruht übrigens wie die hier vorliegende Untersuchung auf der Annahme, daß diese Themenstellung besonders geeignet ist, um sich dem Gesamtwerk Augustins anzunähern, ist sie doch umfassend und grundlegend zugleich. Allerdings hat Lorenz selbst auf den Überblickscharakter seiner Ausführungen hingewiesen und das Desiderat einer umfassenderen Studie in den Raum gestellt.

Als Grund für die Vernachlässigung des intellektuellen Aspekts der Gnadenlehre durch die Forschung nennt Lorenz die Tendenz, Augustins literarisches Werk in Frühwerk und Spätwerk zu trennen. Ersteres wird noch zur klassischen Latinität gerechnet, letzteres im Grunde bereits zum Mittelalter, sowohl inhaltlich mit seiner Zuspitzung bibelexegetischer Fragestellungen auf christlich-dogmatische Problemfelder wie Erbsünden- und Prädestinationslehre, als auch formal der einfachen, oft wenig kunstvollen plakativen sprachlichen Form nach.[21] Dementsprechend wird das Frühwerk weitgehend aus der Perspektive philosophischer (erkenntnistheoretischer oder metaphysischer) Fragestellungen behandelt, das Spätwerk meist von reformatorisch kontroverstheologischen Fragestellungen her (Erbsünde, Rechtfertigung, Prädestination).[22] Es ginge jedoch darum zu zeigen,

---

[17] Gegen Ring, Intention; vgl. ders. in: AugLG, Prolegomena, Bd. 3, Einleitung und Kommentar zu *ad Simplicianum* 1,2; Ders., Gnadenbegriff.

[18] S. etwa Simonis, Gnadenlehre; Sage, Péché originel; Rist, Free Will. Weitere Literatur bei Lössl, Spuren 214-218.

[19] Zum gesamten philosophischen Spektrum dieses Bereichs der Augustinusforschung s. Horn, Augustinus 61-81 (Lit.).

[20] Lorenz, Gnade und Erkenntnis.

[21] Letzteres beruht in zweierlei Hinsicht auf einem Mißverständnis. Zum einen überragt die sprachliche Qualität auch der späten Werke die der meisten Zeitgenossen, zum anderen ist beim Gebrauch sprachlicher Formen immer auch ihr Zweck zu berücksichtigen. Vgl. Albrecht, Literatur, Bd. 2, 1337-1339.

[22] Unter solcher Rücksicht wird der Zusammenhang von Soteriologie und Intellektualität bei Augustin eben nicht sichtbar. Es sind aber gerade die problematischen Einsichten Augustins etwa zur Verdammnis ursündlich belasteter, ungetauft verstorbener Säuglinge, die gerade in diesem Zusammenhang verständlich (wenn deswegen auch nicht akzeptabler) werden. Mangel an Intellekt (etwa bei Neugeborenen) bedeutet für Augustin immer auch Mangel an Fähigkeit, Heil bzw. Unheil zu erleben (entsprechend der Fähigkeit, Gutes zu tun bzw. nicht zu tun). So redet er in bezug sowohl auf Verdammnis als auch auf Heil von Abstufungen: Säuglinge, die, weil ungetauft, auf-

daß nicht nur im Frühwerk bereits Spuren der späteren Gnadentheologie sichtbar
sind (der einfachere Teil der Aufgabe), sondern auch im gnadentheologischen
Spätwerk einige grundlegende Gedankengänge auf philosophisch-erkenntnistheo-
retische und hermeneutische Fragestellungen des Frühwerks zurückgeführt werden können.[23] Lorenz' Untersuchung enthält hierzu wertvolle Hinweise. Ihre im
folgenden diskutierten Hauptabschnitte sind (1) Die Entfaltung des Problems aus
der *beatitudo*-Lehre Augustins, (2) Die Struktur der Erkenntnis und der Gnade,
(3) Der metaphysische und ontologische Hintergrund der Gnadenlehre Augustins.

(1) Die Entstehung der Gnadenlehre unter anderem aus der *beatitudo*-Lehre
des Frühwerks zu erklären, ist eminent sinnvoll.[24] Doch ist die Gnadenlehre des
frühen Augustin, insofern bereits sie sich auf eine Erkenntnislehre und Hermeneutik hin öffnet, komplexer, als Lorenz dies zeigte. Die besondere Rolle etwa
der Skepsis im Zusammenhang mit dem Mischbegriff von Glauben als einer nicht
nur religiösen, sondern auch wissenschaftlichen Einstellung (als eines hypothetischen Annehmens) und Erkenntnis, die Auswirkungen, die Augustins Einsichten in diesem Bereich auf seinen Manichäismus hatten, der Zusammenhang
etwa auch von Akademischer Skepsis und Neuplatonismus, schließlich Augustins
sprachanalytische Untersuchungen in diesem Zusammenhang, ihre Auswirkungen
auf seine Bibelexegese und der Gebrauch des Selbstbewußtseinsarguments sind
nur einige der Aspekte, die im folgenden (Kapitel I) über das von Lorenz Gezeig-
te im Hinblick auf das Konzept des *intellectus gratiae* behandelt werden sollen.

(2) Auf die strukturelle Affinität von Erkenntnis- und Gnadenlehre hatte Lorenz schon in einem umfangreichen Artikel zur Wissenschaftslehre Augustins
hingewiesen.[25] Sie besteht auf zwei Ebenen. Auf einer ersten Ebene sind Gnade
und Erkenntnis jeweils von außen her aufeinander bezogen, etwa im Bereich der
Innerlichkeitsthematik, des *interior intimo meo*, wo ein immer noch Innererer,
interior, von einer Transzendenz her das eigene Innerste, *intimum meum*, er-
kenntnismäßig über sich hinausführt, oder in der Thematik des *magister interior*,
der zwar *magister* ist, also nicht der Lernende selbst, aber eben doch *interior* des
Lernenden. Auf einer zweiten Ebene ist für Lorenz eine Überlagerung oder, vielleicht noch präziser, gegenseitige Durchdringung der Erkenntnis- und Gnaden-
thematik zu beobachten, insofern zwar dem freien Willen die Gnade, der *intentio*
der Erkenntnis aber keine gnadenhafte Form der Erkenntnis gegenübertritt. Im
Bereich der Erkenntnislehre, so Lorenz,[26] »besteht die Gefahr des Ineinander-

---

grund ihrer Erbsünde, obgleich nicht aufgrund eigener Tatsünden, verdammt werden, leiden »nur«
unter einer *mitissima poena*. Säuglinge, die »nur« aufgrund ihrer Taufgnade und nicht auch aufgrund gnadengewirkter guter Werke erlöst werden, sind »weniger selig« als »verdiente« Heilige.
Der quantitative Unterschied spielt für Augustin eine untergeordnete Rolle, entscheidend für ihn
ist das qualitative, intellektuelle Verständnis des Konzepts, die Frage der richtigen Definition.
Vgl. dazu auch unten am Ende des ersten Teils von Kapitel V zu *dono perseu*.

[23] S. dazu noch deutlicher als Lorenz, wenn auch weniger ausführlich, Solignac, Excès.
[24] S. dazu als klassische Untersuchung Holte, Beatitude; als neuesten philosophiegeschichtlichen
Beitrag in diesem Zusammenhang King, Augustine (Einleitung, Übersetzung und Kommentar zu
c. Acad. und *de magistro* mit Auszügen aus anderen Frühwerken zum Thema Erkenntnis und
Glück).
[25] Lorenz, Wissenschaftslehre.
[26] Ebd. 76.

fließens von Natur und Gnade.« Von einer anderen Perspektive aus betrachtet, hieße das: Die Erbsündenlehre, ein wesentliches Element der Gnadenlehre, hat in der Erkenntnislehre keine Entsprechung.[27]

Gerade diese Sicht aber soll durch die vorliegende Untersuchung infragegestellt werden. Gezeigt werden soll an einer Vielzahl gnadentheologischer Texte, daß Augustin die Erkenntnislehre gänzlich im Rahmen der Gnadenlehre abhandelt und Gnadenlehre immer auf Erkenntnislehre rückbezieht, ohne letztere ihrerseits in einer Metaphysik zu verankern.[28] Nicht daß er ohne feste Grundvoraussetzungen gearbeitet hätte, besonders im Spätwerk und im Bereich der Erbsünden- und Prädestinationslehre. Die Diskussion mit Julian legt davon beredt Zeugnis ab. Aber dies geschah auf dem Hintergrund einer beachtlichen Variationsbreite an literarischen Formen und Gedankenmodellen sowie im Kontext einer ausgereiften Hermeneutik – und explizit unter Zurückweisung des Vorwurfs, er betreibe eine manichäisch beeinflußte Ontologisierung der Soteriologie.

(3) Bei Lorenz tritt das Interesse an diesen Zusammenhängen zugunsten eines systematisch-theologischen Interesses in den Hintergrund. Sein Versuch, Augustins Aussagen zur Gottes-, Seins-, Seelen- und Schöpfungslehre in einem systematischen Zusammenhang mit der Soteriologie des Spätwerks zu bringen, abstrahiert von den Tatsachen und bedarf der Ergänzung. Die Entwicklung der Gnadenlehre von 390 bis 397, ihre Radikalisierung in *ad Simplicianum* und deren Auswirkungen im Spätwerk weisen darauf hin, daß für Augustin die Fäden von Ontologie und Soteriologie nicht zusammen-, sondern auseinanderliefen. Besonders deutlich wird dies am Beispiel der Seelenlehre. Seit *lib. arb.* 3[29] wuchs in Augustin die Skepsis, sie im Kontext seiner Soteriologie systematisieren zu können.[30] Wie aus den Diskussionen mit Vincentius Victor und Julian von Aeclanum hervorgeht, wies Augustin sowohl den Vorschlag als auch den Vorwurf zurück, er möge doch seine gnadentheologischen Analysen metaphysisch fundieren oder tue dies bereits.[31] Er war sich bewußt, daß unter Voraussetzung eines ontologischen Gnadenbegriffs sein Begriff von Verdammnis entweder eine Unterart von Erlösung bezeichnet oder aber sich als gleichbedeutend mit »prinzipiell

---

[27] Vgl. Strauss, Schriftgebrauch 14.

[28] Wenn es etwa in *praedest. sanct.* 5,10 (PL 44, 968) heißt: *posse habere fidem, sicut posse habere caritatem, naturae est hominum,* dann kann Augustin mit dem hier verwendeten Naturbegriff nicht die Gnadenlehre synergistisch unterlaufen haben wollen, ebensowenig wie er die Annahme einer »natürlichen« Ignoranz und Schwachheit des Menschen in *lib. arb.* 3,19,54 (CChr.SL 29, 307) und die eigenwillige Auslegung von Eph 2,3 (*natura filii irae*) im deterministischen Sinne verstanden haben kann. Was er vielmehr in beiden Fällen zeigen wollte, war, daß weder die Gnade außerhalb möglicher Erkenntnis erfaßbar ist, noch die Erkenntnis hinter der Annahme der Gnade zurück-, die Erkenntnis also die Gnade immer wieder doch nur als Natur erfassen kann, selbst da, wo sie als *natura uitiata* von der Sünde verstellt wird. Im Gegensatz insbesondere zu Hieronymus *ad Eph* 1 (PL 26, 498) verstand Augustin *natura* hier als *naturaliter,* nicht als *prorsus* oder *omnino,* zum ersten Mal in *pecc. mer.* 1,21; 2,10 (CSEL 60, 27; 87). Vgl. Simon, Histoire critique 289; Lössl, Spuren 195.

[29] Vgl. Lössl, Wege 350 (Lit.).

[30] Vgl. Rist, Augustine 317-320; O'Daly, Pre-Existence; Origin; Mind 15-20; Predestination.

[31] Vgl. dazu auch unten Kapitel V zu *c. Iul.* 1,16 (PL 44, 650), wo Augustin unter Berufung auf Basilius die Übertragung metaphysischer Begrifflichkeiten (Substanz; Akzidens) auf seine Erbsündenlehre ablehnt.

unerlösbar,« also als böse Substanz erwiesen hätte. Er hätte wählen können
zwischen einer Apokatastasislehre und Manichäismus. Julian unterstellte ihm
letzteren. Besonders gegen ihn versuchte Augustin in der (akademisch) skeptischen Manier der frühen Mailänder Jahre, jenes Dilemma zu meiden, indem er
seinen soteriologischen Überlegungen jeden ontologischen Charakter absprach.

Für wohl möglich und sogar nötig hielt er als Philosoph und Bibelexeget im
Dienst seiner Gemeinde erkenntnistheoretische und hermeneutische Überlegungen
zur Soteriologie. Ohne ontologische Basis waren diese zwar der Skepsis ausgesetzt, aber eben nicht schutzlos. Ihre Grundintention war ja religiös. Wo die
Ontologie ausfiel, würde hoffentlich die Gnade einspringen – als Einsicht. Eine
gewisse Erkenntnis- und Heilsunsicherheit blieb damit als erbsündlich bedingte
Kehrseite des Glaubens zwar vorläufig erhalten, doch war gerade in ihr bzw. im
Glauben schon für das irdische Leben die Einsicht möglich, daß zumindest Hoffnung auf Heil bestehe. Wo diese fehlte, wäre auch kein Heil, notwendigerweise
und von vornherein – als von Gott in Ewigkeit vorherbestimmt.[32]

Formale Abgrenzung
Die vorliegende Untersuchung nimmt das gnadentheologische Gesamtwerk Augustins in den Blick.[33] Dem Umfang der Quellen entspricht die enge Begrenzung
des Themas: Es geht lediglich darum, in enger Anlehnung an die Quellen und
unter Berücksichtigung ihres real- und geistesgeschichtlichen Kontexts die erkenntnistheoretische Akzentuierung der Gnadenlehre Augustins nachzuzeichnen.
Systematisch-theologische sowie dogmen-, exegese- und kirchengeschichtliche
Einzelfragen zum Thema werden nur am Rande diskutiert. Als schlagwortartige
Zusammenfassung seines Programms verwendete Augustin selbst zwar nur selten,
aber doch an einigen entscheidenden Stellen, etwa in *ad Simplicianum* 1,2,21 –
und dort dezidiert auf die Kulmination seiner Entwicklung bezogen –, die Junktur
intellectus gratiae. Sie dient im folgenden als Leitbegriff und Kurzformel für den
Gesamtkomplex erkenntnistheoretisch-intellektueller Akzentuierung seiner Soteriologie wie auch für einzelne Aspekte desselben in seiner Entwicklung.

---

[32] Die relative Unschärfe des Verhältnisses von Erkenntnis und Ignoranz, Einsicht und Aporie,
Heil und Unheil, die das Konzept des *intellectus gratiae* als gnadenhafte Bewegung vom Unglau-
ben zum Glauben und vom Glauben zur Einsicht (bzw. – im Sinne der »doppelten Prädestination«
– als Abwesenheit derselben) charakterisiert, kommt auch in den in diesem Zusammenhang am
häufigsten in Kombination wiederkehrenden Bibelstellen, auf dem Hintergrund von Browns Eingangszitat bezeichnenderweise aus Paulus, zum Ausdruck: Röm 11,33: »Wie unerforschlich sind
die Wege Gottes;« und 1 Kor 1,31 (2 Kor 10,17): »Wer sich [seiner Einsicht] rühmt, rühme sich
im Herrn« (*qui gloriatur, in domino glorietur*).
[33] Unberücksichtigt bleiben dabei vor allem die großen Werke zu Schöpfungs- (*gen. litt.*) und
Trinitätslehre (*trin.*), Eschatologie (*ciu. dei*) und Psalmenexegese (*enn. in Pss*), eine Reihe antidonatistischer, antimanichäischer und spirituell praktischer Schriften sowie die Mehrzahl der
Briefe und Predigten (*sermones*).

KAPITEL I

VORSTRUKTURIERUNG IM PHILOSOPHISCHEN FRÜHWERK

1. ARISTOTELES' *PROTREPTIKOS* UND CICEROS *HORTENSIUS*

Nicht Augustin, »Aristoteles ist der erste Denker, der zugleich mit seiner Philosophie seine geschichtliche Selbstauffassung begründet und damit eine neue, innerlich komplizierte, verantwortlichere Form des philosophischen Bewußtseins geschaffen hat.«[1] Platos Rechtfertigungslehre, nach der es nicht möglich sei, »daß die Seele das Gerechte erkennen könne, ohne selbst gerecht zu sein,«[2] findet sich bei ihm zu einer Ethik konkretisiert, nicht nur in den unter diesem Titel bekannten Werken, sondern etwa auch im *protreptikos*, einer Werbe- oder Mahnschrift, die den cyprischen Fürsten Themison zur Philosophie bewegen sollte.[3] Der *protr.* wird häufig auch als Dialog bezeichnet,[4] was in der neueren Forschung eher für falsch gehalten wird,[5] aber bezeichnend ist;[6] denn zwar soll der Adressat zur Philosophie bewegt werden, aber nicht durch rhetorische Manipulation, sondern mit Vernunftgründen, etwa durch die Präsentation verschiedener gegenläufiger Argumente in einem Dialog mit mehreren Partnern.[7] Dementsprechend gilt als zentrale Aussage von Aristoteles' *protr.* auch eine für seinen Verfasser typische

---

[1] Jaeger, Aristoteles 1.

[2] Jaeger, Aristoteles 22. Jaeger bezieht sich an dieser Stelle auf Plat. *ep.* 7 und die Weiterentwicklung der dort postulierten Maximen im ethischen Werk Aristoteles'; s. ebd. 336c (wahre Einsicht [δόξα ὀρθή] als göttliches Geschick [θεία τύχη]); 340c (Philosoph von Gott begnadet [θεῖος; vgl. Aug. *uera rel.* 3,3,8-13 {CChr.SL 32, 188-190}]); 342b-344d (Erkenntnis als gnadenhaftes Gleichwerden mit der Idee der Einsicht [bzw. der Wahrheit, des Guten, des Gerechten]). Des Places (Pindar et Platon) greift noch weiter zurück und sieht Parallelen zu Pind. *olymp.* 1 (»Charis läßt den Sterblichen Gnade [μείλιχα] widerfahren und das Unglaubliche glaubhaft werden«).

[3] Zum Zusammenhang der Ethiken mit *protr.* s. Gadamer, Protreptikos.

[4] Vgl. bereits beim Erstherausgeber Bywater, Dialogue.

[5] Vgl. Flashar in: Ueberweg, Grundriß, Bd. 3, 279.

[6] Außer an Arist. *protr.* selbst hat es jedoch in diesem Zusammenhang keinen Sinn, eine genaue Unterscheidung der Gattungen vornehmen zu wollen; denn »protreptisch« kann in der antiken Literatur alles sein, was in »protreptischer Absicht« verfaßt wurde, also auch ein Dialog. Vgl. dazu auch unten zu Beginn von Kapitel V auch am Beispiel von Aug. *conf.* und in diesem Kapitel von *beata uita* 4 (CChr.SL 29, 66f.), einer Urform der *conf.* (Courcelle), wo Augustin auf seine *Hortensius*-Lektüre und ihre Wirkung auf ihn verweist. *Beata uita* ist wie sein literarisches Vorbild, Cic. *Hort.*, als Dialog konzipiert, dann aber stark mit protreptischen Elementen durchsetzt. Adressat von *beata uita* als Protreptikos ist nicht Manlius Theodorus, dem der Dialog *beata uita* gewidmet ist, sondern der intendierte Leser. Ähnlich in *conf.*, einem Protreptikos, der als Gebet um gnadenhafte Einsicht (*intellectus gratiae*) konzipiert ist (1,1,1 [CChr.SL 27, 1]: *da mihi, domine, scire et intellegere*), sich aber implizit an einen Leser wendet, der in den Fußstapfen des »Narrators« seinen Bekehrungsprozeß im Sinne des *intellectus gratiae* als gnadenhaften Erkenntnisprozeß durchlaufen soll.

[7] Vgl. in diesem Sinne Aug. *beata uita* oder auch Cic. *nat. deor.*, wo Cicero mit den Mitteln dialogisch angeordneter *protreptikoi* die (Akademische) Skepsis des Pontifex Maximus C. Aurelius Cotta als religiöse Grundhaltung rechtfertigt.

Begründung der Notwendigkeit zu philosophieren: »Entweder muß man philosophieren oder man muß nicht philosophieren. Muß man philosophieren, so muß
man eben philosophieren. Muß man nicht philosophieren, so bedarf es (zur
Begründung dieses Standpunktes) ebenfalls des Philosophierens. Also muß man
in jedem Fall philosophieren.«[8]

In der Spätantike wich solche Nüchternheit anderen Motiven. Im ca. 320 n.
Chr. verfaßten *protr.* des Jamblich, der für die Rekonstruktion des aristotelischen
protr. eine wichtige Rolle spielt, dominiert die Idee einer Harmonie von platoni-
schem und aristotelischem Denken.[9] Das rationalistische Element tritt zurück,
das mystische stärker in den Vordergrund.[10] Doch schon Aristoteles war nicht
ohne Eudaimoniekonzept ausgekommen. Neben dem zitierten Argument für die
Unumgänglichkeit des Philosophierens und einem weiteren für die Nützlichkeit
theoretischer Einsicht ist selbst nach strengsten Auswahlkriterien (Flashar) unbedingt eines für den Wert der philosophischen Einsicht und ihrer praktischen Be-
folgung für ein glückliches Leben Aristoteles selbst zuzuordnen.[11]

Anders als der aristotelische *protr.* gilt Ciceros *Hortensius* unbeschadet seiner
protreptischen Elemente eindeutig als Dialog, nämlich zwischen Cicero und pro-
minenten Zeitgenossen (Hortensius, Lucullus und Catulus).[12] Im Winter 46/5 v.
Chr. entstanden, schildert er ein Gespräch, das sich zwischen 65 und 60 v. Chr.
zugetragen haben soll. Im Unterschied zu Aristoteles' rationalistischer Annäherungsweise und den harmonisierenden und spiritualisierenden Tendenzen spätantiker Philosophie wird das Thema bei Cicero im politischen Sinne kontrovers
diskutiert.[13] Die Philosophie, so Hortensius im *Hort.*, ist im Vergleich zur Rhetorik nutzlos. Der Gegensatz von Theorie und Praxis macht sie unglaubwürdig.
»Die Dialektik vernichtet sich selbst, und auf einigen Gebieten wie dem der
Theologie führt das philosophische Denken zu paradoxen Resultaten.«[14] Dagegen
hält Cicero das dialektische Argument Aristoteles': Wer behaupte, Philosophie sei
überflüssig, philosophiere bereits. Er geht aber noch weiter: Philosophieren sei
nicht nur notwendig, es mache auch glücklich, selbst wenn das Streben nach
Wahrheit nicht zum Ziel führe.[15] Sie sei sogar ein Heilmittel gegen Schmerzen

---

[8] *Frg.* 51 Rose, übersetzt von Jaeger, Aristoteles 56; vgl. Ross, Fragmenta 27f.

[9] Vgl. Flashar, Platon und Aristoteles im Protreptikos des Iamblichos; außerdem Hadot
(Harmony), der eine ähnliche Tendenz bei Porphyrios nachweist und Plotin als Vermittler
aufbaut. Vgl. dazu im folgenden Abschnitt. Zur philologischen Diskussion um die Rekonstruktion
des aristotelischen *protr.* aufgrund solcher Befunde s. Flashar in: Ueberweg, Grundriß, Bd. 3,
280f.

[10] Vgl. in diesem Zusammenhang die theurgische Dimension des spätantiken Neuplatonismus.
Th. Stäcker, Theurgie in der Lehre Jamblichs.

[11] Flashar in: Ueberweg, Grundriß, Bd. 3, 280.

[12] Vgl. Gawlick in: Ueberweg, Grundriß, Bd. 4/2, 1050.

[13] Zum Zusammenhang von Cic. *Hort.* und Arist. *protr.* s. Diels, Aristoteles' Protreptikos. Zu
Ciceros Philosophiebegriff s. Mancal, Begriff der Philosophie; Powell, Cicero the Philosopher.
Zur Cicero-Rezeption in der Patristik und bei Augustin s. Gawlick, Cicero; Di Lorenzo, Cice-
ronianism.

[14] Gawlick in: Ueberweg, Grundriß, Bd. 4/2, 1050.

[15] Cic. *Hort.* frg. 91,1. Einzige Quelle dieses Fragments ist Aug. *c. Acad.* 1,7 (CChr.SL 29,
7f.). S. dazu im folgenden Abschnitt.

und mindere die Angst vor dem Tod. In einer langen Schlußrede, die nur deshalb erhalten ist, weil Augustin ausführlichst aus ihr zitiert hat, wird der Zusammenhang von Geistigkeit des Menschen, Philosophie und Glück aufgewiesen und auch die Notwendigkeit einer Umsetzung der entsprechenden Einsichten in die Lebenspraxis betont.[16]

2. SKEPSIS, MANICHÄISMUS UND NEUPLATONISMUS

Bekehrung zum Manichäismus

Wie Augustin in *beata uita* 4 berichtet, entzündete die Lektüre des *Hort.* in ihm ein unauslöschliches Feuer philosophischer Weisheitsliebe. Diese trug den Keim zur Überwindung des Manichäismus zwar bereits in sich, konnte aber nicht verhindern, daß er sich diesem zunächst anschloß.[17] Er schrieb dies später nicht nur seiner jugendlichen Unreife zu, sondern auch gewissen Mängeln am Philosophieverständnis des *Hort.* In der Bestimmung dieser Mängel variiert er je nach Intention der Schrift, in der er eine entsprechende Bemerkung einfließen läßt. In *conf.* (nach 397) schreibt er, er habe im *Hort.* den Namen Christi vermißt,[18] nach *util. cred.* (391/2) fehlte es der skeptischen Argumentation Ciceros an der Betonung der *auctoritas*.[19] In *beata uita* (386) unterschlug er seinem neuplatonischen Adressaten gegenüber diese beiden Punkte und betonte stattdessen den erkenntnistheoretischen Optimismus und Intellektualismus, den im Unterschied zur Skepsis des *Hort.* die Gespräche ihm, Manlius Theodorus, die Predigten Ambrosius' und die Lektüre der *Plotini paucissimi libri* in ihm erweckten.[20]

---

[16] Zu Augustins Cicero-Verwendung s. im einzelnen Testard, Saint Augustin et Cicéron; Hagendahl, Augustine and the Latin Classics.

[17] *Beata uita* 4 (CChr.SL 29, 66): *tanto amore philosophiae succensus sum, ut statim ad eam me ferre meditarer. sed neque mihi nebulae defuerunt, quibus confunderetur cursus meus, et diu, fateor, quibus in errorem ducerer, labentia in Oceanum astra suspexi.* Vgl. Dienel, Hortensius. Wie lange Augustin *auditor* blieb, ist nicht ganz klar. Vor allem sein »Ausstieg« aus dem Manichäismus war wohl ein längerer Prozeß, der sich über die Jahre 384 bis 386 erstreckte. Vgl. Alfaric, Entwicklung; Nédoncelle, L'Abandon de Mani; Feldmann, Einfluß, Bd. 1, 529-734; Sinn-Suche; Geerlings, Bekehrung durch Belehrung; Hoffmann (FC 9, 9); Van Oort, Augustin und der Manichäismus 128-135.

[18] *Conf.* 3,4,8 (CChr.SL 27, 30): *nomen Christi non erat ibi.* Im narrativen Aufbau der *conf.* würde dies begründen, warum Augustin sich 373 von der paganen Skepsis ab- und der neutestamentlich-biblischen Spiritualität des Manichäismus zuwandte (vgl. Peterson, Jesus; Ries, Jésus-Christ; Van Oort, Augustin und der Manichäismus 131). Angesichts der protreptischen Funktion des Gedankengangs in *conf.* sollten bei Feldmann (Einfluß, Bd. 1, 45-65; Christus-Frömmigkeit) entsprechende Schlußfolgerungen mit Blick auf die Frühschriften jedoch zurückgestellt werden.

[19] *Vtil. cred.* 25 (CSEL 25/1, 31-33); vgl. Lütcke, Auctoritas; Art. Auctoritas, in: AugL, Bd. 1, 498-510; Hoffmann (FC 9, 53f.68f.).

[20] Vgl. *beata uita* 4 (CChr.SL 29, 67). Freilich ist auch in *beata uita* von Christus und der kirchlichen *auctoritas* die Rede (vgl. 34 [CChr.SL 29, 84]), auch im Hinblick auf das defizitäre Philosophieverständnis des *Hort.*, etwa wenn Augustin meint, ein Motiv, sich den Manichäern anzuschließen, sei für ihn gewesen, daß er lieber Lehrenden gehorchen wollte als Befehlenden (*docentibus potius quam iubentibus*). Der *Hort.* hatte ihm also nicht gezeigt, welche Rolle die *auctoritas* bei der Wahrheitsfindung spielt. Zur Frage der *Plotini paucissimi libri* vgl. Beatrice, Platonic Reading; Rist, Man.

Diese »Technik des Verschweigens« (Feldmann)[21] oder Selektierens bestimmter Aspekte der Bekehrung zum Manichäismus ist weniger als Versuch zur Ver-
schleierung der Motive von 373 zu deuten denn als Bemühen um eine klare Darstellung des Prozesses von 386. Rückblickend schreibt Augustin dem *Hort.* nämlich eine im Grunde positive Rolle zu. Sogar in *c. Acad.* zitiert er daraus ein (op-
timistisches!) Argument Akademischer Skepsis gegen dogmatischen stoischen Fatalismus: »Glücklich,« so Cicero nach Augustin, »ist [bereits], wer nach der
Wahrheit forscht, auch wenn es ihm nicht gelingt, zu ihr vorzudringen« (*beatum
esse, qui ueritatem inuestigat, etiamsi ad eius inuentionem non ualeat peruenī-
re*).[22] Die Wahrheit, nach der der Philosoph trachtet, nennt der Stoiker Cicero
»Kenntnis (*scientia*) der Dinge, die Gott und die Menschheit betreffen, sowie der
diesbezüglichen ursächlichen Zusammenhänge.«[23] Diese Kenntnis aber ist nach
dem (Akademischen)[24] Skeptiker Cicero nicht durch ein Aneinanderreihen von
Syllogismen zu erlangen. Sie wächst vielmehr durch die Bestimmung ihrer Grenzen vom Bereich des Mythos her.[25] Der Mythos hat nach Cicero die Macht, »den
Philosophen in der Welt nicht sokratisch scheitern, sondern römisch siegen [zu]
lassen.«[26] In *nat. deor.* führt Cicero den Oberpriester (*pontifex maximus*) C.
Aurelius Cotta als Vertreter der Skepsis ein, nicht um die traditionelle Religion
lächerlich zu machen, sondern um sie gegen den Hedonismus des Epikureismus
und den dogmatischen Rigorismus der Stoa zu wappnen. Indem die Skepsis das
Denken von den Fesseln materialistischer Konzepte (Lust und Naturgesetz)
befreit, schafft sie Raum für eine Geistphilosophie.[27]

In *conf.*, aber etwa auch schon in *uera rel.* führt Augustin aus, worin in
einem solchen Modell der »Sieg der Philosophie« besteht: In der Verschmelzung
mit dem Glauben an Gott und seine unerschöpfliche Gnade.[28] Wie schon die oben

---

[21] *Einfluß*, Bd. 1, 62.
[22] Cic. *Hort.* frg. 91,1; Aug. *Acad.* 1,7 (CChr.SL 29, 7f.). Es ist Licentius, den Augustin hier
Cicero zitieren läßt, der Sohn Romanians, dem Augustin *c. Acad.* gewidmet hat und den er mit
den darin entwickelten Argumenten von seinem Hang zur Skepsis abbringen will. Daß Licentius
so, wie hier dargestellt, argumentierte, ist von daher wahrscheinlich, was auch für die Historizität
des Dialogs spricht (vgl. Madec, Historicité). Andererseits zeigt die brillante Darstellung der
Argumentation, daß auch Augustin von ihr fasziniert war.
[23] *Offic.* 2,2,5.
[24] Zur Unterscheidung der verschiedenen skeptischen Schulen (pyrrhonisch und akademisch
karneadisch) in diesem Zusammenhang s. Wallis, Scepticism and Neoplatonism 914; Striker,
Unterschied; Ricken, Antike Skeptiker. Speziell zum Einfluß der Akademie auf Cicero s. Weisch,
Cicero; Lévy, Cicero Academicus.
[25] Vgl. Feldmann, *Einfluß*, Bd. 1, 96.
[26] Ebd. 100.
[27] Vgl. in diesem Zusammenhang auch die Verbindung von skeptischer und neuplatonischer
Tradition: M. J. Monrad, Skepticismus; R. T. Wallis, Scepticism and Neoplatonism; Tarrant,
Scepticism or Platonism?
[28] Vgl. *uera rel.* 5,8,26 (CChr.SL 32, 193): *non aliam esse philosophiam* [...] *et aliam religionem.* Feldmann, *Einfluß*, Bd. 1, 110f. Feldmann zitiert an dieser Stelle *c. Felic.* 2,8 (CSEL 25/2)
von 398, wo schon ganz im Zeichen des *intellectus gratiae* auf die mangelnde Gnadeneinsicht
Felix' verwiesen wird (1 Petr 5,5: *deus superbis resistit*), der nicht einsehen kann oder will, wie
der allmächtige, gute und gerechte Gott die Sünder von Ewigkeit her derart zur Verdammnis
vorherbestimmt, daß sie durch ihre Willensfreiheit auch noch selbst schuld daran sind.

erwähnte Überlieferungsgeschichte von Aristoteles' *protr.* bei Jamblich unter dem Vorzeichen einer Harmonisierung Platos mit Aristoteles und der Rhetorik einer quasi mystischen Initiation in die Philosophie zeigt, eignet diese Philosophieauffassung auch der paganen Spätantike.[29] Die Gemeinsamkeiten zwischen einem solchen Philosophiebegriff und dem manichäischen Religionsverständnis dürften stärker sein, als Augustin dies nach 386 gelten lassen wollte.[30] Viel eher als im antiintellektualistischen kirchlichen Christentum Nordafrikas konnte er hoffen, seine religionsphilosophischen Ambitionen im Kontext manichäischer religiöser Praxis zu verwirklichen. Der auf seine ganz eigene attraktive Weise bibelorientierte[31] Manichäismus hätte durchaus jene Einheit von Philosophie und Religion sein können, die er von Cicero her als Ideal kannte. Der Manichäismus war freier als das kirchlich verfaßte Christentum, was Freiheit des Denkens anbelangte ebenso wie den freizügigen Umgang mit der im Prinzip zwar strengen, in der Praxis aber individuell nach Vollkommenheitsgraden abgestuften Disziplin.[32] Dennoch war er eine ordentlich verfaßte Religion, nicht jener perverse Okkultismus, als den ihn seine (christlichen wie paganen) Gegner darstellten.[33] Es gab eine die Offenbarungen Manis zusammenfassende Kurzformel des Glaubens, ein tragfähiges geschichtstheologisches Modell, die Dreizeitenlehre (Trennung, Mischung und erneute und endgültige Trennung von Gut und Böse), eine Lehre vom Bösen, die dessen Wirklichkeit ebenso ernst nahm, wie seine Überwindung durch Trennung vom Guten wesentlicher Bestandteil der Lehre war. Schließlich konnten sich die Gläubigen in Jesus Christus an eine individuelle Erlösergestalt wenden, Bezugspunkt einer personal ausgerichteten Spiritualität.[34]

Von dieser »besondere[n] Christlichkeit« des Manichäismus war Augustin angezogen. Er betrachtete den Manichäismus als »eine Art Christentum mit rational-wissenschaftlichem und hohem ethischen Anspruch.«[35] Selber einem christlichen Kontext entstammend, fühlte er sich als Intellektueller im Manichäismus in

---

[29] Zum Verhältnis von Philosophie und Exegese in diesem Zusammenhang allgemein Schäublin, Zur paganen Prägung der christlichen Exegese; speziell zu Jamblich Larsen, Jamblique; Smith, Iamblichus' Views on the Relationship of Philosophy to Religion; zu Augustin Strauss, Schriftauslegung; Lössl, Augustinus.

[30] Vgl. Jonas, Gnosis, Bd. 1; Adam, Fortwirken; Puech, Plotin et les gnostiques; Feldmann, Konvergenz; Lieu, Manicheism 152-168.

[31] Die Biblizität des Manichäismus war nach *conf.* 3,5,9 (CChr.SL 27, 30f.) ein wichtiges Kriterium dafür, sich ihm zuzuwenden, und zwar gerade wegen seiner im Vergleich zur afrikanischen Kirche »rationale[n] Bibelkritik, die sich gegen das Alte Testament [...] aber auch gegen wichtige Teile des Neuen Testaments, insbesondere gegen die Geburtsgeschichten und Geschlechtsregister Jesu« wandte. Vgl. unten in Kapitel IV, bes. zu c. *Faustum;* außerdem Allgeier, Einfluß; Ries, Bible; Walter, Auseinandersetzung; Hamilton, Methods; Niewadomski, Die Sorge um die ganze Bibel; Tardieu, Exégèse manichéenne; Wenning, Hermeneutik; Van Oort, Augustin und der Manichäismus 132; Jerusalem und Babylon, bes. 35-42 (Lit.).

[32] Zu disziplinären und liturgischen Aspekten s. Feldmann, Einfluß, Bd. 1, 653-656.705-708; Van Oort, Augustin und der Manichäismus 134f.

[33] »Manichäerverfolgungen« im Imperium Romanum gab es offiziell seit Diokletian. Sie wurden bis weit in die christliche Ära hinein fortgesetzt. Vgl. Lieu, Manicheism 121-150; Kaden, Edikte.

[34] Vgl. hierzu Feldmann, Einfluß, Bd. 1, 239-257; Epistula fundamenti; Peterson, Jesus; Ries, Jésus-Christ.

[35] Van Oort, Augustin und der Manichäismus 131.

besonderer Weise zu Hause. Er studierte dessen Schriften[36] als »eine *science*; er spricht ja expressis verbis über den wissenschaftlichen Anspruch der Manichäer. Er erblickte da zumal eine *Christian science*: eine herz-erwärmende und die Gefühle ansprechende christliche Religion.«[37]

Lösung vom Manichäismus

»So hätten wir uns also Augustins eigenes Leben und Denken als manichäischer *auditor* vorzustellen, während der langen Spanne vom 19. bis zum 29. Lebensjahr und vielleicht darüberhinaus,«[38] zumindest jedenfalls, was seine intellektuelle Seite betrifft, die ja im Mittelpunkt der vorliegenden Untersuchung steht. Es dürfte sich gezeigt haben, daß bereits die Beschäftigung mit dem *Hort.*, mit der Bibel im Rahmen manichäischer Hermeneutik[39] und Schriften des Manichäismus Augustin zur Entwicklung eines *intellectus gratiae* angeregt hat, der Idee, daß intellektuelle Tätigkeit als spirituelle Tätigkeit von einer Transzendenz her nicht nur als Tätigkeit aktiviert wird, sondern auch in dieser Aktivität den ihr entsprechenden Erkenntnisgegenstand und ihre Erfüllung findet. Nur war diese Transzendenz anders definiert als in späteren Werken Augustins. Die Skepsis verweigerte sich ohnehin jeglicher Definition und setzte sich dadurch einer gewissen Beliebigkeit auf religiösem Gebiet aus. Augustins Bekehrung zum Manichäismus könnte auch in diese Richtung gedeutet werden. Andererseits erwähnt Augustin, daß die Skepsis ihm auch half, sich vom Manichäismus zu lösen.[40]

Was aber störte ihn am Manichäismus selbst, daß er sich von ihm entfremdete? In *conf.* ist im Zusammenhang mit der Begegnung mit Faustus in Karthago von astrologischen und kosmologischen Verrenkungen in der manichäischen Lehre die Rede, die kritischeren Anfragen nicht standhielten,[41] außerdem von der

---

[36] Daß er dies intensiv tat, geht aus mehreren Bemerkungen in *conf.* hervor. In 5,7,13 (CChr.SL 27, 63) erwähnt er, sein Eifer im Studium der Schriften Manis habe nach dem für ihn enttäuschend verlaufenden Besuch Faustus' in Karthago nachgelassen. Schon vorher hatte sich ein katholischer Bischof, der früher selbst Manichäer gewesen war und in seiner Jugend die Schriften gelesen und sogar kopiert hatte, zu Augustins besorgter Mutter geäußert: Ihr Sohn werde durch das Studium der manichäischen Schriften von selbst auf die Haltlosigkeit dieser Religion aufmerksam werden. Vgl. *conf.* 3,12,21 (CChr.SL 27, 39): *ipse legendo reperiet, quis ille sit error et quanta impietas*.

[37] Van Oort, Augustin und der Manichäismus 131. Neben einer ganzen Reihe weiterer spiritueller und religionssoziologischer Aspekte nennt van Oort dies als das zentrale Motiv der Bekehrung Augustins zum Manichäismus: »Daß Augustin bereits in Carthago den Manichäismus kennenlernte als eine christlich gnostische Religion« (132), was er ja von seinem Ursprung her und in Wirklichkeit auch war.

[38] Van Oort, Augustin und der Manichäismus 135.

[39] Vgl. bes. Wenning, Hermeneutik.

[40] Vgl. *conf.* 5,10,19; 14,25 (CChr.SL 27, 68.71). Augustin spricht dort davon, daß in ihm (385 in Mailand) die Einsicht reifte, die Akademiker seien von allen die klügeren Philosophen (*prudentiores*). Er selbst habe sich dabei in einem Zustand der Unentschiedenheit befunden, nach Art der Akademiker (*Academicorum more dubitans*). Davon daß er ein Anhänger der Akademie gewesen sei, ist nicht die Rede.

[41] Vgl. *conf.* 5,3,3-7,13 (CChr.SL 27, 58-64); zur Kosmologie allgemein Clarke, Cosmic Redemption; zu Astronomie und Astrologie Ferrari, Astronomy.

Widersprüchlichkeit der Annahme eines substantiellen Bösen.[42] Als ausreichende Begründung kann weder das eine noch das andere überzeugen.[43] Die Astronomie kann schwerlich derart im Mittelpunkt von Augustins Fragestellungen gestanden haben, daß er wegen ihr mit dem Manichäismus gebrochen hätte, und die Frage nach dem Ursprung des Bösen (*unde malum?*) blieb auch nach der Bekehrung 386 relevant. Von daher allein hätte er sich nicht vom Manichäismus abwenden brauchen. Aber vielleicht hätte er als *auditor* auch nicht die Chance gehabt, sie im Rahmen manichäischen Denkens zu vertiefen. Wie immer es um seinen Beruf als Rhetor bestellt sein mochte, als lauer, von seiner Glaubensgemeinschaft losgelöster Manichäer[44] konnte er in einem immer mehr christlich geprägten Umfeld weder spirituell noch gesellschaftlich erwarten, in irgendeiner Weise Fortschritte zu machen.[45] So kam es zunächst zu der erwähnten Unentschiedenheit *more Academicorum* und im Laufe der Zeit zu einer immer stärkeren Annäherung an einen Neuplatonismus Mailänder Prägung, zuerst in den Predigten Ambrosius', dann in den berühmten *libri Platonicorum*.[46]

Die Bekehrung als Problem der Forschung (Exkurs)
Für die Forschung am Text ist die Bekehrung von 386 auch insofern ein Problemfeld, als Augustin selbst sie in mehreren aufeinanderfolgenden Werken verschieden interpretierte (vgl. etwa *beata uita*, *conf.* und die entsprechenden Notizen in *retract.*). Daraus sich ergebende Widersprüche führten zu stark divergierenden Positionen in der neueren Forschung bei der Einschätzung von *conf.* als biographischer Quelle oder der Motive Augustins. Nach kritischen Ansätzen in der ersten Hälfte dieses Jahrhunderts durch Pierre Courcelle (Recherches) gerade erst wieder rehabilitiert, werden sie in dieser Hinsicht seit kurzem erneut infragegestellt.[47] In bezug auf 386 lautete die Frage: Wovon und wozu hatte Augustin sich bekehrt? Die Schwierigkeiten der Deutung der manichäischen Periode wurden bereits erwähnt. Aber auch bezüglich des Christentums waren Fragen offen. Vermutete Friedrich Loofs eine Bekehrung Augustins zum Christentum erst um 391,[48] als in

---

[42] Vgl. *conf.* 7,3,4-7,11 (CChr.SL 27, 94-100).

[43] An diesen Stellen tritt besonders deutlich zutage, was Harnack (Konfessionen) und Boissier (Conversion) als erste betont haben: Daß »es nicht schwer [ist], Augustin aus Augustin zu widerlegen [...] Vieles von dem, was erst während dieser Zeit [386-397] in Augustin zur Reife gekommen ist, hat er unbewußt in den Moment des Umschwungs versetzt« (Harnack, Konfessionen 16f.).

[44] Dazu daß Augustin in seinem Manichäismus nicht nur religiös, sondern vor allem auch gesellschaftlich keine Zukunft sah, vgl. Brown, Augustinus 125; Lieu, Manicheism 190f.

[45] Zur politisch gesellschaftlichen Dimension der Frage, auf die im folgenden nicht näher eingegangen wird, vgl. Barnes, Augustine, Symmachus and Ambrose. Allgemein zur Situation von Manichäismus und Heidentum im ausgehenden 4. Jahrhundert s. Kaden, Edikte; Boissier, La fin du paganisme; Momigliano, Conflict; Chuvin, Chronique des derniers païens; Brown, Macht und Rhetorik 153-202.

[46] Vgl. *conf.* 7,9,13 (CChr.SL 27, 101). Beatrice, Platonic Reading.

[47] Vgl. Feldmann, Einfluß; Art. Confessiones, in: AugL, Bd. 1, 1134-1193. Feldmann sieht in *conf.* einen Protreptikos. Die autobiographischen Passagen sind nach ihm kritisch, d. h. auf Themen eines Protreptikos hin stilisiert zu lesen, etwa: Augustin beschreibt in einem autobiographischen Rahmen Möglichkeiten, sich auf einen Heilsprozeß intellektueller Natur einzulassen (Skepsis, Manichäismus, Neuplatonismus, Christentum). Vgl. unten zu Beginn von Kapitel V.

[48] F. Loofs, Art. Augustinus, in: RE 2 (1897) 257-285.

seinen Werken neben einer Fülle neuplatonischen Materials allmählich auch »Christliches« stärker zur Geltung kam,[49] zeigte Wilhelm Thimme, daß selbst noch in den Spätschriften »Platonisches« zu finden war. Die Frage stellte sich, ob Augustins Bekehrung überhaupt je abgeschlossen war,[50] ein »bizarres Dilemma«.[51] Die Forschung mußte einsehen, daß Augustin der Gegensatz von Platonismus und Christentum fremd war. Daß er einem christlichen Kontext entstammte, war unbezweifelbar. Ebenso klar war aber, daß er als Gebildeter der Spätantike von deren Philosophie- und Religionsbegriff geprägt war. Cicero und die Skepsis waren ihm nicht fremder als die Bibel und die Schriften der Manichäer. Daß er bis zum Ende seines Lebens von diesen geistigen Strömungen beeinflußt bleiben sollte, hätte nie jemanden überraschen dürfen.[52] Selbst wer Augustins »Bekehrungen« entlang der Entwicklung eines christlichen Spiritualitätsbegriffs interpretiert,[53] muß diesen im spätantiken Philosophie- und Religionsmodell situieren, wie es in den Philosophenschulen wie auch in einer Religion wie dem Manichäismus oder in den christlichen Kirchen vorherrschte.[54] Philosophie und Religion (Theurgie, Liturgie usw.) wurden als zwei Aspekte ein und desselben Lebensvollzugs verstanden. Im Unterschied zu Alfaric sah Augustin selbst kein Problem darin, in der Vorbereitungszeit auf seine Taufe seine Schrift *de immortalitate animae* zu redigieren.[55] Philosophie für ihn immer auch ein spiritueller Vollzug. An den Texten ist dies deutlich erkennbar. Als geistig Suchender war er in jeder rückprojizierten Phase seiner Entwicklung alles in allem (Skeptiker, Manichäer, Christ), so daß das Motiv des Intellekts im Vordergrund zu sehen ist, eines Intellekts, der wesentlich spirituell geprägt ist, von einem soteriologischen Konzept, also einem Gnadenkonzept geleitet.[56]

Neuplatonismus und darüberhinaus

In *c. Acad.* und *beata uita* schreibt Augustin von gehaltvollen (*pleni*), ganz wenigen (*paucissimi*) Büchern Plotins,[57] die seinen Bekehrungsprozeß gefördert hätten.[58] In *conf.* präzisiert er: Um vom Rhetor Marius Victorinus besorgte Über-

---

[49] Von dieser Vorgehensweise geprägt ist auch Dörries, Verhältnis.

[50] W. Thimme, Entwicklung. Damit hatte Thimme implizit eigentlich die Frage nach einem unter Neuplatonismus und Christentum weiterschwelenden Manichäismus und Skeptizismus aufgeworfen, die aber in der Folgezeit zunächst niemand aufnahm.

[51] Madec, Néoplatonisme 9. Man könnte dasselbe auch von der Gegenüberstellung von Manichäismus und Christentum behaupten.

[52] Es dauerte nach Alfaric jedoch ein halbes Jahrhundert, ehe sich über Boyer (Christianisme et néo-platonisme), Courcelle (Recherches) und O'Meara (The Young Augustine; Augustine and Neo-Platonism) diese Einsicht durchsetzte. Vgl. Madec, Néoplatonisme 11f.

[53] Vgl. Masai, Conversions.

[54] Vgl. Rabbow, Seelenführung; Hadot, Exercices spirituels; Philosophie als Lebensform; sowie Augustins Bemerkung in *conf.* 5,6,11 (CChr.SL 27, 62), der manichäische Bischof Faustus hätte wohl auch ein kleines bißchen Seneca gelesen (*paucissimos Senecae libros*), was sich auf seine kosmologischen Spekulationen, wie auch auf seinen Anspruch als geistlicher Lehrer beziehen könnte.

[55] Vgl. Alfaric, Evolution 398: »Pas un mot [...] de cette grave détermination,« nämlich sich taufen zu lassen!

[56] Gott und Seele nennt Augustin in *solil.* 1,2,7 (CSEL 89, 9) als Ziel seines Philosophierens (*deum et animam scire cupio*), Gott selbst in *solil.* 2,1,1 (CSEL 89, 45) als Bedingung seiner Möglichkeit wie auch seiner Verwirklichung (*potestas nostra ipse [deus] est*).

[57] *Beata uita* 4 (CChr.SL 29, 67): Plotini; weniger gesicherte Lesart: *Platonis*.

[58] *C. Acad.* 2,2,5; *beata uita* 4 (CChr.SL 29, 20. 67); vgl. Beatrice, Platonic Reading.

setzungen habe es sich gehandelt.[59] Damit ist der philosophiegeschichtliche Kontext eines latinisierten Neuplatonismus umrissen.[60] Ob es sich bei besagten Büchern um Werke Plotins oder Porphyrius' handelte, wird dabei nicht länger als entscheidbar angesehen.[61] Als entscheidend gilt heute vielmehr, daß Augustin durch die Vermittlung Victorinus'[62] mit dem bereits erwähnten, von Porphyrius initiierten Projekt einer »Harmonisierung der Platondeutungen Plotins und Aristoteles,« also der Lehren vom transzendenten Einen (ἕν) und vom Sein (οὐσία) in Berührung kam,[63] allerdings ohne sich allzu sehr davon beeinflussen zu lassen.[64]

Das philosophische Werk Aristoteles' bzw. das, was zu Augustins Zeiten davon bekannt war, spielte, wie schon die einleitenden Bemerkungen zum *protr.* gezeigt haben, in der Spätantike eine merkwürdige Rolle. Trotz wiederholter Aristotelesrenaissancen in den ersten beiden Jahrhunderten n. Chr. waren die »Kategorien« das einzige verbreitete Werk Aristoteles' zur Zeit Augustins. Und selbst sie übten nur geringen Einfluß aus, auch auf Augustin, der ihnen in der Anfangsphase seiner Studien einmal begegnet war.[65] Er habe sie verstanden, schreibt er. Aber offensichtlich schützte ihn dies nicht vor den Spekulationen manichäischer Exegese und Dogmatik. Ihr Einfluß kann so tiefgreifend nicht gewesen sein.[66]

Plotin hatte sie einst abgelehnt: Sie würden dem komplexen Verhältnis zwischen Sein und Seiendem nicht gerecht.[67] Porphyrius hatte demgegenüber auf den Unterschied von Seins- und Erkenntnisordnung verwiesen, wobei er unter Sein in erster Linie das des individuellen Seienden verstand.[68] Zweck dieser erkenntnistheoretischen Distinktion bei Porphyrius war es unter anderem, in der oben genannten typisch spätantiken Weise, in der auch Jamblich mit seinem *protr.* eine Harmonisierung von Plato und Aristoteles anzielte, Plotin als esoterisch mystischen Denker des Einen auf eine breitere, allgemeinverständlichere (realistischere) philosophische Basis zu stellen.[69] In dieser Form hat, zusätzlich gebrochen durch vielfältige Vermittlungsschritte, der lateinische Westen den Neuplatonismus kennengelernt.[70] Ähnlich Porphyrius versuchte Victorinus, über eine rein negati-

---

[59] *Conf.* 8,2,3 (CChr.SL 27, 114).

[60] Einen aktuellen Überblick über dessen Hintergrund bietet Gersh, Platonism 1-10 (Lit.).

[61] Vgl. dagegen noch Theiler, Porphyrius und Augustin; Henry, Plotin et l'occident; Augustine and Plotinus; dagegen Rez. Theiler in: ByZ 41 (1941) 172-176; außerdem, weiterführend, Courcelle, Lettres grecques; Hadot, Citations de Porphyre; Ferwerda, Plotinus' Presence, bes. 107f.

[62] Vgl. Adamo, Boezio e Mario Vittorino traduttori.

[63] Vgl. Strange, Plotinus; Kremer, Neuplatonismus und Christentum; Hadot, Harmony (Lit.).

[64] Vgl. O'Meara, Parting from Porphyry; Madec, Disciple.

[65] *Conf.* 4,16,28 (CChr.SL 27, 54): *annos ferme uiginti, eum in manus meas uenissent Aristotelica quaedam, quas appellant »decem categorias«* [...] *legi eas solus et intellexi.* Damit hat Augustin Aristoteles einmal im Wortlaut gelesen. Von Plato konnte er das wahrscheinlich nicht sagen.

[66] Wie Bucher (Logik) festhält, war Augustin weit davon entfernt, mit aristotelischer Syllogistik zu arbeiten. Er stand vielmehr unter dem Einfluß stoischer Aussagenlogik.

[67] Plot. *ennead.* 6,1-3; vgl. Sorabji, Aristotle Transformed 2; Evangeliou, Categories.

[68] Porph. *in cat.* 56,31; vgl. Hadot, Harmony 126.

[69] Zu einer philosophischen Bewertung dieses Projekts s. Blumenthal, Plotinus.

[70] Vgl. Dörrie, Porphyrios; Hadot, Porphyre et Victorinus; Markus, Marius Victorinus; Kannengiesser, A propos; Armstrong, Platonism; Ritter, Platonismus; Bastiaensen, Augustin et ses prédécesseurs latins chrétiens; *conf.* 8,2,5 (CChr.SL 27, 114f.).

ve Theologie hinaus ontologische Kriterien für die Erkenntnis Gottes und somit
auch für die Rede von Gott zu gewinnen. Bei diesem Unternehmen stellte die
Unterscheidung von Sein und Seiendem einen wichtigen Schritt dar.[71] Bei Plotin
wird Gott bzw. das Eine als jenseits von Sein und Seiendem als nichtseiend über-
seiend gedacht,[72] bei Porphyrius dagegen nimmt Gott in gewisser Weise den Platz
ein, den im stoischen Modell das τί innehat.[73] Er ist alles in allem, das Universale in jedem Individuum. Porphyrius hatte sich damit nach zwei Seiten hin abge-
grenzt: Er widersprach einerseits der stoischen Ansicht, daß die Erkenntnis des
Seienden selbst kein Seiendes sei, also der naiven strikten Trennung von Sein und
Seiendem bzw. (im Bereich des Erkenntnisprozesses) Zeichen und Bezeichnetem,
andererseits distanzierte er sich von der Ansicht Plotins, daß es jenseits der Erkenntnis eine der Erkenntnis entzogene Wirklichkeit gebe. Positiv stellte er fest:
Das Erkenntnisvermögen der menschlichen Seele ist wirklichkeitsbezogen, auch
und vor allem im Hinblick auf den Bereich des Göttlichen. Gott entzieht sich
nicht (als etwas nicht Seiendes) der menschlichen Erkenntnis, sondern entspricht
ihr als die Wirklichkeit, auf die sie sich bezieht.[74]
    Indes dürfen die neuplatonischen Einflüsse gerade im Umfeld der Bekehrung
nicht zu sehr hochstilisiert werden, zumal wenn Augustins eigene spätere Deutung wenigstens in Grenzen ernstgenommen werden soll. Diese besagt, daß Augustin dem Platonismus zwar das Transzendenzdenken verdankt haben will, was
er als seinem Bekehrungsprozeß förderlich interpretierte. Das pagane Phänomen
des Platonismus beurteilte er jedoch ebenso ablehnend wie den Manichäismus,
die Skepsis und die Stoa, deren Einflüsse in seinem Denken nicht weniger spürbar sind als der des Platonismus.[75] Wenn er etwa in *uera rel.* um 390 sagt, die
Platoniker müßten nur wenige Wörter oder Sätze ihrer Lehren verändern, um
Christen zu werden, so liegt die Betonung eben auf dem Verb »ändern« (*muta-*

---

[71] Vgl. Hadot, Porphyre et Victorinus 488f.

[72] Oder auch nicht »gedacht«; denn es handelt sich bei diesem »Denken« ja, dem Erkenntnisgegenstand entsprechend, um einen Vollzug jenseits der Rationalität.

[73] Freilich mit dem entscheidenden Unterschied, daß das stoische Modell das τί nur in Einzel-
dingen verwirklicht sah, während Porphyrius es als ein allgemeines Prinzip für wirklich existent
hielt. Vgl. in diesem Zusammenhang auch Graeser, Plotinus and the Stoics.

[74] Vgl. Benz, Willensmetaphysik 47f.52f. Im christlichen Platonismus Victorinus' werden
menschliche Erkenntnis und göttliche Wirklichkeit im Nous (Logos, Christus) vereint. In ihm
wird bzw. »ist« die Seele Teil des trinitarischen Gottes. Die Übergänge zum paganen Neuplatonismus sind weiterhin sichtbar. Das wird sich auch mit Augustins Schöpfungs- und Gnadenlehre
nicht ändern. S. dazu unten im ersten Teil von Kapitel V: Insofern Augustin den Schöpfungs-
begriff betonen wird, wird er sich im Rahmen der Metaphysik bewegen, insofern er ihn relativiert, im Rahmen der Erkenntnislehre mit dem Begriff des *intellectus gratiae*. Dieser schließt auch
die Erfahrung des aporetischen Charakters der Wirklichkeit mit ein und deutet ihn respektive als
Hinweis auf die Sünde (Dunkelheit, Abwesenheit von Einsicht) oder die Gnade (Geheimnischarakter Gottes). Hier also befindet sich einer der philosophiegeschichtlichen Anknüpfungspunkte zu
diesem Konzept.

[75] Vgl. in diesem Zusammmenhang die Beschreibung der Bekehrung Victorinus' im Dialog mit
Simplicianus (nach dessen Bericht) in *conf.* 8,2,3-5 (CChr.SL 27, 114-116): Obwohl die Lehren
des Platonikers Victorinus den christlichen sehr nahe kamen, war es seine Entscheidung, sich
taufen zu lassen, auf die es letztlich ankam. Unter Voraussetzung der Taufe bzw. der durch sie
vermittelten Gnade, so Augustin, hat nun freilich auch der Christ seine nunmehr als gnadenhaft
erfahrene intellektuelle Entwicklung als Heilsweg zu rezipieren.

re).[76] Daß Philosophie und Religion im Grunde identisch sind,[77] ändert daran nichts. Augustin geht es nicht um irgendeine Philosophie oder Religion, sondern um die christliche als »wahre« Philosophie *und* Religion. In den Schriften von 386 wurde dies formal vorbereitet, um 390 erstmals in einem umfassenden historisch theologischen Entwurf inhaltlich bestimmt: Der trinitarische Gott wird als Person in der Geschichte tätig, also nicht nur objektiv, durch Taten, sondern auch subjektiv, durch die Menschwerdung.[78] In Christus führt Gott die Menschen zu ihrer ursprünglichen Bestimmung zurück. Christentum ist damit mehr als »Platonismus für die Massen.«[79] Die historische Bedeutung der christlichen Religion ist ein Wahrheitskriterium.[80] Von diesem (manichäisch beeinflußten) Geschichtskonzept und vom geistmetaphysischen Seinsbegriff der *libri Platonicorum* her hatte Augustin *seine* christliche Lehre grundlegend neu durchdacht. Sein vom Wahrheitsbegriff der Akademie (*Hort.*) und dem biblisch geprägten Religions- und Geschichtsbegriff der Manichäer beeinflußtes früheres Denken wurde dadurch nicht eliminiert, sondern lediglich neu definiert.[81]

3. STRUKTURÄHNLICHKEIT DER BEKEHRUNGEN VON 373 UND 386

Vom Hortensius zur Bekehrung von 373

So könnte der Weg Augustins von der Lektüre des *Hort.* über die Annäherung an die Bibel zum Manichäismus konkret ausgesehen haben.[82] Ende 372 kam der

---

[76] *Vera rel.* 4,7,23 (CChr.SL 32, 192): *paucis mutatis uerbis atque sententiis Christiani fierent.* Vgl. Thimme, Entwicklung 18.

[77] *Vera rel.* 5,8,26 (CChr.SL 32, 193).

[78] Vgl. *uera rel.* 1,1,1-10,20,57 (CChr.SL 32, 187-200). Bereits in 3,3,11 (CChr.SL 32, 189) stellt Augustin Plato einen fiktiven »göttlichen« oder »gottbegnadeten Mann« (*uir divinus*; vgl. zu Beginn dieses Kapitels Anm. 2 zur Rede von θεῖος ἀνήρ) vor. In 3,4,14 (CChr.SL 32, 190) wird dessen geschichtliche Wirklichkeit und im folgenden seine Lehre vorgestellt, in 10,19,53f. (CChr.SL 32, 199) seine theologische Bedeutung: Rückerinnerung und vermittelnde Rückbeziehung der durch die Sünde verlorenen Menschheit zu ihrem Ursprung. Zur trinitätstheologischen Anlage von *uera rel.* s. Du Roy, L'intelligence 309-367; s. dort auch zur dezidiert antimanichäischen Gedankenführung zentraler Abschnitte; zur Breite der Thematik s. Lössl, The One.

[79] Augustins Berufung auf die Massenwirkung des Christentums, etwa in *uera rel.* 3,5,17-19 (CChr.SL 32, 191) und im etwas später abgefaßten *util. cred.* (vgl. Hoffmann [FC 9, 45]) ist gerade von der Einbeziehung des Geschichtsbegriffs in die Wahrheitsauffassung her (eine auf das manichäische Geschichtsmodell zurückgreifende Auffassung) zu verstehen. Übergeschichtliche Wahrheit und geschichtliche Wirklichkeit entsprechen einander in den *tempora christiana*, die nunmehr angebrochen seien. Vgl. Madec, Tempora christiana.

[80] Vgl. *uera rel.* 1,1,1-2,2,7 (CChr.SL 32, 187f.). Augustin hebt hervor, daß es dem Christentum im Unterschied zu den Philosophenschulen gelungen sei, die Massen zu »bilden.« Er bezieht sich damit auf das anderweitig als sensus fidelium bekannte, an der religiösen Praxis orientierte, auf den Intellekt (später *intellectus gratiae*) hin offene Glaubenskonzept des Christentums.

[81] Letzteres wird sich im folgenden sowohl an stoischen und skeptischen Äußerungen an den verschiedensten Stellen als auch an den besonderen Geschichts- und Gnadenkonzeption der augustinischen Theologie zeigen. Zum letzteren vgl. Buonaiuti, Genesi; Genesis; Manicheism; Leisegang, Ursprung; Adam, Ursprung; Fortwirken; Dogmengeschichte 290-296; Geerlings, Nachwirken; Walter, Auseinandersetzung; Van Oort, Augustin und der Manichäismus (Lit.).

[82] Vgl. zum folgenden *conf.* 3,4,7f. (CChr.SL 27, 29f.); Feldmann, Einfluß, Bd. 1, 381-420.

Neunzehnjährige nach Karthago und studierte Rhetorik (*libros eloquentiae*). Jugendlich haltlos wie er war (*inbecilla aetate*), geriet er an aufwieglerische Kommilitonen (*euersores*). Einzige Orientierungshilfe in diesem Hexenkessel (*sartago*) wurde ihm der *Hort.* (*ille liber*). Die dort ausgesprochene Aufforderung, nach Weisheit zu streben, sich der Philosophie zu widmen (*exhortatio ad philosophiam, [i. e. studium sapientiae]*), interpretierte er religiös (*mutauit affectum meum [...] excitabar sermone illo et accendebar et ardebam*).[83] Begeisterung über die Sprache des *Hort.* (*lingua*), die er, wie er zugibt, mit anderen Studenten hätte teilen können, kam bei ihm nicht auf. Aber auch mit Ciceros (*cuiusdam Ciceronis*) Denken konnte er nichts anfangen: *nomen Christi non erat ibi*. Statt Textbuch für sein Rhetorikstudium oder Einführung in die Akademische Philosophie wurde der *Hort.* für ihn Anregung (*exhortatio* – der Ausdruck ist bezeichnenderweise nicht ciceronisch) zu etwas anderem. Steht im *Hort.*, Glückseligkeit werde in der Erkenntnis der Natur und in der Wissenschaft erlangt,[84] so lehnt Augustin diesen Weg der *elementa huius mundi* (Kol 2,8f.) ab.[85] Ihn leitet durch das Erbarmen Gottes (Ps 24,7: *secundum misericordiam tuam, domine*) der Name Jesu Christi (*hoc nomen*), den er schon mit der Muttermilch (*lacte matris*) eingesogen hatte. Philosophie war für ihn nicht Untersuchung einzelner logischer und semantischer Probleme, obwohl er auch dafür Talent hatte.[86] Sein Philosophiebegriff war ganzheitlicher Art. Er schloß auch den Religionsbegriff mit ein.[87] Erkenntnis Gottes und gnadenhafte Glaubenserfahrung waren für ihn von der Zielvorstellung her identisch. Doch wollte er sich nicht der kirchlichen Disziplin unterwerfen (*beata uita* 4: *docentibus potius quam iubentibus esse c[r]edendum*). Also schloß er sich in lockerer Form dem Manichäismus an, verfolgte weiter die Karriere als Rhetor und studierte nebenher die Bibel und Manichaica.[88]

Vom Hortensius zur Bekehrung von 386
Obwohl oder gerade weil Augustin von der Philosophie Ciceros mehr erwartete als eine Propädeutik für die Urteilsenthaltung (ἐποχή), trug die Lektüre des

---

[83] Das Wort *affectus* bezeichnet für Augustin die umfassendere Wirklichkeit, die er mit seiner »Philosophie« anstrebt. Sie soll Theurgie und Liturgie miteinbeziehen. Die Intensität der inneren Orientierung an der Weisheit selbst soll sinnlich wahrnehmbar werden. Vgl. dazu im ersten Teil von Kapitel V zur »musikalischen Dimension« des *intellectus gratiae*; zu hier Feldmann, Einfluß, Bd. 1, 415-420; zur manichäischen Hymnik und Psalmodie Puech, Sur le manichéisme 179-233.

[84] Cic. *Hort.* frg. 101: *una igitur essemus beati cognitione naturae et scientia*. Überliefert ist freilich auch dieses Stück von Augustin selbst: *trin.* 14,12 (CChr.SL 50A, 438f.).

[85] *Conf.* 3,4,8 (CChr.SL 27, 30).

[86] Vgl. dazu die im folgenden dargestellten Gedankengänge in c. *Acad.*, *dialectica*, *de magistro* und *doctr.*. Dazu Bucher (Logik), der sich wundert, daß Frede (Die stoische Logik) nicht auf Augustins aussagenlogische Ausführungen in *doctr.* eingeht; vgl. Kirwan, Augustine 15-59; Rist, Augustine 23-40; King, Augustine (Lit.).

[87] Feldmann, Einfluß, Bd. 1, 430f. Neuere philosophiegeschichtliche Untersuchungen tragen dem eher Rechnung als etwa noch König (Augustinus philosophus), der das Frühwerk nur unter propädeutischen Gesichtspunkten zum theologischen Spätwerk untersucht hatte. Vgl. demgegenüber Kirwan, Augustine; Rist, Augustine, Horn, Augustinus (Lit.).

[88] Feldmann Einfluß, Bd. 1, 433f.; Sinn-Suche.

Hort. aber auch bereits den Keim für eine Überwindung des Manichäismus in sich. An einer Stelle weckt der *Hort.* für diejenigen große Hoffnung (*magna spes*), die sich Tag und Nacht um Einsicht (*intelligentia*) bemühten, ihren Geist ständig geschärft (*mentis acies*) hielten und so »in der Philosophie lebten« (*in philosophia uiuentibus*), sei es daß sie, wenn mit dem Tod tatsächlich alles aus sein sollte, in Frieden dahinscheiden könnten, oder, falls es umgekehrt tatsächlich der Fall sein sollte, daß die Menschen Geistseelen (*aeternos animos*) hätten, umso leichter in den Himmel kämen (*ascensum et reditum in caelum*).[89] Beide Möglichkeiten in Betracht ziehend (*aut-aut*), betont der *Hort.*, daß die zweite von den größten der alten Philosophen (*antiquis philosophis [...] maximis longeque clarissimis*) vertreten wird. Sicher mag auch ein solcher Text Augustin angesichts der Oberflächlichkeit seines Rhetorendaseins aufgerüttelt haben. Von hier bis zur Intensität der bei der Lektüre der *libri Platonicorum* erlebten Innerlichkeit ist es jedoch noch ein weiter Weg. Zwar beschreibt Augustin bereits die Lektüre des *Hort.* als Erweckung (*excitabar sermone illo*), doch die neuplatonischen Schriften entfachten einen »unglaublichen Brand« in ihm (*flammulae instillarunt [...] incredibile incendium concitarunt* [c. *Acad.* 2,2,5]; *exarsi* [*beata uita* 4]). Immerhin regte die *Hortensius*-Lektüre zur Weitersuche an, einer Suche, die in religiöse Vollzüge mündete, wenn auch zunächst im Bereich des Manichäismus. Die neuplatonischen Schriften erneuerten diese Bewegung und führten sie diesmal endgültig auf die Spur der Religion der Kindheit, die »tief drinnen« war (*quae pueris nobis insita est et medullitus implicata* [c. *Acad.* 2,2,5]).[90] Sowohl 373 als auch 386 war die Bekehrung mit einer Hinwendung zur Bibel verbunden. Nach der Lektüre der *libri Platonicorum* greift Augustin zu Paulus (*titubans, properans, haesitans arripio apostolum Paulum* [c. *Acad.* 2,2,5]).[91]

Beinahe hat es den Anschein, als ob Augustin den Prozeß von 386 wie eine zweite Chance darstellen wollte. Nachdem er begonnen hatte, sich vom Manichäismus zu distanzieren, wandte er sich, genau wie 373 von philosophischer Lektüre angeregt, erneut einer Religion zu, diesmal dem kirchlich orthodoxen Christentum.[92] Die intellektuelle Zielvorstellung ist dieselbe wie 373: Vollkommene Glückseligkeit in der Verwirklichung eines ganzheitlich intellektuellen Lebensvollzugs. »Darum,« so in c. *Acad.*, »um das ganze Leben, Ethik und Spiritualität eingeschlossen (*de uita, de moribus, de animo*), geht es für alle, die die Widrig-

---

[89] Cic. *Hort.* frg. 102; Aug. *trin.* 14,26 (CChr.SL 50A, 457f.); vgl. Feldmann, Einfluß, Bd. 1, 441f.; zum Schlußsatz des Zitats vgl. c. *Acad.* 2,9,22 (CChr.SL 29, 30): *securior rediturus in caelum.*

[90] Feldmann (Einfluß, Bd. 1, 507f.) verweist noch auf zwei weitere Stellen, an denen Augustin betont, er sei von Kind an, und zwar von beiden (!) Eltern her, christlich geprägt gewesen: *util. cred.* 2 (CSEL 25/1, 4): *quid enim me aliud cogebat annos fere nouem spreta religione, quae mihi puerulo a parentibus insita erat [...] homine illos sequi.* *duabus ann.* 1 (CSEL 25/1, 51): *multa enim erant [...] ne tam facile [...] religioni uerissimae semina mihi a pueritia salubriter insita [...] ex animo pellerentur.* Auch in *conf.* 6,4,5; 11,18 (CChr.SL 27, 77.86) kommt er darauf zurück, wo er von der Kirche, der er sich verpflichtet weiß, sagt: *in qua mihi nomen Christi infanti est inditum; in quo puer a parentibus positus eram.*

[91] Feldmann, Einfluß, Bd. 1, 457; vgl. Cic. *Tusc.* 1,73: *dubitans, circumspectans, haesitans.*

[92] Zur Abhängigkeit von c. *Acad.* von *Hort.* vgl. Feldmann (Einfluß, Bd. 1,473); vgl. auch die ausführlichen *Hort.*-Zitate in *beata uita*; Madec, C. *Acad.* 2,2,5.

keiten ihrer Lebenslügen (*inimicitias omnium fallaciarum*) überwinden wollen. Wer die Wahrheit ergriffen hat, darf annehmen, daß er sich sozusagen auf einem Heimweg befindet, daß er eines Tages über seine Begierden triumphieren, sein gemäßigtes Leben wie einen Ehegatten akzeptieren, ein Leben wie ein Herrscher führen und dergestalt umso sicherer in den Himmel gelangen wird.«[93] Auch die Weiterführung des Gedankens (*c. Acad.* 3,19,42) nimmt bezug auf den *Hort.* Er hätte die vernunftbegründete Motivation (*ratio*) dazu, die »irdische Philosophie« (*huius mundi philosophia*) hinter sich zu lassen und sich der »intelligiblen Welt« (*mundus intelligibilis*) zuzuwenden, niemals entwickeln können, so Augustin, »wenn sich nicht Gott höchstselbst in seinem Erbarmen (*populari quadam clementia*) zu den Menschen herabgelassen und die *auctoritas* des göttlichen Logos (*diuini intellectus*) dem menschlichen Leib (*ad ipsum corpus humanum*) unterworfen hätte.«[94]

Viele häufig wiederkehrende biblische wie platonische (auch antiplatonische!)[95] Motive hängen hiermit zusammen: Die Unterscheidung von »dieser« (*huius mundi*) und »jener« (*alterius*), »sensibler« und »intelligibler« Welt, Leib und Seele (*anima, corpus*),[96] *auctoritas* und *ratio*,[97] *praecepta* und *facta*, Blindheit und Klarsicht, Beschmutzung und Reinigung, Verirrung und Rückkehr der Seele (*redire in semetipsas*),[98] Trennung von und Wiedersehen der Heimat (*respicere* oder *resipiscere patriam*). Im Zentrum steht dabei die Aussage, daß Gott in seiner Güte zu den Menschen (*populari clementia*) seine vom Gesetz (*praecepta*) her ja rein äußerliche (unphilosophische) Autorität durch den Abstieg (*declinaret*) seines mit dem Sohn (Logos) identischen *intellectus* zum menschlichen Leib, ja seiner Unterwerfung noch unter diesen, die Fähigkeit des menschlichen Intellekts zu jener *uerissimae philosophiae disciplina* überhaupt erst ermöglicht hat.[99]

---

[93] *C. Acad.* 2,9,22 (CChr.SL 29, 30); zum Schlußsatz (*securior rediturus in caelum*) vgl. Cic. *Hort.* (frg. 102).

[94] *C. Acad.* 3,19,42 (CChr.SL 29, 60); vgl. das durch Aug. *c. Iul.* 4,78 (PL 44, 778) überlieferte Cic. *Hort.* frg. 99,1, wo die Geschichte vom Brauch etruskischer Seeräuber erzählt wird, Lebende an Leichen zu fesseln, um sie verrotten zu lassen. Genauso, meint Cicero, verhalte es sich beim Menschen mit Leib und Seele. Um die Erlösung aus diesem Zustand gehe es in allen Religionen (*in sacris initiisque tradendis*). Geistigkeit werde also überall mit Göttlichkeit in Beziehung gesetzt. Von Gott her kommt der Geist die Erlösung. Verwirklichbar freilich, so Augustin, ist die Erlösung nur in den *sacra nostra*.

[95] Vgl. *uera rel.* 2,2,6 (CChr.SL 32, 188), wo der Platonismus als unfähig bezeichnet wird, die Bekehrung vom Aberglauben dieser Welt zuwege zu bringen; des weiteren *uera rel.* 35,65,183; 45,84,239 (CChr.SL 32, 230.242): *pompa huius mundi*; Jürgens, Pompa diaboli.

[96] Vgl. die bei Feldmann (Einfluß, Bd. 1, 473) genannten Bilder des in der Krankheit Versunkenseins der Seelen (*ord.* 1,29), ihres Festklebens wie an Vogelleim: *solil.* 1,24 (CSEL 89, 7), *c. Acad.* 2,3,7 (CChr.SL 29, 21f.), *uera rel.* 4,7,24 (CChr.SL 32, 193): *sordibus uiscoque*.

[97] *Vera rel.* 8,14,42; 10,20,57; 24,45,122 (CChr.SL 32, 197.199.215); vgl. Lössl, Autorität; zu *auctoritas* in *util. cred.* Hoffmann (FC 9); zu *auctoritas* bei Augustin allgemein Lütcke, Auctoritas; Art. Auctoritas, in: AugL, Bd. 1, 498-510.

[98] Vgl. *uera rel.* 39,72,202 (CChr.SL 32, 234): *in te ipsum redi*.

[99] In *uera rel.* (ca. 390) wird Augustin, wie im folgenden zu Beginn von Kapitel II noch näher ausgeführt werden wird, in diesem Zusammenhang zum ersten Mal auch den Begriff *gratia* einführen.

4. EXEGESE UND PHILOSOPHIE

(a) Schriftargumente

Im Sinne der Entstehung des Konzepts des *intellectus gratiae* ist der Bekehrungs-prozeß von 384 bis 387 als ein einheitlicher Vorgang zu betrachten. Die Loslö-sung vom Manichäismus und das Ringen mit der Skepsis sind zwei Aspekte ein und derselben Entwicklung. Die Argumente der Frühschriften stehen dabei auf der Grundlage biblischer und neuplatonisch-geistphilosophischer Grundaussagen zur Möglichkeit wahrer Erkenntnis und endgültiger, heilsrelevanter Einsicht.

Bereits in *c. Acad.* wird an zwei Stellen ausdrücklich die Bibel zitiert, an der einen folgendermaßen: Augustin rechtfertigt seinem manichäischen Freund und Gönner Romanianus und dem anderweitig unbekannten Lucilianus gegenüber sei-ne Abkehr vom Manichäismus damit, daß er sich von schädlichem Scheinwissen freimachen wolle (*me ipse purgo a uanis perniciosisque opinionibus*), um Voraus-setzungen für den Erwerb wahren Wissens zu schaffen. Seine Annahme, daß es im Prinzip tatsächlich möglich sei, wirkliches Wissen zu erwerben, gründet er auf die Aussage Mt 7,7b par.: *quaerite et inuenietis*.[100] Demnach ist es unter Vor-aussetzung des Glaubens sogar göttliches Gebot, wahres Wissen zu erstreben. Gott wird dementsprechend auch die Fähigkeit zum Erwerb dieses Wissens ver-leihen, das die Qualität mathematischen Wissens sogar noch übertreffen werde (*manifestiorem esse futuram quam sunt illi numeri*).[101]

Noch deutlicher kommt dieses Motiv in der Verwendung von Jes 7,9b LXX zum Ausdruck.[102] Dabei zeigt sich: Es geht Augustin nicht darum, Glauben und Wissen voneinander abzugrenzen, etwa gar in der Absicht, den christlichen Glau-ben gegenüber einem Wissenschaftsdenken zu rechtfertigen, im Gegenteil.[103]

---

[100] *C. Acad.* 2,3,9 (CChr.SL 29, 23); vgl. auch *ord.* 2,7,24 (CChr.SL 29, 110), wo die Möglichkeit der Erkenntnis Gottes und der Seele als »sicherer als das Wissen um die Summe einer Addition« bezeichnet wird, immer natürlich unter der Voraussetzung von Gottes Hilfe (*ipsa nunc adiutus es*), ganz im Sinne eines künftigen *intellectus gratiae*. Der Kontext verweist auf beinahe tragisch anmutende biographische Zusammenhänge. Augustin war dabei, sich unter skeptischen Ausflüchten von seinen manichäischen Freunden loszusagen. Besonders um Lucilianus tat es ihm dabei leid. Er schreibt, er vermisse ihn sehr. In Wirklichkeit befand er sich längst auf dem Boden christlichen Glaubens, den er nun mit biblischen und geistmetaphysischen Argumenten abzusi-chern begann.

[101] Feldmann (Einfluß, Bd. 2, 211) kommentiert die Bedeutung von Mt 7,7 in diesem Zu-sammenhang folgendermaßen: »Dieses für die Gnosis bedeutsame Wort mußte in Augustinus un-geahnten Nachhall finden – so darf man vermuten –, wenn er es mit seinem Wort aus dem Hortensius in eine Synthese brachte (*semper »in inuestigandi cupiditate«* esse, frg. 115 [= nach der in dieser Arbeit verwendeten Zählung von Straume-Zimmermann frg. 102]). Augustinus scheint schon in Afrika eine Form der Gnosis angestrebt zu haben – ich nehme damit das Ergeb-nis der Arbeit vorweg –, die Holte (Beatitude 80f.186f) beim jungen Augustinus vor Mailand noch nicht im hortensisch-manichäischen Zusammenhang gesehen hat.« Zur Nachgeschichte von Mt 7,7b vor Augustin vgl. auch Brox, Suchen und Finden; Koschorke, Suchen und Finden.

[102] Vgl. Arostegui, Interpretación agustiniana del *nisi credideritis, non intellegetis*; Geerlings, Jesaia 7,9b; ebd. 6, Anm. 5 eine Liste der 33 Stellen, an denen Augustin den Vers zitiert.

[103] Vgl. hierzu auch Starnes, Augustinian Biblical Exegesis and the Origins of Modern Science.

Gott, so argumentiert er vielmehr in *lib. arb.* 2,2,18, Jes 7,9b LXX auf Joh 17,3
anwendend, habe nicht gesagt, das ewige Leben bestehe im Glauben, sondern
darin, ihn als den wahren Gott zu erkennen (*ut cognoscant*), ihn und den, den er
gesandt hat, Jesus Christus. Er habe denen, die bereits glauben, aufgetragen:
»Sucht, und ihr werdet finden;« »denn es ist weder möglich, etwas bereits *gefun-*
den zu nennen, was noch als unbekannt geglaubt wird, noch wird jemand dadurch
Gefallen bei Gott finden, daß er vorher nicht glaubt, was er nachher zu finden
gedenkt, weil er ja, wenn er nicht glaubt, auch nicht sucht.«[104]
     Noch früher als in *lib. arb.* entwickelt Augustin einen ganz ähnlichen Gedan-
ken in *c. Acad.* 2,1: »So unmöglich es ist, daß jemand ohne Disziplin und Wissenschaft der Weisheit weise sein kann, so notwendig ist es (*necesse est*), daß er
die Weisheit findet (*inuenire*), wenn er nur nach ihr forscht (*dum quaeritur*).«
Nach einiger Polemik gegen die Akademische Skepsis, die sich nicht an dieses
Prinzip halte, meint er, um dieses Ziel nach ausdauerndem Studium zu erreichen
(*ut intentio constantissima bonorum studiorum teneat cursum*), müsse man zuerst
die Hilfe Gottes erflehen (*in primis diuinum auxilium omni deuotione ac pietate
implorandum est*). Er schließt den an Romanianus gerichteten Abschnitt mit den
Worten: »Ich bete also damit die Macht (*uirtutem*) und Weisheit des höchsten
Gottes selbst an (1 Kor 1,24). Und was ist diese anderes als was uns die Mysterien überliefern: Der Sohn Gottes?«[105] Alle Aspekte eines künftigen *intellectus
gratiae* liegen hier bereits vor, neben der intellektuellen Zielgabe insbesondere
das Konzept der Gotteshilfe durch die Inkarnation, vermittelt durch die Sakramente der Kirche.
     Ebenfalls in diese Richtung gehende Gedanken finden sich in (1) *beata uita*:
»Was anderes als die göttliche Weisheit könnte man Weisheit nennen? Wir aber
nehmen durch göttliche Autorität (*auctoritate diuina*) gerade den Sohn Gottes als
göttliche Weisheit an.[106] Dieser ist in der Tat Gott und Gott hat, wer glücklich
ist.«[107] (2) *de magistro*: »Man sagt, jener Lehrer, Christus, die Kraft und im-
merwährende Weisheit des unveränderlichen Gottes (1 Kor 1,24), wohnt im Innern des Menschen (*in interiore homine*). Jede Vernunftseele (*rationalis anima*)
bittet ihn um Rat. Solcher wird aber nur insoweit erteilt, als die betreffende Seele
aufgrund ihres eigenen bösen oder guten Willens fähig ist, ihn anzunehmen.«[108]
Hier kommt auch bereits die Willensproblematik ins Spiel, wird aber noch nicht
näher ausgeführt. Wir übergehen *de magistro* 45 und kommen (3) zu *lib. arb.*
1,2,13: »Was ihn selbst betrifft, so schafft er, der alles aus nichts schafft, nicht,
sondern zeugt (*genuerit*), nämlich was ihm ebenbürtig ist (*par*), den 'einzigen
Sohn Gottes' (*filium dei unicum*), wie wir ihn nennen. Versuchen wir, deutlicher
(*planius*) auszudrücken, was wir damit meinen, so nennen wir ihn 'Gottes Kraft

---

[104] *Lib. arb.* 2,2,18 (CChr.SL 29, 239).
[105] *C. Acad.* 2,1,1f. (CChr.SL 29, 18).
[106] Hier entfällt der Ausdruck *uirtus*, wird jedoch ersetzt durch *auctoritas*. Ist *uirtus* sozusagen
(subjektiv) die aus dem Innern Gottes erwachsende Kraft, die zur Erkenntnis der Weisheit befähigt, so *auctoritas* die objektive, äußere Befähigung oder Möglichkeitsbedingung (*potestas*) dazu.
[107] *Beata uita* 34 (CChr.SL 29, 84).
[108] *De magistro* 38 (CChr.SL 29, 196).

und Weisheit' (1 Kor 1,24) [...] Steht dies fest (*quibus constitutis*), streben (*nitamur*) wir mit Gottes Hilfe (*opitulante deo*) zur Einsicht (*ad intellegentiam*) dieses Sachverhalts, und zwar auf folgende Weise.«[109] Es folgt eine Zustandsbeschreibung der durch den Sündenfall beeinträchtigten Vernunft.[110] Dann erst (1,7) wird der freie Wille als Voraussetzung für den Fall genannt.[111] Priorität hat also der Begriff der Einsicht (*intellegentia*). Von dem der Gotteshilfe flankiert, konstituiert er Augustins Heilsvorstellung.

(b) Systematisch-philosophische Argumente

Antistoische Argumente (Vorformen)
In *conf.* 3,4,8 erzählt Augustin von Philosophen, die die Menschen dadurch verführen (*seducant*), daß sie ihre Irrtümer mit einem großen, beeindruckenden, ehrlich klingenden Namen schmücken. Am Ende des Abschnitts zitiert er Kol 2,8f., wo von Christus gesagt wird: »In ihm wohnt leibhaft die ganze Fülle der Gottheit (*in ipso inhabitat omnis plenitudo diuinitatis corporaliter*).« Im Frühwerk ist dieser Vers nicht zu finden. Das Motiv der Leiblichkeit Christi wird dort überlagert von jenem der Kombination von Macht und Weisheit im Erkenntnisweg. Erst in den 390er Jahren sollte das Bewußtsein der Problematik menschlicher Leiblichkeit angesichts der »natürlichen« Sterblichkeit des Menschen wieder stärker in den Vordergrund treten, Christus als machtvolles Symbol der Überwindung dieser Problematik auch in seiner Leiblichkeit aufscheinen.

Für Augustin war und blieb die leibliche Hinfälligkeit, die Sterblichkeit des Menschen ein Übel. Das Problem hatte ihn dem Manichäismus nahegebracht.[112] Es beschäftigte ihn auch als Christen. Die Philosophen, auf die er in *conf.* 3,4,8 anspielt, sind die Stoiker. Mit ihrer Naturmystik leugnen sie das Urübel, in dem auch die Hinfälligkeit des materiellen Kosmos begründet liegt. Bis 386 hatte Augustin geglaubt, daß jenes Übel die Materie selbst sei, an die Seele gekettet wie eine Leiche an einen lebenden Menschen.[113] Durch seine Bekehrung hatte er erkannt, daß die Lösung des Problems nicht darin bestand, ein Element aus diesem Komplex zu eliminieren, sondern darin, den gesamten Komplex neu zu definieren. Statt ihn schönzureden wie die Stoiker bzw. ihn zu zerschlagen oder

---

[109] *Lib. arb.* 1,2,13 (CChr.SL 29, 213).

[110] Bei Annahme einer Entstehungsgeschichte von *lib. arb.* von 387-396/7 könnten dahingehende Ergänzungen auf spätere redaktionelle Eingriffe zurückzuführen sein. Vgl. Lössl, Wege 327-329.

[111] Mit Recht verweist Feldmann (Einfluß, Bd. 2, 208) auf Andresen, der die Interpretation etwa von *c. Acad.* 3,19,42 als voll entwickelte Geschichtstheologie ablehnt (Andresen, Rez. von Holte, Beatitude, 263). Dennoch müssen die Einflüsse manichäischer Geschichtstheologie natürlich schon hier ebenso berücksichtigt werden wie die Eigendynamik der Verwendung heilsgeschichtlicher Motive (Menschwerdung, Ausbreitung des Christentums usw.), zumal im Kontext der Entwicklung eines erkenntnistheoretischen Zugangs zur Gnadenlehre.

[112] Vgl. *lib. arb.* 1,2,4 (CChr.SL 29, 213).

[113] Vgl. Cic. *Hort.* frg. 99 die Geschichte von einem entsprechenden Brauch etruskischer Piraten; *c. Iul.* 4,78.83 (PL 44, 778.781f.).

einzufrieren wie die Manichäer wollte er ihn in einen dynamischen Erkenntnisprozeß integrieren.[114]

Umgekehrt berichtet Augustin in *uera rel.*, als Manichäer die Materie (*elementa huius mundi*) vergöttlicht zu haben. Sein Gottesbild war materiell ausgerichtet. Gott war für ihn überschaubare Quantitäten zu monströsen Ausmaßen
vergrößert.[115] Selbst Christus, erinnert er sich, sei für ihn lediglich ein gewaltig
aufgeblähtes Pneuma gewesen.[116] Durch die Einsicht der Einheit Gottes mit seiner
Schöpfung in Christus, der Macht und Weisheit (1 Kor 1,24), Gnade sowie leiblichen Gegenwart (Kol 2,8f.) Gottes habe er diesen Irrtum jedoch gnadenhaft überwunden.

Antiskeptische Argumente
Augustins (neben *beata uita*) erste Schrift überhaupt, *c. Acad.*, ist Romanianus
gewidmet.[117] Ob die Widmung so zu verstehen ist, daß Romanianus, der wie Augustin *auditor* einer Manichäer-Gemeinde war, Akademiker wurde, als Augustin
sich zum Christentum bekehrte, ist fraglich.[118] Freilich könnte das Verhalten
Augustins auch bei ihm eine gewisse Verunsicherung ausgelöst haben.[119] Jedenfalls scheint Augustin dies bis zu einem gewissen Grad anzunehmen. Überfordern
will er seinen Adressaten jedoch weder religiös existenziell noch intellektuell.
Auf den Fachdiskurs der Akademie oder gar der verschiedenen skeptischen Schulen untereinander geht er nicht ein.[120] Der Zweck seiner Argumentation ist, die

---

[114] Feldmann, Einfluß, Bd. 1, 490: In eine Philosophie, »die Gott bedenkt und von ihm her die
Welt mitbedenkt, aber auch dies nur so weit, als sie der Gotteserkenntnis dient.«
[115] Vgl. *uera rel.* 10,19,53f.; 20,40,107 (CChr.SL 32, 199.211f.); dort auch jeweils Röm 1,21-
25; Koh 1,2f.; Diskussion bei Du Roy, L'intelligence 311-318; vgl. Lössl, The One 85-87.
[116] Vgl. Verbeke, Doctrine du pneuma; Augustin et le stoïcisme.
[117] Der Großgrundbesitzer aus Thagaste hatte nach dem Tod seines Vaters sein Weiterstudium
in Karthago gefördert und ihn 382 nach Rom genommen, um ihm dort Karrieremöglichkeiten
zu eröffnen. Augustins Abkehr vom Manichäismus und Hinwendung zur Kirche führte langfristig
zu seiner Entfremdung von ihm. Augustins überenthusiastische, verlegen werbende Freundlichkeit
in den Widmungen in *c. Acad.* und *uera rel.* deutet vielleicht darauf hin. In einem Briefwechsel
zwischen Augustin, Paulinus von Nola, Romanianus und Licentius um 396 ist nur noch aus der
Distanz von dem Magnaten die Rede, dem aus der Sicht des Bekehrten Luxus und die Sorge um
den Erhalt von Vermögen und Ehrenstellung wichtiger waren als sein Seelenheil. Vgl. Aug. *epp.*
27; 31 (CSEL 34/1, 95-102; 34/2, 1-8); Paul. Nol. *epp.* 7.8 (CSEL 29, 42-52). Mandouze, Prosopographie 996f.; O'Donnell, Augustine, Confessions, Bd. 2, 382; dort auch Diskussion von
Gabillon's These zum »Cornelius (Romanianus)« von Aug. *ep.* 259 (CSEL 57, 611-615) und dem
im antiken Thagaste entdeckten Fragment einer Inschrift »Cornelius Romanianus.« Romanianus'
Situation dürfte angesichts der unsicherer werdenden politischen und sozialen Verhältnisse ständig
prekärer geworden sein. Vgl. dazu allgemein Brown, Macht und Rhetorik 95-134 (Lit.); zu Romanianus King (Augustine, Against the Academicians vi-xiii).
[118] Gegen Mourant, Academics 85f. Im Dialog vertritt Romanianus' 386 etwa sechzehnjähriger
Sohn Licentius die Seite der Skeptiker. Zur Historizität dieses Sachverhalts und der Cassiciacum-
Dialoge allgemein s. bereits Tillemont, Mémoires 959-961; Madec, L'historicité (Lit.).
[119] Vgl. *conf.* 5,10,19.14,25 (CChr.SL 27, 68.71).
[120] Daraus zu schließen, seine Argumente seien nicht gut und vielschichtig, wäre allerdings ein
Fehler. Vgl. Heil, Skepticism; Striker, Unterschied; Ricken, Antike Skeptiker; Bucher, Skeptizismus; Fuhrer, Skeptizismus; King, Augustine (Lit.).

religiöse Perspektive intellektueller Anstrengung zu begründen. Dabei werden erneut Grundstrukturen eines künftigen *intellectus gratiae* sichtbar.

Warum, so fragt er etwa am Ende des Werkes, stellten die Skeptiker jeglichen Anspruch auf Wissen als Schein infrage? Weil es ihnen, wie Plato berichtet, wie schon Sokrates und Pythagoras um das wahre, göttliche Wissen ging.[121] Im Durchgang durch ihre grundlegendsten Argumente hoffte Augustin, so schreibt er später in *retract.*, sich gegen die möglichen negativen Auswirkungen dieses Denkens in seinen radikalen Formen abzusichern.[122] Ein radikaler Skeptiker würde, wie er glaubte, am Ende nicht nur kein Scheinwissen mehr beanspruchen, sondern das Streben nach Wissen und damit nach Glück überhaupt aufgeben. Solange skeptische Argumente stoische und manichäische Dogmatik widerlegen halfen, waren sie ihm willkommen. Sofern sich ihr religionskritisches Potential jedoch auch gegen den christlichen Glauben wandte, mußte er sie bekämpfen.[123] Er tat dies auf den Grundlagen biblisch gewandeter neuplatonischer Geistphilosophie durch die Diskussion einer Reihe von Fragen in den Bereichen Ethik (Eudaimonielehre) (1,3), Erkenntnislehre (2,4) und Metaphysik (5).[124]

(1) Eine vorrangige Frage nicht nur in *c. Acad.*, sondern auch in *beata uita* ist die Frage nach dem Zusammenhang von Wahrheitserkenntnis und Glück. Von der Identifikation bereits der Wahrheits*suche* mit dem Glück war in *Hort.* frg. 91 die Rede (zitiert in *c. Acad.* 1,7 von Licentius). In *beata uita* 2,10f. kann Augustin Cicero aber auch dagegen zitieren: »Wir alle wollen [Cicero: *certe*, 'ganz gewiß'] glücklich sein. [...] Kann aber [...] jemand glücklich sein, der nicht hat, was er will?«[125] Zuerst antwortet Monica (»glücklich, wer guten Willens, unglücklich, wer bösen Willens« sei) und ist begeistert, als Augustin ihr zeigt, daß im *Hort.* beinahe dasselbe steht: »Mehr Übles nämlich als Fortuna Gutes bringt die Verkehrung des Willens.«[126] Nach einer Reihe weiterer Argumentationsschritte, in denen Gott als der unveränderliche, gute Eine und infolgedessen als Inbegriff der Vollkommenheit des Glücks definiert wird, kommt Augustin in *beata uita* 19f. auf seinen springenden Punkt: Letztlich geht es nicht um den menschlichen Willen, sondern um den Willen Gottes: »Ist es nicht Gott selbst, der will, daß der Mensch ihn sucht? [...] Wer aber Gott sucht, hat ihn doch noch nicht. [...] [Dagegen Monica:] Wie mir scheint, gibt es niemanden, der Gott nicht hat;

---

[121] Vgl. *c. Acad.* 3,17,37 (CChr.SL 29, 57).

[122] *Retract.* 1,1,1 (CChr.SL 57, 7).

[123] Vgl. in diesem Zusammenhang *util. cred.* 20 (CSEL 25/1, 24f.), wo Augustin dem Adressaten, einem gewissen Honoratus (s. Hoffmann [FC 9, 14]), dem er nahelegt, sich der *auctoritas* des kirchlichen Glaubens zuzuwenden (vgl. προτρέπειν, auch *util. cred.* ist ein Protreptikos), von sich selbst erzählt: Er habe damals (382/3 – *util. cred.* entstand ca. 391), als er nach Italien kam, zwar unter skeptischen Anwandlungen vom Manichäismus Abstand zu nehmen begonnen, sei aber über eines nie im Zweifel gewesen, nämlich darüber, daß wahre Erkenntnis von einer göttlichen Autorität (*diuina auctoritate*) gewährt werde.

[124] Vgl. zum Folgenden auch Lorenz, Gnade und Erkenntnis 23; Kirwan, Augustine 15-34; Fuhrer, Kriterium der Wahrheit.

[125] Cic. *Hort.* frg. 69f.; *beata uita* 10f. (CChr.SL 29, 70f.).

[126] Lorenz, Gnade und Erkenntnis 23: Augustin »widersetzt sich der stoischen Abmagerung des Glücks auf die Tugend.« Er hält den, der nicht hat, was er will, nämlich seinen Willen, nicht für glücklich. Vgl. auch Benz, Willensmetaphysik; Dihle, Willen; Horn, Willensbegriff.

sondern diejenigen, die ein gutes Leben führen, haben ihn als gewogenen (*propitium*), die aber, die ein schlechtes Leben führen, als feindlich gesinnten, drohenden (*infestum*). [...] [Und sie folgert:] Gott haben und nicht ohne Gott sein ist zweierlei: Wer gut lebt, hat Gott, aber als ihm gewogenen. Wer schlecht lebt, hat Gott, aber als einen ihm feindlich gesinnten. Wer Gott aber sucht, hat ihn weder als gewogenen noch als feindlich gesinnten. Doch ist auch er nicht ohne Gott; denn [wie Augustin nun ergänzt:] Hilft Gott nicht jedem Menschen, der ihn sucht?«[127]

In *c. Acad.* 1,3,9 schließt Trygetius aus dem Argument, daß glücklich ist, wer hat, was er begehrt, daß Wahrheitserkenntnis möglich ist. Dabei setzt er voraus, daß Menschen glücklich sein können, das höchste Glück in der Wahrheitserkenntnis besteht, Gott, der Eine, Allmächtige, Gute und Vollkommene Inbegriff der Wahrheit ist und sich dem Menschen mitteilt (oder auch nicht, je nach dem Ratschluß seiner Gnade). Der Übergang von philosophisch-rationaler zu gnadentheologischer Argumentation ist nahtlos.[128] Wo die Skepsis mit ihrer Kritik am Ende ist, beginnt eine neue Art des Forschens. Augustin sieht dies nicht als Überstieg von der Philosophie in die Mystik. Es ist ja derselbe Geist

---

[127] *Beata uita* 19-21 (CChr.SL 29, 75-77). Die später vor allem von Julian von Aeclanum monierten Aporien und Paradoxien des *intellectus gratiae* der späten Gnadenlehre (vgl. unten im zweiten Teil von Kapitel V) werden bereits hier sichtbar: Zum einen Hoffnung auf den Heilswillen Gottes, zum andern begriffliches Prädestinationsdenken härtester Sorte. Die Begriffe »Gott haben« (synonym für *beatitudo* bzw. *beata uita*) und »Gott nicht haben« (synonym für Abwesenheit von Weisheit, Einsicht und Glück) werden unter einen (erkenntnistheoretisch orientierten) Gnadenbegriff subsumiert: Jeder hat Gott (d. h. jeder Mensch hat eine Art von Gotteserkenntnis). Aber ob Gott sich gnädig (*propitius*) zeigt, ob er also Einsicht und somit Glück verleiht, oder ob seine Gegenwart (in der Erkenntnis) im Gegenteil für den betreffenden Gläubigen Verdammnis bedeutet, darauf hat der Gläubige natürlich keinen Einfluß. Er kann höchstens, wenn auch vernünftigerweise, darauf hoffen, daß Gott ihm in seinem Sinne, also bei seinem Streben nach Einsicht und somit nach Glück, also nach seinem Heil hilft. Interessant ist übrigens, wen Augustin hier als Urheberin dieses Denkens einführt, nämlich seine ganz in der Tradition nordafrikanischer Kirchlichkeit stehende Mutter Monica.

[128] Vgl. Kirwan (Augustine 19), der Augustins Identifizierung von Wahrheit und Wirklichkeit in Gott kritisiert; s. dazu auch *lib. arb.* 2,13,35 (CChr.SL 29, 261); *solil.* 1,13,22 (CSEL 89, 34). Kirwan mißversteht Augustin in typisch neuzeitlicher Manier, wenn er meint, er habe anders als die antike Tradition nicht die Selbstbeschränkung des Menschen, sondern die Selbsttranszendierung auf Gott hin gelehrt. Die Zuteilung der Erkenntnis als Gnade von Gott ist gerade in der antiken Tradition auf das Ideal der Selbstbeschränkung hin zu deuten. S. auch *beata uita* 11 (CChr.SL 29, 72): [Der Glückliche] *animi sui moderatione beatus est.* Die Diskussion von *beata uita* 15 ist in antikem Kontext zu situieren. Wie, so fragt Augustin dort, wollen die Skeptiker ihre Position im Extremfall retten? Wollen sie den Menschen als glücklich definieren, dem am Ende das fehlt, was er am meisten begehrte? Wollen sie den Menschen empfehlen, von vornherein auf die Wahrheitssuche zu verzichten? Oder empfehlen sie, um der Wahrheitssuche willen auf die Erlangung des Glücks zu verzichten? Alles was Augustin hier sagen will, ist, daß ohne seinen Gottes- und Gnadenbegriff eine Kombination von Wahrheits- und Glücksstreben nicht möglich ist: »Solange wir suchen, werden wir trotz Gottes Hilfestellung (*quamuis deo adiuuante*) weder weise noch glücklich sein« (*beata uita* 35 [CChr.SL 29, 84]). Darüberhinaus (*ultraquam*) soll weder etwas gesucht, noch kann etwas gefunden werden (*beata uita* 13 [CChr.SL 29, 72]). Vgl. erneut den Anklang an Mt 7,7b. Augustin bejaht also die Selbstbeschränkung der Akademiker im Bereich der Erkenntnislehre, jedoch in gut antiker Manier nur unter der Bedingung, daß sie selbst als auf eine von Gott gegebene und mit dem Heil identische (Ordnung und Heil stiftende) Erkenntnis hin relativierbar gedacht wird.

(*animus*) am Werk. Wäre dieser mit einem Mangel (*egestas*) behaftet (und die Akademiker definieren ihn wegen seiner Begrenztheit als »Mängelwesen,« was Augustin ablehnt, weil er von der Schöpfung her Kontingenz als Gut definiert), wäre er ja nicht Geist, sondern Dummheit (*stultitia*).[129] Statt, so Augustin, sich durch falsche Definitionen und Voraussetzungen überflüssigerweise selbst in diesen Zustand des Mangels zu versetzen und sich auf diese Weise unglücklich zu machen,[130] müsse die Philosophie in ihrem Glücksstreben bei aller Einsicht in ihre Begrenztheit[131] erkennen, daß die höchste Weisheit Gott selbst in seinem Sohn sei. Allerdings, und hier schließt sich der Kreis: »Solange wir suchen [...] sind wir trotz Gottes Hilfe [seiner von ihm uns gnadenhaft durch seinen Sohn zugeteilten Weisheit] noch nicht weise und glücklich. [...] Wir werden es erst sein, wenn wir in Ehrfurcht und Vollkommenheit (*pie perfecteque*) die Wahrheit selbst erkennen (*cognoscere*). [...] [Monica:] Das gewähre, dreieiniger Gott, denen, die dich anbeten.«[132]

(2) Wahrscheinlichkeit (*uerisimilitudo*), *uerisimile* und *probabile* sind Begriffe, die schon Cicero nicht nur rhetorisch, sondern vor allem auch philosophisch verwendete.[133] In *Acad.* etwa spricht er bereits bei der plausiblen Annahme wahrscheinlicher Gegebenheiten von Erkenntnis. Radikale Skeptiker (Pyrrhoniker) erklärten demgegenüber Erkenntnis für unmöglich. Augustin geht einen Schritt weiter als Cicero. Wahrscheinlichkeit, so seine These, setzt Wahrheit voraus. In *c. Acad.* provoziert er Licentius: »Scheinen die Akademiker deiner Meinung nach nicht die Wahrheit zu sagen? – [Licentius:] Ob die Wahrheit, weiß ich nicht. Wahrscheinlich (*probabile*) sind ihre Aussagen. – Weißt du [fährt Augustin fort], daß jene [die Akademiker] zu *probabile* auch *uerisimile* sagen? – [Licentius:] So scheint es. – [Augustinus:] Die Position der Akademiker wäre also 'der Wahrheit wenigstens ähnlich' (*uerisimile*)? – Ja. – Wenn aber [so Augustin nun, triumphierend,] jemand deinen Bruder als deinem Vater ähnlich bezeichnen würde, ohne deinen Vater zu kennen, hieltest du dies nicht für ein wenig verrückt oder dumm?«[134]

Augustins Ziel an dieser Stelle ist die Begründung der Annahme einer Bedingung der Möglichkeit, die Wahrheit zu erkennen, die jenseits des Erkenntnisvermögens selbst liegt, sich jedoch von sich aus dem Erkenntnisprozeß gewissermaßen aufdrängt. Skepsis wäre dann die irrationale Verweigerung dieses Kriteriums, eine Immunisierungsstrategie. (Es stellt sich freilich die Frage, ob ein solches Verfahren nicht selbst auf einer Immunisierungsstrategie beruht.[135]) Ein sicheres

---

[129] *Beata uita* 32 (CChr.SL 29, 83).

[130] *Beata uita* 25 (CChr.SL 29, 78).

[131] Vgl. *beata uita* 32 (CChr.SL 29, 83): *ne quid nimis*.

[132] *Beata uita* 35 (CChr.SL 29, 84f.). Der letzte Vers (*foue precantes trinitas*) entstammt einem ambrosianischen Hymnus. Vgl. hier zum Aspekt eines *intellectus gratiae* auch Kirwan, Augustine 20: »The important thing for happiness is to feel that you have [God's] favour.« Kirwan bestreitet, daß ein solches Konzept philosophisch rechtfertigbar und somit in irgendeiner Weise auf die Wirklichkeit bezogen ist.

[133] Vgl. Fuhrer, Veri simile; Glucker in: Powell, Cicero 115-143; Cic. *Acad.* 2,24.

[134] *C. Acad.* 2,7,16 (CChr.SL 29, 26f.).

[135] Vgl. dazu Kirwan, Augustine 20-22.

Wissen um Ähnlichkeit jedenfalls setzt nie das Wissen, sondern immer nur die Annahme eines Kriteriums für die gewußte Ähnlichkeit voraus, also in den gegebenen Fällen, daß Vater und Sohn bzw. die als existierend angenommene Wahrheit an sich[136] und das als wahrscheinlich Angenommene einander ähnlich sind. Also nicht der Skeptiker, der bestimmte Annahmen, die er selbst macht und sie, wie Cicero, vielleicht sogar als rudimentäre Formen von Erkenntnis einstuft, bezweifelt, muß sich auf seine Rationalität hin befragen lassen, sondern derjenige, der solchen Annahmen einen allzu hohen Wahrheitswert beimißt. Ebenso wie Augustin bei dem Wort »Wahrscheinlichkeit« den Ausdruck »wahr« in den Vordergrund rückt, könnte man auch den Aspekt des Scheins betonen. Hiergegen aber hülfe auf lange Sicht nur noch das sogenannte Selbstbewußtseinsargument, das cartesianische *cogito* oder *sum*, um eine Antwort zu finden auf die Frage: Was wäre denn wirklich, wenn alles Täuschung (Schein) wäre und die Skeptiker mit der starken Version ihrer Position Recht hätten?[137] Verfängt Augustin sich also nicht selbst im Paradox seines Arguments, wenn er von der Wahrscheinlichkeit des Arguments der Skeptiker auf dessen Wahrheitsfähigkeit schließt? Diese Frage führt über den hier behandelten Problembereich hinaus. Zu bedenken bleibt, daß die bisher gebrachten Argumente Augustins auffällig schwach sind und seine Position, was die philosophische Methode betrifft, derjenigen der Akademiker relativ nahe steht. Zumindest im Teilbewußtsein seiner Problematik verzichtet er zur Widerlegung der Skepsis auf das Argument des *cogito*.[138]

(3) Mit der Frage nach dem Verhältnis von Wahrheit und Wahrscheinlichkeit eng verknüpft ist das Problem der Urteilsenthaltung; denn es ist ja gerade die »Scheinbarkeit« dessen, was als wahr angenommen, aber eben nicht gewußt wird, die es dem Suchenden nahelegt, sich der Zustimmung (*assensio*) zu enthalten. Augustin steht den Skeptikern in diesem Punkt auffällig nahe. Er teilt mit ihnen das Anliegen einer im Grunde rein philosophischen Wahrheitssuche und unterscheidet sich von ihnen lediglich in der Definition des Philosophiebegriffs. Sind philosophische Aussagen auf eine sie transzendierende Wirklichkeit bezogen? Die Akademiker bezweifeln dies. Ihre praktische Haltung, meint Augustin, belegt jedoch das Gegenteil: »Trotz ihrer Einschränkung (*refrenatio*), ja Aussetzung (*suspensio*) jeglichen Fürwahrhaltens von Sachverhalten (*assensio*) betonen sie die Wichtigkeit der Tätigkeit (*actio*) des Weisen.«[139] Entweder, so Augustin, sind sie

---

[136] In *solil.* 1,15,27 (CSEL 89, 40f.) zeigt sich, daß Augustin seinen Überlegungen in der Tat bereits einen christologisch (s. den Vergleich Vater-Sohn) und geistphilosophisch angereicherten Begriff von *ueritas* zugrundelegte.

[137] Anders als später Descartes verzichtet Augustin jedoch auf das *cogito* als Argument gegen die Skepsis. Er tut dies aufgrund seines erkenntnistheoretischen Grundkonzepts, in dem bereits die Grundstrukturen des späteren *intellectus gratiae* erkennbar sind: Rein subjektive (= vom Denksubjekt getroffene) Aussagen reichen ihm als Begründung von Wirklichkeit nicht aus. Vorausgesetzt werden muß bei ihm immer auch *auctoritate* der Glaube an die Gnade Gottes (hier: den Willen Gottes zur Ermöglichung menschlicher Wahrheitserkenntnis als Voraussetzung umfassenden Heils). Nur in dieser Form kann das *cogito* (es ist eigentlich ein *si dubito* bzw. *si fallor*) bei Augustin seine begrenzte Funktion wahrnehmen. Vgl. Kirwan, Augustine 29.

[138] Dagegen Bucher (Skeptizismus 388), der meint, das *cogito* als (zweifelhafte) Basis augustinischer Widerlegung der Skepsis anführen zu können.

[139] *C. Acad.* 2,5,12 (CChr.SL 29, 25).

sich über den Zusammenhang nicht im klaren, oder es steckt eine geheime Absicht hinter ihrem Vorgehen, etwa die Annahme, das Wissen um die höchste Wahrheit müsse vor der Menge geheimgehalten werden, damit es nicht beschmutzt würde, ein gnostisch-esoterisches Anliegen des Platonismus.[140]

Augustin versucht nun, das Problem vom Standpunkt der Akademiker her anzugehen, für die ja selbst die Widersprüchlichkeit ihrer Haltung nur eine scheinbare ist, sind sie doch weniger ihrer Umwelt als ihrem Fach verpflichtet. In diesem sind sie auf »Weisheit« bedacht und von diesem her bestimmen sie ihre erkenntnistheoretischen Möglichkeiten. Da ein »für wahr Halten von Sachverhalten« (*assensio*) immer mit einer gewissen Unsicherheit verbunden ist (*si assentiatur rebus incertis*), würde notwendigerweise irren (*erret enim necesse est*),[141] wer sich darauf einließe.[142] Jemand der irrte, wäre aber nicht weise. Um sich also die Möglichkeit des weise Werdens nicht zu verscherzen und so das Berufsziel des Philosophen zu verfehlen, verzichten Skeptiker auf ein solches »für wahr Halten von Sachverhalten« und enthalten sich des Urteils.

Hier setzt Augustins Kritik an. Er geht freilich nicht sofort auf die offensichtliche contradictio in adiecto der wahrheitssuchenden aber nicht wahrheitsgläubigen Skeptiker ein, sondern widerlegt vielmehr überzeugend ihre Prämisse, daß es unweise sei, sich dem Irrtum bzw. der Gefahr auszusetzen, in einen Irrtum zu verfallen. Sein Argument hierzu ist bemerkenswert. In *c. Acad.* 3,15,34 bringt er das Beispiel zweier Reisender, der eine mißtrauisch, der andere gutgläubig (*credulus*).[143] Sie kommen an eine Kreuzung und fragen einen zufällig vorbeikommenden Hirten nach dem Weg. Der Gutgläubige geht sofort auf dessen plausible (*credibile*) Auskunft ein, der andere fordert ein weiteres Wahrheitskriterium und fragt eine zweite Person, einen zufällig des Weges kommenden Reiter. Dieser macht sich einfach so (*gratis*) einen Spaß daraus, den mißtraui-

---

[140] Vgl. *c. Acad.* 3,17,37 (CChr.SL 29, 57).

[141] Kirwan (Augustine 23) weist darauf hin, daß das Argument in seiner korrekten Form lauten müßte: »...setzt sich notwendigerweise dem Risiko des Irrtums aus.«

[142] *C. Acad.* 2,5,11 (CChr.SL 29, 24).

[143] Zwei Begriffe, die sich später im Werk Augustins als äußerst relevant herausstellen werden, tauchen hier zum ersten Mal auf, (i) *credulus* und (ii) *gratis*. (i) hat im normalen Sprachgebrauch eine eher negative Konnotation und bedeutet soviel wie »leichtgläubig« oder »naiv.« Hier allerdings wird damit eine Art Tugend oder Gnade bezeichnet, die den Träger dieser Eigenschaft spontan das Richtige tun läßt. (ii) dagegen hat im normalen Sprachgebrauch eine positive Konnotation: Jemand verhält sich einem anderen gegenüber »dankenswerterweise« (vgl. *gratis*, *gratia* usw.) ungeschuldet gut. Hier allerdings wird die negative Seite einer solchen »gnädigen« Haltung beleuchtet: Auch ein schlechter Mensch, der seinen Mitmenschen täuscht, tut das »einfach nur so,« ungeschuldet, umsonst. Damit ist implizit bereits viel über den Zusammenhang von Erkenntnis und Gnade, nämlich im Bereich ihrer Negation (Unwissenheit, Bosheit, Zweifel und Angst) gesagt, vor allem daß im menschlichen Sprachgebrauch deren Herkunft letztlich ungeklärt, die Skepsis, obwohl positiv nicht vertretbar, im letzten aber auch nicht widerlegbar ist. Um dem Dilemma zu entgehen, rät Augustin zur Einführung von (i) als philosophischer Prämisse, die es im Sinne von (ii) zu überprüfen gilt. In *ord.* wird zwar demgegenüber die die Weltordnung begründende göttliche *prouidentia* eingeführt. Wie aber hängt diese angesichts auch des kontingenten *malum* mit der je konkreten und individuell vermittelten Erkenntnis und Gnade Gottes zusammen? Darauf hat Augustin schon 386 keine befriedigende Antwort, muß die Frage also im Hinblick auf das Gnadenwirken Gottes zurückstellen. Später wird er hierzu regelmäßig Röm 11,33 zitieren. Vgl. Lorenz, Gnade und Erkenntnis 71f.

schen Wanderer zu täuschen. Offenbar ist er ein Flegel (*samardacus*). Wie reagiert nun der Skeptiker? »Ich stimme, sagt er sich,« so Augustin, »dieser letzten Angabe nicht als wahrer (*tamquam ueram*), sondern als wahrscheinlicher (*quia ueri similis*) zu (*approbo*). Weiter hier an der Kreuzung zu warten ist weder schicklich noch nützlich. Ich gehe also in diese [vom Reiter angegebene] Richtung weiter.«[144] Und während, so schließt Augustin, dieser, der sich nicht irren wollte und sich deshalb des Urteils enthielt, noch durch Wälder und Berge irrt, ruht sich jener, der sich zustimmend in die Gefahr des Irrtums begeben hatte (*assentiendo errauit*),[145] bereits am Zielort aus.

Was also die Akademiker als »Tätigkeit des Weisen« (*actio sapientis*) bezeichnen (vgl. *c. Acad.* 3,16,35f.), zumal auch die ganz konkrete philosophische Arbeit (Entwicklung von Argumenten, Disputieren usw.), ist, so Augustin, ohne Assens, der zwar auf vernünftiger Basis steht, aber doch immer auch mit dem Risiko des Irrtums und einem Mangel an absoluter Gewißheit behaftet ist, und ohne ein Mindestmaß an *credulitas*, worin auch immer ein solches gründete (und sei es in einer Religion mit einem personalen [christologischen] Gnadenbegriff), nicht möglich. Ἐποχή heißt für Augustin Infragestellung philosophischen Fragens und wissenschaftlichen Arbeitens überhaupt.[146] Augustins Ablehnung skeptischer Urteilsenthaltung ist vor dem Hintergrund einer bereits im Frühwerk zumindest in Umrissen sich abzeichnenden Einführung eines Glaubens- und Gnadenbegriffs in die Erkenntnislehre zu verstehen.

(4) Augustin begründet seine frühe Erkenntnislehre nicht nur negativ durch Zurückweisung skeptischer Argumente, sondern auch positiv durch die Nennung von Minimalbedingungen für die Möglichkeit von Wahrheitserkenntnis. Die Zustimmung (*assensio*) zu bestimmten glaubwürdigen (*credibile*), aber nicht völlig sicher als wahr erkannten Sachverhalten als wahrer bzw. wahrheitsfähiger Erkenntnis und als Antwort auf die Urteilsenthaltung war ein erster Schritt in diese Richtung. Er findet sich andernorts ergänzt durch die Annahme sicherer Erkenntnis bestimmter Grundeinsichten wie dem erkenntnistheoretischen (nicht ontologisch erweiterten!) Prinzip des Nichtwiderspruchs bei formalen Disjunktionen[147] und subjektiven Aussagen.[148]

Von einem neuzeitlichen philosophischen Standpunkt aus betrachtet handelt es sich bei diesen »Wahrheitskriterien« freilich um Kriterien der »Perzeption,« der (sinnlichen wie geistigen) Wahrnehmung, deren Gültigkeit zumindest in Teilaspekten auf Konvention beruht.[149] Augustin versucht, die Problematik dieses

---

[144] *C. Acad.* 3,15,34 (CChr.SL 29, 55).

[145] Nach Kirwan (Augustine 23) meint *errare* hier erneut nicht »sich irren,« sondern »sich in die Gefahr des Irrtums begeben.«

[146] S. dazu Lorenz, Gnade und Erkenntnis 26-29 (»Verwandtschaft zwischen Glaube und *scientia*«); Löhrer, Glaubensbegriff 129; und erneut zum Zusammenhang mit der Christologie Madec, Christus.

[147] Vgl. *c. Acad.* 3,10,23 (CChr.SL 29, 48).

[148] *C. Acad.* 3,11,26 (CChr.SL 29, 50).

[149] Bucher, Skeptizismus 386: »Die Aussagekraft der Zenonschen Definition liegt nicht in einer unerschütterlichen Wahrheit; sie erschöpft sich in der Beschreibung: 'Beim Reden wollen wir uns an die zweiwertige Logik halten'.« Dazu, welche geistigen, religiösen und sozialen Konventionen

Sachverhaltes dadurch auszuräumen, daß er Wissen und Wahrheit in eine notwendige Beziehung zueinander setzt (*c. Acad.* 3,3,5: *falsa neminem scire*). Ob er dadurch sein Ziel erreicht, ist jedoch fraglich; denn er hat damit zwar sein Perzeptionskriterium zu einem Wahrheitskriterium gemacht, aber noch lange nicht den Bezug seines Wahrheitsbegriffs zur Wirklichkeit gesichert, zumal er auf den entscheidenden Schritt in diese Richtung, die Identifikation von Subjekt und Wirklichkeit im *cogito* bzw. *sum*, verzichtet. Seine Position gegenüber den Akademikern bleibt damit schwach und der ihren verdächtig ähnlich. Die Erkenntnis eines bestimmten Sachverhalts, so seine Wahrheitsdefinition nach Zeno von Citium, ist bzw. erscheint (*apparere*) wahr, wenn es sich mit diesem tatsächlich so verhält, wie die Erkenntnis besagt (oder dem Anschein nach [*apparere*] gar nicht anders verhalten kann).[150]

Wo aber soll hier ein Übergang von einer skeptischen zu einer realistischen Position erfolgen? Die Unüberbrückbarkeit von Schein und Wirklichkeit macht es doch z. B. möglich, daß zweifelhafte Zeichen (*signa*)[151] zu einer im Ganzen wahrheitsfähigen Erkenntnis führen können. Bei einer starken Formulierung der Wahrheitsdefinition Zenos,[152] wie Augustin sie, noch dazu auf dem Hintergrund seiner eigenen starken Definition von Wahrheitserkenntnis (*falsa neminem scire*) vorlegt, müßte dann aber den meisten Sinneswahrnehmungen und kategorialen Erkenntnissen die Wahrheitsfähigkeit abgesprochen werden, da einzelne Kriterien, auch wenn sie falsch sind, sehr wohl zu einer insgesamt wahrheitsfähigen Erkenntnis beitragen können.[153] Damit ist aber auch eine die logische Wahrheitsfähigkeit transzendierende erkenntnistheoretische Wahrheitsfähigkeit des Arguments Zenos nicht demonstrabel; denn welcher Art auch immer eine solche Demonstration wäre, die Problematik von Sein und Schein könnte sie nie aus der Welt schaffen.[154] Tatsächlich können die Wirklichkeit der Welt und die Gültigkeit der Logik in einem gewissen Sinne nur »geglaubt« werden.[155]

Augustins philosophische Erkenntnislehre oszilliert, so gesehen, zwischen Stoa und Skepsis.[156] Ihre Widersprüche sollte nach und nach der Gnadenbegriff

---

durch Augustins Denken entstanden und für wahrheitskonstitutiv gehalten wurden, s. auch Burns, Common Sense.

[150] Vgl. *c. Acad.* 2,5,11; 3,9,21 (CChr.SL 29, 24.46); zur Stoa und ihrer Erkenntnislehre s. Barwick, Probleme; Rist, Stoic Philosophy; Frede, Logik; Graeser, Zenon von Kition; Ricken, Philosophie der Antike 160-176 (Lit.); Bucher, Logik; Frede, Impressions.

[151] Nach Graeser (Zenon von Kition 56f.) beruht Augustins problematische Anwendung von Zenos Definition auf seinem psychologischen Verständnis des logischen Ausdrucks *nota* als *signum*. Vgl. dagegen wiederum Bucher, Skeptizismus 386.

[152] Vgl. *c. Acad.* 3,9,18 (CChr.SL 29, 45): *quale cum falso non haberet signa communia.*

[153] In *retract.* 1,14,3 meint Augustin in der Tat, daß eigentlich nur geistige Erkenntnis den Namen Erkenntnis verdiente. Nur umgangssprachlich sei der Ausdruck auch auf sinnliche Erkenntnisse anwendbar. Vgl. Miethe, Sense Knowledge; O'Daly, Mind 92-102; Kirwan, Augustine 26-29.

[154] Dagegen jedoch *c. Acad.* 3,9,21 (CChr.SL 29, 46): *quamquam et ipsi stulto nihil responderi posse arbitror, si tibi dicat ut illo memorabili acumine tuo hanc ipsam Zenonis definitionem refellas, et ostendas eam etiam falsam esse posse.*

[155] Bucher, Skeptizismus 392.

[156] Vgl. dazu auch Frede, Impressions. Während die Stoiker klare und distinkte kognitive Eindrücke annehmen, lehnen die Skeptiker solche ab. Augustin dagegen stört sich nicht an der

glätten oder ausräumen helfen, ganz im Sinne der religiösen Zielsetzung intellektueller Tätigkeit. Aber statt sich zu lösen, sollten sie sich auf die religiösen Motive übertragen.[157]

(5) Wie gesagt, hat Augustin das Selbstbewußtseinsargument nicht als Argument zur Widerlegung der Skepsis, etwa in *c. Acad.*, herangezogen. Wo er es verwendet, in *beata uita*[158] und *solil.*,[159] steht es nicht im Rahmen einer philosophischen Argumentation, sondern dient als Einstieg zur Abgrenzung des Themas. In *lib. arb.* ist es ein Argument für die Verweigerung der Ἐποχή[160] und in *uera rel.* eine Wahrheitsdefinition und Formel (*regula*) für deren praktische Umsetzung in Erkenntnis.[161] Strukturell ähnelt es den Disjunktions- und Subjektivitätsargumenten. Es ist gewissermaßen eine Kombination aus beiden, eine mit höchster Sicherheit wahre Aussage, zum einen, weil sie ihr Gegenteil einschließt, zum andern, weil sie subjektiv ist, eine Aussage von der Art: Ich nehme mich als existierend wahr, erkenne mich also, selbst und gerade dann, wenn ich an diesem Sachverhalt zu zweifeln beginne.[162]

Ausgangspunkt ist die Sinneswahrnehmung, die lustvolle Erfahrung (*uoluptas*) des eigenen Körpers als vollkommene Einheit (*conuenientia*). Gedacht (*recognoscere*) wird nun das Prinzip dieser Einheit (*summa conuenientia*). Es ist nicht von der Außenwelt (*foras*) her zu konzipieren, sondern will zuinnerst erfaßt werden (*in te ipsum redi*). »Im Innern des Menschen wohnt die Wahrheit.« Die topographische Redeweise kann nur andeuten, worum es eigentlich geht: »Transzendiere dich selbst und vergiß nicht, daß dein logisches Denken (*ratiocinans anima*) es ist, das dich transzendiert. Und strebe dorthin, von woher dir das Licht (*lumen*) dieser Fähigkeit aufleuchtet. [...] Sieh' (*uide*) dort eine Einheit, wie sie größer nicht sein kann und sei selbst mit ihr eins (*conueni cum ea*). Bekenne aber (*confiteri*), daß nicht du selbst sie bist!« Diese Wahrheit, zu der man nicht durch

---

Widersprüchlichkeit beider Positionen. In *c. Acad.* 2,3,9 etwa behauptet er gleichzeitig: (i) Nur Wissen von der Art 1 + 2 + 3 + 4 = 10 ist wirklich Wissen. (ii) In der Philosophie ist Wissen noch höherer Ordnung zu erlangen. (iii) Auch die sinnlich wahrnehmbare Außenwelt kann im umgangssprachlichen Sinne gewußt werden.

[157] Dinklers (Anthropologie 53) Rede von einer »Logisierung des Glaubens« ist deshalb unzutreffend, weil von vornherein kein neuzeitlicher Glaubensbegriff vorlag. Vgl. dazu auch Löhrer, Glaubensbegriff 142; Lorenz, Gnade und Erkenntnis 29. Zutreffender ist Solignacs (Les excès) Beobachtung einer dramatischen Verschärfung der aporetisch paradoxen Widersprüchlichkeit des Gnadenbegriffs in der späten Gnadenlehre, wie sie auch im folgenden aufgezeigt werden soll. Sie sollte für Augustin der Inbegriff des *intellectus gratiae* werden.

[158] *Beata uita* 2,7 (CChr.SL 29, 68f.).

[159] *Solil.* 2,1 (CSEL 89, 45-47).

[160] *Lib. arb.* 2,3,7 (CChr.SL 29, 239f.).

[161] *Vera rel.* 39,73,204 (CChr.SL 32, 234f.); als weitere Stellen vgl. *trin.* 10,10,14 (CChr.SL 50, 327f.); 15,12.21 (CChr.SL 50A, 490-493); *ciu. dei* 11,26 (CChr.SL 48, 345f.).

[162] Kirwan (Augustine 32) meint, Augustins *fallor* (»ich täusche mich«) sei im Grunde stärker als Descartes' *cogito*, weil es auch den Glaubens- und Willensbegriff subsumiere. Dennoch bleibt zu bedenken, daß Augustin es nie kausal mit dem *sum* verbunden hat, so daß es für Augustin immer eine erkenntnistheoretische Bedeutung behielt. Nur, wie die Diskussionen um die späte Gnadenlehre zeigen sollten (s. Kapitel V), blieb dies nicht immer allen Gesprächspartnern Augustins bewußt. Der sich aus den hier umrissenen Ansätzen entwickelnde spirituell-philosophische Gnadenbegriff tendierte von Anfang an zu einer Ontologisierung.

Raum und Zeit, sondern im Affekt des Geistes (*mentis affectu*) gelangt, der eine größere Lust verspricht als irgendein Körper, kennt keine Zweifel. »Aber selbst wenn [es welche gäbe] – frage dich, woher du mit Sicherheit sagen kannst, warum du zweifelst. […] Und fasse als Regel zusammen: Wer sich als Zweifelnden erkennt, erkennt sich als wahr, und darüber, daß er sich erkennt, braucht er nicht zu zweifeln. Also kann er sich [seiner Erkenntnis] des Wahren durchaus sicher sein.«[163]

Auf erkenntnistheoretischer Ebene behandelt Augustin dieses Argument in ähnlich problematischer Weise wie die Wahrheitsdefinition Zenos. Er nimmt die Möglichkeit eines Übergangs (*transcendere*) von Selbstwahrnehmung in Selbsterkenntnis aufgrund einer in der Transzendenz (»von dort herkommend« – *unde*) konstituierten (also von der Tendenz her gnadenhaften) Fähigkeit an. Das Problem, daß er dabei möglicherweise statt zum Sein nur zum Schein vordringt, will er per definitionem ausräumen: »Wahr ist, was (durch die Gnade Gottes) erkannt wird (nämlich diese Gnade).« Erneut arbeitet er dabei mit der Vorstellung einer Verbindung von Leib und Seele im affektiven Bereich (*uoluptas, affectus*), im Willen, als lebendiger Mitte des inneren Menschen (*homo interior*). Der Übergang zur Transzendenz selbst, das *transcendere*, ist für ihn weder diskret (wie etwa für die Skeptiker), noch kontinuierlich (wie für Stoiker oder manichäische wie auch neuplatonische Gnostiker) als eine Art Rückkehr (*regressus*) aus der Emanation. Vielmehr kombiniert er beide Modelle: Es kommt ein Punkt, an dem das Bekenntnis (*confiteri*) gefordert ist, daß die Fähigkeit des Geistes (*animus*) zu einem solchen *regressus* von der transzendenten Substanz (*substantia*) her kommt und daß jene transzendente Einheit (*conuenientia*) jemand anders ist als man selbst. Und wie Augustins Mutter die Folgerung aus dieser Einsicht in *beata uita* 35 durch einen Vers aus einem ambrosianischen Hymnus ausgedrückt hatte (*foue precantes trinitas*), so läßt Augustin an dieser Stelle in *uera rel.* den Johannesprolog sprechen: »Nicht ein diesseitiges Licht wie das der Sonne leuchtet dir auf, sondern 'das wahre Licht, das jeden Menschen erleuchtet, der in diese Welt kommt' (Joh 1,9), ein Zitat, das im Zusammenhang mit der Entwicklung des *intellectus gratiae* noch häufiger begegnen wird.

Sprachanalytische Argumente

Wovon man nicht reden kann, darüber darf man nicht schweigen. So könnte man in Abwandlung des Schlußsatzes von Ludwig Wittgensteins Tractatus Logico-Philosophicus Augustins Zugang zur sprachanalytischen Philosophie umschreiben.[164] Deswegen und wegen Wittgensteins Kritik an seiner Theorie vom frühkindlichen Sprachlernen in *conf.* 1,8,13 wurde Augustin von deren Vertretern lange ignoriert,[165] zumindest zum Teil aufgrund eines Mißverständnisses, wie im folgenden deutlich werden dürfte.

---

[163] *Vera rel.* 39,72,202-205 (CChr.SL 32, 234f.).

[164] Vgl. *conf.* 1,4,4 (CChr.SL 27, 3): *uae tacentibus*.

[165] Inzwischen hat sich die Situation etwas gebessert. Vgl. Burnyeat, Wittgenstein; Stead, Augustine's *de magistro*; Kirwan, Augustine 52f.; Rist, Augustine 23-40.

Von Augustins Aussage, er habe den christlichen Glauben mit der Muttermilch eingesogen, war im Kontext seiner Ablösung von Manichäismus und Skepsis schon einmal die Rede gewesen.[166] Im Kontext der Theorie vom Erlernen
von Sprache in der frühen Kindheit gewinnt sie eine ganz besondere Bedeutung.
In allen Lebensvollzügen sieht Augustin bei der Reflexion auf diese Zeit in
seinem Leben in *conf.* 1,6,7 Gott am Werk, in den leiblichen ebenso wie in den
geistigen. Gott füllt den stillenden Ammen die Brüste, nicht nur, um so das leibliche Wachstum des Kindes zu fördern, sondern auch, um es geistig zu trösten.
Die Muttermilch bietet, so Augustin, Tröstungen (*consolationes*) spiritueller
Art.[167] Reflektiert werden kann diese Erfahrung jedoch nur annäherungsweise,
indirekt, durch Berichte anderer oder durch Interpretation kindlichen Verhaltens.
Ein durch eigene Erfahrung vollständig gedecktes, begrifflich klares und di-
stinktes Wissen (*scientia*) über oder gar Einsicht (*intellectus*) in die Ursprünge
des sprechen, denken und dementsprechend auch religiös glauben Lernens gibt es
nach Augustin nicht.[168] Woher aber hat es der Mensch dann, wenn er es einmal
hat? Jemand, so Augustin, muß es ihm zugeteilt haben. »Ich selbst [lernte] durch
den Geist (*mente*), den du, mein Gott, mir gegeben hast.« Wiederum also füllt
der Geistbegriff eine erkenntnistheoretische Lücke; denn wenn der Intellekt nicht
erst bei den ersten artikulierten Wörtern beginnt, sondern bereits die unartikulier-
ten Schreie (*gemitus inenarrabiles*) des Säuglings eine Urform des Lernens darstellen, ist auf der Interpretationsebene des Evolutionsprozesses selbst nicht
erklärbar, woher der Intellekt kommen soll. Ein unreflektierter Übergang vom
Unbewußten zum Bewußtsein war für Augustin jedoch mit seinen philosophischen
Mitteln nicht nachvollziehbar. Anders als manche stoisch und skeptisch orientierten Sprachanalytiker heute ließ er sich durch die Beobachtung vorintellektueller
Formen des Lernens nicht zu der Annahme verführen, Lernen sei überhaupt kein
intellektueller Vorgang. Er ging den umgekehrten Weg und schloß, daß jenes Un-
bewußte das Bewußtsein insofern repräsentiert, als es auf seine Transzendenz hin
offen ist, von der her ihm (gnadenhaft) jener Intellekt zuteil wird. In den unartikuliert ausgestoßenen Lauten bereits der Säuglinge fallen für ihn intellektuelles
und spirituelles Lernen zusammen, ist also der *intellectus gratiae* am Werk.[169]
    Schon acht bis zehn Jahre vor *conf.* hatte er das Thema in *de magistro* be-
handelt. Was er in *conf.* als gottgegebenes Selbst, als Geist (*ego ipse mente,
quam dedisti mihi*) bezeichnen würde, umschreibt er dort wie in den Frühschriften (vgl. 1 Kor 1,24: *uirtus et sapientia dei*) christologisch-gnadentheologisch.
Damals, so gegen Ende seines Lebens in den *retract.*, »schrieb ich ein Buch mit
dem Titel *de magistro*, in dem ich nach intensivem Diskutieren und Forschen zu
dem Ergebnis kam, daß es keinen Lehrer gibt, der den Menschen Wissen (*scien-*

---

[166] Vgl. *c. Acad.* 2,2,5 (CChr.SL 29, 20f.); *util. cred.* 2 (CSEL 25/1, 4f.); *duabus ann.* 1
(CSEL 25/1, 51f.); *conf.* 6,4,5; 6,11,18 (CChr.SL 27, 76f.85f.).

[167] *Conf.* 1,6,7 (CChr.SL 27, 4).

[168] *Conf.* 1,8,13 (CChr.SL 27, 7); vgl. Röm 8,26f. (*gemitibus inenarrabilibus*).

[169] In Röm 8,26f. bezeichnet der Ausdruck »mit unartikuliert ausgestoßenen Lauten« das Wirken
des Heiligen Geistes in den Urformen der in Christus (Logos, *intellectus*) geschaffenen Schöpfung.

tia) vermitteln kann außer Gott, wie es ja auch im Evangelium heißt: 'Einer ist euer Lehrer, Christus' (Mt 23,10).«[170] In *de magistro* geht es um die Möglichkeiten und Grenzen von Sprache (*locutio, uerba promere*) als Mittel des Lehrens (*docere*), der Vermittlung von Wissen und Einsicht (*scientia, intellectus*) im strengen, wissenschaftlichen Sinne.[171] Nicht die durch die Sprache und »in ihr« transportierten Inhalte sollen untersucht werden, sondern ihre »äußerliche« Funktion als Zeichensystem.[172] »Wer spricht,« so Augustin, »äußert (*foras dat*) Zeichen seines Willens (*suae uoluntatis signum*) dadurch, daß er Laute artikuliert.« Dies ist jedoch lediglich die Außenseite der verborgenen Wirklichkeit des »inneren Menschen,« in der Gott dadurch wirkt, daß dieser zu ihm betet (*quaerendus et deprecandus est*).[173] Jene verborgene Wirklichkeit aber ist es, die die Funktion der äußeren Sprache, von Worten, Sätzen oder allgemein von Zeichen, wie sie in *de magistro* 1,1-10,35 untersucht wird, stark relativiert.[174]

Als überaus folgenreich wird sich in diesem Zusammenhang die Annahme erweisen, daß jedes Wort ein Zeichen oder Name (*nomen*) ist oder sein kann.[175] Diese Auffassung ist streng funktionalistisch und sowohl von der platonischen wie auch von der stoischen Abbildtheorie (von Ideen bzw. individuellen Gegenständen) meilenweit entfernt. Nach Augustins *de magistro* funktionieren Wörter entsprechend ihrem Gebrauch beim Sprechen. So kann etwa das Wort »wenn« in einem Satz als logischer Funktor eingesetzt oder aber auch auf der Metaebene als Beispiel verwendet werden.[176] In beiden Fällen ist es ein Zeichen. Das bedeutet aber, daß die Logik des Satzes »Wenn es ein Mensch ist, ist es auch ein Lebewesen« nicht wesentlich an dem Wort »wenn« hängt. Dieses kann ja auch anders verwendet oder durch einen anderen Ausdruck ersetzt werden. Bedeutet diese Relativierung nun aber auch, daß die Logik des Satzes nicht durch die Äußerung dieser Wortfolge vermittelbar ist? Genau darauf scheint Augustin hinauszuwollen. In *de magistro* 10,32 demonstriert er am Beispiel eines Vogelfängers, daß es gar keiner Worte bedarf, um die Logik einer Handlung zu erfassen. Der Vogelfänger »spricht« gewissermaßen durch sein Handeln: Er fängt einen Vogel und der Zu-

---

[170] *Retract.* 1,12 (CChr.SL 57, 36); vgl. Mt 23,10 (*unus est magister uester, Christus*).

[171] *De magistro* 1,1 (CChr.SL 29, 157); vgl. zum folgenden auch King, Augustine (Lit.).

[172] Diese strenge Unterscheidung von Erkenntnis und Wirklichkeit im Sinne einer Abbildtheorie erinnert bereits wieder an die stoische Erkenntnislehre; s. oben zur Definition Zenos, die Tendenz zur Definition aller Wörter als Zeichen (auch derer, die nach Aristoteles als »kosignifikativ« bezeichnet werden müßten, also solche, die nicht selbst etwas bezeichnen, sondern »mit« anderen Wörtern zusammen etwas bezeichnen) und der Rekurs auf den stoischen Aussagen- und Modalkalkül. Vgl. Ruef, De dialectica; Bucher, Logik; Burnyeat, The Skeptical Tradition; Wittgenstein; Kirwan, Augustine 35-59; Harrison, Beauty 54-96; Rist, Augustine 23-40; King, Augustine xi-xx.

[173] *De magistro* 1,2 (CChr.SL 29, 158).

[174] Burnyeat, Wittgenstein 9: »Adeodatus' first task is to get clear about the implications and ramifications of his common sense belief that, when someone does not already know that *p*, he can be told or taught by means of words and thereby come to know what he did not know before.«

[175] Diese Konzeption richtet sich, wie gesagt, implizit gegen die peripatetische Unterscheidung in signifikative und ko-signifikative Wörter (wie »wenn,« »da« usw.) und entspricht der stoischen Sicht. S. Sirridge, Every Word is a Name; Burnyeat, Wittgenstein 10f.

[176] Vgl. *de magistro* 5,16 (CChr.SL 29, 175).

schauer versteht, wozu seine Vogelfangausrüstung gut ist. Der Umstand, daß er
die Tätigkeit des Vogelfängers mit der eines Sprechers gleichsetzt, rückt Augustin
in eine enge Nähe zu Wittgenstein und modernen Sprechakttheoretikern. Sprechen als Lautäußerung unterscheidet sich nach dieser Theorie in nichts von
anderen Handlungen. Es kann in keinem Fall dazu dienen, Kenntnis von einem
geistbegabten Individuum, topographisch gesprochen, in ein anderes zu trans-
portieren. Man kann höchstens davon sprechen, daß durch die Anwesenheit der
Welt als Umwelt, wozu auch der Dialog mit anderen Menschen gehört, etwas im
einzelnen Menschen wachgerufen wird,[177] das »von drüben her« kommt, seinen
Ursprung also in der Transzendenz hat. In diesem Zusammenhang erfüllt die
geäußerte Sprache eine äußerst begrenzte Funktion:»Den höchsten Wert, den ich
der konkreten Sprache (*uerba*) beimesse, ist, daß sie uns dazu anregt, die Dinge
selbst zu suchen (*ut quaeramus res*).[178] Sie zeigt sie uns jedoch nicht so, daß
wir erkennten [wie sie wirklich sind] (*non exhibent ut norimus*). Es ist vielmehr
so, daß Er (*is*), der den Augen, sonst einem Sinnesorgan oder auch dem Geist
selbst vorhält, was ich erkennen will, allein es mir als Lehrer vermittelt.«[179]

   Es scheint, als ob Augustin sich hier vom platonischen Ideen- wie auch vom
stoischen Denken lösen wollte, wonach jedes Wort einer ganz bestimmten realen
Gegebenheit entspreche, sei es als Abbild einer Idee oder einer individuellen
Gegebenheit. Als Alternativmodell scheint er eine aus der Auseinandersetzung
mit der Skepsis gewonnene Vorstellung von Wahrheitspropositionen im Kopf zu
haben, also von einer Ausgangsform von »wissen« als »meinen«, »glauben« oder
»annehmen« von etwas als wahr aufgrund rechtfertigbarer Gründe. Statt einer Re-
präsentations- oder Abbildtheorie entwirft er eine Zeichentheorie von Sprache
und kennt weder eine strenge Unterscheidung von Wissen und Glauben noch eine
Identifizierung von Wissen und Verstehen im Sinne von »wer weiß, daß 'p', muß
'p' im Detail erklären können.«[180] All das ist vielmehr ersetzt durch das Konzept einer rudimentären Grundform von Wissen bzw. Einsicht, eines Assens bzw.
einer auch an Empirie und Common sense anklingenden Vorform des *intellectus
fidei*,[181] auf deren Basis Grundformen philosophisch rechtfertigbarer theologischer Argumentation (auch für einfache Gläubige [*sensus fidelium*]) entwickelt
werden können. Dem in Auseinandersetzung mit der Skepsis entwickelten Teil
der Argumentation steht dementsprechend ein theologisch-geistphilosophischer
Teil gegenüber, mit den zusätzlichen Annahmen: (1) In der Begegnung mit der
Welt ist jeder Mensch Lernender und gelangt dadurch, daß er in seinem Geist
von Gott »erleuchtet« wird, zu wahrer Erkenntnis. (2) Der Vorgang der Erleuchtung ist ein hermeneutischer Prozeß mit Christus als Vermittler, als Lehrer wie
auch (als Macht, Weisheit und Gnade Gottes) Lerntätigkeit und -gegenstand.

   Spuren dieser für die spätere Entwicklung des *intellectus gratiae* so wichtigen
erkenntnistheoretischen Grundoptionen lassen sich bereits in *de dialectica* nach-

---

[177] *De magistro* 10,32 (CChr.SL 29, 191f.).
[178] Vgl. oben zur Auslegung von Mt 7,7 und 1 Kor 1,24.
[179] *De magistro* 11,36 (CChr.SL 29, 194).
[180] Vgl. Burnyeat, Wittgenstein 21.
[181] Vgl. erneut Burns, Common sense.

weisen, einer technischen Lehrschrift über die Funktion von Sprache. Augustin könnte sie als Teil einer allgemeinen Einführung in die Philosophie kurz vor seiner Taufe im Februar/März 387 geschrieben haben.[182] Wie schon in *c. Acad.* geht es dabei um die Frage nach der Möglichkeit wahrer Erkenntnis angesichts der Unzulänglichkeiten menschlicher Rede, hier speziell: Wie kann man bei der Unschärfe von Begriffen zu eindeutigen Formulierungen gelangen? Seltene Ausdrücke werden oft nicht erkannt oder ihre genaue Bedeutung liegt im Dunkeln (*obscuritas*), andere Ausdrücke sind zwar bekannt aber vieldeutig (*aequivocatio*).[183] Augustin beginnt seinen Lösungsversuch mit einer Definition des Zeichenbegriffs:[184] Wörter sind Zeichen. Zeichen sind Gegenstände (*res*), die sowohl äußerlich (*sensus*) wie auch innerlich (*animus*) etwas am Menschen bewirken.[185] Trotz des Vogelfängerbeispiels ist anzunehmen, daß für Augustin, insofern er über Zeichen und ihre Funktion redet, die Ausdrücke »Wort« und »Zeichen« Synonyme sind.[186] »Das Charakteristikum von Augustins Zeichentheorie ist, daß sie auf kommunikationstheoretischen Grundlagen beruht.«[187] Entsprechendes gilt auch für den Begriff des Gegenstandes: *res* ist für Augustin immer etwas, das *intelligitur*.[188] Ohne die reale Distinktion von *res* und *signum* im Kern anzutasten, hat Augustin ihr hiermit dennoch jene Äußerlichkeit genommen, die noch der (von ihm ebenfalls verwendete) Ausdruck *sentitur* suggeriert. Die Beziehung von Zeichen und Bezeichnetem besteht für ihn nicht in einem »starren Verhältnis zweier Dinge.«[189] Vielmehr versteht »Augustin das Zeichen als einen Prozeß. [...] Ein Zeichen nach Augustin ist ein Gegenstand, der wahrgenommen wird und dazu eine Aktivität im *animus* verursacht, nämlich die, etwas anderes zu identifizieren.«[190]

Einige Grundstrukturen der gnadentheologisch angereicherten Sprachentstehungs- und Erkenntnistheorie von *conf.* 1,8,13 und *de magistro* werden also bereits in *dialectica* sichtbar: Der Zeichenprozeß Kommunikation ist für Augustin

---

[182] Zu den Hintergründen der Entstehung s. Ruef, De dialectica 13f.

[183] Vgl. in *magistro* 10,33 den obskuren Ausdruck *sarabara* (Burnyeat, Wittgenstein 15f.; Knauer, Sarabara) sowie in Ruef (De dialectica 26f.) den aequivoken Ausdruck *Tullius* für die Person, das Standbild und den Versfuß.

[184] Vgl. *dialectica* 7,7f. (Jackson-Pinborg 86f.; bei Ruef Kapitel V).

[185] Vgl. Ruef, De dialectica 22. Bucher (Logik 36f., Anm. 46.) interpretiert die in *doctr.* 2 (1,1 und vgl. 32 [50] 1-3) ganz ähnlich lautende Definition von *signum* als *res* auf dem Hintergrund der stoischen *physei-thesei*-Problematik. Daß die Menschen die logischen Regeln nicht erfinden, sondern erlernen, liege nach Augustin daran, daß sie *physei* gegeben seien. Nicht im entferntesten jedoch gehe es darum, den »Gegenstand der betreffenden Wissenschaft [...] als Stiftung und Werk Gottes,« d. h. Philosophie als Gnade einzuführen (zit. aus Sieben, Res 83). Geht man vom nackten Wortlaut aus, mag Buchers Interpretation zutreffen. Er berücksichtigt jedoch nicht, daß es Augustin nicht darum geht, stoische Lehrsätze nachzuerzählen und festzustellen, daß »physei« *physei* bedeutet, sondern um die Frage, was *physei* auf dem Hintergrund seiner spirituell intellektuellen Erfahrung bedeutet.

[186] Vgl. auch die Feststellung, daß im Bereich der Dialektik die *uerba* als *signa rerum signa uerborum* sind (Ruef, De dialectica 103).

[187] Ruef, De dialectica 86.

[188] Ruef (De dialectica 89) übersetzt: »Zeichenhaft erkannt wird.«

[189] Ruef, De dialectica 87.

[190] Ebd. 86.

bereits hier nicht ein von außen an das geistige Wesen Mensch (*animus*) her-
angetragener Mechanismus, sondern ein Ereignis mit Innendimension, das ihm
widerfährt. »Auffällig [etwa] ist [in diesem Zusammenhang] die Ausdrucksweise
occurrit animo in *dialectica* 8,2.«[191] Zeichen werden nicht im Sinne eines Mo-
nismus »produziert,« sie zeigen sich (oder werden gezeigt, »fallen ein,« als etwas,
das von Anfang an, von Ewigkeit her zuhanden ist). Sie werden (gewissermaßen
»von außen,« von einer Transzendenz her) an den Erkennenden herangetragen.
Sie »wirken« (vgl. unten den Ausdruck *uis uerborum*).

Der Zeichenprozeß ist deshalb nach Augustin nicht ausschließlich als ein
natürlicher Hervorgang der Zeichen aus den Dingen verstehbar, so als ob man
aus der Beschaffenheit der Wörter auf die Beschaffenheit der Dinge schließen
könnte. Von Etymologie hält Augustin deshalb nichts, ja er »geht schließlich
[sogar] so weit, der Etymologie sämtliche Relevanz abzusprechen, weil man aus
verschiedenen Möglichkeiten, den Ursprung eines Wortes zu erklären, sich doch
selbst für eine entscheiden muß.[192] [...] Überspitzt ausgedrückt, wischt Augustin hier die Etymologie zugunsten der Semantik vom Tisch« und »spricht als
Urheberin der Sprachentstehung die *licentia nominandi* an,«[193] die zufällige,
funktionale Benennung von Sachverhalten. Daß bestimmte Lautäußerungen (z. B.
das »scharfe« Wort *acer*) natürlich etwa bestimmten Sinneswahrnehmungen entsprechen können, ist demgegenüber sekundär. Solche Ausdrücke werden häufiger
im übertragenen als im ursprünglichen etymologischen Sinn verwendet (vgl. z. B.
piscina, »Fischteich,« für »Schwimmbad«). Im normalsprachlichen Gebrauch dominiert die Funktion eines Ausdrucks über seine möglichen etymologischen Hin-
tergründe.[194]

Wie bei der Auseinandersetzung mit Zenos Wahrheitsdefinition in *c. Acad.*
will Augustin auch hier vor allem ein Extrem vermeiden, nämlich das Verständnis von Sprache als eines mechanistischen bzw. monistischen Vorgangs, in dem
nicht mehr zwei voneinander unterschiedene geistige Wesen (Personen) miteinander kommunizierten, sondern eines oder keines sich in einem vollständig auf
sich selbst reduzierten Prozeß befände. Daß ein Prozeß stattfindet, nimmt er
jedoch an; denn er möchte ja auch nicht in eine skeptische Position verfallen.
Den dabei entstehenden Widerspruch meint er, mit dem Konzept einer Sprach-,
Lern- und Erkenntnishilfe »von oben,« von der Transzendenz her lösen zu können. Transzendenz beginnt für ihn bei der Geistseele, im *mens* oder auch im *animus* (in der *anima*),[195] in dem (in der) der göttliche Geist wirkt (vgl. Röm
8,26f.), aber eben doch wieder nach Art der als Schöpfung verstandenen Natur.

In seiner Gnadenlehre wird Augustin diese Struktur später nachzeichnen und
ausbauen. Zwar entbehrt *dialectica* noch der entsprechenden theologischen Terminologie, gewisse Konzepte kündigen einige von deren Charakteristiken jedoch

---

[191] Ebd. 104.
[192] Vgl. *dialectica* 9,15f. (Jackson-Pinborg 92f.).
[193] Ruef, De dialectica 117.125.
[194] *Dialectica* 10,10 (Jackson-Pinborg 94f.).
[195] Zum synonymen Gebrauch der beiden Ausdrücke und ihrer erkenntnistheoretischen Bedeutung in diesem Zusammenhang s. O'Daly, Mind 7f.; 20f.; 31-34.

bereits an, etwa das von der Rhetorik herkommende Konzept der *uis uerborum*, der ganzheitlichen Wirkkraft (Pragmatik)[196] der Sprache auf die Kommunikationsgemeinschaft (Sprecher und Hörer), von dem Augustin bei der Entwicklung seiner semantischen Sprachentstehungstheorie unter anderem beeinflußt wird. Daß er dabei durchaus auch wieder mehr im Sinn hatte als den stoischen Naturbegriff, zeigt sich bereits daran, daß sein Verständnis von *licentia nominandi* wesentlich mehr an »Willkür impliziert,«[197] als eine stoische Theorie das zulassen würde. (Sollte dadurch eine Lücke entstanden sein, so wurde sie umgehend durch Begriffe von Transzendenz und Geistseele gefüllt.) Die Stoiker hatten ja im Grunde Natur und Sprache in der Sprachentstehung identifiziert und so auch die Etymologie sanktioniert. Augustin dagegen erweist sich hier wie auch in anderen Frühschriften als von der Skepsis beeinflußt. Für ihn sind Wirklichkeit der Welt und Gültigkeit der Beziehungen von Zeichen und Bezeichnetem in ihr (Logik) letztlich »Glaubenssache,« und zwar in einem sehr säkularen Sinn als Bereitschaft zur Arbeit mit Hypothesen (Assens) ebenso wie in einem tief religiösen Sinn, wobei für Augustin beide Dimensionen ineinandergreifen und nur so, dann aber sehr wohl auch rational zu begründen sind.

Etwas in dieser Richtung scheint er auch mit den Untersuchungen zu Problemen (*impedimenta*) der Sprachentstehung im achten Kapitel von *dialectica*, nämlich dem der Unklarheit (*obscuritas*) und dem der Mehrdeutigkeit (*ambiguitas*) von Wörtern demonstrieren zu wollen. Mitunter, so Augustin, ist der Zeichen- oder Erkenntnisprozeß gestört, das eine Mal aufgesplittert durch ein Zuviel (*in ambiguo plura se ostendunt*), das andere Mal abgeblockt durch ein Zuwenig (*in obscuro autem nihil aut parum quod attendatur apparet*) an Referenz. Wie in *c. Acad.* verweist er auf das Beispiel einer Wegkreuzung: Im Dunkel weiß der Wanderer nicht weiter, weil er keinen Weg, bei hellem Licht, weil er mehrere Wege sieht.[198] Ein Skeptiker würde diese Situation als Normalfall hinnehmen (*omne uerbum esse ambiguum*).[199] Augustin jedoch gibt sich (nach stoischer Art) optimistisch: Um mehrdeutige *uerba simplicia* auf Eindeutigkeit hin auszulegen, so sein Lösungsvorschlag, stehen *uerba coniuncta*, also Sätze (*sententia*) zur Verfügung; und auch wenn einzelne Elemente der Sprache problematisch, weil in ihrem Teilcharakter unvollkommen sind, kann dies nicht ohne weiteres von der Sprache als Zeichenprozeß insgesamt angenommen werden, da Diskussionen durchaus zu Ergebnissen führen können; ja und selbst wo der Prozeß als ganzer bedroht wäre, könnte immer noch die Möglichkeit in Erwägung gezogen werden, daß er in seiner Gesamtheit (gnadenhaft?) »erlöst,« »gerettet« wird, daß also Einsicht (*intellectus*), wenn schon nicht auf natürliche Weise und im Normalfall, so doch im willkommenen Ausnahmefall (durch und in Gnade?) möglich ist.

---

[196] Vgl. Ruef, De dialectica 167.
[197] Ebd. 125.
[198] Ruef, De dialectica 145; Jackson-Pinborg 102f.
[199] Vgl. auch *Hort.* frg. 59: *omne uerbum ambiguum esse dicunt.*

KAPITEL II

ENTWICKLUNG IM EXEGETISCHEN FRÜHWERK

1. *DE VERA RELIGIONE*

Um 390/1 wurde Augustin Presbyter in Hippo. Die Ernennung traf ihn sichtlich unvorbereitet; denn er bat seinen Bischof brieflich um einige Wochen Urlaub zum Bibelstudium. Er sei nicht genügend auf das Predigtamt vorbereitet. Dieses war ihm entgegen afrikanischen Gepflogenheiten von seinem Bischof angetragen worden. Normalerweise predigten in den afrikanischen Kirchen nur die Bischöfe. Aber Valerius von Hippo war alt und zudem Grieche mit beschränkten Kenntnissen der örtlichen Umgangssprache. Also machte sich Augustin daran, sich auf sein neues Amt vorzubereiten. Predigen hieß für ihn, der Gemeinde die Bibel auszulegen und zur Vorbereitung dafür erbat er sich bis Ostern (391) Urlaub.[1]

Der Brief an Valerius zeigt, wie sich Augustins Einstellung zur Wissenschaft zu ändern begann. Zwar ist sein Forschen weiterhin ein die Texte abklopfendes, lesendes, drängend denkendes Beten (vgl. Mt 7,7: *petendo quaerendo pulsando, id est orando legendo plangendo*). Aber nicht mehr philosophische Grundlagenprobleme werden behandelt, sondern kirchliche Lehrfragen auf mehr und mehr biblischem Hintergrund als Anliegen der Verkündigung. Im Laufe des Presbyterats sollte sich der Schwerpunkt dieser Arbeit mehr und mehr auf die Exegese paulinischer Schriften verlagern, die damit einhergehende Entwicklung zum *intellectus gratiae* in *ad Simplicianum* (397) kulminieren. Zu manifestieren begonnen hatte sich diese Entwicklung jedoch schon vorher, etwa in *uera rel.* (um 390), der letzten Schrift vor dem Presbyterat.

Die breite Streuung ideengeschichtlicher Motive (neuplatonisches Gedankengut einerseits, erste Ansätze zu einer bibeltheologischen Verwendung des Ausdrucks *gratia*,[2] die Entwicklungen der Presbyterzeit vorwegnehmen, andererseits), hat zu der Annahme geführt, daß *uera rel.* über mehrere Jahre hinweg (zwischen 387 und 391) entstanden ist.[3] Auch wenn man diese Sicht nicht teilt, bleibt der Eindruck einer gegenseitigen Durchdringung verschiedenster Denkmotive in *uera rel.* erhalten. Doch verweist Augustin auch auf die Stringenz seiner

---

[1] *Ep.* 21,4 (CSEL 34/1, 52): *sunt fortasse aliqua* [...] *in sanctis libris conscripta consilia, quibus* [...] *possit homo dei rebus ecclesiasticis ordinatioribus ministrare* [...] *quo modo autem hoc fieri potest, nisi* [...] *petendo quaerendo pulsando, id est orando legendo plangendo? ad quod negotium mihi paruum tempus uelut usque ad pascha impetrare uolui per fratres a tua sincerissima et uenerabili caritate et nunc per has preces uolo.* Vgl. Mt 7,7.

[2] Vgl. *uera rel.* 3,3,12; 6,10,31; 7,12,37; 8,17,50; 12,24,65; 15,29,79; 17,33,89; 23,44,120; 47,90,252.256; 53,103,285; 55,113,312 (CChr.SL 32, 189f.194.196.198f.202.205.207f.214f. 246f.253f.260).

[3] Vgl. O'Meara (Augustine, Against the Academics [= ACW 12], 182, Anm. 32). In *c. Acad.* erwähnt Augustin eine Diskussion mit Romanianus über Religion, die auf eine Urform von *uera rel.* hindeuten könnte. Vgl. *c. Acad.* 2,3,8 (CChr.SL 29, 21): *uel cum tibi aliquam inter nos disputationem de religione misero uel cum praesens te cum multa contulero.* Lössl, The One 79f.

Argumentation: In *uera rel.* geht es nicht allgemein um Religion (*pietas, religio*), sondern speziell um die christliche (*christiana*) und katholische (*catholica*)[4] als wahre Religion (*uera religio*), den in Theorie wie Praxis konvergierenden Weg zu Gott, dem Einen.[5]

Vera rel. hat vor allem mit seinen neuplatonischen Elementen Aufsehen erregt.[6] Weniger beachtet wurden die ausgiebig verwendeten Schriftzitate und die ausgefeilte Bibelhermeneutik.[7] Ohne deren Berücksichtigung dürfte jedoch die Argumentation mit ihrer eigenartigen Verwendung neuplatonischer Terminologie kaum verständlich werden. Eines ihrer besonderen Merkmale ist die hier erstmals auftretende Betonung des Zusammenhangs von Einsicht (*intellectus*) und Gnade (*gratia*). Sie bildet ihre Schwerpunkte vor allem in den drei Bereichen Christologie-Ekklesiologie (1), Anthropologie (2) und Erkenntnistheorie-Spiritualität (3).

(1) In *uera rel.* 3,3,11 spekuliert Augustin darüber, was Plato oder einer seiner Anhänger tun würde, wenn ein großartiger, gottgleicher Mann (*uir magnus atque diuinus*) aufträte, der fähig wäre, seine (Platos) unwiderlegbaren Lehren nicht nur einigen wenigen, sondern einer Vielzahl von Menschen nahezubringen (*persuadere credenda si percipere non ualerent*). Sie (die Platoniker) würden ihn doch gewiß »göttlicher Ehren für würdig erachten,«[8] so Augustin, ja noch mehr: Sie würden zugeben, »derartiges könne gar nicht durch einen Menschen geschehen, wenn diesen nicht in starkem Maße die Macht und Weisheit Gottes selbst (1 Kor 1,24: *dei uirtus atque sapientia*) über die Natur der Dinge erhoben hätte (*ab ipsa rerum natura exceptum*). Ein solcher Mann wäre nicht durch ein menschliches Lehramt (*hominum magisterio*), sondern dadurch zu seiner Ehre gekommen, daß ihn Gott durch eine von Kindheit an verliehene, innere Erleuchtung (*intima inluminatione*) mit einer solchen Gnadenfülle (*tanta gratia*) geehrt [...] hätte, daß er [...] die Menschen durch ein Höchstmaß authentischer Liebe[9] (*sum-*

---

[4] *Vera rel.* 7,12,37 (CChr.SL 32, 196): *tenenda est nobis christiana religio et eius ecclesiae communicatio quae catholica est et catholica nominatur non solum a suis, uerum etiam ab omnibus inimicis.* Vgl. auch Hoffmann, Der junge Augustinus.

[5] *Vera rel.* 1,1,1 (CChr.SL 32, 187): *cum omnis uitae bonae ac beatae uia in uera religione sit constituta, qua unus deus colitur.* Deswegen auch der Verweis auf die enge Beziehung von Philosophie und Religion. Beides sei Streben nach Weisheit (vgl. [erneut christologisch zu verstehen] 1 Kor 1,24: *uirtus et sapientia dei*); vgl. *uera rel.* 5,8,26 (CChr.SL 32, 193).

[6] Vgl. Lössl, The One 81-87. Der Einfluß der entsprechenden Arbeiten von Dörries (Verhältnis) und Theiler (Porphyrius und Augustin) macht sich etwa noch bei Niebergall (Gnade) störend bemerkbar. Niebergall ist der Ansicht, daß vor 397 der Gnadenbegriff nicht christologisch bestimmt ist (»ohne vermittelndes *propter Christum*« – s. dagegen den oben in Kapitel I vorgelegten Befund zu 1 Kor 1,24). Er schließt daraus, daß ihm ein starker Verdienstbegriff zugrundeliegt (s. dagegen den in dieser Arbeit vorgelegten Befund zu einer Vorstrukturierung der intellektuellen Gewichtung der Gnadenvorstellung schon im philosophischen Frühwerk und erst recht im folgenden, *uera rel.*, etwa 10,19,54 [CChr.SL 32, 199]). Auf der Ebene der Untersuchung der Texte kommt Niebergall (wohl unter dem Einfluß von Dörries) für *uera rel.* sogar zu dem Schluß, daß »das den Gnadenbegriff enthaltende Satzglied [jeweils] ohne Schaden hätte fehlen können« (65), eine – wie im folgenden deutlich werden dürfte – krasse Unterschätzung der gnadentheologischen Bedeutung des Begriffs *gratia* in *uera rel.*

[7] Vgl. jedoch Strauss, Schriftgebrauch; Lössl, Augustinus.

[8] *Vera rel.* 3,3,11 (CChr.SL 32, 189).

[9] Zur Übersetzung »authentisch« s. Lössl, Autorität.

mo amore atque auctoritate) zum Heil im Glauben hätte bekehren können (*con-uerteret*). Über das Maß der einem solchen Manne zustehenden Ehren würde man sich wohl vergeblich den Kopf zerbrechen. Es entspreche dem, das man der Weisheit Gottes (*sapientiae dei*) selbst schulde, von der getragen und geführt sich jener in einem jede menschliche Vorstellung übersteigenden Maße um das Wohl der Menschheit verdient gemacht hätte.«[10]

Die theologischen Zusammenhänge sind deutlich, wenn auch der Kontext ein propädeutisch-philosophischer ist (Das christologische Motiv wird zunächst nur hypothetisch entfaltet. Augustin präsentiert sozusagen ein Double Christi): Die Gestalt eines *uir magnus et diuinus* knüpft zwar an heidnische Vorstellungen an. Wegen der Anklänge insbesondere an den Kaiserkult wurde dieses Konzept in der kirchlichen Theologie eher vorsichtig verwendet. Doch für Augustin geht es um einen Einstieg. Den nächsten christologischen Titel, *uirtus et sapientia dei* (1 Kor 1,24) kennen wir bereits aus den Frühdialogen: Die Rede ist ganz offensichtlich von Christus. Er bekehrt die Menschen, indem er sie je nach ihren geistigen Fähigkeiten auf Glauben (*ad credenda*) bzw. auf Verstehen (*percipere*) hin »anredet« (*persuadere*). Liebe und Lehrvollmacht (*amor et auctoritas*) sind bei ihm keine Gegensätze, sondern verschmelzen in seiner gnadenhaften Geistigkeit (*intima inluminatio; tanta gratia*). Gegensatz zu *gratia* ist hier *natura* und *hominum magisterium*. Gnade und Intellekt werden also auf christologischer Grundlage in einen engen Zusammenhang gebracht, nachdem sie bereits vorher als ekklesiologisches Phänomen sichtbar geworden waren: Der Gottesmann wird dadurch als solcher erkannt, daß er, anders als Plato oder sonst ein Philosoph, eine Vielzahl von Menschen zur Wahrheit führt. Dahingehend ist auch eine Reihe weiterer Äußerungen zu deuten.

In *uera rel.* 6,10,30f. beschreibt Augustin das Verhältnis der orthodoxen katholischen Kirche (*catholica*) zu allen anderen Religionen und christlichen Bekenntnissen: »Sie [die Religion der katholischen Kirche] befähigt alle [anderen Religionen und Konfessionen] zur Teilhabe an der Gnade Gottes.«[11] Was er damit meint, wird im Kontext deutlich. Weit davon entfernt, die interreligiösen Beziehungen positiv zu bestimmen, meint er im im Sinne einer engen Beziehung von Gnade und Intellekt im Kontext des orthodoxen katholischen Glaubens: Durch die in der Kirche wirkende Gnade werden die anderen Religionen in ihren Irrtümern erkannt und je nach Bedarf auf die wahre (gnadenhafte) Einsicht kirchlichen Glaubens hin korrigiert. Er versteht »Gnade« in diesem Zusammenhang also bereits in der für seine spätere Gnadenlehre charakteristischen Weise (Irrtümer, auch in Form anderer Religionen und Bekenntnisse sind zu »überwinden«) und im Zusammenhang mit dem Begriff des Intellekts.

In *uera rel.* 7,12,36f. wendet sich Augustin an Romanianus und fordert ihn auf, sich von allen zu distanzieren, die ihr Philosophieren nicht an religiöser Praxis orientierten bzw. ihre religiöse Praxis nicht wie Philosophie betrieben.[12]

---

[10] *Vera rel.* 3,3,12f. (CChr.SL 32, 189).

[11] *Vera rel.* 6,10,30f (CChr.SL 32, 194). Näheres zu diesem Aspekt bei Lössl, Religio.

[12] *Vera rel.* 7,12,36f. (CChr.SL 32, 196): *neque in sacris philosophantur nec in philosophia consecrantur.*

Er meint vor allem diejenigen, die sich wegen abstruser Ansichten oder Eifer-
süchteleien (*uel praua opinione uel aliqua simultate*) gegenseitig exkommunizier-
ten und auf das durch die Bibel vermittelte Licht und die Gnade (*lumen et [...]*
gratiam) des im Geiste lebenden Volkes des Neuen Bundes verzichteten. Von
ihnen solle Romanianus sich abwenden und sich statt dessen an die christliche
Religion halten.[13] Erneut stellt Augustin einen engen Zusammenhang zwischen
Licht (*lumen*) und Gnade her. Darüberhinaus fällt an dieser Stelle auf, daß das
erleuchtete Studium der Heiligen Schrift mit der Philosophie, der man sich ver-
schreiben solle bzw. dem Philosophieren *in sacris* in Zusammenhang gebracht,
also ein enger Konnex zwischen Philosophie und Exegese hergestellt wird. Gerade in diesem Bereich sollte die Entwicklung zum *intellectus gratiae* in den Jahren
nach 390 stattfinden.

(2) In *uera rel.* 12,24,65 findet sich ein umgedrehtes Sündenfallmodell. Gott
wird dort als das Leben selbst in Fülle bezeichnet, das alles im Leben begründet
und erhält sowie das zum Leben zurückführt,[14] was vorher durch einen zur
»Nichtsnutzigkeit« (*nequitia*) neigenden pervertierten Willen zum Nichts (also
zum Tod) hin gewendet war (*uergit ad nihilum*), nämlich die gefallenen Seelen:
»Wenn die Seele während der Zeit, die sie in dieser Phase menschlichen Lebens
[der der Todverfallenheit] verbringt, diejenigen Begierden, die sie dadurch, daß
sie Sterbliches genoß, zu ihrem eigenen Schaden nährte, besiegt und glaubt, daß
ihr dazu von Gottes Gnade Hilfe zuteil wird, wenn sie ihm mit gutem Geist und
Willen dient, wird sie ohne Zweifel wiederhergestellt und von der Vielheit des
Veränderlichen zum Einen Unveränderlichen zurückgeführt, neu geformt durch
die Weisheit, die selbst ungeformt ist, weil durch sie alles seine Form erhält, und
sie erfreut sich der Gegenwart Gottes (*frui deo*) im Heiligen Geist, der Gottes
Gabe (*donum dei*) ist.«[15]

Das lateinische Partizip (*mente illi seruiens et bona uoluntate*), das im
Deutschen mit »wenn« wiedergegeben ist, muß nicht unbedingt, wie Niebergall
meint,[16] einen Kausalzusammenhang im Sinne einer Verdienstlehre bedeuten, als
ob *gratia* nicht vorgängig zu jeglichem *seruire* gedacht werden könnte. Grundlegender als diese Verknüpfung ist hier die Verbindung Gnade-Glaube (*gratia dei*
se adiuuari credat) bzw. Geist-Dienst-guter Wille: Gottes Gnade wirkt unterstüt-
zend im Rahmen des (aber nun wiederum von der Gnade selbst fundierten) Glaubens, so daß der vom guten Willen motivierte menschliche Geist dienend sein
Ziel verfolgt, nämlich das Einswerden des ganzen Menschen mit dem unveränderlichen Einen, mit Gott selbst, und zwar im fleischgewordenen Christus. Die
Dynamik Gnade-Glaube hat also eine intellektuelle Zielrichtung. Und genau dort,
wo dies erneut deutlich wird, setzt ja auch wieder christologische Symbolik ein:
Diese Formung des Geistes, von der die Rede war, erfolgt durch die »ungeformte
Weisheit« und wird »erlebt« (*fruitur*) im Heiligen Geist, der Gabe Gottes (*donum*

---

[13] *Vera rel.* 7,12,36f. (CChr.SL 32, 196).
[14] Vgl. *uera rel.* 11,21,58 (CChr.SL 32, 201): *nulla uita est quae non sit ex deo, quia deus*
utique summa uita est et fons uitae.
[15] *Vera rel.* 12,24,65 (CChr.SL 32, 202).
[16] Niebergall, Gnade 65.

dei) ist. Voraussetzung dafür ist die Dynamik Gnade-Glaube, deren Ursprung die Gnade ist, die allem zuvorkommt.

Und schließlich: Wie um dieser systematischen Spekulation ein biblisches Fundament zu unterlegen, fügt Augustin, Mt 22,37-40 paraphrasierend, hinzu: »So wächst der geistliche Mensch, der alles richtet, selbst jedoch von niemandem gerichtet wird, der 'den Herrn, seinen Gott, liebt mit ganzem Herzen, mit ganzer Seele, mit ganzem Verstand' und 'den Nächsten liebt', nicht fleischlich, sondern 'wie sich selbst' — sich selbst aber liebt er geistlich, da er mit allem, was in ihm lebt, Gott liebt. 'An diesen zwei Geboten hängt das ganze Gesetz und die Propheten.'«[17] Was im Geist jedes einzelnen Menschen gnadenhaft gewirkt wird, indem nämlich der Geist selbst seinen Weg geht, das wird auch in der Offenbarung überliefert. Das Eine der Philosophie und der eine Gott der Bibel werden vom Philosophen und Exegeten Augustin als eine im sich entwickelnden *intellectus gratiae* einzige Wirklichkeit erfahren und vorgestellt.

Weder aus der speziellen Verwendung eines Partizips (etwa *bona uoluntate*) noch aus dem Gebrauch des Ausdrucks *adiuuare* allein sollte man an dieser Stelle ableiten, daß Augustin in *uera rel.* einen Gnadenbegriff entwickelt, der dem entspricht, den er später bei den Pelagianern bekämpfen würde. Bereits die erkenntnistheoretische Gewichtung des Gnadenbegriffs, die nicht einfach als »platonisches Element« abgetan werden kann, sollte zur Vorsicht mahnen. Die Hilfe, von der die Rede ist, bezieht sich zunächst auf Einsicht, die in der göttlichen Weisheit grundgelegt ist. Mit ihr kann also nicht etwas gemeint sein, was zu etwas im Menschen Entspringendem »von außen« hinzuträte. Wie außerdem aus *uera rel.* 10,19,53f. ersichtlich wird, ist auch jeder einzelne Text in seinem eigenen Umfeld zu sehen. Augustin weist dort darauf hin, daß »die unter ihren Sünden verschüttete und in ihnen verstrickte Seele dies von sich aus nicht sehen und sich nicht daran halten kann (*per se ipsam uidere ac tenere non posset*),« daß »wir [aus diesem Grund] den Geschöpfen nicht mehr dienen sollen als dem Schöpfer [Röm 1,21-25], uns also nicht 'in unseren eigenen Gedanken verlieren', sondern die Vollendung unserer Religion vielmehr darin suchen sollen, 'uns an den ewigen Schöpfer zu binden' und von seiner Ewigkeit berühren zu lassen.«[18] Es bedürfe, um die gefallenen Seelen wieder zur Gottähnlichkeit aufzurichten, einer »Zwischeninstanz« (*interposito gradu*), die mit jenen gefallenen Seelen ebenso in Kontakt stehe wie mit den göttlichen Gesetzen. Damit meint Augustin nicht ein gottmenschliches »Zwischenwesen« nach Art mittel- und neuplatonischer oder manichäischer Christologien. Er will hier ja gerade keine christologische Formel entwerfen, zumal nicht ohne die Einführung eines massiven Gnadenbegriffs:[19]

---

[17] *Vera rel.* 12,24,66 (CChr.SL 32, 202); vgl. Mt 22,37-40; Dtn 6,5; Lev 19,18; Röm 13,9; Gal 5,14; Hultgren, Commandement d'amour; Canning, Love; Unity.

[18] *Vera rel.* 10,19,53f. (CChr.SL 32, 199); vgl. Röm 1,21-25, nach Du Roy (L'intelligence 316f.) eine Schlüsselstelle in *uera rel.*

[19] Vgl. zum folgenden *uera rel.* 10,19,54 (CChr.SL 32, 199). Jenes »Wesen,« so wird Augustin 394/5 in *exp. ep. Gal* sagen, brauche selbst keine Vermittlung im Sinne von *interposito gradu*. Es sei diese selbst: *exp. ep. Gal* 27 (CSEL 84, 92): *per fidem induendo Christum omnes fiunt filii* [...] *sicut ipse mediator unum cum ipsa suscipiente sapientia sine interpositione alicuius mediatoris effectus.*

Das »der Veränderung unterworfene Geschöpf,« von dem hier die Rede ist, »das ewigen Gesetzen dient und so den einzelnen Menschen wie auch der Menschheit als ganzer zur Erinnerung (*commemoratio*) an ihre ursprüngliche, vollkommene Wesenheit« verhilft, ist im Rahmen des »heilsgeschichtlich wirksamen« (*dispensatio temporalis*) allumfassenden, »unaussprechlichen Erbarmens Gottes« (*ineffabilis misericordia dei*) zu denken. Ursprung und Quelle der Fähigkeit der Seele, ihren Erlösungsweg zu erkennen und auf Dauer auch einzuschlagen (*uidere ac tenere*), ist also die letztlich in Jesus Christus heilsgeschichtlich wirksame, unauslotbare, mit Gott selbst identische und im Intellekt gegenwärtige Gnade Gottes.

Vera rel. 15,29,78 nimmt diesen Gnadenbegriff (*misericordia*) in der charakteristisch augustinischen Weise der späten Gnadenlehre auf: Sogar Gottes strafende Gerechtigkeit ist Ausdruck der Milde (*clementia*). Die Sünder werden einer harten Pädagogik unterworfen. Sie erhalten die Chance, sich durch Abkehr von den Annehmlichkeiten des Körperlichen zur Liebe und Ewigkeit der Wahrheit zu bekehren. Der göttlichen Gerechtigkeit majestätischer Glanz (*pulchritudo*) und die wohltuende Wirkung der Gnade stehen in völligem Einklang.[20] Der so zwischen hart durchgreifender Gerechtigkeit und in der Liebe Christi anwesender Milde Gottes extrem weit gefaßte Gnadenbegriff wird an zwei weiteren Stellen illustriert. Die eine kontrastiert die Last der »vielen Sakramente« des Alten Bundes mit der Befreiung durch die wenigen Sakramente des Neuen Testaments, die andere beschwört die Schönheit des Alls (*pulchritudo uniuersae creaturae*), die mit derjenigen der durch die Gnade Gottes erneuerten Seele (*anima per dei gratiam regenerata*) identisch sei, da sie die Verdammung der Sünder ebenso einschließe wie die Prüfung der Gerechten und die Glückseligkeit der Erlösten.[21]

(3) In *uera rel.* 28,51,142 wird auch zum ersten Mal die erkenntnistheoretische Dimension dieser zuletzt genannten Zusammenhänge (Gnade-Milde-Sünde-Gerechtigkeit-Schönheit des Alls) beleuchtet und damit bereits ein zentrales Motiv des Schlußteils der Schrift vorweggenommen: »Das Gesetz der göttlichen Vorsehung besteht darin, daß niemandem von höherer Stelle (*a superioribus*) zur Erkenntnis und Wahrnehmung der Gnade Gottes (*ad cognoscendam et percipiendam gratiam dei*) verholfen wird (*adiuuetur*), der nicht reinen Herzens (*puro affectu*) das weniger Hohe im Hinblick auf dasselbe Ziel unterstützt hat. So wurde nun gerade durch unsere Sünde (*peccato nostro*), die im sündigen Menschen keine geringere als unsere Menschennatur selbst begangen hat, das Menschengeschlecht zur Zierde und zum Schmuck der Erde. So geschickt (*decenter*) wird sie vom sorgfältigen Walten der göttlichen Vorsehung bestimmt, daß die unaussprechliche göttliche Heilkunst noch die Scheußlichkeit der Laster selbst in, ich weiß nicht welche, ganz eigene Art von Schönheit verwandelt.«[22]

Vorausgesetzt wird hier erneut die Allwirksamkeit der Gnade im Bereich des Intellekts. Die Erleuchtung besteht darin, daß selbst noch die Perversion der Sünde als Aspekt der auch ästhetisch faßbaren Gnade sichtbar wird. Der Erkenntnisweg der Seele, die sich zwischen Höherem und Niedrigerem ausgespannt

---

[20] *Vera rel.* 15,29,78f. (CChr.SL 32, 205).
[21] *Vera rel.* 17,33,89; 23,44,121 (CChr.SL 32, 207.215).
[22] *Vera rel.* 28,51,142 (CChr.SL 32, 220f.); vgl. Lössl, Religio 367, Anm. 34.

vorfindet, geht von unten nach oben. Da aber die Seele als noch weiter als unter ihr unterstes Niveau gefallene gedacht werden muß, wäre dieser Weg ohne die in der göttlichen Vorsehung wirkende Gnade gar nicht denkbar. Sie schafft im Chaos des Falls überhaupt erst die (ontologischen, erkenntnistheoretischen, ästhetischen und erst von da auch die ethischen) Maßstäbe, durch die ein gnadenhaft gewirkter Erkenntnisweg (dessen Gegenstand die Gnade selbst ist) zu seinem Ziel gelangen kann.

Was in *uera rel.* 28,51,142 erstmals anklang, wird am Schluß[23] erneut aufgenommen und ausgeführt.[24] In *uera rel.* 53,103,285f. formuliert Augustin durch eine Rückblende auf die Ausgangssituation noch einmal das ursprüngliche Ziel des in *uera rel.* beschriebenen Erkenntnisweges: Der Mensch, geschaffen als leibgeistiges Wesen mit der Fähigkeit, sich für (oder gegen) Gott zu entscheiden, hat diese seine Veränderlichkeit nicht zur Orientierung an der Ewigkeit Gottes genutzt (*uti*), die ihm das Glück der Erkenntnis des Schönen, Wahren und Guten (*frui deo*) eingebracht hätte, sondern er ist gefallen. Die Einfachheit seiner Innerlichkeit jedoch (*cognitio quae intus est*) ist ihm dabei als Spur jener Ewigkeit, als Abbild und Entsprechung Gottes (Gen 1,27) erhalten geblieben. Ps 34,9 soll dies auch sinnlich wahrnehmbar vor Augen führen: Gottes Liebenswürdigkeit ist nicht schal geworden (*ita gustant quam suauis est dominus*).[25] Gewissermaßen aus einem Rest an noch verfügbarer Urstandsgnade also entspringen die theologischen Tugenden (Glaube, Hoffnung und Liebe), die nach Abschluß des irdischen Lebens im Denken vollendet werden (*cognitio perficietur*): »Jetzt wissen wir 'Stückwerk (1 Kor 13,9: *ex parte*); wenn aber kommt, was vollendet ist, wird es nicht mehr Stückwerk sein. [...] Jetzt widerstreitet ein anderes Gesetz [das der Sünde] dem Gesetz meines Geistes', aber 'befreien aus der Hülle dieses Todes (*de corpore huius mortis*) wird uns Gottes Gnade durch Jesus Christus unseren Herrn.'«[26] Vollendung im Denken (*cognitio*), Wissen (*scientia*) und im Geiste (*mens*) stehen also in enger Beziehung zum Leben (*uita*) und zur Gnade Gottes in Jesus Christus. In Kontrast dazu steht erneut in aller Schärfe die Möglichkeit einer ewigen Verdammnis für die, die »das so wertvolle Gut des Geistes schlecht gebrauchen (*qui male utuntur tanto mentis bono*).«[27]

In derselben Linie liegt im Anschluß daran auch die allegorische Deutung des Gleichnisses von den Talenten (Mt 25,14-30):[28] Die fünf Talente, die der erste Diener erhält, sind die fünf Sinne, die zwei Talente für den zweiten Diener die Fähigkeit des Menschen zu denken und zu handeln (*actio; cognitio*), das eine Ta-

---

[23] *Vera rel.* 34,64,179-55,113,313 (CChr.SL 32, 228-260); vgl. Lössl, The One 94.

[24] Insgesamt ist in diesem Abschnitt noch dreimal von *gratia* die Rede. Für die folgende Untersuchung spielt jedoch lediglich die letzte Stelle eine Rolle. In den beiden anderen, *uera rel.* 47,90,252.256 (CChr.SL 32, 246f), wird das Wort nicht in seiner theologischen Bedeutung verwendet.

[25] *Vera rel.* 53,103,284 (CChr. SL 32, 253).

[26] *Vera rel.* 53,103,285 (CChr.SL 32, 253f); vgl. Röm 7,23-25.

[27] *Vera rel.* 54,104,288 (CChr.SL 32, 254): *sit ploratus et stridor dentium.* Vgl. Mt 22,13.

[28] Sie steht in einer Reihe mit der Auslegung der beiden anderen eschatologischen Gleichnisse von Mt 25, (1) von den zehn Jungfrauen Mt 25,1-13 (vgl. unten Kapitel IV, Abschnitt 6. zu *ep.* 140), (2) vom Endgericht Mt 25,31-46 (vgl. unten Kapitel V, Abschnitt A. zu *ciu. dei*).

lent für den letzten Diener ist die Geistesschärfe (*acumen intellegentiae*). Wer
dies letztere, offenbar das wertvollste, erhalten hat und dadurch verspielt, daß er
es nicht gebraucht, wird verdammt. Sein Talent wird dem gegeben (*datum est*),
der die fünf erhalten hatte; denn der mit den zweien hat ja alles, was er
braucht.[29] Alle Talente sind Gnadengaben (*data sunt*), ihre Verfügbarkeit liegt
grundsätzlich beim Geber (Gott). Schon daß sie dem Empfänger verfügbar sind,
ist Gnade. Interessant ist, daß Augustin mit dieser Deutung die richtige Anwendung der Sinne geistig ebenso hoch einschätzt wie die rechte Zuordnung von
Denken und Handeln. Auch sie erfolgt jedoch einzig und allein durch einen
gnadenhaft rechtgeleiteten Intellekt.

2. DIE PAULUSKOMMENTARE VON 394/5

In der Zeit nach 391 arbeitet Augustin zum einen weiter in den Themenbereichen
Antimanichäismus und Einführung in die christliche Glaubenslehre,[30] zum andern
versieht er auch vermehrt pastorale Aufgaben auf volkskirchlichem Niveau.[31]
Letzteres brachte es offenbar mit sich, daß er begann, bereits im Grundsatz
vorhandene Positionen entschiedener und in vereinfachenden Formen zu vertreten.[32] Dazu war eine genaue Kenntnis der altkirchlichen Tradition[33] weniger

---

[29] *Vera rel.* 54,105,289.106,292 (CChr.SL 32, 254f.). Wichtig in diesem Zusammenhang ist
auch, zu sehen, daß die *facilitas actionis* (*facilitas operandi*) von Anfang an als Gabe Gottes
gedeutet wird. Vgl. auch *uera rel.* 53,103,284; 54,104,288 (CChr.SL 32, 253f.).

[30] *Vtil. cred.* etwa und *c. Fort.* stammen aus dieser Zeit sowie *fid. symb.*, eine Auslegung des
Nizaenums auf einer Synode in Hippo 393 im Stil von *uera rel.* Vgl. Eichenseer, Symbolum.

[31] Brown (Augustinus 179f.198f.) nennt den Kampf um die Abschaffung der *laetitiae*, ausgelas-
senen Heiligenfesten heidnischen Ursprungs, bei dem er sich als Prediger besonders hervortat.

[32] Vor allem durch Polemik. Dieser Aspekt wird in den Schriften nach 397 zentral im Hinblick
auf den Ausbau und die Behauptung des Konzepts des *intellectus gratiae* werden. Alflatt (Development 133) verweist in diesem Zusammenhang auf frappierende Ähnlichkeiten zwischen Augustins antimanichäischer Polemik in *c. Fort.* und seiner späteren antipelagianischen Polemik. Beide,
Manichäer wie Pelagianer, seien von der Theodizeeproblematik ausgegangen. Gegen beide, so Alflatt, wende sich Augustin mit denselben Argumenten: (1) Erkennbar als Ursprung des Bösen sei
allein der menschliche Wille. (2) Von Gott müsse angenommen werden, daß er allmächtig,
gerecht und gut sei und den freien Willen des Menschen, nicht aber das Böse wolle, das ja denn
auch durch die Strafe neutralisiert werde. Gegen die Manichäer gewendet sei der Aspekt, daß der
Mensch frei und Gott gut ist, gegen die Pelagianer, daß der Mensch nur frei ist, weil Gott es so
will, d. h. wegen der Vergebung der Sünden (*remissione peccatorum*), insbesondere der des ersten
Menschen (*primi hominis*). Vgl. auch Fredriksen, Interpretation 95; *c. Fort.* 21 (CSEL 25/1,
100f.): *Augustinus: ego dico peccatum non esse, si non propria uoluntate peccatur* [...] *et poenam
inferri ei, qui uoluntate mala aliquid fecerit.* sed [...] *fides mea est omnipotentem deum* [...]
iustum et bonum fecisse bona [...] *origo et caput mali est in peccato, sicut apostolus dixit:* »*radix
omnium malorum est cupiditas*« [...] *radicem radicis quaerere non possum.* Zum Zitat vgl. 1 Tim
6,10. Vgl. auch *lib. arb.* 3,17,47-49 (CChr.SL 29, 303f): *Euodius:* [...] *ego enim causam quaero
ipsius uoluntatis* [...] *Augustinus: quoniam uoluntas est causa peccati* [...] *quis erit quaerendi
modus* [...] *cum te ultra radicem quaerere nihil oporteat?* Die völlige Verwiesenheit des Menschen, dem die Sünde »durch Gewohnheit zur Natur geworden ist,« findet sich auch bereits in *fid.
symb.*, gewissermaßen als Weiterentwicklung des Gnadenbegriffs von *uera rel.* Schon im Hinblick
auf diese Schrift aus dem Jahr 393, so Fredriksen (Interpretation 103), hätten die Pelagianer nach
411 Augustin den Vorwurf gemacht, er sei Manichäer. Vgl. *fid. symb.* 10,21f. (CSEL 41, 27f.):

wichtig als eine solche der Bibel.[34] Im Zuge des Bibelstudiums entstanden Kommentare, darunter 394/5 drei Kurzkommentare zu Röm und Gal sowie 396/7 eine Sammlung zu 83 verschiedenen philosophischen und exegetischen Fragen.[35]

Das Urteil der retractationes
Als pastoralexegetische Handreichung für andere Prediger verfaßte Augusti:1 394/5 eine Reihe kurzer Notizen zu einzelnen Stellen aus dem Römerbrief, die er später zu einem Kleinkommentar vereinte, *exp. prop. Rom.*[36] Ähnliches unternahm er zum Galaterbrief *exp. ep. Gal.* Später versuchte er sich an einem umfangreicheren Werk zu Röm, gab das Projekt jedoch wieder auf.[37]

[deus] qui nos reconciliauit sibi, delens omnia praeterita et ad uitam nouam nos uocans: quam uitam donec perfectam capiamus, sine peccatis esse non possumus [...] nec de peccatorum differentia modo tractandum est, sed credendam omnino nullo modo nobis ignosci ea, quae peccamus, si nos inexorabiles ad ignoscenda peccata fuerimus. itaque credimus et remissionem peccatorum [...] anima uero, cum carnalia bona adhuc adpetit, caro nominatur et resistit spiritui non natura, sed consuetudine peccatorum, unde dicitur: »mente seruio legi dei, carne autem peccati« [...] quae consuetudo in naturam uersa est secundum generationem mortalem peccato primi hominis. ideo quae scriptum est: »et nos aliquando fuimus natura filii irae«. Zitate aus Röm 7,25; Eph 2,3.

[33] Von der afrikanischen einmal abgesehen; vgl. in diesem Zusammenhang die Berührung mit Tyc. *lib. reg.* 394 (s. dazu unten zu Beginn von Kapitel IV und in Kapitel V zur Auseinandersetzung mit Julian von Aeclanum); Fredriksen, Interpretation 103-113; Te Selle, Rufinus; Altaner, Schriften (passim); Bartelink, Beeinflussung; Bastiaensen, Prédécesseurs; Lössl, Spuren 208f.

[34] Wobei die Kenntnisse auch in diesem Bereich genauer zu spezifizieren wären. Sie erstrecken sich nicht auf die biblischen Sprachen wie bei Hieronymus, sehr wohl aber auf die lateinischen Texte der LXX-Übersetzungen (Itala), die ihm zur Verfügung standen (vgl. *doctr.* 2,11,16.15,22 [CChr.SL 32, 42.47]). Und nicht um den Text oder um exegetische Fragen im modernen Sinn ging es ihm, sondern um Inhalte philosophisch theologischer Art (vgl. *ep.* 21 [CSEL 34/1, 106-111]; *ep.* 71,5 [CSEL 34/2, 254f.]). Ein guter Text war ihm allerdings insofern ein Anliegen, als er in seinen Augen die Voraussetzung für solides theologisches Argumentieren bot (vgl. Fürst, Veritas latina). Freilich zeigt seine Römerbriefexegese, etwa von Röm 5,12, daß im Zweifelsfall den Text aus sachlichem Interesse schon auch einmal zurechtbog bzw. nur die Textversion für die Argumentation gelten ließ, die seine Position bestätigte. Für die Zeit von 390 bis 396 ist in diesem Zusammenhang ein Beispiel aus dem 393/4 erschienenen, heute verschollenen Werk *c. ep. Donati* zu interessant, in dem er die Behauptung aufgestellt hatte, mit dem Fels (*petra*) in Mt 16,18 sei Rom gemeint. In *retract.* 1,21,20 (CChr.SL 57, 62f.), mehr als 20 Jahre später, als antidonatistische Polemik keine Rolle mehr spielt, korrigiert er, jene Deutung sei unzutreffend gewesen. Mit dem Fels (*petra*) sei hier nicht Petrus gemeint, sondern Christus (*non enim dictum illi est: tu es petra, sed: tu es Petrus. petra autem erat Christus*). Zu Augustins Bibelkenntnis allgemein s. Lenfant, Biblia Augustiniana; Simon, Histoire 252-300; De Mondadon, Bible et Église; De Bruyne, Reviseur; Lobignac, Interpres; Ries, Bible; La Bonnardière, Biblia Augustiniana; Saint Augustin et la Bible; Bonner, Augustine as Biblical Scholar; Fredriksen, Romans; Niewadomski, Sorge; Hamilton, Methods; Starnes, Augustinian Biblical Exegesis and the Origins of Modern Science.

[35] *De Gen ad litteram imperfectus liber, de sermone domini in monte, expositio quarundam propositionum ad Rom, expositio epistulae ad Gal, epistulae ad Rom inchoata expositio, de diuersis quaestionibus 83.*

[36] Vgl. *retract.* 1,32,1 (CChr.SL 57, 66f.); Fredriksen, Romans ix; Goldbacher (CSEL 44, xxx); Perler, Voyages 162; zur literarischen Gattung dieser Kurzkommentare in Frage-und-Antwort-Form s. Bardy, Quaestiones et responsiones; H. Dörrie & H. Dörries, Art. Erotapokriseis, in: RAC, Bd. 6, 342-370 (Lit.).

[37] Es blieb bei *ep. Rom inch.* zu den Eröffnungsversen von Röm, wo Augustin vor allem die

Die frühen Pauluskommentare sind wegen ihrer werkstattartigen Unvollstän-
digkeit und Entwicklungsfähigkeit für viele Interpretationsrichtungen offen und
deshalb ein beliebter Forschungsgegenstand.[38] Nicht nur Augustins Gegner haben
sie später gegen seine späte Gnadenlehre angeführt, es scheint auch, daß er selbst
einiges an ihnen auszusetzen hatte, so wie er sie in *retract.* diskutiert. Ob letzteres seine Gegner bestätigt, muß freilich überprüft werden. Die erwähnte Diskussion zur Verwendung von Mt 16,18 in *c. ep. Donati* in *retract.* 1,21,20 dürfte
gezeigt haben, daß Augustin, wenn er Einzelprobleme diskutiert, auch tatsächlich
Einzelprobleme meint. Sonst müßte man aus seiner rein exegetischen Behandlung
der Frage, ob *petra* in Mt 16,18 Christus oder Petrus meint, den Schluß ziehen,
er sei gegen den römischen Primat eingestellt und habe sich auf die Seite der
Donatisten geschlagen, weil er *petra* auf Christus und nicht auf Rom bezieht.

In *retract.* 1,19,3 etwa diskutiert er einen Satz aus *serm. dom. mont.:* »Ich
hatte [in *serm. dom. mont.*] noch nicht begriffen, daß sich diese Ausdrücke [die
ethischen Forderungen der Bergpredigt, die in *serm. dom. mont.* nicht in einem
explizit gnadentheologischen Zusammenhang stehen] in ihrer tieferen Wahrheit
(*uerius*) eigentlich (*proprie*) auf Christus beziehen.«[39] Will er damit sagen, er
habe um 394 die christologische Dimension seiner Gnadenlehre überhaupt noch
nicht erkannt oder die Sündlosigkeit von Menschen außer Christus behauptet?
Das ist nicht anzunehmen. Die Aussage bezieht sich vielmehr speziell auf die
behandelten Abschnitte. Nur im Zusammenhang mit ihnen hatte er es noch nicht
begriffen. In anderen Zusammenhängen dagegen hatte er es schon früher begriffen (s. etwa oben zur Auslegung von 1 Kor 1,24). Wenn er also in *retract.* eine
Korrektur anbringt, bezieht sich diese nur auf die vorliegende Aussage, nicht
aber auf ein gnadentheologisches System, in die er sie eingebaut wissen will.[40]
Ein typisches und wichtiges Beispiel in diesem Zusammenhang ist die Lehre vom

---

Sünde wider den Heiligen Geist diskutiert und als »Festhalten (*perseuerantia*) an Nichtigkeit und
Bosheit (*nequitia et malignitate*) aus Verzweiflung über die Bereitschaft Gottes zur Vergebung
(*indulgentia*)« interpretiert; vgl. *retract.* 1,25 (CChr.SL 57, 73f.); zur Thematik der Sünde wider
den Heiligen Geist vgl. auch *sermo* 71 (RBen 75, 66-108).

[38] Als neueste Untersuchungen und Übersetzungen der Texte s. Fredriksen, Interpretation;
Romans; Ring (AugLG Prolegomena 1-2); Mara, Interprete (Lit.).

[39] *Retract.* 1,19,3 (CChr.SL 57, 56); zu *serm. dom. mont.* vgl. Holl, Bergpredigtexegese.

[40] »Systematisch« ging Augustin nur insofern vor, als er möglichst viele solcher Einzelaussagen
durch *retract.* korrigieren wollte, so daß keine von ihnen mehr gegen ihn gewandt werden konnte
(ausführlicher dazu unten in Kapitel V). Entsprechendes gilt auch für *retract.* 1,19,6 (CChr.SL
57, 59), wo es um die Möglichkeit von Erkenntnis außerhalb des Einzugsbereichs der Gnade geht.
Augustin vergleicht sie mit Unzucht bzw. Ehebruch (*fornicatio*); s. dazu auch im folgenden in
diu. qu. 83 64,7 (CChr.SL 44/2, 145f.). Zur Frage nach der Möglichkeit der Sündlosigkeit vgl.
spir. litt. (Kapitel IV, Abschnitt 6). Auch dort wird die prinzipielle Annahme der Möglichkeit
gegen die von der Wirklichkeit der Erbsünde ausgehende Phänomenologie abgesetzt: Den sündlosen Menschen neben Christus (das Ebenbild Christi) gibt es in dieser Welt eben nicht. Das soll
nicht heißen, daß nicht alle hoffen dürfen und sogar sollen. Nicht einmal das Vertrauen in die
geschöpfliche Natur ist von Grund auf falsch. Aber es ist die Gnade, die sie als heilsfähige
begründet. Augustin bezeichnet seine Aussage in *serm. dom. mont.* 2,14,48 (»Niemand kann Gott
bewußt hassen«) nicht als falsch. Wenn es niemandes Stolz wäre, ihn zu hassen (Ps 73,23), bestünde kein Problem. Unter dem Eindruck der pelagianischen Kontroverse hatte er freilich den
Eindruck, es wäre besser gewesen, einen solchen Satz nicht geäußert zu haben. Vgl. *retract.*
1,19,18 (CChr.SL 57, 60).

initium fidei/gratiae. In *exp. prop. Rom*, so Augustin in *retract.* 1,23, habe er noch die Ansicht vertreten, Röm 7,24f. (*miser ego homo*) meine den Menschen unter dem Gesetz, insofern er noch nicht im Einflußbereich der Gnade stehe.[41] Erst später habe er gelernt, daß dies eine Aussage über den Menschen ist, insofern ihn der Geist der Gnade schon erfaßt habe.[42] Selbst für den späten Augustin ist dies in *exp. prop. Rom* wie auch in *exp. Gal*[43] jedoch der einzige Schwachpunkt der Argumentation, eine Detailfrage;»denn daß das Verdienst des Glaubens selber Gnadengabe Gottes ist, hatte ich ja nie infragegestellt.«[44]

In *retract.* 1,26 zu *diu. qu. 83* 66 wird noch deutlicher, wie Augustin die Entwicklung seiner Gnadenlehre gewissermaßen unter dem Aspekt des Stückwerks, von den Details her betrachtete. »Wo ich das Apostelwort auslegte, 'Wir wissen aber, daß das Gesetz geistig (*lex spiritalis*) ist, ich aber bin fleischlich' (Röm 7,14), schrieb ich: 'Das will meinen: >Ich stehe auf der Seite des Fleisches und bin noch nicht durch die Gnade des Geistes (*spiritali gratia*) befreit.<' Dies[e meine Worte in *diu. qu. 83* 66] sind nun aber nicht so zu verstehen, als ob der bereits unter der Gnade stehende Mensch nicht dasselbe über sich sagen könnte, bis dahin, wo gesagt wird: 'Ich unglücklicher Mensch, wer wird mich vom Körper dieses Todes befreien?' (Röm 7,24). Ich habe das erst später richtig begriffen, wie ich [*retract.* 1,23,2] bereits zugegeben habe.«[45]

Es geht hier in ganz exegetischer Manier in der Tat nur um diese eine Stelle. Für andere Stellen kann Augustin nämlich wieder auf Aussagen verweisen, die bereits frappant an die späte Gnadenlehre erinnern, etwa *diu. qu. 83* 68,5: »Wollen allein ist nämlich zu wenig, wenn Gott sich nicht erbarmt.«[46] – »Denn das Erbarmen Gottes geht selbst dem Willen voran. Sonst träfe ja nicht zu, daß 'der Wille vom Herrn bereitet wird' (*non praeparetur uoluntas a domino*; vgl. Spr 8,35 LXX). An diesem Erbarmen hängt schließlich auch die Berufung, die dem Glauben vorausgeht und von der ich gleich darauf fortfahre zu sagen, daß sie [...], 'ob sie nun an einzelne Menschen, an ganze Völker oder gar an die Menschheit insgesamt ergeht, je nach den Zeitumständen (*temporum opportunitates*), im Rahmen einer höheren Ordnung steht' [*diu. qu. 83* 68,6].«[47]

Erklärung einiger Fragen zum Römerbrief (exp. prop. Rom)

Stückwerk also ist Augustins Gnadendenken in dieser frühen Entwicklungsphase, so sehr, daß diese Charakteristik sogar in der literarischen Gattung zum Ausdruck kommt, in der er während dieser Zeit aufgeht. Er macht sich Notizen, stellt

---

[41] *Retract.* 1,23,1 (CChr.SL 57, 67).
[42] *Retract.* 1,23,1 (CChr.SL 57, 68).
[43] Vgl. *retract.* 1,24 (CChr.SL 57, 72).
[44] *Retract.* 1,23,3 (CChr.SL 57, 70): *sed fidei meritum etiam ipsum esse donum dei nec putaui quaerendum esse nec dixi.* Zu ausführlichen Diskussionen s. Kümmel, Röm 7, bes. 81.90f.93f.; Platz, Römerbrief 146f.; Berrouard, Röm 7,7-25; weitere Literatur bei Lössl, Spuren.
[45] *Retract.* 1,26 (CChr.SL 57, 84); Zitat aus *diu. qu. 83* 66,5.
[46] *Retract.* 1,26 (CChr.SL 57, 85): »*parum est enim uelle, nisi deus misereatur.*«
[47] *Retract.* 1,26 (CChr.SL 57, 85).

Thesen auf, überprüft sie und verwirft sie wieder. Erst in einem zweiten Schritt vereint er die einzelnen Propositionen zu einem literarischen Ganzen. Die Entwicklung zu seinem Konzept des *intellectus gratiae* verliert er dabei, wie es scheint, zunächst ein wenig aus den Augen. Als Leitgedanken an den Anfang von *exp. prop. Rom* stellt er das Verhältnis von Gesetz und Gnade.[48] Doch bereits zu Röm 1,11 folgt der Gedanke, daß der »Anteil (*impertiar*) an geistlicher Gnade (*gratia spiritualis*), der jemandem zukommt, im Maß der Gottes- und Nächstenliebe besteht, die sie [hier: die Juden] vom Neid den durch die Liebe Christi zum Evangelium berufenen Heiden (*gentibus*) gegenüber befreit (*ut [...] minime inuiderent*).[49] Zu Röm 1,18 sieht Augustin einen Zusammenhang zwischen dieser Gnade und dem Ruf zu Weisheit und Frömmigkeit, der an alle Menschen ergeht: »'Offenbart wird vom Himmel her Gottes Zorn über jede Art der Gottlosigkeit' (Röm 1,18). [Hören wir] dazu sogar Salomo über die Weisen dieser Welt: 'Wenn sie soviel wußten, daß sie den Lauf des Alls berechnen konnten, wie konnten sie dann nicht viel eher den Herrn der Welt und ihren Schöpfer entdecken' (Weish 13,9)? Salomo nun hatte sich gegen diejenigen ausgesprochen, die nicht fähig waren, Gott durch seine Schöpfung zu erkennen. Der Apostel dagegen wandte sich gegen diejenigen, die ihn zwar erkannten, sich jedoch nicht dazu herbeiließen, Dank zu sagen, und mit dem Anspruch, weise zu sein, sich in Wirklichkeit als Toren erwiesen und in Götzendienst verfielen.«[50]

Geistiger Ort der weisen Gnade ist die Demut, Ort der Torheit aber ist der Hochmut: »Zum Vers, wo er sagt: 'Obwohl sie Gott erkannten, ehrten oder dankten sie ihm nicht' (Röm 1,21) [folgendes]: Wenn es um die Frage nach dem Ursprung (*caput*) der Sünde geht, so steht geschrieben: 'Anfang aller Sünde ist der Hochmut' (Sir 10,15).«[51] Hochmut, so Augustin, ist im Bereich des Gnadenwirkens als Ablehnung der Gnade identisch mit Torheit und bewirkt durch den Irrtum das Scheitern des Sünders. Dagegen besteht die volle Gnadenwirkung, die als Gnade angenommene Gnade, in Demut und Weisheit und führt als Erkenntnis der Sünde zu vollkommener Einsicht als Gnade.[52]

Weniger zu betonen scheint Augustin den Zusammenhang von Intellekt und Gnade in Röm 7,15 (*quod enim operor ignoro*). Doch bei näherer Betrachtung zeigt sich: Das Gegenteil ist der Fall. Augustin: »Nur für die weniger Einsichtigen scheint dieser Satz das Gegenteil von dem kurz vorher stehenden zu bedeuten: 'Die Sünde hat, um als Sünde zu erscheinen, durch das Gute in mir den Tod gewirkt' (Röm 7,13). Wie kann Sünde als Sünde erscheinen, wenn sie nicht verstanden wird? 'Nicht verstehen' (*ignoro*) bedeutet hier wohl 'nicht [als wahr] akzeptieren' (*non approbo*). Auch Dunkelheit etwa wird nicht gesehen, sondern von der Helligkeit unterschieden. Genauso die Sünde: Weil in ihr nicht das Licht

---

[48] *Exp. prop. Rom* 1 (CSEL 84, 3): *ut quisque intelligat in hac epistola quaestionem uersari operum legis et gratiae.*

[49] *Exp. prop. Rom* 2 (CSEL 84, 3).

[50] *Exp. prop. Rom* 3 (CSEL 84, 3f.).

[51] *Exp. prop. Rom* 4 (CSEL 84, 4); vgl. Sir 10,15 (*initium omnis peccati superbia*), ein Vers, der noch häufiger auftauchen wird; vgl. Duchrow, Signum; Green, Superbia; Procopé, Superbia.

[52] *Exp. prop. Rom* 12,13 (CSEL 84, 7).

der Gerechtigkeit leuchtet, gibt es bei ihr nichts, das zu verstehen wäre [...] Vgl. dazu auch Ps [18,13]: 'Wer versteht schon [seine] Untaten?'«[53] Sünde wird hier wie in der Ontologie das Nichts behandelt. Die Gnade entspräche dann dem Sein (οὐσία) der Ontologie. Erkenntnis der Sünde, des moralischen Nichts des Menschen vor Gott, hat keinen eigenen willensmetaphysischen Status außerhalb des von der Gnade gewirkten Wollens des Guten. Sie würde auf nichts referieren. Deshalb ist es nach Augustin fehl am Platze, hier, außerhalb des vom Gnadenwirken erfaßten Bereichs, von Einsicht zu reden. Nur im Bereich der Gnade gibt es Einsicht, mit der Gnade selbst als Erkenntnisgegenstand. Im gegebenen Zusammenhang redet Augustin von »Weisheit der Gnade.« Sie scheint als erkenntnisspendendes Licht von jenseits der Grenzlinie absurder Verzweiflung herüber und macht sich bereits durch unartikuliertes Stöhnen bemerkbar (Röm 8,26f.).[54] In ihm kündigt sich das Ereignis an, bei dem die *prudentia carnis*, die »Vernunft des Fleisches,« durch Christus zerstört[55] und ersetzt wird.[56] Bereits in diesem Stadium des Übergangs wird der in der Bekehrung befindliche Mensch von einer tiefen Einsicht in die Nichtigkeit (*uanitas*) seiner bisherigen, gnadenlosen Existenz überwältigt. Die Weigerung, diese Einsicht als Gnade anzunehmen, ist Strafe und Vergehen zugleich.[57] Augustin führt seinen Adressaten anhand von Mt 22,14 drastisch vor Augen: »Viele sind berufen, wenige sind auserwählt,« d. h. *secundum propositum* berufen (Röm 8,28), »gemäß dem Vorherwissen und der Vorherbestimmung (*ad praedestinationem*) durch Gott« zum Glauben, zur Nachfolge und natürlich zum Heil.[58] Es gibt neben denen, für die Gnade Heil bedeutet, auch solche, für die diese Zusammenhänge verhängnisvoll sind. Entscheidend dabei ist aber, daß alles seinen Ausgang jenseits aller Zugriffsmöglichkeiten seitens des Menschen in Gottes in der Gnadenwahl jeweils fest definiertem allgemeinem Heilswillen nimmt, wobei die Verantwortlichkeit des Menschen innerhalb des Erklärungsmodells nicht außer Kraft gesetzt ist.

---

[53] *Exp. prop. Rom* 43 (CSEL 84, 18f). Zum letzten Satz s. Ps 18,13 (*delicta quis intellegit?*). Vgl. Fredriksen, Interpretation 131f.132, Anm. 44: Augustin wende sich einerseits von intellektuellen Kategorien ab (*intelligo* wird in *approbo* uminterpretiert), während er andererseits die Willenskategorien intellektuell auslege (Lichtmetaphorik und Zitat Ps 18,13). Die Stoßrichtung dieser Grundoption ist klar: Das Böse soll nicht erklärt, es muß überwunden werden. Das Gute wird auf einem Erkenntnisweg erreicht. Vgl. auch *retract.* 1,9 (CChr.SL 57, 24): *aliud est enim quaerere, unde sit malum, et aliud est quaerere, unde redeatur ad pristinum uel ad maius perueniatur bonum.*

[54] Vgl. dazu oben in Kapitel I zur Sprachentstehung nach *conf.* 1,8,13 (CChr.SL 27, 7), *de magistro* und *dialectica*.

[55] *Exp. prop. Rom* 48f. (CSEL 84, 22); vgl. Röm 8,7.

[56] In Röm 8,15 ist vom Ruf »Abba, Vater« (*clamamus*) die Rede, in Röm 8,19 vom Stöhnen (*ingemiscimus*) der gesamten Schöpfung. Vgl. *exp. prop. Rom* 52f. (CSEL 84, 24.26).

[57] *Exp. prop. Rom* 53 (CSEL 84, 26f): *unde et in psalmo dicitur:* »*homo uanitati similis factus est, dies eius uelut umbra praetereunt*«. [Ps 143,4] *de uanitate etiam Salomon loquitur, cum dicit:* »*uanitas uanitantium et omnia uanitas, quae abundantia homini in omni labore suo, quo ipse laborat sub sole*«. [Koh 1,2f.] *de qua item Dauid dicit:* »*utquid diligitis uanitatem et quaeritis mendacium*«. [Ps 4,3] *non sponte autem dicit esse subiectam uanitati creaturam, quoniam poenalis est ista subiectio.* Vgl. zu Koh 1,2 in erkenntnistheoretischem Zusammenhang auch bereits *uera rel.* 33,61,171 (CChr.SL 32, 227).

[58] *Exp. prop. Rom* 55 (CSEL 84, 30); vgl. Röm 8,28-30.

Auch erfolgt der Zugang zu diesem Modell nach Augustin nicht an der Stelle, wo für den Menschen durch sein Handeln klar wird, daß er Verantwortung trägt, sondern einen Schritt vorher. Er hält es geradezu für die sprichwörtliche Sünde wider den Heiligen Geist (Mt 12,32), wegen der Problematik der Zusammenhänge die Einsicht in sie als Gnade zu verweigern, mit der Begründung, Gott diskreditiere sich dadurch selbst und beweise damit nur, daß er kein guter Gott sei, weil er die Menschen zu einem Handeln verurteile, das ohne seine Gnade notwendig zum Scheitern verurteilt sei.[59] Sollen die Menschen Gott vorrechnen, wie eine bessere Welt ohne ihn aussähe oder einen besseren Gott konstruieren wollen (*ex officina*)?[60] Für Augustin ist dies keine Alternative. Der Christ, so meint er, müsse gegebenenfalls wider alle Hoffnung hoffen (mit dem *intellectus gratiae* als Ursprung und Ziel): »Mächte und Gewalten,« so schon Paulus, Höhen, Tiefen und Abgründe (vgl. Röm 11,33: *abyssus*) der Geheimnisse des Daseins, so widersprüchlich sie sich auch zeigen mögen, können eine einmal von ihr erfaßte Seele nicht mehr von der Liebe Christi trennen (Röm 8,38f.). Anfang und Ziel der Gnade ist der Intellekt (*interno homine*) und dieser ist mehr als *humana mens* oder *ratio*. Er ist jenseits von allem, Gott selbst.[61]

Doch beginnen an dieser Stelle erst recht die Widersprüche. Ist es nicht auch Gott selbst, der erwählt und vor allem auch verwirft, Esau etwa (Röm 9,13: *Esau autem odio habui*) oder Pharao, dessen Herz er verhärtet (Röm 9,14-18)? Hebt er nicht durch solches Vorgehen die Willensfreiheit auf?[62] Zunächst, so Augustin: Gott wirkt alles in allem (1 Kor 12,6). Die Einsicht in genau diesen Sachverhalt ist bereits Gnade, nämlich als Glaube. Verweigert sich ihr der Mensch, wobei er sie auch dazu in Anspruch nimmt, wird sie ihm zum Verhängnis, und zwar gerade weil Gott sie ihm bedingungslos zuwendet (*uocatio*): »Ich erbarme mich, wessen ich mich erbarmt haben werde,« so Gott nach Röm 9,11-15, was zu ergänzen ist: »Und dessen, der aufgrund meines Erbarmens selber Barmherzigkeit geübt hat« (*praedestinatio*).[63] Es ist also nicht so, daß Augustin hier mit einer »primitiven« Geist-Christologie Glaube und Gnade (*nostrum enim est credere et uelle, illius autem dare [...] facultatem*) trennt[64] oder die Vorherbestimmung zum Heil vom Verdienst des Glaubens als einer von der Gnade unabhängigen »Leistung« der Willensfreiheit abhängig macht.[65] Vielmehr steht der zitierte Abschnitt im Kontext der Entwicklung des Konzepts eines *intellectus gratiae*. Ins-

---

[59] Vgl. die Eingangsfrage von *lib. arb.* 1,1,1 (CChr.SL 29, 211): *Euodius: dic mihi, quaeso te, utrum deus non sit auctor mali.* Ausführlicher dazu Lössl, Wege 333f.

[60] So explizit im Spätwerk *c. Iul. imp.* 1,129 (CSEL 85/1, 141) gegen Julian von Aeclanum: *si deus tuus in contumeliam neminem format, non est ipse Pauli apostoli deus [...] sed tu uidelicet artifex magnus profers ex officina Pelagiana meliorem deum, qui nullum uas facit in contumeliam.* Vgl. Röm 9,21.

[61] *Exp. prop. Rom* 58 (CSEL 84, 32f.).

[62] *Exp. prop. Rom* 60 (CSEL 84, 33).

[63] *Exp. prop. Rom* 60f. (CSEL 84, 35f.).

[64] Gegen Fredriksen, Interpretation 147.

[65] Vgl. dazu bereits Simon, Histoire 255: »C'est donc en vain qu'on accuse ceux à qui l'on a donné le nom de Semi-Pelagiens, d'avoir suivi les sentimens d'Origène, puis qu'ils n'ont rien avancé qui ne se trouve dans ces paroles de S. Augustin, lequel convenoit alors avec les autres Docteurs de l'Eglise.« Vgl. Lössl, Spuren 189-194.

besondere der Hinweis auf das Wirken des Geistes zeigt, daß Augustin dieses
Zitat nicht als Erklärung, sondern vielmehr als Ausgangspunkt einer Erklärung
versteht, mit der er der Komplexität des Sachverhalts gerecht zu werden versucht. Die Erklärung selbst ist dann freilich noch entwicklungsfähig. Noch
arbeitet Augustin mit einer »Arbeitsteilungshypothese.«[66] Gnade und Willensfreiheit arbeiten insofern zusammen, als die Gnade nur die eliminierte Handlungsfähigkeit (*non sufficere [...] uelle nostrum*), nicht aber den eliminierten
freien Willen (*liberum arbitrium*) selbst als Gut ersetzt. Nach 396 wird Augustin
auf diese Unterscheidung verzichten, wobei die Frage ist, ob sich damit die
Entwicklungsrichtung seiner Gnadenlehre grundsätzlich ändert; denn die erkenntnistheoretische Fundierung des Arguments wird auch dann dieselbe sein wie
schon jetzt: Durch die Gabe des Heiligen Geistes (*per donum spiritus sancti*) erst
wird das, wozu wir uns aus unserem guten Willen heraus entscheiden, von Gott
begnadete Barmherzigkeit und Fähigkeit zum guten Handeln. Das Verhältnis von
liberum artrium und *gratia / misericordia* ist also analog zum oben kurz angedeu-
teten Verhältnis *ratio — intellectus gratiae* zu verstehen. Auch wenn erneut (wie
schon in *uera rel.*) durch das Wort *adiuuet* eine nur unterstützende Wirkung ad-
ditiv zum freien Willen insinuiert wird, so macht der folgende Ausdruck deutlich,
daß unter Gnade und Freiheit bereits in diesem Stadium zwei komplementäre
Größen zu verstehen sein sollen: »Fest steht, daß unser gutes Handeln nicht uns,
die wir uns in unseren Entscheidungen abmühen, zuzuschreiben ist, sondern Gott,
der sich unser erbarmt. Natürlich ist da noch unser Wille, aber für sich genommen ist er zu absolut nichts nütze.«[67] Daß Augustin hier nicht explizit auch noch
den Glauben unter das auf das gute Handeln bezogene Gnadenwirken stellt, hängt
nicht etwa damit zusammen, daß er meinte, der Glaubensvollzug sei insgesamt
oder auch nur (Stichwort *initium fidei*) in seinen Anfängen im Bereich einer der
Gnade äußerlichen Willensfreiheit angesiedelt. Mit Glauben ist an dieser Stelle
vielmehr der von Gnade erfüllte, d. h. zum guten Handeln fähige Wille gemeint
(*illius autem dare credentibus et uolentibus facultatem bene operandi per spiritum
sanctum*). Subjekt des so gearteten gnadenhaften freien Handelns ist der im Sinne
von Röm 5,5 »vom Heiligen Geist erfüllte« Mensch. Dieser wird hier nicht mehr
in erster Linie als *animal rationale* behandelt, sondern im Hinblick auf die Frage,
ob er vom Heiligen Geist erfüllt (*spiritualis*) ist oder nicht.[68]
   Anfang des Glaubensverdienstes (*inchoat meritum*) ist also eine Einsicht (*intellectus*). Diese hat ihren Ort im freien Willen, der aber seinerseits ohne Gnade
keinen Wert hat, weder im Guten, das er erst wird, wenn er die Gnade annimmt,
noch im Bösen, das er erst wird, wenn er die Gnade verweigert (was er allerdings im postlapsarischen Zustand schon immer, notwendig, *naturaliter* tut). Damit aber ist nicht nur, was im gegebenen Zusammenhang sekundär ist, die Gnadengewirktheit des Glaubens erwiesen, sondern vor allem die intellektuelle Dimension des Gnadenwirkens: Wie der Anfang des Gnadenwegs eine Art anfangs-

---

[66] Vgl. Lössl, Wege 325-327.
[67] *Exp. prop. Rom* 62 (CSEL 84, 36f) zu Röm 9,15f. (*non uolentis neque currentis, sed
misere ntis dei esse*).
[68] *Exp. prop. Rom* 62 (CSEL 84, 39): *ut sis spiritualis omnia iudicans.* Vgl. 1 Kor 2,15.

hafter Einsicht ist, die zum Glauben führt, so ist sein Ziel die vom Glauben zum Schauen führende Glaubenseinsicht (*intellectus fidei*).

Einsicht in das Wirken der Gnade als Wirken der Gnade ist also Ausgangs- wie auch Zielpunkt des gesamten Prozesses: »Keine Notiz von Gott nehmen« (*non [...] deum in notitia habere*) ist das Gegenteil des Glaubensverdienstes, Anfang der Gottlosigkeit und Grund der Strafe.[69] »Die Willensfreiheit bleibt uns Menschen dabei in jedem Fall erhalten, entweder damit wir an Gott glauben und uns seine Barmherzigkeit zuteil wird oder damit wir uns der Gottlosigkeit zuwenden und bestraft werden.«[70] Der Glaube steht nicht zur Disposition einer von der Gnade unabhängigen Willensfreiheit, sondern einzig und allein in der Macht Gottes: »Gott erbarmt sich, wessen *er* will und verhärtet, wen *er* will (Röm 1,28) [...] Wer kann sich *seinem* Willen entziehen?«[71] Zwar ist Glaube Bedingung der Gnade, Unglaube Bedingung der Ungnade. Aber gefragt wird ja eben nach der Bedingung des Glaubens bzw. des Unglaubens. Augustins Antwort: »[Nur] geistlichen Menschen, solchen, die nicht dem irdischen Menschen gemäß leben, kann jeweils das primäre Verdienst des Glaubens und der Gottlosigkeit offenbar werden (*patere*).«[72] Nicht ein einer der Gnade äußerlichen Willensfreiheit entspringender Glaube (was immer das wäre) entschlüsselt dem gläubig suchenden Menschen die Problematik seiner Existenz, sondern eine (gnadengewirkte) Fähigkeit zur Glaubenseinsicht.

An dieser Stelle hat sich das Argument zu einem Zirkel verwickelt, aus dem es, hat man ihn erst als Prämisse angenommen, kein Entrinnen mehr gibt (*non est tuum discutere*). Nur tiefer hineinschnüren kann man sich lassen, indem man fleischlich denkt; »denn wie bei denen, die Gott erwählt hat, nicht die Werke das Verdienst ausmachen, sondern der [gnadengewirkte] Glaube, so daß sie aus Gnade gut handeln, so besteht bei denen, die er verdammt, das Verdienst der Strafe in Unglaube und Gottlosigkeit, so daß sie durch die Strafe selbst schlecht handeln.«[73] Da Übel und Sünde von ihrem Ursprung her nichts mit Gott, der dennoch als allmächtig und gut definiert wird, zu tun haben dürfen, stößt Augustin bei der Untersuchung dieser Fragen notwendig immer wieder an die Grenzen der Vernunft. Wenn er etwa Geschichte als Handeln des absolut gütigen und gerechten Gottes interpretiert (Röm 9,6-18, Mal 1,2f., Ex 10 usw.), kann er das Leid, das ihm dabei begegnet, nur auf den Menschen selbst zurückfallen lassen, als Sünde, als schuldhaftes Handeln und die Strafe dafür. Dennoch versucht er, statt die Heilsgeschichte nur als göttliches Strafgericht darzustellen, auch Gottes

---

[69] *Exp. prop. Rom* 62 (CSEL 84, 37).

[70] *Exp. prop. Rom* 62 (CSEL 84, 38).

[71] *Exp. prop. Rom* 62 (CSEL 84, 37f.): *ergo cuius uult miseretur et quem uult obdurat. nam uoluntati eius quis resistit?*

[72] Was die Verwerfung eigentlich bedeutet, können also die Verworfenen selbst gar nicht einsehen; denn eine solche Einsicht wäre ja Gnade und damit Heil. Ihre Situation wird also weniger von ihnen selbst subjektiv empfunden und wahrgenommen als vielmehr objektiv von dem zum Heil Vorherbestimmten und Gott selbst. Vgl. *exp. prop. Rom* 62 (CSEL 84, 38): *spiritualibus uiris et iam non secundum terrenum hominem uiuentibus patere posse prima merita fidei et impietatis.*

[73] *Exp. prop. Rom* 62 (CSEL 84, 37.39).

Anteilnahme am Leiden der Menschen zum Ausdruck zu bringen. Er interpretiert
es als geduldiges Ertragen der durch die Willensfreiheit gesetzten Handlungen
(Röm 9,22). Als Gottes primäre heilsgeschichtliche Handlung an den Menschen
verzeichnet er, daß er ihnen ihre Freiheit gibt und sie ihnen unter allen Umständen läßt. Sie trage in jedem Fall ihren Wert in sich selbst und nütze selbst bei
ihrem Scheitern immer noch wenigstens als Negativfolie zum eigentlichen Gnadenwirken.[74]
       Gnadeneinsicht in diesem Zusammenhang bedeutet erneut: Abstand gewinnen
von der Anschauung, die Werke des Glaubens beruhten auf einem Verdienst,[75] etwa des (jüdischen) Gesetzes. Wie für die Juden gelte, daß Gott sich sein Volk
aus dem Teil der Menschheit beruft, der »nicht mein Volk« ist (Hos 2,24 [25]),
so gelte für die Nichtjuden, daß Gott sich aus seinem Volk einen Rest errette (Jes
10,22). Beide Aussagen kombiniert Augustin zu einer fatalen Auslegung von
Röm 9,27: Es sind in jedem Fall nur einige wenige, die gerettet werden, ein
»Rest Israels« und darüberhinaus der Teil der Menschheit, auf den Hos 2,24 (25)
zutrifft. Keiner der beiden Teile habe einen Grund, sich dem anderen überlegen
zu fühlen.[76] Solche Überheblichkeit käme erneut jener Torheit gleich, die das
Volk zum Nicht-Volk (Hos 2,24 [25]) machen würde (Röm 10,19). Die gnadenhafte Weisheit aber liegt im Bekenntnis des Wortes verborgen, das »sehr nahe,
nämlich in deinem Mund und in deinem Herzen ist« (Röm 10,8-10).
       »'Aufgrund der Notwendigkeit seid untertan!' (Röm 13,5) will sagen: Wir
sollen einsehen (*intelligamus*), daß es sich für uns wegen der Verhältnisse in
diesem irdischen Leben so gehört, daß wir untertan seien und keinen Widerstand
leisten, wenn jene uns etwas von unseren zwar vergänglichen Gütern [...] weg-
nehmen wollen, wozu sie die Macht haben. Trotzdem: Zu dem Satz 'Aufgrund
der Notwendigkeit seid untertan!' [...] fügte er [Paulus] noch hinzu: 'Nicht nur
wegen des Zorns, sondern auch wegen des Gewissens' [...] damit du in deinem
Gewissen [innerlich, nicht nur äußerlich] sicher bist, daß du aus Liebe (*dilectione*) zu dem handelst, dem du auf Anordnung deines Herrn untertan bist, 'der
will, daß alle gerettet werden und zur Erkenntnis der Wahrheit gelangen' (1 Tim
2,4).«[77] – »Die Aussage aber 'wer den Nächsten liebt, hat das Gesetz erfüllt'

---

[74] *Exp. prop. Rom* 63 (CSEL 84, 40) zu Röm 9,22 (*attulit in multa patientia uasa irae, quae
perfecta sunt in perditionem*). Geerlings (Christus exemplum 230f.) hat darauf hingewiesen, daß
hier eine der Grundschichten augustinischer Christologie zutagetritt, »ohne Bezug zum historischen Christus« und ohne »den Begriff der präsentischen Eschatologie des Urchristentums« (230,
Anm. 10), rein aus soteriologischen Erwägungen: Gott selbst erduldet zur größeren Verherrlichung seiner selbst die Auswirkung des Mißbrauchs seiner Gnadengabe, der Willensfreiheit. Diese
besteht in der Bestrafung der Gottlosen, die ihren Willen mit all seinen Konsequenzen haben
sollen, und in der Rechtfertigung der Erwählten, zu der die Bestrafung eine geeignete Negativfolie
bietet (Röm 9,24f.). Vgl. *exp. prop. Rom* 64 (CSEL 84, 40): *quod autem ait:* »*quos et uocauit
nos non solum ex Iudaeis sed etiam ex gentibus*«. Geerlings, Christus exemplum 211: »Um die
Größe der Erlösung überhaupt einsehen zu können, muß dem Menschen zunächst einmal das
Ausmaß seiner Sünde gezeigt werden.«
[75] *Exp. prop. Rom* 64 (CSEL 84, 40).
[76] *Exp. prop. Rom* 66 (CSEL 84, 41); vgl. Zumkeller, Zahl der Guten bzw. Auserwählten.
[77] *Exp. prop. Rom* 74 (CSEL 84, 46) zu Röm 13,5; vgl. 1 Tim 2,4 zum allgemeinen Heilswillen Gottes; Chéné, Volonté salvifique; Sage, Volonté salvifique.

zeigt, daß die Erfüllung des Gesetzes in der Liebe (*dilectio*) besteht, d. h. in der Nächstenliebe (*caritas*). Von daher sagte der Herr [Christus] auch, daß an diesen zwei Geboten, dem der Gottes- und der Nächstenliebe, das ganze Gesetz und die Propheten hingen, und daher auch hat er [Christus], der gekommen ist, um das Gesetz zu erfüllen, die Liebe selbst geschenkt durch den Heiligen Geist, damit die Liebe erfülle, was die Furcht vorher nicht erfüllen konnte.«[78]

Beide Abschnitte verdeutlichen noch einmal den engen Zusammenhang, den Augustin zwischen Notwendigkeit (*necessitas*) und Liebe (*dilectio, caritas*) sieht. Nur im Bereich der Liebe gibt es eine (innere) Notwendigkeit. Das Gesetz ist auf Furcht aufgebaut. Ihm stehen nur äußerliche, kontingente Mittel zur Verfügung. Nur die Liebe fordert das Gewissen (*conscientia*) und damit auch die Willensfreiheit. Sie zielt auf die Mitte des Menschen, wo Gnade und Freiheit, Wille und Intellekt, Glaube und Wissen eins sind. Nur das Liebesgebot zielt auf die Erfüllung des »ganzen Gesetzes.« Allein Gott selbst »leistet« diese Erfüllung. Jesus Christus ist hier doch deutlich mehr als ein »primitiver παιδαγωγός« (Fredriksen). Er ist die inkarnierte Liebe Gottes, die im von ihm geschenkten Geist, im gnadenhaften Intellekt derer wirkt, die ihm nachfolgen.

Der unvollendete Römerbriefkommentar (ep. Rom inch.)

Ep. Rom inch. ist ein Versuch Augustins, die in *exp. prop. Rom* angerissenen Einzelfragen in einem ausführlichen Kommentar zu systematisieren. Es blieb bei dem Versuch (*librum quem feceram primum relinquerem solum*),[79] der freilich als solcher eine Reihe interessanter Eindrücke hinterläßt. Kommentiert werden Röm 1,1-7, die Eröffnung des Briefes und die Grußbotschaft des Autors. Vers 7b wird freilich bereits nach zehn Abschnitten erreicht. Der Rest des Werkes dreht sich um die Frage, wie trotz des Fehlens des Ausdrucks »Heiliger Geist« die Grußformel des Briefes trinitarisch zu verstehen ist, und worin die Sünde wider den Heiligen Geist besteht.

In der Einleitung, in der er den Zweck des Briefes kurz umreißt (Paulus wolle gegenüber den Juden die Universalität und Gratuität des Evangeliums klarstellen),[80] liefert Augustin eine Definition des Ausdrucks »Gnade« (*gratia*): Etwas, das umsonst (*gratuito*) gegeben wird, nicht als Schuld (*debitum*). Im Hinblick auf die Diskussion in *exp. prop. Rom* um die Verdiensthaftigkeit des Glaubens hieße das: Was immer *meritum* im Zusammenhang mit *fides* bedeutet, es bedeutet keinesfalls eine Schuld auf seiten Gottes bzw. eine von der Gnade Gottes unabhängige »Leistung« auf seiten des Menschen.

Paulus, der Sklave (*seruus*) Gottes, so der Kommentar zum ersten Vers, sei »als Apostel berufen« (*uocatus apostolus*) und »für das Evangelium Gottes ausgesondert« (*segregatus in euangelium dei*). Augustin betont dezidiert, dies sei dem Juden Paulus widerfahren: Er sei aus der »Versammlung« (*congregatio, synagoga*) »herausgerufen« (*ecclesia*) worden, als Apostel der Kirche der Heiden, die

---

[78] *Exp. prop. Rom* 75 (CSEL 84, 47) zu Röm 13,8 (*qui enim diligit alterum, legem impleuit*).
[79] *Retract.* 1,25 (CChr.SL 57, 73).
[80] *Ep. Rom inch.* 1 (CSEL 84, 145).

trotz des höheren Alters der Synagoge aufgrund der ihr zugesprochenen Gnade die würdigere Institution sei und sich dementsprechend von jener abhebe (*discernit*).[81] Augustin benutzt hier entgegen seiner funktionalen Sprachentstehungstheorie von *de dialectica* die Etymologie als Sachargument — freilich bei Kunstbegriffen, deren Entstehung tatsächlich so zu deuten sein könnte: *ecclesia* heiße *uocatus*, entsprechend dem, was über das doppelte Wirken der Gnade (*uocatus, electus*) gesagt wurde, *synagoga* heiße *congregatus*. Dem Gnadenruf Gottes entspreche also, konfessionell gesprochen, nicht die Synagoge, sondern die Kirche.

Was da an Paulus vollzogen wurde, ist nach Augustin die Erfüllung der Verheißungen der Propheten des Alten Bundes (Juden wie Nicht-Juden).[82] Diese Verheißungen beziehen sich nicht auf »Fleischliches,« etwa darauf, daß jemand aus dem Geschlecht Davids stammt. Daß Jesus Christus, auf den, wie die Evangelien berichten, freilich auch diese natürliche Eigenschaft zutrifft, im gnadenhaft gewirkten Glauben des zum Apostel Berufenen, in dieser »dem Geist der Heiligung« gemäßen Eigenschaft (*in uirtute secundum spiritum sanctificationis*) aus der Auferstehung der Toten (*ex resurrectione mortuorum*) als Sohn Gottes vorherbestimmt ist (*praedestinatus*),[83] wird, so Augustin, dadurch, daß David zugleich König des Gottesvolkes, Prophet[84] sowie der ist, auf den sich die Verheißungen im fleischlichen Sinne beziehen, nur untermauert, nicht begründet.[85]

Der hermeneutische Zirkel wird ähnlich beschrieben wie bei der Diskussion von Röm 9,11-15 (*miserebor, cui misertus ero*) in *exp. prop. Rom.* Durch die Auferstehung der Toten, die mit seiner eigenen beginnt, erweist sich der Davidssohn als in Ewigkeit zum Sohn Gottes vorherbestimmt. Augustin: »Und wie wenn ihn jemand gefragt hätte: 'Und? — Wie bist du mit ihm (Christus) verwandt?' — antwortet Paulus: '[Insofern als] wir durch ihn Gnade und Apostolat (Sendung) empfangen haben zum Gehorsam des Glaubens an seinen Namen bei allen Völkern...' [Röm 1,5]. Und wie wenn ihn noch einmal jemand gefragt hätte: 'Und? — Warum schreibst du uns das?' — antwortet er: '...Zu denen auch ihr gehört, Berufene Jesu Christi' [Röm 1,6].«[86] Bindeglied zwischen der Vorherbestimmung Jesu Christi zum Sohn Gottes und der Berufenen zum Heil ist die durch die Auferstehung Christi wirksame Gnade. Diese wird vermittelt durch die Verkündigung, deren Annahme einen auf seinen Namen bauenden Glaubensgehorsam hervorbringt. Dieser besteht darin, sich nicht der Illusion hinzugeben, die Befreiung von den Sünden sei möglich aus rein menschlicher Kraft, ohne göttliche Hilfe.[87] Wie auch bei der Diskussion von *diu. qu. 83* 64 noch zu sehen sein wird, werden Glaubensverkündigung und Glaubenseinsicht als Glaubensvermittlung in einen engen Zusammenhang zueinander gebracht. Das entspräche der erwähnten Beob-

---

[81] *Ep. Rom inch.* 2 (CSEL 84, 146) zu Röm 1,1.

[82] *Ep. Rom inch.* 3 (CSEL 84, 147) zu Röm 1,2 (*quod ante promiserat per prophetas suos*).

[83] *Ep. Rom inch.* 5 (CSEL 84, 150).

[84] *Ep. Rom inch.* 5 (CSEL 84, 151); vgl. Ps 109,1 (*dixit dominus domino meo*).

[85] *Ep. Rom inch.* 4 (CSEL 84, 148).

[86] *Ep. Rom inch.* 7 (CSEL 84, 154).

[87] *Ep. Rom inch.* 9 (CSEL 84, 156): *nec in eis [peccatis] uitandis uires suas existimare sufficere, nisi diuinitus adiuuetur.*

achtung der persönlichen Situation Augustins als Presbyter mit Predigtamt und entsprechendes legen auch die folgenden Abschnitte *ep. Rom inch.* 11-23 nahe.

Warum erwähnt Röm 1,7 (»Gnade und Friede von Gott dem Vater und unserem Herrn Jesus Christus«) nicht den Heiligen Geist? »Wie mir scheint, deswegen, weil wir die Gabe [Gnade und Friede] als den Geist verstehen sollen.«[88] So beginnt Augustin jenen zweiten Teil des Kommentars. Diese Vermutung löst bei ihm eine Reihe von Überlegungen zu den Verhältnissen von Form und Inhalt, Zeichen und Bezeichnetem, Name und Sache, Wort und Tat, Gnade und Glaube sowie Glaube und Einsicht aus. Er nennt eine ganze Liste von Briefgrüßen aus dem Neuen Testament, in denen ebenfalls keine trinitarischen Formeln verwendet werden, wo aber nach seiner Auffassung der Heilige Geist »mitgemeint« ist.[89] Zur Unterscheidung von Gesagtem und Gemeintem bringt er ein Beispiel aus der nordafrikanischen Linguistik: *salus* heiße auf Latein »Heil« und auf Punisch »drei.« Es werde jedoch sowohl von Puniern wie auch von Lateinern als Grußwort verwendet. Anders als bei der Definition der Kunstbegriffe »Kirche« als *uocatus* und »Synagoge« als *congregatus* entwickelt er aus dieser »zufälligen« Übereinstimmung (*prouenerit*) jedoch wohlweislich kein Sachargument.[90] Er verwendet sie lediglich zur Illustration einer nun folgenden grundsätzlichen Untersuchung zum Verhältnis von Buchstabe und Geist im Bereich der Theologie.

In Mt 12,31f. redet Jesus von einer Sünde wider den Heiligen Geist, die nicht vergeben werden kann. Damit, so Augustin, kann nicht der blasphemische Gebrauch des Wortes »Heiliger Geist« gemeint sein. Wer es nämlich ausspricht, ohne zu wissen, wovon er redet, kann kaum zur Verantwortung gezogen werden. Es muß also zuerst gefragt werden, wer der Heilige Geist sei.[91] Genau das will Augustin herausfinden. Seine Annahme: Der Heilige Geist ist der Sache nach die Gnade Gottes, die die zum Glauben Berufenen von Ewigkeit her zu zur Heiligkeit Erwählten macht. Sünder wider den Heiligen Geist sind umgekehrt nicht die, die falsche Vorstellungen von ihm haben (und hartnäckig propagieren), Modalisten, Subordinatianisten, Manichäer, Montanisten und Donatisten,[92] auch nicht notorische Übeltäter, die sich ja jederzeit bekehren können,[93] sondern solche, die an der geschichtlich wirksamen Kraft des Heiligen Geistes, eben am Glauben, daß es keine Sünde gibt, die kraft des Heiligen Geistes nicht vergeben werden kann, (ver-) zweifeln,[94] in denen der Geist den Glauben also nicht derart begründet

---

[88] *Ep. Rom inch.* 11 (CSEL 84, 159).
[89] *Ep. Rom inch.* 12 (CSEL 84, 160f): 1 Petr 1,2-3: *gratia uobis et pax adimpleatur [...] benedictus deus et pater domini nostri Iesu Christi.* 2 Petr 1,2: *gratia uobis et pax multiplicetur in recognitione dei et Christi Iesu domini nostri.* 1 Joh 1,3: *gratia, misericordia, pax a deo patre et filio eius Iesu Christo.* Jud 1,1-2: *in deo patre dilectis et Iesu Christo conseruatis, uocatis, misericordia uobis et pax et caritas adimpleatur.* Jak 1,1: *Iacobus dei et domini Iesu Christi seruus [...] salutem.*
[90] *Ep. Rom inch.* 13 (CSEL 84, 162). Zur Verwendung des Punischen bei Augustin und den möglichen biographischen Hintergründen s. Simon, Punique ou berbère? Green, Augustine's Use of Punic.
[91] *Ep. Rom inch.* 14 (CSEL 84, 163f).
[92] *Ep. Rom inch.* 15 (CSEL 84, 164-168).
[93] *Ep. Rom inch.* 16-20 (CSEL 84, 168-176).
[94] *Ep. Rom inch.* 21 (CSEL 84, 176).

und gefestigt hat, daß sie von Ewigkeit zu Ewigkeit zu den zum Heil Erwählten gehören, sondern sich am Ende als Verworfene erweisen.

Die Sünde wider den Heiligen Geist gehört also nicht in den Lasterkatalog, man muß sie im Gegenteil bei den Tugenden suchen, etwa bei der Gerechtigkeit, die zur Selbstgerechtigkeit gegenüber Gott und den Menschen pervertiert, sobald das Liebesgebot nicht mehr das letzte Wort hat. Wer, so Augustin, aus einem falschen Gesetzesverständnis »an der Vergebung (*uenia*) verzweifelt oder annimmt, daß Gottes Gerechtigkeit mit der menschlichen zu vergleichen sei,[95] und deshalb nicht umkehrt (*poenitentiam non agendo*) oder fortfährt zu sündigen [...], lästert wider den Hl. Geist [...] indem er sich der Gnade und dem Frieden widersetzt; denn *lästern* muß in diesem Zusammenhang nicht explizit *sprechen* heißen. Was im Herzen empfangen wird, kann auch durch eine Handlung ausgedrückt werden, wie ja umgekehrt auch diejenigen, die Gott mit den Lippen bekennen, ihn mit ihren Taten leugnen können [Tit 1,16]. Auch Handlungen können sowohl etwas leugnen wie auch etwas bekennen. Ähnlich die Aussage des Apostels: 'Niemand kann sagen *Jesus ist Herr* außer im Heiligen Geist' [1 Kor 12,3]. *Sagen* ist hier zu verstehen als *durch Handeln sagen* [... Umgekehrt] sagt ja auch der Herr: [...] 'Nicht jeder, der zu mir sagt *Herr, Herr* wird in das Himmelreich eintreten' [Mt 7,21]. Wider den Hl. Geist sündigen also diejenigen, die aus ihrer Verzweiflung an der Gnade und am Frieden Christi heraus meinen, sie müßten mit dem Sündigen fortfahren.«[96] Heilsverlust erfolgt hiernach also nicht durch Verfehlungen moralischer Art, sondern durch eine fundamental irrige Haltung, einen Mangel an Einsicht in die Wirksamkeit der Gnade im Bereich dieser Einsicht, des *intellectus gratiae*. Nur die Gnade selbst kann im Heiligen Geist diesen Irrtum beheben, indem sie dem Menschen als Gnade die Fähigkeit verleiht, jene Einsicht als Gnade zu empfangen.

Auslegung des Galaterbriefs (exp. ep. Gal)

Was in *ep. Rom inch.* mit der Diskussion um die Sünde wider den Heiligen Geist auf einer Negativfolie entwickelt wurde, wird nun in der etwa gleichzeitig entstandenen *exp. ep. Gal* positiv formuliert. Bereits im ersten Satz macht Augustin unmißverständlich klar: Ziel (*causa*) des Briefes ist es, den Adressaten das Wirken der Gnade einsichtig zu machen (*ut intelligant*), damit sie nicht mehr unter dem Gesetz (*sub lege*) leben müßten.[97] Die Gnade aber wird vermittelt durch das Bekenntnis zum Evangelium Christi. Sich zu Christus bekehren, ihm

---

[95] Zur Frage nach der Unterscheidung von göttlicher und menschlicher Gerechtigkeit, die vor allem in der Auseinandersetzung mit Julian von Aeclanum wieder akut werden wird, s. Denifle, Iustitia dei; Thonnard, Justice de Dieu et justice humaine; Feinberg, Noncomparative Justice; McGrath, Justice.

[96] *Ep. Rom inch.* 23 (CSEL 84, 179f.); vgl. Tit 1,16 (*confitentur enim se nosse deum factis autem negant*); 1 Kor 12,3 (*nemo dicit dominus Iesus nisi in spiritu sancto*); Mt 7,21 (*non omnis qui dicit mihi: domine, domine, intrabit in regnum caelorum*); zu den handlungstheoretischen Aussagen vgl. auch oben am Schluß von Kapitel I.

[97] *Exp. ep. Gal* 1 (CSEL 84, 55): *praefatio. causa propter quam scribit apostolus ad Galatas, haec est, ut intelligant gratiam dei id secum agere, ut sub lege iam non sint.*

folgen wollen, ist erste Priorität für alle, die vom Joch des Gesetzes befreit sein wollen. »Die Wahrheit ist um ihrer selbst, nicht um eines Menschen oder Engels willen zu lieben, der sie verkündet« (Gal 1,6-9).[98] Das Evangelium, das Paulus verkündet, spricht aus und für sich selbst. (Es wirkt *ex opere operato*.) Sinn und Ziel der Botschaft ist Christus. Er ist die Wahrheit, die zu suchen ist mit dem Ziel, sie einzusehen. »Einem der gut einsieht und fromm anklopft, wird auch ge-öffnet« (*si enim adsit bonus intellector piusque pulsator, patebit*).[99] Gnade als Einsicht wird nun gleichgesetzt mit Offenbarung (*reuelatio*). Einerseits führt Of-fenbarung zur Einsicht, andererseits setzt sie diese als Tugend oder Gnade voraus:»Das Gesetz ist nämlich geistlich (*spiritualis*). Es läßt sich auf fleischliche Weise nicht einsehen (*intellegi*). Vielmehr wird es zum Laster derer, die fleisch-lich fühlen. Es wird das, was sie fühlen.«[100] Nur durch die Gnade des Glaubens (*gratia fidei*) können die geistlichen Werke (*spiritualia opera*) des Gesetzes erfüllt werden. Erste Wirkung der Gnade aber ist die Erkenntnis.[101] Erst wenn das Ge-setz auf geistliche Weise eingesehen ist (*intellectam*), ist derjenige, der es einsieht (*intellector*), für es gestorben.[102] Dann gilt: »Nicht [mehr] ich lebe, sondern Chri-stus lebt in mir« (Gal 2,20).[103] Erneut gipfelt alles im Liebesgebot: »Die Schau (*contemplatio*) der Wahrheit gründet allein in der Liebe Gottes, das gute Leben (*boni mores*) in der Gottes- und Nächstenliebe. An diesen zwei Geboten hängt das ganze Gesetz und die Propheten.«[104] Beide Aspekte des glücklichen Lebens aber, Kontemplation und Vollkommenheit in den Tugenden, werden erreicht durch Ein-sicht (*intellectus*) in die Sakramente (*sacramentum*), die Weisen der Gottesver-ehrung. Ohne Einsicht wirkt ein Sakrament abschreckend (*terret*). Wird es aber verstanden, erfreut es und wird gern gefeiert (*gaudium pium parit et celebratur libere*).[105] Wo die Gnade zur Einsicht des Glaubens führt, sind Beschneidung und andere Gesetzeswerke überflüssig geworden.[106] Aus der Sicht der Schauenden sind die, die dies nicht einsehen (wollen bzw. können), entweder, wie die Juden, Sklaven des Gesetzes, oder aber blind wie die Häretiker und die Heiden.[107]

Auch hier liegt keine »primitive Paidagogos-Christologie« (Fredriksen) vor; denn nicht Christus ist ja Zuchtmeister, sondern das Gesetz,[108] das ihn als den erklärt, der zur Freiheit ruft, wobei er, die Weisheit selbst (1 Kor 1,24), nur durch sich selbst einsehbar ist. (Das Gesetz ist und bleibt »äußerlich.«) Ihn ver-stehen heißt, ihn anziehen wie ein Kleid, getauft werden. Dieser Weg steht allen offen, auch den Heiden, die deshalb nicht mehr verzweifeln müssen, sondern hof-

---

[98] *Exp. ep. Gal* 4 (CSEL 84, 59).
[99] *Exp. ep. Gal* 5 (CSEL 84, 61); vgl. Mt 7,7.
[100] *Exp. ep. Gal* 7 (CSEL 84, 62).
[101] *Exp. ep. Gal* 15 (CSEL 84, 71) zu Gal 2,16 (*sed scientes quoniam non iustificatur homo ex operibus legis, nisi per fidem Iesu Christi*).
[102] *Exp. ep. Gal* 17 (CSEL 84, 73).
[103] *Exp. ep. Gal* 17 (CSEL 84, 74).
[104] *Exp. ep. Gal* 19 (CSEL 84, 77).
[105] *Exp. ep. Gal* 19 (CSEL 84, 77).
[106] *Exp. ep. Gal* 19 (CSEL 84, 77).
[107] *Exp. ep. Gal* 22 (CSEL 84, 82).
[108] *Exp. ep. Gal* 27 (CSEL 84, 92); vgl. Gal 3,25 (*lex paedagogus noster fuit in Christo*).

fen dürfen. Christus anziehen heißt nun aber wiederum nicht, einfach er selbst zu sein; denn Mittler, der selbst keinen Mittler braucht (*sine interpositione alicuius mediatoris effectus*), ist er allein. Vielmehr kann man lediglich teilhaben an seiner Weisheit (*participatio*).[109] Das platonische Konzept wird in den Dienst der Gnadenlehre gestellt: Mittelbar teilhaben an der Weisheit Gottes, an Christus, ihn mit dem Taufkleid anziehen, heißt »glauben« (*praestante mediatoris fide*), der Komplex der Vermittlung »Gnade,« ihr »Ort« »Intellekt.« Die (stoischen) *elementa huius mundi*[110] (Gal 4,3) in den Köpfen der (im Geiste) »Kleinen« (*paruuli*) werden überwunden.[111] Zu letzteren zählen die Juden ebenso wie die Heiden, zu denen Paulus »zum Evangelisieren gesandt wurde« (*ad euangelizandum missus est*). Sie sind nicht mehr Sklaven (*seruientes*) sondern Söhne, in deren Herzen »Gott den Geist seines Sohnes [...] schickt, der ruft: 'Abba, Vater!' [Gal 4,6].«[112]

Erkenntnis Gottes im *intellectus gratiae* heißt, von Gott erkannt zu werden (*cognoscentes deum immo cogniti a deo*). Das will nicht besagen, daß Gott einen entdeckt, so wie wenn er einen »vorher« nicht gekannt hätte. Er ist ja immer (ewig) in gleicher Weise präsent. Es heißt vielmehr, im Intellekt zu erfassen, daß man von ihm geliebt ist, dadurch, daß man beginnt, zu begreifen, was es heißt, sich und den Nächsten zu lieben.[113] So »wird Christus in euch geformt [Gal 4,19] [...], durch den Glauben, der in dem wirkt, der ihn hat, im inneren, zur Freiheit der Gnade berufenen (*uocato*) Menschen (*in interiore homine*), in einem sanft- und demütigen Herzen, das sich nicht wegen der Werksverdienste (*de operum meritis*), die nichts sind, etwas einbildet, sondern das sein anfängliches Verdienst von der Gnade selbst herleitet, so daß es sich selbst den Geringsten seiner Brüder nennen kann, nach [Mt 25,40]: 'Was ihr einem meiner geringsten getan habt, das habt ihr mir getan.' In demjenigen nämlich wird Christus geformt, der die Gestalt Christi annimmt. Die Gestalt Christi aber nimmt der an, der Christus in geistlicher Liebe anhängt (*dilectione spirituali*) [... Und] nicht um den Anfang des Glaubens (*initium fidei*) geht es hier, in dem sie ja bereits [wieder-] geboren wurden [in der Taufe], sondern um die Kraft zur Vollendung.«[114]

Um das *initium fidei* soll es hier also ausdrücklich nicht gehen, schon allein deshalb nicht, weil ja die anfängliche Gnade sich auch auf diejenigen erstreckt, die zwar berufen, aber nicht erwählt sind, die zwar in der Kirche (*ecclesia*), in der Gemeinschaft der zum geistlichen Leben Berufenen sind, aber dennoch fleischlich denken,[115] die *carnales* bzw. die zur Verdammnis Bestimmten,[116]

---

[109] Zum Ausdruck *sine interpositione* vgl. (siehe oben) *uera rel.* 10,19,54 (CChr.SL 32, 199).

[110] S. oben in Kapitel I, zu Beginn von Abschnitt 4b (S. 25f.). In dem dort besprochenen Passus *conf.* 3,4,8 (CChr.SL 27, 30) offenbart Augustin sich selbst als einen solchen *paruulus*, der dem Denken der *elementa huius mundi* verfallen war.

[111] *Exp. ep. Gal* 29 (CSEL 84, 95) zu Gal 4,3 (*cum essemus paruuli sub elementis huius mundi eramus seruientes*).

[112] *Exp. ep. Gal* 31 (CSEL 84, 96f.).

[113] *Exp. ep. Gal* 36.45 (CSEL 84, 105.119); vgl. 1 Joh 4,10 (*non quod nos dilexerimus deum, sed quoniam ipse dilexit nos*).

[114] *Exp. ep. Gal* 38 (CSEL 84, 106f) zu Gal 4,19 (*Christus formetur in uobis*); vgl. Mt 25,40 (*cum enim fecistis uni ex minimis meis, mihi fecistis*). Zum Motiv des *homo interior* vgl. Rueger, Innerer und äußerer Mensch.

[115] *Exp. ep. Gal* 40 (CSEL 84, 111).

die in ständiger Dunkelheit, in absolutem Irrtum leben. Sie, so Augustin, sündigen nicht nur, sie haben sogar das innere, »geistige« Gesetz der Sünde (*prudentia carnis*) in sich, wie auch umgekehrt das Ziel der Erwählten nicht eine Art moralischer Sieg über den Hang zu sündigen ist, sondern gnadenhafte Befreiung von sündigem Wissen zur Erlangung von Einsicht.[117] Solches Denken sprengt den moraltheologischen Rahmen, wie auch am Schluß von *exp. ep. Gal* noch einmal deutlich wird, wo erneut zutiefst platonisch von der ästhetischen Dimension der Gnadenerfahrung die Rede ist: »Wir handeln nämlich notwendigerweise so, daß wir nämlich das tun, was uns jeweils mehr erfreut (*quod enim amplius nos delectat*). So kann uns allein schon durch die Nennung eines Wortes die Gestalt einer schönen Frau vor Augen treten und uns zur Unzucht verführen. Wenn uns aber jene innige Schönheit und aufrechte Gestalt der Keuschheit durch die Gnade, die im Glauben an Christus ist, mehr erfreut, leben und handeln wir in ihrem Sinne. Dann herrscht in uns nicht die Sünde, so daß wir den Eingebungen folgen müßten, die sie in uns auslöst, sondern Gerechtigkeit durch Nächstenliebe; und wir tun mit großer Lust, was wir als gottgefällig erkannt haben. Und was ich hier über Keuschheit und Unzucht gesagt habe, will ich auch für alles Übrige entsprechend verstanden wissen (*intelligi uolui*).«[118]

Immer geht es letztlich um Einsicht. Sie bedeutet für ein geistiges Wesen den Gipfel des Lustempfindens (*delectatio, dilectio*). Letzteres ist nach Augustin Auslöser aller Handlungen, guter wie böser. »Wenn wir schon vom Geist leben, so schlagen wir uns doch auch auf die Seite des Geistes!«[119] zitiert er Paulus (Gal 5,25). Das gnadenhafte Minimum (*minimum*) an *intellectus fidei* für jedes *opus meritum* soll nicht zu Überheblichkeit und somit zum Verlust des Glaubens führen, sondern zu dessen Transzendierung durch Vertiefung der Einsicht. Ziel ist nicht die quantitative Anhäufung von *opera merita*, sondern die qualitative Mehrung von *caritas* und *dilectio*. Nur gnadenhafte Einsicht gewährt Zugang zu diesem Denken, in gnadenhafter Einsicht findet es seine Vollendung. Wie sagte Augustin noch einmal zu Beginn von *exp. ep. Gal*? Es geht nicht um die Frage nach dem *initium fidei* als Anfangspunkt eines Glaubensverdienstes, sondern darum, daß diejenigen, die sich im Glauben vorfinden, erkennen, daß in ihnen die Gnade wirkt, *ut intelligant gratiam dei*.

3. *DE DIVERSIS QUAESTIONIBUS* 83

Die 83 verschiedenen Fragen, die Augustin zwischen 388 und 396 »für Brüder [im Predigtamt] diktierte,«[120] sind nicht, wie man dem Titel vielleicht entnehmen möchte, eine zufällige Zusammenstellung disparater Themen, sondern eine systematisch durchstrukturierte Sammlung philosophischer und exegetischer Auf-

---

[116] *Exp. ep. Gal* 47 (CSEL 84, 123).
[117] *Exp. ep. Gal* 48 (CSEL 84, 124).
[118] *Exp. ep. Gal* 49 (CSEL 84, 126).
[119] *Exp. ep. Gal* 54 (CSEL 84, 129): »*si spiritu,*« inquit, »*uiuimus, spiritu et sectemur.*«
[120] Vgl. *retract.* 1,26,1 (vgl. CChr.SL 44A, xciv).

sätze.[121] Nimmt man zusätzlich zur systematischen auch eine einigermaßen chronologische Anordnung der einzelnen Fragen an, so fällt vor allem »die Entwicklung im Gebrauch von Bibelzitaten« auf; »die erste Anspielung auf ein Bibelwort
kommt in *diu. qu. 83* 11, das erste wörtliche Zitat in *diu. qu. 83* 27. Von *diu.
qu. 83* 35 an werden die Bezüge auf die Bibel häufiger.« Diese »ansteigende Kurve« sagt auch einiges »über die Einbeziehung der Bibel in die philosophisch-theologische Argumentation aus.«[122] Über die bereits behandelten Kommentare hinaus
läßt sich so besonders am Beispiel dieses Werkes Augustins allmähliches Eintauchen in die Terminologie der Bibel verdeutlichen, der auf der Sachebene die
Entwicklung des Konzepts eines *intellectus gratiae* entspricht.[123]

(a) Philosophische Konzepte in diu. qu. 83 1-50

Viele der Quaestionen in *diu. qu. 83* 1-50 berühren Problemstellungen, um die
es bereits oben im ersten Kapitel im Zusammenhang mit dem philosophischen
Frühwerk ging: Die Frage nach der Substantialität und Wahrheitsfähigkeit der
Geistseele des Menschen in Gott,[124] die Priorität der Willensfreiheit des Menschen gegenüber der Naturnotwendigkeit[125] aufgrund der Gottebenbildlichkeit,[126] das Erfassen der geschöpflichen Kontingenz als Gut bzw. des Bösen als
kontingent, da aus dem Willen des Menschen und nicht durch oder aus Gott entstehend,[127] und die Finalität des Intellekts.[128] Eine ausführlichere und an entsprechende Stellen in *uera rel.* und *lib. arb.* anklingende Umschreibung des im

---

[121] Vgl. Warns, Einheitlichkeit.

[122] Mutzenbecher in: CChr. SL 44A, xl.

[123] Fredriksen, Interpretation 84: »Augustine's shift to more scriptural [...] language can thus
be seen in part as an adaptive strategy [...] In his new milieu, to function effectively [...] as part
of the Catholic hierarchy, Augustine would have had to become more acquainted with Scripture
than he would have had he remained rhetor in Milan. But not only does Augustine acquaint
himself with the Scriptures, he saturates himself in them; they come to permeate his work in a
way that, before his ordination, would not have seemed possible. And his own outlook on the
nexus of problems that dominates his work for the better part of his life – the workings of sin and
grace, the effect of the fall on the will, the problem of evil – is from this point on particularly
informed not by philosophical concepts *per se*, as at Cassiciacum, but by the language and narrative of the Bible, particularly of Paul.«

[124] *Diu. qu. 83* 1 (CChr.SL 44A, 11); vgl. *uera rel.* 31,57,158f. (CChr.SL 32, 224); *lib. arb.*
2,15,39 (CChr.SL 29, 263f.).

[125] *Ciu. qu. 83* 2 (CChr.SL 44A, 11): *melior autem homo est qui uoluntate quam qui necessitate
bonus est.* Vgl. *lib. arb.* 1,16,35; 2;1,1-3; 2,18,47 (CChr.SL 29, 235f.268f.). *uera rel.*
14,27,73f. (CChr.SL 32, 204).

[126] Nämlich im Aspekt der Freiheit; denn Schöpfung wird als freier Akt Gottes definiert; vgl.
diu. qu. 83 22 (CChr.SL 44A, 26): *ubi nulla indigentia, nulla necessitas; ubi nullus defectus,
nulla indigentia. nullus autem defectus in deo, nulla ergo necessitas.* Vgl. *uera rel.* 9,16,46f.
(CChr.SL 32, 198).

[127] *Diu. qu. 83* 3f. (CChr.SL 44A, 12f.); vgl. *lib. arb.* 2,20,54; 3,1,2; 3,17,47-18,50
(CChr.SL 29, 211f.; 272f.; 303f.); *uera rel.* 18,35,94f. (CChr. SL 32, 208f.).

[128] *Diu. qu. 83* 15 (CChr.SL 44A, 21): *omne quod se intellegit conprehendit se; quod autem se
conprehendit finitum est sibi; et intellectus intellegit se, ergo finitus est sibi. nec infinitus esse uult,
quamuis possit, quia notus sibi esse uult; amat enim se.*

freien Willen gründenden menschlichen Handelns findet sich in *diu. qu. 83* 24: »Was aus Zufall geschieht, liegt im Dunkeln. […] Es fällt nicht in den Bereich der Vorsehung (*prouidentia*). Wenn es nun tatsächlich der Fall wäre, daß etwas in der Welt aus Zufall geschieht, dann folgte daraus, daß die Welt als ganze nicht von der Vorsehung bestimmt (*administratur*) wäre. […] Es gäbe [nämlich dann so etwas wie] eine Natur oder Substanz, auf die die Vorsehung sich nicht auswirkte [nämlich eine zweite Substanz wie bei den Manichäern]. […] [Deshalb ist festzuhalten:] Nichts in der Welt geschieht aus Zufall. […] Was immer sich ereignet, geschieht aufgrund göttlichen oder menschlichen Wollens. Gott aber ist selbst im Vergleich zum besten und gerechtesten aller Menschen ungleich besser und gerechter. Und da seine Herrschaft gerecht und universal ist, läßt er nicht zu, daß irgendjemand ohne Grund (*immerito*) bestraft oder belohnt wird. Strafe aber ist Verdienst der Sünde, Lohn Verdienst rechten Handelns und da niemand […] sündigen oder recht handeln kann, der nichts aus eigenem Willen tun kann, gründen Sünde und rechtes Handeln in der Willensfreiheit (*in libero uoluntatis arbitrio*).«[129]

In *diu. qu. 83* 27 wird – nun bereits anhand eines Bibelzitats (2 Kor 2,16) – eine Definition von *prouidentia* vorgestellt: »Es kann sein, daß die göttliche Vorsehung selbst durch einen bösen Menschen straft und hilft – die Gottlosigkeit (*impietas*) der Juden etwa geriet diesen selbst zum Stolperstein, den Völkern aber zum Heil – in gleicher Weise kann die göttliche Vorsehung durch einen guten Menschen verdammen und helfen (*et damnet et adiuuet*), wie der Apostel sagt: 'Den einen wurden wir zu lebensspendendem Odem, den anderen zum Todeshauch'. Aber weil jedes Leid (*tribulatio*) entweder Strafe für die Gottlosen oder Prüfung für die Gerechten ist – da derselbe Dreschschlitten die Spreu zerhackt wie auch das Korn aus der Spreu löst (von daher die Bezeichnung *tribulatio*) – bemißt (*moderatur*), da Ruhe und Friede von körperlichen Beschwerden sowohl den Guten zum Vorteil als auch den Schlechten zum Verderben gereichen, die göttliche Vorsehung wiederum alles dies zum Verdienste der Seelen.«[130]

(b) Philosophie und Exegese in diu. qu. 83 51-64

Biblisierung des Vorsehungsmotivs (diu. qu. 83 51-54)
Diu. qu. 83 51 beginnt im Zusammenhang mit 2 Kor 4,16 mit der Frage, ob sich Gen 1,26 (Gottebenbildlichkeit des Menschen) auf den »inneren« oder den »äußeren« Menschen beziehe.[131] Sie wird beantwortet mit der Kombination des spirituellen Begriffspaars *interior homo - exterior homo* mit dem heilsgeschichtlichen *uetus homo (Adam) - nouus homo (Christus)*: »Den alten müssen wir ausziehen, den neuen anziehen,« der eine »verhält sich der Sünde des ersten Menschen,

---

[129] *Diu. qu. 83* 24 (CChr.SL 44A, 29f.); vgl. *uera rel.* 14,27,73f. (CChr.SL 32, 204); 18,35,94f. (CChr.SL 32, 208f.); *lib. arb.* 1,1,1 und 2,1,3 (CChr.SL 29, 211.236).
[130] *Diu. qu. 83* 27 (CChr.SL 44A, 33).
[131] *Diu. qu. 83* 51,1 (CChr.SL 44A, 78); vgl. 2 Kor 4,16 (*exterior homo noster corrumpitur, sed interior renouatur de die in diem*); *uera rel.* 40,74,208f. (CChr.SL 32, 235f.).

Adam, der andere dem Bild des himmlischen, der Gerechtigkeit (*iustitia*) des
zweiten Menschen, Christus, entsprechend. Er ist zwar jetzt der Vergänglichkeit
unterworfen, wird aber in der Auferstehung erneuert.«[132] Mit *iustitia* taucht hier
zugleich der Komplementärbegriff zu *gratia* auf. Die heilsgeschichtliche Dynamik
Sünde (Adams)\ - Gnade (Christi) wird als sich parallel zur Dialektik zwischen
innerem und äußerem Menschen entwickelnd dar- und dem mit der Naturordnung
identifizierten Schöpfungsprinzip unterstellt (*et fecit deus omnia bona ualde*).[133]
Gott hat alles wohl bestellt, die unbelebten Dinge, die belebten Wesen wie auch
die geistbegabten unter diesen (*esse, uiuere, intellegere*).[134] »Dem inneren Menschen entsprechend kann der Mensch der Weisheit teilhaftig werden. Seinem Bild
gemäß ist er ohne irgendwelche Zwischenstufe geformt, weswegen nichts enger
mit Gott verbunden ist.«[135] Nach alter, vom Frühwerk her vertrauter Gewohnheit
wird die Christebenbildlichkeit des Menschen mit seiner Teilhabe an der göttlichen Weisheit gleichgesetzt (vgl. 1 Kor 1,24).[136] Da Christus als die die
Sünde Adams überwindende Gerechtigkeit, als Gnade Gottes gedeutet wird, stehen Weisheit, Einsicht und Gnade wiederum in engem Zusammenhang. Dies wird
auch am Zitat Spr 24,12 (»Wißt, daß der Herr die Herzen aller kennt. Er, der
allen seinen Geist eingehaucht hat, weiß selbst alles.«) am Ende der Quaestio und
am Kommentar dazu deutlich: »Dieser Geist, in dem die Einsicht der Wahrheit
besteht, wird unbezweifelbar als zum Ebenbild Gottes hin geschaffen angenommen.«[137] Nichts Geschöpfliches steht zwischen ihm und der Wahrheit.[138] Ist also
die Wahr- und Weisheitsfähigkeit der in Adam gefallenen Seele Resultat der in
Christus, der Weisheit selbst, wirksamen Gnade Gottes, so ist ihr Effekt Einsicht
in diese Gnade.

Diu. qu. 83 52 behandelt die Frage nach den philosophischen Voraussetzungen biblischen Redens von Gott. Sie wird auch im Zusammenhang mit *ad Simplicianum* und anderen Texten zur Gnadenlehre wieder auftauchen. Unser Reden
von Gott, so Augustin, darf um eines möglichst konkreten (univoken), weil nur
so für eine spirituell-praktische (also von geistlichen Einsichten zu konkreten
Handlungen voranschreitende) Erkenntnislehre brauchbaren Schriftverständnisses
willen nicht auf philosophische Abstraktion reduziert werden. Anderseits darf
sie sich aber auch nicht in ihrer Bildhaftigkeit erschöpfen. Im ersten Fall würde
die existenzielle Relevanz der Aussage vermindert, die in der Personalität Gottes
und seiner Zuwendung zum Menschen besteht, im zweiten Fall eine Mythifizie-
rung der Beziehung von Gott und Mensch heraufbeschworen.

Als erstes Beispiel führt er Gen 6,7 an, wo Gott als »reuiger« Schöpfer des
Menschen zitiert wird: *p[a]enitet me hominem fecisse*. Das Gefühl der Reue, Gott

---

[132] *Diu. qu. 83* 51,1 (CChr.SL 44A, 79).

[133] *Diu. qu. 83* 51,2 (CChr.SL 44A, 79).

[134] *Diu. qu. 83* 51,2 (CChr.SL 44A, 80): *quod enim participat sapientiae et uiuit et est, quod autem uiuit necesse est ut sit, non necesse est ut sapiat.*

[135] *Diu. qu. 83* 51,2 (CChr.SL 44A, 80).

[136] Vgl. auch *exp. ep. Gal* 27 (CSEL 84, 92).

[137] *Diu. qu. 83* 51,4 (CChr.SL 44A, 82).

[138] Vgl. *uera rel.* 10,19,53f. (CChr.SL 32, 199); *exp. ep. Gal* 27 (CSEL 84, 92).

in dieser Form zugeschrieben, kann, so Augustin, nur das menschliche Verständnis des Prozesses reflektieren, daß in der Heilsgeschichte etwas in einer bestimmten Weise Begonnenes in einer anderen Weise weitergeführt werden muß. Gott scheint demnach seine Vorstellung von dem, was zum Heil führt, von Zeit zu Zeit zu ändern und »wir [Menschen] können uns das nicht leicht anders vorstellen als daß Gott dies in die Wege leitet, nachdem er Reue [über das Bisherige] empfunden hat. Obwohl also die göttliche Vorsehung, für alle, die klar denken, einsichtig, alles auf sicherste Weise zum besten ordnet, kann man für die bescheidenere Art menschlicher Einsichtsfähigkeit auf angemessenste Weise für das, was begonnen wurde, aber nicht fortgeführt wird [...], sagen, es sei gewissermaßen durch die Reue oder Umkehr Gottes entfernt worden.«[139] Diese Aussage bietet einen Schlüssel zum Verständnis biblischer Rede von Prädestination. Sie steht im Kontext einer Hermeneutik des *intellectus gratiae*, die weiter unten (in Kapitel IV) noch etwas ausführlicher behandelt werden wird.

Diu. qu. 83 53 spezifiziert das in Quaestio 52 angerissene Problem hinsichtlich der Beziehung zwischen Gott und seinem Volk. Ob der Raub der Schätze Ägyptens (*spolia Aegypti*) durch die ausziehenden Israeliten ein Verbrechen bzw. eine Sünde war oder nicht, entscheidet sich letztlich vor dem Hintergrund der Bewertung der Aktion durch die Gnade Gottes: »Aus sich selbst heraus betrügt Gott niemanden; denn er ist ja der Vater der Wahrheit, die Wahrheit selbst wie auch ihr Geist.«[140] Es ist Pharao, der, geblendet von der Überredungskunst seines *malus angelus*, des zum Eigensinn pervertierten reinen, von der von Gott intendierten Leiblichkeit und Geschichtlichkeit des Menschen abstrahierenden Geistes, den Prophezeiungen seiner Seher glaubt und sich so selber des Betruges würdig macht, dem er schließlich zum Opfer fällt.[141] Was auf den ersten Blick wie ein Vergehen des Volkes Israel aussieht, nämlich den Pharao und sein Volk zu berauben und illegal das Land zu verlassen, ist in Wirklichkeit einer von vielen Aspekten des Heilshandelns Gottes. Die Schönheit des geraubten Goldes und Silbers steht gerade für die Herrlichkeit seiner an Israel wie auch an Ägypten geoffenbarten Macht.[142]

Jene tiefere Einsicht in die heilsgeschichtliche Bedeutung von Geschichte zu erlangen, von einem oberflächlichen, »fleischlichen,« zu einem tieferen, »geistigen« Verständnis des in der Schrift Erzählten zu gelangen, ist, so Augustin, Ziel aller am Heilsgeschehen Beteiligten. Dabei spielt die Zeit, in der das Ereignis jeweils stattfindet, eine wichtige Rolle. Den Israeliten etwa zur Zeit des Exodus, so Augustin, konnte Gott noch nicht das Gebot der Feindesliebe (Mt 5,43f.) zumuten. Nachdem jedoch durch die (durch die Sakramente der Kirche vermittelte) Gnadenkraft des eingeborenen Sohnes Gottes das Evangelium wirksam ist, ist das, was bisher verdeckt (*late*) war, nun in all seinen Dimensionen offenbar, d. h. einsehbar (*intellegendum esset*).[143]

---

[139] *Diu. qu. 83* 52 (CChr.SL 44A, 84).
[140] *Diu. qu. 83* 53,2 (CChr.SL 44A, 87).
[141] *Diu. qu. 83* 53,2 (CChr.SL 44A, 87).
[142] *Diu. qu. 83* 53,2 (CChr.SL 44A, 89).
[143] *Diu. qu. 83* 53,4 (CChr.SL 44A, 91); vgl. Mt 5,44 (*diligite inimicos uestros*); *serm. dom.*

Diu. qu. 83 54 beginnt, narrativ genial eingefädelt, mit philosophischen Überlegungen, die sich am Schluß des Abschnitts als Exegese zu einem Psalmvers entpuppen: Die Seele als Lebensprinzip genießt, so Augustin, Vorrang gegenüber dem Körper. Was »höher« (*maior*) als die Seele ist, nennen wir Gott. Mit Gott verbunden sein heißt, ihn erkennen. Erkenntnis Gottes ist Sache der Geistseele. Maßstab für die Qualität der Erkenntnis ist die (oder das personifizierte Prinzip der) Wahrheit.[144] Was aber soll »Gott anhangen« als »ihn mit dem Intellekt erkennen« anderes heißen, als daß das Wirken der Gnade, die Sehnsucht des Menschen nach der Nähe Gottes, in der geistigen Anstrengung des Versuches besteht, seine Wahrheit zu erkennen, einzusehen? Inhalt dieser Erkenntnis wäre dann erneut, daß bereits die Sehnsucht, die diese Anstrengung motiviert, eine Gnadengabe ist (die Erkenntnis »*bonum est*« als *intellectus gratiae*).

Allegorisierung der Auslegung von Joh 4,6-30 (diu. qu. 83 64)

Ein noch weiter fortgeschrittenes Stadium der Durchdringung von Philosophie und Exegese in *diu. qu.* 83 liegt in Quaestio 64 vor, wo es um Jesu Begegnung mit der Samariterin am Jakobsbrunnen (Joh 4,6-30) geht. Gleich zu Beginn mahnt Augustin, bei der Auslegung der Heiligen Schrift, einer Art von sakramentaler Handlung, auf Rechtgläubigkeit (*secundum fidem*) zu achten.[145] Daß Jesus in der sechsten Stunde an den Jakobsbrunnen kommt, deutet er anhand der sieben Menschenalter,[146] die seiner Unterscheidung von *homo exterior* und *homo interior* gemäß als Stufen des geistlichen Menschenlebens zu verstehen sind (vgl. 2 Kor 4,16). Daß Jesus schon müde ist, steht für die Schwäche des Fleisches (*infirmitas carnis*), das er in Demut (*humilitas*) angenommen hat. Die Inkarnation als Akt der Demut Gottes wird nun direkt mit den Motiven Erkenntnis und Gnade in Zusammenhang gebracht, einleitend mit einem Pauluszitat (Phil 2,8): »'Er erniedrigte sich und war unterwürfig bis zum Tod,' obschon die Tatsache, daß er saß – denn zu sitzen pflegen ja Gelehrte – nicht notwendig als Mäßigung und Demut, sondern auch anders, als Demonstration der Person des Lehrmeisters (*magister*) verstanden werden könnte.«[147]

Der *magister humilis*, der demütige Lehrmeister Christus, repräsentiert einen bereits in *de magistro* vorbereiteten Grundbegriff des *intellectus gratiae*. Von ihm

---

mont. 1,21 (CChr.SL 35, 77-81); Holl, Bergpredigtexegese 22.24.35.56. So gesehen ist Augustins Ethik präsentisch-eschatologisch.

[144] *Diu. qu.* 83 54 (CChr.SL 44A, 92f); vgl. Ps 72,28 (*mihi autem adhaerere deo bonum est*); *lib. arb.* 2,3,7-15,39 (CChr.SL 29, 236-265); Lössl, Wege 339-343.

[145] *Diu. qu.* 83 64,1 (CChr.SL 44A, 137).

[146] *Diu. qu.* 83 64,2 (CChr.SL 44A, 137): *nam sexta aetas senectus est, quoniam prima infantia, secunda pueritia, tertia adolescentia, quarta iuuentus, quinta grauitas.* Vgl. *uera rel.* 26,48,130f. (CChr.SL 32, 217f.); Lössl, Autorität; Markus, Saeculum 407; Cranz, Development. Fredriksen (Interpretation 122) dürfte angesichts dieses Befunds nicht ganz richtig liegen, wenn sie meint, Augustin habe schon seit 394 nur noch das Viererschema (*ante legem, sub lege, sub gratia, in pace*) zur Darstellung heilsgeschichtlicher Periodik verwendet. Augustin ließ sich hier nicht von »ideologischen,« z. B. gnadentheologischen Überlegungen, sondern vom Duktus der behandelten Texte leiten.

[147] *Diu. qu.* 83 64,3 (CChr.SL 44A, 139).

ausgehend kann Augustin eine Fülle von Aspekten beleuchten, in denen es immer wieder um die Einheit von Gnade und Intellekt als Inbegriff göttlicher Gnade geht. Im vorliegenden Fall geschieht dies auf folgende Weise. Augustin geht aus von Eph 4,8 (Ps 67,19: »Er stieg hinauf zur Höhe und führte die Gefangenschaft in die Gefangenschaft; er gab den Menschen Geschenke«). Mit Hilfe dieses Verses versucht er, der Bedeutung des Verhältnisses der Samariterin (*captiua*) mit Christus (*ascendens* [*magister*] im Gegensatz zu *descendens* [*humilis*]) auf die Spur zu kommen:[148] Wie es Christi Speise ist, demütig den Willen dessen zu tun, der ihn gesandt hat (Joh 4,34), so ist der Trank, den er von der (in der Gefangenschaft falschen Glaubens und falscher Weisheit befindlichen) Samariterin erbittet, seinem erhöhten Wesen entsprechend, nicht materielles, sondern »geistiges« Wasser, *donum dei, spiritus sanctus*.[149] Aus seinem Genuß, dem Vollzug des wahren Glaubens, entspringt die sich ständig selbst erneuernde Quelle gnadenhafter Einsicht, entsprechend der Definition von *intellectus* in *diu. qu. 83* 15: *intellectus intellegit se, ergo finitus est sibi. nec infinitus esse uult, quamuis possit, quia notus sibi esse uult; amat enim se.*[150]

Als nun (Joh 4,15) die Samariterin Jesus bittet, er möge ihr doch von diesem Wasser geben, erwidert Jesus, sie solle ihren Mann rufen. Daraufhin sagt sie, sie habe keinen, und Jesus bestätigt: Ja, er wisse, sie sei mit fünf Männern verheiratet gewesen. Der aber, mit dem sie jetzt lebe, der sechste, sei nicht ihr Mann. Und im Anschluß an das zuletzt Gesagte deutet Augustin diesen Abschnitt auf folgenden drei Ebenen:

(1) Die Zahl 5 steht für die fünf Bücher Mose. Die Samariter, so Jesus, hätten (im Unterschied zu den Juden) diese Gottesgabe vertan. Aber auch der Glaube (der Christen) an den, auf den letztlich alles ankomme, sei ihnen noch nicht gegeben. Christus sei zwar da, aber sie glaubten nicht an ihn.[151] Nun schließen sich ja die fünf Bücher Mose und der Glaube an Christus nicht aus. Den Juden hatte Jesus einmal gesagt: »'Wenn ihr Mose glaubtet, würdet ihr umso mehr auch mir glauben, da jener über mich schrieb' [Joh 5,46]. [...] Wer an Christus glaubt, läßt die fünf Bücher nicht hinter sich. Er schätzt sie umso mehr, da er ihren geistigen Sinn erkannt hat.«[152] Damit aber schreibt Augustin den Samaritern in Gestalt der Frau am Jakobsbrunnen eine besondere heilsgeschichtliche Bedeutung zu, die an dieser Stelle allerdings noch nicht positiv aufgenommen und abgerundet wird.

(2) Die Zahl 5 steht für die fünf Sinne.[153] Die Rechtmäßigkeit der fünf Gatten (*mariti tamquam legitimi*) bedeutet, daß auch die fünf Sinne auf der Ebene der Entwicklung des individuellen Menschen eine natürliche Funktion erfüllen.

---

[148] *Diu. qu. 83* 64,4 (CChr.SL 44A, 141); vgl. Ps 67,19 (*ascendens in altum captiuam duxit captiuitatem; dedit dona hominibus*).

[149] *Diu. qu. 83* 64,4f (CChr.SL 44A, 140f.); vgl. Löhrer, Glaubensbegriff 253.

[150] *Diu. qu. 83* 15 (CChr.SL 44A, 21).

[151] *Diu. qu. 83* 64,6 (CChr.SL 44A, 142).

[152] *Diu. qu. 83* 64,6 (CChr.SL 44A, 142).

[153] Vgl. dazu oben zu Beginn dieses Kapitels (S. 48, Anm. 28) zu Mt 25,14-30 in *uera rel.* 54,105,289-106,292 (CChr.SL 32, 254f.).

Das heißt jedoch nicht, daß sie von bleibender Bedeutung sind. Wie es für ein Kind natürlich ist, seinem Entwicklungsstand gemäß ganz im Banne seiner Sinne zu leben, so muß der erwachsene Mensch zu einem rationalen Denken (*spiritus rationalis*) durchdringen. Das ist jedoch nur – und hier liegt der Dreh- und Angelpunkt der Argumentation – durch die Gnade möglich. Daß der sechste Mann, der, mit dem die Samariterin zu dem Zeitpunkt lebt, da sie Christus begegnet, nicht wirklich ihr Mann ist, bedeutet, daß die Rationalität, mit der sie Christus verstehen will, nicht ihre eigentliche Rationalität ist, die, die sie hätte, wenn sie von Gottes Gnade erfüllt wäre, die, die sie zur Einsicht der Gnade führen könnte.[154] Der Samariterin ist zwar eine geistige Fähigkeit (*ratio*), nicht aber Einsicht als Gnade verliehen. Sie bzw. – im übertragenen Sinne – ihr Geist, befindet sich einem Zustand vergleichbar dem einer illegitimen Verbindung (*adulterina contaminatione*).[155]

(3) Schließlich gibt Augustin der Symbolik der Zahl fünf noch eine positive Bedeutung: Die Samariterin antwortet Jesus fünfmal. Ihre sechste Antwort lautet: »Ich weiß, daß der Messias kommt, der Christus heißt. Wenn er kommt, wird er uns alles offenbaren.« Darauf Jesus: »Ich bin es, der mit dir redet.«[156] Und jetzt antwortet die Samariterin nicht mehr, sondern eilt in ihre Stadt, um von ihrem Erlebnis zu berichten. Für Augustin bedeutet dieser Schluß, daß der Glaube in der Verkündigung zur Vollendung findet (*non tantum crederet, sed etiam praedicaret*). Diese aber setzt Einsicht voraus und diese wiederum wird im Akt der Verkündigung vom Verkünder der Botschaft wie auch von ihrem Empfänger als Gabe (*donum*) empfangend vermittelt und vermittelnd empfangen.

(c) Zur Römerbriefexegese in *diu. qu. 83* 66-68

Eine besondere Rolle bei der Entwicklung des *intellectus gratiae* spielen die Quaestiones 66 bis 68. Als Beiträge zur Römerbriefexegese sind sie zeitlich wie inhaltlich zwischen den Werken von 394/5 und *ad Simplicianum* anzusiedeln.[157] In ihnen werden schwerpunktmäßig drei Stellen behandelt: (1) Röm 7,1-8,11

---

[154] *Diu. qu. 83* 64,7 (CChr.SL 44A, 145f.); vgl. dazu unten in Kapitel V zu *nupt.* 1,20 den Vergleich von »gnadenloser« menschlicher Rationalität als *fornicatio abs deo* (Ps 72,27).

[155] Vgl. oben in diesem Kapitel (S. 51, Anm. 40) Augustins Deutung von Mt 5,32 (Ehescheidung im Fall von Unzucht der Frau) in *serm. dom. mont.* 1,16,43 (*retract.* 1,19,6): Unzucht (*fornicatio*) als illegitimer Genuß der Geschlechtslust entspreche der Situation derer, die die Geheimnisse der Glaubenserkenntnis ohne das Licht der Gnade nicht verkosten (*frui*) könnten.

[156] *Diu. qu. 83* 64,8 (CChr.SL 44A, 146).

[157] Wenn sich Fredriksen (Interpretation 121, Anm. 9) auch dagegen verwahrt, sie ausschließlich unter dieser Rücksicht zu untersuchen: »It is true that, in this reading of Paul, Augustine becomes more aware of the questions raised by the issue of grace. [...] But such foreshadowing tends to lead us to miss the point of these words – as Augustine himself states in the *retract.* [...]. Rather, Augustine's suddenly greatly refined view of sin and free will here, much more complicated than that of the writings only a few years earlier, asserts to how hard he had to work to reclaim Paul from the Manichees [...].« Zur Frage der genauen Datierung von *diu. qu. 83* 66-68, insbesondere im Verhältnis zur thematisch nahestehenden *exp. prop. Rom* 60.62 und zu *ad Simplicianum* s. Platz, Römerbrief 23f., Anm. 2; Lössl, Spuren 207f.; Flasch, Logik 270-276.

(Freiheit vom Gesetz, der Macht des Todes und des Bösen durch den Geist),[158] Röm 8,18-24 (Befreiung vom Leid des Diesseits durch den in der Welt wirksamen Geist),[159] Röm 9,20 (»Mensch, wer bist du, daß du mit Gott rechtest?« [Theodizee]).[160]

»Gesetz« als Grenzbegriff (diu. qu. 83 66 zu Röm 7,1-8,11)
Diu. qu. 83 66 knüpft mit der Parallelisierung Legitimität-Wahrheitserkenntnis// Illegitimität-Irrtum an Quaestio 64 an: Die Ehe als Herrschaftsverhältnis (Röm 7,2f.: *mulier enim sub uiro*) besteht nur im Zusammenhang mit einem Gesetz (*legi*). Ohne Gesetz würde die Abweichung, hier der Ehebruch, allgemein die Illegitimität, religiös die Sünde, erkenntnistheoretisch der Irrtum, nicht erkannt: *per legem enim cognitio peccati* (Röm 3,21). Augustin hält sich nicht bei der Frage auf, ob das Gesetz selbst die Sünde sei,[161] sondern verweist unmittelbar auf seine Funktion: »Die Seele soll spüren, daß sie sich nicht selbst aus der Knechtschaft der Sünde befreien kann. [...] Nur wenn Gnade hinzukommt, erfüllen wir, was uns vom Gesetz als Last auferlegt wird, ohne Mühe und gern.«[162] Der Geist des Lebens, so Augustin, (*spiritus uitae*) treibt uns dann dazu. Er setzt das Gesetz nicht außer Kraft, sondern baut auf es auf.
Nach einer Diskussion fundamentalethischer Implikationen kommt er auf die erkenntnistheoretische Dimension dieser Einsicht zu sprechen. Er unterscheidet vier Zustände gnadenhaften Daseins im Menschen,[163] (1) einen vorgesetzlichen Zustand ohne Bewußtsein der Sündigkeit, (2) einen Zustand »unter dem Gesetz,« in dem die Sünde zwar bereits als solche erkannt, aus Gewohnheit aber weiter praktiziert wird, (3) einen Zustand der Anfechtung, in dem zwar bereits geglaubt und entsprechend gelebt wird, der Glaube aber noch nicht gefestigt ist, schließlich (4) einen nur im Jenseits zu verwirklichenden Zustand des unveränderlichen Stehens in der Wahrheit der Glaubenserkenntnis. Diese Zustände werden dann im einzelnen erläutert. Vor allem für (2) und (3) ergeben sich interessante Einsichten: Die Ablehnung der Ansicht, das Gesetz selbst sei Sünde, ist nur der Ausgangspunkt. Wichtiger ist die Einsicht, daß das nicht bedeutet, daß aus dem Gesetz die Kraft zur Überwindung der Sünde kommt. Es dient vielmehr lediglich als Maßstab für deren Erkennung.[164] Was also wird, so Augustin, unter Abstraktion von der Gnade erkannt? Nichts. Das auf die Sünde angewandte Gesetz selbst ist Abstraktion. Es heißt sogar an einer Stelle (Mt 7,23), der Sünder sei der Wahrheit, also Christus, unbekannt. Das bezieht sich nicht auf ein Nichtwissen Christi,

---

[158] *Diu qu. 83* 66 (CChr.SL 44A, 150).
[159] *Diu. qu. 83* 67 (CChr.SL 44A, 164).
[160] *Diu. qu. 83* 68 (CChr.SL 44A, 174).
[161] Er verneint sie gemäß Röm 7,7: *diu. qu. 83* 66,1 (CChr.SL 44A, 152): *lex peccati autem dicitur, non quia lex ipsa peccatum est, sed quia peccatoribus imponitur.*
[162] *Diu. qu. 83* 66,1 (CChr.SL 44A, 151f.).
[163] In Kürze *diu. qu. 83* 66,3 (CChr.SL 44A, 154): *prima est actio ante legem, secunda sub lege, tertia sub gratia, quarta in pace.* Vgl. Fredriksen, Interpretation 122-173.
[164] *Diu. qu. 83* 66,5 (CChr.SL 44A, 156).

sondern des Sünders unter dem Aspekt seines Verstoßes gegen das Gesetz.[165] Erneut: Positive Erkenntnis der Sünde durch das Gesetz wäre ein Widerspruch in sich. Negatives kann nicht Gegenstand von Erkenntnis sein: *delicta quis intellegit?* (Ps 18,13).[166]

Augustin formuliert hier einen »reinen« Gesetzesbegriff als Grenzbegriff, analog zum Nichts der Schöpfungslehre. Ihm muß er immer schon eine, und sei es auch noch so äußerliche, gnadenhafte Grundgegebenheit voraussetzen, um den gnadenhaften Erkenntnisprozeß überhaupt als solchen erklären zu können. Ein solches »reines« Gesetz in völlig abstrakter Form würde zu keiner Erkenntnis führen, nicht einmal über das Ausmaß der Sünde. Selbst die Verzweiflung über das Versagen gesetzlichen Tuns (Röm 7,24: *miser ego homo*) setzt von ihrer Inhaltlichkeit her schon Gnade voraus, und zwar Gnade als Einsicht, nämlich in die Unmöglichkeit, das Gesetz (ohne Gnade) zu erfüllen. Wo aber die Gnade zu wirken beginnt (wie eben bei der Erkenntnis der Sünde anhand des Gesetzes), setzt sie nicht das Gesetz außer Kraft, im Gegenteil, sie erweist sich vielmehr als dessen Voraussetzung. Die Wirkkraft der Gnade besteht in diesem Modell also in allererster Linie in ihrem Erkenntnischarakter, die Erkenntnis selbst ist die grundlegende Form der Wirkkraft der Gnade. Das heißt, daß die *ratio* auch die Widerständigkeit, die ihr ein Verweigern der Gnade bis hin zur absurden Verzweiflung einer ewigen Verdammnis ermöglicht, von der Gnade selbst (mithin einer Art ambivalenter *gratia sufficiens*) erhält. Erst in einem zweiten, erneut gnadenhaften Schritt würde der Mensch, vom Heiligen Geist erfüllt (*mens spiritu sancto impleta*),[167] aus der Erkenntnis, daß das Gesetz durch die Gnade bereits erfüllt ist, Kraft und Mut zu Widerstand gegen diese Verzweiflung schöpfen und vernünftigerweise (*prudentia*) auf die endgültige, gnadenhafte Erfüllung des Lebens hoffen können – durch die Liebe (*caritate*).[168]

»Sünde« als Abwesenheit von Einsicht (diu. qu. 83 67 zu Röm 8,18-24)
Diu. qu. 83 67 hat zum Ausgangspunkt den Glauben an die Einheit der Schöpfung, die jedoch, so Augustin, nicht wie das transzendente Eine einfach eins mit

---

[165] *Diu. qu.* 83 66,5 (CChr.SL 44A, 157); vgl. Mt 7,23 (*non noui uos*).

[166] Gegen Fredriksen, Interpretation 128: »The intellectualistic language with its philosophical flavor is put aside« (Zitat von Pincherle, Formazione teologica 85: »L'antico linguaggio intellettualistico e di sapore filosofico è messo da parte«). Fredriksen selbst widerspricht sich, wenn sie schreibt (Interpretation 132, Anm. 44): »Despite his use of *approbo* [statt *notus sum* bzw. *intelligo* in Rom 7,15 (*quod enim operor ignoro*); vgl. *diu. qu.* 83 66,5 und *ad Simplicianum* 1,1,8: *sed »ignoro« sic dictum est hoc loco ut intelligatur »non approbo«*], Augustine in both *exp. prop. Rom* and *diu. qu.* 83 66,5 goes on to draw an analogy between sin and darkness which implicitly contains the concept of *intelligo* [...] in both places he quotes Ps 18,31: *delicta quis intelligit?*«

[167] Vgl. diese »Widerständigkeit des Geistes« mit dem in *retract.* 1,19 mehrfach wiederholten Ausdruck *motus rebellis aduersus rationem*. Dort weist Augustin darauf hin, daß er diesen in früheren Schriften, etwa im kurz vor den betreffenden Fragen aus *diu. qu.* 83 verfaßten Bergpredigtkommentar, unterschätzt habe. In den *retract.* zu *diu. qu.* 83 erscheint ein solcher Hinweis nicht, wie diese überhaupt nahelegen, daß er auch am Ende seines Lebens nichts an der Behandlung der betreffenden Thematik in *diu. qu.* 83 66-68 auszusetzen hatte.

[168] *Diu. qu.* 83 66,6 (CChr.SL 44A, 162).

sich selbst ist, sondern in der Dynamik des Erlösungsprozesses steht (*congemiscit*). Diese innere Dynamik erstreckt sich auf die Schöpfung als ganze. Sie hat zwar schon eingesetzt, ist aber trotzdem noch nicht in ihrer ganzen Bedeutung erkennbar (1 Joh 3,2: *filii enim dei sumus, et nondum apparuit quid erimus*). Ontologisch heißt das: Sie ist der Nichtigkeit (Koh 1,2f.: *uanitati*) ausgesetzt. Ursache dafür ist die Sünde, die zwar selbst Ergebnis freien Wollens ist, zur unfreiwilligen Folge aber die ewige Verdammnis hat.[169] Die Sünde, so Augustin, ist in erster Linie intellektuellen Charakters (und zwar im negativen Sinn als Abwesenheit von Intellekt): Der Sünder täuscht sich (*subici fallaciae*), was das Wesen der Schöpfung angeht ebenso wie sein eigenes, privates, persönliches Wesen und Dasein. Er hält das, was der Geistbegnadete (*spiritualis*) als Grundlage für seine Erlösung begreift, für sein Elend und Unglück.[170] Auf dem Hintergrund seiner Erfahrungen mit der manichäischen Exegese bezeichnet Augustin den vorliegenden Text als obskur, weil nicht klar genug zum Ausdruck komme, daß Paulus nicht etwa Materie und Geist einander gegenüberstelle, sondern mit Schöpfung das Gesamt der leibgeistigen Wirklichkeit als Gegenüber des ihm transzendenten Schöpfers meine.[171] Im Kontext der Orthodoxie könne Röm 8,22 (*omnis creatura congemiscit et dolet*) keinesfalls meinen, daß auch die Schöpfung, insofern sie im urständlichen Zustand erhalten ist, etwa in den nicht gefallenen Engeln, dem Leid und dem Bösen ausgesetzt sei.[172] Das Prinzip der Texttreue darf hier, so Augustin, nicht zu häretischen Spekulationen mißbraucht werden. Die sachliche Richtigkeit im Sinne christlicher Gnadenlehre (ein Gott, eine Schöpfung, eine Bestimmung zum Heil und eine mit diesen Motiven im Einklang stehende Erklärung des Bösen) geht in jedem Fall vor.[173]

Gnade als Einsicht (diu. qu. 83 68 zu Röm 9,20)

Diu. qu. 83 68 geht von allen bisherigen Erörterungen am weitesten. Augustin postuliert darin die Alleinwirksamkeit der Gnade Gottes, ohne weiter auf die Frage einzugehen, wie sich dies mit dem nicht weniger zentralen Postulat der menschlichen Willensfreiheit vereinbaren lasse. Er geht aus vom Anfang allen Fragens, warum es überhaupt etwas gebe bzw. was es bedeute, daß alles so ist, wie es ist (Röm 9,20: *quare me sic fecisti?*).[174] Auf die Intention dieser Fragestellung, so Augustin, kommt es an: »Wir fühlen, daß wir eigentlich wegen unserer Unwürdigkeit unfähig sind, die göttlichen Geheimnisse einzusehen.«[175] Nicht Gott, die Menschen selbst sind daran schuld, wenn Mangel an Gnade herrscht. Allein schon dies zu erkennen ist ihnen gegenüber ein Gnadenerweis seitens

---

[169] *Diu. qu. 83* 67,3 (CChr.SL 44A, 167).
[170] *Diu. qu. 83* 67,6 (CChr.SL 44A, 170f.).
[171] *Diu. qu. 83* 67,1 (CChr.SL 44A, 164).
[172] *Diu. qu. 83* 67,7 (CChr.SL 44A, 172).
[173] *Diu. qu. 83* 67,7 (CChr.SL 44A, 172f.).
[174] *Diu. qu. 83* 68,3 (CChr.SL 44A, 177).
[175] *Diu. qu. 83* 68,1 (CChr.SL 44A, 175): *sentiamus quod uerum est indignos et infirmos esse ad intellegenda diuina secreta.* Wörtlich: »[...] daß es wahr ist, daß wir [...] sind [...].«

Gottes. Gott hätte in seiner Allmacht auch schon gleich für gerechte Bestrafung sorgen können.[176]

Es wäre also nicht recht von den Menschen, wenn sie sich über ihren ambivalenten Zustand (der Heilsunsicherheit) beklagten. Sie sollten ihn lieber als Chance nutzen: »Wenn du,« so Augustin weiter, »in diesem Bereich zur Einsicht gelangen willst, wolle nicht mehr nur Lehm [untätig, passiv] sein! Werde zum Kind Gottes durch die Barmherzigkeit dessen, der denen, die 'an seinen Namen glauben,' die Macht gibt, Kinder Gottes zu werden, nicht aber, wie vielleicht du es möchtest, denen, die Göttliches erkennen wollen, noch ehe sie glauben; denn der Lohn [die Gnade] der Erkenntnis wird aufgrund von Verdiensten verliehen, das Verdienst aber wird durch Glauben erworben und es ist die Gnade selbst, die durch den Glauben gegeben wird, ohne irgendwelche vorhergehende Verdienste auf unserer Seite.«[177]

Diese bisher klarste Aussage für eine Alleinwirksamkeit der Gnade wird zusätzlich untermauert durch die bereits bekannten, nun auch hier zur Sprache gebrachten christologischen Zusammenhänge: Worin also besteht jenes Verdienst der Gnade? »Daß Christus für die Gottlosen und Sünder gestorben ist. So [und nicht anders] sind wir zum Glauben berufen, nicht aus eigenem Verdienst, sondern aufgrund der Gnade.«[178] Als Ziel des Glaubens aber, so weiter, ist in der Einfachheit des Herzens die Einsicht (*intellectus*) zu suchen,[179] wobei die Betonung auf »suchen« liegt; denn, so Augustin, nur »'unter den Vollkommenen reden wir von Weisheit' [1 Kor 2,6]; denn erst dann [bei der Vollendung] wirst du recht und ohne Verzerrung wahrnehmen, wie es sich mit den verborgensten Verdiensten der Seele, mit Gnade, Gerechtigkeit und den Geheimnissen des allmächtigen Gottes verhält.«[180]

Der Dynamik von Sünde und Erlösung entspricht nun jedoch – und dies wird hier im Vergleich zu *exp. prop. Rom* 60 verschärft gesehen – eine menschlicherseits zumal erkenntnistheoretisch unauflösbare Dialektik. Augustin ist so gebannt von ihr, daß er die alttestamentliche Ausgangssituation der Verhärtung des Herzens Pharaos (Röm 9,17; Ex 1,8-22) übergeht und sich umgehend auf Röm 9,18 stürzt, wo vom Willen Gottes als unhintergehbarer Voraussetzung der Gnade wie auch der Verwerfung die Rede ist.[181] Wie ist es zu erklären, daß nicht Pharaos Übeltaten, sondern Gottes guter Wille, der doch Ursprung von allem ist, zur Verhärtung des bösen Willens des Pharao führt? Pharao, so Augustin, hatte die Verhärtung seines Herzens zwar durch sein notorisches Verhalten heraufbeschworen (*prioribus meritis quibus afflixit in regno suo peregrinos*). Nicht einmal die handfestesten Wunder (*manifestissima signa*) hatten ihn bekehren können. Aber diese Wunder hatten auch gar nicht den Zweck, ihn zu bekehren. Wäre das der

---

[176] *Diu. qu. 83* 68,1 (CChr.SL 44A, 175): »*nam uoluntati eius quis resistit?*« [Röm 9,19].

[177] *Diu. qu. 83* 68,3 (CChr.SL 44A, 177f.).

[178] *Diu. qu. 83* 68,3 (CChr.SL 44A, 178).

[179] *Diu. qu. 83* 68,3 (CChr.SL 44A, 178): »*in simplicitate cordis quaerite illum.*« [Weish 1,1]; vgl. *uera rel.* 35,65,182 (CChr.SL 32, 229f.); Lössl, The One.

[180] *Diu. qu. 83* 68,3 (CChr.SL 44A, 178f.); 1 Kor 2,6 (*sapientiam loquimur inter perfectos*).

[181] *Diu. qu. 83* 68,4 (CChr.SL 44A, 179).

Fall, wäre Gott ja mit ihnen am Willen des Pharao gescheitert. Seine Allmacht wäre infragegestellt. Die Verhärtung des Herzens des Pharao gegenüber Gott ist, so Augustin, vielmehr aus menschlicher Sicht ein irreduzibles Grunddatum. Gott, so Augustin, und das ist alles, was man darüber sagen kann, findet den Pharao, den er gut geschaffen hat, so vor und er läßt ihn, aus Gründen, die nur er kennt und die überhaupt nur im *intellectus gratiae* einsichtig sind, und zwar unter der Voraussetzung, daß man zunächst ihre Unbegreiflichkeit akzeptiert, auch so sein, ja, man kann sogar sagen, er bestärkt ihn darin, auch und gerade im Hinblick auf die real mögliche und wahrscheinliche Folge seiner ewigen Verdammnis. Und weil wir, so Augustin weiter, nichts anderes annehmen können, als daß dieses Datum dem Willen des allmächtigen Gottes nicht widerspricht (denn wir würden ja sonst an seiner Allmacht zweifeln), müssen wir auch annehmen, daß Gott den Pharao so, wie er zum Zeitpunkt der Verhärtung war, schon vorher aus einer entsprechenden Art Pool von Menschen mit verhärteten Herzen (*massa peccatorum*) ausgewählt hat (*electio*), unbeschadet seiner vorher an ihn ergangenen Berufung (*uocatio*). Diese erste Stufe der Berufung erweist sich nämlich dann als null und nichtig, wenn sie sich nicht von ihrem Ergebnis her als eine gewissermaßen von einer Erwählung zum Heil grundgelegten »Erwählungsberufung« (*uocatio congrua*) entpuppt.[182]

Augustin hat mit der Problematik des Konzepts nie hinter dem Berg gehalten. Der auf nichts als auf sich selbst reduzierte Wille des Menschen und seine Erwählung von Gott her (*excitauit, praedestinauit, indurauit*) zu keinem anderen als eben diesem Willen stehen in einem (jedenfalls außerhalb des Wirkkreises der Gnade) unerklärlichen Widerspruch zueinander. Mit »innerhalb des Wirkkreises der Gnade« ist nicht nur der heilsgeschichtliche Rahmen gemeint, in dem die Schuld und das Leid der Sünde als eine »harte Schule« (*eruditio*) für den Menschen begriffen werden, die Gott in seinem Sohn sogar mit ihnen teilt und durch die hindurch er sie am Ende zum Heil führt. Vielmehr meint Augustin damit auch jenen eschatologischen Grenzbereich, in dem die Frage auftaucht, was es heißt, daß Gott »mit viel Langmut die Gefäße des Zorns erträgt, die ihr Ende im Verderben haben.«[183] Wie ist widerspruchsfrei zu sagen, was genau das Gnadenhafte einer Einsicht ist, die die Masse der Menschheit durch eigene Schuld und die Allwirksamkeit der Gnade Gottes[184] in der ewigen Verdammnis weiß? Es war allein diese Frage, deren Beantwortung bis *ad Simplicanum* 1,2 ausstand.[185] Daß

---

[182] *Diu. qu. 83* 68,4 (CChr.SL 44A, 179); vgl. *exp. prop. Rom* 64; *ep. Rom inch.* 1; neu an dieser Stelle der Ausdruck *massa peccatorum*, der auf eine relativ späte Entstehungszeit der Quaestio (nach 394, als Augustin Tyc. *lib. reg.* kennenlernte, in dem der Ausdruck bereits eine wichtige Rolle spielt, also wahrscheinlich 396, vielleicht sogar 397) hindeutet. Vgl. Mara, Massa; Lössl, Wege 326f.

[183] *Diu. qu. 83* 68,4 (CChr.SL 44A, 179); vgl. Röm 9,22.

[184] *Diu. qu. 83* 68,5 (CChr.SL 44A, 180f.); zur Widersprüchlichkeit des Verhältnisses von Gnade und Freiheit in diesem Zusammenhang (Kompatibilitätsproblematik) vgl. Kirwan, Augustine 82-128.

[185] Versuche, zu zeigen, daß Augustin »vor *ad Simplicianum*« nicht die »Alleinwirksamkeit« (Niebergall) der Gnade behauptet habe, treffen diese Kernintention nicht und können deshalb auch die Bedeutung dieser Quaestio im Rahmen einer Entwicklung zum *intellectus gratiae* nicht in genügendem Maße würdigen; z. B. Fredriksen, Interpretation 191-231; Romans xii; Flasch, Logik

die Antwort im Bereich der Erkenntnislehre angesiedelt sein würde, war bereits in *diu. qu 83* 68 klar: Die Verhärtung des Herzens Pharaos deutete Augustin als intellektuell-moralisches Versagen.[186] Die Unfähigkeit des Pharao, zu erkennen, daß Israel die Gegenwart der Gnade Gottes in seinem Machtbereich war, (und entsprechend zu handeln,) bedeutete seinen Untergang. Die Erklärung, daß hier lediglich ein heilsgeschichtliches *exemplum* statuiert wurde, ist Augustin zu banal. Seine Frage lautet, wie Gott jeden einzelnen Akt des Menschen vorherbestimmen und dadurch seine Freiheit (zum Tun des Guten) konstituieren kann, ohne im Fall, daß er sich dafür entscheidet, einen bestimmten Menschen nicht zum Heil vorherzubestimmen, dessen Freiheit und Verantwortlichkeit nicht zu konstituieren, so daß der betreffende Mensch selbst schuld an der Verfassung seines Willens ist, wie etwa der Pharao, dessen Herz verhärtet ist.[187] Wie gesagt, Augustin ist klar, daß auch die Antwort auf diese Frage nach der Einsicht in das Wirken der Gnade nur durch die Gnade selbst geleistet werden kann: »In der Tat, verstehen kann dies nur, wer Gott aus ganzem Herzen, aus ganzer Seele, mit seiner gesamten Geisteskraft und seinen Nächsten wie sich selbst liebt.«[188] Das Wort »Liebe« hat hier einen seltsamen Beigeschmack. Was immer es für den einzelnen bedeuten mag, so Augustin, Heil oder Unheil (denn das ist die Alternative): »An einem ist mit beständigstem Glauben festzuhalten: Weder handelt Gott in irgendeiner Weise ungerecht noch gibt es irgendetwas (*ullam esse naturam*), das Gott in bezug auf seine Existenz nichts schuldete; denn Gott wird jegliche Zier und Schönheit und Kongruenz der Teile in bezug auf das Ganze geschuldet. Wenn man dies mißachtet oder gar das Individuelle bevorzugt, bleibt nichts übrig.«[189]

Erlösung, so Augustin, ist also nur möglich und denkbar als gnadenhafte und (selbst-) mitleidslose Einsicht der Gläubigen in die theologisch-ontologisch-ästhetische Allgemeingültigkeit der soteriologischen Zusammenhänge, wie sie hier in Umrissen aufgezeichnet wurden. Harmonisierungs- und Relativierungsbestrebungen bleiben nicht nur für die von der Verwerfung Betroffenen ohne Heilsnutzen, sie verwässern auch die Heilsperspektive der im Gegensatz zu ihnen zum Heil Erwählten. Im übrigen deuten sie auf den möglichen Unheilsstatus derer hin, die sie anstellen, da diese dadurch nämlich ihren Mangel an gnadenhafter Einsicht in die genannten Zusammenhänge bekunden.

270-276. Weber (Kritische Geschichte 110), der meint, man könne an dieser Stelle die Art des Wirkens der Gnade auf den Willen nicht genauer bestimmen, wird der Problematik eher gerecht. Vgl. Lössl, Spuren 203f.

[186] *Diu. qu. 83* 68,5 (CChr.SL 44A, 182).

[187] Vgl. *diu. qu. 83* 68,6 (CChr.SL 44A, 182f.): »*in utero sanctificaui te*« [Jer 1,5] »*cum esse in renibus patris tui, uidi te*« [Mal 1,2f] [...] »*Iacob dilexi Esau autem odio habui*« [Röm 9,13].

[188] *Diu. qu. 83* 68,6 (CChr.SL 44A, 183); vgl. Mt 22,37-39.

[189] *Diu. qu. 83* 68,6 (CChr.SL 44A, 183). Zum sozialen Kontext eines solchens Denkens vgl. Amm. Marc. *res gestae* 28,1,17f., der von der Bestrafung eines *proconsulis Africae* für eine soziale Maßnahme zugunsten der Bevölkerung berichtet. Die Urteilsbegründung lautete, durch solche Maßnahmen werde die kaiserliche Ordnungsmacht unterlaufen, die imperiale Ordnung gestört.

4. *AD SIMPLICIANUM* 1,1-2

Simplicianus war ein platonisch gebildetes, führendes Mitglied der Mailänder Kirche. Als solches kannte ihn Augustin von seiner Mailänder Zeit her.[190] Nach dem Tod Ambrosius' im April 397 sollte er dessen Nachfolger als Bischof werden.[191] Irgendwann im Laufe des Jahres 395 oder 396,[192] also noch vor seiner wie Augustins Ernennung zum Bischof, muß Simplicianus Augustin einen Brief geschrieben haben, in dem er um die Erklärung einiger Schriftstellen bat: Röm 7,7-25, Röm 9,10-29 und einiger weiterer Stellen aus den historischen Büchern des Alten Testaments.[193]

Ad Simplicianum wurde die erste Schrift, die Augustin als Bischof veröffentlichte.[194] In ihr laufen viele Gedankengänge des philosophischen Frühwerks und der frühen exegetischen Werke, vor allem zur Paulusexegese zusammen. Gegen Ende seines Lebens äußerte sich Augustin zufrieden über *ad Simplicianum*: »Das [was ich gegen die Pelagianer bzw. Semipelagianer halte, nämlich die absolute Gratuität der Gnade] habe ich umso tiefer zu begreifen begonnen in jener Disputation, die ich an den Bischof der Kirche von Mailand seligen Gedenkens, Simplicianus, schrieb, als ich selbst gerade am Anfang meines Episkopats stand. Ich habe [damals ein für allemal] eingesehen, daß selbst der Anfang des Glaubens (*initium fidei*) eine Gabe Gottes ist, und bin nicht mehr davon abgerückt.«[195]

Zur Zeit der Abfassung freilich und Simplicianus gegenüber war er sich nicht so sicher, was die Qualität seines jüngsten Werkes betraf. Simplicianus hatte ihn um die Klärung exegetischer Fragen gebeten und er hatte ihm eine *disputatio* geliefert, die nicht ohne Längen war und es zudem auch dogmatisch in sich hatte. Dessen war er sich wohl bewußt: »Ich bitte Dich,« schreibt er in *ep.* 37, »bete für mich wegen meiner Schwäche [...]; denn es kommt vor, daß ich [vielleicht sogar] meine Irrtümer für Gottesgaben halte. Leg' deshalb nicht nur die Sorgfalt des Lesers an den Tag, sondern spitz' auch den Rotstift des Zensors.«[196] Was war es, das Augustin hier erarbeitet hatte, was sogar ihn selbst verunsicherte?

(a) Ursünde und Gnade (*ad Simplicianum* 1,1)

Auf den ersten Blick fährt Augustin in *ad Simplicianum* nach Art seiner bisherigen Auslegungsversuche fort. *Ad Simplicianum* 1,1 entspricht der Darstellung der Situation des Menschen *ante legem* in *exp. prop. Rom* 39 mit Schwerpunkt auf

---

[190] Zur Darstellung von Simplicianus in *conf.* 8 vgl. unten zu Beginn von Kapitel V.

[191] Brown (Augustinus 77) spricht von einem Presbyterat des Simplicianus. Nach Mutzenbecher (CChr.SL 44, xxi) ist davon jedoch nirgends die Rede.

[192] Vgl. Fredriksen, Interpretation 191; Brown, Augustinus 133.

[193] Etwa 1 Sam 16,14; vgl. im folgenden zu Beginn von Kapitel III, *ad Simplicianum* 2,1; zu Augustins Antwort auf die nicht erhaltene Anfrage Simplicians s. Aug. *ep.* 37 (CChr.SL 44, 3f.).

[194] Vgl. *retract.* 2,1,1 (CChr.SL 57, 89f.).

[195] *Dono perseu.* 20,52 (PL 45, 1026).

[196] *Ep.* 37,3 (CChr.SL 44, 4).

der intellektuellen Dimension: Das Gesetz, so das Argument, macht die Sünde objektiv erkenn*bar* (Röm 7,7: *peccatum non cognoui nisi per legem*). Subjektiv er*kannt* und überwunden wird sie durch die Gnade.[197] Wo aber liegt deren Angriffspunkt? Lebt der Mensch doch unter dem Joch der Sterblichkeit, der Strafe für jene Ursünde (*peccatum originale*), die den gewohnheitsmäßigen Verfall in die Anhänglichkeit an das Vergängliche verursacht, aus dem es aus eigener Kraft kein Entrinnen gibt?[198] Nach Fredriksen vertritt Augustin in *ad Simplicianum* 1,1 »weiterhin« (wie in den schon besprochenen Werken), daß der Mensch die Gnade aus freiem, nicht von der Gnade gewirktem Willen ergreife und so zu dem Glauben finde, daß der freie Wille in gewissem Sinne ein von der Sünde unberührter »Ort« im Menschen und in diesem Sinne Anfangspunkt der Gnade sei.[199] Im Text heißt es jedoch lediglich: »Weil die Sünde ohne die Gnade Gottes nicht besiegt werden kann, soll der Sünder durch seine Angst (*sollicitudo*) zur Annahme der Gnade bekehrt werden.«[200] Augustin sagt nun zwar nicht explizit, daß jene Angst gnadengewirkt sei, doch den Bezug zur Gnade stellt er schon einmal her: »Keinen Nutzen aus dem Gesetz [nämlich] zieht, wer sich nicht in frommer Demut Gott unterwirft, um durch die Gnade das Gesetz erfüllen zu können.«[201] Positiv jedoch ist von der Willensfreiheit nirgends die Rede. In *retract.* wird er darauf verweisen, daß er in *lib. arb.* habe zeigen wollen, wie das Übel zu überwinden sei, in *ad Simplicianum* dagegen habe er das Ausmaß der Gnade und die Grenzen des Übels umreißen wollen.[202] In *retract.* 2,1 meint er zwar, um die Zeit der Abfassung von *lib. arb.* und *ad Simplicianum* das *initium fidei* noch nicht genau als *initium gratiae* bestimmt zu haben. Doch ebensowenig bestimmte er es als *initium liberi arbitrii*. Im Kommentar zu Röm 7,18 (*uelle enim adiacet mihi, perficere autem bonum non*) heißt es im Gegenteil: »Sicher tritt das Wollen selbst in Kraft, da es uns ja zur Verfügung steht; aber was nicht fähig ist, das Gute zu verwirklichen, gehört in den Bereich des 'Verdienstes [also der Auswirkungen] der Ursünde'.«[203] Hier ist gerade von der Unfähigkeit der Willensfreiheit die Rede, ohne Gnade das Gnadenwirken in Gang zu setzen. Nicht anders

---

[197] *Ad Simplicianum* 1,1,2 (CChr.SL 44, 9).

[198] *Ad Simplicianum* 1,1,7.10 (CChr.SL 44, 12.15): *ego autem carnalis sum* [Röm 7,14] […] *unde hoc est, quod dicit habitare in carne sua non utique bonum, id est peccatum? - unde nisi ex traduce mortalitatis et adsiduitate uoluptatis? illud est ex poena originalis peccati.* Vgl. *exp. prop. Rom* 34. Zum Ausdruck *tradux* s. Beatrice, Tradux peccati. Augustin verwendet den Begriff *peccatum originale* hier zum ersten Mal überhaupt. S. dazu Sage, Naissance 218f.; Burnaby, Amor dei 191. Die Behandlung der Problematik ist hier allerdings weniger akzentuiert als etwa in *lib. arb.* 3 aus etwa derselben Zeit. Vgl. Lössl, Wege 345-354. Zur Terminologie: Das Wort *peccatum originale* wird im folgenden grundsätzlich mit »Ursünde« übersetzt. Wo von deren »Vererbung« (etwa im konkupiszitären Zeugungsakt) die Rede ist, wird dies ausdrücklich hinzugefügt. Außerhalb begrifflicher Argumentation wird auch weiterhin von der »Erbsündenproblematik« die Rede sein.

[199] Fredriksen, Interpretation 194: »But the will is still free as regards man's [sic] own faith; man makes the decision to turn to God.«

[200] *Ad Simplicianum* 1,1,2 (CChr.SL 44,9).

[201] *Ad Simplicianum* 1,1,6 (CChr.SL 44, 11).

[202] *Retract.* 1,9,2 (CChr.SL 57, 24).

[203] *Ad Simplicianum* 1,1,11 (CChr.SL 44, 15f.).

die Exegese von Röm 7,24f. (*miser ego homo*): Mit diesem Vers, so Augustin, sei gerade nicht gemeint, »daß der Mensch fähig sei, die Gerechtigkeit seinem Wollen gemäß herbeizuführen. Er kann sich lediglich in demütiger Frömmigkeit zu dem bekehren, durch dessen Gnade er sie zur Erfüllung bringen kann.«[204] Aber schon dazu bedarf es der Gnade; denn die Willensfreiheit allein »gehört,« wie gesagt, »in den Bereich der Verdienstes der Ursünde.«

Bereits *ad Simplicianum* 1,1 stellt also eine gewisse Weiterentwicklung gegenüber den bisher besprochenen Werken dar. Augustin problematisiert das Freiheitskonzept dort stärker als in früheren Werken und als aus der Darstellung etwa Fredriksens hervorgeht. Freilich bedeutet diese Neubewertung nicht die grundsätzliche Abkehr von früheren Positionen; denn es ging Augustin bei all der anstehenden Neubewertung ja nicht um eine möglichst ausgeglichene Zuordnung der Begriffe Gnade und Freiheit, sondern um die Möglichkeit, das Gnadenwirken in einem gnadenhaften Akt der Einsicht zu fassen, in dem sich Freiheit konstituiert. Von *lib. arb.* her stellte sich dabei jene Frage, die in den früheren Pauluskommentaren weitgehend ausgeklammert geblieben war: Wie bleibt die Willensfreiheit im Kontext der universalen Wirksamkeit der Gnade unter allen Umständen gewährleistet? Eine Lösung im Sinne des *intellectus gratiae* fand sich in einer leichten Verschiebung der Frageebene: Daß sie erhalten bleibt, ist klar, die Frage ist, *wie* sie erhalten bleibt. Auch hierzu hatte Augustin sich schon früher dahingehend geäußert, daß zwischen der von der Sünde beeinträchtigten Freiheit und dem Gnadenwirken von der Freiheit her keine Brücke geschlagen werden könne. Das Wirken der Freiheit zum Guten tendiert gegen Null. Der Wille ist böse bzw. »im Bereich des Verdienstes der Sünde.«[205] Eine Lösung ist nicht erkenn-, geschweige denn umsetzbar, außer eben durch die Gnade selbst. Angesetzt werden kann von ihr her aber nicht erst beim Willen als solchem, angesetzt werden muß beim Willen, insofern er ein Wille zum Erkennen ist. Angesetzt werden muß also, streng genommen, beim Erkennen selbst. Eben dies geht auch aus dem Schlußparagraphen von *ad Simplicianum* 1,1 deutlich hervor. Dort wird zunächst wieder, wie schon in den frühen Kommentaren, auf das Gebot der Gottes-, Selbst- und Nächstenliebe verwiesen. Im Bereich des Gesetzes nütze dieses Gebot nichts. Aber, so weiter: »Das Gesetz ist durch Mose erlassen worden, Gnade und Wahrheit aber sind in Jesus Christus verwirklicht« (Joh 1,17). Durch den Tod Christi sind alle, die an ihn glauben, dem Gesetz gestorben, gemäß der Aussage: »Der Buchstabe [des Gesetzes] tötet, der Geist aber erweckt zum Leben [2 Kor 3,6]. [...] Das Gesetz, das nur gelesen, nicht aber eingesehen (*intellecta*) wird [...], tötet, [...] der Geist jedoch erweckt zum Leben; denn die Fülle des Gesetzes ist die 'Liebe, die in unseren Herzen ausgegossen ist durch den Heiligen Geist, der uns gegeben ist' (Röm 5,5).«[206] Während von Freiheit hier keine Rede ist, wird der *intellectus legis* als *intellectus gratiae* gleichgesetzt mit der Erfüllung des Gesetzes durch die Liebe, die durch den Heiligen Geist in die Herzen der Erwählten ausgegossen ist (Röm 5,5).

---

[204] *Ad Simplicianum* 1,1,14 (CChr.SL 44, 18).

[205] Vgl. hierzu Chappell, Aristotle 176-207.

[206] *Ad Simplicianum* 1,1,17 (CChr.SL 44, 23).

(b) Gnade als Prädestination (*ad Simplicianum* 1,2)

Unverdientheit der Gnade
Zur Vollendung kommt die in *ad Simplicianum* 1,1 sichtbare Weiterentwicklung
des *intellectus gratiae* in *ad Simplicianum* 1,2. Dort geht es erneut um die
problematische Passage Röm 9,10-29 mit der Frage: Was bedeutet *uocatio*,
electio und *praedestinatio* im Kontext des Postulats der Willensfreiheit? Wie sind
die Aussagen zur Unverdientheit der Gnade und entsprechend zur Nichtnachvoll-
ziehbarkeit der Verwerfung vom Standpunkt eines individuellen Freiheitskonzepts
aus zu interpretieren? Die Intention des Apostels mit dieser Stelle ist, so Augustin, primär (*prima intentio*) durch die Gnade einsichtig.[207] Niemand kann sich
aufgrund eigenen Verdienstes seiner Werke rühmen (*de operum meritis nemo
glorietur*). Die Werke sind nicht Voraussetzung sondern Ergebnis der Gnade, die
ihrerseits nur durch auf Gnade gegründeten Glauben bzw. durch auf Gnade ge-
gründete Glaubenseinsicht, und zwar, dies wird nun immer stärker betont, in den
Sakramenten, hier: in der Taufe, wirkt.[208]
       Vom Centurio Cornelius von Apg 10,1-4, der sich aufgrund seiner Erwäh-
lung zum Glauben taufen ließ, etwa sagt Augustin: Er »hätte auf keinen Fall zum
Glauben gefunden, wenn er nicht durch irgendwelche verborgenen, nur dem geistigen Auge sichtbaren, oder aber durch handfestere, mit den Körpersinnen wahrnehmbare Zeichen (*admonitiones*) gerufen worden wäre (*uocaretur*), in denen die
Gnade des Glaubens (*gratia fidei*) wirkt. Diese reicht zwar an sich nicht aus, um
das Reich Gottes zu erlangen [...], ehe sie nicht in den Empfang der Sakramente
der Kirche inkorporiert ist, aber sie reicht immerhin so weit, daß der, dem sie
gewährt wird, zur Mitgliedschaft im Leib Christi berufen wird, dazu, ein heiliger
Tempel Gottes zu werden,« also zur Taufe. »Die Anfänge des Glaubens verhalten
sich wie die Empfängnis. Nicht nur das Empfangen, auch das Geborenwerden bewirkt die Vollendung zum ewigen Leben. Aber nichts von alledem geschieht ohne
die Voraussetzung der Gnade der Barmherzigkeit Gottes.«[209]
       Mit »Gnade« meint Augustin hier also längst nicht nur die mit Sicherheit
seligmachende Gnade der Erwählten, sondern bereits die Gnade der zum Glauben
Berufenen. Diese muß noch ganz und gar nicht zum ewigen Heil führen, sondern
kann sich, das ist die logische Konsequenz, auch als Strafe (ewige Verdammnis)
auswirken. Was aber führt überhaupt zur Unterscheidung von Erwählten und
Verworfenen? Es muß angesichts der Gerechtigkeit Gottes − denn Gott würde
doch nicht willkürlich den einen erwählen und den andern verwerfen − gewisse,

---

[207] *Ad Simplicianum* 1,2,21 (CChr.SL 44, 53): *nulla igitur intentio tenetur apostoli et omnium
iustificatorum, per quos nobis intellectus gratiae demonstratus est, nisi ut qui gloriatur in domino
glorietur.* Vgl. 1 Kor 1,31; 2 Kor 10,17.
[208] *Ad Simplicianum* 1,2,2 (CChr.SL 44, 24f.); *ep. Rom inch.* 1; Fredriksen, Interpretation 195.
[209] *Ad Simplicianum* 1,2,2 (CChr.SL 44, 25); vgl. 1 Kor 12,27; 3,17; Joh 3,5 (*nisi quis renatus
fuerit ex aqua et spiritu sancto, non intrabit in regnum caelorum*), eine Stelle, die noch häufig zu
zitieren sein wird; *exp. prop. Rom* 55; 61,2; *diu. qu. 83* 68,5; *ep. Rom inch.* 18,7, wo der
gnadenvermittelnde Aspekt der Taufe noch weniger stark im Mittelpunkt des Interesses Augustins
stand; Fredriksen, Interpretation 195; Simonis, Erbsünde; Gnadenlehre.

den Erwählten und Verworfenen anhaftende, jeweils verschiedene (zum Guten bzw. zum Bösen tendierende) Eigenschaften geben, die Gott als objektiv gegeben vorherweiß und die ihn zu seiner jeweiligen Entscheidung bewegen.[210]

Vorherbestimmung (Prädestination)

Schon in *exp. prop. Rom* 60.62 sowie *diu. qu. 83* 68,4 hatte Augustin die Frage gestellt, ob nicht Vorherbestimmung besage, daß Gott sich mit seinem Vorherwissen auf eine objektiv gegebene, von den betreffenden Menschen gesetzte Entscheidung für oder gegen den Glauben bezöge und ob nicht diese Entscheidung Kriterium für Gottes Unterscheidung der Berufenen in Erwählte und Verworfene wäre.[211] Er sieht nun im *intellectus gratiae* ein, daß es nicht so sein kann. Wenn Gott nur vorhersähe, wie sich jemand in der Zukunft für (oder gegen) ihn entschiede (*praescientia uidit crediturum*) und die Erwählung (*electio*) von jener menschlichen Entscheidung abhängig machte, dann wäre der Glaube nicht Gnade, sondern Verdienst.

Daß Augustin den Glauben des Erwählten bereits vor dieser Stelle in *ad Simplicianum* als Gnadengabe definiert hatte, wurde schon gezeigt (vgl. die Wendung *gratia fidei* in *ad Simplicianum* 1,1 und den Ausdruck *fides inchoat meritum* in *exp. prop. Rom* 62,9). Er hatte nur bisher bei der Anwendung dieser Definition – am deutlichsten wurde dies in *diu. qu. 83* 68 – den Widerspruch nicht klar genug herausgearbeitet, daß nämlich einerseits die Erwählung aufgrund des Vorherwissens des gnadenhaft verliehenen Glaubens geschehen soll, während sie andererseits als Erwählung – gegenüber der Verwerfung des nicht Glaubenden – nur dann gerechtfertigt ist, wenn dieser Glaube als menschliche Eigenschaft des Glaubenden allein von diesem abhängt. Mehr schafft Augustin übrigens auch hier nicht. Die Kernfragen bleiben weiterhin offen. Das müssen Augustins Verteidiger ebenso einsehen wie seine Kritiker. Er formuliert weiterhin nur Fragen und gibt keine Antworten (freilich: Er macht prädestinatianistische Voraussetzungen): »Warum überhaupt Erwählung? [...] Warum die Verwerfung Esaus?«[212]

Augustin wußte schon vor *ad Simplicianum*: Würde er Esaus Verwerfung mit der Zurückweisung der Gnade des Glaubens durch Esau erklären, dann müßte er Jakobs Erwählung damit erklären, daß dieser sich kraft seiner Willensfreiheit die Glaubensgnade selbst verliehen habe (*eam sibi ipse uolendo praestitit*).[213] Zur Exegese von Röm 9,15f. (»Ich erbarme mich, wessen ich mich erbarmt haben

---

[210] *Ad Simplicianum* 1,2,4.6 (CChr.SL 44, 28.30).

[211] *Ad Simplicianum* 1,2,5 (CChr.SL 44, 29).

[212] *Ad Simplicianum* 1,2,5.9 (CChr.SL 44, 30.32): *quam ob rem, unde illa electio facta sit, quaeritur?* [...] *cur haec misericordia defuit Esau?*

[213] *Ad Simplicianum* 1,2,10 (CChr.SL 44, 35): *sed cur haec misericordia subtracta est ab Esau, ut non sic uocaretur, ut et uocato inspiraretur fides et credens misericors fieret, ut bene operaretur? an forte quia noluit? si ergo Iacob ideo credidit quia uoluit, non ei deus donauit fidem, sed eam sibi ipse uolendo praestitit et habuit aliquid quod non accepit.* Die letzte Wendung spielt auf die kurz vorher zitierte Stelle 1 Kor 4,7 an: *quid enim habes, quod non accepisti? si autem et accepisti, quid gloriaris quasi non acceperis?* Vgl. Fredriksen, Interpretation 197-199; Löhrer, Glaubensbegriff 258-260.

werde«) hatte er in diesem Zusammenhang zum Beispiel schon in *exp. prop. Rom* 62,2f. folgendes vertreten: »Weil wir einerseits nicht zum Wollen fähig sind, wenn wir nicht berufen sind, und weil wir andererseits nach der Berufung (*uocatio*) zum Wollen fähig werden, reichen unser Wille und unser Streben (*cursus*; vgl. Röm 9,16) [offenbar] nicht aus, wenn nicht Gott den Laufenden die Kräfte verleiht und sie dazu befähigt, wozu er sie beruft.«[214] In *diu. qu.* 83 68,5 ganz ähnlich: »Es reicht nicht aus, zu wollen, außer Gott erbarmt sich. Gott erbarmt sich aber nicht dessen, den er zum Frieden ruft, außer wenn guter Wille vorhanden ist; 'Friede auf Erden den Menschen guten Willens' [Lk 2,14]. Da nun aber niemand wollen kann, wenn er nicht vorher ermahnt und gerufen wurde, sei es im Innersten, wo kein Mensch es sehen kann, sei es von außen durch Zureden oder sonst irgendwelche Zeichen, ergibt sich, daß Gott auch das Wollen selbst in uns wirkt.«[215]

Diesen Gedankengängen entspricht auch die Anlage der Argumentation in *ad Simplicianum* 1,2,12, wo Augustin zunächst Phil 2,12f. zitiert: »Mit Furcht und Zittern bemüht euch selbst um euer Heil; denn Gott ist es, der in euch sowohl das Wollen wie auch das sich guten Willens Abmühen bewirkt,«[216] um, wie schon in den eben genannten Werken, zu schließen: »Damit ist hinreichend klar, daß auch der gute Wille in uns [nur] durch das Wirken Gottes selbst in Gang gesetzt wird« (*ubi satis ostendit etiam ipsam bonam uoluntatem in nobis operante deo fieri*). »Denn erst wenn Gott sich erbarmt, sind wir auch fähig zum Wollen« (*si enim deus misereatur, etiam uolumus*).

Irresistibilität, Verwerfung und intellectus gratiae
Doch damit immer noch nicht genug: »Weil [nun also] nicht der gute Wille dem Ruf vorauseilt, sondern der Ruf dem guten Willen, wird Gott, also dem Rufenden, mit Recht [das Verdienst] zugeschrieben [daran], daß wir [die Berufenen] einen guten Willen haben, während uns nicht [das Verdienst, auch nicht das des Glaubens] zugeschrieben werden kann [daran], daß wir berufen werden. [...] Ohne seinen Ruf haben wir also [streng genommen] überhaupt keinen Willen (*non uolumus*).«[217] Mit einer derartigen Zusammenschau von Gnade, Glaube und

---

[214] *Exp. prop. Rom* 62,2f (CSEL 84, 36); Röm 9,15f. (*miserebor, cui misertus ero, et misericordiam praestabo, cui misericors fuero* [...] *non uolentis neque currentis, sed miserentis*).

[215] *Diu. qu.* 83 68,5 (CChr.SL 44A, 181): *parum est enim uelle nisi deus misereatur; sed deus non miseretur, qui ad pacem uocat, nisi uoluntas praecesserit, quia »in terra pax hominibus bonae uoluntatis«* [Lk 2,14]. *et quoniam nec uelle quisquam potest nisi admonitus et uocatus, siue intrinsecus ubi nullus hominum uidet, siue extrinsecus per sermonem sonantem aut aliqua signa uisibilia, efficitur ut etiam ipsum uelle deus operetur in nobis.* Fredriksen (Interpretation 200) zitiert diese Passage, unterschlägt jedoch bezeichnenderweise den Abschnitt nach dem Zitat Lk 2,14, der gerade den Aspekt der Entwicklung zum *intellectus gratiae* zum Ausdruck bringt.

[216] *Ad Simplicianum* 1,2,12 (CChr.SL 44, 36): *cum timore et tremore uestram ipsorum salutem operamini. »deus enim est qui operatur in uobis et uelle et operari pro bona uoluntate«* [Phil 2,12f.]. Augustin versteht das *pro* in diesem Zusammenhang ausdrücklich exklusiv vorordnend. Gottes Gnadenwirken ist nicht Zusatz »für« den menschlichen Willen. Er kommt vielmehr »vor« dem Willen.

[217] *Ad Simplicianum* 1,2,12 (CChr.SL 44, 37): *at enim quia non praecedit uoluntas bona*

(gutem) Willen in einem *intellectus gratiae* (vgl. *intellegerent*) waren Grenzen des Gnadenwirkens nicht mehr zu erkennen; denn vor dem Ruf hat der Mensch keinen (guten) Willen.[218] Bereits der Ruf aber entscheidet über Erwählung und Verwerfung. Mit der Ineinssetzung von Willensfreiheit vor dem Ruf und im Ruf begnadeter Freiheit identifizierte Augustin also auch Ruf (*uocatio*) und Erwählung (*electio*) bzw. Nichterwählung (Verwerfung).[219] Er unterschied nun zwischen einem wirksamen (*congruenter*) und einem nicht wirksamen Ruf.[220] Formal waren seine Argumente damit erkenntnistheoretisch sowohl bezüglich der Allmacht Gottes als auch der Irresistibilität seines Gnadenwirkens solider untermauert als je zuvor (*quia nullius deus frustra miseretur*). Zum Vergleich: In *exp. prop. Rom* 55,2-5 war die *uocatio secundum propositum dei* noch auf dem Konzept des Vorherwissens des Glaubens des Berufenen im Hinblick auf dessen Erwählung aufgebaut. Das hatte zwar bereits bedeutet, daß sowohl die Fähigkeit zur Annahme der *propositio* als auch die *propositio* selbst von Gott stammte, aber sowohl das eine als auch das andere hatte noch von dem Empfangenden mithilfe seiner Willensfreiheit abgelehnt werden können. Gott *wußte* nach jenem Modell gewissermaßen nur, *daß* sich der Betreffende so oder so verhalten würde. Er hätte ihn zwar auch daran hindern können, sich anders zu verhalten. Aber dieser Fall war nicht in Betracht gezogen worden,[221] wobei freilich auch schon in *exp. prop. Rom* 55 da-

---

uocationem sed uocatio bonam uoluntatem, propterea uocanti deo recte tribuitur quod bene uolumus, nobis uero tribui non potest quod uocamur [...] *nisi eius uocatione non uolumus.* Fredriksen erklärt diese Zuspitzung der Argumentation mit einer zunehmenden Verquickung von philosophischer und exegetischer Fragestellung: In den früheren Werken, so Fredriksen, standen sozusagen ein philosophischer und ein exegetisch-gnadentheologischer, in einem heilsgeschichtlichen Rahmen (Urstand, Fall, Erlösung) entwickelter Willensbegriff in mehr oder weniger gut vermittelter Entwicklung nebeneinander. In dem Maß, in dem »das heilsgeschichtliche Denken über Bord ging« (Fredriksen), trat die Notwendigkeit ein, dieses unvermittelte Nebeneinander der beiden Freiheitsbegriffe auf einen grundlegenderen Begriff hin zu transzendieren. Dabei erwiesen sich die beiden Begriffe als von unterschiedlichem Gewicht. Der Gnadenbegriff überwog. Fredriksen, Interpretation 200, Anm. 102: »As his [Augustine's] outlook becomes bleaker, as it certainly does in *lib. arb.* 3 and the *ad Simplicianum*, it is precisely this framework of salvation history that drops away.« Dagegen dürften jedoch die beiden ersten Kapitel der vorliegenden Untersuchung gezeigt haben, daß eine solche Darstellung der Entwicklung von einem drastisch vereinfachten Philosophieverständnis des frühen Augustin ausgeht, das ja doch, ganz in der spätantiken Tradition verwurzelt, schon immer Gnade, Schuld, Erkenntnis, Heil, Transzendenz und Geschichte aufeinander bezogen hatte. Die tatsächliche Entwicklung des *intellectus gratiae* war also auch in den Jahren von 390 bis 397 gewissen, von Anfang an vorhandenen Erkenntnisstrukturen gefolgt. Die Transformation erfolgte nicht im luftleeren Raum. Sie läßt sich im Rahmen des in der Spätantike Erwartbaren kontextualisieren. Vgl. dazu auch Cranz, Development 354; Te Selle, Augustine the Theologian 165.

[218] Das Konzept des »bösen Willens« ist, wie Chappell (Aristotle) überzeugend dargelegt hat, ebenso widersprüchlich wie der klassische Akrasía-Begriff.

[219] *Ad Simplicianum* 1,2,13 (CChr.SL 44, 38): *non potest effectus misericordiae dei esse in hominis potestate, ut frustra ille misereatur, si homo nolit; quia si uellet etiam ipsorum misereri, posset ita uocare, quomodo illis aptum esset, ut et mouerentur et intellegerent et sequerentur.* Zur Entwicklung der Verwendung des Ausdrucks *electio* in Augustins Werk s. Ring, Electio.

[220] *Ad Simplicianum* 1,2,13 (CChr.SL 44, 38): *illi enim electi qui congruenter uocati, illi autem qui non congruebant neque contemperabantur uocationi non electi, quia non secuti quamuis uocati.*

[221] Vgl. Fredriksen, Interpretation 201f., Anm. 106; Te Selle, Augustine the Theologian 178.

von die Rede war, daß Gott die, die er als Erwählte vorherweiß, auch vorherbestimmt (*et praedestinauit conformes imaginis filii eius*). Die Position von *exp.
prop. Rom* ist also nicht so weit von der von *ad Simplicianum* entfernt, wie es
auf den ersten Blick erscheint. Lediglich die Gewichtung des *praescientia*-Be-
griffs behandelte Augustin später als mögliche Quelle von Mißverständnissen. Mit
ad Simplicianum 1,2 hielt er diese zu recht für endgültig ausgeräumt.

Mit dem Postulat der Irresistibilität der Gnade stellt sich nun aber eine
andere Frage umso akuter: Wenn der gute Wille des Menschen so hundertprozen-
tig von der Vorherbestimmung durch Gott abhängt, wie kommt es dann, daß
einige als nicht vorherbestimmt definiert werden? Warum wird Esau verworfen
und Pharao's Herz verhärtet?[222] Die formale Absicherung durch den Begriff des
intellectus gratiae ermutigt Augustin zu einer provozierenden Antwort auch auf
diese Frage: Gott statuiert an den Verworfenen vielleicht Exempel für die Erwählten.[223] Selbst wenn es so wäre, wer wollte ihn dafür zur Rechenschaft
ziehen? »Er erbarmt sich, wessen er will, und verstockt, wen er will« (Röm 9,18:
cuius uult misereatur et quem uult obdurat), unbeschadet der Eigenverantwortung
der betreffenden Personen. Auch die Erwählten müssen dies akzeptieren. Daß sie
es können (weil sie es nämlich einsehen), ist primäres Zeichen dafür, daß sie
erwählt sind. Sie riskieren nicht ihr Heil mit der blasphemischen Frage, ob so ein
Gott überhaupt »gut« genannt werden könne (Röm 9,14).[224]

Im Vorfeld der weiteren Argumentation versucht Augustin, seine Position an
einem Bild zu veranschaulichen: »Wenn wir in der Wüste, die dieses Leben für
uns bedeutet, in unserer Todverfallenheit (*conditio mortalis*), auch nicht mit
einem gewissen Hauch an Gerechtigkeit benetzt würden, würden wir eher ver-
trocknen als auch nur im leisesten auf die Idee zu kommen, daß wir eigentlich
Durst haben.«[225] Diesem Satz vorausgeschickt hat er die Seligpreisung Mt 5,6:
»Selig, die hungern und dürsten nach der Gerechtigkeit.« Die Todverfallenheit ist
bereits als Folge (Strafe) der Ursünde eingeführt zu denken, als unter dieser
Voraussetzung prinzipiell zur conditio humana gehörig. Das, so Augustin, muß
erkenntnistheoretisch überhaupt erst einmal als Voraussetzung geteilt werden.
Bereit und fähig dazu ist aber nur, wer sich bereits im Einflußbereich des *intel-
lectus gratiae* befindet. Auf der ontologischen Ebene entspräche diese Voraussetzung (der Ursünde) strukturell dem schöpfungstheologischen *omnino nihilum*.
Es ist logisch, daß sie ohne Gnadenwirkung (*desuper*) nicht erkannt werden kann;
denn wie die Einsicht, daß der Kosmos Schöpfung Gottes ist, auf Glauben aus
Gnade beruht, so auch die Einsicht, daß das Heil des Menschen, die Erlösung aus
Sünde und Tod, allein durch die Gnade Gottes ermöglicht wird. Für jemanden,
der, in den Bereich des Gnadenwirkens eintretend, anfängt, seine Wirklichkeit in

---

[222] *Ad Simplicianum* 1,2,14 (CChr.SL 44, 38): *hic dicet aliquis: cur ergo Esau non sic [i. e.
congruenter] est uocatus, ut uellet oboedire?*
[223] *Ad Simplicianum* 1,2,14 (CChr.SL 44, 39f.); vgl. Röm 9,17 (*Faraoni quia ad hoc te excitaui, ut ostendam in te potentiam meam*).
[224] *Ad Simplicianum* 1,2,16 (CChr.SL 44, 41): *numquid iniquitas apud deum?* Vgl. *lib. arb.*
1,1,1 (CChr.SL 29, 211): *utrum deus sit auctor mali.*
[225] *Ad Simplicianum* 1,2,16 (CChr.SL 44, 41).

diesen Dimensionen zu begreifen, also durch Gnade auf Vollendung der Einsicht hin zu glauben, heißt, nicht in solchen Strukturen zu existieren, überhaupt nicht oder zumindest nur in einem Zustand äußersten Elends zu existieren.[226] Dementsprechend zieht Augustin im folgenden die Konsequenzen:

Die Menschheit, für sich betrachtet, ohne (Bewußtsein von) Gott, ihrem eigenen Willen gemäß auf sich selbst angewiesen, »existiert« in einem solchen Zustand des Elends. Sie hat sich gegen ihren gottgewollten und -gewirkten Anfangszustand aufgelehnt (*offensio*): »In Adam sterben alle« (*in Adam omnes moriuntur*; 1 Kor 15,22). Die Menschheit ist zu einer Sündenmasse (*massa peccati*) verkommen, ohne Eigenwert oder -initiative.[227] Niemand von den Berufenen, ob erwählt oder verworfen, hat die Fähigkeit, geschweige denn ein Recht darauf, sich in dieser Beziehung fragend oder fordernd an Gott zu wenden. Das liegt nicht daran, daß Gott ungerecht wäre. Das Problem ist vielmehr in seinem schöpfungstheologischen Zusammenhang zu sehen: »Wer *bist* du, Mensch, daß du mit Gott rechtest?« (*o homo, tu quis es, qui respondeas deo?* Röm 9,20). Gottes »Urteile kann nicht einer Überprüfung unterziehen (*inscrutabilis*),« wer eigentlich (im Kontext der Ursünde) gerechter Strafe verfallen ist und ebenso, wie er jetzt existiert, auch nicht existieren könnte. »Der Ton kann nicht den Töpfer fragen: 'Warum hast du mich so [und nicht anders] gemacht' (Röm 9,20)?«[228] Alle gehören, wie der Apostel sagt, zur selben Masse (*unam dicit esse consparsionem omnium*). Nur Gottes »gnadenschöpferisches« Wirken hat überhaupt eine Heilschance eröffnet. Niemand hat also einen Grund, sich zu beklagen. »Der eine zahlt für seine Schuld und auch der andere hat nichts, was er nicht empfangen hätte.«[229] Das Wort »nichts« dürfte hier in seiner vollen philosophischen und schöpfungstheologischen Bedeutung ernstzunehmen sein.

Auch die Widersprüchlichkeit der Gott (dessen Wesen Liebe ist) zugeschriebenen Aussage, »Esau habe ich gehaßt« (Röm 9,13: *Esau autem odio habui*), insbesondere im Vergleich mit der Aussage, »du haßt nichts von dem, was du geschaffen hast« (Weish 11,25: *nihil odisti horum quae fecisti*), versucht Augustin durch eine schöpfungstheologische Erweiterung zu überwinden: »Jedes Geschöpf Gottes ist gut und jeder Mensch ist Mensch, insofern er Geschöpf, nicht, insofern er Sünder ist, [...] und nichts haßt er [Gott] im Menschen außer die Sünde. [...] Nicht Esau, den Menschen, also haßt Gott, sondern Esau, den Sünder.«[230] Damit tritt die neuplatonisch beeinflußte Schöpfungslehre in den Hintergrund und die Lehre von einer die urständliche Gutheit des Menschen, seine Geschöpflichkeit, eliminierenden Sünde, sowie deren Eliminierung durch ein universales Gnadenwirken, an ihre Stelle. Danach pervertiert die Sünde des Menschen Gottes Gerechtigkeit und Barmherzigkeit. Es ist der Gipfel ihrer Perversion, daß sie auf

---

[226] Vgl. dazu *uera rel.* 11,21,58 (CChr.SL 32, 200).

[227] *Ad Simplicianum* 1,2,16 (CChr.SL 44, 41f.): *sunt igitur omnes homines — quando quidem, ut apostolus ait, »in Adam omnes moriuntur« [1 Kor 15,22], a quo in uniuersum genus humanum origo ducitur offensionis dei — una quaedam massa peccati.*

[228] *Ad Simplicianum* 1,2,17 (CChr.SL 44, 43).

[229] *Ad Simplicianum* 1,2,17 (CChr.SL 44, 44).

[230] *Ad Simplicianum* 1,2,18 (CChr.SL 44, 45).

erkenntnistheoretischer Ebene den Anschein erweckt, Gott sei ungerecht, weil er
einige erwählt, was impliziert, daß er andere nicht erwählt und sie dadurch nicht
erlöst. Nur die Gnade kann die Perversion eines solchen *intellectus peccati* überwinden, dadurch, daß sie den Intellekt des Menschen so bekehrt, daß dieser sich
seine Begriffe von ihr her neu definieren läßt. Am Beispiel Jakobs zeigt sich, was
damit gemeint ist: Auch Jakob ist Sünder. Auch er hat Strafe verdient. Trotzdem
wurde er zum Heil erwählt, aber nicht deshalb, weil »Gott in ihm die Schuld geliebt« hätte, »die er tilgte, sondern die Gnade, die er ihm verlieh; denn auch
Christus ist für die Gottlosen gestorben, nicht damit sie gottlos bleiben, sondern
damit sie sich als Gerechtfertigte von der Gottlosigkeit abwenden.«[231] Damit bestätigt Augustin (1) die Vermutung, daß er dadurch, daß er der Ursünde ontologischen Gehalt zubilligte, sie quasi als »zweite Natur« einführte, dem Sünder *qua*
Sünder die Menschheit absprach und stattdessen die erwählende Gnade als neues
ontologisches Prinzip einführte. Was in Esau eliminiert wird, hat per definitionem nichts Menschliches an sich, was in Jakob geliebt wird, nichts Sündiges. (2)
leitet er dieses neue Prinzip aus der Christologie ab. In Christus wird der Mensch
neu erschaffen. Außerhalb seiner sind die Menschen nicht wirklich menschlich.
Das wird hier zwar nicht im Detail erläutert, aber durch die Verwendung des Na-
mens Christi impliziert: Christi Heilstat rettet die Erwählten dadurch, daß sie
ihnen den ontologischen Status wiederverschafft, den sie brauchen, um von Gott
geliebt werden zu können. Schließlich (3) der Status, von dem hier die Rede ist,
der Stand der Erwählung, ist (nicht ontologisch aber sozusagen moralisch) identisch mit dem Heiligen Geist, der von Christus in die Herzen eingegossen wird
(Röm 5,5). Der berufene und erwählte Sünder wird also als in die trinitarische
Liebesgemeinschaft berufen konzipiert.

Was aber soll, noch einmal (Augustin selbst läßt hier mit seinem Fragen
nicht locker),[232] die Rede von den Verworfenen, da sie doch weder ontologischen Status besitzen (qua Verworfene also eigentlich »nichts« sind), noch von
Gott gehaßt, noch von Christus durch seine Heilstat der Verdammnis ausliefert
werden? Augustin kann nur einmal mehr Röm 9,20 (*tu quis es qui respondeas
deo?*) zitieren, also die Unbegreiflichkeit dieser Aussagen konstatieren, sowie den
Nutzen der Verdammnis der Verworfenen für das Heil der Erwählten, die zum
einen mit Furcht und Zittern aus Angst vor diesem Schicksal mit allen Kräften
versuchen, durch das Vollbringen guter Werke ihre Erwählung zu bestätigen, um
zum andern Gott dankbar zu sein für ihre Erwählung und ihr Heil, das sie, wenn
sie es erlangen, allein seiner Gnade verdanken.[233]

---

[231] *Ad Simplicianum* 1,2,18 (CChr.SL 44, 45).

[232] S. schon *ad Simplicianum* 1,2,10 (CChr.SL 44, 35): *reditur enim ad illas difficultates non
solum sua obscuritate sed etiam nostra tam multa repetitione molestiores.*

[233] Hierauf hinaus läuft in etwa der in der frühen Neuzeit forcierte Prädestinationsgedanke, wie
er etwa in James Hogg's Roman »The Private Memoirs and Confessions of a Justified Sinner« auf
die Spitze getrieben seinen literarischen Niederschlag gefunden hat: Wer sich in einem vermeintlichen *intellectus gratiae* als Erwählter »weiß,« so Hogg, glaubt sich zu jeder Art von Tun
berechtigt; denn es ist ja er selbst, der im *intellectus gratiae* die Maßstäbe seines Handelns setzt.
Bei Hogg zieht der so eingestellte »Held« der Geschichte (der sich dann freilich als vom Teufel
selbst in dieser Richtung bestärkt erweist) eine Blutspur hinter sich her.

Unbeschadet der durchschlagenden Wirkung dieser Soteriologie bleiben ihre Widersprüche auf erkenntnistheoretischer Ebene bestehen: Spricht Augustin an einer Stelle davon, daß an den Verworfenen nur die Sünden verdammt werden, so spricht er ein andermal von den verworfenen Sündern als Verdammten. Welche Vorstellung von Strafe liegt dem Konzept der Verdammung zugrunde? Ist sie Mittel der Erziehung, der Vergeltung oder des Ausgleichs? Ist die Verwerfungsthematik nur als exegetisches Problem im Zusammenhang mit Röm 9 zu betrachten oder als dogmatisches Sachproblem? Wenn letzteres: Welche Funktion ist dem Konzept der Verwerfung zuzuschreiben? Ist sie lediglich konzeptuelle und pädagogische Negativfolie zur Erwählungsthematik? Ist sie also nur erkenntnistheoretisch zu verstehen, oder entspricht ihr auch ontologisch eine geschöpfliche Wirklichkeit? Wenn ersteres, wenn also die Erwählung ausschließlich Ursache für den guten Willen und das gute Tun der Erwählten (und nicht auch nach Art der doppelten Prädestination des von den Verworfenen verursachten Bösen) ist, was soll dann heißen, daß die Verwerfung der Verworfenen eine zusätzliche Ursache für das Heil der Erwählten ist (indem es sie nämlich zum Glauben anstachelt)? Ist sie notwendig, dann ist sie nicht gratuit. Ist sie aber nicht notwendig, warum macht Gott dann Gebrauch von ihr?

Folgende Fragen bleiben also offen: (1) Verwirft Gott (a) die Sünder oder (b) die Sünden? Wenn (b): Warum ist dann von den Sündern als Verdammten die Rede? (2) Wirkt nur die Erwählung das Heil der Erwählten (a) oder auch die Verwerfung der Verworfenen (b)? Wenn (b): Heißt das (i), daß die Erwählung als Ursache für das Heil der Erwählten nicht ausreicht, daß also die Verwerfung der Verworfenen notwendig ist, um die Erwählung der Erwählten zu gewährleisten, oder (ii), daß der Hauptzweck der Verwerfung die gerechte Bestrafung der Verworfenen ist, während der Nutzen für die Erwählten (Sorge um das Heil) lediglich einen Nebeneffekt der Verwerfung darstellt? Wenn (ii), wenn also Gott alle Menschen zum Heil erwählen könnte (denn verdient hat es zwar keiner, eine Notwendigkeit aber, jemanden zu bestrafen, besteht nicht): Warum tut er es nicht? – Oder tut er es doch?

Das ursündlich todverfallene Denken des Menschen, so Augustin, kennt auf diese Fragen keine Antwort. Er verweist auf Sir 33,10-15, wo davon die Rede ist, daß Gott den ersten Menschen aus Lehm geschaffen (*ex terra Adam creatus est*), die Wege der Menschen im voraus gut bzw. schlecht bestimmt habe (*separauit eos [...] benedixit et exaltauit [...] maledixit et humiliauit*), die Menschen in der Hand des Schöpfers wie Ton seien (*quasi lutum figuli in manu ipsius*) und die Schöpfung zweiwertig angelegt sei (*intuere in omnem operam altissimi, duo duo, unum contra unum*), wobei er sich beeilt, die manichäische Tendenz dieser Aussage zu überspielen: »Was nun diese zu eben diesem Zeitpunkt als einzig geschaffene Masse aller betrifft (*tunc facta est una massa omnium*), so geht sie aus dem Sproß der Sünde (*tradux peccati*) und aus der Strafe der Todverfallenheit (*poena mortalitatis*) hervor, obwohl das, was gut daran ist, von Gott geformt und geschaffen wurde.«[234]

---

[234] *Ad Simplicianum* 1,2,20 (CChr.SL 44, 51): *tunc facta est una massa omnium, ueniens de traduce peccati et de poena mortalitatis, quamuis deo formante et creante quae bona sunt.*

Augustin beleuchtet den Abschnitt also sowohl schöpfungs- wie auch erbsündentheologisch: Die Schöpfung (das heißt für ihn immer die Menschheit, als Erbmasse) ist im Ursprung eins, als Schöpfung gut, von der Vererbung der Sünde (*tradux*, »Ableger,« »Sproß,« ist freilich ein botanischer, kein zoologischer Begriff) und ihrer Folge, der Todverfallenheit her aber insgesamt verfehlt. Die Urschuld (*originalis reatus*) macht aus der urständlichen Liebesordnung (*concordia* [...] *ad caritatem*) einen unförmigen Klumpen (*unam consparsionem*). Als Strafe verwandelt sie das irdische Leben in ein Reich fleischlicher Begierde (*concupiscentia carnis*).[235] Erst in dieser Situation dramatischer Zuspitzung erhöht Gott einige und erniedrigt andere (Sir 33,12) bzw. es erweisen sich einige als erhöht, andere als erniedrigt. Damit hat sich dann zwar der an dieser Stelle anfallende Vers Röm 9,21 bestätigt: »Hat nicht der Töpfer Gewalt über den Ton, aus der gleichen Masse ein Gefäß zur Ehre, ein anderes zur Schande herzustellen?« Aber auch die Frage nach dem Kriterium der Gnadenwahl ist plötzlich wieder offen. Nichts ist gelöst. Zwar scheint Augustin in der Exegese der Sir-Stelle zunächst die Erbsünde als Schuld vorauszusetzen (*reddet illi secundum iudicium suum*), aber Röm 9,27 (*reliquiae saluae fiunt*) steht dann in einem Zusammenhang, der an *lib. arb.* 3,22,64 (*ignorantia uero et difficultas si naturalis est*) erinnert: Die Dynamik des Voranschreitens vom Schlechten zum Guten wird als gnadengewirkte als quasi natürlich (naturnotwendig) und als solche als heilswirksam aufgefaßt, beinahe als ob das Gute das Schlechtere bräuchte, um zum Besseren voranschreiten zu können.[236] Keine Antwort auf die Frage, wie es im Urstand für den Menschen überhaupt möglich gewesen sein soll, zu sündigen. Keine Antwort auf die Theodizeefrage. Die Kelter (Sir 33,17: *torcular*) des Gerichts, durch die die Masse der Menschen gepreßt wird, gleicht einer Naturkatastrophe, der als solcher zwar niemand entrinnen kann, die aber nicht alle gleich behandelt. Im *intellectus gratiae*, so Augustin, wird jedoch gerade auch dies als Gnade bzw. das Gnadenhafte daran eingesehen.[237]

Exkurs: *Ad Simplicianum* 1,2 in der neuesten Forschung

Die Verworrenheit und Widersprüchlichkeit der Argumentation von *ad Simplicianum* 1,2, vor allem was die Frage nach Gottes Heilswillen und den Möglichkeiten auf seiten des Menschen, auf ihn einzugehen, betrifft, hat Interpreten immer wieder irritiert und provoziert. Dies soll im folgenden an zwei Beispielen illustriert werden, denen ein eigener Interpretationsvorschlag gegenübergestellt werden soll.

Diffusion des Begriffs (Thomas Gerhard Ring)
In der Einleitung und im Kommentar zu seiner Übersetzung von *ad Simplicianum* vertritt Thomas Gerhard Ring die These, Augustin führe in *ad Simplicianum* 1,2 einen Autori-

---

[235] *Ad Simplicianum* 1,2,20 (CChr.SL 44, 51).
[236] *Ad Simplicianum* 1,2,20 (CChr.SL 44, 52); vgl. *lib. arb.* 3,22,64 (CChr.SL 29, 312); Lössl, Wege 350f.
[237] *Ad Simplicianum* 1,2,20f. (CChr.SL 44, 52f.).

tätsbeweis.[238] Diese Annahme steht jedoch, entsprechend dem zum Verhältnis von *credere* und *intellegere* Gesagten und dem Ausdruck *intellectus gratiae* in *ad Simplicianum* 1,2,21, nicht fest gegründet. Vom Autoritätsbeweis will Augustin gerade weg. Er möchte ganz im Gegensatz dazu zu einer sicheren Erkenntnis von Gnade (im Glauben) kommen. Ähnlich verhält es sich mit Rings zweiter These: »Die Lehre von der Verwerfung hat den pastoralen Zweck, zu erschüttern und zu Demut zu führen, um auf diese Weise für die Gnade offen und dankbar zu machen.«[239] Diese Annahme zielt an der Frage nach Gattung und innerem Aufbau dieser Quaestio wie auch der wirklich pastoralen Schriften Augustins vorbei, in denen er derartige Obskurität weitestgehend vermeidet. Bestenfalls im Zusammenhang mit den seit Beginn des Presbyterats zunehmenden Tendenz zur Vereinfachung komplexer Sachverhalte (etwa vom Präszienz- zum Prädestinationsbegriff) kann von der pastoralen Tätigkeit als einer Voraussetzung zu dieser Entwicklung die Rede sein. In *ad Simplicianum* ging es, was Ring im Widerspruch zu seiner zweiten These übrigens selbst dokumentiert, in erster Linie um Sachfragen: »Augustin bezeichnet den auszulegenden Text [...] als ziemlich dunkel (1,2,1) und spricht im weiteren Verlauf seines Kommentars (1,2,10) von sachlichen Schwierigkeiten. [...] Die von ihm hier angesprochene Dunkelheit hat ihre Schatten auch auf seinen Stil geworfen, der [...] nicht immer eindeutig seine Aussageabsicht erkennen läßt.«[240]

Dennoch glaubt Ring unbeirrt, seine »Erschütterungshypothese« wenigstens anhand des Schlußteils verifizieren zu können, den er (wiederum im Widerspruch zu seiner eigenen Beobachtung zur Obskurität selbst in Sprache und Stil) als am »sprachlich dichtesten und schönsten« sowie »für die religiöse Praxis am ertragreichsten« bezeichnet. Was mit »religiös« hier gemeint sein soll, ist die Frage, sind es doch gerade nicht religiöse Probleme, die Augustin verwirren, sondern, um erneut Ring zu zitieren, »abstrakt wissenstheoretische« Probleme. Die zitierte *obscuritas* bezieht sich nicht auf den Seelenzustand Augustins, sondern auf die Sache, den Bibeltext, die theologische Frage, die Augustin mit philosophischer Offenheit behandelt, ohne ein endgültiges Ergebnis, einen *intellectus gratiae* zu erzielen. Auch dies bestätigt Ring, wiederum im Widerspruch zu seiner eigenen These, selbst: Die Lehre von der *gratia fidei*, so Ring, sei gewissermaßen das wissenstheoretische Grundsatzprogramm von *ad Simplicianum*:[241] »Augustin [liefert] den Beweis [!], daß der Glaube Folge, nicht Ursache der Gnade ist. Wenn er aber Gnade ist, dann auch freies, unverdientes Geschenk; wenn aber unverdient, dann erhebt sich die Frage, nach welchen Kriterien Gott seine Gnade schenkt oder verweigert, ohne gegen das Prinzip der Gerechtigkeit zu verstoßen. Der Begriff der *gratia fidei* muß demnach mit innerer Notwendigkeit zum Problem der Prädestination führen.«[242] Augustin begreife das Problem der Bekehrung als erkenntnistheoretisches Problem. Er verwende die Begriffe *carnalis* und *spiritalis* als »Begriff[e] der Erkenntnislehre.«[243] Für den ratlosen Verfasser von *ad Simplicianum* 1,2 gelte, was auch in 1 Kor 3,1 stehe (*non potui uobis loqui quasi spiritalibus, sed quasi carnalibus*): Trotz seiner im Anfangsstadium befindlichen Tauf- und Glaubensbekehrung sei er wegen der weiterhin virulenten Fleischlichkeit (*carnalitas*) nur auf dem Weg zum *intellectus gratiae*, noch nicht am Ziel.

[238] T. G. Ring, AugLG Prolegomena 3; Intention; Gnadenbegriff; vgl. *ad Simplicianum* 1,2,22 (CChr.SL 44, 56): *credamus tantum.* AugLG Prolegomena 3, 43.
[239] AugLG Prolegomena 3, 44; Intention 171-184.
[240] AugLG Prolegomena 3, 255.
[241] AugLG Prolegomena 3, 257.
[242] Ebd. 258.
[243] Ebd. 220.

Ring geht einerseits zu weit, andererseits nicht weit genug. Er nennt einerseits
bereits Augustins Voraussetzung »Beweis,« während er andererseits Augustin noch auf
dem Weg wähnt, wenn dieser sich bereits im Ziel weiß; denn das Ziel in *ad Simplicianum* 1,2 bestand für Augustin darin, den *intellectus gratiae* in seiner Aporie zu verkünden, die darin besteht, daß durch die Gnade der »Sinn« der Verwerfung eingesehen
wird. *Carnalitas* als Abwesenheit von Gnade besteht nicht in erster Linie in sexueller
Konkupiszenz, sondern in der Weigerung, dies einzusehen.[244]

Engführung des Begriffs (Kurt Flasch)

Kürzer, akzentuierter und, weil dezidiert auf den intellektuellen Aspekt eingehend, im
Kern treffender ist K. Flaschs Auslegung von *ad Simplicianum* 1,2. Flasch geht direkt
auf das zentrale Thema des *intellectus gratiae*, eines philosophischen Verständnisses der
gnadentheologischen Aussagen des Römerbriefs ein: »Hier setzt ein philosophischer Kopf
die Philosophie an der für ihn entscheidenden Stelle außer Kraft.«[245] Flasch verurteilt diesen Schritt vor allem wegen der Wirkungsgeschichte, die er in seinen Augen hatte: »Augustins Durchbruchstext illustriert die Geschichte des Terrors in Europa; er wirft Licht
auf die Geschichte des westlichen Christentums, bis hin zum Tugendfanatismus Robbes-
pierres und zu *Säuberungen* des 20. Jahrhunderts.«[246] Vor *ad Simplicianum* 1,2 sei
Augustins Denkweg gezeichnet gewesen vom Versuch darzustellen, wie der Mensch von
sich aus mit sich und mit Gott eins werden könne. Er habe eine klassische Eudaimonielehre und eine Lehre von der menschlichen Willensfreiheit entwickelt. In *ad Simplicianum* habe Augustin mit dieser Weltsicht gebrochen, allerdings »argumentierend,« d. h.
»er mußte Beweisverfahren der antiken Rhetorik und Textauslegung benutzen; er nahm
logische Regeln in Anspruch; er konstruierte seine Antwort so, daß Simplician in ihr
auch das Erbe der Philosophie wiedererkennen konnte. Augustin wollte diese Philosophie
überwinden, aber mit Kohärenz und mit Anspruch auf Einsicht.«[247] Er habe sogar eine
eigene Wissenschaftstheorie darüber verfaßt, *doctr.*[248] In späteren Jahren habe er sich
wiederholt zu den Aussagen in *ad Simplicianum* bekannt.[249] Dabei widerspricht Flasch in

---

[244] Ebd. 221. Dieser Gedanke widerspricht jedoch dem Augustins. *Ignorantia* als *malum* ist von
der Ursünde bedingt, sonst wäre ja kein *intellectus gratiae* zur Einsicht nötig. *Lib. arb.* 3,22,64
(*naturalis*) wäre im Sinne einer urständlich begnadeten Natur zu verstehen, Adams Sünde entschuldigt. Die Demonstration des *intellectus gratiae* in *ad Simplicianum* ist im Gegenteil nur
dadurch erklärbar, daß für Augustin das *malum ignorantiae* das grundsätzlichere ursündliche Übel
ist, ohne dessen Überwindung die Konkupiszenz nicht besiegt werden kann (vgl. den Gedanken,
daß Gnade in Christus Liebe und Wahrheit zugleich ist). Mit *c. Iul.* 6,49 (PL 44, 851): *credamus
etiam non tantum minui, uerum etiam in hac uita posse consumi [...] concupiscentiam uero quis
ambigat in hac uita posse minui, non posse consumi?* widerlegt sich Ring (221) selbst: Zugeordnet
sind diastisch *uerum* /*consumi* und *concupiscentiam* / *consumi*. Es heißt also nicht, daß man zwar
Wahres erkennen, nicht aber die Konkupiszenz überwinden, sondern, sinngemäß, daß die Konkupiszenz nur unter Voraussetzung einer fundierten Erkenntnistheorie überwunden werden kann.
Fundiert heißt dabei: von der Gnade fundiert. Solange der *intellectus gratiae* nicht vollkommen
ist, kann auch die Konkupiszenz nicht als überwunden gelten. Ähnliches für die anderen genannten Stellen *ep.* 187 (CSEL 57, 106f.); *dono perseu.* 40 (PL 45, 1017).
[245] Logik 15.
[246] Ebd. 16.
[247] Ebd. 46.
[248] Ebd. 105.
[249] Ebd. 48-51; vgl. *retract.* 2,1,3 (CChr.SL 57, 89); *praedest. sanct.* 4,7.8 (PL 44, 963-966);
dono perseu. 20,52.21,55 (PL 45, 1026f.).

einem Punkt seiner Darstellung, er habe vor 397 eine weniger radikale Auffassung von
der Wirksamkeit der Gnade vertreten: »Augustin betont, er habe den Pelagianismus
widerlegt, bevor es ihn gab; nicht, daß er ihn vertreten habe [...] nämlich in seinen
Texten von vor 397.«[250] Richtig ist jedoch Flaschs Grundeinsicht, »daß Augustin *Einsicht in das Wesen der Gnade*, einen *intellectus gratiae* versprach. Er teilt mit Simplician
die Ansicht, die einheitliche Begründung der Welt durch einen guten Gott sei eine Sache
der *Einsicht* und nicht nur des Glaubens. Augustin will argumentierend dem philosophisch gebildeten greisen Simplician seine Position entwickeln.«[251] »Augustin beansprucht eine philosophische Einsicht in die Einheit, Güte und Allmacht des weltbegrün-
denden Gottes. Einwände gegen Gott aufgrund der Unvollkommenheiten der Welt löst
er nicht unter Berufung auf die Geheimnisse Gottes, sondern gradualistisch [unter
Verweis auf erkenntnistheoretische Probleme]: Was uns als schlecht erscheint, sind
Mängel der niedersten Stufe, von denen wir nicht über das Ganze urteilen dürfen.«[252]

Augustins Leistung bestand jedoch gerade darin – das erwähnt Flasch nicht – daß
er den (heidnisch) antiken Gradualismus in den Rahmen einer Erbsündenlehre stellte, in
dem nicht Gottes Ordnung oder Geheimnis für die Bosheit und das Leid der Menschen
verantwortlich gemacht wird, sondern die Absurdität der Sünde Adams.[253] An diesem
Punkt erst setzt dann auch die Aporie der augustinischen Gottes- und Seelenlehre ein, die
sich von späteren Synthetisierungsversuchen, wie wieder Flasch richtig bemerkt, in mar-
kanter Weise abhebt.[254] Diese Aporie sei nicht einfachhin mit einem Rückfall in manichäisches Denken gleichzusetzen. Augustin erhalte sich auch nach 397 seinen ontologischen und erkenntnistheoretischen Optimismus und verwehre sich gegen eine fideistische
Umdeutung seiner Gnadenlehre.[255] Dagegen erhalte seine Lehre von der Willensfreiheit
manichäische Züge. Deswegen sei er »nach 400 zum Klassiker der christlichen Intoleranz
geworden. [...] Je mehr Augustin die natürliche Sittlichkeit und den römischen Staat ent-
wertete, je armseliger ihm der freie Wille der Unbegnadeten erschien, um so mehr
verlegte er jeden wertvollen Inhalt, alle wirkliche Erfüllung in die Gnade. Ihr zu Hilfe
zu kommen, und sei es mit rabiaten Maßnahmen, war allemal legitim.«[256] Damit setze
bereits zu Augustins Lebzeiten die unselige Wirkungsgeschichte seiner Gnadenlehre ein,
die bis heute andauere: Zwangsbekehrung, Inquisition, Religionskriege, Höllenangst
(selbst von Eltern um ihre ungetauften Säuglinge), später der besorgten Missionare um
die ungetauften Heidenvölker, eine Geschichte der Angst vom 5. bis zum 18. Jahrhundert.[257]

---

[250] Logik 51. Auf den Seiten 270 bis 276 setzt er sich ausführlich mit einer Reihe von For-
schern auseinander, die seiner Meinung nach die Wende in Augustins Denken im Jahre 397
leugnen.

[251] Logik 61.

[252] Logik 88.

[253] Bzw. des »bösen Willens;« vgl. Chappell, Aristotle.

[254] Logik 90-93.

[255] Ebd. 106.108.

[256] Ebd. 119f. Die Bekehrung Paulus', so Flasch, habe Augustin als Beispiel dafür genommen,
daß auch Gott Gewalt anwende. Auf dem Hintergrund dieser Sichtweise entwickelte er seine
Lehre von der Zwangsbekehrung (*coercitio*). Vgl. *ep.* 93,5 (CSEL 34, 449). Im Unterschied zu
anderen Autoren sieht Flasch hier keine mehr oder weniger historisch zufällige Entwicklung
aufgrund äußerer Erfordernisse (Radikalisierung der donatistischen Schismatiker, Verschärfung
des Circumcellionenunwesens usw.), sondern eine mit innerer Notwendigkeit eintretende Radikalisierung (Augustin als Denker der Anarchie und des Totalitarismus). Vgl. Brown, Religious
Coercion; Lamirande, Tolerance.

[257] Logik 135.137. Vgl. J. Delumeau, Le péché et la peur. La culpibilisation en occident.
XIIIe-XVIII siècles, Paris 1983.

Die Widersprüchlichkeit vor allem dieser letzten Gedanken Flaschs ist nicht ganz auszuräumen. Zum einen macht Flasch Augustin für den »Terreur« ganzer Epochen verantwortlich, zum andern führt er ihn, so scheint es jedenfalls, außerhalb dieser Epoche als Repräsentanten für den Versuch an, intellektuell mit dem Phänomen Angst und Terror in der Menschheitsgeschichte fertigzuwerden. Er geht zunächst Augustins Denken auf den Grund, distanziert sich aber dann von ihm, als ob er Angst hätte, mit seiner Analyse ähnlich Schlimmes anzurichten, wie Augustin seiner Meinung nach mit der seinen.[258]

(c) Kapitulation des Intellekts oder Heil durch seine Transzendenz?

Augustin scheint seine Argumentation in *ad Simplicianum* 1,2 mit einer Kapitulation des Intellekts vor dem Glauben bzw. der Gnade zu beschließen: Der *intellectus gratiae*, die Einsicht, daß auf Willensfreiheit basierendes sittliches Handeln ohne gnadenhafte Rechtfertigung aus Glauben unmöglich ist,[259] gibt, so Augustin, an sich keine Auskunft darüber, wie das Faktum der Erwählung (*electio*)[260] zu bewerten sei. Erwählung heißt nicht, daß ein Rest von Gerechtfertigten zum ewigen Leben erwählt würde, sie findet vielmehr überhaupt erst auf die Rechtfertigung, und zwar ausschließlich auf sie hin statt. Außer ihr ist kein Kriterium angebbar, nicht einmal der Wille dessen, der erwählt wird, da dieser sich ja überhaupt erst durch die Gnade konstituiert.[261] Allein der Wille Gottes ist ausschlaggebend, insbesondere als Kriterium dafür, was gerecht ist und was nicht.[262]

Kapituliert der Intellekt hier also gegenüber dem in einem irrationalen Glaubensakt anzunehmenden Faktum, daß einige Berufene sich als erwählt erweisen,

---

[258] Trotz ihrer Widersprüche sind Flaschs Analysen in dem engen Paradigma, das ihre Methodik umschreibt, weitgehend zutreffend. Das gilt insbesondere für ihre Aufdeckung der Inkonsistenzen des Argumentationsgangs von *ad Simplicianum* 1,2. Augustin, so Flasch, übertrage einerseits menschliche Begriffe auf Gott, andererseits spreche er sich gegen eine solche Übertragung aus. Zum einen rede er etwa davon, daß Gott zwischen einer vorbedingungslosen Erwählung und Verwerfung Jakobs und Esaus »wähle,« zum andern wolle er eine solche Wahl dann in jedem Fall als gerecht definiert wissen, wobei er einen eigenen »Typ« von »Gerechtigkeit Gottes« annehme, der sich wesentlich von jeder menschlichen Form von Gerechtigkeit unterscheide (vgl. McGrath, Justice). Nach den Kriterien jenes göttlichen Gerechtigkeitsbegriffes sei dann auch ein neuer menschlicher Gerechtigkeitsbegriff zu entwickeln (Logik 257f.). Ob Augustins Versuch, diese Inkonsistenzen auf den Begriff des *intellectus gratiae* hin zu transzendieren, wie Flasch meint, etwas mit aristotelischer Aporetik oder neuplatonischer negativer Theologie zu tun haben könnte (Logik 258), sei hier dahingestellt.

[259] *Ad Simplicianum* 1,2,21 (CChr.SL 44, 53): *nulla igitur intentio tenetur apostoli et omnium iustificatorum, per quos nobis intellectus gratiae demonstratus est, nisi ut qui gloriatur in domino glorietur* [...] *sed quis potest recte uiuere et bene operari nisi iustificatus ex fide?*

[260] *Ad Simplicianum* 1,2,22 (CChr.SL 44, 54): *quod si electio hic fit aliqua, ut sic intellegamus quod dictum est?* »*reliquiae per electionem gratiae factae sunt*« [Rom 11,5] *non ut iustificatorum electio fiat ad uitam aeternam, sed ut eligantur qui iustificentur, certe ita occulta est haec electio, ut in eadem conspiratione nobis prorsus apparere non possit.*

[261] *Ad Simplicianum* 1,2,22 (CChr.SL 44, 55): *restat ergo ut uoluntates eligantur. sed uoluntas ipsa, nisi aliquid occurrerit quod delectet atque inuitet animum, moueri nullo modo potest. hoc autem ut occurrat, non est in hominis potestate.*

[262] *Ad Simplicianum* 1,2,22 (CChr.SL 44, 55f.): »*numquid iniquitas est apud deum,*« [Rom 9,14] *exigentem a quo placet, donantem cui placet, qui nequaquam exigit indebitum, nequaquam donat alienum?* »*numquid iniquitas est apud deum? absit!*«

die Masse aber nicht, oder könnte man nicht sagen, er komme durch die Gnade zu sich, um im Gericht sogar über sich hinauszuwachsen, weil er in der Identifikation mit dem Richter selbst zum Richter wird? Über den heilsgeschichtlichen »Rest,« von dem im Anschluß an Röm 9,27 die Rede ist, wird in *ad Simplicianum* 1,2,20, im Zusammenhang mit Sir 33,16f. folgendes gesagt: »Ich selbst bin es. Wachgeblieben bin ich und halte gleichsam Nachlese hinter den Winzern her. [...] Auf den Segen des Herrn habe ich gehofft und gleichsam wie ein Winzer die Kelter gefüllt.« Für Augustin ist es das Gesamt der Erlösten, das sich hier äußert: »Obwohl nämlich der letzte wach gewesen sein wird, hat, weil, wie geschrieben steht [Mt 20,16], die letzten die ersten sein werden, das aus den Resten Israels gesammelte, auf den Segen des Herrn hoffende Volk aus der Üppigkeit des auf dem gesamten Erdkreis gedeihenden Weinbergs die Kelter gefüllt.«[263] Sie waren die letzten gewesen, hatten, ergriffen von der Gnade im Glauben, ihren Intellekt schon aufgegeben, waren hinter allen hergegangen und sind durch das Wirken der Gnade durch diese Nachlese, dadurch, daß sie dabei genug fanden, um die Kelter zu füllen, wieder die ersten geworden und demgemäß auch zum Gericht über die anderen.[264] So erklärt sich auch der triumphalistische Schluß der Quaestio: Es gibt solche, die sich rühmen können. Aber niemand kann sich seiner selbst rühmen außer im Herrn (1 Kor 1,31: *qui gloriatur, in domino glorietur*). Weder Ring noch Flasch haben diese abschließende Wendung berücksichtigt. Sie allein jedoch macht den Übergang von *ad Simplicianum* 1,2,20 zu 1,2,21 erst plausibel. Der *intellectus gratiae* ist nach Augustin nicht dann erzielt, wenn die Aporie ausgeräumt ist. Sie gehört vielmehr dazu (Röm 11,33). Das Vorgehen Gottes bleibt Geheimnis. Kriterien für die Gnadenwahl können nicht angegeben werden. Aber, wie Mt 20,16 nahelegt, vom Glauben her ist der wirkkräftige Wille Gottes zum Heil aller Menschen mit Bestimmtheit anzunehmen. Die biblische Heilszusage steht fest und ist glaubwürdig. Der Mensch hat im Glauben Gewißheit darüber, daß Gott ihn rettet. Er hat zwar auch gar keine andere Wahl. Die Gründe Gottes dafür, eine solche ambivalente Struktur überhaupt zuzulassen, bleiben im Dunkeln. Aber die Verwendung des Begriffs in *ad Simplicianum* 1,2,21 zeigt deutlich: Für Augustin heißt *intellectus gratiae*, an den selbstverschuldeten Grenzen des Intellekts seine ungeschuldete Transzendenz wahrzunehmen, die identisch ist mit dem Heil.

---

[263] *Ad Simplicianum* 1,2,20 (CChr.SL 44, 53).
[264] Vgl. in diesem Zusammenhang schon *uera rel.* 31,58,161 (CChr.SL 32, 225); Eph 3,15; Joh 5,22; 1 Kor 2,15; 2 Kor 5,10 (*spiritalis homo iudicat omnia*).

KAPITEL III

ANWENDUNG IN DER SAKRAMENTENLEHRE

1. KONTEXT

Irgendwann zwischen Mai 395 und August 397 wurde Augustin Bischof von Hippo.[1] Was sich bereits im Presbyterat gezeigt hatte, brach nun noch stärker durch: Augustin identifizierte die Entwicklung seines *intellectus gratiae* mit dem aller ihm in der Seelsorge anvertrauten Gläubigen seiner Kirche. Entsprechend meinte er auch, ihn verkünden zu sollen. Ihn wie in *ad Simplicianum* 1,2 auf der Ebene von Grundlagenfragen zu diskutieren, reichte nun nicht mehr aus. Als Bischof mußte er auch theologisch-praktisch, was Kirchendisziplin und Dogmatik betraf, zu seiner sakramententheologischen Anwendung Stellung nehmen. Er tat dies vor allem in Polemiken zur Tauflehre, zwischen 397 und 411 im Kontext der Auseinandersetzung mit dem Donatismus um die Wiedertaufe und ab 411/2 mit Pelagius über die Heilsnotwendigkeit der Taufe angesichts der Vererbung der Ursünde.[2]

Als Augustin sein bischöfliches Stadtkloster bezog,[3] war er nicht der einzige Bischof in Hippo. Nicht weit entfernt wohnte sein donatistischer Kollege. Dessen Kirche hatte nicht weniger Zulauf als die katholisch-orthodoxe.[4] Für den Presby-

---

[1] Im Mai 395 verfaßte er *ep.* 29 (CSEL 34/1, 114-122) noch als Presbyter, im August 397 nahm er bereits als Bischof an einem Konzil in Karthago teil (s. *breu. Hippon.* [CChr.SL 149, 28-49, bes. 49]). Perler (Voyages 164-178) vertritt die Ansicht, daß er im Winter 395/6 geweiht wurde, Mutzenbecher (CChr.SL 44, xxx) hält den Winter des folgenden Jahres für wahrscheinlicher. Evidenz für letzteres Datum bietet auch Trout, Dates. Augustin wurde von seinem Vorgänger Valerius zunächst zum »Mitbischof« (*coepiscopus*) ernannt. Dabei gab es offenbar Probleme (vgl. Poss. *uit. Aug.* 8,2-4), aber weniger deshalb, weil ein solches Amt nach can. 8 des Konzils von Nizäa unzulässig war (Aug. *ep.* 213,4 [CSEL 57, 376] berichtet, Valerius und er hätten von dem Verbot gar nichts gewußt), sondern weil, wie es scheint, der numidische Primas Megalius von Calama an Augustin auszusetzen hatte. Ob es sich dabei um den Vorwurf schlüpfriger Post zwischen Paulinus' Gattin Terasia und Augustin handelte oder um Augustins Vorleben, kann nicht festgemacht werden. Aus Paulinus' und Terasias *ep.* 32,2 zu Augustins Bischofsweihe ist nichts dergleichen zu erschließen, und ob die *conf.* eine Reaktion auf entsprechende Vorwürfe sein könnten, muß ebenfalls offen bleiben. Vgl. Van der Meer, Seelsorger 28f.; Brown, Augustinus 176f. Zu Augustins gespanntem Verhältnis mit Megalius s. Aug. *ep.* 38,2 (CSEL 34/2, 65); *c. litt. Pet.* 3,16,19 (CSEL 52, 177); *c. Cresc.* 3,80,92 (CSEL 52, 495). Nach Valerius' Tod zwischen Ostern und August 397 (nach Aug. *ep.* 36 [CSEL 34/2, 31-62] während der Vorbereitungszeit auf Ostern) übernahm Augustin dann die alleinige Leitung des Bistums.

[2] Zu beachten ist die Strukturähnlichkeit der beiden Diskussionsfelder (vgl. dazu bereits Simonis, Erbsünde). Nach donatistischer Lehre hat die Taufe keinen *character indelebilis*. Sie muß also in bestimmten Fällen (etwa nach besonders schweren Sünden) erneut liturgisch vollzogen werden. Nach pelagianischer Lehre ist sie überhaupt nicht notwendig. Augustin hält dagegen: Sie *ist* notwendige Grundvoraussetzung für das Heil, muß aber (und darf sogar) nur ein einziges Mal liturgisch vollzogen werden.

[3] Zu den konkreten Verhältnissen, in denen Augustin als Bischof lebte, s. Poss. *uit. Aug.* 5,1; Aug. *sermo* 355,2 (PL 39, 1569f.); Marec, Monuments 230f.

[4] Zur Größe der donatistischen Gemeinde um die Zeit seines Amtsantritts äußert sich Augustin in *ep.* 93,17 (CSEL 34/2, 461f.): *ciuitas mea* [...] *ut* [...] *tota esset in parte Donati.* Vgl. auch Van der Meer, Seelsorger 127-136.

ter war dies ein pastorales Problem unter vielen gewesen, für den Bischof wurde es zur Lebensfrage:[5] Verkörperte er als Bischof die eine wahre Kirche oder bezeugte er zusammen mit seinem donatistischen Kollegen lediglich ihre Spaltung und damit ihre Unglaubwürdigkeit und Anmaßung bezüglich ihres Anspruchs auf Wahrheit? Zwischen 400 und 411, als mit der *conl. Carth.* vorerst ein Schlußstrich gezogen wurde, verging kaum ein Jahr, an dem er nicht zu Gesprächen oder Synoden mit Donatisten unterwegs oder literarisch gegen die Donatisten tätig war.[6]

Inwieweit hängt die geistige Entwicklung Augustins während dieser Zeit mit diesen äußeren Einflüssen zusammen und was bedeutet dies für das Konzept des *intellectus gratiae*? Wie im folgenden anhand von *ad Simplicianum* 2,1 deutlich werden dürfte, lag 397 im Kontext der Entwicklung zum *intellectus gratiae* nicht nur die Gnadenlehre, sondern auch die Sakramentenlehre in ihren Grundlagen bereits vor. Ebensowenig also, wie jene sich aus der Auseinandersetzung mit dem Pelagianismus entwickelte, entstand diese ausschließlich im Kontext der Kontroverse mit dem Donatismus. Die Kontroversen führten allerdings zu einer Verfestigung bereits vorhandener philosophisch-exegetischer Grundoptionen. Anfangs »in seiner kirchlichen Haltung sehr flexibel,« wurde Augustin »von Erfahrungen, von *exempla*, zur Änderung seiner Ansicht gedrängt.«[7] Nicht er war es nach eigenem Empfinden, der die religiöse Situation in Afrika derart politisch angeheizt hatte. Er fühlte sich vielmehr in die Sphäre des Politischen hineingedrängt. Umso professioneller freilich bewegte er sich darin. Er begann, der Potik immer mehr theologische Bedeutung abzugewinnen und deutete schließlich die Zwangsmaßnahmen des kaiserlichen Staates gegen die Donatisten im Sinne des *intellectus gratiae* als Mittel zur Ausbildung eines gnadenhaft zum Tun des Guten konstituierten freien Willens.[8]

---

[5] In diesem Zusammenhang steht auch Augustins Haltung zur Gewaltanwendung gegen Schismatiker. Als Presbyter hatte er sie noch abgelehnt (vgl. *retract.* 2,5 [CChr.SL 57, 93f.]). Solange Valerius noch am Leben gewesen war (bis 397), hatte er den donatistischen Bischof von Hippo, Proculeianus, zu Religionsgesprächen eingeladen (*ep.* 33 [CSEL 34/2, 18-23]). Nach gewaltsamen Eskalationen auf römischer wie auf nordafrikanischer Seite (etwa 398 im Gildo-Aufstand in Unteritalien) wurde die Gangart jedoch härter. Um 400 forderte er erstmals zu staatlicher Gewalt gegen gewalttätige Donatisten auf (*c. ep. Parm.*). (400 war auch ein Jahr erneuter verschärfter staatlicher Maßnahmen gegen heidnische Kulte [vgl. dazu unten Kapitel IV, Abschnitt 3. zum Kontext von *cons. eu.*; Madec, Christ des païens]). 405 rechtfertigte er Gewaltmaßnahmen mit dem Ziel der Eingliederung in die Römische Kirche (»Zwangsbekehrungen«) unter Verweis auf Lk 14,23 (*compelle/coge intrare*). Vgl. *ep.* 93 (CSEL 34/2, 449); *ep.* 173 (CSEL 44, 647); *ep.* 185 (CSEL 57, 23); *sermo* 112 (RBen 76, 53); Monceaux, Histoire littéraire, Bd. 7; Grasmück, Coercitio; Schindler, Querverbindungen.

[6] Vgl. Perler, Voyages 234-277.

[7] Schindler, Querverbindungen 102.

[8] *Sermo* 112,8 (RBen 76, 54): *foris inueniatur necessitas, nascetur intus uoluntas*; *nascetur*, nicht wie bei Schindler (Querverbindungen 110) *nascitur*. Vgl. *ep.* 185,2.7 (CSEL 57, 6.27): *correctus intellegere potest* [auf den Verfolgten bezogen. Ganz im Sinne des hier behandelten Themas geht es also in erster Linie um »wahre Einsicht,« *intellegere*, deren Zustandekommen, von äußeren Einflüssen {strenge Ordnung usw.} begünstigt, in Gott ihren Ursprung hat. Dazu auch weiter:] *factum est, ut imperator religiosus* [...] *mallet piissimis legibus illius impietatis errorem omnino corrigere et eos, qui contra Christum Christi signa portarent, ad unitatem catholicam terrendo et coercendo redigere.*

Gerade in seinen polemischen Schriften (gegen Manichäer und Donatisten
ebenso wie später gegen die Pelagianer) zeigt Augustin, daß er die von ihm verwendete »Rhetorik des Zwangs« nicht außerhalb eines »eigentlichen,« philosophischen Strebens nach *intellectus gratiae* ansiedelte, so als ob sie mit dem Ethos
»wahrer« philosophischer Suche nach Gott im Sinne eines Strebens nach Weisheit
unvereinbar gewesen wäre. Im Gegenteil, diese Rhetorik war für ihn gerade in
der gegebenen Konfliktsituation ein Mittel seiner geistigen, politischen und sa-
kralen institutionellen Basis, der orthodoxen, römischen, katholischen Reichskir-
che, um dem *intellectus gratiae* in geistig kultischer Form und damit der Erlösung der Menschheit überhaupt zum Durchbruch zu verhelfen.

2. *AD SIMPLICIANUM* 2,1

Es ist erneut gerade auch in diesem Zusammenhang bezeichnend, daß der frü-
heste Text, in dem Augustin eine sakramententheologische Unterscheidung von
(äußerem) Zeichen und (innerem) Wirken der Gnade vornimmt, *ad Simplicianum*
2,1, kein explizit polemischer (etwa antidonatistischer) Text ist. Und es wäre
dementsprechend auch ein Irrtum zu glauben, im Mittelpunkt der frühesten Polemik Augustins gegen den Donatismus (z. B. *Ps. c. part. Donat.*) hätte die Sakramentenlehre gestanden. Bei Tyconius wie bei Parmenianus' Reaktion gegen ihn
wird deutlich,[9] daß die donatistische Sakramentenlehre im Grunde »katholischer«
war, als es angesichts der Polemik Augustins scheinen könnte.[10]
    In *ad Simplicianum* 1 war es um einige Fragen zu Röm 7 und 9 gegangen.
In *ad Simplicianum* 2,1, der ersten, längsten und interessantesten Quaestio des
zweiten Buches geht es um einige Stellen aus 1 Sam 10 und 16. Dabei werden (a)
einige hermeneutische Voraussetzungen formuliert, (b) wird auf den Unterschied
von Offenbarung (Zeichen) und Wirkung der Gnade (Heil) verwiesen, (c) auf die
Bedeutung dieser Unterscheidung im Hinblick auf den *intellectus gratiae*.

(a) Ein spirituelles Prinzip der Schriftauslegung

Ad Simplicianum 2,1 beginnt mit einer bibelhermeneutischen Überlegung: Christus hat zwar in bezug auf das, was in der Vergangenheit (im Alten Testament)

---

[9] Tyc. *lib. reg.*; Aug. *c. ep. Parm.* (CSEL 51, 19-141).
[10] Vgl. auch Schindlers (Querverbindungen 107) Rede von einer »Sakramententheologie, die,
auf dem Gegensatz des äußeren Zeichens und der inneren Gnadenwirksamkeit aufbauend, in den
antidonatistischen Schriften von 400 an auftritt, aber etwa im *Ps c. part. Donat.* 394 noch fehlt.«
Problematisch freilich ist Schindlers (108f.) Beurteilung der Ursprünge von Augustins Sakramentenlehre. Sie ist (wie die Gnadenlehre in bezug auf den Pelagianismus dort (in den Ursprüngen!)
gerade keine »Kampflehre« oder Ideologie (unverständlich 109 der Verweis auf Popper), sondern
wurzelt in der genuin augustinischen Intention, den Sinn der Gnade intellektuell zu fassen,
während der Intellekt als in der konkreten Gnade (auch und vor allem des Sakraments) und mehr
und mehr nur in ihr erfüllt erfahren werden kann. Was die späteren Entwicklungen betrifft, ist
Schindler freilich zuzustimmen.

nicht verstanden werden konnte, »den Schleier gelüftet« (*auferatur uelamen* [*reuelatio*, Offenbarung] 2 Kor 3,16). Dennoch gilt auch *jetzt* (also in der Zeit des Neuen Testaments): »Wir sehen nur in Rätseln [oder in Umrissen, Spiegelungen]; erst *dann* sehen wir von Angesicht zu Angesicht« (1 Kor 13,12). Auf dem Weg zu jener wahren Gottesschau »von Angesicht zu Angesicht« soll man sich nun, so Augustin, – und darin besteht die neuartige Überlegung – »lieber von Gebeten emportragen als von Geboten einschüchtern lassen.«[11] Dieser Satz klingt an *beata uita* 4 an, wo Augustin sich an seine Zeit als Manichäer erinnert, da er »lieber Lehrenden als Befehlenden folgen (bzw. glauben)« wollte. Hier, über 10 Jahre später, formuliert er denselben Satz in bezug auf Gebet und Gebote. Erkenntnistheorie (lehren, verstehen) und Spiritualität (beten, erhört werden) verschmelzen so und bilden einen Gegensatz zum Komplex der Befehle und Gebote. Freilich haben auch letztere im Kontext einer von der Sünde beherrschten Geschichte ihre Rolle zu spielen, wenn auch eine begrenzte, nämlich im Hinblick auf Einsicht und Gnade: Im Zentrum des Erkenntnisakts steht das Gebet (besonders auch das Gebet in Anfechtung und Verfolgung), die aus der Gnade geborene Antwort auf Gottes gnadenhafte Zuwendung. Ziel dieses Erkenntnisakts aber ist Intellekt, Einsicht in die Gnadenhaftigkeit dieses (freien) Akts selbst.

(b) Zur Rede vom »bösen Geist Gottes« (1 Sam 16,14)

Eine der Fragen Simplicianus', die Augustin in *ad Simplicianum* 2,1 zu beantworten versuchte, muß sich auf die Person Sauls in 1 Sam 10,10 (*et insiluit spiritus domini in Saul*) und 1 Sam 16,14 (*et spiritus domini malus in Saul*) bezogen haben.[12] Wenn Saul mit dem Geist Gottes begnadet wurde, so muß die Frage gelautet haben: Wie konnte dieser dann einmal als Segen, ein andermal als Fluch (*malus*) auf ihn wirken? Wie kommt die Bibel dazu, in diesem Zusammenhang vom »bösen Geist Gottes« zu reden? Augustin geht philosophisch begrifflich vor. Er fragt: Was heißt überhaupt »geistbegabt,« »prophetisch begabt« sein? Denn auf diese Fähigkeit Sauls bezieht sich der Text. In der Einleitung zu dieser Quaestio hatte Augustin auf das Amt Christi als Offenbarer hingewiesen. In dem infragestehenden Text nun ist Saul der »Gesalbte,« Christus, und damit also auch der Offenbarer, der Prophet.[13] Bedeutet das zugleich auch sein Heil? Offenbar nicht.

---

[11] *Ad Simplicianum* 2,1 (CChr.SL 44, 57): *quamuis autem ex eo quod transierimus Christus auferatur uelamen* [2 Kor 3,16] [...] *tamen uidemus nunc in aenigmate, tunc autem faciem ad faciem* [1 Kor 13,12] [...] *potius subleuati orationibus quam iussionibus aggrauati.* Vgl. *beata uita* 4 (CChr.SL 29, 67): *docentibus potius quam iubentibus esse cedendum* [*credendum*].

[12] Zur Gestalt des Saul bei Augustin s. La Bonnardière, Biblia Augustiniana 57-66.70-73.

[13] Auf den christologischen Gehalt der Perikope in 1 Sam hat kürzlich Dieter Böhler (Ecce homo) hingewiesen: Das in Joh 19,5 von Pilatus ausgesprochene *ecce homo* hat seinen Ort in 1 Sam 9,17 LXX, wo es sich, von Gott selbst geäußert, auf Saul bezieht. Interessant die zahlreichen Querverbindungen: Gott haderte mit seinem Volk, weil es einen König wollte. Er gab ihm einen König, einen Gesalbten, Christus: Saul (*ecce homo*). Saul wurde zum Offenbarer, aber der Prophetengeist gereichte ihm selbst zum Fluch (*spiritus domini malus*). Dennoch gereichte er dem Volk und der ganzen Menschheit zum Heil. – Jesus ist nach Joh der Christus, der in die Welt kommt, um alle zu erleuchten. Sein Tod bedeutet das Heil für viele. Pilatus, der ihn zum Tode

Augustin sieht sich hier auf sein gnadentheologisches Modell (Berufung-Erwäh-
lung) verwiesen. Er unterscheidet Berufung, Salbung, also Geistsendung, Erwählung und Heiligung. Die Berufung Sauls erfolgt in 1 Sam 9,17 durch Gott
(der sagt: *ecce homo*), die Salbung zum König in 1 Sam 10,1, die Begnadung mit
dem Prophetengeist in 1 Sam 10,10. Die Frage, ob all dies zum Segen oder
Fluch für Saul gereicht, wird insgeheim erstmals in 1 Sam 10,16 berührt: Seine
Berufung und Erwählung ist peinlich für Saul. Er verheimlicht sie. Sobald sie
aber bekannt ist, wird sie ihm nicht nur durch sein eigenes Ungenügen, sondern
auch durch den Neid der unmittelbaren Umgebung zur Last.

Mit einer Reihe von Beispielen versucht Augustin zu illustrieren, wie sich
Geistbegabung und persönliches Heil prinzipiell zueinander verhalten. »Der Geist
weht, wo er will« (Joh 3,8: *spiritus enim ubi uult spirat*). Die Gaben des Geistes
sind verschiedenartig (1 Kor 12,4). Sie bedeuten nicht immer das Heil für den,
der sie besitzt. Im Falle des Pharao in Gen 41,1-8 und Nebukadnezars in Dan 2
und 4,1-15 bedeutet die Gabe des Traumgesichts Unheil für ihre Inhaber. In diesen Bibelstellen wird auch eine Hierarchie der Geistesgaben suggeriert. Die Gabe
der Traumdeutung (Josef und Daniel) wird dort für wertvoller erachtet als die
Gabe des Gesichts (Pharao und Nebukadnezar). Doch gleich ob mit heil- oder
unheilbringenden, wertvolleren oder weniger wertvollen Mitteln, Gott verkündet
seine Wahrheit (den inkarnierten Logos), den dazu in Ewigkeit Vorherbestimmten
zum Heil, allen andern zur ewigen Verdammnis.

Nicht anders im Neuen Testament: In Joh 11,49 (*expediret unum mori pro
tota gente*) sagt Kaiaphas die Wahrheit über Jesus, aber ohne daß er selbst sich
des Gehalts seiner Worte bewußt ist. Während in bezug auf Josef, Daniel und Jesus positive Heilsaussagen gemacht werden können (sie sind allesamt »Heilige«),
liegen für den Pharao, Nebukadnezar und Kaiaphas nur negative Hinweise, also
Hinweise auf ihre Verwerfung vor. Das allein bedeutet freilich noch nicht, daß
man mit Sicherheit sagen kann, so Augustin, sie seien verworfen. Ähnlich Saul:
Zunächst ist anzunehmen, daß die Prophetengabe (1 Sam 10,10: *insiluit in eum
spiritus*) Frucht einer Bekehrung ist, die Saul »aus der Tiefe des göttlichen
Mysteriums« zuteil wurde (1 Sam 10,9: *conuertit deus in Saul cor aliud*). Diese
Bekehrung, so Augustin, hatte eine Veränderung der affektiven Annäherung an
die Wirklichkeit zur Folge, die Saul dazu befähigte, seine Vorstellungen in einer
solchen Weise symbolisch auf Künftiges bezogen zu deuten, daß es eben prophetisch wirkte.[14] Aber im Unterschied zu »wirklichen Propheten« wie Jesaia und

---

verurteilt, spricht an Gottes Stelle, indem er den entsprechenden Satz aus 1 Sam zitiert, diese
Wahrheit aus. So gesehen ist es wenig verwunderlich, daß Pilatus für die frühen Christen ins
Credo gehört. Ob Augustin diese Zusammenhänge bewußt waren, steht dahin. In *ad Simplicianum*
spielen sie keine Rolle.

[14] *Ad Simplicianum* 2,1,1 (CChr.SL 44, 60): *hoc autem uerbo quod positum est: »insiluit in eum
spiritus«* [1 Sam 10,10] *tamquam ex abdito diuinitatis secreto repentinus significatur afflatus.
horum igitur modorum quonam potius adfectum esse intellegamus Saul, satis apparet ex eo quod
ibi scriptum est: »conuertit deus in Saul cor aliud«* [1 Sam 10,9] *sic enim aliam cordis affectionem
significat, quam conuertendo fecit deus, ut imaginum significantium et praefigurantium capax
fieret ad propheticam diuinationem.* Beachtenswert hier ist die epistemologisch-semiologische
Terminologie.

Jeremia hat Saul die Tragweite seiner Berufung und Befähigung nicht erkannt. Er gleicht der Eselin (*asina*) Bileams in Num 22,28-30, die auch weissagte, aber deswegen noch lange kein Mensch wurde. »Und um wieviel mehr,« so Augustin, »unterscheidet sich ein Tier von einem Menschen [selbst wenn dieser ein Verworfener ist] als ein Verworfener von den Erwählten, die doch immerhin auch wieder nur Menschen sind.«[15] Ein seltsamer Vergleich. Augustin will offenbar sagen, daß ein Verworfener ebensowenig ein Erwählter werden könne wie ein Tier ein Mensch. Doch gleichzeitig betont er, daß sich Verworfene und Erwählte in ihrer Menschheit ungleich näher seien als Menschen und Tiere. Nun aber, so schließt er, hat Gott sogar ein Tier nach Menschenart zum Prophetenamt berufen. Um wieviel mehr wird er also Verworfene dazu berufen, freilich ohne deswegen ihr Verworfensein aufzuheben.

Spätestens hier wird deutlich, daß es Augustin um gnadentheologische Zusammenhänge geht. Schon in *uera rel.* hatte er die Ansicht geäußert, daß die Verdammten besser, weil schöner als glückliche Würmer seien und infolgedessen auch glücklicher als jene seien;[16] denn immerhin seien sie Menschen und wiesen deshalb als geistige Wesen einen höheren Grad an Einheit bzw. Symmetrie (*conuenientia*) auf. In dieser neuen Phase seines Denkens nach 396 kombiniert er nun platonisch-ästhetisches Konvenienzdenken mit paulinischem Urstandsdenken und fragt, inwieweit der zur Prophetie Berufene seiner Berufung intellektuell und moralisch gerecht werde. Saul schneidet dabei nicht gut ab. Schon in 1 Sam 10,12 wird deutlich, so Augustin, daß niemand seinen Anspruch auf das Prophetenamt ernstnimmt. Man versteht ihn als Witz: »Ist nun etwa auch Saul unter die Propheten gegangen (*si et Saul inter prophetas*)?« So die ironische Frage. Gemeint sind die falschen, die »Berufspropheten.« Augustin versteht die Situation so, daß Saul zwar am Anfang seine Aufgabe begeistert wahrgenommen hat, dann aber aus Mangel an geistlichem Fundament gescheitert ist, im Sinne des Gleichnisses von der Saat, die schnell aufgeht und verdorrt, weil der Boden nicht tief genug ist (Mt 13,20f.: *quidam cum gaudio uerbum excipere et radicis altitudinem non habere*).

Sauls Scheitern, so Augustin, ändert nichts am Grunddatum seines Menschseins. Auch als Verworfener (*iam reprobus*) bliebe er Mensch, in diesem Punkt den Erwählten gleich. Die Gabe des Prophetenamts bezeichnet nur eine Weise, wie Menschen mit ihrer über ihr Menschsein hinausweisenden Sehnsucht nach Gott umgehen und sich gegenseitig auf das Wirken Gottes verweisen können. Mit der Berufung und Bestimmung zum Propheten allein sagt Gott noch nichts über die Erwählung des Betreffenden zum Heil aus. Prophet ist jemand, der von Gott zu diesem Amt berufen wurde, ob er nun gleichzeitig auch zum Heil erwählt ist oder nicht. Auch ein in seinem Heil gescheiterter, ja sogar ein falscher Prophet bleibt doch immer Prophet.[17] Saul ist so ein falscher Prophet. Er mißbraucht sein

---

[15] *Ad Simplicianum* 2,1,2 (CChr.SL 44, 60): *magis enim distat pecus ab homine quam homo reprobus ab electis sed tamen hominibus.*
[16] *Vera rel.* 41,77,217 (CChr.SL 32, 238): *meliorem esse hominem plorantem quam laetantem uermiculum.*
[17] *Ad Simplicianum* 2,1,2 (CChr.SL 44, 61).

Prophetenamt, das ihm, wie sein Menschsein, unwiderruflich verliehen ist, und erregt Anstoß. An der Gültigkeit seines Amts ändert dies jedoch nichts. Aber während ihm bei der Verleihung seines Amts, ähnlich wie bei seiner Erschaffung als Mensch, der gute Geist Gottes verliehen wurde, schlägt ihn derselbe Gott zur Strafe für den Mißbrauch der Gnade für dieses Amt mit seinem bösen Geist. Darin, in der Unterscheidung von Form, Inhalt und Vermittlung der Gnade, so Augustin, liegt das Wesen sakramentalen Gnadendenkens. Das Amt und seine Heilswirkung auf seine Inhaber sowie auf die Adressaten der Botschaft sind drei verschiedene Dinge. Sogar bei Petrus ist dieser Zwiespalt erkennbar. In einem Atemzug preist ihn Jesus als Fels und verwirft ihn als Satan (Mt 16,17.23).[18]

Obwohl Saul durch die Gerechtigkeit Gottes verworfen wird, bleibt er Gesalbter des Herrn, *Christus*. Aus diesem Grund, so Augustin, wird auch David es nicht wagen, ihn zu töten (1 Sam 24,7), ja er wird den töten lassen, der ihm fälschlicherweise berichtet, er habe ihn umgebracht (2 Sam 1,14-16).[19] Das Sakrament des König- und Prophetenamts bei Saul und seine subjektive Heiligkeit sind getrennt. Auch die Macht des Teufels, so Augustin, kommt ja von Gott, wie Paulus in Röm 13,1 sagt: Jede Macht kommt von Gott (*non est potestas nisi a deo*). Auch über Christus Jesus ist eine solche Macht verhängt worden, wie er ja selbst zu Pilatus meinte: »Du hättest keine Macht über mich, wenn sie dir nicht von oben gegeben wäre« (Joh 19,11: *non haberes in me potestatem, nisi data tibi esset desuper*). Gott hat dem Teufel Macht verliehen, den Ijob (Ijob 2,5: *mitte manum tuam et tange carnem eius*) wie auch die Jünger Jesu (*hac nocte postulauit satanas uexare uos sicut triticum*; Lk 22,31) auf die Probe zu stellen, und zwar immer zum größeren Heil derer, die er zum Heil erwählt hat und immer auch zu seiner eigenen Glorie.

Augustin unterscheidet hier also noch einmal, (1) Menschen und Tiere (nur Menschen können erwählt oder verworfen werden), (2) Berufene (d. h. mit einem speziellen Charisma Begabte) und nicht Berufene (nur erstere können sich bezüglich ihres speziellen Charismas als erwählt oder verworfen erweisen), (3) Berufene und Erwählte (nicht alle mit einem bestimmten Charisma Begabten und auf diese Weise Berufenen zählen zu den zum Heil Erwählten oder Vorherbestimmten), (4) Wirkung einer Berufung als Fluch (*malus spiritus*) und als Segen (ersteres für die verworfenen Amtsträger und ihre Anhänger, letzteres für die durch den Mißbrauch Geprüften, aber letztlich zum Heil Erwählten).

---

[18] *Ad Simplicianum* 2,1,3 (CChr.SL 44, 61).

[19] 2 Sam 1,16: David aber sagte zu ihm: Dein Blut über dein Haupt; denn dein Mund hat dich verurteilt, als du sagtest: Ich habe den Gesalbten des Herrn getötet. Vgl. *ad Simplicianum* 2,1,4 (CChr.SL 44, 62): *Saul iam reprobus* [...] *tamen adhuc Christus domini dicebatur* [...] *utitur enim deus ministris etiam spiritibus malis ad uindictam malorum uel ad bonorum probationem.* Der Ausdruck *utitur* verweist darauf, daß für Gott das subjektive Heil eines seiner Geschöpfe sekundär zur Grundbestimmung seiner Schöpfung (*frui deo*) ist. Geschöpflichkeit, auch pervertierte Geschöpflichkeit, ist gut (1 Tim 4,4: *omnis enim creatura dei bona est*). Wie Gott Geschöpflichkeit überhaupt in den Dienst seines Heilsplans stellt, so auch die spezielle Sendung der Vertreter seines Volkes. Hier klingt bereits der Ton an, in dem Augustin in *spir. litt.* die Frage nach dem allgemeinen Heilswillen Gottes (1 Tim 2,4) behandeln wird.

(c) *Intellectus gratiae* als Erfüllung des Liebesgebots

Zu diesen vier Unterscheidungen hinzu kommt noch eine abschließende fünfte, die grundlegendste, nämlich zwischen dem Heiligen Geist als dritter Person der göttlichen Trinität und Gottes Geist als einer in der Schöpfung wirksamen Kraft. Der Schöpfer Geist (*creator spiritus*), so Augustin, ist von seinem Wesen her gut. »Böse« könnte unter Umständen nur seine Funktion innerhalb einer sündigen und deshalb der Strafe würdigen Schöpfung genannt werden, also nur im übertragenen Sinne. Obwohl in einem solchen Fall also derselbe Geist von seinem Wesen her gut wäre, würde er sich beim sündigen Menschen, von seiner Funktion (*ministerium*) her, als böser Geist auswirken.[20] Vor Gott, *sub specie aeternitatis*, wäre die Wirkung jedoch auch in diesem Fall weiterhin gut. Bereits auf der Ebene des objektiven Geschichtsablaufs, so Augustin, wird dies sichtbar; denn obwohl Saul besessen war, weissagte er zum Nutzen derer, die ihn hörten; ob zu seinem eigenen Nutzen, ist eine andere Frage (1 Sam 19,23). Ähnlich hieß es schon bei Bileam: Er wollte Israel verfluchen, stattdessen segnete er (Num 22-24). Vom selben Geist ist auch der mit Prophetie Begabte nach 1 Kor 13,1-3 erfüllt, selbst wenn er nichts von dem versteht, was er prophezeit (*aeramentum sonans aut cymbalum tinniens*). Beim Gericht werden viele dem Herrn sagen, sie seien seine Propheten gewesen (Mt 7,22; Lk 13,26), und sie werden sogar Recht haben. Trotzdem wird der Herr sagen: »Ich kenne euch nicht« (*non noui uos*); denn, so Augustin, Einsicht und Heil garantiert die Prophetengabe nicht. Sie ist nur Rahmenbedingung für das Heil derer, die sich durch die Gnadenwirkung der durch die prophetische Verkündigung vermittelten Offenbarung als Erwählte erweisen. Das aber sind nicht notwendigerweise die zum Prophetenamt Berufenen selbst. Die Erwählung, auf die es letztlich ankommt, erweist sich vielmehr erst beim Gericht als solche, wenn die Erwählten von Christus wiedererkannt werden und ihn als ihren Erlöser wiedererkennen.

Es gibt also – noch einmal – eine Hierarchie der Geistesgaben. Josef und Daniel, kompetent in der Traum*deutung*, gelten als Gott näher als der Pharao und Nebukadnezar, die nur Träume hatten, sie aber nicht deuten konnten. Jesaia und Jeremia, die danach gestrebt hatten, Einsicht in das Wesen ihres Prophetenamts zu gewinnen, war von Gott diese Einsicht geschenkt worden. Saul dagegen hatte sein Prophetenamt verspielt. Guten wie schlechten Propheten gemeinsam ist ihre objektiv gültige Berufung als Voraussetzung für ihre Erwählung bzw. Verwerfung. Die Berufung ist eine Art Sakrament, Symbol einer zur Heilsordnung bekehrten Schöpfungsordnung, Basis für das Heil, das selbst im gnadenhaften Streben nach Einsicht verwirklicht wird.

Das Streben der wahren Propheten nach Einsicht in den speziellen Sinn ihrer Berufung durch Gott – darin liegt im übrigen auch der tiefste Sinn, die radikalste Konsequenz ihrer Berufung – nennt Augustin »Liebe.« Sie ist nur möglich in der Gemeinschaft der zur Liebe (Einsicht) Berufenen (Kirche). Ohne die Liebe führt

---

[20] *Ad Simplicianum* 2,1,5 (CChr.SL 44, 64).

diese Berufung, dieses Amt, dieses Sakrament, zu nichts anderem als zu Gericht und Verdammnis.[21] Nur die in dieser Gemeinschaft in die Tat umgesetzte Liebe (*caritas*) gebraucht (*utitur*) die Gabe des Geistes in rechter Weise. Zeichen für die Anwesenheit dieser Liebe ist die Gnade grenzenloser Geduld (*tolerantia*), Abwesenheit von sektiererischem religiösem Fanatismus und Bereitschaft zur Einsicht.[22] Fehlt diese, wird den Betreffenden auch das noch weggenommen, was sie hatten (vgl. Mt 25,15.29).[23]

(d) Ergebnis

Augustin beantwortet die Anfrage Simplicianus' zu 1 Sam 10,10 und 16,14 also auf der Basis seiner bisherigen gnadentheologischen Überlegungen und vor dem Hintergrund einer sich verschärfenden ekklesiologischen und sakramententheologischen Auseinandersetzung mit dem Donatismus.[24] Er kommt dabei zu zwei bemerkenswerten Resultaten:

(1) Sakramente, also Institutionen menschlicher Gesellschaften, die Göttliches vermitteln sollen (die Berufung Sauls zum Prophetenamt steht hierfür als Beispiel), bilden Rahmenbedingungen dafür, daß im Kontext einer sündigen Welt Heilshandeln Gottes überhaupt möglich wird. Als Zeichen beinhalten sie selbst noch nicht dieses Heilshandeln. Als Rahmenbedingungen können sie auch dessen Abwesenheit anzeigen. (Außerkirchliche Sakramente etwa wirken notwendigerweise nicht das Heil [sondern das Gegenteil], innerkirchliche möglicherweise, etwa wenn sie illiciterweise angewendet werden). Ihr Sinn wird dadurch nicht etwa beeinträchtigt oder infragegestellt, im Gegenteil, je schwerwiegender die negativen Auswirkungen, desto beeindruckender sind umgekehrt die positiven. Im vorliegenden Fall, so Augustin, bedeutet dies: Je schwerer es wiegt, daß der Gesalbte Gottes, der zum Prophetenamt berufene König Saul, selbst verworfen wird, umso beeindruckender ist es, daß durch ihn die Wahrheit des Heiles Gottes für viele offenbar wird.[25]

---

[21] *Ad Simplicianum* 2,1,10 (CChr.SL 44, 73): *oportere cognoscere unitatis societatem uinculo caritatis ineundam* [Eph 4,3].

[22] *Ad Simplicianum* 2,1,10 (CChr.SL 44, 73): *non autem bene utitur [dono spiritus dei] nisi caritas et caritas omnia tolerat* [1 Kor 13,7] *atque ideo non scindit unitatem.* Bei der letzten Klausel könnte es sich um eine Anspielung auf das Donatismusproblem handeln. Hang zu Gewalt und Spaltung waren für Augustin die Grundcharakteristika des Donatismus. Auf einer anderen Ebene angesiedelt freilich war für ihn der Anspruch der staatlichen Ordnungsmacht auf Gewalt. Mit *tolerantia* ist auf diesem Hintergrund also andere gemeint als religiös-kulturelle Toleranz. Das Individuum hat sich im gegebenen Kontext unterzuordnen und aus dem dabei erlebten Druck heraus wird, wenn die Gnade wirksam ist, die Einsicht zum Heil erwachsen. Flasch hat schon recht, wenn er (Logik 12) schreibt: »Augustin spricht 397 noch nicht von Ketzerverfolgung, aber er schafft hier die Grundlage für seine Rechtfertigung der Gewalt.«

[23] Zu Mt 25,14-29 vgl. *uera rel.* 54,105,289-106,292 (CChr.SL 32, 254f.); *diu. qu. 83* 64,6 (CChr.SL 44A, 142) und oben in Kapitel II (S. 71) zu dieser Stelle.

[24] Zur Entstehung der Erbsünden- und Prädestinationslehre im Kontext der Auseinandersetzung mit dem Donatismus allgemein schon vor 411 (jedoch ohne Berücksichtigung von *ad Simplicianum* 2,1) s. Simonis, Erbsünde.

[25] *Ad Simplicianum* 2,1,11 (CChr.SL 44, 74).

(2) Bilden die Sakramente einen Rahmen für das Heilshandeln Gottes (sei es im Sinne der Erwählung wie auch im Sinne der Verwerfung), so stellt die in der Kirche gelebte Gemeinschaft der Liebe ihren Inhalt dar. Wie es außerhalb der Kirche Sakramente ohne Heilswirksamkeit gibt, so gibt es innerhalb der Kirche das Problem, daß die heilswirksamen Sakramente nicht als Ausgangspunkt für das Leben in der Gemeinschaft der Liebe Gottes genutzt werden. In beiden Fällen sind die Folgen Gericht und Verdammnis. Außerhalb der Kirche betreffen diese Juden, Heiden, Häretiker und Schismatiker, die der Kirche bis zum Schluß ferngeblieben sein werden, in der Kirche diejenigen Getauften, die mit ihrer Berufung umgegangen sein werden wie Saul mit der seinen. Obwohl sie zeitlebens »in der Kirche« gelebt haben werden, wird ihnen ihre eigentliche Bedeutung, was die Zusammenhänge von Gnade, Einsicht und Liebe betrifft, verschlossen geblieben sein. Augustin scheint anzunehmen, daß es sich bei der Mehrheit aller Christen so verhält. Ohne Einsicht in die nötigen Zusammenhänge dürfte dies aber auch kaum eine Überraschung für sie darstellen. Sie werden erhalten, was sie sich ausgerechnet hatten – nur selig werden sie dabei wohl nicht sein.[26]

Entscheidend bleibt also auch weiterhin: Sowohl den Zugang zum Heil als auch den Inhalt des Heils bildet die »Erkenntnis, daß der Eintritt in die Gemeinschaft [mit Gott] nur durch das Band seiner Liebe möglich ist« (*oportere cognoscere unitatis societatem uinculo caritatis ineundam*; vgl. Eph 4,3). Diese *caritas* ist nach Augustin die wertvollste und reinste Gabe des Geistes (1 Kor 13). Sie wirkt ausschließlich dadurch, daß sie reine Gabe ist und als solche erkannt und eingesehen wird.

3. *DE BAPTISMO*

Was in *ad Simplicianum* 2,1 noch hinter der abstrakten Allegorie der Deutung des Prophetenamts Sauls versteckt geblieben war, wurde in den ekklesiologischen und sakramententheologischen Auseinandersetzungen mit den Donatisten konkret. Dabei zeigte sich, wie Augustins Gnadenlehre in Interaktion mit bereits bestehenden, zum Teil miteinander konkurrierenden kirchlichen Lehren funktionierte. Augustin mußte herausfinden, wie er sie mit ihnen (wenn sie orthodox waren) versöhnen bzw. (wenn heterodox) von ihnen abgrenzen konnte. Die sieben Bücher über die Taufe, *bapt.*, entstanden um 400, sind ein Paradebeispiel für beides. Sie richten sich einerseits polemisch gegen den Donatismus, während sie andererseits die dem Donatismus nahestehende Position Cyprians als katholisch zu retten versuchen. Augustin verweist dazu auf eine Metaebene, in der sich seiner Ansicht nach die Aussagen Cyprians als richtig erweisen. Cyprians Haltung zur sogenannten Ketzertaufe habe sich, wie Augustin später zugibt,[27] als un-

---

[26] S. zu diesem letzten Aspekt auch Lössl, Autorität 13.

[27] Vgl. die Bemerkung in *retract.*, die Position Tyconius' etwa zu 2 Tim 2,20 sei der seinen eher verwandt als die Cyprians; *retract.* 2,18 (CChr.SL 57, 105): *in libro septimo »de uasis aureis et argenteis in domo magna constitutis sensum Cypriani secutus sum, qui haec accepit in bonis, in malis autem lignea et fictilia, ad illa referens quod dictum est: 'alia quidem in honorem',*

haltbar erwiesen. Das bedeute jedoch nicht, daß Cyprians Theologie als ganze abzulehnen sei; denn deren Kernstück sei nicht die Tauflehre, sondern die Lehre von der Liebe zur Einheit der Kirche. Durch sie hatte Cyprian trotz des Konflikts, in dem er stand, gnadenhaft Anteil an der Wahrheit, wie einst Petrus im Streit mit Paulus (Gal 2,11.14).[28] Damit überträgt Augustin die sakramententheologischen Aussagen Cyprians in einen erkenntnistheoretischen Rahmen — mit der gnadenhaften Einsicht in die durch die Einheitsliebe offenbarte Gnade als Fluchtpunkt. Die Einsicht selbst, so Augustin, ist, als Gnade, Inhalt der konkreten, in der Kirche heilswirksamen Gnadenzeichen (Taufe, Eucharistie usw.), und erweist sich so wiederum als Gnade. Über ihre grundlegenden Implikationen hinaus diskutiert Augustin diese Zusammenhänge in *de baptismo* im Hinblick auf ihre konkreten tauftheologischen und kirchendisziplinären Konsequenzen.

(a) Gegen die Lehre von der Wiedertaufe

»Worin die schlimmere Verdammung besteht, darin, überhaupt nicht zu taufen, oder darin, die Wiedertaufe zu praktizieren, ist schwer zu sagen.«[29] Augustin formuliert hier die klassischen Gegenpositionen seiner künftigen Polemik. Mehr als zwölf Jahre nach dieser Äußerung in *bapt.* um 400 würde er anfangen, der Lehrmeinung, die später als Pelagianismus indiziert werden sollte, vorzuwerfen, sie halte die Taufe zur Erlangung des Heils nach christlichem Verständnis für nicht notwendig.[30] Hier in *bapt.* unterstellte er den Donatisten, sie nähmen die Taufe als Sakrament, d. h. als einmalige und unwiderrufliche Heilszusage Gottes

---

ad haec autem quod dictum est: 'alia uero in contumeliam'« [2 Tim 2,20; Cypr. *ep.* 54,3 {CSEL 3, 622f.}; 55,25 {CSEL 3, 643f.}; Aug. *bapt.* 4,18 {CSEL 51, 243}; 7,99 {CSEL 51, 370f.}; Tyc. *lib. reg.* 7 {Burkitt 1895, 82}]. *sed magis adprobo quod apud Tyconium postea repperi uel aduerti, in utrisque intellegendum quaedam in honore, non sola scilicet aurea et argentea, et rursus in utrisque quaedam in contumelia, non utique sola lignea et fictilia.* Zu 1 Tim 2,20 vgl. Clancy, 2 Tim 2,20.

[28] Vgl. *bapt.* 2,2 (CSEL 51, 175f.); 7,1 (CSEL 51, 342f.). Zu Cyprians Auslegung von Gal 2,11.14 s. Haendler, Cyprians Auslegung zu Gal 2,11ff. Cyprians Stellung im Ketzertaufstreit war bekanntlich prekärer, als Augustin dies in *bapt.* weiß oder wissen will. Die *bapt.* zugrundeliegende Schrift Cypr. *sent. episc.* (CSEL 3, 433-461) ist eine Sammlung von Äußerungen der am 1.9.256 zu einer Synode in Karthago anwesenden Bischöfe zur Frage der Taufe von Häretikern. Die Synode beschloß die Beibehaltung der heterodoxen afrikanischen Praxis. Daraufhin kam es zum Bruch mit der Kirche von Rom, dessen Folgen allerdings wegen der einsetzenden Valerianischen Verfolgungen gedämpft wurden. Nach dem Tod Stephans I. und Cyprians 257 und 258 kam es jedoch auch nicht zu einer Lösung des Konflikts. Als dann 311 das donatistische Schisma ausbrach, übernahmen die Donatisten die Position Cyprians. Diese muß zwar, wie die »katholischen« Theologien Tyconius' und Parmenians zeigen, nicht in einem notwendigen inneren Zusammenhang zum Donatismus stehen. Das Schisma war ja auch nicht unmittelbar nach dem Tod Cyprians erfolgt. Tatsache bleibt aber, daß die Theologie Cyprians zur dominierenden donatistischen Lehre eine starke Affinität aufwies. Augustins Versuch in *bapt.*, Cyprian als von den Grundlagen her orthodoxen Theologen gegen die Donatisten aufzubauen, ist sein Konstrukt. »Konstruktionsprinzip« ist dabei der *intellectus gratiae*, unter besonderer Betonung des ihm zugrundeliegenden Einheitsdenkens, wie auf die Kirche und ihre Tauflehre bezogen.

[29] *Bapt.* 2,19 (CSEL 51, 194).

[30] S. dazu in diesem Kapitel weiter unten zu *pecc. mer.*

an die sie empfangende Person nicht ernst. Mit der Formulierung eines solchen Dilemmas zwingt Augustin seine Gesprächspartner zu einer Neubestimmung ihrer erkenntnistheoretischen Grundlagen. Nicht die erweisen sich nach seinen Voraussetzungen als Fanatiker, die glauben, daß Menschen, die ohne Taufe sterben, verdammt sind, sondern diejenigen, die glauben, auch ohne Taufe das Heil erlangen zu können, ganz zu schweigen von denen, die meinen, öfter als einmal taufen zu müssen, um ja sicherzugehen, das Heil erlangt zu haben. Augustin verfolgt also die Strategie der Formulierung eines religiösen »common sense«[31] als Diskussionsgrundlage, an dessen Plausibilität und logischer Stichhaltigkeit komplexere Erklärungsmodelle scheitern.

Die Problematik der von Augustin angegriffenen Extrempositionen liegt nicht nur im kirchenpolitischen Bereich, sondern auch im Bereich spezifischer Eigenarten seines theologischen Denkens. Die Donatisten glaubten, daß schwerwiegende moralische und kirchendisziplinäre Vergehen die Gültigkeit der Taufe außer Kraft setzen konnten. Gläubige, auf die dies zutraf, mußten sich erneut einem strengen Zulassungsprozeß unterziehen, wenn sie nicht alle Hoffnung auf ihr Seelenheil fahren lassen wollten. Die Kehrseite dieses Denkens bestand darin, daß viele Katechumenen den Zustand des Getauftseins idealisierten, ihn für Normalsterbliche nicht lebbar hielten und die Taufe möglichst bis kurz vor den Tod hinauszögerten. Man mied die moralischen und religiösen Konsequenzen des Getauftseins in diesem Leben und nahm dafür Angst um das Heil im kommenden in Kauf. Auch Augustin hatte sich ein bißchen in diese Richtung verhalten. Von Kindheit an Katechumen, ließ er sich selbst erst mit über 30 Jahren taufen. Was er dabei nach eigenem Empfinden riskiert hatte, läßt sich aus einer Bemerkung in *conf.* erahnen, in der er bekundet, wie sehr ihn die Tatsache beruhigte, daß sein Freund Verecundus getauft war, als er starb, so daß er für sein Seelenheil hoffen und beten konnte, statt mit der sicheren Kenntnis weiterleben zu müssen, er sei auf ewig verdammt.[32]

In diesem Punkt lag das Problem also nicht. Taufe und Zugehörigkeit zur Kirche waren für Augustin ebenso wie für die Donatisten eine *conditio sine qua non* für das Heil und sollten es auch bleiben. Sie bildeten die Rahmenbedingungen kirchlichen Glaubens im Sinne der oben erwähnten, zeichenhaften, den Heilswillen Gottes offenbarenden Berufung zu bestimmten Ämtern und Charismen, die Grundlage kirchlicher Ordnung.[33] Augustins Kritik richtet sich auf einen Punkt, der seiner Meinung nach all dies infragestellt. In seinen Augen bewerteten die Donatisten Taufgnade und Kirchenzugehörigkeit zu hoch und zu niedrig zu-

---

[31] Vgl. erneut Burns, Common Sense.

[32] *Conf.* 9,3,5 (CChr.SL 27, 135): *ita misertus es non solum eius sed etiam nostri, ne cogitantes egregiam erga nos amici humanitatem nec eum in grege tuo numerantes dolore intolerabili cruciaremur.* Weitere Belege zu diesem Thema finden sich bei Simonis, Erbsünde 482f.

[33] Gegen Ende von *bapt.* 1 arbeitet er folgerichtig auf dieselbe Synthese hin wie am Schluß von *ad Simplicianum* 2,1. Er zitiert 1 Kor 13,1f. und Joh 13,34 (*mandatum nouum do uobis, ut uos inuicem diligatis*), zählt die Früchte des Geistes nach Gal 5,22f. auf und schließt mit Ps 13,3: »Den Weg des Friedens aber kennen sie [die Donatisten, die die Wiedertaufe praktizieren, und auch alle übrigen, die nicht mit der katholischen Kirche eins sind {*nec in catholica unitate permansit*}] nicht« (*uiam pacis non cognouerunt*). Vgl. *bapt.* 1,28.29 (CSEL 51, 172f.).

gleich. Die Taufe betrachteten sie als so überaus wertvoll, daß viele es nicht
wagten, sich taufen zu lassen. Gleichzeitig war sie so etwas wie das weltliche
Eigentum der Kirche, die sie dem einzelnen Gläubigen spenden und auch wieder
aberkennen konnte. Die Kirche selbst war eine regionale Gruppierung, die für
dieses Tauf- und Kirchenverständnis das Schisma mit der Orthodoxie riskiert
hatte und sich dabei auch noch besonders spirituell vorkam. Eine der primären
Intentionen der Polemik von *bapt.* ist es, diese Problematik noch etwas genauer
herauszuarbeiten.[34] Ausgangspunkt sind zwei Bibelstellen. In Joh 13,10 sagt
Jesus zu Petrus, daß jemand, der vom Bad kommt, sich nicht noch einmal waschen müsse (*qui lotus est non habet necessitatem iterum lauandi*). Augustin
bezieht dies auf die Überflüssigkeit der Wiedertaufe. In Joh 3,5 sagt Jesus zu
Nikodemus, daß nur aus Wasser und Geist Wiedergeborene in das Reich Gottes
eintreten (*nisi quis renatus fuerit ex aqua et spiritu, non intrabit in regnum
caelorum*). Diese Aussage bezieht sich für Augustin auf die Heilsnotwendigkeit
der Taufe. Wie sind nun diese Stellen, die, so Augustin, jeweils von Nicht- bzw.
Wiedertäufern mißbräuchlich ausgelegt werden, im Hinblick auf die wahre Lehre
und auf das Heil vieler zu deuten?

Augustin beruft sich im folgenden auf Cyprian: Dieser habe zwar in bestimmten Fällen die Wiedertaufe zugelassen, ja gefordert − daß Ungetaufte das
Heil nicht erlangen, sei für ihn ohnehin klar gewesen −, aber die Lehre von der
Wiedertaufe habe nicht im Zentrum seines Denkens gestanden, im Gegenteil. Cyprian, so Augustin, sei im Unterschied zu den donatistischen Hirten klar gewe-
sen, daß er als Bischof kein Kriterium besaß, um die Wirkung des Sakraments im
Empfänger festzustellen. Darüber, so Cyprian wörtlich, befinde allein »das Urteil
des Herrn und Richters von uns allen, Jesus Christus. Einzig und allein er hat die
Macht, uns in das Amt der Kirchenleitung einzusetzen, wie er auch Macht über
unser Urteil ausübt.«[35] Vertritt Cyprian hier die Aufhebung der menschlichen
Willensfreiheit durch eine allwirksame Gnade? Ganz und gar nicht, so Augustin.
Das Problem ist ein anderes. Es geht hier nicht darum, daß Christus die Kontrolle über alles ausübt, sondern daß Cyprian als Bischof *einsieht*, daß Christus
der Herr und Richter aller, oder, wie es noch öfter heißt, »höchste Wahrheit«
ist.[36] Nicht Menschen, Gemeinden, Bischöfe usw. haben Macht über die Sakramente, sondern Gott allein durch Jesus Christus. Die Kirche hat nur die Aufgabe,
die Voraussetzungen dafür zu schaffen, daß möglichst vielen Menschen die Möglichkeit eröffnet werde, diese Einsicht zu haben. In dieser Begrenzung kirchlicher
Macht liegt zugleich ihr Potential. Die Orthodoxie maßt sich nicht die Macht
über Gottes Gnade und ihre Mittel an. Mag sein, so Augustin abschließend, daß
Cyprian aus seiner orthodoxen Haltung gegenüber Häretikern und Schismatikern

---

[34] Vgl. zum folgenden *bapt.* 2,19 (CSEL 51, 194).

[35] Cypr. *sent. episc.* praef. (CSEL 3, 435); zitiert in *bapt.* 3,5 (CSEL 51, 201).

[36] Dazu zitiert Augustin aus *sent. episc.* 30.77 (CSEL 3, 448.458) eine Reihe von Bischöfen auf
der Synode von Karthago 256: *bapt.* 3,9.12 (CSEL 51, 203f.): *dicit et Libosus Vagensis:* »*in euangelio dominus 'ego sum', inquit, 'ueritas'. non dicit: 'ego sum consuetudo'. itaque ueritate
manifestata cedat consuetudo ueritati.*« [vgl. Joh 14,6] [...] *item Honoratus a Tucca dixit:* »*cum
Christus ueritas sit, magis ueritatem quam consuetudinem sequi debemus.*«

heraus falsche Schlußfolgerungen bezüglich der Bedeutung ihrer Sakramente zog. In der Einschätzung der eigenen blieb er jedenfalls orthodox, wie aus seinen Texten zu belegen ist: Kein formal im Sinne Christi gültig gespendetes Sakrament, so Cyprian, kann fürderhin ungültig werden. »Es wird doch nicht die Taufe aufgrund des Verdienstes derer gespendet, die sie spenden, sondern dessen, von dem es in der Schrift heißt: 'Er ist es, der tauft' (Joh 1,33).«[37]

(b) Taufe und Kirche – Cyprians *intellectus gratiae*

Jene christologisch-ekklesiologische Grundoption, so Augustin, hätte Cyprian in jedem Fall vor dem donatistischen Schisma oder einer Häresie bewahrt. Im Dialog mit ihm oder einem gemäßigten Donatisten wie Tyconius hätte er sich aufgrund dieser Option mit Sicherheit in eine katholische oder zumindest katholischere Richtung weiterentwickelt, was einfach zu zeigen ist: Zentrum des Denkens Cyprians ist, so Augustin, die Einsicht in die Wahrheit der durch Christus (*ueritas ipsa*) offenbarten Lehre der einen, wahren, katholischen Kirche über die heilsnotwendige Taufe im Vollzug dieser Taufe. Daraus läßt sich alles übrige ableiten: Es gibt eine Taufe außerhalb der katholischen Kirche, nämlich die der Sünder, Häretiker und Schismatiker. Diese ist auch nicht weniger gültig als die in der Kirche. Die Kirche kann ja auch nicht verhindern, daß es in ihr von ihr getaufte notorische Sünder gibt. Die Taufe ist also universal und auch universal gültig. Der grundlegende Unterschied besteht nicht zwischen gültigen und ungültigen, sondern zwischen heilswirksamen und heilsunwirksamen bzw. unheilswirksamen (!) Taufen. Die einen führen zum Heil, die anderen zur Verdammnis, unbeschadet der Authentizität ihrer Sakramentalität (Gültigkeit): »Wie Paulus vom Gesetz sagt: 'Es ist gut, wenn es sinngemäß (*legitime*) gebraucht wird' (1 Tim 1,8), so können wir mit Recht von der Taufe sagen: 'Sie ist gut, wenn sie sinngemäß gebraucht wird.' Und wie seinerzeit das gute Gesetz dadurch, daß es nicht sinngemäß gebraucht wurde, nicht schlecht oder überhaupt nichts mehr war, so kann auch die Taufe dadurch, daß sie, sei es aufgrund von Häresien oder sittlichem Verfall übelster Art nicht sinngemäß gebraucht wird, nicht verdorben oder so verändert werden, daß sie keine Taufe mehr ist. Schließlich fängt sie auch nicht erst in dem Moment, da sie zur Einheit der Kirche oder zu einem Leben gebraucht wird, das einem so großen Sakrament würdig ist, an, als ein anderes sinngemäß zu *werden*, sondern *es bleibt dasselbe* und wird vielmehr nur sinngemäß gebraucht.«[38]

Mit der Eucharistie, so weiter, verhält es sich ebenso. Beim letzten Abendmahl reichte Jesus Judas das in Wein getauchte Stück Brot in guter Absicht (Joh 13,26f.): »Dem Teufel wurde [bei dieser Gelegenheit] nicht dadurch Einlaß gewährt, daß Judas etwas Schlechtes empfing, sondern daß er das, was er empfing, in schlechter Weise empfing. Ebenso kann auch niemand, der unwürdig das sonntägliche Sakrament empfängt, bewirken, daß es schlecht ist, nur weil er selbst

---

[37] *Bapt.* 3,6 (CSEL 51, 202).
[38] *Bapt.* 5,9 (CSEL 51, 269f.); vgl. 1 Tim 1,8 (*bona est lex, si quis ea legitime utatur*).

schlecht ist, oder daß er dadurch, daß er es nicht zu seinem Heil empfängt, überhaupt nichts empfängt; denn das Sakrament der Eucharistie, Leib und Blut des Herrn, hat gerade auch für diejenigen Gültigkeit, die es unwürdig empfangen. Über sie hat schon Paulus gesagt: 'Wer unwürdig ißt und trinkt, ißt und trinkt sich das Gericht' (1 Kor 11,29). So suchen also [wie die Sünder] auch die Häretiker nicht das in katholischen Kirche, was sie haben, sondern das, was sie nicht haben, nämlich [Einsicht in] den Sinn des Gesetzes (*finem praecepti*). Ohne den können sie vieles für heilig halten und es wird ihnen nichts nützen. 'Der Sinn des Gesetzes aber besteht in der Liebe aus reinem Herzen, in einem guten Gewissen und in einem unverstellten Glauben' (1 Tim 1,5).«[39]

(c) Der *intellectus gratiae* der »Glieder der Taube«

Was im Einflußbereich einer problemlos praktizierten Orthodoxie unsichtbar bleibt, nämlich der Gnadencharakter der Taufe (daß es also keinen »Rechtsanspruch auf die Taufgnade« gibt), das meint Augustin in Auseinandersetzung mit häretischen und schismatischen Heterodoxien verdeutlichen zu können. Wie, so sein Gedankengang, soll es dem Charakter der Taufe als Zeichen der Gnade Gottes entsprechen, wenn man, wie Cyprian und später die Donatisten, einen hermetisch abgeriegelten Raum schaffen will, in dem das moralisch-spirituell perfekte Verhalten der Kirchenmitglieder (ihre Heiligkeit) und die Taufgnade gleichsam in einem perfekten geschlossenen Rechtssystem ineinandergreifen? – Dennoch, wie gesagt: Im »Normalzustand« einer reibungslos funktionierenden Orthodoxie tritt der Gnadencharakter der Taufe hinter ihren Rechtscharakter zurück. Da die katholische Kirche nun einmal die »rechtmäßige,« dem Sinn des Gesetzes entsprechende Kirche ist, hat sie natürlich das »Recht,« ja sogar die Pflicht zu taufen. In diesem Sinn, so Augustin, hat Cyprian natürlich recht. Nur ist zu bezweifeln, ob man daraus, daß die Sakramente der Häretiker im Unterschied zu denen der katholischen Kirche unrechtmäßig (*inlegitime*) gespendet werden, ableiten kann, daß sie auch ungültig und demzufolge auch im erkenntnistheoretischen Sinne bedeutungslos sind. Nach Augustin ist auch die Taufe der Häretiker gültig; denn es ist die Taufe Christi, nicht die Taufe der Kirche oder dieses oder jenes Vertreters der Kirche.[40]

Taufe und Kirche sind also durchaus zwei verschiedene, voneinander trennbare Wirklichkeiten.[41] Getaufte bleiben getauft, ob sie Mitglieder einer Kirche bleiben oder nicht. Durch die bei dieser »erkenntnistheoretischen Reduktion« der sakramentalen Gnadenlehre entstehende Grauzone zwischen Rechts- und Heilsordnung ergibt sich freilich folgendes Problem: »Klar ist, daß jemand, der getauft ist, getauft bleibt, auch im Falle einer Trennung von der Kirche; denn die Taufe subsistiert im getauften Individuum, nicht unabhängig von ihm in der Kirche. Klar ist auch, daß nicht alle, die getauft sind, auch zur Kirche gehören, wie auch

---

[39] *Bapt.* 5,9 (CSEL 51, 270).
[40] *Bapt.* 5,17.19 (CSEL 51, 278).
[41] *Bapt.* 5,20 (CSEL 51, 279): *baptizatum autem posse separari ab ecclesia quis dubitauerit?*

nicht alle, die zur Kirche gehören, das ewige Leben haben. Man könnte in diesem Sinne auch nur diejenigen als Glieder der Kirche bezeichnen, die die Gebote halten. Dann gäbe es freilich viele, die getauft sind, aber nicht zur Kirche gehören.«[42] Zufrieden ist Augustin mit dieser Lösung nicht. Wünschenswert wäre natürlich die Identifikation von Kirchenmitgliedschaft und christlichem Vollkommenheitsideal (Heiligkeit und Gerechtigkeit) für alle Kirchenmitglieder. In früheren Jahrhunderten hatte die afrikanische Kirche, in deren Tradition sich auch die Donatisten wußten, aus diesem Bedürfnis die Konsequenz gezogen, jeden Kircheneintritt, zumal auch jeden Wiedereintritt, mit einer Taufe zu begehen. Für Cyprian war klar gewesen: »Wer zur Kirche kommt, muß getauft werden und seinen Geist erneuern, so daß er *innen* durch die Heiligen geheiligt werde.« – »Was aber,« entgegnet nun Augustin, »macht er, wenn er *innen* auf Nicht-Heilige trifft?«[43] Was, so Augustin weiter, heißt in diesem Zusammenhang überhaupt »außen« und »innen«? Welche Heilsrelevanz hat es, wenn man »innen« ist, aber mit »Mördern« im Sinne von 1 Joh 3,15 zusammenlebt (»Jeder, der seinen Bruder haßt, ist ein Mörder«)? Auch in 1 Joh 2,9 heißt es: »Wer sagt, er sei im Licht, aber seinen Bruder haßt, ist noch in der Finsternis« (*qui autem odit fratrem, in tenebris sit*). Aufgrund dieses Sachverhalts kann nirgends davon die Rede sein, daß der Heilige Geist, der das Licht bringt, das alle erleuchtet (Joh 1,9), Christus, von irgendwelchen »Heiligen« bzw. solchen, die für sich Heiligkeit beanspruchen, in die Welt kommt. Bei keinem Menschen kann mit Sicherheit davon ausgegangen werden, daß die Gültigkeit eines ihm bzw. von ihm gespendeten Sakraments auf seiner subjektiven Heiligkeit beruhe. Christus hatte sogar Paulus gefragt, als er noch Saulus war: »Warum verfolgst du mich« (Apg 9,4: *quid me persequeris*)? Umgekehrt sagt er in Mt 25,45: »Was ihr dem geringsten der Meinen nicht getan habt, das habt ihr mir nicht getan« (*cum uni ex minimis meis non fecistis, mihi non fecistis*). Augustin folgert daraus: Nicht alle Kirchenmitglieder sind »wirklich« Kirchenmitglieder im Sinne einer Mitgliedschaft im Reich Gottes (1 Joh 2,19a: *quamobrem omnes qui ex nobis exeunt non sunt ex nobis, sed non omnes qui nobiscum sunt ex nobis sunt*). Spreu und Weizen sind im Sinne von Mt 3,12 noch nicht voneinander getrennt (*sicut area cum trituratur quidquid inde uolat non est triticum, sed non quidquid ibi est triticum est*). Erst wenn dies geschehen ist, am Ende der Zeiten, wird offenbar werden, daß jene nie »wirklich« Glieder der Kirche waren (1 Joh 2,19b: *si enim fuissent ex nobis, permansissent utique nobiscum*). Trotzdem sind sie jetzt, im Augenblick, »wirklich,« d. h. empirisch feststellbar, Kirchenmitglieder; denn welches Kirchenmitglied könnte sich über irgendein anderes Kirchenmitglied erheben und ihm die »wahre« Mitgliedschaft aufgrund irgendeines Vergehens absprechen, das er oder sie nicht auch jederzeit selbst hätte begehen können?

Auch von daher, so Augustin, liegt es also nahe, Gültigkeit des Sakraments, Kirchenmitgliedschaft und Heilswirksamkeit des Sakraments als möglicherweise

---

[42] *Bapt.* 5,20 (CSEL 51, 279).
[43] *Bapt.* 5,29 (CSEL 51, 286f.): »*baptizandus est et innouandus qui ad ecclesiam uenit, ut intus per sanctos sanctificetur*« [Cypr. *ep.* 70,2,3 {CSEL 3, 773}]. *quid faciet, si et intus in non sanctos incurrerit?*

getrennte Entitäten voneinander zu unterscheiden. Die Gnade des Sakraments schenkt Gott auch durch die Bösen, die Gnade selbst aber, die eigentliche, seligmachende Gnade, schenkt er nur durch sich selbst und durch die Heiligen.[44] Dasselbe gilt für die sündenvergebende Wirkung der Taufe. Auch sie wird nur durch Gott selbst bzw. durch die »Glieder der Taube« (*columbae membra*)[45] umgesetzt, denen Jesus die Vollmacht gegeben hat, die Apostel (vgl. Joh 20,23: *si cui dimiseritis dimittentur, si cui tenueritis tenebuntur*). Die Taufe selbst freilich können auch die Mörder haben, die in der Finsternis verharren, jene, deren Herz sich nicht zum Besseren wendet, deren Sünden zu ihnen zurückkehren (*redierint*), weil sie wieder in die alten Gewohnheiten zurückfallen. Das »innen« oder »außen« Sein ergibt sich aus den erkenntnistheoretischen Zuständen in diesem Zusammenhang. »Mörder« sind diejenigen, die ihre Brüder hassen (1 Joh 2,9; 3,15). Sie »verharren in der Finsternis.« Es fehlt ihnen an »Erleuchtung,« »Aufklärung« (*inluminatus*). Sie sind nicht mit Heiligem Geist begabt. Der Grund ihrer Unseligkeit und Unfähigkeit, die Gnade zu vermitteln, ist also ihr Mangel an Einsicht. In der Einsicht besteht die wahrhaft seligmachende Gnade, als *intellectus gratiae*. Ihn haben allein die »Glieder der Taube,« die *membra columbae*, der Kirche der Heiligen im Himmel. Ihr Begabtsein mit Heiligem Geist zur Vergebung der Sünden hat auch zum Inhalt, daß sie im Geist anderen die Einsicht in die Gnade vermitteln können, die ihnen diese Einsicht vermittelt. Die Taufe der Häretiker dagegen ist Taufe ohne Vergebung der Sünden. So hatte auch schon Cyprian gesagt.[46] Alle die mit ihr taufen und sich taufen lassen, sind dadurch verurteilt, daß sie sich dadurch selbst verurteilen. Ihr Sakrament ist ihnen Gericht.[47] »Außen« läßt sich nun aber nicht feststellen, ob die Getauften von Ewigkeit her gerettet oder gerichtet sind. Nichtwissen dieser Art war schon für Cyprian ein wesentliches Element der Glaubenserfahrung. Augustin zitiert ihn explizit als auf dieses Paradox der Einsicht in die Faktizität des eigenen Nichtwissens bezugnehmend: »Ein Bischof darf nicht nur lehren, er muß auch lernen. Nur wer täglich wächst und Fortschritte macht dadurch, daß er das je Bessere lernt, wird auch besser lehren.«[48] Basis für die Lernbereitschaft Cyprians ist der feste Boden

---

[44] *Bapt.* 5,29 (CSEL 51, 287): *quapropter sacramentum gratiae dat deus etiam per malos, ipsam uero gratiam non nisi per se ipsum uel per sanctos suos.*

[45] *Columba* bezeichnet die Kirche der Heiligen im Himmel. Vgl. Mk 1,10 par., wo nach der Taufe Jesu durch Johannes der Geist Gottes wie eine Taube auf ihn herabkam. Als Taufe des Johannes wird die Taufe verstanden, insofern sie mit Wasser vollzogen wird. Taufe Jesu Christi ist die Taufe mit Heiligem Geist. Sie ist die eigentliche Taufe der Kirche (*columba*). Vgl. Hld 6,8 die Rede von der Vielzahl der Nebenfrauen, denen gegenüber *una est columba mea perfecta mea, una est matris suae electa genetrici suae.* Ohly, Hohelied-Studien 46-48. Vgl. auch La Bonnardière, Cantique des Cantiques.

[46] *Bapt.* 5,30 (CSEL 51, 288); vgl. Mt 6,15 (*si non dimiseritis peccata hominibus, nec pater uester dimittet uobis peccata uestra*).

[47] *Bapt.* 5,31 (CSEL 51, 289): *at enim scriptum est de haereticis quod a semet ipsis damnati sunt* [Tit 3,11; Cypr. *ep.* 74,2 {CSEL 3, 799}]; vgl. Röm 2,1 (*in quo enim alterum iudicas temetipsum condemnas*); Röm 2,21 (*qui praedicas non furandum furaris*); 1 Kor 6,10 (*neque rapaces regnum dei possidebunt*).

[48] *Bapt.* 5,37 (CSEL 51, 292): *oportet enim episcopus non tantum docere, sed et discere, quia et ille melius docet qui cotidie crescit et proficit discendo meliora* [Cypr. *ep.* 74,10 {CSEL 3, 807f.}]. Im 74. Brief an Pompeius legt Cyprian die orthodoxe Position Stephans I. dar, mit der

der Tradition, auf der zu stehen er sich bewußt ist (*traditum est*), der Glaube an Einen Gott, Einen Christus, Eine Hoffnung, Einen Glauben, Eine Kirche, Eine Taufe (*ep.* 74,11). Wohlgemerkt, so Augustin, von Hoffnung ist hier die Rede, nicht von Präsumption, von Gott und Christus, nicht von diesem oder jenem Apostel, von der Auferstehung der Toten, nicht von irgendeinem immanenten Ziel.[49] Entscheidend ist die Offenheit des Systems. Dem aus Glauben an feste Prinzipien und aus Lernen entstandenen Wissen steht ein je größeres Nichtwissen gegenüber. Gerade dieses Nichtwissen, so Augustin, ist es, das die Gnade zur Glaubenseinsicht führt. Es steht gerade nicht im Gegensatz zu Glauben und Wissen, wie es zunächst scheinen könnte. »Und so wird [...] [auch] die Kirche beschrieben: 'Ein verschlossener Garten ist meine Schwester, meine Braut, ein versiegelter Quell, ein Brunnen lebendigen Wassers, ein Paradies voller Obstbäume' (Hld 4,12-13). Ich wage nicht, diese Einsicht (*intellegere*) auf jemand anderen zu deuten als auf heilige und gerechte Menschen.«[50]

Am Ende von *bapt.* 5 findet sich noch eine ganze Reihe weiterer Allegorien, die in diese Richtung einer Synthese von subjektivem spirituellem Erkenntnisprozeß und objektivem sakramentalem Gnadenwirken in der transzendenten Ewigkeit der *columba*, der Kirche im Himmel, weisen, die immanenten Erkenntnisformen nicht zugänglich ist. Der Hinweis auf die »Beschneidung des Herzens« (Röm 2,29: *circumcisio cordis*) etwa, so Augustin, bezieht sich auf die Verborgenheit des eigentlichen Heilsgeschehens im inneren Menschen. Allein der Herr kennt die Seinen (2 Tim 2,19). »In jenem nicht in Sprache faßbaren Vorherwissen Gottes sind viele, die außen zu sein scheinen, innen, und viele, die innen zu sein scheinen, außen.«[51] Auch hier ist zu beachten: Gottes Vorherwissen wird als

---

er selbst nicht einverstanden ist. Augustin jedoch nimmt sich sein Programm des Lernens zur Einsicht (*discere ad intellegendum*) als Vorbild. Er hat es bereits in *lib. arb.* 1,1 (CChr.SL 29, 211f.) anhand der Beantwortung der Frage Evodius', ob man Böses lernen könne, formuliert. Lernen, so Augustin, führt grundsätzlich vom Guten zum Besseren. Basis sei freilich das anfängliche Einsicht in einen glaubwürdigen Grundsatz. Bei Cyprian findet Augustin einen solchen Grundsatz und bejaht ihn, auch wenn Cyprian, von ihm ausgehend, auf Wege geriet, die Augustin als heterodox abgelehnt hätte. Vgl. Lössl, Wege 334; Autorität 13.

[49] *Bapt.* 5,37 (CSEL 51, 293): *quomodo enim habebant unam spem cum sanctis et iustis illi qui dicebant:* »*manducemus et bibamus, cras enim morimur*« [1 Kor 15,32] *dicentes quod non esset resurrectio mortuorum* [1 Kor 15,12]? *et tamen in ipsis erant quibus idem apostolus dicit:* »*numquid Paulus pro uobis crucifixus est aut in nomine Pauli baptizati estis*« [1 Kor 1,13]?

[50] *Bapt.* 5,38 (CSEL 51, 293): *et quod in canticis canticorum ecclesia sic describitur:* »*hortus conclusus, soror mea sponsa, fons signatus, puteus aquae uiuae, paradisus cum fructu pomorum*« [Hld 4,12-13] *hoc intellegere non audeo nisi in sanctis et iustis.* Nach Ohly (Hohelied-Studien 46-48) ist diese Art der ekklesiologischen Engführung typisch für die afrikanische Auslegungstradition – im Unterschied zur östlichen (etwa bei Origenes und Gregor von Nyssa; vgl. dazu neuerdings Dünzl, Braut und Bräutigam; Canticum-Exegese). Ohly läßt allerdings den gnadentheologischen Kontext dieser Stelle bei Augustin außer acht: Augustin fragt nicht, was die Kirche, sondern wer geheiligt und gerechtfertigt ist. Als solcherart »einsehbar« ist nach ihm niemand, außer die Unaussprechlichkeit des gnadenwirksamen Vorherwissens Gottes selbst im Sinne des obigen *hoc intellegere non audeo...* (und vgl. auch im folgenden Anm. 51) als Erkenntnisform eingesehen. Dies ginge aber über das hinaus, was Ohly als typisch afrikanisch erkennt und entspräche dem, was in dieser Arbeit als *intellectus gratiae* bei Augustin umschrieben wird.

[51] *Bapt.* 5,38 (CSEL 51, 295): *namque in illa ineffabili praescientia dei multi qui foris uidentur intus sunt et multi qui intus uidentur, foris sunt.*

»nicht in Sprache zu fassen« (*ineffabilis*) bezeichnet. Es wird also wie das Vorherwissenskonzept von *lib. arb.* nicht als immanentes geschöpfliches Vorherwissen verstanden sondern als auf das Ganze alles Wirklichen und Möglichen bezogenes göttliches Vorherwissen.[52] Es »offenbart« sich den Heiligen und Gerechten als »verschlossener Garten, versiegelter Quell, Brunnen lebendig sprudelnden Wassers, Paradiesgarten [...], in dieser Zeit als unermüdliche Nächstenliebe, in der künftigen als ewiges Leben. Jetzt ist es noch vermischt mit Schlechtem und Verkehrten, wie eben alles [...], selbst die Sakramente (*mysteria*).«[53]

Die letzte Einschränkung kommt überraschend. Sie leitet über zu einem letzten Problemfeld, das anhand der Erzählung von der Arche Noah (Gen 6-8) illustriert wird. Augustin zitiert hierzu die Auslegung von 1 Petr 3,20f. durch Cyprian in *ep.* 74,11: »In Noahs Arche wurden nur wenige, nämlich genau acht Menschen, durch das Wasser gerettet. Ähnlich werdet ihr jetzt durch die Taufe gerettet. Die Taufe dient nicht dazu, den Körper von Schmutz zu reinigen, sondern ist eine Bitte an Gott um ein reines Gewissen.«[54] Augustin nennt die paradoxe Geschichte mit der Arche ein Mysterium (*arcae mysterium*), das symbolisch mit dem Mysterium oder Sakrament der Taufe in Beziehung gesetzt werden kann: Die Überlebenden der Sintflut, so sein Gedankengang, wurden in zweierlei Hinsicht von der Flut gerettet. Zum einen kamen sie nicht darin um wie alle anderen, zum andern wurden sie von den verderblichen Einflüssen aus der Zeit vor der Flut befreit. Die Überlebenden haben also nicht einfachhin nur überlebt. Ihr Überleben steht vielmehr in einem spirituell-moralischen Kontrast zum Tod der Nichtüberlebenden. Jene sind als Schuldige erwiesen, diese als Gerechtfertigte. Der Tod jener wurde von der Gnade Gottes dazu »benutzt,« um das Leben dieser zu rechtfertigen und zu heiligen.

Fungiert die Arche dann auch noch als Symbol für die Kirche, kommt ein weiteres Paradox hinzu: Einerseits ist die Taufe Voraussetzung für den Eintritt in die Arche, andererseits schafft die Existenz der Arche erst die Voraussetzungen für die Heilswirksamkeit der Taufe. So entsteht ein ähnliches Paradox wie bei den Überlegungen in *ad Simplicianum* 1,2: Warum sollen gerade jene acht Menschen gerettet worden sein, alle anderen aber nicht? – Schon Cyprian, so Augustin, habe versucht, dem Rechnung zu tragen, als er in eben diesem Zusammenhang die Barmherzigkeit Gottes ins Spiel brachte.[55] Augustin versteht diesen Begriff im Sinne seiner Gnadenlehre: Die Unergründlichkeit der Ratschlüsse Gottes in diesem Bereich lasse sich nicht mit irdischen Mitteln auf Wissen und Einsicht hin transzendieren. Sicherheit biete lediglich die Glaubensgrundlage. Die Kirche sei in ihren Fundamenten unzerstörbar. Das sei sie aber nicht aus sich selbst, sondern durch die Sakramentalität ihrer Mittel. Wenn der Bischof taufe, dann taufe er nicht seine eigene Taufe, sondern die Taufe Christi. Die Gnaden-

---

[52] Vgl. Lössl, Wege 345f.

[53] *Bapt.* 5,38 (CSEL 51, 295).

[54] *Bapt.* 5,39 (CSEL 51, 295f.).

[55] *Bapt.* 5,39 (CSEL 51, 296): *potens est dominus misericordia sua indulgentiam dare et eos qui ad ecclesiam simpliciter admissi in ecclesia dormierunt ab ecclesiae suae muneribus non separare.* Vgl. Cypr. *ep.* 73,23 (CSEL 3, 796).

wirksamkeit der Taufe resultiere also nicht aus dem guten Handeln dessen, der tauft bzw. dessen, der getauft wird. Sie bewirke auch nicht automatisch gutes Handeln. Im Sinne der Gnaden- und Prädestinationslehre erweise sie vielmehr gutes Handeln als Segen, böses aber als Fluch. Soweit schon *ad Simplicianum* 1,2 und 2,1. Was jetzt in *bapt.* hinzukommt, ist die Einsicht Augustins (der meint, hier Cyprian zu folgen), daß »Lernen« im Sinne des *intellectus gratiae* nicht nur auf der Ebene formalen Glaubenswissens (wie in der in *ad Simplicianum* entwickelten Form), sondern vor allem auch im konkreten sakramentalen Handeln stattfindet, wobei gerade in dieser Form die Dunkelheit umso größer wird, je weiter das Licht (der Sakramente) um sich greift; denn ganz sicher werden nach Augustin nicht alle Getauften gerettet werden, im Gegenteil. Das Anwachsen der Zahl der Getauften und derer, die nach außen hin alle Anforderungen kirchlichen Lebens erfüllen, verstellt immer mehr den Blick auf die Zahl der tatsächlich geretteten. »Viele, die drinnen zu sein scheinen, sind in Wirklichkeit draußen,« *multi qui intus uidentur, foris sunt.*

Augustin möchte nicht die Mittel mit dem Ziel verwechseln, die in der Zeit begrenzte Erkenntnis der Gnade und Wirkung ihrer Zeichen, der Sakramente, mit der vollkommenen Einsicht der Kirche in der Ewigkeit, der *columba* im Himmel, die freilich auch wieder nur für die zum Heil Vorherbestimmten mit dem Heil identisch ist. Als Beispiel für die wahre, aus der richtigen Einschätzung des eigenen Nichtwissens entspringende Weisheit der Einsicht in die Gnade Gottes nennt er Salomo: Dessen Urteilsfähigkeit entspricht dem der wahren Kirche. Um das Leben des Säuglings zu retten, nimmt er das Risiko in Kauf, daß er der falschen Mutter zugesprochen wird.[56] Augustin zitiert dieses Beispiel im Zusammenhang mit Cyprians Mahnung zur Urteilsenthaltung.[57] Er lobt die Einstellung der Toleranz und Offenheit Cyprians im Hinblick auf das Urteil Gottes. Es vorwegzunehmen würde, so Augustin, nach Cyprian nicht nur bedeuten, es sich ungerechtfertigterweise selbst anzumaßen und schon von daher zu irren, zu sündigen und fehlzugehen, sondern auch, sich die eigene, von Gott auf den *intellectus gratiae* hin verliehene Offenheit und Lernfähigkeit zu beschneiden, statt sich immer tiefer auf sie als Grundform seiner Gnade und seines Heils einzulassen.

---

[56] *Bapt.* 6,48 (CSEL 51, 324f.): *ecce quantum ualeat in bonis ecclesiae filiis amor unitatis et pacis, ut, quos dicebant sacrilegos et profanos sine baptismo ut arbitrabantur admissos, si eos quantum putabant corrigere non ualerent, eligerent potius tolerare quam propter eos sanctum illud uinculum rumpere, ne propter zizania eradicaretur simul et triticum* [Mt 13,29], *permittentes quantum in ipsis erat, sicut in illo nobilissimo iudicio Salomonis, infantile corpus a falsa matre nutriri potius quam concidi* [1 Kön 3,26]. *hoc autem illi faciebant, qui de baptismi sacramento uerius sentiebant, et isti quibus pro merito tantae caritatis deus erat reuelaturus, si quid aliter sapiebant.* Über mögliche Ironie in Augustins Anspielung auf Salomos Urteil läßt sich spekulieren. Selbst eine dilettantische psychologische Annäherung an die Geschichte in 1 Kön 3 ließe erkennen, daß Salomo auf die Reaktion der wahren Mutterliebe setzte und von daher eigentlich nichts riskierte. Wie bezieht Augustin diesen Aspekt auf seine Sakramenten- und Gnadenlehre? Gewinnt er im Hinblick auf ihre intellektuelle Dimension auch eine gewisse ironische Distanz zu ihr – als jemandem, dessen Gotteslehre mehr intellektueller Natur ist, könnte man ihm dies durchaus zutrauen – oder nimmt er die Problematik zu ernst, so ernst, daß er gar auch die Ironie in der Geschichte in 1 Kön 3 übersieht?

[57] Vgl. Cypr. *sent. episc.* 18 (CSEL 3, 444): *neminem iudicantes aut a iure communionis aliquem si diuersum senserit amouentes.*

(d) Ergebnis und Epilog

Clauis est in unitate
Gegen Ende seines Lebens, nach dem Ausbau seiner prädestinatianistischen Positionen, war Augustin mit der etwas unscharfen und versöhnlichen Deutung der Tauflehre Cyprians in *bapt.* nicht mehr in vollem Umfang zufrieden.[58] Die Problematik von Cyprians Lehren zur Wiedertaufe hatte er schon um 400 deutlich erkannt. Er hatte jedoch zeigen wollen, daß im Unterschied zu den Donatisten, die sich, wie auch die Verurteilung Tyconius' durch den donatistischen Bischof Parmenianus um 380 zeigt, darauf kapriziert hatten,[59] Cyprian in ihr nicht den Kern seiner Theologie sah. Cyprians Anliegen, so Augustin, war die Einheit der Kirche. »Durch den friedliebenden Bischof Cyprian und alle, die seiner Meinung waren [die in *bapt.* zitierten Bischöfe der Synode von 256], zeigt uns Gott der Herr, wie sehr die katholische Einheit (*catholica unitas*) zu lieben ist. Gerade in dem nämlich, worin sie verschiedener Ansicht waren, tolerierten sie umso mehr die Andersdenkenden, um von ihnen den Frevel des Schismas fernzuhalten [und zu warten,] bis Gott sich dahingehend offenbaren würde.«[60] Er hatte dies jedoch nicht auf Kosten der Wahrheit getan, im Gegenteil: »Seine Suche nach Wahrheit war von einem größeren Ernst getragen, als man es von ihm hätte verlangen können in bezug auf das, was durch Nächstenliebe erreichbar ist.«[61] Augustin illustriert diese Haltung am Beispiel des in Gal 2,11-14 geschilderten Streits zwischen Petrus und Paulus: Petrus, Erster unter den Aposteln (*in primatu apostolorum*) war im Zuge von Judaisierungsbestrebungen vom wahren Glauben abgefallen, Paulus hatte ihn zurechtgewiesen. Die heterodoxen Anhänger Petrus' blieben mit ihrer perversen Haltung von der Kirche getrennt, während Petrus selbst die Krone des Martyriums errang. Ebenso wird auch Cyprian, »der in einem Überschwang hervorragender Nächstenliebe das Los der Passion der Heiligen auf sich nahm, von Leuten in Beschlag genommen, die sich als Exilanten der Einheit erweisen. In intriganter Weise versuchen sie, den Bürger der Einheit gegen das Vaterland der Einheit auszuspielen.«[62] Die entscheidende Tugend Petrus' wie Cyprians war, so Augustin, die Liebe (*caritas*), die im tiefsten immer Liebe zur Einheit ist.[63] Sie erwies sich in den theologischen und kirchlichen Aus-

---

[58] Vgl. in *retract.* 2,18 (CChr.SL 57, 105) die ungewöhnlich umständliche Erklärung zur Auslegung von 2 Tim 2,20 (*uasa contumeliae*) in *bapt.* 7,99 (CSEL 51, 371).

[59] Vgl. Hahn, Tyconius-Studien 5f.57-63. Zu Tyconius' Ekklesiologie und Sakramentenlehre in ihrer Affinität zur augustinischen s. Ratzinger, Tyconius; Van der Lof, Tyconius.

[60] *Bapt.* 7,103 (CSEL 51, 374f.).

[61] *Bapt.* 7,1 (CSEL 51, 342): *serenius perspicit ueritatem, quam meruit adipisci per caritatem.*

[62] *Bapt.* 7,1 (CSEL 51, 342f.); vgl. *bapt.* 2,2 (CSEL 51, 175f.).

[63] Historisch wird diese Interpretation weder Cyprian selbst noch seiner Auslegung von Gal 2,11.14 gerecht, ebensowenig dem Bibeltext selbst. Vgl. Haendler, Cyprians Auslegung zu Gal 2,11ff. Augustin jedoch geht es nicht um eine historisch-kritische Exegese, sondern um eine auf dem Traditionsargument aufbauende theologische Erkenntnislehre. Das Konzept des *intellectus gratiae* wird in seinen Augen bei Cyprian wie schon bei Petrus in erster Linie als Liebe zur

einandersetzungen zumal dadurch als wahrhaftig, daß sie auf je tiefere Einsicht
hin angelegt war. Das zeigt sich, so Augustin, immer wieder an bestimmten Aussagen Cyprians, etwa (erneut) der Hinweis, man solle ein endgültiges Urteil Gott
überlassen (*neminem iudicantes*), man solle einander vergeben, sonst würde auch
der Vater im Himmel nicht vergeben (Mt 6,15). Selbst wenn Glaube vorläge, um
Berge zu versetzen, ohne Liebe nützte er nichts (1 Kor 13,2).[64]

Der Zielbegriff der Liebe als Liebe zur Einheit – eine zentrale Idee in *bapt.*
– steht also im Kontext des Konzepts eines *intellectus gratiae*. Ausgangspunkt
von *bapt.* war eine Common-sense-Überlegung gewesen: Was ist die vernünftige
Mittelposition zwischen Nichttaufe und Wiedertaufe? Das vermeintliche Fehlen
eines sicheren Kriteriums für die Bestimmung dieser Position wurde von Augustin als möglicher Auslöser für den Ketzertaufstreit, die direkte Lösung des
Problems als unmöglich bezeichnet. Die Theologie Cyprians, so Augustin, ist
nun aber nicht auf Aussagen zur Ketzertauffrage zu reduzieren. In ihrem Zentrum
steht vielmehr die Einsicht, daß Christus das Kriterium, die höchste Wahrheit sei,
die Einsicht verspreche (*bapt.* 3,9.12). Der Streit zwischen Cyprian und Stephan
zeigte, daß einiges im Argen lag, nicht aber, daß die Kirche insgesamt auf Abwege geraten war, im Gegenteil. Er zeigte vor allem auch, daß Lernprozesse möglich waren (*bapt.* 5,37). Gelernt aber wird auf dem Boden der Tradition (*fides*),
mit dem Ziel der Einsicht (*ad intellectum*): Die Lernenden sind die wahren Heiligen, »Glieder der Taube« (*membra columbae*). Ihr Lernen beginnt mit dem Einsehen ihres Nichtwissens im Bereich der Paradoxe, vollzogen als Mysterien des
Glaubens. Glaubenseinsicht als »verschlossener Garten voller Obst, als versiegelter Quell, aus dem Wasser sprudelt« (Hld 4,12f.), ein Paradox. Daß im Chaos
der Verwirrung und des Streits überhaupt Einsicht möglich ist, so Augustin, ist
ein Wunder. Wer eine solche Einsicht hat, erfährt sie als Gnade. Diese wiederum
äußert sich in der Liebe, die von jenen ausgeht, wie an den Heiligen ablesbar sei,
sei es an ihrer Toleranz und Duldsamkeit, sei es an ihrer Gerechtigkeit oder an
ihrer Standhaftigkeit als Märtyerer.

De unico baptismo

Zur Taufe sollte Augustin noch öfter meinen, etwas schreiben zu müssen, zumal
im Rahmen der pelagianischen Kontroverse, wo er im Kontext der Entwicklung
einer Erbsündenlehre den Aspekt der Sündenvergebung hervorheben sollte. 411
begann er mit *pecc. mer.*, an dieser neuen Fragestellung zu arbeiten. Um diese
Zeit ist zu beobachten, wie sich die neue, in ihren künftigen Ausmaßen zu dieser
Zeit noch gar nicht absehbare Problematik mit der alten, eben anhand von *bapt.*
kennengelernten, überschneidet. Als Beispiel hierfür kann *un. bapt.* herangezogen

---

Einheit der Kirche wirksam, selbst wenn Teile der Doktrin beider Väter nicht ganz orthodox sein
sollten (Judaisierungstendenzen bei Petrus, Ketzertaufe bei Cyprian). Das sei nicht weiter
problematisch, solange sie nur die Mitte nicht aus den Augen verlören. In diesem Zusammenhang
kann gefragt werden, wie Augustin seine eigenen nicht ganz orthodoxen Theorien interpretiert
wissen wollte.
[64] *Bapt.* 7,3.9.102 (CSEL 51, 343f.348.374).

werden, eine zwischen 410 und 412 entstandene Polemik gegen ein gleichnamiges Werk des donatistischen Theologen Petilianus.[65] Es ist an einen »Mitbruder« Augustins, *frater Constantinus* adressiert, der — Augustin gibt sich überrascht (*aliis sermonibus frequentauimus*) — seine, Augustins, Position zu dieser Frage noch nicht zu kennen scheint, und setzt ein mit der aus *bapt.* bekannten These: Die Wiedertaufe zu verweigern ist kein Sakrileg, im Gegenteil, nur die Eine Taufe ist die Taufe Christi. Die Wiedertaufe ist eine Erfindung der Menschen (*tua est autem unici baptismatis iteratio*).[66] Augustin bezieht seine Überlegungen nun aber nicht nur auf die Situation schismatischer Kirchen, sondern auch auf die anderer Religionen (Juden und Heiden). Er fragt nach der Bedeutung, dem Sinn und Ziel von Religion überhaupt und unterscheidet wie einst schon Cicero Religion und Idololatrie.[67] Die Welt, so Augustin, ist voll von letzterer (*loquor de Iudaeis et schismaticis uel haereticis sub Christi utcumque nomine errantibus*), nicht nur von Anhängern, sondern sogar von Erfindern einer Vielzahl (neuer) Religionen (*non tantum cultores, sed et ipsos institutores*). Auch die Wiedertäufer seien solche Erfinder neuer Kulte, überflüssiger Riten, ja überflüssig; denn es reiche, ein einziges Mal nach den Regeln der Kirche und des Evangeliums getauft zu werden. Danach komme es auf die Vervollkommnung des Intellekts an. Es bestehe keine Notwendigkeit, seinetwegen gegen das Sakrament Gottes zu freveln.[68]

Alle Religionen, so Augustin, haben zum Ziel die Erkenntnis Gottes. Diese kann zwar auch unabhängig von Gnadeneinsicht verfolgt werden, führt dann aber freilich nicht zum Heil, sondern zur Verdammnis.[69] Religionen, die ohne Gnadenhilfe zur Gotteserkenntnis gelangen wollen, haben zwar den richtigen Erkenntnisgegenstand, nicht aber den richtigen Weg. Im Irrglauben, auf dem Weg der Weisheit zu wandeln, geraten sie immer tiefer in den Sumpf der Verwirrung. Am Ende wird Gottes Zorn über sie ausgegossen (vgl. Röm 1,21-23.18).[70] In der christlichen Religion ist durch die Gnade der sinngemäß angewendeten Sakramente die Möglichkeit der wahren Gotteserkenntnis gegeben. Aber eben nicht die Sakramente selbst sind Gott. Vielmehr steht Gott als der je Größere darüber,

---

[65] Vgl. *retract.* 2,33f. (CChr.SL 57, 116f.118): *uenit etiam necessitas quae me cogeret aduersus nouam Pelagianam heresim scribere* […] *tres libros, quorum titulus est de peccatorum meritis et remissione* […] *eodem tempore librum de unico baptismo amicus quidam meus a nescio quo Donatista presbytero accepit, indicante quod Petilianus episcopus eorum Constantiniensis eum scripserit* […] *librum autem etiam meum in quo respondi eundem titulum habere uolui, hoc est de unico baptismo.* Zur offenen Datierungsfrage vgl. De Veer, La date du de unico baptismo; Monceaux, Histoire littéraire, Bd. 6, 54; Bd. 7, 277 (»date flottante«). Die Annahmen reichten von 410 (PL 43, 596, Anm. a) über 411 (CSEL 53, v) bis 412 (Bardy in: BAug 12, 1950, 511, Anm. 4). Es gäbe Anhaltspunkte einer Abfassung sowohl vor als auch nach der Synode von 411. Zusammenfassend hält De Veer die Abfassung vor 411 für wahrscheinlicher. Dagegen steht die Bemerkung Augustins in *retract.* (*eodem tempore* [wie das zu Beginn der pelagianischen Kontroverse verfaßte *pecc. mer.*]). Eine definitive Antwort ist also nicht möglich.

[66] *Vn. bapt.* 2,3 (CSEL 53, 4).

[67] Vgl. Feil, Religio 44.

[68] *Vn. bapt.* 3,4 (CSEL 53, 5).

[69] Vgl. im folgenden den Verweis auf 1 Kor 13,2 und in *un. bapt.* 10,17 (CSEL 53, 17) auf Mk 1,24 (auch die Dämonen kennen Christus).

[70] *Vn. bapt.* 4,5 (CSEL 53, 5f.); vgl. Madec, Connaissance.

etwa über der Taufe (*plus est unus deus quam unus baptismus*). Aus diesem Grund ist die Taufe in entsprechendem Sinne auch jenseits der katholisch-orthodoxen Kirche gültig, selbst dann noch, wenn sie ohne Einsicht (*ignorantibus*) gespendet und empfangen wurde.[71]

Bleibt es jedoch bei einem derartigen Anfangszustand und kommt es nicht zur Entwicklung eines darüberhinausführenden *intellectus gratiae*, gereicht eine solche Taufe zu nichts anderem als zur Verdammnis.[72] Wenn sich die entsprechenden Getauften nicht bekehren, d. h. wenn sie nicht mit Hilfe der Gnade zur Einsicht kommen, wirkt sich die Gnade der Taufe dadurch, daß sie abgeblockt wird, zum Verderben der Betreffenden aus. Unter keinen auch noch so prekären Umständen, so Augustin, ist eine Wiedertaufe nötig.[73] Sie ist vielmehr in jeder nur erdenklichen Hinsicht überflüssig und nutzlos, ein Frevel. Die zur Taufgnade hinzukommenden Tugenden, durch die die Sünde überwunden und das Gute verwirklicht werden soll, gehen, wenn überhaupt, dann allein von den sich durch die Taufgnade bekehrenden Getauften selbst aus, wenn sie nämlich von der Liebe zur Einheit der Kirche ergriffen werden.[74] Nur durch sie führt die Erkenntnis der Wahrheit, die ja auch die Dämonen (Mk 1,24) und jene Athener, die den »Unbekannten Gott« (Apg 17,23) verehrten, hatten, über bloßes Wortgeklapper (1 Kor 13,1) hinaus zur Einsicht der Gnade.

4. *DE PECCATORUM MERITIS ET REMISSIONE*

(a) Der Weg in die pelagianische Kontroverse

»So entstand auch die Notwendigkeit, gegen die neue, pelagianische Häresie zu schreiben. Ich war gegen sie bis dahin noch nicht schriftlich, sondern nur in Predigten und Unterredungen vorgegangen, um unseren Standpunkt deutlich zu machen. Also verfaßte ich als Antwort auf Anfragen aus Karthago, die ich nach und nach schriftlich beantwortete, zunächst drei Bücher mit dem Titel *Über die Auswirkungen der Sünden und ihre Vergebung.* Darin geht es um die aufgrund der Ursünde (*originale peccatum*) zur Erlangung des Heils auch für Säuglinge notwendige Taufe und um die Gnade Gottes, durch die wir gerechtfertigt, d. h.

---

[71] *Vn. bapt.* 5,8 (CSEL 53, 9); vgl. Apg 17,23: *quem uos ignorantes colitis, hunc ego annuntio uobis* läßt Lukas Paulus in der Areopagrede zu den Heiden Athens sagen.

[72] *Vn. bapt.* 6,8 (CSEL 53, 9): *quamobrem sicut nihil eis proderat ad salutem, qui uerum deum ignorantes eum tamen colebant, immo et oberat ad perniciem [...] sic nihil prodest haereticis ad salutem, quod extra ecclesiam uerum baptismum per ignorantiam et tradent et tenent, immo et obest ad damnationem.*

[73] Bekehrung nach Augustins Verständnis ist also Bekehrung des Intellekts (*correctio intellectus*) durch die Gnade, Bekehrung zum *intellectus gratiae* durch den *intellectus gratiae*. Ein *crimen traditionis*, eine Art Erbsünde kirchlicher Überlieferung, wie sie die Donatisten und dementsprechend auch Petilianus annähmen, gibt es nach Augustin nicht. Vgl. *un. bapt.* 14,24 (CSEL 53, 25): *quibus non traditionis crimen ab aliis criminibus aliqua proprietate discernitur, sed omnis peccati consociatio prohibetur.*

[74] *Vn. bapt.* 15,26 (CSEL 53, 28): *si enim apud haereticos uel schismaticos baptizati, cum ad ecclesiam ueniunt, unitatis ipsius caritate mundantur, profecto sine causa rebaptizantur.*

gerecht gemacht werden.«[75] So beschreibt Augustin in den *retract.* seinen unauffälligen literarischen Einstieg in die pelagianische Kontroverse. Der Übergang
von der Kontroverse mit dem Donatismus über die Taufe ist fließend. Auch
gegen ihn war es um die Frage der sündenvergebenden Wirkung der Taufe
gegangen, die Augustin dahingehend »eingeschränkt« hatte, daß er eine Wieder-
holung der Taufe für überflüssig hielt. Bei der neuen Problemstellung nun ging
es um die Notwendigkeit der einmaligen Taufe, die ihrerseits, wie Augustin
annahm, von denjenigen bestritten wurde, die später nach einem ihrer heraus-
ragendsten Vertreter Pelagianer genannt wurden. Wie gegen die Donatisten geht
Augustin auch bei der neuen Frontstellung von einer Art »Common-Sense-Kon-
zept« eines *intellectus gratiae* aus: Notwendigkeit der Taufe als *conditio sine qua
non* des Heils und Voraussetzung für die Vollendung des Heils in der gnadenhaften Einsicht in die Weise des Wirkens der Gnade Gottes als dessen Inhalt.

Doch nicht Augustin war zuerst auf Pelagius aufmerksam geworden. Vielmehr verhielt es sich umgekehrt. So jedenfalls berichtet Augustin. Pelagius war
seit etwa 380 in Rom als literarisch gebildeter Laienasket tätig gewesen und hatte
dabei Einfluß in gewissen Kreisen einer asketisch motivierten Oberschicht gewonnen.[76] Als um 400 die *conf.* zu zirkulieren begannen, reagierte er heftig gegen
deren Gnadenlehre, die seiner Meinung nach die menschliche Freiheit infrage-
stellte, etwa in dem Satz *da quod iubes et iube quod uis.*[77] Pelagius' Theologie
basierte demgegenüber auf dem Konzept der Willensfreiheit, die die Menschen
nicht nur dazu befähigte, Gut und Böse voneinander zu unterscheiden, sondern
auch wirkungsvoll nach dem durch die Unterscheidung Erkannten zu handeln.[78]
Im Frühjahr oder Herbst 410,[79] nach dem Fall Roms auf der Flucht vor der west-
gotischen Invasionsarmee, landete Pelagius, wahrscheinlich im Gefolge der Fami-
lie Melanias der Jüngeren, in Hippo Regius. Während Melania sich auf ihre Be-

---

[75] *Retract.* 2,33 (CChr.SL 57, 116f.).

[76] Zu weiteren biographischen Details im Kontext der neueren Forschung vgl. De Bruyn,
Pelagius' Commentary 10f.; Wermelinger, Neuere Forschungskontroversen; Tauer, Neue Orientierungen.

[77] *Conf.* 10,29,40 (CChr.SL 27, 176); vgl. *gest. Pel.* 22,46 (CSEL 42, 100); *dono perseu.*
20,53 (PL 45, 1026); vgl. Martinetto, Premières réactions. Ob, wie Martinetto meint, mit (dem
pseudopelagianischen?) *de induratione cordis pharaonis* eine bereits aus dem Jahr 398 stammende
pelagianische Reaktion auf Augustins Gnadenlehre von 397 vorlag, ist allerdings unsicher, ebenso
Bonners Entdeckung einiger Spitzen gegen *ad Simplicianum* in Rufins *liber de fide.* Bonner, Rufinus 43f.

[78] Vgl. Greshake, Gnade. Schon Barth (Entscheidung) hatte herausgestrichen, daß einer der
zentralen Streitpunkte zwischen Pelagius und Augustin die Einschätzung der Handlungsfähigkeit
(*posse*) des Menschen aufgrund seiner Entscheidungsfreiheit gewesen sei. Während für Augustin
Freiheit eine mehr geistige Sache, ein philosophisches Konzept gewesen sei, habe Pelagius eine
pragmatische Auffassung von Freiheit vertreten. Das in der vorliegenden Untersuchung nach-
gewiesene Konzept des *intellectus gratiae* bei Augustin zeigt jedoch demgegenüber, daß auch bei
Augustin die Konzepte Gnade und Freiheit funktional-pragmatisch aufgefaßt wurden, allerdings
nicht in einer Wechselwirkung zueinander, sondern subsumiert unter ein beiden Konzepten noch
einmal übergeordnetes Konzept, eben dem des *intellectus gratiae.*

[79] Zu einem Zeitpunkt jedenfalls, an dem Augustin selbst nicht anwesend war. Vgl. Aug. *gest.
Pel.* 22,46 (CSEL 42, 100); Perler, Voyages 454f. Im April und September war Augustin in
Karthago, im Spätherbst und Winter zur Erholung in der Umgebung Hippos.

sitzungen in Thagaste zurückzog, reiste er nach Karthago weiter. Zu einer persönlichen Begegnung mit Augustin kam es nicht, lediglich zu einem kurzen, einmaligen, doch offenbar freundlichen, zumindest aber höflichen Briefwechsel.[80]

Als im Herbst 411 Pelagius' Theologie seitens afrikanischer Theologen in Karthago unter Beschuß geriet, war Augustin nicht unter den Kritikern.[81] Er war vielmehr zunächst nur am Rande darüber informiert, nämlich durch die Anfrage des kaiserlichen Tribuns Marcellinus, dem staatlichen Vertreter bei den Religionsgesprächen zwischen Katholiken und Donatisten in Karthago im Juni 411.[82] *Pecc. mer.* ist Augustins Antwort auf diese Anfrage. Auch Pelagius war nicht persönlich an der in Karthago entzündeten Debatte beteiligt, sondern bereits im Sommer 411 nach Palästina weitergereist. Zurück blieb nur Caelestius, der von seinen Gegnern auch als sein Schüler (*discipulus*) bezeichnet wurde.[83] Von Paulinus von Mailand, einem Diakon und ehemaligen Sekretär des Ambrosius, angeklagt, wurde dieser im Herbst 411 von einer Synode in Karthago als Häretiker verurteilt und exkommuniziert.[84]

Diese erste Verurteilung eines als »Pelagianer« angeklagten Theologen wurde demnach, wie es scheint, nicht von Augustin angeregt. Sie ist vielmehr ganz allgemein im Kontext afrikanischer Theologie zu situieren, die, wie sich ja auch im Zusammenhang mit dem Donatismus gezeigt hatte, im Bereich der Gnaden- und Sakramentenlehre empfindlich zu reagieren pflegte. Auf dem Hintergrund dieser ersten Eindrücke über die pelagianische Kontroverse kann *pecc. mer.* also kaum als polemische Streitschrift bezeichnet werden, jedenfalls nicht mehr als *bapt.* Ihre Schwerpunkte sind vielmehr im Prozeß einer Weiterentwicklung der bereits aus der Auseinandersetzung mit dem Donatismus herausgearbeiteten Taufgnadenlehre zu verstehen, deren Brennpunkt ja die noch grundlegendere, bis in die philosophischen Grundüberlegungen zurückreichende Idee eines *intellectus gratiae*

---

[80] *Gest. Pel.* 26-29 (CSEL 42, 104-106); Aug. *ep.* 146 (CSEL 44, 273f.). Der Brief des Pelagius ist verloren. Augustins Brief ist freundlich (*dilectissimo et desiderantissimo fratri*) und berührt das Gnadenproblem nur am Rande.

[81] Vgl. Wermelinger, Rom 4-9.

[82] Aug. *breu. conl.* praef. (CChr.SL 149A, 261): *cum catholici episcopi et partis Donati, iussu imperatoris, disputando inter se, gestis apud tribunum et notarium Marcellinum cognitorem habitis, contulissent, multum prolixa eorundem gestorum est facta conscriptio, quamuis posset totum multo breuius agi.* In drei Sitzungen am 1., 2. und 8. Juni ermittelte Marcellinus die Unrechtmäßigkeit des donatistischen Schismas und verkündete am 26. Juni eine Anordnung, die die Wiedervereinigung mit der katholischen Kirche verfügte. Deren Umsetzung stieß freilich auf Schwierigkeiten. Daraus resultierende Konflikte (Aufstand des *comes* Heraclianus, von *comes* Marinus niedergeschlagen) kosteten Marcellinus und seinem Bruder Apringius das Leben. Unter dem offensichtlich falschen Verdacht, mit den Aufständischen gemeinsame Sache gemacht zu haben, wurden sie nach wiederholten verzweifelten Rettungsversuchen Augustins im September 413 hingerichtet. Augustins Erfahrungen mit der römischen Staatsgewalt in diesem Zusammenhang und sein daraus resultierender Vertrauensverlust gegenüber dem Staat schlugen sich im Marcellinus gewidmeten *ciu. dei* nieder. Vgl. Aug. an Marcellinus *ep.* 133 (CSEL 44, 80-84), an Prokonsul Apringius (Bruder des Marcellinus) *ep.* 134 (CSEL 44, 84-88) von Ende 411, und an Caecilianus *ep.* 151 (CSEL 44, 382-392); Frend, Donatist Church 275-314; Mandouze, Prosopographie 671-688.

[83] Zur Offenheit dieser Frage s. neuerdings Honnay, Caelestius.

[84] Vgl. Refoulé, Datation.

darstellt. Wenn in diesem Zusammenhang also überhaupt von einem Weg Augustins in eine antipelagianische Phase die Rede sein kann, dann nur unter der Voraussetzung, daß sich dieser Weg zunächst eher unmerklich auftat und die ersten »antipelagianischen« Äußerungen Augustins noch ganz im Zusammenhang mit seinen bisherigen Äußerungen zu Ursünde, Gnade, Taufe und den Möglichkeiten, diese Konzepte in eine kohärente Theorie einzubinden, gelesen werden müssen.[85]

(b) Taufe und Ursünde nach pecc. mer. 1

Aus der Einleitung von *pecc. mer.* geht hervor, daß es sich um ein Antwortschreiben an Marcellinus im Stil von *quaestiones et responsiones* handelt.[86] Im Unterschied etwa zu *ad Simplicianum* versucht Augustin hier freilich nicht einmal mehr den Anschein zu erwecken, daß es ihm um textbezogene Exegese geht. Der Schwerpunkt von *pecc. mer.* liegt vielmehr von Anfang an bei Stellungnahmen zu Positionen »gewisser Theologen« (*qui dicunt*), deren Namen und Zuordnung zu einer bestimmten Lehrmeinung allerdings zunächst noch keine Rolle spielen. Auch ihr Schriftgebrauch (vor allem die Paulusexegese)[87] steht zunächst noch nicht im Mittelpunkt des Interesses Augustins. Dies wird erst im dritten Buch stärker der Fall sein, wo Augustin explizit auf den Pauluskommentar Pelagius' bezugnimmt. Durch diese Vorgehensweise ist Augustin in den beiden ersten Büchern frei, nach Belieben Schriftstellen eigener Wahl als Beweismittel heranzuziehen, und er tut dies dermaßen ausgiebig, daß in einer Darstellung wie der folgenden kaum ein vollständiger Überblick über die Verwendung von Schriftzitaten gegeben werden kann. Nur exemplarisch kann dargelegt werden, wie sich als Grundlage der durchgängig biblischen Argumentation erneut das Konzept des *intellectus gratiae* erweisen wird, das, aus verschiedenen Schrifttexten herausdestilliert, im Bereich der hier vorliegenden Fragen zu Theologie und Praxis der Kindertaufe seine Anwendung findet.

Analyse des Unheilszustands
Augustin beginnt *pecc. mer.* mit einer offenbar bereits für seine Zeitgenossen nur schwer nachvollziehbaren Interpretation des biologischen Todes als Folge der Sünde nach Gen 2,17 (*qua die ederitis, morte moriemini*). Er wendet sich gegen eine Interpretation des Todes als eines natürlichen Phänomens, wie sie offenbar auch zu seiner Zeit die Regel war. Eine solche Aussage, so seine Position, wird dem biblischen Glauben nicht gerecht. »Ich meine,« so betont er, »diese klare und deutliche Aussage bedarf keines Interpreten, sondern lediglich eines Lesers.«[88]

---

[85] Dies gilt weitgehend unabhängig von den neuerdings von Duval gestellten, von Tauer (Neue Orientierungen 357f.) eingehend diskutierten Fragen zur Datierung.

[86] *Pecc. mer.* 1,1 (CSEL 60, 3); zur Gattung der »Erotapokriseis« s. oben Kapitel II, Anm. 36.

[87] Vgl. dazu neuerdings Delaroche, Augustin.

[88] *Pecc. mer.* 1,4 (CSEL 60, 6).

Die Bibel, so Augustin, redet davon, daß Erde zu Erde und Staub zu Staub wird (Gen 3,19). In Röm geht es Paulus außerdem darum, gerade den Leib als durch die Sünde tot zu verstehen, um im Zusammenhang damit den Geist als den erfahren zu können, der lebendig macht (Röm 8,10).[89] Wer die Dramatik der gegenwärtigen Situation (*praesentis temporis*) beschwichtigend zu verschleiern versucht (*exponendo obscuretur*), verstellt auch den Blick für den einzig möglichen Ausweg, »durch die Last des Leibes dieses Todes (Röm 7,24) hindurch die Erneuerung des inneren Menschen (Röm 7,22)« stattfinden zu lassen, im Glauben an die Gerechtigkeit als ganzheitlich geistigem Vollzug.[90]

Damit hat Augustin bereits zweimal herausgestrichen: Die Litteralexegese der Bibel ist fester Bestandteil dieses geistigen Heilswegs. So versteht sich für ihn die Auslegung von Röm 5,12 (*per unum hominem peccatum intrauit in mundum et per peccatum mors*) auf eine den natürlichen Tod verursachende Ursünde von selbst.[91] Er persifliert die (zu diesem Zeitpunkt nirgends dokumentierte) Gegenposition: Die Gegner behaupten, der durch die Ursünde des ersten Menschen verursachte Tod sei lediglich ein Tod der Seele, ein geistiger Tod, der durch geistigen, moralisch- mimetischen Vollzug (*imitatio*) weitervermittelt und demgemäß auch durch moralische Handlungen überwunden werden könne. Da Säuglinge nicht zu einem solchen Akt in der Lage seien, erübrige sich bei ihnen auch eine Taufe zur Tilgung der Ursünde.[92] Dieses Modell, so Augustin, trägt der leiblichen Verfaßtheit des Menschen keine Rechnung. Es hält das Bewußtsein nicht nur für konstitutiv für einen solchen Akt, es betrachtet es auch völlig unabhängig von der leiblichen Verfaßtheit des Menschen. Rein geistig können aber doch nur reine Geister sündigen. Wenn dieses Modell also überhaupt etwas beschreibt, dann die Ursünde des Teufels und seiner Engel.[93] Insofern, meint Augustin, ist das Modell natürlich zutreffend: Wenn Menschen, die sündigen, jemanden nachahmen, dann den Teufel.[94]

Der Gedanke, daß die Menschen »in Adam« sich selbst nachahmen (*imitare*), wenn sie »in ihm« sündigen, ist, so Augustin, tautologisch. Nachahmung ist Sünde lediglich im Bereich der Gebote. Wo es um die Ursünde als Ermöglichungsgrund von Sünde überhaupt geht, ist das Konzept der Nachahmung (*imitatio*) fehl am Platze. Niemand tritt aufgrund eigener freier Entscheidung in diese Welt ein, sondern aufgrund naturgesetzlicher Abläufe. Dem Umstand, daß diese nicht, wie ursprünglich, von Gott, intendiert, im Leben münden, sondern im Tod, ist der Einzelne zunächst hilflos ausgeliefert. Anzunehmen ist aufgrund der

---

[89] *Pecc. mer.* 1,6 (CSEL 60, 7).

[90] *Pecc. mer.* 1,6.7 (CSEL 60, 8).

[91] Augustin erwähnt an dieser Stelle sogar, daß Marcellinus hierzu keine pelagianische Meinung vorgelegt hat. Er rekonstruiert sie deshalb selbst. Vgl. *pecc. mer.* 9 (CSEL 60, 10): *quidnam illud sit quod in his uerbis opinentur tacuisti. quantum autem ex aliis comperi, hoc ibi sentiunt.*

[92] *Pecc. mer.* 1,9 (CSEL 60, 10).

[93] *Pecc. mer.* 1,9 (CSEL 60, 10): *eius principem non Adam, sed diabolum diceret, de quo scriptum est:* »*ab initio diabolus peccat*« [1 Joh 3,8], *de quo etiam legitur in libro sapientiae:* »*inuidia autem diaboli mors intrauit in orbem terrarum*« [Weish 2,24].

[94] *Pecc. mer.* 1,9 (CSEL 60, 10): *imitantur autem eum qui sunt ex parte ipsius.* Vgl. Weish 2,25.

biblischen Aussagen und unter Voraussetzung der Allmacht, Güte und Gerechtigkeit Gottes, daß dieser Mißstand von einem bestimmten Menschen an einem bestimmten historischen Ort seinen Ausgang nahm: »Durch einen Menschen trat die
Sünde in die Welt ein und durch die Sünde der Tod, und ist so auf alle Menschen
übergegangen, [durch den einen Menschen] in dem alle gesündigt haben (Röm
5,12: *in quo omnes peccauerunt*).«[95] Gerade die leibgeistige, soziale und geschichtliche Verfaßtheit des Menschen legt es nahe, mit dem »Propagationsmo-
dell« (*propagatio*, Fortpflanzung, Erweiterung, Extrapolation) ein tieferes Fundament für die wahrheitsgetreue Analyse der *conditio humana* zu legen als mit
dem »Imitationsmodell.«[96]

Beschreibung des Heilswegs
Die möglichst tiefgreifende Analyse der ursündlichen Verfassung der Menschheit
ist für Augustin, wie gesagt, kein Selbstzweck, sondern Voraussetzung für ein
möglichst tiefes Verständnis des Heils. Augustin setzt im Sinne des *intellectus
gratiae* voraus, daß die Erforschung des Heilsweges bereits einen wichtigen
Aspekt des Heiles selbst darstellt. Jenseits der klassischen Modelle von Epikureismus (Einfachheit der Harmonie sinnlichen Erlebens), Stoizismus (Einfachheit und
Konsistenz ethischen Handelns) und Platonismus (Relevanz einheitlichen konsistenten Denkens) versucht Augustin in Auseinandersetzung mit diesen Modellen
und im Kontext der Schriftauslegung, das Christentum als Heilsweg zu präsentieren. Insofern er es denkend tut, wird er sich dabei natürlich der Erkenntnistheorie des Platonismus annähern, d. h. ein konsistenter Gedanke wird ihm
wichtiger sein als ein spontanes Bedürfnis nach Harmonie oder Praxisbezug. Aus
dieser möglichen Setzung von Prioritäten könnte sich sowohl seine Aversion
gegen das praxisorientierte pelagianische Denken, als auch seine Konsequenz des

---

[95] Vgl. *pecc. mer.* 1,10 (CSEL 60, 11f.). In diesem Gedankengang wird die philosophische
Funktion des *in quo* besonders deutlich. Ob Augustin bereits hier die exegetische Problematik des
Ausdrucks bewußt war, ist fraglich. Erst von seinen Gegnern wurde er darauf aufmerksam
gemacht, daß das griechische Original (ἐφ' ᾧ) mit *quatenus*, »in bezug worauf« (nämlich die
Sünde, nicht die Person, die sie begangen hat), zu übersetzen sei. Er sah das Argument dadurch
allerdings nicht infragegestellt, sondern spitzte seine Position aus »sachlichen« (= philosophischen) Gründen, die für ihn schwerer wogen, später sogar noch zu. Vgl. Lyonnet, Rom 5,12; Augustin et Rom 5,12; Lössl, Spuren 194.208.220-224.

[96] *Pecc. mer.* 1,10 (CSEL 60, 12). Mit *propagatio* meint Augustin hier nicht die biologische
Fortpflanzung der urständlichen Schöpfung, sondern die mit ihr koinzidierende (nicht sie verursachende) Ausbreitung der Ursünde. Er versucht so, die Ursünde als ein jenseits der Leib-Seele-
Dichotomie angesiedeltes ganzheitliches Phänomen zu beschreiben, das aus diesem Grund nicht,
wie seine Gegner behaupten, durch einen geistig-moralischen Akt, sondern allein durch einen
ganzheitlich sakramentalen Vollzug überwunden werden kann, der im *intellectus gratiae* freilich
auch erkenntnistheoretisch zugänglich ist. In der Auseinandersetzung mit Julian von Aeclanum
wird er sich in diesem Zusammenhang explizit vom Traduzianismus distanzieren, der behauptet,
die Ursünde würde (kausal) durch die Fortpflanzung propagiert. Es gelingt ihm jedoch nicht, ein
positives Modell jenseits von Traduzianismus und pelagianischem Moralismus zu entwerfen. Auch
vom Kreatianismus distanziert er sich. Es geht ihm in all diesen Diskussionen also offenbar nicht
um eine metaphysische Begründung seiner Heilslehre, sondern lediglich um die erkenntnistheoretische Absicherung ihrer Implikationen. Vgl. Rist, Augustine 317-320; Lössl, Spuren 221-224.

Denkens bei der Beurteilung des Schicksals der ungetauft verstorbenen Säuglinge erklären. Vor allem letztere ist freilich nur schwer nachvollziehbar.

Natürlich, so Augustin, ist auch in bezug auf Christus von Nachahmung die Rede (1 Kor 11,1: *imitatores mei estote sicut et ego Christi*). »Aber neben dieser Nachahmung wirkt vor allem innerlich seine Gnade, und zwar als unsere Erleuchtung und Rechtfertigung. Ihre Wirkung ist [jene, von der gesagt wird:] 'Nicht wer pflanzt, ist etwas, noch ist etwas, wer bewässert, sondern wer das Wachstum ermöglicht, Gott' (1 Kor 3,7). Durch diese Gnade nämlich fügt er auch die getauften Kinder in seinen Leib ein, die mit Sicherheit noch niemanden nachahmen können.«[97] »In ihm lebendig werden« (1 Kor 15,22: *in quo uiuificantur*) heißt also »durch seine Gnade erleuchtet werden.«

Rechtfertigung bedeutet damit, wie im weiteren Verlauf der Argumentation noch deutlicher werden wird, Einsicht gewinnen in das Wirken der Gnade, in der diese Einsicht besteht. Die Frage ist nun, welches Vermittlungsprinzip der Gnade gegen jene Ausbreitung der Sünde zur Verfügung steht. Die Antwort lautet schon bei Paulus: Das Gesetz. Es ist eine Barriere für die Sünde (Röm 5,12: *usque enim ad legem peccatum in mundo fuit*), wenn auch in sich keine sehr wirksame. Selbst die äußerlichste Wirkung des Gesetzes, nämlich eine Kenntlichmachung der Sünde als Sünde, wird bereits durch das Licht der Gnade hervorgerufen. Aber es ist eben doch das Gesetz, das durch dieses Licht in seiner Wirksamkeit erkannt wird. Vor dem Gesetz, so Augustin, Paulus folgend, gingen diejenigen, die ohne es sündigten, ohne es verloren (Röm 2,12: *quicumque sine lege peccauerunt, sine lege peribunt*). Von Adam bis Mose herrschte also der Tod, auch über diejenigen, die nicht ähnlich wie Adam sündigten (Röm 5,14: *regnauit mors ab Adam usque ad Moysen et in eis qui non peccauerunt in similitudinem praeuaricationis Adae*).[98] Durch Christus aber sind nicht nur diejenigen erlöst, die in Adam, sondern auch diejenigen, die, wie das Nachahmungsmodell es vorschlägt, »nach ihm,« ihn (*in similitudinem praeuaricationis eius*) imitierend, sündigten. Die Wirkung der Gnade Christi reicht also nicht nur über das Gesetz, sondern auch über die Ursünde hinaus (Röm 5,15: *gratia abundauit*).[99] Hatte jene aus einem einzigen Akt eine einzige Strafe zur Folge gehabt, so bewirkt diese aus vielen Vergehen einen einzigen Erlösungsvorgang (Röm 5,16: *nam iudicium quidem ex uno in condemnationem, gratia autem ex multis delictis in iustificationem*).[100] Mit dem Nachahmungsmodell kommt man hier nicht weiter.

---

[97] *Pecc. mer.* 1,10 (CSEL 60, 11): *sed praeter hanc imitationem gratia eius illuminationem iustificationemque nostram etiam intrinsecus operatur illo opere, de quo idem praedicator eius dicit: »neque qui plantat est aliquid neque qui rigat, sed qui incrementum dat deus«* [1 Kor 3,7] *hac enim gratia baptizatos quoque paruulos suo inserit corpori, qui certe imitari aliquem nondum ualent. sicut ergo ille, in quo omnes uiuificatur* [1 Kor 15,22]. Vgl. Röm 5,12 (*in quo*).

[98] *Pecc. mer* 2,13 (CSEL 60, 14). Vgl. die textkritische Bemerkung, die meisten lateinischen Codices böten die Lesart *in eis qui peccauerunt*, während die meisten griechischen *non peccauerunt* angäben. Die richtige Auslegung sei jedoch in jedem Fall: Gleich ob sie sündigten oder nicht, *in similitudinem praeuaricationis Adae* herrsche über sie der Tod. Zur Beurteilung solcher textkritischer Bemerkungen vgl. Lössl, Spuren 195.

[99] *Pecc. mer.* 2,14 (CSEL 60, 15): »*sed non,*« inquit, »*sicut ita et donatio; si enim ob unius delictum multi mortui sunt, multo magis gratia dei et donum in gratia unius hominis Iesu Christi in multos abundauit*« [Röm 5,15].

[100] Auch an diesem Gedankengang wird deutlich, daß Augustin mit dem Ursündenkonzept nicht

Vielmehr ist dem Konzept der »Sünde in Adam« ein komplementäres Konzept der »Erlösung in Christus« gegenüberzustellen (*quam non imitandum proposuit, sed solus hoc potest*).[101]

Inhalt des intellectus gratiae

Wie diese Erlösung im konkreten sakramentalen Vollzug von Taufe und Eucharistie verwirklicht wird und worin sie inhaltlich besteht, sagt Augustin am Ende des folgenden Gedankengangs. Zu dessen Beginn beschäftigen ihn ihre »Nebenwirkungen.« Unter Voraussetzung der Güte, Gerechtigkeit und Allmacht Gottes überspielt er freilich deren moralische und ästhetische Problematik: »Man kann also,« meint er, »mit Recht behaupten, daß die Kleinen (*paruuli*), die ohne Taufe aus dem Leben scheiden (*de corpore exeuntes*), in eine Art sehr milder (*mitissima*) Verdammnis eingehen.«[102] Sie werden für ihre Sünde und Schuld »in Adam« bestraft, nicht für von ihnen selbst begangene Tatsünden. Sie müssen deshalb auch nicht für solche Tatsünden büßen. Deshalb wohl die Rede von der *mitissima poena*. Es stellt sich freilich die Frage, ob diese überhaupt *poena* genannt werden kann und wenn, ob sie dann nicht doch ungerecht ist. Augustin läßt hier einfach die Frage außer acht, ob jene Kinder nun leiden oder nicht. Er setzt als gerecht, gut und gottgewollt voraus, daß sie es tun bzw. daß sie es in geringerem Maße tun als jene Menschen, die obendrein noch für ihre Tatsünden büßen müssen. Im Vordergrund für ihn steht, daß sie von vornherein nicht als »Erben des Reiches Gottes, Miterben Christi« (Röm 8,17) erhofft werden (*speratur*) können, als Heilige, die das ewige Leben erlangt haben, das in der Anschauung Gottes (*uidet quis*) besteht,[103] weil sie sich außerhalb des Bedeutungsgefüges christlicher Symbolik befinden. Die Charakteristika christlichen Lebens, »Hoffnung auf die Kraft des Sakraments und der göttlichen Gnade, die der Herr seiner Kirche ver-

---

eine Art »Kollektivschuld« der Menschheit meint. Es geht ihm vielmehr darum, mit dem Begriff »in Adam« die in jedem einzelnen Menschen subsistierende Ursünde an einen gemeinsamen Ursprung rückzubinden, um von daher auch den Übergang vom zunächst vereinzelten Erlösungswerk des Menschen Jesus Christus auf alle Menschen (durch Bekehrung und Sakramente) erklären zu können.

[101] *Pecc. mer.* 2,18 (CSEL 60, 18).

[102] *Pecc. mer.* 1,21 (CSEL 60, 20).

[103] Die Gegner, so Augustin, er nennt sie noch nicht beim Namen, wollten durch diese Distinktion zwischen Miterben und Heiligen den Nichtgetauften eine Quasi-Taufe angedeihen lassen. Sie hätten zwar nicht die Anschauung Gottes, aber immerhin eine Vorstufe des Heils erreicht. Die Heilsnotwendigkeit der Taufe, so Augustin, stehe jedoch fest. Vgl. *pecc. mer.* 1,23.26-28 (CSEL 60, 22f.25-27). Daß auch er mit seiner *mitissima poena* einen Kompromißversuch anstellt, sieht er nicht. Auch in einem anderen Bereich setzt er rücksichtslos neu, mit einem eigenen Gedankengang, an: Wenn in Röm 5,16 von »einem Menschen« die Rede sei, dann sei auch dies wörtlich zu verstehen. Sexistische Schuldzuweisungen (Eva als Hauptverantwortliche des Falls), wie in der Tradition häufig vertreten, seien fehl am Platze. Ob, wie in Sir 25,24 (*a muliere initium factum est peccati et per illam omnes morimur*), von der Frau, oder, wie bei Paulus, von Adam die Rede sei, Mann und Frau könnten sich nicht gegenseitig für die Ursünde verantwortlich machen. Beide seien, wie die Schrift sage, ein Fleisch (Mt 19,5f.) und gleichermaßen als Mensch für ihr Heil bzw. Unheil verantwortlich. Vgl. *pecc. mer.* 1,21 (CSEL 60, 21); zum Thema Mann und Frau bei Augustin Børresen, Subordination; Defense; Patristic Feminism.

liehen hat,« so Augustin, treffen für diese Zielgruppe einfach nicht zu. Erst innerhalb dieses Gefüges besteht überhaupt eine Chance, gerettet zu werden, freilich erneut: Keine Sicherheit. So kommt es, daß auch »ein getauftes Kind, wenn es erwachsen wird (*ad rationales annos uenit*) und dabei nicht zum Glauben findet bzw. sich von unerlaubten Begierden fernhält, keinerlei Nutzen aus der Taufe zieht, die es als kleines Kind empfangen hat.«[104]

Die Frage, ob Gott ungerecht sei, weil er zulasse, daß kleine Kinder sterben, ehe sie getauft sind (und sie damit der Verdammnis überantworte), ist für Augustin also ebenso abwegig wie die Frage, ob Gott ungerecht sei, weil er zulasse, daß einige Getaufte als Ungläubige, Häretiker oder notorische Sünder enden.[105] »Die Abgründe« (Ps 35,7) der Weisheit Gottes (Röm 11,32-36), so lautet, wie schon in *ad Simplicianum* 1,2, seine Antwort auf diese Fragen, sind eben unergründlich.[106] Nur im Rahmen einer Sakramentenpraxis besteht Hoffnung auf Erlösung: »Nicht ohne Grund nennen die punischen Christen die Taufe *Heil* und das Sakrament des Leibes Christi *Leben*.«[107] Entscheidend dabei ist die Umsetzung der Sakramentengnade in einer Bekehrung durch Christus, die in einer Erleuchtung durch ihn und auf ihn hin, dem Einschlagen eines geistigen Weges besteht: »Denk' nicht an die Vergehen meiner Jugend und meiner Uneinsichtigkeit (*ignorantiae*)« (Ps 24,7), bittet der Bekehrte, der aus »der undurchdringlichen (*densissimas*) Finsternis der Dummheit und Unbelehrbarkeit« der Ursünde heraus ins Licht der Gnade gefunden hat, den Herrn,[108] der ihm im Gegenzug Erleuchtung zuteil werden läßt, noch über die urständliche Einsichtsfähigkeit Adams hinaus: »Ich bin das Licht, das in die Welt gekommen ist, damit niemand, der an mich glaubt, im Finstern bleibe« (Joh 12,46).[109] Diese Erleuchtung im Licht der Sakramente ist zu unterscheiden von der Erleuchtung in Joh 1,9 (*lumen uerum quod illuminat omnem hominem uenientem in hunc mundum*), die ohne Taufe bedeutungslos ist. Wie ohne Taufe (*gratia*) keine wahre Erleuchtung (*intellectus*) in Christus möglich ist, so ohne Bekehrung und Erleuchtung keine Umsetzung der Taufgnade in Heil. Beide Aspekte sind im Sinne des *intellectus gratiae* unreduzierbar aufeinander verwiesen.

---

[104] *Pecc. mer.* 1,25 (CSEL 60, 25).

[105] *Pecc. mer.* 1,30 (CSEL 60, 29): *ex ipsis deinde baptizatis paruulis dicatur mihi, cur alius rapitur,* »*ne malitia mutet intellectum eius*« [Weish 4,11], *et alius uiuit impius futurus? nonne, si ambo raperentur, ambo in regnum caelorum ingrederentur? et tamen non est iniquitas apud deum* [Röm 9,14].

[106] *Pecc. mer.* 1,29 (CSEL 60, 28): *neque enim frustra dictum est:* »*iudicia tua sicut multa abyssus*« [Ps 35,7]. *cuius abyssi altitudinem ueluti expauescens exclamat apostolus:* »*o altitudo diuitiarum sapientiae et scientiae dei*« [Röm 11,33]. *praemiserat quippe sententiam mirae profunditatis dicens:* »*conclusit enim deus omnes in incredulitate, ut omnibus misereatur*« [Röm 11,32].

[107] *Pecc. mer.* 1,34 (CSEL 60, 33).

[108] *Pecc. mer.* 1,67 (CSEL 60, 67).

[109] *Pecc. mer.* 1,35 (CSEL 60, 34).

(c) Funktion des *intellectus gratiae* in *pecc. mer.* 2

Am Ende von *pecc. mer.* 1 spricht Augustin im Hinblick auf den *intellectus gratiae* von der Taufe als einer Herausforderung für die Christen: »Denn wenn die
Ketten der Schuld auch gebrochen sind, [...] bleibt doch in dem Ringen, mit dem
wir lernen, unseren Körper [geistig] immer mehr zu beherrschen (vgl. 1 Kor 9,2-
7), eine gleichsam natürliche Anlage zur Unbeherrschtheit (*concupiscentia*) zurück. Diese steht zwar für erlaubte und notwendige Dinge zum maßvollen Gebrauch zur Verfügung, sollte aber im allgemeinen durch die Tugend der Enthaltsamkeit (*continentia*) in Schranken gehalten werden.«[110] Gegen Ende von *pecc.
mer.* 2 wird er betonen, daß die hier zitierte *concupiscentia* im Hinblick auf
erlaubte und notwendige, vom naturgesetzlich bestimmten sittlichen Bewußtsein
(Gewissen) approbierte Handlungen, also eine gewisse natürliche Leidenschaft
oder Vitalität, nicht sündhaft, sondern im Gegenteil sogar begrüßenswert sei. Von
der Konkupiszenz als Medium der Weitergabe der Ursünde ist hier, anders als in
der Auseinandersetzung mit Julian von Aeclanum zehn bis fünfzehn Jahre später,
noch nicht die Rede.[111] Es ist sogar so, meint Augustin, daß wahre (auch ge-
schlechtliche) Lust, in erster Linie bekehrten Getauften eigne, weil diese für die
unbegrenzten geistigen Möglichkeiten von Lust überhaupt offen seien. Umgekehrt
seien ihnen freilich auch die eng gezogenen Grenzen körperlicher Lust stärker
bewußt, die als Vergänglichkeit erfahren würden. Nicht die Sünde selbst also
wirke als Haltung in den Getauften, sondern das Gesetz der Sünde, d. h. die
allgemeine Verfallenheit diesseitigen Daseins zum Tode. Die Sünde selbst als
Haltung oder Gewohnheit (*consuetudo*) kann dagegen, so Augustin, bestenfalls
aufgrund eines Mangels an Beharrlichkeit (*perseuerantia*) erneut vom Geist der
Getauften Besitz ergreifen.[112]

Konkupiszenz als Widerstand gegen den intellectus gratiae
Die Vorstellung eines von vornherein vollkommen sündlosen Lebens oder eines
sündlos lebenden Menschen ist für Augustin eine scheinfromme Utopie. Nur im
Zusammenhang mit der Christologie kann historisch-pragmatisch von der Möglichkeit von Sündlosigkeit die Rede sein. Genau darum geht es am Ende von
pecc. mer. 2.[113] Hier am Anfang des Buches ist dagegen von der Notwendigkeit

---

[110] *Pecc. mer.* 1,70 (CSEL 60, 70); zum Konzept von *concupiscentia* als ἀκρασία in diesem
Zusammenhang vgl. Chappell, Aristotle.
[111] Vgl. dazu unten im zweiten Teil von Kapitel V.
[112] *Pecc. mer.* 2,45 (CSEL 60, 116); vgl. Röm 6,12 (*non ergo regnet peccatum in uestro
mortali corpore ad oboediendum desideriis eius*); Eph 2,16; *pecc. mer.* 2,44 (CSEL 60, 115):
»*infirmitas corporis ad firmitatem spiritalem incorruptionemque perueniat*« [1 Kor 15,44].
[113] Vgl. dazu bereits in *uera rel.* 2,2,4-6,11,35 die Darstellung des platonischen Ideals der
Sündlosigkeit als unerreichbare bzw. auf das Christentum hin zu transzendierende Utopie im
Gegensatz zum Glauben an Christus in der Kirche als geschichtsmächtiges Phänomen: Würde ein
Platoniker einem sündenlosen Menschen begegnen, müßte er ihn göttlicher Ehren für würdig erachten, d. h. Christ werden; denn jener Mensch wäre Christus. Vgl. *uera rel.* 3,3,12 (CChr.SL

des Gebets angesichts andauernder Schwäche der menschlichen Natur die Rede. Die Heilige Schrift, so Augustin, verweist ständig auf die Notwendigkeit des Gebets. Das Gebet hinwiederum erweist sich im Sinne des *intellectus gratiae* als Mittel der Gnade. Im Vater Unser wird sogar Gott selbst gebeten, Rücksicht auf die Schwäche der menschlichen Geisteshaltung zu nehmen: »Und führe uns nicht in Versuchung« (Mt 6,13: *ne nos inferas in temptationem*).[114] Nun aber, so Augustin, gibt es tatsächlich Menschen, die meinen, mit dem Konzept der Willensfreiheit allein genügend an Gnadenmittel zur Verfügung zu haben, um den Willen Gottes erfüllen und Gutes tun zu können. Augustin: »Mir fehlen die Worte« (*uerbis explicare non possumus*).[115] Er weist noch einmal auf seinen zweitwichtigsten Punkt hin: »Die *concupiscentia* bleibt gleichsam als Gesetz der Sünde in den Gliedern des Körpers dieses Todes erhalten (Röm 7,23f.). Sie ist den Kindern angeboren. Sie wird zwar durch die Taufe von der Schuld getrennt, bleibt aber zum [geistlichen] Kampf (*ad agonem*) [im Menschen] lebendig. Sterben die Kinder, ehe sie [zu diesem Kampf] herangereift sind, werden sie natürlich nicht von ihr belästigt. Die ungetauften Kinder aber macht sie schuldig und bestimmt sie, selbst wenn sie als [vermeintlich] 'unschuldige Kinder' sterben, als 'Söhne des Zorns' (Eph 2,3) zur Verdammnis.«[116] Unabhängig von diesem speziellen Problem ist auch bei den Erwachsenen der freie Wille bei weitem nicht wirkmächtig genug, um ohne Gottes Hilfe oder Gnade irgendetwas Gutes bewirken zu können. Die Gnade ist bereits da am Werk, wo Taufe mit echter Bekehrung einhergeht und zum Gebet um die Vergebung der Sünden führt, auch da, wo nach außen hin gar keine Sünde vorzuliegen scheint. Was sich in einem solchen Gebet ausdrückt, ist das Bewußtsein, daß ohne Gnade Gottes alles verloren ist, eben ein Grundzug von *intellectus gratiae*. Allein »zum Sündigen erhalten wir keine Unterstützung von Gott.«[117] Gott unterstützt uns vielmehr darin, Geisteskraft zu

---

32, 189): *eum diuinis honoribus dignum iudicaret*. S. auch im folgenden Kapitel V, Abschn. 6 zu *spir. litt.*

[114] Vgl. De Bruyne, Reviseur; Van Bavel, Mt 6,13. Augustin zitiert Mt 6,13 ca. 540 mal in seinem Werk. Dabei verwendet er ca. 260 mal *inducas* und 280 mal *inferas*. Er verweist darauf, daß beide Wörter gegenüber dem Griechischen εἰσενέγκῃς dieselbe Bedeutung haben, die Mehrheit der lateinischen Handschriften jedoch *inferas* (*serm. dom. mont.* 2,9,30 [CChr.SL 35, 119]: »Einige aber,« so dort weiter, »haben auch *inducas*«). Von einer einmaligen Revision mit nachfolgendem konsistenten Gebrauch des Verses, wie de Bruyne das suggeriert hat (und nach ihm Zumkeller in AugLG, Bd. 1, 168), kann keine Rede sein. Vielmehr ist nach den bei van Bavel angegebenen Stellen aus dem Spätwerk von einer Reihe sehr verschiedener Versionen die Rede, die auf vielfältige Formen des Gebrauchs des Vater Unsers in Liturgie und Gebetsleben der afrikanischen Christen schließen lassen. Vgl. *pecc. mer.* 2,4 (CSEL 60, 74): *ut autem non ei consentiamus, deprecamur adiutorium dicentes:* »*et ne nos inferas in temptationem*« [Mt 6,13] – *uel, sicut nonnulli codices habent:* »*ne nos inducas in temptationem.*« S. demnächst auch Lössl, Mt 6,13 in Augustine's Later Works, in: StPatr (1997).

[115] *Pecc. mer.* 2,2 (CSEL 60, 72).

[116] *Pecc. mer.* 2,4 (CSEL 60, 73): *concupiscentia igitur tamquam lex peccati manens in membris corporis mortis huius* [Röm 7,23f.] *cum paruulis nascitur, in paruulis baptizatis a reatu soluitur, ad agonem relinquitur, ante agonem mortuos nulla damnatione persequitur; paruulos non baptizatos reos innectit et tamquam irae filios* [Eph 2,3]*, etiamsi paruuli moriantur, ad condemnationem trahit*. Die Anklänge an *lib. arb.* 3,19,54 (CChr.SL 29, 307) sind deutlich; vgl. Lössl, Wege 350f.

[117] *Pecc. mer.* 2,5 (CSEL 60, 75): *ad peccandum namque non adiuuamur a deo*. Vgl. auch hier

schöpfen, um seinen Willen nicht nur zu erkennen, sondern auch, um durch seine Gnade das Gute zu wirken. Dahin zielen die tiefsten Gebete.[118]

Der zentrale Gedanke von *conf.*, an dem sich Pelagius schon um 400 gestoßen und damit seine Position lange vor Beginn der Kontroverse offengelegt hatte, »Gib, Herr, was du befiehlst, und befiehl, was du willst« (*da quod iubes et iube quod uis*),[119] taucht hier, stärker konkretisiert, erneut auf: Ausgangspunkt, so Augustin, ist die Entdeckung des Getauften, daß er sich bekehren will. Der Bekehrungswillige bittet Gott um Unterstützung (Ps 84,5: *conuerte nos, deus sanitatum nostrarum*). Konkret heißt dies, er überantwortet seinen Willen vollkommen dem Gottes: Gott möge ihm gewähren, was er von ihm verlangt (*da quod iubes*). Entsprechend dem Psalmwort *intellegite ergo* (in Ps 93,8 ist es Gott, der so zu den Menschen spricht) heißt dies noch konkreter: Gott fordert von den Neubekehrten in erster Linie Einsicht in den Umstand, daß er es ist, der ihnen im Prozeß der Bekehrung Einsicht als Gnade zum Heil verliehen hat. Diese Einsicht sollen umgekehrt die Neubekehrten »Einsicht zur Aneignung der Gebote« von Gott erbitten (Ps 118,73: *da mihi intellectum, ut discam mandata tua*), um den Bekehrungs- und Heilsprozeß zur Vollendung zu führen.[120]

Um Mißverständnisse zu vermeiden, eröffnet Augustin noch eine letzte Perspektive. Daß alles von Gott abhängt, bedeutet nicht, daß religiöses Handeln sich in Bittgebeten genügt (*solis de hac re uotis agendum est*). Die Freiheit wird von der Gnade nicht außer Kraft gesetzt. Ihr rechter Gebrauch ist vielmehr sogar ein deutliches Zeichen für die Anwesenheit von Gnade. Freilich weiß Augustin erneut keine Antwort auf die Frage, warum, wie die je nach Individuum drastisch verschiedenartige Anwendung der Willensfreiheit zeigt, die Gnade offenbar äußerst ungleichmäßig verteilt ist. Aber auch das ist ein Aspekt seines *intellectus gratiae*: Der Verweis einmal mehr auf die Verborgenheit des göttlichen Ratschlusses (*secretae ratio*).[121]

Christus als Ermöglichungsgrund des intellectus gratiae

Wie erwähnt, hält Augustin das Konzept der Möglichkeit der Sündlosigkeit nur im Kontext einer Christologie für vertretbar. Bemerkenswert ist, daß er überhaupt darauf eingeht. Dabei nimmt er einmal mehr den Faden von *lib. arb.* auf. »Denen, die behaupten, es sei möglich, daß ein Mensch bereits in diesem Leben ohne Sünde sei,« so fährt er fort, »darf man freilich nicht unbedacht und vorschnell entgegentreten. Wer das tut, läuft Gefahr, neben der menschlichen Willensfreiheit, die dies aus eigener Kraft zu erreichen versucht, auch die Macht und

---

wiederum die Anklänge an *lib. arb* 1: Sündigen könne man nicht lernen; denn lernen heiße Einsicht gewinnen, was letztlich ein gnadenhafter Prozeß sei.

[118] *Pecc. mer.* 2,5 (CSEL 60, 75): *deus, qui lux est hominis interioris, adiuuat nostrae mentis obtutum, ut non secundum nostram, sed secundum eius iustitiam boni aliquid operemur* [...] *nosque illi dicimus: »da mihi intellectum, ut discam mandata tua«* [Ps 118,73]. Vgl. erneut das aus *lib. arb.* 1 bekannte Motiv *discere ad intellectum*.

[119] *Conf.* 10,29,40 (CChr.SL 27, 176); *dono perseu.* 20,53 (PL 45, 1026).

[120] *Pecc. mer.* 2,5 (CSEL 60, 75f.).

[121] *Pecc. mer.* 2,6 (CSEL 60, 76f.).

das Erbarmen Gottes, der dies durch seine Hilfe faktisch bewirkt, zu leugnen.«[122] Es ist ein Unterschied, ob man prinzipiell die Möglichkeit der Sündenlosigkeit einräumt oder sie zum Faktum erklärt. Letzteres widerspricht der Erfahrung und Praxis des Glaubens, der sich allein in der Hoffnung verwirklicht.[123] Wer behauptet, er sei ohne Sünde, verhält sich ähnlich wie jemand, der behauptet, er habe Gott geschaut.[124] Was erhofft wird, nämlich die Gotteskindschaft der Gerechten, ist geistiger Natur.[125] Echte Gotteserfahrung zeichnet sich vielmehr durch eine tiefe (gnadenhafte) Einsicht in die eigene Unwürdigkeit vor Gott aus.

Ein herausragendes Beispiel einer solchen Gotteserfahrung ist Ijob. Im Zusammenhang mit ihm kommt auch zum ersten Mal der christologische Aspekt in den Blick. Nicht seine Geschöpflichkeit erachtete Hiob für Staub und Asche, bat er doch Gott sogar, seine Schöpfung zu bewahren (Ps 137,8: *opera manuum tuarum ne despexeris*). Woran er Mißfallen hatte, war seine Selbstgerechtigkeit vor Gott, die sich angesichts seiner Sündhaftigkeit so sehr von der Haltung Christi unterschied, der doch sein Leiden im Gehorsam annahm, obschon er völlig ohne Sünde war.[126] Was Ijob hier erfuhr, war »eine eminent tiefe Einsicht« der Gnade (*tam magno intellectu*) als Einsicht in die eigene Sündhaftigkeit angesichts der Gerechtigkeit Christi, nicht im Hinblick auf die eigene Geschöpflichkeit, die ja durch das Eingesehene gnadenhafterweise gerade wiederhergestellt wurde, sondern in die diese Einsicht bisher blockierende Fehlhaltung der Selbstgerechtigkeit. Diese konnte nicht aus sich selbst heraus überwunden werden, im Gegenteil. Der intellektuelle Charakter dieser Erfahrung (»Ijob,« so heißt es, »fällt es ein« bzw. »auf, daß...«) verweist auf die Gnadenhaftigkeit. Auch Paulus berichtet, daß diese Erfahrung eine Erfahrung gerade der Not und Verzweiflung sei: »'Nicht was ich will, das Gute, tue ich, sondern was ich hasse, das Böse. Wenn ich aber das tue, was ich hasse, nämlich das Böse, tue nicht mehr ich es, sondern die Sünde, die in mir wohnt' (Röm 7,19f.).« Mit dem Verzweiflungsruf, so Augustin, zeigt Paulus an, daß er den Zustand der Verzweiflung bereits überwunden und zur Hoffnung gefunden hat. Entsprechendes gilt auch für das Folgende: »'Ich unglücklicher Mensch! Wer wird mich befreien vom Leib dieses Todes?' Antwort: »Die Gnade Gottes durch Jesus Christus unseren Herrn' (Röm 7,24f.).«[127]

---

[122] *Pecc. mer.* 2,7 (CSEL 60, 77).

[123] *Pecc. mer.* 2,9 (CSEL 60, 81); vgl. Röm 8,25 (*spe enim salui facti sumus*).

[124] *Pecc. mer.* 2,8 (CSEL 60, 79): »*si dixerimus, quia peccatum non habemus, nos ipsos decipimus et ueritas in nobis non est*« [1 Joh 1,8]. Bereits der letzte Ausdruck *ueritas in nobis non est* ist christologisch zu verstehen. Vgl. auch die bekannte Stelle *sermo* 117 (PL 38, 663): *si enim comprehendis, non est deus*.

[125] *Pecc. mer.* 2,10.11 (CSEL 60, 82): *unde idem Iohannes:* »*dilectissimi*«, *inquit,* »*filii dei sumus, et nondum apparuit quod erimus*« [1 Joh 3,2]. *quid est hoc* »*sumus*« *et* »*erimus*«, *nisi quia sumus in spe, erimus in re?* [...] *frustra itaque nonnulli etiam illud argumentatur, ut dicant:* »*si peccator genuit peccatorem, ut paruulo eius reatus originalis peccati in baptismi acceptione soluatur, etiam iustum gignere debuit*«. *quasi ex hoc quisque carnaliter gignat, quod iustus est, et non ex hoc potius, quod in membris eius concupiscentialiter mouetur et ad usum propagandi lex peccati mentis lege* [vgl. Röm 7,23] [...] *iusti autem non sunt nisi filii dei. in quantum autem sunt filii dei, carne non gignunt, quia spiritu et ipsi, non carne nati sunt* [vgl. Joh 3,6].

[126] *Pecc. mer.* 2,16 (CSEL 60, 88); vgl. Ijob 42,5f.

[127] *Pecc. mer.* 2,17 (CSEL 60, 90).

Die Gnade Christi setzt also bei Ijob wie bei Paulus beim Intellekt an. Dieser wird von den Betreffenden als Gnade erfahren und mit Christus identifiziert, der »Macht und Weisheit Gottes« (1 Kor 1,24), wie Augustin bereits in seinen frühesten Schriften festgehalten hatte. Einsicht als Gnade in Christus wirkt in den betreffenden Personen also gutes Handeln und Glück, womit auch gewissermaßen eine Synthese aus den eingangs genannten epikureischen, stoischen und platonischen Idealen erreicht ist. »Darin sollen wir weise sein, in der himmlischen Berufung, die Gott uns in Christus Jesus schenkt« (*hoc sapiamus*), so bereits Phil 3,14f. Jemand, der so etwas ausruft, steht irgendwo dazwischen. Er ist zum einen bereits ein »vollkommener Hörer der Weisheit« (*sapientiae perfectus auditor*), zum andern aber auch wiederum noch nicht; denn er ruft ja dazu auf, danach zu streben. So ermutigt er sich selbst wie auch seine Adressaten, die mit ihm im selben Boot sitzen. »Weisheit reden wir unter den Vollkommenen« (1 Kor 2,6), heißt es an einer Stelle, »Milch habe ich euch zu trinken gegeben, nicht feste Speise« (1 Kor 3,2) an einer anderen. Liebe ist im tiefsten Liebe zur Weisheit, zur Vollkommenheit der Einsicht. Im Rahmen des geistlichen Lebenskampfes wird diese Liebe in einer Dynamik zwischen Unvollkommenheit und Vollkommenheit wirksam, da das Subjekt des geistlichen Kampfes durch sie die Kraft findet, gegen die Laster zu kämpfen und die Tugenden zu verwirklichen.[128]

Entscheidend ist, so Augustin, daß unter dieser Voraussetzung nicht die Sündlosigkeit *ad perfectionem* den Kern christlicher Existenz ausmacht, sondern die Einsicht der eigenen Sündhaftigkeit als Erfahrung der Gnade in einer Dynamik des Heils, der Rechtfertigung des Sünders durch Christus. Nur unter dieser Voraussetzung gilt dann auch, daß Gott von jedem einzelnen Menschen Vollkommenheit als Sündlosigkeit einfordert,[129] mit der Konsequenz, daß diejenigen, die in diesem Sinne am *intellectus gratiae* scheitern und sich nicht bekehren, ewiger Verdammnis anheimfallen.

Das Ausmaß der Ursünde und der sie überwindenden Gnade
Augustin schließt *pecc. mer.* 2 mit dem Gedanken, daß es verwunderlich sei, wie schwer es vielen Neubekehrten fiele, am *intellectus gratiae* des Anfangs festzuhalten. Auf der Suche nach Gründen stößt er auf zwei von *lib. arb.* her bekannte Motive, *ignorantia* und *difficultas*, hier *infirmitas*, Mangel an Einsicht und Schwäche.[130] Jede Untersuchung der Ursachen dieser Laster (*uitia*) muß, so Augustin, als erstes von der Allmacht, Güte und Gerechtigkeit Gottes ausgehen. Auf keinen Fall darf Gott für das Böse verantwortlich gezeichnet werden. Das Böse »hängt zwar von Gott ab,« doch ist dies ausschließlich so zu verstehen, daß es die Menschen in ihrer Willensfreiheit sind, die sich durch ihren Hochmut (*superbia*)

---

[128] *Pecc. mer.* 2,22 (CSEL 60, 94f.); vgl. Phil 3,12.15 (*quotquot ergo perfecti, hoc sapiamus*).

[129] *Pecc. mer.* 2,23 (CSEL 60, 95): *neque negandum est hoc deum iubere ita nos in facienda iustitia esse debere perfectos, ut nullum habeamus omnino peccatum.*

[130] *Pecc. mer.* 2,26 (CSEL 60, 98f.). Selbst die zum Heil Vorherbestimmten, so *pecc. mer.* 2,32 (CSEL 60, 103), würden bisweilen schweren Prüfungen unterzogen, damit sich an ihnen Lk 1,79 erfülle: Das Licht erleuchtete ihre Finsternis (*esse lucem, qua illuminetur tenebrae eorum*).

die Stellung Gottes anmaßen und dadurch das Böse hervorbringen.[131] Gott dagegen »steigt demütig hernieder« (*deus humilis descendit*). In Gestalt seines einzigen Sohnes kommt das Licht der Gnade zur Welt. Die Einzigkeit Christi ist wesentliche Voraussetzung für den Zugang zu diesem Geheimnis im Sinne des *intellectus gratiae*. An ihr zerbricht das Imitationsmodell.[132] Allein in Christus erweist sich ausschließlich Gott als der Handelnde, ohne daß die Freiheit des Menschen behindert würde. Nur von ihm her ist zu verstehen, was Gnade und Freiheit überhaupt für das Heil der Menschen bedeuten. Nur so, glaubt Augustin, ist der trinitarische Gottesbegriff soteriologisch zu integrieren, immanente und ökonomische Trinität in Beziehung zueinander zu setzen. Nur im selbst gnadenhaften Prozeß der Einsicht (*intellectus*) von Christus als Gnade, in dessen Verlauf auch »seine Liebe in unseren Herzen ausgegossen wird durch den Heiligen Geist« (Röm 5,5), findet die Menschheit ihr Heil.

Aufgrund der Ursünde ist die Natur des Menschen von einem Übel gezeichnet, das mächtiger ist, als daß es durch rein äußerliche Imitation guter Vorbilder überwunden werden könnte. Dies, so Augustin, zeigt sich nicht zuletzt an der Selbständigkeit des menschlichen Trieblebens.[133] Wollen und Können verhalten sich, insbesondere beim Zusammenspiel von Geist und Körper, hochgradig disparat. Wenn es eine Vollendung gibt, müßte sie sich nicht zuletzt auch daran erweisen, daß sie die Schwäche des Körpers in die Kraft des Geistes überführt.[134] Symbolhaft in diesem Zusammenhang ist die Geburt Jesu Christi, des Erlösers

---

[131] *Pecc. mer.* 2,27 (CSEL 60, 99).

[132] *Pecc. mer.* 2,27 (CSEL 60, 99f.); vgl. Kol 2,3.

[133] *Pecc. mer.* 2,36 (CSEL 60, 108): *haec igitur carnis inoboedientiae [...] peccatum habitans in membris nostris.* Vgl. Röm 7,17. Die Kritik von Kirwan (Augustine 195f.), Augustin gebe hier vor nachzuweisen, was er in Wirklichkeit voraussetze, nämlich den aus der Ursünde resultierenden beschämenden Charakter (*disgrace*) von Sexualität überhaupt, ist unzutreffend. Die Beispiele (etwa *ciu. dei* 14,24) beliebiger Körperfunktionen, die nicht dem Willen unterworfen sind, oder deren Gegenbeispiele (etwa die Fähigkeit, mit den Ohren zu wackeln), dienen Augustin lediglich als Kontrast. Ihm geht es nicht allgemein um Körperfunktionen, sondern speziell um solche, die durch sexuelle Erregung hervorgerufen werden, zum Beispiel am männlichen Körper. Es geht also nicht um eine Abwertung von Körperlichkeit allgemein und Sexualität im besonderen, sondern um die durch die ursündliche Perversion des menschlichen Willens begründete reale Möglichkeit, daß Sexualität und durch sie Menschen unterdrückt, mißbraucht und pervertiert werden. Kirwans Mißverständnis wird besonders deutlich, wenn er fragt, warum Augustin nicht Gen 3,16 als Beispiel für das Beschämende an der Sexualität anführt, nämlich die »Beschwerden« weiblicher Sexualität: Menstruation, Geburt und Unterdrückung durch das männliche Geschlecht; denn eben darum geht es Augustin: Nicht die Sexualität als solche ist das Problem der Menschheit nach dem Fall, sondern die durch die *superbia* verursachte Unfähigkeit der Menschen (sichtbar besonders am männlichen Körper), sie in ihrer ursprünglichen Zielsetzung zu gebrauchen – außerhalb des sakramentalen Gnadenmittel der Ehe, wie hinzuzufügen wäre (mehr dazu in Kapitel V). Kirwans Resumee, »Augustine regarded sex as bad,« zielt also an der Sache vorbei. Es erweist sich sogar als recht problematisch, insofern es dazu verleiten kann, Gegenpositionen aufzubauen, in denen sexuelle Aktivität um jeden Preis gutgeheißen wird, ohne Berücksichtigung der Gefahr, daß solcherart Aktivität unter den Bedingungen realer menschlicher Gesellschaften (zur Zeit Augustins nicht anders als heute) zu Unterdrückung, Gewalt und Mißbrauch, besonders zu Lasten von Frauen und Kindern führen kann. Vgl. dazu neuerdings auch Børresen, Patristic Feminism.

[134] *Pecc. mer.* 2,44 (CSEL 60, 115): *ut animalis etiam infirmitas corporis ad firmitatem spiritalem incorruptionemque perueniat.* Vgl. 1 Kor 15,44.

aller Menschen, Kinder und Erwachsener gleichermaßen, wie Augustin betont, der als kleines Kind in die Welt kam, d. h. zunächst einmal Fleisch annahm und dadurch, also in der Schwäche des Fleisches, dadurch daß sein Geist in kindlicher Beschränktheit eingeschlossen war, die Sünde überwand, nicht durch großartige intellektuelle Leistungen.[135] Damit wird also am Ende von *pecc. mer.* 2 die prinzipielle Annahme der Möglichkeit völliger Sündlosigkeit eines bestimmten Menschen nicht zurückgewiesen, sondern auf den vom christlichen Glauben her einzig möglichen und nachvollziehbaren Fall angewendet: »Nur einer ist es, der ohne Sünde in der Ähnlichkeit des Sündenfleisches geboren wurde, ohne Sünde inmitten fremder Sünden gelebt hat, ohne Sünde um unserer Sünden willen gestorben ist.«[136] An ihm vorbei führt kein Weg durch die Gnade zum Heil.

Aber so klar das Ziel vor Augen steht, so Augustin, der Weg liegt vielfach im Dunkeln. Auch das ist *intellectus gratiae.* Folgende Fragen bleiben auch am Ende von *pecc. mer.* 2 offen: Wenn (A) die Ursünde des Menschen (sein Sündigen »in Adam«) »im Fleisch« (*caro peccati*) steckt und ihre Ausbreitung auf natürlich biologischem Weg (*sit propagata*) erfolgt, sie jedoch (B) nicht identisch mit dem Fleisch ist, sondern in der Seele gründet, in deren Geistdimension auch über Heil und Unheil entschieden wird, dann bleibt offen, woher die Einzelseele die Sünde bezieht (*trahit*), ob sie (1) mit der Sünde durch die Generationen hindurch weitergereicht wird, ob sie (2) bei der Zeugung geschaffen wird und sich die Sünde bei der Vereinigung mit dem Fleisch zuzieht oder ob ihr (3) Gott nicht am Ende selbst jeweils die Sünde einpflanzt (*quomodo deus [...] non sit tamen auctor reatus*). Auch diese Fragen sind bereits von *lib. arb.* 3 her bekannt. Die Problematik ihrer Beantwortung hatte Augustin bereits dort eingehend deutlich gemacht. Seine Meinung diesbezüglich hat sich inzwischen nicht geändert. Sein *intellectus gratiae* in diesem Punkt erschöpft sich nach wie vor in der Einsicht, im Dunkeln zu tappen, und in der Hoffnung, daß, wenn es denn heilsnotwendig sein sollte, Gott in seiner Güte eine Antwort parathalte.[137]

(d) Ausblick – *pecc. mer.* 3 im Kontext

»Antipelagianisches« vor *pecc. mer.*

In *retract.* 2,33 ist zunächst lediglich von zwei Büchern von *pecc. mer.* die Rede. Erst die später eingefügte Überschrift erwähnt auch Buch 3. Allerdings schreibt Augustin von »Predigten und Unterredungen« (*sermonibus et conlocutionibus*), in denen er schon vor *pecc. mer.* seine Position klargemacht haben will. Als ihn Ende 411 sein Freund Honoratus wegen einiger exegetischer Probleme anging und

---

[135] *Pecc. mer.* 2,48 (CSEL 60, 118f.); vgl. Lk 2,11 (*natus est uobis hodie saluator*); Mt 1,21 (*ipse enim saluum faciet populum suum a peccatis eorum*); Röm 8,3 (*in similitudine carnis peccati*).

[136] *Pecc. mer.* 2,57 (CSEL 60, 125).

[137] *Pecc. mer.* 2,59 (CSEL 60, 128): *etsi enim quodlibet horum, quemadmodum demonstrari et explicari possit, ignorem, illud tamen credo, quod etiam hinc diuinorum eloquiorum clarissima auctoritas esset, si homo id sine dispendio promissae salutis ignorare non posset.*

er die Fragen in der Schrift *de gratia testamenti noui ad Honoratum* (*ep.* 140) beantwortete, hatte er, wie er schreibt, bereits begonnen, gegen die Pelagianer vorzugehen.[138] Wann genau jene »antipelagianische Vorphase« einsetzte und worum es Augustin dabei ging, läßt sich im Detail nicht mehr feststellen.[139] Auf die Auseinandersetzung afrikanischer Theologie mit den später als Pelagianismus bezeichneten Positionen wurde Augustin durch die Korrespondenz mit Marcellinus 411/12 aufmerksam.[140] Welche Themen im Zusammenhang damit für ihn in den Vordergrund zu rücken begannen, wurde anhand von *pecc. mer.* 1 und 2 deutlich. Ihr Auftauchen bot der Forschung unter anderem auch einige inhaltliche Kriterien für die Datierung von *sermones*, die sich sonst kaum zeitlich situieren lassen. Handelt es sich bei der einen oder anderen von ihnen um eine der erwähnten *sermones et conlocutiones*? Sicherlich kann bei keiner von ihnen eine Einordnung mit letzter Sicherheit erfolgen. Auch was die Predigttätigkeit betrifft, vollzog sich Augustins Einstieg in die pelagianische Kontroverse unmerklich und ohne daß sich die wesentlichen Kernpunkte seines Denkens veränderten. Dennoch könnten sich einige *sermones* gerade im Hinblick auf die Rolle des *intellectus gratiae* als hilfreiche Beispiele für das Verständnis jenes Prozesses erweisen.

Die *sermones* 214 und 216 werden zu den ersten Predigten gezählt, die Augustin als Bischof in Hippo hielt. Sie enthalten aber auch antipelagianische Klänge. Entstanden sie also schon um 396/7 oder erst nach 411? – Eine Frage, die bereits im 18. Jahrhundert kontrovers diskutiert wurde.[141] *Sermo* 216,9 etwa klingt einerseits an die Sprache von vor *ad Simplicianum* an, enthält jedoch andererseits Formulierungen, die wie erläuternde Zusätze aus der Zeit der pelagianischen Kontroverse wirken.[142] *Sermo* 214 ist nach Migne ein Ergebnis des vorösterlichen Urlaubs im Jahr 391, den Augustin in *ep.* 21 von seinem Bischof Valerius erbeten hatte.[143] Aber auch er enthält bereits stark gnadentheologische Klänge, die durch die Anwendung des aus dem Frühwerk bekannten, auch in *ciu. dei* auftauchenden Schemas *uti/frui* nur geringfügig relativiert werden.[144]

---

[138] Vgl. *retract.* 2,36 (CChr.SL 57, 119); *ep.* 140 (CSEL 44, 155-234); *ep.* 157,22 (CSEL 44, 449-488, 470f.); *gest. Pel.* 11,25 (CSEL 42, 78f.).

[139] Es sei hier nur noch einmal Flaschs (Logik 51) Feststellung in Erinnerung gerufen: »Augustin betont, er habe den Pelagianismus widerlegt, bevor es ihn gab; er sagt nicht, daß er ihn vertreten habe, bevor es ihn gab.« Vgl. *dono perseu.* 52.55 (PL 45, 1026f.).

[140] Vgl. Moreau, Dossier Marcellinus 13-19.

[141] Vgl. PL 38, 1076, Anm. (b); Madec, Annales 226f.

[142] *Sermo* 216,9 (PL 38, 1081f.): *excitamini* […] *annuntietis opera domini* […] *qui potens est: quia magnum nomen eius et sapientiae eius non est numerus. uitam quaeritis currite ad eum qui est fons uitae: et fugatis tenebris fumosarum cupiditatum uestrarum, uidebitis lumen in lumine uniteniti illius uestri atque clementissimi redemptoris et fulgentissimi illuminatoris.* Vgl. *uera rel.* 8,15,44; 9,21,58; 42,79,224 (CChr.SL 32, 197.200.239) und die Deutung von Erlösung als Erleuchtung (nämlich durch die Gnade Christi (vgl. Joh 1,9; 12,35). Unmittelbar im Anschluß an diesen Passus in *sermo* 216 folgt das Zitat Ps 16,7 (*si salutem quaeritis, sperate in eum qui saluos facet sperantes in se*).

[143] PL 38, 1065, Anm. (a).

[144] *Sermo* 214,3 (PL 38, 1067): *nullo modo igitur omnipotentis uel mutant uel superant uoluntatem* [*iniqui*] *siue homo iuste damnetur, siue misericorditer liberetur, uoluntas omnipotentis impletur. quod ergo non uult omnipotens, hoc solum non potest. utitur ergo malis, non secundum*

Schon diese wenigen Beispiele dürften die Schwierigkeiten einer genauen Zuordnung von Predigten zu bestimmten Phasen im Denken Augustins und einer Feststellung erster antipelagianischer Äußerungen in *sermones* verdeutlichen. Auch genaueste Forschungen konnten nur einzelne *sermones* datieren.[145] Auch an diesen zeigt sich dann (immer unter den entsprechenden Voraussetzungen), wie Augustin tatsächlich nur ganz allmählich in die pelagianische Kontroverse hineingeriet und wie sich dabei zwar einige Akzente seiner Gnadenlehre verschoben, der erkenntnistheoretische Grundduktus sich jedoch durchhielt.[146]

Sermo 359 wurde wahrscheinlich Ende 411 in Karthago gehalten, nachdem im Sommer die Caelestius-Affäre getobt hatte. Augustins Ton gegenüber den Donatisten ist in ihr eher beschwichtigend. Thema ist der Zusammenhang von Eintracht und Nächstenliebe nach Sir 25,2 (*concordia fratrum et amor proximorum*). Wie schon so oft schreibt ihm Augustin eine erkenntnistheoretisch gnadentheologische Bedeutung zu. Er vergleicht die vielen Stimmen (*uoces*) mit dem einen Wort (*uerbum*): Solange das Wort nur als gesprochenes verkündet wird, bleibt es nichts weiter als eine Stimme, ein Ruf, der in der Wüste verklingt. Die erlösende Kraft Christi liegt jedoch darin, daß in ihm das Wort Fleisch wird und in seinem Geist die vielen Stimmen zur Einheit zusammenführt.[147] Die Orientierung am Geist ist wesentlich. Arm im Geist, so Augustin, soll man bleiben, nicht anfangen, vermeintliche geistige Besitzstände (*possessiones*), also Dogmen verteidigen zu wollen, was nur zur Zwietracht führt. Kein Häretiker kann sich auf Jesus berufen, der es immer vehement ablehnte, dadurch Frieden zu stiften, daß er das Erbe der Menschheit unter Streithähnen aufteilte (*o homo, quis me constituit diuisorem haereditatis inter uos?* Lk 12,14). Wahres Wachstum in der Glaubenseinsicht besteht vielmehr darin, offen zu sein für die in der Kirche verkündete Wahrheit. Wahrhaft geistige Menschen, Intellektuelle im Glauben, haben es nicht nötig, ängstlich und um jeden Preis zu versuchen, geistige Besitzstände zu wahren. Die Donatisten dagegen sollten die Gelegenheit nutzen und aus der Geschichte lernen, die Zeichen der Zeit richtig deuten: Viele aus ihrer Sekte sind bereits wieder zum wahren Glauben zurückgekehrt. *Sermo* 359 schließt mit einem Gebet für die Zuhörer um die Gnade der Einsicht in eben dieser Hinsicht.

Sermo 293 wurde am 24. Juni 413 (Fest des Hl. Johannes des Täufers) gehalten.[148] Wiederum vergleicht Augustin zunächst, der Thematik entsprechend,

---

eorum praua, sed secundum suam rectam uoluntatem. nam sicut mali natura sua bona, hoc est, bono eius opere male utuntur. Vgl. auch hier wieder, allerdings mit verlagertem Akzent (von *utamur* zu *utitur*) *uera rel.* 8,15,45; 9,16,46 (CChr.SL 32, 197f.): *utamur ergo etiam hereticis non ut eorum approbemus errores, sed ut catholicam disciplinam aduersus eorum insidias adserentes uigilantiores et cautiores simus, etiamsi eos ad salutem reuocare non possumus.* [...] *credo autem adfuturum deum ut ista scriptura praecedente pietate legentibus bonis non aduersus unam aliquam sed aduersus omnes prauas et falsas opiniones possit ualere.*

[145] Vgl. Kunzelmann, Festlegung; Chronologie; Verbraken, Sermon 214; Sermons.

[146] *Sermones* 359; 293; 294 (PL 39, 1590-1598.1327-1348).

[147] *Sermo* 359,1 (PL 39, 1590); vgl. Drobner, Person-Exegese und Christologie 146f. Dort auch der Hinweis auf *sermo* 288 vom 24.6.401 (PL 38, 1307f.), eine Exegese von Joh 3,30 (*illum oportet crescere, me autem minui*): *ergo omnium uocum persona Ioannes, uerbi persona christus.* Vor allem zum Fest Johannes' des Täufers und an Weihnachten taucht dieses Motiv immer wieder in den *sermones* auf.

[148] Vgl. Kunzelmann 1931, 468: »Auf *sermo* 294 weist Augustin hin in *gest. Pel.* 11,25. Seinen

die Bedeutung der Geburt Johannes des Täufers mit der Jesu. Johannes ist die Stimme (*uox*), die das Wort ankündigt, Jesus das angekündigte Wort (*uerbum*) selbst, das Fleisch geworden ist.[149] Augustin illustriert die erkenntnistheoretische Problematik hinter diesem Verhältnis anhand einer Exegese von Mt 21,23-27: Als die Hohenpriester und Ältesten Jesus fragen, mit welcher Vollmacht er seine Wunder wirke, antwortet dieser mit einer Gegenfrage: »Woher stammte die Taufe des Johannes, vom Himmel oder von den Menschen?« Augustin sieht in dieser Stelle ein ganz bestimmtes Verhältnis von Glauben, Wissen, Gnadenwirken und Taufe zum Ausdruck gebracht: Die Taufe des Johannes sei ein Zeichen der Buße und Umkehr gewesen, das vom Volk als Heilszeichen (Sakrament) angenommen, von den Hohenpriestern und Ältesten aber bewußt abgelehnt worden sei. Jesus, so Augustin, fordert nun von letzteren als Bedingung für eine Information über seinen eigenen Status ein Bekenntnis (*confiteri*) zu ihrer Meinung über Johannes den Täufer. Statt sich auf eine Antwort festzulegen, was mit gewissen Folgen verbunden gewesen wäre,[150] zogen diese es aber vor, zu sagen: »Wir wissen es nicht (*nescimus*).« Dieses Nichtwissen erscheint zwar zunächst geheuchelt. Es erweist sich jedoch bei genauerem Hinsehen als durchaus »authentisch.« Die Hohenpriester und Ältesten sind auf der Ebene der Glaubens- und Gnadeneinsicht tatsächlich blind. Sie erweisen sich als unfähig, sich selbst und Jesus gegenüber Rechenschaft über ihren Glauben abzulegen. Insofern ihr Verhalten Jesus gegenüber sie als Ungläubige erwiesen hat, ist ihr Nichtwissen durchaus nicht schuldlos. Mit Recht wird ihnen deshalb die Gnade der Taufe des Johannes ebenso entzogen wie die der Präsenz Christi (*non uolentes doceri, sed timentes confiteri*).

Damit ist Augustin bei seinem Thema. Das Nichtwissen der Hohenpriester und Ältesten ist nicht einfach Ausdruck natürlicher Begrenztheit. Es ist ja gerade ihre willentliche Weigerung zu glauben, die sie am Wissen hindert. Diese Blockierung des Willens sitzt tiefer als der Angriffspunkt der natürlichen Vernunft im Sinne von Joh 1,9. Bereits aus diesem Grund kann nach Augustin auch nicht die natürliche Vernunft und die natürliche Willensfreiheit Angriffspunkt für eine Befreiung von dieser Blockierung sein. Das Heilswirken Christi, so Augustin, setzt tiefer an, im Fleisch. Es sind bereits die Säuglinge, die seiner Gnade bedürfen, wie jede Mutter »weiß,« die mit ihrem Kleinen im Arm zur Kirche eilt, um es taufen zu lassen.[151] Wie in Adam alle Menschen, gleich auf welcher Entwicklungsstufe, gesündigt haben, (nicht durch einzelne Akte, sondern) dadurch, daß sie Menschen sind, so werden durch die Taufe in Christus alle erlöst, durch

---

Angaben nach hat er ihn im Juni in Karthago nach Veröffentlichung seines Werkes *pecc. mer.* (412) gehalten. Da Augustin im Juni 412 zum Konzil in Cirta war, kommt erst der 27. Juni 413 in Betracht [Überschrift: *V KAL IUL*]. In diesem Jahre war Augustin längere Zeit in Karthago. Aus *sermo* 294,1 geht hervor, daß *sermo* 293 einige Tage vorher am Fest des hl. Johannes des Täufers, d. h. am 24. Juni 413 gehalten wurde in Karthago.« *Ep.* 141 (CSEL 44, 235-246); Goldbacher in: CSEL 58, 38.

[149] *Sermo* 293,1f. (PL 39, 1327-1329).

[150] *Sermo* 293,4 (PL 39, 1330): »*si dixerimus*,« inquiunt, »*de caelo est, dicet nobis quare ergo non credidistis ei? si autem dixerimus, ab hominibus, lapidant nos populi.*« Vgl. Mt 21,25f.

[151] *Sermo* 293,10 (PL 39, 1333): *quid ergo, ait aliquis, et infans indiget liberatore? plane indiget: testis est mater fideliter currens cum paruulo baptizando ad ecclesiam.*

seinen Tod hindurch zu neuem, ewigen Leben erweckt.[152] Diese fundamentale
gnadenhafte Glaubenseinsicht hat sogar Jesus selbst mit den Menschen geteilt, als
er nämlich zu Johannes sagte: »Ich muß von dir getauft werden« (Mt 3,14: *ego
a te debeo baptizari*). Was für Sünder in ihrem Zustand des Mangels an Gnadeneinsicht eine Notwendigkeit darstellt, ist für Jesus Christus im Licht des *intellectus gratiae* ein aus liebendem freiem Willen und in vollem Bewußtsein (*conscius*)
vollzogener Akt der Demut. Augustin versteht die Aussage *debeo baptizari* in
Christi Mund als Paradox. Eine Heilsnotwendigkeit der Taufe besteht für Christus nur, insofern er der zweite *Adam* ist. Seine Fähigkeit jedoch, diesen Satz im
vollen Wissen um (*conscius*) und in der Einsicht in seine tiefste Wahrheit zu formulieren rührt daher, daß er der *zweite* Adam ist, Christus, das Licht der Gnade
Gottes in der Welt.

Drei Tage nach *sermo* 293 hielt Augustin *sermo* 294.[153] Darin geht er noch
ausführlicher als in *sermo* 293 auf die Frage der Kindertaufe ein. Klärungsbedarf
besteht für ihn nicht in bezug auf ihre Praxis. Diese entspricht, so seine Überzeugung, kirchlicher Tradition. Infrage steht die Interpretation. Es gibt einige, so
Augustin, die die Taufe so interpretieren, als ob sie die Säuglinge ins Himmelreich regelrecht einschleuste, statt ihnen das ewige Leben zu *verheißen*, da jene
Kinder ja auch nichts verbrochen, also auch nicht die ewige Verdammnis zu be-
fürchten hätten.[154] Augustin reagiert irritiert: Solches Denken, so seine Auffassung, führt die eschatologische Hoffnung christlichen Glaubens durch relativie-
rende Distinktionen ad absurdum. Er insistiert: »Das Himmelreich *ist* das ewige
Leben (*regnum enim caelorum est uita aeterna*)« und verweist auf Mt 25,31-46,
bes. 46, wo der ewige Richter, Christus, die Plätze im Jenseits nach *seinen* Kriterien verteilt: »Diese gehen ein in das ewige Feuer, die Gerechten aber in das
ewige Leben« (*abibunt isti in ambustionem aeternam, iusti autem in uitam aeternam*).[155] Was die Kriterien des Heils angeht, so bestehen für Augustin keine
Zweifel: Sie sind nur im Zusammenhang mit dem Namen Christi (*in hoc nomine*)
gültig und nur in Glaube, Hoffnung und Liebe, für die Säuglinge nicht weniger
als für Erwachsene. Wer so tut, als reichten etwa rein moralische Kriterien, ohne
christlichen Bezug, um den Menschen das Heil zu garantieren, macht sich und
den Betroffenen etwas vor. Daß ungetauft verstorbene Säuglinge aufgrund der
Sünde Adams und natürlich nicht aufgrund eigener Tatsünden ewiger Verdammnis anheimfallen, ist Sache des Glaubens. Schon in Röm 5,16 stehe: *ex uno in
condemnationem.*[156] Gottes Ratschluß sei eben unergründlich (Röm 11,33).

Natürlich, so Augustin weiter, geht es bei der Sache des Glaubens, die hier
einzusehen ist, nicht um den subjektiven Glauben und die Einsicht der betroffe-

---

[152] *Sermo* 293,8 (PL 39, 1333): *per unum saluamur, maiores, minores, senes, iuuenes, paruuli,
infantes; per unum saluamur. unus enim deus, unus et mediator dei et hominum homo christus
Iesus. per unum hominem mors, et per unum resurrectio mortuorum. sicut in Adam omnes moriuntur, sic et in Christo omnes uiuificabuntur.* Vgl. 1 Kor 15,21f.

[153] Zur Datierung vgl. Kunzelmann, Chronologie 468.

[154] *Sermo* 294,2 (PL 39, 1336f.).

[155] *Sermo* 294,3 (PL 39, 1337).

[156] *Sermo* 294,7 (PL 39, 1339): *paruulus non baptizatus pergit in damnationem: apostoli enim
uerba sunt, ex uno in condemnationem.* Vgl. Röm 5,16.

nen Säuglinge, die ja gar keine Einsichts- und somit auch keine Glaubensfähigkeit besitzen und folglich auch gar nicht nachvollziehen können, was mit ihnen geschieht. Es geht vielmehr um den Glauben der Kirche, wie er sich subjektiv in den vernunftbegabten Gläubigen manifestiert, insbesondere in den Eltern der zu taufenden Säuglinge. Die Neugeborenen, so Augustin, sind eben gerade nicht dadurch erlöst, daß sie geboren wurden (*natum possunt dicere, non renatum*). Dadurch sind sie ganz im Gegenteil in eine Unheilsgeschichte mit ihren natürlichen Eltern hineingeraten. Die neugeborenen Säuglinge fangen vielmehr dadurch an, einen Weg der Verheißung zu beschreiten, daß ihnen ihre Eltern in der Taufe den Geist einhauchen lassen, der ihnen über ihr natürliches Elternhaus hinaus eine Perspektive verleiht. So wie die Kinder zwar in ihrer Geschöpflichkeit unschuldig, durch Adams Schuld jedoch schuldig und durch ihre Herkunft von ihren Eltern in diese Schuld verwickelt sind, so werden sie, obwohl von Natur aus noch zum Glauben unfähig, durch die in der Taufe vermittelte Gnade Christi in grundlegender Weise gläubig und fähig zum *intellectus gratiae*.[157]

Die letzten Abschnitte spiegeln bereits die Auseinandersetzung mit pelagianischen Argumenten wider, obwohl Augustin keine Namen nennt (vgl. stattdessen Ausdrücke wie *isti, inquiunt*). Immer wieder kontrastiert er seine eigenen Gedanken mit denen der Gegner. Im Zuge dieser Kontrastierung läßt sich nun jedes seiner nicht selten paradoxen Argumente jeweils auch umkehren. Was etwa das zuletzt zitierte Argument angeht, so will Augustin natürlich nicht die urständliche Unschuld leugnen, wenn er die Universalität der Urschuld in Adam betont, und er will ebenfalls nicht die Natürlichkeit der Unfähigkeit zur Einsicht bei den Säuglingen leugnen, wenn er betont, daß die Einsichtsfähigkeit zum Glauben nur durch die Taufgnade vermittelt wird; dennoch hat es den Anschein, als ob im Zuge seiner gnadentheologischen Argumentation die Bedeutung der Natur im Hinblick auf die Gnade völlig ausgeblendet wird. Obwohl er am Schluß wieder einmal ein Cyprian-Zitat (*ep.* 59) folgen läßt und betont, daß es hier um ein die Fundamente des Glaubens betreffendes Problem gehe (*fundata ista res est*), wird deshalb in diesem *sermo* gerade wegen der Kontrastierung seiner eigenen, überakzentuierten Position mit einer Gegenposition nicht klar, worauf Augustin mit seinen Argumenten letztlich hinauswill. Stattdessen tritt nun allmählich die Dialektik seines Gnadendenkens immer stärker in den Vordergrund, wie sie die Diskussion mit Pelagius und Julian von Aeclanum dominieren sollte.

pecc. mer. 3

In diesem Kontext ist *pecc. mer.* 3 zu sehen, eigentlich ein Brief Augustins an Marcellinus aus dem Jahr 412, in dem er noch einmal ausgiebiger auf einige von den beiden ersten Büchern her offene Fragen eingehen will. Auch hier ist eine zunehmende Akzentuierung der Positionen zu erwarten. Sie tritt allerdings noch nicht so deutlich zutage wie in der zuletzt referierten Predigt; denn Augustin bezieht sich in *pecc. mer.* 3 zwar auf einen auch anderweitig bekannten Paulus-

---

[157] *Sermo* 294,17f. (PL 39, 1346f.).

kommentar des Pelagius,[158] wendet sich aber nicht gegen Pelagius persönlich. Diesen nennt er vielmehr »einen heiligen Mann und Christen von hohem geistlichen Niveau«[159] und erwähnt nur indirekt: Pelagius zitiere in seinem Kommentar ein Argument (*argumentationem*) zu Röm 5,12, zum Problem der Übertragung der Sünde Adams auf die Menschheit als ganze und jedes einzelne Individuum. Die Vertreter dieses Arguments leugneten, daß jene Übertragung derart sei, daß damit jedes neugeborene Kind je individuell in die Sünde Adams verstrickt sei (*paruulos peccatum originale gestare*). Sie tun dies mit folgender Begründung: »Wenn Adams Sünde auch denjenigen geschadet hat, die sie nicht begangen haben, so nützt die Gerechtigkeit Christi ja auch erst recht denen, die nicht glauben.«[160] Augustin lehnt diesen Gedankengang ab mit der Begründung, daß er den Nutzen des christlichen Glaubens ad absurdum führe (*absurdissimum*). Er stehe nicht auf dem Boden des Glaubens. Es handle sich hier folglich nicht um die Ableitung eines Arguments aus einer gemeinsamen Annahme, sondern um ein neues Axiom, das er jedenfalls nicht teile. Er bleibe bei der Annahme der Heilsnotwendigkeit der Taufe als einziger möglicher Grundlage für die Entwicklung einer einsichtigen Glaubenslehre.

Ein weiteres Argument betrifft die Frage nach dem Ursprung der Seele: »Wenn nur das Fleisch und nicht auch die Seele in der Weise eines Ablegers (*tradux*) weitertradiert wird, dann hängt auch die Sünde nur am Fleisch und verdient auch nur dieses Strafe.«[161] Dies wirft für Augustin große Probleme auf. Er hat es bislang noch nicht geschafft, im Zusammenhang mit der Ursündenlehre eine vernünftige Theorie über den Ursprung der Seele zu entwerfen. Als Platoniker lehnt er die materialistische Vorstellung einer Tradierung der Sünde durch das Fleisch natürlich ab. Er versucht, indirekt vorzugehen und verweist, statt eine philosophische Beweisführung zu liefern, auf die entsprechenden Grundsätze christlicher Glaubenslehre (Mk 16,16: *qui non crediderit, condemnabitur*; Joh 3,5: *nisi quis renatus fuerit ex aqua et spiritu, non potest introire in regnum dei*). Im Sinne von *sermo* 294 meint er, es läge jenseits eines vernunftgemäßen Rahmens christlicher Glaubenseinsicht, anzunehmen, es gebe ein ewiges Leben (nicht von der Ursünde affizierter Seelen) außerhalb des Reiches Gottes. Das gehe nicht. Vom Eschaton her (s. erneut Mt 25,46) müsse ein einziges Heil angenommen werden, auch wenn dadurch augenblicklich eine philosophisch saubere Lösung der Seelenfrage, wie es den Anschein habe, nicht möglich sei und zurückgestellt werden müsse. Im Grunde sei die Gedankenführung Paulus' im Rö-

---

[158] Vgl. Souter, Commentaries; PLSuppl. 1, 1110-1374.

[159] *Pecc. mer.* 3,1 (CSEL 60, 129): *sancti uiri, ut audio, et non paruo prouectu christiani*.

[160] *Pecc. mer.* 3,2 (CSEL 60, 129): *sic ergo illa argumentatio posita est*: »*hi autem,*« inquit, »*qui contra traducem peccati sunt, ita illam impugnare nituntur: 'si Adae', inquiunt, 'peccatum etiam non peccantibus nocuit, ergo et Christi iustitia etiam non credentibus prodest, quia similiter, immo et magis dicit per unum saluari, quam per unum ante perierunt'*« [Pel. *exp. ep. Rom* 5,15 {PLSuppl 1, 1137}]. Zum Ausdruck *tradux* vgl. De Plinval, Essai 80. Beatrice (Tradux) vermutet die Ursprünge des Konzepts im Kontext jüdisch-christlichen Enkratismus'.

[161] *Pecc. mer.* 3,5 (CSEL 60, 132): »*illud quoque accedit,*« inquit, »*quia, si anima non est ex traduce, sed sola caro, ipsa tantum habet traducem peccati et ipsa sola poenam meretur*« [Pel. ebd. 1137].

merbrief ganz einfach. Die »Gestalt Adams« sei als »Antizipation« zu verstehen (Röm 5,14: *forma futuri*), die auf die Zielvorstellung hin verschieden interpretiert werden könne.[162] Augustin verweist auf eigene frühere Deutungen, etwa in *exp. prop. Rom.*[163] Der Blick auf das Ende werde verstellt durch die Dunkelheit des Ursprungs, der zwar nicht von Gott her in dieses Dunkel getaucht, aber von uns her in unserer jetzigen Situation nicht anders zugänglich sei, nicht anders eben als durch den Glauben, der sich ganz konkret, und zwar aufgrund einer erkenntnistheoretischen Grundüberlegung, auf die Heilswirksamkeit der Taufe beziehe.[164]

Diese erkenntnistheoretische Überlegung besteht darin, daß Gott selbst den Menschen durch seine bei der Taufe vermittelte Gnade Einsicht in jene verborgenen Zusammenhänge gewährt, zu der sich, so Augustin (ironisch?) respektvoll, auch Pelagius nicht voreilig äußert (*circumspectus Pelagius*). Läßt er doch die zentrale und nicht entscheidbare Frage offen, ob die Seele dem Prinzip des *tradux* unterworfen sei (was eine materialistische Seelenlehre zur Folge hätte) oder ob sie im Augenblick der Zeugung geschaffen oder aus einem ewigen Bereich als bereits geschaffene im Leib wirksam werde (was die Frage aufwürfe, wie sie dann für die Sünde verantwortlich gemacht werden könne).[165] Auch Augustin bleibt vorsichtig (*cunctanter loqui potius quam fidenter*). Er weiß: Die Annahme, daß die Ursünde dem ganzen Menschen (Leib und Seele) eine gerechte Strafe androhe, aber durch Taufe und Bekehrung in Gnade, also Heil (als Einsicht) umgewandelt werden könne, stehe von ihren philosophischen Grundlagen her (also im Bereich der Seelenlehre) auf tönernen Füßen. Sollte es nicht gelingen, in einem künftigen Werk über die Seele (*aliud de anima opus*) zu einer Lösung zu kommen, bleibe wohl nichts anderes übrig, als den ganzen Fragenkomplex (*utrumque*) als Geheimnis anzunehmen, das jegliches menschliches Begreifen übersteige.[166]

Epistula 166 (de origine animae hominis)

Augustin hat das Problem dann tatsächlich noch einmal in Angriff genommen, im Jahre 415 in *ep.* 166 *de origine animae hominis* an Hieronymus, und er hat es, um es vorwegzunehmen, wie er selbst zugibt, auch bei diesem zweiten Anlauf nicht lösen können (*quaestionem quam proposui ipse non solui*).[167] Wie aus den zuletzt zitierten Stellen von *pecc. mer.* hervorgeht, versuchte er bei seinem Lösungsversuch zunehmend profunder anzusetzen, nämlich bei der Theodizee (*hoc enim si iustum ostenditur*). Kirwan hat die Entwicklung des ganzen Fragen-

---

[162] *Pecc. mer.* 3,9 (CSEL 60, 134f.): *quamquam toto ipso loco, ubi per unius peccatum multorum condemnationem et per unius iustitiam multorum iustificationem apostolus loquitur* [Röm 5,18], *nihil mihi uideatur ambigui, nisi quod ait Adam formam futuri* [Röm 5,14]. *hoc enim reuera non solum huic sententiae conuenit, qua intellegitur futuros eius posteros ex eadem forma cum peccato esse generatos, sed etiam in alios et alios intellectus possunt haec uerba deduci.*

[163] *Exp. prop. Rom* 23f. (CSEL 84, 11f.).

[164] *Pecc. mer.* 3,9 (CSEL 60, 135): *antiquitus uniuersa ecclesia retineret fideles paruulos originalis peccati remissionem per Christi baptismum consecutos.*

[165] S. dazu im ersten Teil von Kapitel V zu *an. orig.*

[166] *Pecc. mer.* 3,18 (CSEL 60, 144f.).

[167] *Retract.* 2,45 (CChr.SL 57, 126f.).

komplexes in groben Zügen so nachgezeichnet: »Augustin ging aus von der Feststellung, daß Gottes Schöpfung als ganze gut, ja in der Tat sehr gut sei. [...]
Dies sei ohne weiteres mit der Wirklichkeit einer Vielzahl weltlicher Übel ver-
einbar; denn eine Schöpfung wie diese könnte nicht ganz sein ohne Teile, die ja
per definitionem unvollkommen und in Relation zueinander verschiedenwertig
[gut, besser, weniger gut usw.] seien. Es zeige sich außerdem, daß viele Übel
von gewissem Nutzen seien. Soweit die erste und, wie man sie auch nennen
könnte, platonische Dimension von Augustins Theodizee. Während der Auseinandersetzung mit den Manichäern genügte sie ihm als Erklärungsmodell vollkommen. Als sich nun aber neue Herausforderungen einstellten, insbesondere im Zusammenhang mit der Auseinandersetzung mit dem Pelagianismus, wurden auch
die Mängel dieses Modells sichtbar. Zum Beispiel: Wie sehr die Übel auch von
Gütern aufgewogen werden und wie nützlich sie, aufs Ganze gesehen, auch sein
mögen, Gott könnte sich dennoch als ungerecht erweisen, dann nämlich, wenn
sich herausstellte, daß die Verteilung der Übel einigen Individuen unverhält-
nismäßig mehr Leid zufügte als anderen.«[168]

Unter dem Eindruck der zuletztgenannten Problemstellung schreibt Augustin
das Buch über die Entstehung der Seele des Menschen und schickt es Hieronymus mit der Bitte um ein Urteil.[169] Er unterscheidet darin zwei Felder seines
Wissens,[170] (1) was von der (platonischen) Philosophie her außer Zweifel steht,
und (2) wo sich seiner Meinung nach im Zusammenhang mit theologischen Implikationen Schwierigkeiten ergeben. Unter (1) fallen die Konzepte der Unsterblichkeit der Seele (*inmortalitas*), ihrer Ähnlichkeit mit und Unterschiedenheit von
Gott (*non est pars dei*), ihrer Geistigkeit (*non est corpus*), sowie der begrenzten
Willensfreiheit und im Zusammenhang damit der Fehlbarkeit des Menschen (*propria uoluntate in peccatum*).[171] Unter (2) fällt die Frage, wie die Einzelseele sich
die Ursünde »zuzieht« (*ubi contraxerit anima reatum*). Dabei vorausgesetzt wird
natürlich, daß die Einzelseele sich die Sünde in Adam faktisch bereits zugezogen
hat (*ex Adam tractum*) und der betreffende Mensch dadurch von Beginn seiner
irdischen Existenz an (also spätestens schon als Säugling) als Minimalbedingung
für seine Erlösung des Sakramentes der Taufe bedarf.[172] Augustin macht diese
Voraussetzung aber nicht willkürlich, sondern in Analogie zu den »ganz natürlichen, normalen« Leiden unschuldiger Kinder. Sie sind für ihn Indizien der Existenz einer Ursünde: »Was nun die Leiden (*poenae*) kleiner Kinder (*paruulorum*)
angeht, so glaube mir, finde ich mich in einer Zwickmühle und weiß keinen Ausweg. Und ich meine hier nicht einmal so sehr die Leiden der ewigen Verdammnis nach diesem Leben, die sich alle diejenigen zuziehen, die sterben, ohne das
Sakrament der Gnade Christi empfangen zu haben. Nein, ich meine die Leiden,

---

[168] Kirwan, Augustine 68.
[169] *Ep.* 166,1 (CSEL 44, 545). Zusammen mit dem 167. Brief (mit Fragen zum Jakobusbrief)
wird *ep.* 166 Hieronymus im Sommer 415 durch den iberischen Presbyter Orosius überbracht.
[170] *Ep.* 166,3 (CSEL 44, 548): *nam quid de anima firmissime teneam, non tacebo, deinde
subiungam, quid mihi adhuc expedi uelim.*
[171] Vgl. *ep.* 166,3-6 (CSEL 44, 548-554).
[172] *Ep.* 166,6 (CSEL 44, 554).

die sie schon in diesem Leben ereilen. Müßte ich sie im einzelnen aufzählen, würde mir vor Beispielen die Zeit ausgehen (*prius tempus quam exempla deficiunt*). Sie werden von Krankheiten ausgelaugt, von Schmerzen gepeinigt, von Hunger und Durst gequält, von körperlichen und geistigen Behinderungen aller Art und von unreinen Geistern heimgesucht. Es muß, das ist gar keine Frage, gezeigt werden, wie sie all dies gerechterweise erleiden, ohne daß die Ursache dafür ihr eigenes sündhaftes Handeln ist. Abzulehnen sind dabei Lösungsversuche, die auf Gottes Unwissen, Ohnmacht oder Ungerechtigkeit hinauslaufen, sei es dadurch, daß er solches indirekt zuläßt oder dadurch, daß er es direkt bewirkt.«[173] Auch der Verweis auf das Schema *uti/frui* sei hier unzulässig; denn jene Kinder seien nicht wie Tiere dem Zweck höherer Wesen als potentielle Mittel unterworfen. Sie besäßen vielmehr Geistseelen, was sie als gottebenbildliche Wesen zum Selbstzweck mache (*anima est rationalis in illis membris, quae tantis afflictionibus poenas luit*). »Zugleich ist Gott gut, gerecht und allmächtig, was nur ein Wahnsinniger (*demens*) bezweifelt. Also müssen wir irgendeinen gerechten Grund für all diese Leiden finden, die die kleinen Kinder heimsuchen [...], die ja selbst noch keine Sünden begangen haben können, für die sie bestraft werden könnten.«[174]

Wiederum fällt Augustin nichts anderes ein, als auf den Geheimnischarakter der Ratschlüsse Gottes zu verweisen, wodurch den Kindern vielleicht im Verborgenen ein Ausgleich gewährt werde (*paruulis in secreto iudiciorum suorum bonae compensationis reseruet deus*). Dann verweist er erneut auf die christologisch (protologisch-) eschatologische Dimension des Problems (1 Kor 15,21f.) und gelangt so zum *intellectus gratiae*: Wenn »'durch das Vergehen eines einzigen Menschen alle zur Verdammnis bestimmt sind' (Röm 5,18), [...] gilt dann nicht a fortiori, daß den kleinen Kindern allein durch die Gnade Christi im Sakrament das ewige Leben zuteil wird, weil sie noch nicht zum moralischen Handeln fähig sind, [...] erfolgt doch auch die Auferstehung von den Toten durch einen einzigen Menschen: 'In Christus werden alle das Leben haben, außer die, die [moralisch] schlecht gelebt haben; denn ihnen bringt die Auferstehung das Gericht'.«[175] Und diese letzte Klausel falle für die Kleinen eben nicht ins Gewicht, weshalb bei ihnen die Wirksamkeit der Gnade Christi im Sakrament besonders deutlich zutagetrete. Mit einem Cyprian-Zitat (*ep.* 64,2-6 [CSEL 3, 718-721]) versucht er noch einmal, zu betonen, daß er hier nichts Neues vertreten, sondern lediglich die ursprüngliche Lehre der Kirche verteidige, »nichts als die Gnade Gottes durch Jesus Christus unseren Herrn« (Röm 7,24f.).

Es sei leicht, so schließt er mit einem spitzen Blick auf seine Gegner, eine kreatianistische Ursünden- und Seelenlehre zu vertreten, wenn man den Zusammenhang von Christologie, Gnaden- und Sakramentenlehre außer acht lasse, so als ob sich das Schicksal der Kleinen außerhalb dieses Fragenkomplexes (*praeter Christi sacramentum*) entscheide. Es sei ebenfalls möglich, im Gegensatz dazu eine eschatologische Lehre von der Neuen Schöpfung zu entwerfen, die nach dem

---

[173] *Ep.* 166,16 (CSEL 44, 568f.).
[174] *Ep.* 166,16 (CSEL 44, 569f.).
[175] *Ep.* 166,21 (CSEL 44, 576-578).

völligen Zerfall der Alten wie aus nichts in eine neue Urständlichkeit gehoben werde.[176] Schwieriger sei es, zwischen den beiden Extrempositionen eine philosophisch vertretbare christliche Kombination von Gnaden- und Seelenlehre zu entwickeln, die der tatsächlichen historischen Situation der Menschen gerecht werde. Einerseits bedürften die Seelen der Gnade Christi im Sakrament, sonst wäre das Sakrament überflüssig, andererseits seien sie unzerstörbar, sonst wären sie keine Seelen. Es müßten also dieselben Seelen sein, die in Adam sündigten, ohne die Gnade Christi im Sakrament zur Welt kämen und in Christus erlöst würden. Das aber schließe nach dem gegenwärtigen Erkenntnisstand sowohl ihre Fortpflanzung auf materiellem Wege als auch ihre Schöpfung, gleich ob simultan oder präexistent, aus.[177]

Ob Augustin von Hieronymus in dieser Frage wirklich eine Antwort erwartete, kann bezweifelt werden. Das Dilemma ist so offensichtlich, Hieronymus' Art, Theologie zu treiben zu verschieden von der Augustins.[178] Für Augustin bedeutete schon die nunmehr klare Formulierung der Problemstellung einen Fortschritt.[179] Hieronymus dagegen hatte für diese Art von Fragestellung nur wenig Sinn. In einer kurzen, wenn auch höflichen Antwort wies er auf die Gefahren hin, die unbedachte Äußerungen in solchen Fragen in kirchlich unsicheren Zeiten heraufbeschwören würden.[180]

(e) Zusammenfassung

Trotz der zuletzt genannten Grenzen des *intellectus gratiae* im Bereich der Seelenlehre war seine Anwendung in einer ganzen Reihe von Feldern der Sakramentenlehre ausgesprochen erfolgreich verlaufen. In *ad Simplicianum* 2,1 hatte Augustin am Beispiel Sauls in 1 Sam 16,14 Substanzielles zur Heilsrelevanz von Berufung und Amt sagen können. In *bapt.* wurde die Fragestellung erweitert auf das Problem von Taufe und Kirchenzugehörigkeit angesichts der donatistischen Lehre von der Wiedertaufe. Augustin konnte dabei anhand von Cyprian-Texten erstmals auch ein Traditionsargument entwickeln. Typisch für das Konzept des

---

[176] Vgl. *ep*. 166,26 (CSEL 44, 580f.): *nolo mihi dicatur pro hac sententia debere accipi, quod scriptum est: »qui finxit spiritum hominis in ipso«* [Sach 12,1] *et »qui finxit singillatim corda eorum«* [Ps 32,15] [...] *»cor mundum crea in me, deus«* [Ps 50,12] [...] *»tunc conuertetur in terram puluis, sicut fuit, et spiritus reuertetur ad dominum, qui dedit illum* [Koh 12,7] [...] *ad hominem non reuertitur, ex quo propagata est, sed ad terram, unde primus homo factus est.*

[177] *Ep*. 166,27 (CSEL 44, 582): *nam et ab his hoc idem quaeritur: si animae inculpatae oboedienter ueniunt, quo mittuntur, cur in paruulis, si non baptizati uitam istam finierint, puniuntur?*

[178] Zum Vergleich von diesbezüglichen Texten Augustins und Hieronymus' s. Fürst, Vielfalt.

[179] *Ep*. 166,27 (CSEL 44, 584): *quamuis autem desiderem, rogem, uotis ardentibus exoptem et expectem, ut per te mihi dominus huius rei auferat ignorantiam, tamen, si, quod absit, minime meruero, patientiam mihi petam a domino deo nostro, in quem sic credimus, ut aliqua nobis non aperiri etiam pulsantibus nullo modo aduersus eum murmurare debeamus.* Hier taucht wieder einmal hier bereits aus dem Frühwerk bekannte Topos des Anklopfens auf (Mt 7,7f. par. Lk 11,9f.), der ständigen Offenheit im Hinblick auf eine mögliche Antwort, deren Hoffnung auf Erfüllung nicht durch Voreingenommenheit verspielt werden soll.

[180] Hier. *ep*. 134,1 (CSEL 56, 261f.).

intellectus gratiae war dabei, daß er dies konnte, obwohl Cyprian selbst eine abweichende Position in dieser Frage vertreten hatte. In *pecc. mer.* schließlich drehte sich die Problemstellung um. Nun ging es nicht mehr darum, die einmalige Taufe als ausreichend für ein im Glauben angenommenes Gnadenwirken zu empfehlen, sondern sie mit einer Erbsündenlehre überhaupt erst einmal als notwendig zu beweisen. Es zeigte sich, daß dies nur unter Verwendung biblischer Argumente und daraus abgeleiteter anthropologischer Grundüberlegungen möglich war. Vor allem das letzte Textbeispiel, *ep.* 166 an Hieronymus *de origine animae hominis*, führte vor Augen, daß eine philosophische Diskussion des Themas, etwa mit einem ontologischen Geistseele-Begriff, Verwirrung stiften würde. Die Gnadenlehre konnte nur über eine theologische Erkenntnislehre und Hermeneutik ihr Ziel verfolgen, mit dem in Grenzfragen (etwa zum Bösen) aporetischen Konzept eines *intellectus gratiae*. Ontologische Aussagen zur geistigen Beschaffenheit des Menschen waren mit ihr nicht möglich.

KAPITEL IV

HERMENEUTIKEN DES *INTELLECTUS GRATIAE*

1. ZUM KONTEXT DER ENTSTEHUNG VON *DE DOCTRINA CHRISTIANA*

Im Laufe des Jahres 412 bekundete Augustin in einem Brief an Marcellinus zum ersten Mal die Absicht, seine Schriften durchzusehen und, wo nötig, schriftlich zu revidieren.[1] Bei der Auseinandersetzung mit Pelagius' Pauluskommentar in *pecc. mer.* 3 war ihm offenbar klar geworden, daß Pelagius wohl Gründe hatte, sich auf einige seiner, Augustins, Positionen von vor 397 zu berufen. Er zog daraus die Konsequenz, weniger philosophische Experimente (etwa im Bereich der Seelenlehre) anzustellen und sich stattdessen intensiver um die »Sache der Gnadenlehre,« die *causa gratiae* zu bemühen.[2] Diese neue Weichenstellung hinderte ihn freilich zunächst nicht daran, neben seinem »tagespolitischen« Engagement gegen den aufkeimenden Pelagianismus weiter an seinen großen spekulativen Werken (*gen. litt., ciu. dei, trin.*) zu arbeiten. Die in *ep.* 143 angekündigte Revision ließ infolgedessen weitere beinahe 15 Jahre auf sich warten. Als er dann endlich 426 zur Abfassung der zwei Bücher der *retract.* kam, war er, wie es scheint, richtiggehend überrascht, ein wichtiges Werk aus dem Jahr 397 unvollendet vorzufinden, zwei Bücher und einige Paragraphen eines dritten Buches über die christliche Gelehrsamkeit, *de doctrina christiana.* »Sie zuerst fertigstellen wollte ich eher,« schreibt er, »als sie [noch einmal] so liegen zu lassen und zur Revision der weiteren Werke überzugehen.«[3]

Doctr. ist eine der ersten Schriften, die im zweiten Buch der *retract.* aufgeführt werden. Augustin hat also offenbar kurz nach seiner Bischofsweihe mit ihrer Abfassung begonnen.[4] Ihre Entstehung erstreckt sich somit über die gesamte Zeit der gnadentheologischen Entwicklung Augustins nach 397. Ihre genauere Untersuchung könnte auch wertvolle Aufschlüsse über die Hermeneutik der Gnadentheologie Augustins im Zusammenhang mit dem Begriff des *intellectus gratiae* zutagefördern, zumal wenn sie im Kontext ihrer Entstehung im Zusammenhang mit anderen Werken gesehen wird.[5]

Die Wirkungsgeschichte von *doctr.* ist so umfassend, daß die grundsätzliche Diskussion darüber, was Augustin mit diesem Werk eigentlich bezweckt hat, bis heute andauert.[6] Im Zusammenhang mit *doctr.* wurde die Situation spätantiker Kultur und Bildung überhaupt untersucht.[7] Das Proöm, in dem allgemein von der

---

[1] *Ep.* 143,2 (CSEL 44, 251f.).

[2] Vgl. Brown, Augustinus 309-319.

[3] *Retract.* 2,4 (CChr.SL 57, 92).

[4] Vgl. Martin, De doctrina christiana; CChr.SL 32, vii-xix.

[5] Vgl. Mayer, Zeichen; Die antimanichäischen Schriften Augustins; Studer (Rez. Prestel 223) zur Wichtigkeit von *cat. rud.* im Kontext von *doctr.* hin; *doctr.* 3,33,46 (CChr.SL 32, 105) die Erwähnung von *spir. litt.*

[6] Zur Wirkungsgeschichte vgl. Opelt, Nachwirkung; Most, Rhetorik und Hermeneutik.

[7] Vgl. Marrou, Ende; Prestel, De doctrina christiana. Zu verweisen ist hier auch auf die dem-

Absicht des Werkes und einer kontroversen Problemstellung (wissenschaftliche vs. charismatische Exegese der Hl. Schrift) die Rede ist,[8] wurde als Gegenentwurf zu den verschiedensten Auslegungstraditionen gedeutet,[9] zuletzt von P. Bright und Ch. Kannengiesser.[10] Darüber hinaus kann *doctr.* als ein weiterer Schritt Augustins beim Ausbau seiner Lehre vom *intellectus gratiae* verstanden werden. Es geht darin um die Schriftauslegung als gnadenhaften Prozeß erkenntnistheoretischer Aneignung der Botschaft der Heiligen Schrift, um wissenschaftliche Schriftauslegung mit dem Ziel der Einsicht des Ausgesagten als Gabe des Geistes. Augustin hatte lange vor der Herausforderung der *causa gratiae*

---

nächst in Veröffentlichung vorliegende Habilitationsschrift von Karla Pollmann sowie K. Pollmann, Art. De doctrina christiana, in: AugL 2, die im folgenden leider nicht mehr berücksichtigt werden konnten. S. außerdem die Neuerarbeitung von Text und Übersetzung von R. P. H. Green (Oxford 1995).

[8] *Doctr.* prooemium 1-9 (CChr.SL 32, 1-6): *sunt praecepta quaedam tractandarum scripturarum, quae studiosis earum uideo non incommode posse tradi, ut non solum legendo alios, qui diuinarum litterarurm operta aperuerunt, sed etiam ipsi aperiendo proficiant [...] omne uerum ab illo est, qui ait: »ego sum ueritas«* [Joh 14,6]. *quid enim habemus, quod non accepimus? quod si accepimus, quid gloriamur quasi non acceperimus* [vgl. 1 Kor 4,7]? *[...] iste qui praecepta, quae conamur tradere, acceperit, cum in libris aliquid obscuritatis inuenerit, quasdam regulas uelut litteras tenens intellectorem alium non requirat.* Schon hier also wird in aller Kürze deutlich, worauf es Augustin ankommt: (1) Grundlage ist die Gnade in Christus; (2) Gnade bedeutet nicht irgendein Charisma vom Himmel, sondern konkretes Lernen (*discere*) und Einsehen (*intellegere*) der von der Heiligen Schrift vermittelten Botschaft; (3) Die vorliegende Schrift (*doctr.*) liefert ein Zeichensystem (*regulas uelut litteras*), das diesen Prozeß ermöglicht. Vgl. Kevane, Paideia; Fortin, Rhetoric.

[9] Vgl. Duchrow, Prolog (gegen Mönche); Opelt, Doctrina (gegen Pelagianer); Brunner, Prolog (gegen »konsequente Charismatiker«).

[10] Vgl. Kannengiesser, Conflict 3-21. Kannengiesser sieht *doctr.* bereits von seinen Ursprüngen her als Gegenentwurf zu Tyc. *lib. reg.* Dagegen ist einzuwenden, daß Augustin im Prooem betont, daß er im Unterschied zu manchen Leuten Regeln zur Schriftauslegung für nötig halte, nicht aber, daß er andere Regeln für nötig halte als gewisse Leute, etwa Tyconius. Es entspräche außerdem nicht Augustins Stil, einen Theologen wie Tyconius nicht von Anfang an beim Namen zu nennen. Es wurde bereits darauf hingewiesen, daß Augustin generell dazu tendierte, Tyconius (ähnlich Cyprian in *bapt.*) nicht zu widerlegen, sondern ihn auf sein eigenes Denken hin zu harmonisieren. Andernfalls hätte er ihn (wie etwa Faustus und später Julian) beim Namen genannt und ein Werk *contra Tyconium* geschrieben, bei dem er den gegnerischen Text minutiös zitiert hätte. Bei der Wiederaufnahme der Arbeit an *doctr.* 426 tat er dann letzteres ja auch. Daraus daß er es 396 nicht tat, ist also vielmehr zu schließen, daß *doctr.* nicht als Gegenentwurf zu *lib. reg.* oder sonst einer Bibelhermeneutik gedacht war, sondern als Augustins eigener Entwurf auf diesem Gebiet. Und weiter: Daraus daß Augustin das um 380 entstandene *lib. reg.* wahrscheinlich seit 394 kannte (s. Zitat *ep.* 41,2), ergibt sich noch nicht, daß *lib. reg.* trotz der Stellung Tyconius' als *das* herausragende Standardwerk der Bibelhermeneutik in Nordafrika zu gelten habe, von dem *doctr.* unweigerlich abhänge. Die Situierung von *doctr.* im nordafrikanischen ekklesialen Milieu rechtfertigt noch nicht die Deutung als Mißverständnis von *lib. reg.* Der Hinweis Brights auf den (als Ausdruck der Dekadenz Augustins gedeuteten) Platonismus von *doctr.* (Conflict 74) ist eher das Gegenteil einer Erklärung. Wenn die Frage ist, wie *doctr.* eine so große Nachwirkung zeigen konnte, worin diese genau bestand und wo ihre Quellen zu suchen sind, dann kann die Antwort nicht sein: Im mangelnden Verständnis von *lib. reg.*; denn dort ist das, was *doctr.* gerade in hermeneutischer Hinsicht auszeichnet, eben nicht zu finden. So sehr eine angemessene Würdigung des Werkes Tyconius' auf der Höhe der heutigen Forschung wünschenswert wäre, durch den Versuch einer Relativierung des Werks Augustins ist sie nicht zu erreichen. Vgl. auch Kannengiesser, Quintilian, Tyconius and Augustine; Local Setting and Motivation of de doctrina christiana; The Interrupted de doctrina christiana.

durch den Pelagianismus mit den Arbeiten an diesem Werk begonnen, es dann aber erst spät in seinem Leben vollendet. Um einen kleinen Einblick in einige der dazwischen liegenden Entwicklungsschritte zu gewinnen, soll im folgenden skizzenhaft auf einige Werke eingegangen werden, in denen die in *doctr.* eingeführten Regeln mit dem ihnen zugrundeliegenden erkenntnistheoretischen Prinzip in der konkreten Schriftauslegung zur Anwendung kommen. Es handelt sich dabei um Werke gegen den Manichäismus (*c. Faustum*; 398-400), zum Dialog mit den Heiden (*cons. eu.*; 399), zur Praxis christlicher Bildung (*cat. rud.*; ca. 400) und zur Auslegung des Johannesevangeliums (*tr.*; ca. 406-419). Ein Gang durch *spir. litt.* (412) und *doctr.* selbst soll das Kapitel beschließen.

2. ANTIMANICHÄISCHE HERMENEUTIK (*CONTRA FAUSTUM*)

»In *c. Faustum* hat Augustin all das durchexerziert, was er in *doctr.* als Theorie konzipierte.«[11] Die 33 Bücher des Mammutwerks entstanden von 397 bis 401. Sie sind den 33 *capitula* eines entsprechenden Werkes Faustus' gegen die christliche Bibelauslegung nachempfunden. Augustin wendet sich darin gegen die von Faustus entwickelten Prinzipien manichäischer Exegese und ihre Anwendung.[12] Noch wird darin nicht, wie später in *ep.* 140 im Kontext der *causa gratiae* gegen die Pelagianer, der *intellectus gratiae* als hermeneutischer Schlüssel par excellence ins Feld geführt. Sein argumentatives Gewicht ist jedoch bereits spürbar.[13]

(a) Formale Vorüberlegungen zum Theorie-Praxis-Problem

Faustus von Mileve, gebürtig in Afrika, von beeindruckender Beredsamkeit und intellektueller Kraft, war eines der Aushängeschilder des nordafrikanischen Manichäismus. Der junge Augustin war fasziniert von ihm gewesen,[14] ein Grund vielleicht für die Vehemenz, mit der der gereifte Bischof von Hippo gegen ihn polemisierte.[15] Faustus hatte ein Werk »gegen den rechten christlichen Glauben und

---

[11] Mayer, Die antimanichäischen Schriften Augustins 302.

[12] Vgl. *retract.* 2,7 (CChr.SL 57, 95). Augustin listet *c. Faustum* unmittelbar nach *conf.* auf, das er zwischen 397 und 401 mehrmals redigiert hat. Vgl. Solignac in: BAug 13 (1969) 45-54. Es ist das erste große Werk in Form einer Sammlung von *disputationes*, vergleichbar (auch im Inhalt!) mit den beiden großen Werken gegen Julian von Aeclanum. Zum Aufbau der *capitula* bei Faustus im Kontext der Widerlegung Augustins s. Decret, Aspects 64-68; Monceaux, Faustus 16.

[13] Nicht anders als in anderen Werken aus der Zeit zwischen 397 und 411, wie sie oben bereits besprochen wurden. Wie *ep.* 140 noch aus dem Kontext der antimanichäischen Werke heraus begriffen werden kann, so ist schon *c. Faustum* im Kontext des 397 gefestigten Gnadenbegriffs zu verstehen, immer im Hinblick auf den *intellectus gratiae*. Auch ein Vergleich dieser beiden Werke zeigt, daß keine klare Trennungslinie zwischen Augustins antimanichäischer und antipelagianischer Polemik gezogen werden kann. Zu *ep.* 140 s. unten in diesem Kapitel zu Beginn von Abschnitt 6.

[14] Vgl. *c. Faustum* 1,1 (CSEL 25/1, 251); *conf.* 5,3,3-7,13 (CChr.SL 27, 58-64); Bruckner, Faustus; Monceaux, Histoire littéraire, Bd. 7, 1-43; Decret, Aspects 50-70.

[15] Vgl. die Darstellung in *conf.* 5,3,3 (CChr.SL 27, 58).

die katholische Wahrheit« verfaßt, das, wie Augustin meinte, unter allen Umständen im Geiste des *intellectus gratiae saluatoris nostri Iesu Christi* zu widerlegen war.[16] Thema dieses Werkes war die biblische Hermeneutik und die Möglichkeiten ihrer Anwendung bei der Auslegung der Heiligen Schrift im Kontext der Lehren des Manichäismus.[17]

Augustin setzte dem ein christliches Auslegungsprinzip entgegen: Die Ereignisse und Gestalten beider Testamente, des Alten und des Neuen, seien im Kontext des Glaubens an ihr Zeugnis, d. h. im Licht der Offenbarung zu begreifen. Nur so könne man hoffen, zu einer Einsicht über das in der Heiligen Schrift Gesagte[18] und so zum Heil in Christus zu kommen.[19] Kennzeichen nicht nur der manichäischen Häresie sei demgegenüber die Mißachtung des Zusammenhangs von Gnade, Liebe, Heil in Christus und Einsicht (*intellectus*).[20] Aus diesem Grund, so Augustin, kennt die Häresie auch keine Sakramente, die diesen Zusammenhang erklärten. Die des Alten Testaments, die Gesetze und Rechtsvorschriften, werden im Manichäismus unterdrückt bzw. geleugnet, die des Neuen Testaments infolge der Unterdrückung der des Alten Testaments geschichtslos allegorisiert. Das Christentum unterscheidet dagegen allgemeine (*praecepta agendae uitae*)[21] und symbolische oder sakramentale Handlungsnormen (*praecepta significandae uitae*).[22] Erstere beziehen sich auf die anthropologische Grundstruktur und sind in allen Kulturen verstehbar, letztere auf Symbolhandlungen, die nach Kontext variieren. Das alttestamentliche Gebot der Beschneidung (Gen 17,10) etwa steht im neutestamentlichen Kontext für die Kindertaufe. In jedem Fall ent‐

---

[16] *C. Faustum* 1,1 (CSEL 25/1, 251).

[17] Diese muß nicht weniger allegorisch gewesen sein als jene, die Augustin zur Zeit seiner Bekehrung bei Ambrosius kennenlernte. Ihre Allegorie hatte nur andere Zielvorstellungen: Offener Kampf zwischen Gott und dem Bösen statt Allmacht eines guten und gerechten Gottes, Dualismus zwischen Materie und Geist statt Inkarnation, Absolutsetzung der Endzeit und Trennung von Altem und Neuem Testament statt Schema Verheißung-Erfüllung usw.; vgl. Wenning, Hermeneutik; Bruckner, Faustus 47.

[18] *C. Faustum* 3,2 (CSEL 25/1, 269f.): *intellegebant [personae utriusque testamenti] enim reuelante sibi spiritu dei, quid tempori illi congruerent et quibus modis deus per illas omnes res gestas et dictas futura figuranda et praenuntianda decerneret […] sed uos ista non intellegitis, quia, sicut propheta dixit: »nisi credideritis, non intellegetis«* [Jes 7,9b LXX]. Zur Bedeutung von *reuelare* in diesem Zusammenhang vgl. Wieland, Offenbarung; zur Bedeutung von *res* in Entsprechung der in *doctr.* formulierten vgl. Sieben, Res.

[19] *C. Faustum* 5,5 (CSEL 25/1, 277): *»finis autem praecepti est caritas de corde puro et conscientia bona et fide non ficta«* [1 Tim 1,5] […] *[Christus dicit] »ego sum ueritas«* [Joh 14,6]; *speciem carnis, mortem crucis, uulnera passionis, cicatrices resurrectionis mentitum esse suadetis?*

[20] *C. Faustum* 5,11 (CSEL 25/1, 284): *uos autem si spiritalis atque intellegibilis boni caritate […] arderetis […] solem istum corporeum non pro diuina substantia et pro sapientiae luce coleretis.*

[21] Etwa die zehn Gebote, die nach Augustin freilich unter den Voraussetzungen der Bergpredigtprinzipien zu verstehen sind, d. h. im *intellectus gratiae*, nach dem Gottesliebe und Nächstenliebe in der Reinheit des gnadenhaft von Glaube, Liebe und Hoffnung erfüllten Herzens als identisch zusammengefaßt werden im Prinzip des gnadenhaften Nicht-Begehrens, der Außerkraftsetzung der Konkupiszenz: *non concupisces* (Ex 20,17; vgl. Mt 5,27f.). Nur unter Voraussetzung des *intellectus gratiae* also kann diesem Prinzip universale, kulturübergreifende Bedeutung zugemessen werden.

[22] Vgl. *c. Faustum* 6,1f. (CSEL 25/1, 284f.).

scheidend ist der Bezug zu Christus und seinem Heilswerk (1 Kor 10,6.10: *haec omnia in figura contingebant illis; scripta sunt autem propter nos, in quos finis saeculorum obuenit*).[23]

(b) Gnadentheologische Aspekte

Nach diesen einleitenden, eher formalen exegesetheoretischen Überlegungen geht Augustin etwas näher auf einige gnadentheologische Aspekte der Thesen Faustus' ein: Wie alles in der Bibel auf Gottes Gnade und sein Heilswirken in Christus hin gedeutet werden müsse, so ganz besonders natürlich auch die extremen Probleme moralischen und spirituellen Scheiterns der Menschen voreinander und vor Gott. In diesem Bereich sahen die Manichäer durch biblische Aussagen über »Erwählung und Verwerfung« ihren Dualismus bestätigt. Augustin gibt zu: Die biblischen Aussagen zu diesem Thema klingen problematisch. Doch er erwidert: Die manichäischen Lösungsversuche, Unterdrückung des alttestamentlichen Kanons und Einführung eines Prinzips des Bösen, greifen zu kurz. Er hält dagegen:

Das Paradox biblischer Soteriologie
Verstünde man, so Augustin, die Bibel lediglich als Sammlung von Fakten, sähe das Ergebnis düster aus: Gott hat die Menschen erschaffen und zum Heil erwählt, die Menschen aber haben sich gegen Gott gewandt und den Tod gewählt. Nun ist aber in der Bibel selbst davon die Rede, daß die erzählten Fakten Beispiele dafür sind, daß es hoffentlich anders kommt, nämlich durch Gottesfurcht (Röm 11,20: *noli altum sapere, sed time*),[24] Glauben an Christus,[25] Hoffnung und Liebe.[26]

---

[23] Damit könnte man Wenning (Hermeneutik) insoweit ergänzen, als Augustin davon ausgeht, daß Geringachtung bzw. Andersartigkeit der Allegorie bei den Manichäern dogmatische Gründe hat, wie ja auch seine eigene Exegese von dogmatischen Überlegungen beeinflußt wird.

[24] *C. Faustum* 9,2 (CSEL 25/1, 309). Wenn, so Augustin, Gott sogar sein eigenes Volk gerechterweise hätte verwerfen können, um wieviel dankbarer müssen ihm die sein, die er dennoch durch sein Volk retten will? – Oder noch prägnanter: Ohne *Iudaismus* kommt das Heil nicht auf den Weg, allein mit *Iudaismus* bleibt es nicht auf dem Weg. Das ist für Augustin die Aussage des Alten Testaments.

[25] *C. Faustum* 11,7 (CSEL 25/1, 323): *non autem dixit: »putabamus Christum secundum carnem,« sed »noueramus«* [2 Kor 5,16]. Schlußfolgerung hier: Nicht die Erkenntnis im Fleisch bringt Heil, sondern der Glaube, der über Hoffnung und Liebe zur Einsicht führt.

[26] *C. Faustum* 11,7 (CSEL 25/1, 324.328): *tam certam spem tenemus futurae nostrae incorruptionis et inmortalitatis, ut amodo iam in ipsa notitia gaudeamus* [...] *»quae sursum sunt, quaerite!«* [Kol 3,1] [...] *»spe enim salui facti sumus* [...] *speramus, per patientiam expectamus«* [Röm 8,23f.] [...] *»seminatur corpus animale, resurget corpus spiritale«* [1 Kor 15,44]. Der Heilsweg ist also Erkenntnisweg: Das Evangelium wird verkündet und zunächst im Fleisch wahrgenommen, ehe es im Geist unterschieden wird und es zur Entscheidung für den wahren Glauben sowie zur Bewährung in ihm kommt. Lernen findet statt in Raum und Zeit, ebenso Wachstum in der Hoffnung und in der Liebe, insbesondere Liebe zur Einheit im Glauben, im Geist und in der Freude, Liebe die aus Einsicht entspringt und in Einsicht mündet. Und all dies unter Voraussetzung und im Rahmen göttlichen Gnadenwirkens. Vgl. *c. Faustum* 12,5.16 (CSEL 25/1, 334.344): »*si quis uobis euangelizauerit praeterquam quod euangelizauimus uobis, anathema sit*« [Gal 1,9] [...] *»non potest autem excidere uerbum dei«* [Röm 9,6] [...] *»studentes seruare unitatem spiritus in uinculo*

Rechtfertigung des alttestamentlichen Kanons

Dem Bibeltext zugrunde liegt ein semantisches Spannungsgefüge von Verheißung und Erfüllung. Einsicht in dessen tiefste Bedeutung ist Heil. Alle Ereignisse, auch die alttestamentlichen, sind im Hinblick auf diesen gnadenhaften Erkenntnisprozeß bedeutsam, Noahs Arche in Beziehung zur Kirche,[27] Mose' bronzene Schlange zum erhöhten Christus,[28] sein verhülltes Haupt zur Offenbarung in Christus usw.[29] Nur ausgehend vom Glauben an ein geschichtlich konkret manifestes Heil kann auf Einsicht (*intellectus*) hin gelebt werden. Diese ist zugleich Vollendung der Gnade (der Heiligen Schrift, des Neuen Testaments, des gnadengewirkten Glaubens an ihre Verheißungen und Offenbarungen, der daraus entspringenden Hoffnung und Liebe).[30]

Für Faustus bedeutet das Alte Testament eine Verunreinigung des Heilswerks Christi. Seine Aussagen, so sein Empfinden, beschmutzen das Gedächtnis Christi. Er nennt als Beispiel für einen solchen Fall die Rede von der Verfluchung dessen, der am Holz hängt (Dtn 21,23). Augustin dagegen sieht solche Aussagen als Chance. Sie seien Grundlage für die ständige Neubestimmung des Glaubens. Das Gesetz, das Alte Testament sei nicht selbst der Fluch. Vielmehr werde schon durch es der Fluch überwunden, dadurch daß er geäußert und in seiner wahren, nämlich soteriologischen Bedeutung in Christus (also im *intellectus gratiae*) erkannt werde. Schon das Gesetz, so Augustin, kommt in diesem Sinne durch Gnade zur Anwendung. Die Gnade des Neuen Testaments ist lediglich seine Erfüllung. Diese erweist freilich auch den Buchstaben des Gesetzes (also die erwähnte deskriptive Ebene) als tödlich. Nur in der Erfüllung, in der Transzendierung der deskriptiven Ebene verwandelt sich Gesetz in Gnade.[31]

---

pacis« [Eph 4,3] [...] *»qui mecum non conligit, spargit«* [Mt 12,30] [...] *»cor nostrum dilatatum est«* [2 Kor 6,11] *unde nisi caritate spiritali? propter quod ipse item dicit:* »caritas dei diffusa est in cordibus nostris per spiritum sanctum, qui datus est nobis« [Röm 5,5].

[27] *C. Faustum* 12,14 (CSEL 25/1); vgl. *bapt.* 5,39 (CSEL 51, 295-297) zum Vergleich der Sintflut als Bestrafung der Menschheit vor Gott und der Rettung Noahs durch die Arche (*aqua et lignum*) mit der Menschwerdung Christi, seiner Passion, seinem Kreuz und seiner Taufe (*aqua et lignum*) als Heil für die ganze Menschheit; s. auch oben in Kapitel III (S. 114).

[28] *C. Faustum* 12,30 (CSEL 25/1, 358); vgl. Num 21,8; Joh 3,14.

[29] *C. Faustum* 12,39 (CSEL 25/1, 366): *quod apostolus ait:* »cum transieris ad dominum, auferetur uelamen« [2 Kor 3,16] [...] *quodsi ad Christum transisset, ablato uelamine sacramenta ecclesiae manantia ex latere hominis illius inuenisset. nam quia praedictum est:* »erunt duo in carne una« [Gen 2,24], *propterea et in arca quaedam ibi ad Christum, quaedam uero ad ecclesiam referuntur, quod totum Christus est.* Nur der aus den Verheißungen des Alten Testament heraus offenbarte Christus ist *totus Christus.*

[30] *C. Faustum* 12,45f.; 13,11.16 (CSEL 25/1, 374f.390.397): *»quomodo autem inuocabunt, in quem non crediderunt? aut quomodo credent ei, quem non audierunt? quomodo autem audient sine praedicante? aut quomodo praedicabunt, si non mittantur?«* [Röm 10,14] [...] *uerum disciplina catholica propterea simplici fide prius nutriri oportet docet mentem christianam, ut eam capacem faciat ad intellegenda superna et aeterna. sic enim et propheta dicit:* »nisi credideritis, non intellegetis« [Jes 7,9b LXX] [...] *»dedit illis [non credentibus] deus spiritum conpunctionis, oculos, ut non uideant, et aures, ut non audiant et non intellegant«* [Röm 11,8; vgl. Jes 6,10] [...] *»nemo glorietur in homine«* [1 Kor 3,21] *»gloriatio mea tu es«* [Jer 17,13]. Vgl. 1 Kor 1,31 (*qui gloriatur, in domino glorietur*). Am Glauben an Christus vorbei und gegen ihn gibt es demnach also keine Einsicht. Einsicht des Glaubens ist *intellectus gratiae [Christi].*

[31] *C. Faustum* 15,4.8 (CSEL 25/1, 422f.432f.); vgl. 1 Petr 2,4f. (Der [lebendige!] Stein, den

Widersprüche zwischen Altem und Neuem Testament sind nicht kontradikto-
risch, sondern konträr auf der Grundlage der Heilsfähigkeit der ganzen Menschheit zu verstehen. Das »Neue« des Neuen Testaments bedeutet nicht Bruch mit
dem Alten, sondern Erneuerung durch Bekehrung im *intellectus gratiae*.[32]

Das Böse im Manichäismus und bei Augustin

Faustus weist den Vorwurf zurück, er führe ein göttliches Prinzip des Bösen
ein.[33] In einer Tiefenanalyse zeigt Augustin jedoch Verbindungslinien zwischen
dem Ausschluß des alttestamentlichen Kanons und einem theologischen Dualismus auf, wie er ihn Faustus unterstellt.[34] Bereits Paulus habe sich in Röm mit
einer solchen Gottesvorstellung auseinandersetzen müssen.[35] Mehr als 10 Jahre
vor *ep.* 140 ist es faszinierend, zu verfolgen, wie Augustin Argumente, die ihm
später, etwa von Julian von Aeclanum, als Kryptomanichäismus ausgelegt werden
sollten, in einer antimanichäischen Polemik entwickelt: »Ein und derselbe Gott
wirkt nach dem Zeugnis der Lehre der Apostel beides,«[36] Erwählung und Verwerfung, nicht zwei verschiedene Götter. Zu verstehen ist dies, so Augustin, (Geheimnis seiner Ratschlüsse!) nur im Gebet, etwa wenn der Psalmist »Erbarmen
und Gericht« besingt.[37] Nichts kann man tun, als mit Hilfe der Sakramente um

die Bauleute verwarfen, ist zum Eckstein geden); Röm 13,10b (Die Erfüllung des Gesetzes ist die
Liebe); Röm 7,7 (Die Sünde wird durch das Gesetz erkannt); *c. Faustum* 17,5f.; 19,7f. (CSEL
25/1, 488f.; 504.506): *iam illud quam sit infirmum, quis non uidet, quod ait non eum dicere
potuisse:* »*nolite putare, quia ueni soluere legem aut prophetas; non ueni soluere, sed adimplere*«
[Mt 5,17] [...] *nec intellegit Faustus aut forte se fingit non intellegere, quid sit inplere legem* [...]
»*in hoc scient omnes, quia discipuli mei estis, si uos inuicem diligatis*« [Joh 13,35] [...] »*littera
occidit, spiritus autem uiuificat*« [2 Kor 3,6] [...] »*si enim data est lex, quae posset uiuificare,
omnino ex lege esset iustitia*« [Gal 3,21f.] [...] »*quod enim impossibile erat legis, in quo infirma-
batur per carnem, deus filium suum misit in similitudinem carnis peccati, ut de peccato damnaret
peccatum in carne, ut iustitia legis inpleretur in nobis, qui non secundum carnem ambulamus, sed
secundum spiritum*« [Röm 8,3f.] [...] »*lex per Moysen data est; gratia autem et ueritas per Iesum
Christum facta est*« [Joh 1,17].
[32] *C. Faustum* 19,24.28 (CSEL 25/1, 523.530); vgl. Mt 5,43f. (Feindesliebe als Erfüllung des
Gesetzes im Neuen Bund, nicht als Widerspruch zum Alten Bund); ebenso das Prinzip Ex 20,17
(vgl. Mt 5,27f.) *non concupisces*; seine Annahme beruht auf einem Erkenntnisfortschritt: »*nam
concupiscentiam nesciebam, nisi lex diceret: non concupisces*« [Röm 7,7]. Das Gesetz spielt bei
der Bildung des *intellectus gratiae* als dessen Struktur eine konstituierende Rolle.
[33] *c. Faustum* 21,1 (CSEL 25/1, 568): *unus deus est, an duo? plane unus. quomodo ergo uos
duos adseritis? numquam in nostris quidem adsertionibus duorum deorum auditum est nomen. sed
tu unde hoc suspicaris? cupio scire.* Bruckner (Faustus) nahm diesen Einwand mit Recht zum
Anlaß, Faustus nach seinen eigenen Kriterien zu beurteilen.
[34] *C. Faustum* 21,2 (CSEL 25/1, 569): *duos quidem deos in uestris disputationibus solemus audire, quod etsi primo negasti, tamen paulo post etiam ipse confessus es quasi rationem reddens,
cur hoc dicatis, quia et apostolus ait:* »*deus saeculi huius excaecauit mentes infidelium*« [2 Kor
4,4].
[35] *C. Faustum* 20,19 (CSEL 25/1, 559f.); vgl. Röm 1,20-25; *uera rel.* 10,19,53 (CChr.SL 32,
199); Du Roy, L'intelligence 309-317.
[36] *C. Faustum* 21,2 (CSEL 25/1, 570): »*numquid iniquus deus, qui infert iram?*« [Röm 3,5];
vgl. Röm 9,14f. (Ex 33,19: *miserebor, cui misertus ero*); Röm 9,22 (*uasa irae, uasa misericordiae*), Röm 1,24.26.28; zu *ep.* 140 s. in diesem Kapitel Abschnitt 6 zu *spir. litt.*
[37] *C. Faustum* 21,2 (CSEL 25/1, 571f.): »*iudicia tua abyssus multa*« [Ps 35,7] [...] »*o altitudo*

Gnade für die Einsicht in dieses Geheimnis zu bitten, im Bewußtsein, daß bereits dies Gnade sei (*intellectus gratiae*). Die Spaltung, der Dualismus, wirkt nicht im metaphysischen Bereich eines zweiten göttlichen Prinzips, sondern ausschließlich im erkenntnistheoretischen Bereich der ursündlich bedingten, gnadenlosen Einsicht des Menschen.[38] Der Geist des einen wahren Gottes aber schafft diese Einsicht durch Gnade als *intellectus gratiae* neu.[39]

(c) *Intellectus gratiae*

»Und Gott sah, daß das Licht gut war« (*et uidit deus lucem, quia bona est*; Gen 1,4). Gott, so Augustin, will in jedem Fall das Gute. Es ist die Sünde Adams, die alles zurück ins ungeschöpfliche Dunkel treibt. Die Frage »Adam, wo bist du?« (Gen 3,9) entlarvt nicht ein Nichtwissen Gottes, sondern des Menschen. Es ist von seinem Ursprung her ein Nichtwissenwollen, eine Art schuldhafter Ignoranz des sündigen Menschen Gott gegenüber. Sie gereicht den Betreffenden zum Gericht.[40] Dies wird am Gleichnis von den fünf klugen und den fünf törichten Jungfrauen (Mt 25,1-13) illustriert.[41] Die törichten Jungfrauen führen das Prinzip des Anklopfens (Mt 7,7: *pulsate et aperietur uobis*) ad absurdum. Nur wer sich vorbereitet hat und fähig ist, sich ganz der Gnade Gottes zu übergeben, wird das ewige Leben erlangen (Mt 10,39: *qui perdiderit animam suam propter me, in uitam aeternam inueniet eam*). Die aber nicht vorbereitet sind, werden dem Satan übergeben, damit sie lernen, Gott nicht zu lästern (1 Tim 1,20: *quos tradidi satanae, ut discant non blasphemare*).

Der Zusammenhang ist klar. Das Gericht ist im Kreuz. Gott, der seinen eigenen Sohn nicht geschont hat, schont weder Gerechte noch Sünder. Wenn aber selbst für die Gerechten das Heil nur mit Mühe (*uix*) zu erlangen ist, was haben

---

diuitiarum sapientiae et scientiae dei; quam inscrutabilia sunt iudicia eius!« [Röm 11,33] »*misericordiam et iudicium cantabo tibi, domine*« [Ps 100,1] »*uides ergo bonitatem et seueritatem dei*« [Röm 11,17].

[38] *C. Faustum* 21,4 (CSEL 25/1, 572): *nam cito uidetur Faustus se defendisse, cum ait:* »*non dicimus duos deos, sed deum et hylen.*« *porro autem cum quaesieris, quam dicat hylen, audies plane describi alterum deum.*

[39] Oder im Falle der Verwerfung auch nicht, jedoch immer unter der Voraussetzung, daß in Gott keine Finsternis ist (vgl. Mt 5,8b): *c. Faustum* 22,6.9 (CSEL 25/1, 595.598): *scriptum est:* »*tenebrae erant super abyssum*« [Gen 1,2], *tamquam nos abyssum dicamus deum, ubi tenebrae erant, quia lux ibi non erat, antequam deus faceret lucem?* [...] »*deus, qui dixit de tenebris lumen clarescere* [vgl. Gen 1,3] *claruit in cordibus nostris* [2 Kor 4,6] [...] »*tu inluminabis lucernam meam, domine; deus meus inluminabis tenebras meas*« [Ps 17,29] [...] »*deus autem lux est, et tenebrae in eo non sunt ullae*« [Mt 5,8b].

[40] Für den infralapsarischen Zustand des Menschen (vgl. den Hinweis auf das ursprüngliche Nicht- wissen-wollen des Menschen als Aspekt des Sündenfalls) nimmt Augustin folgende modallogischen Zusammenhänge an: Für Gott ist Nichtwissen unmöglich. Sein Wissen konstituiert Notwendigkeit. Für den Menschen ist Einsicht in letztere (ohne Gnade) unmöglich. Im Rahmen des Heilsgeschehens macht die wirksame Gnade (und nur sie!) diese nicht nur möglich, sondern auch wirklich.

[41] *C. Faustum* 22,14 (CSEL 25/1, 601); vgl. *ep.* 140,2.76-85 (CSEL 44, 156.224-233); s. auch in diesem Kapitel zu Beginn von Abschnitt 6 zu *spir. litt.*

dann erst die gottlosen Sünder zu erwarten?[42] Dies nicht einsehen zu wollen oder
zu können, ist selbst schon eine Dimension des Unheils. Den Manichäern eignet
ein solcher Mangel an Einsicht. Ihre Blindheit gleicht derjenigen der häßlichen
Lea im Unterschied zum blendenden Aussehen der klarsichtigen Rachel. Was, so
Augustin, hindert sie daran, es Jakob gleichzutun und sich im Vertrauen (*credere*)
auf Gott über ihre eigene Blindheit wie auch die Unzulänglichkeiten des Alten
Testaments hinaus um die wahre Liebe (*intellegere*) zu bemühen?[43]

Diese Einsicht der eigenen Blindheit, die Bejahung der Leiblichkeit als
Dimension der Geschöpflichkeit ist wesentliche Voraussetzung für den Heils- als
Erkenntnisweg. Die Manichäer, so Augustin, leugnen diese Dimension zusammen
mit der irdischen Geburt Jesu und der Heilswirksamkeit der Sakramente. Schon
Paulus verwies darauf, daß der Prozeß des Heils ein einziger sei, daß sich innerer
und äußerer Mensch in jedem einzelnen Menschen entsprächen, wie ja auch die
Sünde durch einen einzigen Menschen in die Welt gekommen sei und durch sie
der Tod. Entsprechend gilt: Der ganze Mensch (*totus ille homo*) wird als Sünder
durch Tod und Auferstehung Jesu Christi, wie sie in den Sakramenten vollzogen
werden, erlöst.[44] Ganzheit ist ein entscheidendes Kriterium. Das Gute ist immer
nur das Ganze. Das Ganze ist nie das Böse. Das Böse ist in bezug auf das Ganze
immer Teil (*ex parte*), erkenntnistheoretisch ausgedrückt, ein Aspekt des Ganzen.[45] Nur geistgeschenkte Gnade Christi kann es im Glauben zur Einsicht hin
überwinden (Joh 16,13: *ipse nos inducet in omnem ueritatem*).

3. ANTIPAGANE HERMENEUTIK (*DE CONSENSU EVANGELISTARUM*)

Die Abfassungszeit von *c. Faustum* überschneidet sich mit der von *cons. eu.* Um
400 war mit der Unterdrückung heidnischer Kulte in Nordafrika auf kaiserliche
Anordnung einer der letzten Gipfelpunkte der Auseinandersetzung zwischen Christentum und Paganismus im Westen erreicht. Wachsender christlicher Intoleranz
entsprachen zuletzt nur noch vereinzelte Erneuerungsversuche heidnischer Reli-

---

[42] *C. Faustum* 22,20 (CSEL 25/1, 609): *iamne intellegetis, quomodo ille desuper non parcat
nec iusto nec peccatori?* [...] *»quia filio proprio non pepercit«* [Röm 8,32] [was dem Sohn bewußt
ist, wenn er zu Pilatus sagt:] *»non haberes in me potestatem, nisi data tibi esset desuper«* [Joh
19,11] [...] *»et si iustus uix saluus erit, peccator et inpius ubi parebunt?«* [1 Petr 4,17f.].

[43] *C. Faustum* 22,52f. (CSEL 25/1, 645.647): *Lia, prior uxor Iacob; ac per hoc et infirmis
oculis fuisse commemoratur; »cogitationes enim mortalium timidae, et incertae prouidentiae
nostrae«* [Weish 9,14] *spes uero aeternae contemplationis dei habens certam et delectabilem intellegentiam ueritatis, ipsa est Rachel* [...] *»concupisti sapientiam, serua mandata, et dominus
praebet illam tibi«* [Koh 1,33] *»nisi credideritis, non intellegetis«* [Jes 7,9b LXX] *ut iustitia ad
fidem, ad sapientiam uero intellegentia pertinere monstretur.* Das Bild von Leas Blindheit,
Häßlichkeit und Gerissenheit wird also in doppelter Weise und zugleich auf den Manichäismus
wie auch auf das (obskure) Alte Testament angewandt. Die Manichäer, so Augustin, sollten
aufhören, in ihrer Blindheit sich und andere zu täuschen, und stattdessen durch die Integration von
Altem und Neuem Testament zur Einsicht der Gnade in Christus finden.

[44] *C. Faustum* 24,2 (721.723).

[45] *C. Faustum* 32,17 (CSEL 25/1, 777f.): *»ex parte enim scimus et ex parte prophetamus; cum
autem uenerit, quod perfectum est, quod ex parte est, euacuabitur«* [1 Kor 13,9f.].

gion.[46] Die Vertreter solcher Bestrebungen, so Augustin, stellten den religiösen
Gehalt des Christentums nicht völlig infrage. Vielmehr wurde hinter der rigo-
rosen Glaubensdisziplin der Kirche und im Widerspruch dazu eine von den Aposteln und der sie beerbenden Hierarchie unterdrückte, dem Heidentum gegenüber
indifferente Weisheitslehre Jesu vermutet.[47]

   Cons. eu. war als Widerlegung einer solchen Vermutung von seiner Zielsetzung her keine naive Evangelienharmonie, sondern ein Beitrag zu einer Hermeneutik der Evangelien.[48] Deren grundsätzlichen Konsens wollte Augustin trotz äußerer Unterschiede als Wahrheitskriterium für ihre Aussagen zur Person Jesu
Christi aufzeigen.[49] Es ging ihm nicht darum, eine Biographie des irdischen oder
gar historischen Jesus im Stil des 19. Jahrhunderts zu rekonstruieren. Er versuchte vielmehr, die Aussagen von Bibel und Kirche über die theologische, vor
allem die soteriologische Bedeutung Jesu auf der Basis der Evangelien erkenntnistheoretisch zu sichern, gegen eine rein humanistische Deutung Jesu als eines
populärphilosophischen Weisheitslehrers.

   Die Problemlage gestaltete sich ganz ähnlich wie bei der Auseinandersetzung
mit den Manichäern. Mit *cons. eu.* wendet sich Augustin gegen Vertreter paganer
Popularphilosophie, die Jesus als Weisen »erkannt« (*nosse*) haben wollen, ohne
an ihn im Geiste derer zu glauben (*credere*), die in den Evangelien als einer einzigen Frohbotschaft (*euangelium*) von ihm berichten. Ein solches Christusbild
beruht nach Augustin auf einem fundamentalen Mißverständnis, oder schlimmer
noch, auf gezielter Desinformation (*temeritas*). Unter Bezugnahme auf eine (fik-
tive, *fingunt*) »ungeschriebene Lehre« (im Stil von Platons ἄγραφα δόγματα)
soll Christus gegen die Kirche ausgespielt werden. Augustin vergleicht diese
Ansicht mit der manichäischen Trennung von Altem und Neuem Testament sowie
gutem und bösem Gott. Sie sei biblischem religiösem Denken fremd, das Gott
und sein Handeln als personale Einheit begreife.[50] Wer Christus lediglich als irgendeinen, wenn auch noch so großen Weisen verehrt, dessen Bedeutung an dem
zu messen ist, was von ihm außerhalb der kirchlich autorisierten Schriften mündlich oder gar schriftlich überliefert wird, ist, so Augustin, auf dem Holzweg.
Zwar darf die heilsgeschichtliche Bedeutung Jesu Christi von der historischen
Individualität Jesu von Nazareth nicht getrennt werden. Sie erschöpft sich jedoch
nicht darin,[51] sondern gewinnt im Kontext der in der Bibel ausgebreiteten Heilsgeschichte ihre Universalität.[52]

---

[46] Als klassische Darstellung s. Gibbon, History, Bd. 4, c. 28 (in der von Womersley besorgten neuen Penguin-Edition von 1994 Bd. 2, 71-97); Bloch, The Pagan Revival; Demandt, Spätantike 413-469; Brown, Macht und Rhetorik; Fuhrmann, Rom 59-80.397 (Lit.).

[47] Vgl. *retract.* 2,16 (CChr.SL 57, 102).

[48] Vogels (De consensu euangelistarum) ist von daher zu enggeführt.

[49] *Cons. eu.* 1,10 (CSEL 43, 10f.); vgl. Merkel, Widersprüche; Pluralité; Madec, Le Christ
des païens, bes. 9.

[50] *Cons. eu.* 1,11.52 (CSEL 43, 11.57f.); vgl. Röm 1,25.

[51] *Cons. eu.* 1,1f. (CSEL 43, 1f.).

[52] Deshalb die Kontextualisierung des irdischen Jesus in alttestamentlichen Aussagen; vgl.
cons. eu. 1,39 (CSEL 43, 38): *huic enim facta est per angelicum oraculum manifesta promissio,
quam nunc uidemus impleri. hic quippe dictum est:* »*in semine tuo benedicentur omnes gentes*«

Nur ein synthetisches Verständnis der Evangelienberichte (*consensus*) führt zur Einsicht der Gnadengewirktheit der in der Bibel hergestellten heilsgeschichtlichen Zusammenhänge, die ihrerseits selbst schon wieder Wirken der Gnade ist; denn was durch Gottes Gnade im (menschlichen!) Geist der Verfasser dieser Schriften bei ihrer Abfassung je individuell verschieden, aber mit einem einzigen Ziel verwirklicht wurde, das soll nun auch in der Rezeption der verschiedenen Schriften der einen Heiligen Schrift, mit aller Vielfalt sprach- und literaturwissenschaftlicher Mittel (*scribere, tradere, emendare, legere, religare, referre, commentari, interpretari*) in derselben Weise geschehen, wiederum mit dem einen Ziel der Einsicht (*intellectus*) in die Gnade des Heilshandelns Gottes als dem Leben in der Gnade aus dieser Einsicht.[53] Das Problem der Heiden, von denen hier die Rede ist, so Augustin, liegt darin, daß sie nicht an die Berichte der Apostel glauben wollen. Aber aufgrund welcher Kriterien, so fragt er, tun sie das? Sie nähern sich doch auch vertrauensselig den Berichten über die Lehren ihrer heidnischen Weisen, von denen nichts Schriftliches erhalten ist, Pythagoras zum Beispiel oder Sokrates. Warum lehnen sie das der Bibel inhärente Auslegungsprinzip von vornherein als inakzeptabel ab?[54] Augustin will nicht das Heidentum als solches verurteilen, sondern insofern es sich seiner Ansicht nach der Bibel mit hermeneutischen Prinzipien nähert, die nicht nur nicht aus ihr selbst stammen, sondern allgemein nicht den Anforderungen philosophischer Hermeneutik genügen. Bemerkenswert in diesem Zusammenhang ist sein Verweis auf Pythagoras, bei dem, wie er meint, die Obskurität des Zusammenhangs von historischer Persönlichkeit und Überlieferung der ihr zugeschriebenen Lehren besonders eklatant ist.[55]

Augustin fordert für die prinzipielle Akzeptabilität der biblischen Botschaft nicht mehr und nicht weniger, als was seiner Ansicht nach jeder heidnische Philosoph für die Akzeptabilität der Prämissen seiner eigenen Philosophie in Anspruch nimmt, nämlich Zustimmung unter der simplen Bedingung, daß sich das Infragestehende als von der Sache her mit einer gewissen Wahrscheinlichkeit als vernünftig, d. h. auf (ewige) Prinzipien und Ideen gegründet erweist, bzw. vernünftiger als eine vergleichbare Alternative. Die neuzeitliche Unterscheidung zwischen der Annahme philosophischer Voraussetzungen und religiösem Glauben ist ihm fremd. Beides, Glaube und Vernunft, bezieht sich für ihn auf dieselbe Wirklichkeit. Seiner Meinung nach ist dies gut platonisch. Er zitiert aus dem Timaios: *quantum ad id, quod ortum est aeternitas ualet, tantum ad fidem ueritas.*[56] Wenn dies grundsätzlich als hermeneutisches Prinzip für schriftlich fixier-

---

[Gen 22,18], *ex cuius semine populus Israhel, et uirgo Maria, quae peperit Christum, in quo benedici omnes gentes audeant iam negare, si possunt.* Außerdem *cons. eu.* 1,47 (CSEL 43, 49): »*ecce in intellectu erit puer mens et exaltabitur et honorificabitur uehementer*« [Jes 52,13].

[53] *Cons. eu.* 3,30 (CSEL 43, 305).

[54] *Cons. eu.* 1,12 (CSEL 43, 12f.); vgl. Madec, Le Christ des païens 15.

[55] Was die moderne Forschung bestätigt; vgl. Burkert, Weisheit und Wissenschaft.

[56] 29c: ὅτιπερ πρὸς γένεσιν οὐσία, τοῦτο πρὸς πίστιν ἀλήθεια. Augustin schlägt mit diesem Argument den Bogen zurück zu seiner philosophischen Frühphase, besonders zur Widerlegung der Skepsis im Kontext der Widerlegung des Manichäismus. Im Unterschied dazu liegt hier jedoch schon wesentlich mehr an biblisch-gnadentheologischem Material vor, wie es um 397

tes Denken gilt, so Augustin, dann auch für die Exegese der Heiligen Schrift nach ihren eigenen Kriterien: (1) Asymmetrie zwischen Altem und Neuem Testament (also Vorrang des Neuen ohne Ausschluß des Alten), (2) Dynamik von prophetischer Verheißung und Erfüllung in Christus, (3) Verschiedenheit von literarischer Ausführung der Evangelien und Eindeutigkeit ihrer im *intellectus gratiae* formulierten und rezipierten Botschaft (vgl. Röm 12,4.6).[57]

Im folgenden spezifiziert Augustin dieses hier noch recht formal gehaltene Prinzip mit konkreten biblischen Referenzen (insbesondere Menschwerdung,[58] Leiden, Sterben, Tod und Auferstehung Christi[59]). Er streicht deren heilsgeschichtlich-soteriologische Bedeutung im Zusammenhang mit der sakramentalen Praxis der Kirche heraus, die als ihr ausschließlich und einzig authentischer (Nach-) Vollzug ihre Wirksamkeit in der Gegenwart und somit auch in der Ewigkeit konstituiere. Einziges Wahrheitskriterium (Kriterium des Ewigkeitsbezugs) für das Evangelium, so Augustin, sind außer dem biblischen Text einzig und allein Lehre und Praxis der Kirche, nicht zuletzt deshalb, weil die neutestamentlichen Zeugnisse selbst kirchliche Dokumente sind und als solche lediglich eine, wenn auch qualifizierte Auswahl an historisch konkreten symbolhaften Beispielen urkirchlichen Lebens liefern. Dies erklärt auch die Verschiedenheit der Berichte, etwa zum Letzten Abendmahl. Ihnen allen eignet bei aller ihrer Verschiedenheit immer nur ein einziges Ziel: Einsicht der Gnade (Christi) durch die (Gnade der) Sakramente.[60]

Sinn der Einsicht, inhaltlich gesprochen, ist das mit der ewigen Weisheit und Gnade Gottes, Christus, identische Heil.[61] Getrennt von ihm, ohne sein Sinnen und Handeln, herrscht Blindheit, ist alles unsichtbar wie in einem Nebel (*nebula*). Nur »durch ihn, mit ihm und in ihm« ist Heil als *claritas intellectus*, »durch ihn«

---

zum Konzept des *intellectus gratiae* verdichtet worden war. Die Widerlegung des a- bzw. antibiblischen Konzepts von Christus als Weisem fiel Augustin sichtlich um ein Vielfaches leichter als die der aus der Bibel selbst gezogenen hermeneutischen Prinzipien Faustus' in *c. Faustum*; vgl. *cons. eu.* 1,53 (CSEL 43, 58f.).

[57] *Cons. eu.* 1,54 (CSEL 43, 60f.); vgl. Eph 1,23; 1 Kor 12,12.27.

[58] *Cons. eu.* 2,6 (CSEL 43, 86) im Anklang an *c. Faustum* 3,3 (CSEL 25/1, 263) gegen die Trennung von irdischer und himmlischer Geburt Christi: »*cum autem uenit plenitudo temporis, misit deus filium suum factum ex muliere*« [Gal 4,4f.] *et tamen dicimur nati ex deo* […] *ut filii eius efficiamur* […] *efficiamur autem per gratiam, non per naturam* [!] »*dedit eis potestatem filios dei fieri*« [Joh 1,12f.] »*et uerbum caro factum est et habitauit in nobis*« [Joh 1,14] »*uoluntarie genuit nos uerbo ueritatis, ut simus initium aliquod creaturae eius*« [Jak 1,18].

[59] *Cons. eu.* 2,8 (CSEL 43, 89): »*si iustus uix saluus erit, peccator et impius ubi parebunt?*« [1 Petr 4,18] »*tamquam uas figuli conteres eos*« [Ps 2,9b]. Vgl. im Anklang an *c. Faustum* 3,4 (CSEL 25/1, 266) über die innere Kohärenz der Idee verschiedener Stammbäume Jesu *cons. eu.* 2,11f. (CSEL 43, 92f.): *ideo eas ille [Matthaeus] descendens enarrat, iste [Lucas] ascendens. quod enim dicit apostolus:* »*misit deus filium suum in similitudinem carnis peccati*« [Röm 8,3], *haec est susceptio peccatorum; quod autem addit:* »*ut de peccato damnaret peccatum in carne.*«

[60] *Cons. eu.* 3,71f.; 3,86 (CSEL 43, 370.372; 393); vgl. 1 Kor 10,17 (*unus panis, unus corpus, multi sumus*); Lk 24,31 (*aperirentur oculi*); Jes 26,10 (*uidere claritatem domini*); Joh 17,3 (*cognoscere te deum et quem misisti*).

[61] Entsprechend ist Joh 11,25f. im Kontext der Auferweckung des Lazarus (Joh 11,1-46) zu verstehen (*ego sum resurrectio et uita; qui credit in me, etiam si mortuus fuerit, uiuet. et omnis, qui uiuit et credit in me, non morietur in aeternum*). Außerdem *cons. eu.* 4,18.20 (CSEL 43, 413.418): »*ego et pater unus sumus*« [Joh 10,30] […] »*qui uidit me, uidit et patrem*« [Joh 14,9].

als gottmenschlichem Erlöser, »mit ihm« in zeitgenossenschaftlicher und geistlicher Nachfolge, »in ihm« als personalem Bezugspunkt der kirchlichen Sakramente als Ausdruck der eschatologischen Hoffnung. Der Intellekt ist Quelle wie
Frucht der Gnade. Obwohl ständig den Auswirkungen der Sünde (Erlahmung im
Geist, Überheblichkeit und Neid) ausgesetzt, gründet er in den Früchten der
Gnade (selbstlosem Handeln in Nächstenliebe und je größerer Demut) und
mündet in ihnen.[62]

Von zwei Seiten her hat sich Augustin demnach dem in *cons. eu.* behandelten Problem genähert: Er appellierte an die Erkenntnislehre heidnischer Philosophien, deren Vernunftbegriff, wie das Platonzitat zeigen soll, weiter sei, als ihre
Vertreter dem Christentum gegenüber zugeben wollten. Gleichzeitig integrierte
er seine Vorstellung von der Gnade des Neuen Testaments, hier eng geführt auf
den Konsens der Evangelien (vgl. auch den Verweis auf Röm 12,3.6 in *cons. eu.*
1,54) vollständig in diese Erkenntnislehre, so daß er als Ziel des Glaubens an
Christus »die Einsicht in seine Gnade mithilfe der Gnade« angeben konnte.

Interessant die Parallelen zu *c. Faustum* – mit denselben Gedankengängen
konnte Augustin zwei entgegengesetzte Positionen zu widerlegen versuchen: War
der Manichäismus in Gefahr, Christus nach der strikten Trennung von Altem und
Neuem Testament als Gegengott zum vermeintlich bösen alttestamentlichen Gott
aufzubauen, so tendierte das Heidentum durch seine humanistische Deutung Jesu
als Weisheitslehrer dazu, seine soteriologische Funktion zu verniedlichen. Die
formale Darstellungsweise der Problematik gleicht der bei der Taufdiskussion
gegen Donatisten und Pelagianer verwendeten: Augustin akzentuiert die eigene
Position nicht nur durch rhetorisch und literarisch perfekt präsentierte Eigen-
argumente, sondern auch durch die Projektion realer (Zitate) und fiktiver (Unter-
stellungen, Paraphrasen) Extrempositionen der Gegner.

4. KATECHETISCHE HERMENEUTIK (*DE CATECHIZANDIS RUDIBUS*)[63]

Neben Manichäern, Donatisten und Anhängern paganer Religionen gab es noch
eine weitere Zielgruppe, die Augustin in seine Überlegungen bezüglich der
Vermittlung von Glaubensinhalten miteinbezog. Nicht zuletzt im Kontext der amt-
lichen antipaganen Unterdrückungsmaßnahmen von 399 war die Zahl der Katechumenen ständig weiter am Anwachsen. Obwohl unbeschlagen in christlicher
Lehre und Praxis,[64] brachten Katechumenen Fragestellungen mit, die, denen der
paganen Gegner des Christentums nicht unähnlich, zu berücksichtigen waren.
Vertreter der Kirchenhierarchie fühlten sich dadurch mitunter überfordert, wie
aus der ca. 406, nicht lange nach *cat. rud.* verfaßten *ep.* 102 Augustins an einen
Presbyter Deogratias hervorgeht, die im folgenden in Ergänzung zu *cat. rud.*
kurz untersucht werden soll.[65]

---

[62] *Cons. eu.* 4,20 (CSEL 43, 418); vgl. Sir 3,20 (*quanto magnus es, tanto humilita te in
omnibus*).
[63] Datierung nach Wermelinger (SKV 7, 101f.) zwischen 399 und 404/5.
[64] *Cat. rud.* 1 (CChr.SL 46, 121): *rudes* [...] *qui fide christiana primitus imbuendi sunt.*
[65] CSEL 34/2, 544-578; vgl. Wermelinger (SKV 7, 99-102); Mandouze, Prosopographie 271-

(a) *Epistula* 102 *contra paganos*

In *ep.* 102 beantwortet Augustin sechs Fragen *contra paganos*, die von dritter Seite, also möglicherweise seitens der genannten Zielgruppe, dem Deogratias gestellt worden waren. Es sind zum einen in polemischem Rahmen hinreichend bekannte Fragen (zur Auferstehung, zum christlichen Zeitalter, ob Gott einen Sohn haben könne usw.). Sie werden jedoch zum andern nunmehr offenbar im Kontext eines ernsten Interesses heidnischer Fragesteller (*rudes* bzw. Katechumenen im Sinne von *cat. rud.*) formuliert. Interessant an Augustins Antwort ist dementsprechend über die Auseinandersetzung mit Einzelproblemen hinaus die grundsätzliche hermeneutische Annäherungsweise an die neue Problematik. Sie ist der bereits in *cons. eu.* entdeckten nicht unähnlich und soll im folgenden etwas näher beleuchtet werden.

Am Schluß von *ep.* 102 zitiert Augustin eine Bibelstelle, die vorher bereits mehrmals aufgetaucht war, unter anderem auch im Kontext der vierten Frage des Briefes, die gelautet hatte: Wie sollen die in der Heiligen Schrift angedrohten Höllenstrafen ewig sein, wo es doch heißt: »Mit dem Maß, mit dem ihr meßt, wird man auch euch messen?«[66] Wie, so die Fragesteller, soll mit einem zeitlichen (weil menschlichen) Maß Ewiges gemessen werden können? Augustins Antwort: Das Maß, von dem hier die Rede ist, ist nicht zeitlich. Von raumzeitlichen Ausmaßen sind nur jene, die es anlegen, und zwar nicht als ihr eigenes, sondern als das von Gott vorgegebene. Es heißt ja auch: »Nach dem Gericht, nach dem ihr richtet, werdet auch ihr gerichtet werden.«[67]

Die begrenzte Willenskraft des Menschen erhält, wenn überhaupt, dann nur durch Gottes grenzenlose Gnade das ihn selbst je übertreffende Maß an Gnade und Barmherzigkeit. In dem Maß, in dem er sich diesem Maß verschließt, verschließt er sich dem ewigen Leben. »Wer ohne Barmherzigkeit richtet, wird ohne Barmherzigkeit gerichtet.«[68] Im Unterschied zu essentiellen (fachtheologischen) Fragen bezüglich Auferstehung von den Toten, Wesen Christi usw., so Augustin nun zum Abschluß des Briefes, werden gerade diese Fragen zur *conditio humana* auch von solchen verstanden, die noch nicht Christen sind und nur rudimentäre Vorstellungen vom Christentum haben. Ist das Christentum nicht fähig, an diesen zentralen »Lebensfragen« anzuknüpfen, versagt es auch im Glaubensgespräch.[69] Diskussionen über die Möglichkeit einer Auferstehung von den Toten sind nicht geeignet, um mit Nichtgläubigen ins Gespräch zu kommen.

Am Anfang von *ep.* 102 freilich hatte Augustin demonstriert, wie er auch eine solche »theologische Fachfrage« existenziell relevant formulieren konnte, ganz im Sinne des seiner Einschränkung inhärenten Paradox' oder hermeneuti-

---

273. Die Frage ob die Adressaten von *ep.* 102 und *cat. rud.* identisch sind, kann dabei außer acht gelassen werden.

[66] *Ep.* 102,22f. (CSEL 34/2, 563f.); vgl. Mt 7,2.
[67] *Ep.* 102,25 (CSEL 34/2, 565f.); vgl. Mt 7,2.
[68] *Ep.* 102,27 (CSEL 34/2, 568); vgl. Jak 2,13.
[69] *Ep.* 102,38 (CSEL 34/2, 578).

schen Zirkels: Wie sind Glaubensgespräche mit Menschen möglich, die [noch] nicht »gläubig« sind?[70] Die Frage nach der Auferstehung von den Toten ist natürlich eine für alle Menschen existenziell relevante Frage. Niemand, ob gläubig oder nicht, kann sich vorstellen, daß jemand tagelang tot und der Verwesung ausgesetzt im Grab liegt, um zugleich in ewiger Herrlichkeit aufzuerstehen. Das menschliche Erkenntnisvermögen ist für solche Zusammenhänge nicht eingerichtet, und zwar bereits im Bereich der sinnlichen Wahrnehmung: Die Augen etwa sind unfähig, nahe und ferne Gegenstände gleichzeitig scharf zu sehen. Genau in einem solchen Bereich der Unschärfe aber, »mit einem Lidschlag« (1 Kor 15,52: *in ictu oculi*) gewissermaßen des Geistes erfolgt die Auferstehung (wenn sie erfolgt). Durch eine Übertragung des Phänomens des blinden Flecks auf die Ebene der Spiritualität also (Röm 1,20: *inuisibilia dei per ea, quae facta sunt, intellegere*) versucht Augustin, sein Anliegen allgemeinverständlich (für Gläubige wie für Ungläubige) zu formulieren.[71]

Die charakteristische, hier anhand optischer Metaphorik illustrierte Problematik des *intellectus gratiae* besteht also darin, Übergänge zwischen inkommensurablen Bereichen (Zeit-Ewigkeit, Tod-Leben, Gott-Schöpfung, Sünde-Erlösung, Nichtglauben-Glauben) nicht nur zu beschreiben, sondern auch begreiflich zu machen.[72]

(b) *De catechizandis rudibus*

Den hermeneutischen Überlegungen, die in *ep.* 102 aus konkreten Problemstellungen erwachsen, entsprechen in *cat. rud.* Reflexionen, die, eingebunden in eine Methodenlehre, noch genauer durchdacht und ausformuliert vorliegen. Der Einsatz der in *cat. rud.* vorgestellten und an Beispielen illustrierten Methoden sollte den durch die Gnade bereits eingeleiteten Prozeß der Bekehrung der an die Kirche herangetretenen Heiden im Geist des *intellectus gratiae* vertiefen, ihr von der Gnade erwecktes Interesse am christlichen Glauben vermittels derselben in

---

[70] Es ist bezeichnend, daß Augustin an anderer Stelle (*tr.* 44,2 [CChr.SL 36, 382]) ausdrücklich darauf hinweist, daß die vom Heidentum konvertierten Katechumenen, die *rudes* im Sinne von *cat. rud.*, zwar *christiani*, nicht jedoch *[christi]fideles* seien, weil ihnen das Siegel des Glaubens, das Sakrament der Taufe fehle.

[71] *Ep.* 102,5 (CSEL 34/2, 548f.). Wiederum ist, diesmal mit Anklang an Mt 19,26 (*humanae facultati utrumque inpossibile est, diuinae autem potestati utrumque facillimum*) von Modalitäten die Rede: Für Menschen ist es unmöglich, beides zugleich im Auge zu behalten. Für Gott dagegen, der alles nicht nur vor der Möglichkeit zur Wirklichkeit überführt, sondern dem Unmöglichen notwendig in sich selbst stehendes Sein verleiht, gehört es zum Selbstverständnis. Von Gott her nun kann, so der Schluß, der Mensch die (enorme) Möglichkeit seiner Wirklichkeit bis zur Vollendung im ewigen Leben (eben jenem Sein für immer) ausschöpfen, erkenntnistheoretisch wie auch ontologisch (im Sinne des [s. oben] in *cons. eu.* 1,53 zitierten Plat. *Tim.* 29c).

[72] Im folgenden versucht Augustin etwa auch, den Übergang von den nichtchristlichen Zeiten zu den christlichen zu erklären. Vgl. *ep.* 102,8-15 (CSEL 34/2, 551-558). Darauf daß es Augustin hier um die Entwicklung eines historisch-philosophischen bzw. -theologischen Gedankengangs und weniger um das Zurschaustellen einer triumphalistischen Kirchlichkeit geht, hat Madec (Tempora christiana) hingewiesen.

einen methodisch begleiteten Erkenntnisprozeß umwandeln. *Cat. rud.* besteht aus zwei Hauptteilen, die wiederum in je zwei Abschnitte gegliedert sind. Vorgeschaltet ist ein Proöm (1-4). Augustin formuliert darin das Ziel von Katechese: Vermittlung von Einsicht (*intellectus*).[73] Der erste Hauptteil (5-22) handelt sodann von den Vorzügen narrativer gegenüber analytisch-systematischen Methoden der Glaubensvermittlung. Die Lehrsituation, so Augustin außerdem, soll von einer lockeren Athmosphäre (*hilaritas*) geprägt sein.[74] Ein zweiter Hauptteil enthält zwei Musterkatechesen, eine längere (23-51) nach dem klassischen antiken Schema der sechs Weltzeitalter sowie eine kürzere (52-55) nach dem biblischen Schema von Verheißung und Erfüllung. Das Werk endet abrupt ohne zusammenfassendes Resümee.

Anweisungen für den Katecheten

Gleich zu Beginn versucht Augustin, seinem Adressaten, dem karthagischen Diakon Deogratias, klarzumachen, daß es beim Unterricht von Katechumenen nicht auf die dogmatischen (*doctrina fidei*) sondern die rhetorischen Fähigkeiten des Unterrichtenden (*suauitas sermonis*) ankommt. Ziel ist, daß der Lernende Einsicht (*intellectus*) gewinnt. Als Problem entpuppt sich die Verschiedenheit der Erkenntnishorizonte: Hier der Katechet mit seiner aus der Glaubenserfahrung lebendigen Sprache, dort der Neuling im Glauben, der diese erst lernen muß. Daraus resultierende Verständnisschwierigkeiten entsprechen in etwa den beim Lernen von Fremdsprachen auftretenden Problemen.[75] Den professionellen Rhetoriklehrer Augustin interessiert die Pragmatik der Glaubenspädagogik, nicht die Dogmatik: »Sieh zu, daß deine Vorträge den Adressaten besser gefallen als Dir selber,« ermahnt er den Katecheten. »Du darfst sie nicht als unergiebig abtun, bloß weil du dich nicht so differenziert ausdrücken kannst, wie du meinst, es von deinem eigenen geistigen Erkenntnisstand (*cernere*) her zu sollen. [...] Deine Erkenntnis ist doch ebenfalls begrenzt. Wer in diesem Leben erkennt denn schon anders als wie in einem Spiegel [vgl. 1 Kor 13,12]? Nicht einmal die Liebe ist stark genug, um das Dunkel der Fleischlichkeit durchbrechen und zur ewigen Klarheit gelangen zu können. [...] Die Guten freilich machen täglich Fortschritte, um irgendwann einmal jenen Tag zu schauen, 'den kein Auge gesehen und kein Ohr gehört hat und der in keines Menschen Herz gedrungen ist' [1 Kor 2,9].«[76]

Zwei Punkte hebt Augustin besonders hervor: (1) die Behinderung des Erkenntnisvermögens durch ein »Dunkel der Fleischlichkeit« (*carnis caligine*), das von menschlicher Seite aus nicht überwunden werden kann, und (2) die Gradualität der Überwindung (*de die in diem*), sobald der Prozeß einmal in Gang ist. Was er nicht anspricht, ist die Frage nach dem Ursprung jenes fleischlichen Dunkels und dem Ansatzpunkt des Überwindungsprozesses. Er stellt die Behandlung dieser Fragen vielmehr zurück und fährt zunächst mit einer Beschreibung der In-

---

[73] *Cat. rud.* 3 (CChr.SL 46, 122).
[74] *Cat. rud.* (CChr.SL 46, 124).
[75] *Cat. rud.* 1-3 (CChr.SL 46, 121-123).
[76] *Cat. rud.* 4 (CChr.SL 46, 123).

standhaltung des hermeneutischen Überwindungsprozesses mit Hilfe der von den biblischen Texten beispielhaft vorexerzierten narrativen Methode (*narratio*) fort: Es seien Schwerpunkte zu setzen, mit der Absicht, die Wirkung des Bekehrungsvorgangs in den Adressaten ganzheitlich zu verstärken (*narrando uolumus excitare*). Ziel sei die Umsetzung des Liebesgebots, aber eben nicht nur als Einübung einer Haltung der Nächstenliebe aus reinem Herzen, gutem Gewissen und ungeheucheltem Glauben (1 Tim 1,5), sondern auch als Vermittlung von Einsicht.[77]

Letztere erfolgt vor allem sprachlich. Sprache ist Abbild (*figura*) von Einsicht (*intellectus*). Diese wiederum entspringt der intensiven Vertrautheit mit biblischer *narratio*. Deren Inhalt ist (hier schließt sich der Zirkel) die Vermittlung von Gottes Heilswirken in der Geschichte, kulminierend in der im erlösenden, Auferstehung herbeiführenden Kreuzestod vollendeten Liebe Christi. Wann immer also etwas in einer Katechese Gesagtes im Sinne ihrer hier umrissenen Zielvorstellung eingesehen wird, erfolgt dies im Sinne der von Gott in Christus gewirkten Gnade, die in wechselseitiger Beziehung Form und Inhalt jener Einsicht zugleich ist, *intellectus gratiae*.[78]

Dieser positiven Bestimmung der Einsichtsfähigkeit im Prozeß der Bekehrung und des Heils entspricht eine negative Abgrenzung gegenüber der Unfähigkeit, in diesen Prozeß überhaupt einzutreten: Im Unterschied zu den geistig Gesinnten (*spiritales*), denen eben jene Einsicht zuteil wird, besteht, so Augustin, die (Pseudo-) »Einsicht« der fleischlich Gesinnten (*carnaliter intelligentes*). Diese äußert sich in negativen Gefühlen (Angst, Haß usw.) und Ignoranz. Die Zuordnung ist relativ klar: Gnade bedeutet Einsicht (Überwindung der Ignoranz). Einsicht kulminiert im Heil (Befreiung von Angst vor der wegen der Sünde berechtigten und in ihrem Ausmaß unbekannten Strafe), also in je tieferer Einsicht in die wahre Absicht Gottes mit diesem Plan. Ignoranz dagegen ist Zeichen mangelnder Gnade. Sie führt zu (berechtigter) Angst vor dem drohenden Gericht, zu je tragischerer Vertiefung der Ignoranz bezüglich der Absichten Gottes. Allerdings, so Augustin: Der Angst vor dem Gericht eigne auch eine gewisse Ambivalenz. Sie könne genausogut Angriffspunkt der Gnade sein und auf lange Sicht zur Einsicht und zum Heil führen.[79]

---

[77] *Cat. rud.* 5f. (CChr.SL 46, 124f.).

[78] *Cat. rud.* 6f. (CChr.SL 46, 126f.): *quapropter omnia quae ante scripta sunt, ut nos doceremur scripta sunt, et figurae nostrae fuerunt; et in figura contingebant in eis: scripta sunt autem propter nos, in quos finis saeculorum obuenit. quae autem maior causa est aduentus domini, nisi ut ostenderet deus dilectionem suam in nobis, commendans eam uehementer* [Röm 5,8]: *quia cum adhuc inimici essemus, Christus pro nobis mortuus est* [Röm 5,10]. *hoc autem ideo, quia finis praecepti et plenitudo legis caritas est* [1 Tim 1,5a; Röm 13,10], *ut et nos inuicem diligamus* [Joh 13,34; 15,12.17; 1 Joh 4,11], *et quemadmodum ille pro nobis animam suam posuit, sic et nos pro fratribus animam ponamus* [1 Joh 3,16], *et ipsum deum, quoniam prior dilexit nos* [1 Joh 4,19], *et filio suo unico non pepercit, sed pro nobis omnibus tradidit eum* [Röm 8,32; 1 Joh 4,10], *si amare pigebat, saltem nunc redamare non pigeat.*

[79] Diese Reflexion ist eingebettet in eine Überlegung zu den verschiedenen Deutungsmöglichkeiten biblischer *narratio*. Vgl. *cat. rud.* 8 (CChr.SL 46, 128f.): *quapropter in ueteri testamento est occultatio noui, in nouo testamento est manifestatio ueteris. secundum illam occultationem carnaliter intelligentes carnales, et tunc et nunc, poenali timore subiugati sunt. secundum hanc autem manifestationem spiritales, et tunc quibus pie pulsantibus* [Mt 7,7] *etiam occulta patuerunt,*

Die durch den äußeren Zwang der Strafe des bereits in der Weltgeschichte ablaufenden Gerichts herbeigeführte Erniedrigung der Hochmütigen ist also nach Augustin zugleich auch die »letzte« Möglichkeit der Gnade Gottes, den der Sünde und dem Gericht verfallenen Menschen noch einen Zugang zum Heil zu vermitteln. Dabei setzt Gott sich selber ein bzw. offenbart dabei sein eigenes Wesen als demütig. In seinem Erbarmen den Menschen gegenüber erniedrigt er sich aus freien Stücken selbst (*magna est enim miseria superbus homo, sed maior misericordia humilis deus*). Wer im Weltenlauf seine Spuren entdecken will, muß nur das Niedrige suchen. Im Bereich der Literatur ist das etwa die Bibel (*scripturae canonicae*) mit ihrem heilsam bescheidenen Stil (*saluberrima humilitate*). Durch die Beschäftigung mit ihr kann der Neuling im Glauben auch gleich seine eigene Bescheidenheit üben, indem er zu seinem Heil auf den irdischen Glanz scharfsinniger Theologie verzichtet, zumal nie sicher ist, wie lange solche Theologie im Einzelfall als orthodox akzeptiert wird. Selbst bei Theologen, die zu ihren Lebzeiten als katholisch galten, besteht, wie neuestens an einem bestimmten Fall deutlich wurde, keine Garantie, daß sie später nicht doch noch zu Häretikern erklärt werden.[80]

So schwer die Sache des Glaubens zu begreifen ist, so schwierig ist es auch, sie zu formulieren. Ohne Demut ist es geradezu unmöglich: »So sehr sich unsere formalisierte Rede (*articulata uox*) von der Lebendigkeit unseres Einsichtsvermögens (*intellegentiae uiuacitate*) unterscheidet,« so Augustin, »der Abstand unserer Sterblichkeit von [Christi] Gleichheit mit Gott aufgrund unserer Fleischlichkeit ist noch viel größer. 'Obwohl Gott gleichgestaltet, entäußerte er sich, nahm die Gestalt eines Sklaven an usw. bis zum Tod am Kreuz' [Phil 2,6-8].«[81] Es gibt nach Augustin keinen nach menschlichem Ermessen vernünftigen Grund, warum Gott die Menschen nach dem Sündenfall noch an seiner Herrlichkeit teilhaben lassen sollte. Daß er es dennoch tut, ist nicht nur das auf existenzieller Ebene Unerwartete, sondern auch das auf intellektueller Ebene Unbegreifliche. Wenn in diesem Bereich dem Einsichtsvermögen etwas aufscheint, wird es als Gnade begriffen und als Heil erfahren. Ständig macht der Katechet unmittelbar genau diese Erfahrung, auch im negativen Sinne: Wenn er etwa die eine oder andere Glaubensaussage unzutreffend formuliert, vermehrt er das Risiko, beim Zuhörer Mißverständnisse zu erzeugen. Noch problematischer ist es, wenn solche Mißverständnisse entstehen, obwohl der Inhalt wie auch die Form dessen, was vermittelt werden soll, im großen und ganzen korrekt wiedergegeben werden. Unter Voraussetzung gläubiger Offenheit auf beiden Seiten können Rückfragen

---

et nunc qui non superbe quaerunt, ne etiam aperta claudantur, spiritaliter intelligentes donata caritate liberati sunt [Röm 8,5].

[80] *Cat. rud.* 12 (CChr.SL 46, 134). Es handelt sich hier möglicherweise um eine Anspielung auf Origenes, der um 400 zum ersten Mal verurteilt wurde. Vgl. *ep.* 12*,11 des Consentius an Augustinus (CSEL 88, 70-80); Brox, Consentius über Origenes.

[81] *Cat. rud.* 15 (CChr.SL 46, 138): *quantumuis enim differat articulata uox nostra ab intellegentiae nostrae uiuacitate, longe differentior est mortalitas carnis ab aequalitate dei. et tamen* »*cum in eadem forma esset, semetipsum exinaniuit formam serui accipiens etc. usque ad mortem crucis*« [Phil 2,6-8]. Als weitere christologische Belege folgen 1 Kor 9,22; 2 Kor 5,13f.; 12,15; 1 Thess 2,7b; Mt 23,37.

und weitere Erklärungen solche Mißverständnisse zwar beseitigen. Es gibt aber
auch Mißverständnisse, die unbemerkt bleiben und solche, die durch die Wider-
spenstigkeit des Publikums verstärkt werden, so daß dem Katecheten am Ende
nur die Berufung auf die Autorität Christi übrigbleibt bzw. die (im Sinne des
intellectus gratiae widersprüchliche) Einsicht, daß auch diese Grenzen habe,
nämlich am unbegnadeten Eigenwillen der Menschen, den Gott in der Unergründlichkeit seiner Ratschlüsse (Röm 11,33) zuläßt.[82]

Das zur Verzweiflung treibende, notorische (etwa auch aus Willensschwäche
oder Trotz) Nicht-einsehen-können ist für Augustin ein wichtiger Grenzfall des
intellectus gratiae. Der Katechet soll sich an der Gefahr eines »Todes des Irrtums« (des eigenen wie der Adressaten) seine Verantwortung wie auch deren
Grenzen vor Augen halten. Er soll seine Hoffnung darauf ausrichten, daß er und
diejenigen, mit denen er arbeitet, dabei sind, jenem Tod zu entrinnen, weniger
durch eigene Leistung als mit Hilfe der Gnade aus Einsicht und auf Einsicht hin
(*consideramus, de qua erroris morte in uitam fidei transeat homo*).[83] Niemand
kann zwar in die Herzen der anderen schauen. Immer aber ist in einem durch
Gnade auf gesundem Judiz gegründetem Glauben anzunehmen, daß die erhofften
Prozesse durch die Tätigkeit des Katecheten freigesetzt werden (*excitare*).[84]
Folgende Prioritäten sind einfacheren Adressaten (*homo rusticanus*) im Interesse
ihres Seelenheils immer wieder ans Herz zu legen: (1) die Einheit der katholischen Kirche, (2) die Wichtigkeit, Versuchungen als solche zu erkennen und
ihnen entgegenzuwirken, (3) die Notwendigkeit eines christlichen Lebenswandels.
Im übrigen ist das Reden mit Gott über sie wichtiger als das Reden mit ihnen
über Gott.[85] Die durch Gebet und christliche Lebensweise eingeübte Demut ist
wichtiger bei der Vermittlung des Unbegreiflichen als bloße, unter Umständen
noch dazu durch geistigen Hochmut verunreinigte Sprachintelligenz. In Glaube,
Hoffnung und Liebe läßt sie den Unterrichtenden die Unvollkommenheiten und
Unsicherheiten des Vermittlungsprozesses eher ertragen. Schließlich entspricht sie
auch als intellektuelle Haltung eher ihrem Vorbild und der Zielvorstellung des
Vermittlungsprozesses, dem *intellectus gratiae*.

Augustin schließt diesen methodologischen Abschnitt bezeichnenderweise mit
zwei Anspielungen auf die Prinzipien seiner Gnadenlehre, die eine evoziert Mt
25,26f., die andere Röm 5,5: Sollte der Katechet seiner Arbeit der Glaubensvermittlung überdrüssig werden, hat er sich vor Augen zu halten, wie Gott den nutz-
losen und faulen Knecht beim Jüngsten Gericht zur Rechenschaft zieht (*serue ne-
quam et piger!*). Für den Fall aber daß die Vermittlung gelingt, soll er sich
bewußtmachen, daß nicht er der Grund für das Gelingen sei, sondern jene »Liebe, die ausgegossen ist in unseren Herzen durch den Heiligen Geist, der uns
gegeben ist.«[86]

---

[82] *Cat. rud.* 16 (CChr.SL 46, 139f.); vgl. Joh 6,67.
[83] *Cat. rud.* 17 (CChr.SL 46, 141f.).
[84] *Cat. rud.* 18 (CChr.SL 46, 142).
[85] *Cat. rud.* 18 (CChr.SL 46, 142).
[86] Vgl. *cat. rud.* 22 (CChr.SL 46, 146f.).

Zwei Musterkatechesen

In praktischer Umsetzung der methodologischen Einführung für den Katecheten stellt Augustin im folgenden zwei Musterkatechesen (*sermonis exempla*) vor. Ihre Adressaten seien wenig gebildete (*de genere quidem idiotarum*), gleichwohl urban geprägte Menschen.[87] Nach einigen einleitenden Bemerkungen allgemeinerer Art (Kürze des Lebens, Vergänglichkeit des Reichtums irdischer Genüsse) kommt er in der ersten schnell zum zentralen Motiv der Bekehrung: Wahrer Christ ist, wer das ewige Glück in Christus, die Vermeidung der ewigen Verdammnis und die Verwirklichung eines tugendhaften irdischen Lebens sucht. Voraussetzung für die enorme Glaubenskraft (*talem animum*), die für die Umsetzung eines solchen Entschlusses benötigt wird, ist die Liebe zu Gott, stärker als die Furcht vor der ewigen Verdammnis. Selbst wenn Gott unter Garantie der ewigen Seligkeit freie Hand beim Sündigen ließe (*et quantum potes pecca*), würde so jemand vor der Sünde zurückschrecken, da er im Besitz einer inneren Ruhe (*requies*) wäre, »die kein Auge gesehen und kein Ohr gehört hat, und die in keines Menschen Herz eingedrungen ist, die Gott denen bereitet hat, die ihn lieben« (1 Kor 2,9).[88]

In den folgenden Abschnitten formuliert Augustin den erkenntnistheoretischen Aspekt dieses Prozesses: Die Seelenkraft des Glaubens (*talis animus*) bewährt sich in der Einsicht des von der Gnade des göttlichen Geistes durchwirkten, in der Geschichte entfalteten Heilsprozesses, wie er in der Heiligen Schrift offenbart wird. Augustin beschreibt diesen Prozeß in einer nach der Lehre von den sechs Weltaltern gegliederten Inhaltsangabe der biblischen Bücher: (1) von Adam bis Noah, (2) von Noah bis Abraham, (3) von Abraham bis David, (4) von David bis zur Babylonischen Gefangenschaft, (5) von der Babylonischen Gefangenschaft bis Christus, (6) das Zeitalter der Gnade des Heiligen Geistes (*spiritalis gratia*).[89] Auffallenderweise hebt er einerseits die Juden als einziges Volk hervor, das schon vor der Ausbreitung des christlichen Glaubens unter den Heiden den einen, wahren Gott verehrte,[90] andererseits stellt er es (»fleischlicher Ursprung« des wahren Glaubens, *ex propagine carnis*) als Negativfolie dar, zielt seine Botschaft doch über die fleischliche Auffassung von der wahren Religion, die er den Juden unterstellt, hinaus auf das geistige Verstehen, die innere Einsicht des Heilsgeschehens. Nur wenn dieses auf jenes rückwirkt, wird aus der fleischlichen Religion ein universaler und wahrheitsfähiger Glaube. In den gegenwärtigen Zeiten des Neuen Testaments, so Augustin, haben die Menschen, erneuert durch die Gnade, die ihnen jene geistige Dimension eröffnet, ein neues, geistiges Leben zu führen, ein Leben der Einsicht der Gnade.[91]

Trotz des gemeinsamen Ursprungs aber, so Augustin, sind die Juden in ihrer Mehrheit gegen diese neue Perspektive ausgerichtet. Warum sonst gibt es immer noch Juden? Ihre Existenz also ist Zeugnis für ihre Gegnerschaft. Viele haben

---

[87] *Cat. rud.* 24 (CChr.SL 46, 148).

[88] *Cat. rud.* 27 (CChr.SL 46, 152).

[89] *Cat. rud.* 39 (CChr.SL 46, 163f.).

[90] *Cat. rud.* 39 (CChr.SL 46, 163).

[91] *Cat. rud.* 40 (CChr.SL 46, 164): *itaque nouum testamentum hereditatis sempiternae manifestans, in quo renouatus homo per gratiam dei ageret nouam uitam, hoc est uitam spiritalem.*

freilich den neuen Weg akzeptiert und sich bekehrt. Paulus ist ein herausragendes Beispiel.[92] Auch haben nicht nur Juden die frühen Christen verfolgt. Freilich haben die Verfolgungen (*sanguis martyrum*) die Kirche (den Weinstock, *uitis*) eher gestärkt als ihr geschadet. Am Ende haben sich ihr sogar irdische Reiche unterworfen. Alles ist so gekommen, wie es die Propheten geweissagt haben, und es wird weiter so sein bis zum Jüngsten Gericht. Dann wird der einst in freiwillig angenommener Niedrigkeit auf Erden lebende Christus in seiner Macht und Herrlichkeit wiederkommen, um die einen ins ewige Leben zu berufen und die anderen in die Verdammnis zu entlassen.[93] Es folgen noch einige dramatische Details, ehe Augustin ein weiteres Mal betont, worauf es ihm ankommt, nämlich kraftvoll und unerschütterlich zu glauben, solange man das Geglaubte noch nicht in vollem Maße einsehen könne.[94]

Nachdem er diese Musterkatechese beendet und die Aufnahmezeremonie für Katechumenen beschrieben hat (Bezeichnung der Katechumenen mit dem Kreuz und Darreichung von Salz), betont er noch einmal: Der Katechumene ist zu ermahnen, alles, was er in bezug auf seinen Glauben lernt, »geistlich« (*spiritaliter*) zu glauben, auch wenn er es nicht versteht. Auf keinen Fall soll er versuchen, es fleischlich, mit bloßer Vernunft, verstehen zu wollen.[95] Eine von vornherein aus dem Glauben getroffene Option für eine geistliche Einsicht in die im Glauben rezipierten Sachverhalte, so seine Überzeugung, führt »wie von selbst« dazu, daß jemand in kurzer Zeit lernt (*discit*), das Gehörte assoziativ (*figura*) auf die Liebe zur Ewigkeit, Wahrheit, Heiligkeit und zum Nächsten hin zu deuten, auch wenn dies nicht unmittelbar aus dem Wortlaut des Gehörten hervorgeht, wenn also Übertragungen welcher Art auch immer nötig sind, um die Rechtgläubigkeit des Eingesehenen sicherzustellen.[96] Wer dagegen die Heilige Schrift fleischlich versteht, deutet das Gebot der Nächstenliebe fälschlicherweise dahingehend, daß er damit auf den Nächsten (statt auf Gott) baut, statt ihn zu lieben (*sed aliud est diligere hominem, aliud spem ponere in homine*). Auch der Fehler der Israeliten nach der Babylonischen Gefangenschaft hatte genau darin bestanden, »den Befreier 'fleischlich' herbeizusehnen, statt in bezug auf sein befreiendes Handeln eine geistliche Einsicht von ihm zu erlangen.«[97]

In der kürzeren zweiten Katechese konzentriert sich Augustin nach der allgemeinen Einführung (Glückseligkeit als Ziel, Vergänglichkeit alles Irdischen, in Christus manifestierter Heilswille Gottes) auf Darstellungen alttestamentlicher »Sündenfälle« und ihrer jeweiligen Lösung (Adam-Christus; Sintflut-Noah-Abraham; bemerkenswert die Rahmung Adam-Christus!). Der Weg führt, von Abraham ausgehend, über die Propheten zu Christus und dessen in der Kirche über die ganze Erde verbreitetem Heilswerk. Aus alledem, so Augustin, erwächst für

---

[92] *Cat. rud.* 43 (CChr.SL 46, 167).
[93] *Cat. rud.* 45 (CChr.SL 46, 169).
[94] *Cat. rud.* 46 (CChr.SL 46, 170).
[95] *Cat. rud.* 50 (CChr.SL 46, 173).
[96] *Cat. rud.* 50 (CChr.SL 46, 174).
[97] *Cat. rud.* 38 (CChr.SL 46, 163): *liberatorem* [...] *non spiritaliter liberaturum intellegebant, sed pro liberatione carnali desiderabant.*

den einzelnen die Berufung, in diese Kirche einzutreten, um Gott zu loben und
ein ihm gefälliges Leben zu führen. Trotz der Betonung der moralischen Aspekte
religiösen Handelns angesichts der Bedrohung durch die ewige Verdammnis wird
auch in dieser »Katechese für einfache Leute« der intellektuelle Aspekt deutlich:
Gott, durch dessen Liebe die Gläubigen hoffen, das ewige Leben zu erlangen, ist
nicht wie etwas Sichtbares zu lieben. Vielmehr ist die Liebe zu Gott Liebe zur
Weisheit, Wahrheit, Heiligkeit, Gerechtigkeit und Liebe selbst. Sie ist keine
natürliche menschliche Eigenschaft, sondern die unveränderliche [Macht und]
Weisheit Gottes selbst (1 Kor 1,24), Christus, Mittler zwischen Gott und den
Menschen (1 Tim 2,5), Gnade als Einsicht, *intellectus gratiae*.[98]

5. ANGEWANDTE HERMENEUTIK (*TRACTATUS IN IOHANNIS EVANGELIUM*)

(a) Einleitungsfragen

Anhand der Traktate zum Johannesevangelium (*tr.*) wurde wiederholt Augustins
exegetische Methode und die Entwicklung seiner Hermeneutik von 396 bis 426
untersucht.[99] Probleme bereitete die Datierung. Tillemont und die Mauriner
hielten *tr.* für eine Predigtreihe aus einem Guß,[100] wie noch Comeau und Monceaux.[101] Wegen einiger deutlich antipelagianischer Stellen schien eine Datierung
um 418 wahrscheinlich. Eine Teilungshypothese wagte als erster S. Zarb.[102] Er
hielt *tr.* 1-54 für zwischen März und November 413 in Hippo als Predigten gehalten und *tr.* 55-124 418 in Karthago diktiert. Eine weitere Teilung nahm M. Le
Landais vor: *tr.* 1-16 seien zwischen Dezember 406 und Anfang Juni 407 in Hippo gehaltene Predigten.[103] A.-M. La Bonnardière und M.-F. Berrouard bestätigten diese These.[104] Außerdem werden *tr.* 20-22 aufgrund ihrer antiarianischen Be-
standteile nicht vor 419 datiert.[105] Die drei Stücke sollen nachträglich in die Serie *tr.* 17-19 und 23-54 eingeschoben worden sein.[106] *Tr.* 17-19 und 23-54 umfas-
sen die Kapitel Joh 5-12 und sollen in der zweiten Hälfte des Jahres 414 in Hippo
gepredigt worden sein.[107] Für *tr.* 55-124 blieb neben dem Datierungsproblem weiterhin die Frage offen, ob es sich um tatsächlich gehaltene Predigten oder »Trak-

---

[98] *Cat. rud.* 55 (CChr.SL 46, 177f.).

[99] Vgl. als klassische Studie Comeau, Quatrième Évangile, und neuerdings Wyrwa, Auslegung
des Johannesevangeliums (Lit.); zum historischen Kontext s. Schäublin, Exegese.

[100] PL 35, 1375f.; Le Nain de Tillemont, Mémoires 708f.

[101] Comeau, Quatrième Évangile 2-5; Monceaux, Histoire littéraire, Bd. 7, 173.

[102] Vgl. Zarb, Chronologia tractatum.

[103] Le Landais, Deux années. Ab 13. Juni 407 ist Augustins Anwesenheit auf dem Konzil von
Karthago bezeugt; *Conc. Afr.* (CChr.SL 149, 214.217).

[104] La Bonnardière, Chronologie 19-62.87.117; BAug 71 (1969) 29-36; Berrouard, Tractatus
1-54.

[105] Berrouard, Tractatus 1-54, 144-148.157-159; BAug 72 (1977) 42-45; L'activité littéraire
310; CSEL 88, 123; Wright, Tractatus 20-22.

[106] Vgl. Wright, Tractatus 20-22; Manuscripts; Berrouard, Tractatus 1-54, 119-121; BAug 72
(1977) 12-18.

[107] Berrouard, Tractatus 1-54, 119-168; BAug 72 (1977) 9-41.

tate« handelte, die lediglich diktiert, nicht aber als Reden gehalten wurden.[108] Nach Berrouard sollte diese Problemstellung jedoch hinter die aus neueren Untersuchungen gewonnene Erkenntnis zurücktreten, daß es sich bei den *tr.* in jedem Fall um Texte handelt, die als Grundlage für Predigten (*sermones*) dienten, gleich ob, wann und wo diese gehalten wurden.[109] Ihr im engeren Sinn rhetorischer Charakter wäre so gesichert, ebenso die Datierung von *tr.* 55-124 auf 419.

Entlang dieser Dreiteilung mit den bereits als neuralgisch bekannten Phasen 406/7 (antidonatistische Phase), 414 (antipelagianische Phase) und 419 (Auseinandersetzung mit Julian von Aeclanum) läßt sich mit *tr.* die Entwicklung der Hermeneutik Augustins von 406 bis 420 anhand ihrer Anwendung in der Bibelexegese gut verfolgen und in diesem Zusammenhang auch ihr erkenntnistheoretisch-gnadentheologischer Akzent herausarbeiten. Dies legt auch Berrouards Interpretation nahe,[110] nach der die *tr.* als Predigten in einem Spannungsfeld von intellektueller Einsicht und Vermittlung der Gnade durch die Verkündigung des in der Schrift Ausgesagten im Wort ansiedelt sind. Auch anderweitig nennt Augustin den Prediger *minister uerbi et sacramenti.*[111] Ursprung und Ziel des in Treue zum Text verkündeten Wortes wie der symbolhaften Wirkung des Sakraments ist die Gnade. Sie wirkt im Falle der Rezeption des vom Prediger ausgehenden bibelauslegenden Wortes durch die Hörer, durch Einsicht (*intellectus*), und zwar sowohl auf seiten der Hörer als auch auf seiten des Predigers. Ihr Inhalt ist wiederum Einsicht als Einsicht in das Wirken der Gnade, *intellectus gratiae.*

(b) *Tractatus* 1-16 (406/7)

Schon gleich am Anfang der *tr.* findet sich ein deutlicher Verweis auf die anthropologische Zielsetzung der dort angestellten exegetischen Untersuchungen. Die Rede, so Augustin, wird sein vom *animalis homo,* vom seelisch verfaßten als ganzem Menschen (*totus homo*) im Unterschied zum *carnalis homo,* dem fleischlichen als (ur-) sündig gebrochenem Menschen. Durch die Sünde, so der Gedankengang, wurde das Fleisch von seinem Integriertsein in der urständlichen Leib-Seele-Einheit ausgeschlossen und nur die Gnade ist fähig, diese Einheit wiederherzustellen.[112] Aber wie?

In *tr.* 1,7 verweist Augustin darauf, daß der Anfang des Joh denen sein Geheimnis offenbart, die ihre Augen erheben (Ps 120,1f.) und von Gott Hilfe zur Einsicht jener Verse erbitten, ganz im Sinne von Mt 7,7.[113] Der »Autor« von Joh 1,1 (»der Jünger, den Jesus liebte«), so Augustin weiter, konkretisiert in seiner *narratio* den gnadenhaften Erkenntnisprozeß. Christus, die Liebe, *magister inte-*

---

[108] Vgl. Berrouard, Éxegèse 313, Anm. 13.

[109] In *ep.* 23*A, 3.6-7 (CSEL 88, 123) vom 1.12.419 an Possidius von Calama erwähnt Augustin das Diktat der *tr.* Berrouard, Éxegèse 313f.

[110] Berrouard, Éxegèse 314f.

[111] *Ep.* 228,2 (CSEL 57, 485); vgl. *ep.* 21,3 (CSEL 34, 51).

[112] *Tr.* 1,1; 98,3 (CChr.SL 36, 1.578).

[113] *Tr.* 1,7 (CChr.SL 36, 4).

rior, kommt dabei dem Außen des geschriebenen und gesprochenen Wortes zuvor und wirkt in den Herzen der Menschen Einsicht als Gnade und umgekehrt: »Ich erscheine [dabei] euren Augen,« so Augustin in der Predigtsituation, »er aber wohnt in eurem Bewußtsein (*conscientiis uestris praesidet*) und ist euch so wesentlich näher.«[114] Zur Erlösung freilich bedarf es beider Aspekte der Gnade. Dem Außen (*foris, exterior*) gläubigen, gehorsamen Hörens auf den Wortlaut der Verkündigung muß »innen« (*intus*) auf der intellektuellen Ebene ein einsichtsvolles Wachsen in der Einsicht von deren Inhalt entsprechen. Grundlegender ist natürlich letzteres; denn, so Augustin in *tr.* 1,13, schon das bloße Erkennen der Gnadenbotschaft als solcher setzt ein Mindestmaß an Einsicht voraus. Der Betreffende muß sich schon ganz zu Anfang ein Urteil darüber gebildet haben, ob das Evangelium vor ihm liege oder eine Art Aberglaube (1 Kor 8,4: *scimus enim quia nihil est idolum*). Zu einem Ergebnis in dieser Frage verhilft die gnadenhaft-intellektuelle Fähigkeit zur Selbsterkenntnis als Geschöpf Gottes, aus der sich alles weitere ableiten läßt,[115] etwa auch (im übertragenen Sinn) eine »Erkenntnis Gottes« vor dem Hintergrund der Offenbarung.

Nach *tr.* 2 offenbart sich Gott als »der, der ist« im Sinne von »der unveränderlich ist.«[116] Das Konzept der Unveränderlichkeit Gottes dient Augustin hier als erkenntnistheoretisches Axiom. Die Existenz des in unendlicher Ausdehnung von Raum und Zeit befindlichen Kosmos wäre im Sinne einer radikalen Skepsis bezweifelbar, wenn es keinen transzendenten Anhaltspunkt gäbe.[117] Mittler zwischen Zeit und Ewigkeit, Welt und Gott ist Christus. Er ist auch der Garant für die Erkennbarkeit der Sinnhaftigkeit (subjektiv ja je individueller und somit infragestehender) menschlicher Existenz in Raum und Zeit. Er liefert das Holz (*lignum*) für das Schiff, mit dem die Menschheit das unendliche Meer von Raum und Zeit durchpflügt, um zum ewigen Ziel zu gelangen.[118] Der (menschliche) Intellekt ist bei diesem Prozeß zwar nicht Ausgangs-, aber (als durch Gott in Christus erlöster) Zielpunkt. Ersteres betont Augustin in *tr.* 2,3: Nicht nur so gewaltige Geister wie der Evangelist Johannes fahren auf diesem Schiff mit, sondern auch kleine Kinder, die von alledem noch nichts verstehen. Ausschlaggebend für

---

[114] *Tr.* 1,7 (CChr.SL 36, 4); vgl. aus dem Jahr 414 *tr.* 40,5 (CChr.SL 36, 352f.): *munus dei est intelligentia*; außerdem *de magistro* 11,38 (CChr.SL 29, 195f.): *in interiore homine habitare dictus est Christus.*

[115] *Tr.* 1,13 (CChr.SL 36, 7f.): [zu Joh 1,3: »*sine ipso factum est nihil*«] [...] *peccatum nihil est* [...] »*scimus quia nihil est idolum*« [1 Kor 8,4] [...] *dicam planius, dicam, fratres, ut intellegatis: ab angelo usque ad uermiculum! per quem factus est angelus, per ipsum factum est uermiculum. qui creauit, ipse disposuit.*

[116] *Tr.* 2,2 (CChr.SL 36, 12): »*in principio erat uerbum*« [Joh 1,1]. *idipsum est, eodem modo est; sicut est semper sic est; mutari non potest: hoc est est. quod nomen suum dixit famulo suo Moysi:* »*ego sum qui sum;*« *et* »*misit me qui est*« [Ex 3,14]. Vgl. *uera rel.* 40,97,273 (CChr.SL 32, 250); Lössl, Augustinus 102; Madec, Connaissance 288f.

[117] Der mittel- bzw. neuplatonische Ursprung dieser metaphysischen Konzeption (transzendente Eins, undefinierte Zwei) steht außer Frage. Im folgenden wird Augustins Bezugnahme auf die »Platoniker« explizit. Zum philosophiegeschichtlichen Hintergrund der Entstehung dieser Theorien s. Krämer, Geistmetaphysik, bes. 292-311; Dillon, Middle Platonists 21-31.

[118] *Tr.* 2,2 (CChr.SL 36, 12): *instituit lignum quo mare transeamus. nemo enim potest transire mare huius saeculi, nisi cruce Christi portatus.* Mit »Holz« ist hier nicht nur das Kreuz gemeint, sondern vom Motiv der Arche her auch die Kirche. Vgl. Rahner, Antenna crucis.

den Einstieg in den Prozeß ist nicht ihr Intellekt. Dieser wird gewissermaßen nachgeliefert.[119]

Daß es nicht von Anfang an [ausschließlich] auf den [vollendeten] Intellekt ankommt, ist am Beispiel der paganen Platoniker zu ersehen, die zwar am Logos, nicht aber an seiner Selbsterniedrigung (*humilitas*) Anteil haben. So nützt ihnen ihre Weisheit nichts.[120] Die Verbindung dieser Kritik an der paganen Philosophie mit Röm 1,20-22 und in *tr.* 2,7 mit Joh 1,9 unterstreicht zusätzlich die erkenntnistheoretische Zielsetzung: Ohne das Konzept der *humilitas Christi* (Inkarnation, Kreuz, Kirche, Endgericht) führt der Weg der Gotteserkenntnis trotz vielversprechender Ansätze im Bereich der neuplatonischen Geistphilosophie zum Scheitern; denn von sich aus ist der menschliche Geist zu schwach, um zum vom Logos gesteckten Ziel zu gelangen, nur in der Gnade ist er erleuchtet,[121] kann die Finsternis ihn nicht mehr erfassen (Joh 1,5: *tenebrae eum non comprehenderunt*). Im Licht dieser Einsicht liegt die Erlösung.

Die Gnade eilt immer voraus, sogar sich selbst (Joh 1,16: *de plenitudine eius nos omnes accepimus, gratiam pro gratia*). Ihr Inhalt ist wesentlich ein »einzusehender,« nämlich die Wahrheit.[122] Von sich aus ist der Mensch nur zu Lüge und Sünde fähig.[123] Erneut steht der intellektuelle Aspekt im Vordergrund: »Wer die Wahrheit [erkennt und] äußert (*loquitur*), tut dies von Gott her.«[124] Wie die Gnade eilt auch die Wahrheit sich selbst voraus: »Nach mir kommt einer,« so Johannes, »der mir voraus ist.«[125] Und weiter: Er, Johannes, hat ihn nicht gekannt (Joh 1,33: *nondum nouerat*), aber als er sich taufen ließ, also das auf sich nahm, was Johannes vom Herrn als seine Botschaft an das Volk empfangen hatte, wußte Johannes aufgrund der Herabkunft der Taube (*columba descendens*), was er dem Volk über ihn sagen mußte.[126] Die Frage, so Augustin, ist nun lediglich noch: »Was hatte Johannes in bezug auf Christus noch nicht gewußt, was er dann während seiner Taufe durch die Taube lernte?«[127] — Antwort: Daß er durch die

---

[119] *Tr.* 2,3 (CChr.SL 36, 13): *hoc potuerunt mentes magnae montium, qui montes dicti sunt* [...] *paruuli uero qui hoc non possunt intellegere.*

[120] *Tr.* 2,4 (CChr.SL 36, 13): *philosophi huius mundi* [...] *noluerunt tenere humilitatem Christi* [...] *mare transeundum est et lignum contemnis? o sapientia superba!* Vgl. Röm 1,20-22.

[121] *Tr.* 2,7 (CChr.SL 36, 15); vgl. Joh 1,9 (*inluminatus*).

[122] *Tr.* 3,8 (CChr.SL 36, 24): *nescio quid nos uoluerit intellegere de plenitudine eius accepisse* [...] *non solum gratiam dedit, sed et ueritatem.*

[123] *Tr.* 5 (CChr.SL 36, 40f.). In *tr.* 4 wurde die »Sünde der Welt« (*peccatum mundi*), die nach den Worten des Täufers das »Lamm Gottes« hinwegnimmt, als das er Jesus erkannt hat (vgl. Joh 1,29), als Sünde Adams identifiziert und wie zum ersten Mal in *lib. arb.* 3 (*tradux, massa*) auf Christus hin aufgelöst. Vgl. *tr.* 4,10 (CChr.SL 36, 36): *non habet iste traducem de Adam; carnem tantum sumsit de Adam, peccatum non assumsit. qui non assumsit de nostra massa peccatum, ipse est qui tollit nostrum peccatum.* »*ecce agnus dei, ecce qui tollit peccatum mundi*« [Joh 1,29].

[124] *Tr.* 5,1 (CChr.SL 36, 40f.); vgl. Joh 8,44 (*qui loquitur mendacium, de suo loquitur*); Augustin: *uerax Iohannes, ueritas Christus* (vgl. Joh 14,6: *ego sum ueritas*).

[125] Joh 1,30 (zu beachten ist auch die Anspielung auf 1 Kor 1,24).

[126] Der Zusammenhang ist deutlich: *columba descendens* [...] *dominus ab aqua ascendens* [...] [*Iohannes*] *recognoscitur.* Vgl. im folgenden Hld 6,8: *una est columba mea*, bezogen auf Taufe und Kirche, und die Anspielung *tr.* 6,8 (CChr.SL 36, 57) die Bezeichung von *columba* als *congregatio sanctorum.*

[127] *Tr.* 5,2 (CChr.SL 36, 42).

Einsicht, daß er durch die Taufe im Heiligen Geist von ihm angenommen sei, gerettet sei.[128]

In *tr.* 7 belegt er diese Deutung mit einer eigenwilligen Auslegung von Mt 16,18,[129] ehe in *tr.* 8 durch einen Vergleich des »ersten Wunders« Jesu, seines »Urwunders,« mit der Schöpfung den *intellectus* der *narratio* erkunden will.[130] Er überträgt die bereits in *tr.* 1,13 nach Joh 1,3 (*sine ipsum factum est nihil*) zitierte Eigenart geschöpflicher Gotteserkenntnis auf die Fähigkeit der Unterscheidung von gut und böse: Gut ist das Einsehbare. Das Böse ist von Natur aus *nihil* und insofern nicht einsehbar.[131] Damit erfolgt die Überwindung des Bösen eindeutig durch Eliminierung alles nicht Einsichtigen und die Verwirklichung von Gnosis, christlicher Gnosis, wie Augustin sich beeilt zu betonen.[132] Auch der nur schwer nachvollziehbare Umgang Jesu mit seiner Mutter (*quid mihi et tibi est, mulier?*) wird zum Prüfstein für die erkenntnistheoretische Option. Augustin: »Wer es versteht, sage es [denn auch ich verstehe es nicht]; wer es aber noch nicht versteht, glaube dennoch mit äußerster Festigkeit: Jesus gab diese Antwort und die Frau, der er sie gab, war tatsächlich seine Mutter. Aufgrund dieser Frömmigkeit wird es [dem Glaubenden] zuteil, das Infragestehende einzusehen. Er muß nur betend anklopfen und darf nicht in Zank und Streit (*rixando*) an die Pforten der Wahrheit herantreten.«[133]

Zwar kann weder der Prediger noch der Hörer das Maß der erwünschten Einsicht bestimmen. Das ist allein Sache der Gnade. Aber ohne Predigen und gläubiges Zuhören wird dieser von vornherein der Zugang versperrt.[134] Anders

---

[128] *Tr.* 5,13 (CChr.SL 36, 48): *ego me a Christo scio accepisse.*

[129] Durch die Gründung auf den Glauben an Christus (*fides*) als Fels (*petra*) erweist sich die Taufe (*baptisma*) als wirksam. Vgl. zu dieser Deutung *retract.* 1,21 (CChr.SL 57, 62) und oben im zweiten Kapitel, Abschnitt I.2.b.

[130] Ansätze zur dort entwickelten Exegese von Joh 2,1-12 (Hochzeit zu Kana) finden sich bereits in frühen Schriften; vgl. *uera rel.* 16,31,84 (CChr.SL 32, 206): *item aquam in uinum conuersurus ut deus dicit:* »*recede a me mulier; mihi et tibi quid est? nondum uenit hora mea*« [Joh 2,4; vgl. Joh 19,26f.]. *cum autem uenisset hora qua ut homo moreretur, de cruce cognitam matrem commendauit discipulo quem prae ceteris diligebat.*

[131] *Tr.* 8,2 (CChr.SL 36, 82): *accedat iam consideratio tua etiam ad animam humanam, cui tribuit deus intellectum cognoscendi creatorem suum, dignoscendi et distinguendi inter bonum et malum, hoc est inter iustum et iniustum.*

[132] In *tr.* 8,4 (CChr.SL 36, 83f.) verweist er erneut auf die Inkarnation, in *tr.* 8,5 (CChr.SL 36, 84f.) wendet er sich ausdrücklich gegen den manichäischen Doketismus. Dann führt er unter Verweis auf die Biblizität des Konzepts (*intellectus* sei für ihn immer *intellectus gratiae* im christlichen Sinne) eine Art Autoritätsbeweis gegen die manichäische Auffassung (*tr.* 8,7). Vgl. Somers, Gnose augustinienne.

[133] *Tr.* 8,7 (CChr.SL 36, 86): *si autem quaeritur a uobis, cur hoc matri responderit* [nämlich Joh 2,4: *quid mihi et tibi est, mulier? nondum uenit hora mea*], *dicat qui intellegit; qui autem nondum intellegit, firmissime tamen credat hoc respondisse, et tamen matri respondisse Iesum, hac pietate merebitur etiam intellegere cur ita responderit* [vgl. Jes 7,9b LXX], *si orando pulset* [vgl. Mt 7,7], *et non rixando accedat ad ostium ueritatis.*

[134] Augustin entwickelt diesen Gedanken zur Exegese von Joh 2,17 (Ps 69,10): »Der Eifer für dein Haus verzehrt mich« (*zelus domus dei comedat me*). Die Christen hätten sich eifrig gegenseitig in dem, was sie beschäftigt, zu korrigieren (etwa die Zuhörer den Prediger); denn wenn es auch der Herr sei, der *intus dat*, so tue er dies dennoch durch den, der *foris* sei; *tr.* 10,9 (CChr.SL 36, 105f.).

als die Juden in Joh 2,18-20, die wegen ihrer fleischlichen Gesinnung (*carnaliter sapere, foris stare*) ohne Einsicht geblieben sind, steht Augustins Hörern die Möglichkeit zur Glaubenseinsicht offen, aus dem einfachen Grund, weil sie (durch die Gnade) bereits wissen, wer es ist, an den (*in quem*) sie glauben.[135]

Zum ersten Mal bringt Augustin in der *tr.* 11 folgenden Exegese des nächtlichen Gesprächs Jesu mit Nikodemus (Joh 3,1-13) in etwas schärferer Form den Gedanken einer der eigenen Entscheidung im Glauben vorlaufenden Prädestination ins Spiel. Auslöser des Gedankengangs ist bezeichnenderweise wiederum ein Hinweis auf den Zusammenhang von Taufe und *intellectus gratiae* (Joh 3,5: *nisi quis renatus fuerit ex aqua et spiritu, non uidebit regnum dei*).[136] Die Taufe ist ein Aspekt des *intellectus gratiae*. In ihr vertraut sich Christus dem Getauften an (*se credet ei*).[137] Der Getaufte erhält durch die Taufe (*baptisma*) von Christus den Heiligen Geist. Durch den Akt der Taufe erlangt er eine Einsicht in die Bedeutung des Sakraments. Was er zuvor, sich von außen annähernd, glaubte, sieht er nun im Vollzug des Sakraments ein, wobei dieses selbst wieder nur ein Zeichen (*figura*) des dann im Lebensvollzug des Gläubigen intellektuell einzuholenden Mysteriums ist. Eben deshalb haben die Katechumenen keinen Anteil am Heil, weil sie in Ermangelung des ganzheitlichen Vollzugs der Taufe keine Einsicht in die Bedeutung des Sakraments haben.[138]

Nikodemus ist so ein Kandidat. Den Ausdruck *natus-renatus* in Joh 3,7 versteht er nur auf der natürlichen Ebene (*carnaliter intellegit*). Die Symbolebene bleibt ihm verschlossen. Ihm fehlt die Einsicht, die diejenigen auszeichnet, denen sich Christus offenbart (*se credit*).[139] Hier nun taucht das Problem der Prädestina-

---

[135] Zu Joh 2,18-20 (»Reißt diesen Tempel nieder, in drei Tagen werde ich ihn wieder aufrichten«) *tr.* 10,10 (CChr.SL 36, 106f.): *caro erant carnalia sapiebant; ille uero loquebatur spiritaliter. quis autem posset intellegere de quo templo dicebat? […] et si Iudaeis clausum est, quia foris stant, nobis tamen apertum est, quia nouimus, in quem credimus.* Die sinngemäße Reihenfolge ist wiederum bezeichnend: (1) *credere*; (2) *nosse in quem*; (3) *intellegere de quo*. Vorausgesetzt ist immer, wie ebenfalls erneut aus dem folgenden hervorgeht, die zuallererst im Intellekt wirksame, rechtfertigende Gnade. Vgl. die Rede von Adam-Christus in *tr.* 10,11f. (CChr.SL 36, 107f.).

[136] Dazu, wie radikal Augustin die Heilsnotwendigkeit der Taufe von Anfang an interpretierte, s. oben (Kapitel II und III) sowie Simonis, Erbsünde.

[137] Nach Joh 1,31-33 vollzieht er dies paradigmatisch an sich selbst. Das eigentlich Paradigmatische an der Taufe Jesu durch Johannes den Täufer, wie in Joh 1,31-33 ja nur angedeutet, ist nach Augustin die in ihr dargestellte doppelte Stellvertretung: Johannes der (selbst nicht getaufte) Täufer erfährt durch die Taufe Jesu, was er selbst nicht erfahren hat. Jesus Christus (der als Stifter der Taufe nicht getauft werden müßte) läßt sich taufen, um ihm diese Einsicht zu vermitteln. Johannes' »Zeugnis ablegen für die Wahrheit« geschieht also ebenso stellvertretend wie die Taufe Christi. Was Jesus vollzieht, ohne daß er es nötig hat, versteht Johannes, ohne daß er es vollzogen hat. Durch das Verkünden des Evangeliums vermittelt Johannes, der selbst nicht Getaufte, seine Einsicht authentisch weiter (*uerax*). Christus aber, dessen Taufe auf den ersten Blick lediglich Demonstration ist (er ist ja ihr Stifter, *ueritas*), vollzieht diese wirklich, und zwar in den auf die Verkündigung des Evangeliums hin getauften Gläubigen. Darin besteht für Augustin die Rezeption des Joh: Was nach Joh zwischen Johannes und Christus geschah, geschieht beim Hören des Evangeliums und dem Vollzug der kirchlichen Riten (Taufe, Eucharistie usw.) in der Gegenwart zwischen den Gläubigen und Christus, wie er in der Kirche (etwa von Augustin, wenn er über Joh predigt) verkündet wird.

[138] *Tr.* 11,3 (CChr.SL 36, 111).

[139] Der Ausdruck *magister* in Joh 3,10 erhält in diesem Zusammenhang eine besonders ironi-

tion auf: Warum offenbart Christus sich Nikodemus nicht? Zunächst betont Augustin, daß es nicht »zwei Geburten,«[140] sondern eine einzige Prädestination (zum Heil) gebe.[141] Erkannt wird deren ewig (in caelis) gültiges Ergebnis (discernatur) jedoch (paradoxerweise) erst am Ende, beim Gericht.[142] Subjektiv lautet für Augustin die Konsequenz aus dieser Einsicht: Nur wer zur Einheit beiträgt, trägt auch zur Wahrheitsfindung bei (facere unitatem, uenire ad lucem; vgl. Joh 3,21), nur ein Offenlegen der Sünden führt zu ihrer Vernichtung.[143] In den Menschen, die dies tun, wächst Christus, während sie selbst abnehmen (Joh 3,30). Die graduelle Verwirklichung dieses Prozesses als eines gnadengewirkten intellektuellen Vollzugs ist für Augustin intellectus gratiae.[144] Und es wäre nicht Augustins intellectus gratiae, wenn er nicht auch die Schattenseite offenbaren würde. Joh 3,32, »Niemand hat das Zeugnis dessen, der vom Himmel gekommen ist, angenommen« (testimonium eius nemo accipit), heißt bei Augustin: »Alle sind dem Zorn Gottes verfallen« (Eph 2,3).[145] Gleichzeitig schränkt er ein: Mit nemo kann nicht nullus homo gemeint sein, ist doch von einigen die Rede, die das Zeugnis annehmen.[146] Was also? Augustin: Niemand außer Gott weiß es. Zum intellectus gra-

---

sche Konnotation. Nikodemus ist »Lehrer in Israel.« Dennoch mangelt es ihm ohne magister interior an Einsicht (intellectus).

[140] Denn das würde beim Konzept der undefinierten Zwei auf den infiniten Regress einer unendlichen Anzahl von Wiedergeburten hinauslaufen. Vgl. O'Daly, Mind 70-75.

[141] Tr. 12,2 (CChr.SL 36, 120): regeneratio spiritalis una est, sicut generatio carnalis una est. Die Rede ist vom einen Heil (salus una), der einen Taufe (una baptisma), der einen Kirche (una ecclesia) usw. Vgl. Eph 4,4-6. Zum Schriftbeweis zieht Augustin erneut Röm 9,13-18 heran: Gott schafft Esau und Jakob in einen einzigen Lebensraum (in uno uentre luctantur) und tut das mit der Kirche auch für alle Menschen. Daß darin die »große Scheidung« stattfindet, erweist sich erst am Ende (in fine discernantur), bei der Geburt (natiuitas), d. h. im Sakrament bzw. in dem, worauf das Sakrament abzielt (Endgericht), dann freilich definitiv: Gottes Volk entsteht ausschließlich aus dem Samen Jakobs. Zwei mögliche Bedeutungen von »Einheit« legen sich hier nahe, (1) eine vorläufige und (2) eine endgültige. (1) beruht auf dem Anschein eines »Miteinanders« von Gut und Böse, (2) auf der Einsicht, daß ein solches Miteinander auf Dauer nicht geben kann. Vielmehr wird das Böse ausgeschlossen. Vgl. tr. 11,10 (CChr.SL 36, 116).

[142] Vgl. tr. 12,4 (CChr.SL 36, 122f.): »nemo adscendit in caelum, nisi qui descendit de caelo, filius hominis qui est in caelo« [Joh 3,13] [...] »nostra conuersatio in caelis est« [Phil 3,20].

[143] Tr. 12,13 (CChr.SL 36, 128f.); vgl. Ps 50,11.5 (quoniam iniquitates meas ego cognosco, et peccatum meum coram me est semper).

[144] Tr. 14,5 (CChr.SL 36, 143): Zu Joh 3,30: »illum oportet crescere, me autem minimi:« hoc est, illum oportet dare, me autem confiteri; illum oportet glorificari, me autem confiteri. intellegat homo gradum suum, et confiteatur deo, et audiat apostolum dicentem homini superbiento et elato, extollere se uolentem: »quid enim habes quod non accepisti? si autem accepisti, quid gloriaris quasi non acceperis?« [1 Kor 4,7] intellegat ergo homo quia accepit, qui uolebat suum dicere quod non est eius, et minuatur; bonum est enim illi ut deus in illo glorificetur [1 Kor 1,31] [...] intellegebas heri modicum, intellegis hodie amplius, intelleges cras multo amplius; lumen ipsum dei crescit in te; ita uelut deus crescit, qui semper perfectus manet [...] sic est interior homo. Vgl. erneut der Verweise auf 1 Kor 4,7; 1,31.

[145] Zu Eph 2,3 vgl. tr. 14,13 (CChr.SL 36, 150); zu Joh 3,32 (qui de caelo uenit, supra omnes est; et quod uidit et audiuit, hoc testatur; et testimonium eius nemo accipit) vgl. tr. 14,8 (CChr.SL 36, 146): est quidam populus praeparatus ad iram dei, damnandus cum diabolo; horum nemo accipit testimonium Christi. nam si omnino nemo, nullus homo.

[146] Zu Joh 3,33 (qui autem accipit testimonium eius, signauit quia deus uerax est) vgl. tr. 14,8 (CChr.SL 36, 146): est enim quidam populus natus ad iram dei, et ad hoc praecognitus. qui sint enim credituri, et qui non sint credituri, nouit deus; qui sint perseueraturi in eo quod crediderunt,

tiae gehört auch, daß er, vom menschlichen Standpunkt aus betrachtet, noch nicht (*nondum*) vollendet ist.[147]

Mit diesem Argument schließt sich am Ende der ersten Gruppe der *tr.* ein beeindruckender Kreis von Gedankengängen.[148] Ausgehend von der Möglichkeit einer Verwerfung der Menschheit als ganzer (*populus irae*) aufgrund der Aussage *nemo accipit* gelangt Augustin zu der Annahme, daß einige nicht verworfen werden, weil es einige gibt, die die Botschaft annehmen (*qui accepit*). Es erfolgt also eine Unterscheidung (*populus irae diuisus*), und zwar nicht naturnotwendig — naturnotwendig wäre die Verwerfung — sondern aus Gnade (*gratia spiritus distinctionis*). Diese Unterscheidung (*iudicium*) hat beim Menschen ihren Ursprung im Intellekt (*intellectu diuisa*), nicht in der undifferenzierten raumzeitlichen Verfaßtheit (*in loco commixta*). Wegen letzterer freilich projiziert der Mensch die Unterscheidung auf das Ende von Raum und Zeit als einer Vorstellung (*uisio iudicii*). Trotz dieser Anpassung des intellektuellen Konzepts an die raumzeitliche Vorstellungswelt des Menschen ausschlaggebend ist aber der gnadenhaft vorgegebene intellektuelle Anfangspunkt. Ohne diesen kann von einer gnadenhaften Annahme der Botschaft keine Rede sein (*qui non intellegit, nondum accepit*). Der Kreis ist damit geschlossen. Es war die Frage nach der den Menschen eigenen Fähigkeit zur Annahme der Botschaft und damit des Heils, die am Anfang der Überlegungen gestanden hatte. Daß diese mit dem *intellectus gratiae* vorliegt, ist nach Augustin mehr, als die Menschheit angesichts ihrer (ursündlichen) Ausgangslage erwarten kann.

(c) Tractatus 17-19.23-54 (414)

In der zweiten Gruppe der *tr.* macht sich bereits die Auseinandersetzung mit dem Pelagianismus bemerkbar, ebenso die gleichzeitige Arbeit an *ciu. dei.* Die dort ausgetragene Kontroverse mit dem Heidentum führte Augustin in dieser relativ späten Phase seines Schaffens wieder zurück in einige Urerfahrungen seines Denkens, wie er sie in der Begegnung mit dem Neuplatonismus in Mailand gemacht und in den Frühschriften zum Ausdruck gebracht hatte.

In *tr.* 18 bezieht er sich auf die natürliche religiöse Veranlagung des Menschen (*desiderium in corde uestro*). Er deutet sie intellektuell (*mores perducunt*

---

et qui sint lapsuri, nouit deus. Im Vergleich mit dem oben zitierten Ausdruck *si omnino nemo, nullus homo* ergibt sich: Hier liegt ein kontradiktorischer Widerspruch vor: *Omnino nemo* heißt in der Tat *nullus homo.* Das kann aber nicht gemeint sein; denn es ist von einigen die Rede, die gerettet werden. Auf der menschlichen Erkenntnisebene ist der Widerspruch nicht aufzulösen. Also ist das Problem Gott zu überantworten. Nur im *intellectus gratiae* ist es, wenn überhaupt, auf eine Lösung und einen eindeutigen Sachverhalt hin einsehbar.

[147] *Tr.* 14,8 (CChr.SL 36, 147): *adtendit ergo in spiritu diuisionem, in genere autem humano commixtionem; et quod nondum locis separatum est, separauit intellectu [...] si nondum illum intellegis deum, nondum accepisti testimonium eius.*

[148] Von den verbleibenden Traktaten enthielte nur noch *tr.* 15 einiges interessante Material, das aber bereits in der oben im zweiten Kapitel behandelten *diu. qu. 83* 64 weitgehend aufbereitet wurde.

ad intellegentiam), wobei er Intellektualität ganzheitlich versteht, spirituell-moralische Perfektion eingeschlossen.[149] Ursprung und Ziel dieser Dynamik ist Gott
selbst (*qui et me fecit et te*). Die Vermittlung findet statt durch das Wort. Das
Wort erleuchtet (*inluminat*) und wirkt, daß die Törichten weise werden.[150] Es
lenkt die erleuchteten Augen des Geistes zurück zum Herzen des Menschen, das
als eigentliches Ebenbild Gottes aufscheint. Dort, im inneren Menschen (*in
interiore homine*), wohnt Christus. Dort auch wird der Mensch durch den Rückbezug auf seinen Ursprung erneuert (*in imagine sua cognosce auctorem eius*).[151]
In *tr.* 23,3 werden die Menschen mit Lampen (*lucernae*) verglichen. Das Öl, das
sie nährt, ist die Gnade.[152] Diese fällt nicht vom Himmel, sondern läßt die *religio
christiana* harmonisch aus den natürlichen, insbesondere geistigen Veranlagungen
der Menschen hervorgehen. Gott selbst vollendet jene durch die Gnade.[153] Gottes
Werk, darauf läuft Augustins Argument in Anspielung auf die bekannte Stelle 1
Kor 1,31 hinaus, ist *intellectus gratiae*,[154] auf intellektueller Basis Gottes- und
Nächstenliebe (*dilectio*) wirkende Gnade, die sich als Glauben an Christus manifestiert, wenn sich in dessen Demut die rühmen, denen es gegeben ist, ganz in
dieser Erfahrung aufzugehen.[155]

---

[149] *Tr.* 18,7 (CChr.SL 36, 184).

[150] *Tr.* 18,9 (CChr.SL 36, 185): »*intellegite, qui insipientes estis* [...] *et stulti, aliquando sapite*
[...] *omnia per uerbum.*« Vgl. Ps 93,8f.

[151] *Tr.* 18,10 (CChr.SL 36, 186): »*illuminatos oculos cordis uestri*« [Eph 1,18] *redi ad cor;
uide ibi quid sentias forte de deo, quia ibi est imago dei. in interiore homine habitat Christus, in
interiore homine renouaris ad imaginem dei, in imagine sua cognosce auctorem eius.* Vgl. *uera
rel.* 39,72,202 (CChr.SL 32, 234): *noli foras ire, in te ipsum redi; in interiore homine habitat
ueritas.*

[152] *Tr.* 23,3 (CChr.SL 36, 233): *gratia quippe dei gratuita, illa oleum lucernarum est.* Das
ganze wird mit drei signifikanten Schriftstellen untermauert: (1) 1 Kor 15,10: *non ego autem, sed
gratia dei mecum*; (2) Mt 5,15: *uos estis lumen mundi*; (3) Joh 1,9: *erat lumen uerum, quod
illuminat omnem hominem uenientem in hunc mundum.*

[153] Nach *tr.* 23,5 (CChr.SL 36, 234f.) besteht die *religio christiana* darin, daß *insinuit nobis
[Iesus Christus] animam humanam ac mentem rationalem, quae inest homini, non inest pecori, non
uegetari, non beatificari, non illuminari, nisi ab ipsa substantia dei.* Vgl. die Anklänge an *ciu. dei*
6-10 und *uera rel.* 10,19,55 (CChr.SL 32, 199): *ea est nostris temporibus christiana religio, quam
cognoscere ac sequi securissima et certissima salus est.*

[154] Als Genitivus subjectivus wie objectivus zu verstehen. Zu Joh 6,29 (*hoc est opus dei ut
credatis in eum quem misit ille*) unter Verweis auf Paulus und seiner Betonung der Gratuität vgl.
tr. 25,12 (CChr.SL 36, 254): *noluit [apostolus Paulus] discernere ab opere fidem, sed ipsam
fidem dixit esse opus. ipsa est enim fides quae per dilectionem operatur* [Gal 5,6]. *nec dixit: hoc
est opus uestrum, sed:* »*hoc est opus dei, ut credatis in eum quem misit ille, ut qui gloriatur, in
domino glorietur*« [1 Kor 1,31]. Vgl. auch *fid. op.*

[155] Zur soteriologischen Rolle der *humilitas Christi* in diesem Zusammenhang s. *tr.* 25,15f.
(CChr.SL 36, 255.257): Ursprung der Sünde ist *superbia* (Sir 10,9.10.14.15; die Angabe in
CChr.SL lautet fälschlich auf Koh). Nur wahre Demut kann sie überwinden. Die höchste Form
der Demut aber ist die Inkarnation (*quid superbis, homo? deus propter te humilis factus est* [...]
ille deus factus est homo). Die Erlösung des Menschen besteht nun darin, daß er Einsicht darüber
gewinnt, was dies für ihn bedeutet. Das kann er nur, wenn er Klarheit über seine eigene Stellung
gewinnt (*tu, homo, cognosce quia es homo*). Also ist die Selbsterkenntnis der äußerste für einen
Menschen vorstellbare Akt der Demut (*tota humilitas tua, ut cognoscas te*). Die *superbia* hatte
darin bestanden, sich über sich selbst Illusionen zu machen, wie man Gott vorzukommen, während
man in Wirklichkeit ins Nichts absank. Gott aber ist den Menschen dorthin nachgegangen und hat
ihnen die Möglichkeit wiedereröffnet, durch Erkenntnis ihrer prekären Lage ans Tageslicht

Nachdem in der ersten Gruppe der *tr.* die Taufe eine wichtige Rolle spielte, wird nun in ganz ähnlicher Weise die Eucharistie abgehandelt. Die Argumentationsprinzipien sind dieselben wie 406/7.

In Joh 6,35, so *tr.* 26, nennt sich Christus das Brot des Lebens. Damit, so Augustin, meint er offenkundig die Nahrung, nach der der innere Mensch hungert. Sie wird in Mt 5,6 als Gerechtigkeit bezeichnet. Die Sättigung damit ist also gleichbedeutend mit *intellectus*. Dessen Vermittlung erfolgt durch die Gnade im Heiligen Geist, ausgegossen in den Herzen der Menschen (Röm 5,5). Seine Wirkung besteht in der Erfüllung des Liebesgebots (Röm 10,3).[156] Augustin betont, daß Gott der alleinige Urheber dieser Bewegung sei. Joh 6,44: »Niemand kann zu mir [also zum *intellectus*] kommen, außer der Vater, der mich gesandt hat, zieht ihn (*traxerit eum*).« Nicht Freiheit als Eigenbewegung des Menschen steht am Anfang, sondern die Initiative Gottes. Damit soll nicht die Freiheit eliminiert sein und Zwang ausgeübt werden.[157] Die Rede ist vielmehr von einem »Band der Liebe« (*uinculum caritatis*). Freilich: Wer sich von ihm löst, ist verloren.[158] Die Lösung selbst wird als ein intellektueller bzw. antiintellektueller Akt verstanden (*carnaliter sapere; non credere*), eine Absage an den Glauben aus Mangel an Einsicht, wie sie die vollziehen, die Jesus nach seinen nur im Geiste verständlichen Aussagen in Joh 6 verlassen. Weil sie nicht glaubten, so Augustin, kamen sie nicht zur Einsicht und gingen. Bei denen, die glaubten und blieben, verwandelte sich Ignoranz (*ad quem ibimus?*) in Einsicht (*uerba uitae aeternae habes*).[159] Es sind letztere, die das Heil finden. Sie werden zu Kindern Gottes erhöht, fähig gemacht werden, die Wahrheit zu erkennen, den Sohn. Er wird sie befreien.[160] Wer nur fleischlich denkt (in Joh 7 und 8 *Iudaei*), hört zwar das Geräusch der gesprochenen Worte, versteht aber nicht ihre Bedeutung. Diese erschließt sich nur durch die Gnade.[161] Durch sie wird der Wahrheitsgehalt der Botschaft erfaßt und die Wahrheit erkannt, die befreit.[162] Diese Befreiung erfolgt nicht als eine Art Anarchie, sondern in Richtung eines neuen Ordnungsgefüges. Der Mensch befreit sich nicht eigenmächtig wie ein Sklave, der seinem Herrn entspringt. Das

---

zurückzukehren. Der oben *magister interior* genannte Christus wird hier zum *magister humilitatis*, *humilis esse* wird gleichgesetzt mit *cognoscere seipsum*.

[156] *Tr.* 26,1 (CChr.SL 36, 259f.).

[157] *Tr.* 26,4 (CChr.SL 36, 261): *noli te cogitare inuitum trahi; trahitur animus et amore.*

[158] *Tr.* 26,15 (CChr.SL 36, 267): *unde, ne istam uitam intellegentes et de hac re litigarent, secutus adiunxit:* »*qui manducat meam carnem et bibit meum sanguinem, habet uitam aeternam*« [Joh 6,54]. Die Eucharistie, im Hinblick auf die Augustin diesen Satz versteht, ist also wie die Taufe heilswirksam. Ihre Abwesenheit zeigt die Verwerfung des Betreffenden an (vgl. Joh 6,53: *non habet*). Niemand, so Augustin zu seinen Zuhörern, soll sich aufgrund dieses Zusammenhangs Sorgen machen, ob er »gezogen« werde oder nicht, sondern lieber »beten;« *tr.* 26,2 (CChr.SL 36, 260f.): *quem trahat et quem non trahat, quare illum trahat et ilium non trahat, noli uelle iudicare, si non uis errare. semel accipe et intellege: nondum traheris? ora ut traheris!*

[159] *Tr.* 27,1.9 (CChr.SL 36, 270.274); vgl. Jes 7,9b LXX.

[160] Zu Joh 1,12 und Joh 8,30-36 vgl. *tr.* 40,1.3 (CChr.SL 36, 350f.).

[161] *Tr.* 40,5 (CChr.SL 36, 352f.): *uos autem si intellexistis, unde intellexistis?* [...] *auditus per me factus est, intellectus per quem?* [...] *munus dei est intellegentia* [...] *uerbi gratia episcopus locutus est.*

[162] *Tr.* 41,1-3 (CChr.SL 36, 357); vgl. Joh 8,32.

kann er angesichts der Ursünde gar nicht. Vielmehr wird er befreit und in eine neue, bessere Ordnung hineingestellt.[163] Sklave Gottes statt Sklave von Menschen zu sein und es auch noch gern zu sein, das ist wahre Freiheit in Christus.[164] Mit dem Ausdruck *interior homo* werden erneut der intellektuelle Ausgangs- und Zielpunkt des Prozesses markiert: Durch Gnade erkennt der Betreffende seinen Zustand, entwickelt den Willen, ihn zu überwinden, und findet dabei sein Heil.[165]

Als Negativfolie hierzu kann Augustin auf der Basis des Texts des Joh das Verhalten der Juden (*Iudaei*) heranziehen: In Joh 8, so *tr.* 42, akzeptieren sie nicht die Wahrheit der Offenbarung der Wahrheit durch Christus. Aus den leiblichen Söhnen Abrahams werden nicht Kinder Gottes im Sinne von Joh 1,12, sondern des »Gottes der Welt,« also Satans. Sie erweisen sich damit, wie Christus schon vorher gewußt hatte (*praesciebat*) als nicht zum Heil bestimmt.[166] In Joh 9 verurteilen sie sich selbst: Vor der Heilung des Blindgeborenen schreiben sie sein Leiden einer unerlösbaren Erbschuld zu, danach leugnen sie, daß er blind (erlösungsbedürftig) gewesen war. Statt durch seine Heilung die eigene Blindheit (Erlösungsbedürftigkeit) zu erkennen, definieren sie sich selbst als gesund und die Gesundheit des vormals Blinden als (Be-) Trug.[167] Der einzige Nutzen dieses Verhaltens besteht (für die, die es als verfehlt erkennen, nicht für die, die es an den Tag legen!) darin, daß allen, denen die Gnade zuteil wird, die Struktur des Heilsprozesses umso klarer vor Augen geführt wird: Daß nämlich alle Menschen (Eph 2,3) in ihrer von der Ursünde her schuldhaften Blindheit (Unfähigkeit zu glauben und Einsicht zu haben) verloren sind und durch kein Gesetz der Welt sich Hoffnung auf ihre Erlösung ausrechnen können.[168] Daß Hoffnung auf Erlösung besteht, ist vielmehr ein Wunder, das ohne Glauben nicht zu verstehen ist. Schon die Fähigkeit zum Glauben resultiert aus der Gnade, die in Christus wirkt. Sie und nichts sonst führt auch zur Einsicht. Wer sich ohne Gnade und Glauben für sehend hält, erweist sich im Licht der Gnade als das, was er in Wirklichkeit ist, nämlich blind, und nur wer im Licht der Gnade seine Blindheit akzeptiert, ist in Wirklichkeit, wahrhaft und »schon jetzt,« sehend.[169]

---

[163] Deswegen auch der Verweis auf Mt 22,21 (*reddite Caesari quae Caesaris sunt et deo quae dei sunt*); *tr.* 41,4 (CChr.SL 36, 359): *seruus hominis aliquando sui domini duris imperiis fatigatus, fugiendo requiescit; seruus peccati quo fugit? secum se trahit quocumque fugerit.*

[164] Augustin entwickelt diesen Gedankengang, indem er parallel zu den entsprechenden Stellen aus Joh 8 Versatzstücke aus Röm 7,7-25 (Verhältnis von Gesetz und Freiheit) ins Spiel bringt. Zur Stellung der infolgedessen hier vorliegenden Römerbriefexegese innerhalb der Entwicklung der Römerbriefexegese Augustins s. Berrouard, L'exégèse; Lössl, Spuren; vgl. *tr.* 41,10 (CChr.SL 36, 363): *dicit apostolus quod dicere coeperamus:* »*condelector legi dei secundum interiorem hominem*« [Röm 7,22] *ecce unde liberi, unde condelectamur legi dei: libertas enim delectat.* S. Außerdem *tr.* 41,12 (CChr.SL 36, 365): *mane in seruitute dei, in libertate Christi; mente serui legi dei tui.*

[165] Die Wahrheit umarmend Wahrheit empfangen. Mit diesem Bild illustriert Augustin diesen Vorgang, wiederum nicht ohne Seitenblick auf die Praxis der Eucharistie in *tr.* 42,13 (CChr.SL 36, 371): *amplectimini ueritatem, ut accipiatis ueritatem.*

[166] *Tr.* 42,16 (CChr.SL 36, 373).

[167] *Tr.* 45 (CChr.SL 36, 388).

[168] *Tr.* 44,1 (CChr.SL 36, 381).

[169] *Tr.* 44,16 (CChr.SL 36, 388): *quid est hoc, domine? magnam quaestionem fessis intulisti;*

Christus ist das Tor zur Wahrheitserkenntnis, Quelle und durch den Geist Medium des *intellectus gratiae*.[170] Die Juden dagegen, so wie sie sich nach Joh ihm gegenüber verhalten, sind für Augustin Prototypen künftiger Häretiker, machen sie doch ihre »Einsicht« (*intellectus*) über ihn zum Ausgangs- und Zielpunkt aller möglichen starrsinnig (*peruicaciter*) vertretenen Irrtümer über das von der Gnade durch Christus gewirkte Heil. Fern davon, Einsicht der Gnade zu sein, ist sie »Einsicht,« die, aus Eitelkeit (*uanitas*) und Sensationsgier (*curiositas*) geboren, zu blinder Boshaftigkeit führt, die auch vor Mord nicht zurückschreckt.[171] Freilich: Was die Juden noch provozierte, versuchen die Häretiker umzuinterpretieren (insofern, so Augustin, standen die Juden in Joh der Wahrheit noch näher): Die Apolinaristen etwa leugnen die menschliche Seele Christi, Arianer und Sabellianer die Einheit bzw. Verschiedenheit von Vater und Sohn, Manichäer und Photinianer die Gottheit bzw. Menschheit Christi.[172] Wie bei der unbeantwortbaren Frage nach einer zum Gnadenkonzept passenden Seelenlehre in *lib. arb.*, *pecc. mer.* und *ep.* 166 entscheidet Augustin auch hier: Das philosophische Modell, das dem Konzept des *intellectus gratiae Christi* am ehesten gerecht würde, gibt es nicht. Identifikation von Glauben und Denken in einem bestimmten Paradigma verwässert beides und ist ebenso abzulehnen wie die Verweigerung von beidem. Anfang und Ziel christlicher Geistigkeit ist Jesus Christus (als Person). In ihm ist *gratia intellectus intellectus gratiae*, nicht als berechnete Größe in einem geschlossenen System (*praesumere*), sondern als Herausforderung der Nichtigkeit des Sünders angesichts der Unwahrscheinlichkeit, gerettet zu werden, wie auch als Hoffnungsschimmer in dieser Situation. Wer (mit der eigenen Gerechtigkeit) rechnet, wird das eigene Unheil errechnen (*praesumere*). Nur wer an Christus glaubt, auf das Heil aller hofft und so das Liebesgebot erfüllt, wird auf dieser Basis auch Einsicht in das Heil als das Heil selbst erlangen.[173]

Zum Ende von Joh 12 (und *tr.* 54) identifiziert Augustin dann noch einmal die Fähigkeit jener, die an Christus glauben, Kinder Gottes zu werden (Joh 1,12) mit der Gnade, durch den Glauben zur Einsicht zu gelangen, und deutet die Rede Jesu von sich selbst als Licht als Allegorie auf den *intellectus gratiae*.[174]

---

sed erige uires nostras,ut possimus intellegere quod dixisti. uenisti »ut qui non uident, uideant« [Joh 9,39]; *recte, quia lumen es; recte, quia dies es; recte, quia de tenebris liberas; hoc omnis anima accipit, omnis intellegit.*

[170] Zu Joh 10 s. *tr.* 47,3 (CChr.SL 36, 405): *lumen ergo et alia demonstrat et seipsum. quaecumque intellegimus, intellectu intellegimus; et ipsum intellectum unde, nisi intellectu, intellegimus? [...] intellectus autem alia intellegit et seipsum, quomodo intellectus uidet se, sic et Christus praedicat se et praedicando intrat ad te, per se intrat ad te.*

[171] Zum Kontrast zwischen den Schaulustigen bei der Auferweckung des Lazarus und dem Beschluß der Juden, Lazarus zu töten (Joh 11) vgl. *tr.* 50,14 (CChr.SL 36, 439): *curiositas eos adduxit, non caritas; uenerunt et uiderunt. audite mirabile consilium uanitatis [...] o stulta cogitatio et caeca saeuitia! dominus Christus qui suscitare potuit mortuum, non posset occisum?* Außerdem *tr.* 48,8 (CChr.SL 36, 417): *ecce Iudaei intellexerunt quod non intellegunt Ariani. ideo enim irati sunt.*

[172] *Tr.* 47,9 (CChr.SL 36, 409).

[173] *Tr.* 52,9 (CChr.SL 36, 449); vgl. Mt 6,12f. (Der Herr vergibt die Schuld und bewahrt vor Versuchung); Ps 126,1 (Der Herr wacht über die Stadt); Augustin: *nolite ergo de uobis ipsis praesumere, si non uultis foras eiectum diabolum intro iterum reuocare.*

[174] *Tr.* 54,4 (CChr.SL 36, 460): *»ego lux in munum ueni, ut omnis qui credit in me, in tenebris*

(d) *Tractatus* 55-124 (419)

In einem Brief aus den ersten Dezembertagen des Jahres 419 an Possidius von Calama[175] erwähnt Augustin für die Zeit vom 11. September bis zum 1. Dezember 419 als eine seiner literarischen Aktivitäten das Diktat einiger allgemeinverständlicher Vorträge (*populares tractatus*) über jene Teile des Johannesevangeliums, die er mit seinen bisherigen Traktaten noch nicht abgedeckt habe (Joh 13-21). Sechs von ihnen seien bereits fertig. Er arbeite jeden Samstag und Sonntag Abend daran und wolle auch die übrigen nach Karthago schicken, falls sie der Primas dort öffentlich halten wolle.[176]

Aus diesen Äußerungen läßt sich erschließen, daß *tr.* 55-124 zwar wie *tr.* 1-54 als Predigten oder Vorträge konzipiert, aber nicht faktisch gehalten wurden, jedenfalls nicht von Augustin. Überliefert sind lediglich seine Diktate. Außerdem umfaßt diese letzte, von der Zahl her größte Gruppe von Traktaten an Volumen höchstens ein Drittel der ersten beiden Gruppen. Die Bemerkungen zu den einzelnen Teilen des Evangeliums werden aufs Ende zu immer konziser. Die einzelnen Traktate sind wesentlich kürzer als die bisher besprochenen. Antipelagianische Motive scheinen weniger dominierend zu sein, als es für die gegebene Zeit vielleicht zu erwarten wäre. Auffallend ist dagegen Augustins Begeisterung für innertrinitarische Zusammenhänge und deren Bedeutung für seine theologische Erkenntnislehre. Genau dies aber bestätigt, wie an einigen Beispielen deutlich gemacht werden soll, erneut die These, daß die Entwicklung der Gnadenlehre nicht von derjenigen der Erkenntnislehre zu trennen ist. Selbst in subtilsten trinitätstheologischen Spekulationen steht im Vordergrund der Gedanke der Einheit des (auf der ursündlich bedingten Erkenntnisebene [vgl. die Motive Erwählung und Verwerfung] widersprüchlichen) göttlichen Handelns.

Am Anfang von *tr.* 55 steht die Deutung des Ausdrucks *pascha* (Joh 13). Augustin verweist auf die durchgängige, AT (Ex 14) und NT verbindende heilsgeschichtliche Bedeutung des damit bezeichneten Ereignisses (*pascha, transitus, exodus, salus*)[177] wie auch auf seine anthropologische und (trinitäts-) theologische Dimension: Die aufgrund der Sünde Adams (unter Voraussetzung des allgemeinen Heilswillens Gottes) zum Heil »notwendige« Passion Christi ist im Licht der Gnade als freiwillige, in der Fußwaschung symbolisierte κένωσις des Sohnes zu begreifen. Diese bezeichnet nicht, wie man annehmen möchte, die Taufe, son-

---

non maneat« [Joh 12,46] [...]; vgl. *tr.* 54,8 (CChr.SL 36, 463): *ut autem crederent homines quod intellegere nondum ualent* [...] *intellegentibus mentibus intus loquitur, sine sono instruit, intelligibili luce perfundit* [...] *excitauit nos ad magnum desiderium interioris dulcedinis suae; sed crescendo capimus, ambulando crescimus, proficiendo ambulamus, ut peruenire possimus.*

[175] Vgl. Berrouard, L'activité littéraire; BAug 46B (1987) 532-534; BAug 74A (1993) 17-26.
[176] Vgl. *ep.* 23*A,3 (CSEL 88, 123).
[177] *Tr.* 55,1f. (CChr.SL 36, 463f.): *nunc ergo figura illa prophetica in ueritate completa est* [...] *»sciens ergo Iesus* [...] *ut transiret* [...] *in finem dilexit«* [Joh 13,1]. Augustin verweist auf den Zusammenhang vom »Wissen Jesu« (hier natürlich nicht »empirischer Beweis« für seine Gottheit, sondern erkenntnistheoretischer Anhaltspunkt für das Konzept des *intellectus gratiae*), seinem Handeln und dessen heilsgeschichtliche Deutung als Erfüllung des Liebesgebots.

dern, so Augustin, nur das Eintreten des Sohnes für diejenigen Getauften, die auch zum Heil prädestiniert sind.[178] Die Taufe ist das Bad (Joh 13,10), von dem kommend, sich die Betreffenden nur noch die Füße waschen lassen müssen.[179] Allein den Gliedern der Taube (Hld 6,8) wird dieses Privileg auch zuteil (Hld 5,3: *laui pedes meos*).[180]

Erneut tritt die Struktur der seit 397 virulenten Gnaden- und Prädestinationslehre zutage: Christus selbst weiß im voraus, daß nicht alle (*non omnes*) dafür vorgesehen sind, in den Genuß der Heilsgnade zu gelangen, zumal die nicht, die dem Laster der *praesumptio* und damit der *superbia* verfallen sind. Gerettet wird, so Augustin, nur, wer in Identifikation mit Christus (als *exemplum*) ein demütiges Herz (Dan 3,87: *humilis corde*), also Einsicht in die Erlösungsbedürftigkeit seiner Einsicht (*intellectus*) habe. Im Bewußtsein, daß alles, was im Intellekt eingesehen wird, Gnade ist, kann er sich des Intellekts als eines Geschenks im Herrn rühmen (1 Kor 1,31).[181] Streben nach Weisheit (*philosophia*) ist hier nicht zu verwechseln mit paganphilosophischem (stoischem) Streben nach ἀπάθεια. Christus selbst ist erregt (Joh 13,21: *turbatus sum*), wenn er darangeht, sein Erlösungswerk zu verwirklichen. Auch rechnen die paganen Philosophen nicht mit der Gnade Gottes, weswegen sie zur Gruppe der hochmütigen Dummen zählen.[182] Der *intellectus gratiae* hingegen beginnt gerade bei den vier Arten von Unruhe (*quatuor perturbationes*), die Stoiker als unweise betrachten: Furcht (*timor*), Trauer (*tristitia*), Liebe (*amor*) und Freude (*laetitia*). Gottes Gnade in Jesus Christus wird zu diesen Gefühlsregungen aber nicht nur nicht gezwungen, sie ist sogar deren Quelle.[183] Ihr Motiv ist die Liebe (*dilectio*), sogar noch zu demjenigen in den eigenen Reihen (*secundum communionem sacramentum ex nobis*), der sie verrät (*unus ex uobis tradet me*). Nur in ihr ist wahre Einsicht (*intellectus gratiae*).

Es folgt ein gnadentheologisch-erkenntnistheoretischer Vergleich des »Jüngers, den Jesus liebte,« mit Judas Iskariot:[184] Beide sind Mitglieder der Heilsgemeinschaft des Paschamahls (Joh 13). Judas entfernt sich aus Bosheit bzw. Hochmut, um sinnloserweise Böses zu tun. Der andere ruht sich an der Quelle seiner

---

[178] *Tr.* 55,7 (CChr.SL 36, 466); vgl. Lk 19,10 (*uenit enim filius hominis quaerere et saluum facere quod perierat*).

[179] *Tr.* 56,4; 57,1 (CChr.SL 36, 468f.): *homo in sancto quidem baptismo totus abluitur* [...] *baptismo quidem homo totus abluitur.*

[180] Es zeigt deren gnadengewirkte Erfüllung des Liebesgebots an: Vgl. *tr.* 56,4 (CChr.SL 36, 468): *quotidie igitur pedes lauat nobis, qui interpellat pro nobis; et quotidie nos opus habere ut pedes lauemus, id est* [...] *dicimus:* »*dimitte nobis debita nostra, sicut et nos dimittimus debitoribus nostris*« [Mt 6,12]; vgl. *tr.* 57,1 (CChr.SL 36, 469): »*nemini quidquam debeatis, nisi ut inuidem diligatis*« [Röm 13,8]. Berrouard, Exégèse 329-331.

[181] *Tr.* 58,3f. (CChr.SL 36, 474): *neque enim in seipso, sed in ipsa ueritate quae superior est ipso, et humiliter et ueraciter gloriaretur, quoniam et ipse praecepit, ut* »*qui gloriatur in domino glorietur*« [1 Kor 1,31]. *itane non timeret insipientiam, si gloriari uellet amator sapientiae, et in gloria sua timeret insipientiam ipsa sapientia?*

[182] *Tr.* 60,3 (CChr.SL 36, 479).

[183] *Tr.* 60,5 (CChr.SL 36, 480): *non ergo aliquo est cogente turbatus, sed turbauit semetipsum.* S. hierzu auch den Verweis auf Joh 11,33 (*Iesus fremuit spiritu et turbauit se*).

[184] Er ähnelt strukturell (nicht inhaltlich!) dem von Johannes dem Täufer mit Jesus zur Interpretation des Umfelds von Joh 1,31 (Taufe Jesu) in *tr.* 6 herangezogenen.

Liebe aus (Joh 13,23: *recumbens in sinu Iesu*). Das Attribut *quem diligebat Iesus*
bedeutet nicht, daß jenem Jünger mehr Liebe zuteil würde als jedem anderen in
der Gruppe, den Verräter (*qui tradet me*) eingeschlossen. Jesu Liebe ist in ihrer
Vollkommenheit eigenmotiviert, gratuit. Der Verrat mindert sie ebensowenig,
wie die, die sie erwidern, sie vergrößern können. Die Bedeutung der Heilstat
Jesu liegt darin, daß er sich selbst dem Tod überliefert (*tradidit seipsum*; vgl. Gal
2,20). Der Verrat ist koinzident dazu, nicht kausal. Christus allein ist die Quelle
des Heils. Der Verrat ist sinnlos, auch und gerade hinsichtlich des Heils. Weder
schadet er Jesus und den Seinen, noch nützt er irgendjemandem. Auf der anderen
Seite wird auch die Liebe dadurch, daß sie nicht in den Geliebten entspringt,
sondern in Christus, nicht etwa weniger wert, im Gegenteil, sie wird darin vollendet.[185]

Jesu Handeln schafft Klarheit (*clarificatio*) bezüglich seiner zentralen Rolle
in diesem Zusammenhang.[186] Solange sich das Wirken der Gnade nicht bis zur
Vollendung entfaltet hat, zielt der Intellekt ins Leere (2 Tim 3,7: *semper dis-
centes et ad ueritatis scientiam numquam peruenientes*). Aus dieser Einsicht heraus verknüpft Augustin die drei Begriffe *clarificatio, glorificatio* und *humiliatio*:
In der Erniedrigung diesseitigen Leids ist die Herrlichkeit nicht klar erkennbar.[187] Vor dem Tod, ohne Erfahrung der Auferstehung, nimmt das Suchen und
Fragen nie ein Ende.[188] Wo es das dennoch tut, liegt weniger Einsicht als Torheit vor. Wenn Petrus etwa in Joh 13,37 meint, er könne Jesus überallhin nachfolgen, hat er wesentliche Elemente seines Glaubens noch nicht eingesehen.[189] Jesus muß seinen Weg allein gehen, um überhaupt erst einmal die Voraussetzungen
dafür zu schaffen, daß ihm jemand nachfolgen kann. Diese Nachfolge ist immer
sekundär zum Handeln Jesu, als Erwählung der Glieder der Taube (Hld 8,5) zu
verstehen.[190] Folgerichtig lehnt Augustin die Deutung von Joh 14,2 (*in domo*

---

[185] Entscheidend an der Gnadeneinsicht als Hintergrund des Gnadenhandelns ist für Augustin
immer, die durch die Liebe motivierte Gnade selbst als Handlungsträger herauszustreichen (*non
quia tu potes, sed quia hoc uult qui totum potest*); vgl. *tr.* 62,4 (CChr.SL 36, 484).

[186] Vgl. *tr.* 63,1 (CChr.SL 36, 485): »*quaerite deum et uiuet anima uestra*« [Ps 68,33]
»*quaerite faciem eius semper*« [Ps 104,4]; *trin.* 9,1; 15,2 (CChr.SL 50, 292f.; 50A, 460f.). Suche
nach Gott ist Suche nach seinem »Antlitz« (*facies*). In ihm sind Einsicht (Ergebnis der Suche) und
Heil (Leben) identisch.

[187] *Tr.* 63,1f. (CChr.SL 36, 486): *haeccine est clarificatio an potius humiliatio?* [...] »*spiritus
non erat datus, quia Iesus nondum erat glorificatus*« [Joh 7,39] [...] *nondum glorificatus est
passurus.*

[188] *Tr.* 63,1 (CChr.SL 36, 486): »*cum consummauerit homo, tunc incipit*« [Sir 18,6], *donec ad
illam uitam ueniamus.* Vgl. auch *ep.* 137 an Volusianus (CSEL 44, 100).

[189] *Tr.* 66,1 (CChr.SL 36, 494). Anders als etwa Ambrosius insistiert Augustin auf der
Authentizität der Leugnung: Petrus habe Jesus wirklich verleugnet. Für Augustin ist der Fall klar:
Ohne wirkliche Verfehlung gibt es auch keine wirkliche Bekehrung. Der Aspekt des *intellectus
gratiae* in diesem Zusammenhang ist unübersehbar in *tr.* 66,1 (CChr.SL 36, 494): *peccatum
agnoscat infirmitas; nam mendacium non habet ueritas. agnouit quippe peccatum suum infirmitas
Petri, prorsus agnouit; et quantum mali Christum negando commiserit, plorando monstrauit.* Vgl.
Louit, Reniement.

[190] Vgl. *tr.* 64,4 (CChr.SL 36, 490): »*quo ego uado, non potes me modo sequi*« [Joh 13,36]
und die unmittelbar damit zusammenhängende Anrede an die Jünger »*mandatum nouum do uobis,
ut diligatis inuicem*« [Joh 13,34], die präzisiert wird in *tr.* 65,1 (CChr.SL 36, 491): *dilectio ista*

patris mei mansiones multae sunt) auf Nichtgetaufte im Sinne seiner Prädestinationslehre ab.[191]

Die gesamte Erkenntnismetaphorik der Abschiedsreden ist nach Augustin also unter der Voraussetzung der allein seligmachenden Gnade als Grund jeder möglichen Glaubenseinsicht zu verstehen: Christus redet von sich selbst als Weg, Wahrheit und Leben (Joh 14,6) im Sinne seiner Identität als *magister interior*.[192] Die Apostel sind aufgerufen, etwas aus der ihnen verliehenen Gnade zu machen, zu glauben, die Gebote zu halten (Joh 14,12: *qui credit in me, opera quae ego facio, et ipse facit*). So entsteht *intellectus gratiae* in je größerem Maße (*et maiora horum faciet*). Zwar ist die Heilstat Christi in sich bereits vollkommen. Das Handeln aller Erlösten im Hinblick auf seine intellektuell gnadenhafte Dimension ist jedoch noch im Wachsen begriffen.[193] »Wachstumsprinzip« ist der Heilige Geist.[194] Augustin stellt ihn in dieser letzten Gruppe der *tr.* stärker als in früheren Schriften als in die innertrinitarischen Relationen eingebunden dar. (Nach dem Abschluß von *trin.* 414 bedarf ein Niveau an trinitätstheologischer Reflexion, wie es hier vorliegt, keiner weiteren Erklärung.) Die Konzentration auf trinitätstheologische Zusammenhänge ändert jedoch nichts am intellektuell-gnadentheologischen Grundkonzept Augustins, im Gegenteil: Die hochentwickelte

---

nos innouat, ut simus homines noui, heredes testamenti noui, cantatores cantici noui. Was hier mit *canticum nouum* gemeint ist, folgt auf dem Fuß, nämlich das *canticum canticorum* Hld 8,5 LXX, »*quae est ista quae adscendit dealbata?*« Gemeint ist damit die *innouata*, nämlich die *columba* von Hld 6,8. Zu beachten in diesem Zusammenhang ist erneut die Paradoxie oder Dialektik der Nachfolge: Ohne ein Minimum an (gnadenhaftem) Verständnis, was Nachfolge bedeutet, ist Nachfolge nicht vollziehbar. Umgekehrt wird Einsicht erst durch den Vollzug der Nachfolge möglich.

[191] *Tr.* 68,1 (CChr.SL 36, 498); vgl. auch Berrouard in: BAug 74A (1993) 436-440.

[192] *Tr.* 69,1.3 (CChr.SL 36, 500f.): »*ego sum uia et ueritas et uita*« [Joh 14,6] [...] *Thomas apostolus ut te interrogaret, habuit te ante se, nec tamen intellegeret te nisi haberet in se.* 70,2 (CChr.SL 36, 503): »*tanto tempore uobiscum sum, et non cognouistis me, Philippe?*« Die Stelle bezieht sich auf den Hinweis Jesu, wer ihn sehe, sehe den Vater. Jesus selbst, so Augustin, verweist also auf die innere Bedeutung seiner Existenz. Deren Wahrnehmung ist nur unter der Voraussetzung einer entsprechenden gnadenhaften Disposition des Intellekts möglich. Vgl. Berrouard, Mystère de Christ.

[193] *Tr.* 72,3 (CChr.SL 36, 509): *certe enim si aequalis est utrumque potentiae, hoc maioris est misericordiae* [...] *sed omnia opera Christi intellegere ubi ait:* »*maiora*« [...] *nulla nos necessitas cogit* [...] *uerba fidei faciebat* [...] *igitur uerba eius erant opera eius. et utique minus est uerba iustitiae praedicare* [...] *quam impios iustificare, quod ita facit in uobis, ut faciamus et uos.* Das *maiora* ist nach Augustin also nicht »exklusiv« zu verstehen, als ob zum Gnadenhandeln Christi von außen noch etwas hinzutreten könnte, sondern »inklusiv:« Kein menschliches Denken und (einsichtiges) Handeln kann an der Vollkommenheit des göttlichen Gnadenwirkens etwas im negativen Sinne ändern. Es kann es nur vermehren. Das gilt insbesondere für den Grundakt menschlichen Handelns im *intellectus gratiae*, das Gebet: »Wir können nichts gegen unser Heil von Gott erbitten« bzw. »Wir haben nichts zu verlieren. Sollten wir zur Schar der Gottlosen gehören, ist er unser Richter, sollte er uns seiner Gnade für würdig erachten, ist er unser Retter.« Vgl. *tr.* 73,3 (CChr.SL 36, 511): *non ergo contra nostram salutem petamus* [...] *est quippe impiis et damnator [dominus, Christus], qui dignatur fidelibus esse saluator [Iesus, mitis, humilis].*

[194] *Tr.* 74,1.5 (CChr.SL 36, 512.515): »*caritas dei diffusa est in cordibus nostris per spiritum sanctum, qui datus est nobis*« [Röm 5,5] [...] *intellegamus spiritum sanctum habere qui diligit, et habendo mereri ut plus habeat, et plus habendo plus diligat* [vgl. Lk 7,47; Mt 25,29] [...] »*puer autem crescebat et confortabatur plenus sapientia, et gratia dei erat in illo*« [Lk 2,40].

Trinitätslehre verdeutlicht sogar noch zusätzlich, worin der *intellectus gratiae* für Augustin besteht:[195] In einem Hineingenommensein in die intellektuelle Liebesgemeinschaft mit Gott. In Joh 15,15 nennt Jesus die Jünger »Freunde statt Sklaven.« Sie sind Mitwisser des Geheimnisses seiner Identität mit dem Vater und Mitdenker seiner Gedanken (*seruus nescit quid facit dominus eius*). Der Wert des auf Gottesfurcht aufbauenden Glaubens wird dadurch nicht gemindert. Auch Freundschaft lebt aus einer Dynamik der Furcht (*timor*). Diese ist nicht gleichbedeutend mit sklavischer Angst (Röm 8,15: *timor spiritus seruitutis*), sondern mit dauerndem Respekt, der den Geheimnischarakter des jeweils anderen nicht mutwillig verletzt (Röm 11,20: *noli altum sapere, sed time*). Das Motiv dieser Art von Furcht ist nicht Sklaverei durch Unwissen, sondern Verherrlichung im Herrn (1 Kor 1,31: *donatur ut sciatur* […] *ut in domino glorietur*), *intellectus gratiae*.[196]

Also nicht erst die Vollendung, sondern bereits der Anfang der Gnade ist trinitarisch zu deuten, zumal auf dem Hintergrund des *homo-interior*-Motivs.[197] Das »Erfülltsein vom Heiligen Geist« kann grundsätzlich nicht als Ergebnis einer natürlichen spirituellen Begabung verstanden werden. Es ist im Begriff der Gnade und der in ihr gründenden Einsicht zu situieren. Wird dies nicht beachtet, entsteht die Gefahr schlimmster Irrtümer über Wesen und Wirken des Heiligen Geistes.[198] Der Gerechte lebt aus Glauben (Röm 1,17: *iustus ex fide uiuit*). Diesen fundiert die Gnade und nur aus ihr entspringt wahre Einsicht. An ihr muß sich auch der Geist der Wahrheit messen lassen. Dieser ist dann allerdings auch vollständig in das Wirken der Gnade eingebunden, so daß die Vollendung in ihm erfolgt.[199]

In *tr.* 97 wird dieser Gedankengang für die Trinität als ganze wiederholt. Streng genommen, so Augustin, sind die Menschen gar nicht fähig, die Trinität in ihrer Heiligkeit, Wahrheit, Ewigkeit und Einheit intellektuell zu erfassen.

---

[195] *Tr.* 82,3f. (CChr.SL 36, 533f.): *non ergo ut nos diligat, prius eius praecepta seruamus; sed nisi nos diligat, praecepta eius seruare non possumus. haec est gratia quae humilibus patet, superbos latet* […] *utique etiam hic hanc dilectionem patris intellegi noluit, qua eum diligit pater* […] *numquid et hic gratia intellegenda est, qua pater diligit filium, sicut gratia est qua nos diligit filius, cum simus filii gratia, non natura.* Vgl. in Kontrast dazu Eph 2,3 (*natura filii irae*).

[196] *Tr.* 85,3 (CChr.SL 36, 539f.).

[197] *Tr.* 86,1f. (CChr.SL 36, 542f.).

[198] Das Wirken des Geistes geht immer auf *intellectus gratiae* zurück: (1) Christus betont sein *magister interior* Sein; *tr.* 94 (CChr.SL 36, 561) zu Joh 16,7 (*si enim non abiero, paracletus non ueniet ad uos*); (2) Petrus wird bei seiner Predigt durch sprühende Gnade vom Geist erfüllt; *tr.* 92,2 (CChr.SL 36, 557): *tantus in illo [Petrus] [Apg 2,14-37] fulgor gratiae, tanta spiritus sancti plenitudo apparebat, tanta de ore praedicantis pretiosissimae ueritatis pondera procedebat*; (3) Das Richten der Welt besorgt der Geist durch *caritas* mit Hilfe des Gnadenlichts; *tr.* 95,1 (CChr.SL 36, 565): *per spiritum sanctum diffundenda erat caritas in cordibus eorum, quae foras mittit timorem* [Röm 5,5; 1 Joh 4,18], *quo impediri possent ne arguere mundum* [Joh 16,11] *qui persecutionibus fremebat*.

[199] *Tr.* 95,2 (CChr.SL 36, 566): »*iustus ex fide uiuit*« [Röm 1,17] *est enim fides »sperantium substantia, conuictio rerum quae non uidentur*« [Hebr 11,1]. Außerdem *tr.* 96,1.4 (CChr.SL 36, 569.571f.): *cum autem uenerit ille spiritus ueritatis, docebit uos omnem ueritatem* [Joh 16,13] […] *ille magister interior* […] »*nunc scio ex parte tunc autem cognoscam sicut et cognitus sum* […] *non quod in hac uita scit totum, quod usque ad illam perfectionem futurum nobis dominus promisit per caritatem spiritus*« [1 Kor 13,9.12].

Gewisse Abstufungen lassen freilich die Vermutung zu, der innere Mensch könne in diesem Bereich in der Einsicht wachsen. Das entspricht der Vorstellung der inneren Struktur des Menschen als eines offenen geistigen Wesens, was wiederum dem Konzept eines zur Einsicht führenden Glaubens entgegenkommt. Bereits die Einsicht in die Richtigkeit dieser Grundvoraussetzung als Voraussetzung ihrer Umsetzung ist für Augustin *intellectus gratiae*.[200] Jesus, so Augustin, erbittet diesen für die Jünger, wenn er um seine eigene Verherrlichung betet (Joh 17,1). Seine Verherrlichung ist im Sinne von 1 Kor 1,31 Voraussetzung für ihren *intellectus gratiae*.[201]

Zumal durch die Betonung der Einheit der Trinität in diesem Zusammenhang tritt erneut der Prädestinationsgedanke massiv in den Vordergrund. Augustin: Verherrlicht wird in Ewigkeit der, der vor aller Welt ist. Wer das Konzept der Prädestination, das genau dieser Einsicht entspringt, leugnet, leugnet die Menschwerdung.[202] Prädestinationsdenken ist notwendigerweise mit Trinitätsdenken verknüpft. Ohne Einsicht in die Gnade der Erwählung gibt es auch keine Einsicht in den Ursprung dieser Gnade.[203] Erneut versucht Augustin, diesen Prozeß zu be-

---

[200] *Tr.* 97,1 (CChr.SL 36, 573): *quis hominum [...] sapiat trinitatem? ea ipsa ergo quae de dei aeternitate, ueritate, sanctitate, in promptu et palam sine cessatione dicuntur, ab aliis bene, ab aliis male intelleguntur; immo ab aliis intelleguntur, ab aliis non intelleguntur. qui enim male intellegit, non intellegit. ab eis ipsis autem a quibus bene intelleguntur, ab aliis minus, ab aliis amplius mentis uiuacitate cernuntur [...] in ipsa ergo mente, hoc est in interiore homine [...] non autem crescitur spatiosa mole, sed intellegentia luminosa, quia et ipse cibus intelligibilis lux est.* Das Konzept einer natürlichen Einsichtsfähigkeit ohne Glaubensbezug reicht hier, so Augustin, nicht; denn *sapientiam loquimur inter perfectos* (1 Kor 2,6): Wahrer Intellekt bedarf als Voraussetzung des Glaubens; *tr.* 98,4 (CChr.SL 36, 578): *hoc ergo qui inualida et inexercitata mente non possunt, profecto nisi fidei quodam lacte teneantur, ut et inuisibilia quae non uident, et intelligibilia, quae nondum intellegunt, credant, facile ad uanas et sacrilegas fabulas promissione scientiae ducuntur, ut et bonum et malum nonnisi corporalibus imaginibus cogitent [...] sicut Manichaei.* Andere wiederum, so weiter, hängen sich an formale Einsichten usw. Alle erkennen Gott irgendwie, sind aber nicht fähig, ihn durch ihre Erkenntnis zu verherrlichen (Röm 1,21: *cognoscentes deum, non sicut deum glorificauerunt*); vgl. *tr.* 98,7 (CChr.SL 36, 580f.): *quid enim prodest habere intellegentiam ueram de immutabili bono, ei qui non tenet per quem liberetur a malo?* Nur aus der allem zuvorkommenden Liebe Gottes erwächst auch der ihr entsprechende Intellekt (1 Joh 4,10: *nos diligimus, quia prior ipse dilexit nos*), dem auch Einsicht in das Wesen der Trinität zuteil wird. Damit schließt sich der in *tr.* 97 geöffnete Kreis: *tr.* 102,5 (CChr.SL 36, 597): *hinc ergo factum est ut diligeremus, quia dilecti sumus. prorsus donum dei est diligere deum. ipse ut diligeretur dedit, qui non dilectus dilexit [...] diffundit enim caritatem in cordibus nostris* [Röm 5,5] *amborum spiritus, per quem spiritum et patrem amamus et filium, et quem spiritum cum patre amamus et filio.* Vgl. *tr.* 103,1 (CChr.SL 36, 598), wo die Jünger zu Jesus sagen: »*ecce nunc palam loqueris*« [Joh 16,29]. In *tr.* 104,1 (CChr.SL 36, 601) heißt es im Hinblick auf die Einheit des trinitarischen Vollzugs noch akzentuierter: *hoc quoque ipsum, quomodo simul loquantur in suorum spiritualium cordibus et dei filius et spiritus sanctus, immo ipsa trinitas quae inseparabiliter operatur, intellegentibus est uerbum.*

[201] *Tr.* 104,2f. (CChr.SL 36, 602f.): *proinde eam quam fecit orationem pro nobis notam fecit et nobis [...] in dei sapientia causas efficienter habent* [vgl. Joh 17,1: *pater {...} clarifica filium*; 1 Kor 1,31: *qui gloriatur, in domino glorietur*].

[202] *Tr.* 105,6 (CChr.SL 36, 606): *praedestinationem in sua clarificatione manifestius aperuit, qua eum clarificauit pater, in eo quod adiunxit:* »*claritate quam habui, priusquam mundus esset, apud te*« [Joh 17,5]. Außerdem *tr.* 105,8 (CChr.SL 36, 607): *quisquis igitur dei filium praedestinatum negat, hunc eumdem filium hominis negat.*

[203] *Tr.* 106,3 (CChr.SL 36, 610).

schreiben: Wenn, so sein Gedankengang, Jesus sagt, seine Jünger hätten die Botschaft verstanden, meint er, sie hätten eingesehen, daß er ganz vom Vater her und auf ihn hin existiere (Joh 17,7). Dazu aber, so Augustin, waren sie, wenn es so war, nur deshalb fähig geworden, weil sie seinem Wort geglaubt hatten, und zwar zunächst, ohne Einsicht zu haben. Das Paradox dabei ist klar: Wie war das möglich gewesen, wo doch der Logos von seinem Wesen her von Anfang an nur der Einsicht zugänglich ist und nicht dem Glauben? Es muß also dem Glauben von Anfang an etwas Einsichtshaftes eignen. Eine solche auf Einsicht hin offene Dimension schon des anfänglichen Glaubensaktes kann aber nur in der innertrinitarischen Sendung des Sohnes durch den Vater im Heiligen Geist gründen.[204] Der Glaubensakt kann also nur dann als vernünftig und auf Einsicht hin offen eingesehen werden, wenn sein Ursprung in der göttlichen Gnade Christi liegt. Nur unter dieser Voraussetzung sind Aussagen von der Art (1) »Sohn und Vater sind eins« und (2) »der Vater ist größer als der Sohn und sein Wort Wahrheit,« im Prinzip (nämlich im *intellectus gratiae*) einsehbar.[205] Im in der Glaubenseinsicht gründenden Akt der Gnade entreißt Gott die Erwählten der Masse der Verdammten.[206] Davon daß »alle« zur Einsicht kommen, ist, so Augustin, nirgends die Rede. In Joh 17,20 ist von »vielen« die Rede (*multi crediderunt*). Der Weg der Gnadeneinsicht als Glaubenseinsicht erfolgt nach dem Prinzip der Prädestination, der Erwählung der zum Heil Vorherbestimmten aus der *massa perditionis*. So unbegreiflich die Liebe Gottes von sich aus ist, durch den durch die Gnade verliehenen Glauben kann sie zum Gegenstand der Einsicht werden.[207]

Die Traktate 112 bis 124 behandeln die letzten Kapitel des Evangeliums (Joh 18-21) über Leiden, Tod und Auferstehung Christi. In der Interpretation der Pas-

---

[204] *Tr.* 106,6 (CChr.SL 36, 612). Zur Bedeutung von »wahr glauben« im Sinne von »als wahr annehmen« (*uerisimilitudo*) als Voraussetzung von Einsicht s. oben (Kapitel I) im Zusammenhang mit Augustins Auseinandersetzung mit der Skepsis etwa in *c. Acad.* Vgl. Kirwan, Augustine 15-34; Rist, Augustine 41-91, bes. 56-63; ebenso die erneute Verwendung von Jes 7,9b LXX. Zum Zusammenhang von Trinität und *intellectus gratiae* im Rahmen des Konzepts der göttlichen Sendungen (*missiones*; vgl. Joh 17,8: *me misisti*) vgl. Arnold, Sendungen.

[205] *Tr.* 107,5 (CChr.SL 36, 614f.) zu Joh 17,11f.; 10,30 und 14,28 (*pater sancte, serua eos in nomine tuo, quos dedisti mihi, ut sint unum sicut et nos; ego et pater unum sumus; pater maior est me*): *quoniam una eademque persona est deus et homo, intellegimus hominum in eo quod rogat; intellegimus autem deum in eo quod unum sunt et ipse et ille quem rogat.* Außerdem *tr.* 108,3 (CChr.SL 36, 617): *sanctificat [...] pater in ueritate, id est, in uerbo suo, in unigenito suo, suos heredes eiusque coheredes.*

[206] *Tr.* 109,2 (CChr.SL 36, 620): *quis enim eorum a damnatione totius massae perditionis, quae per unum hominem facta est, saluus esse potuisset, nisi in unum mediatorem dei et hominum in carne uenturum reuelante spiritu credidisset?*

[207] *Tr.* 110,6 (CChr.SL 36, 626): *incomprehensibilis est dilectio qua diligit deus neque mutabilis [...] in omnibus intellegi potest de illo, cui ueraciter dicitur »nihil odisti eorum quae fecisti«* [Weish 11,25] *[...] amat tamen suum etiam in uitiosis uel sanatione beneficium, uel damnatione iudicium. ita deus et nihil odit eorum quae fecit.* Denen er das Leben verheißen hat (Joh 17,24), gibt er freilich zunächst Glauben: Vgl. *tr.* 111,1 (CChr.SL 36, 628): *unam uero esse patris et filii uoluntatem, quorum etiam spiritus unus est, quo adiuncto cognosciumus trinitatem, etsi intellegere nondum permittit infirmitas, credat pietas.* Einsicht wird erst bei der Vollendung verliehen: Vgl. *tr.* 111,5 (CChr.SL 36, 632): *»ego autem te cognoui«* [Joh 17,25] *ipse fons gratiae est deus natura [...] »et hi cognouerunt,«* inquit *»quia tu me misisti«. ipse est mundus reconciliatus. sed quia tu me misisti, ideo cognouerunt, ergo gratia cognouerunt.*

sionsgeschichte geht Augustin zunächst noch einmal auf die bereits in *tr.* 62 und 66 bearbeiteten Tatbestände des Verrats Judas' und der Verleugnung Jesu durch Petrus ein. Dort waren sie Ankündigungen, hier werden sie nun real geschildert, als Beispiele dafür, daß jegliches Bemühen um Einsicht in die Bedeutung des Heilshandelns Gottes durch Jesus Christus ohne Gnade vergeblich ist. Nicht anders *tr.* 114 zum Prozeß Jesu. Die Frage des Pilatus *quid est ueritas*, so Augustin, zielt so gründlich an allem vorbei, was ein begnadeter Hörer des Evangeliums bis hierher bereits mitbekommen haben müßte (z. B. Joh 14,6: *ego sum ueritas*), daß mit ihr gleichsam ein schrecklicher Schatten über die Szene fällt. Die Frage, ob es so etwas wie eine Einsicht der Gnade geben kann, wird zudem auf das Kreuz hin offensichtlich auf die Spitze getrieben.[208] Auch das Kreuz ist für Augustin keine Antwort: Es illustriert nur die Dringlichkeit der Frage.[209] Die Auferstehungsberichte jedenfalls bestätigten Sir 18,6 (*cum consummauerit homo, tunc incipit*). Alles beginnt wieder von vorn, wenn auch auf neue Weise. Der Auferstandene fordert Maria von Magdala auf, an ihn im Sinne des *intellectus gratiae* als den *magister interior* zu glauben, um so zur Vollendung der Glaubenseinsicht zu gelangen. Thomas ergeht es ebenso. Über den Buchstaben des konkreten Lebens Jesu bis zum Tod am Kreuz hinaus wird nun der Geist des Evangeliums sichtbar, der lebendig macht.[210]

Augustin wendet dieses Prinzip auch noch einmal auf Joh selbst, schließlich auch auf seinen eigenen Text an. In Joh 21,25 heißt es, daß es sicher noch vieles über die Taten Jesu zu schreiben gäbe. Wollte man alles aufschreiben, könnte die Welt die Bücher nicht fassen. Das, so Augustin, ist nicht räumlich, sondern geistig zu verstehen: Kein Mensch kann das christologische Geheimnis je in aller Fülle ausloten (*capacitate hominum comprehendi*).[211]

---

[208] *Tr.* 115,4 (CChr.SL 36, 645f.); vgl. 2 Thess 3,2 (*omnis qui est ex ueritate, audit meam uocem*); Joh 14,6 (*ego sum ueritas*); Joh 8,18 (*testimonium perhibeo de me*); Röm 8,28 (*scimus quia diligentibus deum omnia cooperantur in bonum, his qui secundum propositum dei uocati sunt*); 2 Tim 1,8f. (*propositum scilicet uocantis, non uocatorum*); und Pilatus: *quid est ueritas?* Vgl. *tr.* 115,5 (CChr.SL 36, 646): *umbra ueritatis a Iudaeis errantibus tenebatur, et mirabili dispensatione diuinae sapientiae per homines fallaces eiusdem umbrae ueritas implebatur,* nämlich durch das Kreuz, wie im folgenden ausgeführt wird.

[209] *Tr.* 118,5 (CChr.SL 36, 657) zu Eph 3,18 (*latitudo, longitudo, altitudo, profundum*): *de profunditate gratiae dei, quae comprehendi ac diiudicari non potest,* jedenfalls nicht, wer nicht in ihr steht, d. h. in ihrem Vollzug.

[210] *Tr.* 121,3.5 (CChr.SL 36, 666.668): *»noli me tangere«* [Joh 20,17]; *id est, noli in me sic credere, quemadmodum adhuc sapis* [...] *sed* [...] *aliter* [...] *»beati qui non uiderunt, et crediderunt«* [Joh 20,29]. Daß Augustin mit diesen Beispielen und den (Joh 21) folgenden jeweils auf den *intellectus gratiae* anspielt, zeigt *tr.* 122,3.8 (CChr.SL 36, 669.674): *dei gratiae* [...] *accedit ad legem gratia, ad litteram spiritus* [...] *ut uiuificante spiritu littera non occidat.* Vgl. Joh 21,6.11.

[211] Auch die *tr.* schaffen das nicht, weswegen es, so Augustin, Zeit ist, an ein Ende zu kommen (*compellerer meum terminare sermonem*); vgl. *tr.* 124,8 (CChr.SL 36, 688). Im Sinne von Joh 1,1 bezieht sich Augustin hier auf das »Buch« des Kosmos, der für den menschlichen Geist immer ein Geheimnis bleiben wird. Umgekehrt erlebt er die Begegnung mit (biblischer) Literatur als Begegnung mit der Welt. Welt und Literatur stehen für ihn in einem intellektuellen Spannungsgefüge.

6. ANTIPELAGIANISCHE HERMENEUTIK (*DE SPIRITU ET LITTERA*)

Gegen Ende der *tr.* (s. *tr.* 121) war wiederholt die Frage nach dem Verhältnis von Geist und Buchstabe (*spiritus et littera*) im Sinne von 2 Kor 3,6 angeklungen. Augustin hatte sie schon einmal im Kontext seiner Korrespondenz mit Marcellinus Ende 412 Anfang 413 ausführlich behandelt,[212] in *spir. litt.*, in der Anfangszeit der Kontroverse um die Theologie des Pelagius.[213]

In seinem Antwortschreiben zu *pecc. mer.* 1-2 hatte Marcellinus Augustin gegenüber einen etwas verunsicherten (*permotum*) Eindruck gemacht, so als ob ihn Augustins Argumente nicht ganz überzeugt hätten, vor allem das zur Frage der realen Möglichkeit vollkommener Sündlosigkeit, bei dem es mit der empirischen Belegbarkeit haperte (*cuius rei desit exemplum*).[214] *Spir. litt.* ist ein Versuch, dieser Unsicherheit zu begegnen. Ausgehend von einer Analyse von 2 Kor 3,6 (*littera occidit, spiritus autem uiuificat*) zeigt Augustin darin, daß die These von der Sündenlosigkeit (*impeccantia*) des Menschen unter Voraussetzung göttlicher Gnadenhilfe nicht einfach aus der Luft gegriffen ist.[215] Selbst die von einem Menschen auf dem Weg edelster Tugenden erlangte Vollkommenheit, so

---

[212] Dort noch im Kontext antimanichäischer Argumente. Deren Verwendung im Kontext der Argumentation gegen die neuen *inimici gratiae*, die Pelagianer, ließ Augustin eine Revision seiner Hermeneutik zunehmend vonnöten erscheinen. Vgl. *ep.* 139 (CSEL 44, 148-154) von Ende 411 oder Anfang 412 (zur Datierung s. Goldbacher in: CSEL 58, 37); *ep.* 139,3 die Erwähnung von *ep.* 140 an Honoratus *de gratia noui testamenti*; Ulbrich, Briefe zur entscheidenden Phase 53; *spir. litt.* ist auf jeden Fall vor dem Tod des Marcellinus am 13.9.413 und vor der Abfassung von *fid. op.*, also etwa in dem angegebenen Zeitraum entstanden. Vgl. *fid. op.* 14,21 (CSEL 41, 62); *retract.* 2,37f. (CChr.SL 57, 120f.); Marafioti, Uomo 24-29.

[213] Vgl. auch *ep.* 140 und *ep.* 145; zu *spir. litt.* s. *retract.* 2,37f. (CChr.SL 57, 120f.): *in quo librum quantum deus adiuuit acriter disputaui contra inimicos gratiae dei, qua iustificatur impius.* Marafioti, Uomo 29-39. In *ep.* 140 werden sechs Fragen (1) zur Gottesferne Christi am Kreuz (Ps 21,2; Mt 27,46), (2) zur Rede vom Jenseits als Ort (Eph 3,17bf.), (3) zum Gleichnis von den fünf törichten und fünf klugen Jungfrauen (Mt 25,1-12), (4) zur Rede von der äußeren Finsternis (Mt 8,12; 22,13), (5) zur Rede von der Fleischwerdung des Wortes (Joh 1,14) beantwortet. Augustins antimanichäische Argumentation trägt dabei bereits Züge künftiger antipelagianischer Argumentation. In beiden Fällen geht es um den *intellectus gratiae*: *ep.* 140,51 (CSEL 44, 198): *in hoc itaque intellectu gratiae inest timor*; 140,79 (CSEL 44, 228) die Verwendung von 1 Kor 1,31; vgl. *ep.* 140,19; 50; 53 (CSEL 44, 170; 197; 199); vgl. *ep.* 145 (an Anastasius): Die Liebe, durch die das Gesetz erfüllt wird, gründet in der Gnade im Heiligen Geist; vgl. *ep.* 145,6f. (CSEL 44, 271f.); Jer 9,24; Röm 5,5; 8,35-39; 1 Kor 1,30f. Antimanichäische und antipelagianische Argumentation konvergierten für Augustin. Die beiden »Irrlehren« basierten in seinen Augen auf derselben Fehlannahme (Unvermittelbarkeit von Intellekt und Gnade).

[214] Vgl. *retract.* 2,37f. (CChr.SL 57, 120f.); *spir. litt.* 1,1 (CSEL 60, 155): *rescripsisti moueri eo* [...] *ut sit homo sine peccato, si uoluntas eius non desit ope diuina adiuuante, sed tamen praeter unum, in quo omnes uiuificabuntur* [1 Kor 15,22] *neminem fuisse uel fore, in quo hic uiuente esset ista perfectio. absurdum enim tibi uidetur dici aliquid fieri posse, cuius desit exemplum.* Zum Problem der *impeccantia* Marafioti, Uomo 51-76. Zur Frage nach dem Unterschied zwischen Möglichkeit und »Fähigkeit zur Verwirklichung« (Vermögen) Barth, Entscheidung 54. Das Problem taucht bereits in *lib. arb.* auf. Vgl. Lössl, Wege 330f.

[215] *Spir. litt.* 1,1 (CSEL 60, 155): *unde non ideo negare debemus fieri posse, ut homo sine peccato sit, quia nullus est hominum praeter illum, qui non tantum homo, sed etiam natura deus est, in quo id esse perfectum demonstrare possimus.*

Augustin, ist Geschenk Gottes, der in den Menschen »sowohl das Wollen als
auch das Wirken« (Phil 2,13: *et uelle et operari*) wirkt, und zwar noch »vor« dem
guten Willen (*pro bona uoluntate*).[216] Die Behauptung »einiger,« die Vollkommenheit des Heils sei bereits durch die Anwendung der natürlichen Willensfreiheit des Menschen auf das Gesetz zu erlangen, ist zurückzuweisen. Die Vertreter
dieser Denkrichtung selbst schrecken vor den fatalen Konsequenzen einer solchen
Annahme zurück.[217] Sollte nämlich die »Hilfsfunktion« der Gnade darin bestehen,
das problematische Gefüge von Gesetz und Willensfreiheit zu konstituieren, ohne
daß dem Menschen die Fähigkeit übereignet wird, dieses Gefüge in irgendeiner
Weise zu transzendieren, dann bestünde der *intellectus gratiae* in nichts anderem
als im gleichzeitigen Wissen um Notwendigkeit und Unmöglichkeit der Erfüllung
des Gesetzes. Es wäre die Hölle, ganz im Sinne von Unheil im Bereich des
Intellekts, eine Verzweiflung auf der Ebene der Modallogik.[218]

Nach Augustin ist so ein Konzept unbiblisch und pervers. Christlicher (paulinischer) Glaube, so seine Position, besagt, daß bei anthropologischen Grundsatz-
überlegungen als vorgängig zur natürlichen Willensfreiheit des Menschen und
zum Gesetz immer Christus und seine Gnade im Heiligen Geist ins Spiel zu bringen sind. Noch ehe am Horizont der Rationalität das Verhältnis von Gesetz und
Freiheit auftaucht, hat im Kontext der theologischen Tugenden der Heilige Geist
bereits Freude (*delectatio*) in und Liebe (*dilectio*) zu Gott, dem höchsten, unveränderlichen Gut erweckt (Röm 5,5). Folge ist ein irdisches Leben im Glauben (2
Kor 5,7) und im Hinblick auf das Jenseits die Hoffnung auf vollkommene Glaubenseinsicht als Gnade und Heil (Joh 1,9).[219] Dementsprechend ist auch der Titel von *spir. litt.* zu verstehen: »Der Buchstabe [des Gesetzes] tötet, der Geist
[der Gnade Gottes, also Christi] aber macht lebendig« (2 Kor 3,6).

Es geht um die konkrete, nicht nur figurativ verstandene Einsicht in die
durch den Geist vermittelte Funktion der Gnade, den Menschen zu befähigen, die
Gebote Gottes zu halten und dadurch über den bloßen Buchstaben des Gesetzes
hinaus seinen Geist zu erfüllen.[220] Negativfolie zu dieser alles voraussetzenden

---

[216] *Spir. litt.* 2,2 (CSEL 60, 156).

[217] *Spir. litt.* 2,4 (CSEL 60, 157).

[218] *Spir. litt.* 2,4 (CSEL 60, 157): *sed aiunt ideo ista sine ope diuina non fieri, quia et
hominem deus creauit cum libero uoluntatis arbitrio et dando praecepta ipse docet quemadmodum
homini sit uiuendum et in eo utique adiuuat, quod docendo aufert ignorantiam, ut sciat homo in
operibus suis quid euitare et quid appetere debeat.* Augustins Kritik am Gegner beruht auf der an
diesem Text nicht überprüfbaren Voraussetzung, daß dessen Begriff von natürlicher Willensfreiheit (*uelle*) nicht die Fähigkeit (*posse*) enthalte, das Gesetz zu erfüllen. Vgl. Greshake, Gnade;
Barth, Entscheidung 74-111; Brown, Augustinus 298-319.

[219] *Spir. litt.* 3,5 (CSEL 60, 157).

[220] *Spir. litt.* 4,6.5,8 (CSEL 60, 158.160): *neque enim solo illo modo intellegendum est quod
legimus: »littera occidit, spiritus autem uiuificat« [2 Kor 3,6], ut aliquid figurate scriptum, cuius
est absurda proprietas, non accipiamus sicut littera sonat, sed aliud quod significat intuentes
interiorem hominem spiritali intellegentia nutriamus [...] non ergo isto solo modo intellegendum
est quod ait apostolus: »littera occidit, spiritus autem uiuificat« [2 Kor 3,6], sed etiam illo eoque
uel maxime, quod apertissime alio loco dicit: »concupiscentiam nesciebam, nisi lex diceret 'non
concupisces'« [Ex 20,17; Röm 7,7]; et paulo post ait »occasione accepta peccatum per mandatum
fefellit me et per illud occidit« [Röm 7,11] [...] non figurate aliquid dicitur, quod accipiendum
non sit secundum litterae sonum, cum dicitur »non concupisces«, sed apertissimum saluberrimum-*

Einsicht ist die Torheit der Leugner der Sünde als Folge der Ursünde.[221] Durch
sie ist die Willensfreiheit zu nichts anderem nütze als zum Sündigen. Je tiefer die
wahren Dimensionen des Falls begriffen werden, umso mehr nähert sich die Einsicht auch ihrer Vollendung in Einsicht und Nachvollzug der Erlösertat Christi.
Daraus den Schluß zu ziehen, man müsse, um die Fülle der Erlösung zu erkennen, kräftig sündigen, wäre freilich ein fataler Irrtum (Röm 6,2).[222] Vielmehr ist
aus dem Vollzug der Taufe heraus das Gnadenwirken Christi zum Ansatzpunkt
einer konkreten Überwindung der eigenen Sündigkeit zu machen. Als Ziel dieses
postbaptismalen Prozesses formuliert Augustin dann im Zusammenhang mit Joh
1,9 wieder den Intellekt und schließt so einen ersten hermeneutischen Zirkel.[223]

Die Auslegung von Röm 3,20 (*cognitio peccati*) erfolgt ganz im Sinne des
von 1 Kor 1,31 (2 Kor 10,17) und nunmehr auch von Röm 2,17 (*gloriaris in
deo*) her bekannten Motivs des sich Rühmens in Gott als *intellectus gratiae*.[224]
Die Blasphemie der von Paulus kritisierten Juden (Jes 52,5: *nomen enim dei per
uos blasphematur in gentibus*), so Augustin, besteht gerade nicht in ihrer Ge-
setzestreue. Das im Heiligen Geist empfangene Gesetz ist Segen von Gott her.
Die besagten Juden aber nehmen ihr Gesetz so an (*accipere*), als ob Gott dadurch, daß er es ihnen verlieh, alle anderen Menschen vom Heil ausschloß.[225]

---

que praeceptum est. Hier wird deutlich, warum Augustin um 412 begann, auf eine Revision bzw.
eine Rückbesinnung auf einige Grundsätze seiner Hermeneutik zu dringen, die er bereits 397
hervorgehoben hatte. Es geht ihm um historisch konkrete Rede von Sünde und Erlösung in einem
kirchlichen und spirituell-praktischen Kontext. Nur auf der Basis gelebten Glaubens ist ein Weg
der Weisheitssuche bis zur Vollendung möglich. Die Verwendung erkenntnistheoretischer
Ausdrücke wie *intellegere, scire, nescire, falli, accipere, apertissime* usw. im Zusammenhang mit
dem Gnadendenken zeigt an, daß es ihm auch hier um die Formulierung des *intellectus gratiae*
geht. S. oben zu c. *Faustum* 6 (CSEL 25/1, 284f.).

[221] Vgl. *spir. litt.* 6,9 (CSEL 60, 160f.) und im Vorhergehenden die Verwendung von Ausdrücken wie *falli, nescire* usw. im Zusammenhang mit der Wirkung der Sünde.

[222] *Spir. litt.* 6,9 (CSEL 60, 161). Auch hier steht der intellektuelle Aspekt im Vordergrund:
Der Gipfel der Perversität besteht darin, die Gnadeneinsicht irrationalerweise als »rationale«
Grundlage für die Sünde zu mißbrauchen.

[223] *Spir. litt.* 6,10.7,11 (CSEL 60, 161.163): *consequenter eandem medicinam in passione et
resurrectione Christi mystice demonstratam ostendit apostolus dicens: »an ignoratis, quoniam
quicumque baptizati sumus in Christo Iesu in mortem ipsius baptizati sumus?«* [Röm 6,3] [...]
*haec cogitatio sancta seruat filios hominum in protectione alarum dei sperantes, ut inebrientur ab
ubertate domus eius et torrentem uoluptatis eius potent, quoniam apud ipsum est fons uitae et in
lumine eius uidebimus lumen, qui praetendit misericordiam suam scientibus eum et iustitiam suam
his qui recto sunt corde* [Ps 35,8-11]. *neque enim quia sciunt, sed etiam ut sciant eum praetendit
misericordiam suam* [Röm 4,5] [...] *haec cogitatio non aufert in superbiam, quod uitium oritur,
cum sibi quisque praefidit seque sibi ad uiuendum caput facit.* Die Gnade, vermittelt durch die
Taufe, ist zwar vorläufig zur Einsicht, wirkt aber erst durch sie, wie aus der folgenden Verwendung johanneischer Motive (Joh 1,9; 1,16; 5,35) noch deutlicher wird. Die Argumentation
erinnert an (s. oben) *tr.* 63 (CChr.SL 36, 486).

[224] Vgl. Marafioti, Uomo 144f.

[225] Vgl. Röm 2,17; *spir. litt.* 8,13 (CSEL 60, 165): *hic manifestauit quemadmodum dixerit:
»gloriaris in deo«. nam utique si uere talis Iudaeus gloriaretur in deo eo modo, quo postulat
gratia, quae non operum meritis sed gratuito datur, ex deo esset laus eius, non ex hominibus. sed
ita gloriabantur in deo, uelut qui soli meruissent legem eius accipere, secundum illam uocem
psalmi, qua dictum est: »non fecit sic ulli genti et iudicia sua non manifestauit eis«* [Ps 147,20].
Augustin berührt hier übrigens ein innerbiblisches Problem. Die Erwählung Israels wurde schon

Damit kehren sie das von Gott durch die Gnade intendierte Verhältnis von Wortlaut und Geist des Gesetzes um. Das Gesetz hat Gott nämlich nicht als Selbstzweck vorgesehen, sondern als Mittel für das Heil. Es ist nicht eine Art »natürlicher Besitz,« der die Juden vor allen anderen Völkern auszeichnet, sondern ein Gnadenmittel, das im *intellectus gratiae* das Ausmaß der Sünde bzw. die Erlösungsbedürftigkeit aller (auch der Juden) offenbart (Röm 3,20).

Auch seine Gegner, so Augustin, berufen sich gegen den *intellectus gratiae* auf das Gesetz als Mittel zur Ausschaltung der gnadenhaften Zuwendung Gottes im Heiligen Geist und zum Ausschluß aller außerhalb des Gesetzes stehenden Menschen vom Heil. Ihre Berufung auf die Willensfreiheit ist eine Form pharisäischer Selbstgerechtigkeit. Gleich ob solches Denken das Gesetz oder die Freiheit verabsolutiert, es richtet sich in jedem Fall gegen die grundlegendere Wirklichkeit der Gnade und perpetuiert dabei die Ursünde, die auf moralischer Ebene starrsinnige und auf erkenntnistheoretischer Ebene irrige Haltung des Menschen, mit der er sich an die Stelle Gottes setzen will (*superbia*). Allein in Christus, dem Mittler zwischen Gott und den Menschen (1 Tim 2,5) im Geiste (Röm 5,5) liegt eine Lösung: »[Gottes] Weisheit [nämlich] führt das Gesetz und die Barmherzigkeit im Munde (Spr 3,16), das Gesetz, mit dem sie die Überheblichen richtet (*superbos reos faciat*), die Barmherzigkeit, mit der sie die Gedemütigten rechtfertigt. 'So wird der Gerechtigkeit Gottes durch den Glauben an Jesus Christus ohne Unterschied an allen genüge getan, die glauben. Alle haben ja gesündigt und entbehren der Herrlichkeit Gottes' (*gloria dei*; vgl. Röm 3,22f.), wohlgemerkt: Gottes, nicht der eigenen! 'Denn was haben sie, was sie nicht empfangen hätten (1 Kor 4,7)?'«[226]

Für Augustin besteht die Vollendung des jüdisch-christlichen Glaubens nicht in der Illusion (die er den Gegnern seiner Gnadenlehre unterstellt), sich durch die imaginäre Fähigkeit, das Gesetz aus eigener Kraft erfüllen zu können, aus der Unheilsgemeinschaft der ursündigen Menschheit herauswinden zu können. Vielmehr kommt es seiner Meinung nach darauf an, sich aus der Einsicht der Gnade heraus in Solidarität mit allen übrigen Menschen als ohne Gottes Gnade unfähig zu erkennen, auch nur ein Jota des Gesetzes erfüllen zu können. »Es gibt keine Herrlichkeit!« Das zu erkennen ist allein wahre Weisheit und Frömmigkeit durch die Gnade Gottes im Heiligen Geist. Das ist bereits der Anfang der Herrlichkeit (1 Kor 1,31).[227] Der Hochmut dagegen, der aus der irrigen Einsicht, oder besser, uneinsichtigen Verstocktheit, erwächst, aus eigener Kraft zu gutem Handeln gelangen zu können, ist »aufgeblasen« (*inflatus*) und führt zur Idolatrie. Es ist (erneut im Licht des späteren Manichäismusvorwurfs) zu beachten, wie Augustin hier in Auseinandersetzung mit der pelagianischen Problematik seine (anti-) mani-

---

im Alten Testament sowohl exklusiv als auch inklusiv aufgefaßt. Vgl. H.-J. Findeis, Art. Heiden, in: LThK ³1995, Bd. 4, 1252f.

[226] *Spir. litt.* 9,15 (CSEL 60, 167f.).

[227] *Spir. litt.* 10,17 (CSEL 60, 169): »*ubi est ergo gloriatio tua? exclusa est*«. Röm 3,27. Vgl. die Verbindung von Frömmigkeit (*pietas*, θεοσέβεια), Nächstenliebe (*caritas*) und Demut (*humilitas*). Vgl. *spir. litt.* 11,18 (CSEL 60, 170): *quae cogitatio pium facit, quia pietas est uera sapientia – pietatem dico quam graeci θεωσέβειαν uocant –; ipsa quippe commendata est, cum dictum est homini, quod in libro Iob legitur:* »*ecce pietas est sapientia*« [Ijob 28,28].

chäischen Zeiten in Erinnerung ruft: Wer sich nicht von vornherein ganz von
Gott her definiert, ist in Gefahr, die Welt, sich selbst, sein eigenes Denken zu
vergöttlichen und über dieser Dummheit zugrundezugehen.[228] Augustin hatte ja
gerade auch die intellektuelle Dimension seiner Bekehrung so verstanden: Wenn
das grundlegende Wirken der Gnade darin besteht, den Teufelskreis der Selbstbe-
zogenheit zu durchbrechen (Ex 20,17: *non concupisces*), so lautet die dementsprechende (durchaus nicht selbstverständliche und nicht weniger gnadengewirkte)
Einsicht, daß dies nicht durch das Selbst, sondern nur durch Gott, eben durch die
Gnade möglich ist, und zwar in eben der in der Gnadenlehre beschriebenen
Weise (vgl. Röm 5,5; hier 1 Kor 2,12: *[spiritus] ut sciamus quae a deo donata
sunt*).[229] Sie ist identisch mit der Einsicht des Selbst, von sich aus zu nichts
fähig zu sein. Diese Einsicht wiederum ist Grundlage für die Fähigkeit, als
Medium des Gnadenwirkens fungieren zu können; denn die Erkenntnis, daß man
nicht das tue, was man aus der gnadenhaften Erkenntnis dieses Zustands heraus
tun möchte, ist bereits Zeichen des Wirkens der Gnade auf der Ebene des Erkennens, wie übrigens bereits aus Röm 7,24 hervorgeht, wo der Ich-Erzähler des
Texts (meint Paulus damit sich selbst?) verzweifelt fragt, was ihn aus dem
Dilemma erretten könne, und er die Antwort aus einer tiefen Einsicht der Gnade
heraus umgehend selbst zu geben weiß: *gratia dei per Iesum Christum dominum
nostrum* (Röm 7,25).[230]

Entsprechend ist auch Koh 1,18 zu verstehen, wo gesagt wird, Vermehrung
des Wissens bedeute Vermehrung des Leids (*qui apponit scientiam, apponit dolorem*). Ohne gnadenhafte Erfüllung im Geist wächst mit der buchstäblichen Kenntnis des Gesetzes tatsächlich nur die Verzweiflung über die Unmöglichkeit seiner
Umsetzung in tätige Liebe. Wo immer allerdings der Geist tätig ist, setzt er
durch den aus Gnade lebendigen Glauben Liebe (Gal 5,6: *fides, quae per dilectio-*

---

[228] *Spir. litt.* 12,19 (CSEL 60, 171f.): »*cognoscentes deum non ut deum glorificauerunt aut
gratia egerunt, sed euanuerunt in cogitationibus suis. et obscuratum est insipiens cor eorum;
dicentes se esse sapientes stulti facti sunt*« [Röm 1,21f.] [...] *ab ipso lumine incommutabilis ueritatis auersi sunt.* Vgl. Du Roy, L'intelligence 316f.

[229] *Spir. litt.* 13,22 (CSEL 60, 175): *illa [lex] dicit:* »*non concupisces!*« [Ex 20,17], *ista [fides]
dicit:* »*cum scirem quia nemo esse potest continens, nisi deus det, et hoc ipsum erat sapientiae,
scire cuius esset hoc donum, adii dominum et deprecatus sum*« [Weish 8,21].

[230] Vgl. *spir. litt.* 14,25 (CSEL 60, 179f.). Augustin setzt ein bei Röm 7,6 (*ut seruiamus in
nouitate spiritus et non in uetustate litterae*): »Wir dienen in einem neuen Geist« (eben dem, der
ausgegossen ist in den Herzen [Röm 5,5]). Dieser zeichnet sich gegenüber den »schattenhaften Sakramenten« (*umbratilia sacramenta*) des alttestamentlichen Gesetzes durch seine Klarheit aus, die
so angesichts des ja noch vorhandenen und wirksamen Gesetzes in einem ersten Schritt ein Wissen, nämlich um die Wirkkraft der Sünde in der Konkupiszenz bewirkt (*nam concupiscentiam nesciebam, nisi lex diceret:* »*non concupisces*« [Ex 20,17]). Die Einsicht in den die Sünde offenbarenden Gesetzescharakter des Gesetzes erfolgt also durch die Gnade. Der Betreffende erkennt, daß
er tut, was er nicht will bzw. nicht versteht, was er tut, nämlich Böses: *quod enim operor, ignoro.* Er will aber das Gute, auch wenn er es noch nicht verwirklichen kann: *uelle enim adiacet mihi, perficere autem bonum non.* Auch wenn ihn diese Einsicht in die Verzweiflung zu treiben
scheint, so ist diese doch nur das Spiegelbild der grundlegenderen Gnadeneinsicht: *miser ego
homo! quis me liberabit de corpore mortis huius? gratia dei per Iesum Christum dominum nostrum. igitur ego ipse mente seruio legi dei.* Zur Behandlung dieses Abschnitts im Gesamtwerk
Augustins und der langen Geschichte der Erforschung der Interpretation Augustins vgl. Berrouard, Röm 7,7-25; Lössl, Spuren.

nem operatur) und die Freude der Vollendung frei, und zwar bereits in besagtem Vorstadium, in dem (Röm 7,22-25) das Gesetz noch wirksam ist. Offensichtlich wächst mit dem inneren Menschen zugleich auch die Einsicht;[231] und da diese, wie die Kausalkette zeigt, ihren Ursprung und ihre Vollendung in der Gnade hat, ist sie ein grundlegender Aspekt des Heils. Zugrundegeht, wem sie fehlt.[232]

In den folgenden Abschnitten umreißt Augustin die Erstreckung der Heilsgnade anhand von Jer 31 (38),33f.: »Erkenne (*cognosce*) den Herrn, weil alle mich erkennen, vom Kleinsten bis zum Größten.«[233] Gemeint, so Augustin, sind hier alle zum Heil Vorherbestimmten, Berufenen, Gerechtfertigten und Verherrlichten, also zum Heil Erwählten.[234] Ihnen wird die Einsicht als Gnade zugeteilt, und zwar von dem, der sie erwählt und der etwa auch dafür sorgt, daß »der Größere dem Kleineren« dient (Röm 9,7-13).[235] Die Rede von Abstufungen im Einzugsbereich des Heils, so Augustin, kann verschieden gedeutet werden, indifferent, vergleichbar der Verschiedenheit einzelner Sterne (1 Kor 15,41), aber auch wertend, etwa, daß am Ende die Ersten die Letzten sein werden und umgekehrt (Mt 20,1.16). Wichtig ist, daß der entscheidende Unterschied nicht zwischen den verschiedenen Formen des Heils zu suchen ist, sondern zwischen Heil und Nicht-Heil (Unheil).[236] Es ist entscheidend, »innen« zu sein, innerhalb des rettenden Zirkels, außerhalb dessen der Schrecken der berechtigten Angst vor der Vernichtung der Gottlosen aufgrund mangelnder Einsicht der Gnade Gottes herrscht (*forinsecus terret*). »Draußen« kann einem nicht einmal Christus helfen. Nur wer von vornherein »innen,« vom Jenseits des inneren Menschen und seines Willens her vom *magister interior* das Wollen und Wirken bereitet bekomme, kann wenigstens hoffen.[237]

»Draußen« sind in jedem Fall die Ungetauften. Freilich, nicht ihre Gottebenbildlichkeit (Gen 1,27) ist eliminiert. Gottes Gesetz steht ihnen ebenso ins Herz

---

[231] *Spir. litt.* 14,26.18,31 (CSEL 60, 180f.184f.): *deus, qui dixit de tenebris lumen clarescere, claruit in cordibus nostris ad illuminationem scientiae gloriae eius in faciem Christi Iesu* [2 Kor 4,5f.].

[232] Vgl. erneut wie in *tr.* 63 (CChr.SL 36, 486) den engen Bezug von *claritas* und *humilitas* in Christus; *spir. litt.* 22,37 (CSEL 60, 190): »Wer mich liebt, hält meine Gebote [...] ich werde mich ihm offenbaren« (Joh 14,21), in Kombination mit Jes 26,10: »Vernichtet (*tollatur*) wird der Gottlose, der nicht sieht die Herrlichkeit (*claritatem*) des Herrn.«

[233] *Spir. litt.* 24,39 (CSEL 60, 191). Vgl. kurz vorher die Verwendung von 1 Kor 13,11f.: *cognoscam sicut et cognitus sum*. Zu Jer bei Augustin s. La Bonnardière, Biblia Augustiniana (AT: Le livre de Jérémie, Paris 1971) 72-75.98-101; Marafioti, Uomo 147.

[234] *Spir. litt.* 24,40 (CSEL 60, 193f.): *omnes ergo hi praedestinati, uocati, iustificati, glorificati cognoscent deum gratia testamenti noui a minore usque ad maiorem eorum*.

[235] *Spir. lit..* 24,40 (CSEL 60, 192); vgl. Gen 25,23.

[236] *Spir. lit..* 25,42 (CSEL 60, 195): *tantummodo istam commendasse distantiam, quod leges suas daturus esset deus in mentem eorum, qui pertinerent ad hoc testamentum et eorum scripturus in cordibus*. Gemeint ist das Gesetz des Geistes der Gnade des Glaubens; vgl. Jer 31 (38),33; 2 Kor 3,3; Ps 72,28 (*deus, cui adhaerere bonum est*).

[237] *Spir. litt.* 25,42 (CSEL 60, 196): *non ideo dicendum est, quod deus adiuuet nos ad operandam iustitiam atque operetur in nobis »et uelle et operari pro bona uoluntate«* [Phil 2,13], *quia praeceptis iustitiae forinsecus insonat sensibus nostris, sed quia instrinsecus incrementum dat* [1 Kor 3,7] *diffundendo caritatem »in cordibus nostris per spiritum sanctum, qui datus est nobis«* [Röm 5,5].

geschrieben (Röm 2,14f.) wie allen Menschen. Christus hat sich auch für sie
hingegeben (1 Tim 2,5f.). Aber als Heil ist ihr Zustand weder für sie selbst noch
für andere einsehbar; denn sie selbst können den Mangel (aus Mangel an *intellectus gratiae*) ja nicht einsehen, die Erlösten aber sehen ihn als das ein, was er ist,
nämlich Unheil. Moralisch gutes Handeln im Diesseits verschafft ihnen zwar mil-
dernde Umstände. (Im Bereich der Verwerfung gibt es ebenso Unterschiede wie
im Bereich des Heils; vgl. die Differenzierung *maior / minor* und der Verweis
auf 1 Kor 15,41. Sodom etwa ergeht es nach den Worten Jesu weniger schlimm
als gewissen anderen Städten; vgl. Lk 10,12.) Am Prinzip der Verwerfung ändert
dies jedoch nichts. Die Vermittlung des Heils durch Christus (1 Tim 2,5f.)
erfolgt ausschließlich durch die in der Taufe im Heiligen Geist grundgelegte
Gnadeneinsicht (Röm 5,5) und diese ist nicht einmal für die Mehrheit der Getauften sichergestellt. Liebe, Hoffnung und Glaube sind, wenn überhaupt, dann erst
im Wachsen (1 Tim 1,5). Vollkommenheit der Einsicht und der damit einherge-
henden Glückseligkeit (Ps 26,4) stehen noch aus (1 Kor 13,2). Vielen wird sie
nicht zuteil werden.

Diese Einschränkung könnte als Lücke des scheinbar geschlossenen Denkens
Augustins vom *intellectus gratiae* gedeutet werden: Insofern Augustin meint,
schon in der Gegenwart ein Urteil über diese Frage treffen zu können, kommt er
zu dem Ergebnis, daß Ungetaufte und solche, die nicht in den von der Gnade
grundgelegten Prozeß der Glaubenseinsicht eingetreten sind, als Erlöste nicht
einsehbar seien. Das ist eine erkenntnistheoretische Aussage, freilich mit einer
Unterstellung auf ontologischer Ebene, aber immerhin. Was nicht einsehbar ist,
so Augustin, ist die Sünde. Wenn es heißt, daß das Gesetz die Erkenntnis der
Sünde bewirkt (Röm 3,20), so impliziert dies Gnade, aus deren Einsicht heraus
jene Erkenntnis der Sünde durch das Gesetz erfolgt, aus der dann der Glaube
entsteht, der wiederum Gnade hervorbringt, mit deren Wirkung dann die Sünde
überwunden werden kann.[238] Die Aussage (1) »durch das Gesetz wird die Sünde
erkannt« ist demnach komplementär zu verstehen zur Aussage (2) »durch Gnade
wird das Heil erkannt und die Voraussetzung dafür geschaffen, durch den freien
Willen das Gute zu tun, also das Gesetz zu erfüllen.« Wenn Augustin also sagt:
»Ungetaufte sind als Erlöste nicht einsehbar,« so will er darunter offenbar keine
endgültige Aussage über den Heilszustand bestimmter Leute verstanden wissen,
sondern über den Zustand seines eigenen Einsichtsvermögens.

Seine Differenzierung des Gnadenproblems auf der Erkenntnisebene hat auch
Auswirkungen auf seine Lehre vom Wollen (*uelle*) und Können (*posse*). »Wollen
und Können,« so wörtlich, »sind zweierlei.«[239] Die Gnade im *intellectus gratiae*
ist Voraussetzung für beides. Das Wollen gehört zur Erkenntnisordnung, das
Können zur pragmatischen Seinsordnung. Anders als Pelagius meint Augustin mit

---

[238] *Spir. litt.* 30,52 (CSEL 60, 208f.): *liberum arbitrium statuimus* [...] *neque enim lex impletur
nisi libero arbitrio. sed »per legem cognitio peccati«* [Röm 3,20], *per fidem impetratio gratiae
contra peccatum, per gratiam sanatio animae a uitio peccati per animae sanitatem libertas
arbitrii, per liberum arbitrium iustitiae dilectio, per iustitiae dilectionem legis operatio* [...] *gratia
sanat uoluntatem, qua iustitia libere diligatur.*

[239] *Spir. litt.* 31,53 (CSEL 60, 209); vgl. Barth, Entscheidung 51-73.

»wollen« noch lange nicht »können.« Im Sinne von Röm 7,15f. denkt er vielmehr, daß jemand sinnvoll sagen kann: »Ich will, aber ich kann nicht.« Er stellt sich dann natürlich die Frage: Und von woher soll die [Fähigkeit zur] Verwirklichung dann kommen? Im *intellectus gratiae*, so Augustin, ist klar, daß sie nicht aus einem selbst kommt. Darin liegt der Anfang des Gnadenweges: Im Einsehen, daß es so ist, wie es ist (bzw. wie Paulus [Augustin] es darstellt), daß es die Gnade ist, die ihm diese Einsicht ermöglicht (Röm 7,25). Daraus resultiert der Glaube bzw. das Vertrauen, daß dies der Ansatzpunkt des Könnens ist, das im Zuge des Gnadenwirkens, das zu diesem Zeitpunkt als bereits im Gange befindlich erkannt worden ist, vom Tun von Bösem weg hin zu gutem Handeln und somit zum Heil führt (*fides*).[240] Nicht jedem Geist ist freilich zu trauen (1 Joh 4,1: *nolite omni spiritui credere*). »Ganz« zu glauben (1 Kor 13,7: *omnia credit*) heißt nicht, gutgläubig zu sein, sondern Gewißheit aus der auf den Glauben bezogenen Gnadeneinsicht zu beziehen.[241] Schon das Wissen darum, glauben zu wollen (aber nicht zu können), ist im Sinne von Röm 7,25 eine von der Gnade im *intellectus gratiae* vorgelegte Vorform des Glaubens. Der Kreis derer, die dadurch im Einzugsbereich des allgemeinen Heilswillens Gottes (1 Tim 2,4: *omnes homines uelit saluos fieri et in agnitionem ueritatis uenire*) anzusiedeln sind, kann gar nicht weit genug gezogen werden. In ihn gehören sogar diejenigen, die sich am Ende als verworfen erweisen werden; denn auch sie haben Hoffnung auf Heil. Mehr aber kann eine Soteriologie unter den gegenwärtigen Bedingungen nicht versprechen. Am Ende werden nur die Erwählten das Heil erlangen. Wer diese sind, ist vom

---

[240] *Spir. litt.* 31,53f. (CSEL 60, 210.212). Während erkenntnistheoretisch die Gnadeneinsicht im Vordergrund steht, wird für die ontologische Ebene auf biblische Aussagen über die »Treue Gottes« verwiesen, die ungeachtet der jeweiligen menschlichen Befindlichkeit als Grundlage für ein Ingangkommen des Gnadenprozesses jederzeit zur Verfügung steht. Vgl. 1 Kor 10,13; Röm 13,1 (*non est potestas nisi a deo*) usw. Auf dieser Grundlage macht Augustin erneut eine ambivalente Heilsaussage. Da böser Wille nicht einsehbar ist, schließt er: »Wir sehen ein (*intellegimus*), daß die Bösen [von der Gnade] dazu fähig[gemacht] werden, ihren bösen Willen zu verdammen, während die Guten ihren guten Willen zur Bewährung zur Verfügung haben.« Vgl. hier auch erneut Chappell, Aristotle 178-193 und xi: »But don't agents sometimes act voluntarily in pursuit of perceived attainable evils? [...] Augustine, agreeing that such actions are inexplicable, still insists that they can occur.« Mit dem Konzept der Unerklärbarkeit bzw. Uneinsehbarkeit, so Chappell, werde Augustins Theorie (in philosophischer Hinsicht) unvollständig. In gewisser Hinsicht füllt das Konzept des *intellectus gratiae* diese Lücke.

[241] *Spir. litt.* 32,55f. (CSEL 60, 212.215). Zu »Gutgläubigkeit« und Skepsis s. oben (Kapitel I, S. 31f.) zu *c. Acad.* 3,15,34 (CChr.SL 29, 55). Sämtliche im hier vorliegenden Abschnitt angeführten Bibelstellen auf –, verweisen auf die gnadenhaft intellektuelle Dimension des Glaubens als eine die Wirkung der Gnade ingangsetzende Haltung des Menschen: So ist zu unterscheiden zwischen sklavischer Furcht vor Strafe und Furcht als Zeichen der Kindschaft (Röm 8,15: *accepistis spiritum adoptionis filiorum, in quo clamamus: »abba, pater«*; Joh 1,12: *dedit potestatem filios dei fieri credentibus in nomine eius*) und Anfang der Weisheit im beharrlichen Suchen nach Gerechtigkeit und Einsicht (Mt 5,6; 7,7), weiterhin zwischen dadurch zu erlangender Vollendung und Torheit, die Gnade und Herrlichkeit aus sich selbst schöpfen will (Weish 8,21: *an forte nescit insipiens, quod nemo esse possit continens, nisi deus det?*). Der Gerechte lebt aus Glauben (Röm 1,17). Dieser ist fest (Jak 1,5f.). Sein Inhalt ist Christus (Röm 4,5). Er schließt die Eigenverherrlichung aus (Röm 3,27). Verherrlichung geschieht im Herrn (1 Kor 1,31), und zwar aus der Einsicht in die Liebe, die ausgegossen ist in den Herzen durch den Heiligen Geist (Röm 5,5). Zur Parallelität dieses Argumentationsgangs mit dem in *ad Simplicianum* 1,2 vorgelegten s. Marafioti, Uomo 216-221.

gegenwärtigen Standpunkt nicht auszumachen. Trotz oder gerade wegen dieser
Unsicherheit aber muß im Interesse der Erwählten als Grundlage ihres *intellectus
gratiae* die Heilslehre als solche formuliert werden.[242] Die Rede von den Verworfenen aber rechtfertigt sich hermeneutisch und erkenntnistheoretisch, weniger
aufgrund der Willensfreiheit; denn diese bleibt auch den Erwählten erhalten. Zum
einen ist in der Bibel von ihnen die Rede, wie in *ad Simplicianum* 1,2 zur Genüge dargetan wurde. Man kann also, so Augustin, nicht einfach so eine andere,
optimistischere Heilslehre formulieren. Zum andern aber können wir Menschen
sie auch gar nicht verstehen, weil es uns an *intellectus gratiae* gebricht (Eph
3,20: *supra quam petimus et intellegimus*), sei es, weil er uns noch gegeben werden wird, sei es, weil wir verworfen werden.[243] Die »reine« Gnadenlehre ist für
Augustin also, nach diesen Abschnitten zu urteilen, Erkenntnislehre. Ganz offensichtlich ist er sich bewußt, hier mit Voraussetzungen zu arbeiten, die zwar
grundlegende theologische Fragen berühren, aber nicht in der von ihm vorgelegten Axiomatik als Grundlage einer Gnadentheologie verwendet werden müssen.
So spricht er seinen Gegnern etwa nicht ihren christlichen Glauben ab, sondern
meint lediglich, daß sie diesen falsch interpretieren.[244]

Augustins Interesse bei der erkenntnistheoretisch-hermeneutischen Gewichtung der Argumente seiner Gnadenlehre in *spir. litt.* mag apologetischer Natur
gewesen sein. Er hatte gegenüber Marcellinus (mit den pelagianischen Einwänden
im Hinterkopf) die reale Möglichkeit völliger Sündlosigkeit unter der Bedingung
durchgängiger Gnadenhilfe plausibel machen wollen. Ein Nebeneffekt seiner Vorgehensweise war aber zweifellos die Relativierung des ontologischen Status' der
Gnadenlehre gewesen. Der endgültige Heilszustand kann demnach unter gegenwärtigen Bedingungen lediglich allgemein als Hypothese angenommen werden.
Nur als solche ist das Ende nicht offen. Der zweifache Grund dafür ist nach der
Gnadenlehre selbst (1) die Unvollkommenheit des gegenwärtigen Erkenntnisvermögens und (2) die von der Gnadenlehre intendierte Hoffnung aller auf Heil, die
(1) zur Bedingung hat. Den ebenfalls angenommenen Widerspruch, daß die Verwerfung vieler faktisch einen Zustand »Heil für alle« verunmöglicht, kann nur
eine von Anfang an von der Gnade selbst (1 Kor 4,7) grundgelegte Einsicht ausräumen, und zwar je mehr, als desto größer er sich entpuppt (Röm 11,33). Wenn
also jemand meint, eine derartige Kombination von Erwählungslehre und Lehre
vom allgemeinen Heilswillen nicht als Gnadenlehre akzeptieren zu können, liegt
dies, Gottes Güte vorausgesetzt (Röm 9,14), daran, daß er versucht, mehr zu
begreifen, als das Maß an Gnade in seinem Intellekt zuläßt (Röm 12,3). Der
wahre *intellectus gratiae* sucht seine Verwirklichung nicht in seiner eigenen
Verherrlichung, sondern in der Christi (1 Kor 1,31). Sein Streben nach Einsicht

---

[242] Hierzu und zum folgenden vgl. Sage, Volonté salvifique 111f.

[243] *Spir. litt.* 33,57f. (CSEL 60, 215.217). Den Einwand, dieses Argument sei tautologisch und
führe zu Fatalismus, würde Augustin zurückweisen mit dem Einwand, eine solche Behauptung sei
defätistisch und würde versuchen, den Gläubigen ihre Hoffnung abspenstig zu machen.

[244] *Spir. litt.* 35,61 (CSEL 60, 221): *qui non contra nostram, sed – ut mitius loquar et non
dicam illius qui in suis apostolis est locutus – certe contra tanti apostoli Pauli.* Zum folgenden
vgl. *spir. litt.* 35,61-36,66 (CSEL 60, 221-229).

erfolgt aus dem Interesse, das Liebesgebot zu verwirklichen; denn geliebt werden
kann nur, was (durch die Gnade) erkannt und geglaubt wird (*diligi autem quod
neque scitur neque creditur non potest*).

Durch *spir. litt.*, so der Schluß (mit *inclusio* und Rückblende), sollte der
intellectus gratiae besser verwirklichbar werden.[245] Bestimmte Bibelstellen sollten
so zugänglich gemacht werden, daß sie zwar im Wortlaut für das konkrete Handeln verständlich würden, aber ohne moralische *exempla* zu bemühen. Vielmehr
sollte im Kontext der Lehre vom *intellectus gratiae* der Geist der Schrift (*spiritus
vs. littera* nach 2 Kor 3,6; vgl. auch Röm 5,5) zur Geltung kommen, ebenso
praktisch relevant wie eschatologisch brisant.

7. HERMENEUTIK ALS WISSENSCHAFTSTHEORIE (*DE DOCTRINA CHRISTIANA*)

(a) Einleitung und Gliederung von *doctr.*

Das Bestreben, die Allegorie mit ihren eigenen Mitteln auf eindeutige, erkenntnistheoretisch begründete und damit praxisrelevante Aussagen hin zu transzendieren, kommt neben *spir. litt.* auch in *doctr.* zum Tragen.[246] Zwar hatte die Allego-
rese eines Ambrosius zur Bekehrung Augustins beigetragen,[247] aber unter afrikanischen Bedingungen war sie nicht aufrechtzuerhalten.[248] Augustin rechtfertigte
dies in *doctr.*, einem Werk, an dem er etwa zeitgleich mit *conf.* und *ad Simplicianum* zu arbeiten begann. Die Umstände dieses Unterfangens wurden zu Beginn
dieses Kapitels in Umrissen bereits dargelegt. Nach Fertigstellung des größten
Teils von *doctr.* 1-3 ließ er das Werk offenbar liegen und »vergaß« es. Erst 30
Jahre später entdeckte er es neu und ergänzte es zur Vollständigkeit. In die
Zwischenzeit fällt die Abfassung der anderen in diesem Kapitel behandelten
Schriften. *Doctr.* selbst ist also Anfangs- wie auch Höhe- und Schlußpunkt der
Anstrengungen Augustins, den *intellectus gratiae* im Rahmen einer konsistenten
Hermeneutik zu formulieren.[249]

---

[245] Es sei der Weg der Nachfolge Christi, der Selbsterniedrigung aufgrund der gnadenhaften
Einsicht, daß Gott den Hochmütigen widerstehe und den Demütigen seine Gnade [der Einsicht]
verleihe (Jak 4,6; 1 Petr 5,5; Spr 3,34 LXX: *superbis resistit, humilibus autem dat gratiam*). Mit
diesem Zitat an einer Schlüsselstelle spielt Augustin auch auf seinen eigenen Lebensweg an. Vgl.
conf. 3,5,9; 4,3,5; 4,15,26; 7,9,13; 10,36,59 (CChr.SL 27, 30f.42.53.101.187).
[246] Vgl. *spir. litt.* 5,7 (CSEL 60, 159); Ripanti, Intellectus figuratus.
[247] *Conf.* 5,14,24 (CChr.SL 27, 71); vgl. dort ebenfalls die Verwendung von 2 Kor 3,6 (*cum
ad litteram acciperem [scripta {ueteris testamenti}], occidebar*).
[248] Wofür auch *ad Simplicianum* 1,2 ein Indiz sein könnte, das mit vielem, was in Mailand vertreten wurde, abzurechnen scheint. Vgl. dazu Flasch, Logik 52-56; Lössl, Spuren 198, Anm. 41.
[249] Nachdem Augustin im Prooöm die Absicht formuliert hat, aus dem Geist der Bibel selbst ein
Regelwerk zu ihrer Rezeption zu entwerfen (zum Prooöm s. oben zu Beginn dieses Kapitels), nennt
er als erkenntnistheoretische Grundlage und Ziel dieses Unternehmens Einsicht der Gnade durch
Empfang und Weitergabe des in der Bibel Ausgesagten als Vollendung des in der Gemeinschaft
der Glaubenden und durch sie vollzogenen christlichen Lebens: Vgl. *doctr.* prooemium 8f.
(CChr.SL 32, 5f.): *omne uerum ab illo est, qui ait: »ego sum ueritas«* [Joh 14,6]. *quid enim
habemus, quod non accepimus? quod si accepimus, quid gloriamur quasi non acceperimus?* Vgl.

Doctr. zerfällt in zwei große Teile, (1) die Bücher 1-3, in denen die Weise des Erfassens (*modus inueniendi*) des in der Schrift Ausgesagten analysiert wird, (2) Buch 4, in dem auf dem Hintergrund von Tyconius' *lib. reg.* Möglichkeiten systematischer Darlegung (*modus proferendi*) des Erfaßten erörtert werden. In beiden Teilen geht es um Einsicht (*intellegere*) und deren Bedingungen.[250]

(b) *De doctrina christiana* 1-3

In den vor 426 fertiggestellten Teilen werden in Buch 1 die Realien (*res*), in den Büchern 2-3 die sie bezeichnenden Zeichen (*signa*) behandelt.[251] Buch 1 klingt außerdem, wie in einem Exkurs gezeigt werden soll, an *ench.* an.

De doctrina christiana 1
Sachverhalte (*res*) sind zu unterscheiden in zweckhafte (*fruendum*), mittelbare (*utendum*) und solche, die sowohl zweckhaft als auch mittelbar sind. Die zweckhaften beinhalten, insofern sie um ihrer selbst willen angestrebt werden, Glück. Die mittelbaren können, wenn sie um ihrer selbst angestrebt werden, den Weg zum Glück behindern. Sie dürfen nur mittelbar im Hinblick auf zweckhafte Sachverhalte verwendet werden. Augustin nimmt hier entgegen dem ersten Anschein nicht nur eine formale Distinktion, sondern auch eine eindeutige inhaltliche Bestimmung vor. Er bezeichnet den Weg zum Glück biblisch metaphorisch als »Pilgerschaft fern vom Herrn« (2 Kor 5,6: *peregrinantes a domino*). Die Richtung geht dabei jedoch weg vom materiell Zeitlichen hin zum geistig Ewigen, so, daß die sinnlich nicht wahrnehmbare Gegenwart Gottes in der Schöpfung einsichtig wird.[252] Es geht also um den unaussprechlichen (*ineffabilis*) trinitarischen Gott selbst als Quelle des Lebens und der Einsicht als Heil.[253]

---

1 Kor 4,7; 1 Kor 1,31. Diese Aussage wird auf die Vermittlung des Verständnisses der Heiligen Schrift bezogen: Ziel ist die Fähigkeit, aus eigener Anstrengung (*studium*) zur Einsicht zu gelangen (*intellectus, [qui] intellectorem alium non requirat*). Nach dem oben Gesagten ist dies immer unter der Voraussetzung von Gnadenhilfe (*interior homo, magister interior, per spiritum sanctum* usw.) zu verstehen. Dazu auch Press, Doctrina christiana 171, Anm. 14: »Augustine is teaching us how to *treat* certain texts, and within the Latin classical tradition this is a literary and rhetorical enterprise. The treatment that is taught in the *doctr.*, however, is not for rhetorical or literary ends − to win an argument or explain a text simply for its own sake; it is for moral (and specifically religious) ends − to attain happiness for oneself and others.«

[250] *Doctr.* 1,1,1 (CChr.SL 32, 6): *duae sunt res, quibus nititur omnis tractatio scripturarum, modus inueniendi, quae intellegenda sunt, et modus proferendi, quae intellecta sunt.* Press (Doctrina christiana 170, Anm. 11) meint, daß der Begriffswechsel von *tractatio scripturarum* zu *doctrina* in diesem Zusammenhang nicht unwesentlich ist. Augustins Hermeneutik entspringt einem sachlichen (*res*) Interesse. Es entsteht im Rahmen einer Doktrin, der Lehre vom *intellectus gratiae*.

[251] *Doctr.* 1,2,2 (CChr.SL 32, 7).

[252] *Doctr.* 1,4,4 (CChr.SL 32, 8); vgl. Röm 1,20.

[253] Wie Sieben (Res 74-80) feststellt, sind die *res* im folgenden inhaltlich nach dem Schema des Apostolischen Glaubensbekenntnisses, Gott, Christus, Kirche, geordnet. Diese Beobachtung ist dahingehend zu ergänzen, daß Augustin dieses dreigliedrige Schema gnadentheologisch entfaltet.

Ohne Gottes eigene vorhergehende Initiative wäre allerdings ein Aufbrechen in seine Richtung nicht möglich. Um die in Torheit befangene Menschheit zur Weisheitsliebe zu befähigen, hat sich die Weisheit selbst in den Zustand der Menschen, das heißt der Torheit begeben. Selbst in diesem Zustand stärker als die Menschennatur, hat Gott den Menschen die Möglichkeit eröffnet, durch ein Leben der Weisheitsliebe aus dem Dunkel der Torheit herauszufinden (1 Kor 1,25); »und während die Welt im Angesicht der Weisheit Gottes Gott durch ihre eigene Weisheit nicht zu erkennen vermochte, entschloß Gott sich dazu, diejenigen, die glauben, durch die Torheit der Verkündigung zu erlösen« (1 Kor 1,21).[254]

Die Verbindung von Gnade und Einsicht ist deutlich: Die Weisheit selbst heilt die Menschen — durch sich selbst auf sich selbst hin. Der Arzt ist selbst die Medizin (*ipsa medicus, ipsa medicina*). Der Mensch ist durch Hochmut gefallen, Er ist durch Demut Erlöser. »Durch die Schlauheit der Schlange wurden wir getäuscht, durch die Torheit Gottes befreit.«[255] Ort der Befreiung ist die Kirche, die makellose Braut Christi (Eph 5,27: *ecclesiam non habentem maculam aut rugam aut aliquid eiusmodi*). Sie (Mt 16,19: *solueret [...] ligaret*) schafft die Rahmenbedingungen für das Heil, das die Menschen aus eigener Kraft nicht zuwegebringen können (1 Kor 15,50: *non caro et sanguis regnum caelorum possideat*). Folge: Der Ausschluß der Gottlosen (*[impios resurgere ad poenas inaestimabiles,] pios autem ad uitam aeternam*; vgl. Mt 25,46 [Joh 5,29]).[256] Nur in der Kirche sind die Menschen zum guten und gerechten Leben berufen, zu Gottes, Nächsten- und Selbstliebe (Mt 22,37). Letztere ist zwar ganzheitlich (*totum, animum et corpus*) zu verstehen, aber eben »zu verstehen« im Sinne von einzusehen (*intellegere*). »Heilig und gerecht lebt nur, wer eine gesunde Einstellung zur Wirklichkeit hat« (*ille autem iuste et sancte uiuit, qui rerum integer aestimator est*).[257] Die gnadenhafte Fähigkeit dazu wächst durch die Liebe [zu den Dingen]. Wer etwa eine Schriftstelle falsch auslegt und sich korrigieren läßt, wächst nicht nur in der Liebe, sondern auch in der Einsicht.[258] In der Vollendung wird aus dem Glauben (*fides*) Schau (*species*) und aus der Hoffnung vollkommenes Glück. Allein die Liebe bleibt bzw. wird mehr und mehr sie selbst (*augebitur potius*). Prophetie, Wissenschaft und Sprache verlieren an Bedeutung (1 Kor 13,8). In diesen dreien, »Glaube, Hoffnung und Liebe, wobei am größten die Liebe ist« (1 Kor 13,13: *fides, spes, caritas, tria haec, maior autem horum caritas*) finden sie ihre Vollendung. Entsprechend ist jede Einsicht in einen Bibeltext (*intellectum diuinarum scripturarum*) zu verstehen: »Ziel der Unterweisung ist Liebe aus reinem Herzen, gutem Gewissen und ungeheucheltem Glauben.«[259]

---

[254] *Doctr.* 1,11,11 (CChr.SL 32, 12); vgl. 1 Kor 1,25 (*quod stultum est dei, sapientius est hominibus, et quod infirmum est dei, fortius est hominibus*); 1 Kor 1,21 (*quia [enim] in sapientia dei non [poterat] mundus per sapientiam [cognoscere] deum, placuit deo per stultitiam praedicationis saluos facere credentes*).

[255] *Doctr.* 1,14,13 (CChr.SL 32, 14).

[256] *Doctr.* 1,16,15.21,19 (CChr.SL 32, 15f.).

[257] *Doctr.* 1,26,27.34,40 (CChr.SL 32, 21f.29); vgl. die Übersetzung von Rist, Augustine 165: »An honest judge of things.«

[258] *Doctr.* 1,36,40 (CChr.SL 32, 29).

[259] *Doctr.* 1,39,43.40,44 (CChr.SL 32, 31f.); vgl. 1 Tim 1,5.

Exkurs: *Enchiridion de fide spe et caritate*

Der Abschluß von *doctr.* 1 erinnert frappant an ein kleines Werk, das Augustin zwischen
420 und 423 auf dessen Bitten hin Laurentius, dem Bruder des *tribunus et notarius* Dulcitius, widmete.[260] Es sollte ein theologisches »Handbuch,« ἐγχειρίδιον,[261] sein und Laurentius ohne großen Aufwand an Studien die Teilnahme an der Gnadendiskussion im
Sinne Augustins ermöglichen.[262] Wie im Schlußabschnitt von *doctr.* 1 geht Augustin aus
von der prekären Situation des Vernunftwesens Mensch: Einerseits sei er zur Weisheit
hin erschaffen, so daß sein Glück in der Einsicht (*intellectus*) bestehe, anderseits sei seine
Weisheit durch den Fall dümmer als die Dummheit Gottes, die darin bestehe, Mensch zu
werden, um den Menschen die Weisheit zurückzugeben, sie zur wahren Weisheit zu führen. Der Mensch, so weiter, kann dies in seinem derzeitigen Zustand nur erreichen,
wenn er das gnadenhafte Angebot Gottes wahrnimmt, die Frömmigkeit als seine Weisheit
praktiziert und als Ziel die Erfüllung des Liebesgebots, ein gutes Gewissen und ungeheu-
chelten Glauben im Auge behält.[263]
    Über das am Schluß von *doctr.* 1 Gesagte hinaus spezifiziert Augustin in *ench.* seine
Lehre von Glaube, Hoffnung und Liebe in einer nur allzu wohlbekannten Weise: Alles
Geschaffene ist gut. Es gibt nichts von Natur aus Böses. Alles Böse ist Folge von Korruption. Abzulehnen sind die Positionen (1) »es gibt etwas von Natur aus Böses« und (2)
»es gibt keine Korruption.« An diesem Punkt, so Augustin, konvergieren (1) Manichäismus und (2) Pelagianismus.[264] Im Gegensatz zu (1) betont Augustin, daß der Mensch
zum Heil gelangen kann, im Gegensatz zu (2) hält er daran fest, daß dies nur durch die
Gnade möglich ist. Nur durch die Gnade vermittelter Glaube macht die Menschen fähig,
die Sünde zu überwinden und zur Liebe voranzuschreiten.[265] Eine universal korrumpier-

---

[260] Zu Laurentius s. Mandouze, Prosopographie 629: zu Dulcitius ebd. 330-333. Auch
Dulcitius erwies Augustin einen Gefallen und beantwortete ihm acht Fragen, *Dulc. qu.* (ca. 424),
die meisten freilich nur, indem er frühere Werke zitierte. Von der vorliegenden Fragestellung her
besonders interessant dürfte darunter die fünfte Frage sein. Sie schließt an *ad Simplicianum* 2,1
an und fragt, warum Gott, nachdem er Saul verworfen hatte, David, der doch ebenfalls ein
Sünder war, zum Heil erwählte (vgl. Apg 13,22; 1 Sam 13,14). Wie schon in *ad Simplicianum*
verweist Augustin auch hier auf den *intellectus gratiae*: Einzusehen ist, daß Gott über die Sünden
Davids hinaus dessen außerordentliche gnadenhafte Demut vorhersah, die im Rückblick als
zeichenhafte Vorwegnahme der Demut des »Sohnes Davids,« Christus, zu verstehen ist. Vgl.
Dulc. qu. 5,2f. (CChr.SL 44A, 294.296). Die (Vorher-) Bestimmung einer bestimmten Person in
der Heilsgeschichte wird an dieser Stelle auf den *intellectus gratiae Christi* hin gedeutet, die Einsicht in die Bedeutung der Erlöserrolle Jesu Christi als Bestandteil des Heils selbst. Jeder Bestimmung jedoch entspricht bereits auf der Textebene der Heiligen Schrift auch deren Negation; vgl.
Adam-Christus, Esau-Jakob, Saul-David, Judas-Johannes usw. Unbeschadet dessen, was Gott von
sich aus, in der unbegreiflichen Ewigkeit, an Heilsgeheimnissen parathält, so Augustin, von der
Heilsgeschichte her läßt sich dies und nichts anderes erschließen (Ps 100,1: *misericordia et
iudicium cantabo tibi*). Darin besteht der *intellectus gratiae*.
[261] *Retract.* 2,63 (CChr.SL 57, 140).
[262] Vgl. *ench.* 1,1 (CChr.SL 46, 49-51).
[263] Vgl. *ench.* 1,2.32,121 (CChr.SL 46, 49.113); 1 Kor 1,20 (*nonne stultam fecit deus
sapientiam huius mundi?*); Röm 16,19 (*uolo autem uos sapientes quidem esse in bono, simplices
autem in malo*); Ijob 28,28 (*hominis autem sapientia pietas est*); 1 Tim 1,5.
[264] Er scheint auf beide Extremvorstellungen anzuspielen, wenn er in *ench.* 6,19 (CChr.SL 46,
59) zitiert: *uae his qui dicunt quod malum est bonum.* Jes 5,20.
[265] *Ench.* 7,20f. (CChr.SL 46, 61): »*iustus ex fide uiuit*« [Hab 2,4; Röm 1,7; Hebr 10,38] [...]
»*quae uia fides est Christus quae per dilectionem operatur*« [Gal 5,6].

te Natur wird so im Sinne einer neuen Schöpfung universal restauriert. Die Gnade Gottes eilt allem in allem voraus.[266] Im universal wirksamen Fall sind alle Menschen quasi von Natur aus dem Gericht verfallen. Es gibt jedoch einen weltimmanenten historischen Ort der Gnade des Heils, die Inkarnation. In ihr läßt sich, als Dimension der Heilsgnade selbst, das trinitarische Mysterium erforschen. Dabei verwandelt sich Gebet in Streben nach Einsicht und Streben nach Einsicht in Gebet, immer mit dem Ziel des *intellectus gratiae*.[267]

An der biblisch belegten raumzeitlich-geschichtlich-immanenten Universalität der Sünde bewährt sich die geistig-ewig-transzendente und mit personaler Entschlossenheit von Gott selbst umgesetzte Universalität der Gnade.[268] Das darf freilich nicht zur Konsequenz verleiten: »Laßt uns die Sünde vermehren, um die Gnade zu vermehren.« Es gilt vielmehr umgekehrt: In der Bekehrung der Einsicht durch die Gnade erweist sich die Gnade im Rückblick, in der Reflexion, als, ontologisch gesehen, vorrangig. Die Wurzeln des heilsgeschichtlichen Ortes der Erlösung, der Kirche, liegen im Himmel, im Bereich der Ewigkeit und Unveränderlichkeit Gottes. Die über die individuelle Person Jesu hinaus- in die Kirche hineinreichende Dynamik des Ostergeschehens (Taufe auf den Tod Christi, Eucharistie) erfüllt sich in der Schau der unveränderlichen Herrlichkeit Gottes. Dort, in der immer schon für den Erlösten vorbereiteten ewigen Ruhe Gottes findet auch der *intellectus gratiae* seine Transzendenz.[269]

Wie in *spir. litt.* entpuppt sich als eigentliche Herausforderung des *intellectus gratiae* erneut der Widerspruch zwischen dem Konzept eines allgemeinen Heilswillens Gottes (1 Tim 2,4)[270] und der biblisch begründeten Annahme einer Verwerfung (Mal 1,2f.; Röm 9,18), Allmacht, Güte und Gerechtigkeit Gottes immer vorausgesetzt (Röm 9,14).

---

[266] *Ench.* 9,30-32 (CChr.SL 46, 66f.); vgl. Eph 2,8-10; 2 Kor 5,17; Ps 50,12; Phil 2,13; Röm 9,16; Spr 8,35 LXX; Ps 22,6.

[267] *Ench.* 10,33.13,44 (CChr.SL 46, 67.73); vgl. Eph 2,3; Röm 3,20; Lk 1,28-30; Joh 1,14; 2 Kor 5,20; Num 21,7.

[268] *Ench.* 13,46.14,52 (CChr.SL 46, 74.77); vgl. Ex 20,5; Dtn 5,9 (*reddam peccata patrum in filios*); Ez 18,2 (*patres manducauerunt unam acerbam et dentes filiorum obstipuerunt*); Ps 50,7 (*in iniquitatibus conceptus sum, et in peccatis mater mea me in utero aluit*); Ps 2,7; Hebr 1,5; 5,5; Mt 3,17 (*ego hodie genui te*); Röm 5,16.18; Augustin: *satis iudicat ex Adam neminem natum nisi damnatione detineri, et neminem nisi in Christo renatum a damnatione liberari*. Vgl. Röm 5,20 (*ubi enim abundauit peccatum, superabundauit gratia*).

[269] *Ench.* 14,52.21,78 (CChr.SL 77.92): [Also nicht] »*permanebimus in peccato ut gratia abundat*« [Röm 6,3] [...] [sondern:] »*quicumque baptizati sumus in Christo Iesu, in morte illius baptizati sumus*« [Röm 6,3] [...] *una est uinculo caritatis [ecclesia]* [d. h. im Himmel wie auf der Erde:] *et utique nouerunt angeli sancti, docti de deo cuius ueritatis aeterna contemplatione beati sunt, quanti numeri supplementum de genere humano integritas illius ciuitatis exspectat. propter hoc ait apostolus instaurari* »*omnia in Christo, quae in caelis sunt et quae in terris in ipso*« [Eph 1,10] [...] *unde secundum hoc melius accipitur quod scriptum est:* »*pax dei quae praecellit omnem intellectum*« [Phil 4,7], *ut in eo quod dixit omnem nec ipse intellectus sanctorum angelorum esse possit exceptus, sed dei solius; neque enim et ipsius intellectum pax eius praecellit* [...] [Ruhe und Frieden im Kontext des Konflikts bedeutet Versöhnung, Barmherzigkeit, Gnade. Deshalb auch:] Ps 58,1: *misericordia eius praeueniet me* [...] Mt 6,12: *dimitte nobis debita nostra, sicut et nos dimittimus debitoribus nostris* [...] Mt 5,44: *diligite inimicos uestros* [...] [Zielvorstellung dabei ist die Einsicht in die Universalität der Gnade, inkarniert in der Wahrheit selbst:] Joh 14,6: *ego sum ueritas*.

[270] *Ench.* 24,94.97 (CChr.SL 46, 99f.): »*misericordiam et iudicium cantabo tibi*« [Ps 100,1] [...] *quia nisi per indebitam misericordiam nemo liberatur, et nisi per debitum iudicium nemo damnatur* [...] »*qui omnes homines uulto saluos fieri*« [1 Tim 2,4] [...] »*quotiens uolui colligere filios tuos sicut gallina pullos suos, et noluisti*« [Mt 23,57].

Der dementsprechende *intellectus gratiae* (vgl. 1 Kor 1,31) wäre Einsicht in die unter jetzigen Umständen unverständliche Aussage: »Gottes universaler Heilswille erstreckt sich auf alle Erwählten« (Röm 9,15; Ex 33,19); denn unter jetzigen Umständen ist die Aussage unverständlich, weil der Ausdruck »alle Erwählten« unter den jetzt bekannten Voraussetzungen »alle Verworfenen« vom Heil ausschließt, was zwar als angenommenes Faktum hingenommen werden muß, aber im Hinblick auf den ebenfalls als Faktum angenommenen allgemeinen Heilswillen Gottes nicht intelligibel ist.[271] Intelligibel ist nur das Heil bzw. das Heil ist identisch mit der Einsicht.[272]

De doctrina christiana 2-3

Wenn man die Zeichenlehre von *doctr.* 2 und 3 nur unter formalen Gesichtspunkten behandelt, wird man kaum erschöpfend erklären können, warum Augustin dieses Werk an zwei Höhepunkten der Entwicklung seiner Gnadenlehre verfaßt hat.[273] Gnadentheologische Anspielungen in diesen Abschnitten können nicht einfach als Beispielsätze für formallogische Operationen abgetan werden.

Schon der Zeichenbegriff selbst ist strukturell auf die Gnadenlehre hin offen, wie sich bereits im Zusammenhang mit *de dialectica* zeigte. Augustins Definition von Zeichen lautet: »Ein auffälliger, einen Reiz auf die Sinne auslösender Sachverhalt (*res*), der an etwas anderes als ihn selbst denken läßt.«[274] Als Beispiele nennt Augustin Spuren eines Tiers oder Rauch, der Feuer anzeigt. Zu unterscheiden sind außerdem natürliche und »gegebene« (*data*) Zeichen.[275] Diese Unterscheidung erweist sich als komplizierter, als sie auf den ersten Blick scheint. Was heißt »natürlich?« Augustin meint damit Sachverhalte, die nicht mit der Ab-

---

[271] Vgl. dazu erneut auch die philosophische Beurteilung des Konzepts des bösen Willens bei Augustin durch Chappell, Aristotle 3: »It ist inexplicable, but it can occur.«

[272] *Ench.* 25,98.28,106 (CChr.SL 46, 100.107). Der ebd. angestellte Vergleich von Joh 1,9 und Lk 11,42 mit 1 Tim 2,4 ist also wahrscheinlich nicht als Trick gedacht, mit dem die Bedeutung von 1 Tim 2,4 relativiert werden soll. Vielmehr dient er zur Illustration dafür, daß sich Erkenntnisfähigkeit und Intellekt koextensiv zur Heilsfähigkeit (des jeweiligen Menschen) verhalten. Da es dieser konkrete Intellekt ist, mit dem er dies denkt, sieht Augustin keinen Anlaß, den offensichtlichen Widerspruch einer anderen Instanz zuzuschreiben. Für ihn ist es der durch die Sünde beschränkte Intellekt, der den allgemeinen Heilswillen Gottes so versteht, daß durch ihn »alle Menschen, die« erwählt sind, gerettet und »alle, die« verworfen sind, verdammt werden. In Lk 11,42 sind es die Pharisäer, die in ihrer sündigen Beschränktheit Gerechtigkeit als das Abliefern des Zehnten von Minze, Dill und Kümmel verstehen. Ganz im Sinne des oben genannten Verhältnisses von *intellectus* und *pax dei* ist es von der Gnade her der Intellekt (Joh 1,9: Logos), der als erster erlöst werden muß, um die Universalität des Heils einzuleiten: *nec omnino per se ipsum, sed per solam dei gratiam quae in fide christi posita est, liberatur; ut uoluntas ipsa, sicut scriptum est, a domino praeparatur* [Spr 8,35 LXX], *qua cetera dei munera capiantur per quae ueniatur ad munus aeternum.*

[273] Daß Augustin überhaupt keinen Zusammenhang zwischen seinen hermeneutischen und gnadentheologischen Bemühungen gesehen hat, wie Bucher (Logik 36f., Anm. 46) gegen Sieben (Res 83) geltend machen will, ist kaum vorstellbar (vgl. dazu schon oben in Kapitel I). So sinnvoll formallogische und sprachanalytische Untersuchungen an *doctr.* 2 und 3, wie Bucher, Kirwan (Augustine 35-59), Rist (Augustine 23-40) und andere sie vorgenommen haben, auch sein mögen, sie können nicht gegen die inhaltlich-gnadentheologische Dimension ausgespielt werden.

[274] *Doctr.* 2,1,1 (CChr.SL 32, 32): *signum est enim res praeter speciem, quam ingerit sensibus, aliud aliquid ex se faciens in cogitationem uenire.*

[275] *Doctr.* 2,1,2 (CChr.SL 32, 32).

sicht erzeugt wurden, ein Zeichen zu geben. Ein Tier erzeugt Spuren. Daß sie
dem Jäger als Zeichen dienen, liegt nicht in seiner Absicht. Gegebene Zeichen
sind Sachverhalte, die mit der Absicht erzeugt werden, als Zeichen zu dienen. Es
gibt jedoch Überschneidungen. Rauch etwa ist ein natürliches Zeichen für Feuer.
Was aber ist, wenn jemand Feuer macht, um Rauchzeichen zu geben? Ähnlich
kann man über eine Vielzahl natürlicher Zeichen denken. Es gibt im Grunde kein
einziges natürliches Phänomen, das nicht als Zeichen für etwas gedeutet werden
kann. Insofern es aber als »natürlich« wahrgenommen wird, d. h. die Absicht
eines Zeichengebers jenseits der Natur nicht erkannt wird, bleibt die Deutung
weitgehend beliebig. Umgekehrt ist auch bei eindeutig gegebenen Zeichen, also
etwa Rauchzeichen, nicht gewährleistet, daß sie im Sinne des Zeichengebers
verstanden werden. Auch gegebene Zeichen sind insofern natürliche Zeichen, als
sie auf der Seite des Interpreten viele Deutungsmöglichkeiten zulassen. Als
paradigmatisch für diese Schwierigkeit nennt Augustin die menschliche Sprache.
Alle natürlichen Phänomene sind auf sie reduzierbar. Umgekehrt bedeutet die
völlige Reduzierbarkeit der Welt auf Sprache nicht, daß sie dadurch eindeutig
bestimmt wäre, im Gegenteil. Es ist gerade diese Welthaftigkeit der Sprache, die
ihre unerschöpfliche Vieldeutigkeit begründet,[276] während sie zugleich über die
Welt hinausweist auf einen Bereich, von dem her die Welt, auch der Sprache, als
ganzes *qua signum datum* wahrgenommen wird. Versteht man in diesem Zusammenhang *datum* als von Gott gnadenhaft gewährt, was Augustin zweifellos impliziert, und die Welthaftigkeit der Sprache des geistbegabten Wesens Mensch
wörtlich, so ist man erneut beim *intellectus gratiae* als Zielvorstellung angelangt.
Die menschliche Sprache weist über sich selbst hinaus, in einer Weise, die klar
macht, daß dies nur möglich ist, weil sie von jenem Bereich »über sich selbst
hinaus« her die Fähigkeit dazu zur Verfügung gestellt bekommt.

Augustin bestimmt diese Überlegung sofort wieder inhaltlich: Grundlage für
die sprachliche Erschließung dieses Fragenkomplexes ist die Bibel als Wort
Gottes. In ihr ist die Zeichenhaftigkeit der Welt von Gott her durch die biblischen
Autoren in sprachlicher, genauer, in schriftlicher Form konzentriert. Bleibende
Unklarheiten aufgrund von verschiedenen Übersetzungen, Editionen, literarischen
Gattungen, Obskuritäten im Ausdruck usw. sind aus ihr selbst heraus zu über-
winden. Mit der Hilfe des Heiligen Geistes hält Augustin dies für möglich.[277]
Er meint damit die gnadenhaft intellektuelle, auf das Liebesgebot (Mt 22,37f.)
ausgerichtete Disposition des Rezipienten, die derjenigen des Autoren des betref-
fenden Texts entspricht, nicht ein Eingreifen des Geistes quasi »von außen.« Die
Furcht des Herrn, so Augustin, ist der »Anfang« der Weisheit (und somit auch
der Liebe; vgl. Ps 110,10; Sir 1,16; 25,16), nicht schon ihr Ziel.[278]

Unbekannte (*ignota*) und mehrdeutige (*ambigua*) Zeichen, Wörter und Begriffe sind durch eine Untersuchung ihrer ursprünglichen (*propria*) und übertragenen (*translata*) Semantik zu klären.[279] So nützlich in diesem Zusammenhang

---

[276] *Doctr.* 2,3,4 (CChr.SL 32, 34).
[277] *Doctr.* 2,6,8 (CChr.SL 32, 36).
[278] *Doctr.* 2,7,9.11 (CChr.SL 32, 36.38).
[279] *Doctr.* 2,10,15 (CChr.SL 32, 41).

Sprachkenntnisse sind, man kann unter den gegenwärtigen Bedingungen nicht erwarten, zu endgültigen Ergebnissen zu gelangen (*ad speciem peruenire non possumus*). Als Beispiel nennt Augustin die Unentscheidbarkeit der Frage, welche der überlieferten Versionen von Jes 7,9b die sachlich zutreffendere sei, (1) »wenn ihr nicht glaubt, werdet ihr nicht bestehen« (Hebraica) oder (2) »wenn ihr nicht glaubt, werdet ihr keine Einsicht haben« (Septuaginta).[280] Also nicht der philologische Befund soll den Ausschlag geben, welche Version am Ende als die zutreffende beurteilt wird, sondern beide Versionen sollen auf den ihnen zugrundeliegenden gnadentheologischen Sachgehalt hin gedeutet werden. Im vorliegenden Fall könnte dies etwa zu folgender Formulierung führen: Wer nicht glaubt, wird keine Einsicht und insofern auch keinen Bestand haben.[281]

Um in der Bibel beschriebene obskure Sachverhalte möglichst richtig zu deuten,[282] sind Sprach- und Sachkenntnisse auch profaner und paganer Natur erforderlich. In der Bibel geht es auch um historische, geographische und naturwissenschaftliche Sachverhalte, die alle in ihrer Eigennatur zu identifizieren sind, ehe man zu einer Vertiefung des *intellectus gratiae* voranschreiten kann.[283] Besonders deutlich exemplifiziert Augustin dies am Beispiel der Musik. Ohne Musikalität kann die musikalische Dimension der Heiligen Schrift, etwa im Psalter, nicht verstanden werden.[284] Allerdings ist Musik kein Selbstzweck, sondern steht im Dienst des *intellectus gratiae* (*ad intellegendas sanctas scripturas*).[285] Die Gefahr des abergläubischen (*superstitiosa*) Mißbrauchs ist bei einem solchen Gnadenmittel immer gegeben (Röm 1,21-23). Alle paganen Lehren und Praktiken haben diese Eigenart, allerdings auf verschiedenen Ebenen. Magie, Astrologie und Praktiken der Beschwörung sind prinzipiell als Aberglaube abzulehnen.[286] Malerei, Bildhauerei und Dichtung (*milia denique fictarum fabularum et falsitatum*) sind unnötig, exzessiv und darüberhinaus auch unnatürlich, bilden sie doch die Natur zu einer Scheinwelt ab. Nützlich dagegen ist das Wissen um gute Sitten (Kleidung, gutes Benehmen, *habitus, cultus*), Maße, Gewichte, Münzwesen und Fachausdrücke (*innumerabilia genera significationum*).[287] Neben der materiellen

---

[280] *Doctr.* 2,12,17 (CChr.SL 32, 43).

[281] Dennoch hat auch Augustin eine philologisch begründete Option, nämlich eine alte lateinische Übersetzung der Septuaginta. Vgl. *doctr.* 2,15,22 (CChr.SL 32, 47). Dennoch: Selbst die philologische Kriteriologie an dieser Stelle bleibt sachbezogen. Nicht die eleganteste und differenzierteste Übersetzung ist für Augustin die beste, sondern die klarste (*perspicua*), solange sie nur sachlich richtig ist; vgl. *doctr.* 2,13,20 (CChr.SL 32, 46).

[282] *Doctr.* 2,14,21 (CChr.SL 32, 46): *de ambiguis autem signis post loquemur; nunc de incognitis agimus, quorum duae formae sunt, quantum ad uerba pertinet. namque aut ignotum uerbum facit haerere lectorem aut ignota locutio.* Augustin unterscheidet also (noch einmal) zwischen unbekannten und vieldeutigen, zweifelhaften Zeichen.

[283] Vgl. *doctr.* 2,16,23.25 (CChr.SL 32, 49.51).

[284] Vgl. dazu auch unten Kapitel V, Abschn. A.1.

[285] *Doctr.* 2,18,28 (CChr.SL 32, 53).

[286] *Doctr.* 2,21,32.24,36 (CChr.SL 32, 55.59). Auch die Bibel selbst, so Augustin, verurteilt solche Praktiken. Im Zusammenhang mit der Astrologie von Geburtstagen zitiert er Weish 13,9: *si enim tantum potuerunt scire, ut possent aestimare saeculum, quomodo eius dominum non facilius inuenerunt?* Außerdem Dtn 13,2; 1 Sam 28,14.20; Apg 16,16; 1 Kor 10,19f. (*non quod idolum sit aliquid, sed quia quae immolant, daemoniis immolant, et non deo*).

[287] *Doctr.* 2,25,39.26,40 (CChr.SL 32, 61f.).

Kultur gibt es dann die geistige Kultur. Sie, die Wissenschaften, haben die Menschen nicht allein aus sich heraus eingerichtet (*instituendo*) wie die materielle Kultur. Sie bestehen vielmehr darin, daß der Mensch durch sie die Wirklichkeit erforscht (*inuestigando*), die sinnlich wahrnehmbare (durch Real- und Naturhistorie, Astronomie, Handwerk, Ackerbau, Medizin usw.) und die geistige (durch Logik, Dialektik, Rhetorik und Mathematik).[288]

Ein Beispiel, wie nach Augustin durch eine pagane Wissenschaft ein christlicher Glaubensinhalt auf den *intellectus gratiae* hin geöffnet wird, stellt die Logik dar: Die Logik soll helfen, scheinbaren Widersprüchen auf die Spur zu kommen, etwa indem sie versteckte Implikationen als falsch erweist. Wenn z. B. jemand sagte: »Was ich bin, bist du nicht. Ich aber bin ein Mensch,« implizierend »Also bist du kein Mensch,« so ist dies logisch falsch, aber eben nicht nur. Die Logik verweist auch auf einen sachlichen Fehler. Der andere ist eben doch ein Mensch. Ähnlich in folgendem, inhaltlich schon etwas bestimmteren Beispiel: Wenn man bei Paulus liest: »Dann ist Christus also nicht auferstanden« und »dann ist unsere Verkündigung also nichtig, ebenso wie euer Glaube« (1 Kor 15,13f.), dann ist nicht nur die Implikation (Nichtigkeit des Glaubens) falsch, sondern auch die sachliche Voraussetzung (Christus ist nicht auferstanden). Im Glauben angenommene Tatsache ist: Christus ist auferstanden. Die Folgerung daraus: Verkündigung und Glaube sind nicht nichtig.[289] Etwas schwieriger freilich wäre es gewesen, wenn Augustin eine andere Aussage als Beispielsatz gebracht hätte, etwa, daß Gott, der die einen erwählt und die andern verwirft, ein Gott der Liebe ist, der das Heil aller will. Er hätte dann zugeben müssen, daß die Logik im Hinblick auf sein Konzept des *intellectus gratiae* wenig hilfreich ist.

Auch die Rhetorik gewinnt ihre Bedeutung als Wissenschaft durch den Gebrauch.[290] Im Bereich des Christentums richtet sich die Zweckorientierung der *enkúklios paideía* auf das Heil. Es gelten also die Bedingungen des *intellectus gratiae*. Nur jemand, der im Heilsprozeß integriert ist (*timentibus deum beatamque uitam quaerentibus*), kann sie nutzbringend anwenden.[291] So haben es, Mose nachahmend, die Kirchenväter gemacht. Von Mose heißt es, er habe die gesamte Weisheit der Ägypter auf sich vereint (Apg 7,22: *eruditus omni sapientia Aegyptiorum*).[292] Dies ist im Kontext des Neuen Bundes im Sinne der vielschichtigen Bedeutung des Pascha (Vorübergang, Exodus, Ostern) identisch mit der ultimativ in Christus offenbarten Liebe.[293] Auf dieser gnadenhaften erkenntnistheo-

---

[288] *Doctr.* 2,27,41.38,57 (CChr.SL 32, 62.72).

[289] *Doctr.* 2,31,48f. (CChr.SL 32, 66); vgl. Sir 37,23 (*qui sophistice loquitur, odibilis est*).

[290] *Doctr.* 2,36,54 (CChr.SL 32, 70).

[291] *Doctr.* 2,39,58.40,60 (CChr.SL 32, 72f.): *philosophi autem qui uocantur si qua forte uera et fidei nostrae accommodata dixerunt, maxime Platonici, non solum formidanda non sunt, sed ab eis etiam tamquam ab iniustis possessoribus in usum nostrum uindicanda.* Selbst die Ägypter haben den Israeliten nicht nur schwere Lasten auferlegt, sondern sie beim Exodus auch mit Schätzen versorgt, die die Israeliten ihrerseits nicht verschmähten (Ex 3,22; 11,2; 12,35).

[292] *Doctr.* 2,40,61 (CChr.SL 32, 74). Vgl. erneut die Anspielung auf den Exodus und die *spolia Aegypti*. An Vätern nennt Augustin Cyprian, Lactantius, Victorinus, Optatus und Hilarius, wobei der letzte Name insofern interessant ist, als er für Augustin den Verfasser des Pauluskommentars bezeichnet, der heute unter dem Namen Ambrosiaster bekannt ist. Vgl. *c. ep. Pel.* 4,4,7 (PL 44, 614).

[293] *Doctr.* 2,41,62 (CChr.SL 32, 75f.); vgl. 1 Kor 8,1 (*scientia inflat, caritas aedificat*). Auf

retischen Grundlage im Sinne des *intellectus gratiae* (*caritas, quem scientia inflare non possit*) ist es möglich, von den obskuren (oder unbekannten, *ignota*) zu den (in *doctr.* 3 diskutierten) vieldeutigen Zeichen (*signa ambigua*) fortzuschreiten: »Der Gottesfürchtige forscht in den Heiligen Schriften sorgfältig nach Gottes Willen.«[294] Stößt er auf Widersprüche (*ambiguitates*), versucht er, sie in diesem Sinne aufzulösen. Er ist erkenntnistheoretisch auf Einsicht in den Willen Gottes ausgerichtet. Gott will aber nur das Heil der Erwählten. Die Schrift gebietet nur Liebe. Aus diesem Grund, so Augustin, ist zunächst formal nach dem in *spir. litt.* entwickelten Prinzip zu verfahren, »der Buchstabe tötet, der Geist macht lebendig« (2 Kor 3,6).[295] Schon das Wissen um die Zeichenhaftigkeit eines Zeichens befreit einen ratlosen Exegeten von der Sklaverei des Buchstabens.[296] Gerade dieses Wissen ist demnach überhaupt der Anfang des *intellectus gratiae*; denn die Fähigkeit, wörtlich zu verstehende Aussagen von übertragen zu verstehenden zu unterscheiden, ist wesentlich für das Verständnis des Heilsprozesses und somit für den Eintritt in diesen selbst.[297]

Entscheidend für das Verständnis einer Aussage ist also nicht der Wortlaut, sondern der mit Hilfe der Gnade eingesehene Glaubensgegenstand. Deutlich wird dies etwa an einer Aussage wie: »Wenn ihr das Fleisch des Menschensohnes nicht eßt und sein Blut nicht trinkt, werdet ihr das Leben nicht in euch haben« (Joh 6,54). Wird dieser Satz, so Augustin, in bezug auf das Fleisch des Menschensohnes wörtlich genommen, fehlt der *intellectus gratiae* und es gebricht am Heil, etwa bei den Jüngern, die nach Joh 6,66 Jesus nach dieser Aussage verlassen. Wird die Aussage aber in bezug auf »das Leben haben« nicht wörtlich genommen, liegt ebenfalls kein *intellectus gratiae* vor und es gebricht erneut am Heil. Wörtlich zu nehmen ist also immer, was auf die Erfüllung des Liebesgebotes hinausläuft, im übertragenen Sinn zu verstehen immer, was nicht in diese Richtung geht. Entscheidend ist also immer die Sache, der Glaubensinhalt, die vorgefundene und unter dem Einfluß der Gnade rezipierte kirchliche Überlieferung der Lehre des Evangeliums. Ihr entspricht auf der Seite des Subjekts die Einsicht in diese, der *intellectus gratiae*.[298] *Intellectus gratiae* bedeutet hier also einmal mehr, daß der Heilsprozeß im gegebenen Zusammenhang wesentlich ein intellektueller Prozeß ist, ein Lernprozeß. Zu lernen sind Methoden der Schriftausle-

---

das Pascha bezogen, spielt dieses Zitat sowohl auf die historische Großtat des Mose als auch auf Christus an (1 Kor 5,7: *pascha nostrum immolatus est Christus*), unter dessen Herrschaft das Joch (Ägyptens) leicht wird (*iugum enim meum lene est*, Mt 11,28.30). Wer so in der Liebe gegründet ist, kann auch Höhe, Tiefe, Länge und Breite, d. h. das Kreuz verstehen (Eph 3,17f.), die Liebe, die jede Erkenntnis auf die Fülle Gottes hin übersteigt (Eph 3,19: *supereminentem*) und die Seele vom Hochmut befreit (Ps 50,9f.: *asparges me ysopo et mundabor, lauabis me et super niuem dealbabor*).

[294] *Doctr.* 3,1,1 (CChr.SL 32, 77).

[295] *Doctr.* 3,5,9 (CChr.SL 32, 82).

[296] *Doctr.* 3,9,13 (CChr.SL 32, 86).

[297] *Doctr.* 3,24,34 (CChr.SL 32, 97).

[298] Vgl. *doctr.* 3,16,24 (CChr.SL 32, 91f.). Nach einem weiteren Beispiel in *doctr.* 3,25,35 (CChr.SL 32, 98), dem Ausdruck »Sauerteig« in Mt 16,6.11 (*cauete a fermento pharisaeorum*) und Mt 13,33//Lk 13,21 (*simile est regnum caelorum mulieri, quae abscondit fermentum*) bricht der Text von 396 ab. Vgl. *retract.* 2,4,1 (CChr.SL 57, 92).

gung, allerdings so, daß der inhaltliche, soteriologische, genauer (wegen der intellektuellen Dimension der Gnade) gnadentheologische Aspekt, der für Augustin ja die Mitte der Schrift darstellt, der ihn auch zum Abfassen eines Werks wie *doctr.* motiviert hat, nicht in den Hintergrund gedrängt wird.

Als einem in diesem Sinne vorbildlichen Werk folgt Augustin Tyconius' *lib. reg.*, allerdings nicht in allen Punkten[299] und auf eigene Weise.[300] Er referiert zwar im Detail die Regeln,[301] konstatiert aber schließlich am Beispiel der dritten Regel (Bestimmung des Verhältnisses von Gnade und Intellekt) generell die Grenzen von Regeln gegenüber der unerschöpflichen Vielfalt der Textwirklichkeit. Diese dritte Regel *de promissis et lege* ist für ihn gleichbedeutend mit seiner eigenen Regel *de spiritu et littera* (s. *spir. litt.*) bzw. einer Regel zum Verhältnis von »Gnade und Gesetz« (*de gratia et mandato*), Gesetz verstanden als Handlungsanweisung, Gnade als Einsicht. Die Pelagianer, so Augustin, verstehen diese Regel überhaupt nicht; Tyconius hat sie zwar gut, aber nicht vollständig dargelegt;[302] denn »abgesehen von dieser einen [weil grundsätzlichen] Regel *de promis-*

---

[299] *Doctr.* 3,30,42 (CChr.SL 32, 102): *nec tamen omnia, quae ita scripta sunt, ut non facile intellegantur, possunt his regulis inueniri, sed aliis modis pluribus.*

[300] Wie in *bapt.* Cyprian oder in *c. Faustum* 12,39 (CSEL 25, 369) sogar Philo von Alexandrien (vgl. Runia, Philo 322f.) gebraucht Augustin Tyconius hier trotz der Andersartigkeit seiner Argumentation als Autorität: Er habe Regeln entwickelt, um mit ihnen gleich wie mit Schlüsseln die Geheimnisse der Heiligen Schrift zu lüften. Vgl. *doctr.* 3,30,42 (CChr.SL 32, 102). Tyconius selbst hatte das Regelbuch eher als objektive Wiedergabe derjenigen Prinzipien gesehen, nach denen, wie er glaubte, der Heilige Geist selbst die biblischen Bücher verfaßt hatte und die der subjektiven Erkenntnis des menschlichen Intellekts entzogen seien. Vgl. Tyc. *lib. reg.* Prolog (Burkitt 1). Kannengiesser (Conflict 4f.) weist mit Recht darauf hin, daß hier ein Unterschied zwischen den Auffassungen Augustins und Tyconius besteht, der in der Textüberlieferung von *doctr.* weitgehend auf Kosten der Auffassung Tyconius' unterschlagen wurde. Er hat recht, wenn er auf die Eigenständigkeit von dessen Entwurf gegenüber dem Augustins verweist. Nicht zuzustimmen ist ihm jedoch, wenn diese Eigenständigkeit nunmehr auf Kosten der Augustins behauptet wird. Wie wiederholt gezeigt, gebraucht Augustin Texte wie diesen, um ihren Sinngehalt so zu deuten, daß er seinem hermeneutischen Entwurf eines *intellectus gratiae* entspricht. Augustins Position lautet also: Die Regeln liegen nicht *nur* objektiv im inspirierten Text vor, sie entsprechen, da die Texte ja auch von menschlichen Autoren geschrieben wurden (s. *cons. eu.* 1,10 [CSEL 43, 10f.]) *auch* den natürlichen, von Gott gnadenhaft erleuchteten Denkstrukturen des Menschen (*intellectus gratiae*). Die Gesamtheit der biblischen Botschaft ist auf Offenbarung, d. h. kreative Rezeption durch den menschlichen Geist hin angelegt. Es gibt nichts, was nicht offenbar würde (Mk 4,22 par. Lk 8,17). Davon daß Augustin Tyconius mißversteht wie jemand, dessen Ziel es ist, diese so genau wie möglich zu referieren, kann also, wie gesagt, keine Rede sein. Vgl. auch zu Beginn dieses Kapitels, Abschn. 1, S. 147, Anm. 10.

[301] *Doctr.* 3,31,44.37,55 (CChr.SL 32, 104.115): (1) *de domino et eius corpore* (Christus und die Kirche als exegetische Maßstäbe); (2) *de domini corpore bipertito* (Gegenwart der *permixta ecclesia* und Zukunft des Gerichts); (3) *de promissis et lege* (Augustin deutet diese Regel im Sinne seines eigenen Prinzips *de spiritu et littera*); (4) *de specie et genere* (vom Teil zum Ganzen); (5) *de temporibus* (alles hat seine Zeit; was jetzt verborgen ist, wird zu einer anderen Zeit offenbar); (6) *de recapitulatione* (Neues kommt nicht nur hinzu im Sinne einer Addierung, sondern läßt alles grundsätzlich in einem neuen Licht erscheinen; das Ganze wird rekapituliert); (7) *de diabolo et eius corpore* (es gibt ein in Ewigkeit Gottes Heilsplan in Christus widerstehendes Wesen mit eigenem Herrschaftsbereich).

[302] *Doctr.* 3,33,46 (CChr.SL 32, 105): *laborauit in ea disserenda Ticonius bene, sed non plene.*

sis et lege ergeben sich für alle anderen ständig neue Sinngehalte (*aliud ex alio faciunt intellegi*) nach Art übertragener Redeweise (*quod est proprium tropicae locutionis*). Deren Möglichkeiten sind weitaus vielfältiger, als daß ein einzelner Geist sie je in ihrer Gesamtheit erfassen könnte; denn sie liegt nicht nur dann vor, wenn nach den Regeln der Redekunst mit einem Fachausdruck (*nomen tropi*) auf sie verwiesen wird, sondern immer dann, wenn einer Aussage ein anderer Sinngehalt untergeschoben wird (*aliud dicitur, ut aliud intellegatur*). Gewöhnlich nimmt der Intellekt das ohne Mühe zur Kenntnis. Manchmal aber muß ein Verständnis erst erarbeitet werden, was den einen mehr, den andern weniger Mühe bereitet, je nach dem Maß, in dem Gott ihrer Geisteskraft seine Gnade hat zuteil werden lassen. Wie bei den oben erwähnten wörtlich zu verstehenden Redeweisen (*uerbis propriis*) gilt also auch hier bei den übertragenen Redeweisen (*translatis, quae faciunt tropicas locutiones*) [...]: Die Studenten [...] sind nicht nur anzuhalten, sich Kenntnisse im Bereich der verschiedenen in der Heiligen Schrift vorkommenden Redeweisen sowie ihrer Bezeichnungen anzueignen [...], sondern auch – was noch viel wichtiger und nötiger ist – um Einsicht zu beten (*orent, ut intellegant*); [...] [denn] vom Herrn kommt die Weisheit und von seinem Antlitz Wissen und Einsicht.«[303]

(c) *De doctrina christiana* 4

Lernen erfolgt ab einem gewissen Stadium vor allem durch Lehren. Dieser Erfahrung trägt Augustin in *doctr.* 4 Rechnung. Dort geht es um die Vermittlung der Einsicht, von deren Erwerb in *doctr.* 1-3 die Rede war. Schon in diesem Zusammenhang ist *doctr.* 4 nicht rein funktional, als Methodenlehre, sondern im Kontext der Gnadenlehre verstehen.[304] Augustin beabsichtigt nicht, eine klassische Rhetorik zu präsentieren, wie er sie selbst einmal doziert hat. Im Vordergrund steht die Verkündigung des Evangeliums (der Wahrheit). Doch ist auch diese auf Rhetorik angewiesen, gerade weil die Rhetorik, rein formal gesehen, indifferent ist, d. h. auch zur Verbreitung von Irrtümern verwendet werden kann.[305] Theologie soll also nicht durch Schulrhetorik ersetzt werden. Gute Rhetorik, so Augustins Meinung, ist ohnehin mehr von Talent und Fleiß abhängig als von formaler Ausbildung.[306] Auf die Inhalte kommt es also an.

---

[303] *Doctr.* 3,37,56 (CChr.SL 32, 115); vgl. Spr 2,6 (*dominus dat sapientiam, et a facie eius scientia et intellectus*). Im Grundsatz vertritt Augustin hier also die Hermeneutik von *spir. litt.* In der Anwendung gibt er sich weitaus flexibler als Tyconius. Die sieben Regeln sind für ihn nur ein grobes Raster, dessen praktischen Nutzen er angesichts der Vielfalt lebendigen Sprachgebrauchs als eher gering veranschlagt. Jenseits aller Methodik empfiehlt er den Studenten ganzheitliche, d. h. vor allem auch spirituelle Bildung.

[304] *Doctr.* 3,37,56 (CChr.SL 32, 116).

[305] *Doctr.* 4,1,2.2,3 (CChr.SL 32, 116f.). Gleich zu Beginn wird eine Reihe rhetorischer Begriffe aufgelistet: Kürze (*breuitas*), Klarheit (*aperte*), Plausibilität (*uerisimilitudo*), Unterhaltsamkeit (*ne taedeat*), Intelligibilität, Glaubwürdigkeit und Eingehen auf emotionale Bedürfnisse (*mouere*), alles Motive, die bei der Formulierung des *intellectus gratiae* auch eine inhaltliche Rolle spielen.

[306] *Doctr.* 4,3,5 (CChr.SL 32, 119).

Die Wahrheit soll verkündet und gegen Irrtümer verteidigt werden, je nach
Gegenstand und Publikum auf verschiedene Weise (*sicut postulat causa*). Im Pro-
öm soll Wohlwollen erzeugt, in der *narratio* sollen Inhalte vermittelt, in der
argumentatio Positionen verteidigt werden.[307] Die synthetische Kraft, die diese
Fähigkeiten bündeln soll, nennt Augustin Weisheit. Weisheit und Eloquenz gelten
sowohl bei Cicero, als auch im biblischen Kontext, bei den Propheten (etwa
Amos) und bei Paulus in der Kombination als Ideal, das bei Augustin mit dem
Konzept des *intellectus gratiae* verknüpft ist: Die Weisheit offenbart sich durch
Beredsamkeit und vermittelt dadurch Einsicht. Trotz Schwierigkeiten (*exercitatio-
ne*) mündet (s. Röm 5,3-5) der Intellekt, durch die Weisheit der frommen Redekunst in rechter Weise angeregt, in Glauben, Hoffnung und Liebe und erweist
sich somit als das, was er von von seinem Ursprung her ist, nämlich Gnade.[308]
      Ziel ist es, die Dunkelheit (*obscuritas*) vieler Stellen bei der Auslegung zu
klären (*perspicuitas dicendi*).[309] Die Aussagekraft der Stellen ist auf den Punkt zu
bringen (*euidentia*), auch wenn es dabei zu Einbußen bei der Eleganz des Stils
kommt.[310] Klarheit geht vor Reinheit (*puritas*) der Sprache;[311] denn, sagt Augustin, »was nützt uns ein goldener Schlüssel, wenn er uns nicht aufschließt, was
wir öffnen wollen, oder was spricht gegen einen hölzernen Schlüssel, wenn dieser es schafft?«[312] Ziel ist Einsicht, Gnade im vorliegenden Fall ist die Fähigkeit
des Lehrers, die verstandene Einsicht nach allen Regeln der Redekunst zu vermitteln.[313] Entsprechendes gilt für den Stil.[314]
      Diese starke Gewichtung des Inhalts gegenüber der Form gipfelt in Augustins
Hinweis, die Lebensführung des Redners wiege schwerer als sein rhetorisches
Format.[315] Paradoxerweise wird dadurch die Lebensführung in den rhetorischen
Ausdruck integriert: Die Rede, so Augustin, ist wirkungsvoller, mehr Menschen
einschließlich der Redner selbst profitieren mehr von ihr, wenn letzterer auch
ihrem Inhalt gemäß lebt.[316] Die Rhetorik wird so im Sinne der spätantiken ἐγκύκλιος παιδεία universalisiert. Wer ein vorbildliches Leben führt, kann ohne
Scheu alle rhetorischen Register ziehen (*submissum, temperatum, grande*). Wer
damit Schwierigkeiten hat, soll der Eloquenz die Weisheit vorziehen.[317] Wer so-

---

[307] *Doctr.* 4,4,6 (CChr.SL 32, 119).

[308] *Doctr.* 4,5,7.7,21 (CChr.SL 32, 120.131); vgl. Röm 5,3 (*gloriamur in tribulationibus
scientes*).

[309] *Doctr.* 4,8,22f. (CChr.SL 32, 131f.).

[310] *Doctr.* 4,10,24 (CChr.SL 32, 132f.).

[311] *Doctr.* 4,10,25 (CChr.SL 32, 133f.).

[312] *Doctr.* 4,11,26 (CChr.SL 32, 134).

[313] *Doctr.* 4,14,30.26,56 (CChr.SL 32, 137.161). Es geht um die drei Redeweisen nach Cicero
(*submissum, temperatum, grande*), die nicht schematisch, sondern nach sachlicher Notwendigkeit
anzuwenden sind, ebenso wie die anderen rhetorischen Einteilungen (*sapienter, eloquenter* usw.).
Also auch wenn im Zusammenhang der rhetorischen Vermittlung von Einsicht von *mouere*,
placere usw. die Rede ist, unter dem Sinngehalt des Vermittelten ist immer *intellectus* zu verstehen. Im Kern geht es um den Intellekt, nicht um seine rhetorische Vermittlung.

[314] *Doctr.* 4,17,34.26,58 (CChr.SL 32, 141.163).

[315] *Doctr.* 4,27,59 (CChr.SL 32, 163).

[316] *Doctr.* 4,27,60 (CChr.SL 32, 164).

[317] *Doctr.* 4,27,59.30,63 (CChr.SL 32, 163.167): Diese abschließende Argumentation zum

gar mit weiser Rede Probleme hat, soll das Reden sein und die Taten seines Lebens sprechen lassen. Grundlage aller hier genannten rhetorischen Lebensformen ist das Gebet, Bitte und Dank für das Empfangene, die Geber und die Empfänger, zumal von geistlichen Inhalten, deren Erfüllung im *intellectus gratiae* besteht. So dürfte es kaum überraschen, am Schluß von *doctr.* einen altbekannten Leitsatz wiederzuentdecken: »Daß diejenigen, die sich [ihrer geistigen Fähigkeiten] rühmen, sich in ihm rühmen (1 Kor 1,31: *ut qui gloriatur, in illo glorietur*), in dessen Hand wir uns mit allen unseren Reden befinden (Weish 7,16: *[in cuius] manu sunt et nos et sermones nostri*).«[318]

(frommen) Lebenskontext christlicher Beredsamkeit kommt wiederum nicht ohne reichliche Schriftreferenzen aus. In bezug auf diejenigen, die nicht nach ihren Worten handeln, gilt Mt 23,2.3 (*quae dicunt, facite, quae autem faciunt, facere nolite, dicunt enim et non faciunt – cathedram Moysi sedent*). Für diejenigen, die versuchen ihre Worte und Taten in Einklang zu bringen, gilt 1 Tim 4,12 (*nemo adolescentiam tuam contemnat. sed forma esto fidelium in sermone, in conuersatione, in dilectione, in fide, in castitate*). Für diejenigen, die weise Rede der Eloquenz vorziehen, gilt 1 Kor 1,17 (*non in sapientia uerbi, ne euacuatur crux Christi*).

[318] *Doctr.* 4,30,63 (CChr.SL 32, 167).

KAPITEL V

KONTROVERSEN UM DEN *INTELLECTUS GRATIAE*

A. GEGEN PELAGIUS UND DEN »SEMIPELAGIANISMUS«

1. DIE ROLLE DER *CONFESSIONES*

In *dono perseu.* (429) erinnert sich Augustin, daß sich die Kontroverse mit Pelagius schon um 400 bei Erscheinen der *conf.* abzuzeichnen begonnen hatte: Pelagius, so Augustin, habe Anstoß an einem Satz dort genommen, der seiner Meinung nach die Behauptung enthielt, Gott wirke (kausal) die menschliche Willensfreiheit, ohne sie außer kraft zu setzen.[1] Vor solchem Hintergrund könnte sich eine Diskussion gnadentheologisch-erkenntnistheoretischer Motive in *conf.* in einem Kapitel über deren Rolle in Augustins antipelagianischer Polemik als gerechtfertigt erweisen. Deren dogmatische Brisanz[2] wird bereits in *conf.* sichtbar.[3] Ausgehend vom aktuellen Forschungsstand (a) soll sie im folgenden im Bereich der autobiographischen *narratio* (b), des Schriftgebrauchs (c), sowie von Gottes- (d), Schöpfungs- und Trinitätslehre (e) illustriert werden.

(a) Zum Stand der Erforschung der *confessiones*

Unter den Ende der 80er Jahre von F. Dolbeau in der Mainzer Stadtbibliothek entdeckten Augustinuspredigten befindet sich auch eine (wenn auch »eine der weniger originellen der Sammlung«[4]) vom 23. Mai 397 zu Ps 117,1 (135,1): *Confitemini domino, quoniam bonus.* Die Gläubigen, so Augustin, werden hier aufgefordert, »dem [sic!] Herrn zu bekennen,« wobei mit »Bekennen« zweierlei gemeint ist: (1) Offenlegen der eigenen Lebenssituation als Selbstbezichtigung, (2) Lob Gottes als Manifestation des Heils.[5] Geläufiger war Augustins Zuhörern offenbar (1); denn Augustin sah sich genötigt, eigens auf (2) zu verweisen und seine Relevanz zu betonen (*non sit tantummodo peccatorum confessio, sed et lau-*

---

[1] Vgl. *dono perseu.* 53 (PL 45, 1026). Als Gebet formuliert, lautet die Stelle in *conf.* 10,29,31 (CChr.SL 27, 172): *da quod iubes et iube quod uis.* Pelagius soll den Satz »unerträglich« gefunden haben (*ferre non potuit*). Vgl. Courcelle, Recherches 245-247; Wermelinger, Rom 36. Zu Pelagius und den Anfängen der pelagianischen Kontroverse s. oben Kapitel III, S. 119-122.

[2] Pelagius unterschätzte sie und erlag damit einem verhängnisvollen Irrtum. Vgl. *gest. Pel.* 16 (CSEL 42, 69): *Pelagius:* »*anathematizo quasi stultos non quasi haereticos, si quidem non est dogma.*« Zu den dogmengeschichtlichen Zusammenhängen — weiterhin unübertroffen — Harnack, Lehrbuch, Bd. 3, bes. 167, Anm. 1. Weitere Angaben zur Forschungsgeschichte bei Lössl, Spuren 187f.

[3] Im folgenden soll dies unter (e) Der *intellectus gratiae* in der Schöpfungs- und Trinitätslehre (*conf.* 11-13) eigens Beachtung finden. *Enn. in Pss, gen. litt.* (401-414), *trin.* (399-419) und *ciu. dei* (411-427) müssen dabei im Rahmen der vorliegenden Untersuchung unberücksichtigt bleiben.

[4] RBen 101 (1991) 240-249, bes. 243f.: »Ce sermon est l'un des moins originaux de la serie.«

[5] S. *Dolbeau* 21,1 (RBen 101 [1991] 244f.): *una est punitionis tuae, altera laudationis dei.*

dis dei): Es gehe natürlicherweise aus (1) hervor und sei dessen eigentliches Motiv. Im vorliegenden Psalmvers sei vorzugsweise von ihm die Rede.

Gegen Ende der Predigt präzisiert er sein Anliegen: Erkenntnis der eigenen Sünden und Formulierung dieser Erkenntnis im Bekenntnis erfolgt aus gnaden-hafter Einsicht der Gnade, im *intellectus gratiae*.[6] Die eigenen Sünden aus dieser Einsicht heraus zu bekennen heißt, Gott zu loben. Perverse Menschen loben sich und schelten Gott (*peruersi enim homines contraria faciunt: se laudant, deum accusant*). Sich zu Gott zu bekehren (*ad illum ergo conuertere*) bedeutet dagegen, ihm nicht nur die eigenen Sünden zu bekennen (*ei confitere*), sondern ihn auch für das Gute, das er in und durch uns tut, zu loben (*peccasti: te accusa. bene fecisti: deum lauda*). Ziel dabei ist nicht die Selbstvernichtung des Sünders, son-dern seine Öffnung auf einen Raum in seinem (geistigen) Innern hin, aus dem heraus die Gnade wirksam wird und ihn zu neuem Leben erweckt (*non ego uiuo, sed gratia dei mecum*). Dieser Heilszustand wird manifest in der Einsicht des Sünders und seinem Bekenntnis zur eigenen Sündhaftigkeit. Er entspricht der un-verstellten Einsicht in die Gnade Gottes.

In den *retract.* schreibt Augustin ganz ähnlich über *conf.*: »Die dreizehn Bü-cher meiner *confessiones* loben Gott den Guten und Gerechten sowohl durch meine guten als auch durch meine bösen Taten und sie erwecken die Einsicht wie auch die Leidenschaft der Menschen in und für Gott. [...] Das bewirkten sie in mir, als sie geschrieben wurden, das bewirken sie, wenn sie gelesen werden. Was andere über sie denken mögen, bleibe diesen selbst überlassen. Ich jeden-falls weiß, daß sie vielen Schwestern und Brüdern gefallen haben und noch immer gefallen.«[7] Die Bemerkung »Was andere denken mögen« (*quid alii senti-ant*) spielt wohl auf den erwähnten Konflikt an, den *conf.* zwischen Augustin und Pelagius auslöste, die daran sich anschließende Bemerkung auf die schon zu Lebzeiten Augustins einzigartige Popularität des Werkes. Die vorausgehenden Sätze aber beleuchten die Intention des Verfassers: Durch Erzählen des eigenen Lebens − nicht in einem indifferenten Bericht, sondern in einem wertenden Be-kenntnis der eigenen Missetaten − Gott (im Sinne von *s. Dolbeau* 21) loben und preisen, dadurch zu einer je tieferen und leidenschaftlicheren Einsicht seiner Gnade gelangen und schließlich diese an andere weitergeben − darum geht es in den *conf.*

Trotz dieser relativ klaren Bestimmung des Zwecks der *conf.* durch Augustin selbst dauert die moderne Diskussion darüber und über die damit gegebenen Im-plikationen zu Gattung, Einheit, Aufbau, Gliederung, Historizität sowie zur Frage nach den biblischen und neuplatonischen Quellen der *conf.* seit über 100 Jahren an,[8] und das nicht ohne Grund; denn es kann mit Recht gefragt werden, ob die in den *retract.* 426/7 formulierte Sicht der *conf.* wirklich die während der Abfas-sung zwischen 397 und 401 dominierende Intention des Autors authentisch reflek-

---

[6] *S. Dolbeau* 21,5.7 (RBen 101 [1991] 247f.); vgl. die Kombination von Ps 50,5 (*iniquitatem meam ego cognosco*) und 1 Kor 15,10; Gal 2,20 (*non ego uiuo, sed gratia dei mecum*).

[7] *Retract.* 2,6,1 (CChr.SL 57, 94).

[8] Zur Forschungsgeschichte s. Madec, Néoplatonisme; Lössl, The One 80-82; Feldmann, Art. Conf. und oben in Kapitel I im Exkurs »Die Bekehrung als Problem der Forschung« (S. 15f.).

tiert oder wie sich die in *conf.* enthaltene Beschreibung der biographischen Entwicklung Augustins vor 386, also bis zur in *conf.* 8 beschriebenen Bekehrung,
zur tatsächlichen, zum Teil aus den Frühdialogen rekonstruierbaren Entwicklung
verhält. Die Konzentration auf die letzte Frage führte zu einer methodischen Engführung der Forschung auf autobiographische Aussagen. Diese machte die theolo-
giegeschichtliche Einordnung der *conf.* zunehmend schwieriger, bis erneut eine
Gegenbewegung einsetzte.[9] In deren Strömung stellte E. Feldmann, ausgehend
von Beobachtungen zu Augustins eigenem Begriff von *confessio*, die These auf,
»daß Augustin mit den *conf.* keine Autobiographie, sondern einen christlichen
Protreptikos zu schreiben beabsichtigte.«[10] »*Confessio* [ist] nicht nur [...] die
(adhortative) Bewegung Gottes auf uns hin, sondern auch die von Gott getragene
Such-Bewegung des Menschen auf Gott zu.«[11] »Wie [etwa auch] die Gedankenführung von *doctr.* zeigt,« verändert Augustin in dieser Phase seiner intellektuellen Entwicklung (um 397) »immer noch Positionen seines Denkens [...] (er bestimmt die Aufgabe der Philosophie neu und gibt im Rahmen seiner Hermeneutik
den *disciplinae* einen anderen Stellenwert [als im Frühwerk], offenbar deshalb,
weil er sich selbst und den Menschen jetzt anders versteht, als er das im Entwurf
eines *ordo disciplinarum* in *ord.* 386 in Cassiciacum getan hat).«[12] Dies, so Feldmann, darf allerdings nicht zu dem Schluß verleiten, daß die ursprünglich intellektuelle Zielsetzung der Gnadenlehre fallengelassen wurde. Sie kam vielmehr
erst jetzt, nachdem das Gnadenprinzip in seiner Grundsätzlichkeit formuliert
wurde, richtig zur Geltung, noch dazu in der passenden literarischen Form, der

---

[9] Die Entwicklung verlief etwa folgendermaßen: Die kritische Bewertung der autobiographischen Elemente in *conf.* begann mit Harnack (Konfessionen) und Boissier (Conversion) und führte
über Alfaric (Évolution), Boyer (Formation) und anderen zu Courcelle (Recherches), der »durch
philologische Analyse einer Synopse von biographischen Texten« einen »überzeugenden Nachweis
der Glaubwürdigkeit der allerdings kritisch zu lesenden *conf.*« als eines historisch einigermaßen
zuverlässigen autobiographischen Berichts lieferte (Feldmann, Art. Conf. 1136). O'Meara (Young
Augustine), Bonner (Augustine), Brown (Augustinus) und anderen nutzten dies zum Ausbau der
biographischen Augustinusforschung. Wieder andere, etwa Solignac (BAug 13.14, 1992), hielten
sich mit einer umfassenden Bewertung zurück, aus gutem Grund: Schon Nygren (Prädestinationsproblem 14-17) hatte eine stärkere Berücksichtigung »der Augustins Werk beherrschenden theologischen Gesamtproblematik« gefordert. Die Abstraktion von dieser wirkte sich nicht nur inhaltlich
aus. Auch strukturell wurde die textliche Einheit von *conf.* immer weniger wahrgenommen, etwa
bei Courcelle (Recherches 21-25; kritisch dazu äußerte sich bereits O'Meara, Young Augustine
16). Es kam zur »Ausklammerung der Bücher 11-13« (Feldmann, Art. Conf. 1137; s. auch Grotz,
Einheit 16-19). Aber auch insofern man sich in der neueren Forschung über die Einheit des Texts
von *conf.* einig ist, stellt sich die Frage, ob der Schrift nun ein regelrechter Plan (Steidle,
Confessiones 442) oder lediglich eine nicht formal geplante »innere Einheit« intuitiven Charakters
(»unité interieure;« Solignac in: BAug 13, 1992, 25) entspreche. Einig scheint man sich in der
Forschung bisher nur über die formale Einheit von *conf.* zu sein. Bezüglich der Frage nach dem
Zusammenhang von narrativen, reflektierenden, poetischen, spirituellen und exegetischen Teilen,
etwa auch im Kontext einer rhetorischen Analyse, gehen die Meinungen weiterhin auseinander.
Vgl. Feldmann, Art. Conf. 1137-1139.
[10] Feldmann, Art. Conf. 1157f.; zu »Protreptikos« vgl. auch oben zu Beginn von Kapitel I.
[11] Feldmann, Art. Conf. 1145. Formal wird dieser Zusammenhang vor allem anhand der Psalmenverwendung, etwa auch im Bereich der Proömien zu untersuchen sein; vgl. im folgenden
Abschnitt (c); außerdem Knauer, Psalmenzitate, bes. 215; Herzog, Non in sua uoce; Pfligersdorffer, Arten; Bauprinzip; Proömien; Schmidt-Dengler, Aufbau.
[12] Feldmann, Art. Conf. 1154.

eines zur Philosophie anregenden Protreptikos. Freilich warb »der Bischof Augustinus [...] nicht mehr für die Philosophie, sondern er bekannte den Gott, den er gefunden hatte. Ihn mußte er zugleich als den bekennen, der das Heil der Menschen will. [...] Der augustinische Gottesbegriff schließt ein, daß der Mensch, der diesen Gott gefunden hat und ihm dienen will, die Mitmenschen bewegen muß, auf diesen Gott und sein Wort zu hören. Das bedeutet aber, er muß sagen, wer dieser Gott ist und warum er sich schwer finden läßt. Eine solche Inanspruchnahme für Gott verweist einen Menschen wie Augustinus auf die eigene Biographie. Sie führt ihn dazu, diese Biographie als ein Instrument zu begreifen, [...] durch das auch der Mensch neben und nach Augustinus zu diesem Gott hingedrängt und zu seiner Erkenntnis erweckt werden kann. Die *conf.* stellen so eine protreptische Schrift dar, in der Augustinus seine Biographie instrumentalisiert, um mit ihr die Leser aufzuwecken. Diese Sicht zwingt, das Autobiographische [...] ernst zu nehmen, aber auch kritisch zu lesen, da mit Verzeichnungen gerechnet werden kann. Sie macht zudem die innere Logik des Aufbaus der *conf.* einsichtig, der der protreptischen Zielvorgabe dient.«[13]

Demnach geht es in den *conf.* um die Erkenntnis Gottes als Einsicht in seine Gnade, seinen Heilswillen für jeden einzelnen Menschen. Dabei wird einerseits die Biographie des Autors wie des Lesers in den Prozeß des *intellectus gratiae* miteinbezogen, andererseits der Rahmen des Biographischen radikal theologisch (auf Gott hin) transzendiert. In diesem Sinne vor allem wird Feldmanns Rede vom protreptischen Charakter der *conf.* im folgenden übernommen.

(b) Zur autobiographischen *narratio* der *confessiones*

Die *conf.* beginnen bekanntlich mit einem Gebet. Der Autor wendet sich darin, zum Teil Psalmen- und andere Bibelstellen rezitierend, zum Teil mit eigenen Worten über seinen Adressaten[14] wie auch über seine eigene Situation reflektierend, an Gott und geht dann plötzlich und beinahe unmerklich dazu über, seine Autobiographie zu erzählen.[15] Die erste eigentlich narrative autobiographische Bemerkung – sie steht am Schluß dieses einleitenden Abschnitts – lautet bezeichnenderweise *nescio*, »ich weiß nicht« (nämlich *unde uenerim huc*, »wie ich in dieses Leben geraten bin«). Sie steht im Gegensatz sowohl zu den Lobpreisungen[16] am Anfang des Abschnitts einerseits, als auch zur Verurteilung des eige-

---

[13] Feldmann, Art. Conf. 1166f.

[14] Im Gebet ist dies natürlich Gott, insofern *conf.* eine zu veröffentlichende Schrift sein soll, der Nächste (der Leser), insofern Augustins Reflexion genuin ist, er selbst.

[15] Vgl. *conf.* 1,1,1.6,7 (CChr.SL 27, 1.4).

[16] Sie entsprechen weitgehend bekannten Formulierungen des *intellectus gratiae*. Vgl. *conf.* 1,1,1; 5,5 (CChr.SL 27, 1.3): (1) Ps 47,2; 95,4; 144,3: *magnus es domine et laudabilis ualde.* (2) Ps 146,5: *magna uirtus tua et sapientiae tuae non est numerus.* (3) Ps 118,34.73.144: *da mihi, domine, scire et intellegere.* (4) Mt 7,7: *quaerentes enim inueniunt eum et inuenientes laudabunt eum.* (5) Ps 34,3: *dic mihi per miserationes tuas, domine deus meus, quid sis mihi. dic animae meae: salus tua ego sum. sic dic, ut audiam. ecce aures cordis mei ante te domine; aperi eas et dic animae meae: salus tua ego sum.* Schließlich (6) Dtn 31,17; 32,20: *noli abscondere a me*

nen, vergangenen bzw. vergänglichen irdischen Lebens (*dico uitam mortalem an mortem uitalem?*) andererseits. Sie entspricht damit in Anknüpfung zum Frühwerk einem skeptischen Zug des *intellectus gratiae*: Im Bekenntnis der eigenen Hinfälligkeit (auch des Intellekts) erkennt der Mensch Gottes Herrlichkeit. Diese Erkenntnis ist paradox. Sie setzt einerseits Mangel an Einsicht bzw. Intellekt (menschlicherseits) voraus, ist jedoch andererseits selbst eine Art Einsicht (nämlich *intellectus gratiae* als gnadengewirkte Einsicht in die göttliche Gnade als Quelle der Einsicht). Sie ist also zwar keine Erkenntnis mit sicherer empirischer oder auch metaphysischer Basis, aber doch eine Art Erkenntnis, sogar mit pragmatischer Wirkung in Richtung Glauben und Hoffen auf Gottes Gnade als einzigem möglichen Weg der Erkenntnis zum Heil.

Entscheidend ist, so Augustin, wie sich der Mensch zu dieser Situation verhält. Sein Bewußtsein etwa steht ihm nicht von Anfang an zur Verfügung. Es tritt vielmehr erst mit dem Erlernen der Sprache aus der Tiefe des Unbewußten heraus in Erscheinung.[17] In dem Moment jedoch, da dies der Fall ist, findet sich das einzelne Mitglied der Menschheitsgemeinschaft bereits als in die Sünde verstrickt vor, in einen Komplex von Fehlhaltungen und Fehlentwicklungen, der weder von Gott gewollt noch vom einzelnen Menschen selbst überwindbar ist,[18] während er den Willen des letzteren aus der innersten Tiefe seines Erkenntnisvermögens heraus in fataler Weise bestimmt. Das Problem des Bösen besteht für Augustin also in der Existenz eines aus einem auf mysteriöse Weise verirrten Erkenntnisvermögen heraus wirksamen bösen Willens im Menschen, der vom Menschen selbst her nicht bekehrbar ist.[19] Der Mensch ist für die Überwindung dieser prinzipiellen und prinzipiell bewußtseinsmäßigen Fehlhaltung auf Gottes Gnade verwiesen. Es ist der Geist Gottes, der das Bewußtsein durch sämtliche Lebensphasen hindurch zum *intellectus gratiae* bewegt (*excitat*). Freilich bleibt der Hang zur Sünde (*concupiscentia*) erhalten, nach dem Einsetzen des Gnadenwirkens allerdings so, daß er durch die Gnade vom *intellectus gratiae* her und auf ihn hin überwunden werden kann.

Diesem Gedankengang entspricht eine ambivalente Bewertung von Sünde und Gnade: Die Erkenntnis der Sünde ist bereits Anfangspunkt des Gnadenwirkens.

---

faciem tuam. (1) bestimmt die Gattung: *confessio* im Sinn von *s. Dolbeau* 21 (s. oben). (2) ist von *uera rel.* 40,75,211 (CChr.SL 32, 236) her bekannt, wo (unter dem Einfluß mittel- bzw. neuplatonischer Zahlenlehre) der Zusammenhang mit der von Gott ermöglichten (gnadenhaften) Erkenntnis (der Gnade) Gottes hergestellt (*sed adest diuina prouidentia, quae hanc ostendat et non malam, propter tam manifesta uestigia primorum numerorum in quibus »sapientia dei non est numerus«*) und durch Auslassung von Ps 146,5a der ästhetische Aspekt des *intellectus gratiae* betont wird. Hier nun wird auch Ps 146,5a angeführt, wodurch der ethische und (1 Kor 1,24!) christologische Aspekt in den Blick kommt. Dennoch wird (3) der *intellectus gratiae*, (4) dessen exegetischer (Mt 7,7; vgl. *ep.* 21) und (5) dessen soteriologischer Aspekt betont (*salus tua ego sum*). (6) schließlich spielt auf die radikale Offenheit der Situation aus der Sicht des Menschen an, dem nichts bleibt, als Gott anzuflehen, sich angesichts seiner Sünden nicht von ihm abzuwenden.

[17] *Conf.* 1,8,13 (CChr.SL 27, 7).
[18] *Conf.* 1,7,11 (CChr.SL 27, 6): *quid ergo tunc peccabam? an quia uberibus inhiabam plorans?*
[19] Zum Konzept des »bösen Willens« vgl. erneut Chappell, Aristotle 189f.; außerdem in diesem Abschnitt zur Analyse des gespaltenen Willens in *conf.* 8.

Die Einsicht in das Wirken der Gnade läßt durchaus zu, daß auch die Sünde ihre Macht entfalten kann. Diese Ambivalenz prägt den gesamten autobiographischen Teil von *conf.*, angefangen von der Einsicht, daß gerade auch die intellektuelle Verfassung des Individuums der Gefahr des Mißbrauchs ausgesetzt ist.[20] Gerade sein eigenstes Genie (*ingenium*), die Beredsamkeit, so Augustin, brachte ihn dazu, Dummheiten zu begehen.[21] Obwohl er von Jugend auf das Leben eines Intellektuellen führte, entwarf er seinen Lebensplan von zufälligen, ungezügelten Leidenschaften her und nicht aufgrund tieferer Einsicht.[22] Dennoch geriet am En-

---

[20] Augustin illustriert sie an mehreren Beispielen aus Kindheit und Jugend: (1) *conf.* 1,7,11 (CChr.SL 27, 6): Kleinkinder entwickeln ernstzunehmende Aggressionen (etwa aufgrund von Futterneid). Erwachsene tun diese oft als kindliches Verhalten ab und beweisen so ihren Mangel an Einsicht in das eigentliche Problem. (2) *conf.* 1,9,14 (CChr.SL 27, 8): Erwachsene sehen nur den Nutzen formaler Schulbildung, nicht die für das Kind schrecklichen Begleiterscheinungen. (3) *conf.* 1,9,15; 11,18 (CChr.SL 27, 8.10): Das zur Charakterbildung notwendige freie Spiel jugendlicher Talente führt auf Abwege. Auch in bezug auf sich selbst muß Augustin zugeben: Er war auf solche geraten, hatte aber gerade dadurch Erfahrungen gemacht, die das Wirken der Gnade, sobald es eingesetzt hatte, verstärkten. Wie bereits beim Beispiel von der Gier des Säuglings nach der Mutterbrust problematisiert Augustin weniger das kindliche Verhalten als das dazu analoge Verhalten Erwachsener, das die Kinder erst tiefer in die Sünde verstrickt. Vgl. *conf.* 1,9,15 (CChr.SL 27, 9): *et uindicabatur in nos ab eis qui talia utique agebant. sed maiorum nugae negotia uocantur, puerorum autem talia cum sint, puniuntur a maioribus.* Aber trotz der sündlichen Verstrickung der erzieherischen Tätigkeit der Erwachsenen (= der herrschenden Ordnung) interpretiert er den jugendlichen Widerstand dagegen nicht weniger als Sünde (*et tamen peccabam* [...] *faciendo contra praecepta parentum*). Damit bleibt er an der Oberfläche antikem Ordnungsdenken verpflichtet, unterschiebt ihm jedoch (unbemerkt und unabsichtlich) ein subversives Element; denn auf welcher ethisch-erkenntnistheoretischen Basis rechtfertigt er seine Behauptung, das sündige Individuum habe sich der nicht weniger sündigen herrschenden Ordnung zu unterwerfen? Die direkte Intention seines Gedankengangs ist freilich eine andere. Die Einsicht in die sündliche Verstricktheit aller Menschen, also auch eines selbst, soll als Ansatzpunkt der Gnade und somit als *intellectus gratiae* verstanden werden. Ort dieser Einsicht ist das Gebet (*domine deus*), das damit zugleich selbst als intellektuelle Tätigkeit verstanden wird.

[21] *Conf.* 1,17,27 (CChr.SL 27, 15): *sine me, deus meus, dicere aliquid et de ingenio meo, munere tuo, in quibus a me deliramentis atterebatur.* Wiederum wird Gott im Gebet angesprochen. Die Rede in diesem Gebet ist von der (intellektuellen) Gottesgabe, mit der dieses Gebet selbst vollzogen wird, Augustins rhetorischer Begabung (!).

[22] In der berühmten, oft und auf verschiedenste Weise gedeuteten Erzählung vom Birnendiebstahl *conf.* 2,4,9 (CChr.SL 27, 21f.) ist einer der zentralen Gedanken die paradigmatische Zufälligkeit und Grundlosigkeit der bösen Tat, die damit an die Sündenfallerzählung Gen 3 erinnert. Vgl. Feldmann, Art. Conf. 1169, Anm. 314 (Lit.). Chappell, Aristotle 189f. Auch der Beginn des Konkubinats wird als Ausdruck der Ziellosigkeit des Strebens nach *amare et amari* interpretiert, das Ergebnis freilich (quasi eheliche Treue und Familienbindung) weitaus positiver bewertet. Vgl. *conf.* 4,2,2 (CChr.SL 27, 40f.). Zwischen diesen beiden Stellen handeln weite Teile von *conf.* 3 von der *Hortensius*-Lektüre und der Bekehrung zum Manichäismus. Als Grund für die vielen Irrwege sah Augustin seinen Hochmut (*superbia*). Vgl. *conf.* 3,5,9 (CChr.SL 27, 30f.). Damit ist die Begierdentriade, die diesen Teil von *conf.* bestimmt, vollständig: *curiositas, superbia, libido*; *conf.* 3,8,16 (CChr.SL 27, 35f.): *haec sunt capita iniquitatis, quae pullulant principandi et spectandi et sentiendi libidine aut una aut duabus earum aut simul omnibus.* Vgl. 1 Joh 2,16. Sie hindert den Zugang zur Wahrheit, Christus selbst (der nur in der Erfüllung des Liebesgebots erkannt werden kann; vgl. *conf.* 3,8,15 [CChr.SL 27, 35]; Mt 22,37.39), sei es, daß, wie in der Philosophie, der Name des *magister humilis* überhaupt fehlt (*nomen Christi non erat ibi*) oder daß er von »hochmutverrückten Menschen« (*homines superbe delirantes*) wie den Manichäern eher verunglimpft als bezeugt wird. Entscheidend in seinem Lebensprozeß aber bleibt für Augustin weiterhin: Solange er sich (auch in besagten Krisenzeiten) auf der Suche befand

de immer alles zum Besten. So sehr der Duktus der *narratio* von *conf.* von pessimistischen Anschauungen durchzogen ist, so sehr ist noch in den schwärzesten Passagen ein unverbesserlicher Optimismus spürbar. Alles, auch das Schlimmste, gereichte Augustin zum Nutzen im Sinne des *intellectus gratiae*, der Birnendiebstahl, die Lust am Theater, an der Rhetorik, am eitlen Ruhm, der Irrtum, über der Philosophie dem Manichäismus zu verfallen, das Konkubinat, die geistige Freundschaft mit den kultivierten und intellektuellen, jedoch letztlich agnostischen Gleichgesinnten, schließlich die Ausweglosigkeit seiner Situation in Mailand 386.

Im Prooem von *conf.* 5, in dem schwerpunktmäßig von der Krise der Skepsis berichtet wird, kehrt eben dieser Grundsatz wieder. Bekennen heißt: Gott das zurückgeben, was er verliehen hat (*sacrificium confessionum*), und zwar durch das Erzählen dessen, was in einem vorgeht (*de manu linguae* [...] *quid in se agatur*), ohne Tabu (Ps 18,7: *et non est qui se abscondat a calore tuo*), Gott preisen mit dem Ziel, ihn zu lieben als den, der sich erbarmt. Wer sich dem versperrt, scheitert (*cadentes in asperitatem tuam*).[23] Damit wird ein neuer Aspekt berührt: Wie steht es mit denen, die sich hartnäckig gegen die Bekehrung wehren? In der autobiographischen *narratio* kommt dieses Thema deshalb in den Blick, weil es in *conf.* 5 zum ersten Mal konkret um die Bekehrung Augustins geht, und zwar eben unter den genannten Umständen seiner inneren Widerstände. Bezeichnend ist, daß Augustin seine Widerstände unter erkenntnistheoretischer Rücksicht abhandelt. Die scheitern, so Augustin, wissen nichts von der Ubiquität (der Gnade) Gottes (*nesciunt, quod ubique sis*). Ihre Situation ist ihnen gar nicht bewußt. Das wird sie erst, wenn sie anfangen, sich zu bekehren, Gott zu suchen, und zwar in ihren Herzen, indem sie dadurch, daß sie sich reflektierend ihres Lebens bewußt werden, ihn bekennen und sich in ihrer je tieferen Verzweiflung, die sich eigentlich schon in diesem Stadium in das wahre Glück der Erlösten verwandelt, ihm überlassen.[24] Bekehrung (*conuertere*) bedeutet also in diesem Stadium, eine bestimmte Einsicht zu gewinnen in die eigene verzweifelte Lage, von stumpfer Einsichtslosigkeit gnadenhaft erweckt zu werden und die eigene Verzweiflung wahrzunehmen. Schon dies bedeutet Glück und Erlösung im Sinne des *intellectus gratiae* (*gaudent fletibus*). Nicht Sünde und Verzweiflung stehen im Zentrum der Überlegung, sondern die Tatsache, daß Sünde und Verzweiflung überhaupt Gegenstand einer solchen Überlegung sein können.

Augustins Bekehrung beginnt also mit der Verzweiflung der Skepsis (*nec me inueniebam, quanto minus te*), Mangel an Einsicht im Bereich von Gott, der Welt und dem eigenen Selbst bzw. dem gnaden- und zugleich schmerzhaften Bewußtwerden dieser Zusammenhänge. Augustin schlug sie nicht etwa im Bereich positiven Wissens in den Bann – auf dieser Ebene blieb er Faustus noch geraume Zeit verbunden –, sondern dort, wo die Grundlagen dieses Wissens infragegestellt werden mußten. Sowie Augustin die Schwäche manichäischer Kosmologie in die-

---

(*quomodo ardebam, deus meus, quomodo ardebam reuolare a terrenis ad te*), wirkte Gottes Gnade in diesem intellektuellen Suchen (*et circumuolabat super me fidelis a longe misericordia tua*).

[23] *Conf.* 5,1,1.2,2 (CChr.SL 27, 57f.).
[24] *Conf.* 5,2,2 (CChr.SL 27, 57).

sem Punkt durchschaut hatte und sah, daß Faustus unfähig war, auf Grundfragen philosophischer und existenzieller Natur einzugehen, verlor er jeglichen Respekt vor ihm wie vor seiner Lehre.[25] Der »tödliche Würgegriff« (Ps 17,6: *laqueus mortis*) des Manichäismus begann sich zu lockern, der *intellectus gratiae* zu wirken,[26] mit der unmittelbaren Folge, daß sich die Entwicklung dramatisierte.

Augustin geht nach Rom, weniger, wie er im Rückblick meint, um dort im Gefolge seines Patrons Karriere zu machen und reich zu werden, als um seinen Beruf als Rhetor mit mehr Muße ausüben zu können.[27] Aber in Rom warten nur berufliche Enttäuschung und Krankheit. Selbst die durch Beziehungen mit den vornehmsten Kreisen Roms vermittelte Stelle als Rhetor am Mailänder Hof kann ihn nicht mehr befriedigen.[28] Noch hat er losen Kontakt zu den Manichäern, aber er hält sich bereits an die Akademischen Skeptiker, die »besseren Philosophen.«[29] Für eine gewisse Zeit halten sich zunehmender Hang zur Skepsis und halbherziges Festhalten am Manichäismus die Waage, während der Schritt zum kirchlichen Glauben unterbleibt, nicht so sehr aus moralischen als aus epistemologischen Erwägungen: Er habe sich im Irrtum befunden darüber, was der katholische Glaube eigentlich sei, schreibt Augustin.[30] Er habe damals dem nicht zustimmen können, was er für den Glauben gehalten habe. Erst als er durch die Gnade, die darin bestehe, Gott zu loben (Ps 106,8), eingesehen habe, was dieser Glaube wirklich bedeute, habe sich eine Bereitschaft zur Bekehrung entwickelt. – Worin hatte jener Irrtum bezüglich des katholischen Glaubens bestanden? Er sei der Meinung gewesen, schreibt Augustin, die Katholiken glaubten, ihr einziger Gott habe das Gute wie das Böse geschaffen. Nach manichäischer Vorstellung dagegen verbreitete sich der Gute Gott (im Gegensatz zum Bösen Gott) materiell im Universum, um das Böse durch seine Lichtmasse in Christus zu verschlingen. Christus selbst konnte danach nicht im Fleisch geboren sein, da dieses ja zur Masse des Bösen gehörte. Hin- und hergerissen also zwischen Skepsis und

---

[25] *Conf.* 5,7,13 (CChr.SL 27, 63): *coepi cum eo pro studio eius agere uitam.* Zu Faustus s. oben Kapitel IV, Abschn. 2.

[26] *Conf.* 5,5,8 (CChr.SL 27, 60): *sed tamen quis quaerebat Manichaeum nescio quem etiam ista scribere, sine quorum peritia pietas disci poterat? dixisti enim homini: »ecce pietas est sapientia«* [Ijob 28,28]. *quam ille ignorare posset, etiamsi ista perfecte nosset: ista uero quia non nouerat, impudentissime audens docere, prorsus illam nosse non posset. uanitas est enim mundana ista etiam nota profiteri, pietas autem tibi confiteri.* [...] 5,7,13 (CChr.SL 27, 64): *manus enim tuae, deus meus, in abdito prouidentiae tuae non deserebant animam meam* [...] *et egisti mecum miris modis. tu illud egisti, deus meus.* Vgl. Ferrari, Astronomy; Feldmann, Astronomische Anschauungen. Nach Feldmann (Art. Conf. 1171, Anm. 335) ist die Begegnung mit Faustus in Kontraposition zur Begegnung mit Ambrosius komponiert. In diesem Zusammenhang wäre dann sowohl der *curiositas*-Vorwurf gegen die Manichäer zu sehen, als auch die Darstellung, daß die wahre Allegorie erst bei Ambrosius zu finden war – nicht weil die Manichäer keine allegorische Methode gekannt hätten, sondern weil sie sie unter falschen Voraussetzungen betrieben. Vgl. Blumenberg, Neuzeit 310-376; Feldmann, Astronomische Anschauungen 109, Anm. 36 (Lit.); Wenning, Hermeneutik.

[27] *Conf.* 5,8,14 (CChr.SL 27, 64).

[28] Vgl. *Conf.* 5,9,16; 12,22; 13,23 (CChr.SL 27, 65f.69f.).

[29] *Conf.* 5,10,19 (CChr.SL 27, 68); vgl. Guzzo, Agostino; M. Baltes, Art. Academia, in: AugL Bd. 1, 40-45.

[30] *Conf.* 5,10,20 (CChr.SL 27, 68).

Manichäismus kam Augustin nach Mailand, wo ihn die Predigten des Ambrosius
zunächst zumindest von der Defizienz manichäischer Exegese gegenüber der
christlichen überzeugten.[31]

Wie gegen Ende von *conf.* 5 Ambrosius in Kontrast zu Faustus dargestellt
wird, so zu Anfang von *conf.* 6 Monica zu Augustin. Sie folgt ihm nach Mailand, nimmt Anteil an seiner Krise, vor allem aber am kirchlichen Leben. Der
Gegensatz der religiösen Haltung der beiden besteht zu diesem Zeitpunkt vor
allem auf erkenntnistheoretischer Ebene. Augustin, auf der Suche nach Sicherheit
im Bereich der Erkenntnis, hat Glaubenszweifel. Seiner Mutter genügt demgegenüber ein Wink des verehrten Bischofs und sie legt ihre aus Afrika mitgebrach-
te bigotte Gewohnheit ab, an den Märtyrergräbern Speiseopfer darzubringen.
Augustin bewundert diese Einfachheit der Glaubenseinsicht. Sie hat zwar nicht
höchstes Niveau, repräsentiert aber dennoch eine Grundform von Einsicht.[32] Augustin selbst dagegen hatte unter Vermeidung des Glaubensgehorsams auf höherem Niveau Einsicht gesucht und war bisher gescheitert.

Die Haltung, die er an seiner Mutter wahrnahm, wurde für ihn nun zum
Schlüssel zu einer neuen erkenntnistheoretischen Grundhaltung. Er hatte zunächst
gezögert, Ambrosius zu folgen, aus Angst, er würde ihm ebenso aufsitzen wie
den Manichäern. Es war diese Angst, die seine Skepsis begründete.[33] Als er jedoch (auch anhand des Verhaltens seiner Mutter) begriff, worauf es wirklich ankam, begann der Damm allmählich zu brechen: Es war kein vermeintlich sicheres
Scheinwissen, das den Glauben begründete, sondern das aus einer tiefen Einsicht
resultierende Eingeständnis, nichts wissen zu können und deswegen auf Glauben
verwiesen zu sein.[34] Die Kirche, so Augustin, gestehe dies ein, die Manichäer
dagegen leugneten es in ihrer Vermessenheit und verkauften Scheinwissen.

Was aber sollte er nun mit seiner neuen Einsicht anfangen, verstrickt wie er
war in Karrierejagd und Konkubinat? Sogar eine gewinnbringende Ehe bahnte
sich an, hauptsächlich auf Betreiben seiner Mutter (*inhiabam honoribus, lucris,
coniugio*).[35] Eben war er dabei, durch Gnade zur Glaubenseinsicht zu finden.
Diese war es, die ihn in der Reflexion auf das konkrete Leben auch zu prakti-

---

[31] *Conf.* 5,13,23.14,25 (CChr.SL 27, 70.72). Weit vom Heil (*longe est a peccatoribus salus;*
Ps 118,155) habe es ihm damals an Einsicht gefehlt, schreibt Augustin. Was also fehlte, war
intellectus gratiae. Die Akademie konnte da nicht weiterhelfen; denn ihrem Intellekt entsprach
keine Gnade (*sine salutari nomine Christi essent*). Ambrosius glänzte auf den ersten Blick rhetorisch (vgl. Augustins Rede von seiner *auctoritas* und vom *mouere*). Er »bewegte« Augustin weg
vom Manichäismus, und zwar nicht nur rhetorisch geschickt, sondern auch mit erkenntnistheoretischen Grundlagen, die die Skepsis in die Schranken wiesen. Unter anderem durch Ambrosius'
Predigten fand Augustin also zum *intellectus gratiae*, zu einer Einsicht im Bereich der wahren
Religion, wie er es in *c. Acad.* und *uera rel.* an Romanianus schrieb.

[32] *Conf.* 6,2,2 (CChr.SL 27, 74f.). Augustin verweist auch in diesem Zusammenhang auf die
erkenntnistheoretisch-gnadentheologische Funktion der *auctoritas* Ambrosius' als eines Werkzeugs
Gottes.

[33] *Conf.* 6,4,5 (CChr.SL 27, 76).

[34] *Conf.* 6,5,7 (CChr.SL 27, 77f.). Diesen Raum des Glaubens, so Augustin im vorhergehenden
Abschnitt, stoße der Geist auf, der lebendig mache, während der Buchstabe des Scheinwissens
töte. Das sei ihm durch die Predigten des Ambrosius aufgegangen. Vgl. 2 Kor 3,6.

[35] *Conf.* 6,6,9; 13,23 (CChr.SL 27, 79.89). Demnach war es also nicht Monica, die ihn in die
Ehelosigkeit trieb, zumindest nicht auf direktem Wege.

schen Konsequenzen drängte. Diese aber paßten nicht zu dem bestehenden Lebensentwurf, im Gegenteil. Alles geriet durcheinander.[36] Augustin besprach sich mit seinen ihm ähnlich gesinnten Freunden Alypius und Nebridius.[37] Die Idee eines der beschaulichen Muße gewidmeten zölibatären Lebens stand im Raum. Vermögende Freunde wie Romanianus würden Mittel dafür bereitstellen. Allein die Hoffnungen, die man sich in Richtung Ehe machte, ließen von dem Plan Abstand nehmen.[38] Spielt Augustin hier vielleicht auch auf einen ganz konkreten Punkt an? Er spricht von einer Anhäufung von Sünden (*interea mea peccata multiplicabantur*), die langfristig sein Leben zerstörten (*nec sanabatur uulnus illud meum*). Damit meint er nicht etwa sein Konkubinat, sondern dessen Ende. Die Frau, mit der er seit 12 Jahren ehegleich zusammenlebte und einen Sohn hatte, wurde auf Betreiben seiner Mutter wegen der in Aussicht stehenden standesgemäßen Ehe nach Afrika zurückgeschickt. Schuldgefühle, Trennungsschmerz und Minderwertigkeitsgefühle (*at ego infelix nec feminae imitator*) überlagerten sich, als er sich kurzfristig mit einer weiteren Beziehung zu trösten versuchte, da seine Braut noch minderjährig war.[39]

Es sind nicht so sehr seine Versuche, weiterhin sexuell auf seine Kosten zu kommen, die Augustin im Rückblick verurteilt, sondern die Lieblosigkeit seiner Haltung. Zum Zeitpunkt der genannten Ereignisse (386), so erinnert er sich in *conf.* 397, kannte er kein höheres Gut als das, an dem sein Herz hing, die Geliebte. Er aber hatte sich weder als dazu fähig erwiesen, ihr seine Liebe in einer Ehe zu erweisen, noch nach der Trennung wenigstens (wie sie) enthaltsam zu leben. Dieser Mangel an Gnade (zur Enthaltsamkeit, eine Sonderform des *intellectus gratiae*) gereichte ihm zur Schuld. Mit der Trennung kam zuerst wilde, dann stumme Verzweiflung, moralische Fäulnis (*post feruorem doloremque acerrimum putrescebat*), schließlich Herzenskälte und sinnlose Leere.

Nun geht es Augustin in *conf.* nicht in erster Linie um die moralische Bewertung seiner Vergangenheit, sondern um die Formulierung einer gnadentheologisch- erkenntnistheoretischen Basis seiner Gegenwart und eschatologischen Zukunft. Von ihr aus würde er die Vergangenheit bewerten und auf jene Zukunft hin deuten können. Er würde sie also nicht nur (doch freilich auch) als das sehen können, was sie in Wirklichkeit war, nämlich Elend, sondern auch als das, was aus ihr resultierte, nämlich *intellectus gratiae*, Gnade als Einsicht und Fähigkeit

---

[36] *Conf.* 6,6,9 (CChr.SL 27, 79f.). Die Gegensätze könnten nicht schärfer formuliert sein: Während Augustin eine prächtige Lobrede auf den Kaiser vorbereitet, meint er, elender dran zu sein als ein Bettler, den er zufällig bei einem Spaziergang fröhlich findet; denn irdisches Glück, so seine Einsicht, ist immer relativ zu dem Leid zu sehen, das es quasi als Nebeneffekt mit sich bringt (Armut die Bettelei, innere Leere das Prachtamt). Der *intellectus gratiae*, der Augustin ergriffen hat, fordert demgegenüber eine grundsätzliche Neuorientierung der Lebensperspektive, eine Transzendierung dieser Ambivalenz.

[37] *Conf.* 6,10,16.11,18 (CChr.SL 27, 84.86).

[38] *Conf.* 6,14,24 (CChr.SL 27, 89): *utrum hoc mulierculae sinerent*. Nicht von *uxores* ist zwar die Rede. Dennoch läßt die Formulierung den Schluß zu, daß Frauen gemeint sind, mit denen die Freunde in quasiehelichen Verhältnissen zusammenlebten oder zusammenzuleben beabsichtigten, denen sie auch meinten, einen gewissen Gehorsam schuldig zu sein.

[39] *Conf.* 6,15,25 (CChr.SL 27, 90). Zu den rechtlichen, sozialen und persönlichen Implikationen dieses Schrittes s. Power, Sed unam tamen; Desire.

zu einem neuen Leben (in Enthaltsamkeit; vgl. die Verknüpfung von *gratia continentiae* und *intellectus gratiae*). Dementsprechend folgt auch unmittelbar auf die
gnadenlose Analyse seiner Vergangenheit ein Lobpreis Gottes: »Lob und Ehre sei
dir, Quelle des Erbarmens! Ich war elender geworden, du mir nähergekom-
men.«[40] Auch die bereits erwähnte Ambivalenz von Sünde und Gnade kommt hier
erneut zum Tragen.

Bemühen um klareres Denken war, so Augustin zu Beginn von *conf.* 7, eines
der spürbarsten positiven Resultate seines Scheiterns am Ende seines frühen
Erwachsenenalters (*mortua erat adulescentia*), so schwer ihm dies nach eigenen
Angaben zunächst fiel (*ego itaque incrassatus corde*): Gott als Geist zu denken
statt ihn sich materiell vorzustellen, Ewigkeit prinzipiell zu erfassen statt als
unendlich in Raum und Zeit ausgedehnt, sich durch Denken überhaupt gegen
naive mechanistische Welterklärungsmodelle abzugrenzen, Willensfreiheit und
individuelle Verantwortlichkeit an den Tag zu legen – darin bestand sein zumindest ansatzweise wirksamer *intellectus gratiae*.[41]

Auch das Fragen nach dem Ursprung des Bösen bemaß er nunmehr nach den
Grundsätzen kirchlichen Glaubens.[42] Das Gefühl quälender Sinnlosigkeit wich einer mächtigen, gnadenhaft Einsicht in die Gnade vermittelnden, innerlichen aku-
stischen Erfahrung (*magnae uoces erant ad misericordiam tuam*).[43] Gott selber
war dabei, ihn durch diesen geistigen Prozeß aus den Banden der Unwissenheit
und der daraus resultierenden quälenden Unsicherheit zu befreien (Ps 18,15:
adiutor meus). Durch die noch andauernden Widerstände sollte er als Neophyt im
Sinne von *cat. rud.* in der Einsicht der Gnade unterwiesen werden. Diese besag-
te, daß sie selbst nur durch Demut im Sinne Christi (*magister humilis*) zu erlangen sei, nicht durch jene Arroganz (Spr 3,34; 1 Petr 5,5; Jak 4,6: *resistas superbis*), die er nach seinen Erfahrungen mit den Manichäern nun neuerlich auch an
einem Anhänger der Platoniker studieren konnte, der ihm platonische Bücher
verschaffte.[44] Ohne durch die Gnade in der Demut unterwiesen zu werden, so
Augustin, könne man die in diesen Schriften formulierten Wahrheiten, die den biblischen entsprächen, nicht verstehen.[45] Diese Aussage steht im Kontext einer
Abgrenzung jener Wahrheit des biblischen Glaubens von allen möglichen christlichen Häresien. Augustin geht es hier demnach unter Voraussetzung biblischen

---

[40] *Conf.* 6,16,26 (CChr.SL 27, 90): *tibi laus, tibi gloria, fons misericordiarum! ego fiebam
miserior et tu propinquior.*

[41] *Conf.* 7,1,1.4,6 (CChr.SL 27, 92.95).

[42] *Conf.* 7,7,11 (CChr.SL 27, 99f.). An der Entstehungsgeschichte von *lib. arb.* läßt sich
ablesen, wie Augustin schon wenige Jahre nach der Bekehrung von 386 nichts mehr von jener Art
des Fragens nach dem Ursprung des Bösen hält. Vgl. Lössl, Wege 333-339.

[43] Vgl. Sieben, Voces; Burns, Psalms; sowie im folgenden Abschn. (c).

[44] *Conf.* 7,9,13 (CChr.SL 27, 101).

[45] Feldmann (Art. Conf. 1171) faßt zusammen: »Für das Verstehen der Heiligen Schrift (*conf.*
6) und für das Gottesproblem (*conf.* 7) werden nun Lösungen sichtbar gemacht, die aber erst dann
zur lebensformenden Gewißheit werden, als Augustinus die den neuen und sicheren Erkenntnissen
entsprechende Lebensform (*conf.* 8) anzunehmen befähigt wird.« Verwiesen ist damit auf die bereits erwähnte Verknüpfung von *gratia continentiae* und *intellectus gratiae*. Vgl. O'Meara, Young
Augustine 116-172; Solignac in: BAug 13 (1992) 85-112; 576-643; 679-703; notes complémentai-
res 23-28; Brown, Augustinus 65-95; Steidle, Confessiones 463-475.

Glaubens um die epistemologische Leistung einer hochwertigen Geistphilosophie gegenüber den genannten Häresien. Diese können im gegebenen Zusammenhang sogar noch einen Beitrag zum rechten Verständnis des Glaubens leisten.[46] Auch so, in Abgrenzung zu Moralismus, Doketismus, Apollinarismus, Photinianismus und anderen Irrlehren, wird der wahre *intellectus gratiae* sichtbar. Er entspricht Christus, dem demütigen Meister der Weisheit (*magister humilis*), der Weisheit selbst (*uirtus et sapientia dei*), der ewigen Wahrheit (*ueritas ipsa*), der Gnade Gottes (*gratia dei*) als Gnade Christi (*gratia Christi*).

Mit dieser neuen Einstellung, so erzählt er weiter, wandte er sich nun ganz konkret an die Kirche. Er besuchte Simplicianus, der bereits der Taufe und dem *intellectus gratiae* Marius Victorinus' und Ambrosius' Pate gestanden hatte.[47] Dieser erzählte ihm die Geschichte der Bekehrung Marius Victorinus'. Als Platoniker habe jener zwar schon lange vor seiner Taufe der Kirche nahegestanden, sich aber nicht taufen lassen, weil er die Sakramente für Äußerlichkeiten hielt - bis er eines Tages dann endlich doch sein Haupt (zur Taufe) beugte und (vor versammelter Gemeinde) das Credo ausrief. Ein solches »Bekenntnis,« so Simplicianus, hat einen prinzipiell anderen Charakter als die Einsichten des Philosophen und Rhetors Victorinus (*non enim erat salus quam docebat in rhetorica*). Ähnlich deutet auch der ehemalige Rhetor Augustin seine Bekehrung. Statt weiter »Gerede« (*loquacem scholam*) zu dozieren, so erinnert er sich, habe er sich an Gottes Wort (*uerbum tuum*) halten und durch dessen Gnade zur Einsicht gelangen wollen.[48]

Noch freilich mangelte es ihm an Entschlossenheit zur Konkretisierung seines neuen Lebens. Er befand sich an dem Punkt, an dem er um die Zeit der Abfassung von *conf.* (ab ca. 397) begann, das *initium gratiae* zu sehen, nämlich im Vorfeld zur Einsicht, daß bereits die Verzweiflung über den Mangel an Gnade eine Einsicht in das Wesen der Gnade, also eine Form des *intellectus gratiae* darstellt (Röm 7,24). Er fing an, sich über den Ernst seiner Lage klarzuwerden, verschob jedoch im Widerspruch zu dieser seiner Einsicht immer wieder die Entscheidung (*ecce modo, sine paululum*). Immer noch zweifelte er grundsätzlich an der Möglichkeit, seinen Drang zu sexueller Aktivität (*desiderii concubitus*) beherrschen zu können, während diese selbst ihn nicht mehr befriedigte, sondern nur seinen Angstzustand verstärkte (*crescente anxitudine*).[49] In dieser kritischen Phase hörte er von einem Besucher aus Trier, Ponticianus, einem kaiserlichen Beamten, zum ersten Mal von der Athanasius zugeschriebenen *uita Antonii* und deren Einfluß auf die Mönchsbewegung. Ponticianus untermalte seine Schilderungen mit einigen wunderbaren Bekehrungsgeschichten. Augustins Unruhe steigerte sich weiter. Rationale Argumente für ein Beibehalten der alten Gewohnhei-

---

[46] *Conf.* 7,19,25 (CChr.SL 27, 109): *improbatio quippe haereticorum facit eminere, quid ecclesia tua sentiat et quid habeat sana doctrina.* »*oportuit enim et haereses esse, ut probati manifesti fierent inter infirmos*« [1 Kor 11,19].

[47] *Conf.* 8,2,3 (CChr.SL 27, 114).

[48] *Conf.* 8,5,10 (CChr.SL 27, 119); vgl. die Bewertung der *libri Platonicorum.*: Sie enthielten formal Richtiges, nützten dem Einzelnen aber nur unter Voraussetzung seiner richtigen Glaubenseinstellung; dazu auch Feldmann, Art. Conf. 1172f., Anm. 362-367 (Lit.).

[49] *Conf.* 8,6,13 (CChr.SL 27, 121).

ten schien es keine mehr für ihn zu geben.[50] Er fand sich vollständig auf seinen
eigenen Willen zurückgeworfen, der sich nun plötzlich als ein sehr eigenartiges
Phänomen entpuppte.

Augustin erinnert sich: Bereits in dieser Phase entwickelte er willentlich eine
Einsicht in die Notwendigkeit zur Veränderung seines Lebens (Bekehrung), d. h.
also: Er *wollte* von seiner Einsicht her, daß sich sein Leben veränderte. Allein
die *Fähigkeit*, seine Einsicht in die Tat umzusetzen, fehlte. Er erlebte ein Ausein-
anderdriften von Wollen und Können, eine Art »nicht wollen Können:« »Ich aber
tat das nicht, wozu ich mich ungleich stärker [als nicht] hingezogen fühlte und
was ich, wenn ich es gewollt hätte, sofort hätte tun können, einfach deswegen,
weil ich, wenn ich es gewollt hätte, es eben gewollt hätte.«[51] Das Problem, so
Augustin, bestand darin, daß er zwar (1) auf der Erkenntnisebene eine radikale
Entscheidung im Sinne des *intellectus gratiae* (also eine Entscheidung für *continentia*) schon zu diesem Zeitpunkt »wollte,« sie aber (2) auf der praktischen Ebene (noch) »nicht wollte.« Entsprechend beurteilt er gegenüber dem Wollen (*uelle*)
das Können (*posse*). Wenn er, so schreibt er weiter, zur Zeit seiner Bekehrung
eine Entscheidung im Sinne von (2), also konkret, gewollt hätte, wäre das Können kein Problem gewesen. Er hätte sein Vorhaben einfach in die Praxis umsetzen können. Nun aber war das Können ein Problem. Also handelte es sich bei
seinem Wollen offenbar um ein Wollen im Sinne von (1), ein »Wollen« lediglich
auf der Ebene der Erkenntnis, nicht aber auf der Ebene des Handelns, ein »Wollen,« das zugleich ein »nicht Wollen« war. Das Problem habe also, so Augustin
– und das ist nun seine ureigenste Schlußfolgerung! – weniger in einem »nicht
Können« als vielmehr in einem »nicht wollen Können« bestanden.[52]

Diese ungewöhnliche Unterscheidung ist hinsichtlich des Konzepts des *intellectus gratiae* (und der sich daraus mit Pelagius und Julian von Aeclanum erge-
benden Kontroversen) von eminenter Bedeutung, setzt sie doch die Unterscheidung einer erkenntnistheoretischen und einer ethischen Dimension der Gnade voraus, eine Voraussetzung, die Augustins Gegner nicht teilen werden. Entsprechend
wird auch der Bekehrungsprozeß als auf mehreren Ebenen stattfindend beschrieben, auf der Ebene der reinen Erkenntnis und Wahrnehmung, auf der Ebene des
Wollens und auf der Ebene des Verwirklichens. Augustin legt Wert auf die Feststellung, daß er damit keine Teilung des menschlichen Geistes im manichäischen
Sinne meint (was manichäische Einflüsse nicht ausschließt).[53] Er erfuhr eben ganz

---

[50] *Conf.* 8,7,18 (CChr.SL 27, 125): *consumpta erant et conuicta argumenta omnia.*

[51] *Conf.* 8,8,20 (CChr.SL 27, 126): *et non faciebam, quod et incomparabili affectu amplius
mihi placebat et mox, ut uellem, possem, qui mox, ut uellem, utique uellem.* Daß Feldmann (1994,
1173) diesen Abschnitt im Sinne eines Protreptikos in manichäischer Richtung deutet, widerspricht
dieser Interpretation nicht. Auf die grundsätzlichen gnadentheologischen Auswirkungen der Auseinandersetzung Augustins mit dem Manichäismus wurde ja bereits hingewiesen. Erinnert sei etwa
noch einmal an die Parallelität der Argumente gegen Faustus und Julian von Aeclanum, daß es
»ein und derselbe Gott« (*unum eundem*) sei, der die Menschen zu Gefäßen der Gnade bzw. des
Zorns »bilde«; *c. Faustum* 21,2 (CSEL 25/1, 570); *c. Iul. imp.* 1,129 (CSEL 85/1, 141).

[52] Zu entsprechenden Gedankengängen in *lib. arb.* vgl. Lössl, Wege 330f.345f.

[53] *Conf.* 8,10,22 (CChr.SL 27, 127): »*pereant a facie tua*« [Ps 67,3], *deus, sicuti pereunt*
»*uaniloqui et mentis seductores*« [Tit 1,10], *qui cum duas uoluntates in deliberando animaduerte-
rint, duas naturas duarum mentium esse adseuerant, unam bonam, alteram malam.* Augustin zählt

einfach die Spaltung seines Willens und lebte eine Zeit lang mit ihr, bis sich die Dinge eines Tages, wie er schreibt, wie von selbst zu ordnen begannen.

Mit der Schilderung des (wie es nach dem bisher Gesagten beinahe den An- schein haben mag, in der Sekundärliteratur vielleicht etwas überinterpretierten) Gartenerlebnisses wendet Augustin nun seine bisher allgemein und anhand vieler Beispiele formulierten Einsichten konkret auf das eigene Leben an. Er beschreibt und interpretiert den alles entscheidenden Schritt im Prozeß seiner Bekehrung als das Durchschreiten eines Tiefstpunkts.[54] Verzweifelt im Garten seines Hauses weilend (*flebam amarissima contritione cordis mei*) hört er zufällig aus dem Nachbarhaus den Singsang eines Kindes, der so ähnlich klingt wie *tolle, lege*, »Nimm, lies!« In seinem sensiblen Zustand und in Erinnerung an ein ähnliches, in *uita Antonii* 2 geschildertes Begebnis versteht er die Laute als eine an ihn ge- richtete Aufforderung von seiten Gottes (*nihil aliud interpretans diuinitus mihi iu- beri*). Er schlägt zufällig einen in der Nähe auf einem Tisch liegenden Paulinen- kodex auf und stößt auf Röm 13,13f.: »Nicht in Eß- und Trinkgelagen, nicht in Schlafzimmern und Unzucht, nicht in Streit und Eifersucht – sondern zieht den Herrn Jesus Christus an, statt in Begierden für das Fleisch zu sorgen!« Die Wir- kung dieser Lektüre ist *intellectus gratiae*: »Weiter wollte ich nicht lesen und weiter war es auch nicht nötig. Denn kaum war dieser Satz verklungen, strömte meinem Herzen etwas wie ein Licht der Gewißheit ein und alle Dunkelheit mei- nes Zweifelns zerstob.«[55]

Die Schilderung dieses Vorgangs ist nicht spektakulärer als die seiner Vor- geschichte. Sie entfaltet ihre Wirkung vor allem aus jener sowie als Auftakt zu den folgenden Schilderungen, die von der Ambivalenz, die die *narratio* bisher be- stimmte, kaum mehr etwas spüren lassen, bzw. von einer Ambivalenz mit umge- kehrten Vorzeichen geprägt sind; denn einerseits war die Bekehrung nun in ge- wisser Weise abgeschlossen, andererseits ging der Prozeß weiter, sowohl auf er- kenntnistheoretischer als auch auf praktischer Ebene. Augustin betont, daß er keine schnelle und spektakuläre äußere Veränderung vornehmen wollte. Seine Absicht war es vielmehr, sich im Stillen, unauffällig aus dem öffentlichen Leben zurückzuziehen.[56] In weniger als drei Wochen würden die Weinleseferien beginn- nen.[57] Nach deren Verstreichen würde der Hinweis auf die angeschlagene Ge- sundheit als Begründung für das Aufgeben des Rhetorendienstes ausreichen. Der Rückzug auf das Landgut des Verecundus bei Cassiciacum, so Augustin in den

---

bezeichnenderweise genau die genannten drei Ebenen des Wollens (*uoluntas*), des Erkennens (*mens*) und des Verwirklichens (*natura*) auf.

[54] Nach Feldmann (Art. Conf. 1172, Anm. 360) ist gegen Courcelle (Recherches 188-202.291- 310) und Buchheit (Feigenbaum) mit Bolgiani (Conversione) und Weiß (Gartenszene) von der Historizität des Berichts auszugehen. Weitere Literatur bei C. Andresen, Rez. zu Bolgiani, Con- versione, in: Gnomon 31 (1959) 350-357; A. Weische, Art. Arbor, in: AugL, Bd. 1, 433-441.

[55] *Conf.* 8,12,29 (CChr.SL 27, 131): *nec ultra uolui legere nec opus erat. statim quippe cum fine huiusce sententiae quasi luce securitatis infusa cordi meo omnes dubitationis tenebrae diffugerunt.*

[56] *Conf.* 9,2,2.4 (CChr.SL 27, 133.135). Er sieht sich sogar genötigt, sich dafür zu recht- fertigen; denn die Beschreibung eines solchen unauffälligen Rückzugs entsprach keineswegs den konventionellen Erwartungen an eine Bekehrungsgeschichte.

[57] *Conf.* 9,2,4 (CChr.SL 27, 134).

conf., war zwar ein konsequenter Schritt in Richtung eines aszetischen Lebens, aber, wie die dort entstandenen Werke zeigen, doch auch noch geprägt von einer gewissen akademischen Überheblichkeit.[58] Letzteres hat auch die neuere Forschung stark betont, bis hin zu der These, Augustin habe sich 386 nicht zum Christentum, sondern zum Platonismus bekehrt.[59] Bei aller Vorsicht im Umgang mit dem autobiographischen Material von *conf.* sollte jedoch nicht unterschlagen werden, daß Augustin in Cassiciacum tatsächlich intensives Psalmengebet praktiziert haben will, auch wenn die Psalmenzitate in *conf.* aus der langjährigen Beibehaltung dieser Praxis resultieren. Aber angefangen hat alles, so Augustin, »damals,« im Herbst 386,[60] als er (im Vollsinn der Ambivalenz des Wortes) »fromm« wurde, bis hin zur Wundergläubigkeit (eine wunderbare Heilung von Zahnschmerz erschütterte ihn, wie er schreibt, schwer), und sich der zur Taufe vorbereitenden Katechese in Mailand unterzog. Sein Abschied vom Rhetorenamt war inzwischen öffentlich bekannt. Ostern 387 ließ er sich taufen.[61]

Damit ist die autobiographische *narratio* der *conf.* an ihrem Ende angelangt.[62] Der afrikanische Teil der Partie von Cassiciacum entscheidet sich, in die Heimat zurückzukehren, geleitet von der Überzeugung, dort am ehesten Gott dienen zu können. In Ostia stirbt Monica.[63] Der Rest von *conf.* 9 umreißt kurz ihre *uita*. In der berühmten Beschreibung der Ostia-Vision konvergieren ihr und Augustins *intellectus gratiae*.[64] Über Augustin sagt Feldmann zu dieser Stelle zwar richtig: »Das *attingimus sapientiam*, das Erlebnis von Ostia insgesamt, ist nicht 'Ziel und Höhepunkt' der *conf.* Es bildet vielmehr die Voraussetzung für die spätere Auslegung der Schöpfungsgeschichte; denn die *sapientia* ist es, durch die alles geschaffen ist.«[65] Aber der Anfangspunkt des neuen, dem Dienst in der Kirche geweihten und in der Auslegung des Wortes Gottes in der Heiligen Schrift dem *intellectus gratiae* verschriebenen Lebens des *christianus catholicus* und künftigen *seruus dei*, *presbyter* und *episcopus* Augustin ist nicht das alleinige Thema dieser Stelle. Sie bezieht sich vielmehr auch, ja sogar in erster Linie auf

---

[58] *Conf.* 9,4,7 (CChr.SL 27, 136f.).

[59] Vgl. oben Kapitel I, S. 15f.

[60] Die Psalmen spielen nicht nur inhaltlich und als Strukturmerkmal im Text eine große Rolle, diese Rolle wird in *conf.* 9 auch auf ihre erkenntnistheoretisch-gnadentheologische Bedeutung hin thematisiert. Vgl. auch *conf.* 9,7,15 (CChr.SL 27, 141f.) die Erwähnung des von Ambrosius nach Art der Ostkirche eingeführten Gesangs von Hymnen sowie im folgenden Abschn. (c).

[61] *Conf.* 9,4,12.6,14 (CChr.SL 27, 140f.).

[62] Augustin selbst weist auf die Eile seiner Darstellung hin; *conf.* 9,8,17 (CChr.SL 27, 143): *multa praetereo, quia multum festino*.

[63] *Conf.* 9,8,17 (CChr.SL 27, 143). Daß die Frage nach dem nützlichsten Dienst eine ausschlaggebende Rolle bei den weiteren Entscheidungen spielte, ist auch für das Folgende von Bedeutung.

[64] Zu Beginn des Abschnitts betont Augustin, daß es ihm wie schon bei der Schilderung seines eigenen Lebens um die (in der Erinnerung in der Darstellung von *conf.* wirksamen!) Darstellung des Heilsprozesses anhand der Beschreibung der von Gott geschenkten Gaben an den betreffenden Menschen geht. Vgl. *conf.* 9,8,17 (CChr.SL 27, 143): *non eius, sed tua dicam dona in eam*. Gegen Ende des Abschnitts wird als exzellenteste dieser Gaben Monicas Sehnsucht nach der ewigen Weisheit zitiert. Vgl. *conf.* 9,10,24f. (CChr.SL 27, 147f.).

[65] Feldmann, Art. Conf. 1173f., Anm. 380 (Lit.); vgl. Steidle, Confessiones 441f.494-503; Solignac, Le livre X des Confessions 30-32.

einen Zielpunkt, nämlich des irdischen Lebens Monicas. Deren *intellectus gratiae* gipfelt in dem Satz: *quid hic faciam adhuc et cur hic sim, nescio.*[66] Augustin hebt das Gnadenhafte dieser Einsicht eigens hervor: Monica, der soviel daran gelegen hatte, in der heimatlichen Erde bestattet zu werden, ist nun die Gnade zuteilgeworden, einzusehen, daß es für das ewige Leben keine Rolle spielt, wo und unter welchen Umständen man bestattet wird.[67] Auch der von Evodius angestimmte Psalm spielt auf den intellektuell-gnadentheologischen Charakter der Erfahrung des Sterbens Monicas an.[68]

Die heftige Trauer um den Tod der Mutter schließlich reflektiert erneut die Ambivalenz von Sünde und Gnade. Augustin bekennt sich in diesem Sinne zu ihr und weist möglicherweise geäußerte »fromme Kritik« an seiner Haltung zurück: Selbst wenn sie Zeichen seiner Sündigkeit sein sollte, meint er, so ist sie doch um vieles mehr auch natürliche Voraussetzung einer geistigen Haltung, aus der und nur aus der heraus jene überwunden werden kann. Sein *intellectus gratiae*, so der Gedankengang weiter, besteht gerade darin, daß Gott im Menschen Sünde in Gnade umwandelt und daß er damit im Einsichtsvermögen beginnt. Dies läßt sich auch an der Umkehrung des Gedankengangs ablesen: Gnade kann sich, wenn sich ihr der Mensch, dem sie zugedacht ist, verweigert, auch als auf ewig als Sünde angerechnet erweisen. Augustins Trauer ist nun aber gerade Zeichen seiner Offenheit, nicht seiner Verschlossenheit. Und nur an dieser Offenheit wird Gottes Gnade ansetzen können. Zwar bleibt weiterhin offen, ob er damit tatsächlich zu den Geretteten gehören wird. Schwerpunkt des *intellectus gratiae* ist jedoch die Einsicht als solche, nicht die ihr aufgrund der Ursünde anhaftende Ambivalenz. Angesagt ist also Hoffnung, auch wenn, so Augustin, die krisenhafte Offenheit des gesamten, hier zur Sprache gebrachten Komplexes nicht geleugnet werden kann noch soll: Inwiefern das, was Menschen tun und was sie erleiden, zum Heil oder zur Verdammnis gereicht, kann nicht mit letzter Sicherheit bestimmt werden, nicht vom Menschen jedenfalls und nicht ohne Gott, in dessen Gnade all dies eingesehen wird. In diesem Zusammenhang zitiert Augustin dann einmal mehr 1 Kor 1,31 (2 Kor 10,17): »O daß doch die Menschen sich als Menschen erkennten und 'wer sich rühmt, sich im Herrn rühmte.'«[69]

(c) Zum Schriftgebrauch in den *confessiones*

Die autobiographische *narratio* bildet gewissermaßen nur die äußerste Schicht theologischer Reflexion in *conf.* Sie ist deshalb für deren tiefere Erschließung nur bedingt geeignet, im Unterschied zur Verwendung von Schrift- und besonders

---

[66] Dieses *nescio* steht in frappantem Gegensatz zu dem Augustins am Beginn der autobiographischen *narratio* in *conf.* 1,6,7 (CChr.SL 27, 4): *nescio, unde uenerim huc.*

[67] *Conf.* 9,11,28 (CChr.SL 27, 149).

[68] *Conf.* 9,12,31 (CChr.SL 27, 150): *cohibito ergo a fletu illo puero psalterium arripuit Euodius et cantare coepit psalmum. cui respondebamus omnis domus:* »*misericordiam et iudicium cantabo tibi, domine*« [Ps 100,1].

[69] *Conf.* 9,12,33.13.34 (CChr.SL 27, 152).

von Psalmenzitaten, die gezielt zur Formulierung des zentralen theologischen Anliegens eingesetzt werden. Vor allem in einigen Proömien (α), aber auch in bestimmten Binnentextabschnitten (β) wird Schriftverwendung nicht nur konzentriert praktiziert, sondern auch methodisch reflektiert. Zu letzterem ist erneut zu unterscheiden zwischen (1) einer exegetischen Prinzipienlehre, die Augustin an verschiedenen Stellen in *conf.* in Grundzügen entwickelt und (2) einer Reflexion auf die spirituelle Dimension der Psalmenverwendung und -exegese, das psalmodierende Gebet.

(α) In den Proömien

Zu confessiones 1

Das Proöm zu *conf.* 1 (zugleich ein Proöm zu *conf.* 1-4; 1-9 und *conf.* insgesamt) beginnt mit zwei Psalmzitaten, die die Größe und Herrlichkeit Gottes (Ps 47,2; 95,4; 144,3: *magnus es, domine, et laudabilis ualde*) mit seiner Macht und Weisheit in Verbindung bringen (Ps 146,5: *magna uirtus tua et sapientiae tuae non est numerus*).[70] Jenes bezieht sich auf die Intention von *conf.* als *confessio* in der zweiten Bedeutung von *s. Dolbeau* 21 (Lob Gottes), wie auch der sich an das Zitat anschließende Satz *et laudare te uult homo* nahelegt, dieses auf den Inhalt des Bekenntnisses, Christus (1 Kor 1,24: *uirtus et sapientia dei*), der im *intellectus gratiae* als Gott erkannt wird. Der Gnadenaspekt (*gratia*) tritt im Hinweis auf Christi Demut zutage (Spr 3,34: *superbis resistis*), der Erkenntnisaspekt (*intellectus*) im Hinweis auf die Unruhe des menschlichen Herzens, das, von der Gnade erregt, in der Einsicht seine Vollendung findet (*tu excitas [...] et inquietum est cor nostrum, donec requiescat in te*). Auch der unmittelbar anschließende Abschnitt nimmt hierauf bezug (*da mihi, domine, scire et intellegere*). Zunächst richtet sich die Frage konsequenterweise nach dem Anfang des Prozesses. Die Frage, was denn am Anfang stehe, provoziert die Antwort der paulinischen Gnadenlehre (zitiert wird Röm 10,14: *quomodo autem inuocabunt, in quem non crediderunt? aut quomodo credent sine praedicante?*): Ohne Initiative von seiten Gottes kann Gott nicht einmal gesucht, geschweige denn gefunden werden (vgl. die auch am Ende von *conf.* 10 und am Anfang von *conf.* 11 (s. unten) wieder auftauchende Kombination von Ps 21,27: *et laudabunt dominum qui requirunt eum* und Mt 7,7: *quaerentes enim inuenient eum et inuenientes laudabunt eum*). Gott ist überall und immer präsent (Ps 138,8: *etsi descendero in infernum, ades*),[71] im erkennenden Menschen selbst (*in me*) und vorläufig zu jedem das Selbst dieses Menschen konstituierenden Akt der Erkenntnis und des Bewußtseins. Aus ihm, durch ihn und in ihm ist alles (*ex quo omnia, per quem omnia, in quo omnia*; Röm 11,36). Er erfüllt alles (Jer 23,24: *caelum et terram ego impleo*). Nichts bzw. niemand ist ihm gleich (Ps 17,32: *quis enim dominus praeter domi-*

---

[70] Vgl. *conf.* 1,1,1; 5,6; 5,3,5; 11,1,1; (CChr.SL 27, 1.3.59.194).

[71] Vgl. auch am Ende von *conf.* 6,16,26 (CChr.SL 27, 91): *et ecce »ades«* [Ps 138,8] *et liberas a miserabilibus erroribus et constituis nos »in uia tua«* [Ps 31,8; 85,11] *et consolaris et dicis: »currite* [1 Kor 9,24]*, ego feram et ego perducam et ibi ego feram«* [Jes 46,4].

num? aut quis deus praeter deum nostrum?). Alles, auch der erkennende Mensch selbst, weist über sich selbst hinaus.

Diese Einsicht, die in Gott selbst entspringt, also gnadenhaft ist, treibt den Menschen, soweit er allein auf sich verwiesen ist, zur Verzweiflung am Scheitern des eigenen, menschlichen Wortes (*quoniam loquaces muti sunt*). Wer in seinem Hochmut versucht, die ständig neue Erfahrung des Ursprungs von allem in Gott auf menschliche Erkenntnis zu reduzieren, vergreist, ohne es zu merken, an der Sinnlosigkeit seines Unterfangens.[72] Inhaltlich gefüllte und vernünftige menschliche Rede von Gott ist nur möglich, wenn Gott seinerseits die Sünde des Menschen, die dessen sündigem Erkenntnis- und Einsichtsvermögen unzugänglich ist, reinigt, indem er sie durch den *intellectus gratiae* aufdeckt und erlöst (Ps 18,13f.: *ab occultis meis munda me, domine, et ab alienis parce seruo tuo*).[73] Nur in dem von Gott begnadeten menschlichen Wort (*miserere ut loquar*) ist Rede von Gott als Wort Gottes, christologisch verstanden, möglich (*credo, propter quod et loquor*).[74] Die so ausgesagte Weisheit bleibt die Gottes (Tob 8,9; Joh 21,15f.; Ps 68,6: *domine, tu scis*).[75] Gott offenbart sich selbst durch sich selbst – in Christus. Alles andere würde bedeuten, daß der Mensch sich in seiner Bosheit selbst betrügt (*ne mentiatur iniquitas mea sibi*);[76] denn wie sollte er mit seiner Schlechtigkeit sich vor Gott rechtfertigen können (Ps 129,3: *si iniquitatem obseruaueris, domine, domine, quis sustinebit?*)? Alles was er sagen kann, ist, daß allein Gott sein Heil ist (Ps 34,3: *salus tua ego sum*);[77] und auch das kann er in zutreffender, von Gott selbst intendierter Weise nur in der im konkreten Wortlaut der Schrift sprachlich formulierten, inhaltlich vom Geist des Wortes Gottes ausströmenden

---

[72] *Conf.* 1,4,4 (CChr.SL 27, 2): *numquam nouus, numquam uetus, innouans omnia et »in uetustatem perducens superbos et nesciunt«* [Ijob 9,5; vgl. Spr 3,34]. Augustin deutet gerade die Passagen, die die Veränderlichkeit des Willens Gottes anzeigen sollen, als Zeichen für Unveränderlichkeit. Gott, so Augustin, verhält sich immer gleich: Er liebt, ohne erregt zu sein (*amas nec aestuas*), zürnt und bleibt ruhig (Ps 2,12: *irasceris et tranquillus es*). Alle Schwankungen spielen sich auf seiten des Geschöpfs ab; *conf.* 1,5,5 (CChr.SL 27, 3): *quid tibi sum ipse, ut amari te iubeas a me et, nisi faciam, irascaris mihi* [Ps 84,6] *et mineris ingentes miserias? paruane ipsa est, si non amem te? ei mihi!* »*dic mihi per miserationes tuas, domine, deus meus, quid sis mihi. dic animae meae:* 'salus tua ego sum'« [Ps 34,3].

[73] Vgl. in diesem Zusammenhang auch den ersten Teil dieses Verses in *conf.* 2,9,17 (CChr.SL 27, 26): *delicta quis intellegit?* sowie *conf.* 10,37,60 (CChr.SL 27, 188): *neque enim facile conligo, quam sim ab ista peste mundatior, et multum timeo occulta mea, quae norunt oculi tui, mei autem non.*

[74] Das Erbarmen Gottes besteht in der um Christi willen freiwillig auf sich genommenen Demütigung als einer geistlichen Größe (vgl. die Konzepte *ueritas / sapientia / magister / homo ipse / interior / humilis*). Daraus entspringt auch für den Menschen *intellectus gratiae*, Heil durch ganzheitliche Einsicht in das wahre Wesen Gottes. S. *conf.* 11,22,28 (CChr.SL 27, 208): *per Christum obsecro, in nomine eius sancti sanctorum nemo mihi obstrepat. et ego »credidi, propter quod et loquor«* [Ps 115,10; 2 Kor 4,13].

[75] In abgewandelter Form ist dies eins der am häufigsten anklingenden Psalmenzitate in *conf.* Vgl. *conf.* 3,3,6; 3,4,8; 4,2,3; 4,13;20; 4,16,30; 6,7,12; 9,6,14; 9,10,26; 10,5,7; 10,36,58; 10,43,70; 13,15,16 (CChr.SL 27, 29f.40.51.55.81.141.148.158.181.193.251).

[76] Im dritten Buch wird dies als eines der menschlichen Hauptlaster genannt. Nicht Gott straft, die Menschen strafen sich durch ihr Sündigen selbst. Vgl. *conf.* 3,8,16 (CChr.SL 27, 36); Ps 26,12.

[77] Vgl. *conf.* 9,1,1 (CChr.SL 27, 133).

Gnade sagen und er tut gut daran, dabei zu hoffen und zu bitten, daß er auch einsehe, was er da sagt.

Zu confessiones 5 und 11

Zwei weitere Proömien nehmen diese Grundgedanken auf, zunächst das zu *conf.* 5 (vgl. auch die zu *conf.* 8.9), dann das zu *conf.* 11. In *conf.* 5 erfolgt eine Variation des Grundthemas »Bekennen der eigenen Schuld und Preisen von Gottes Gnade als Ausdruck des *intellectus gratiae*,« die *conf.* 5-9 von *conf.* 1-4.10-13 abgrenzt. Nach einer Reflexion zum aktuellen Stand seiner gnadentheologischen Erkenntnislehre in *conf.* 10 nimmt Augustin im Proöm zu *conf.* 11 das Thema des Prooms zu *conf.* 1 wieder auf und führt es in *conf.* 11-13 zu seinem Ziel.[78]

Der erste Satz von *conf.* 5 kombiniert, die Thematik vom Proöm zu *conf.* 1 aufnehmend, vier Psalmverse und Spr 18,21. Gott wird gebeten, Augustins Bekenntnisse aus der »Hand seiner Zunge« (Spr 18,21: *de manu linguae meae*) als Opfer anzunehmen (Ps 50,21: *accipe sacrificium [confessionum mearum]*); denn er habe diese Zunge geformt und dazu zum Leben erweckt, daß sie »seinem Namen preisend bekenne« (*confiteatur nomini tuo*; vgl. Ps 53,8; *s. Dolbeau* 21).[79] Durch dieses preisende Bekennen (vgl. den Ausruf *domine, quis similis tibi?*), so Augustin, solle er, Gott, all seinem Gebein Heilung verschaffen (Ps 6,3; 34,10: *sana omnia ossa mea et dicant: domine, quis similis tibi?*). Von *conf.* 1 her aufgenommen wird also die Thematik des Preisens und Bekennens im Kontext der erlösenden Gnade (*sana omnia ossa mea*) und der daraus resultierenden Einsicht. In bezug auf letztere wird etwa im folgenden gesagt, daß das preisende Bekennen nicht dazu da ist, um Gott zu belehren (*neque enim docet te, quid in se agatur, qui tibi confitetur*), sondern, so die Schlußfolgerung: Gott verleiht seine Gnade vielmehr zu dem Zweck, daß der betreffende, in der Situation der Sünde widerspenstige Mensch (*duritia hominum*) zur Einsicht, zur höchsten und intensivsten (»heißesten«) Form geistiger Aktivität finde, die darin bestehe, daß er durch sein Lernen, d. h. durch die Gnade Gottes zur Vollkommenheit der Liebe gelange (Ps 18,7: *et non est qui se abscondat a calore tuo*). So wird an dieser Stelle die aus dem Proöm von *conf.* 1 bekannte Eingangsfrage nach dem rechten Anfang weitergeführt mit dem Gedanken, daß der Lobpreis Gottes, selbst ein Geschenk der Gnade, die Seele und den Geist des Menschen in der Liebe bis zur Vollendung wachsen lasse (Ps 118,175; 145,2; 106,8.15.21.31: *sed te laudet anima mea, ut*

---

[78] Zu dieser Gliederung vgl. auch Knauer, Psalmenzitate 150-161.

[79] Knauer (Psalmenzitate 150f.) weist darauf hin, daß der Opfergedanke an dieser Stelle auch mit der öfter zitierten Stelle Mal 1,10 zusammenhängen könnte: *non est uoluntas mea in uobis, dicit dominus omnipotens, nec accipiam sacrificium de manibus uestris.* Auch der vollständige Vers Ps 53,8 enthält den Opfergedanken: *uoluntarie sacrificabo tibi et confitebor nomini tuo, domine, quoniam bonus es.* Mit *confessiones meae* meint Augustin zum einen die in *conf.* 1-4 bereits abgelegten *confessiones*, zum andern die noch folgenden. Die Nennung des Ausdrucks könnte darauf hindeuten, daß er hier einen wichtigen Einschnitt sieht: Die erste Phase seines Weges in der Dunkelheit der Gottabgewandtheit ist vorüber. Der Bekehrungsprozeß setzt, wenn auch noch mühselig, ein. Ein ähnliches Motiv findet sich auch in *conf.* 9,8,17 (CChr.SL 27, 143): *accipe confessiones meas et gratiarum actiones, deus meus, de rebus innumerabiles etiam in silentio.*

amet te, et confiteatur tibi miserationes tuas, ut laudet te). Unter Voraussetzung der Gnade wird hier ein Aszendenz-Gedanke formuliert, der in jeder Hinsicht an das Frühwerk erinnert.[80] Der Gedanke der Sündhaftigkeit bzw. Inadäquatheit des Bekennenden gegenüber Gott, der im Proöm zu *conf.* 1 im Vordergrund gestanden hatte (Ps 129,3: *si iniquitatem obseruaueris*), tritt nun in den Hintergrund; denn anders als *conf.* 1-4 sollen *conf.* 5-9 nicht den Weg in die Sünde hinein, sondern (durch die Gnade) aus ihr heraus nachzeichnen.[81]

Vergleicht man das Proöm zu *conf.* 5 mit dem zu *conf.* 8, verstärkt sich dieser Eindruck noch. Einem weitgehend parallelen Aufbau entspricht die inhaltlich stärkere Betonung intellektueller Motive in letzterem. Statt der Bitte um Annahme der Bekenntnisse als Opfer steht nun im Sinne des *neque enim docet te* die Bitte um die Gabe der Besinnung auf das Gnadenwirken Gottes im Vordergrund (*recorder in gratiarum actione tibi*). Auch wenn der Opfergedanke noch einmal auftaucht (Ps 115,17: *dirupisti uincula mea: sacrificem tibi sacrificium laudis*), er steht nun schon im Kontext des Gedankens der »Sprengung der Fesseln« (des Manichäismus, der Geschlechtslust und der irdischen Karriere).[82] Das Wirken der Gnade (*misericordias*) wird nicht mehr als »Name Gottes« umschrieben, sondern direkt als solches angesprochen (*confitear misericordias tuas super me* statt *confitear nomini tuo*; vgl. Ps 85,13; 53,8) und preisend bekannt. Nicht mehr die Bitte um Erlösung überhaupt steht im Vordergrund, erbeten wird vielmehr spezifisch die Umwandlung des Erlösungsprozesses in einen geistigen Vorgang (*perfundantur ossa mea dilectione tua* statt einfach nur *sana omnia ossa mea*; Ps 34,10).

Diese Entwicklung entspricht der von *conf.* 8 auch inhaltlich: Zu Beginn hatte die Einsicht, daß Gott Geistsubstanz sei (*incorruptibili substantia*), nur in unvollkommener Weise vorgelegen (1 Kor 13,12: *in aenigmate et quasi per speculum uideram*), die Einsicht, daß es notwendig sei, noch weiter in ihr zu wachsen (*sed stabilior in te esse cupiebam*), im Vordergrund gestanden. Am Ende jedoch war mit dem Gartenerlebnis eine gewisse Vollkommenheitsstufe erreicht. Überschwenglich und in überhöhter Form kann deshalb das Proöm zu *conf.* 9 Gedanken der Proömien von *conf.* 1, *conf.* 5 und *conf.* 8 aufnehmen: Augustin er-

---

[80] *Conf.* 5,1,1 (CChr.SL 27, 57): *non cessat nec tacet laudes tuas uniuersa creatura tua nec spiritus omnis per os conuersum ad te nec animalia nec corporalia per os considerantium ea, ut exurgat in te a lassitudine anima nostra innitens eis, quae fecisti, et transiens ad te, qui fecisti haec mirabiliter: et ibi refectio et uera fortitudo.* Vgl. *uera rel.* 24,45,123f. (CChr.SL 32, 215): *nam in quem locum quisque ceciderit, ibi debet incumbere, ut surgat. ergo ipsis carnalibus formis, quibus detinemur, nitendum est ad eas cognoscendas, quas caro non nuntiat.* Oben in Kapitel II bei der Besprechung dieses Abschnitts in *uera rel.* wurde dieser Gedankengang im Sinne einer bereits um 390 angelegten Denkstruktur auf das Konzept des *intellectus gratiae* hin gedeutet. Jetzt kann der Abschnitt in *conf.* rückblickend als Weiterbestehen platonischer Denkstrukturen im Rahmen dieses Konzepts gedeutet werden: Lobpreis (*laudes*) Gottes führt zur Bekehrung (*conuersum*) der Schöpfung, zum sich Ausstrecken (*nitescere*) aus ihrer Schwäche (*a lassitudine*) heraus, zum sich selbst Überschreiten auf Gott hin (*transiens ad te*), zum Kraftschöpfen aus ihm.

[81] Dieser Eindruck wird auch dadurch verstärkt, daß der sonst häufig anklingende Vers Ps 118,176 *[defluxi abs te ego et] erraui, deus meus*) in *conf.* 5-9 nicht auftaucht. Vgl. *conf.* 2,10,18; 3,2,4; 4,12,18; 8,3,6; 12,9,10; 12,15,21 (CChr.SL 27, 26.28.49.117.221.226).

[82] Vgl. Knauer, Psalmenzitate 152; *conf.* 7,7,11; 8,6,13 (CChr.SL 27, 99.121); Ps 53,8; 18,15 (*narrabo et confitebor nomini tuo, domine, adiutor meus et redemptor meus*).

fährt sich als Diener Gottes und Sohn seiner Dienerin (Monica) angenommen. Gott hat seine Fesseln gesprengt. Augustin hat das Opfer seiner Bekenntnisse dargebracht und kann nun das Opfer seines Lobes darbringen.[83] Beides mündet in den einen Prozeß der durch die Gnade Gottes verliehenen Einsicht in den Geheimnischarakter des Heilshandelns Gottes. Der nach menschlichem Ermessen unbeantwortbaren Frage nach Gott (Ps 34,10: *domine, quis similis tibi?*) entspricht die aus Gnade lebendige, zur Einsicht strebende, von Gott selbst gegebene Antwort des Glaubens.[84] Die Verwendung von Ps 34,3 (*salus tua ego sum*) zeigt den Zusammenhang der ersten neun Bücher von *conf.* an. Am Anfang steht die Frage, ob die Darstellung des Hineinwachsens in den *intellectus gratiae* durch das narrative Bekennen der Sünden auf dem Hintergrund des theologischen Lobpreises gelingen wird, am Ende die Freude darüber, daß es gelungen ist. Dagegen zeigt Ps 115,16f. die Unterscheidung von *conf.* 1-4 und *conf.* 5-9 an. War es dort um den Versuch gegangen, auch die äußersten Regionen der Autobiographie Augustins in die theologische Reflexion des *intellectus gratiae* miteinzubeziehen, so ging es hier um die Manifestation des zentralen Orts dieser Reflexion, nämlich das von Sünden gereinigte, zur Aufnahme des Gnadenlichts, also zum *intellectus gratiae* bereite Herz.

Nachdem in *conf.* 10 die gnadentheologisch-erkenntnistheoretischen Voraussetzungen dieser Zusammenhänge reflektiert wurden, wird nun zu Beginn von *conf.* 11 unter Aufnahme der Einleitungsgedanken von *conf.* 1, 5 und 10 das eigentliche theologische Unternehmen des Werkes angekündigt, die Exegese der ersten Verse des Buches Genesis: Gottes, so Augustin, ist die Ewigkeit. Wie könne man da meinen, sein Wissen von Zeitlichem sei zeitlich und insofern in irgendeiner Hinsicht unvollkommen?[85] Unvollkommen sei vielmehr die Fähigkeit des Menschen, die Größe und Herrlichkeit Gottes zu fassen. Nur die Gnade ermögliche dies, und zwar im preisenden Bekenntnis (Ps 95,4: *magnus dominus et laudabilis ualde*). Darin bestehe für die Menschen der *intellectus gratiae*, entspre-

---

[83] *Conf.* 9,1,1 (CChr.SL 27, 133): *o domine, ego seruus tuus, ego seruus tuus et filius ancillae tuae. dirupisti uincula mea; tibi sacrificabo hostiam laudis. laudet te cor meum et lingua mea, et omnia ossa mea dicant: domine, quis similis tibi? dicant, et responde mihi et dic animae meae: salus tua ego sum. quis ego et qualis ego?* Vgl. Ps 115,16f.; 34,10; 34,3; Knauer, Psalmenzitate 152f. (Anm. 2; Lit.); Stiglmayr, Opfergelübde 234-245; Courcelle, Recherches 14.

[84] Als weitere in *conf.* 8,1,1 (CChr.SL 27, 111) anklingende Bibelstellen vgl. Ps 115,16 (*dirupisti uincula mea. sacrificem tibi sacrificium laudis*); Ps 71,18; 134,6; 75,2; 8,2.10; Jes 29,2 (*circumuallabar abs te*); 1 Kor 5,7f. (*mundandum erat cor a fermento ueteri*); Joh 14,6 (*uia ipse saluator*); Mt 7,14 (*eius angustias*); Ps 15,8; Apg 2,25 (*in conspectu meo*); Ps 127,1 (*ad ambulandum in uia tua*). Alle diese Verse spiegeln die Ambivalenz des gleichzeitigen Einsehens der (eben erst bzw. noch nicht völlig überwundenen) Sünde und des (zwar schon in seinen Anfängen, jedoch noch nicht in seiner Vollendung wahrnehmbaren) Heils, der Gnade, wider. Das Motive des »Wandelns auf dem Weg« bzw. des »Wandelns im Angesicht Gottes« (*in conspectu meo/tuo*; Ps 15,8; 18,15; 68,21 u. a.) ist überaus häufig, in *conf.* ebenso wie in den Psalmen selbst. Zur Kombination beider Motive vgl. Ps 5,9 (*dirige in conspectu meo uiam tuam*). Kombiniert werden ein theoretischer (*conspectus*) und ein praktischen (*uiam ambulare*) Aspekt, wobei die Initiative für beide Aspekte von Gott ausgeht und der intellektuelle Aspekt der grundlegendere ist, ganz im Sinne des *intellectus gratiae*.

[85] *Conf.* 11,1,1 (CChr.SL 27, 194): *numquid, domine, cum tua sit aeternitas, ignoras, quae tibi dico, aut ad tempus uides quod fit in tempore?*

chend der Bitte Jesu Christi (*ueritas ait*; vgl. Joh 14,6) an den Vater, ihnen zu geben, was sie brauchen (Mt 6,8). Erbarmen hätten sie nötig (Ps 32,22: *misericordias tuas super nos*), das sie befähige, dem Ruf zur Demut, zur Vollendung in der Armut im Geiste und im Hungern und Dürsten nach Gerechtigkeit zu folgen.[86] Deswegen, so Augustin, sich im Gebet erneut Gott zuwendend, »habe ich dir [...] erzählt, was ich konnte und wollte; wobei du immer schon im voraus gewollt hast, 'daß ich dir, Herr,' meinem Gott, 'bekenne; denn gut bist du und ewig währt dein Erbarmen'« (Ps 117,1).[87]

(β) In Binnentextabschnitten

Noch an mehreren weiteren Stellen in *conf.* konzentriert sich der Schriftgebrauch bzw. auch die Reflexion darüber in exegetischen Grundlagenüberlegungen. Im folgenden sollen einige davon exemplarisch aufgegriffen werden, um in einem zweiten Schritt (anhand eines ebenfalls exemplarisch herausgegriffenen Motivs) die spirituelle Anwendung von Exegese im Sinne des *intellectus gratiae* zu demonstrieren.

Exegetische Grundlagenfragen
Augustin macht sich vor allem von seiner Auseinandersetzung mit dem Manichäismus her Gedanken über die Möglichkeiten und Grenzen wissenschaftlicher Exegese. In *conf.* behandelt er entsprechende Fragen vor allem in Buch 5 im Zusammenhang mit der Kontroverse mit Faustus von Mileve,[88] der als Gegensatz zu Ambrosius dargestellt wird,[89] sowie in Buch 7 im platonischen Kontext seiner Bekehrung.

Am Anfang des fünften Buches bezeichnet Augustin Faustus als Bischof der Manichäer (*episcopus Manichaeorum*) und Schlinge des Teufels (1 Tim 3,7: *laqueus diaboli*).[90] Faustus war während Augustins 29. Lebensjahr nach Karthago gekommen, also 383, und glänzte dort mit seiner stilvollen Redekunst (*suauiloquentia*). Inhaltlich jedoch ist Augustin enttäuscht von ihm. Sogar die Philosophen seien der Wahrheit näher; denn diese könnten wenigstens mit ihrer Vernunft

---

[86] Vgl. *conf.* 11,1,1 (CChr.SL 27, 194). Knauer (Psalmenzitate 154) bezieht die Rede von den Armen im Geiste auf Augustin selbst, der gegen Ende von *conf.* 10 auf sein Bedürfnis hingewiesen hatte, gnadenhaft intellektuell Sättigung zu erfahren. *Conf.* 10,43,70 (CChr.SL 27, 193) nimmt einen Gedanken aus dem Pröm zu *conf.* 1 auf und einen anderen aus dem zu *conf.* 11 vorweg: *et pauper cupio saturari ex eo inter illos, qui edunt et saturantur: et laudabunt dominum, qui requirunt eum.* Vgl. Ps 21,27: *edent pauperes et saturabuntur et laudabunt dominum, qui requirunt eum.* Knauer ebd.: »Er selber ist der *pauper*, der [...] an Christus teilhaben will,« und zwar durch nichts anderes als eben den *intellectus gratiae.*

[87] Knauer (Psalmenzitate 155-161) zieht ähnliche Verbindungslinien für die Bücher *conf.* 11-13. Vgl. dazu unten, in diesem Kapitel, Abschn. (e).

[88] *Conf.* 5,3,3.7.13 (CChr.SL 27, 58.64).

[89] *Conf.* 5,13,23.14,25; 6,3,3.4,6 (CChr.SL 27, 70.72; 75.77).

[90] *Conf.* 5,3,3 (CChr.SL 27, 58). Das Motiv wird am Ende des Abschnitts *conf.* 5,7,13 (CChr.SL 27, 64) erneut aufgenommen.

über die diesseitige Welt urteilen, wenn sie auch aufgrund ihres Hochmuts (Ps 137,6: *quoniam magnus es, domine, et humilia respicis, excelsa autem a longe cognoscis*) den Herrn selbst nicht finden könnten (Weish 13,9: *tantum potuerunt ualere, ut possent aestimare saeculum, quamquam eius domine minime inuenerint*), da dieser sich nur von Menschen mit »gebrochenem Herzen« (Ps 33,19: *obtritis corde*) finden ließe, nicht von Hochmütigen (Spr 3,34: *superbis resistis*). Unter diese rechnet Augustin vor allem die Mathematiker seiner Zeit, die Kosmologen und Astrologen, die mit ihren Kalenderberechnungen die Laien beeindrucken, aber letztlich nicht wissen, auf welchen Grundlagen sie ihre Berechnungen anstellen. »Sie kennen nicht den Weg, dein Wort, durch das du erschaffen hast, was sie berechnen, sie selbst, die da rechnen, die Sinne, durch die sie wahrnehmen, was sie berechnen – und deine Weisheit kann doch gar nicht berechnet werden!« (Ps 146,5: *et sapientiae tuae non est numerus*).[91] Dennoch ist der »Eingeborene [Christus] Weisheit, Gerechtigkeit und Heiligung [für uns] geworden« (1 Kor 1,30: *factus est nobis sapientia et iustitia et sanctificatio*). Er hat sogar dem Kaiser Steuern gezahlt (Mt 22,21: *et soluit tributum Caesari*). Jene aber kennen ihn nicht. »Finster ist ihr törichtes Herz« (Röm 1,21: *obscuratum est insipiens cor eorum*). »Sie kennen Gott zwar, verehren ihn aber nicht wie Gott in gebührender Dankbarkeit« (ebd.: *cognoscentes deum non sicut deum honorant aut gratias agunt*), »sondern verlieren sich in ihren eigenen Gedanken und halten sich für weise« (Röm 1,22: *euanescunt in cogitationibus suis et dicunt se esse sapientes*). Indem sie Lebewesen in Menschen- und Tiergestalt verehren, »verkehren sie deine Wahrheit in Lüge und dienen mehr den Geschöpfen als dem Schöpfer« (Röm 1,25: *conuertunt ueritatem tuam in mendacium et colunt et seruiunt creaturae potius quam creatori*). Der Herr aber ist der Gott der Wahrheit (Ps 30,6: *domine, deus ueritatis*). An ihn zu glauben, ihm Dank zu sagen, ihn zu lieben usw. ist mehr wert als Berechnungen über das Schicksal bestimmter Menschen anzustellen. In der Ärmlichkeit der gnadenhaften Einsicht in sein Nichtwissen besitzt der gläubige Mensch alles (2 Kor 6,10: *nihil habens omnia possidet*), um sein eigenes Leben zu bestimmen.[92] Daß es hier um den *intellectus gratiae* geht, wird bereits aus der vorausgehenden Argumentation mit Röm 1,20.25 deutlich. Nicht das tatsächliche Unwissen im Sinn umfassender Ignoranz soll kennzeichnend für den gläubigen Menschen sein, sondern sein *intellectus gratiae*, sein gnadenhaftes Wissen um sein Unwissen, das ihn wissen läßt, daß Gott selbst alles nach Maß und Zahl geordnet hat (Weish 11,21: *omnia in mensura et numero et pondere disposuisti*).[93] Wahre Weisheit ist Frömmigkeit (Ijob 28,28 LXX: *ecce pietas est sapientia*).[94] Davon, so Augustin, habe die Exegese

---

[91] *Conf.* 5,3,5 (CChr.SL 27, 59).

[92] *Conf.* 5,4,7 (CChr.SL 27, 60).

[93] Gegen Blumenberg (Legitimität 201-236) und mit Starnes (Augustinian Biblical Exegesis and Modern Science 345-355) wäre hier also zu sagen, daß diese Prinzipien solide wissenschaftliche Forschung im Gegensatz zu esoterischen Praktiken eher fördern als behindern. Auch die modernen Naturwissenschaften tun gut daran, das Laster der *curiositas* zu bekämpfen, um Abgleiten in Esoterik und die Gefahr menschenverachtender perverser Auswüchse zu vermeiden.

[94] Die Argumentation von *conf.* 5,5,9 (CChr.SL 27, 61) richtet sich gegen alles andere als intellektuelle Tätigkeit. Augustin versteht die Kritik an Faustus nicht dahingehend, daß es keine

der Heiligen Schrift auszugehen. Faustus habe das nicht getan. Hätte er sich wenigstens auf seinen Bereich der sinnlosen Berechnungen beschränkt, er wäre ein harmloser Fachmann geblieben. Er habe aber blasphemischerweise versucht, sich wie ein vom Heiligen Geist erfüllter Allweiser als für alles mögliche zuständig zu melden. Damit habe er sich ein Amt angemaßt (*doctor, auctor, dux, princeps*), für das er weder den Ruf noch die Qualifikation gehabt habe.

Seine Fähigkeit, dies zu durchschauen und sich dem Einfluß des Faustus zu entziehen, interpretiert Augustin rückblickend als Walten der Vorsehung Gottes (*prouidentia*), wunderbare Fügung (Joël 2,26: *miris modis*), vorauseilendes Wirken der Gnade: Als vom Herrn gelenkt erweisen sich die (freien!) Handlungen des Menschen.[95] Augustins Wege lenkte Gott (Ps 141,6: *spes mea et portio mea in terra uiuentium*) nach Rom: »Um meine Schritte (Ps 39,3: *gressus meos*) auf den rechten Weg zu lenken, bedientest du dich im Verborgenen sowohl jener [verlockenden Aussichten] als auch meiner inneren Verkehrtheit (Ps 34,3).«[96] In Rom ereilte ihn zusätzlich zur Fessel der »Sünde aller in Adam« (1 Kor 15,22: *peccati uinculum, quo omnes in Adam*) eine Krankheit, die ihn Leben und Seelenheil gekostet hätte (Ijob 7,9: *ad inferos*),[97] hätte Gott das »zerknirschte und gedemütigte Herz« seiner Mutter verschmäht (Ps 50,19: *cor contritum et humiliatum*).[98] Es folgt die Begegnung mit Ambrosius. Der große Bischof ist in Augustins Erinnerung ein »Gottesmann« (2 Kön 1,9: *homo dei*) nach Art der großen Propheten. Seine Rede habe seinem Volk Kraft wie »Weizenmark« (Ps 80,17: *adipem frumenti*), »Freudenöl« (Ps 147,3: *laetitam olei*) und »nüchterner Weinrausch« (Ps 44,8: *sobrium uini ebrietatem*) gegeben. Er habe einen weitaus gebildeteren (*eruditior*) und von seiner Vortragsweise her ehrlicheren, aber auch weniger glatten Eindruck gemacht als Faustus (*minus hilarescens et mulcens*).

Ambrosius legte insbesondere alttestamentliche Stellen aus, deren Litteralsinn Augustin in der Vergangenheit tödlich erschienen war (*cum ad litteram acciperem, occidebar*; vgl. 2 Kor 3,6), und zwar nach dem Vorbild der urkirchlichen Bischöfe (*uerbum ueritatis recte tractantes*; vgl. 2 Tim 2,15) in geistlichem Sinne

---

theologischen Diskussionen bzw. keinen theologischen Unterricht mehr geben sollte. Jeder Gläubige laufe hie und da Gefahr, sich den einen oder anderen Unsinn zusammenzureimen. Davon sei hier nicht die Rede. Solche Ausrutscher seien unproblematisch, solange der Glaube an Gott als Schöpfer aller Dinge (*creator omnium*; 2 Makk 1,24) erhalten bleibe. Schädlich sei es nur, wenn jemand hartnäckig an seinem Unsinn festklebe, statt zu versuchen, sich durch Lernen zu einem neuen, vollendeten Menschen (Eph 4,24: *nouus homo*; Eph 4,13: *uir perfectus*) heranzubilden, der nicht mehr von jeder Richtungsänderung in der Lehre umhergewirbelt werde (Eph 4,14: *circumferri non possit omni uento doctrinae*): *obest autem, si hoc ad ipsam doctrinae pietatis formam pertinere arbitretur et pertinacius affirmare audeat, quod ignorat.* Als positives Beispiel für Lernfähigkeit wird Augustin zu Beginn von *conf.* 6 seine Mutter anführen.

[95] *Conf.* 5,7,13 (CChr.SL 27, 64); vgl. Ps 36,23 (*a domino gressus hominis diriguntur, et uiam eius uolet*); Ps 5,9 (*dirige in conspectu meo uiam tuam*).

[96] *Conf.* 5,8,14 (CChr.SL 27, 64f.).

[97] Augustin bringt hier den Zusammenhang mit der Erbsündenlehre, um die äußerste Dringlichkeit seiner Lage zu illustrieren: Das Kreuz Christi hätte ihm so niemals ein wirksames Zeichen der Erlösung sein können (*nec soluerat ille in cruce sua inimicitias*; vgl. Eph 2,14). Ohne Taufe wäre ihm, so seine Überzeugung 397, im Falle seines Todes das sichere Los ewiger Verdammnis zuteil geworden.

[98] *Conf.* 5,9,16f. (CChr.SL 27, 66f.).

(*spiritaliter*).[99] Vor allem die Auslegung der biblischen Lehre von der Gottebenbildlichkeit des Menschen (*ad imaginem tuam homine a te factum*; Gen 9,6) eröffnete Augustin neue Horizonte. Er sei sich bewußt geworden, meint er, daß er
als Manichäer jahrelang einem Mißverständnis bezüglich der christlichen Lehre
aufgesessen war.[100] In Unkenntnis des aus der Heiligen Schrift selbst gezogenen
hermeneutischen Prinzips der geistlichen Schriftauslegung (2 Kor 3,6: *littera occidit, spiritus autem uiuificat*) hatte er das Alte Testament in der Tradition des
Manichäismus in seinem Wortlaut abgelehnt. Sein Vertrauen in die manichäische
Tradition war erschüttert, es in den neuen Glauben zu investieren, nicht selbstverständlich. Rückblickend sieht Augustin auch diesen neuen Vertrauensbildungs-
prozeß unter dem Aspekt göttlichen Gnadenwirkens. Sowohl in der Krise, als
auch auf dem Weg aus ihr heraus erfuhr er den Beistand Gottes beim Finden der
richtigen Einsicht.[101]

Die Option, bestimmte Stellen der Bibel nach dem geistlichen Schriftsinn
auszulegen, ruht auf philosophischen, letztlich platonischen Grundlagen und
Voraussetzungen auf.[102] Ähnlich verhält es sich mit den grundsätzlichen Annahmen der Lehre von der menschlichen Willensfreiheit sowie von der Allmacht,
Güte, Schöpferwirklichkeit und Menschwerdung Gottes.[103] Wissenschaftstheore-
tisch steht die Vorgehensweise der Astrologen und sonstigen Berechner von Kon-
stellationen, zu denen auch die manichäischen Exegeten gehören, im Vergleich
zu jenen Prinzipien auf tönernen Füßen. Dennoch läßt Augustin noch zu Beginn
der Mailänder Zeit nicht von ihnen ab.[104] Daß er dann am Ende doch noch zur
rechten Einsicht gelangte, schreibt er ausschließlich der Gnade Gottes zu.[105]

---

[99] *Conf.* 6,3,4 (CChr.SL 27, 76).

[100] *Conf.* 6,3,4 (CChr.SL 27, 76).

[101] *Conf.* 6,5,8 (CChr.SL 27, 79): *cogitabam haec et aderas mihi, suspirabam et audiebas me,
fluctuabam et gubernabas me, ibam per uiam saeculi latam nec deserebas*. Die Stelle klingt an Ps
138,8 (*etsi descendero in inferos ades*) und Ps 5,9 (*dirige in conspectu meo uiam tuam*) an.

[102] Platonische und biblische Voraussetzungen widersprechen sich in diesem Zusammenhang
nicht. Vgl. am Beispiel von *lib. arb.* Lössl, Wege 327-329.

[103] Vgl. *conf.* 7,3,5.5,7 (CChr.SL 27, 94.96): *stabiliter tamen haerebat in corde meo in
catholica ecclesia fides* »Christi« tui, »domini et saluatoris nostri« [2 Petr 2,20].

[104] *Conf.* 7,7,11 (CChr.SL 27, 100); vgl. Ps 37,9.11 (*rugiebam a gemitu cordis mei, et ante te
erat desiderium meum et lumen oculorum meorum non erat mecum*).

[105] *Conf.* 7,8,12 (CChr.SL 27, 100f.); vgl. Ps 32,11: *in aeternum manes*; Ps 84,6: *non in
aeternum irasceris nobis. – placuit* »in conspectu tuo« *reformare deformia mea* [Ps 68,21]. An
dieser Stelle schließt sich die bereits im Zusammenhang mit der autobiographischen *narratio*
behandelte Schilderung der Wirkung der Lektüre der *libri Platonicorum* an. Sie beginnt erneut mit
dem Hinweis darauf, daß der Herr den Hochmütigen (Spr 3,34) die Gnade seiner Einsicht vor-
enthält. Daran anschließt sich eine Exegese des Johannesprologs, bei der auch der Philipperhym-
nus Phil 2,7-11 kurz gestreift und durch Bemerkungen aus dem Römerbrief (Röm 5,6; 8,32) ergänzt wird. Eine Reflexion bekannter Art auf die Möglichkeit, das Geheimnis der Menschwerdung
einzusehen (Mt 11,25: *abscondisti haec a sapientibus et reuelasti ea paruulis*; 11,28f.: *discite a
me, quoniam mitis sum et humilis corde*; vgl. Ps 24,9.18: *dirigit mites in iudicio et docet mansue-
tos uias suas*) leitet über zu einer Exegese von Röm 1,21-25, angereichert durch einen Psalmvers
(Ps 105,20: *uituli manducantis faenum*). Auch die Israeliten hatten sich dies in Röm 1,21.25
angesprochenen Vergehens schuldig gemacht. Hierher gehört auch die Behandlung von Röm 9,
des zentralen Themas von *ad Simplicianum*, die hier aber nur am Rande erfolgt. Zur Gnadenhaftigkeit des Erkenntnisprozesses vgl. im folgenden auch *conf.* 7,10,16 (CChr.SL 27, 103): *factus*

Als letztes Problem schließlich diskutiert Augustin am Ende von Buch 7 die spirituell praktische Umsetzung seiner neuen Erkenntnisse. Diese steht unter dem Vorzeichen einer versuchten Synthese aus biblischen und platonischen Lehrinhalten. Die Lektüre der paulinischen Schriften führt in dieser Hinsicht zum Erfolg.[106] Alles was in den platonischen Schriften an Wahrem steht, findet sich auch in diesen, freilich unter Hinweis auf die Gnade (*commendatione gratiae tuae*); und das, so Augustin, macht die paulinischen Schriften glaubwürdiger als jene; denn »wer Einsicht hat (*uidet*), sollte sich nicht 'so rühmen, als ob er [sie] nicht empfangen hätte', nicht nur im Hinblick auf das, was er einsieht (*quod uidet*), sondern auch im Hinblick darauf, daß er überhaupt einsieht (*ut uideat*); denn 'was hat er denn überhaupt, was er nicht empfangen hätte' (vgl. 1 Kor 4,7)?« Wenn es nun aber nichts gibt, was nicht empfangen worden wäre, so folgt daraus, daß mit dem Empfang einer Einsicht zugleich auch immer schon die Fähigkeit, diese zu empfangen, mitgegeben wurde, und damit die Pflicht, sie umzusetzen. Diese Pflicht besteht auch dann weiter, wenn die Fähigkeit eingeschränkt ist, etwa im vorliegenden Fall, da dem Gesetz des inneren Menschen ein anderes, ihm widerstreitendes, gegenübersteht, für das der Mensch selbst verantwortlich ist, die Sünde (Röm 7,22f.).[107] Denn während Gott gerecht ist, haben alle Menschen gesündigt (Dan 3,27.29; Tob 3,2; Ps 118,137; 1 Kön 8,47: *quoniam iustus es, domine, nos autem peccauimus, inique fecimus*) und erleben deshalb die Gegenwart Gottes eher als bedrückend denn als befreiend und heilsam (Ps 31,4: *grauata est super nos manus tua*).[108]

Diese Sünde aller, so Augustin, entspringt der Nachahmung des Ursünders (*antiquus peccator*), des Teufels, des Vorstehers des Totenreichs (*praepositus mortis*), der die Menschen überredet hat, seinem Willen, mit dem er »nicht in der Wahrheit feststeht« (Joh 8,44) den ihren anzupassen. »Was tut der 'elende Mensch? Wer befreit ihn aus diesem Leib des Todes, wenn nicht die Gnade Jesu Christi unseres Herrn' (Röm 7,24f.)?« Davon, so Augustin, liest man nichts bei den Philosophen. Sie kennen nicht die Tränen des preisenden Bekenntnisses (*lacrimas confessionis*), das »Opfer, das Gott gefällt, einen zerbrochenen Geist, ein zerknirschtes und gedemütigtes Herz« (Ps 50,19); denn ihnen, »den Weisen und Klugen, hat Gott es verborgen, nur den Kleinen hat er es offenbart« (Mt 11,25). Wem also nicht durch Vermittlung der (kirchlichen) Verkündigung die gnadenhafte Voraussetzung dazu gegeben ist, wird nach Augustin auch keine Einsicht in

---

es adiutor meus [Ps 29,11]. Zur Bedeutung des christologischen Aspekts (Identifikation des irdischen *Iesus humilis* mit dem Christus der Wiederkunft statt Trennung in Weisheitslehrer und Lichtstoffwesen) s. den bereits behandelten Abschnitt *conf.* 7,19,25 (CChr.SL 27, 109).

[106] *Conf.* 7,21,27 (CChr.SL 27, 110).

[107] *Conf.* 7,21,27 (CChr.SL 27, 110f.).

[108] An anderer Stelle wird dieser Druck von seiten Gottes als Anfang des Gnadenwirkens gedeutet. Das durch diese Bedrückung erzeugte Leid wird nicht als »Gottferne« im eigentlichen Sinn (Nichtexistenz Gottes) interpretiert, sondern als (aufdringliche) Nähe Gottes zum Sünder, der sich wegen seiner Sünde nicht einmal mehr selbst erkennt. Entsprechend wird, falls sich der Sünder dann doch selbst erkennt, nämlich als Sünder, dies als eine rudimentäre Form des Gnadenwirkens erkannt. Vgl. *conf.* 5,2,2 (CChr.SL 27, 58): *et tu eras ante me, ego autem et a me discesseram nec me inueniebam: quanto minus te!*

das Geheimnis der Schrift finden. Und selbst derjenige, dem die Gnade zuteil
wird, Einsicht in dieselbe zu gewinnen, kann diese ob ihres jenseits aller menschlichen Vorstellungskraft angesiedelten Wesens und ihrer kaum in ihrer Tragweite
einschätzbaren Implikationen nur erschütternd zur Kenntnis nehmen (*consideraue-
ram opera tua et expaueram*; vgl. Ps 2,11: *exultare cum tremore*).

Die musikalische Dimension des intellectus gratiae
Der Verweis auf die erschütternde Wirkung des *intellectus gratiae* am Ende von
conf. 7 ruft in Erinnerung, daß Augustin auch in den *retract.* die Darstellung der
Kombination von intellektueller und affektiver Anregung (*excitant humanum intellectum et affectum*) als eine der hauptsächlichen Intentionen von *conf.* nennt.[109]
Der Singular legt nahe, daß Augustin eine einzige Realität meinte, nämlich die
des *intellectus gratiae*. An zwei Stellen in *conf.* geht Augustin näher auf die af-
fektive Dimension des *intellectus gratiae* ein.[110] An beiden Stellen geht es um
Musik. Im ersten Fall hilft die Musik der frommen Hymnen und Psalmodien Augustin, sich von den Zwängen der professionellen Rhetorik zu lösen. Im zweiten
Fall erinnert sich Augustin an die negativen Auswirkungen der sinnlichen Anhänglichkeit an musikalische Rhythmen und Harmonien.
    Heute in einer Zeit ständig verfügbarer sinnlich hörbarer Formen der Musik
ist es kaum vorstellbar, was ein Platoniker wie Augustin unter Musik verstanden
haben mag.[111] Man muß sich ständig vor Augen halten, daß es ihm nicht um

---

[109] *Retract.* 2,6,1 (CChr.SL 57, 94).
[110] *Conf.* 9,4,7.6,14; 10,33,49f. (CChr.SL 27, 135f.181f.); vgl. Sieben, Voces; Burns, Psalms.
[111] Vgl. dazu auch *de musica*, das Augustin um 389 verfaßt hatte, wobei er Buch 6 nach 400
noch einmal überarbeitet zu haben scheint. Es ist das Verdienst Kellers (Musik 128-147), über die
von Metrik handelnden ersten fünf Bücher hinaus auch die in Buch 6 enthaltenen philosophisch-
gnadentheologischen Implikationen von Augustins Musiklehre herausgearbeitet zu haben. S. ebd.
auch die Inhaltsangabe *de musica* 6: Augustin will dort zeigen, wie man über die sinnlich
wahrnehmbare Ebene der Musik hinaus zur geistigen Ebene und damit zur Erkenntnis Gottes gelangt (*a corporea ad incorporea*). Bemerkenswert ist bereits sein Textbeispiel, der ambrosianische
Hymnus *deus creator omnium*, der auch im vorliegenden Abschnitt *conf.* 9,4,7; 9,6,14 eine Rolle
spielt. Augustin unterscheidet vier Formen, in denen ein solcher Vers vorkommen kann: *in sono,
in sensu audientis, in actu pronuntiantis, in memoria*. Die letzte Form, so Augustin, ist rein
geistig, prinzipiell verschieden von körperlichem Klingen. Es entspreche der zahlenhaften Ordnung der geistigen Welt (vgl. Koh 7,26: *circumiui ego, ut scirem et considerarem et quaererem
sapientiam et numerum*; Ps 146,5: *sapientiae dei non est numerus*). Ganz im Sinne des modernen
Leib-Seele-Problems findet Augustin es problematisch, daß man keine Übergangsform zwischen
körperlichem und geistigem Klingen bestimmen kann. Es sei zwar nicht so, daß die empirischen
Zahlen und Töne in der Seele abgebildet seien (*non ergo, cum audimus, fiunt in anima numeri ab
iis quos in sonis cognoscimus*), aber doch so, daß durch leibliches Klingen Geistiges angesprochen
wird, das dann zum Ewigen voranschreitet (vgl. an dieser Stelle auch die Nennung des Liebesgebots Mt 22,37.39 par. und: *ad hunc igitur finem si omnes illos humanae actionis motus, numeros-
que referamus, sine dubitatione mundabimur*). Im Innersten ist dann Gott selbst (*in intimo deus*),
wobei die Möglichkeit, ohne seine Gnadenhilfe seiner Gegenwart verlustig zu gehen und in die
Tiefe sinnlichen Lärms abzusinken, immer als reale Gefahr gegeben ist. Wer also Einsicht in dieser musikalischen Form geistigen Klingens erfährt, tut dies ebenfalls im Kontext des *intellectus
gratiae*, d. h. die Einsicht wird von der Gnade ermöglicht und beginnt in dem Moment, da dem
betreffenden Menschen klar wird, daß er ohne Gnade verloren wäre.

sinnlich hörbare Musik, sondern um deren seelische Wirkung ging, die geistig reflektierten Rhythmen und Klänge, die nach heutigem Verständnis eher mathematischen Überlegungen gleichen. Deshalb steht die Behandlung des Themas in *conf.* 9 auch im Kontext der Aufgabe des Rhetorenamts. War es in der Rhetorik um irdische Resonanz gegangen, so ging es jetzt durch die Bekehrung um geistliche Resonanz.[112]

Auch an die Überwindung seines Manichäismus fühlt sich Augustin durch die neue Erfahrung erinnert: Es ist derselbe Gott, der ihn durch Irrtum und Leiden geführt hat, der ihn jetzt auch im Gebet erhört.[113] Das explizite Zitieren von Ps 4,2 stellt eine seltene Ausnahme in *conf.* dar.[114] So ist nach dem speziellen Grund seiner Verwendung zu fragen. Sieben schlägt vor, das Zitat als Demonstration zu verstehen: Die Manichäer, an die sich Augustin bei dieser Gelegenheit erinnert, »sollen hören und sehen, wie Augustinus den Psalmvers spricht und [dabei] (*inter haec uerba*) ein anderer Mensch wird.« Es sind »die *uoces* des Psalters, die diese neuen *affectus* zum Ausdruck zu bringen vermögen.«[115] Sieben weist darauf hin, daß so, wie in *conf.* 7 die Bekehrung des Intellekts und in *conf.* 8 die Bekehrung des Willens, in *conf.* 9 die Bekehrung der Affekte beschrieben werden soll. Inhaltlich entsprechen letztere freilich voll und ganz den durch Intellekt und Willen repräsentierten inneren Größen: Schrecken über Gottes Gerechtigkeit angesichts der eigenen Sünden sowie Hoffnung und Freude über Gottes Erbarmen,[116] also dem *intellectus gratiae.* Auch die genannte Ambivalenz der Gnadenmittel wird erneut sichtbar: Der Angriffspunkt der Gnade beim Psalmodieren birgt erneut die Gefahr sinnlicher Lust (*uoluptas*). In *conf.* 10,33,50 betont Augustin, daß der Neubekehrte nie vergessen darf, daß die Freude am Sinnlichen immer nur auf ihre intellektuelle Dimension hin zur Vollendung gebracht werden kann, wobei intellektuell hier nicht formal, sondern inhaltlich konkret gemeint ist: im Sinne des *intellectus gratiae.*[117] Burns hat diesen Aspekt verstärkt betont, indem er konkret auf die Rolle des tatsächlich praktizierten auswendig Singens der Psalmen und somit auf die wichtige spezifische Rolle der sinnlich wahrnehmbaren Musik beim praktisch vollzogenen Aufstieg der Seele verwies. Der von Sieben ins Spiel gebrachte Ausdruck *uox* schließe die entsprechenden Zusammenhänge zwar nicht aus, Sieben mache diese Zusammenhänge aber auch nicht explizit.[118] Wenn Au-

---

[112] *Conf.* 9,4,7f. (CChr.SL 27, 136f.).

[113] *Conf.* 9,4,8 (CChr.SL 27, 137); vgl. Ps 4,2 (*exaudi orationem meam*).

[114] Der einzige andere Fall in *conf.* 1-10 ist *conf.* 9,12,31 (CChr.SL 27, 150): *cohibito ergo a fletu illo puero psalterium arripuit Euodius et cantare coepit psalmum. cui respondebamus omnis domus:* »*misericordiam et iudicium cantabo tibi, domine*« [Ps 100,1]. Dieser Abschnitt beschreibt die Situation nach dem Tod von Augustins Mutter. Vgl. dazu des näheren Sieben, Voces 484.

[115] Sieben, Voces 489.487.

[116] *Conf.* 9,4,9 (CChr.SL 27, 138): *inhorrui timendo ibidemque inferui sperando et exultando* »*in tua misericordia*« [Ps 30,8], *pater.*

[117] *Conf.* 10,33,50 (CChr.SL 27, 182). *ita fluctuo inter periculum uoluptatis et experimentum salubritatis magisque adducor non quidem inretractabilem sententiam proferens cantandi consuetudinem approbare in ecclesia, ut per oblectamenta aurium infirmior animus in affectum pietatis adsurgat. tamen cum mihi accidit, ut me amplius cantus quam res, quae canitur, moueat, poenaliter me peccare confiteor et tunc mallem non audire cantantem.* Die *res* des Gesungenen ist also geistig.

[118] Burns, Psalms 135.138.139: »I propose that Augustine is working from his memory of the

gustin in *conf.* 9,4,7 von der Befreiung seiner Zunge (*lingua*) vom Rhetorenamt
und für das Psalmodieren rede, dann betrachte er auch das Psalmodieren als den
zentralen Ort seiner geistigen Bekehrung, nicht aber, wie hier wohl zu ergänzen
wäre, die stille Meditation bzw. intellektuelle Betätigung.[119] Gerade diese Schwerpunktsetzung aber ist infragezustellen. Mit den *uoces* der Psalmen meint Augustin
eine geistige Realität (*res*), die dadurch, daß sie von sinnlichen Erfahrungen evoziert wird, nichts an ihrer Eigenständigkeit verliert, im Gegenteil. Sie bleibt *als
solche* außerhalb dieser sinnlichen Erfahrungen zu suchen, in der Stille intellektueller Erfahrung, die als in sich gnadenhaft erfahren werden kann. Auch das spiri-
tuell-theologische Konzept des gesungenen und somit die *uoces* und *affectus* evo-
zierenden Psalmengebets ist also auf das des *intellectus gratiae* rückführbar.

(d) Gott suchen und finden nach *confessiones* 10

Erkenntnis Gottes als Frucht des Erkanntwerdens von Gott ist das Leitmotiv von
conf. 10.[120] Die Suche nach Gott (*quaerere deum*; vgl. Mt 7,7) impliziert Finden (*inuenire*), Preisen (*confiteri*; vgl. Ps 22,27) und Einsehen (*intellegere*; vgl.
Jes 7,9b LXX). Dem Suchen entspricht der Glaube aus der durch den Geist geschenkten Liebe.[121] Es entspringt und mündet in der Wahrheit (Christus). Die
Wahrheit ist das Herz (*cor*). In ihr ist der suchende Findende bei sich selbst.[122]
Preisend verkündet er sie[123] auf der Ebene der Sinne, des Gedächtnisses oder
der Wahrheit selbst bzw. umgekehrt auf der Ebene des Bekenntnisses seiner
Sündhaftigkeit in diesen Bereichen (1 Joh 2,16: *concupiscentia carnis / oculorum,
ambitio saeculi*).[124]

Psalms not from a written text. Moreover that memory is deeply affected by the daily experience
of singing and reciting in a prayerful and reflective context.« Augustin rechnet mit »the capacity
of music to draw the soul from temporal interests to a higher reality. [...] But it is the very
experience of singing and hearing of hymns and psalms which has been overlooked by Sieben.«
S. ebd. Anm. 12 die Verweise auf weitere, bei Keller (Musik) noch nicht angegebene Literatur:
Zu den klassischen Quellen der Musiklehre Augustins s. Chadwick, Consolations 78-101; zum
Zusammenhang der Musiklehre von *musica* und *conf.* s. Forman, Augustine's Music.

[119] Vgl. Burns, Psalms 143. Allerdings schränkt Burns seine These an dieser Stelle auch wieder
ein (»intense personal reflection *supported* by experience of prayer, recitation and singing of the
Psalms«).

[120] *Conf.* 10,1,1 (CChr.SL 27, 155): *cognoscam te, cognitor meus, cognoscam, sicut et cognitus
sum* [1 Kor 13,12]; vgl. Klose, Quaerere deum.

[121] *Conf.* 10,3,3 (CChr.SL 27, 156): *credunt mihi, quorum mihi aures caritas aperit.* Vgl. 1
Kor 13,3.7 (*caritas omnia credit*).

[122] *Conf.* 10,3,4 (CChr.SL 27, 156): *cor meum, ubi ego sum quicumque sum.* Vgl. Mt 6,21 (*ubi
est thesaurus tuus, ibi et cor tuus*).

[123] *Conf.* 10,5,7 (CChr.SL 27, 158): *confitear ergo quid de me sciam, confitear et quid de me
nesciam.* Suchen und Finden bilden den Komplex des im *intellectus gratiae* preisenden Bekennens.

[124] S. bei Klose (Quaerere deum 186) anhand dieser Themenschritte die Gliederung von *conf.*
10: (1) Proöm (1,1-5,7); (2) Aufstieg zu Gott (6,8-27,38): (2a) Sinnenwelt (6,8-7,11); (2b)
Gedächtnis (8,12-17,26); (2c) Wahrheit selbst (18,27-27,38); (3) Abstieg zu sich (28,39-39,64):
(3a) Fleischeslust (30,41-34,53); (3b) Augenlust (35,54-35,57); (3c) Hoffart der Welt (36,58-
39,64); (4) Rückblick (40,65-41,66); (5) Wahrer Mittler (42,67-43,70).

Alle Liebe entspringt in Gottes vorauseilendem Erbarmen.[125] Dieses freilich schließt alles Geschöpfliche ein, so daß unentschuldbar ist, wer seine Geschöpflichkeit nicht dazu gebraucht, sich zu Gott aufzuschwingen (Röm 1,20: *inexcusabiles*). Die äußerlichste Weise des Geschöpfseins ist das sinnliche Dasein. Es weist über sich selbst hinaus auf seine Präsenz in der Innerlichkeit der niedrigsten Form des geistigen Daseins, des Gedächtnisses.[126] Im Gedächtnis ist die ganze Sinnenwelt gleichsam enthalten, aber nicht so, daß im Gedächtnis eine zweite Welt existierte, sondern vielmehr so, daß das Gedächtnis sich das, woran es sich erinnert, bei Gelegenheit in Erinnerung ruft bzw. es ihm einfällt. Das heißt: An etwas denken bedeutet: Sich an etwas erinnern, sich wiedererinnern bzw. an etwas erinnert werden. Subjekt und Objekt dieser Erinnerung kann jedoch nicht die Sinnenwelt selbst sein, da sie den Sinnen ständig präsent ist. Es muß vielmehr jenseits des Gedächtnisses einen Bereich geben, von dem aus das Gedächtnis aktiviert wird, eine Realität, die zwar der Erinnerung, nicht aber den Sinnen zugänglich ist. Auf diese hin ist das Gedächtnis zu transzendieren. Dort ist Gott zu suchen und zu finden.[127]

Im tiefsten (*intus*) hat Gott den Menschen nach seinem Ebenbild geschaffen.[128] Gott finden bedeutet für den Menschen: Mich so finden, wie Gott mich geschaffen hat, so wie ich wirklich bin (*ubi ego sum quicumque sum*), wie ich von Gott gewollt, geliebt bin. Damit verbunden ist eine Erfahrung der Schönheit und des Glücks, die ihrerseits den Menschen zur Liebe erweckt.[129] Sie ist trotz der dem Menschen dabei übertragenen Verantwortung eine durch die Gnade Gottes gewährte Erfahrung (*quas donasti mihi misericordia tua respiciens paupertatem meam*). Der Hinweis auf die die Schattenseite des menschlichen Daseins erhellende Gnade darf bei Augustin nie fehlen.[130] Der Trias des Aufstiegs zu Gott über Sinnenwelt, Gedächtnis und Selbst entspricht die klassische Lastertrias des Abstiegs zu sich selbst bzw. zum Nichts des sich selbst von Gott und von den Mitmenschen isolierenden Selbst nach Joh 2,16: Fleischeslust, Augenlust, Hoffart der Welt bzw. *concupiscentia*, *curiositas* und *superbia*. Angesichts der realen Gefahr, die von diesen Versuchungen für jeden Menschen ausgeht, weil ja jeder

---

[125] *Conf.* 10,6,8 (CChr.SL 27, 158f.): *altius autem tu miserebis, cui misertus eris, et misericordiam praestabis, cui misericors fueris.* Vgl. Röm 9,15.

[126] *Conf.* 10,8,11 (CChr.SL 27, 161): *transibo.*

[127] *Conf.* 10,17,26 (CChr.SL 27, 168): *transibo et hanc uim meam, quae memoria uocatur. transibo eam, ut pertendam ad te, dulce lumen.* Vgl. conf. 13,1,1 (CChr.SL 27, 242): Gott vergißt nicht: *inuoco te, deus meus, misericordia mea, qui fecisti me et oblitum tui non oblitus es.* Bei Augustin klingt dies weniger tröstlich als schrecklich.

[128] *Conf.* 10,18,27 (CChr.SL 27, 169): *tenetur intus imago eius.*

[129] *Conf.* 10,24,35; 10,27,38; (CChr.SL 27, 174f.): *ubi enim inueni ueritatem, ibi inueni deum meum, ipsam ueritatem* […] *et illic te inuenio, cum reminiscor tui et delector in te. hae sunt sanctae deliciae meae, quas donasti mihi misericordia tua respiciens paupertatem meam.* […] *sero te amaui, pulchritudo tam antiqua et tam noua, sero te amaui.* Vgl. auch conf. 10,6,8 (CChr.SL 27, 159).

[130] Hier ist Flasch (Was ist Zeit?) Recht zu geben, gegen Kreuzer (Pulchritudo 1, Anm. 4.9), der meint, das geistige Erfassen der *pulchritudo tam antiqua et tam noua* ohne Bezug zur Prädestinationslehre »unbelastet von philosophiegeschichtlichen Parallelisierungen« betrachten zu können.

Mensch in Adam Sünder und von daher verloren ist, wenn Gott sich seiner nicht erbarmt, bleibt nur das Gebet um das Erbarmen Gottes.[131] Aufgrund dieser Einsicht bleibt es für Augustin gleich, was Gott von ihm verlangt, wenn er ihn ruft, da es ja ganz von Gott abhängt, ob er ihn auch im Einklang (*congruenter*) mit der Fähigkeit ruft, ihm nachzufolgen.[132] – Und es ist in diesem Zusammenhang, daß Augustin den von Pelagius monierten Satz äußert: »Gib, was du befiehlst, und befiehl, was du willst.«[133] Vordergründig bezieht sich dieser Satz auf die Forderung nach sexueller Enthaltsamkeit. Was Augustin aber eigentlich zeigen will, ist, wie der Weg der Gotteserkenntnis ein Weg der Gnade und das intellektuelle Ziel dieses Wegs oder Aufstiegs *intellectus gratiae* ist. Deswegen auch das Zitat Weish 8,21, wo Weisheit als das größtmögliche Gnadengeschenk Gottes bezeichnet wird. Für Augustin ist hier nicht nur von irgendeiner Eigenschaft die Rede. »Die Wahrheit selbst« (*ueritas ipsa*), »die Weisheit Gottes« (*sapientia dei*), das ist für ihn immer auch »der Mittler zwischen Gott und den Menschen« (1 Tim 2,5: *mediator*), Christus, dessen hervorstechendster Wesenszug die Demut ist.[134] Die in seiner Gnade Demütigen können auch den Aufstieg zur Einsicht der Gnade und somit zu Gott selbst lernen und vollziehen.

Neben anderen, die sich anhand von *conf.* 10 mit der Frage der Einheit von *conf.* beschäftigten,[135] hat sich mit dem Thema des Gott Suchens und Findens T. Klose der erkenntnistheoretischen Thematik gewidmet. Im Anschluß an Holte, Brown und implizit auch Lorenz[136] geht er von einer eudaimonistischen Grundintention Augustins aus: Augustin hat vor allem die Suche nach dem Glück, nach der endgültigen Heimkunft in den Hafen des Lebens im Blick.[137] In *beata uita* hatte er zwar – typisch für das Frühwerk – die *philosophia* als Hafen und Ruhepunkt des Lebens bezeichnet. Aber das sollte nicht irritieren. *Philosophia* – das war für ihn spätestens seit 386 gleichbedeutend mit Suche nach Weisheit im Kontext christlicher Religion[138] und so blieb es auch nach 397.[139] Einer seiner Kerngedanken in diesem Zusammenhang ist in Mt 7,7 (*quaerite et inuenietis*) formuliert, auch wenn der Vers selbst erst in *conf.* 11-13 vermehrt zitiert wird.[140]

In *conf.* 10 geht es Augustin darum, die Bedingungen der Möglichkeit des Suchens und Findens als eines Sinnzusammenhangs darzulegen. Dem »Suchen-

---

[131] *Conf.* 10,28,39 (CChr.SL 27, 175f.).

[132] Vgl. *ad Simplicianum* 1,2,13 (CChr.SL 44, 38).

[133] *Conf.* 10,29,40 (CChr.SL 27, 176): *et tota spes mea non nisi in magna ualde misericordia tua. da quod iubes et iube quod uis, imperas nobis continentiam.* »*et cum scirem,*« *ait quidam,* »*quia nemo potest esse continens, nisi deus det, et hoc ipsum erat sapientiae, scire cuius esset hoc donum*« [Weish 8,21]. Vgl. *conf.* 10,31,45; 37,60 (CChr.SL 27, 179.188); *dono perseu.* 53 (PL 45, 1027).

[134] *conf.* 10,43,68 (CChr.SL 27, 192).

[135] Vgl. Duchrow, Aufbau; Dönt, Einheit; Solignac, Le livre X des Confessions; Starnes, Unity; Feldmann, Art. Conf. 1182.

[136] Vgl. Holte, Béatitude; Brown, Augustinus 155; Lorenz, Gnade und Erkenntnis.

[137] Vgl. *beata uita* 1 (CChr.SL 29, 65): *ad philosophiae portum.* Klose, Quaerere deum 195.

[138] *Vera rel.* 5,8,26 (CChr.SL 32, 193): *non aliam esse philosophiam* [...] *aliam religionem.*

[139] Vgl. Flasch, Logik 46.108; Madec, Philosophia christiana.

[140] Vgl. Feldmann, Art. Conf. 1182; *conf.* 11,2,3; 11,3,5; 11,22,28; 12,1,1; 12,12,15; 12,15,22; 12,24,33; 13,38,53 (CChr.SL 27, 195f.208.217.223.226.233f.273).

müssen« muß von daher, wie Klose es ausdrückt, ein »Suchenkönnen« entsprechen.[141] Allerdings sagt Klose nicht, was genau Augustin darunter versteht. Der
Hinweis, Augustins Wahrheitsbegriff überschreite die Grenzen eines erkenntnistheoretischen Wahrheitsverständnisses und nehme eine ontologische Bedeutung
an, wirkt eher ablenkend und mißverständlich.[142] Die Frage war ja nicht, was
Wahrheit im gegebenen Zusammenhang sei, sondern wie sie vermittelt werde. Es
sind deshalb wohl nicht, wie Klose meint, neuplatonische Einflüsse, die hier von
386 her nachwirken. Es geht Augustin vielmehr darum, einen umfassenden Begriff des *intellectus gratiae* vorzulegen. Bereits von seiner nachträglich als in
Christus verwurzelt begriffenen Geschöpflichkeit her, so sein Gedankengang,
strebt der Mensch nach Einsicht. Allerdings ist ihm dieser natürliche Zugang
durch die Sünde Adams versperrt. Fraglich ist daher, ob Augustin, wie Klose
meint,[143] eine »natürliche Gotteserkenntnis im klassischen Sinne« überhaupt
kannte, außer eben als Abstraktion von der infralapsarisch einzig möglichen,
durch die Gnade vermittelten Erkenntnis, als Sünder in Adam von Gott gerechterweise verworfen zu sein und nur durch die Gnade in Christus einen Ausweg zur
Verfügung zu haben. In ihm, der ewigen Wahrheit und Weisheit, erniedrigt sich
Gott und gibt den Erwählten die Gnade, ihm in Demut und Weisheit nachzufolgen, auf dem Weg des *intellectus gratiae*.[144]

(e) Zur Schöpfungs- und Trinitätslehre in *confessiones* 11-13

In *conf.* 10 entfaltet Augustin »den bis dahin deutlich gewordenen Gottesbegriff
weiter, indem er im Aufstieg (*anodos*) zu Gott, der durch die Seele erfolgt, dessen Wesen erfragt. Nach dieser Reflexion legt Augustin folgerichtig die Prüfung
seiner Lebensform vor, um zu erhellen, wie weit sie dem Anspruch dieses Gottes
entspricht. Damit ist Augustin in die Stellung eines *integer aestimator* (*doctr.*
1,28) eingerückt. Er kann sich nunmehr dem dritten Themenkomplex, der Heiligen Schrift, zuwenden. In den Büchern 11-13 erarbeitet Augustin, welche Wahrheit und wie er sie in der *scriptura sancta* findet.«[145] Er beginnt mit den ersten
Versen von Gen.[146] In *conf.* 11,1 nennt er als erkenntnistheoretisches Prinzip
seiner Exegese den *intellectus gratiae*. Er wolle, so beginnt er, erneut Gott zuge-
wandt, die Schrift hören (*audiam*) und einsehen (*intellegam*).[147] Die hier angesprochene Einsicht liegt vom Anfang her beim Vater, der weiß, was seine Kinder
brauchen, noch ehe sie ihn um Gnade (zur Einsicht!) bitten.[148]

---

[141] Klose, Quaerere deum 196.
[142] Ebd. 198.
[143] Ebd. 202.
[144] Das unterscheidet die Betreffenden von den heidnischen Philosophen, die ja in *conf.* 7,21,27
als Menschen bezeichnet wurden, denen es für die Gotteserkenntnis am Wesentlichen (*cor contritum et humiliatum*) gebricht. Vgl. Klose, Quaerere deum 214.
[145] Feldmann, Art. Conf. 1174; vgl. zum folgenden auch Mejiering, Augustin.
[146] Vgl. Solignac, Exégèse et Métaphysique 158-160.
[147] *Conf.* 11,3,5 (CChr.SL 27, 196); vgl. Solignac, Exégèse et Métaphysique 158.
[148] *Conf.* 11,1,1-2,4 (CChr.SL 27, 194f.): *nouit pater uester quid uobis opus sit, priusquam*

Augustin erbittet von Gott die Fähigkeit, die Schrift zu hören und ihren Sinngehalt zu verstehen, als eine Form des *intellectus gratiae*. Im Verlauf der Untersuchung wird er seine Bitte variieren: Gott möge nicht auf seine Sünden schauen, sondern ihm Einsicht verleihen.[149] Christus, Gottes Weisheit, der, in dem im Anfang alles geschaffen sei, möge auch die Dunkelheiten seiner Sündhaftigkeit erleuchten, so daß er Hoffnung auf Erlösung haben dürfe. Dann untersucht er den Begriff des Anfangs selbst. Er stellt für ihn einen gnadenhaften Beginn mit intellektueller Dimension dar. Der Anfang als Anfang ist unhinterfragbar. Was tat Gott, ehe er die Welt erschuf? Was hat ihn dazu gebracht, sie zu erschaffen? Hätte er auch eine oder mehrere andere Welten erschaffen können? Solche Fragen sind für Augustin absurd. Die so reden, haben keinen *intellectus gratiae*. Zum *intellectus gratiae* gibt es keine intellektuelle, vernunftbegründete Alternative. Alle Einsicht fließt aus der ursprünglichen Gnade im Anfang der Schöpfung. Was nicht von dort her erleuchtet ist, ist dunkel.[150]

Die philosophische Option, nicht raumzeitlich (*in praeterita*) sondern prinzipiell zu denken (*aeterna sapere*), wird bei Augustin nicht, wie (im Rahmen aristotelischer Tradition) im Westen spätestens seit dem Hochmittelalter üblich, formal reduziert (auf Erkenntnis- und Prinzipienlehre sowie Hermeneutik und Sprachphilosophie), sondern inhaltlich gefüllt, mit dem aus der Gnade hervorbrechenden theologischen Konzept des Bekenntnisses zur ewigen Weisheit, Christus. Damit wird einem theologischen Konzept philosophische Bedeutung zugemessen, dem philosophischen Denken jedoch seine Selbständigkeit genommen.[151] Augustin versteht sein Philosophieren dementsprechend nicht als Akt der Emanzipation, sondern der Selbsterniedrigung und Verdemütigung im Gebet: »Ich frage nur, Vater, ich stelle keine Behauptungen auf, mein Gott, führe mich und leite mich. [...] Laß mich weiter fragen, Herr, meine Hoffnung.«[152] Die Hoffnung auf Klärung philosophischer (für Augustin in erster Linie erkenntnistheoretischer) Probleme ist theologisch begründet. Sie stellt einen Aspekt der Hoffnung der Menschheit auf Erlösung dar.[153]

---

petatis ab eo [Joh 14,6] [...] *misericordias tuas super nos* [Ps 31,22] [...] *confiteri* [...] *primordia inluminationis tuae* [Ps 18,29] [...] *domine, miserere mei et exaudi desiderium meum.*

[149] *Conf.* 11,3,5 (CChr.SL 27, 197): *te, quo plenus uera dixit, ueritas* [Joh 14,6], *rogo, te, deus meus, rogo, »parce peccatis meis«* [Ijob 14,16] *et qui illi seruo tuo dedisti haec dicere, »da et mihi haec intellegere«* [Ps 119,34.73.144].

[150] *Conf.* 11,11,13 (CChr.SL 27, 200f.): *qui haec dicunt, nondum te intellegunt, o sapientia dei, lux mentium, nondum intellegunt, quomodo fiant, quae per te atque in te fiunt, et conantur aeterna sapere, sed adhuc in praeteritis et futuris rerum motibus cor eorum uolitat et adhuc uanum est.* Vgl. *conf.* 11,25,32 (CChr.SL 27, 210): *tu inluminabis lucernam meam, domine, deus meus, inluminabis tenebras meas* [Ps 18,29].

[151] Der augustinischen Erkenntnislehre entspricht also keine festgefügte Metaphysik. Diese wird vielmehr durch ein theologisches Konzept ersetzt, die Gnade. Dieses wiederum ist umgekehrt vollständig in die im voraus entworfene Erkenntnislehre rückführbar, nämlich im *intellectus gratiae*. Für die in den folgenden Textabschnitten unternommene Zeitanalyse hat dies Flasch (Was ist Zeit?) erst vor kurzem ausführlich dargelegt. Vgl. dazu Lössl, Spuren 219; außerdem die genaue Analyse von Wetzel, Augustine 26-44.

[152] *Conf.* 11,17,22f. (CChr.SL 27, 205): *quaero, pater, non affirmo: deus meus, praeside mihi et rege me* [...] *sine me, domine, amplius quaerere, spes mea.*

[153] *Conf.* 11,22,28 (CChr.SL 27, 207f.): *noli claudere, domine deus meus, bone pater, per*

Nicht der Mensch, Gott hat alles geschaffen, auch die Menschen. Er ist der Helfer (*adiutor noster*; vgl. Ps 61,9; 99,3).[154] Für das Vernunftwesen Mensch heißt dies, daß er ihm zur Einsicht verhilft, durch seine Gnade. Diese aber besteht darin, daß sie die Erwartungen des diesseitigen Lebens der Menschen übertrifft, umsomehr als durch die Sünde die »normalen« oder »natürlichen« Aussichten dieses Lebens, auch was dessen Möglichkeiten betrifft, auf der Ebene der Vernunft zu Lösungen zu kommen, eher skeptisch zu beurteilen sind. Aus der Gnade strömen die Verheißungen des künftigen Lebens auf Erfüllung der in Glaube, Hoffnung und Liebe angezielten, diesen drei theologischen Haltungen entsprechenden intellektuellen Gehalte.[155] Natürlich heißt dies nicht, daß der Mensch in der Dürftigkeit seiner eigenen Einsicht (*egestas humanae intellegentiae*) untätig bleiben dürfte. Er muß anklopfen, wobei freilich schon die Motivation dazu als Gnadengabe erfahren werden darf.[156] Wie die Schöpfung selbst, so läuft auch der gnadenhafte Erkenntnisprozeß ab: Nicht aus sich selbst, aus seiner eigenen Substanz, hat Gott den Kosmos gebildet, sondern aus nichts.[157] Dieses Schaffen ist nicht mechanistisch zu deuten, sondern organisch. Gott hat den Kosmos so geschaffen, daß er im Werden begriffen ist. Die Schöpfung ist von ihrem tiefsten Ursprung her so, daß sie noch nicht ist, was sie sein wird.[158] Allerdings impliziert dieser Gedankengang widersprüchlicherweise auch, daß die Schöpfung schon ist, was sie noch nicht ist; denn wo sollte das, was sie noch nicht ist, angelegt sein hinsichtlich dessen, was sie sein wird? Gott wurde ja als Substanzgeber ausgeschlossen. Ist die Schöpfung also bereits, was sie sein wird, oder wird sie nie sein, was sie ist?[159] Solignac hat vom aporetischen Charakter der Schöpfungslehre Augustins gesprochen.[160] Dazu gehört auch die Annahme, Gott habe in der Schöpfung sich selbst, sein eigenes »Wesen,« das Geheimnis seiner Liebe zum Ausdruck gebracht.[161] Die Schöpfung selbst ist demnach also ein Rätsel. Der

---

Christum obsecro, noli claudere desiderio meo ista et usitata et abdita, quominus in ea penetret et dilucescant allucente misericordia tua, domine.

[154] *Conf.* 11,27,34 (CChr.SL 27, 211).

[155] *Conf.* 11,29,39.31,41 (CChr.SL 27, 214-216): *melior est misericordia tua super uitas* [Ps 62,4] [...] *audiam uocem laudis et contempler delectationem tuam nec uenientem nec praetereuntem* [Ps 26,4]. *nunc uero anni mei in gemitibus, et tu solacium meum, domine, pater meus aeternus es* [Ps 30,11]. [...] *domine deus meus, quis ille sinus est alti secreti tui et quam longe inde me proiecerunt consequentia delictorum meorum? sana oculos meos, et congaudeam luci tuae.* S. dazu auch im folgenden, bes. *conf.* 12,30,41 (CChr.SL 27, 240): *in hac diuersitate sententiarum uerarum concordiam pariat ipsa ueritas, et deus noster misereatur nostri* [Ps 66,2], *ut legitime lege utamur* [2 Tim 2,8], *praecepti fine, pura caritate* [2 Tim 1,5].

[156] *Conf.* 12,1,1 (CChr.SL 27, 217); vgl. Röm 8,31; Mt 7,7f. (Lk 11,9f.).

[157] *Conf.* 12,7,7 (CChr.SL 27, 219).

[158] *Conf.* 12,8,8 (CChr.SL 27, 220); vgl. Sorabji, Time, Creation and the Continuum 233f.

[159] Aristoteles hat aufgrund dieses (scheinbaren) Widerspruchs (ihm liegt eine äquivoke Verwendung des Wortes »sein« zugrunde) einmal die Tatsache der Veränderung geleugnet: Sie sei Illusion (*phys.* 4,10). Vgl. Sorabji, Time, Creation and the Continuum 7-16. Auch Augustin sieht das Paradox, hält es aber im *intellectus gratiae*, der von der Vernünftigkeit des Glaubens ausgeht, für lösbar. Vgl. *conf.* 12,10,10 (CChr.SL 27, 221): *credidi libris tuis, et uerba eorum arcana ualde.*

[160] Solignac, Caractère aporétique.

[161] Vgl. Du Roy, L'intelligence 325-330.

Mensch, der Gott sucht, findet sich in ihr als einem Erkenntnisprozeß vor, von
dem ihm nicht einmal klar ist, wie er in ihn hineingeraten ist; denn ehe er sich
als Schöpfung selbst erkennen kann, muß er von Gott erkannt sein. Sich als Geschöpf erkennen können heißt nach Augustin sich durch die Gnade Gottes als von
Gott erkannt erkennen können. Erkenntnis Gottes im Genetivus obiectivus setzt
für Augustin Erkenntnis Gottes im Genetivus subiectivus voraus. Das ist sein
(westlicher) Beitrag zur patristischen Vergöttlichungslehre, nicht auf der Ebene
einer Metaphysik, sondern auf erkenntnistheoretischer Ebene – im Rahmen seiner
Gnadenlehre.[162] Und dies impliziert noch einiges mehr: Unabhängig von der Annahme eines Sündenfalls zeigt sich des Menschen eigenes Erkenntnisvermögen,
auf sich selbst gestellt, also ohne Gnade, als das Nichts der Gottferne (*non
tenebrae meae loquantur mihi*). Schon die Fähigkeit, sich als Vernunftwesen
überhaupt Gott gegenüber in irgendeiner Weise verhalten zu können, entspringt
also gnadenhafter Einsicht in die Gnade Gottes, noch vorgängig zur Ursünde.[163]
Augustins Folgerung aus diesem Gedankengang ist, daß wahre Einsicht, Einsicht,
die der Gnade entspringt, mit dem Zielpunkt der theologischen Tugenden Glaube,
Hoffnung und vor allem Liebe konvergiert.[164] Um wieviel mehr wird dann wohl
vom *intellectus gratiae* die Rede sein, wenn noch der Aspekt der Ursünde, des
Rufs, der Erwählung und der Bekehrung in den Blick kommt, wie zu Beginn von
conf. 13: Gott ist das Erbarmen selbst (Ps 58,18). Er hat den Menschen nicht nur
erschaffen, sondern ihn auch dann nicht vergessen, als dieser Gottes vergessen
hatte. Er bereitet (*praeparas*; vgl. Spr 8,35 LXX: *praeparatur uoluntas a deo*)
ständig das Innere (*animam*) des Menschen, damit dieser fähig werde, Gott mit
der Sehnsucht (*desiderium*) zu erfassen (*ad capiendum*), die dieser ihm ständig
einhaucht. Schon der Ruf des Menschen nach Gottes Hilfe deutet auf die Präsenz
Gottes hin. Mit mannigfaltigen Rufen (*multimodis uocibus*) hat Gott schon vorher
den Menschen berufen, damit dieser sich bekehre. Und damit es dem zum Heil
Berufenen nicht als Vergeltung zum Schaden gereiche (Ps 17,21: *ne retribueres
manibus meis*), hat Gott alles von diesem begangene Übel getilgt, während er ihm
alle Verdienste im voraus (Ps 58,11: *praeuenisti*) als seine eigenen anrechnete,
obwohl sie ja eigentlich Gnadengaben sind.[165]
    Weder die himmlische noch die irdische Schöpfung kann sich auf Verdienste
berufen. In diesem Sinne ist bereits die Natur vollkommen gnadenhaft. Dies nicht
einzusehen, war bereits die Ursünde, das *nihilum* der Geistnatur gegenüber dem
fiat des Schöpferworts, dessen tiefster Sinn sich dementsprechend auf das Wunder
des *intellectus gratiae* erstreckt.[166] Damit ist freilich nicht der Trinität Gottes
wesenhafte Rätsel (*aenigma*) gelöst. Lediglich ein Rahmen ist abgesteckt, innerhalb dessen es für den Menschen (auf biblischer Grundlage) erforschbar ist: Der
Urgrund (*abyssus*), über dem der Geist Gottes schwebt, der Gott selbst Geheimnis ist, indem er sein Wesen bezeichnet, die Liebe, die ausgegossen ist in den

---

[162] Vgl. *conf.* 10,1,1 (CChr.SL 27, 155).
[163] *Conf.* 12,10,10 (CChr.SL 27, 221); vgl. Ps 118,176; Jona 2,8; Ez 3,12.
[164] *Conf.* 12,30,41 (CChr.SL 27, 240).
[165] *Conf.* 13,1,1 (CChr.SL 27, 242).
[166] *Conf.* 13,2,3f. (CChr.SL 27, 243); vgl. Eph 5,8; 2 Kor 5,21; Ps 35,7; Gen 1,3.

Herzen derer, die an Christus glauben (Röm 5,5).[167] Dem so umrissenen wesenhaften Geheimnis Gottes als Liebe entspricht auf der (ursündlich bedingten)
geschöpflichen Sollseite die absurde Unerklärlichkeit der Konkupiszenz (*quomodo
dicam de pondere cupiditatis?*): Engel wie Menschen sind gefallen (*defluxit angelus, defluxit anima hominis*), nicht aufgrund einer natürlichen Veranlagung, ihrer
Körperlichkeit etwa, sondern in ihrem (geistigen) Sein, ihrem Wissen und Wollen
(*esse, nosse, uelle*).[168] Allein Gott selbst hat sich dadurch nicht geändert (*immu-
tabilis trinitas*). Vielmehr hat der Ruf zum *intellectus gratiae* eine qualitative
Veränderung erfahren. Er bezieht sich nun nicht mehr nur auf die natürliche Veranlagung der Geistseele, ihr Glück im Eintauchen in das Geheimnis der Dreifal-
tigkeit zu finden. Er ist ein Ruf zu Buße und Umkehr geworden.[169] Durch Taufe
und Heilsgnade wird er zum Sieg über die Ursünde, aus der heraus damit indirekt die Erneuerung des menschlichen Geistes (Röm 12,2: *reformatio mentis*)
noch über die von Gott ursprünglich entworfene Gestalt (Gen 1,26: *imago dei*)
hinaus transzendiert wird,[170] nämlich auf das geistige Gestaltprinzip, den Intellekts in der Gegenwart Gottes als *intellectus gratiae*.

2. HÖHEPUNKTE DER POLEMIK GEGEN PELAGIUS

(a) Gnade als Prinzip von Natur

De natura et gratia
Pelagius' Werk *de natura*, gegen das sich Augustin in *nat. grat.* wendet und das
er im Verlauf seiner Widerlegung beinahe vollständig im Wortlaut zitiert, entspricht zwar »nicht in allen Punkten« den Lehren des zur Abfassungszeit von *nat.
grat.* (413) bereits veruteilten Caelestius.[171] »So findet sich keine Ablehnung des
Bittgebets und keine Leugnung der Gnadenhilfe. Das Buch ist jedoch eine ver-
deckte Absage an die augustinische Erbsündentheologie.«[172] Gegen die in ihm be-
hauptete Möglichkeit der Sündlosigkeit hat Augustin (wie bereits in *spir. litt.*)
zwar nichts einzuwenden,[173] »Pelagius reflektiert aber nicht darüber, ob diese

---

[167] *Conf.* 13,7,8 (CChr.SL 27, 245); vgl. Röm 5,5; 1 Kor 12,1.31; 13,1.13; Eph 3,14.19.

[168] *Conf.* 13,7,8; 13,11,12 (CChr.SL 27, 245.247). Schon die Ausdrücke »oben« und »unten«
oder auch »innen« und »außen« sind ja nicht als natürliche Orte zu verstehen. Sie sind erst nachträglich (infralapsarisch) qualifiziert. Dafür daß es die Seele von Gott wegzieht, gibt es nach
Augustin keine natürliche Erklärung: *neque enim loca sunt, quibus mergimur et emergimus.*

[169] *Conf.* 13,12,13 (CChr.SL 27, 248): *iudicia tua sicut multa abyssus* [Ps 35,7] [...] *fiat lux,
paenitentiam agite* [Gen 1,3; Mt 3,2]. Vgl. *conf.* 13,21,29 (CChr.SL 27, 257f.): *neque enim iam
opus habet [anima uiua] baptismo, quo gentibus opus est, sicut opus habebat, cum aquis tegere-
tur.* Letzteres steht im Kontext einer ausführlichen Allegorie über die Urwasser als Taufbad der
Welt- und Heilsgeschichte im Sinne von *ciu. dei.* Vgl. dazu auch den Zusammenhang von Taufe
und Umkehr oben in Kapitel III.

[170] *Conf.* 13,22,32.23,34 (CChr.SL 27, 260-262).

[171] Ihn hatte Augustin in *pecc. mer.* und *spir. litt.* angegriffen. Vgl. dazu oben die entsprechenden Abschnitte in Kapitel III und IV.

[172] Wermelinger, Rom 41f.

[173] *Nat. grat.* 15 (CSEL 60, 242).

Sündlosigkeit mit einer zusätzlichen Gnadenhilfe möglich wurde. Augustinus will wiederum nicht die problematische Möglichkeit diskutiert haben, sondern wissen, ob das potentielle Vermögen des Menschen ohne zusätzliche Unterstützung zu einem vollkommen gerechten Leben fähig ist [...]. Pelagius schreibt diese Möglichkeit zwar Gott zu, doch scheint durch die Erhebung der menschlichen Natur die Gnade nicht mehr genügend berücksichtigt.«[174]

Augustin zieht nicht die Intention Pelagius' in Zweifel, sondern die (erkenntnis-) theoretischen Voraussetzungen seines Gnadenbegriffs. In *retract.* betont er, er habe nicht den Naturbegriff eliminieren, sondern verdeutlichen wollen, daß »die Natur durch die Gnade befreit und zum Heil geführt wird.«[175] In *nat.*, so in *nat. grat.*, leistet Pelagius denen Vorschub, die zwar Eifer haben für Gott, aber keine Einsicht.[176] Eine gute Gnadenlehre habe aber Einsicht zum Ziel, und sei es im Widerspruch zur Uneinsichtigkeit der Gegner.[177] Der Glaube kommt zwar vom Hören, vom Hören aber des Wortes (Röm 10,17), nämlich des Wortes Gottes, Christus. Er ist also auf Einsicht hin angelegt.[178] Deshalb die Frage: Wie kommt es, daß diese Einsicht verstellt ist,[179] so daß niemand sie aufgrund eigenen Verdienstes, sondern nur durch Gnade erwerben kann?[180] Antwort: Weil »die gesamte Masse der Menschheit straffällig geworden ist (*poenas debet*) und es nicht ungerecht wäre, wenn allen die Strafe der ewigen Verdammnis, die sie verdient haben, auch tatsächlich auferlegt würde (*supplicium redderetur*).«[181]

Nicht den christlichen Glauben an die Universalität des Erlösungsgeschehens (Kreuz und Auferstehung Christi) spricht Augustin Pelagius ab, sondern die Einsicht (*sapere*) in dieses Geschehen, also den *intellectus gratiae* im Sinne seiner Gnadenlehre. Pelagius' Weisheit kommt nicht »von oben« (Jak 3,15). Ihr fehlt die Fähigkeit, die Heilsnotwendigkeit der Gnade zu akzentuieren. Sie leugnet die Ursünde, postuliert die Möglichkeit der Sündlosigkeit unabhängig von der (wenn überhaupt, dann) nur in der Taufe vermittelten Heilsgnade, »entleert« (*euacuatur*) das Kreuz Christi seiner Bedeutung (1 Kor 1,17) und verspielt so das Heil.[182]

Ein Grund dafür, so Augustin, ist Pelagius' Mißverständnis der Begriffe (1) »Möglichkeit« (*posse*) und (2) »Wirklichkeit« (*esse*): (2) ist (1) (onto-) logisch vorgeordnet: Aus der Tatsache, daß etwas existiert, folgt, daß es existieren kann, nicht aber, daß es (notwendigerweise) existiert.[183] Um die Diskussion der Bedeu-

---

[174] Wermelinger, Rom 42f.

[175] *Retract.* 2,42 (CChr.SL 57, 124).

[176] *Nat. grat.* 1 (CSEL 60, 233); vgl. Röm 10,2 (*zelum dei habent, sed non secundum scientiam; ignorantes enim dei iustitiam et suam uolentes constituere iustitiae dei non sunt subiecti*).

[177] Vgl. *perf. iust. hom.* 1 (CSEL 42, 3f.), wo Augustin sich gegen jene wendet, die, »wie der Apostel sagt, selbst 'irren' und andere 'in Irrtum stürzen'« (2 Tim 3,13b: *errantes et in errorem mittentes*).

[178] *Nat. grat.* 2 (CSEL 60, 234f.).

[179] *Nat. grat.* 3 (CSEL 60, 235).

[180] *Nat. grat.* 4 (CSEL 60, 235): *haec igitur Christi gratia, sine qua nec infantes nec aetate grandes salui fieri possunt, non meritis redditur, sed gratis datur, propter quod gratia nominatur.*

[181] *Nat. grat.* 5 (CSEL 60, 236).

[182] *Nat. grat.* 6f. (CSEL 60, 236f.).

[183] *Nat. grat.* 8 (CSEL 60, 237): *consequens enim est, ut quod est esse potuerit, non est autem consequens, ut quod esse potest, etiam sit.*

tung des *posse*, nicht des *esse* geht es Augustin in der Gnadenlehre.[184] Aus der
mit der Ursünde (Röm 5,12) als logisch notwendig angenommenen Tatsache, daß
ein ungetauft verstorbenes Kind verdammt ist, so Augustin, folgt mit logischer
Notwendigkeit, daß es gerettet werden kann (nämlich durch die Gnade), nicht
aber, daß es auch tatsächlich gerettet wird. Wenn Pelagius etwas anderes unter
Gnade versteht, fehlt ihm Einsicht in die Bedeutung des Wortes. Sein Gnadenbegriff hat dann keine Kraft. Er dient nicht der Vermittlung effektiver und grundlegender Gnadenhilfe zur Überwindung des ursündlichen menschlichen Hangs zur
Sünde (*concupiscentia*).[185] Die Rede lediglich von einer Schwächung (*debilitas*)
der Menschennatur zielt an der in der Bibel formulierten Wahrheit (*scripturae
ueritas*) vorbei.[186] Eine solche Relativierung ist selbst Folge der Sünde, die sie
leugnet. Während die Sünder töricht sind, halten sie sich für weise (Röm 1,22).
Ihr Problem ist ein Erkenntnisproblem.[187] Das bedeutet jedoch keine Entschär-
fung des Problems. Es geht nicht »nur« um ein Erkenntnisproblem, im Gegenteil,
der Ausfall des Intellekts zeigt vielmehr an, daß alles verloren ist. Im *intellectus
gratiae* und nur in ihm liegt die Universalität des Gnadenbegriffs begründet. Der
für Augustin schlagendste Beweis hierfür ist der Tod. Augustin versteht den Tod
nicht naiv metaphorisch, sondern in einem ursächlichen Zusammenhang mit der
Wirklichkeit der Ursünde. Wie die Willensfreiheit (ohne Gnade) in bezug auf den
Tod außer kraft ist, so auch in bezug auf die Sünde.[188]

Die »Phasenverschiebung« vom Urstand zur Ursünde ist aus menschlicher
Sicht irreversibel. Aus ihr ableitbar ist nur die Verdammnis, nicht die Wirklichkeit der Gnade. Mit letzterer ist nicht zu »rechnen,« weder für einen selbst noch
für andere. Gott, so Augustin, übernimmt nicht die »Heilsordnung« des Pelagius.
Letztere kann folglich unter den gegebenen Voraussetzungen nicht zum Heil führen. Gott restituiert vielmehr den gesamten Komplex menschlicher Natur.[189] Aber
er selbst entscheidet, inwieweit er dies tut. Ein Mensch, der meint, selbst für sein
Heil sorgen zu können, versetzt sich in den ursündlichen Zustand zurück.[190] Nur
wenn er sich als Sünder bekennt, hat er eine Chance,[191] wobei sein Bekenntnis
selbst schon wieder Frucht der einsichtspendenden Gnade ist, die selbst Einsicht
ist, *intellectus gratiae*. Ihr Erwerb durch Lernen (vgl. hierzu auch bereits *de
magistro*) erfolgt nicht äußerlich, durch Imitation. Die Gläubigen auf dem Weg
zur Glaubenseinsicht lernen vom Evangelium nicht als von etwas von außen zu
ihrer Natur Hinzukommendem, wie Pelagius meint,[192] sondern durch die Gnade

---

[184] *Nat. grat.* 8 (CSEL 60, 237): *de posse et non posse, non de esse et non esse contendimus.*
[185] Vgl. *nat. grat.* 14.18.21 (CSEL 60, 241.245f.).
[186] *Nat. grat.* 23 (CSEL 60, 248).
[187] *Nat. grat.* 24 (CSEL 60, 249f.).
[188] *Nat. grat.* 25 (CSEL 60, 251).
[189] *Nat. grat.* 31 (CSEL 60, 255): *sed agit iudicio suo nec ordinem sanandi accipit ab aegroto*
[...] *»cum timore et tremore uestram ipsorum salutem operamini; deus enim est qui operatur in
uobis et uelle et operari pro bona uoluntate«* [Phil 2,12f.].
[190] *Nat. grat.* 33 (CSEL 60, 257): *»initium omnis peccati superbia«* [Sir 10,15].
[191] *Nat. grat.* 35 (CSEL 60, 259): *»bonum est autem confiteri domino«* [Ps 91,2].
[192] *Nat. grat.* 47 (CSEL 60, 267f.): *sed putat fortasse ideo necessarium esse Christi nomen, ut
per eius euangelium discamus quemadmodum uiuere debeamus.*

Christi in Christus selbst.[193] In ihm ist die Gerechtigkeit allen zugesagt, d. h.
niemand kann auf den Gedanken kommen, an ihm vorbei gerechtfertigt zu werden, was aber nicht heißen muß, daß tatsächlich alle gerechtfertigt werden. Augustin bringt hier einen kulturgeschichtlich interessanten Vergleich: Wenn es von
einem in einer Kleinstadt angestellten Professor der *litterae*[194] heißt, »alle studieren bei ihm,« dann kann damit immer nur ein Bruchteil der Einwohner dieser
Stadt gemeint sein, da ja auch immer nur ein Bruchteil studiert.[195] Ebenso verhält es sich mit der Rechtfertigung von den Sünden durch Christus. Niemand ist
erlöst außer in Christus. Das heißt aber nicht, daß alle erlöst sind.[196]

Unter Voraussetzung der Ursünde und der Notwendigkeit der Gnadenhilfe
für die gefallene Menschennatur nimmt auch Augustin die Möglichkeit völliger
Sündlosigkeit an. Pelagius dagegen, meint er, nimmt an, daß bei Abwesenheit der
Gnade die menschliche Natur auf einer natürlichen Grundlage aufbauen kann,
einem natürlichen Hang zum Glück, der so tief verwurzelt ist, daß ihn die durch
die Ursünde herbeigeführte Perversion des Willens nicht affiziert und daß er
deshalb die Menschen schon irgendwie in die richtige Richtung lenken kann.[197]
Er hingegen hält den natürlichen Hang des Menschen zum Glück selbst für pervertiert und polemisiert erneut gegen Pelagius' Konzept der Möglichkeit: Daß
jemand zu etwas fähig sei (*posse*), erweise sich einzig und allein daran, daß er es
tatsächlich tue. Wenn er es nicht tue, sei der Hinweis darauf, daß er es, wenn es
nötig werden sollte, tun könnte, sinnlos. Wenn jemand nicht alles, was er wolle,
ausführen könne, dann stimme mit dem Willen selbst etwas nicht.[198] Schon der

---

[193] *Nat. grat.* 47f. (CSEL 60, 268); Augustin dort: Pelagius entleert das Kreuz seiner Bedeutung
(1 Kor 1,17; Gal 5,11: *euacuatur*). Wenn man es von außen lernen könnte wie eine Technik,
wäre Christus umsonst gestorben (Gal 2,21). Dagegen Christus selbst: Ich werde die Weisheit der
Weisen zunichte machen (1 Kor 1,19); denn alle haben gesündigt (Röm 3,23), und zwar in dem
einen, Adam (Röm 5,12). In Christus aber ist durch einen die Rechtfertigung allen zugesagt (Röm
5,18).

[194] Gemeint ist hier ein städtischer Rhetoriklehrer, der den Söhnen der Oberschicht ἐγκύκλιος
παιδεία vermitteln soll, umfassende Bildung zum erfolgreichen Auftreten in der Öffentlichkeit,
etwa vor Gericht und auf Ratsversammlungen. Vgl. Brown, Macht und Rhetorik 51-94.

[195] *Nat. grat.* 48 (CSEL 60, 269): *itaque 'omnes' dictum est, ne aliquo modo alio praeter ipsum
quisquam saluus fieri posse credatur. sicut uno litterarum magistro in ciuitate constituto rectissime
dicimus: omnes iste hic litteras docet, non quia omnes ciues litteras discunt, sed quia nemo discit,
nisi quem ille docuerit, sic nemo iustificatur, nisi quem Christus iustificauerit.*

[196] Augustin vergleicht damit den Prozeß der Rechtfertigung von den Sünden in Christus einmal
mehr mit dem des Erwerbs einer Wissenschaft. Er versteht den Vergleich offenbar nicht nur äußerlich, wie aus dem Folgenden hervorgeht, wo er die Gnade Christi, sein Kreuz, seine Mittlerschaft wie schließlich den Glauben daran im Heiligen Geist als Inhalte eines inneren Lernprozesses in eine enge Verbindung miteinander bringt. Vgl. *nat. grat.* 51 (CSEL 60, 270f.): *ita ego
etiamsi fuisse uel esse consentiam nullo modo tamen potuisse uel posse confirmo nisi iustificatos
»gratia dei per Iesum Christum dominum nostrum«* [Röm 7,25] *et hunc crucifixum. ea quippe fides
iustos sanauit antiquos, quae sanat et nos, id est mediatoris dei et hominum hominis Christi Iesu*
[1 Tim 2,5], *fides sanguinis eius, fides crucis eius, fides mortis et resurrectionis eius. »habentes
ergo eundem spiritum fidei et nos credimus, propter quod et loquimur«* [2 Kor 4,13].

[197] *Nat. grat.* 54 (CSEL 60, 272f.).

[198] *Nat. grat.* 55 (CSEL 60, 273f.); vgl. hierzu wieder Chappell (Aristotle) zur Eigenart von
Augustins Begriff des »bösen Willens« und oben in diesem Kapitel Abschn. 1 (b) Augustins eigene
Analyse in *conf.* 8,8,20 (CChr.SL 27, 126).

gute Wille gründete für Augustin in der durch die Gnade inspirierten Einsicht, in der auch die theologischen Tugenden Glaube und Hoffnung gründeten.[199] Pelagius dagegen glaubte seiner Ansicht nach, ohne Gnadenbegriff auskommen zu können, da er den urständlichen Gnadencharakter der menschlichen Natur durch keinerlei Ursünde eingeschränkt sah.[200] Die Natur, so Augustin, war nach Pelagius fähig, selbst die Voraussetzungen für das Heil zu schaffen. Dazu stünde ihr auch nach dem Fall genügend urständliche Gnade zur Verfügung. Nach Augustin aber hatte sie eben diese Fähigkeit durch die Ursünde eingebüßt.

Auch Pelagius' Berufung auf Lactantius, Hilarius, Ambrosius, Hieronymus und sein Frühwerk weist Augustin zurück. Überhaupt mißt er dem patristischen Argument keine große Bedeutung zu. Ihm kommt es auf das Verständnis biblischer (paulinischer) Gnadenlehre im Licht seines *intellectus gratiae* an. Aber weil Pelagius es verwendet, meint er, reagieren zu müssen.[201] In der Kontroverse mit Julian von Aeclanum wird er dies in noch massiverer Weise tun. Er läßt sich damit eine Argumentationsform aufzwingen, die er eigentlich nicht beherrscht, wie etwa auch die Korrespondenz mit Hieronymus zeigt.[202] Dennoch versucht er, sie in sein Denken zu integrieren.

Wenn, so beginnt er, Lactantius von der Gleichheit Christi mit den sündigen Menschen rede, beziehe er sich damit nicht auf das Wesen der Sünde, sondern des Menschen.[203] Hilarius' Aussage über die Vollkommenheit im Geist dürfe nicht so interpretiert werden, als ob die Vollkommenheit ohne Gnade zu erlangen sei.[204] Ambrosius räume zwar die Möglichkeit der Sündlosigkeit ein, jedoch nur im Rahmen des Gnadenwirkens.[205] Wenn Chrysostomus darauf verweise, daß die Sünde keine Substanz sei, so behaupte er damit nicht, daß die Substanz der Menschennatur von der Sünde unberührt geblieben sei.[206] Entsprechendes gelte von Hieronymus. Dessen Berufung auf Mt 5,8 (*beati mundo corde, quoniam ipsi deum uidebunt*) setze ebenfalls die Gnade voraus, die denen, die reinen Herzens sind, gegeben worden sei, um die Gabe des reinen Herzens zu erlangen.[207] Alle

---

[199] *Nat. grat.* 56 (CSEL 60, 274); vgl. Röm 8,24f. (*spe enim salui facti sumus; spes autem quae uidetur non est spes*).

[200] *Nat. grat.* 59 (CSEL 60, 276): *ideo dei gratiae tribuit non peccandi possibilitatem, quia eius naturae deus auctor est, cui possibilitatem non peccandi inseparabiliter insitam dicit.*

[201] *Nat. grat.* 71 (CSEL 60, 286): *maxime quoniam me in huiusmodi quorumlibet hominum scriptis liberum – quia solis canonicis debeo sine ulla recusatione consensum – nonnihil mouet.*

[202] Vgl. Fürst, Vielfalt.

[203] Lact. *diu. inst.* 4,24 (CSEL 19, 373); *nat. grat.* 71-79 (CSEL 60, 286-293) passim.

[204] Hilar. *comm. in Mt* 4,7 (PL 9, 933); vgl. auch Hilar. *tr. Pss* 118,10 (CSEL 22, 493).

[205] Ambr. *exp. Luc* 1,17 (CChr.SL 14, 11.14f.). Als Beleg nennt Augustin Ambrosius' Verwendung von Spr 8,35 LXX (*praeparatur uoluntas a domino*). Interessant ist sein Hinweis, Ambrosius wende sich gegen pessimistische Zeitgenossen, die behaupteten, ein Mensch könne in diesem Leben nicht ohne Sünde bleiben (*qui dicunt hominem non esse posse sine peccato in hac uita*). Zu dieser Gruppe möchte Augustin offenbar nicht gerechnet werden. Vgl. *nat. grat.* 74 (CSEL 60, 289).

[206] *Nat. grat.* 76 (CSEL 60, 291). Zum Problem der Identifikation der von Augustin angeführten Chrystostomusparaphrase s. Altaner, Chrysostomus 303, Anm. 2.

[207] Hier. *comm. Mt* 1,5,8 (CChr.SL 77, 25); vgl. *perf. iust. hom.* 21f. (CSEL 42, 21f.); 33-36 (CSEL 42, 33-37).

Väterbelege seien im Sinne der Gnadenlehre zu deuten, die ihrerseits biblisch zu begründen sei (*redi ad apostolicam sententiam*): »'Die Liebe zu Gott ist in unseren Herzen ausgegossen durch den Heiligen Geist, der uns verliehen ist' (Röm 5,5). Von wem verliehen? Von dem, 'der in den Himmel aufgefahren ist, die Gefangenschaft in Gefangenschaft geführt und den Menschen Gaben verliehen hat' (Eph 4,8). [...] Und damit der Zwang [jener Gefangenschaft der Sünde] für den Menschen aufhöre, zu bestehen, möge dieser lernen, zu beten: 'Aus meinen Zwängen befreie mich' (Ps 24,17). [...] So wird mittels der 'Gnade durch Jesus Christus, unseren Herrn' (Röm 7,25) [...] die Fülle der Freiheit erlangt.«[208]

Nach Verweis auf Mt 6,13 (*ne nos inferas in temptationem*) als Ausdruck des Glaubens an die Gnadenhilfe zu dieser Befreiung im Gebet beruft sich Augustin auf *lib. arb.*. Auch Pelagius hatte sich in *nat.* darauf berufen, zu Unrecht, wie Augustin jetzt konstatiert. Schon dort habe er, Augustin, nämlich vertreten, daß Gnade Einsicht begründe (*qui non potest falli*), Unwissen (*ignorantia*) und Unvermögen (*difficultas*) schuldhafte Sündenstrafen seien und Gnade das Prinzip der Überwindung der in der Ursünde mit der Urschuld identischen Urstrafen, durch das die menschliche Geistnatur durch gnadenhafte Erleuchtung (*illuminari*) zum *intellectus gratiae* geheilt werde (*sanari*).[209]

De perfectione iustitiae hominis

In *perf. iust. hom.* (415/6) ergänzt Augustin diesen Gedankengang: Erlösung und Vollendung werden durch die ständige Erneuerung des inneren Menschen (2 Kor 4,16) verwirklicht, die der Erfüllung des Gebotes *non concupisces* (Röm 7,7; 13,9; Ex 20,17) entspricht.[210] Dies ist nur durch die Gnade möglich, da Gott nach biblischem Verständnis Menschen beruft, die im Netz der Ursünde gefangen und nicht selbst fähig sind, sich zu erlösen.[211] Deshalb die Notwendigkeit des Gebets, speziell darum, nicht in Versuchung zu geraten (Mt 6,13) und um Vergebung der Schuld (Mt 6,12).[212] Wenn aber die Gnade wirkt, dann ist Vollendung nicht nur möglich, sondern bereits, wenn auch zunächst nur im Ansatz, verwirklicht. Augustin wirft seinen Gegnern vor, nicht die ganze Wirklichkeit christlicher Heilslehre auszuschöpfen. Seiner Meinung nach leugnen sie das Wirken Gottes in der Welt, wie es im Gebet (Mt 6,12f.) und in der Verkündigung (Röm 9,16) vermittelt, im geistigen Suchen und Finden (Mt 7,7; Lk 11,9) erfahren und im von Gott gewirkten guten Willen (Phil 2,13) verwirklicht wird.[213] Augustin

---

[208] *Nat. grat.* 79.84 (CSEL 60, 293.298f.); vgl. *perf. iust. hom.* 1f. (CSEL 42, 4f.).

[209] *Nat. grat.* 80f. (CSEL 60, 294.296); vgl. *lib. arb.* 3,18,50 (CChr.SL 29, 304f.); Lössl, Wege 348f.349, Anm. 121.

[210] Deswegen (wegen der dabei vorausgesetzten Tatsächlichkeit der Gnadenwirkung) auch der Indikativ; vgl. *perf. iust. hom.* 4 (CSEL 42, 6); 10f. (CSEL 42, 9.11); s. dort auch die Kombination mit Röm 5,5 (*spiritus sanctus qui datus est nobis*).

[211] *Perf. iust. hom.* 5 (CSEL 42, 6): *per eius gratiam qui uenit non »uocare iustos, sed peccatores«* [Mt 9,13]*, quia »non est opus sanis medicus, sed male habentibus«* [Mt 9,12].

[212] In dieser Reihenfolge; denn Versuchung ist nur vor der Vergebung der Schuld als Sünde zu betrachten. Danach ist nur insofern um Vergebung zu bitten, als die Versuchung erneut wirksam werden kann. Vgl. *perf. iust. hom.* 21.24 (CSEL 42, 21f.24f.).

[213] *Perf. iust. hom.* 41 (CSEL 42, 43f.); vgl. die Kombination mit Phlm 14b (*non ex necessitate*

faßt dies am Schluß in ein allgemeines Anathema: »Wer offen die Notwendigkeit des Gebets darum, nicht in Versuchung geführt zu werden, leugnet (und das tut jeder, der behauptet, daß für Menschen die Sündlosigkeit allein durch natürlich willentliche Aneignung des Gesetzes, also ohne Gnadenhilfe möglich ist), ist, dafür stehe ich ein, von den Ohren aller zu entfernen und durch den Mund aller zu bannen.«[214]

(b) Eine polemische Apologie des *intellectus gratiae*

Vorgeschichte

Während der Arbeit an *nat. grat.* oder *perf. iust. hom.*[215] (414/5) wurde Augustin von dem iberischen Presbyter Orosius besucht, der auf dem Weg nach Palästina war, um Hieronymus zu besuchen. Als er aufbrach, gab ihm Augustin *epp.* 166.167 (an Hieronymus), Akten über die Verurteilung des Caelestius 411, einige weitere Antipelagiana und eine Abschrift von *ep.* 157 (an Hilarius)[216] mit auf den Weg. In Jerusalem fand Ende Juli 415 ein Gespräch zwischen Pelagius, einigen Bischöfen und Orosius statt. Orosius trat für die Position Augustins ein, setzte sich aber nicht durch. Pelagius dagegen konnte seine Lehre von der natürlichen Fähigkeit des Menschen, Gottes Gebote »leicht« (*perfacile*) zu erfüllen, ohne den Zusatz »nur mit Hilfe der Gnade« verteidigen.[217] Ende 415 fand in Diospolis eine Synode statt, auf der Pelagius als Angeklagter zwar einen schwereren Stand hatte als in Jerusalem, aus der er aber dennoch ohne größere Schäden hervorgegangen zu sein scheint.[218] Er versicherte glaubhaft, daß seine Thesen nicht denen des Caelestius, sondern traditioneller kirchlicher Lehre entsprachen. Im Frühjahr oder Sommer 416 kehrte Orosius nach Nordafrika zurück und erstattete den Bischöfen dort Bericht. Es kam zu Synoden (unter anderem in Karthago und Mileve), die unter anderem drei im Sinne von Augustins Gnadenlehre argumentierende Schreiben an Papst Innozenz I. richteten (*epp.* 175-177) und Pelagius' Verurteilung forderten.[219]

Augustin selbst schrieb je einen Brief an Hilarius von Narbonne und Johannes von Jerusalem.[220] In *ep.* 178 an Hilarius beschreibt er Pelagius' Lehre als Reduzierung der Gnade auf die Natur des freien Willens sowie die Sündenvergebung, Leugnung des Schuldzusammenhangs der Kleinkinder mit Adam und Entleerung des Bittgebets.[221] Von Johannes erbittet er genauere Informationen über die Synode von Diospolis: Es gehe um eine den Kern des Glaubens der ganzen

---

sed *uoluntarium*): Die Gnade wird freiwillig gegeben (*uoluntarium*), vor (*pro*) dem guten Willen (Phil 2,13: *pro bona uoluntate*).
[214] *Perf. iust. hom.* 44 (CSEL 42, 48).
[215] Vgl. Ulbrich, Briefe zur entscheidenden Phase 57, Anm. 46.
[216] Wermelinger, Rom 31, bes. Anm. 155.
[217] Wermelinger, Rom 57-60.
[218] Wermelinger, Rom 68-87.
[219] Ulbrich, Briefe zum pelagianischen Streit 61f.; Wermelinger, Rom 94-108.
[220] *Ep.* 178.179 (CSEL 44, 689-691; 691-697).
[221] Vgl. Wermelinger, Rom 91.

(nicht nur der afrikanischen) Kirche betreffende Sache.[222] Pelagius solle deshalb aufgefordert werden, seine These dahingehend zu präzisieren, daß er die Lehre von der Notwendigkeit des Gebets, der allgemeinen Gnadenhilfe und der Kindertaufe aufgrund der Sünde Adams bestätige.[223]

Papst Innozenz deutete die Anfragen der afrikanischen Bischöfe in seinen Antworten (*epp.* 181-183) als Anerkennung des römischen Primats und verurteilte die Lehren des Pelagius kraft apostolischer Autorität in deren Sinne.[224] Allerdings sah er von Sanktionen gegen Pelagius ab. Sein eigener Gnadenbegriff war eher ungenau formuliert, zumal was das Verhältnis von Gnade und Freiheit sowie den Grad der Verderbnis der Menschennatur durch die Ursünde betraf, den Innozenz offenbar nicht sehr hoch einschätzte.[225] Klare Aussagen im Sinne Augustins, etwa zur Notwendigkeit der Kindertaufe, blieben aus.[226] Auch Johannes von Jerusalem stellte sich nicht offen gegen Pelagius. Er sandte zwar die Akten von Diospolis nach Rom, aber unvollständig, so daß sie ihn nicht belasten konnten. Innozenz hatte zwar versprochen, gegen die Häresie vorzugehen, aber nichts geschah.[227] In dieser Situation schrieb Augustin 417 *gest. Pel.*, als Dokumentation und Interpretation der Verhandlungen mit Pelagius aus seiner Sicht.[228]

De gestis Pelagii

Schon in den ersten Sätzen von *gest. Pel.* wird deutlich, was genau Augustin an Pelagius' Lehre, so wie er sie verstand, auszusetzen hatte. Nicht um den Begriff der Gnade selbst, sondern um dessen (epistemologisches) Vorverständnis ging es ihm: Was heißt »Sünde als Sünde erkennen,« woher stammt diese Erkenntnis im Einzelfall und woraus resultiert dann die Kraft, die die Sünde überwindet? Die nur des Griechischen mächtigen Bischöfe in Diospolis, so Augustin, hatten nicht ausreichend auf diese Differenzierung geachtet, als sie Pelagius' Stellungnahme zustimmten, »daß uns aus der Kenntnis des Gesetzes Hilfe zuteil wird, um nicht zu sündigen, gemäß dem Schriftwort: 'Das Gesetz gab er ihnen zur Hilfe'« (Jes 8,20).[229] Mit Recht konnte Pelagius deshalb den Vorwurf zurückweisen, er habe behauptet, es gebe jemanden, der zur Sünde unfähig sei (*non posse peccare*); denn das war nicht das Problem gewesen. Dieses hatte vielmehr in der Frage

---

[222] *Ep.* 179,2 (CSEL 44, 692); *[gratia] propter quam christiani sumus et in qua »spiritu ex fide spem iustitiae expectamus«* [Gal 5,5]. Vgl. Ulbrich, Briefe zur entscheidenden Phase 67-69.

[223] Zur letzten Forderung vgl. *ep.* 179,8 (CSEL 44, 696): *erat [etiam] in Abel originale peccatum.*

[224] Wermelinger, Rom 124-133.

[225] Wermelinger, Rom 129; vgl. *ep.* 182,4 (CSEL 44, 719).

[226] *Ep.* 183,1 (CSEL 44, 724); Wermelinger, Rom 133.

[227] Vgl. Ulbrich, Briefe zur entscheidenden Phase 73-75.

[228] Zur Bewertung von *gest. Pel.* als historischer und häresiologischer Quelle s. Wermelinger, Rom 108-116. Im folgenden dient das Werk nicht als solche, sondern lediglich, wie in der Überschrift zum Abschnitt angedeutet, als apologetisch-polemische Begründung des *intellectus gratiae.*

[229] *Gest. Pel.* 2 (CSEL 42, 52f.): *non dixi non posse peccare qui scientiam legis habuerit, sed adiuuari per legis scientiam ad non peccandum, sicut scriptum est:* »*legem in adiutorium dedit illis*« [Jes 8,20].

bestanden, ob und inwiefern gesagt werden kann, jemand sei fähig, nicht zu
sündigen (*posse non peccare*). Und darauf hatte Pelagius geantwortet: Aufgrund
der Kenntnis des Gesetzes durch die Hilfe des Gesetzes (gemäß Jes 8,20).

Für Augustin tut sich hier im Kontext eines infragestehenden *intellectus legis*
Pelagius' ein sprachliches, ein sachliches und ein hermeneutisches Problemfeld
auf.[230] Die in Diospolis versammelten Bischöfe hatten nur Griechisch gesprochen. Damit aber waren ihnen nicht nur Übersetzungsfehler, sondern auch Fehler
bei der Darlegung dogmatischer Inhalte entgangen, etwa was Pelagius' Konzept
einer durch das Gesetz begründeten Kenntnis des Gesetzes (*scientia legis*) als
Voraussetzung der Sündlosigkeit angeht. Augustin bezweifelt seine Rechtgläubigkeit, und zwar aus praktischen Gründen. Eine solche *scientia legis*, so Augustin,
kann nur von einer Elite von Gesetzesgelehrten erworben werden. Einfache Gläubige dagegen haben nur ihren schlichten Glauben an die Gnade Christi (Röm
7,25), ihre auf Gott gerichtete, feste Hoffnung und aufrichtige Liebe. Sie glauben, daß es diese biblischen Motive sind, die im Rahmen der Sakramente und der
dazugehörigen Gnadenlehre die Reinigung von der Ursünde wie auch von Tatsünden herbeiführen.[231] Sie sind sich sicher, daß es von vornherein allein darauf
ankommt, im Herzen gerechtfertigt[232] und im Willen bekehrt zu sein, und zwar
allein durch die vorauseilende Gnade.[233] Pelagius dagegen baut einen Gegensatz
auf zwischen dieser kindlichen, auf Gnade gestützten Glaubenseinsicht (*intellectus
gratiae*) und einem erworbenen Gesetzeswissen. Seine Schriftbelege, so Augustin,
sind nicht stichhaltig und beweisen vielmehr seine, Augustins, Position: Wahre
Weisheit wird vom Geist denen verliehen, die darum bitten (Weish 7,6f.). Sie
kommt vom Herrn (1 Kor 2,16). Sie bringt den Willen dazu, das Rechte zu tun
(Röm 8,14).[234] Sie, nicht die Verhaltensänderung, die sie bewirkt, konstituiert
das eigentliche Gnadenwirken. Die Vorstellung, der Mensch habe einen im Grunde funktionierenden, zum Tun des Guten disponierten freien Willen, der dann das
Gute tue, wenn er den Beistand Gottes zulasse, und nicht das Gute tue, wenn er
den Beistand Gottes nicht zulasse, ist nach Augustin zu oberflächlich. Es ist vielmehr so, daß wegen der durch die Ursünde in ihrem Kern pervertierten Geschöpflichkeit unter Absehung von der Gnade nur das Böse gewählt werden kann,
während das Gute im von der Ursünde befreiten Menschen damit beginnt, daß
genau dies mit Hilfe der Gnade eingesehen wird.

Pelagius' Vorstellung von der Gnade, so Augustin, ist äußerlich. Für ihn
besteht das Jüngste Gericht darin, daß die, die das Gesetz erfüllt haben, belohnt,
und die, die es nicht erfüllt haben, bestraft werden. In Wirklichkeit, so Augustin,
ist es so, daß Gott sich im Gericht derjenigen Menschen erbarmt, die sich ihrerseits erbarmt haben, nämlich dadurch, daß sie, von der Gnade berührt, ihre Situation und damit die der Menschheit insgesamt, eingesehen haben. Die Ver-

---

[230] *Gest. Pel.* 2 (CSEL 42, 52).
[231] *Gest. Pel.* 3 (CSEL 42, 54).
[232] *Gest. Pel.* 4 (CSEL 42, 55): Sie glauben nicht, so Augustin, jedem Wort, *qui labitur in lingua et non in corde* (Sir 19,16).
[233] *Gest. Pel.* 5 (CSEL 42, 57); vgl. Ps 58,11 (*deus meus misericordia eius praeueniet me*).
[234] *Gest. Pel.* 6 (CSEL 42, 57).

dammnis im Gericht aber besteht darin, daß Gott sich derer, die, da sie seines Erbarmens entbehrten, kein Erbarmen gezeigt haben, nicht erbarmt.[235] Wie Augustin oben die Grunddimension der Gnade als intellektuell definiert hatte, so erweitert er hier die Bedeutung von »intellektuell« in eine ethische Richtung. Nicht schon daß jemandem böse Gedanken in den Sinn kommen, ist zu verurteilen, entscheidend ist, wie jemand mit solchen Gedanken umgeht.[236] Wiederum, so Augustin, sieht Pelagius nur die Effekt-Seite. Für ihn sind böse Gedanken immer nur objektiv, von ihren Ergebnissen her (»gesetzmäßig«) als solche definierbar. Augustin dagegen verweist darauf, daß der »Ort« der Beurteilung solcher Fragen die menschliche Geistseele ist, in der Gottes Geist wirksam wird (Röm 5,5). Nach ihm reicht es nicht aus, den Heilsprozeß anhand äußerer Gesetzmäßigkeiten, etwa des Verhaltens, zu beurteilen. Es müssen Kriterien gefunden werden, die sich auf die geistige Haltung des Menschen beziehen. Dies aber geht nur in einer Theologie, in deren Mitte das Konzept einer im Intellekt gründenden und mündenden Gnade steht.[237]

Weil er nicht die dogmatische Problematik seiner Lehren bedachte, sondern nur die Aufrechterhaltung seiner Tätigkeit als asketischer Lehrer im Sinn hatte, so Augustin, machte Pelagius den Bischöfen in Diospolis allerlei Zugeständnisse. Was aber vertritt er wirklich? Für Augustin ist das nicht nebensächlich. Augustin geht es um Einsicht, intellektuelle Konsistenz und epistemologische Kohärenz, um den objektiven Wirklichkeitsbezug subjektiven Glaubens, um Kernfragen des Glaubens.[238] Mit dem Ausdruck »Häretiker« will er sich zurückhalten, sagt er, um der Wahrheit willen jedoch auch nicht davor zurückschrecken. Es sei eine Sache, wenn jemand versuchsweise eine unsichere These äußere, um sich im Sinne des *intellectus gratiae* umgehend korrigieren zu lassen, und etwas ganz anderes, wenn jemand hartnäckig auf seiner Teilwahrheit oder Falschheit beharrt.[239]

---

[235] *Gest. Pel.* 10 (CSEL 42, 61): *iudicium enim sine misericordia fiet illi qui non fecit misericordiam* [Jak 2,13]; vgl. *gest. Pel.* 11 (CSEL 42, 62): *quis enim gloriabitur mundum se esse a peccatis?* [Spr 20,9], das an 1 Kor 1,31 anklingt: Niemand kann sich der eigenen Sündlosigkeit »rühmen« (Spr 20,9). Vielmehr ist Selbstruhm Zeichen von Torheit und mithin von Abwesenheit von Gnade, etwa bei den »törichten« Jungfrauen (Mt 25,10.12), die keinen Einlaß mehr in den Hochzeitssaal gefunden hätten; denn »viele sind berufen, wenige aber auserwählt« (Mt 22,14). Um wahre Weisheit und Einsicht kann man dagegen nur in gnadenhaft verliehener Demut beten und letztere ist dann bereits eine Grundform von *intellectus gratiae*.

[236] *Gest. Pel.* 12 (CSEL 42, 64).

[237] Dies hat im folgenden auch Auswirkungen auf Augustins Deutung von Pelagius' Einstellung zum Alten Testament. Augustin verweist zunächst auf die Doppeldeutigkeit des Ausdrucks »Altes Testament,« (1) als Teil der Heiligen Schrift, (2) als Phase der Heilsgeschichte. In bezug auf (2) dürfe nicht zwischen Reich Gottes und Himmelreich unterschieden werden. Alle Menschen seien zu einem einzigen Heil berufen. Die Berufung sei aber (eben wiederum) keine Äußerlichkeit wie ein Zwang zur Einhaltung von Gesetzen, wie das Alte Testament in der Bedeutung von (1) insinuiert, sondern eine geistige im Sinne des Neuen Testaments. Nur so könne auch die Heilige Schrift des Alten Testaments adäquat verstanden werden. Vgl. *gest. Pel.* 14 (CSEL 42, 66): *qui et idoneos nos fecit ministros noui testamenti non littera, sed spiritu; littera enim occidit, spiritus autem uiuificat* [2 Kor 3,6].

[238] Vgl. *ep.* 179 an Johannes von Jerusalem (CSEL 44, 691-697); Ulbrich, Briefe zur entscheidenden Phase 67-72; Wermelinger, Rom 91f.

[239] *Gest. Pel.* 18 (CSEL 42, 71): *sed interest quanto, interest unde, interest postremo utrum admonitus corrigat an pertinaciter defendendo etiam dogma faciat, quod leuitate, non dogmate*

Pelagius' Gnadenverständnis sei eine Art von »Gesetzesdenken.« Ob er, so Augustin, unter Gnade versteht, was Paulus unter Gnade versteht, Gnade Christi, die den Menschen aus seinem Todesleib erlöst (Röm 7,24f.), ohne die der Tod Christi umsonst wäre (Gal 2,21), lebensspendende Gnade des Geistes (2 Kor 3,6), ohne die die »Kenntnis des Gesetzes« nichts anderes ist als lediglich »Anfang der Begierde« (Röm 7,7f.), ist fraglich.[240] Immerhin lehrt er hartnäckig (auch nach Diospolis), daß der menschliche Wille ohne Zutun der Gnade zum Guten fähig sei. Die Wahrheit lautet umgekehrt: Wo immer sich menschlicher Wille als zum Guten fähig erweist, ist Gnade als in ihm am Werk vorauszusetzen (Röm 7,15-18).[241] Pelagius' Verweis auf das Motiv des »gerechten Abel« zur Widerlegung der Lehre von der Ursünde Adams gleicht, so Augustin, dem donatistischen Konzept einer Kirche der Reinen und Perfekten, die bereits in den Verhandlungen von 411 zurückgewiesen worden war,[242] mit umgekehrten Vorzeichen: Die Donatisten verfochten ein starkes Taufgnadenkonzept, Pelagius geht von einer gesunden Menschennatur aus, die aus eigener Kraft die Sündlosigkeit verwirklichen könne. Augustin demonstriert die Eigenart dieses Denkens an der Caelestius zugeschriebenen Aussage, die Gnade sei (als Natur) im Willen situiert (*in mea uoluntate posita*):[243] Pelagius habe sich zwar davon distanziert, vertrete aber in *nat.* etwas ganz Ähnliches. Wenn er dem abgeschworen habe, umso besser. Alle Zweifel beseitigt wären dadurch aber nicht; denn der eigentliche Anklagepunkt bestehe darin, daß Caelestius' undifferenzierter Identifikation von Gnade und Natur bei Pelagius eine Trennung von Gnade und Natur im Sinne eines äußerlichen (gesetzlichen) Verhältnisses entspreche. Gegen Caelestius sei zwar korrekterweise zu halten, daß die Gnade innerlich sei, aber nicht derart, daß sie nicht vom Willen zu unterscheiden sei. Von Pelagius dagegen sei darüberhinaus die Zustimmung zu der Aussage einzufordern, daß Gnade und Natur zwar zu unterscheiden seien, aber nicht derart, daß Gnade etwas zur Natur äußerlich Hinzutretendes, zum Heil nicht unbedingt Notwendiges sei.[244]

Die Gnade ist, so Augustin weiter gegen Caelestius, in einzelne Gnadengaben zu differenzieren.[245] Vor allem ist sie unverdient (Röm 4,4; 11,6).[246] Ihre Funk-

---

dixerat. Hier ist eine strukturelle Ähnlichkeit zur Entwicklung des christologischen Dogmas festzustellen. Aussagen über die Gnade, so Augustin sinngemäß, sind mit dem Naturbegriff weder zu vermischen (wie etwa bei Caelestius, für den der freie Wille und die Gnade *in actu* eins seien), noch von ihm zu trennen (etwa von der Person des konkret handelnden Menschen). In der Person Christi ist auch bei Augustin geschöpfliche Natur und göttliche Gnade eins. Vgl. Studer, Gratia.
[240] *Gest. Pel.* 20 (CSEL 42, 73).
[241] *Gest. Pel.* 21 (CSEL 42, 74f.); vgl. Röm 7,15.18 (*non quod uolo, hoc ago, sed quod odi hoc facio, et perficere bonum non inuenio*).
[242] *Gest. Pel.* 27f. (CSEL 42, 80.82).
[243] *Gest. Pel.* 30 (CSEL 42, 84).
[244] *Gest. Pel.* 31 (CSEL 42, 85f.).
[245] *Gest. Pel.* 32 (CSEL 42, 86.88). Der Schluß, alle Gnadengaben seien allen Menschen zugänglich, dürfte sich für Caelestius notwendig aus der Annahme ergeben haben, die Gnade sei eigentlich natürlich.
[246] *Gest. Pel.* 33.41 (CSEL 42, 88.97); vgl. 1 Kor 4,7 (*quid enim habes quod non accepisti?*); Röm 9,16 (*non uolentis neque currentis, sed miserentis est dei*); 1 Kor 1,31 (*in domino glorietur*); 1 Kor 15,10 (*non ego, sed gratia dei mecum*). Auch der Verdienstcharakter der Gnade ergibt sich

tion im Hinblick auf die Überwindung der Ursünde kann nicht geleugnet werden. Aus der natürlichen Unvollkommenheit, die für Caelestius mit der Unvollkommenheit in der Gnade mehr oder weniger zusammenfällt, hatte Caelestius wohl auf die Nichtexistenz der Ursünde geschlossen. Dazu verwendete er die Stelle Phil 3,12: »Nicht daß ich es schon erlangt hätte oder schon vollkommen wäre.« Dagegen stellt Augustin Ps 24,7: »Gedenke nicht der Sünden meiner Jugend und meiner Unwissenheit.«[247] Augustin: Es ist ein Unterschied, ob jemand in der Gnade wächst oder zuallererst aus der Ursünde herausgerissen wird. Daß diese sich im Vorlauf zum Gnadenakt als mächtiger erweist als das Bewußtsein selbst, wie auch die Fähigkeit, dieses in Handlungen umzusetzen, nimmt der Ursünde nicht ihren Schuldcharakter. Gerade darin erweist sich ja die Gnade als übermächtig und nicht identisch mit den natürlichen Fähigkeiten des Menschen, daß sie die Ambivalenz menschlichen Denkens, Fühlens wie auch Handelns auf Heilseindeutigkeit hin überwindet.

Die Unaufrichtigkeit Pelagius' und seiner Anhänger bei der Verteidigung ihrer Positionen[248] und ihres Berichts über das Urteil von Diospolis,[249] so Augustin, verhindern die Einbeziehung der guten Elemente seiner Lehre in eine »orthodoxe,« d. h. von ihm und den afrikanischen Bischöfen akzeptierbare Gnadenlehre[250] und verheißen für die Zukunft nichts Gutes.[251]

(c) Identität und Differenz von Natur und Gnade

Augustins Prophezeiung erwies sich als »sich selbst erfüllend.« Die Zuspitzung des Konflikts folgte auf dem Fuß. Im Spätsommer 417 sprach der am 18. März des Jahres gewählte Papst Zosimus Pelagius und Caelestius vom Vorwurf der Häresie zunächst frei.[252] Ein heftiger Briefwechsel zwischen Zosimus und den afrikanischen Bischöfen entbrannte.[253] Den ganzen Winter über bereiteten sich letztere auf den entscheidenden Schlag vor. Am 1. Mai 418 trat in Karthago ein Konzil zusammen, das, ohne Namen zu nennen, Pelagius' und Caelestius' Lehren verurteilte und ihnen entgegensetzte: (1) Die Lehre von der Erbsünde, wie in *pecc. mer.* und *perf. iust. hom.* entwickelt, also das Konzept einer Weitergabe (*traditio*) der Ursünde [Sünde Adams] auf natürlichem Weg von Generation zu Generation, statt lediglich ihrer Nachahmung (*imitatio*) im Einzelfall; (2) die

---

aus der Annahme ihrer Naturgemäßheit, wie Augustin sie seinen Gegnern, hier nicht zwischen Pelagius und Caelestius unterscheidend, zuschreibt.

[247] *Gest. Pel.* 42 (CSEL 42, 97f.); vgl. Phil 3,12 (*non quod iam acceperim aut quod iam perfectus sim*); Ps 24,7 (*delicta iuuentutis meae ne memineris et ignorantiae meae*).

[248] *Gest. Pel.* 47.52 (CSEL 42, 101.105).

[249] *Gest. Pel.* 57.59 (CSEL 42, 111.115).

[250] *Gest. Pel.* 49 (CSEL 42, 103).

[251] Vgl. am Ende von *gest. Pel.* die nicht weiter belegten Vermutungen über Gewalttaten von Pelagius-Anhängern in Palästina; zur Bewertung dieser Vorwürfe s. Wermelinger, Rom 82.109-113.

[252] Vgl. Wermelinger, Rom 141-146.

[253] Vgl. Wermelinger, Rom 146-153.

Lehre von der Notwendigkeit der Gnade als grundlegend für die Erlösung, nicht nur als zusätzliche Hilfe; (3) die Lehre von der Unzulänglichkeit der natürlichen Willensfreiheit.[254]

Augustin trug seinen literarischen Teil zu dieser Entwicklung bei. (α) Zwischen Anfang und Mitte Oktober 417 hielt er vier *sermones* in Karthago, die einige Aspekte der aktuellen Situation widerspiegeln.[255] (β) Ende 417 schrieb er mit Alypius *ep.* 186 an Paulinus von Nola und wies darin erneut auf die erkenntnistheoretische Problematik sowohl der Verteidigung Pelagius' in Diospolis als auch des Verständnisses seiner Lehren hin.[256] (γ) Nach dem Konzil von Karthago verfaßte er *grat. pecc. orig.* als (vorläufig) abschließendes Verdikt über die pelagianische Häresie.[257]

(α) *Sermones* 153-156 (417)

Sermo 153 beginnt mit einer erkenntnistheoretisch-gnadentheologischen Bemerkung, die zunächst antimanichäisch weitergeführt wird, ehe sie eine antipelagianische Wendung erfährt: Augustin kombiniert Ps 93,12 (*beatus uir, quem tu erudieris, domine, et ex lege tua docueris eum*) mit 1 Kor 3,7 (*dei est incrementum dare*) und stellt die Frage: Kann also das Gesetz Sünde sein (Röm 7,7: *lex peccatum est?*)? Die Antwort lautet natürlich: *absit!*[258] Gesetz und Gnade sind nicht, wie die Manichäer behaupten, zwei getrennte Realitäten, gut und böse, Sünde und Gnade, sondern die Sünde erwächst vielmehr aus der *concupiscentia* des Menschen, die zwar durch das Gesetz verstärkt, dann aber durch die Gnade überwunden wird. Dann erst ist das Gebot *non concupisces* (Ex 20,17) erfüllbar und wirklich im Indikativ zu verstehen.[259] Das Gesetz ist ein Mittel der Gnade (*concupiscentia per legem aucta, non uicta*).[260] Subjekt der Gnade aber ist Christus bzw. wer in ihm lebt. Von sich aus lebt jeder Mensch nur im Fleisch (*cum enim essemus in carne*). Er kann sich also nicht auf seine eigenen (intellektuellen und moralischen) Kräfte verlassen (*noli praesumere de uiribus tuis*). Nun aber ist in ihm (in Christus) das Wort selbst Fleisch (Joh 1,14: *uerbum caro factum est*)[261] und damit intellektuelle und moralische Vervollkommnung möglich.[262]

---

[254] Vgl. Wermelinger, Rom 194-196. Das Konzil ging, so Wermelinger, nicht auf die Prädestinationslehre Augustins ein, wie dieser sie jetzt immer stärker aus der Lehre von der völligen Ungeschuldetheit der Gnade heraus zu entwickeln begann.

[255] Zur Chronologie s. La Bonnardière, Sermons 151-156; bestätigt und um einen Aspekt ergänzt von J.-P. Bouhot, Rez. von La Bonnardière, Sermons 151-156, in: RÉAug 30 (1984) 341.

[256] Wermelinger, Rom 300 (Anhang III).

[257] Wermelinger, Rom 254-262.

[258] *Sermo* 153,1 (PL 38, 825f.).

[259] *Sermo* 153,3 (PL 38, 827f.).

[260] *Sermo* 153,7 (PL 38, 829).

[261] *Sermo* 153,8.11 (PL 38, 829.831).

[262] Die antipelagianische Tendenz der Aussage ist deutlich: Die Menschen sind ja durch Vererbung, nicht einfach bloß durch Imitation im Einzelfall in die Ursünde verstrickt (Röm 5,12.20). Es geht bei der Überwindung der Ursünde um etwas Tieferes als nur um eine auch natürlich interpretierbare äußere Verhaltensänderung. Sie muß von jemandem initiiert werden, der, anders als

Sermo 154 geht von derselben Grundfrage aus: Ist *lex* Sünde? Er fährt dann fort mit Röm 7,15 (*quod enim operor, ignoro. non enim quod uolo, hoc ago*), also erneut mit einem erkenntnistheoretisch-gnadentheologischen Gedanken mit antimanichäischem Akzent.[263] Der Zwiespalt des Willens, so Augustin, darf nicht im Sinne einer Doppelung der Heilswirklichkeit interpretiert werden, wie bei den Manichäern. Er darf aber um der Erhaltung der Einheit der Heilswirklichkeit auch nicht auf den natürlichen Willen reduziert werden, nach dem Motto: Wer von Natur aus das Gute will und tut, ist gut, d. h. will und handelt gnadengemäß und ist deshalb erlöst. Augustin: Es gibt vielmehr eine innere Unterscheidung von Eigenwillen und Gotteswillen. Das Gebot *non concupisces* (Ex 20,17) kann nur die Gnade erfüllen, und zwar allmählich, in einem Lernprozeß, wie auch zu Beginn von *sermo* 153 angedeutet wurde (s. Phil 3,12.14: *non quia iam acceperim aut iam perfectus sim*).[264]

Perfectio erfolgt durch Gnade im Intellekt. Vor allem anderen markiert die Erkenntnis, fleischlich zu sein, den Anfang wie auch die Vollendung des Gnadenwirkens; denn sowohl die Einsicht, Gnadenhilfe nötig zu haben, als auch die Einsicht, sie nötig gehabt zu haben (nämlich am Ende dieses Lebens, wenn die Gnade in Fülle gesiegt hat), ist *intellectus gratiae*.[265]

Sermo 155 beginnt bei der Frage, wie die *concupiscentia* als Sünde erkannt und überwunden werden kann. Die Antwort lautet beide Male: Durch *intellectus gratiae*, wie er anhand von Röm 7,24f. bereits konstatiert wurde und nun in Röm 8,1 erneut aufgenommen wird (*nulla ergo condemnatio est nunc his qui sunt in Christo Iesu*).[266] In Christus sein bedeutet in seinem Geist wandeln, bedeutet nicht der *concupiscentia* folgen (Sir 18,30: *post concupiscentias tuas non eas*),[267] bedeutet, aus dem Dunkel des Selbst (vgl. Eph 5,8: »Einst *wart* ihr Finsternis, jetzt *seid* ihr Licht«) heraus schon jetzt im Licht der Gnade zu leben.[268]

Sermo 156 schließlich beschäftigt sich mit dem *intellectus gratiae*, indem er fragt, wie biblische Aussagen zur Gnade überhaupt einsehbar sind.[269] Ein gottloser Geist, so Augustin, lehnt selbst Einsicht ab (*impia enim mens odit ipsum intellectum*), wegen der Konsequenzen, die sich aus ihrer Annahme ergäben (Ps 35,4: *noluerunt intelligere, ut bene agerent*). Die Praxisbezogenheit des *intellectus gratiae* steht so außer Zweifel (Ps 110,10: *[initium sapientiae timor domi-*

---

alle anderen Menschen, selbst entscheiden kann, ob er Mensch werden will oder nicht, um dadurch allen anderen eine innere Entscheidung darüber zu ermöglichen, ob sie erlöst werden wollen oder nicht, dadurch, daß sie im Sinne des zum Schluß von *conf.* Gesagten (in diesem Kapitel, Abschn. 1e) im *intellectus gratiae* die durch die Ursünde beeinträchtigte Gottähnlichkeit im Geist wiederherstellen. Vgl. *sermo* 153,14 (PL 38, 832).

[263] *Sermo* 154,2 (PL 38, 833).

[264] *Sermo* 154,4 (PL 38, 835); vgl. *gest. Pel.* 42 (CSEL 42, 98).

[265] *Sermo* 154,8.11 (PL 38, 836.838); vgl. Röm 7,22f. und Zitat Augustin: *tu, tu, quisquis talis es, totus carnalis es* [...] *prorsus etiam hoc intellego.* Nach Röm 7,24f. ereignet sich die Fülle dieser Einsicht erst nach dem irdischen Tod. Im Diesseits besteht sie nur als Glaube und Hoffnung.

[266] *Sermo* 155,2 (PL 38, 841).

[267] *Sermo* 155,9 (PL 38, 846); zu Sir 18,30 s. auch *sermo* 154.

[268] *Sermo* 155,11 (PL 38, 847).

[269] Zum folgenden s. *sermo* 156,1 (PL 38, 850).

ni] intellectus bonus omnibus facientibus eum). Das Gesetz ist Mittel zur Verwirklichung der Gnade, Zweck ist der Intellekt, von dem her und auf den hin die
Gnade das Gesetz gesetzesgemäß anwendet (1 Tim 1,8: *bona est lex, si quis ea
legitime utatur).*[270]

Wiederum betont Augustin (antimanichäisch) die Einheit von Natur und
Gnade, wie auch (antipelagianisch) die Differenz zwischen beidem: Gott ist *unus.*
Es gibt keinen Mittler (Gal 3,19f.: *mediator autem unius non est, deus autem
unus est)* außer ihn selbst, den einen Gott im Menschen Christus Jesus (1 Tim
2,5: *unus enim deus, et unus mediator dei et hominum, homo Christus Iesus).*[271]
Begriffen wird dies gemäß Röm 5,5 in seinem Geist, der in die Herzen derer ausgegossen ist, die seiner Gnade teilhaftig sind (vgl. auch 1 Joh 4,14: *deus caritas
est, et qui manet in caritate, in deo manet et deus in eo).* Wie am Ende von
sermo 153 hat der *intellectus gratiae* in seiner Tiefe erneut trinitarische Dimension:[272] Der Fleischwerdung dessen, der die Gnade gewährt, entspricht in seinem Geist die Restitution zur Gottähnlichkeit derer, die sie empfangen. Anders
als den Philosophen, die auf ihre natürlichen (intellektuellen und moralischen)
Kräfte bauen (Ps 98,7: *qui confidunt in uirtute sua),* reicht dem Christen zur vollkommenen Gnadeneinsicht die Einheit mit Christus (Ps 72,28: *mihi autem adhaerere deo bonum est)* im Gebet.[273]

(β) *Epistula* 186 an Paulinus von Nola

Nicht, wie Goldbacher meinte, vor, sondern wahrscheinlich kurze Zeit nach
diesen Predigten, im Spätherbst 417,[274] schrieb Augustin zusammen mit Alypius[275] *ep.* 186 an Paulinus von Nola. Im Rahmen der Diskussion einiger Werke
Pelagius'[276] behandelte er dort erneut Fragen zu den erkenntnistheoretischen
Grundlagen des Gnadenbegriffs.

Wenn, so beginnt er, Pelagius Paulinus gegenüber geleugnet haben sollte, ein
Freiheitskonzept zu vertreten, das unter Umständen ohne Gnadenbegriff auskom-
me, so sei das nicht unbedingt für bare Münze zu nehmen; denn was »verstehe«
Pelagius überhaupt unter Gnade? Wenn sein Gnadenbegriff Heiden, Gottlose und
Ungläubige einschließe, sei er abzulehnen.[277] Nur die Gnade Christi sei als Gnade

---

[270] *Sermo* 156,3 (PL 38, 851); vgl. die Rede von *lex* als *paedagogus* in Christus schon in *exp.
ep. Gal* 27 (CSEL 84, 92); s. dazu oben in Kapitel II (S. 62-65); außerdem das Motiv des *magister interior* sowie Gal 3,24: *in Christus Iesus praeuaricationis gratia posita est.*

[271] *Sermo* 156,5 (PL 38, 852).

[272] *Sermo* 156,6 (PL 38, 853).

[273] *Sermo* 156,7 (PL 38, 854).

[274] Wermelinger, Rom 159-163, bes. 159; Goldbacher in: CSEL 58, 48.

[275] Seinem Jugendfreund, nun Bischof von Thagaste und angesichts seiner Kontakte zum
Kaiserhaus im Ravenna ein wichtiger Verbündeter Augustins im Kampf gegen Pelagius. Vgl. E.
Feldmann u. a., Art. Alypius, in: AugL, Bd. 1, 245-267.

[276] Nach Wermelinger (Rom 157f.300f.) handelte es sich dabei um einen Brief an Paulinus von
Nola, Pelag. *lib. arb.* und die Rechtfertigungsschreiben Pelagius' im Umfeld der Verhandlungen
mit Zosimus (s. dazu Wermelinger, Rom 139-141).

[277] *Ep.* 186,1 (CSEL 57, 46): *dicit [Pelagius] non se [Paulinum] debere existimari sine gratia dei*

begreifbar; denn »wenn die Rechtfertigung durch die Natur erfolgt, dann ist Christus umsonst gestorben« (Gal 2,21: *si per naturam iustitia, ergo Christus gratis mortuus est*). Demgegenüber habe die Kirche[278] immer vertreten und tue dies auch neuerdings im Widerstand gegen Pelagius, daß so, wie durch den ersten Menschen der Tod über die ganze Menschheit kam, durch den Tod des zweiten Adam das Leben.[279]

Ist der ursündlich verstrickte Mensch von sich aus zu nichts fähig, so wirkt die Gnade alles in ihm, einschließlich seines guten Willens (Phil 2,13: *deus quippe operatur [in nobis] et uelle et operari pro bona uoluntate*). So ist es also durchaus möglich, sich zu rühmen, allerdings ausschließlich im Herrn.[280] Inhaltlich bezieht sich dieser Ruhm auf die durch die Gnade im Geist (Röm 5,5) vermittelten theologischen Tugenden (Glaube, Hoffnung, Liebe; vgl. Gal 5,6: *fides quae per dilectionem operatur*) und die (intellektuelle und moralische) Festigkeit in ihnen.[281] »Verdienste« sind nur durch sie möglich, nicht durch das Gesetz, nicht einmal das biblische, das in einem tieferen Sinne von Gott ausgeht als das Naturgesetz. Für den ursündlich bedingten Menschen ist das Gesetz nur erfüllbar, wenn er im voraus »gratis« Gnade zur Befähigung dazu empfängt.[282] Nichts gibt es, was ein Mensch nicht im voraus empfangen hätte (1 Kor 4,7). Gottes Erbarmen kommt allem zuvor (Ps 58,11).

Dieser Situation entspricht auf der anderen Seite des Spektrums, daß durch die Sünde eines einzigen Menschen und »aus« diesem »einzigen« (Adam) alle, und zwar je individuell, zur Verdammnis bestimmt sind (*ex Adam massa; ex uno in condemnationem; in quo omnes peccauerunt*; vgl. Röm 11,33; 9,21; 5,16; 5,12). Bei der Ursünde handelt es sich also nicht um eine Kollektivschuld, sondern jeder einzelne Mensch verkörpert, ehe die Gnade in ihm zu wirken beginnt, Adam in seiner Sünde, unabhängig davon, was er im Laufe seines irdischen Lebens an Gutem oder Bösen vollbringen wird.[283] Seine Vernunft und Willensfreiheit ist in diesem Zusammenhang nicht mehr das Wichtigste. Die Prioritäten müssen jetzt anders gesetzt werden. Eine noch so vernünftige Entscheidung ist unter ursündlichen Bedingungen pervers.[284] Heilsgemäß vernünftig und einsichtig werden Men-

---

defendere liberum arbitrium [...] uidelicet haec intellegatur doctore ipso gratia dei, quae paganis atque Christianis, impiis et piis, infidelibus fidelibusque communis est.

[278] Augustin legt Wert darauf, daß die afrikanischen Teilkirchen, deren als Reaktion auf Diospolis gehaltene Synoden er in diesem Zusammenhang aufzählt, die gesamte Katholizität repräsentieren. Er interpretiert aus diesem Grund natürlich auch die Antworten Roms in seinem Sinne.

[279] *Ep.* 186,3 (CSEL 57, 47): *a morte primi hominis ad uitam secundi hominis transfert* [1 Kor 15,47].

[280] *Ep.* 186,4 (CSEL 57, 48): *hoc utique totum ideo, non ut homo non glorietur, sed ut, »qui gloriatur, in domino glorietur«* [1 Kor 1,31; 2 Kor 10,17].

[281] *Ep.* 186,5 (CSEL 57, 49); vgl. Ps 58,10 (*fortitudinem meam ad te custodiam*); Ps 120,4 (*non dormit [...] qui custodit Israhel*); Ps 58,10 (*quoniam, deus, [...] susceptor meus es*).

[282] *Ep.* 186,9 (CSEL 57, 52): *nam cur illam »iustitiam, quae ex lege est«* [Phil 3,9], *suam dixit apostolus, non ex deo? quasi lex non sit ex deo? [...] quia lex per litteram iubet, non per spiritum iuuat* [vgl. 2 Kor 3,6].

[283] *Ep.* 186,11-26 (CSEL 57, 54-66).

[284] S. *ep.* 186,14 (CSEL 57, 56) den Vergleich mit der Eselin Bileams, die Gott zum Sprechen

schen im Einzugsbereich der Ursünde dann, wenn Gott durch seine vorauseilende Gnade in ihnen die heilbringende Vernunftordnung inkraftsetzt (den *intellectus gratiae* initiiert) und so das ursündliche Denken überwindet. Daß dies zur Erwählung einiger und zur Verwerfung vieler führt (Röm 9,18), kann nicht noch einmal hinterfragt werden (Röm 9,20). Von der Güte, Gerechtigkeit und Allmacht Gottes ist freilich immer auszugehen (Röm 9,14f.).[285]

Statt sich, so Augustin, bei unbeantwortbaren Fragen zu den Schattenseiten der Gnadenwahl aufzuhalten, für die Gott *per definitionem* nicht verantwortlich gemacht werden kann, ist es sinnvoll, sich dem Vorgang der Erwählung selbst zuzuwenden, dem Ruf (*uocatio*) *secundum propositum*, gemäß dem Heil, das Gott für die Erwählten vorgesehen hat; denn die er *secundum propositum* berufen hat, die hat er auch gerechtfertigt, die hat er auch verherrlicht, das heißt, die sehen angesichts der für sie vorgesehenen Herrlichkeit ein, was es mit dem Geheimnis dieser ambivalenten Art der Erlösung auf sich hat.[286] Wenn Pelagius dies leugnet, so Augustin, leugnet er auch die Heilswirksamkeit der Sakramente (Gnade ist dann bei ihm nicht das, was die Kirche darunter versteht),[287] dann leugnet er auch die Heilswirksamkeit des Gebets,[288] zumal derjenigen Formen des Gebets, die sich auf die dem Menschen eigene Schwäche beziehen und ebenfalls biblisch fundiert sind (z. B. Ps 6,3f.: *miserere mei, domine, quoniam infirmus sum*). Worauf, so Augustin, bezieht sich Pelagius eigentlich mit seiner Rede von einem »Rest« an intellektueller und moralischer Kraft, die der Menschen haben soll für den Fall, daß die Gnade nicht eingreift? Eine solche Kraft kann doch, wenn überhaupt, dann nur die Gnade selbst hervorbringen, und zwar so, daß auch der Mensch seine eigenen Kräfte entwickelt, aber eben nur dann (1 Kor 15,10: *non ego autem, sed gratia dei mecum*).[289]

Dies ist im *intellectus gratiae* einzusehen, um nicht denen gleichzuwerden, die zwar Eifer haben für Gott, aber ohne vernünftiges Wissen über den Gegenstand ihres Eifers, die keine Einsicht haben in das gnadenhafte Wesen und Wirken der Gerechtigkeit Gottes und deshalb auch nicht zwischen ihrem eigenen Willen und dem Gottes unterscheiden können.[290] Dazu ist, wie hier geschehen, in einem geistlichen Prozeß, der die eigene ursündliche Situation mit berücksichtigt (Mt 6,13), das Wesen und Wirken der Gnade zu erforschen (Lk 19,10: *quaerere*), beginnend mit Adam, endend in Christus, als von Gott initiierte Wahl (Joh 6,66: *nemo uenit ad me, nisi ei datum fuerit a patre*), die eine Überwindung der (intellektuellen und moralischen) Armut (Ps 68,30: *pauper ego et dolens*) des

---

vernünftiger Worte brachte, um den Wahnsinn des Propheten zu unterbinden; vgl. 2 Petr 2,16; Num 22,28f. (*subiugale sine uoce in hominis uoce respondens uetuit prophetae dementiam*).

[285] Vgl. ebd. den Rückbezug auf Röm 9,11.13 (vgl. *ad Simplicianum*): Wichtig für den *intellectus gratiae* sei, einzusehen, daß Erwählung und Verwerfung nicht den Werken, sondern gemäß dem Ruf gemäß erfolge. Vgl. außerdem *ep.* 186,16 (CSEL 57, 58).

[286] *Ep.* 186,25 (CSEL 57, 65); vgl. auch Röm 8,28.30 und erneut 1 Kor 1,31.

[287] *Ep.* 186,27f. (CSEL 57, 66.68).

[288] *Ep.* 186,34 (CSEL 57, 73f.).

[289] *Ep.* 186,37 (CSEL 57, 76).

[290] *Ep.* 186,37 (CSEL 57, 76f.); vgl. Röm 10,2f. (*zelum dei habent sed non secundum scientiam, ignorantes dei iustitiam et suam uolentes constituere, iustitiae dei non sunt subiecti*).

eigenen menschlichen Selbst im Heiligen Geist (Gal 5,17: *spiritus aduersus carnem*) durch Christus über den irdischen Tod hinaus bedeutet (Röm 7,24f.: *de corpore mortis huius*).

(γ) *De gratia et peccato originali* (418)

Grat. pecc. orig. ist ein Traktat in zwei Büchern zur Gnaden- und Erbsündenlehre, gewidmet Pinianus, Albina und Melania der Jüngeren, die nach mehrjährigem
Aufenthalt in Afrika Mitte 417 nach Jerusalem umgezogen waren.[291] Die drei hatten sich im Frühsommer 418 brieflich an Augustin gewandt und ihn um eine Bewertung der Lehren des Pelagius gebeten. Offenbar kannten sie Pelagius persönlich und standen unter seinem geistlichen Einfluß. Um diesen zu erhalten, berich-
teten sie, habe er Zugeständnisse an ihre Sorge um die Orthodoxie seiner Lehre
gemacht und sich mündlich zur Gnade bekannt.[292]

Augustin jedoch warnte seine Adressaten: Aus Pelagius' Schriften gehe nicht
hervor, daß er von seiner Irrlehre abgewichen sei. Was, so fragt er, meint Pelagius dort eigentlich mit Gnade? Doch lediglich etwas, was zur Vergebung began-
gener und Vermeidung künftiger Sünden im Gedächtnis jedes einzelnen zu seiner
eigenen intellektuellen und moralischen Willenskraft hinzukommt.[293] Daß die
Gnade diese Kraft überhaupt erst grundlegt (nämlich im *intellectus gratiae*) leugnet er weiterhin. Sein Gnadenbegriff steht recht unbeholfen neben den Begriffen
menschlichen Denkens, Wollens und Handelns. Von der biblischen Vorstellung
göttlichen Handelns, etwa im trinitätstheologischen Entwurf einer Schöpfung und
Erlösung in Gott (*quod deus ipse posuit in natura*), ist bei ihm wenig zu spüren.
Gottes Gnade, so Augustin, Gottes handelnde Präsenz als Konstitutivum der handelnden Menschennatur, taucht im Denken Pelagius' nur als Möglichkeit, nicht
aber als Wirklichkeit auf.[294] Pelagius' Äußerungen laufen immer darauf hinaus,
daß die Gnade menschliches Wollen und Handeln lediglich ermögliche,[295] während die Verwirklichung in der Menschennatur selbst liege, und zwar insofern
diese von der (natürlichen) Kenntnis des natürlichen oder biblischen Sittengeset-
zes her erleuchtet sei.

Pelagius kennt demnach also schon auch so etwas wie einen *intellectus gratiae*. Es ist aber eigentlich eher ein *intellectus legis per mentem hominis*. Und es

---

[291] Wermelinger, Rom 254.
[292] Vgl. *grat. pecc. orig.* 1,2 (CSEL 42, 125) den Wortlaut eines Anathems Pelagius' gegen
»Leugner der Gnade,« der zwar die Notwendigkeit der Gnade betont, die Gründe dafür (Erbsünde
und Prädestination) jedoch unerwähnt läßt: *anathemo, qui uel sentit uel dicit gratiam dei, qua
»Christus uenit in hunc mundum peccatores saluos facere«* [1 Tim 1,15], *non solum per singulas
horas aut per singula momenta, sed etiam per singulos actus nostros non esse necessariam; et qui
hanc conantur auferre, poenas sortiantur aeternas.*
[293] *Grat. pecc. orig.* 1,2 (CSEL 42, 126): *ut semper in memoria retinentes et reminiscentes
dimissa nobis esse peccata non peccemus ulterius.*
[294] *Grat. pecc. orig.* 1,6 (CSEL 42, 129): *scire quippe debemus, quod nec uoluntatem nostram
nec actionem diuino adiuuari credit auxilio, sed solam possibilitatem uoluntatis atque operis.*
[295] *Grat. pecc. orig.* 1,7 (CSEL 42, 130).

ist diese Kombination von Mensch und Gesetz, gegen die sich Augustin vehement wehrt: So sei es eben nicht. Das Gesetz könne nur etwas vorschreiben. Es enthalte selbst nicht das Prinzip seiner Erfüllung. Vielmehr, so Augustin, tötet der Buchstabe, nur der Geist macht lebendig (2 Kor 3,6). Nur in Christus ist das Gesetz Zuchtmeister (Gal 3,24). Ohne Christus, ohne seine Gnade ist es nichts. Entsprechendes gilt für die Aussage, daß durch das Gesetz die Sünde erkannt wird. Niemand, so Augustin, erneut 1 Kor 1,31 aufnehmend, kann sich (jener Erkenntnis) rühmen außer im Herrn.[296] Es handelt sich bei ihr also eindeutig um *intellectus gratiae* im Sinne Augustins, nicht Pelagius'. Bei Pelagius, so Augustin, erregt die Gnade den Willen des Menschen quasi von außen. Sie ist etwas dem Willen Fremdes. Bei Augustin erregt die Gnade den Willen von innen, im Sinne des *homo interior* (2 Kor 4,16), ein Konzept, das in enger Anlehnung an das aus *de magistro* bekannte christologische Konzept des *magister interior* zu verstehen ist.[297] Gott läßt seine Gnade von innen her im Geist bzw. eigentlich in den Herzen der Menschen wachsen (1 Kor 3,7: *incrementum suum ministrat occultus*). Er pädagogisiert nicht (vgl. Jes 54,13; Joh 6,45: *docibiles dei*), sondern begeistert (Ps 118,68: *suauis es, domine, et in tua suauitate doce me iustitiam tuam*), und zwar – erneut in dem Sinne des *homo* und *magister interior* zu verstehen – in Christus (Joh 6,45: *omnis, qui audiuit a patre meo et didicit, uenit ad me*).[298]

Der Möglichkeitsbegriff des Pelagius, so Augustin, geht davon aus, daß die natürliche Willensfreiheit des Menschen zum Guten wie zum Bösen hinneigen kann. Tut sie das Gute, wird ihr die Gnade zu Hilfe kommen. Andernfalls wird ihr keine Erlösung zuteil. Tatsächlich sei es aber doch so, daß die Gnade erst die menschliche Fähigkeit zu lieben konstituiere, während ohne Gnade reine Bedürftigkeit vorherrsche, die sich in *concupiscentia* äußere.[299] Pelagius' Modell laufe

---

[296] *Grat. pecc. orig.* 1,9 (CSEL 42, 132f.); vgl. Röm 7,7; Ex 20,17 (*non concupisces*); 2 Kor 3,6 (*littera occidit, spiritus autem uiuificat*); Gal 3,21 (*si enim data esset lex, quae posset uiuificare, omnino ex lege esset iustitia*); 3,22 (*sed conclusit scriptura omnia sub peccato, ut promissio ex fide Iesu Christi daretur credentibus*); 3,24 (*itaque lex paedagogus noster fuit in Christo Iesu*); Röm 3,19.21 (*omne os obstuatur et reus fiat omnis mundus deo, quia non iustificabitur ex lege omnis caro coram illo; per legem enim cognitio peccati*); 1 Kor 1,31 (in eckigen Klammern Zitat Augustin: *[iustitia dei est, id est quae nobis non ex lege sit, sed ex deo, non quae illo imperante cognoscendo timeatur, sed quae illo donante diligendo teneatur, ut et]* qui gloriatur, in domino glorietur*). Das Konzept des *intellectus gratiae* nach Augustin besteht also darin, daß die Gnade die Vernunftnatur des Menschen erleuchtet, also überhaupt erst zu dem macht, was sie ist, nämlich menschliche Vernunftnatur. Diese wird durch jene Erleuchtung zugleich Quelle des Willens und der Fähigkeit des Menschen, das Gute zu tun, d. h. das Gesetz zu erfüllen und so das Heil zu erlangen.

[297] *Grat. pecc. orig.* 1,11f. (CSEL 42, 133f.135). Die Stelle 2 Kor 12,7.9 (*sufficit tibi gratia mea*) sei so zu verstehen, daß mit der Gnade alles erst beginne. Vgl. auch 2 Kor 4,16 (*homo eius interior de die in diem renouabatur*).

[298] *Grat. pecc. orig.* 1,14 (CSEL 42, 136f.).

[299] *Grat. pecc. orig.* 1,21f. (CSEL 42, 141f.); als Schriftbelege vgl. 1 Tim 6,10 (*aliud est enim caritas radix bonorum, aliud cupiditas radix malorum*); 1 Joh 2,16 (*[ipsa est enim]* concupiscentia carnis et concupiscentia oculorum et ambitio saeculi, quae non est ex patre, sed ex mundo est*); 1 Joh 4,7f. (*caritas ex deo est, et omnis qui diligit, ex deo natus est et cognouit deum quia deus caritas est*); s. im letzten Beleg den Anklang zum Konzept des *intellectus gratiae*: Die durch die Gnade auch im Menschen grundgelegte Liebe Gottes ist identisch mit Erkenntnis Gottes.

darauf hinaus, daß man sich durch die richtige Willensentscheidung, nämlich zum Guten hin, die Gnade nachträglich verdiene. Tatsächlich aber sei es so, daß die Gnade, indem sie sich mit dem menschlichen Willen identifiziere und ihn dadurch (vor allem auch intellektuell) überhaupt erst zur Unterscheidung, dann aber auch zum Handeln befähige, ohne jegliche Vorleistung gewährt werde.[300] Der Mensch komme nicht dadurch zum Heil, daß er aus sich selbst heraus die Willensfreiheit »gut benutze« (*bene utitur*), mit der Gnade als Ermöglichungshorizont, sondern das Gesetz mit Hilfe der aktuellen Gnade. Ohne letztere ist einem Menschen nicht nur die abstrakte »Möglichkeit« zu einer heilsgemäßen geistigen Einstellung genommen (etwa wenn diese sich nicht aus sich selbst heraus verwirklicht hat, wozu sie nach Pelagius ja fähig gewesen wäre), sondern real und konkret diese geistige Einstellung selbst, der *intellectus gratiae*, den die Gnade ja überhaupt erst konstituiert.[301]

Bei Pelagius, so Augustin, ist die Einheit des Heilsprozesses nicht mehr gewährleistet. Er zerfällt in einzelne Seelenkräfte. Pelagius kann nicht zeigen, wie aus der Erkenntnis des Gesetzes durch den Intellekt seine Verwirklichung durch das Wollen und Tun folgen soll.[302] Bei ihm, so Augustin, liegen drei voneinander getrennte Fähigkeiten vor. Wie diese zu einer innerlich vereinheitlichten Existenzform gebündelt werden, kann er nicht sagen. Augustin setzt hier mit seinem Konzept des *intellectus gratiae* an: Es reiche eben nicht, wie Pelagius meine, Gnade als Offenbarung der Lehre (*reuelatio doctrinae*) und Nachahmung des Beispiels Christi (*imitatio eius exemplo*) zu definieren[303] und den *intellectus gratiae* als *intellectus* oder *scientia legis*, als eine Einsicht, durch die der Wille Gottes mithilfe der natürlichen Willensfreiheit »leichter« (*facilius*) entdeckt und erfüllt werden könne.[304] Gnade sei vielmehr die grundlegende Voraussetzung des ganzen Komplexes, Verwirklichungsprinzip der Einheit von Erkennen, Wollen und Handeln im Menschen, zentriert im Intellekt.

Augustin gibt zu, es sei einfacher, die von der Gnade selbst konstituierte Einheit von Gnadenwirken und Willensfreiheit zu postulieren als die Differenz von beidem. Denn was von beidem auch immer man betont, es erweckt den Eindruck, man leugne das jeweils andere.[305] Dennoch rückt er nicht von seiner Position ab: Erst wenn Pelagius ihm zustimme, daß sich die Gnade nicht darin erschöpfe, als Ermöglichung von Erkennen, Wollen und Verwirklichen des Guten durch den Menschen nach dessen erfolgter Entscheidung hierfür von außen hinzuzutreten, sondern daß die Gnade die Ermöglichung von Erkennen, Wollen und Verwirklichen des Guten sei, daß es dem Menschen also nicht möglich sei, ohne

---

[300] *Grat. pecc. orig.* 1,24 (CSEL 42, 143). Pelagius, so Augustin, habe gesagt: *qui currit ad dominum et ab eo se regi cupit* [...] *hoc nisi de arbitrii efficit libertate.*

[301] *Grat. pecc. orig.* 1,26 (CSEL 42, 147): *quomodo dicit arbitrii liberi elatus assertor: »quod possumus bene cogitare, dei est, quod autem bene cogitamus, nostrum est?« cui respondit humilis gratiae praedicator: »non quia idonei sumus cogitare aliquid a nobis quasi ex nobismet ipsis, sed sufficientia nostra ex deo est;« non enim ait »posse cogitare,« sed »cogitare«* [2 Kor 3,5].

[302] *Grat. pecc. orig.* 1,36 (CSEL 42, 153).

[303] *Grat. pecc. orig.* 1,42f. (CSEL 42, 156f.).

[304] *Grat. pecc. orig.* 1,45 (CSEL 42, 159).

[305] *Grat. pecc. orig.* 1,52 (CSEL 42, 163).

Gnade das Gute zu erkennen, zu wollen und zu verwirklichen – erst dann, so Augustin, wolle er ihm Rechtgläubigkeit zugestehen und von seinen Einwänden gegen seine Lehre ablassen.[306]

Überwiegt in *grat. pecc. orig.* 1 die Thematik der Einheit des Gnadenwirkens, so im zweiten Buch der Gedanke über die Zweipoligkeit der Lehre von der Ursünde. Diese, so Augustin, erschöpft sich natürlich nicht im Konzept eines historischen ersten Menschen, Adam, von dem aus die Sünde auf alle Menschen übergegangen ist. Sie besteht vielmehr in der dynamischen Konzeption zweier Menschen, zwischen denen sich das Heilsdrama als Geschichte eines Verkaufs in die Sklaverei (*uenumdati sumus sub peccato*) und eines Loskaufs in die Freiheit (*redimimur peccatis*) ereignet. Augustin: »In dem, was das Verhältnis dieser beiden Menschen betrifft, besteht in einem ganz eigentümlichen Sinn unser christlicher Glaube.«[307] Anhand einer Vielzahl von Bibelstellen und in ständiger Abgrenzung zu Pelagius erläutert Augustin dieses Verhältnis, das nur die Gläubigen verstehen, in deren Herzen der Heilige Geist ausgegossen ist (Röm 5,5), der weht, wo er will (Joh 3,8). Von Adam bis Moses waren die Menschen ohne Gesetz dem Tod ausgeliefert (Röm 5,14). Dann gab Gott ihnen durch Moses das Gesetz. Dieses konnte zwar selbst noch nicht zum Leben führen (Gal 3,21), aber schon einmal auf die Notwendigkeit der Gnade hinweisen, die da, wo die Sünde überströmte, noch mehr überströmte (Röm 5,20) und den Todesleib befreite (Röm 7,25). Im Rückblick zeigt sich, daß, wie das Neue Testament bestätigt (Röm 3,20f.: *per legem enim cognitio peccati [...] testificata per legem et prophetas*), schon im Alten Testament antizipatorisch (von Christus her gesehen) ein Gnadenbewußtsein vorhanden ist, etwa in den Psalmen.[308] Pelagius, so Augustin, beruft sich mit seiner Gesetzeslehre fälschlicherweise auf das Alte Testament. Dieses ist ganz im Gegenteil auf den Begriff der Gnade hin offen. Diese manifestiert sich als Mittlergnade (*gratia mediatoris*) in Christus, in dem alle zum Leben erweckt werden, nachdem sie in Adam (1 Kor 15,22)[309] wegen seiner auf alle übertragenen Sünde (Röm 5,12) gestorben und der die gesamte Menschheit umfassenden Masse des Verderbens zugerechnet worden waren (*uniuersa massa perditionis facta est*).[310]

Auch den ungetauft sterbenden Neugeborenen, so Augustin, bleibt trotz individueller Unschuld dieses Schicksal nicht erspart (Röm 9,11: *nihil egisse boni uel mali*).[311] Ihre Ursünde darf aber nicht auf eine irgendwie geartete Sündigkeit des ehelichen Akts bezogen werden. Dieser ist durch die Ordnung der Fortpflanzung, die Treue der Keuschheit und die Heilsdimension (*sacramentum*) der Ehe gnaden-

---

[306] *Grat. pecc. orig.* 1,52 (CSEL 42, 163).

[307] *Grat. pecc. orig.* 2,28 (CSEL 42, 187).

[308] *Grat. pecc. orig.* 2,29 (CSEL 42, 188f.); vgl. Ps 50,7 (*ego in iniquitatibus conceptus sum et in peccatis mater mea me in utero aluit*); Ps 37,4 (*non est pax ossibus meis a facie peccatorum meorum*); Ps 115,1 (*credidi, propter quod locutus sum*); Jes 7,14; Mt 1,23 (*ecce uirgo in utero accipiet et pariet filium, et uocabunt nomen eius Emmanuel, quod est interpretatum »nobiscum deus«*).

[309] *Grat. pecc. orig.* 2,31 (CSEL 42, 190f.).

[310] *Grat. pecc. orig.* 2,34 (CSEL 42, 193f.).

[311] *Grat. pecc. orig.* 2,36 (CSEL 42, 195).

haft.[312] Auch im Paradies würde es die Ehe geben, wenn auch ohne die Leiden, denen der in Adam dem Tod überantwortete Mensch ausgesetzt ist, im Bereich der Ehe etwa ungezügelter Leidenschaft, Eifersucht, Mißbrauch und rohe Gewalt.[313] Das Gut der Ehe wird durch diese Übel nicht aufgehoben.[314] Die Unheilsdimension dieser Übel wird durch die Taufe eliminiert. In christlichem Kontext werden sie im Zeichen des Kreuzes für das Heil erlitten. Die Zugehörigkeit der Neugeborenen zur *massa damnata* resultiert nach Augustin demgegenüber vielmehr daraus, daß im Akt der Fortpflanzung auf natürliche Weise, also nach der Weise der Abstammung von Adam, neues individuelles Leben entsteht. Auf dieses geht auch die Sünde Adams über, unabhängig davon, ob der sexuelle Akt des Elternpaars sündig ist oder nicht, sondern allein deshalb, weil die Natur, aus der das Kind entsteht, in die Ursünde verstrickt ist und erst durch die Taufe befreit und geheiligt wird.[315]

3. EHE- UND PRÄDESTINATIONSLEHRE

Über Anfang und Ende individuellen menschlichen Lebens, seine Entstehung im sexuellen Akt und endgültige Bestimmung, gingen Augustins Überlegungen im Rahmen seines Konzepts des *intellectus gratiae* über den Höhepunkt der Kontroverse mit Pelagius hinaus in zahlreichen Schriften zur Ehe- und Prädestinationslehre, ehe sie sich in der Kontroverse mit Julian von Aeclanum verdichteten.[316]

(a) Entwicklung der Ehelehre (397-421)

Ehe als Gut (de bono coniugali)
Augustin hatte sich erstmals um 397 mit Fragen zur Ehelehre auseinandergesetzt,[317] paradoxerweise, so er selbst in *retract.*, im Zusammenhang mit einer

---

[312] *Grat. pecc. orig.* 2,39 (CSEL 42, 197): *generandi ordinatio, fides pudicitiae, conubii sacramentum.* Vgl. dazu die Schriftbelege: 1 Tim 5,14 (*uolo iuniores nubere, filios procreare, matres familias esse*); 1 Kor 7,4 (*uxor non habet potestatem corporis sui, sed uir; similiter et uir non habet potestatem corporis sui, sed mulier*); Mt 19,6 (*quod deus coniunxit, homo non separet*); sowie den Schluß Hebr 13,4 (*honorabiles nuptiae in omnibus et torus immaculatus*).

[313] *Grat. pecc. orig.* 2,41 (CSEL 42, 199).

[314] *Grat. pecc. orig.* 2,42 (CSEL 42, 200): *quarum bonum non aufertur isto malo.*

[315] *Grat. pecc. orig.* 2,44 (CSEL 42, 201.203). Gegen Julian von Aeclanum (vgl. dazu unten in Teil B dieses Kapitels) wird Augustin dies dann noch genauer zu spezifizieren versuchen und meinen, daß es natürlich der Fortpflanzungsakt ist, der die Ursünde »transportiert« bzw. »tradiert« (im Sinne von *traditio*), auch wenn er selbst keine Tatsünde im Vollsinn darstellt. Auch im Kontext der Ehe konstituiert die Konkupiszenz der Eltern einen ursündlich infizierten Bereich, in den hinein das neue Individuum empfangen wird. Kontrastmodell dazu ist die jungfräuliche Empfängnis Jesu durch Maria nach Lk 1,26-38. Vgl. dazu auch im folgenden Abschn. 3.

[316] Einige in diesem Abschnitt behandelte Werke, bes. *nupt.*, gehören folgerichtig bereits in die Anfangsphase der Kontroverse mit Julian.

[317] Zu dieser Datierung s. A.-M. La Bonnardière, Art. Bono coniugali, de, AugL, Bd. 1, 658-666, 659. Grund für diese frühe Datierung ist die zeitliche Nähe zur Kontroverse zwischen Hieronymus und Jovinian. Jovinian trat Anfang der 390er Jahre auf. Hieronymus antwortete mit *adu.*

Kontroverse über die Ehelosigkeit. Anfang der 90er Jahre war in Rom Jovinian aufgetreten und hatte behauptet, die in der Ehe erlangte Keuschheit sei gottgefälliger als die in einem enthaltsamen, gottgeweihten Leben verwirklichte. Mit Recht, so Augustin, sei diese Lehre zwar verurteilt worden. Allerdings sei damit auch übertriebene Ehekritik einhergegangen (*uituperatio nuptiarum*). Die Ehe sei jedoch trotz ihres relativen Wertes gegenüber der gottgeweihten Ehelosigkeit als ein Gut (*bonum coniugale*) zu betrachten.[318]

Bono coniug. beginnt mit folgenden bemerkenswerten Sätzen: »Jeder Mensch ist Teil der Menschheit als ganzer, die menschliche Natur ist auf Gemeinschaft hin angelegt und ursprünglich (*naturale*) gut. Dasselbe gilt folglich auch von der Macht der Freundschaft (*uis amicitiae*). Sie resultiert aus der Tatsache, daß Gott alle Menschen aus einem einzigen hervorgehen ließ. Sie besteht also nicht nur in der Gleichheit aller Menschen als Angehörigen derselben Gattung. Vielmehr manifestiert sie sich auch und besonders durch das Band der Blutsverwandtschaft. Deshalb ist die ursprünglichste (*prima*) natürliche Form menschlicher Vergesellschaftung die Partnerschaft von Mann und Frau. Gott hat Mann und Frau nicht je einzeln für sich geschaffen und dann als etwas einander Fremdes zusammengefügt,« sondern sie, wie das Symbol der Rippe (eigentlich »Seite,« *latus*) zum Ausdruck bringt, auseinander hervorgehen lassen.[319]

Von Anfang an also ist die natürliche Fähigkeit der Menschen zur Fortpflanzung auf Höheres hin angelegt und die Aufforderung »Wachset und mehret euch!« (Gen 1,28: *crescite et multiplicamini et inplete terram*) nicht wörtlich, sondern im übertragenen Sinn zu verstehen: Nicht die Quantität menschlicher Wesen soll vermehrt werden, sondern das, was durch den Schöpfungsakt im ersten Menschenpaar (teleologisch, auf die Vollendung des Menschen hin) grundgelegt ist, nämlich die Liebe des dreifaltigen Gottes, offenbart in der Macht und Weisheit Gottes, Christus, dem Heil der Menschen, insofern jene ihn gnadenhaft als ihren Erlöser erkennen und in dieser Erkenntnis und Einsicht zur Erlösung finden.[320] Zwar ist dieses Uridyll durch die Strafe der Ursünde (*poena peccati*) beeinträchtigt,[321] allerdings auch wieder nicht so, daß dadurch das urständliche Gut der Ehe zerstört wäre. Vielmehr ist dieses Ehegut in dieser Situation im Sinne seiner von der Gnade fundierten Tugenden auf das künftige Heil hin anzuwenden. Das heißt aber, daß die Grundsätze der christlichen Ehe sich grundsätzlich nicht von denen der Ehelosigkeit um des Himmelreiches willen unterscheiden: Mann und Frau sind sich gegenseitig in heiligem Gehorsam untergeben,[322]

Iou. 393. Nach 400 hätte *bono coniug.* stark an Aktualität verloren. Die gnadentheologischen Motive, die in der folgenden Darstellung besonders betont werden, dürften ein zusätzliches Indiz für die Nähe der Schrift zu den anderen bekannten Schriften aus den Jahren um 397 darstellen. Zu Hier. *adu. Iou.* und *bono coniug.* s. Morán, Bono coniugali; Schmitt, Mariage chrétien.

[318] *Retract.* 2,22,1 (CChr.SL 57, 107).

[319] *Bono coniug.* 1 (CSEL 41, 187).

[320] *Bono coniug.* 2 (CSEL 41, 188f.); vgl. Ps 137,3 (*multiplicabis me in anima mea in uirtutem*). Vermehrt soll also werden *uirtus et sapientia dei* (1 Kor 1,24), *gratia Christi.*

[321] *Bono coniug.* 2 (CSEL 41, 189).

[322] *Bono coniug.* 4.7 (CSEL 191.197); vgl. als Schriftbeleg 1 Kor 7,4 (*mulier non habet potestatem corporis sui, sed uir; similiter autem et uir non habet potestatem corporis sui, sed mulier*).

das Ehebett ist nicht von unreinen Gedanken und Handlungen befleckt.[323] Damit stellt sich aber die Frage nach dem Verhältnis beider Lebensformen bzw. den Kriterien der Wahl zwischen ihnen. Es handelt sich nicht um eine Alternative zwischen gut und böse, sondern um eine Wahl zwischen zwei Gütern, die nur im *intellectus gratiae* sachgemäß vollzogen werden kann;[324] denn nicht um irdische Güter geht es (wie Fortpflanzung), sondern um die Verwirklichung des Liebesgebots in der Gemeinschaft mit Gott.[325] Das ist, wie viele im *intellectus gratiae* erkennen,[326] besser in einem gottgeweihten Leben in sexueller Enthaltsamkeit möglich. Natürlich sündigen auch die nicht, die meinen, heiraten zu müssen (1 Kor 7,28.36). Sie dürfen aber nicht glauben, den besseren Teil gewählt zu haben; denn wenn am Ende alles offenbar wird (1 Kor 4,5),[327] wird auch die Weisheit von ihren Kindern bestätigt werden (Mt 11,19).[328] Was in der christlichen Ehe noch weitgehend im Verborgenen und erst allmählich im Entstehen begriffen ist, das sind diejenigen, die enthaltsam leben, bereits dabei, in eschatologischer Offenheit zu verwirklichen, bewußt, eben im *intellectus gratiae*.[329] Aber auch in der Ehe, so Augustin, ist der Ruf zur Vollkommenheit angelegt. Im *intellectus gratiae* wird gerade auch die dem Urstand entsprechende Exklusivität und Einmaligkeit der Monogamie eingesehen.[330]

---

[323] *Bono coniug.* 8 (CSEL 41, 198); vgl. Hebr 13,4 (*honorabiles nuptiae in omnibus et torus inmaculatus*).

[324] *Bono coniug.* 8f. (CSEL 41, 198.200): *duo bona sunt conubium et continentia, quorum alterum est melius, sicut [...] ista sanitas et inmortalitas duo bona sunt [...] sic et mortalis ista generatio, propter quam fiunt nuptiae, destruetur; ab omni autem concubitu inmunitas et hic angelica meditatio est et permanet in aeternum [...] ac per hoc bonum est nubere, quia bonum est filios procreare, matrem familias esse* [vgl. 1 Tim 5,14]; *sed melius est non nubere, quia melius est ad ipsam humanam societatem hoc opere non egere.* Der letzte Schritt des Gedankengangs kann nur im *intellectus gratiae* verstanden werden. Er setzt voraus, daß durch den Sündenfall die Ehe desto stärker verdorben wurde, je wertvoller sie als ursprünglichstes Menschheitsgut war, und daß deswegen das durch die gottgeweihte, sexuell enthaltsame Ehelosigkeit zugefügte widernatürliche Leid geringer einzuschätzen ist als der Gewinn, der wegen der Verdorbenheit des Eheguts trotz des Verzichts darauf erzielt werden kann.

[325] *Bono coniug.* 10 (CSEL 41, 201): *sed noui, quid murmurent. quid? si, inquiunt, omnes homines uelint ab omni concubitu continere, unde subsisteret genus humanum? utinam omnes hoc uellent dumtaxat in caritate »de corde puro et conscientia bona et fide non ficta* [1 Tim 1,5]! *multo citius dei ciuitas conpleretur et adceleraretur terminus saeculi.* Die entgegengesetzte Haltung wird verglichen mit der »morbiden« Einstellung derer, die Gott nicht kennen. Vgl. *bono coniug.* 15 (CSEL 41, 208): 1 Thess 4,5 (*in morbo desiderii sicut gentes, quae ignorant deum*).

[326] Vgl. dazu auch *uera rel.* 3,5,17 (CChr.SL 32, 191): *si tot iuuenum et uirginum milia contemnentium nuptias casteque uiuentium iam nemo miratur.*

[327] *Bono coniug.* 21 (CSEL 41, 214f.); vgl. 1 Kor 7,28.36; im folgenden gehören die Satzteile innerhalb der eckigen Klammern nicht zum Schriftzitat: 1 Kor 4,5 (*[cum reuelauerit] occulta tenebrarum [et manifestauerit] occulta cordis, [ut tunc] laus sit unicuique a deo*).

[328] *Bono coniug.* 26 (CSEL 41, 220f.): *uerum ut apertius intellegatur, quomodo sit uirtus in habitu [...] »et iustificata est sapientia a filiis suis«* [Mt 11,19].

[329] *Bono coniug.* 27 (CSEL 41, 221f.): *ex quo autem »uenit plenitudo temporis«* [Gal 4,4], *ut dicereur: »qui potest capere, capiat«* [Mt 19,12].

[330] *Bono coniug.* 32 (CSEL 41, 227); vgl. 1 Kor 7,10.11 (*uxorem a uiro non discedere; quodsi discesserit, manere innuptam aut uiro suo reconciliari, et uir uxorem non dimittat*).

Unauflöslichkeit der Ehe (de adulterinis coniugiis)

In *retract.* betont Augustin, daß seine späteren antipelagianischen Schriften zur Ehe den früheren (etwa in *bono coniug.* formulierten) Ansätzen nicht widersprechen. Sie griffen jene lediglich auf. Als Beispiel nennt er die Unterscheidung zwischen dem in der Liebe, auch in ihrer geschlechtlichen Form, verwirklichten Heil in der Ehe und dem von der sexuellen Dimension der Konkupiszenz drohenden Unheil. Daß etwa, so Augustin, die Geschlechtslust durch die eheliche Liebe zu einem guten Zweck verwendet wird, heißt nicht, daß sie, für sich allein genommen, ein Gut darstellt.[331] Diese letztere Formulierung steht freilich schon im Kontext der Auseinandersetzung mit Julian von Aeclanum und das Problematische an ihr ist nicht ihre ursprüngliche Voraussetzung, sondern ihre konkrete Zuspitzung. Die Entwicklung dazuhin läßt sich an *adult. coniug.* von 419 illustrieren, wo der oben im vorangegangenen Abschnitt zu *bono coniug.* zuletzt genannte Aspekt der christlichen Ehelehre noch einmal aufgegriffen wird.[332] Es geht dort um die Frage der Wiederverheiratung geschiedener Eheleute im Widerspruch zum Postulat der ausschließlichen Einmaligkeit ehelicher Partnerschaft.

Was dabei wie ein Zwang anmutet, so Augustin, ist Ausdruck wahrer Freiheit; denn der zentrale Gedanke einer Ehelehre, die in bezug auf die evangelischen Räte (Keuschheit und Gehorsam) konzipiert ist, lautet: Es besteht kein Zwang zu heiraten. Paulus, so Augustin, gibt seinen Adressaten in 1 Kor 7 lediglich einen Rat (*consilium*),[333] und weist so auf die Möglichkeit einer Wahl zwischen zwei Gütern, Ehe und Ehelosigkeit, hin. Er tut dies auf der Grundlage des biblischen Glaubens. Bei beiden Gütern, so sein Gedankengang, geht es im Grunde um ein und dieselbe Sache, das eine Gut der Gemeinschaft mit Gott im Himmel, wie es von Anfang an vorgesehen war. Zwar wird letzteres aufgrund der ursündlichen und der Versuchung der Konkupiszenz ausgesetzten Verfaßtheit des Menschen besser durch ein gottgeweihtes, sexuell enthaltsames Leben als durch die Ehe vergegenwärtigt. Aber – und hier schließt sich die Argumentation von *adult. coniug.* tatsächlich an die im oben zitierten Einleitungssatz von *bono coniug.* formulierten Grundlagen an – die Ehe ist und bleibt auch in ihrer ursündlichen Korruptheit die ursprünglichste und menschengemäßeste Form der Gemeinschaft der Menschen untereinander und mit Gott.

Dies hat nun aber nach Augustin konkrete Konsequenzen, die in *adult. coniug.* in einem exegetischen Frage- und Antwortkatalog zwischen Pollentius und ihm durchgespielt werden. Die Kombination der Verse 1 Kor 7,10f. und Mt 5,32 darf, so Augustin gegen Pollentius, nicht dahingehend ausgelegt werden, daß es

---

[331] *Retract.* 2,22,2 (CChr.SL 57, 108).

[332] Vgl. A.-M. La Bonnardière, Art. Adulterinis coniugiis, de, in: AugL, Bd. 1, 115-125. Es handelt sich um zwei Ende 419 verfaßte, einem gewissen Mönch Pollentius gewidmete Bücher zur Frage der Wiederverheiratung Geschiedener. Augustin betont, daß sich seine Analysen auf die Verpflichtungen von Männern und Frauen in gleicher Weise bezögen, wobei allerdings zu beachten sei, daß Männern wegen ihrer dominanten Stellung in der Gesellschaft die größere Verantwortung zukomme. Vgl. *adult. coniug.* 2,21 (CSEL 41, 408).

[333] *Adult. coniug.* 1,21 (CSEL 41, 368); vgl. 1 Kor 7,25 (*praeceptum domini non habeo, consilium autem do*).

einer Frau erlaubt ist, ihren Mann, wenn er ihr treu ist, ohne seine Einwilligung zu verlassen, um ein gottgeweihtes, eheloses Leben zu führen. Ebensowenig ist es erlaubt, daß eine Frau, die ihren Mann verläßt, weil er ihr untreu ist, einen anderen heiratet. Im ersten Fall gilt der Vorrang der Ehe (das christliche Ideal der Gemeinschaft mit Gott ist auch in einer guten Ehe verwirklichbar), im zweiten Fall den evangelischen Räten (wenn die Ehe auseinandergeht, weil das Vertrauen [*fidelitas*] zwischen den Ehepartnern zerstört und Versöhnung [*reconciliatio*] nicht mehr möglich ist, dann ist die Alternative dazu nur das gottgeweihte, sexuell enthaltsame ehelose Leben).[334]

Wie allen bisherigen Gesprächspartnern gegenüber betont Augustin auch gegenüber Pollentius, es gehe hier um das rechte Verständnis des Apostels. Gemeint ist das rechte grundlegende, den Grundlagen der Gnadenlehre, dem *intellectus gratiae* entsprechende Verständnis.[335] Auch der Herr selbst, so Augustin, empfahl immer das jeweils Höhere. Für die Menschen, die ihm nachfolgen wollen, geht es darum, dies einzusehen und entsprechend zu handeln, um nicht in den Zustand der Sünde zurückzufallen (Jak 4,17).[336] Geht man von der ursprünglichen und somit gnadenhaften (*sunt enim etiam peccata ignorantium* setzt voraus, daß Einsicht im eigentlichen Sinn nur durch Gnade konstituiert wird) Einsicht in die Bedeutung dessen, was in der Heiligen Schrift ausgesagt sei, aus, so kommt man notwendigerweise zu dem Schluß, daß alle Bibelstellen, die sich mit dieser Thematik beschäftigen, in diesem Punkt übereinstimmen, so Augustin.[337] Auch Pollentius' Konfusion bezüglich der Ehen zwischen Christen und Nichtchristen würde dadurch ausgeräumt. Hat Paulus in 1 Kor 7,12f. solchen Paaren geraten, zusammenzubleiben und steht er damit im Einklang zu Dtn 7,3 und 1 Esra 10,11, wo die Vorschrift vom Herrn an die Iraeliten ergeht, sich von ihren heidnischen Frauen zu trennen? Augustin: Paulus hat es auch solchen Paaren freigestellt, sich

---

[334] *Adult. coniug.* 1,1.8 (CSEL 41, 347.355); vgl. 1 Kor 7,10f. (*his autem qui sunt in coniugio praecipio, non ego, sed dominus, mulierem a uiro non discedere; quodsi discesserit, manere innuptam aut uiro suo reconciliari; et uir uxorem ne dimittat*); Mt 5,32 (*quicumque dimiserit uxorem suam excepta causa fornicationis, facit eam moechari*). Das letztere Zitat ist gemäß dem oben zitierten Gleichheitsprinzip zu verstehen, nach dem Augustin alle behandelten Stellen auslegt. Vgl. auch *adult. coniug.* 1,8 (CSEL 41, 355): *eadem causa*; und im folgenden Mt 19,9 (*quicumque dimiserit uxorem suam nisi ex causa fornicationis et aliam duxerit, moechatur*) in Kombination mit 1 Kor 7,4 (*uxor non habet potestatem corporis sui, sed uir, similiter et uir non habet potestatem corporis sui, sed mulier*). Pollentius hatte in seiner Kritik an Augustins *serm. dom. mont.* 1,39, die dieser Diskussion zugrundeliegt, nicht berücksichtigt, daß Augustin Mt 5,32 und nicht Mt 19,9 zitiert hatte.
[335] Die Akzentsetzung hier ist freilich stärker hermeneutisch als erkenntnistheoretisch. Es geht darum, die in der Bibel vorgefundenen Aussagen zur Ehe bzw. Ehelosigkeit bestimmten Handlungsmodellen zuzuordnen. Freilich beruht die Richtigkeit der Zuordnung auch hier auf der in der »reinen« Gnadenlehre gefaßten Einsicht und ihrer Deutung (nämlich als *intellectus gratiae*). Vgl. *adult. coniug.* 1,5 (CSEL 41, 351): *quid huic contradicam nisi: apostolum non bene intelligis?*
[336] *Adult. coniug.* 1,9 (CSEL 41, 355): *quia illud quod maius est, hoc dominus commendare uoluit [...] »scienti igitur bonum facere et non facienti peccatum est illi«* [Jak 4,17].
[337] *Adult. coniug.* 1,10.13 (CSEL 41, 357.361); vgl. Mk 10,11f. (*quicumque dimiserit uxorem suam et alteram duxerit, adulterium committit super eam; et si uxor dimiserit uirum suum et alii nupserit, moechatur*); Lk 16,18 (*omnis qui dimittit uxorem suam et ducit alteram, moechatur; et qui dimissam a uiro ducit, moechatur*).

zu verhalten, wie es ihnen richtig scheint. Sie können sich trennen, obwohl, so Augustin nun, nicht alles, was in dieser Hinsicht erlaubt ist, auch nützt; denn ein Zusammenbleiben könnte wegen der Möglichkeit der Bekehrung der nichtchristlichen Partner für diese in diesem Fall durchaus von Nutzen sein, obwohl eine Sicherheit natürlich nicht besteht, weswegen jeder selbst entscheiden muß, und zwar im Blick auf den Herrn, d. h. im Einflußbereich seiner Gnade, durch Gebet und geistliche Unterscheidung, nicht jedoch durch eigenständiges, emanzipiertes Handeln.[338] Entsprechendes gilt auch für die im Anschluß an diese Passage diskutierte Wahl der evangelischen Räte. Es geht dabei immer um die Einsicht in die Gnade mit Hilfe der Gnade, nämlich in Christus.[339]

Pollentius scheint sich mit den in diesem ersten Buch vorgeschlagenen Antworten nicht zufriedengegeben zu haben; denn Augustin geht in einem zweiten Buch auf weitere Fragen ein: Ist jemand, der seine Ehe gebrochen hat, nicht mit jemandem vergleichbar, der gestorben ist, und gilt nicht deshalb in einem solchen Fall die Aussage 1 Kor 7,39: Wenn der Mann einer Frau gestorben ist, ist sie frei, wieder zu heiraten?[340] Augustin warnt im Sinn seiner Erbsündenlehre vor solchen gewagten Allegorien. In 1 Kor 7,39 meint Paulus eindeutig den leiblichen Tod (de corpore exierit). Im übrigen gelte das oben zur Bedeutung der Ehe im Kontext ihres inneren Bezugs zur Ehelosigkeit Gesagte. Pollentius hält dies für eine Zumutung (durum uidetur). Augustin entgegnet, so habe es Jesus selbst gehandhabt. Ehebruch ist eine Sünde, die vergeben werden kann (Joh 8,11),[341] zumal auch im Hinblick auf die allgemeine Sündhaftigkeit der Menschheit (Joh 8,7). So war oben bereits einmal davon die Rede gewesen, daß der eigentliche Ehebruch die Abwendung von Gott sei (vgl. Ps 72,27).[342] Im Sinne des Einheitsgrundsatzes (Gen 2,24; Mt 19,5: Ein Fleisch) kann, so Augustin, der Mann nicht seinen Ehrenkodex gegenüber der Frau geltend machen. Er kann seine männliche Ehre nicht gegen die Frau manifestieren, sondern zieht sie im Gegenteil aus der Beziehung mit ihr.[343] Entsprechendes gilt aufgrund des oben bereits erwähnten,

---

[338] Adult. coniug. 1,14f. (CSEL 41, 362f.). Der Rekurs auf die Gnade legt sich hier deshalb nahe, weil es nach Augustin ja nicht der betreffende Mensch ist, der das Heil seines Mitmenschen in der Hand hat. Er ist in diesem Punkt immer auf Gott verwiesen. Deshalb tut er gut daran, seine Entscheidungen von diesem her (also im Einflußbereich seiner Gnade) zu bedenken, nicht von seinem Mitmenschen her. Vgl. 1 Kor 7,16 (quid enim scis, mulier, si uirum saluum facies? aut unde scis, uir, si uxorem saluam facies?); 1 Kor 10,23 (omnia licita sunt, sed non omnia expediunt).

[339] Vgl. in diesem Zusammenhang auch adult. coniug. 1,25 (CSEL 41, 373): nisi forte isto loco uacat, quod tam fidenter ipse ait: »an uultis experimentum accipere eius, qui in me loquitur Christus« [2 Kor 13,3]? intellegisne quid dicam? an in hoc explanando aliquando diligentius immorabor?

[340] Adult. coniug. 2,2 (CSEL 41, 383); vgl. 1 Kor 7,39 (mulier alligata est, quamdiu uir eius uiuit; quodsi mortuus fuerit uir eius, liberata est; cui uult nubat).

[341] Adult. coniug. 2,5 (CSEL 41, 387); vgl. Joh 8,11 (nec ego te damnabo; uade, deinceps iam noli peccare).

[342] Vgl. adult. coniug. 2,6 (CSEL 41, 388): Joh 8,7 (qui sine peccato est uestrum, prior in eam lapidem iaciat); adult. coniug. 1,19 (CSEL 41, 366): Ps 72,27 (quoniam ecce qui se longe faciunt a te, peribunt; perdidisti omnem qui fornicatur abs te).

[343] Adult. coniug. 2,7 (CSEL 41, 388.390). Entsprechend versteht Augustin auch Eph 5,23 (caput mulieris uir). Ein von seiner Frau getrennter Mann ist wie ein abgeschlagenes Haupt.

seit Kaiser Caracalla (211-217)[344] auch rechtlich garantierten Gleichheitsgrundsatzes: Ein Mann, dessen eigener Lebenswandel nicht über alle Zweifel erhaben ist, kann auch nicht gegen seine Frau Anklage wegen Ehebruchs erheben.[345] Tut er es dennoch, fällt diese auf ihn zurück, mit allen rechtlichen Konsequenzen. Entsprechendes gilt bezüglich der Anfrage, ob es erlaubt sei, eine Frau aufgrund von Unfruchtbarkeit zu entlassen. Wenn schon, so Augustin, die Unfähigkeit zur Enthaltsamkeit den Ehebruch nicht entschuldigt, so noch um vieles weniger die Unfruchtbarkeit des Ehepartners; denn die Ehe wird durch das Evangelium nicht zur Prokreation eingesetzt, sondern zur Vermeidung von Sünden, die sonst aus Unfähigkeit zur Enthaltsamkeit begangen würden (1 Kor 7,9). Notwendigkeit zur Prokreation besteht im Neuen Bund nicht mehr, auch wenn sie im Alten Bund bei den Patriarchen sogar Polygynie gerechtfertigt hatte. Nun aber ist die Zeit erfüllt. Christliche Eheleute sollten deshalb gegenüber irdischen Aspekten ihrer Ehe wie der natürlichen Fortpflanzung eine indifferente Haltung entwickeln (1 Kor 7,29), was freilich nicht heißt, wie Augustin sich beeilt hinzuzufügen, sie hätten nicht weiterhin die Sünde Onans zu meiden (Gen 38,9; 1 Tim 5,14f.).[346]

Pollentius fährt angesichts dieser radikalen Ansichten fort, die Schwierigkeiten derer darzulegen, die bei ihm Rat suchten und für die jenes »Gesetz Christi unmenschlich, schrecklich und todbringend« (feralis) sei.[347] Es verführe Eheleute, wenn sie keinen anderen Ausweg mehr sähen, zur noch größeren Sünde des Gattenmords. Augustin kann demgegenüber erneut nur auf die Grundlagen verweisen: Von Anfang an sei im Evangelium die Rede davon, daß es unter solchen Umständen unvorteilhaft sei, zu heiraten (Mt 19,10.12). Es gehe aber bei der Nachfolge Christi in der Ehe nicht darum, möglichst ungeschoren durchs Leben zu kommen. Nicht die allgemeinmenschliche Vernunft werde durch die christliche Ehelehre angesprochen, sondern die der Gnade entspringende Einsicht im Glauben an das Heil in Christus: »'Wer kann, fasse' (Mt 19,12), was nicht alle fassen können. Fassen aber können es die, denen es durch das Erbarmen Gottes im Geheimen, freilich nicht ungerechterweise gewährt wird.«[348]

---

[344] Septimius Bassianus Caracalla, von seinem Vater Septimius Severus 197 als Marcus Aurelius Antoninus zum Mitregenten ernannt, war seit 211 Alleinherrscher. Als Gesetzgeber erscheint er zusammen mit Septimius Severus bereits seit 194. Auf welches Gesetz Augustin (unter Rückgriff auf Kenntnisse aus seiner eigenen bischöflichen Tätigkeit als Gerichtsvorsteher?) genau rekurriert, läßt sich nicht eruieren. Vgl. aber die bei G. Haenel (Corpus legum, Leipzig 1857, 11) angeführten Verordnungen Caracallas zur accusatio adulterii.

[345] Adult. coniug. 2,7 (CSEL 41, 389): legant, quid imperator Antoninus, non utique christianus, de hac re constituerit, ubi maritus uxorem de adulterii crimine accusare non sinitur, cui moribus suis non praebuit castitatis exemplum.

[346] Adult. coniug. 2,11f. (CSEL 41, 395f.): quapropter si causa incontinentiae non sunt excusanda adulteria, quanto minus excusantur procreandorum causa filiorum. Vgl. 1 Kor 7,9 (si se non continet, nubat); Koh 3,5 (tempus amplectendi et tempus continendi ab amplexu); 1 Kor 7,29 (de cetero, fratres, tempus breue est; reliquum est, ut et qui habent uxores, tamquam non habentes sint); 1 Tim 5,14f. (uolo igitur iuniores nubere, filios procreare, matres familias esse).

[347] Adult. coniug. 2,9 (CSEL 41, 392): o frater, quantum ad incontinentes pertinet, multas querellas habere possunt, quibus, ut dicis, legem Christi feralem pronuntient, non humanam.

[348] Adult. coniug. 2,19 (CSEL 41, 405).

Ehe und Konkupiszenz (de nuptiis et concupiscentia)

In *retract.* (427) wie auch im Vorwort zu *c. Iul. imp.* einige Zeit später fragt sich Augustin, wie die Pelagianer angesichts von Äußerungen wie den bisher angeführten behaupten konnten, er betreibe Polemik gegen die Ehe (*damnatores nos esse nuptiarum*).[349] Offensichtlich hatten sie, so sein Eindruck, trotz mehrerer, meist verheirateter Mitchristen[350] gewidmeter Werke über die Ehe den Zusammenhang mit dem Konzept des *intellectus gratiae* nicht erkannt. *Nupt.* sollte hier Klarheit schaffen.[351] Es entstand um 420 und ist dem *comes* Valerius gewidmet, der einen hohen militärischen Rang am Kaiserhof in Ravenna bekleidete. Im Zusammenhang mit den Auseinandersetzungen um 418 sah er sich seitens der Pelagianer schweren Anschuldigungen ausgesetzt.[352] Augustin schließt daraus, daß er sich für seine Sache, also die *causa gratiae* eingesetzt hatte.[353]

Die eheliche Keuschheit, so beginnt Augustin, ist zwar eine weniger erhabene Gabe (*donum*) als die völlige sexuelle Enthaltsamkeit, die Gott allen Menschen ans Herz legt. Sie ist aber immerhin eine Gabe. Beide Lebensformen sind im Sinne des *intellectus gratiae* als Gnaden zu verstehen (*intellegimus*). Sie sind als solche von Gott zu erbitten und, wenn sie gewährt werden, auf der Grundlage der Gnade durch freien Willen in gutes Handeln umzusetzen.[354] Konkret ist unter der ehelichen Keuschheit gerade nicht die sexuelle Enthaltsamkeit zu verstehen, sondern im Gegenteil die sexuelle Aktivität der Eheleute, insofern sie nicht von der Prokreation natürlicher Nachkommen und der Konkupiszenz, sondern von einem Streben nach geistlichen Früchten, von der Liebe Gottes motiviert ist. Wie oben bereits in *adult. coniug.* erwähnt, geht es nach Augustin in der christlichen Ehe also nicht in erster Linie um die Zeugung natürlicher Nachkommen, sondern darum, daß alle, die im Einzugsbereich der Beziehung der betreffenden Eheleute stehen, also die Eheleute selbst wie auch ihre möglichen Nachkommen, in Christus wiedergeboren und gerettet werden. Zweck ist also das Heil in Christus, wie

---

[349] *Retract.* 2,53 (CChr.SL 57, 131); vgl. *c. Iul. imp.* praef. (CSEL 85/1, 3).

[350] *Pecc. mer.* 1,29,57 an Marcellinus, *ep.* 187,31 an Dardanus, *grat. pecc. orig.* 2,38.43 an Melania und Pinianus; s. Wermelinger, Rom 176.

[351] Was nicht heißt, daß die Kontroverse damit beendet ist. Vielmehr stand Augustin mit *nupt.* bereits mitten in einer neuen Auseinandersetzung, nämlich mit Julian von Aeclanum. Vgl. *nupt.* 1,1 (CSEL 42, 211).

[352] Brown, Augustinus 317f.; Wermelinger, Rom 176; 199; 206; 220; 232; 251; *ep.* 200; 201 (CSEL 57, 293.299); *c. Iul. op. imp.* 1,10.42 (CSEL 85/1, 10f.30f.). Nach Wermelinger läßt sich nicht genau feststellen, ob Valerius in so hohem Maße ein Anhänger Augustins war, wie Brown dies in starker Abhängigkeit von Zeugnissen Augustins nachzeichnet. Daß die Pelagianer, vor allem Julian von Aeclanum, von ihm enttäuscht waren, ist lediglich ein Indiz in dieser Richtung.

[353] S. dazu auch die folgenden drei Gründe für die Widmung: (1) Valerius sei in hohem Maße mit der Gabe der ehelichen Keuschheit (*pudicitia coniugalis*) begnadet, von der im Kontext von *bono coniug.* schon die Rede war. (2) Er habe jenen Neuerungen widerstanden, gegen die auch *nupt.* gerichtet sei. (3) Gegner der Gnadenlehre Augustins sollen ihm Schriften zugeschickt haben, die Augustin meint, durch ein Werk wie *nupt.* widerlegen zu müssen. Es ist also nicht völlig klar, wofür Valerius tatsächlich stand. Klar ist lediglich, daß Augustin darauf bedacht war, ihn um jeden Preis als Verbündeten zu gewinnen bzw. zu erhalten. Vgl. *nupt.* 1,2 (CSEL 42, 212f.).

[354] *Nupt.* 1,3 (CSEL 42, 214).

es in der Liebe der Eheleute verwirklicht ist, nicht die Vermehrung der Anzahl von Menschen auf der Erdoberfläche. Der eheliche Akt ist ein sakramentales Mittel zur Erfüllung dieses Zwecks.[355] Die Ursünde steht dieser Erfüllung im Wege, zum einen weil die natürlichen Nachkommen der Menschen in eine von Leid und Bosheit erfüllte Welt hinein gezeugt werden – schon wenn sie geboren werden, tragen sie die Schuld, die ihnen, sollten sie ungetauft sterben, die ewige Verdammnis einhandelt –, zum andern weil sich, so Augustin, die Eheleute faktisch sehr wohl von tierischer Begierde hinreißen lassen. Ein von sündhafter Konkupiszenz völlig freier ehelicher Akt ist nach Augustin schlechthin nicht vorstellbar, Denken und Handeln des Menschen sind, ohne sich in irgendeiner Hinsicht davon abzuheben, in den ursündlichen Kontext eingebettet. Zwar besteht das Übel nicht in der Sexualität als solcher, sondern in der ursündlichen Weise, sie zu gebrauchen (*isto bono male utitur qui bestialiter utitur*), aber die sexuelle Symbolik der Ursünde, etwa in Ps 72,27, wo die Abkehr des Menschen von Gott als Unzucht bezeichnet wird, legt doch nahe, daß die Konkupiszenz als sexuelle Fehlhaltung mit jener tiefergehenden intellektuellen Fehlhaltung, die sie symbolisiert, identisch ist.[356] Dennoch ist der Satz: »Und ihnen gingen die Augen auf und sie erkannten, daß sie nackt waren« (Gen 3,7) nach Augustin auf die Augen des Geistes, den Intellekt zu beziehen, nicht auf die Sinnlichkeit.[357] Was Gott in den Menschen geschaffen hatte, war nach wie vor gut. Böse war nur die Art, wie die Menschen es nun beurteilten, und diese innere, geistige Einstellung zu sich selbst trug dann auch zum Verderben der Sinnlichkeit bei. Wie das Verderben geht nun aber auch die Heilung vom Intellekt aus. Das Wesen der ehelichen Liebe ist, obgleich letztere auch sinnlich, im sexuellen Akt vollzogen wird, geistig, Abbild der Liebe Christi zur Kirche (Eph 5,25).[358]

---

[355] *Nupt.* 1,5 (CSEL 42, 215): *habent quippe intentionem generandi regenerandos, ut qui ex eis saeculi filii nascuntur in dei filios renascantur.*

[356] S. dazu unten die Beobachtung, daß die Konkupiszenz pars pro toto mit der korrupten Menschennatur überhaupt identifiziert wird und *nupt.* 1,20 (CSEL 42, 233) der Hinweis auf die universale Dimension der Konkupiszenz nach 1 Joh 2,16 (*quia omnia, quae in mundo sunt, concupiscentia carnis est et concupiscentia oculorum et ambitio saeculi*). Konkupiszenz ist also auch in diesem Zusammenhang nicht identisch mit sexueller Konkupiszenz. Der Sündenfall resultiert vielmehr aus einer ganzheitlichen, im Prinzip geistigen Fehlhaltung des Menschen gegenüber Gott, der ihn ja auch als rationales Wesen geschaffen hat, d. h. wenn sich der Mensch insgesamt verfehlt, dann tut er das, weil er ja wesentlich rationales Wesen ist, von seiner Vernunft her, und zwar in den genannten Bereichen Macht (*superbia, ambitio saeculi*), Wissen (*curiositas, concupiscentia oculorum*) und Sinnlichkeit (*libido, concupiscentia carnis*). Entsprechend ist der Ausdruck Konkupiszenz auch im folgenden in seiner schillernden Mehrdeutigkeit und im Kontext der Erbsünden- und Gnadenlehre Augustins zu verstehen. Andererseits wurde zu Beginn dieses Abschnitts auf die Heterosexualität als ursprünglichstes Menschheitsdatum hingewiesen: *Der Mensch ist am ehesten Mensch als Mann und Frau, im Fleisch.* Entsprechend verliert er in diesem Bereich beim Fall auch am meisten an Menschlichkeit. Deswegen wird der Fall in seiner tiefsten Dimension am ehesten von der Symbolik des Ehebruchs bzw. der sexuellen Perversion erfaßt. Deswegen auch der in diesem Zusammenhang immer wieder zitierte Vers Ps 72,27 (*perdidisti omnem qui fornicatur abs te*).

[357] *Nupt.* 1,6 (CSEL 42, 216.218): *sed unde mouentur qui hoc putant, illud est quod legitur:* »*sumens de fructu eius edit; et dedit uiro suo secum, et ederunt. et aperti sunt oculi amborum, et agnouerunt quia nudi erant*« [Gen 3,6f.]. *hinc est quod parum intellegentes opinantur antea fuisse illis oculos clausos, quod eos tunc apertos diuina scriptura testatur.*

[358] *Nupt.* 1,11 (CSEL 42, 222); vgl. auch die Analogie zwischen dem Mann als Haupt der Frau

Eine extreme Schlußfolgerung aus diesem letzten Gedanken ist Augustins Bezeichnung Marias, der Mutter Jesu, nach Mt 1,20 (*noli timere accipere Mariam coniugem tuam*) als Gattin Josephs, obwohl er davon ausgeht, daß im Sinne der Jungfräulichkeit Marias und Josephs nie ein sexueller Akt zwischen den beiden stattgefunden hat. Das Wesentliche an ihrer Verbindung ist die urständliche, in Jesus begründete, gegenseitige Freundschaft. Sie konstituiert auch ihre Elternschaft. Die Folge ist ein Lernprozeß im Sinne des *intellectus gratiae*. Maria und Joseph schritten, so Augustin, wie in der lukanischen Kindheitsgeschichte erzählt wird, von einem Mangel an Einsicht bezüglich Jesus zu einer tieferen Einsicht voran. Sie wunderten sich (Lk 2,33). Sie wußten nicht, wo er sich aufhielt, suchten ihn jedoch und fanden ihn (Mt 7,7; Lk 2,44). Als seine Mutter ihn fragte: »Kind, wie konntest du uns das antun?« (Lk 2,48), fragte er zurück: »Aber wußtet ihr denn nicht [...] ?« (Lk 2,49). Sie ihrerseits verstanden nicht (*non intellexerunt*, Lk 2,50), lernten aber. Immer wieder kommt Augustin in seiner Nacherzählung der Geschichte auf diese Aspekte zu sprechen und deutet sie im Hinblick auf seine Vorstellungen vom Wachsen in der Einsicht des Glaubens und der Gnade.[359]

Die in seinem Glauben angenommene Tatsache, daß zwischen Maria und Joseph trotz ihrer durch Jesus Christus im Heiligen Geist begründeten Ehe und Elternschaft ein sexueller ehelicher Akt nie stattgefunden hat, eignet sich in den Augen Augustins natürlich besonders gut dazu, das urständliche Wesen der Ehe und ihre Ausrichtung auf Nachkommenschaft im Geiste zu beschreiben.[360] Sie enthält alle heiligenden Elemente einer Ehe (*proles, fides, sacramentum*)[361] ohne die ursündlichen Verunreinigungen, die eine postlapsarische Ehe auszeichnen. Für historisch wahr ist dieses Verhältnis jedoch auch für Augustin nur dann zu halten, wenn die entsprechenden biblischen Berichte über seine mirakulösen Voraussetzungen, etwa die Empfängnis Jesu durch den Heiligen Geist, litteral verstanden werden. Und selbst dann handelt es sich bestenfalls um eine einmalige, unnachahmliche Ausnahme, die sich nur aus der besonderen heilsgeschichtlichen Rolle Jesu rechtfertigen läßt; denn grundsätzlich ist und bleibt für eine Ehe die sexuelle Vereinigung konstitutiv,[362] auch unter postlapsarischen Verhältnissen, unter denen sie den Blick auf das Wesentliche eher verstellt als freigibt.[363]

---

und Christus als Haupt der Kirche (1 Kor 11,3), wobei der Sinn dieser Analogie nicht darin besteht, die Dominanz des Männlichen über das Weibliche zum Ausdruck zu bringen, sondern die für beide Glieder bestehende Lebensnotwendigkeit der Verbindung.

[359] *Nupt.* 1,12 (CSEL 42, 224f.).

[360] *Nupt.* 1,13 (CSEL 42, 226f.). Die des weiteren benutzten Schriftbelege decken sich mit den bereits aus *bono coniug.* bekannten: Koh 3,5; 1 Kor 7,29.33; 1 Kor 7,3.6.

[361] *Nupt.* 1,19 (CSEL 42, 231).

[362] *Nupt.* 1,23 (CSEL 42, 236): *respondebit etiam conubii sacramentum: de me ante peccatum dictum est in paradiso:* »*reliquet homo patrem et matrem et adhaerebit uxori suae, et erunt duo in carne una, quod magnum sacramentum*« *dicit apostolus* »*in Christus et in ecclesia*« [Gen 2,24; Eph 5,32].

[363] *Nupt.* 1,20.22 (CSEL 42, 232.236): Während die Menschen gezeugt werden und zeugen, so Augustin – vgl. Lk 20,34 (*filii saeculi huius generant et generantur*) – geschieht der Prozeß des geistlichen Wachstums im Geheimen – 2 Kor 4,16 (*exterior homo noster corrumpitur, interior renouatur de die in diem*). Die Glaubensvollzüge werden auch von den Verheirateten geleistet –

Augustin unterscheidet hier nicht zwischen Schöpfungs- und Erlösungsordnung. Erlösung ist Wiederherstellung und Überbietung der Schöpfungsordnung und in dieser ist eben der eheliche Akt, wie schon in *bono coniug.* formuliert, die Grundform menschlicher Gemeinschaft mit Gott.

Die hier sich abzeichnende Widersprüchlichkeit in Augustins Konzeption entspricht der bereits mehrmals erwähnten grundsätzlichen Widersprüchlichkeit seines gnadentheologischen Denkens, die er selbst auf das Konzept eines *intellectus gratiae* hin zu transzendieren versucht. Was oben über die Natur im allgemeinen gesagt wurde, wird hier im Bereich der sexuellen Konkupiszenz für einen Spezialfall erneut aufgerollt. Entsprechendes gilt für das oben zur Gnade und im vorliegenden Fall zur ehelichen Liebesgemeinschaft Gesagte. Da Sexualität (wie in anderen Schriften die menschliche Natur überhaupt) als durch die Ursünde völlig verdorben gedacht wird, legt sich die Versuchung nahe, eine Ehelehre zu entwickeln, die vollkommen von ihr abstrahiert, wie das ja im Fall der Ehe zwischen Maria und Joseph exemplarisch geschah. Allerdings sieht Augustin, daß sich darin die Lehre der Heiligen Schrift nicht erschöpft. Trotz der Konkupiszenz bleibt die Ehe ein Gut, ja noch mehr, sie kommt gerade als Gut ohne das Übel der Konkupiszenz gar nicht aus; denn ohne Konkupiszenz gibt es keinen sexuellen Akt und ohne diesen keine Mitteilung der urständlichen Liebe Gottes unter den Menschen, die das Wesen der Ehe ausmacht. So entgeht also zum einen das gottgeweihte, sexuell enthaltsame Leben in Ehelosigkeit zwar dem Übel der Konkupiszenz, verzichtet dafür aber auf die ursprünglichste Form der Gemeinschaft zwischen Gott und den Menschen. Zum andern verwirklicht zwar die Ehe genau diese Gemeinschaft, aber nur um den Preis, daß sich im Kontext der nicht nur, aber auch durch Konkupiszenz motivierten natürlichen Fortpflanzung die Ursünde von Generation zu Generation auf die natürliche Nachkommenschaft überträgt.

Ist also, was immer der Mensch tut, falsch? Aus der Perspektive der Sünde scheint es so; denn die genannten Ausschlußmechanismen sind ja nach Augustin Folgen der Ursünde, die vor allem auch eine Trübung des menschlichen Intellekts bewirkt hat. Ihre Überwindung durch die Gnade muß also in erster Linie bei einer Neubestimmung des geistigen Standorts ansetzen. Augustin kehrt deshalb an dieser Stelle zurück zu seinen allgemeinen gnadentheologischen Erwägungen, die erneut auf eine Formulierung des *intellectus gratiae* hinauslaufen: Der Sünder erlebt einen inneren Konflikt, die Spaltung seines Willens (Röm 7,15). In ihm wohnt die Sünde (Röm 7,17).[364] Und das genau nun versteht Augustin unter Konkupiszenz (*id est concupisco*). Was ist dagegen zu tun? Ganz einfach, antwortet

---

Röm 8,24f. (*spe enim salui facti sumus*) –, wenn auch unter größeren Schwierigkeiten angesichts der Tatsache, daß die Eheleute immer in Gefahr sind, sich gegenseitig zur Versuchung zu werden – 1 Joh 2,15.17 (*nolite diligere mundum nec ea quae in mundo sunt. quisquis dilexerit mundum, non est caritas patris in illo, qui omnia quae in mundo sunt concupiscentia carnis est et concupiscentia oculorum et ambitio saeculi*). Das Wirken der Gnade in der Einsicht hält dies freilich nicht auf, zumal die Ehe ja tatsächlich, wie gesagt, eine urständlich vorgesehene Einrichtung ist – Kol 1,13 (*eruit nos de potestate tenebrarum et transtulit in regnum filii caritatis suae*).

[364] *Nupt.* 1,30 (CSEL 42, 242); vgl. Röm 7,15 (*non enim quod uolo, hoc ago, sed quod odi, illud facio*); Röm 7,17 (*nunc autem iam non ego operor illud, sed id quod in me habitat peccatum*).

Augustin: Halte das Gebot, das besagt: *non concupiscas* (Ex 20,17)![365] Das aber ist nur durch die Gnade möglich und um die muß man bitten (*medicinam gratiae quaereremus*) und auch die Fähigkeit zu bitten ist bereits Resultat eines intellektuellen Gnadenwirkens. — Wird der innere Mensch (2 Kor 4,16) von der Gnade ergriffen, kommt es zu einer Umwandlung des Geistes im betreffenden Menschen: Der Mensch erkennt, daß er das Gesetz des Geistes von sich aus nicht hält,[366] ja gar nicht halten kann, weil ihm, wie er mit Schrecken feststellt, etwas Wesentliches fehlt (Röm 7,24: *quis me liberabit?*). Augustin: Die Gnade Christi, die er, wenn er dann den *intellectus gratiae* erst einmal hat, als die erkennt, die ihm schon zu der Zeit eingegeben war, als er noch suchte (Röm 7,25), ohne genau zu wissen, wonach. Diese Suche geht auch im Glauben weiter,[367] erneuert und vertieft durch das Bewußtsein, in Christus gerechtfertigt und auf dem Weg zur Vollkommenheit des *intellectus gratiae* zu sein.

In *nupt.* 2, das bereits auf einige Einwände seitens des Gegners (Julian von Aeclanum) reagiert, werden diese allgemeinen gnadentheologischen Betrachtungen weitergeführt, auch in Richtung Prädestinationslehre. Diese entwickelt sich entlang einer beidseitigen Abgrenzung gegen Pelagianer und Manichäer. Die Pelagianer und Caelestianer, so Augustin, behaupten die urständliche Unschuld auch der postlapsarisch gezeugten Kinder. Träfe dies zu, bedürften diese Kinder nicht der Erlösung in Christus (*Christi non habeant necessariam in illa aetate medicinam*). Mani dagegen verlegt die ursündliche Schuld in den urständlichen ehelichen Akt (*Manichaeus, qui homini commixtam dicit esse naturam malam*). Für ihn ist Erlösung gleichbedeutend mit Befreiung von Sexualität. Beide Positionen, so Augustin, sind zurückzuweisen. Nach Mt 19,4.6 (Gen 2,24) ist der eheliche Akt Ort urständlichen Heils. Allerdings bedarf er durch die (nicht mit ihm identische) Ursünde in derselben Weise der Erlösung in Christus, wie alles, was den ursündlich bedingten Menschen ausmacht. Auch die Kinder, die in ihm gezeugt werden, bedürfen von ihrer Zeugung an der Erlösung durch Christus.[368]

Alle Menschen, so Augustin abschließend, sind gänzlich Sünder in Adam (Röm 5,12). Die Sünde ist ihnen zur zweiten Natur geworden (deswegen Eph 2,3: *eramus natura filii irae*). Auf der Verdienstebene blüht der gesamten Menschheit nichts als ewige Verdammnis. Daß Hoffnung auf Erlösung besteht, ist als Glücksfall, als Ereignis der Gnade und nur als solches zu verstehen bzw. in der Gnade und durch sie als solches einzusehen. Von sich aus können Menschen diesem Problem weder geistig auf den Grund gehen noch moralisch mit Gott deswegen rechten (Röm 9,20: *o homo, tu quis es, qui respondeas deo?*), etwa daß er einige zum Heil bestimmt, während er andere ihrem Unheil überläßt (Röm 9,23: *notas faciat diuitias gloriae suae in uasa misericordiae*). Gott läßt das Böse zu (Mt 5,45: *facit solem suum oriri super bonos et malos*) und gibt

---

[365] *Nupt.* 1,32 (CSEL 42, 244); vgl. Ex 20,17: *non concupisces*.

[366] *Nupt.* 1,34 (CSEL 42, 245); vgl. Röm 7,22f. (*uideo autem aliam legem in membris meis repugnantem legi mentis meae*).

[367] *Nupt.* 1,37 (CSEL 42, 248); vgl. Röm 1,17 (*iustus ex fide uiuit*).

[368] *Nupt.* 2,9 (CSEL 42, 260.262); vgl. Lk 19,10 (*uenit filius hominis quaerere et saluare, quod perierat*) und Mt 9,12 (*non est opus sanis medicus, sed male habentibus*).

denen, die er erwählt hat, die Gnade, einzusehen, wie genau dies seiner Herr-lichkeit und dem Heil entspricht, das den Menschen bereitet ist (1 Kor 1,31; 2 Kor 10,17: *qui gloriatur, in domino glorietur*), *intellectus gratiae*.[369] Es ist dieser Aspekt der Gnadenlehre, den Augustin in den verbleibenden Jahren seines Lebens am markantesten akzentuieren sollte.

(b) Entwicklung eines »Prädestinatianismus« (418-427)

Epistula 194 an Sixtus
Später im Jahr 418 hatte Augustin noch einmal einen Brief im Stil von *ep.* 186 (an Paulinus von Nola) geschrieben, *ep.* 194 an den römischen Presbyter Sixtus. Er geht aus vom Begriff der Gnade Christi, wie er ihn in Röm 7,25 (*gratia Chri-sti*) grundgelegt sieht. Im Stil bisheriger antipelagianischer Literatur unterstellt er Pelagius trotz seines Bekenntnisses zur Gnade, daß er in Wirklichkeit weiterhin, desto heimlicher, je heftiger er unter Druck gerate (*occultius penetrant*), häreti-sche, also gegen seine, Augustins, Prädestinationslehre gerichtete Lehren ver-trete.[370] Grund dafür sei sein Mangel an Einsicht in das Wesen und Wirken der Gnade. Pelagius, so Augustin, würde sonst nämlich einsehen, daß es nicht der Mensch mit seiner Willensfreiheit sein kann, der in seiner eigenen Glorie Gott gegenübertritt und sich für oder gegen Gottes Willen entscheidet. Vielmehr ist es allein Gott, der, ungeachtet der Person (Apg 10,34: *deus non est acceptor perso-narum*) selbst den Willen des Menschen bereitet (Spr 8,35 LXX). Er erbarmt sich, wessen er will, und verwirft, wen er will (Röm 9,18). Der Mensch kann sich also nicht selber rühmen, sondern nur in Gott (1 Kor 1,31).[371] Gott in seiner Gerechtigkeit und Güte deshalb infragezustellen, wäre blasphemisch und sinnlos. Denn wer ist der Mensch, daß er das könnte (Röm 9,20)? Nur die Unerforsch-lichkeit und den Reichtum der Weisheit Gottes kann er bewundern (Röm 11,33). Führen nicht alle Wege Gottes zur Einsicht seines Erbarmens und seiner Wahr-heit (Ps 24,10)? Sind diese beiden in ihm nicht eins (Ps 84,11)? Das muß dann aber bedeuten, daß Sünde ist, was nicht aus Glauben ist (Röm 14,23).[372]

Im folgenden konstruiert Augustin erneut einen (hermeneutischen) Zirkel-schluß: Nur die Gnade selbst, so beginnt er, bringt jemanden überhaupt erst dazu, zu glauben. Am Anfang steht dabei das Hören des Wortes (Röm 10,17). Das Wort aber ist Christus, Gottes Weisheit und Kraft (1 Kor 1,24). Dieser legt, damit der Hörer das Wort überhaupt hören kann, in das Herz des Hörers den Geist (Röm 5,5), aus dem heraus dieser dann Gott um Einsicht in jenes Ge-

---

[369] *Nupt.* 2,31f. (CSEL 42, 284.286).

[370] *Ep.* 194,2 (CSEL 57, 177f.). Augustin legt gerade wegen des Bekenntnisses Pelagius' zur Gnade von nun an immer mehr Wert darauf, daß die richtige, nämlich seine eigene, Augustins, Gnadenlehre, auf einer Prädestinationslehre aufzuruhen habe, da nur so gewährleistet sei, daß alles von der Gnade her und auf sie hin gedacht würde, eben im Sinn des *intellectus gratiae*.

[371] *Ep.* 194,3 (CSEL 57, 178).

[372] *Ep.* 194,5f.13 (CSEL 57, 179f.186f.); vgl. Ps 24,10 (*uniuersae uiae domini misericordia et ueritas*); Ps 84,11 (*misericordia et ueritas occurrerunt sibi*); Röm 14,23 (*omne quod non est ex fide peccatum est*).

heimnis anruft, in das er hineingenommen wurde. Trotz der Bedrängnis, in die er dabei gerät, sieht dieses Fragen und Klopfen (Mt 7,7) aber nicht so aus, daß er Gott infragestellt (Röm 9,20). Vielmehr tritt er der Unerforschlichkeit seiner Ratschlüsse staunend gegenüber (Röm 11,33). So wird er mit dem Geist der Weisheit und Einsicht begnadet (Jes 11,2) und steht fest im Glauben (1 Kor 7,25), der so zur Einsicht (der Gnade) führt.[373] Die Einsicht ist nicht von Anfang an in Vollkommenheit gegenwärtig. Sie erwächst erst allmählich aus den vom Geist ins Herz hineingelegten Regungen (Röm 8,26). Der *intellectus gratiae* erweist sich als die Form der Einsicht, die Gott anstelle des menschlichen Nichtwissens setzt. Vom Menschen aus betrachtet ist er also identisch mit dem Eingeständnis, nichts zu wissen und ganz auf das angewiesen zu sein, was von Gott her an Einsicht gegeben wird. Diese Haltung heißt Glauben und nur sie führt zur Einsicht (Jes 7,9b LXX).[374]

Wer diese Zusammenhänge leugnet, verweigert die Einsicht (*noluerunt intellegere*), weil er die Konsequenzen scheut. Auch dieser Schluß ist zirkulär; denn die Konsequenzen bestehen darin, sich selbst zu verdemütigen, zu glauben und so wahre Einsicht zu erlangen. Das aber können die, die nicht einsehen wollen, deshalb nicht, weil ihnen die Gnade fehlt. Schuld daran ist aber nicht Gott, schuld daran sind sie selbst. Ihre Unentschuldbarkeit (*inexcusabiles sunt*) besteht per definitionem.[375] Während er andere erlöst, läßt Gott ihre Schuld einfach stehen. Wollte Gott, könnte er sie dazu bringen, einsehen zu wollen und infolgedessen auch einzusehen. Sein Wille ist unwiderstehlich (Röm 9,19). Der Erklärungsnotstand liegt jedoch trotzdem nicht bei Gott, sondern beim Sünder.[376] Er ist und bleibt der Schuldige. Schon um das einzusehen, bräuchte er Gottes Hilfe. Gott dagegen sucht und heilt in Christus von sich aus, was dabei ist, zugrundezugehen.[377]

---

[373] *Ep.* 194,10.15 (CSEL 57,184.188); vgl. Röm 10,14.17 (*quomodo inuocabunt, in quem non crediderunt?* [...] *fides ex auditu, auditus autem per uerbum Christi*); Röm 11,33 (*altitudo diuitiarum sapientiae et scientiae eius*); Röm 5,5 (*caritas dei diffunditur in cordibus nostris per spiritum sanctum, qui datus est nobis*); Joh 6,44 (*nemo potest uenire ad me, nisi pater, qui misit me, traxerit eum*); Röm 9,20 (*o homo, tu quis es, qui respondeas deo?*); Jes 11,2 (*spiritus sapientiae et intellectus*); 1 Kor 7,25 (*misericordiam consecutus sum, ut fidelis essem*). Die Bedeutung der Verwerfung, so Augustin, läßt sich nur im Licht der Gnade erkennen, und zwar als verdient angesichts der Tatsache, daß alle verdientermaßen der *massa damnata* ausgeliefert sind. Nicht Gott verhärtet das Herz, vielmehr zeigt sich das Herz im Licht der Gnade als absurderweise aus sich selbst heraus verhärtet. Nicht daß viele Herzen verhärtet sind, ist das eigentlich Verwunderliche, sondern daß durch die Gnade Gottes einige Herzen nicht mehr verhärtet sind. *ep.* 194,14 (CSEL 57, 187): *quaerimus enim meritum obdurationis et inuenimus* [...] *quaerimus autem meritum misericordiae nec inuenimus, quia nullum est.*

[374] *Ep.* 194,16.21 (CSEL 57, 188.193); vgl. Röm 8,26 (*quid enim oremus, sicut oportet, nescimus; sed ipse spiritus interpellat gemitibus inenarrabilibus*); Ps 58,11 (*misericordia eius praeueniet me*); Ps 22,6 (*misericordia eius subsequetur me*); Röm 6,23 (*stipendium peccati mors, gratia autem dei uita aeterna in Christo Iesu domino nostro*); Röm 1,17 (*iustus ex fide uiuit*); Jak 1,17 (*desursum est descendens a patre luminum*).

[375] *Ep.* 194,24f. (CSEL 57, 195f.).

[376] *Ep.* 194,29 (CSEL 57, 198f.); vgl. Spr 18,22 (*insipientia uiri uiolat uias eius; deum autem causatur corde suo*); Röm 9,18 (*quid adhuc conqueritur? nam uoluntati eius quis resistit?*).

[377] *Ep.* 194,33 (CSEL 57, 203); Lk 19,10; Mt 18,11 (*quaerere et saluum facere, quod perierat*).

In eben diesem Zusammenhang, so Augustin, ist auch Röm 9,13 zu interpretieren. Gott prädestiniert durch seine Gnade (*praedestinatione per gratiam*). Verpflichtet dazu ist er keinem von beiden gegenüber, weder Esau noch Jakob. Das Wunder seiner Gnade besteht darin, daß er sich überhaupt einem von beiden zuwendet. Unserer Erkenntnis und unserer Einsicht aber, so Augustin, ist es förderlich, anhand dieses Beispiels zu sehen, worin die Möglichkeiten bestehen. Wir können uns nicht unserer eigenen Verdienste und Einsichten rühmen, sondern müssen erkennen, wo wir enden, wenn Gott uns nicht rettet.[378]

An denen, die etwas anderes behaupten, macht Gott die Weisheit zur Dummheit (1 Kor 1,20: *stultam fecit deus sapientiam*). Ziel ist die Verherrlichung Gottes durch die Menschen, die Gott erkennen und dadurch das Heil haben. Darin besteht für die Menschen das Heil. Die Selbstverherrlichung des Menschen nun hindert zwar nicht die Verherrlichung Gottes. Sie führt aber dazu, daß der Mensch keine Erkenntnis Gottes hat und dadurch auch kein Heil. Genau das, so Augustin, erklärt die Geschichte von Esau und Jakob (Röm 9,13) wie auch von der Verhärtung des Herzens Pharaos: Gott muß das Herz Pharaos nicht erweichen, um seine Herrlichkeit zu demonstrieren, er kann es auch verhärten. Seine Herrlichkeit wird weder durch das eine vermehrt noch durch das andere vermindert. Sie ist und bleibt so oder so vollkommen.[379]

Allen weitergehenden Fragen verweigert sich Augustin mit dem Argument, innerhalb unserer ursündlichen Befangenheit hätten wir Menschen keine intellektuellen Mittel, um diese Fragen zu beantworten, vor allem, wenn sie wieder an der Herrlichkeit Gottes rüttelten und so nicht vom *intellectus gratiae* getragen seien, etwa die Frage, warum Gott den ersten Menschen nicht am Sündigen gehindert habe, »daß er nicht durch das Böse in seinem [urständlich gnadenhaften] Intellekt beeinträchtigt und seine Seele nicht dem Irrtum ausgeliefert worden wäre« (Weish 4,11).[380] Die Stoßrichtung der Forschung müsse auf der Grundlage eines Vertrauensverhältnisses zu Gott (Ps 144,13: *fidelis dominus in uerbis suis*) positiv sein, da »ohne Gnade der Prozeß des Suchens und Findens (Mt 7,7) nicht erfolgreich zur Durchführung gebracht werden kann.«[381]

---

[378] *Ep.* 194,35 (CSEL 57, 204): *ne quisquam de suorum operum meritis audeat gloriari, ad dei gratiam et gloriam commendandam uoluit ualere.*

[379] *Ep.* 194,38 (CSEL 57, 207); vgl. Röm 9,17 (*quia ad hoc te excitaui, ut ostendam in te potentiam meam et ut glorificetur nomen meum in uniuersa terra*).

[380] *Ep.* 194,42 (CSEL 57, 209); vgl. Weish 4,11 (*ne malitia mutet intellectum eius et ne fictio decipiat animam eius*). Auch in den im folgenden besprochenen Schriften betont Augustin anhand dieses Verses, daß die Frage nicht lauten darf: Warum hat Gott nicht verhindert, daß...? Sondern: Was folgt aus dieser Voraussetzung (der Ursünde)? Antwort, etwa gegen Vincentius Victor und die südgallischen Semipelagianer: Ein Zulassen oder Verhindern konkreter Tatsünden ändert nicht die grundsätzliche Prädestination. Ohne Taufe verstorbene Kinder, so Augustin, erfahren zwar eine milde Form der Verdammnis. Letztere wird ihnen jedoch auf keinen Fall erlassen. Ebenso kann die Glorie eines Heiligen durch heroischen Tugendgrad gegenüber der einfachen Heiligkeit anderer Heiliger gesteigert werden, so daß es auch im Himmel Größere und Geringere, also keine Egalität gibt.

[381] *Ep.* 194,46 (CSEL 57, 213): *quod nisi per gratiam non potest quaeri, non potest inueniri.* Nach dieser bemerkenswerten Aussage zum *intellectus gratiae* schließt Augustin den Brief mit einem weiteren Hinweis auf die Taufe als unerläßliche Voraussetzung und konkreten Angriffspunkt des Wirkens der Gnade im Vollzug des kirchlichen Glaubens, ohne den jeglicher intellektu-

De anima et eius origine gegen Vincentius Victor

Welche Probleme es verursachen konnte, wenn jemand versuchte, Augustins erkenntnistheoretische Schwerpunktsetzung seiner Gnadenlehre metaphysisch zu
durchleuchten, zeigt die Diskussion Augustins mit Vincentius Victor über den Ursprung der Seele.[382] Im Sommer 419 übersandte der rührige Mönch Renatus aus
Caesarea in Mauretanien Augustin ein Werk des jungen Laien Vincentius Victor,
der erst kurz zuvor von einer donatistischen Gruppierung zur katholischen Kirche
übergetreten war.[383] Es wandte sich gegen Augustins Lehre vom Ursprung der
Seele bzw. den Umstand, daß Augustin eine solche bisher nicht entwickelt hatte.
Augustin, so Vincentius, habe bisher keine klaren metaphysischen Aussagen zur
Seelenlehre gemacht.[384] Gerade die intellektuelle Durchdringung der wesentlichen Fragen der Theologie, wie sie ja auch von Augustin propagiert werde, dürfe
diese Fragestellung aber nicht umgehen.[385] Vincentius plädiert für die Über-
nahme des Kreatianismus,[386] und formuliert unter dessen Voraussetzung eine
Reihe von Thesen (Augustin zählt elf), die auch die Gnaden- und Prädestinationslehre berühren.[387]

---

eller Vollzug in der Verdammnis ende. Joh 3,5 (*qui non renatus fuerit ex aqua et spiritu, non
intrabit in regnum caelorum*); Mk 16,16 (*qui non crediderit, condemnabitur*). Das letzte Zitat
klingt deutlich an das oben genannte Jes 7,9b LXX an.

[382] Vgl. *retract.* 2,56 (CChr.SL 57, 135); zur Person Vincentius Victors s. Mandouze, Prosopographie 1173f; zu *an. orig.* A. Zumkeller, Art. Anima et eius origine, de, in: AugL, Bd. 1, 340-
350; s. dort auch die Vorgeschichte im Zusammenhang mit *ep.* 190 (CSEL 57, 137-162) an Optatus, *episcopus Hispanus*, der Kreatianist war. Augustin verweist dort auf *epp.* 143.166 als Beispiele dafür, daß er *in tam multis opusculis* die Frage des Ursprungs der Seele erörtert habe, aber
zu keinem Ergebnis gekommen sei (*ep.* 190,2.20f.). Nun wird er durch die problematischen
Schlußfolgerungen Vincentius Victors erneut gezwungen, in dieser Frage Stellung zu beziehen.
Zur Datierung vgl. auch *ep.* 23*A,3 (CSEL 88, 122f.).

[383] *An. orig.* 1,1 (CSEL 60, 303f.). Renatus hatte Augustin nach *ep.* 190,1 (CSEL 57, 137f.)
schon ein Jahr vorher zu entsprechenden Stellungnahmen genötigt (*sum respondere compulsus*,
schreibt Augustin).

[384] *An. orig.* 4,2 (CSEL 60, 380f.).

[385] Vgl. hierzu den Ps 48,13 zitierenden Schlußteil seines Zitats: Ohne *intellectus* in dieser Frage
gleiche der Mensch dem Vieh (*assimilatus est iumentis et conparatus eis*). Vincentius kannte
mit einiger Sicherheit nicht die früheren Entwürfe Augustins zur Seelenlehre, etwa in *lib. arb.*
oder auch in *gen. litt.* 2,7. Für sie gilt, was oben im Zusammenhang mit *conf.* im Anschluß an
Solignac (Caractère aporétique) zu Augustins Schöpfungslehre allgemein gesagt wurde. Der Begriff einer notwendigen Einsicht in das Wesen der Seele als Geschöpf ist ein Widerspruch in sich.
Dennoch muß nach Augustin eine solche Einsicht angestrebt werden. Das geht aber nicht prä-
sumptiv durch die Entscheidung für das eine oder andere Modell, sondern nur tentativ-approxima-
tiv durch das Suchen und Anklopfen im Gebet (Mt 7,7), das Hoffen auf die Gewährung von Gnade zur Einsicht. Zur Entwicklung der Seelenlehre in *gen. litt.* 2,7 s. G. O'Daly, Art. Anima, in:
AugL, Bd. 1, 319-322.

[386] *An. orig.* 1,17 (CSEL 60, 317): *[Augustinus:] existimat [Vincentius] animas a deo non ex
propagine fieri, sed nouas singulis insufflari.*

[387] (1) Gott hat die Seele aus seiner eigenen Natur, sich selbst wesensgleich erschaffen (*de sua
natura creauerit*); (2) Die Seele existiert eine unbegrenzte Zeit lang (*per infinitum tempus*); (3) In
die präexistente Seele hinein wurde auch das Verdienst erschaffen, das den Erlösten das Heil er-
wirkt (*meritum, quod habuerit ante carnem*); (4) Es ist also die Seele durch ihr Verdienst [nicht
die Gnade durch die Taufe und den in der Kirche vollzogenen Glauben], die das Heil erwirbt

Augustins irritierte Reaktion auf Vincentius' konfuse Ansichten[388] läßt seinen
Begriff von *intellectus gratiae* desto deutlicher hervortreten, je ähnlicher jene
Ansichten seinen eigenen sind; denn in gewissem Sinn ist Vincentius' Position
der pelagianischen diametral entgegengesetzt. Sie ist eine (stoisch geprägte) meta-
physische Extrapolation von Augustins Prädestinationslehre, eine Synthese aus
Kreatianismus und Prädestinatianismus. Eine solche Synthese läßt aber keinen
Raum mehr für das Konzept des *intellectus gratiae* und genau das kritisiert Augu-
stin in *an. orig.*

Zunächst, so beginnt er, sei in erster Linie nicht zwischen Leib und Seele,
sondern zwischen Schöpfer und Geschöpf zu unterscheiden.[389] Nur dann sei man
gegen den Irrtum gefeit anzunehmen, die Seele brauche einen eigenen »Seelen-
körper« als Form, wie Vincentius meine; denn Form sei die Seele selbst. Ohne
sie sei der Leib nichts oder jedenfalls beinahe nichts, philosophisch gesprochen:
Materie als aus nichts geschaffene Möglichkeit des Geistigen, während die Geistseele selbst reine (jedoch in jedem Fall geschöpfliche) Wirklichkeit sei. Bis
hierher reicht die metaphysische Argumentation Augustins, eine Kombination von
platonisch-aristotelischer Metaphysik und biblischer Schöpfungslehre. Über den
anthropologischen Ursprung der Seele ist damit aber noch nichts ausgesagt, und
über diesen wird Augustin auch keine metaphysischen Aussagen im engeren Sinn
machen.

Was, so Augustin weiter, die Frage nach dem Ursprung der Seele im Zusammenhang mit dem Ursprung der Sünde und der Dynamik der Erlösung in ihr angehe, so könne man auf der Ebene der Schöpfungslehre eben gerade nichts sagen.
»Sonst wäre ja Gnade nicht mehr Gnade« (Röm 11,6).[390] Vincentius, so Augustin,
weiß zu viel oder will zuviel wissen, d. h. er respektiert nicht die erkenntnistheoretischen Grenzziehungen des menschlichen Intellekts (*proinde iste homo
ualde intellegens*). Beim biblischen Glauben geht es nicht um notwendiges Wissen
und metaphysische Einsicht in das Wesen der Geistseele, sondern um den existenziellen Vollzug des Heils (Mt 10,39: *qui perdiderit animam suam propter me,
inueniet eam*). Dessen geschichtlicher Ort ist die Taufe der Kirche. In ihr wirkt
die Gnade Christi, der, obwohl selbst ohne Sünde, die durch die Sünde Adams
als Schuld über alle Menschen gekommene Verdammnis des Todes, ohne daß er

---

(*animam per carnem reparare habitudinem priscam*); (5) Im gegensätzlichen Fall hat die Seele
ebenfalls schon vor der Sünde deren Verdienst erworben (*quod anima ante omne peccatum merue-
rit esse peccatrix*); (6) Auch das Heil bzw. Unheil der ohne Taufe sterbenden Kinder hängt von
dieser ihrer kreatianistischen Prädestination ab; (7) Menschen, die der Herr zur Taufe prädestiniert hat, können vorher sterben, so daß sich das, was er in ihnen prädestiniert hat, nicht erfüllt;
(8) In diesem Fall gilt Weish 4,11: »Es wurde weggenommen, damit nicht die Übeltaten seine
Einsicht ändern;« (9) Es gibt Orte des Heils (*mansiones*; Joh 14,2) außerhalb des Reiches Gottes;
(10) Die Eucharistie ist auch solchen zu spenden, die ohne Taufe aus dem Leben scheiden; (11)
Die ohne Taufe aus dem Leben scheiden, werden zuerst im Paradies empfangen und gelangen erst
nach einiger Zeit ins Reich Gottes. Vgl. *an. orig.* 4,38 (CSEL 60, 417f.).

[388] *An. orig.* 3,23 (CSEL 60, 378): *multum aperteque peruersa et fidei catholicae aduersa.*

[389] *An. orig.* 1,4 (CSEL 60, 306): *si autem de nulla alia re facta est, de nihilo facta est [anima].*

[390] *An. orig.* 1,9 (CSEL 60, 309); vgl. Röm 11,6 (*alioquin gratia iam non est gratia*); Röm 4,4
(*si bonum [meritum], non ergo eam gratis, sed secundum debitum liberat gratia, cuius praecessit
meritum bonum, ac sic gratia iam non erit gratia; si autem malum etc.*).

es verdient hätte, freiwillig (*gratis*, gnadenhaft) auf sich genommen hat.[391] Die Vorstellung einer Prädestination, wie Vincentius sie in seiner Auslegung von Weish 4,11 entwickelt, die einerseits, was die Geistseele, in der sie aus nichts geschaffen wird, betrifft, präexistent ist, andererseits aber durch geschichtliche Ereignisse relativiert werden kann, hält Augustin für absurd. Die Prädestination ist ein biblisch heilsgeschichtliches und kein philosophisches Konzept. Beides darf nicht miteinander vermischt werden, da sonst Kongruenz nicht mehr gewährleistet wäre.[392] Einsicht kann nach Augustin in diesem Zusammenhang allein aus (gnadenhafter) geistlicher Erfahrung gezogen werden, nicht aus philosophischen Begriffen.[393] Wer etwas anderes für möglich hält, verwechselt die eigene Ignoranz mit wahrer Einsicht, die allein in der Gnade wurzelt.[394]

In *an orig.* 2, das dem Presbyter Petrus gewidmet ist, knüpft Augustin im Zusammenhang mit der Frage nach dem Verhältnis von Leib und Seele an diesen Gedanken an: Seine Ablehnung des Versuchs Vincentius', diese geistliche Erkenntnislehre mit einer bestimmten Seelenlehre metaphysisch zu untermauern, schreibt er, bedeute nicht, daß er dem Subjekt der gnadenhaften geistlichen Erkenntnis die Geistigkeit abspreche, im Gegenteil. Er werfe vielmehr umgekehrt seinem Gegner vor, durch seine metaphysischen Bestrebungen die Geistigkeit des gnadenhaften Erkenntnisprozesses infragezustellen, indem er eine Doppelung der Realität in einen sinnlich leiblichen und einen geistlich leiblichen Bereich herbeiführe, während wahre Geistigkeit, auch wenn sie in ihrer eigenen Sinnenhaftigkeit von jener körperlichen Sinnlichkeit zu unterscheiden sei, gerade in einer eigentümlichen Einheit und Einfachheit bestehe.[395]

Vincentius, so Augustin, arbeitet mit seiner Lehre der pelagianischen, obwohl sie dieser diametral entgegengesetzt zu sein scheint, in Wirklichkeit in die

---

[391] *An. orig.* 1,10 (CSEL 60, 310f.); vgl. Joh 3,5 (*nisi quis renatus fuerit ex aqua et spiritu, non potest intrare in regnum dei*); *an. orig.* 1,12.14 (CSEL 60, 312.314); vgl. Tit 3,5 (*lauacrum regenerationis*); Röm 5,16.

[392] *An. orig.* 1,15 (CSEL 60, 316): *quid quod ipsa exinanitur omnino praescientia, si quod praescitur non erit?* Vgl. Weish 4,11 (*raptus est, ne malitia mutaret intellectum eius*). Augustin fordert hier also einen konsequenten Prädestinationsbegriff (deswegen auch seine Verwendung des Ausdrucks *praescientia* an dieser Stelle). Vorherwissen Gottes, das nicht Prädestination ist, bedeutet nichts, auch nicht Vorherwissen. Prädestination dagegen muß kongruent sein, d. h. sie muß der Struktur der biblisch formulierten Heilsgeschichte entsprechen und kann von daher nicht noch einmal metaphysisch eingeholt werden. Was wäre zum Beispiel, wenn jemand nach dem Modell von Vincentius zum Heil prädestiniert wäre, dann aber nicht getauft würde. Entweder wäre die Prädestination nicht kongruent oder die Taufe wäre überflüssig.

[393] *An. orig.* 1,19 (CSEL 60, 320); vgl. Ijob 33,3f. (*intellectus labiorum meorum pura intellegit, spiritus diuinus qui fecit me, inspiratio autem omnipotentis, quae docet me*).

[394] *An. orig.* 1,26 (CSEL 60, 326); vgl. 1 Tim 1,7 (*uolentes esse legis doctores non intellegentes neque quae loquuntur neque de quibus affirmant*). In den folgenden restlichen Kapiteln des ersten Buches entwickelt Augustin die Erbsündenlehre aus dem Begriff des »Einen« (nämlich des einen Menschen). Interessant ist dabei vor allem die Kombination von Röm 5,12 und Gen 2,23 (*haec uocabitur mulier, quia de uiro suo sumpta est*). Der Ausdruck *ex uno* ist nach Augustin unter anderem auch im Hinblick auf das erste Menschenpaar wörtlich zu nehmen. Die Erbsünde ist in seinen Augen auch dahingehend überindividuell, daß sie in der gemeinsamen Menschheit von Mann und Frau wurzelt. Zur Forschung in dieser Frage s. Lössl, Spuren 221.224.

[395] *An. orig.* 2,3 (CSEL 60, 337): *quando illud apostoli recolebas [Petre]: »inluminatos oculos cordis uestri« [Eph 1,18], nos sub fronte et supra buccas cor habere credebas? absit.*

Tasche; denn wie die Pelagianer die Erbsünde, wegen der die Taufe der Kleinkinder notwendig ist, überhaupt leugnen, so liefert ihnen Vincentius zumindest
teilweise[396] Gründe für ihre Annahme, indem er behauptet: Was immer in einem
Menschen an Verdienst, sei es zur Sünde oder zur Gnade, angelegt ist, resultiert
bereits aus der Geschöpflichkeit seiner präexistenten Leib-Geist-Seele, unabhängig davon, ob er getauft wird oder nicht.[397]

In *an orig.* 3-4 schließlich richtet er sich an Vincentius selbst und ermahnt
ihn, die Gnadengabe seines Intellekts nicht zur Häresie zu mißbrauchen.[398] Zusammenfassend geht er erneut auf die bereits in den ersten beiden Büchern besprochenen Punkte ein. Die Erschaffung der Seele zu einem bestimmten Zeitpunkt sei ein unbeweisbares, unnötiges und unbiblisches Axiom. 2 Kön 4,34f.,
wo davon die Rede ist, daß Elischa einem Kind »Leben einhaucht« (*flatum Heli-
sei*), ist als Belegstelle für den Kreatianismus denkbar ungeeignet. Wo steht, so
fragt Augustin, daß Gott dem Kind in dem Moment eine »neue Seele« erschaffen
habe, noch dazu, wie Vincentius behauptet, »aus seinem eigenem Sein« (*de sua
natura fecit animam deus*)? Wenn Vincentius schon Kreatianist sein wolle, dann
solle er, so Augustin, wenigstens die *creatio ex nihilo* vertreten. Insofern die
Seele Geschöpf sei, sei sie zwar auch räumlich und zeitlich begrenzt, nämlich im
Hinblick auf ihre Geschöpflichkeit (*absit enim, ut credamus quod animas deus
semper dat, sicut semper est ipse qui dat*), nicht aber im Sinne einer eigenen
Leiblichkeit und Sterblichkeit. Erstere sei vielmehr durch die Schöpfung mitkon-
stituiert, da Gott eben nicht Leiber und Seelen, sondern ganze Menschen geschaffen habe, letztere beziehe sich nur auf erstere, und zwar ausschließlich aufgrund
der Sünde, die wiederum nicht von der Schöpfung her vorgesehen sei.[399] Alle
Aussagen über den Erlösungsprozeß selbst jedoch, also über die Gnade, deren
epistemologische Voraussetzungen eingeschlossen, können, so Augustin, nur vom
historischen Faktum der Ursünde her gedeutet und nur durch die Gnade und auf
sie hin verstanden werden.

Vor diesem Hintergrund lautet Augustins Schlußfolgerung wörtlich: »Erstens:
Über den Ursprung der Seele, insofern davon die Rede sein soll, daß sie den
Menschen in welcher Weise auch immer nach dem Fall des ersten Menschen ein-
gehaucht wird, wage ich nicht, mich festzulegen, weil ich vermute, in diesem
Bereich kein Wissen zu haben. Zweitens: Daß ich mit der Seele etwas Geistiges

---

[396] Teilweise deshalb, weil Vincentius natürlich versucht, sich im Sinne der Gnadenlehre Augustins abzusichern. Vgl. dazu oben, S. 281f., Anm. 387, die Punkte (7) und (8). Die Punkte (9)
und (11) entsprechen dagegen weitgehend dem pelagianischen Modell.

[397] *An. orig.* 2,17 (CSEL 60, 351). Dagegen entwirft Augustin im folgenden erneut seine
Erbsündenlehre und Taufgnadenlehre unter Zuhilfenahme von Joh 3,5; Mt 10,39; Röm 5,18; Mk
16,16; vgl. im folgenden auch *an. orig.* 3,19 (CSEL 60, 375): *quam sententiam principalem ti-
mens uiolare Pelagius nec illos sine baptismo in regnum caelorum credidit intraturos, quos non
credidit reos; tu autem et originalis peccati reos paruulos confiteris et tamen eos sine lauacro
regenerationis absoluis et in paradissum mittis et postea etiam in regnum caelorum intrare permit-
tis.* Die *sententia principalis* ist die bekannte Stelle Joh 3,5, in bezug auf die Vincentius wie schon
Pelagius die Unterscheidung von Heil und Reich Gottes vornimmt. Augustin lehnt dies als duali-
stisch ab. Für ihn berühren sich an diesem Punkt auch Manichäismus und Pelagianismus.

[398] *An. orig.* 3,1 (CSEL 60, 359).

[399] *An. orig.* 3,7f. (CSEL 60, 365.367).

und nicht etwas Materielles meine, davon allerdings habe ich Wissen.«[400] Augustin legt hiermit auch die epistemologischen Grenzziehungen seiner Gnadenlehre fest. Es geht um Geistiges, also ist *intellectus gratiae* als philosophischer Vollzug möglich. Aber wie dieser geistige Vollzug in der konkreten infralapsarischen Situation zu verwirklichen sei, darüber hat der Mensch aufgrund seiner gefallenen Natur von sich aus kein Urteil mehr. In diesem Bereich muß er das Urteil Gott überlassen. Gott wird oder wird ihm nicht die Gnade der Einsicht in die Gnade seines Heils gewähren.

Augustin ermahnt Vincentius, die Grenzen des Intellekts zu respektieren:[401] Einsicht sei allein eine Frucht der Gnade. Ohne Gnade sei es nicht einmal möglich, zu wissen, wie man um sie beten soll (Röm 8,26).[402] Wenn Vincentius einen Menschen ohne Einsicht mit Vieh vergleiche (Ps 48,13), so habe er in der Tat wahrer gesprochen als es ihm wohl selbst lieb sein könne; denn in diesem Psalmvers gemeint sei der *intellectus gratiae*, der Spekulationen über den Ursprung der Seele gerade ausschließe. Zum Tier werde, wer meine, er könne hier ohne Gnade Einsicht erlangen,[403] wo doch die Gnade den inneren Menschen begründe und ihn zu je tieferer Innerlichkeit führe. Augustin will diese Aussage nicht metaphysisch, auf die Seelen- und Gotteslehre, sondern erkenntnistheoretisch auf die Gnadenlehre bezogen wissen. Nicht der Mensch, Gott legt die Grenzen menschlicher Erkenntnis fest, unter Rücksichtnahme auf die *conditio humana*, im Rahmen seines Gnadenwirkens.[404] Einsicht gegen oder neben dem *intellectus gratiae* ist unmöglich.[405]

De ciuitate dei 19-22

Die geschichtsphilosophische Dimension des *intellectus gratiae* in der Prädestinationslehre, die in *an. orig.* in ihrem Ansatz gegen die metaphysische Seelenlehre Vincentius' gerichtet war, kommt in ihrem eigenen Recht vor allem in den letzten Büchern von *ciu. dei* zum Tragen, die zwischen 425 und 427 entstanden. In *ciu. dei* 19-22 geht es Augustin, ausgehend von der Frage nach dem höchsten Gut und dem größten Übel, um die letzten Dinge. Was kann über sie gesagt werden? Augustin: Ohne Glauben (Gal 3,11) überhaupt nichts. Im Glauben aber stellt sich die Begrenztheit menschlicher Weisheit (1 Kor 3,20) wie auch menschlicher Mo-

---

[400] *An. orig.* 4,2 (CSEL 60, 380).

[401] *An. orig.* 4,5f. (CSEL 60, 384f.); vgl. Sir 3,22f. (*altiora te ne quaesieris et fortiora te ne scrutatus fueris*); Weish 13,9, in diesem Zusammenhang auf die bezogen, die nicht an die Gnade glauben und auf Einsicht durch sie hoffen (*si enim tantum potuerunt ualere ut possent aestimare saeculum, quomodo eius dominum non facilius inuenerunt?*).

[402] *An. orig.* 4,12 (CSEL 60, 391); vgl. *an. orig.* 4,7 den Verweis auf den Weg der Gnadeneinsicht über das Gebot der Gottes- und Nächstenliebe (Mk 12,30).

[403] *An. orig.* 4,15 (CSEL 60, 395); vgl. Ps 48,13 (*homo in honore cum esset, non intellexit; comparatus est pecoribus insensatis et similis factus est eis*).

[404] *An. orig.* 4,20 (CSEL 60, 400): *apostolus quidem praeter interiorem et exteriorem non uideo quod sciat alium interioris interiorem, id est totius hominis intimum.* Vgl. Kol 3,10; Röm 7,22; Eph 3,16.

[405] Vgl. zum Schluß von *an. orig.* noch einmal Ps 48,13; 31,9 (*nolite esse sicut equus et mulus, quibus non est intellectus*).

ral heraus (Gal 5,17).[406] Nur durch geduldiges Hoffen (*per patientiam*) gelangt
der Mensch an sein Ziel (Röm 8,24f.: *spe enim salui facti sumus*). Inzwischen
aber muß er soziale Ungerechtigkeit, Kriege, Gewalt und vieles andere ertragen,
ehe er als Frucht der Erlösung von den Sünden den ewigen Frieden erlangt (Röm
6,22).[407] Der Friede selbst ist während dieser Zwischenzeit eher Hoffnung als
Wirklichkeit (*spe illa potius quam re ista*). Wer ihn erlangen will, muß angesichts
der eigenen Sündhaftigkeit darum beten (Mt 6,12: *dimitte nobis debita nostra*).
Gott behält sich vor, ihn denen nicht zu gewähren, die sich dafür zu gut sind (Spr
3,34: *superbis resistis*).[408]

Es gibt also ein Gericht, eine Entscheidung darüber, wer in den ewigen Frieden eingeht und wer nicht. Sie erfolgt in gewissem Sinne jetzt, präsentisch,[409]
allerdings als Prozeß, dessen Ausgang, zumindest was die menschliche Erkenntnis betrifft, noch offen ist (Röm 11,33: *inscrutabilia sunt iudicia eius*). In Ewigkeit freilich ist er bereits beschlossen und kann deshalb bereits jetzt als gerecht
bezeichnet werden (Röm 9,14: *non est iniquitas apud deum*). Das menschliche
Leben ist begrenzt. So stellt sich die Frage nach seinem Sinn, etwa bereits im
Alten Testament bei Kohelet. Das Neue Testament und besonders auch Jesus in
seinen eschatologischen Reden stellen sich das Ende der Welt als ein Ereignis
vor, eine große Abrechnung, eine Zeit der Entscheidung und Offenbarung.[410]
Aber auch im Alten Testament, etwa in den Psalmen, ist vom Anfang und vom
Ende der Welt die Rede, weswegen, so Augustin, die Meinung Porphyrius', die
Juden behaupteten im Gegensatz zu den Christen die Ewigkeit des Kosmos,
falsch ist.[411] Alles hat Gott geschaffen, sogar die Himmel. Entsprechend ver-
geht auch alles bzw. ist alles immer am Vergehen.[412] Für Gläubige ist das Vergehen des Alls aber zugleich auch ein Kommen, nämlich Christi, eine Sichtweise,
die er selber, durch seine Gnade, schon seit alters her in den Gläubigen grundgelegt hat.[413]

---

[406] *Ciu. dei.* 19,4 (CChr.SL 48, 664f.); vgl. Gal 3,11 (*iustus ex fide uiuit*); Ps 93,11 (*dominus
nouit cogitationes hominum*); 1 Kor 3,20 (*dominus nouit cogitationes sapientium, quoniam uanae
sunt*); Weish 9,15 (*corpus corruptibile adgrauat animam et deprimit terrena inhabitatio sensum
multa cogitantem*); Gal 5,17 (*caro concupiscit aduersus spiritum etc.*).

[407] *Ciu. dei* 19,11 (CChr.SL 48, 675); vgl. Röm 6,22.

[408] Vgl. *ciu. dei* 19,20 (CChr.SL 48, 687) sowie die Verwendung von Spr 3,34 in *conf.* im
Zusammenhang mit dem *intellectus gratiae*.

[409] *Ciu. dei* 20,1 (CChr.SL 48, 699): *nunc iudicat et ab humani generis initio iudicauit dimittens
de paradiso et a ligno uitae separans primos homines peccati magnis perpetratores.*

[410] *Ciu. dei* 20,3.5 (CChr.SL 48, 701.707).

[411] *Ciu. dei* 20,24 (CChr.SL 48, 744); vgl. Ps 101,26f. (*principio terram tu fundasti, domine,
et opera manuum tuarum sunt caeli. ipsi peribunt, tu autem permanes*).

[412] Augustin arbeitet hier also mit einem Ewigkeits- und zwei Zeitbegriffen: Ewigkeit ist
zunächst immer Ewigkeit Gottes. Zeit ist (1) das konkrete Werden und Vergehen, (2) das durch
die Schöpfung von Gott konstituierte (in einem gewissen Sinn auch ewige, aber geschöpfliche)
Prinzip des Werdens und Vergehens. Vgl. dazu auch oben in diesem Kapitel, Abschn. 1 (e) zu
conf. 11 (S. 241-245).

[413] *Ciu. dei* 21,20 (CChr.SL 48, 753f.): *sed ueteribus per Christum futurum esse iudicium, id est
iudicem Christum de caelo esse uenturum.* Der jüdische »Tag des Herrn« entspricht der christlichen Vorstellung vom Kommen Christi. Augustin sieht am Bibeltext, daß sich nicht alle alttestamentlichen Stellen ohne Verrenkungen auf Christus hin deuten lassen (*non consequenter intelle-*

Er ist also der Richter beim Jüngsten Gericht, die zu Richtenden sind die Menschen, die Kriterien ihres Gerichtetwerdens sind ihre Verdienste. Die Böses getan haben, erleiden ewige Verdammnis, die Gutes getan haben, die Gerechten, das ewige Leben.[414] Das grundlegende »Verdienst« aller Menschen ist die Ursünde. Ihretwegen hat die ganze Menschheit die ewige Verdammnis verdient.[415] Allein schon dies zu erkennen, und erst recht die Fähigkeit, allmählich aus dem Elend herauszufinden, ist nur möglich durch das Wirken der Gnade.[416] Unterscheidungskriterium aber ist und bleibt die ewige Verdammnis. Sie wird nicht vollständig durch die Gnade aus der Welt geschafft, sondern bleibt Teil des Gnadenwirkens. Weder das Gebet der Heiligen, noch die Sakramente oder Kirchenzugehörigkeit und gute Werke können das Heil aller Menschen zuwegebringen, wenn es, wie die Bibel sagt, nicht für alle Menschen vorgesehen ist. Wenn das, was in der Bibel über das ewige Leben steht, bereitwillig ernstgenommen wird, dann muß auch das ernstgenommen werden, was dort über die ewige Verdammnis steht.[417]

Die genannten Kriterien sind Ausschlußkriterien. Wer sie nicht erfüllt, kann seiner Verdammnis sicher sein. Wer sie erfüllt, kann nicht seiner Erlösung sicher sein, die allein von Gottes Gnade abhängt. Gnade ist hier allerdings universal zu verstehen. Sie setzt, wenn überhaupt, dann bereits in der richtigen geistigen Grundeinstellung des Menschen zu seiner Erlösung an.[418] Gnade ist, wenn die Menschen sich als Sünder erkennen, Gott um Vergebung bitten (Mt 6,12), Barmherzigkeit (Mt 3,8) und Nächstenliebe (Lev 19,18) üben, sich taufen lassen (Joh 3,5), im Glauben ausharren und wachsen (1 Kor 7,25).[419] Gott wirkt nicht erst das Wirken, er wirkt bereits das Wollen (Phil 2,13), ja sogar das Denken (Gal 4,9) durch die Gnade Christi (Gen 22,18).[420] Dementsprechend wird den Gläubigen Einsicht über die letzten Dinge zuteil, wie sie Philosophen, die sich auf ihre eigene Vernunft verlassen, nie erlangen können. Das beginnt bei der Schöpfungslehre und geht über die Ehe-, Seelen-, Erbsünden- und Sakramentenlehre bis hin zur Lehre von den letzten Dingen.[421] Ziel ist die Gottesschau im ewigen Leben, die über alle Einsicht hinausgeht (Phil 4,7: *pax dei, quae superat omnem intellec-*

---

gitur Christus) und scheint etwas unsicher zu werden: Wie weit soll man hier die Allegorie treiben?

[414] *Ciu. dei* 21,1 (CChr.SL 48, 759): *isti [qui mala fecerunt] in supplicium aeternum, iusti autem in uitam aeternam.* [Joh 5,29; Mt 25,46].

[415] *Ciu. dei* 21,12 (CChr.SL 48, 778): *hinc est uniuersa generis humani massa damnata.*

[416] *Ciu. dei* 21,15f. (CChr.SL 48, 780.783): *nunc autem ambulemus in spe et proficientes de die in diem spiritu facta carnis mortificemus. nouit enim dominus qui sunt eius; et quotquot spiritu dei aguntur, hi filii sunt dei, sed gratia, non natura.*

[417] *Ciu. dei* 21,23 (CChr.SL 48, 787.789): *dicere autem in hoc uno eodemque sensu: uita aeterna sine fine erit, supplicium aeternum finem habebit multum absurdum est.* N. B. den Bezug auf Mt 25,31-46.

[418] *Ciu. dei* 21,26 (CChr.SL 48, 796f.).

[419] *Ciu. dei* 21,27f. (CChr.SL 48, 800.803).

[420] *Ciu. dei* 22,2f. (CChr.SL 48, 807f.); vgl. Phil 2,13 (*deus enim est, qui operatur in uobis et uelle*); Joh 8,17 (*lex dei in corde eius*); Gal 4,9 (*nunc autem cognoscentes deum, immo cogniti a deo*); Gen 22,18 (*in semine tuo benedicentur omnes gentes*).

[421] *Ciu. dei* 22,25 (CChr.SL 48, 852f.).

tum), aber dennoch auch einer Erleuchtung entspricht (Eph 1,18: *inluminatos oculos cordis uestri*).[422] Auch sie entspringt der Gnade, die durch die Einsicht selbst bejubelt wird (Ps 88,2: *misericordias domini in aeternum cantabunt*).[423]

De gratia et libero arbitrio; de correptione et gratia

Wie Vincentius Victor die in ihren Grundzügen erstmals in *ep.* 194 vorgelegte Prädestinationslehre auf systematisch-philosophischer Ebene mißverstanden hatte, so mißverstand sie einige Jahre später eine Gruppe von Mönchen des Klosters von Hadrumetum an der Großen Syrte auf spirituell-praktischer Ebene.[424]

»Cresconius und Felix von Eurer Kongregation berichten von einer Störung der Klosterruhe aufgrund einer nicht unerheblichen Meinungsverschiedenheit im Bereich der Gnadenlehre. Einige von Euch nämlich sollen die Gnade so in den Himmel loben, daß sie die menschliche Willensfreiheit leugnen, und, was noch schlimmer ist, die Vergeltung der Werke eines jeden Menschen durch Gott am Tag des jüngsten Gerichts (vgl. Mt 16,27; Röm 2,6f.),«[425] schreibt Augustin vor Ostern 426 oder 427 an Abt Valentinus und die Mönche des Klosters. Die gesunde Lehre aber, so fährt er fort, besteht im Bekenntnis einer durch die Gnade konstituierten Willensfreiheit, durch die dieselbe Gnade die guten Werke wirkt, auf daß ihre Anhänger in ihnen wandeln (Eph 2,10: *quae praeparauit deus, ut in illis ambulemus*). Spaltungen in diesem Bereich sollte es nicht geben (1 Kor 1,10). Christus ist nicht gekommen, die Erde zu richten, sondern sie zu retten (Joh 3,17), was jedoch das Endgericht nicht ausschließt (Röm 3,6). Entscheidend ist immer, daß vom Herrn her und auf ihn hin gedacht wird (Joh 15,5). In ihm soll man sich rühmen (1 Kor 1,31). Die Häretiker aber tun das genaue Gegenteil (1 Kor 3,21). Was aber haben sie, das sie nicht empfangen hätten (1 Kor 4,7)? Das Erbarmen Gottes kommt doch allem zuvor (Ps 58,11). Wenn es auch stimmt, daß die Fähigkeit zur Einsicht Willensfreiheit voraussetzt (Ps 93,8), so doch auch, daß die Erlangung der Einsicht nur als Gnade aufgefaßt werden kann (Ps 118, 125; Lk 24,45; Jak 1,5).[426]

Um mitzuhelfen, die Krise zu meistern, schickt Augustin außer *ep.* 214 folgende Schriften nach Hadrumetum: (1) Die Korrespondenz der afrikanischen Bi-

---

[422] *Ciu. dei* 22,29 (CChr.SL 48, 856f.).

[423] *Ciu. dei* 22,20 (CChr.SL 48, 864).

[424] Zu den historischen Zusammenhängen s. A. Zumkeller in: AugLG 7, 30-57; Brown, Augustinus 348-356; Mandouze, Prosopographie 247f. (Cresconius); 429f. (Felix); 478f. (Florus); 1133f. (Valentinus).

[425] *Ep.* 214,1 (CSEL 57, 280).

[426] *Ep.* 214,2.7 (CSEL 57, 381.387); vgl. als Schriftbelege u. a. Röm 3,17 (*iudicabit deus mundum*); 1 Kor 3,21 (*nemo glorietur in homine*) in Korrespondenz mit 1 Kor 1,31 (*qui gloriatur in domino glorietur*) und Joh 15,5 (*sine me nihil potestis facere*); 1 Kor 4,7 (*quid enim habes, quod non accepisti?*); Jak 1,17 (*omne donum perfectum desursum est descendens a patre luminum*); schließlich konkret auf den *intellectus gratiae* bezogen: Die Menschen müssen aus freiem Willen zur Einsicht finden: Ps 93,8 (*intellegite ergo, qui insipientes estis in populo, et stulti aliquando sapite*). Aber sie können dies nicht ohne voreilende Gnade: Ps 118,125 (*da mihi intellectum*); Lk 24,45 (*tunc aperuit illis sensum, ut intellegerent scripturas*); Jak 1,5 (*si quis autem uestrum indiget sapientia, postulet a deo, qui dat omnibus affluenter et non inproperat*).

schöfe mit Papst Innozenz I. nach dem Konzil von Diospolis;[427] (2) Die *Tractoria* Zosimus' gegen Pelagius vom Juni 418;[428] (3) Die Akten des Konzils von Karthago vom 1. Mai 418;[429] (4) *grat. lib. arb.*, seine eigene Reflexion des Problems aus der Zeit vor Ostern 426 oder 427.[430] Im Begleitbrief, *ep.* 215, legt er den Mönchen außerdem Cyprians *dom. or.* ans Herz, ein Werk, das er, wie er sagt, nicht mitzuschicken braucht, da es in der Klosterbibliothek vorhanden sei. Schließlich ermahnt er die Mönche, nicht durch intellektuelle Selbstüberschätzung (Röm 12,3), ob aufgrund von überzogenem Gnadendenken oder der Überbetonung der natürlichen Willensfreiheit, vom rechten Weg abzukommen (Spr 4,26 LXX). Die Gnadenlehre muß mit einer Vernunft verstanden werden, die nur die Gnade selbst begründen kann.[431]

Dieser letzte Gedanke steht auch im Zentrum von *grat. lib. arb.*, dem grundlegenden Dokument für die theologisch spirituelle Reform, die Augustin sich für Hadrumetum erwartet. Es sollte die Mönche dazu bringen, folgenden Irrtümern abzuschwören: (1) der pelagianischen Lehre, daß Augustins Gnadenlehre die Willensfreiheit ausschließe, (2) der Folgerung daraus, daß das Stehen in der Gnade bedeute, vom Bemühen um rechtes Denken und Handeln, also vom Prinzip Verantwortung auf der Basis der menschlichen Vernunft entbunden zu sein. Augustin meinte vielmehr das Gegenteil zu lehren: Daß Gnade durch ihr primäres Wirken im Intellekt verantwortungsbewußtes menschliches Handeln im Vollsinn überhaupt erst ermöglicht.[432] Nie, so Augustin, kann es bei der Gnadenlehre um die Zurückweisung des biblischen Konzepts der menschlichen Verantwortlichkeit aufgrund der Willensfreiheit gehen.[433] Die Sünde als Tun und Erleiden des Bösen seitens des Menschen kann nicht Gott angelastet werden, der alles gut erschaffen hat. Sie entspringt vielmehr auf unerklärliche Weise in den Herzen der Menschen.[434] Hätten die Menschen in der Gnade des Urstands das Gesetz befolgt, wä-

---

[427] Es handelt sich hierbei um die im Briefcorpus Augustins enthaltenen *epp.* 175, 176, 177, 181, 182, 183 (CSEL 44, 654-688.701-730).

[428] Vgl. Wermelinger, Rom 209-218.

[429] Vgl. Wermelinger, Rom 165-196; Kirwan, Augustine 104-128.

[430] Vgl. *ep.* 215,2 (CSEL 57, 389f.).

[431] *Ep.* 215,4.8 (CSEL 57, 390.396); vgl. Röm 12,3 (*non plus sapere, quam oportet sapere, sed sapere ad temperantiam, sicut unicuique deus partitus est mensuram fidei*); Spr 4,26 LXX (*rectos cursus fac pedibus tuis et uias tuas dirige, ne declines in dexteram neque in sinistram [...] ipse autem rectos faciet cursus tuos, itinera autem tua in pace producet*). Als Beispiel eines ohne *intellectus gratiae* mißverstandenen Aspekt der Gnadenlehre nennt Augustin die Aufforderung zu sündigen, um noch mehr Gnade zu produzieren, eine Mißdeutung, gegen die sich schon Paulus wehren mußte: Röm 6,1f. (*quid ergo dicemus? permanebimus in peccato, ut gratia abundet?*).

[432] *Grat. lib. arb.* 1 (PL 44, 881f.); deswegen auch am Anfang wie am Ende des Buches die Aufforderung zum Gebet um Einsicht: *a domino ut intelligatis orate!* Vgl. Phil 3,15f. (*quotquot ergo perfecti hoc sapiamus. et si quid aliter sapitis, hoc quoque uobis deus reuelabit: uerumtamen in quod peruenimus, in eo ambulemus*). Zur Einsicht gelangen ist ein Prozeß, so Augustin, bei dem niemand behaupten kann, zur Vollendung gelangt zu sein.

[433] *Grat. lib. arb.* 2 (PL 44, 882f.). Augustin begründet seine Position mit Schriftbelegen, die die Unentschuldbarkeit der Sünde betonen: Joh 15,22 (*nunc autem excusationem non habent de peccato suo*); Röm 1,20 (*ut sint inexcusabiles*).

[434] *Grat. lib. arb.* 3 (PL 44, 883). Nach Augustin ist der Versuch des Menschen, die Sünde Gott zuzuschreiben, Ansatzpunkt der Sünde im Menschen selbst, entsprechend der Auslegung von Gen

re ihr Glück vollkommen gewesen.[435] Sie befolgten es nicht, obwohl sie dazu fähig gewesen wären. Darin besteht die Ursünde. Ihretwegen können sie das Gesetz jetzt nicht mehr befolgen, ja sie sind nicht einmal fähig, es zu wollen, da ihnen die Einsicht dazu fehlt. Diese muß jetzt erneut von der Gnade kommen.[436] Diejenigen, in denen die Gnade nicht wirkt, bleiben ohne Einsicht, ohne Verdienste und ohne Heil. Augustin legt Wert auf die Feststellung, daß er diesen letzteren Zustand mit dem Ursündenbegriff nicht im eigentlichen Sinn »erklären« will.[437] Der Begriff der Ursünde dient ihm vielmehr lediglich als Grenzbegriff einer Erklärung, deren Grundkonzept der Gnadenbegriff ist, auch und zumal auf erkenntnistheoretischer Ebene. Die primäre, richtig gestellte Frage kann also nicht lauten: Warum hat der Mensch keine Einsicht? Sie muß lauten: Wie ist es möglich, daß der Mensch trotz seiner umfassenden Ignoranz, also seiner Sündhaftigkeit selbst im Bereich der Erkenntnis, überhaupt einsichtsfähig werden kann? Die Antwort darauf lautet schlicht und einfach: Durch die Gnade.

Das soll nun aber die Willensfreiheit nicht ausschließen. Die Bibel, so Augustin, ist voll von Belegen für die Willensfreiheit (*sunt plurima*).[438] Die Gnade wird dabei aber immer vorausgesetzt. Sie konstituiert den geistigen Wesenskern des Menschen (Mt 19,10f.), der auf dem Hintergrund der biblischen Schöpfungslehre (Gen 1,27) mit seiner leiblichen Verfaßtheit identisch ist.[439] Bestimmte wesentliche Dinge sehen nur die ein, die in der Gnade stehen bzw. von ihr ergriffen sind. Für sie resultiert daraus eine ganz bestimmte, dramatische Wirklichkeitsauffassung.[440] Gnade und Gesetz einfachhin gleichzusetzen, wie die Pelagianer

---

3,1, wo der böse Geist eben dummer- und fälschlicherweise behauptet, Gott habe den Menschen verboten, von irgendeinem Baum zu essen, statt von eben diesem (der Erkenntnis von Gut und Böse). Dazu zitiert er an dieser Stelle dann auch Spr 19,3 (*insipientia uiri uiolat uias eius, deum autem causatur in corde suo*).

[435] *Grat. lib. arb.* 4 (PL 44, 883f.). Zu beachten ist freilich, daß auch schon im Urstand die menschliche Willensfreiheit von der Gnade konstituiert wird, und zwar auf dieselbe Weise, wie in der Gnade der Erwählung, nämlich durch den *intellectus gratiae*. Vgl. Ps 1,2 (*in lege domini fuit uoluntas eius*); Röm 12,21 (*noli uinci a malo*); Ps 31,9 (*nolite fieri sicut equus et mulus, quibus non est intellectus*); Spr 3,7 (*noli esse sapiens apud te ipsum*); Ps 35,4 (*noluit intelligere ut bene ageret*); 1 Kor 7,36 (*quod uult faciat, non peccat, nubat*); 1 Kor 9,17 (*si autem uolens, hoc facio, mercedem habeo*).

[436] *Grat. lib. arb.* 5 (PL 44, 884f.). Augustin vertieft hier den in Ps 35,4 grundgelegten Gedanken (*noluit intelligere ut bene ageret*): Ignoranz ist immer schuldhaft, wenn auch strafmildernd (*fortasse ut mitius ardeat*). Schriftbelege dazu: Ps 128,6 (*effunde iram tuam in gentes quae te non nouerunt*); 2 Thess 1,8 (*cum uenerit in flamma ignis dare uindictam in eos qui ignorant deum*). Augustin: *ne dicat unusquisque, nesciui, non audiui, non intellexi!* Der Grund für dieses Prinzip ist im folgenden Gedankengang zu suchen.

[437] *Grat. lib. arb.* 20 (PL 44, 892): *ista ergo quaestio nullo modo mihi uidetur posse dissolui.*

[438] *Grat. lib. arb.* 6 (PL 44, 885).

[439] *Grat. lib. arb.* 7f. (PL 44, 886f.). Dieser Gedanke ist bemerkenswert. Er berührt das bereits zur Ehelehre Gesagte. Für Augustin entscheidet sich der *intellectus gratiae* am Selbstverhältnis des Menschen im Bereich seiner Sexualität, ob sie nun in der Ehe oder in der Ehelosigkeit gelebt wird: Bezogen auf letztere vgl. Mt 19,10f. (*non omnes capiunt uerbum hoc, sed quibus datum est*), bezogen auf erstere Spr 19,14 (*a domino iungitur mulier uiro*).

[440] *Grat. lib. arb.* 8.21 (PL 44, 886.894). Diese Dramatik besteht für den von der Gnade erfaßten Menschen in einem Ausgespanntsein zwischen Sieg in Christus (1 Kor 15,56f.; vgl. Röm 7,25: *gratias autem deo, qui dat nobis uictoriam per dominum nostrum Iesum christum*) und An-

dies tun, ist unzulässig. Ein solches Vorgehen beruht nach Augustin, wie oben bereits anhand der antipelagianischen Schriften gezeigt wurde, auf einem zu kurz greifenden Verständnis des *intellectus gratiae*. »Erkenntnis der Sünde durch das Gesetz« nach Röm 3,20 muß inklusiv, als die Gnade einschließend, verstanden werden; denn der Buchstabe (des Gesetzes [der Begierde] – Ex 20,17) tötet, nur der Geist macht lebendig (2 Kor 3,6), nur im Leben ist wahre Erkenntnis möglich.[441] Nicht anders verhält es sich mit der Identifizierung von Gnade und Natur durch die Pelagianer.

Die existenzielle Relevanz des Gebetes zeigt, daß die Konzeption eines von Gott vollkommen losgelösten und unabhängigen geglückten Menschseins schlechthin nicht möglich ist. Das Gebet ist nicht nur funktional im Hinblick auf begangene oder noch zu begehende Sünden zu verstehen (Mt 6,12f.), sondern prinzipiell als selbst bereits gnadenhafter Zugang zu einem durch das Licht der Gnade ausgeleuchteten Menschsein, ob es nun erbsündlich bedingt oder dabei ist, aus dieser Bedingtheit befreit zu werden (1 Kor 7,25).[442] Der Glaube selbst wie auch die Glaubenseinsicht werden von der Gnade konstituiert, ohne daß diese die Willensfreiheit außer Kraft setzt. Sie konstituiert sie vielmehr. Daß dies eine noch im Wachstum begriffene Wirklichkeit ist, ändert daran nichts. Die geistige Aufgabe, das Geheimnis dieses lebendigen Wachstums zu erforschen und dabei weiter zu wachsen, bleibt bestehen, trotz der nach menschlichen Maßstäben bestehenden Unmöglichkeit, dabei an ein Ziel zu gelangen.[443]

---

fechtung durch Versuchung (Mt 26,41: *uigilate et orate, ne intretis in tentationem*), zwischen Abkehr von und Bekehrung zu Gott (Sach 1,3: *conuertimini ad me et conuertar ad uos*), zwischen völligem Verlust des Selbst und ungeheurem Gewinn an Selbststand (1 Kor 15,10: *sed gratia dei sum id quod sum*; Joh 15,5: *sine me nihil potestis facere*). Der erkenntnistheoretische Aspekt bleibt dabei immer im Blick. Augustin kombiniert etwa erneut 1 Kor 4,7 (*quid autem habes, quod non accepisti, si autem accepisti, quid gloriaris quasi non acceperis?*) mit Jak 1,17 (*omne datum optimum, et omne donum perfectum desursum est, descendens a patre luminum*) und Ps 67,19; vgl. Eph 4,8 (*ascendit in altum, captiuauit captiuitatem, dedit dona hominibus*). Die Gnade wird also als geistige Realität (*lumen*) verstanden, die ihren Ursprung in Gott hat, aber durch Christus auch in den Herzen der Menschen eingepflanzt ist, so daß durch seine Heilstat die Gefangenschaft der Menschen in der Ignoranz ihrer Sünde überwunden wird, hin auf den *intellectus gratiae*, der in diesem Leben zum Tun des Guten anleitet und im künftigen Leben die ewige Seligkeit ermöglicht, indem er die zur Gottesschau nötige Einsichtsfähigkeit konstituiert.

[441] *Grat. lib. arb.* 22.24 (PL 44, 894.896); vgl. Röm 3,20 (*per legem enim cognitio peccati*); 2 Kor 3,6 (*littera occidit, spiritus autem uiuificat*). Augustin vergleicht die Pelagianer nach Röm 10,3 mit den Juden (er verwendet den Relativsatz einschränkend; nicht alle Juden sind gemeint), die sich geweigert hätten, sich der gnadenhaften Gerechtigkeit Gottes zu unterwerfen, indem sie sein Gesetz für ihr eigenes ausgaben (*ignorantes dei iustitiam, et suam uolentes constituere, iustitiae dei non sunt subiecti*). Auch hier wird erneut betont, daß Mangel an (gnadenhaftem) Intellekt solches Verhalten verursachte.

[442] *Grat. lib. arb.* 26.30 (PL 44, 896.899); vgl. 1 Kor 7,25 (*misericordiam consecutus sum, ut fidelis essem*); Röm 12,3 (*sapite ad temperantiam, sicut unicuique deus partitus est mensuram fidei*).

[443] *Grat. lib. arb.* 31 (PL 44, 899f.). In diesem Abschnitt klingen die Formulierungen besonders paradox, kompatibilistisch und im übrigen ähnlich aporetisch wie im Bereich der Schöpfungs- und Seelenlehre. Gott bekehrt die Menschen durch seine Gnade, aber so, daß diese sich selbst zu ihm bekehren durch ihre Freiheit, die ihnen geschenkt wird (Spr 8,35 LXX). Das quasi metaphysische Verständnis eines von der göttlichen Gnade konstituierten menschlichen Willens, also die Identifikation von Sein und Willen im *intellectus gratiae* läßt an die traditionelle Deutung der Gnadenleh-

Diese Unmöglichkeit markiert die Grenzen menschlicher Erkenntnis. Läge der Erkenntnisgegenstand innerhalb dieser Grenzen, wäre Gnade nicht nötig. Weil aber der Mensch an dieser Aufgabe seine Grenzen erkennen und anerkennen muß, bis dahin, daß, insofern hier ein existenzielles Anliegen berührt wird, das Leben des betreffenden Menschen selbst infragesteht (Joh 13,37: *animam meam pro te ponam*), reicht bloße Rationalität nicht mehr aus. Es ist eine Furcht um das eigene Leben zu überwinden, und dies ist nur durch ein gesteigertes existenzielles Engagement möglich, das die Grenzen menschlicher Vernunft übersteigt. Jene Kraft, die die Furcht um das eigene Selbst überwindet, ist als etwas transzendenterweise in die Herzen der Menschen Eingepflanztes zu denken. Die Rede ist von der Liebe (1 Joh 4,18: *perfecta caritas foras mittit timorem*).[444]

Die Liebe, in diesem Zusammenhang Aspekt des *intellectus gratiae*, stammt als Gnade von Gott (1 Joh 4,7: *dilectio ex deo est*). Sie kommt allem zuvor (1 Joh 4,19: *prior*). Sie wählt aus (Joh 15,16: *ego elegi uos*), ist Zeichen der Gegenwart des Geistes (2 Tim 1,7: *non enim dedit nobis deus spiritum timoris, sed uirtutis et caritatis et continentiae*), überwindet die Furcht und führt zur Einsicht, zu einer Einsicht aber, die nur die haben, denen durch Gnade Einsicht gegeben ist (Joh 1,5; 1 Joh 3,1; 1 Kor 2,12); denn das, was in einem solchen Akt erkannt wird, übertrifft alles, was Menschen aus eigener Kraft erkennen können. Wer aus eigener Kraft etwas Menschenmögliches vollbringt, kann auf sich stolz sein. Wer jedoch im Wissen um die eigene Unzulänglichkeit seine Verzagtheit aus einem Gottvertrauen heraus überwindet, ist nicht stolz auf sich, sondern voller Bewunderung für das Wunderbare, das ihm widerfahren ist (1 Kor 8,1).[445]

Allerdings bringt es die vor den Menschen sich auftürmende Unermeßlichkeit der Gnade Gottes, die Unmöglichkeit, sie im Geist zu erfassen, den *intellectus gratiae* auf menschliche Maßstäbe zurechtzustutzen, auch mit sich, daß auch in diesem Bereich bestimmte Dinge unerklärlich bleiben (Röm 11,33), ähnlich wie in jenem anderen Bereich die Ursprünge des Bösen. Wie in *conf.* 9 nach dem Tod seiner Mutter läßt Augustin von der Barmherzigkeit *und* dem Gericht Gottes singen (Ps 100,1).[446] Innerhalb des Rahmens des göttlichen Gnadenwirkens, über den der Mensch, der ja bei seinen Erklärungsversuchen auf nichts als den *intellectus gratiae* bauen kann, nicht hinausblicken kann, prädestiniert Gott die einen zu Gefäßen seines Zorns (Röm 9,22) – womit nichts anderes gemeint sein soll als daß die Betreffenden sich selbst aus sich heraus gegen Gott verhärten, Gott also keine Verantwortung für das Böse angelastet werden kann, das durch sie selbst über sie kommt –, die andern zum Heil.[447] Es bleibt dem Menschen nichts anderes als das Gebet um Einsicht, und selbst darum muß er bitten.

---

re Augustins als »Willensmetaphysik« denken. Vgl. Benz, Willensmetaphysik; Hessen, Metaphysik. Allerdings geht Augustin in den gnadentheologischen Schriften nie so weit, explizit die ontologischen Konsequenzen aus seinen erkenntnistheoretischen Reflexionen zu ziehen, wie etwa Vincentius Victor.

[444] *Grat. lib. arb.* 33.36 (PL 44, 901.903).

[445] *Grat. lib. arb.* 38.40 (PL 44, 904.906): *sed non est mirum, si lux lucet in tenebris, et tenebrae eam non comprehendunt.*

[446] *Grat. lib. arb.* 44 (PL 44, 910).

[447] *Grat. lib. arb.* 41 (PL 44, 905f.).

Aus *ep.* 216 Valentinus' an Augustin zum Dank für die überbrachten Schriften geht hervor, daß diese Gedanken gute Aufnahme bei den Mönchen in Hadrumetum fanden.[448] In *retract.* jedoch schreibt Augustin, daß noch ein Problem offen war.[449] Die starke Gewichtung des Gebets in *grat. lib. arb.* hatte einige Mönche dazu veranlaßt, sich jeder Zurechtweisung (*correptio*) durch den Abt zu entziehen. Man könne zwar füreinander beten, nicht aber sich gegenseitig korrigieren. Die Korrektur müsse man der Gnade überlassen. Also schrieb Augustin noch einmal an die Mönche von Hadrumetum – über Zurechtweisung und Gnade, *de correptione et gratia*.

Auffällig an *corr.* ist die strukturelle Ähnlichkeit des darin diskutierten Grundproblems mit der schon 389 in *de magistro* diskutierten Frage, ob Menschen einander etwas lehren können. Augustin vertrat dort, daß wirkliches Lernen nur aus dem Innern des Menschen, aus seiner Geistigkeit heraus möglich sei. Im Konzept des *intellectus gratiae* wurde diese Ansicht im Bereich der Gnadenlehre weiterentwickelt. Verständlicherweise hat Augustin deswegen weder den Schulunterricht noch die Kirchendisziplin für überflüssig erklärt, im Gegenteil. Er sah vielmehr die in der menschlichen Gesellschaft herrschende Disziplin als notwendige autoritative Voraussetzung dafür, daß Menschen überhaupt zum Lernen kommen, auch im *intellectus gratiae*.

Augustin beginnt *corr.* mit dem Hinweis, der *intellectus gratiae* habe zum Ziel die Identifikation und Integration von geistigen und leiblichen Vollzügen.[450] Sein Ansatzpunkt sei die Erkenntnis des eigenen Unvermögens und der Wunsch nach Hilfe. Gnade sei dabei immer zu verstehen als Gnade Christi.[451] Augustin entwickelt in diesem Zusammenhang zwar keine ausgefeilte Christologie, wie sie um dieselbe Zeit in den Ostkirchen entstand, er setzt eine solche aber im Grunde voraus; denn was er sagen will ist, daß Gnade nicht etwas dem Menschen Äußerliches ist, daß sie jedoch auch nicht einfach mit seiner menschlichen Natur identifiziert werden kann. Indem alle in ihrer Menschheit eins sind, ist demnach auch gegenseitige Zurechtweisung menschlich und widerspricht dem innerlichen, geistigen Gnadenprinzip nicht. Dies gilt bereits für den Urstand und wird auch für den Gnadenstand am Ende gelten (1 Kor 16,14: *omnia uestra cum caritate fiant*). Umso mehr, so Augustin, gilt es natürlich für die gegenwärtige Situation, in der der Mensch ständiger Versuchung ausgesetzt ist. Wer Zurechtweisung ablehnt, zeigt, daß er Mangel an *intellectus gratiae* hat.[452] So jemand ak-

---

[448] *Ep.* 216 (CSEL 57, 396.402).

[449] *Retract.* 2,67 (CChr.SL 57, 142).

[450] *Corr.* 2 (PL 44, 917): *dominus autem ipse non solum ostendit nobis, a quo malo declinemus, et quod bonum faciamus, quod solum potest legis littera: uerum etiam adiuuat nos, ut declinemus a malo, et faciamus bonum* [Ps 36,27], *quod nullus potest sine spiritu gratiae: quae si desit, ad hoc lex adest, ut reos faciat et occidat. propter quod dicit apostolus, »littera occidit, spiritus autem uiuificat«* [2 Kor 3,6].

[451] *Corr.* 3 (PL 44, 917): *intelligenda est enim gratia dei per Iesum Christum dominum nostrum.* Zu beachten ist hier erneut die erkenntnistheoretische Formulierung, die an das Konzept des *magister interior* anknüpft, das schon in *de magistro* entwickelt wurde.

[452] *Corr.* 7 (PL 44, 919f.): *corripiendus es, quia corripi non uis.* Vgl. 2 Tim 2,25f. (*ne quando det eis deus poenitentiam ad cognoscendam ueritatem, et resipiscant de diaboli laqueis*).

zeptiert nicht die urständliche menschliche Grundgegebenheit der Kontingenz, sondern deutet sie als Übel und lastet die Verantwortung dafür Gott an. Solches Verhalten ist ursündlich: Die positive Bestimmung zur Freiheit wird als negative Bestimmung der Abwesenheit der Gnade der Beharrlichkeit gedeutet.[453] Eine solche Deutung erwächst aus einem auf mysteröse Weise verdunkelten Intellekt, dessen Defekt sich auf die ganze Menschheit erstreckt. Unter der Voraussetzung, daß Denken, Wollen und Sein in ihm eins sind, befindet sich die Menschheit dadurch in einer ausweglosen Situation, die nur durch Gottes gnadenhaftes Eingreifen überwunden werden kann. Dieses aber erstreckt sich nach den Aussagen der Bibel, so Augustin, nur auf einige Erwählte und setzt in erster Linie beim Intellekt an.[454] Der von der Gnade unterstützte Intellekt, so Augustin, kann gar nicht anders als Erlösung unter dem Aspekt der Erwählung zu verstehen, und sei es schon allein aus dem Grund, weil es so in der Heiligen Schrift steht (2 Tim 1,9: *secundum propositum et gratiam*; Röm 8,28f.: *quos autem praedestinauit, illos et uocauit*; Mt 20,16: *multi uocati, pauci electi*), dann aber auch aus systematischen Überlegungen, etwa was die Begrenztheit des menschlichen Intellekts angeht, die durch den *intellectus gratiae* als solche anerkannt, eingesehen und transzendiert wird. Gottes Ratschlüsse sind eben nun einmal unergründlich, und zwar in analoger Weise zur Absurdität der Gründe des Menschen zu sündigen. Der Mensch, der sich aus dieser Einsicht heraus selbst bestimmt, wird nicht mit Gott rechten (Röm 9,20), sondern vielmehr über die Unergründbarkeit seines Ratschlusses staunen (Röm 11,33). Und zu dieser Unergründbarkeit gehört nun unter der Voraussetzung der Ursünde eben auch, daß einzelne (und eigentlich sogar recht viele, die Mehrheit, *massa*) verworfen werden, wobei auch dafür die Kriterien im Dunkel liegen.[455]

Augustin geht im folgenden noch einmal auf den Einwand ein, Gott sei womöglich selbst der Urheber dieser unheilvollen »Ordnung,« hätte er doch Adam nur von Anfang an mit der Gnade der Beharrlichkeit ausstatten müssen. Allein schon das Konzept einer solchen zusätzlichen Gnade der Beharrlichkeit, die Adam zur Aussonderung aus der Masse der Verdammten hätte verliehen werden sollen, so Augustin, setzt doch Adams Fall und eine in Wirklichkeit ja erst

---

[453] *Corr.* 10 (PL 44, 921). Der in der Ursünde befangene Intellekt meint: *quid ego feci, qui non accepi?* Der von der Gnade unterstützte Intellekt fragt zurück: *quid enim habes quod non accepisti?* 1 Kor 4,7. Vgl. Schmucker, Die Gnade des Urstands und die Gnade der Auserwählten 25f.: »Für Adam konnte die Beharrung [...] nicht formal Gnadengeschenk Gottes gewesen sein. Daraus folgt aber nicht, daß es deswegen auch für den gegenwärtigen Stand der Dinge nicht Gnade sei.« Augustin folgend, begründet Schmucker diesen Satz damit, daß die Gnade der Beharrung ja erst sekundär zur Überwindung der Sünde inkrafttreten müsse, mithin im Urstand völlig belanglos und aus diesem Grund nicht als Gnade zu verstehen wäre. Er übersieht jedoch die erkenntnistheoretische Schwerpunktsetzung Augustins, die gerade auf den Aspekt des »etwas durch die Gnade als Gnade *Verstehens*« Wert legt (vgl. erneut Jak 1,17: *omne datum optimum, et omne donum perfectum desursum est, descendens a patre luminum*). Statt Urstandsgnade und Gnade der Erwählten baukastenartig zuzuordnen, bündelt Augustin die Begriffe im Konzept des *intellectus gratiae*.

[454] *Corr.* 12 (PL 44, 923f.): *itaque cum audimus, »quis enim te discernit? quid autem habes quod non accepisti? si autem et accepisti, quid gloriaris quasi non acceperis?«* [1 Kor 4,7] *ab illa perditionis massa quae facta est per primum Adam, debemus intelligere neminem posse discerni, nisi qui hoc donum habet, quisquis habet, quod gratia saluatoris accepit.*

[455] *Corr.* 17.22 (PL 44, 925.929).

daraus resultierende *massa perditionis* bereits voraus.[456] Nicht warum Gott Adam nicht am Sündigen gehindert hat, ist die Frage, sondern wie Adam überhaupt auf die Idee kam zu sündigen; denn von Gott konnte er diese Idee nicht haben. Von Gott konnte er vielmehr nur die Einsicht der Gnade haben und in bezug auf diese stellt sich ebenfalls in erster Linie nicht etwa die Frage, warum sie Adam nicht in der Urstandsgnade halten konnte, sondern: Wie konnte Adam nur ein solch hohes Gut verschleudern, ein Gut, dessen Verlust, wie die Masse der Verdammten bezeugt, in alle Ewigkeit nicht aufgehoben werden könnte, wenn die Herrlichkeit Gottes in irgendeiner Weise begrenzt wäre.[457] Daß und in welchem Ausmaß sie dies nicht ist, offenbart sich in Christus, in dem Gott selbst Mensch wird (Joh 1,14) und in den Erwählten nicht nur die Urstandsgnade wiederherstellt, sondern sie sogar noch überbietet;[458] denn sie ist glaubwürdig (Joh 8,36).[459] Was jedoch sicheres Heil für die Erwählten bedeutet, heißt auch sichere Verdammnis für die Verworfenen; denn, wie oben in *ciu. dei* 21,23 gesagt wurde: Wenn das Heil der Erlösten ewig sein soll, wäre es absurd zu meinen, die Verdammnis der Verdammten wäre »weniger ewig.« Insofern nützt nach Augustin die Zurechtweisung in jedem Fall: Zählt der Betreffende zu den Erwählten, ist sie für ihn ein Heilmittel, zählt er zu den Verworfenen, ist sie eine ihm zustehende Marter.[460]

Damit ist Augustin auf dem Höhepunkt seiner Prädestinationslehre angelangt. Unter der Voraussetzung, daß diese nur durch den *intellectus gratiae* zu verstehen ist (was die Einsicht mit einschließt, daß die Fassungskraft des menschlichen Geistes, auch was die Vorstellungen vom Heil angeht, eingeschränkt ist und angesichts der Unerforschlichkeit der Ratschlüsse Gottes auch bleibt), kann er folgende Behauptungen aufstellen: (1) Der Satz vom allgemeinen Heilswillen Gottes (1 Tim 2,4: *uult omnes homines saluos fieri*) bezieht sich nur auf die Erwählten.[461] (2) Die Gnade ist »unwiderstehlich« (*non posse resistere*).[462] Zurechtweisung ist dennoch nützlich.[463] Grundlegend, so Augustin zum Schluß, ist aber wie immer das Gebet, wobei *corr.* klargestellt haben dürfte, daß das Gebet um Gnadeneinsicht im Sinne derselben die Zurechtweisung nicht aus-, sondern einschließt.[464]

---

[456] *Corr.* 26 (PL 44, 932): *nondum quippe erat illa in genere humano perditionis massa antequam peccasset, ex quo tracta est origo uitiata.*

[457] *Corr.* 28f. (PL 44, 933f.).

[458] *Corr.* 34 (PL 44, 937).

[459] *Corr.* 35.38 (PL 44, 937.940); vgl. 2 Kor 12,9; 1 Kor 1,29-31.

[460] *Corr.* 43 (PL 44, 942): *si is qui corripitur, ad praedestinatorum numerum pertinet, sit ei correptio salubre medicamentum; si autem non pertinet, sit ei correptio poenale tormentum.*

[461] S. dazu bereits zu *spir. litt.* oben Kapitel IV, Abschn. 6.

[462] *Corr.* 44f. (PL 44, 943).

[463] *Corr.* 46.48 (PL 44, 944.946). Zur Begründung s. oben zu *corr.* 43. Aus der Sicht eines Verworfenen könnte man einwenden, daß diese Begründung gegenstandslos sei, weil aus dem Übel nichts folge (*ex malo quolibet*). Augustin würde jedoch unter Verweis auf den *intellectus gratiae* sagen, daß ein solcher Einwand gegenstandslos sei, weil der Nutzen allein im Hinblick auf das Heil der Erwählten definiert würde. Gegenstandslos sei der Einwand des Verworfenen.

[464] *Corr.* 48f. (PL 44, 946).

Retractationes

Damit war die literarische Auseinandersetzung mit den Mönchen von Hadrumetum beigelegt. Gleichzeitig (427) schloß Augustin auch noch ein anderes Kapitel. Seit 412 hatte er beabsichtigt, seine Werke, vor allem die für pelagianische Interpretationen anfälligen Frühwerke aus den Jahren vor 397 durchzusehen und im Sinne der späten Gnadenlehre zu kommentieren.[465] Vollenden sollte er dieses Unternehmen aber erst jetzt, nach der Fertigstellung von *corr.* können.[466] Augustin hatte die Bereitschaft, sich korrigieren zu lassen, immer wieder als Tugend und sicheres Zeichen des *intellectus gratiae* hingestellt. Für sich selber nahm er das Recht und auch die Fähigkeit zur Selbstkorrektur in Anspruch. Was er in *retract.* darstellen möchte, ist – im Kontext seines Fortschreitens im *intellectus gratiae* – sein »Fortschreiten als gewissenhafter Schrifttheologe und Verkündiger der Alleinwirksamkeit Gottes.«[467] Entsprechend der Konstanz der Entwicklung dieses Konzepts im Gesamtwerk war es schon im zitierten *ep.* 143 an Marcellinus 412 so gewesen.[468] Und noch in *dono perseu.* im letzten Jahr seines Leben – die *retract.* waren bereits veröffentlicht – sollte er es ebenso halten.[469]

Die erkenntnistheoretisch-gnadentheologische Motivation von *retract.* wird bereits aus dem Vorwort ersichtlich. Augustin weist darin mögliche Vorwürfe gegen das Unternehmen zurück, seine früheren Werke auf Defizite im Bereich der Gnadentheologie zu durchforsten. Er formuliert dazu ein für das Konzept des *intellectus gratiae* geradezu typisches Paradox: Wer ihm vorwerfe, er widerrufe in *retract.*, was er in früheren Werken vertreten habe, bestätige ihn nur (*uerum dicit et mecum facit*). Eben darum gehe es doch.[470] Augustin versteht sich aber

---

[465] Vgl. *ep.* 143,2f. ad Marcellinum (CSEL 44, 251f.).

[466] Freilich wiederum nur für die veröffentlichten Bücher. *Retractationes* für die Briefe und Predigten waren ebenfalls vorgesehen, blieben aber unvollendet. Die Datierung der vorliegenden *retract.* ergibt sich aus dem letzten Eintrag zu *corr.* Vgl. Harnack, Retraktationen 1097, Anm. 3; 1099. Schon Harnacks detaillierte Auswertung zeigt, daß Augustin auch sein philologisch-exegetisches Fachwissen in das Konzept des *intellectus gratiae* integriert wissen wollte. Zum heutigen Stand der Forschung s. A. Mutzenbecher in: CChr.SL 57, vii-xvi.

[467] Harnack, Retraktationen 1102.

[468] Vgl. dazu auch die geistreiche Darstellung von Brown, Augustinus 309: Cicero, so Augustin in *ep.* 143,3 (vgl. CChr.SL 57, lxvii-lxviii), soll einmal glücklich gepriesen worden sein, weil er keine seiner Aussagen habe revidieren müssen. Er jedoch könne ihn deswegen nicht glücklich preisen. Nur Leute, die geistig stagnierten (*quos uulgo moriones uocant*), ermangelten des Bedürfnisses nach Verbesserung ihres Ausdrucks.

[469] *Dono perseu.* 55 (PL 45, 1027f.); vgl. *ep.* 224,1f. an Quoduultdeus (*retractabam opuscula mea, et si quid in eis me offenderet uel alios offendere posset, partim reprehendendo partim defendendo quod legi deberet et posset, operabar*) und weitere in CChr.SL 57, lxix-lxxi angeführte Zeugnisse.

[470] Effektiv wird Augustin aber meist nur auf technische Fehler im Bereich der Textkritik, Übersetzung des Bibeltextes sowie historischen und philosophischen Detailfragen hinweisen. In der Gnadenlehre wird er zeigen wollen, daß er sowohl die vorlaufende Gnade als auch die Erbsündenlehre immer vertreten habe, der *intellectus gratiae* als erkenntnistheoretisches Prinzip mithin von Anfang an in seinen Schriften am Werk gewesen sei. Nur in den demgegenüber sekundären Fragen des Glaubensansatzes (Röm 7) und der Prädestination (Röm 9) habe es 397 (bzw. im Fall der Exegese von Röm 7 noch später) die bekannte Phasenverschiebung (*sed uicit dei gratia*) gegeben. Vgl. dazu auch die Bemerkung von Harnack, Retraktationen 1103.1115.

vor allem als Gott gegenüber verantwortlich: Wenn er sich selbst beurteilt, nimmt
er das Gericht Gottes vorweg (1 Kor 2,31). Daß er bei den vielen Worten, die er
gemacht hat, auch Fehler begangen hat, bedarf keiner Erklärung (Spr 10,19). Er
weiß, daß er beim jüngsten Gericht dafür Rechenschaft ablegen muß (Mt 12,36).
Zuhören ist leichter als Reden (Jak 1,19) und wenn viele sich zum Lehrerberuf
drängen, so bedeutet das für sie nur ein umso härteres Gericht; denn um beim
Lehren keine Fehler zu machen, muß ein Mensch vollkommen sein (Jak 3,1f.).
In der Gnadenlehre aber gibt es nur einen einzigen solchen Lehrer (Mt 23,8) und
einen Frevel begeht, wer in bezug auf ihn etwas hinzufügt oder wegläßt und statt
dessen seine eigene Lehre verkündet. Ihn, den *magister interior gratiae*, gilt es
im *intellectus gratiae* einzusehen und zu verkünden.[471]
    Schon sein erstes Werk gegen die Skepsis der Akademiker wurde aus diesem
Geist heraus verfaßt (*quod miserante atque adiuuante domino factum est*). Allerdings, so Augustin, verwendete er damals noch zahlreiche nichtbiblische, pagane
philosophische Termini wie Zufall, Notwendigkeit, Körper, Geist, Leib und Seele.[472] Ähnlich unzufrieden äußert er sich über *ord.*: Er habe dort weder die Kosmologie Platons noch die biblische Schöpfungslehre nach ihren eigenen Prinzipien
verstanden, sondern vielmehr versucht, beides in einer Art Stufenbaulehre aufeinander abzustimmen.[473] In *immort. an.* zeigen sich die Auswirkungen dieser Mängel im Bereich der Seelenlehre, wo er sich an Fragen zur Individuation und Inkarnation versuchte und nicht einsah, daß die eigentlichen Probleme im Bereich
der Erbsündenlehre liegen.[474] In Kombination mit dem antimanichäischen Engagement seiner Frühzeit führte dieses Vorgehen zu derart optimistischen Formulierungen bezüglich der Fähigkeiten der Seele zur Umkehr zu Gott, daß die Pelagianer später dem Mißverständnis geradezu erliegen mußten, er habe damals die
Meinung vertreten, selbst ursündlich bedingte Menschen hätten real die Möglichkeit, völlig frei von Sünde zu leben.[475]
    Erste Fortschritte in Richtung eines Abbaus dieses Mißverständnisses sieht
Augustin in *lib. arb.* Schon in dieser Schrift, meint er, finden sich erste Spuren
der klaren gnadentheologischen Position, die er viele Jahre später bei der Diskus-

---

[471] *Retract.* Prolog 1f. (CChr.SL 57, 5f.); vgl. 1 Kor 2,31 (*si nos ipsos iudicaremus, a domino
non iudicaremur*); Spr 10,19 (*ex multiloquio non effugies peccatum*); Mt 12,36 (*omne uerbum
otiosum quodcumque dixerit homo, reddet pro illo rationem in die iudicii*); Jak 1,19 (*sit omnis
homo uelox ad audiendum, tardus autem ad loquendum*); Jak 3,1f. (*nolite plures magistri fieri,
fratres mei, scientes quoniam maius iudicium sumitis. in multis enim offendimus omnes. si quis in
uerbo non offendit, hic perfectus est uir*). Zum Motiv des *magister* vgl. auch den kurzen und zufrieden klingenden Eintrag zu *de magistro retract.* 1,12 (CChr.SL 57, 36): *scripsi librum cuius
est titulus de magistro, in quo disputatur et quaeritur et inuenitur* [Mt 7,7], *magistrum non esse
qui docet hominem scientiam nisi deum, secundum illud etiam quod in euangelio scriptum est:
»unus est magister uester christus« [Mt 23,10]. Offenbar genügte das Werk, was das Konzept des
intellectus gratiae betraf, auch 427 Augustins Ansprüchen, wie auch die Aufnahme des Motivs im
vorliegenden Prolog zeigt.
[472] *Retract.* 1,1 (CChr.SL 57, 7.11).
[473] *Retract.* 1,3 (CChr.SL 57, 12f.).
[474] *Retract.* 1,5 (CChr.SL 57, 16); vgl. Jes 5,25 (*peccata uestra separant inter uos et deum*).
[475] *Retract.* 1,7,5 (CChr.SL 57, 20f.): *possunt putare Pelagiani istam perfectionem in hac
mortali uita me dixisse posse contingere.*

sion mit den Pelagianern endgültig beziehen sollte.[476] Dennoch muß er hier wie
auch bei einer ganzen Reihe anderer Schriften aus der Zeit zwischen 390 und 397
ausführliche Ergänzungen und Korrekturen vornehmen. Dabei leistet ihm vor allem Spr 8,35 LXX (*praeparatur uoluntas a domino*) wertvolle Dienste. Wenn er
in *gen. c. Man.* behauptet, die Menschen könnten die Gebote Gottes durch den
freien Willen erfüllen, so ist gilt dies nur unter der Voraussetzung der Interpretation dieses Verses im Sinn der späten Gnadenlehre.[477] Ähnlich in *uera rel.*
Wenn Augustin dort betont, daß Sünde Freiwilligkeit voraussetze, dann will er in
retract. diese Aussage auf die Ursünde bezogen wissen, die sich auf die gesamte
Menschheit (*natura*) als Schuld und Strafe auswirke. Innerhalb dieses Komplexes
ist echte Freiwilligkeit (zur Überwindung der Sünde und zum Tun des Guten) nur
unter Voraussetzung der Gnade möglich (Spr 8,35 LXX). Die Sünde wirkt infralapsarisch als ein Unheilskomplex, der von schuldhaftem Handeln und Strafe
regiert wird. Erneut ermahnt Augustin seine Leser, sie möchten sich nicht von
der philosophisch-bibeltheologischen Doppelstruktur seiner Frühwerke verwirren
lassen: Grundlegender als die Unterscheidung von Leib und Geist sei die biblische Unterscheidung von Schöpfer und Schöpfung. Metaphysik und Gnadenlehre
seien nicht zu vermischen.[478] Augustin diskutierte diese exegetisch-philosophi-

---

[476] *Retract.* 1,9,6 (CChr.SL 57, 28): *ecce tam longe antequam Pelagiana heresis extitisset, sic
disputauimus, uelut iam contra illos disputaremus.* Ob dies so früh war, wie die Anordnung in
retract. nahelegt, nämlich 391, darf bezweifelt werden. Vgl. Lössl, Wege 330-332. Die dort nach
neuerer Literatur vorgeschlagene Spätdatierung (gegen 397) macht den Satz, besonders auf *lib.
arb.* 3 bezogen, verständlich. Dagegen jedoch Harnack, Retraktationen 116: »Aber es ist ihm der
Gedanke damals [gemeint sein kann nur 391] doch nicht so sicher und so stetig gegenwärtig gewesen, wie er das jetzt annimmt.« Dagegen auch Augustin selbst, der *lib. arb.* eben unter den
Schriften von 391 plaziert und nicht später.

[477] *Retract.* 1,10,2 (CChr.SL 57, 30); vgl. auch den Hinweis, *natura* meine nie das menschliche
Individuum, sondern immer die Menschheit als ganze: *non enim nulli homini, sed nulli naturae
dixi peccata nocere nisi sua. retract.* 1,10,3 (CChr.SL 57,32) und den Schriftbeleg Eph 2,3
(*fuimus enim et nos aliquando natura filii irae sicut et ceteri*), um den Bezug zur Lehre von der
Erbsünde und der *massa damnata* herzustellen.

[478] *Retract.* 1,13 (CChr.SL 57, 36.41). Augustin erklärt zunächst die Verwendung von Röm
1,21 im Sinne der grundlegenden Unterscheidung von Schöpfer und Schöpfung (*non ergo creaturae potius quam creatori seruiamus, nec euanescamus in cogitationibus nostris*). Infralapsarisch
sei infolgedessen auch die Prädestinationsgnade grundlegender als die Lehre von der Heilswirksamkeit des fleischlichen Kommens Christi (*nam res ipsa, quae nunc Christiana religio
nuncupatur, erat et apud antiquos nec defuit ab initio generis humani*). Augustin entwickelt hier
eine Art prädestinatianistischer Theologie nichtchristlicher Religionen. Was er in *uera rel.*
14,27,73f. zur Freiwilligkeit der Sünde gesagt habe, sei im Kontext der Erbsündenlehre im
Hinblick auf die Unterscheidung von Sünde und Sündenstrafe zu verstehen (*peccatum quippe illud
cogitandum est, quod tantummodo peccatum est, non quod est etiam poena peccati*). Auch auf die
Diskussion dieser Problematik in *lib. arb.* 3 wird verwiesen, die dortige Unterscheidung von
peccatum und *poena peccati* als grundlegend bezeichnet (gegen Flasch, Logik 84, der meint, die
in *lib. arb.* vorgenommene Unterscheidung weise darauf hin, daß Augustin vor *ad Simplicianum*
den Schuldaspekt ausgeklammert hatte, weil er in *ad Simplicianum* und danach nicht mehr zwischen *peccatum* und *poena peccati* unterschieden habe). Augustins Interpretation des Begriffs
natura (auf die ganze Menschheit [in Adam], nicht auf isolierte Individuen bezogen) und sein
Verständnis von *peccatum* (als Akt der Ursünde und daraus resultierender, schuldhafter Zwang
mit Strafcharakter aller Individuen zur Sünde) zeigt, daß Augustin diese Unterscheidung auch
nach *ad Simplicianum* vornahm, und auch, daß seine Gnaden- und Erbsünden- wie auch die dazu-
gehörige Prädestinationslehre schon in den vorher entstandenen Schriften angelegt war. S. auch

sche Grundlagenfrage erstmals in *util. cred.*, wo er sich mit der Vermischung von Metaphysik und Sündenlehre im Manichäismus auseinandersetzte. Er verweist darauf, daß er die grundlegende Schriftstelle in diesem Zusammenhang, 2 Kor 3,6, in *spir. litt.* viel besser ausgelegt hat.[479]

Ein weiterer kritischer Bereich im Frühwerk ist die Römerbriefexegese, vor allem die Auslegung von Röm 7 zum *initium fidei*. Augustin gibt zu, seine Auffassung des Konzepts habe sich nach 397 geändert. Er sehe nun, daß bereits die Einsicht, nicht in der Gnade zu stehen, sondern Sünder zu sein und Gnade nötig zu haben, eine Auswirkung der Gnade darstelle, also in einem ganz ursprünglichen Sinn selbst *intellectus gratiae* sei.[480] Überraschend ist die Aussage zu Beginn von *retract.* 2,[481] er sei noch lange nach Abfassung von *ad Simplicianum* der Meinung gewesen, daß gerade auch der geistliche Mensch (*homo spiritalis*) die Aussage *ego autem carnalis sum* nicht *sub gratia*, sondern *sub lege* mache.[482]

Lössl, Wege 349, Anm. 121. Schließlich zitiert Augustin im selben Zusammenhang erneut auch Spr 8,35 LXX: *ideo gratia dei non solum reatus omnium praeteritorum soluitur in omnibus qui baptizantur in Christo, quod fit spiritu regenerationis, uerum etiam in grandibus uoluntas ipsa sanatur et »praeparatur a domino,« quod fit spiritu fidei et caritatis.*

[479] *Retract.* 1,14 (CChr.SL 57, 41). Vgl. in diesem Zusammenhang auch entsprechende Aussagen in *duab. an.*, *c. Fortunatum* und *c. Adimantum*; außerdem *retract.* 1,15f. (CChr.SL 57, 45.52); 22 (CChr.SL 57, 66) die Aussage, die Macht, Gutes und Böses zu tun, liege in der Hand der Menschen: *quod non est contra gratiam dei quam praedicamus. in potestate est quippe homini mutare in melius uoluntatem; sed ea potestas nulla est, nisi a deo detur, de quo dictum est »dedit eis potestatem filios dei fieri«* [Joh 1,12]. *cum enim hoc sit in potestate quod cum uolumus facimus, nihil tam in potestate quam ipsa uoluntas est; sed »praeparatur uoluntas a domino«* [Spr 8,35 LXX]. *eo modo ergo dat potestatem.*

[480] *Retract.* 1,23.25 (CChr.SL 57, 66.74). Auch hier schiebt Augustin, um erneute Mißverständnisse zu vermeiden, jeweils Spr 8,35 LXX ein, so zu *exp. prop. Rom* 61 in *retract.* 1,23,3 (CChr.SL 57, 69): *uerum est quidem; sed eadem regula et utrumque ipsius est, quia ipse praeparat uoluntatem.* Vgl. *retract.* 1,26 (CChr.SL 57, 85) zu *diu. qu. 83* 68 (*parum est enim uelle, nisi deus misereatur; sed deus non miseretur, qui ad pacem uocat, nisi uoluntas praecesserit [ad pacem]*): *hoc dictum est post paenitentiam. nam eat misericordia dei etiam ipsam praeueniens uoluntatem, quae si non esset, non »praeparatur uoluntas a domino.«*

[481] Sie steht deshalb wohl nicht zufällig am Anfang von *retract.* 2, das, obwohl Augustin darin die Mehrzahl der Werke auflistet, kürzer ist als Buch 1. Nach Harnack (Retraktationen 1103) zeigt dies, daß Augustin mit *retract.* zwei Absichten verfolgte, einerseits die bekannte Revisionsabsicht, zweitens aber auch die, einen Katalog seiner Werke anzulegen. Das, so Harnack, sei der Schrift, was ihre literarische Qualität angehe, nicht gut bekommen. Mit *ad Simplicianum* jedenfalls beginnt derjenige Teil des Gesamtwerks Augustins, in dem seine Gnadenlehre nicht mehr infragesteht. Es sind die Werke, die er als Bischof verfaßt hat (*quos episcopus elaboraui*). Ein Schlüsselsatz bezieht sich auf *ad Simplicianum* 1,2, wo Augustin, wie er sagt, über die menschliche Willensfreiheit nachdachte und dabei vom Denken der Gnade überwältigt wurde: *in cuius quaestionis solutione laboratum est quidem pro libero arbitrio uoluntatis humanae, sed uicit dei gratia.* Dennoch stand, wie das Beispiel der weiteren Entwicklung der Exegese von Röm 7,14 zeigt, die Ausarbeitung des *intellectus gratiae* in vielen Details noch aus. Vgl. dazu auch die Diskussion der in *ad Simplicianum* 2,1 behandelten Quaestio zu 1 Sam 10,10; 16,14 (*spiritus domini malus in Saul*), in der erneut Spr 8,35LXX zur Erklärung herangezogen wird: An dieser Stelle sei die zum *intellectus gratiae* nötige *praeparatio uoluntatis a deo* ausgeblieben. Wenn also 397 mit *ad Simplicianum* 1,2 auch ein Durchbruch zu verzeichnen war, so stand er doch in vielerlei Details auch lange nach 397 noch aus, wofür auch das viele Hin und Her der pelagianischen Kontroverse Zeugnis ablegt. Das jedenfalls war auch Augustins eigener Eindruck in *retract.*

[482] *Retract.* 2,1 (CChr.SL 57, 89).

Obwohl *retract.* 2 nur Schriften enthält, die nach dem gnadentheologischen Durchbruch von 397 entstanden, lassen sich im Detail dennoch einige interessante Beobachtungen zur weiteren Entwicklung des *intellectus gratiae* machen. Zu den zwei Büchern *contra partem Donati* etwa bemerkt Augustin, daß er darin (vor 400) staatliche Zwangsmaßnahmen gegen Schismatiker abgelehnt habe. Damals habe er, fährt er fort, freilich noch nicht gewußt, welche Folgen die Skrupellosigkeit solcher Leute haben bzw. was man doch mit wohlüberlegtem disziplinarischem Vorgehen erreichen könne.[483] Gegenüber *bapt.* möchte er dementsprechend klarstellen, daß er mit der Kirche ohne Makel und Runzel nicht den im jetzigen irdischen Leben befindlichen Teil der Kirche meinte, der von sündigem Unwissen und von Schwäche gekennzeichnet sei, die entweder als Unrecht oder

---

[483] *Retract.* 2,5 (CChr.SL 57, 93). Als herausragendstes Zeugnis von Augustins Entwicklung in dieser Richtung gilt *ep.* 185 an den *comes* Bonifatius, die in *retract.* 2,48 (CChr.SL 57, 128) unter dem Titel *de correctione Donatistarum* als Buch aufgeführt wird und 417 etwa zeitgleich mit *gest. Pel.* entstand (zur Signifikanz der Koinzidenz s. Brown, Augustinus 316). Augustin wendet sich darin an den *comes* Bonifatius, der für die Durchsetzung der gegen die schismatische Kirche erlassenen kaiserlichen Gesetze verantwortlich war. Seine Begründung ist nicht weniger paradox als das bisher zu diesem Thema Gesagte: Wenn man schon Tieren, die keinen Intellekt besäßen (Ps 31,9), bei Krankheit auch unter Anwendung von Zwangsmaßnahmen behilflich sei, so müsse man doch beim Bruder und der Schwester im Glauben umso mehr bereit sein, zu solchen Maßnahmen zu greifen, *ne in aeternum pereat, non est deserendus, qui correctus intellegere potest* (*ep.* 185,7 [CSEL 57, 6f.]). Wenigstens die Herrscher sollten diese Form des *intellectus gratiae* besitzen (Ps 2,10f.: *et nunc, reges, intellegite; erudimini, qui iudicatis terram; seruite domino in timore et exultate ei cum tremore*; Ps 71,11: *et adorabunt eum omnes reges terrae, omnes gentes seruient illi*); denn auch wenn wegen der Abwesenheit von Furcht die Liebe das Höchste sei (1 Joh 4,18), müsse man dennoch Gewalt anwenden, wo es an Einsicht fehle (Spr 29,19: *uerbis non emendabitur seruus durus; si enim et intellexerit, non oboediet*; Spr 23,14: *percutis eum uirga, animam uero eius liberabis a morte*). Vgl. *ep.* 185,19.21 (CSEL 57, 17.20). Den Zusammenhang mit der Liebe stellt Augustin so her: Sie werde nur in der Einheit verwirklicht. Die staatliche Gewalt hat die Aufgabe, diese Einheit äußerlich zu ermöglichen. Wer den *intellectus gratiae* nicht hat (vgl. folgende Kombination von Röm 10,3: *ignorantes dei iustitiam et suam iustitiam uolentes constituere iustitiae dei non sunt subiecti*; und 1 Kor 4,7: *quid enim habes, quod non accepisti?*), der muß notfalls mit Gewalt korrigiert werden, damit wenigstens für ihn und andere in der betreffenden Sozietät die Möglichkeit hergestellt wird, ihn zu erlangen (vgl. *ep.* 185,36.38 [CSEL 57, 32.34]). Die kirchliche und staatliche Schlüsselgewalt muß in diesem Punkt im Sinne von Mt 16,19; 18,18 (*quae solueritis in terra, soluta erunt in caelo*) zusammenwirken. Das Seelenheil der Delinquenten ist wichtiger als deren irdisches Wohl. Mit ähnlichen Argumenten ermutigt Augustin Bonifatius in *ep.* 189 zum Dienst mit der Waffe. Trotz des Gebotes der Gottes- und Nächstenliebe (Mt 22,37.39par.) und der Seligpreisung der Friedensstifter (Mt 5,9) habe der Soldat im Sinne des *intellectus gratiae* (Jak 1,17: *descendens a patre luminum*) seine manchmal auch in Versuchung führende Pflicht zu tun: *sed quia in hoc saeculo necesse est, ut ciues regnis caelorum inter curantes et impios temptationibus agitentur, ut exerceantur et tamquam in fornace sicut aurum probentur, non debemus ante tempus uelle cum solis sanctis et iustis uiuere, ut hoc suo tempore mereamur accipere. hoc ergo primum cogita, quando armaris ad pugnam, quia uirtus tua etiam ipsa corporalis donum dei est.* Vgl. *ep.* 189,5f. (CSEL 57, 134f.). Als Bonifatius nach dem Tod seiner Frau etwa um die Zeit der Abfassung von *retract.* (427) mit dem Gedanken spielte, Mönch zu werden, ermahnte ihn Augustin erneut zum Ausharren im Soldatenberuf, da seine Stellung als kommandierender Offizier der Grenztruppen für den Erhalt des Friedens in der Provinz von vitaler Bedeutung sei, und schließt *ep.* 220 (CSEL 57, 431.441) mit der erneut auf den *intellectus gratiae* anspielenden Bemerkung: »*corripe sapientem et amabit te, corripe stultum et adiciet odisse te*« [Spr 9,8], *non te utique stultum sed sapientem debui cogitare.* Zur Person Bonifatius' und seiner historischen Bedeutung s. Mandouze, Prosopographie 152-155; R. A. Markus, Art. Bonifatius comes Africae, in: AugL, Bd. 1, 653-655 (Lit.).

(wie das Vorgehen Bonifatius' gegen die Donatisten) als notwendiges Übel zu interpretieren sei. Alle ihre Mitglieder hätten dementsprechend auf je eigene Weise gemäß Mt 6,12 zu bitten: »Vergib uns unsere Schuld.«[484]

Die Ursünde, so in einer Bemerkung zu *gen. litt.* 6, sei zwar nicht als Vernichtung (*ad nihilum datus*) von Adams Gottebenbildlichkeit zu verstehen. Es handle sich vielmehr lediglich um eine Deformation, die einer Reformation bedürfe.[485] Diese könne aber nur von Gott ausgehen.[486] »Der Erlösung würdig« oder »unwürdig« zu sein, wie er 409 in den *quaestiones expositae contra paganos* (= *ep.* 102 an Deogratias) geschrieben habe, sei immer in bezug auf die Gnadenwahl von Gott her zu interpretieren, nicht auf die natürlich gegebene Gutheit derer, die prädestiniert würden; denn diese sei nicht mehr gegeben. In Adams Sünde seien alle gleich unwürdig.[487] Wie er in *pecc. mer.* ausgeführt habe, sei ein Mensch, der nicht mit allen anderen Menschen »Vergib uns unsere Schuld!« beten müßte, undenkbar.[488] In *spir. litt.* habe er diesen Gedankengang noch dahingehend vertieft, daß man sich zwar unter Voraussetzung der Gnade prinzipiell einen solchen Menschen vorstellen könne, daß eine solche Vorstellung aber angesichts der Ursünde, die ja selbst die menschliche Einsichtsfähigkeit beeinträchtigt habe, irreal sei.[489] Dennoch habe er in *nat. grat.* vertreten, daß die Gnade die Natur des Menschen als Geschöpf nicht ersetze, sondern sie vielmehr erst zu sich selbst verwirkliche.[490] Ort der Gnade in der Welt ist die Taufe als Eingangstor zum Glauben in der Kirche. In *ep.* 166 an Hieronymus (*orig. an.*) 415 habe er gezeigt, wie er sich in diesem Zusammenhang von einer philosophischen Behandlung der Seelenlehre wegentwickelt habe. Ihn interessierte nun nur noch die Soteriologie, und zwar speziell ihr Grenzfall, die ungetauft verstorbenen Säuglinge, die, so bitter das sei, ohne Zweifel der ewigen Verdammnis verfielen.[491] Mit Eintragungen zu *c. duas epp. Pel.*, *c. Iul.* und den bereits erwähnten Werken zur Kontroverse der Mönche von Hadrumetum beschließt Augustin *retract.* 2.

---

[484] *Retract.* 2,18 (CChr.SL 57, 104). Augustin weist auch darauf hin, daß er die Idee, die gesamte Schöpfung sei durch die Ursünde verworfen worden, von Tyconius habe, der 2 Tim 2,20 dahingehend ausgelegt habe, daß alle Gefäße Unreines enthielten, nicht nur die aus Holz und Ton, und erst durch die postlapsarische Prädestination eine Unterscheidung in Gefäße des Erbarmens und Gefäße des Zorns stattfinde: *quod apud Tyconium postea repperi uel aduerti, in utrisque intellegendum quaedam in honore, non sola scilicet aurea et argentea, et rursus in utrisque quaedam in contumelia, non utique sola lignea et fictilia.* Tyc. lib. reg. 7 (Burkitt 82); Fredriksen, Interpretation 137-142.

[485] Deswegen bleibt nach Augustin ja auch das urständliche Gut der Ehe erhalten, wenn auch beeinträchtigt durch die ursündliche Haltung der Konkupiszenz. *Retract.* 2,53 (CChr.SL 57, 131).

[486] *Retract.* 2,24 (CChr.SL 57, 110): *in sexto libro quod dixi Adam imaginem dei, secundum quam factus est, perdidisse peccato, non sic accipiendum est, tamquam in eo nulla remanserit, sed quod tam deformis, ut reformatione opus haberet.*

[487] *Retract.* 2,31 (CChr.SL 57, 115f.).

[488] *Retract.* 2,33 (CChr.SL 57, 117).

[489] *Retract.* 2,37 (CChr.SL 57, 120).

[490] *Retract.* 2,42 (CChr.SL 57, 124): *defendens gratiam non contra naturam sed per quam natura liberatur et regitur.*

[491] *Retract.* 2,45 (CChr.SL 57, 127): *de originali peccato fides catholica nouit in paruulis, nisi regenerentur in Christo, sine dubitatione damnandis.*

(c) Die Prädestinationslehre von 429/30

Zum Problem (epp. 225-226)

Außer aus Hadrumetum rührte sich im letzten Lebensjahr Augustins[492] auch aus Südgallien Widerspruch gegen seine Gnaden- und Prädestinationslehre. Die beiden Mönche Prosper und Hilarius erstatteten ihm darüber Bericht.[493] Es werde, so Prosper, behauptet, Augustin lehre, daß die Menschen von Gott als zum Heil bzw. zur Verwerfung prädestiniert »erschaffen« seien.[494] Dem werde eine modifizierte Prädestinationslehre entgegengesetzt, in der Gott nicht vorherbestimme, sondern im Hinblick auf die Entscheidung der betreffenden Menschen vorherwisse, wie sich deren Heilsprozeß aufgrund ihres Gebrauchs ihrer natürlichen Vernunft und Willensfreiheit entwickeln würde.[495] Dies geschehe aus pastoralen Motiven mit der Begründung, Augustins Prädestinationslehre verleite die Gläubigen zu einer fatalistischen Haltung.[496] Auch Hilarius berichtet, daß Augustins Gegner in Massilia hauptsächlich ihren pastoralen Auftrag im Auge hatten, als sie seinem Konzept einer allem vorauseilenden Gnade widersprachen.[497]

Interessant ist, daß Augustin hier ein ganz ähnlicher Vorwurf gemacht wird, wie er ihn einst Vincentius Victor gegenüber vorgebracht hatte. Seine Berufung auf die nicht kanonische Stelle Weish 4,11 (*raptus est, ne malitia mutaret intellectum eius*), so seine Gegner, sei unsachgemäß. Gottes Vorherwissen sei nicht auf das in Ewigkeit Vorherbestimmte bezogen, sondern auf Ereignisse in Raum und Zeit.[498] Raumzeitliche Ereignisse und Gegenstände aber seien kontingent, veränderlich, etwa die menschliche Willensfreiheit, von der auch abhänge, ob jemand im Glauben beharrlich bleibe oder nicht. Die Zahl der Erwählten und Verworfenen entscheide sich also erst im Laufe der Geschichte und könne deshalb nicht prädestiniert sein.[499] Die Frage nach dem Los ungetauft verstorbener Kinder zur Klärung solcher Probleme heranzuziehen, sei schließlich vollends verwirrend und werde den Fragestellungen erwachsener Gläubiger nicht gerecht.[500] Ob in Südgallien tatsächlich diese Positionen vertreten wurden, muß im folgenden offen bleiben. Augustin jedenfalls beantwortete die beiden Briefe seinerseits mit einem Doppelwerk, das neben *c. Iul. imp.* sein letztes werden sollte, *praedest. sanct.* und *dono perseu.*[501]

---

[492] Da die Ernennung des in *ep.* 225 genannten Hilarius zum Bischof von Arles nicht vor dem Tod von dessen Vorgänger Honoratus am 13.1.429 stattgefunden haben kann, sind *praedest. sanct.* und *dono perseu.* tatsächlich so spät wie möglich zu datieren. Vgl. CSEL 58, 60f. (Goldbacher).

[493] *Epp.* 225; 226 (CSEL 57, 454-481); vgl. A. Zumkeller in: AugLG 7, 59-66.

[494] *Ep.* 225,3 (CSEL 57, 458).

[495] *Ep.* 225,4 (CSEL 57, 460); vgl. Rahner, Semipelagianismus.

[496] *Ep.* 225,6 (CSEL 57, 463f.).

[497] *Ep.* 226,2 (CSEL 57, 469).

[498] *Ep.* 226,4 (CSEL 57, 273).

[499] *Ep.* 226,7 (CSEL 57, 476f.).

[500] *Ep.* 226,8 (CSEL 57, 477f.).

[501] Vgl. Zumkeller in: AugLG 7, 66 (Lit.).

De praedestinatione sanctorum

In *praedest. sanct.* geht es noch einmal um die Prädestinationslehre im engeren Sinne, wie Augustin sie bereits in *corr.* zugespitzt hatte. Die Zuspitzung wird hier in Form eines Bibelzitats übernommen (Jer 17,5: *maledictus omnis qui spem habet in homine*), obwohl Augustin zugleich meint, er wolle die von Prosper und Hilarius vorgeführten Gegner nicht als Häretiker, sondern als lernbedürftige Mitchristen betrachten.[502] Das im vorliegenden Fall im *intellectus gratiae* Einzusehende, fährt er fort, ist die Vorherbestimmung der Heiligen. Dazu ist die umfassende Wirksamkeit der Gnade im Bereich des Glaubens zu postulieren. Augustin will in diesem Bereich selbst eine Entwicklung vollzogen haben.[503] Erst in *ad Simplicianum* 1,2 habe er seinen *intellectus gratiae* soweit gefunden,[504] daß er mit Gewißheit sagen konnte: Ein Christ kann sich den Glauben nicht als eigenes Verdienst anrechnen, sich seiner rühmen (1 Kor 4,7). Nur wer sich im Herrn rühmt, hat eingesehen, auf welchen Grundlagen sein Glaube beruht.[505] Zwar liegt die pure Möglichkeit zu glauben in der Natur des Menschen, die von der Ursünde bedingte Wirklichkeit aber ist, daß es ohne Gnade weder Glaube noch Hoffnung und Liebe gibt.[506]

Diese Wirklichkeit bricht nach Augustin ein wie Licht in das Schattenreich der ursündlich bedingten menschlichen Existenz. Gott greift in die *massa perditionis* ein. Er erwählt einige Wenige, die er von Ewigkeit her dafür prädestiniert hat, und läßt viele, ebenfalls eine festgelegte Zahl, in der ewigen Verdammnis zurück. Warum er das in dieser Weise vollzieht, ist unbegreiflich. Dieses sein Heilswerk immer tiefer als Heilswerk einzusehen, ist selbst als Wirkung der Gnade zu verstehen, *intellectus gratiae*, womit nicht gemeint sein soll, die scheinbaren Widersprüche, die auf der natürlichen menschlichen Ebene damit verbunden sind, kritisch zu hinterfragen und dadurch auszuräumen oder auf den Begriff zu bringen. Die Widersprüchlichkeit, das unerträgliche Paradox, muß im Glauben und kann in der Gnade angenommen und auf eigene, gnadenhafte Weise verstanden werden. Im übrigen, so Augustin immer wieder, ist auf Röm 11,33 zu verweisen (*inuestigabiles sunt uiae eius*).[507] In bezug auf Gott eine Unter-

---

[502] *Praedest. sanct.* 2 (PL 44, 961).

[503] *Praedest. sanct.* 3.7 (PL 44, 961.964).

[504] *Praedest. sanct.* 8 (PL 44, 965f.). Augustin gibt zu, daß er noch in *ad Simplicianum* 1,1 bei der Deutung von Röm 7,14 (*ego autem carnalis sum*) davon ausging, daß Paulus diesen Satz *sub lege* und nicht *sub gratia* geäußert habe: *longe enim postea, etiam spiritualis hominis (et hoc probabilius) esse posse illa uerba cognoui.*

[505] *Praedest. sanct.* 9 (PL 44, 967). Die Argumentation erfolgt neben 1 Kor 4,7 (*quid autem habes, quod non accepisti? si autem accepisti, quod gloriaris quasi non acceperis?*) unter Zuhilfenahme der in diesem Zusammenhang bewährten Sequenz 1 Kor 1,27.31 (*ut non glorietur coram deo omnis caro* [...] *qui gloriatur, in domino glorietur*).

[506] *Praedest. sanct.* 10 (PL 44, 968): *proinde posse habere fidem, sicut posse habere caritatem, naturae est hominum: habere autem fidem quemadmodum habere caritatem, gratiae est fidelium.* Natürlich soll damit die Gnade nicht gegen die Natur ausgespielt werden. Augustin greift erneut zurück auf den ebenfalls bewährten Vers Spr 8,35 LXX (*praeparatur uoluntas a domino*).

[507] *Praedest. sanct.* 11.16 (PL 44, 968.973). Schon die Verwerfung deutet Augustin von ihrer vornehmlichen heilsgeschichtlichen Wirkung her erkenntnistheoretisch als »Verfinsterung der See-

scheidung von Vorherwissen und Vorherwirken anzubringen, zielt nach Augustin am gnadenhaften Verständnis der Schöpfermacht Gottes vorbei. Was Gott verheißen hat, das vollbringt er auch, und im Bereich seiner rettenden Kraft verwirklicht sich für den Menschen das Heil, auch was seine (durch Gottes Gnade erst zu sich selbst verwirklichte) natürliche Einsicht und Willensfreiheit angeht. Erst durch Gottes Gnade wird der Mensch fähig, auch aus eigener Kraft das zu tun, was für ihn gut und heilsam ist.[508] Modell einer solchen menschlichen Existenz ist Christus, der Mittler zwischen Gott und den Menschen (1 Tim 2,5). Mittlerschaft bedeutet hier, daß die Menschheit Christi in dem Maße ganz sie selbst ist, in dem sie Gottheit ist, also Freiheit als Gnade. An Christus entscheidet sich nicht das, was möglicherweise sein wird, sondern was tatsächlich als von Gott in Ewigkeit vorherbestimmt ist.[509]

Entsprechend will Augustin Weish 4,11 verstanden wissen, nicht aus der Perspektive eines unbestimmten Vorherwissens Gottes, sondern des im irdischen Leben mit seinen Gefährdungen befangenen Menschen. *Sub specie aeternitatis*, so Augustin, d. h. von der Prädestination her, ist es unwesentlich, ob jemand einen Tag oder hundert Jahre lang gelebt hat. Das irdische Leben hat jedoch seine eigene Gesetzlichkeit (Ijob 7,1 LXX: *numquid non tentatio est uita humana super terram?*). Von daher ist es also nicht gleich, ob jemand sofort wieder vom irdischen Leben abberufen wird oder es viele Jahre lang unter vielen Versuchungen ertragen muß. Wenn auch die grundsätzliche Bestimmung (Erwählung oder Verwerfung) sich dadurch nicht ändert, innerhalb der Bestimmung macht es sehr wohl einen Unterschied. So wird etwa einem ungetauft verstorbenem Kind nur eine *mitissima poena* auferlegt. Für einen Heiligen wiederum kann es einen Zuwachs an Herrlichkeit im Herrn bedeuten, wenn er vielen Versuchungen widersteht. Entscheidend ist nur, die Unbegreiflichkeit des Ganzen (Röm 11,33) und die Priorität der Gnade (Röm 9,16) im Auge zu behalten.[510]

---

le« (Röm 11,7: *excaecati sunt oculos, ut non uideant*). Schon Röm 11,5f. war die Prädestination gelehrt worden (*per electionem gratiae saluae factae sunt*). Niemand kann sich eigener Verdienste rühmen (*ne forte quis extollatur*). Selbst die Belehrung kommt vom Herrn, vom »einen Herrn und Meister« (*unus magister et dominus*). Sie ist *opus dei* (Joh 6,29: *et erunt omnes docibiles dei*; vgl. auch Jes 54,13; Jer 31,33f.). Läßt Gott diese Gnade nicht allen Menschen zuteil werden, gibt es keine Grundlage, um mit ihm ins Gericht zu gehen (Röm 9,20f.: *o homo, tu quis es qui respondeas deo?*). Denen aber, die von Gott belehrt werden, wird die Torheit der Verlorenen, das Kreuz, zu Weisheit und Kraft (1 Kor 1,18). Für sie will Gott, daß alle Menschen selig werden und zur Weisheit gelangen (1 Tim 2,4), für sie sind Gottes Worte, die den Verworfenen hart in den Ohren klingen, Geist und Leben (Joh 6,60.63).

[508] *Praedest. sanct.* 19.22 (PL 44, 975f.); vgl. Ez 36,27 (*ego faciam ut faciatis*).

[509] *Praedest. sanct.* 23f. (PL 44, 977f.): *quis enim audiat, quod dicuntur paruuli pro suis futuris meritis in ipsa infantili aetate baptizati exire de hac uita [...] non eorum uitam bonam uel malam deo remunerante uel damnante, sed nullam?* So wie Christus tatsächlich *mediator dei et hominum* (1 Tim 2,5) ist, so geht es ihm als Richter auch um das, was die Menschen tatsächlich (nicht nur aus der Perspektive eines hypothetischen Vorherwissens) Gutes und Böses getan haben (2 Kor 5,10: *quae per corpus gessit, siue bonum, siue malum*), nicht nur *per corpus*, sondern auch geistig (z. B. Ps 13,1: *dicit insipiens in corde suo*), in der Gesamtheit ihrer leibgeistigen Geschöpflichkeit, deren Mitte der Intellekt ist, das Zentrum des Denkens, Fühlens, Wollens und Handelns. Dort setzt nach Augustin die Gnade Christi an.

[510] *Praedest. sanct.* 26.31 (PL 44, 979.983). Vgl. auf dem Hintergrund dieser Prioritäten und

Aus diesen beiden Prinzipien leitet Augustin immer wieder ab, daß der Heilsprozeß durch die Gnade und in ihr einsehbar ist, allerdings so, daß er dabei seine geheimnisvolle Eigenart nie verliert; und zwar deshalb, weil bereits der Anknüpfungspunkt jeweils von der Gnade bestimmt wird, eine Einsicht, von der Augustin sagt, er habe sie erst sehr spät gehabt. Im Prozeß der Gnade befindet man sich. Es besteht keine Möglichkeit, darüber zu entscheiden, ob man in ihn eintreten will oder nicht (Röm 11,29: *sine poenitentia enim sunt dona et uocatio dei*). Gott läßt keinen Spott mit sich treiben (Gal 6,7: *deus non irridetur*). Denen der Vater die Fähigkeit gibt (Joh 6,65), denen er den Willen bereitet (Spr 8,35 LXX), die werden die Geheimnisse des Himmelreiches einsehen (Mt 13,11) und darin ihr Heil finden, die anderen nicht.[511]

De dono perseuerantiae

In *dono perseu.* geht es um das Ende, die Erfüllung des Heilsprozesses, so wie es in den Interpretationen von Röm 7,14 seit *exp. prop. Rom* und *ad Simplicianum* um seinen Anfang bzw. Ansatzpunkt gegangen war.[512] Die Gnade der Beharrlichkeit (*donum perseuerantiae*) stellt den innergeschichtlichen Aspekt der Gnade dar, die Ausfaltung des *intellectus gratiae* im beständigen Tun des Guten und Einstehen für das Gute (Phil 1,29: *uobis donatum est pro Christo, non solum ut credatis in eum, uerum etiam ut patiamini pro eo*). Im Sinne der Universalität der Gnade ist letzteres nur durch die Beharrlichkeit als Gnade möglich, dadurch daß es durch die Gnade und in ihr im *intellectus gratiae* eingesehen wird.[513] Dies

---

im Hinblick auf den *intellectus gratiae* in den nun folgenden Abschnitten die althergebrachte Unterscheidung von Berufung und Erwählung (Mt 20,16): Allen ist der *intellectus gratiae* durch Christus, Gottes Macht und Weisheit (*uirtus et sapientia dei*, 1 Kor 1,24), vor Augen geführt worden. Ein auserwählter Rest hat ihn angenommen, die übrigen wurden verblendet (Röm 11,7: *electio autem consecuta est, ceteri excaecati sunt*). Die Gnade ist allem zuvorgekommen (Ps 58,11: *misericordia eius praeuenit eos*). So unbegreiflich dies alles ist, den ihren wird die Gnade es anhand der Schrift lehren, etwa durch den Hymnus Eph 1,3.12 (*de praedestinatione sanctorum*). In diesen bewirkt sie vorgängig zu allem Wirken selbst das Wollen (Phil 2,13), so daß sie sich rühmen können, aber nicht aufgrund eigener menschlicher Eigenschaften, sondern wegen der Gnade im Herrn (1 Kor 1,31).

[511] *Praedest. sanct.* 39.43 (PL 44, 989.992): In dieser Schlußpassage häufen sich erneut die Schriftbelege. Augustin beginnt mit dem Abschluß des Epheserhymnus (Eph 1,13.16: *non cesso gratias agere pro uobis*). Auch 1 Thess 2,13 will er im Sinn seiner Gnadenlehre verstanden wissen: Das Wort wirkt vorgängig zum Glauben (*uerbum dei, quod operatur in uobis, cui credidistis*). Der Satz ist auch christologisch zu verstehen. Für Augustin entscheidend aber ist immer das Verständnis der Stelle im Sinn der Prädestinationslehre in bezug auf die Irresistibilität der Gnade, die sich als Zwang zur Verkündigung äußert (Kol 4,2.4: *oportet me loqui*). Dessen Innenseite ist der *intellectus gratiae* (Mt 13,11: *uobis datum est nosse mysterium regni caelorum*; Joh 6,65: *datum fuerit a patre*), der im Gebet vertieft wird (Kol 4,3: *orantes simul*). Augustin wendet diese Einsichten auf die konkrete Mission Paulus' nach 2 Kor 2,12.17, Apg 16,14 (*deus aperuerat sensum eius, et intendebat in ea quae a Paulo dicebantur*) und Apg 4,28 an (*ut etiam per eos impleatur quod manus eius et consilium praedestinauit fieri*). Die biblisch-heilsgeschichtliche Dimension der Prädestination ist also bei Augustin selbst noch nicht völlig zugunsten einer individualistischen Sicht verlorengegangen.

[512] *Dono perseu.* 2 (PL 45, 995); vgl. Mt 10,22 (*qui perseuerauerit usque in finem, hic saluus erit*).

[513] *Dono perseu.* 2f. (PL 45, 995f.). Der zum Schluß des zweiten Abschnitts verwendete Passus

zeigt sich am deutlichsten daran, daß man sie als Sünder von Gott erfleht.[514] Da jedoch das Bitten selbst eine Form der Gnade der Beharrlichkeit ist, ergibt sich, daß, wer bittet, sie nicht verliert, solange er nur bittet.[515] Bitten ist also nie vergeblich. Die Versuchung erwächst nicht vom Herrn her, sondern aus den Herzen derer, die nicht bitten und dadurch zeigen, daß sie keine Gnade haben.[516]

Auch die Gnade der Beharrlichkeit ist Gnade Christi. Durch die Sünde Adams ist die Menschheit in eine Situation geraten, in der sie sich ständig als in Versuchung geführt vorfindet. Die Fähigkeit, der Versuchung bis zum Ende zu widerstehen, kommt vom Neuen Adam (1 Kor 15,45), Christus, dessen Leib die Kirche ist (Eph 1,23).[517] All dies ist im Kontext der Gnaden- und Prädestinationslehre zu verstehen: In Christus ist alles vorherbestimmt (Eph 1,4.11).[518] Nicht an den Verdiensten der Menschen orientiert sich Gott, sondern an seiner eigenen Barmherzigkeit (Eph 1,5f.: *secundum placitum uoluntatis suae, in laudem gloriae gratiae suae*). Müssen die Erlösten seine Gnade anerkennen, so die Verworfenen ihre Schuld. Es gibt keinen Grund, an dieser Ordnung herumzumäkeln (Röm 9,20). Gott hat nicht zweierlei Sorten Mensch geschaffen (*numquid hominum naturae duae sunt? absit!*).[519] Die Menschen haben sich selbst in diese Situation gebracht und Gott hat einigen geholfen. Wer immer Zutrauen zu Gott gefaßt hat, darf hoffen und muß achtgeben, nicht zu fallen (1 Kor 10,12).[520] Wer fällt, zeigt damit nur, daß er nicht zu den Erwählten gehört (1 Joh 2,19). Gott, der allem Leben einhaucht (Jes 57,16), führt die Seinen nicht über das ihnen erträgliche Maß in Versuchung (1 Kor 10,13). Gemäß dem in *praedest. sanct.* zu

---

Jer 32,40 (*timorem meum dabo in cor eorum, ut a me non recedant*) erinnert natürlich an Hiob 28,28 (*timor domini ipsa est sapientia*), umso mehr angesichts des folgenden (Gal 6,7: *nolite errare, deus non irridetur*). Die Erwählten sind aufgerufen, nicht hinter den Stand ihres *intellectus gratiae* zurückzufallen, den sie bereits erreicht haben.

[514] *Dono perseu.* 9 (PL 45, 999): *quod esse dei donum, cum ab illo poscitur, satis aperteque monstratur: isto ergo concesso sibi dono dei, ne inferantur in tentationem* [Mt 6,13].

[515] *Dono perseu.* 10 (PL 45, 999): *neque hoc donum potest amittere.*

[516] *Dono perseu.* 12 (PL 45, 1000f.). Augustin weist hier auf eine andere Lesart von Mt 6,13 (*ne nos inferas in temptationem*) hin, nämlich *ne patiaris nos induci in temptationem*.

[517] *Dono perseu.* 14 (PL 45, 1001). Die Abfolge der Schriftargumente lautet: Die Gnade ist im Erlöser der Prädestinierten, Christus, bereitet (Eph 1,11: *praedestinati secundum propositum eius qui uniuersa operatur*). Er ist der Menschensohn, auf dem Gottes Hand ruht und von dem die Prädestinierten nicht weichen (Ps 79,18f.: *fiat manus tua super uirum dexterae tuae, et super filium hominis quem confirmasti tibi; et non discedimus a te*). Dieser Gedanke wird in 1 Kor 15,45 aufgenommen und in Eph 1,23 ekklesiologisch gedeutet. Augustin fügt schließlich noch Jer 32,40 mit einer erneuten Anspielung an den *timor domini* an: *timorem meum dabo in cor eorum, ut a me non recedant*, womit erneut der Zusammenhang mit dem *intellectus gratiae* (*timor qui sapientia est*) hergestellt wäre.

[518] *Dono perseu.* 15 (PL 45, 1001f.); zu den bei der Rezeption dieser Stelle wahrgenommenen schöpfungstheologischen Implikationen s. Lössl, Spuren 201, Anm. 62.

[519] *Dono perseu.* 16 (PL 45, 1002).

[520] *Dono perseu.* 19f. (PL 45, 1003f.); vgl. 1 Kor 10,12 (*qui uidetur stare, uideat ne cadat*); Ps 118,36 (*declina cor meum in testimonia tua*); Joh 1,12 (*in dei est potestate, ut habeant homines potestatem filii dei fieri*); Gal 5,6 (*ab ipso quippe accipiunt eam* [...] *quae operetur per dilectionem*); 2 Kor 3,5 (*sufficientia nostra ex deo est*). Der letzte Vers wird im folgenden noch öfter auftauchen, immer im Hinblick auf den *intellectus gratiae* (vgl. etwa hier: *sufficientia nostra ex deo est, in cuius est potestate cor nostrum et cogitationes nostrae*).

Weish 4,11 Gesagten gilt freilich auch hier: Es gibt Abstufungen im Bereich der Erwählung wie auch im Bereich der Verwerfung. Tyrus und Sidon, die das Evangelium nicht gehört haben, soll es nach Mt 11,21 weniger schlimm ergehen als den Orten, die das Evangelium gehört, sich aber nicht bekehrt haben.[521] Die eigentliche Herausforderung des *intellectus gratiae* aber ist nicht, daß viele verworfen werden; denn das ist Logik der Ursünde. Das Überraschende ist, daß Gott es sich offensichtlich angelegen sein läßt, einigen die Fähigkeit zu vermitteln, das Evangelium nicht nur zu hören, sondern auch es aufzunehmen und durch Lernen im *intellectus gratiae* tatsächlich zur Vollendung zu gelangen.[522] Augustin verwahrt sich gegen den Vorwurf, man solle bei der Erklärung der Grundlagen dieser Lehre auf die Diskussion des Schicksals der ungetauft gestorbenen Säuglinge verzichten. Er habe sich zu diesem Problem bereits in *lib. arb.* 3 geäußert (und diese Äußerung in *retract.* kommentiert). Er habe dort gegen die Manichäer die Einheit der Seele vertreten und die Verschiedenheit der Bestimmung der Einzelseelen als Folge von Erbsünde und Prädestination erklärt. Entsprechend müsse er jetzt diese Verschiedenheit der Bestimmungen gegen die Annahme verteidigen, Gott sei mit seinem Vorherwissen gegenüber den unbestimmten Entscheidungen der Menschen machtlos oder treibe ein böses Spiel mit den Menschen.[523] Wenn den betreffenden Gegnern diese Untersuchungen zu kühn erschienen, sollten sie darauf verzichten, aber nicht mit Gott rechten oder Augustins Gnadenlehre in Zweifel ziehen.[524] Gott handelt, und das ohne Ansehen der Person.[525] Unwiderruflich erteilt er durch Berufung und Erwählung seine Gnade (Röm 8,30; 11,29). Für die einzelnen Erwählten bedeutet dies, in ständiger Sorge, in Bitten und Flehen um den Erhalt ihres *donum perseuerantiae*, in ständiger

---

[521] *Dono perseu.* 22.24 (PL 45, 1005.1007); vgl. 1 Joh 2,19 (*non erant ex nobis; nam si fuissent, mansissent utique nobiscum*); Jes 57,16 (*omnem flatum ego feci*); 1 Kor 10,13 (*ut non eos permittat tentari super id quod possunt*). Im folgenden wird auch hier Weish 4,11 in Zusammenhang mit Röm 9,14 (*non est iniquitas apud deum*) zitiert: Die Verwerfung von Tyrus und Sidon geschieht als Folge der Erbsünde. Ihre Nichtprädestination bedarf keiner Erklärung. Gott muß sich dafür nicht rechtfertigen. Dasselbe gilt für diejenigen Orte, die das Evangelium hören, sich aber nicht bekehren. Intellektuell aufzuarbeiten dagegen ist die Tatsache, daß einige andere das Evangelium nicht nur hören, sondern es auch annehmen.

[522] *Dono perseu.* 25 (PL 45, 1007f.); als Schriftbeleg vgl. Röm 9,16 (*non uolentis neque currentis, sed miserentis est dei*). Alle Wege Gottes, so Augustin, sind Barmherzigkeit und Wahrheit (Ps 24,10: *uniuersae autem uiae domini misericordia et ueritas*). Die Unbegreiflichkeit gehört zum *intellectus gratiae*, wie schon Ps 8,3 sagt, der vom Lob der Kinder und Säuglinge handelt (*ex ore infantium et lactantium suam perficit laudem*). So verwandelt sich also mangelndes Begreifen in der Gnade zu eigentlichem Begreifen in der abenteuerlichen Situation des *donum perseuerantiae* (1 Kor 10,12: *uideat ne cadat*), das sich des Rühmens im Herrn (1 Kor 1,31).

[523] *Dono perseu.* 26.30 (PL 45, 1008.1010); vgl. *retract.* 1,9 (CChr.SL 57, 23.29); *lib. arb.* 3,50.54 (CChr.SL 29, 304.307). Lössl, Wege 349f. Interessant ist der erneut an christologische Terminologie erinnernde Ausdruck *permixtio naturarum*. Augustin wirft den Manichäern vor, die Naturen (des Guten und Bösen) zu vermischen statt einzusehen, daß es nur eine (gute) geschöpfliche Natur des Menschen im Unterschied zur (ungeschöpflichen) Natur Gottes gibt.

[524] *Dono perseu.* 30 (PL 45, 1011); vgl. am Schluß die Kombination Röm 9,20 (*o homo, tu quis es qui respondeas deo*); Röm 11,33 (*inscrutabilia sunt iudicia eius, et inuestigabiles uiae eius*); Sir 3,22 (*altiora te ne quaesieris, et fortiora te ne scrutatus fueris*).

[525] *Dono perseu.* 31 (PL 45, 1011f.); vgl. Mt 10,29 (*nec passer cadit in terram sine uoluntate patris*); Röm 2,11 (*personarum apud deum non sit acceptio*).

Versuchung zu leben (Ijob 7,1; 1 Kor 10,12). Das soll ihnen zur Demut gereichen (Röm 12,16); denn es ist Gott, der in ihnen das Wirken und Wollen wirkt
(Phil 2,12; 2, Kor 3,5).[526] Und erneut betont Augustin im Sinne des *intellectus
gratiae*: Paradoxerweise führt gerade dieser Abstieg zum Aufstieg (Ps 83,6: *beatus uir, cuius est auxilium eius abs te, domine; ascensus in corde eius*).

Ist es gegen den pastoralen Instinkt, wie seine Gegner ihm vorwerfen, diese
Wahrheit zu verkünden? Augustin wehrt sich. Nicht um pastorale Überredungskunst geht es bei der Gnadenlehre. Vielmehr soll die Wahrheit des Evangeliums
in einem gnadenhaft-intellektuellen Akt erfaßt werden.[527] Schon Paulus, so Augustin, hatte bei seiner Verkündigung genau dies im Blick und sich gerade dadurch
als wahrer Apostel erwiesen.[528] Die wahren (prädestinierten) Gläubigen kann die
Wahrheit über die Gnade nur ermutigen. Diejenigen aber, die sich entmutigen
lassen, erweisen sich dadurch als Verworfene.[529] Zu verkünden ist also nicht nur
Gnade, sondern auch die harte Wahrheit der Gnadenlehre (Ps 100,1: *misericordiam et iudicium cantabo tibi*), also Prädestination *und* Gericht. Durch Gnade fun-
dierter Glaube darf sich nicht in menschlichen Moralvorstellungen erschöpfen,
sondern muß auf das Unerklärliche des göttlichen Ratschlusses hin, wie es im *intellectus gratiae* (als Paradox) eingesehen wird,[530] offenbleiben.

Es ist also nicht nur geziemend, sondern geradezu notwendig, den *intellectus
gratiae* zu verkünden, weil die Verwirklichung des Heils in der Gnadeneinsicht
der Erwählten besteht. Wenn diese aber keine Möglichkeit haben, die Gnadenlehre als Prädestinationslehre zu hören und dadurch zu lernen, steht ihnen diese
Möglichkeit nicht zur Verfügung. Sie würden durch die Wahrheit selbst um die
Wahrheit, wie sie im *intellectus gratiae* eingesehen wird, betrogen (*ueritate
fraudentur*).[531] Guten Gläubigen, so Augustin, erzählt man damit, vor allem was

---

[526] *Dono perseu.* 33 (PL 45, 1013); vgl. Ambr. *fuga saec.* 1,1 (CSEL 32/2, 163).

[527] *Dono perseu.* 37 (PL 45, 1016): *numquid ideo neganaum est quod apertum est, quia comprehendi non potest quod occultum est? numquid, inquam, propterea dicturi sumus quod ita esse
perspicimus, non ita esse, quoniam cur ita sit non possumus inuenire?* Verstanden wird also das
»Wie« und »Daß,« nicht aber das »Warum« der Gnade, so wie sie in der Bibel gelehrt wird.

[528] *Dono perseu.* 34 (PL 45, 1013): Augustin nennt als Belege die positiven und motivierenden
Aussagen Phil 2,13 (*deus est qui operatur in uobis et uelle et operari, pro bona uoluntate*); Phil
1,6 (*qui in uobis bonum opus coepit, perficiet usque in diem Christi Iesu*).

[529] *Dono perseu.* 36 (PL 45, 1015). Verkündigung, so Augustin, ist notwendig (Röm 10,14:
quomodo enim audient sine praedicante?). Der durch die Gnade der Verkündigung ins Leben ge-
rufene Glaube aber darf nicht in Moralisierung versanden, sondern soll vielmehr zur Herrlichkeit
des *intellectus gratiae* verwirklicht werden (1 Kor 1,31). Also ist auch die Lehre von der Prädestination zu verkündigen – zur Ermutigung der Gläubigen (Röm 11,29: *sine poenitentia sunt dona
et uocatio dei*). Daß nicht alle das Wort fassen, gehört dazu (Mt 19,11). Es ist ja die Gnade
selbst, die in der Verkündigung wirkt (1 Kor 3,5f.: *qui incrementum dat, deus*). Der Verkündiger
darf sich also nicht von einer falschen Angst um die Verworfenen leiten lassen. Vgl. auch im
folgenden *dono perseu.* 38f. (PL 45, 1016f.).

[530] Bzw. nicht eingesehen wird; denn »eingesehen« wird ja die eigene Ignoranz; deshalb »als
Paradox.«

[531] *Dono perseu.* 40.45 (PL 45, 1017.1021). Die Schriftworte, die davon handeln, man solle die
Wahrheit nur allmählich sagen, weil sie die Schwachen vielleicht noch nicht ertragen (Joh 16,12),
oder man solle ihnen wie Kindern Milch zu trinken geben, keine feste Speise (1 Kor 3f.), treffen,
so Augustin, in diesem Fall nicht zu. Das Verschweigen der Gnade und der Vorherbestimmung

das *donum perseuerantiae* angeht, nichts Neues.[532] Es ist ihr tägliches Brot, wenn sie im Vater Unser *ne nos inferas in temptationem* (Mt 6,13) beten, und damit all ihre Hoffnung auf den Herrn setzen (Jer 17,5), der sein Volk nicht verwirft, das er vorhergewußt und damit auch vorherbestimmt hat (Röm 11,2).

Gott, so Augustin, will das Heil all der Menschen, die er zum Heil vorherbestimmt hat. Über allen anderen liegt die Dunkelheit der Verblendung (Röm 11,7: *ceteri uero excaecati sunt*). Man kann nur negative Heilsaussagen über sie machen. Auch die Geretteten könnten verblendet sein, wenn Gott sich ihrer nicht erbarmt hätte. Sie können also nur für ihre Erwählung danken und Gott darum bitten, sie auch tatsächlich zu erwählen. Was sie nicht können, ist, ihr Schicksal kritisch zu hinterfragen. Die Grenzen ihrer Erwählung sind die Grenzen ihres geistigen Horizonts. Heil und Unheil sind für Augustin in erster Linie intellektuelle Kategorien. Umgekehrt kann der *intellectus gratiae* nicht losgelöst vom Willen gedacht werden, der von der Gnade vorbereitet wird (Spr 8,35 LXX). Es ist *intellectus gratiae*, was im Willen gegeben ist (Bar 2,31: *dabo eis cor cognoscendi me*) und sich im Herrn rühmen kann (1 Kor 1,31).[533]

Natürlich, so Augustin, ist die Prädestination so zu verkünden, daß die Adressaten der Botschaft ermutigt werden, ihren Anteil beizutragen. Sie sollen auf ihre Chance hingewiesen werden (1 Kor 9,24: *sic currite, ut comprehendatis*), nicht darauf, daß sie eigentlich keine haben.[534] Die universale Wirkung der Gnade soll nicht als Ersatz des Eigenwillens oder als erdrückende Übermacht erfahrbar gemacht werden, sondern als Befreiung von der Notwendigkeit der Selbstbestimmung, zur Beharrlichkeit im *intellectus gratiae*,[535] im Gebet, im Bitten, Suchen, Anklopfen (Mt 7,7), das zur Glaubenseinsicht führt, die dem sich Rühmen im Herrn entspricht (1 Kor 1,31), von dessen Antlitz Wissen und Einsicht kommt (Spr 2,6 LXX: *a cuius facie est scientia et intellectus*).

---

bis zum Ende, also Prädestination und *donum perseuerantiae*, würde die Hörer der Botschaft daran hindern, *intellectus gratiae* zu entwickeln, der in der Demut (1 Kor 13,4: *gaudet caritas nec inflatur*) und im Sich-Rühmen im Herrn (1 Kor 1,31) besteht. Es ist der Herr, der Weisheit verleiht (Spr 2,6: *dominus dat sapientiam*; Joh 1,5: *si uestrum indiget sapientia, postulet a deo*), wie überhaupt alles (1 Kor 4,7: *quid enim habes, quod non accepisti?*), Weisheit von oben (Jak 1,17: *descendens a patre luminum*), die gute Früchte trägt (Jak 3,17: *desursum est sapientia, primum quidem pudica est, deinde pacifica, modesta, suadibilis, plena misericordia et fructibus bonis, inaestimabilis, sine simulatione*), vor allem Frieden (Jak 3,14; Eph 6,23: *pax fratribus et caritas cum fide a deo patre et domino Iesu Christo*).

[532] *Dono perseu.* 46f. (PL 45, 1021f.); vgl. erneut Jer 17,5 (*maledictus omnis qui spem habet in homine*); Röm 11,2 (*non repulit deus plebem suam, quam praesciuit*).

[533] Im folgenden beruft sich Augustin auf eine Reihe früherer Schriften, in denen er bereits die Lehre vom *donum perseuerantiae* vertrat, etwa *conf.*, die deswegen die erste Reaktion Pelagius' ausgelöst haben sollen, *ad Simplicianum*, *epp.* 186, 194, *corr.* und *retract.* Er sieht auch die Entwicklung seines literarischen Werkes als Lernen und Fortschreiten im *intellectus gratiae*. Dafür ist er Gott dankbar; denn dies bedeutet für ihn auch ein Fortschreiten in der Liebe Gottes (1 Joh 4,7: *caritas ex deo*).

[534] *Dono perseu.* 57 (PL 45, 1028f.).

[535] *Dono perseu.* 59.62 (PL 45, 1029f.); vgl. Phil 2,13 (*deus est enim qui operatur in uobis et uelle et operari, pro bona uoluntate*); Ps 36,23 (*a domino gressus uestri diriguntur*); Zitat Augustin: *uos itaque etiam ipsam obediendi perseuerantiam a patre luminum, a quo descendit omne datum optimum et omne donum perfectum*. Vgl. Jak 1,17.

B. GEGEN JULIAN VON AECLANUM

VORBEMERKUNG

Nach dem Ausgang der im ersten Teil dieses Kapitels behandelten Kontroversen zu urteilen, hatte Augustin sämtliche Angriffe auf seine Gnadenlehre, ihre »Exzesse« (Solignac) in der Erbsünden- und Prädestinationslehre eingeschlossen, erfolgreich abwehren können. Beinahe hat es den Anschein, als hätte er ein geschlossenes System entwickelt, mit dem *intellectus gratiae* als Prinzip der ihm zugrundeliegenden erkenntnistheoretischen Methode. Ein Blick auf die seit April 418 andauernde Kontroverse mit Julian von Aeclanum modifiziert dieses Bild jedoch ein wenig. Es zeigt sich, daß Augustin bis zum letzten überlieferten Satz seines letzten, unvollendet gebliebenen Werkes *c. Iul imp.* nicht nur innerlich mit dem *intellectus gratiae* zu ringen hatte, sondern auch, daß er sich dabei auch von außen immer wieder massiv infragegestellt sah.[1] Gerade im Vergleich mit Julians Gegenentwurf, den er selbst fördert, indem er ausgiebig Julians Werke zitiert,[2] erweist sich seine Gnadenlehre erneut von ihren erkenntnistheoretischen Grundlagen her als überraschend offen und ontologisch wenig fundiert. Dieser Eindruck wird noch verstärkt durch Julians geistige Souveränität. Anders als Pelagius und

---

[1] Vgl. die letzten Zeilen von *c. Iul. imp.* 6,41 (PL 45, 1603): *sed ut ex mala natura bono aeterno coaeterna esse credantur, detestabili caecitate suffragamini Manichaeis, eosque accusatis inaniter, quia miserabiliter adiuuatis.*

[2] Und zwar nicht aus reiner Menschenfreundlichkeit, wie noch Mausbach (Ethik, Bd. 2, 18f.) meinte: »Es gibt kaum eine polemische Schrift in der Weltliteratur, die den Argumenten des Gegners so ehrlich und weitherzig Raum gönnt, wie Augustins letztes Werk gegen Julian.« Vielmehr versucht Augustin in seinen Werken gegen Julian in gut spätantiker Tradition (vgl. etwa Origenes' *c. Celsum*) die Argumente des Gegners dadurch zu diskreditieren, daß er sie mit seinen eigenen kontrastiert. Vgl. Eborowicz (Contra Iulianum). Die Gegenüberstellung verschiedener Lehrmeinungen, und zwar neben der eigenen und der des Gegners auch anderer Kirchenväter, ist beim späten Augustin als eristische Argumentationsform zu verstehen, die dem Leser die Möglichkeit offenläßt, den eigenen *intellectus gratiae* zu finden. Natürlich soll er Leser die richtige Meinung übernehmen. Doch ist die in einem bestimmten Werk enthaltene »wahre Lehre« nicht einfachhin die darin von Augustin vertretene Meinung, sondern der vom Leser aus dem Vergleich aller Positionen gezogene *intellectus gratiae*. Daß dieser ganz von Gottes Gnade, aber gerade auch unter dieser Voraussetzung von der historisch-philologischen und philosophischen Kompetenz der betreffenden Rezipienten abhängt, zeigt, wie W. Lamberigts (Rez. in: Augustiniana 39 [1989] 393-435) überzeugend dargelegt hat, die leider sehr oberflächliche Studie von E. Pagels (Adam 98-150). Weder etwa bezieht sich für Augustin, wie Pagels meint, *concupiscentia* nur auf die menschliche Sexualität, noch war Julian der Meinung, daß die Ungleichheit zwischen Mann und Frau sündhaft sei. Es verhielt sich vielmehr umgekehrt: *concupiscentia* war für Julian der grundsätzlich positive Sexualtrieb des Menschen, eigentlich des Mannes (Augustin dagegen verstand unter *concupiscentia* die mysteriöse, in ihren Grundlagen intellektuelle Veranlagung des Menschen [Mannes] zum destruktiven Selbstbezug). Julian sah infolge seiner Grundüberzeugung die gesellschaftliche Ungleichheit zwischen Mann und Frau als Naturgegebenheit, Augustin als Folge der Sünde. Wie Lamberigts meint, hätte Pagels besser daran getan, die Stärken und Schwächen beider Autoren zu betonen, wie schon über 80 Jahren Bruckner (Julian), der nicht, wie Pagels meint, Augustin gegen Julian verteidigt, sondern zeigt, wie Julians Lehre trotz ihrer Schwächen eine durchaus tragfähige Widerlegung der Augustins darstellt. Zur Bewertung Bruckners vgl. auch Wermelinger, Rom 264f.; Refoulé, Julien d'Éclane 42-45.

die Semipelagianer weicht er Augustins Attacken nicht aus, sondern steuert die Diskussion von sich aus in den Bereich grundsätzlicher Fragestellungen. Und anders als Vincentius Victor erweist er sich dabei hinsichtlich seiner philosophischen Voraussetzungen Augustin als mindestens ebenbürtig.

Geboren um 380 irgendwo in »Süditalien,«[3] wuchs Julian als Sohn eines Bischofs Memor unbekannten Amtssitzes und dessen Gattin Juliana auf. Als vielversprechender, intellektuell wie spirituell herausragender Kleriker heiratete er in jungen Jahren Titia, eine Tochter Bischof Aemilius' von Benevent.[4] Um 416 wurde er Bischof von Aeclanum. Während einer Hungersnot soll er kurze Zeit später uneigennützig Armenhilfe geleistet haben.[5] Seine Biographie erweist sich damit, soweit sie bekannt ist, in einigen entscheidenden Punkten als gegenläufig zu der Augustins. Von Krisen in religiösen, moralischen und sozialen Belangen ist in seiner Jugend nichts zu spüren. In einem Alter, in dem Augustin eine illegitime Beziehung unterhielt, eine unsichere Karriere verfolgte und sein religiöses Heil außerhalb der Kirche bei den Manichäern suchte, war Julian bereits Bischof und Familienvater. Vielfältigen Verstrickungen in Augustins Leben steht somit eine erstaunliche Geradlinigkeit Julians gegenüber.

Auch seine Polemik gegen die in seinen Augen häretische, weil manichäische Gnadenlehre Augustins scheint Julian als Ausdruck notwendiger Geradlinigkeit und Festigkeit im Glauben verstanden zu haben, nachdem er im Mai 418 Protest gegen die *tractoria* des römischen Bischofs Zosimus eingelegt hatte, ein Dokument, das jene Gnadenlehre bestätigte und Pelagius verurteilte, und dafür die Entlassung aus dem Bischofsamt und die Verbannung in Kauf nahm.[6] Sie ist also nicht Ausdruck einer rationalistischen religions- und kirchenkritischen Haltung.[7] Vielmehr sind selbst »abwertende Urteile über Schrift und Tradition« bei ihm als »Mittel« zu verstehen, »die augustinische Beweisführung zu durchbrechen.«[8] Sie dienen dem Zweck, die Kirche auf die rechte Bahn ihres Glaubens zurückzufüh-

---

[3] Bruckner, Julian 13; genauer vielleicht: In Apulien – vgl. Aug. *c. Iul. imp.* 6,18 (PL 45, 1542): *te Apulia genuit* – bzw. in der östlichen Region Kampaniens, die später diesen Namen erhielt. Hierzu und auch zu den folgenden biographischen Angaben vgl. Tillemont, Mémoires 815.1026f.; Bruckner, Julian 13f., Anm. 1; Wermelinger, Rom 226f.

[4] Vgl. Paul. Nol. *carm.* 25 (CSEL 30, 238-344, bes. 328, Anm.); Bruckner, Julian 2, Anm. 2; 18f.); Wermelinger, Rom 227.

[5] Gennad. *uir. ill.* 46 (Richardson 78). Wie Aug. *ep.* 186 an Paulinus von Nola (einen Freund der Familien Julians und seiner Frau) andeutet, begann sich in Kampanien zu eben dieser Zeit auch der Widerstand gegen die afrikanische Gnadenlehre zu formieren. Augustin selbst hat Julian nie persönlich getroffen. Julian war jedoch mit seinem (Früh-) Werk vertraut (vgl. Aug. *ep.* 101,4 [CSEL 34, 543] an Memor um 408 zur Übersendung eines Exemplars von *musica* 6 für Julian, der zu dieser Zeit bereits Diakon war). Ein von Augustin angebahnter Besuch in Hippo anläßlich eines Karthagoaufenthalts Julians um 408 kam nicht zustande. Auch von einer Begegnung mit Pelagius während eines Studienaufenthaltes in Rom und einem Loyalitätsverhältnis zwischen beiden ist nichts bekannt. Vgl. Wermelinger, Rom 226-228 (ebd. auch die kritische Auswertung von Bruckner, Julian); Bouwman, Julian; Brown, Sexuality; McGrath, Justice; Lamberigts, Creator; Deux conceptions; Zosimus; Barclift, Controversy; Markus, Manicheism Revisited.

[6] Eine detaillierte Darstellung findet sich in Wermelinger, Rom 209-238.

[7] So noch Bruckner, Julian 101-135; dagegen Refoulé, Julien d'Éclane 42-45; Referat auch bei Wermelinger, Rom 264-266.

[8] Wermelinger, Rom 267.

ren.[9] Doch Julian zahlte einen hohen Preis für seine Haltung. Während der Rhetoriklehrer als Bischof triumphierte, mußte sich der verbannte Bischof als Hauslehrer verdingen. Zwar versuchte er zunächst, durch Kontakte im Osten seine Rehabilitierung und die Bestätigung seiner Position zu erreichen, aber mit seiner Verurteilung auf dem Konzil von Ephesus 431 mußte er auch diese Versuche als gescheitert betrachten. Während der Regierungszeit Leos des Großen (440-461) soll er (irgendwann vor 455) auf Sizilien gestorben sein.[10]

Julians im weitesten Sinne gegen Augustins Gnadenlehre gerichtete literarische Tätigkeit hatte noch im Sommer 418 mit zwei an Papst Zosimus adressierten Briefen begonnen, von denen der eine verschollen, der andere in Fragmenten erhalten ist.[11] Sie sollen in Italien auf große Resonanz gestoßen sein. Bis Hippo allerdings reichte ihre Wirkung zunächst nicht. Erst als dort Informationen eintrafen, die besagten, Julian versuche, auf den *comes* Valerius am Hof von Ravenna einzuwirken, indem er Augustins Ehelehre desavouiere, reagierte Augustin mit *nupt.* 1. Darin verteidigt er sich gegen Julians Vorwurf, er vertrete mit der Lehre von einer durch die natürliche Fortpflanzung des Menschen weitervererbten Ursünde, die die ewige Verdammnis bewirke, die Meinung, das Zeugen von Kindern sei nichts anderes als »spiritueller Infantizid.«[12]

Julian reagierte auf *nupt.* 1 mit *Turb.* Er geht darin auf dem Boden aristotelischer Logik von den Erkenntnismöglichkeiten des menschlichen Individuums aus und versucht, durch Analogieschlüsse menschliches Begreifen auf religiöse Inhalte zu übertragen.[13] Der Kern kirchlichen Glaubens ist für ihn der Glaube an

---

[9] Julian, so Wermelinger (Rom 266), will zeigen, daß die antipelagianische Gnadenlehre und vor allem auch deren erkenntnistheoretisch-hermeneutisches Prinzip, der *intellectus gratiae*, ein »Produkt der persönlichen Reflexion Augustins und dessen manichäischer Vergangenheit ist.« Für Julian gibt es keine Form der Einsicht neben der natürlichen menschlichen Vernunft, auch nicht in bezug auf Aussagen der Bibel. Er verwendet die aristotelischen Kategorien nicht, um einfache Gläubige zu verwirren, sondern um sie aufzuklären. Für ihn ist es der Alt- bzw. Krypto-Manichäer Augustin, der die Leute mit seinen afrikanisch-theologischen Archaismen und rhetorischen Verdrehungen verwirrt und in Glaubensängste stürzt.

[10] Vgl. Bruckner, Julian 71f.; De Coninck in: CChr.SL 88, vi-xii (Lit.).

[11] Iul. *ep. Zos.* (CChr.SL 88, 335-336); *Flor.* 1, in: Aug. *c. Iul. imp.* 1,18 (CSEL 85/1, 15); Mar. Merc. *comm. Iul.* 1 (ACO 1/V/1, 12); Bruckner, Vier Bücher 108f.; Wermelinger, Rom 229-231.

[12] Vgl. Wermelinger, Rom 232; Lamberigts, Creator 20.

[13] Augustin wirft Julian vor, genau dies zu tun, und zeigt damit, welch fundamentales Mißverständnis dem Konflikt der beiden zugrundeliegt, nämlich: Augustin hält genau das für einen Skandal, was Julian vom Standpunkt seiner Frömmigkeit aus besonders wichtig ist, nämlich die Vergleichbarkeit von menschlicher Gerechtigkeit und Gerechtigkeit Gottes. Die Traduzianisten (und zu ihnen rechnet er auch Augustin), so Julian, verdrehen den Begriff der Gerechtigkeit (*aequitas*) Gottes. Man könne nicht feststellen, ob sie damit nicht auch eine Art bösartiger Willkür (*iniquitas*) miteinschlössen. Augustin hält dagegen, man könne nicht vom menschlichen Begriff der Gerechtigkeit auf das Wesen der Gerechtigkeit Gottes schließen. Genau darauf jedoch legt Julian von den Voraussetzungen seines Denkens her Wert. Vgl. *c. Iul. imp.* 3,7 (CSEL 85/1, 354): *Iul.: miror enim ambigi de dei aequitate potuisse, cum constet in traducianorum synagogis nihil de eius iniquitate dubitari.* 3,27 (CSEL 85/1, 367): *Aug.: ab humana iustitia discerne diuina et uidebis iuste deum peccata patrum reddere in filios.* Vgl. Feinberg, Justice; McGrath, Justice. Zum Text von Iul. *Turb.* s. Bruckner, Vier Bücher; CChr.SL 88, 340-396; zum Inhalt im Hinblick auf das Konzept des *intellectus gratiae* s. im folgenden Abschn. 2 (b).

den guten Schöpfergott. Er ist vor allen anderen Glaubensinhalten zu verkünden. Wenn die Frage nach dem Ursprung des Bösen so stark gewichtet wird, wie dies bei Augustins Verkündigung des *intellectus gratiae* im Bereich der Erbsünden- und Prädestinationslehre geschieht, so Julian, werden die Gläubigen verwirrt und geraten in Angst. Was das dann noch mit aufklärender und erlösender Einsicht zu tun haben soll, ist die Frage.[14] Augustin reagierte auf diese erneuten Vorwürfe mit *nupt.* 2 und arbeitete sie 420/1 auch in *c. Iul.* (gegen *Turb.*)[15] und zwischen 428 und 430 in *c. Iul. imp.* (gegen *Flor.*) ein.[16]

Im Sommer 419 schrieb Julian zwei weitere Briefe, einen an die Römer[17] und einen an Rufus von Thessalonike.[18] In beiden klagt er die führenden Kleriker der römischen Kirche des Treubruchs und Unglaubens, Augustin aber des Manichäismus an. So lag es nahe, daß der Nachfolger des Ende 418 verstorbenen Papstes Zosimus, Bonifaz, Augustin bat, eine Gegenschrift zu verfassen. Mit *c. duas epp. Pel.* kam dieser der Aufforderung 420/1 nach und zitierte bei der Gelegenheit *ep. Rom.* ausgiebig, *ep. Ruf.* gelegentlich. Darüberhinaus nahm er die Abfassung von *c. duas epp. Pel.* zum Anlaß für ein »allgemeines Manifest« (Wermelinger) gegen die Pelagianer.[19] Es ging ihm nicht nur um die Widerlegung der Positionen Julians, sondern vor allem auch um die Zurückweisung des Manichäismusvorwurfs. Er wollte zu diesem Zweck grundsätzliche Aussagen zum Zustandekommen theologischer Einsicht, also zum *intellectus gratiae*, formulieren und begründen.[20] In *c. duas epp. Pel.* 2-4 behandelt er darüberhinaus zwei für ihn zunehmend wichtiger werdende Bereiche: (1) die patristische Tradition, die in seinen Augen seine Gnadenlehre gegen Julian bestätigte;[21] (2) den systematischen Zusammen-

---

[14] Vgl. Iul. *Turb.* (CChr.SL 88, 341f.; 373); Aug. *c. Iul.* 2,10,36; 5,1,2.4 (PL 44, 699; 783f.); Wermelinger, Rom 233.

[15] Vgl. im folgenden Abschn. 2.

[16] Vgl. im folgenden Abschn. 3.

[17] Iul. *ep. Rom.* (CChr.SL 88, 396-398); vgl. Aug. *c. Iul. imp.* 1,18 (CSEL 85/1, 15); Wermelinger, Rom 234f. Danach leugnete Julian nicht die Verfasserschaft dieses Briefes, sondern nur, daß er mit einem der beiden im Vorjahr verfaßten *epp. Zos.* identisch sei.

[18] Iul. *ep. Ruf.* (CChr.SL 88, 336-340).

[19] Vgl. *c. duas epp. Pel.* 1,3 (CSEL 60, 425) und vor allem auch *retract.* 2,61 (CChr.SL 57, 138): *[Bonifatius] ipse mihi eas miserat.* Des weiteren Wermelinger, Rom 243. Offenbar wollte Bischof Bonifaz sich 419 aus dem theologischen Disput heraushalten, in dessen Brennpunkt ja Augustin stand (*inueniens in illis [litteris] calumniose interpositum nomen meum*), wobei Augustins schriftstellerischer Erfolg auch seinem von Julian in Zweifel gezogenen Ruf zugutekommen sollte.

[20] Augustin sieht *c. duas epp. Pel.* deshalb trotz des Anlasses ausdrücklich nicht als Schrift *contra Iulianum.* Als nämlich Julian (vgl. *nupt.* 2,2 [CSEL 42, 254]) in *Flor.* (nach 425) meint, er sei in *c. duas epp. Pel.* von Augustin falsch zitiert worden, konzediert dieser, das möge schon so sein (*c. Iul. imp.* 1,18 [CSEL 85/1, 15]: *sed si eam non agnoscis, ecce non sit tua*). Er sehe jedoch seine Argumente dadurch nicht infragegestellt, weil sie nicht speziell gegen diese Zitate gerichtet seien, sondern in sich selbst stünden. Aber selbst insofern es sich anders verhält, zielte Julian mit jener Bemerkung nicht auf eine Leugnung der Verfasserschaft seiner *ep. Rom.*, sondern lediglich auf Ungenauigkeiten bei der Zitation, die davon herrührten, daß Augustin Julians Schriften oft nur in nicht autorisierten Auszügen (*chartulae*) zur Verfügung hatte. Vgl. dazu Bruckner, Vier Bücher 109-111.104-106; Bouwman, Julian 4; Wermelinger, Rom 235, Anm. 92.

[21] Es war Julian, der zuerst das patristische Argument massiv gegen Augustins Gnadenlehre einsetzte. Wie auch aus der folgenden Darstellung klar werden dürfte, sind Augustins Versuche, es zugunsten seines *intellectus gratiae* auszuwerten, nicht immer leicht nachvollziehbar. Augustins

hang zwischen seiner Interpretation der Aussagen dieser Tradition und den seiner Meinung nach im Vergleich dazu weit fundamentaleren Aussagen der Bibel.[22]

Julian, der in den ersten Jahren nach seiner Verbannung im Sommer 418 kaum zur Ruhe gekommen und viel in Italien sowie im Osten des Reiches umhergereist war, um seine Sache zu vertreten, hatte inzwischen (zumindest vorübergehend) Zuflucht bei Theodor, dem Bischof von Mopsuestia gefunden. Er war eben im Begriff, mit einer großangelegten Widerlegung der Erbsündenlehre zu beginnen, als ihm sein in Konstantinopel weilender Freund Florus ein Exemplar von *nupt.* 2 zukommen ließ. Er machte sich nun also an dessen Widerlegung und verfaßte *Flor.*[23] Von dessen Erscheinen ab ca. 425/6 wurde Augustin von Alypius unterrichtet, der es ihm seit etwa 427 nach und nach in Teilen von Rom aus zuschickte. Augustin war um diese Zeit mit der Abfassung der *retract.* beschäftigt.[24] Trotz der Arbeit daran machte er sich postwendend an die Widerlegung von *Flor.* Um mit beiden Werken voranzukommen, arbeitete er Tag und Nacht (*nocturnis et diurnis temporibus*). Da er aber in den folgenden letzten beiden Jahren seines Lebens auch noch die Krisen von Hadrumetum und Südgallien zu bewältigen hatte, eine Beschäftigung, die, wie oben gezeigt, in vier weiteren Büchern resultierte, war am Ende an eine Fertigstellung der beiden Werke nicht mehr zu denken. Die Arbeit an den *retract.* der Briefe und Predigten blieb ganz liegen. Von den acht geplanten Büchern *c. Iul. imp.* waren nicht mehr als sechs vollendet, als Augustin am 28. August 430 starb.

1. *CONTRA DUAS EPISTULAS PELAGIANORUM* (420/1)

C. duas epp. Pel. ist in vier Bücher gegliedert. Buch 1 ist eine Widerlegung von Julians *ep. Rom.* (a). Der Brief wird ausgiebig, Abschnitt für Abschnitt zitiert. Auch sein Aufbau wird berücksichtigt. Am Ende des Buches formuliert Augustin eine kurze zusammenfassende Kritik an der Theologie Julians. In *c. duas epp. Pel.* 2-4 erfolgt eine weniger akribische und zunehmend repetitive Widerlegung von Julians *ep. Ruf.* (b). In *c. duas epp. Pel.* 4,21-31 schließlich diskutiert Augustin die umstrittene Thematik (Erbsünden- und Prädestinationslehre) unter Bezugnahme auf die Theologien Cyprians und Ambrosius' und versucht dabei, sein Konzept des *intellectus gratiae* nicht nur mit Schrift-, sondern auch mit Traditionsargumenten zu begründen (c).

Väterkenntnis ist fragmentarisch, seine Darstellung repetitiv. Seine erkenntnistheoretisch-hermeneutischen Aussagen erschöpfen sich mehr und mehr darin, Julian mangelnde Einsichtsfähigkeit im Sinne seines *intellectus gratiae* vorzuwerfen.

[22] Vgl. im folgenden Abschn. 1.

[23] Theodor, der 428 starb, ließ kurz vor seinem Tod Julian aus unbekannten Motiven wegen seines Pelagianismus verurteilen. Julian hatte also zu diesem Zeitpunkt Mopsuestia bereits wieder verlassen. *Flor.* entstand demnach um die Mitte der 20er Jahre. Vgl. Wermelinger, Rom 252. Mar. Merc. *comm. Iul.* (ACO 1/V/1, 23.33ff.).

[24] Vgl. Aug. *ep.* 224,2 an Quoduultdeus (CSEL 57, 452) sowie oben in diesem Kapitel, Teil A., Abschn. 3 (b), S. 296-301.

(a) Gegen Julians Brief an die Römer (*c. duas epp. Pel.* 1)

In *c. duas epp. Pel.* 1 setzt sich Augustin mit sieben Vorwürfen Julians gegen seine Gnadenlehre auseinander. Vier davon sollen im folgenden herausgegriffen werden: (1) Er leugne die Willensfreiheit. (2) Er behaupte, Paulus und die anderen Apostel hätten in ständiger Konkupiszenz, (3) ja selbst Christus hätte in Sünde gelebt und (4) selbst die Taufe könne diese nicht tilgen.

Wie einst, so beginnt er, Jovinian die Katholiken als Manichäer entlarven wollte, indem er sie als »Feinde der Ehe« (*damnatores nuptiarum*) bezeichnete,[25] so will Julian nun zeigen, daß sie (ebenfalls wie die Manichäer) die Willensfreiheit (*liberum arbitrium*) leugnen und die Notwendigkeit zu sündigen behaupten. Augustin hält dagegen den *intellectus gratiae*.[26] Durch die Ursünde, so sein Argument, ist zwar Freiheit (*libertas*) verlorengegangen (*libertas quidem periit per peccatum*), allerdings nur insofern sie sich auf die menschliche Urstandsgerechtigkeit und Unsterblichkeit (*habendi plenam cum immortalitate iustitiam*) bezogen hatte. Folge dieses Verlustes ist die Angewiesenheit des Menschen auf die erneute und nun als endgültig erhoffte Befreiung durch Christus (Joh 8,36), ohne die der Mensch Sklave der Sünde bleibt (Röm 6,20).

Insofern unter Freiheit nun aber nicht jene ursprüngliche, von der Schöpfung her gewollte und durch die Sünde verlorene Gerechtigkeit und Unsterblichkeit des Menschen konstituierende Freiheit (*libertas*) gemeint ist, sondern lediglich Freiheit, insofern sie menschliche Willensentscheidungen mit offener Wertigkeit (gut *oder* böse) herbeiführt (*liberum arbitrium*), ist die Freiheit durch die Ursünde nicht eliminiert. Sie hat nur ihre Urstandsgerechtigkeit (*liberi fuistis iustitiae*) verloren, die die Gutheit ihrer Handlungen garantierte. Durch das von der Ursünde bedingte *liberum arbitrium* begangene Handlungen sind grundsätzlich nicht mehr gut, sondern böse. Würde man, so Augustin, nur solche Handlungen als frei bezeichnen, die im Sinne der Urstandsgerechtigkeit gut sind, wäre das ursündlich bedingte *liberum arbitrium* keine Freiheit. Genau das meint Julian: Ein solches *liberum arbitrium* ist keine Freiheit, sondern eine Art nihilistischer Determinismus. Diesen zu vertreten unterstellt er Augustin. Dagegen jedoch Augustin: Nihilistisch wäre es, würde man das durch die Ursünde zum Tun des Bösen verdammte *liberum arbitrium* bezüglich seines Freiheitscharakters als Nichts bezeichnen. Ein Nichts ist nicht als etwas erkennbar, das durch die Gnade Christi (Röm 7,25) auf die Befreiung der Menschen (Joh 8,36) aus der Sklaverei der Sünde (Joh 6,20-22) zur Gotteskindschaft (Joh 1,12) ausgerichtet ist. Das *liberum arbitrium* aber ist so (und, was [Röm 7,24f.] entscheidend ist, *nur* so, nämlich im

---

[25] *C. duas epp. Pel.* 4 (CSEL 60, 425).

[26] Dabei verwendet er die Signalstelle 1 Kor 1,31 im Rahmen einer *inclusio*: *c. duas epp. Pel.* 1,5.8 (CSEL 60, 425.429): *liberum autem arbitrium defendendo praecipitant, ut de illo potius ad faciendam iustitiam quam de domini adiutorio confidatur atque ut in se quisque, non in domino glorietur.* [...] *hoc isti nolunt elati et superbi nec purgando defensores, sed extollendo praecipitatores liberi arbitrii, qui non ob aliud nobis haec dicentibus indignantur, nisi quia gloriari in domino dedignantur.*

intellectus gratiae) erkennbar, und zwar bereits in seiner ursündlichen Bedingtheit. Also kann es nicht nichts sein.[27]

Augustin postuliert damit die Priorität der Gnade erneut nicht aufgrund von
schöpfungstheologisch-ontologischen, sondern vor allem aufgrund von erkenntnistheoretisch-gnadentheologischen Erwägungen. Sein erkenntnistheoretischer Gnadenbegriff (es geht immer um Gnade, insofern sie eingesehen wird) eliminiert
nicht den Freiheitsbegriff, er verschafft ihm vielmehr erst den ontologischen
Status, auf dessen Grundlage eine moralische und dann auch soteriologische Bewertung freier Handlungen möglich wird. Die Priorität der Gnade ist, so schließt
Augustin diese Quaestio, universal zu fassen. Sie gilt deshalb auch für das *initium
fidei*, den Glaubensanfang. Schon die Fähigkeit, Christus aufzunehmen, von der
in Joh 1,12 die Rede ist (sie besteht im Prinzip in nichts anderem als darin, sich
selbst als Sünder zu erkennen; Röm 7,24), wird vom Vater als Gnade geschenkt
(Joh 6,44; 6,65). Nur aus einem solchem durch die Gnade im Intellekt geschenkten Glauben erwächst Gerechtigkeit (Röm 1,17; Gal 3,11).[28]

Gerechtigkeit aus Glauben beginnt also nicht da, wo jemand meint, er sei gerecht, sondern da, wo jemand im *intellectus gratiae* einsieht, daß er aus sich
heraus nicht gerecht sein könne. Wenn ihm, so Augustin, die Pelagianer vorwerfen, er behaupte, Paulus und die Apostel hätten in ständiger sündiger Konkupiszenz gelebt, dann fällt dieser Vorwurf auf ihre Selbstgerechtigkeit zurück. Entsprechende Aussagen Paulus' müssen vielmehr im *intellectus gratiae* verstanden
werden, etwa: »Ich weiß, daß nichts Gutes in mir wohnt« (Röm 7,18). Schon das
Wissen um die ohne Gnade unmögliche Rettung aus der Verworfenheit, ein Wissen, das am Gesetz gewonnen wird und unmittelbar zur Verzweiflung führt, ist
gnadengewirkt, nicht zuletzt von der vorgegebenen Zielrichtung her: »Zwar reicht
das Gesetz aus, um die Sünde zu erkennen und das Gesetz zu übertreten.« Aber
dies kann doch eben, so Augustin, nicht der Zweck der Erkenntnis sein. Der
Zweck der Erkenntnis ist vielmehr, »daß, nachdem die Sünde erkannt und vermehrt ist, durch den Glauben die Gnade erweckt wird.«[29] Das eigentliche Er-
kenntnis- und Handlungsprinzip ist also nicht das Gesetz, sondern die im *intellectus gratiae* eingesehene und in und aus ihm wirkende Gnade.

Augustin dreht nun den Spieß um. Julian, so erwidert er, erwähnt in seiner
Attacke nicht, daß Paulus in Phil 3,6 vor reiner Gesetzesgerechtigkeit sogar
warnt, daß sie nicht der Gnade Christi (Röm 7,25) entspreche, durch die die
Menschen gerettet sind (Eph 2,1-5), sondern zu einem Leben nicht nur in ständiger Begierde, sondern auch in Bosheit, Neid und Haß führe (Tit 3,3).[30] Paulus
kennt also keine reine Gesetzeseinsicht, die gut wäre. Gesetzeseinsicht ist nur
dann gut, wenn sie in Gnadeneinsicht mündet. Eine solche Gesetzeseinsicht be-

---

[27] *C. duas epp. Pel.* 1,5 (CSEL 60, 425f.).
[28] *C. duas epp. Pel.* 1,7 (CSEL 60, 427.429); vgl. Röm 14,23 (*quod non est ex fide, peccatum
est*); Hab 2,4 (*iustus ex fide uiuit*).
[29] *C. duas epp. Pel.* 1,14 (CSEL 60, 435): *sicut alibi idem apostolus dicit, sed ad cognitionem
peccati et ad ipsius legis praeuaricationem ualere legem, ut cognito auctoque peccato per fidem
gratia requiratur.* Vgl. Röm 7,7-13.
[30] *C. duas epp. Pel.* 1,15 (CSEL 60, 436f.).

steht nämlich nicht nur in der Erkenntnis, außerhalb der Gnade zu stehen (Röm 7,14: *ego autem carnalis sum*), sondern auch in der Erkenntnis, der Gnade zu bedürfen. Sie muß also um die Gnade wissen, die Gnade einsehen, Gnadeneinsicht, *intellectus gratiae*, sein.[31]

Paulus, so Augustin, hat diesen *intellectus gratiae* als etwas Dynamisches verstanden, das vor dem allen Menschen noch bevorstehenden leiblichen Tod nicht vollendet ist (1 Kor 15,54). Die Konkupiszenz ist erst nach dem Tod überwunden. Mit Konkupiszenz ist hier nicht erst ein lasterhaftes Leben in Begierde gemeint, sondern ganz grundsätzlich der ursündlich bedingte Zustand, in dem sich das menschliche Wollen gegenwärtig befindet: Eingespannt in den heilsgeschichtlichen Rahmen von Sünde und Gnade. So reicht einerseits die Gnade in den Bereich der Sünde hinein, indem sie nämlich in ständigem Vorlauf dabei ist, die Sünde zu überwinden, andererseits stellt die Sünde für den Menschen auch noch im Stand der Gnade eine ständige Herausforderung dar. Augustin distinguiert deswegen Julians Vorwurf und sagt in bezug auf Paulus und die anderen Apostel: »Sie waren zwar frei von der Zustimmung zu schlechten Begierden, seufzten aber dennoch unter der Konkupiszenz, die sie aber wiederum durch Mäßigung zügelten.«[32]

Auf diesem Hintergrund, so Augustin, wird Julians Vorwurf, er, Augustin, behaupte, selbst Christus habe nicht ohne Sünde gelebt, verständlich. Er widerlegt sich freilich im Rahmen der bisherigen Argumentation selbstredend mit. »Vielleicht hatte er [Julian] keine Einsicht oder verdrehte die Zusammenhänge in übelwollender Absicht, getäuscht wie er war von seiner Bosheit,«[33] schließt Augustin, wobei er das Konzept des *intellectus gratiae* (bzw. dessen Abwesenheit) in dreister Form als Mittel der Polemik einsetzt, ein Phänomen, das im Laufe der Auseinandersetzung noch öfter begegnen wird.

Auch Julians Vorwurf, er behaupte, die Taufe tilge nicht die ganze Sünde, sondern rasiere (*rarare*) gewissermaßen nur ihre Spitzen weg, hat sich für Augustin damit erledigt. Konkupiszenz und Sünde, so Augustin, sind nicht ein und dasselbe, auch wenn erstere aus letzterer hervorgeht und ebenso genannt wird wie diese.[34] Die Taufe als Bad der Wiedergeburt (Tit 3,5) bewirkt vielmehr die ontologische Umwandlung der Ursünde in Gnade als Voraussetzung dafür, daß die erfahrungsgemäß (Spr 20,9: *quis gloriabitur mundum se esse a peccato?*) auch nach der Taufe begangenen Einzelsünden überhaupt vergeben werden können. Deshalb ist die Bitte um Vergebung und darum, nicht in Versuchung zu geraten (Mt 6,12f.), besonders für Getaufte sinnvoll.[35] Während nämlich die tatsächlich begangenen Sünden und die Ursünde durch die Taufe getilgt sind und die urständliche, nun (durch die Taufe) auf Erlösung in Christus hin offene Freiheit

---

[31] *C. duas epp. Pel.* 1,18 (CSEL 60, 440): *deinde dicit: »nunc autem iam non ego operor illud, sed id quod habitat in me peccatum«* [Röm 7,17]. *quid est »nunc autem« nisi »iam nunc sub gratia, quae liberabit delectationem uoluntatis a consensione cupiditatis?«*

[32] *C. duas epp. Pel.* 1,24 (CSEL 60, 444f.).

[33] *C. duas epp. Pel.* 1,25 (CSEL 60, 445).

[34] *C. duas epp. Pel.* 1,27 (CSEL 60, 446): *et ideo iam non sit peccatum, sed hoc uocetur.*

[35] *C. duas epp. Pel.* 1,27 (CSEL 60, 446); vgl. auch Jak 1,14f. (*temptatur a concupiscentia sua abstractus et inlectus; deinde concupiscentia cum conceperit, parit peccatum*).

wiederhergestellt ist, bleibt allen Menschen, auch den Getauften, vor ihrem leiblichen Tod die Möglichkeit der Sünde in der Konkupiszenz in jedem Fall erhalten. Allein diese Möglichkeit schließt jene andere Möglichkeit aus, daß jemand faktisch ohne Sünde ist (was das Gebet um Vergebung [Mt 6,12] überflüssig machen würde); denn selbst wenn jemand in einer bestimmten Situation möglicherweise völlig frei von konkret begangenen Sünden (*crimen*; vgl. 1 Tim 3,10: *nullum crimen habentes*) wäre (etwa unmittelbar nach der Taufe), mit der sündhaften Last der Möglichkeit der Sünde ist selbst in einer solchen Situation zu rechnen. Daß es diese Möglichkeit als Sünde gibt, ist bekanntlich des Menschen eigene Schuld. Daß jedoch Gott diese Möglichkeit zuläßt, ist eine Form der Gnade, die bereits in der aus dem *intellectus gratiae* entspringenden Solidarität aller Menschen in der Sünde wirkt: Auch und vor allem dadurch, daß Menschen sich ihre Sünden gegenseitig bekennen und vergeben, schenkt Gott seine Gnade (Lk 6,37f.: *dimittite et dimittetur uobis; date et dabitur uobis*).[36]

Im Mittelpunkt des Schlußteils schließlich steht eine kritische Bewertung der Lehren Julians vor allem zur menschlichen Sexualität und zur natürlichen Fähigkeit des Menschen zum Guten aufgrund seiner intakten Willensfreiheit. Natürlich, so Augustin, ist der Ansatz von Julians Ehelehre gut und richtig: Die Ehe ist von Gott eingesetzt. Der eheliche Akt ist von Sünde frei. Sünde herrscht nur unter Unzüchtigen und Ehebrechern (*fornicatores et adulteros condemnandos*).[37] Daraus aber, wie Julian das tut, abzuleiten, daß Neugeborene von Sünde frei sind, ist aufgrund der falschen Zuordnung von Ehe- und Taufgnade falsch und häretisch (*falsum et hereticum*). Zwar ist der eheliche Akt an sich gut und gottgewollt. Dennoch ist auch in seinem Bereich das *liberum arbitrium* ursündlich bedingt. Infolgedessen ist auch alles, was durch ihn bewirkt wird, etwa die Zeugung von Nachkommen, ursündlich bedingt. Das einzelne menschliche Individuum kann also nur durch die Taufe (Tit 3,5: *lauacrum regenerationis*) zur Erlösung gelangen. Die Heiligkeit des ehelichen Akts der Eltern verhindert die Ursünde nicht. Aus diesem Mißverständnis, das in der Verwechslung des Kausalzusammenhangs innerhalb eines sakramentalen Prozesses (Heiligung der Ehe durch den ehelichen Akt) und der Koinzidenz verschiedener Sakramente (Ehe, Taufe) besteht, erwachsen, so Augustin in den nun folgenden Abschnitten, auch Julians problematische Positionen in der Sexualanthropologie.

Julian nämlich versteht nicht nur den ehelichen Akt als solchen als von Gott eingesetzt, sondern auch bereits die unabhängig von ihm stattfindende sexuelle Erregung. Wie Augustin läßt er dabei die weibliche Sexualität außer acht und nennt als Beispiel nur die äußerlich sichtbare Erektion des männlichen Glieds (*motum genitalium, id est ipsam uirilitatem, sine qua non potest esse commixtio, a deo dicimus institutam*).[38] Augustin macht sich postwendend an eine ausführliche Behandlung dieses Punktes. Mit einer gewissen Ironie nimmt er zunächst die ungewöhnliche Wortwahl Julians zur Kenntnis: *ut uerbo eius utar, uirilitatem*. Dann versucht er, mit philologischen Argumenten zu zeigen, daß der in Gen 3,7

---

[36] *C. duas epp. Pel.* 1,28 (CSEL 60, 446f.).
[37] *C. duas epp. Pel.* 1,30 (CSEL 60, 448).
[38] *C. duas epp. Pel.* 1,31 (CSEL 60, 448).

beschriebene Sachverhalt, daß die Menschen nach dem Sündenfall ihre Blöße bedeckten, in einem Kausalzusammenhang mit dem Sündenfall steht. Bei jener Bekleidungsaktion, so Augustin, handelt es sich nicht um einen Fall kulturellen Fortschritts. Es ging nicht darum, sich gegen Kälte zu schützen oder sich herauszuputzen. Die Menschen versuchten vielmehr, ihre erbärmliche Blöße, die ihnen gnadenhaft durch ihre Sünde bewußt geworden war, mit Hilfe von Lendenschürzen (*succinctoria*, nach einigen Übersetzern auch etwas weniger genau *tegmina*) zu bedecken. Es ist also anzunehmen, so Augustin, daß in Gen 3,7 vor allem die Scham der Betroffenen über die Entblößung ihrer Geschlechtsorgane mit ihren unkontrollierten Regungen illustriert werden soll, als Zeichen der in den ursündlich bedingten Menschen wirksamen Konkupiszenz.

Auch wenn, so Augustin weiter, die Ursünde selbst gerade nicht in einem sexuellen Akt bestand, ihre einschneidenste Wirkung hatte sie im Bereich der Sexualität. Das Schamgefühl und ihr Pendant, die Konkupiszenz als unkontrollierte sexuelle Erregung, zeichnen sich gerade dadurch aus, daß der Wille keine direkte Kontrolle mehr über die aus diesen nicht direkt willentlichen Motivationen erwachsenden Handlungen hat. Solchen Regungen nachzugeben ist auch in der Ehe sündhaft, ihnen zu widerstehen in jedem Fall mühsam und leidvoll. Betrachtet man dagegen, den Paradieseszustand, so kann man nur schließen, daß, wenn die Menschen in jenem Zustand sexuell aktiv waren, und davon ist auszugehen, dann ausschließlich in vollkommener, weder durch Scham noch durch Schamlosigkeit beeinträchtigter Übereinstimmung von sexueller Erregung und Willen.[39] Genauer, so Augustin: Es gab gar keine sexuelle Erregung getrennt vom bzw. in Widerspruch zum ganzheitlichen Willen. Eine solche trat erst durch die Ursünde ein, die alle wesentlichen Probleme im menschlichen und zwischenmenschlichen Bereich, nicht zuletzt auch im Bereich der Sexualität, verursachte.

Die Pelagianer, so Augustin, können nicht den Anspruch erheben, sie verteidigten gegen ihn den Schöpfungsgedanken (*homines dei opus esse defendimus*); Gottes Schöpfermacht bezieht sich nämlich gerade nicht auf die menschliche Willensfreiheit. Daß Gott nachträglich selbst als Mittler tätig geworden ist (1 Tim 2,5) und die Menschen aus ihrer von ihnen selbst so definierten Ursündlichkeit befreit, ist ein Werk der Übergebühr seitens Gottes, das ein Mensch wegen der Ursünde nicht mehr hätte leisten können (*non potuit esse peccator*). Nicht im Widerspruch zur Schöpfung wäre es, überließe Gott die Menschen ihrem (bösen) Willen. Nun aber ist es so, daß Gott selbst noch einmal seine Schöpfungsordnung transzendiert und nicht nur dem Wirken und Können, sondern auch dem Wollen der Menschen vorauseilt (Phil 2,13), ihren sündigen Willen mit seinem eigenen, guten, präpariert (Spr 8,35 LXX).[40] Nicht so ist es, wie die Pelagianer meinen, daß nämlich der menschliche Wille von Natur aus indifferent sei und zum Guten

---

[39] *C. duas epp. Pel.* 1,33f. (CSEL 60, 450f.). An diesem Punkt wird auch deutlich, warum Augustin den Ausdruck »Konkupiszenz« für die Geschlechtslust an sich ablehnt. Konkupiszenz ist für ihn die dem Willen entgegengesetzte, ursündlich bedingte Form der Geschlechtslust. Es gibt für Augustin aber natürlich auch dem Willen in jedem Fall entsprechende urständliche Form der Geschlechtslust. Julian nennt auch diese »Konkupiszenz,« wogegen Augustin heftig polemisiert, ohne freilich eine Alternative zu bieten. Vgl. *c. duas epp. Pel.* 1,35 (CSEL 60, 452).

[40] *C. duas epp. Pel.* 1,36 (CSEL 60, 453).

gewissermaßen äußerlich von Gottes Gnade zusätzlich zu seinem Eigenantrieb lediglich unterstützt (*adiuuari*) werde, während ihn zum Bösen der Teufel verlokke. Statt einer solchen Theorie muß, so Augustin, der auf die Schrift gestützte *intellectus gratiae* tätig werden.[41] Ohne Gnade läuft der menschliche Wille wie blind ins Leere. Augustin nennt als Beispiel die Raserei des die junge Kirche verfolgenden Saulus vor der Bekehrung zum Paulus (Apg 9,1). Die Gnade macht gerecht (Tit 3,5). Sie wird vom Vater gegeben (Joh 6,65) und bekehrt zum Gebet, das auch die Verfolger (Mt 5,44) nicht ausschließt, deren Bekehrung im Auge hat und selbst bereits eine Frucht des *intellectus gratiae* ist (vgl. Apg 9,3f.).[42]

Das Postulat der Notwendigkeit der Kindertaufe, so Augustin, stellt Julian aus denselben falschen Motiven auf wie vor ihm Pelagius: So unterscheidet er zwischen Himmelreich und ewigem Leben. Ungetaufte, denen das eine entgeht, können wenigstens das andere haben. Oder: Bei der Kindertaufe werden den Säuglingen Tatsünden vergeben, die sie später in ihrem Leben begehen werden. Dagegen macht Mt 16,16 (*qui crediderit et baptizatus fuerit, saluus erit, qui autem non crediderit, condemnabitur*) den Zusammenhang von Glaube, Taufe und Heil deutlich, der solche Distinktionen ausschließt. Auch die die Taufe voraussetzende Heilsrelevanz der Eucharistie nach Joh 6,54 ist hier zu berücksichtigen (*nisi manducaueritis carnem meam et biberitis sanguinem meum, non habebitis uitam in uobis*). Daraus ableitbar ist weiter, daß der Glaubensvollzug der Kinder stellvertretend von Eltern und Paten wahrgenommen werden kann. Von diesen haben sie ja auch ihre ursündliche Bedingtheit geerbt, die ihnen zum Verderben gereichen würde, wenn sie nicht durch die Sakramente dem Tod entrissen würden. Alle diese Zusammenhänge, so Augustin, deuten auf ein Konzept hin, das den Pelagianern zuwider ist, die Ursünde (*et inuenietis quod non uultis, originale peccatum*).[43] Julians Anathema gegen alle, die die universale Heilswirksamkeit der Taufgnade leugnen, ist sinnlos, wenn er selbst die Ursünde leugnet, vor deren Hintergrund die Taufgnade ja erst ihre ganze Universalität entfaltet.[44]

(b) Gegen Julians Brief an Rufus (*c. duas epp. Pel.* 2-4)

Der zweite Teil von *c. duas epp. Pel.* umfaßt die Bücher 2 bis 4. Augustin setzt sich darin mit Julians *ep. Ruf.* auseinander. Er geht in drei Schritten vor: In Buch 2 weist er auf gemeinsame erkenntnistheoretische Grundlagen von Manichäismus

---

[41] *C. duas epp. Pel.* 1,38 (CSEL 60, 454): *non coniectura suspicamur humana, sed euidentissima diuinarum scripturarum auctoritate dinoscimus.* Im folgenden beginnt Augustin schwerpunktmäßig mit Beispielen aus dem Alten Testament: Gott schenkt ein einmütiges Herz (2 Chr 30,12: *cor unum*), ein Herz von Fleisch (Ez 36,26f.: *cor carneum*); er stimmt das Herz unter Umständen um (Est 14,13: *conuerte cor!*), verwandelt Unwillen in Sanftmut (Est 15,9.11) usw. Im weiteren Verlauf der Argumentation kommt er zurück auf die altbekannten neutestamentlichen Stellen Phil 2,13, Röm 9,14.20, 11,34, 1 Kor 4,7.

[42] *C. duas epp. Pel.* 1,37 (CSEL 60, 453); vgl. Tit 3,5 (*non ex operibus iustitiae quae nos fecimus, sed secundum suam misericordiam saluos nos fecit*).

[43] *C. duas epp. Pel.* 1,40 (CSEL 60, 458).

[44] *C. duas epp. Pel.* 1,41 (CSEL 60, 458).

und Pelagianismus hin, ehe er das Vorgehen der römischen Kirche im Konflikt von 418 rechtfertigt. In Buch 3 behandelt er noch einmal Themen, die er bereits in seiner Antwort an Julians *ep. Rom.* in Buch 1 diskutiert hatte. In Buch 4 diskutiert er die in fünf *laudes*[45] gegliederten Hauptpunkte Julians und seiner Mitstreiter zu Schöpfung, Ehe, Gesetz, Willensfreiheit und Kirche.[46]

Für Augustin ist der Manichäismusvorwurf Julians gegen ihn eine willkommene Gelegenheit, sich durch eine Diskussion der manichäischen Lehre, die er wahrscheinlich besser kennt als Julian, zugleich auch vom Pelagianismus abzugrenzen. Beide Positionen, so sein Argumentationsgang, laufen am *intellectus gratiae* vorbei und treffen sich damit in wesentlichen Punkten. Die Manichäer leugnen die Gutheit Gottes als Schöpfer und damit die Universalität seiner Erlösung. Die Pelagianer tun dasselbe, da sie den Erlösungsprozeß auf bestimmte Phasen des individuellen menschlichen Lebens eingrenzen. Der katholische Glaube (also seine Gnadenlehre), so Augustin, vertritt dagegen die Universalität der Gutheit der Schöpfung wie auch des gnadenhaften Heilswerks Gottes an einer durch die Ursünde universal verlorenen Welt.[47] Manichäer wie Pelagianer halten die Konkupiszenz für natürlich, die einen, weil sie eine böse Natur annehmen, die anderen, weil sie den Fall leugnen. Beiden ist mit der Heiligen Schrift zu antworten: Die Konkupiszenz als ursündlich bedingtes Wollen ist nicht aus Gott (1 Joh 2,16). Dennoch ist beides wahr: Der Mensch ist gut geschaffen (Koh 7,20: *deus fecit hominem rectum*) und wird durch Christus erlöst werden (Joh 8,36).[48] Manichäismus wie Pelagianismus leugnen die Gnade und benötigen sie nicht für ihre Soteriologie: Die Manichäer gehen davon aus, daß Erlöste und Verdammte bereits als solche erschaffen wurden, die Pelagianer aber machen die Wirkung der Gnade von den Verdiensten der einzelnen Menschen abhängig. Entsprechend gilt beiden auch die Inkarnation nichts; denn die Manichäer halten das Fleisch von Natur aus für böse, die Pelagianer aber halten es trotz der Ursünde für fähig, von sich aus Gutes zu tun und so die Erlösung zu verwirklichen.[49]

Julians Manichäismusvorwurf ist also zurückzuweisen und, so Augustin, es ist ihm bzw. den Pelagianern zu entgegnen, sie sollten lieber von ihren Positionen abrücken (*aduersantur errori*) und sich im *intellectus gratiae* der orthodoxen Position zuwenden, die, so weiter im folgenden, auch von den römischen Bischöfen vertreten wird. Vorwürfe gegen die römischen Kleriker wegen Meineids, weil sie die vermeintlich pelagiusfreundliche Haltung Zosimus' nicht eingehalten hätten, sind nicht stichhaltig.[50] Selbst wenn, was in diesem Fall gar nicht zutrifft, in römischen Dokumenten Positionen enthalten sein sollten, die Häretikern zur Unterstützung ihrer Argumente dienen könnten, so seien diese

---

[45] »Lobpreisungen,« im gegebenen Kontext Postulate oder Thesen Julians und der anderen protestierenden Bischöfe, um die Gegenseite zu einer Revision der Gnadenlehre einzuladen.

[46] Zu den am Schluß von Buch 4 entwickelten Ansätzen eines Traditionsarguments s. im folgenden Abschn. (c).

[47] *C. duas epp. Pel.* 2,2 (CSEL 60, 461).

[48] *C. duas epp. Pel.* 2,2 (CSEL 60, 461f.).

[49] *C. duas epp. Pel.* 2,3 (CSEL 60, 462f.).

[50] Vgl. Wermelinger, Rom 263.

dennoch von ihrer (orthodoxen) Intention her zu interpretieren, nach den Worten
Paulus' über das Wachstum im *intellectus gratiae*: »In Anbetracht der Anzahl derer, die bereits vollkommen sind, laßt uns doch so *denken*. Wenn ihr aber in einem Punkt anders denkt, so wird euch Gott auch dies *offenbaren*.«[51]

In der sich an diese allgemeinen, auch auf die kirchenpolitische Situation
eingehenden Überlegungen anschließenden Widerlegung von Julians *ep. Ruf.*
taucht mit dem Ausdruck *fatum*, Schicksal, ein neuer Aspekt auf. Julian wirft
Augustin vor, er vertrete eine »fatalistische« Gnadenlehre. Darauf erwidert
Augustin, daß er von einer derartigen Veränderung des Gebrauchs des Ausdrucks
fatum zwar nicht begeistert sei, daß es ihm aber um die Sache gehe und er nicht
über Begriffe diskutieren wolle. Er wendet sich also nicht direkt gegen den Ausdruck *fatum*,[52] verteidigt sich jedoch im folgenden auf inhaltlicher Ebene. So
fragt er zunächst nach den pelagianischen Motiven für den Fatalismusvorwurf.
Ein solcher Vorwurf, so Augustin, abstrahiert von der gnadenhaften Erfahrung
der persönlichen Zuwendung Gottes in der Gnade ebenso wie vom Begriff der
Gerechtigkeit Gottes. Den Gegnern mangelt es an *intellectus gratiae*: Sie verwenden zentrale biblische Aussagen wie abstrakte Gesetzesformeln, etwa: Gott
kennt kein Ansehen der Person (Kol 3,25). Daß jedem Menschen individuell ein
gnädiger Gott mit einem barmherzigen Willen gegenübersteht (Röm 9,15), beachten sie nicht.[53] Der Fatalismusvorwurf, so Augustin, ist nur nachvollziehbar,
wenn ein Verdienstdenken an den Gnadenbegriff herangetragen wird. Wer jedoch
im Kontext eines *intellectus gratiae* von der Gnade her und auf sie hin denkt,
wird durch sie und in ihr auch einsehen, daß sie, um überhaupt Gnade sein zu
können (Röm 11,6), keine verdienstlichen Voraussetzungen haben darf.[54] Im
Kontext eines solchen *intellectus gratiae*, so Augustin, verändert sich aber auch
der Charakter einer Aussage wie, »Gott kennt kein Ansehen der Person« (Kol
3,25), weil Gott sich jedem, dem er sich zuwendet, um ihn zum Heil zu erwählen, unter völliger Absehung von dessen Verdiensten, also aus reiner Gnade,
zuwendet. Weil also Gott selbst kein Gesetz, kein unpersönliches Prinzip über
sich hat, das den Gerechtigkeitscharakter seiner Wahl (die Erwählung bestimmter
Menschen zum Heil bzw. ihre Nichterwählung, also Verwerfung) bestimmen, das
ihn also kontrollieren würde, so Augustin, ist eine Aussage wie Kol 3,25 im
intellectus gratiae immer prädestinatianistisch zu verstehen.

Mit einer Auslegung des Gleichnisses der Arbeiter im Weinberg Mt 20,9-12
illustriert Augustin diesen Sachverhalt. Daß alle Arbeiter am Ende des Tages
einen Denar bekommen, gratis, unabhängig von ihrem Verdienst, ist Sache des
Herrn. Wer ganz auf ihn ausgerichtet ist (also im *intellectus gratiae* steht) und
sich nicht mit seinen Mitmenschen vergleicht, der wird in jedem Fall mit seinem

---

[51] *C. duas epp. Pel.* 2,5 (CSEL 60, 464).
[52] *C. duas epp. Pel.* 2,9 (CSEL 60, 468f.).
[53] *C. duas epp. Pel.* 2,10 (CSEL 60, 469f.).
[54] *C. duas epp. Pel.* 2,12 (CSEL 60, 472f.); vgl. zum Abschluß dieses Abschnitts, nach einer
Grundlagendiskussion zur Rolle der Astrologie in einer schöpfungstheologisch fundierten Kosmologie Eph 2,8f. (*gratia salui facti estis per fidem et hoc non ex uobis, sed dei donum est, non ex
operibus, ne forte quis extollatur*).

»Lohn« zufrieden sein, da er dessen Gnaden- bzw. Geschenkcharakter im Vordergrund sieht. Wer sich aber beschwert, wird sich fragen lassen müssen, mit welchem Begriff von Gerechtigkeit er arbeitet. Für den Herrn nämlich erwächst Gerechtigkeit einzig und allein aus seiner gnadenhaften Beziehung zum einzelnen
Menschen. Nur, was er mit diesem vereinbart hat, zählt, im Gleichnis also der
eine Denar Lohn für die Arbeit. Wenn ein Arbeiter damit nicht zufrieden ist,
muß er sich fragen lassen, was er außer dieser gnadenhaften und nur von daher
gerechten Beziehung zum Herrn sonst noch will. Ist er etwa neidisch? Zweifelt
er an der Gerechtigkeit und Gutheit des Herrn (Mt 20,13-15), der beruft wen er
will (Röm 8,28) und sich erbarmt, wessen er will (Röm 9,18), so daß es Gefäße
der Ehre wie auch der Schmach gibt (Röm 9,21)?[55]
  Dieser letzte Gedanke verläßt die Bedeutungsebene des Gleichnisses. Dort
hatten immerhin alle einen Denar erhalten. In den zuletzt genannten Stellen ist
nun aber auch von Menschen die Rede, die überhaupt nicht in den Einflußbereich
der Gnade gelangen. Erneut sieht Augustin keine andere Möglichkeit, sich im
Hinblick darauf ein Urteil über Gott zu bilden, außer auf der Grundlage des
intellectus gratiae. Daß es Menschen gibt, die vom Gnadenwirken nicht erfaßt
werden, kann, wenn überhaupt, dann auch nur wieder als Gnade verstanden werden. Der Gnadenbegriff ist also zumindest erkenntnistheoretisch ein Universale.
Der Herr hat, so Augustin, nicht etwa gesagt: »Ohne mich könnt ihr nur schwer
etwas tun.« Er hat vielmehr gesagt: »Ohne mich könnt ihr nichts tun« (Joh 15,5).
Auch die Kompatibilitätsproblematik (Wie gehen Freiheit als Unbestimmtheit und
Gnade als Determination im existenziellen Vollzug des einzelnen Menschen zusammen?) tritt nach Augustin im *intellectus gratiae* also nicht auf, deswegen,
weil vor der Gnade noch gar keine Freiheit vorhanden ist, die durch die Gnade
beeinträchtigt werden könnte. Einen Widerspruch zu dem in *c. duas epp. Pel.* 1
zum *liberum arbitrium* Gesagten sieht Augustin nicht, da bereits die Erkenntnis
der ursündlichen Beeinträchtigung desselben gnadenhaft (*intellectus gratiae*) ist.
Bereits die Fähigkeit zu denken, die dem Wünschen und Wollen vorausgeht, ist
aus Gott (2 Kor 3,5).[56] Wenn es dann, so Augustin weiter, nach Spr 16,1 heißt,
es sei Menschensache, das Herz zu bereiten, während Gott die Worte eingibt (*hominis est praeparare cor et a domino responsio linguae*), so ist dem sofort Spr
8,35 LXX entgegenzuhalten (*praeparatur uoluntas a domino*). Alle dynamisch-
motivationsbezogenen biblischen Aussagen sind nur im *intellectus gratiae* richtig
zu interpretieren, unter der Voraussetzung umfassender und alleiniger Wirksamkeit der Gnade.[57] Die Gnade kann nach Augustin immer nur im *intellectus gratiae*
gedacht werden, so, daß vom Anfang der Veränderung zum Guten bis zu dessen
Vollendung, wer immer sich rühme, dies im Herrn tue (2 Kor 10,17).[58]

---

[55] *C. duas epp. Pel.* 2,13 (CSEL 60, 473f.). Im folgenden entwickelt Augustin erneut seine seit
ad Simplicianum 1,2 bekannte prädestinatianistische Auslegung von Röm 9.

[56] *C. duas epp. Pel.* 2,18 (CSEL 60, 480); vgl. 2 Kor 3,5 (*sufficientia nostra ex deo*).

[57] *C. duas epp. Pel.* 2,20f. (CSEL 60, 481.483); vgl. vor allem die Kombination Ps 58,11
(*misericordia eius praeueniet me*) / Ps 22,6 (*misericordia eius subsequetur me*).

[58] *C. duas epp. Pel.* 2,23 (CSEL 60, 485): *sic itaque dei gratia cogitetur, ut ab initio bonae
mutationis suae usque in finem consummationis qui gloriatur in domino glorietur.*

Zum im dritten Buch angesprochenen Vorwurf Julians, er leugne die universale Heilswirkung der Taufgnade, antwortet Augustin mit ähnlichen Argumenten wie im ersten Buch und betont darüberhinaus, daß sich die Taufgnade nicht nur in bezug auf die Tilgung der Ursünde und aller bis dahin begangenen Sünden auswirkt, sondern insbesondere auch auf die Bereitschaft und die Fähigkeit des Getauften, seine Freiheit zum Kampf gegen die Sünde in sich zu ergreifen. Diese besteht nicht etwa darin, daß er nicht mehr kämpfen müßte oder nun allein, ohne Gottes Hilfe, kämpfen könnte, sondern vielmehr darin, daß er nunmehr bereit ist, die Gnade anzunehmen, seine eigene Schwäche zu akzeptieren, um Kraft für den Kampf zu beten und sich von Gott dabei helfen zu lassen.[59] Diese Dynamik besteht schon vom Alten Testament her, das als solches ja immer Verheißung war, ebenso wie die in ihm agierenden Vorbilder (Abraham, Mose und die Propheten) »Kinder der Verheißung« (*filii promissionis*) waren. Daß das Gesetz Kinder der Knechtschaft hervorbringt (Gal 4,24: *filii seruitutis*), ist nur die eine Seite der Medaille. Die andere ist die in Christus erfüllte Hoffnung. Wenn auch das Alte Testament, insofern es Gesetz ist, nicht in sich selbst steht, sondern vom Neuen Testament her seinen Gnadencharakter empfängt, so wirft dennoch das Neue Testament das Alte nicht über Bord. Schon Paulus hat sich im Anschluß an Ps 115,10 (»Ich redete, weil ich glaube« [*credidi, propter quod locutus sum*]) vom Alten Testament her als in der Gnade Glaubender verstanden: »So reden also auch wir, weil wir glauben« (2 Kor 4,13).[60] Der *intellectus gratiae* wird also vom Alten Testament her verwirklicht.[61] Daß Abraham Gnade vor Gott fand, hat seine Erklärung allein in der Gnade. Auch daß er glaubte, war Gnade, und es war sein Glaube, der ihm nachträglich als Verdienst angerechnet wurde, nicht sein eigenes gesetzliches Verdienst. Entsprechend verhält es sich auch im Neuen Testament. Einziger Gradmesser der Tugend ist die Gnade, mit der Folge, daß jemand, dessen Leben zwar viele Brüche und Verwerfungen aufweist, der jedoch der wahren Kirche angehört, eher das ewige Leben erlangen wird als ein frommer Häretiker.[62]

Dies alles ist für Augustin an der Heiligen Schrift ablesbar und verstehbar, sowohl an der Person Christi, der an sich den ganzen Heilsprozeß innerhalb der Dynamik von Sünde und Gnade vollzogen hat,[63] als auch an der gnadenhaft-intel-

---

[59] *C. duas epp. Pel.* 3,5 (CSEL 60, 490); vgl. 2 Tim 4,7 (*non aufert [baptisma] infirmitatem*) und im folgenden die bekannten Stellen Mt 6,12, Ps 17,2 (*diligam te, domine, uirtus mea*); Ps 6,3 (*miserere mei, domine, quoniam infirmus sum*). Der Abschnitt schließt mit dem Gedanken, daß, während das Heil in diesem Leben immer noch weiter zunehmen kann, es erst in Zukunft einmal so groß ist, daß die Möglichkeit zu sündigen ganz wegfällt (*salus uero eius tanta post erit, ut peccare omnino non possit*).

[60] *C. duas epp. Pel.* 3,11 (CSEL 60, 498).

[61] Vgl. in *c. duas epp. Pel.* 3,13 (CSEL 60, 500) erneut 1 Kor 1,31 im Zusammenhang mit der Tatsache, daß die Gnade auch in der Offenbarung dessen besteht, was am Anfang verborgen war (Röm 3,21: *nunc autem sine lege iustitia dei manifestata est*); außerdem die Bezeichnung Christi als *gratia dei*, etwa auch im abschließenden Zitat Ps 17,2 (*diligam te, domine, uirtus mea*).

[62] *C. duas epp. Pel.* 3,14 (CSEL 60, 503).

[63] Deswegen auch der Gedanke, daß Christus zur Sünde würde, damit die Sünder in ihm Gerechtigkeit würden (2 Kor 5,20f.: *eum, qui non nouerat peccatum pro nobis peccatum fecit, ut nos simus iustitia dei in ipso*); vgl. *c. duas epp. Pel.* 3,16 (CSEL 60, 505).

lektuellen Erfahrung Paulus', nach der die Kraft in der Schwachheit Vollendung findet (2 Kor 12,9)[64] und aus der sich die Fähigkeit zur Unterscheidung von Eigengerechtigkeit (Phil 3,9: *praeterita iustitiae suae, quae ex lege est*) und Gerechtigkeit (Rechtfertigung) aus der Gnade Christi entwickelt. Auf der Basis dieses biblisch-hermeneutischen Befundes ist es dann auch erkenntnistheoretisch-gnadentheologisch (im *intellectus gratiae*) erfahrbar.[65] Die Pelagianer, so Augustin, haben dafür keinen Sinn. Deswegen auch ihre gegen seine Gnadenlehre gerichtete Verteidigung positiver Güter wie Geschöpflichkeit, Ehe, Gesetz, Willensfreiheit und Heiligkeit. Aber ihre Polemik ist vergeblich; denn, so Augustin, natürlich schätzt auch er diese Güter und betont ihren Wert, aber eben nur unter Voraussetzung ihrer Gnadenhaftigkeit. Und ohne diese nützen sie auch den Pelagianern nichts, trotz ihrer *laudes*.[66]

Die Diskussion der fünf *laudes*, von Julian und seinen Anhängern vorgelegten Postulaten zu einer Revision der Gnadenlehre, dominiert *c. duas epp. Pel.* 4. Augustin untersucht zunächst systematisch deren Voraussetzungen, ehe er sie mit einigen von der Tradition hochgehaltenen Lehren früherer Kirchenväter, insbesondere Cyprian und Ambrosius, in Kontrast setzt.[67]

Das Lob der Geschöpflichkeit, so Augustin, verbinden die Pelagianer mit einer Tauflehre, die zwar verbal die Notwendigkeit der Taufe postuliert, allerdings nicht sachlich notwendig hinsichtlich ihrer kausalen Wirksamkeit als Mittel zur Vergebung der Ursünde (die sie ja leugnen), sondern ausschließlich positiv, als Zeichen der Aufnahme der Getauften unter die Kinder Gottes.[68] Damit heben sie aber, so Augustin weiter, den Vorteil, den sie gegenüber den Manichäern zu gewinnen meinen, indem sie ein universales Böses leugnen, wieder auf, macht sie doch die Leugnung des die Ursünde eliminierenden Charakters der Taufgnade zu Feinden des Kreuzes Christi (Phil 3,18). So sehr nämlich gegen die Manichäer der Leib (auch der sündige) als Tempel des Heiligen Geistes hochzuhalten ist (1 Kor 6,19), so sehr darf auch die Ursünde nicht geleugnet werden (Ps 50,7: *in iniquitatibus conceptus sum*). Gegen Manichäer und Pelagianer gleichermaßen, so Augustin, ist also ein Kausalzusammenhang von Gnade und Eliminierung des Bösen (als Ursünde) im Sakrament Christi (vgl. 1 Tim 2,5) anzunehmen. Die Heilsnotwendigkeit der Taufe ist nach Augustin also exklusiv zu verstehen, als diejenigen vom Heil ausschließend, die nicht getauft sind. Grund

---

[64] *C. duas epp. Pel.* 3,17f. (CSEL 60, 505.507); vgl. Ps 93,8 (*intellegite ergo qui insipientes estis in populo et stulti aliquando sapite*); 1 Kor 13,12 (*uidemus nunc per speculum in aenigmate, tunc autem facie ad faciem*); 1 Kor 1,30f. (*qui factus est nobis sapientia* [...] *qui gloriatur, in domino glorietur*); zu sapientia 1 Kor 1,24 (*uirtus et sapientia*).

[65] *C. duas epp. Pel.* 3,20.24 (CSEL 60, 509.517); vgl. Phil 3,12 (*sequor autem, si conprehendam, in quo et adprehensus sum a Christo Iesu*); 1 Kor 13,12 (*cognoscam, sicut et cognitus sum*); Phil 3,15 (*quotquot ergo perfecti, hoc sapiamus*); Ps 33,3 (*in domino laudabitur anima mea*); 1 Kor 1,31.

[66] Vgl. Iul. *ep. Ruf.* nach *c. duas epp. Pel.* 3,24 (CSEL 60, 516): *hae sunt nebulae de »laude creaturae, laude nuptiarum, laude legis, laude liberi arbitrii, laude sanctorum,« quasi quisquam nostrum ista uituperet ac non potius omnia in honorem creatoris et saluatoris debitis laudibus praedicet. sed neque creatura ita uult laudari, ut nolit sanari.*

[67] Zu letzterem s. im folgenden Abschn. (c).

[68] *C. duas epp. Pel.* 4,2 (CSEL 60, 520f.).

dafür ist, daß durch die Ursünde nicht nur Adams Tod (als Erbe) auf seine Nachkommen übergegangen ist, sondern auch seine Schuld, die ja andernfalls Gott
angelastet werden müßte.[69] Entsprechendes gilt für das Gut der Ehe in ihrem
Verhältnis zur Konkupiszenz. Den Pelagianern stimmt Augustin zu, was die Bewertung biblischer Aussagen zu Gottgewolltheit, Geschöpflichkeit, Fruchtbarkeit,
Heiligkeit und Untrennbarkeit der Ehe angeht (Gen 1,28; Mt 19,4-6). Eine Absage erteilt er ihnen, was ihre Schlußfolgerungen zur Sündlosigkeit ehelicher Nachkommenschaft angeht. Auch das Gesetz ist heilig und gut (Röm 7,12), wie Augustin konzediert. Im Kontext der Ursünde aber gewinnt es seinen Wert nur im
Hinblick auf die Gnade in Christus (Gal 3,26), die in ihm verwirklichte Liebe
(Gal 5,6), die über den Buchstaben des Gesetzes hinaus Leben verspricht (2 Kor
3,6). Sonst wäre Christus umsonst gestorben (Gal 2,21). Das Gesetz schafft als
Zuchtmeister die Rahmenbedingungen oder Strukturen für den Erwerb dieser Einsicht (Gal 3,24). Das Leben aber entspringt der Gnade, dem Glauben, der Verheißung (Röm 4,14). In ihm ist Kraft, Liebe, Enthaltsamkeit (2 Tim 1,7) und
Demut (1 Kor 8,1: *scientia inflat, caritas uero aedificat*).[70] Augustin subsumiert
also die pelagianische *laus legis* unter seine im *intellectus gratiae* gipfelnde
Gnadenlehre. Wahre Erkenntnis bzw. Einsicht, in der auch das Heil besteht, so
sein Schluß, erwächst aus Gnade und gipfelt in Glaube und Liebe. Sie bläht nicht
auf, sondern baut auf (1 Kor 8,1), tötet nicht, sondern macht lebendig (2 Kor
3,6), wird durch den Geist in den Herzen ausgegossen (Röm 5,5) und entspricht
der Kraft (1 Kor 1,24) und Weisheit (1 Kor 1,30) Gottes, die Gesetz und Barmherzigkeit verkündet (Spr 3,16), die, typologisch gesprochen, der Herr selbst ist,
Christus, in dem sich rühme, wer immer sich rühme (1 Kor 1,31).

Auch das pelagianische Lob der Willensfreiheit muß, so Augustin, dementsprechend eingeschränkt werden. Sonst ist Gnade nicht mehr Gnade (Röm 11,6).
Schließlich wird auch der menschliche Wille vom Herrn bereitet (Spr 8,35 LXX).
Die Barmherzigkeit Gottes kommt allem zuvor (Ps 58,11).[71] Ein sich Rühmen ist
deshalb, wenn überhaupt, dann nur im Herrn möglich (1 Kor 1,31). Wenn seine
Gnade in den Menschen das Tun des Guten bewirkt (Ez 36,27), werden die Menschen erkennen, daß er der Herr ist (Ez 36,38). Die beiden Prozesse laufen auf
derselben Ebene und haben dasselbe Ziel, nämlich die Verherrlichung des Herrn,
auf die einzig und allein alles ankommt (Ez 36,32: *non propter uos facio, sed
propter nomen meum sanctum*).[72] An dieser Stelle stellt sich freilich erneut auch
die Theodizeefrage: Warum tut Gott all das mit den Menschen? Denn es gibt ja

---

[69] *C. duas epp. Pel.* 4,4.6 (CSEL 60, 524.527).
[70] *C. duas epp. Pel.* 4,11 (CSEL 60, 532f.).
[71] *C. duas epp. Pel.* 4,12.14 (CSEL 60, 533.536); vgl. 1 Kor 4,7; Joh 15,5; 1 Joh 4,7 (*caritas
ex deo est*); Röm 12,3 (*deus partitus est mensuram fidei*); Joh 3,8 (*spiritus ubi uult spirat*) in
Kombination mit Röm 8,14 (*qui spiritu dei aguntur, hi filii sunt dei*); Joh 6,65 (*nemo potest
uenire ad me, nisi fuerit ei datum a patre meo*); 1 Esra 8,25 (*benedictus est dominus patrum
nostrorum qui haec dedit in cor regis, clarificare domum suam, quae est in Hierusalem*); Jer
32,40f. (*et timorem meum dabo in cor eorum, ut a me non recedant, et uisitabo eos, ut bonos eos
faciam*); Ez 36,22.27; Ez 32.38 (*haec dicit dominus: ego facio [...] scient gentes, quia ego sum
dominus [...] dabo uobis cor nouum et spiritum nouum dabo in uobis*).
[72] *C. duas epp. Pel.* 4,15 (CSEL 60, 536f.).

offensichtlich auch Menschen, die verworfen sind. Darüber, so Augustin in bekannter Manier, kann der Mensch ebensowenig befinden wie der Ton über den
Töpfer (Röm 9,20). Er kann nur staunen über die Tiefe des Geheimnisses (Röm
11,33). Er soll nicht erforschen wollen, was über seine Kräfte geht (Sir 3,22).
Schließlich soll er nicht an Gottes Gerechtigkeit zweifeln, das wäre Blasphemie
und ein Zeichen der Abwesenheit von *intellectus gratiae* (Röm 9,14).[73] Vielmehr
kann (im *intellectus gratiae*) in jedem Fall von der Gerechtigkeit wie auch der
Barmherzigkeit Gottes ausgegangen werden: Niemand kann es sich als Eigenver-
dienst zugutehalten, gerettet zu sein. Alles kommt allein auf Gottes Gnade an
(Röm 9,14.16). Wer aber nicht erwählt ist, kann sicher sein, daß er es definitiv
verdient hat. Die aber erwählt sind, die Gefäße des Erbarmens (Röm 9,23), werden definitiv erkennen, daß sie es aus Gnade sind. Sie werden den *intellectus
gratiae* haben, der eben genau darin besteht, all dies auf heilsame Weise einzusehen, und er wird ihnen genügen.

Das abschließende Lob der Heiligen (*laus sanctorum*) konfrontiert Augustin
mit einem Problem, das ihn schon bei der Auseinandersetzung mit den Donatisten
beschäftigt hatte, nämlich die Frage nach der Sündigkeit der Kirche. In Eph 5,26
wird die Kirche als durch die Taufe rein und makellos (*inmaculata*) beschrieben.
Die Pelagianer benutzten diese Aussage, um ihre Lehre von der Möglichkeit der
Sündlosigkeit zu propagieren. Augustin hält dagegen die Notwendigkeit der ständigen Bitte um Vergebung der Schuld (Mt 6,12) und die gnadenhaft intellektuelle
Einsicht in 1 Joh 1,8 (*si dixerimus quia peccatum non habemus, nos ipsos seduci-
mus et ueritas in nobis non est*).[74] Damit, so Augustin, wird die Existenz der Kirche ohne Makel und Runzel (Eph 5,27: *sine macula et ruga*) nicht geleugnet. Es
wird jedoch der erkenntnistheoretische Status der Aussagen über sie richtigge-
stellt. Die Kirche ist eben nicht ohne Sünde, insofern sie sich in der ursündlich
bedingten Welt befindet. Sie ist nur insofern ohne Sünde, als sie in Vollkommenheit im Himmel ist. Insofern sie in der Welt ist, und das ist sie massiv, wenn
sich etwa Augustin und die Pelagianer über ihre Lehre auseinandersetzen, dann
kann sie auch nicht umhin, vor Gott ihre Unvollkommenheit zu akzeptieren und
um Vergebung sowie um Wachstum im Glauben, in der Hoffnung und in der Liebe zu beten, um so zur Einsicht im Glauben und in der Gnade und zur Vollkommenheit zu gelangen.

Drei zentrale Irrtümer glaubt Augustin damit in der Soteriologie Julians, die
er generell als pelagianisch identifiziert, isolieren zu können: (1) Julian leugnet
die Ursünde. (2) Er macht die Gnade von Verdiensten abhängig. (3) Er leugnet
die Notwendigkeit des Gebets. Das fünffache Lob ist angesichts dieses Befundes
mit Hilfe des *intellectus gratiae* als trügerisches Ablenkungsmanöver zu betrachten und zurückzuweisen.[75]

---

[73] *C. duas epp. Pel.* 4,16 (CSEL 60, 538f.). Zum abschließenden Gedanken vgl.: *hinc intellegunt uasa misericordiae, quam gratuita illis misericordia praebeatur, quod irae uasis, cum quibus
eis est perditionis causa et massa communis, ira debita et iusta rependitur.*

[74] *C. duas epp. Pel.* 4,17f. (CSEL 60, 540f.).

[75] *C. duas epp. Pel.* 4,19 (CSEL 60, 542): *ad haec tria mala homines incautos et ineruditos
quinque illorum bonorum fraudulenta laude seducunt.*

(c) *Intellectus gratiae* aus der Tradition (*c. duas epp. Pel.* 4,21-31)

Am Ende von *c. duas epp. Pel.* 4 entwickelt Augustin eine Argumentationsform,
die er bei der Auseinandersetzung mit Julian noch häufiger verwenden wird, zumal dieser selbst ihn dazu zwingt. Er versucht, den *intellectus gratiae* anhand der
Diskussion von Texten früherer Kirchenschriftsteller zu demonstrieren, im vorliegenden Fall Cyprians und Ambrosius'.

Auf ersteren (*beatissimum, corona etiam martyrii gloriosissimum Cyprianum*),
der nicht nur im Westen, geschweige denn nur in Afrika (*nec Africanis atque oc-
cidentalibus tantum*), hochverehrt wurde, hatte sich Augustin schon gegen die
Donatisten bei der Diskussion um die Wiedertaufe berufen.[76] Im vorliegenden
Fall verteidigt er seine Erbsünden- und Gnadenlehre sowie seine Lehre von der
Unmöglichkeit der Sündlosigkeit mit Hilfe von Texten des einstigen Patriarchen
von Karthago. Seine Argumentation richtet sich unter anderem speziell gegen Pelagius' *lib. test.*, das Cyprians *Quir.* (*testimoniorum libri tres ad Quirinum*) nachempfunden ist und sich auch seinerseits auf die Theologie Cyprians beruft.[77] Cyprians Theologie, so Augustin, ist nicht zu einer Widerlegung der Erbsündenlehre
geeignet. So schreibt Cyprian an einer Stelle wörtlich: »Nichts [zur Überwindung
ihrer Situation] stünde der menschlichen Gebrechlichkeit in ihrer Schwäche zur
Verfügung, nichts gäbe es, was in solcher Ohnmacht getan werden könnte, wenn
nicht ein zweites Mal die göttliche Güte (*pietas*) zu Hilfe käme und durch die
Ermöglichung von Werken der Gerechtigkeit und Barmherzigkeit gewissermaßen
einen Weg zur Sicherung des Heils eröffnete.«[78] Als Grund für die menschliche
Gebrechlichkeit hatte Cyprian vorher das Gift der Schlange (*uenena serpentis*)
angegeben, mit dem Adam sich und die ganze Menschheit infiziert und das Christus durch seine Gnade wieder ausgewaschen hatte. Damit, so Augustin, argumentiert Cyprian sowohl gegen die Behauptung, es gebe keine Ursünde, wie auch
gegen die andere bekannte Behauptung, die unten noch eingehender diskutiert
wird, es sei einem Menschen schon in diesem Leben möglich, die Sünde so zu
überwinden, daß er nicht mehr um Vergebung der Sünden beten müßte. Selbst
einem Getauften, so Augustin, steht eine solche Gnadenfülle in seinem irdischen
Leben nicht zur Verfügung. Zuerst, so zitiert er Cyprians *bono pat.*, muß durch
die Überwindung des letzten noch verbliebenen Übels der Ursünde, des Todes,
die Unsterblichkeit zurückgewonnen werden. Dann erst kann man auch in das
ewige Leben eingehen und Ruhe finden. In der Zwischenzeit aber gilt es, in

---

[76] S. oben Kapitel III, Abschn. 3 (b), S. 109-110.

[77] Vgl. Pelag. *lib. test.* (PL 48, 594-596); Cypr. *Quir.* (CChr.SL 3, 3-179); Tauer, Neue
Orientierungen 333.

[78] *C. duas epp. Pel.* 4,21 (CSEL 60, 543); Cypr. *op. eleem.* 1 (CChr.SL 3A, 55): *nec haberet
quid fragilitatis humanae infirmitas atque inbecillitas faceret, nisi iterum pietas diuina subueniens
iustitiae et misericordiae operibus ostensis uiam quandam tuendae salutis aperiret.* Als weitere
Belege für Cyprians Eintreten für die Erbsündenlehre sieht Augustin Zitate, in denen vom Paradies als einem verlorenen, nur durch die Gnade wiederherstellbaren Gut die Rede ist: *op. eleem.*
22 (CChr.SL 3A, 72): *ad paradisum restituta* (vgl. ebd. auch den Ausdruck *populus perditionis*);
mort. 2; 26 (CChr.SL 3A, 17.32): *paradisi nuper amissa* [...] *paradiso restituat et regno.*

ständigem Ringen die eigene menschliche Schwäche in Geduld und Ausdauer zu ertragen.[79] Auch die Kindertaufe empfiehlt Cyprian: »Keine Seele darf verlorengehen [...] Wenn man niemanden von der Taufe zurückweisen darf, um wieviel weniger ein Kind, das neu geboren ist und noch keine Sünde begangen hat, außer daß es sich, da es nach Adam im Fleisch geboren wurde, durch die erste Geburt mit dem alten Tod infiziert hat.«[80]

Cyprian, so Augustin, steht also im *intellectus gratiae.* Anders als Pelagius und seine Anhänger vertritt er die Lehre von der Ursünde *und zugleich* das Lob der Schöpfung und der Ehe. Er ist deswegen ebensowenig ein Manichäer wie irgendein Vertreter der katholischen, also seiner, Augustins, Gnadenlehre.[81] Entsprechendes gilt auch für seine Lehre von der jeglichem menschlichen Verdienst vorlaufenden Gnade. Hierzu zitiert Augustin Cyprians *dom. or.* Cyprian geht aus vom Ruf zur Heiligkeit Lev 19,2 (*sancti estote, quoniam et ego sanctus sum*), der nur durch die Taufgnade umzusetzen ist, die bewirkt, »daß wir in dem beharren, was wir begonnen haben.«[82] Die Beharrung ist nur aus dem Gebet heraus möglich; »denn niemand ist stark aus eigener Kraft; nur Gottes Gnade und Barmherzigkeit bietet sicheren Schutz.«[83] Cyprian stützt sich auch auf Gal 5,17 (*ut non quae uolumus ipsa faciamus*), wo der Widerstreit von Gnade und Eigenwillen, Geist und Fleisch bezeugt ist,[84] sowie auf 1 Kor 4,7 (*quid enim habes quod non accepisti?*).[85] Auch in diesem Bereich, so Augustin, hat Cyprian also *intellectus gratiae.* Er hält fest an der Lehre, daß selbst der Wille vom Herrn bereitet wird (Spr 8,35 LXX) und daß deswegen, wer immer sich rühme, dies nur dann zu seinem Heil tue, wenn er es im Herrn tue (1 Kor 1,31).[86]

Schließlich, so Augustin, läßt sich, ausgehend von der Auslegung der Vater-Unser-Bitte »Vergib uns unsere Schuld« (Mt 6,12) in *dom. or.*, nachweisen, daß auch nach Cyprian kein Mensch Sündlosigkeit beanspruchen könne (Spr 20,9). Wer es aber tue, zeige, daß er nicht in der Wahrheit stehe (1 Joh 1,8).[87] Unter Verweis auf Cyprians *mort.* betont Augustin, daß seit Paulus der Grund für diesen Umstand in der erfahrungsgemäßen Tatsache erkannt wird, daß mit der Taufe

---

[79] *C. duas epp. Pel.* 4,22 (CSEL 60, 545f.); Cypr. *bono pat.* 17 (CChr.SL 3A, 128).

[80] *C. duas epp. Pel.* 4,23 (CSEL 60, 546f.); vgl. Cypr. *ep.* 64,2.5 (CSEL 3/1, 718.720).

[81] *C. duas epp. Pel.* 4,24 (CSEL 60, 548). An dieser Stelle wird die unhistorische Denkweise deutlich, die hinter der Verwendung von Stellen aus Werken früherer Kirchenschriftsteller für eine systematische Argumentation wie die vorliegende steckt. Cyprians Argumente werden als zeitlos gültig, also wie philosophische Argumente eingeführt und einer Überprüfung durch den Kriterienapparat des jeweiligen *intellectus gratiae* unterzogen.

[82] *C. duas epp. Pel.* 4,25 (CSEL 60, 549); vgl. Cypr. *dom. or.* 12 (CChr.SL 3A, 96f.): *id petimus et rogamus, ut qui in baptismo sanctificati sumus in eo quod esse coepimus perseueremus.*

[83] *C. duas epp. Pel.* 4,25 (CSEL 60, 550); vgl. Cypr. *dom. or.* 14 (CChr.SL 3A, 98f.).

[84] *C. duas epp. Pel.* 4,25 (CSEL 60, 550); vgl. Cypr. *dom. or.* 16 (CChr.SL 3A, 99f.). Augustin zitiert auch aus den folgenden Paragraphen von *dom. or.* Bemerkungen zum Zusammenhang mit der Eucharistielehre (*ne [...] a caelesti pane prohibemur, a Christi corpore separemur*), zu Mt 6,13 und der Einsicht, daß alles Gute von Gott kommt (*ne quis aut confessionis aut passionis gloriam suam ducat [...] in nulla gloriandum, quando nostrum nihil sit*).

[85] *C. duas epp. Pel.* 4,25 (CSEL 60, 552); vgl. Cypr. *Quir.* 3,4 (CChr.SL 3, 92).

[86] *C. duas epp. Pel.* 4,26 (CSEL 60, 553).

[87] *C. duas epp. Pel.* 4,27 (CSEL 60, 554); vgl. Cypr. *op. eleem.* 3 (CChr.SL 3A, 56f.).

die eigentliche Bewährungsprobe des Christen, nämlich der Tod selbst, noch nicht bestanden ist. Der Tod ist die letzte und größte Versuchung. Das irdische Leben zuvor ist eine Abfolge von kleineren Versuchungen. In diesem Sinne, so Augustin, sagt Paulus in Phil 1,21: »Leben ist mir Christus, Sterben Gewinn.«[88] Von der pelagianischen *laus impeccantiae* (vgl. Eph 5,27: *sine macula*) ist bei Cyprian nichts zu finden. Dennoch ist er kein Manichäer. Die Pelagianer werden sich hüten, ihn so zu nennen (*dicant, si audent*). Wohl glaubt er an die *impeccantia*, die völlige Freiheit von Sünde, aber eben nicht für das irdische Leben. Cyprian verkündet das Reich Gottes (Röm 14,17). Er ruft zur Gerechtigkeit auf (Jes 56,1), zu Frieden (Mk 9,49) und Freude (Phil 4,4). Das alles aber halten die Christen im jetzigen Leben nur im Glauben und in der Hoffnung. Erst wenn der Tod überwunden ist (Phil 1,21), wird der ganze Gewinn offenbar. Dann schauen die Gläubigen nicht mehr durch einen Spiegel, sondern sehen die Wirklichkeit Gottes von Angesicht zu Angesicht.[89]

Mehr noch als Cyprian hatte Pelagius Augustins geistlichen Vater[90] Ambrosius als Zeugen angerufen, so sehr, daß er an einer Stelle meint, nicht einmal seine Gegner könnten etwas Tadelnswertes in seinen Schriften finden.[91] Wenn es wirklich so ist, so Augustin, sollte Pelagius bereit sein, sich von ihm korrigieren zu lassen; denn auch er lehrt die Ursünde. In seinem Jes-Kommentar etwa (für den Augustin allerdings der einzige Textzeuge ist) meint er, so Augustin, daß die Sündlosigkeit Christi darin bestehe, daß Christus nicht mit dem Makel zur Welt kam, mit dem die Menschen gewöhnlich zur Welt kommen.[92] Im Zusammenhang mit der Fußwaschung (Joh 13,9), die ja Christi Heilstat als Vorwegnahme der Taufe symbolisiert, kann er dementsprechend sagen, Petrus habe in der Gnade Christi »eingesehen, daß durch das Bad der Füße, die im ersten Menschen den Fall herbeigeführt hatten, der Makel der schuldbehafteten Erbfolge (*successio*) abgewaschen« wurde.[93] Selbstverständlich, so Augustin, stellt er dadurch zumindest auf der Ebene der Koinzidenz auch den Zusammenhang von natürlicher Fortpflanzung und Weitergabe der Schuld her: »Wer völlig von Schuld frei sein will, muß auch frei von dieser Art der Empfängnis sein,« gemeint ist die Empfängnis durch die Vereinigung von Mann und Frau.[94] Gegen die Novatianer und auch bei anderen Gelegenheiten begründet Ambrosius seine Position auch aus dem Alten Testament.[95]

---

[88] *C. duas epp. Pel.* 4,27 (CSEL 60, 555); vgl. Cypr. *mort.* 7 (CChr.SL 3A, 20).

[89] *C. duas epp. Pel.* 4,28 (CSEL 60, 558f.); vgl. Cypr. *mort.* 7 (CChr.SL 3A, 20).

[90] Vgl. *c. Iul.* 1,10 (PL 44, 645): *in Christo enim Iesu per Euangelium ipse me genuit* [1 Kor 4,15], *et eo Christi ministro lauacrum regenerationis accepi.*

[91] *C. duas epp. Pel.* 4,29 (CSEL 60, 559); vgl. *nupt.* 1,40 (CSEL 42, 252); Pelag. *lib. arb.* (PLS 1, 1539-1542).

[92] *C. duas epp. Pel.* 4,29 (CSEL 60, 559); vgl. Ambr. *frg. Is.* 1,1f. (CChr.SL 14, 405).

[93] *C. duas epp. Pel.* 4,29 (CSEL 60, 560); vgl. Ambr. *frg. Is.* 1,3.6 (CChr.SL 14, 405).

[94] *C. duas epp. Pel.* 4,29 (CSEL 60, 560); vgl. Ambr. *frg. Is.* 1,10.13 (CChr.SL 14, 405); Aug. *nupt.* 1,40; 2,15 (CSEL 42, 251.266f.).

[95] Etwa mit Ps 50,7 (*in iniquitatibus conceptus sum*); vgl. *c. duas epp. Pel.* 4,29 (CSEL 60, 560f.); Ambr. *paen.* 1,3,13 (SC 179, 55-59); Aug. *grat. pecc. orig.* 2,47 (CSEL 42, 205f.); zu Ps 50,7 auch Ambr. *apol. Dau.* 56f. (CSEL 32/2, 337.339); *Noe* 7 (CSEL 32/1, 417f.).

Wie bei Cyprian, so auch bei Ambrosius, so Augustin, resultiert die Betonung der Ursünde aus der (eschatologischen) Zielgerichtetheit seiner Gnadenlehre. »Weil,« so Ambrosius in *frg. Is.*, menschliches Bemühen ohne Hilfe Gottes zu schwach ist, um das Heil herbeizuführen, ist Gottes Hilfe nötig.«[96] Und in *fuga saec.* steht das bekannte Wort: »Denn unser Herz ist nicht in unserer Gewalt.« Es gilt also um Zurechtweisung für die rechte innere Haltung des unter ursündlichen Bedingungen von sich aus nur zur Sünde fähigen Herzens zu beten (Ps 118,36: *declina cor meum in testimonia tua*),[97] wie auch in *frg. Is.* steht: »Zu Gott beten ist eine Gnade des Geistes; denn niemand sagt 'Herr Jesus' außer im Heiligen Geist [1 Kor 12,3].«[98] Zum Gebet schließlich gehört auch die Bitte um Vergebung, die, so Augustin, auch Ambrosius als für alle Menschen notwendig erachtet. Sein Zeugnis zur Frage der Sündlosigkeit nach der Taufe ist für Augustin insofern wertvoll, als Ambrosius durchaus die Widersprüchlichkeit des Anspruchs der Taufgnade anerkennt. Wenn in 1 Joh 3,9 behauptet wird, wer aus Gott geboren ist, sündigt nicht, so ist dem 1 Joh 1,10 entgegenzuhalten, daß jemand, der das von sich behauptet, damit zeigt, daß er nicht in der Wahrheit steht. Mit der in 1 Joh 3,9 angesprochenen Zeugung ist damit wohl die Zeugung zum ewigen Leben am Ende des irdischen Lebens als Vollendung des in der Taufe Begonnenen gemeint, wenn Christus in Herrlichkeit wiederkommt (Mt 19,28). Inzwischen aber gilt weiterhin für alle 1 Joh 1,10 sowie Jes 1,2 (»Sie sind mir untreu geworden,« *ipsi me spreuerunt*) und Ps 13,1 (»Keiner tut Gutes«).[99] Die Einsicht in die eigene Sündhaftigkeit, so Augustin, ist somit bereits bei Ambrosius *intellectus gratiae*. In *frg. Is.* schreibt er: »Es ist unmöglich, daß jemand vollkommen ohne Makel sein kann, solange er sich in diesem irdischen Leben befindet. Sogar Paulus hat sich in diesem Zusammenhang als unvollkommen bezeichnet.«[100] Schon Ambrosius weist auf die Inkonsistenz der Ausdrucksweise Paulus' hin. Paulus betont zugleich, daß er noch nicht vollkommen sei (Phil 3,12), wie auch, daß er sich schon als Vollkommener unter Vollkommenen befinde (Phil 3,15). In 1 Kor 13,10 weist er auf die Zükünftigkeit der Vollkommenheit hin, in der er erwartet, vom Glauben zur Schau, zur Einsicht durchzudringen (1 Kor 13,12). Diese Einsicht, so Augustin, setzt auch nach Ambrosius bereits bei der Verzweiflung über die Ausweglosigkeit der eigenen Sündhaftigkeit (Röm 7,24) ein, deren Grundlage die Einsicht der Gnade Christi (Röm 7,25) ist, die eben nicht in der Auslöschung der Erinnerung an die eigene Sündigkeit besteht; denn, so Ambrosius, die Weisheit eines Menschen schließt immer auch die Erkenntnis der Sündhaftigkeit und das Unglücklichsein darüber mit ein, wobei Nichtwissen noch größeres Unglück bedeutet, während bei der Einsicht das Glück desto größer ist, je größer die vergebene Schuld ist.[101] Der Schlüssel für ein

---

[96] *C. duas epp. Pel.* 4,30 (CSEL 60, 561); vgl. Ambr. *frg. Is.* 2 (CChr.SL 14, 405).

[97] *C. duas epp. Pel.* 4,30 (CSEL 60, 562); vgl. Ambr. *fuga saec.* 1 (CSEL 32/2, 163f.).

[98] *C. duas epp. Pel.* 4,30 (CSEL 60, 562); vgl. Ambr. *frg. Is.* 3 (CChr.SL 14, 405).

[99] *C. duas epp. Pel.* 4,31 (CSEL 60, 563.565); vgl. Ambr. *frg. Is.* 4 (CChr.SL 14, 406f.).

[100] *C. duas epp. Pel.* 4,31 (CSEL 60, 565); vgl. Ambr. *frg. Is.* 5 (CChr.SL 14, 407); Aug. *grat. pecc. orig.* 1,54 (CSEL 42, 164f.).

[101] *C. duas epp. Pel.* 4,31 (CSEL 60, 566f.); vgl. Ambr. *frg. Is.* 6 (CChr.SL 14, 408).

aus der Gnade selbst gewonnenes Verständnis der Gnade im Sinne eines *intellectus gratiae*, so Augustin, liegt auch nach Ambrosius im durch die Ursünde verursachten und im Kreuz Christi überwundenen Tod. In ihm wird der Widerspruch von Geist und Fleisch endgültig überwunden. Vor dem irdischen Tod ist dieser Widerspruch nicht auszuräumen, weswegen auch die zum *intellectus gratiae* gemachten Aussagen in diesem Leben immer widersprüchlich bleiben werden.[102]

Mit einigen methodologischen Überlegungen zum Traditionsargument schließt *c. duas epp. Pel.*: (1) Die angeführten Ambrosius- und Cyprian-Zitate sind geeignet, die Lehre Julians (*aduersus hanc heresim Pelagianorum respondens*) zu widerlegen, (2) jedoch nicht so, als ob sie einen »vorpelagianischen Antipelagianismus« repräsentierten. Sie stehen vielmehr für die katholisch-orthodoxe Tradition (*non eis quidem respondens, sed praedicans catholicam fidem*) und stellen außerdem (3) nur einen fragmentarischen Ausschnitt aus den Lehren der jeweiligen Kirchenväter dar. Augustin beansprucht also nicht, die Lehren Ambrosius' und Cyprians vollständig referiert zu haben (*nec illa omnia commemorare potui*). Er ist sich seines selektiven Vorgehens bewußt und rechtfertigt es (4) damit, daß beide Theologien in ihrer Verschiedenheit auf die Heilige Schrift rekurrierten (*sicut per scripturas sanctas antiquitus tradita*). (5) Sie, so Augustin, ist die gemeinsame Basis aller christlichen Theologien.[103] Die einzelnen Theologen sind nur »einfache« Teilnehmer am Diskurs der Auslegungstradition. Julians Protest, daß nicht eigens wegen ihm ein Konzil (*orientis et occidentis synodus*) anberaumt wurde, ist unberechtigt. Statt sich stolz aufzublähen, sollte er sich lieber im Gebet um ein sich Rühmen im Herrn (1 Kor 1,31), um *intellectus gratiae* bemühen und sich an »Kollegen« wie Cyprian und Ambrosius ein Beispiel nehmen.[104]

2. *CONTRA IULIANUM* (421/2)

(a) *Intellectus gratiae* aus der Tradition (*c. Iul.* 1-2)

Als Antwort auf *nupt.* 1 hatte Julian im Sommer 419 ein Werk von vier Büchern an seinen Mitbischof und Gesinnungsgenossen Turbantius geschrieben.[105] Augustin fand zunächst nur durch Zettel (*chartulae*),[106] die man ihm hinterbrachte, Zu-

---

[102] *C. duas epp. Pel.* 4,31 (CSEL 60, 567f.); vgl. Ambr. *bono mort.* 9.49 (CSEL 32/1, 710. 745). Erneut verweist damit nach dem Eindruck Augustins auch Ambrosius darauf, daß es für den Menschen nicht möglich ist, sich vor seinem irdischen Tod als sündlos zu begreifen (Spr 20,9: *nemo possit de sui cordis integritate et castimonia gloriari*). Der Mensch ist, was seine Einsicht in die Bedeutung seiner Existenz angeht, völlig auf Gott verwiesen. Sein Intellekt ist also nur als *intellectus gratiae* wirklich Einsicht. Als weitere Schriftbelege hierzu vgl. 1 Kor 13,12 (*nunc per speculum in aenigmate, tunc autem facie ad faciem*); Ex 33,20 (*quis enim uidebit uultum meum et uiuet?*); Ps 142,2 (*quis enim iustificatur in conspectu dei?*); Ijob 14,5 (*cum unius quoque diei infans mundus a peccato esse non possit*); vgl. auch Ambr. *bono mort.* 10: *cor hominis in manu domini*.

[103] *C. duas epp. Pel.* 4,32.34 (CSEL 60, 568.570).

[104] *C. duas epp. Pel.* 4,34 (CSEL 60, 570).

[105] Iul. *Turb.* (CChr.SL 88, 340-396); vgl. Bruckner, Vier Bücher.

[106] Vgl. Bruckner, Julian 38-46.

gang dazu. Auf ihrer Grundlage konnte er mit *nupt.* 2 schon 420 wenigstens auf die dort vertretene Ehelehre eingehen.[107] Darüberhinaus beabsichtigte er auch eine vollständige Diskussion des Werkes. Nach Abschluß der Arbeiten an *c. duas epp. Pel.* legte er 421 mit *c. Iul.* eine solche vor.[108] In den ersten beiden Büchern dieses Werkes knüpft er an das gegen Ende von *c. duas epp. Pel.* entwickelte Traditionsargument an, in den Büchern 3-6 geht er ausführlich auf Julians in *Turb.* entwickelte Argumente ein (s. dazu im folgenden Abschn. b und c).

Zur Existenz der Ursünde (c. Iul. 1)
Augustin beginnt *c. Iul.* mit einer ironischen, nur auf den ersten Blick irenischen Bemerkung: Er wolle Julians Polemik nicht mit barer Münze heimzahlen,[109] da er nicht unredlich sein wolle wie jener, der in *Turb.* die vollständige Widerlegung von *nupt.* 1 angekündigt, aber nicht ausgeführt habe.[110] Vielmehr wolle er vor allem mit Belegen aus der Tradition der Lehre der Kirchenväter (*ecclesiae catholicae doctoribus*) zeigen, daß nicht er, sondern Julian, als Vertreter »pelagianischer Doktrin« (*dogma Pelagianum*), sich den Manichäismusvorwurf zuziehe.[111] Die Pelagianer, so Augustin, leugnen die Unterscheidung von Ehe und Konkupiszenz.[112] Julian nennt sie sogar manichäisch. Das erinnert an Jovinian, der so über den katholischen Glauben an die *uirginitas in partu* der Mutter Jesu urteilte. Ein solcher Glaube, so Jovinian seinerzeit, begreife Christus als *phantasma*, nicht im Fleisch geboren.[113] Der Irrtum dieser Ansicht, so Augustin, liegt darin, zu meinen, man könne Glaubensinhalte ohne göttliche Gnadenhilfe erkennen. Es ist aber entscheidend, in einer theologischen Erkenntnislehre festzulegen, daß jede Einsicht in Christus (und mit seiner Gnadenhilfe, *in adiutorio ipsius saluatoris*) erfolge. Für das hier infragestehende Problem ergibt sich dann: Weil in Christus eine neue Schöpfung entsteht, die nicht mehr wie die übrige Schöpfung von den durch Adams Fall korrumpierten Bedingungen abhängig ist, kann man an Christus auch als Erlöser (auch der neugeborenen Kinder) glauben; denn in dem Maße, in dem alle (auch diese) durch die Weise ihrer Entstehung in die Ursünde verstrickt sind, sind sie in Christus geheilt; denn dieser ist nicht wie sie in diese Strukturen verstrickt, sondern steht von Beginn seines individuellen irdischen Lebens an darüber und ist so fähig, seine Erlöserrolle wahrzunehmen.[114]

---

[107] S. dazu oben in Teil A. dieses Kapitels, Abschn. 3 (a), bes. S. 273-278.

[108] Vgl. *retract.* 2,62 (CChr.SL 57, 139).

[109] *C. Iul.* 1,1 (PL 44, 641).

[110] *C. Iul.* 1,2 (PL 44, 641f.). Augustins hier zur Schau gestellte »Redlichkeit« ist trügerisch: (1) Auch *nupt.* 1 war eine selektive Erwiderung von Schriften Julians gewesen. (2) In der Verbannung sah sich Julian nicht immer in der Lage, sich vollständig über die Werke Augustins ins Bild zu setzen. (3) Auch Augustins *c. Iul.* wurde keine vollständige Erwiderung von *Turb.*

[111] *C. Iul.* 1,3 (PL 44, 642f.). Diese Herausforderung Julians durch Augustin ist bemerkenswert. S. dazu auch *c. Iul. imp.* 6,41 (PL 45, 1603), den letzten Satz Augustins in *c. Iul. imp.*, zitiert oben in diesem Teil des Kapitels, S. 310, Anm. 1.

[112] *C. Iul.* 1,4 (PL 44, 643).

[113] *C. Iul.* 1,4 (PL 44, 643).

[114] *C. Iul.* 1,4 (PL 44, 643). Zur ständig wiederholten Verwendung des Motivs der *paruuli* und

Diese Argumentationsform, so Augustin, ist von Anfang an typisch für christliche Theologie. So schreibt Irenäus, daß die Erlösung von der »alten Pest der Schlange« durch den Glauben an den erfolge, der im Fleisch erschienen und am Kreuz erhöht worden sei. Er spricht auch davon, daß dem todbringenden Fehler der einen Jungfrau (Eva) die lebensspendende Gnade der anderen (Maria) gegenüberstehe und dem todbringenden Fall des »ersten Menschen« (*protoplasti*), Adam, das lebensspendende Leid des Erstgeborenen, Christus, so daß »die Schläue der Schlange von der Einfachheit der Taube überwunden« wurde.[115] Für Augustin beziehen sich diese Aussagen eindeutig auf die Erbsündenlehre, auch wenn bei Irenäus eine Gnadenlehre im engeren Sinne nicht vorliege. Bei Cyprian[116] und Reticius von Autun ist der *intellectus gratiae* schon deutlicher ausgeprägt. Letzterer handelt von haften bleibenden Vergehen des alten Menschen, die nur durch sakramentales Gnadenwirken überwunden werden können. Gegen einen solch würdigen Bischof, fragt Augustin, will Julian seine »ruinöse neue Lehre konstruieren« (*ruinosam construere nouitatem*)?[117] Auch Olympius Hispanus, so weiter, schrieb vom Bezug der Taufe auf eine ihr vorhergehende Ursünde, die durch sie überwunden werde. Daran erweist sich, daß die Erbsündenlehre integraler Bestandteil der einen katholischen Lehrtradition ist (*una est enim omnium catholica fides*); denn einmütig (*uno corde*) ist der Glaube, daß die Sünde durch einen Menschen, in dem alle sündigten, in die Welt kam (Röm 5,12), und einmütig (*uno ore*) ist auch die Verkündigung dieses Glaubens durch die altüberlieferte katholische Lehre (*catholica antiquitate*). Was Julian und seine pelagianischen Freunde vertreten, sind anmaßende Neuerungen (*nouitias praesumptiones*).[118]

Auch Hilarius von Poitiers, so Augustin, unterschied in seiner Auslegung von Röm 8,3 (Christus *in similitudine carnis peccati*) zwischen einer nicht existenten Sündigkeit Jesu und seinem der Sünde Ausgesetztsein, das durch seine Fleischlichkeit gegeben war. In Ps 118,175 ist vom endgültigen Leben im Lob Gottes die Rede, nicht vom hiesigen Leben des Menschen, der »weiß,« daß er (Ps 50,7) »aus der Sünde und unter ihrem Gesetz geboren wurde.«[119]

---

seiner Signifikanz in der Auseinandersetzung mit Julian s. Lössl, Spuren 211, bes. Anm. 100; Fürst, Vielfalt 147-174.

[115] *C. Iul.* 1,6 (PL 44, 644); vgl. Iren. *adu. haer.* 4,2,7; 5,19,1; (SC 100, 410-412; SC 153, 248-250): *serpentis prudentia deuicta per simplicitatem columbae.* Num 21,8f.; Joh 3,14; Röm 8,6; Mt 10,16. Augustin verwendet die Stellen erneut in *c. Iul.* 1,32; 2,34.37; 3,32 (PL 44, 697; 700f.; 719) und *c. Iul. imp.* 4,72f. (PL 45, 1380), womit Altaner (Irenäus) zwar recht hat, wenn er meint, daß Augustin Irenäus öfter als »nur einmal und vorübergehend« erwähnt (gegen Harnack, Geschichte, Bd. 3, 273). Doch verwendet Augustin immer wieder dieselben Zitate in derselben stereotypen Weise, so daß von einem »Irenäusverständnis« bei ihm nicht die Rede sein kann.

[116] *C. Iul.* 1,6 (PL 44, 644). Augustin zitiert hier erneut die bereits aus *c. duas epp. Pel.* 4,23 (CSEL 60, 546f.) bekannte Cypr. *ep.* 64,2.5 an Fidus (CSEL 3/1, 718.720). Zur Verwendung von Cyprian- und, im Zusammenhang damit, Ambrosiusstellen in Augustins Werken gegen Julian vgl. Dassmann, Tam Ambrosius quam Cyprianus.

[117] *C. Iul.* 1,7 (PL 44, 644). Das Reticius-Fragment ist nur hier überliefert.

[118] *C. Iul.* 1,8 (PL 44, 645).

[119] *C. Iul.* 1,9 (PL 44, 645); vgl. Hilar. *tr. Ps* 118,175 (CSEL 22, 543): *scit sub peccati origine et sub peccati lege esse se natum.*

Zum Schluß seiner Auflistung lateinischer Väterstellen kommt Augustin zu
Ambrosius: Auch bei ihm wirke die Taufe (der Säuglinge) zur Erlösung von den
Sünden (*qui baptizati fuerint paruuli, a malitia reformantur*) eine Umkehrung des
erkenntnishaften Zugangs zur Wirklichkeit (als ob, wie er zu Ps 113,3 schreibe,
»der Jordan aufwärts« flösse).[120] Bei Christus, so Augustin, ist nach Ambrosius
die Wiedergeburt der Taufe identisch mit seiner »natürlichen« Empfängnis: Jesu
Mutter, die Jungfrau, blieb (außer vom Heiligen Geist) unberührt. Unter allen
Menschen ist Christus der einzige, der (Ambrosius) »in der Neuheit seiner unbe-
fleckten Geburt nicht die irdische Verdorbenheit der [ursündlichen] Verunreinigung erfahren hat« (*qui terrenae contagia corruptelae immaculati partus nouitate
non senserit*).[121] Umgekehrt, so Ambrosius an anderer Stelle, heißt dies, daß
durch den Fall in Adam alle sterben bzw. untergehen (*perierunt*).[122] Noch vor der
Geburt werden die Menschen von diesem Übel beleckt (*antequam nascimur, ma-
culamur contagio*),[123] nicht als Tatsünde des Kindes, wie Augustin interpretie-
rend ergänzt, sondern als Erbsünde der Eltern (*in delictis eorum nascimur*).[124]
Dies ist der zentrale Gedanke seiner Erbsündenlehre: Nicht nur das Leid, auch
die Schuld wird im Zeugungsakt von den Eltern auf die Kinder übertragen, wie
im Glauben und in der Gnade einzusehen sei (*intelligendum sit*).[125] Julian, der
dies nicht tue, solle schweigen (*linguam deprime*).[126] Augustin geht es also nicht
um die Diskussion einer Fachfrage. Er testet Julians Gnadeneinsicht anhand seiner Bereitschaft zum Glaubensgehorsam (*iterum rogo, aspice tot ac tales ecclesiae catholicae defensores*). Julians Kritik ist für ihn Zeichen von Gnaden- und
Glaubensverlust. Heute, so Augustin, klage Julian ihn und den Bischof von Rom,
der seine Gnadenlehre bestätigt habe, des Manichäismus an. Als nächstes werde
er Christus selbst einen Manichäer nennen.[127]

---

[120] *C. Iul.* 1,10 (PL 44, 645); vgl. Ambr. *exp. Luc.* 1,36 (CChr.SL 14, 23f.) zu Lk 1,17.

[121] *C. Iul.* 1,10 (PL 44, 645); vgl. Ambr. *exp. Luc.* 2,56 (CChr.SL 14, 54f.) zu Lk 2,22.

[122] *C. Iul.* 1,10 (PL 44, 645f.); vgl. Ambr. *exp. Luc.* 4,67; 7,234 (CChr.SL 14, 130f.295).

[123] Ambr. *apol. Dau.* 1,11,56 (CSEL 32/2, 337).

[124] Weitere Belege: Ambr. *Tob.* 9; 23 (CSEL 32/2, 536.569f.); *exp. Ps* 48,6 (CSEL 64, 364f.).

[125] *C. Iul.* 1,11 (PL 44, 646f.). Julian, so Augustin, versperrt sich dieser Einsicht. Dabei ist er
nicht einfachhin ignorant, sondern leidet an einer tieferliegenden Art der Erkenntnisverweigerung;
denn er hat das Werk Ambrosius' ja studiert und »kennt« es. Seine Hartnäckigkeit ist in Augustins
Augen Zeichen für das Wirken der Sünde, die Abwesenheit des *intellectus gratiae*. Und indem er
ihn, Augustin, des Manichäismus bezichtigt, bezichtigt er blasphemischerweise auch Ambrosius
des Manichäismus; vgl. *c. Iul.* 1,11 (PL 44, 647); *nupt.* 1,40 (CSEL 42, 251); Ambr. *frg. Is.* 2
(CChr. SL 14, 405): *nemo sine peccato nisi unus deus*.

[126] *C. Iul.* 1,12 (PL 44, 647): *si cernis, cerne, et tandem tace: Pelagianam linguam tot linguis
catholicis deprime, tot uenerandis oribus proterua ora submitte.* Augustin vergleicht den »jungen
Julian« (*fili Iuliane*) mit Polemos, der der Anekdote nach angeheitert in eine Vorlesung Xenokra-
tes' kam und dafür getadelt wurde. Und hier gehe es doch um mehr als nur um platonische Philosophie (*quanto Platone Xenocratis doctore doctor istorum maior est Christus*)! Julian solle aufhören, sich anzumaßen, die Kirchenväter mit seinen Angriffen zu belästigen und dabei zentrales
Glaubensgut anzutasten: *an forte dices eis, nec fidem uestram ullo tali crimine uiolaui? sed qua
confidentia id dicere audebis, homo qui dicis Manichaeum esse sensum, confiteri ex Adam trahere
nascentes originale peccatum?*

[127] *C. Iul.* 1,13 (PL 44, 648). Zu den erwähnten Reskripten *epp.* 181.182, genauer, *epp.* 181,7;
182,5 (CSEL 44, 711.720), s. oben in diesem Kapitel, Teil A, Abschn. 2 (b), S. 251f.

Auch Julians Anfrage an den Osten, so Augustin, erübrigt sich. Beide Erdtei-
le haben denselben Glauben (*utriusque partis terrarum fides ista una est*).[128] Auch
in der östlichen Kirche gilt die Lehre von der Ursünde, etwa in den auch ins
Lateinische übersetzten Predigten Gregors von Nazianz.[129] Gregor redet dort etwa
von einer ursprünglichen Würde des Menschen, die im gegenwärtigen (ursündlichen?)
chen?) Zustand der Menschheit offenbar nicht mehr gegeben ist, so daß eine Notwendigkeit zur Reinigung besteht.[130] Er umreißt diesen Sachverhalt zunächst
formal, bezieht ihn dann inhaltlich auf Adams in Christus bewältigten Fall[131] und
bestimmt schließlich die Taufe als den Ort dieses geheimnisvollen Heilsgeschehens.[132] Will, so fragt Augustin, Julian diese Art von Theologie als Manichäismus
abtun?[133] Falls ihm aber selbst die Autorität Gregors nicht ausreiche, könnten
weitere Beispiele geliefert werden, etwa das des großen Basilius. Um ihn komme
er, Augustin, schon deshalb nicht herum, weil Julian in *Turb.* 4 ausführlich sein
Werk *adu. Man.* zitiert habe.[134] Der Kappadokier habe dort postuliert, daß es
kein substantielles Übel geben dürfe (*non esse substantiam*). Damit habe er recht
gehabt. Einen Widerspruch zur Erbsündenlehre, wie Julian meint, stellt diese
Aussage, so Augustin, jedoch nicht dar; denn bei der Ursünde handelt es sich
nicht um eine Substanz, sondern um ein Akzidens, abhängig vom Willen Adams
und Evas einerseits und Gottes Gnade andererseits (Mt 19,26: *quod hominibus
impossibile est*). Diejenigen, für die Gott es im voraus will, so hoffen alle Gläubigen, wird am Ende der Tod überwunden sein (1 Kor 15,55: *ubi est contentio
tua?*). Wenn also Basilius davon redet, daß es leicht sei, das Übel zu überwinden, so Augustin, dann redet er natürlich nicht vom menschlichen Willen, sondern von der göttlichen Gnade.[135] Würde man, so Augustin, das Übel als Substanz auffassen, wäre Gnade als dynamischer Heilsprozeß im Rahmen einer Soteriologie nicht denkbar. Es geht bei der Gnadenlehre nun aber gerade nicht um
metaphysische Zusammenhänge, sondern um Einsicht qua Einsicht, um den *intellectus gratiae* als Heilsprozeß, nicht um Gnade bzw. Sünde als Substanz.[136] Um
seine Position zu unterstreichen, zitiert und erläutert Augustin eine Stelle aus
Basilius' *sermo 1 de ieiunio*. Er betont, daß er sie auch selbst übersetzen wolle.
Die ihm zur Verfügung stehende Übersetzung (wahrscheinlich Rufins) hebe ihm
nicht deutlich genug die Schwerpunkte der Argumentation hervor.[137] Basilius' Ar-

---

[128] *C. Iul.* 1,14 (PL 44, 648f.).

[129] Vgl. die Übersetzung Rufins von neun Predigten Gregors (CSEL 46). Altaner, Gregor.

[130] *C. Iul.* 1,15 (PL 44, 649); vgl. Greg. Naz. *orat.* 16,15 (CSEL 46, 253f.).

[131] Greg. Naz. *orat.* 38,4.17 (CSEL 46, 89f.; 105).

[132] Greg. Naz. *orat.* 41,14 (CSEL 46, 158); vgl. Joh 3,5; *dono perseu.* 49 (PL 45, 1025); *c.
Iul.* 1,32 (PL 44, 663); *c. Iul. imp.* 1,52f.79 (CSEL 85/1, 47.50; 94).

[133] *C. Iul.* 1,15 (PL 44, 650).

[134] *C. Iul.* 1,16 (PL 44, 650); vgl. auch im folgenden Abschn. (b). An Augustins weiterer
Behandlung des Zitats legt sich die Vermutung nahe, daß es sein einziger Zugang zu Ps-Basil.
adu. Man. ist; s. dazu Bruckner, Vier Bücher 72; Bardenhewer, Literatur, Bd. 3, 139; Altaner,
Basilius 273-276; G. J. M. Bartelink, Art. Basilius, in: AugL, Bd. 1, 614-617, bes. 615f.

[135] *C. Iul.* 1,16 (PL 44, 650).

[136] Die durch derartige Zuweisungen erzeugte Statik war für Augustin ja einer der Gründe
gewesen, sich vom Manichäismus abzuwenden. S. oben Kapitel I, Abschn. 2, S. 11-15.

[137] *C. Iul.* 1,18 (PL 44, 651); zum weiteren: Basil. *sermo* 1,3f. *de ieiunio* (PG 31, 165-168).

gument, so Augustin, lautet in etwa so: Gott untersagte Adam und Eva im Paradies, vom Baum der Erkenntnis von Gut und Böse zu essen (Gen 2,17). Er gebot ihnen also zu fasten. Das war das erste Gebot (*lex*) überhaupt. Wenn Eva es eingehalten hätte,[138] müßten die Gläubigen heute nicht fasten, um für ihre Sünden zu büßen. Sie wären gesund und bräuchten keinen Arzt (Mt 9,12). Basilius, so Augustins Interpretation, lehrt hier die Ursünde, wie sie sich, bei Adam und Eva beginnend, auf alle Menschen auswirkt. Er setzt das unterlassene Fasten Adams und Evas mit dem in der Gnade gehaltenen Fasten der Gläubigen heute in Beziehung: »Weil wir nicht gefastet haben, mußten wir aus dem Paradies weichen. Fasten wir also, damit wir in es zurückkehren« (*quia non ieiunauimus, decidimus de paradiso. ieiunemus ergo, ut ad eum redeamus*).

Nach einem Exkurs zu den Ereignissen im Umfeld der Synode von Diospolis im Anschluß an *gest. Pel.* (bes. 23.57.65) kommt Augustin dann als letztem und am ausführlichsten behandelten zu einem weiteren wichtigen Vertreter östlicher Theologie, den er selbst, wie es scheint, erst seit kurzem etwas näher kennt, Johannes Chrysostomus.[139] Julian hatte in *Turb.* eine Rede Chrysostomus' an Taufkandidaten (*ad neophytos*) zitiert.[140] Augustin übernimmt diese relativ lange Passage, konzentriert sich bei seiner Analyse aber auf den Schlußsatz und greift erneut zu textkritischen philologischen Techniken, um seine Kompetenz zu demonstrieren: Wo, so setzt er an, Julian Chrysostomus mit den Worten zitiert, »Wir praktizieren die Taufe von Neugeborenen (*paruuli*), obwohl sie nicht mit der Ursünde (*peccato*) behaftet sind,« heißt es im griechischen Original, »obwohl sie keine Tatsünden (*peccatis*) begangen haben.« Mit dieser »Entdeckung« läuft Augustin freilich offene Türen ein; denn die von ihm favorisierte Version findet sich auch im pelagianisch orientierten *libellus fidei*[141] der Bischöfe von Aquileia, ohne daß sich diese deswegen dazu gezwungen sahen, eine Erbsündenlehre anzuerkennen. Aber nicht nur das. Augustins Interpretation dieser Stelle ist lediglich die Spitze eines Eisbergs von Voraussetzungen, die er macht, um zu einem seiner Gnadenlehre entsprechenden Verständnis der Aussagen Chrysostomus' zu gelangen: Erneut nennt er alle Namen von Kirchenlehrern, die ihm in den Sinn kommen, betont vehement ihre Übereinstimmung mit Chrysostomus (*hoc sensit, hoc credidit, hoc didicit, hoc docuit et Ioannes*) und nennt im Hinblick auf diesen als Ursache möglicher Mißverständnisse die unbekümmerte Ausdrucksweise eines, der nicht wie er, Augustin, in einer theologischen Auseinandersetzung steht, die

---

[138] Es wurde in der Forschung inzwischen wiederholt zur Kenntnis genommen, daß Augustin diese »sexistische« Interpretation von Gen 3 nicht übernimmt, sondern nach Gen 1,27 die Gleichheit von Mann und Frau im Fall betont. Genaueres dazu in Lössl, Spuren 222, Anm. 133 (Lit.); Bφrresen, Patristic Feminism.

[139] In *nat. grat.* 76 (CSEL 60, 291) 413/4 hatte er, ein Chrysostomuszitat aus Pelag. *nat.* aufnehmend, eine noch geringere Chrysostomuskenntnis an den Tag gelegt. In *c. Iul.* und *c. Iul. imp.*, den einzigen Schriften, in denen er überhaupt Chrysostomus zitiert, ist dies zwar ein wenig besser geworden. Aber es bleiben immer dieselben, von Julian zitierten Stellen. Außer in den hier genannten Werken zitiert Augustin Chrysostomus nicht. Vgl. Altaner, Chrysostomus.

[140] Iul. *Turb.* 312 (CChr.SL 88, 393f.); vgl. Bruckner, Vier Bücher 72f.; Julian 38-41; Haidacher, Chrysostomus; Altaner, Übersetzungen 418; Io. Chrys. *ad neophytos*: SC 50, 168-181.

[141] Episc. Aquil. *lib. fid.* (PL 48, 525f.).

ihn zur Präzisierung seiner Begrifflichkeit zwingt. Daß Augustin hieraus auch den
Umkehrschluß zog, wird an seiner Beweisführung insgesamt deutlich: Alle Aussagen der Tradition, so sein Grundsatz, werden nur im Sinne seiner Gnadenlehre
korrekt gedeutet.[142] Es ging ihm also weder um Philologie und Textkritik, noch
um eine dogmengeschichtlich orientierte systematische Darstellung der Erbsündenlehre. Ziel seiner Argumentation war einzig und allein die Widerlegung von
Julians Text und die Interpretation des Chrysostomustexts im Sinne seines *intellectus gratiae*. Als Grundlage für die Untersuchung diente ihm der lateinische
Text der Chrysostomushomilie, wie er von Julian zitiert worden war. Der Verweis auf die Lesart *peccatis* ergab sich als günstige Gelegenheit aus dem zufälligen Zugriff auf einen griechischen Text und blieb eine Ausnahme.[143]

Ein in diesem Zusammenhang für ihn wertvolles, wenngleich kurzes Zitat
zieht Augustin aus Chrysostomus' zehntem (nach Migne [PG 52, 574] drittem)
Brief an Olympias:»Als Adam jene große Sünde begangen und so die gesamte
Menschheit der Verdammnis überliefert hatte, zahlte er seine Strafe mit Trauer.«[144] Ein weiteres Zitat, das er diesem in christologischer Entsprechung gegen-
überstellte, hat sich als nicht authentisch erwiesen: In seiner Homilie über die
Auferweckung des Lazarus, so Augustin, schreibt Chrysostomus über Christus,
er sei bei Lazarus' Tod traurig gewesen darüber, daß der Teufel die zur Unsterblichkeit bestimmten Menschen durch ihre Sünde sterblich gemacht habe. Christus
übernimmt damit als zweiter Adam unverdientermaßen (*gratis*) die verdiente
Trauer des ersten, geht durch sie hindurch und besiegt sie in der Auferweckung
(Lazarus') bzw. Auferstehung (seiner eigenen), im ewigen Leben (aller Vorherbestimmten bei der Auferstehung von den Toten am jüngsten Tag).[145] Die Erbsündenlehre stellt dabei sicher, so Augustin, daß dies auch in bezug auf Kleinkinder
geglaubt und eingesehen wird (*etiam paruuli de regno mortis eruuntur*).

In einem weiteren *sermo* Chrysostomus' finden sich Aussagen zu der Frage,
warum Menschen Angst vor Tieren haben bzw. Tiere Menschen angreifen, ob-

---

[142] *C. Iul.* 1,22 (PL 44, 655f.).

[143] Vgl. Altaner, Chrysostomus 306:»Wir ersehen daraus, daß Augustinus an sich gar nicht
daran dachte, die Chrysostomushomilien griechisch zu lesen und daraus für seine Erbsündenlehre
günstige Texte herauszusuchen. Noch viel weniger kann man in anderen Fällen voraussetzen und
behaupten, daß Augustinus original griechische Väterschriften im Interesse seiner theologischen
Studien und seiner schriftstellerischen Arbeiten gelesen hätte.« Aus dieser Einsicht resultiert auch
generell die Frage nach der Stichhaltigkeit von Augustins Chrysostomusverständnis. Nach Bruckner hat Augustin sämtliche Anhaltspunkte für eine Erbsündenlehre in Chrysostomus hineinpro-
jiziert, Chrysostomus selbst also keine solche vertreten (Vier Bücher 73, Anm. 1). Altaner
(Chrysostomus 307, Anm. 2) neigt, wohl mit Recht, dazu, diese Feststellung zu relativieren. Vgl.
auch die im folgenden angeführten Belege.

[144] *C. Iul.* 1,24 (PL 44, 656); Io. Chrys. *ad Olympiam* 10,3 (SC 13, 248-251); Das Zitat wird
später in *c. Iul. imp.* 1,52.96 (CSEL 85/1, 47.111f.); 6,7.9.26.41 (PL 45, 1513.1516.1564.1606)
wiederholt herangezogen.

[145] *C. Iul.* 1,24 (PL 44, 656f.). Wie Altaner (Chrysostomus 308; Lit.) zeigt, handelt es sich bei
diesem Zitat, das in *c. Iul. imp.* 6,7 (PL 45, 1513) erneut verwendet wird, nicht um ein Zitat aus
Io. Chrys. *resuscit. Lazari* (PG 48, 963-1054), sondern um eine Predigt des Bischofs Potamius
von Lissabon (gest. um 360). Augustins Irrtum erklärt sich aus seiner Verwendung einer Sammlung von 38 ins Lateinische übersetzten Chrysostomuspredigten mit zahlreichen apokryphen und
original lateinischen Stücken. Vgl. Wilmart, 38 homélies; Potamius 302.

wohl in Gen 1,28 davon die Rede ist, daß der Mensch Herr über die Tiere sei.[146] Weil, so Augustin, der Traktat, im ganzen genommen, zu lang ist (*prolixa tractatio est*), soll ein Auszug genügen: »Wir fürchten Tiere und hüten uns vor ihnen. Ich widerspreche dem nicht. Und wir haben unsere Herrschaft über sie verloren. Auch das gebe ich zu. Doch straft dies keineswegs Gottes Gesetz Lügen. Nicht von Anfang an nämlich waren die Dinge so geordnet. [...] Vielmehr haben wir unsere Ehrenstellung deshalb verloren, weil wir unseren Kredit verspielt haben.«[147] Auch die in Gen 3 beschriebene Unterhaltung zwischen Eva und der Schlange, so weiter der Gedankengang Chrysostomus', wäre ohne ein urständliches Vertrauensverhältnis zwischen Mensch und Tier nicht vorstellbar gewesen. Augustin schließt daraus, daß Chrysostomus eine Ursünde annahm; denn unter den jetzigen, nach Augustin ursündlichen Bedingungen ist dieses Vertrauensverhältnis nicht mehr gegeben: »Es steht fest, daß der heilige Johannes hier auf die Sünde abzielte, die durch einen Menschen in die Welt eingedrungen und allen Menschen gemein geworden ist (Röm 5,12). Deswegen ist ja auch die Angst vor Tieren menschliches Allgemeingut, während die Tiere ihrerseits [in ihrer Feindseligkeit gegenüber den Menschen] auch vor kleinen Kindern nicht haltmachen.«[148] Will, so Augustin, Julian nun auch Chrysostomus zum Manichäer erklären? Mit einer weiteren Stelle aus der Homilie *ad neophytos*, die er noch ausführlicher auf Griechisch zitiert und erneut Wort für Wort ins Lateinische überträgt, will er zeigen, daß auch Chrysostomus der Meinung ist, daß nicht nur Adams Sünde, sondern auch die ihr zugrundeliegende Schuld durch Vererbung die Schuld jedes einzelnen nach Adam geborenen Menschen ist: »Christus,« so das Zitat, »kam ein einziges Mal. Er fand unseren, von den Vätern ererbten Schuldschein vor. Adam hatte ihn übernommen und mit ihm auch die Schuld, die wir durch unsere späteren Sünden nur vermehrten.«[149] Augustin geht es darum, daß an dieser Stelle von »unserem Schuldschein« die Rede ist, die mit dem

---

[146] *C. Iul.* 1,25 (PL 44, 657).

[147] *C. Iul.* 1,25 (PL 44, 657); Io. Chrys. *sermo* 9,3 *in Genesim* (PG 54, 592).

[148] *C. Iul.* 1,25 (PL 44, 657f.). Die letztere Anspielung richtet sich gegen den Vorwurf Julians, Augustin habe kein Mitleid mit den (ungetauft verstorbenen) kleinen Kindern, weil er sie durch seine Erbsündenlehre als in ewiger Verdammnis befindlich erkläre. Augustin beantwortet diesen Vorwurf mit dem Hinweis, anders sei die Erlösung durch die Gnade der Taufe in Jesus Christus nicht einsichtig zu machen. Hinweise auf natürliche Gegebenheiten, die Kindern Leid zufügen, wie Hunger, Krankheit oder hier die Gefahr durch Tiere, die sich, so Augustin ironisch, nicht an die Urständlichkeitsvorstellungen Julians halten, sondern den vermeintlich unschuldigen Kindern ebenso nachstellen wie den »bösen« Erwachsenen, sind für Augustin willkommene »Argumente,« um die Existenz der Ursünde zu »beweisen.« Dabei übersieht er deren Schwäche, daß nämlich die Frage offenbleibt, warum jene Leiden auch durch die Taufe nicht aus dem Weg geräumt werden; denn es bleibt sich, wie Julian an anderer Stelle beweist, auf systematischer Ebene gleich, ob man behauptet, die kleinen Kinder seien im Falle ihres Todes auch ohne Taufe erlöst, oder, die durch die Taufe erlösten kleinen Kinder seien weiterhin den Gefahren ausgesetzt, denen auch ungetaufte Kinder ausgesetzt sind. Die Ursünde wird durch das Leid der Kinder nicht bewiesen. Während, so Julian, durch Augustins erbsündentheologische Aussagen nichts für den Glauben gewonnen ist, wäre für seine Verkündigung viel gewonnen, wenn man auf sie verzichtete. Zu den denjenigen Augustins überlegenen formallogischen Überlegungen Julians s. Bruckner (Julian 95f.), zu ihren inhaltlichen Implikationen in der Tauf- und Gnadenlehre ebd. 147-165.

[149] *C. Iul.* 1,26 (PL 44, 658); Io. Chrys. *ad neophytos* 21 (SC 50, 178).

Adams identisch ist. Es handelt sich also um »unsere Schuld« in einem recht
eigentlichen Sinne. Diesen Gedanken sieht er als Kerngedanken seiner Erbsündenlehre und will ihn auch bei Chrysostomus nachweisen: »Die Schuld jenes vom
Stammvater ererbten Schuldscheins erstreckt sich auch auf uns« (*iam illius
chirographi paterni ad nos debitum pertinere*).[150] Auf dieser Grundlage meint Augustin, Chrysostomus auch als Zeugen für seine Römerbriefexegese heranziehen
zu können. Er verweist auf Chrysostomus' Auslegung von Röm 5,14.[151] Chrysostomus, so Augustin, unterscheidet zwischen Sünde Adams und Sünde als Über-
tretung des Gesetzes. Er redet in figurativer Zuordnung von Adam und Christus,
daß durch Adam die Sünde in die Welt gekommen sei, daß sie in ihm in der Welt
herrsche und durch und in Christus überwunden werde, zu umso größerem Heil
für die Menschen als sie in Adam zum Schaden gereicht hatte (*multo amplius
atque magis*). Auch Chrysostomus, so Augustin, sieht den historisch konkreten
Ort dieses Geschehens für den individuellen Gläubigen in der Taufe (*quod ergo
crux Christo et sepulcrum, hoc nobis baptisma factum est*). Deren vornehmliche
Bedeutung liegt in der Überwindung jener Sünde Adams (*haec quidem carnis
Christi, nostra autem peccati*). Wenn Chrysostomus von einer Sündlosigkeit neugeborener Kinder sprach, so kann er damit nur ihre Sündlosigkeit in bezug auf
die von ihnen noch nicht begangenen Tatsünden gemeint haben, nicht aber die
Ursünde, die er (Schuld eingeschlossen) für jedes einzelne von ihnen selbstverständlich voraussetzte.[152] Insofern Julian davon abstrahiert, so Augustin, ist
seine Auslegung von Chrysostomus-Texten fragwürdig. Was er »auf der Grundlage der Vernunft, der Autorität der Schrift und der Vätertradition«[153] beweisen
will, gereicht lediglich zur Verwirrung derer, die auf diesen Gebieten nur wenig
kompetent sind. Die angeführten Belege beweisen, daß die Tradition eine Erbsündenlehre kennt. Wenn Julian dies leugnet, erklärt er damit die gesamte christliche
Tradition für manichäisch. Dies aber zeigt doch nur, so Augustin gegen Ende des
Buches, daß er sich selbst der Gefahr des Manichäismus aussetzt. Wenn er etwa
sagt, »durch die Natur kann man sich nicht die Sünde zuziehen, weil das Werk
des Teufels unmöglich durch das Werk Gottes vermittelt werden kann,«[154] dann
muß er sich fragen lassen, wie denn das Werk Gottes vermittelt wird, wenn im
Menschen keine Vermittlungsstruktur vorhanden ist, die natürlich auch das Böse
für sich nutzen kann? Wenn er fortfährt zu behaupten, der Ursprung des Bösen
könne nicht im von Gott geschaffenen endlichen Gut der menschlichen Seele
selbst liegen,[155] dann werden ihm die Manichäer beipflichten und sagen: Richtig, jener Ursprung liegt nicht im Menschen sondern in der Natur des vollkom-

---

[150] Zum systematisch philosophischen Aspekt dieses Gedankens s. Rist's (Augustine 127.275)
Begriff eines »transpersonalen Lebens« »in Adam;« vgl. Lössl, Spuren 223f.
[151] *C. Iul.* 1,27 (PL 44, 658f.). Augustin verzichtet auf eine genaue Wiedergabe der Stellen —
er meint, sie seien zu lang — und sagt auch nicht, aus welchen Werken er seine Belege heranzieht.
Wahrscheinlich stützt er sich auf von Julian zitierte Stellen aus Io. Chrys. *hom. ep. Rom*; zum
vorliegenden Vers s. Io. Chrys. *hom. ep. Rom* 10,1 (PG 60, 473-476).
[152] *C. Iul.* 1,28 (PL 44, 660).
[153] *C. Iul.* 1,29 (PL 44, 661); Iul. *Turb.* 313 (CChr.SL 88, 394); Bruckner, Vier Bücher 73.
[154] *C. Iul.* 1,41 (PL 44, 669); vgl. Iul. *Turb.* 77b (CChr.SL 88, 360).
[155] *C. Iul.* 1,42 (PL 44, 669f.); vgl. Iul. *Turb.* 89 (CChr.SL 88, 363).

menen Bösen, das mit Gott gleich ewig herrscht (*deo coaeterna mali natura*). Mit Julians Argumenten, so Augustin, den erfahrenen antimanichäischen Polemiker hervorkehrend, sind die Manichäer nicht zu widerlegen. Zur Widerlegung des Manichäismus ist anzunehmen, daß das Böse aus dem endlichen Guten erwächst, und zwar so, daß es nicht als Substanz gedacht wird, sondern als etwas, an dem es einer Substanz mangelt.[156] Weit davon entfernt also, eine negative Ontologie zu entwerfen, betont Augustin gerade den erkenntnistheoretisch-gnadentheologischen Aspekt der Frage nach dem Bösen. Sein Gedankengang lautet: So wie die Veränderlichkeit des kontingenten Guten zum Bösen genutzt werden konnte, so daß auf mysteriöse Weise das Phänomen des »bösen Willens« entstand, so kann sie durch die Gnade (Christi), und zwar nur durch sie, auch wieder zum Guten genutzt werden, nämlich in der Umkehr des Menschen zum Guten, die bei der Einsicht beginnt, Sünder zu sein. Gott selbst es ist, der durch die Gnade in der Einsicht den Willen im voraus bereitet (Spr 8,35 LXX). Das Traditionsargument sollte, Julians Argumentationsstruktur aufbrechend (*fragilia argumenta tua confringam*), ebenso wie bereits bisher das Schriftargument, dazu beitragen helfen, gnadenhaft (*deo donante*) die Fähigkeit zu entwickeln, zu lernen, diese Zusammenhänge einzusehen.

Zur Vererbung der Ursünde (c. Iul. 2)

In *c. Iul.* 2 geht es Augustin nun nicht mehr nur um den Nachweis der Traditionsgemäßheit der Lehre von der Existenz der Ursünde, sondern auch von deren Weitervererbung durch die natürliche Fortpflanzung.[157] Julian hatte eingewandt, letztere führe zu einer pessimistischen und fatalistischen Glaubenseinstellung, die den Menschen jegliche Hoffnung auf Vollendung nehme.[158] Augustin verweist demgegenüber auf seinen bestimmten biblischen Motiven entsprechenden *intellectus gratiae*: Nicht kritische Anfragen werden die hier angesprochenen Probleme lösen, sondern nur gnadenhafter Glaubensgehorsam. Gott hat den Weisen und Klugen verborgen, was er den Unmündigen geoffenbart hat (Mt 11,25). Wer nicht glaubt, wird zu keiner Einsicht finden (Jes 7,9b LXX): Gott allein ist der Schöpfer alles Guten; dennoch überträgt sich auf jeden Menschen neu die Sünde Adams. Die Ehe ist ein Gut, auch wenn sie mit der Konkupiszenz von einem Übel Gebrauch macht. Die Taufe eliminiert die Schuld der Konkupiszenz, nicht jedoch sie selbst als Übel. Die Schwäche, ihr im Rahmen von Tatsünden immer wieder neu zu verfallen, bleibt, wenn auch unter dem positiv soteriologischen Aspekt der Bewährung der Gnade erhalten. Gottes Gerechtigkeit bleibt immer gewährleistet: Verdienste werden belohnt, Sünden, gleich ob Ur- oder Tatsünden (*originalia, propria*), bestraft, und: So sehr die Menschen unter Adams Joch stöhnen (Sir 40,1: *iugum graue super filios Adam*), sie tun es verdientermaßen wegen ihrer Sünden, auch die *paruuli*. Aber: Es gibt kein Leid auf der Welt, das

---

[156] *C. Iul.* 1,43f. (PL 44, 671); Augustins Beleg ist Ambr. *Isaac an.* 7,60 (CSEL 32/1, 685): *quid ergo est malitia, nisi boni indigentia?*

[157] *C. Iul.* 2,1 (PL 44, 671).

[158] *C. Iul.* 2,2 (PL 44, 672).

Gott (gratis!) nicht selbst mit ihnen zu tragen bereit ist. Nicht zuletzt diese Einsicht, so Augustin, entspringt einer Einsicht in die Gnade Gottes, die nicht zu Fatalismus und Verzweiflung führt, sondern zu realitätsbezogener Hoffnung auf Erlösung und Heil.[159]

Diese schon bisher vertretenen Einsichten möchte Augustin gegenüber Julian nun auch mit Hilfe patristischer Belegstellen untermauern. Dabei erinnert nicht nur seine Vorgehensweise an *c. duas epp. Pel.* 4,21-31, auch inhaltlich sind gewisse Abhängigkeiten festzustellen. Ambr. *de Noe* 3,7 etwa wurde auch schon in *c. duas epp. Pel.* 4,29 zitiert. Anhand von Ps 50,7 (*in iniquitatibus conceptus sum*), Ijob 1,22 (*[solus deus] non peccauit in labiis suis*) und 1 Petr 2,22 (*peccatum non fecit*) postuliert Ambrosius an besagter Stelle, so Augustin, die Allgemeinheit der Erbsünde: Alle sind von ihr betroffen (*omnes sub peccato*), mit Ausnahme dessen, der eine Jungfrau zur Mutter hat.[160] Auch eine Stelle in Ambr. *paen.* beginnt mit Ps 50,7, um dann überzuleiten zur Frage Paulus' in Röm 7,24, *quis liberabit me de corpore mortis huius?* Ambrosius' Antwort, so Augustin, lautet ähnlich wie Paulus' in Röm 7,25: Die Gnade Christi, der durch seine Geburt im Fleisch, bei der er von der Sünde unberührt blieb, und durch seinen Tod am Kreuz, der deshalb ungeschuldet war, unsere Sünde überwunden hat, so daß da, wo früher Schuld war, jetzt Gnade ist.[161] Nach Augustin impliziert Ambrosius die Vererbung der Ursünde durch die natürliche Fortpflanzung sowie das Weiterwirken der Konkupiszenz nach der Taufe, weswegen bereits Röm 7,15-24 als auf die postbaptismale Situation bezogen denkbar ist: Daß sich nämlich auch der gnadenerfüllte Mensch noch inmitten seiner Leidenschaften vorfindet und seine Erlösung nur in ihnen und aus ihnen heraus nachvollziehbar ist, als *intellectus gratiae*. Julians Einwand, dieses Denkmodell leugne die Taufgnade, zerschellt also, so Augustin, an historischer wie auch systematischer Evidenz (Ps 1,4).[162]

Auch Cyprian wird erneut herangezogen, mit einer ebenfalls bereits aus *c. duas epp. Pel.* bekannten Stelle,[163] die den (nach Augustin ursündlich bedingten) Widerspruch von Körper und Geist betont: Eintracht unter den verschiedenen im Menschen wirkenden Kräften kann nur durch Gottes Hilfe herbeigeführt werden (*auxilio dei concordiam fieri*), auch bei den bereits Getauften. In diesem Leben, so Cyprian in *mort.* 7, das Paulus' Äußerung in Phil 1,21 aufnimmt (*mihi uiuere Christus est et mori lucrum*), wird nie die endgültige Vollendung erreicht (*quod non in hac uita perfici*).[164] Nur durch den Tod selbst ist dem Tod sein Stachel zu ziehen (1 Kor 15,55). Zu denken ist dabei konkret an den Tod und die Auferstehung Jesu Christi als Gnade (Röm 7,25). Auch Gregor von Nazianz interpretiert postbaptismale geistliche Krisen unter dem Aspekt der mit der Kon-

---

[159] *C. Iul.* 2,3 (PL 44, 673).

[160] *C. Iul.* 2,4 (PL 44, 674); vgl. Ambr. *Noe* 3,7 (CSEL 32/1, 417).

[161] *C. Iul.* 2,5 (PL 44, 675); vgl. Ambr. *paen.* 1,3,13 (SC 179, 55-59). Im folgenden zitiert Augustin erneut auch das Wort vom *interior homo*, der in dieser Gnade im Wachsen begriffen ist. In ihm als Typus der Gnade Christi solle sich rühmen, wer sich rühmen wolle (1 Kor 1,31).

[162] *C. Iul.* 2,5 (PL 44, 676).

[163] *C. Iul.* 2,6 (PL 44, 676); vgl. *c. duas epp. Pel.* 4,25 (CSEL 60, 550); Cypr. *dom. or.* 16 (CChr.SL 3A, 99f.); Gal 5,17 (*caro concupiscit aduersus spiritum*).

[164] *C. Iul.* 2,6 (PL 44, 677); Cypr. *mort.* 7 (CChr.SL 3A, 20).

kupiszenz ringenden Gnade: Durch die Bedrängnis lernt eine Seele, sich an Gott zu halten.[165] Alle Kirchenlehrer, so Augustin, waren dieser Meinung (*ita intellexit Ambrosius, ita Cyprianus, ita Gregorius*). Von der Schuld befreit die Taufe sofort, von der Schwachheit nur allmählich (*a reatu statim, ab infirmitate paulatim*).[166] Die Vollendung wird in der Schwachheit verwirklicht (1 Kor 12,9: *uirtus in infirmitate perficitur*). Julian könnte zwar mit Recht einwenden, die Schwäche der einzelnen Menschen könnte auch individuell bedingt sein, etwa durch böse Taten, die die Betreffenden vor ihrer Taufe begangen hätten. Solches Denken setzt aber bereits eine Unterscheidung von Übel (*malum*) und Schuld (*reatus*) voraus, wobei letztere eine Unterform des Übels darstellt, d. h. es sind Umstände vorstellbar, in denen die Schuld eliminiert, das Übel aber erhalten wird. Durch die Taufe eliminiert wird die Schuld. Nicht eliminiert jedoch wird das Übel als Konkupiszenz, gleich woher der einzelne Mensch es sich zugezogen hat.[167] Dazu noch einmal Ambrosius, der in einer Allegorie auf Lk 12,52 (*in una domo diuidi tres aduersus duos, et duos aduersus tres*) den Widerstreit der verschiedenen Seelenkräfte im Menschen analysierte und zu dem Schluß kam, daß dieser aufgrund des Sündenfalls ein Unheilsgefüge darstellt, das durch die natürliche Fortpflanzung weitervermittelt wird und nur durch die Gnade Christi überwunden werden kann.[168] Und das Wagenlenkergleichnis in Platons *Phaidros* (254c-e) deutet Ambrosius folgendermaßen: Der Widerstreit der guten und bösen Pferde ist vor und nach der Taufe derselbe. Die Pferde dürfen nicht als Allegorie auf Substanzen interpretiert werden. Die (eine!) Substanz ist vielmehr der Wagenlenker (*rector*). Sein Zustand ist entscheidend für die Frage, ob das Gespann sicher ins Unheil fährt oder der Wagenlenker wenigstens hoffen kann, das Heil zu erlangen, nämlich dann, wenn er getauft ist und sich bekehrt hat, also in Christus lebt.[169] Die vitale Kraft der Konkupiszenz bleibt erhalten (*non a nobis haec uitia separata*). Sie ist jedoch nach der Taufe nicht mehr in sich schuldhaft, sondern nur dann, wenn der betreffende Mensch sich von ihr zu bösen Taten hinreißen läßt. Dazu auch Ambrosius' *de paradiso*. Paulus, so Ambrosius dort, habe von nicht in Worten faßbaren Einsichten gesprochen (2 Kor 12,4: *quae non licet homini loqui*). Ambrosius deutet dies so, daß Paulus wohl Erfahrungen meint, die in seinem diesseitigen, noch in der Auseinandersetzung zwischen Geist und Fleisch befindlichen Leben, zwar schon andeutungsweise in ihrer Bedeutung er-

---

[165] *C. Iul.* 2,7 (PL 44, 677); vgl. Greg. Naz. *orat. apol.* (CSEL 46, 288); *orat. apol.* 2,9 (nach der Übers. Rufins 1,91; CSEL 46, 67f.); nach Altaner (Gregor 280) ist das Zitat nicht genau zuzuordnen; vgl. auch *c. Iul. imp.* 1,67 (CSEL 85/1, 71); 6,14 (PL 45, 1528).

[166] *C. Iul.* 2,8 (PL 44, 679). Notwendig, so Augustin, ist die Taufe allemal. Selbst im Kleinkind wirkt die Urschuld, obwohl sie noch nicht durch Wille und Verstand als persönliche Schuldfähigkeit zutagetritt; denn was auf dem Weg der Fortpflanzung (*generatione*) übermittelt wird, kann nur durch eine vollkommen erneuernde Wiedergeburt (*regeneratione*) überwunden werden. Vgl. ebd. Ambr. *paen.* 1,3,13 (SC 179, 55-59), wo der Bezug zwischen der Heilstat Christi und der Taufe hergestellt wird (*ut in carne nostra esset iustificatio per gratiam*).

[167] *C. Iul.* 2,10 (PL 44, 680).

[168] *C. Iul.* 2,10 (PL 44, 680); vgl. Ambr. *exp. Luc.* 7,141.143 (CChr.SL 14, 262-264).

[169] *C. Iul.* 2,11 (PL 44, 681); vgl. Ambr. *Isaac an.* 8,65 (CSEL 32/1, 688). Vgl. auch das altkirchliche Motiv von Christus als Wagenlenker bei König, Christus Heniochos.

kannt werden können, aber sich eben noch nicht in völliger Endgültigkeit zu einer Realität verdichtet haben.[170] Einen ähnlichen Argumentationsgang findet Augustin in Ambrosius' sonst nicht überliefertem *de sacramento regenerationis uel de philosophia*: Erst im Tod findet die Vollendung von Intellekt (Röm 8,7), Gefühl (Röm 7,23) und Wille (Röm 7,19) statt, auch dann, wenn sie schon vorher im mystischen Tod (*mors mystica*) antizipiert wurde.[171] Auch die Vererbung der Ursünde durch die natürliche Prokreation findet Augustin in *de sacramento regenerationis*, da dort Ps 50,7 (*in iniquitatibus conceptus sum*) als Beleg dafür auftaucht, daß die natürliche Geburt allgemein als Quelle der Unreinheit betrachtet werde, durch die sich von Generation zu Generation das Urübel fortpflanze.[172] Wenn das Kind also bei der Geburt jammere, dann über eine Schuld, die es bereits in sich trug (*in ortu ploraturus reatum, quem contraxit ante ortum*). Wenn Adam und Eva sich bekleideten, dann, weil sie sich schämten, nicht um sich zu putzen.[173] Wenn in Gen 17,14 unter Androhung harter Sanktionen die Beschneidung vorgeschrieben wird, dann wegen jener Erbsünde.[174] Auch in der Kindertaufe wird das sündige Fleisch, das sich die Kinder durch die Erbsünde zugezogen haben, wie bei einer den ganzen Leib umfassenden Beschneidung entfernt. Paulus deutet dies im Hinblick auf das Kreuz Christi (Röm 6,6: *corpus peccati, quod euacuari dicit apostolus per crucem Christi*).[175] Ist, so fragt Augustin, Ambrosius deswegen ein Manichäer? Wo er doch nicht leugnet, daß Gott der Schöpfer auch des Fleisches und die Ehe gut ist. Freilich stellt für ihn die Enthaltsamkeit den höheren Wert dar und muß auch in der Ehe verwirklicht werden, was umkehrt wiederum nicht den Eigenwert der Ehe mindert, zumal es Gott lieber ist, mehr Menschen zu erlösen als weniger.[176] Selbst die quantitative Vermehrung

---

[170] C. Iul. 2,13 (PL 44, 682); vgl. Ambr. *parad.* 11,53; 12,60; 15,77 (CSEL 32/1, 309f.; 320f.; 335f.); im folgenden auch die Kombination Röm 8,7 (die Gott entgegengesetzte Weisheit des Fleisches als Hindernis zur Überwindung des Fleisches: *quia sapientia huius carnis inimica est deo*), Röm 7,23 (derselbe Gedanke auf den Gesetzesbegriff angewendet: *uideo aliam legem in membris meis, repugnantem legi mentis meae, et captiuantem me in lege peccati*) und Röm 7,19 (derselbe Gedanke auf den Begriff des Willens angewendet: *non enim quod uolo facio bonum, sed quo nolo malum, hoc ago*). Für Augustin liegt die Synthese von Intellekt, Gesetz und Wille im Konzept des *intellectus gratiae* also bereits im Werk Ambrosius' vor.
[171] C. Iul. 2,14 (PL 44, 683f.); vgl. Röm 6,7: *qui enim mortuus est, iustificatus est a peccato*.
[172] C. Iul. 2,15 (PL 44, 684).
[173] C. Iul. 2,16.18 (PL 44, 685f.); vgl. *c. duas epp. Pel.* 1,32 (CSEL 60, 448.450); Ambr. *parad.* 13,67 (CSEL 32/1, 325); Basil. *sermo* 13 *homil. exhort. ad s. bapt.* (PG 31, 428). Letztere schreibt Augustin fälschlicherweise Chrysostomus zu.
[174] In Basil. *sermo* 13 (PG 31, 428), so Augustin, wird auf der Basis von Gen 17,14 (aus dem Volk ausgemerzt wird, wer nicht am achten Tag beschnitten ist: *omnis anima quaecumque non fuerit circumcisa die octauo, exterminabitur de populo suo*), anhand von Joh 3,5 (*nisi quis renatus fuerit ex aqua et spiritu, non introibit in regnum caelorum*) die Notwendigkeit der Kindertaufe postuliert.
[175] Vgl. Zu dieser Deutung von Gen 17,14 bereits *nupt.* 2,11 (CSEL 42, 276); außerdem *c. Iul.* 1,14 (PL 44, 649) Augustins *argumentum ad hominem* gegen Julian: *quacumque aetate sis baptizatus?* Julian selbst sei getauft und leugne dennoch diese Zusammenhänge. Möge er, so Augustin, doch endlich Einsicht haben. Vgl. *c. Iul.* 2,17 (PL 44, 685): *obsecro intellegite.*
[176] C. Iul. 1,19.21 (PL 44, 686.688). Augustin zitiert zunächst Ambr. *apol. Dau.* 1,11,56 (CSEL 32/2, 337): *bonum coniugium, sancta copula*, fährt dann aber fort mit einer Polemik über den Mißbrauch des Ehegedankens durch die Konkupiszenz, schließt dann aber wiederum mit ei-

des Menschengeschlechts ist nach Ambrosius also gut, ein deutliches Zeichen
dafür, daß er der materiellen Schöpfung einen Eigenwert zumißt und nicht von
gnostisch-manichäischen Einflüssen bestimmt wird. Trotzdem kann er, so Augustin, eine Erbsündenlehre vertreten. Seinem Glauben an die Möglichkeit vollkommener Rechtfertigung tut dies keinen Abbruch;[177] »denn,« so Augustin, »wie die
menschliche Natur durch Gott, den Schöpfer, formbar ist, so ist sie auch durch
Gott, den Erlöser, heilbar.«[178] Die pelagianische Forderung nach einer Vollendung durch den Menschen selbst im Diesseits, so Augustin, ist Präsumption,
gottlose Anmaßung. Auch was diesen Aspekt der Fragestellung angeht, habe Ambrosius Stellung bezogen. »Vergib uns unsere Schuld« (Mt 6,12) zu beten, habe
er gelehrt, ist nie vergeblich. »Wer auf seine eigenen moralischen Kräfte vertraut« (Ps 48,7), ist zum Scheitern verurteilt; denn alle Menschen, auch die
Getauften, werden immer wieder in Versuchung geführt. »Unser Herz ist nicht
in unserer Hand.«[179] Deshalb ist es nötig, auf Gott zu vertrauen und fest zu glauben, daß die moralische Kraft des Menschen (*uirtus*) gerade auch in der Schwäche zur Vollendung findet.[180] Auch Cyprian, so weiter, schreibt von heftigen inneren Kämpfen, aber nicht in der Art, als ob er dabei ein elendes Leben führte,
sondern eher als Ort der Bewährung auf das endgültige Heil und dessen Glorie
hin.[181] Ähnlich Hilarius, der vom Frieden spricht, den der Herr gibt (Joh 14,27:
pacem meam do uobis), den der Sünder sich nicht selbst geben kann, zumal
nicht, solange er noch in seinem irdischen Leben weilt.[182] Ohne die Natur des
Menschen geringzuachten, hält Hilarius, so Augustin, daran fest, daß sie erlösungsbedürftig ist.[183] So steht es schon in Eph 2,3 (*fuimus enim et nos natura filii
irae*). Niemand würde Paulus wegen dieses Satzes Manichäismus vorwerfen, ist

---

nem Stück wie *parad.* 10,47 (CSEL 32/1, 304f.): *maluit enim deus plures esse, quos saluos
facere posset, quibus donaret peccatum, quam unum solum Adam, qui liber esset a culpa.*

[177] *C. Iul.* 2,22 (PL 44, 688); vgl. Ambr. *frg. Is* 5 (CChr.SL 14, 407): *iustificatio per gratiam.*

[178] *C. Iul.* 2,22 (PL 44, 689): *quia sicut est humana natura creatori deo formabilis, ita sanabilis
redemptori.* Hierzu stellt Augustin, Ambrosius folgend, erneut den Bezug zur Taufe (*lauacrum regenerationis*) her, diesmal unter Verweis auf Mt 19,28 (*in regeneratione, cum sederit filius hominis in throno gloriae suae*): Die endgültige Wiedergeburt erfolgt also dann, wenn der Menschensohn auf seinem Thron sitzt, am »Beginn« des ewigen Lebens.

[179] *C. Iul.* 2,23 (PL 44, 689); vgl. Ambr. *fuga saec.* 1,1f. (CSEL 32/2, 163f.).

[180] *C. Iul.* 2,24 (PL 44, 690); vgl. Ps 83,6 (*beatus uir cuius est auxilium eius abs te, domine,
ascensus in corde eius*); Ps 55,5 (*non timebo quid faciat mihi caro*); 1 Kor 9,27 (*castigat corpus
meum, et seruituti redigo*); 2 Kor 12,9 (*uirtus in infirmitate perficitur*).

[181] *C. Iul.* 2,25 (PL 44, 691); vgl. *c. duas epp. Pel.* 4,27 (CSEL 60, 554f.); Cypr. *mort.* 4
(CChr.SL 3A, 18f.); *op. eleem.* 3 (CChr.SL 3A, 56f.). Als besonderes Kennzeichen der Hoffnung auf Vollendung wird hier der Glaube an die Verherrlichung im Sieg über die Sünde angegeben: Der Erlöste verherrlicht sich nicht selbst, er ist aber verherrlicht, nämlich durch und in
Christus. Unter Verwendung von 1 Kor 1,31 hatte Augustin diesen Gedanken wiederholt als Ausdruck des *intellectus gratiae* formuliert. Vgl. hier nun Spr 20,9 (*quis gloriabitur castum se habere
cor? aut quis gloriabitur mundum se esse a peccatis?*); 1 Joh 1,8 (*si dixerimus, quia peccatum non
habemus, nos ipsos decipimus, et ueritas in nobis non est*). Erlösung und Verherrlichung im Heil
ist für den Menschen immer Erlösung von den Sünden. Deshalb, so Augustin, findet sich bereits
bei Cyprian die Entgegensetzung von Sünde und Fall (*peccatum*) einerseits sowie Gnade, Einsicht
und Herrlichkeit (*gloria*) andererseits.

[182] *C. Iul.* 2,26 (PL 44, 691); vgl. Hilar. *tr. Ps* 118,18; 115 (CSEL 22, 378f.; 492f.).

[183] *C. Iul.* 2,28 (PL 44, 692); Hilar. *tr. Ps* 1,1 (CSEL 22, 19f.).

es doch die menschliche Natur, von Gott als Gut geschaffen, die sich die Sünde zugezogen hat und deshalb erlösungsbedürftig ist. Dasselbe vertritt Hilarius in seiner Auslegung von Ps 52,4.[184] Ist die Hoffnung auf den Herrn gerichtet, dann ist sie nicht vergeblich. Unter dieser Rücksicht, so Augustin, kann auch davon die Rede sein, daß moralische Kräfte des Menschen selbst am Werk sind.[185]

Von dieser Polarität, so Augustin in der Zusammenfassung von *c. Iul.* 2, muß bei jeder Überlegung ausgegangen werden. Schon bei Paulus heißt es (Röm 7,18.23), daß in Körper und Geist des Menschen gerade unter Voraussetzung der Gnade einander entgegengesetzte geistige Kräfte wirken, so daß von einer Art Einmütigkeit des Willens nicht die Rede sein kann. Ein Nachgeben gegenüber den fleischlichen Kräften bedeutet unweigerlich Tod und Verderben (1 Tim 6,9). Das irdische Leben ist ein ständiger dynamischer Kampf (Ijob 7,1). Ständig wiederkehrendes Scheitern ermuntert die im Glauben Beharrlichen, sich immer wieder Gott zuzuwenden mit der Bitte um Vergebung (Mt 6,12); denn Ursprung jeglicher Form des Übels, an dem Menschen leiden, ist die Sünde, sei es die Ursünde oder die einzelnen Tatsünden, die ein Mensch begeht, weil er gegenüber der Konkupiszenz nachgiebig ist (vgl. Gal 5,17), jener Konkupiszenz, der gegenüber er auch nach der Taufe ständigen Bewährungsproben unterzogen ist. Auch um sie zu bestehen, ist Gnade erforderlich, Gnade Gottes durch Christus (Röm 7,25).[186] In Christus muß der durch die Ursünde vorgeprägte und durch eigene Sünden zusätzlich belastete Mensch wiedergeboren werden, nicht weil er in Sünde und Schuld geschaffen worden wäre, sondern weil er sie sich durch Vererbung von seinen natürlichen Eltern zugezogen hat. Durch Vererbung zugezogen aber hat er sie sich nicht, weil die Ehe seiner Eltern an sich etwas Schlechtes gewesen wäre, sondern weil auch sie nicht aus dem Rahmen der Ursünde fiel. Wenn also Gott die ungetauften kleinen Kinder mit solch harten Strafen für jene Sünde belegt, so erscheint er zwar ungerecht, ist es aber nicht. Seine Schöpfungs-ordnung ist ebenso intakt geblieben wie seine Heilsordnung. Gott hat alles gut geschaffen und er will auch alle zum Heil Bestimmten selig werden lassen.[187]

(b) Julians *intellectus gratiae* nach den Fragmenten von *ad Turbantium*

Von Augustin selbst stammt das Klischee, daß Julian keine eigene Theologie ent-wickelt hat, daß sich seine Kritik an ihm in oberflächlicher Polemik erschöpft und sich nur auf Nebensächlichkeiten konzentriert.[188] Dagegen konnte bereits Bruckner schon allein anhand der in Werken Augustins zitierten Texte Julians zeigen, daß er etwa *nupt.* 1 nicht unvollständig und am Thema vorbei, sondern

---

[184] *C. Iul.* 2,29 (PL 44, 693); vgl. Hilar. *tr. Ps* 52,4 (CSEL 22, 118).

[185] *C. Iul.* 2,30 (PL 44, 693). Damit wendet sich Augustin gegen Julians Vorwurf, er bzw. die von ihm zitierten Autoritäten achteten den aszetischen Eifer der Gläubigen gering: *renuntiant studiis perfectionis*.

[186] *C. Iul.* 2,32f. (PL 44, 695f.).

[187] *C. Iul.* 2,33f. (PL 44, 697).

[188] *C. Iul.* 1,2.2,11.3,20.36.4,40.74.5,9.49 (PL 44, 641f.681.712.721.758.775f.787f.811f.); vgl. Bruckner, Vier Bücher 89f. und bereits *nupt.* 2,3.6 (CSEL 42, 254-258).

ausführlich und in den wesentlichen Punkten widerlegte.[189] In *Flor.* konnte er
schreiben: »Die Fragen zu Ehe, Sexualität, Körperlichkeit, Beziehung zwischen
Mann und Frau, Schöpfung und Ehrfurcht vor Gott habe ich bereits in den vier
Büchern behandelt. [...] In meinem ganzen Werk habe ich die nicht zu trübende
Wahrheit gesagt, nämlich daß der Teufel weder der Gestalt des menschlichen
Körpers noch einem der Sinne etwas hinzugefügt haben kann und daß deshalb
jegliche Form einer Erbsündenlehre (*opinio traducis*) als aus der Jauche des Ma-
nichäismus geschöpft zu betrachten ist.«[190]

Obwohl also vor diesem Hintergrund von einer »fairen« Behandlung des Denkens Julians durch Augustin (zumal in *c. Iul.*) kaum die Rede sein kann, ist es
doch beachtlich, daß eine Rekonstruktion etwa von *Turb.* möglich ist, die Durch-
blicke auf eine Theologie, ja sogar eine Gnadenlehre, einen *intellectus gratiae*
Julians ermöglicht. Er soll im folgenden in Umrissen dargestellt werden. Die
Ergebnisse könnten als Kontrast zu Augustins Argumenten dienen. Sie sind immerhin zu diesem Zweck nicht nur verfaßt, sondern auch zitiert worden, gehören
also zum Gesamt der Argumentation in den jeweiligen Werken Augustins, also
auch zur Entwicklung der Darstellung seines *intellectus gratiae* in dieser konkreten Situation der Polemik.[191]

Der Argumentationsgang von *Turb.* gestaltet sich grob wie folgt: (1) In *Turb.*
1 erhebt Julian in massiver Weise den Manichäismusvorwurf gegen Augustin und
eine korrupte und dekadente römische Kirche, gegen die die wahre katholische
Lehre zu verteidigen sei. Mit scharfsinnigen Ableitungen zeigt er, wie Augustins
Erbsündenlehre die Lehre von der Gutheit der Schöpfung unterminiert. Er hält
dagegen seine Lehre von der Taufe sowie der Gutheit der Ehe und der Konkupiszenz. Augustins Trennung von Ehe und Konkupiszenz, so Julian, ist willkürlich und hat eine pessimistische und fatalistische Weltsicht zur Folge. (2) In
Turb. 2 wird der Nachweis, die sexuelle Konkupiszenz sei eine in sich gute Na-

---

[189] Im Verlauf seiner Widerlegung in *c. Iul.* 2-6 führt Augustin die zu widerlegenden Zitate oft
nur bruchstückhaft an, vor allem wenn sie ihrerseits Zitate aus *nupt.* enthalten. Der Eindruck,
Julian habe nicht vollständig zitiert, wird durch ein solches Vorgehen freilich nicht entkräftet. Als
Beispiele nennt Bruckner (Vier Bücher 80) *c. Iul.* 4,2.14.27.34.36.5,19.26.31.35.45.52 (PL 44,
737.743.751.756f. 795f.800.803f.805.809f.813). In *c. Iul.* 3, so Bruckner ebd., geht Augustin
mit keinem Wort auf seine nunmehr als unberechtigt erwiesenen diesbezüglichen Vorwürfe in
nupt. 2,3-6 ein, ja er nimmt sie in *c. Iul.* 3,52 (PL 44, 728f.) sogar wieder auf. »Und,« so
Bruckner, »wenn wir schließlich beachten, daß Augustin hier selbst nur an drei Stellen auf eine
wichtige Auslassung seines Gegners hinzuweisen sich veranlaßt sah (*c. Iul.* 1,34.2,20.4,14 [PL
44, 665.686ff.743]) [während er selber berechtigte Vorwürfe seitens Julians diesbezüglich einfach
übergeht], so müssen wir urteilen, daß ihm selbst die Unrichtigkeit dieses Vorwurfs während der
Widerlegung sollte zum Bewußtsein gekommen sein, daß ihn aber offenbar dogmatische Voreingenommenheit gehindert hat, diesen Irrtum einzusehen oder, falls er ihn eingesehen hat, offen
einzugestehen.«
[190] Zitat Iul. *Flor.* nach *c. Iul. imp.* 4,5 (PL 45, 1341f.).
[191] In einem sehr äußerlichen Sinn gilt dies sogar von der Polemisierung des Motivs selbst in
der direkten Auseinandersetzung mit Julian, etwa in immer wiederkehrenden Bemerkungen Augustins, Julian verstehe ihn nicht oder wolle bzw. könne ihn (mangels Gnade) nicht verstehen. Vgl.
etwa in den bereits behandelten Büchern *c. Iul.* 1,11f.29 (PL 44, 646f.661) oder auch in *c. Iul.*
5,34 (PL 44, 804): *quod autem de claudicatione et peruentione dixi, si fraude non agis, non
intellexisti.*

turanlage des Menschen, ausführlich weitergeführt. (3) In *Turb*. 3 wird der nämliche Nachweis im Rahmen einer detaillierten Erwiderung auf einzelne Zitate Augustins geführt. (4) In *Turb*. 4 schließlich werden Aussagen Augustins mit Bibel- und Väterzitaten verglichen, um so die Novität und manichäistische Heterodoxie der Erbsündenlehre Augustins zu demonstrieren.

Turb. 1 beginnt mit einer Auflistung der Ungerechtigkeiten, die Julian und seinen Anhängern im Frühsommer 418 widerfuhren.[192] Als ersten zur Diskussion stehenden Sachpunkt nennt Julian die Problematik der Loslösung des Sündenbegriffs vom Begriff des individuellen freien Willens sowie seine Verknüpfung mit dem Naturbegriff.[193] Augustin tue genau das und werfe ihm, Julian, vor, dieses Vorgehen zu problematisieren und ihn, Augustin, für einen Verächter der Ehe zu halten.[194] Es gehe ihm nun aber, so Julian, gar nicht darum, die Gnadenlehre als solche zu bekämpfen oder gar vollständig zu eliminieren. Er wolle sie nur gegen Augustins überzogene Erbsündenlehre verteidigen. Julian beharrt auf der Gültigkeit, Wahrheitsfähigkeit und Orthodoxie seines *intellectus gratiae* (im Unterschied zu dem Augustins). Auch er hält die Taufe zwar für heilsnotwendig. Grundlegender als die Sakramenten- (Tauf-) und Gnadenlehre ist für ihn jedoch der auf den Schöpfungsglauben aufbauende Glaube an Gottes allgemeinen Heilswillen (1 Tim 2,4). Er kann sich nicht vorstellen, daß die Taufe einiger weniger Menschen alle nicht Getauften vom Heil ausschließt.[195] Die Taufe, so Julian, ist doch zur Befreiung von den Sünden da, nicht zur Schaffung neuer Sünden (*nec facit peccata, sed purgat*), also etwa der, nicht getauft zu sein. Es ist doch vielmehr so, daß jeder Mensch noch vorgängig zur Taufe auf natürliche moralische Fähigkeiten zurückgreifen kann, auf denen die Taufe aufbaut (*multiplicantur et dilatantur in donis*) und die sie gewissermaßen veredelt (*facit meliores*). Es liegen also heilswirksame natürliche Grundlagen vor; denn Gott ist der Schöpfer alles Guten. Alles Natürliche ist gut, auch die neugeborenen Kinder.[196] Wenn sie Tatsünden begangen hätten, müßte man sie ihnen nachweisen können. Wenn sie aber natürlicherweise mit einer Art von Sünde behaftet wären, müßte der Schöpfer selbst als deren Urheber zu bestimmen sein[197] bzw. wäre dann der Teufel als Schöpfer solcher Wesen zu bestimmen, was widersinnig wäre, da der Teufel nicht ernstlich als Schöpfer von Wesenheiten (Substanzen) gelten kann.[198] Woher aber soll jene natürliche Sünde, von der Augustin redet, sonst kommen, etwa aus dem sexuellen Akt, aus der Geschlechterdifferenz? Alle diese Dinge sind, so Julian unter Zuhilfenahme zahlrei-

---

[192] Vgl. Wermelinger, Rom 226-234; Bruckner, Vier Bücher 24f.

[193] Vgl. *c. Iul*. 3,4 (PL 44, 703).

[194] *Nupt*. 1,1; 2,3f. (CSEL 42, 211; 255); vgl. Bruckner, Vier Bücher 26. Augustin, so Bruckner, beklagt sich in *nupt* 2,3f. zu Unrecht darüber, daß Julian ihn unvollständig zitiert habe. Er selbst ist dazu in der Lage, es in *c. Iul. imp*. 1,22f. (CSEL 85/1, 18f.) wiederzugeben. Er muß es also früher oder später zur Verfügung gehabt haben.

[195] *C. Iul*. 3,8 (PL 44, 705f.); *c. Iul. imp*. 1,53 (CSEL 85/1, 48f.); Bruckner, Vier Bücher 28.

[196] Bruckner (Vier Bücher 29) zitiert Julian an dieser Stelle »vermutungsweise« nach *c. Iul*. 3,36 (PL 44, 721).

[197] Iul. *Turb*. 1,19 (CChr.SL 88, 345); Zitat Julian nach *c. Iul*. 3,13 (PL 44, 708).

[198] Iul. *Turb*. 1,20 (CChr.SL 88, 345); Zitat Julian nach *nupt*. 2,16 (CSEL 42, 268f.); vgl. *c. Iul*. 3,16 (PL 44, 710).

cher Stellen aus Gen 1-4, geschöpflich.[199] Dagegen erwächst Sünde immer aus individuellen Handlungen (*nec sine uoluntate delictum*). Augustin, so Julian, müßte, wenn er weiter behaupten wollte, die neugeborenen Kinder seien mit Sünde behaftet, nachweisen, daß sie durch individuelles Handeln gesündigt hätten. Genau das aber tut er nicht (*sed negas hoc*). Also muß er schließen, daß sie aufgrund des Handelns ihrer Eltern sündig geworden sind; mit anderen Worten: Augustin deutet den Zeugungsakt als Ort der Entstehung der angeborenen Sündhaftigkeit der einzelnen neugeborenen Kinder.[200] Dagegen aber spricht massiv der biblische Befund. Bei der Geburt seines ersten Sohnes Kain, die wohlgemerkt nach dem Sündenfall stattfand, sagt Adam: »Ich habe durch Gott (*per deum*) einen Menschen empfangen« (Gen 4,1). Weit davon entfernt, die natürliche Fortpflanzung in ursündlichem Kontext zu situieren, nennt Gen 9,1 sie »Siegel« des Bundes zwischen Gott und Noah (*crescite et multiplicamini et replete terram et dominamini eius*). Dasselbe gilt vom Bund zwischen Gott und Abraham, den Paulus immerhin den Vater aller im Glauben nennt (vgl. Röm 4,13-22).[201] Julian folgert daraus, daß die sexuelle Konkupiszenz nicht nur nicht als eine durch eine irgendwie geartete Ursünde den Menschen auferlegte schuld- und sündenhafte Last zu verstehen ist, sondern im Gegenteil als eine Gnadengabe Gottes zur Erfüllung seines Bundes mit den Menschen.[202] In biblischem Verständnis, so Julian, ist die Frucht der Verheißung immer der irdische Nachwuchs. Das gilt sogar für die biblische Deutung der Geburt Jesu. Gleich auf welchem Wege die Fortpflanzung zustandekommt, sie gilt als gut und von Gott gesegnet.[203] Der biblische Befund, so Julian, legt nahe, sexuelle Aktivität und Prokreation in der Ehe voneinander zu unterscheiden.[204] Abraham und Saras Ehe war gut und gottgewollt, gleich, ob aus ihr Nachkommen hervorgehen würden oder nicht. Letztere waren ein Geschenk Gottes, kein Produkt des Beischlafs (*quem conditor promisit, conditor dedit, non concubitus*).[205] Der Umkehrschluß liegt nahe: Der erste Ehezweck besteht im Liebesakt, unabhängig von dessen biologischer Fruchtbarkeit. Das keusche Gut des ehelichen Akts liegt in der Lust, das Übel lediglich im Exzess.[206] Diese urkatholische kirchliche Lehre von der ehelichen Keuschheit, so Ju-

---

[199] Iul. *Turb.* 1,26-28 (CChr.SL 88, 347); Bruckner, Vier Bücher 30f.; Zitate und Paraphrasen Julians nach *c. Iul. imp.* 4,4f.; 7; 10 (PL 45, 1339-1342); vgl. *nupt.* 2,12f. (CSEL 42, 263-265).

[200] Iul. *Turb.* 1,31f. (CChr.SL 88, 348); Zitat Julian nach *c. Iul. imp.* 4,90.105 (PL 45, 1391f.; 1401f.); *nupt.* 2,15 (CSEL 42, 266-268).

[201] Vgl. Iul. *Turb.* 1,33-39 (CChr.SL 88, 349f.); *nupt.* 2,17-23 (CSEL 42, 269-276); *c. Iul.* 3,20f. (PL 44, 712); *c. Iul. imp.* 4,31 (PL 45, 1353f.); Bruckner, Vier Bücher 32f.

[202] Iul. *Turb.* 1,39 (CChr.SL 88, 350); Zitat Julian nach *nupt.* 2,23 (CSEL 42, 275); Julian, so Bruckner (Vier Bücher 33f., Anm. 4), beschwerte sich in *Flor.*, daß Augustin dieses Zitat in *c. Iul.* 3,21 (PL 44, 712) tendenziös verkürzte; vgl. *c. Iul. imp.* 5,10 (PL 45, 1439).

[203] Iul. *Turb.* 1,40 (CChr.SL 88, 350); Zitat Julian nach *c. Iul. imp.* 5,10 (PL 45, 1439).

[204] Iul. *Turb.* 1,41 (CChr.SL 88, 350); Zitat Julian nach *nupt.* 2,25 (CSEL 42, 277); vgl. *c. Iul. imp.* 5,6 (PL 45, 1436).

[205] Iul. *Turb.* 1,53.55f. (CChr.SL 88, 352f.); Zitat Julian nach *c. Iul.* 3,33 (PL 44, 719).

[206] Iul. *Turb.* 1,45 (CChr.SL 88, 351); Zitat Julian nach *c. Iul.* 3,27 (PL 44, 716): *huius itaque appetitus non in genere suo, non in specie, non in modo culpa est, sed in excessu.* Vgl. *c. Iul. imp.* 1,71; 3,167 (CSEL 85/1, 80f.; 470f.); 4,25; 5,5 (PL 45, 1351; 1435f.); *c. Iul.* 3,28 (PL 44, 716f.); Bruckner, Vier Bücher 35.

lian beschwörend (*orandus est*) an seinen Adressaten Turbantius, will jener puni-
sche Querulant mit seinen schmutzigen Manichäismen zuschanden machen.[207]

Was nun weiter die Frage nach der in jedem Neugeborenen angesiedelten Ursünde angeht, so ist, so Julian, schon nach Paulus der Gedanke, Sünde entstehe
durch etwas anderes oder werde durch etwas anderes weitervermittelt als durch
persönliche Verantwortlichkeit jedes einzelnen Menschen, pervers. Eine quasi natürliche, quasi geschöpfliche Ursünde und eine dadurch vermittelte Schuld gibt es
nicht. Alles was entsteht, ist von Gott aus nichts geschaffen. Woher sollte so eine
Sünde, wie Augustin sie konzipiert, kommen?[208] Ein biblischer Befund dafür liegt
jedenfalls nicht vor, im Gegenteil. In Gen 20,1-18, so Julian mit einem weiteren
Beispiel, wird Abimelech, nachdem er versehentlich in Gefahr geraten war, eine
uneheliche Beziehung mit Abrahams Frau Sara einzugehen, von Gott selbst von
jeder Schuld dispensiert. Abimelechs Absicht lag im Bereich des guten Gebrauchs
der von Gott geschenkten Sexualität. Dafür daß er nicht wußte, daß Sara verheiratet war, konnte er nichts.

Die Bibel, so Julian, unterscheidet also anders als Augustin nicht zwischen
Konkupiszenz als böse und vollkommener körperlicher und geistiger sexueller
Abstinenz als gut, sondern zwischen guten und schlechten Arten sexueller Aktivität. In der Geschichte von Abimelech und Sara heißt es Gen 20,6, daß Abimelech
vor Gott reinen Herzens gewesen sei (*in corde mundo fecisti hoc*). In Röm 1,27
klagt Paulus die Heiden nicht wegen ihrer Konkupiszenz als solcher an, also nicht
deswegen, weil sie in ihrer Kultur in ehelichen Beziehungen lebten und sexuelle
Lust verspürten. Seine Anklage richtet sich, so Julian, vielmehr gegen »exzessive« oder auch »widernatürliche,« nach Gen 2,24 »nicht schöpfungsgemäße« Formen der Sexualität. Ähnlich Gen 19,24f.: Gott bestrafe die Sodomiten nicht
wegen ihrer Konkupiszenz, sondern wegen ihrer brutalen Exzesse,[209] die selbst
vor dem Gastrecht nicht halt machten. Zur selben Zeit aber, als Gott Sodom und
Gomorrha mit seinem Strafgericht belegte, erfüllte sich für Abraham und Sara
das Glück ihrer Ehe.

Der Bibel, so Julian am Schluß von *Turb.* 1, ist die von Augustin aufgewor-
fene ursündliche Problematik der Konkupiszenz also fremd. Sie unterscheidet
zwischen guten und schlechten Formen der Sexualität. Gut sind gemäßigte, dem
Ehezweck entsprechende Formen, böse sind exzessive, der in Gen 1-3 formulierten Schöpfungsabsicht nicht entsprechende Formen.[210] Wenn überhaupt, wäre eine

---

[207] Iul. *Turb.* 1,51 (CChr.SL 88, 352); Zitat Julian nach *c. Iul.* 3,31f. (PL 44, 718f.).

[208] Iul. *Turb.* 1,55 (CChr.SL 88, 353f.); Zitat Julian nach *nupt.* 2,27 (CSEL 42, 279-281); als
Belegstellen vgl. 1 Kor 15,36 (*insipiens, tu quod seminas non uiuificatur*) und 1 Kor 15,38 (*deus
autem dat illi corpus prout uult et unicuique seminum proprium corpus*).

[209] Iul. *Turb.* 1,62-64 (CChr.SL 88, 355-357) zitiert hierzu Ez 16,19: *uerumtamen hae iniquitates Sodomae sororis tuae superbia; in saturitate panum et abundantia uini fluebant ipsa et filiae
eius; et manum pauperis et egentis non adiuabant.* Diese in *nupt.* 2,34 (CSEL 42, 288) noch ausführlich zitierte Stelle verkürzte Augustin in *c. Iul.* 3,41 (PL 44, 722f.) tendenziös paraphrasierend dahingehend: *[dicis] etiam Sodomitas et in panis ac uini peccasse creatura.*

[210] Iul. *Turb.* 1,62-64 (CChr.SL 88, 355-357); Zitat Julian nach *nupt.* 2,34 (CSEL 42, 288); *c.
Iul.* 3,42 (PL 44, 723): *concupiscentiae naturalis qui modum tenet, bono bene utitur.* Julian übernimmt hier den antiken ἀκρασία-Begriff, der die Möglichkeit einer aus sich heraus bösen Intention ausschließt. Augustin hatte mit seiner erbsündentheologischen Deutung des Sündenfalls und

Übertragung von Sünde von den Eltern auf die Kinder höchstens im Bereich letzterer anzunehmen.[211] Die Meinung aber, nur eine völlig konkupiszenzfreie Ehe sei auch als frei von Sünde zu betrachten, ist ebenso abwegig wie das Konzept einer von jeglicher persönlicher Verantwortung losgelösten Vererbung von Schuld und Sünde mittels des Zeugungsakts. Wie Augustin in *c. Iul.* richtig erkannte, fand Julian keinen Zugang zu seinem *intellectus gratiae*.

Die Zurückweisung von Augustins Erbsündenlehre — ob aus Mangel an *intellectus gratiae* oder aus welchem Grund auch immer — ist nun aber nicht die einzige Zielsetzung der Argumentation in *Turb*. Vielmehr entwickelt Julian auf der Basis einer litteralen Exegese der Heiligen Schrift sowie der Vorstellung des Menschen als eines von Gott geschaffenen vernünftigen, für seine Handlungen verantwortlichen Wesens einen eigenen *intellectus gratiae*. Dies wird vor allem in *Turb*. 2 deutlich. Julian geht dort erneut aus von der prinzipiellen Gutheit der Konkupiszenz und der Problematik lediglich des Exzesses.[212] Letztere besteht für ihn aber nicht in einer überindividuellen, unpersönlichen Macht über die Menschen, sondern allein in dem von jedem Menschen individuell zu verantwortenden falschen Umgang mit den von Gott verliehenen natürlichen Fähigkeiten.[213] Diese sind bei all ihrer Verschiedenheit allen Menschen verliehen, insofern sie Geschöpfe Gottes sind. Einen im augustinischen *intellectus gratiae* konzipierten Gnadenbegriff, der für eine auserwählte Gruppe von Menschen eine durch einen Akt der Gnade, etwa die Taufe, herbeigeführte, von der bisherigen Wirklichkeit völlig verschiedene neue, gnadenhafte Wirklichkeit konstituierte, lehnt Julian ab. Sein *intellectus gratiae* besagt, daß sich alle Menschen auf eine von allen als eine einzige wahrnehm- und mitteilbare, durch Gottes Schöpfergnade auf natürlicher Basis aufruhender Wirklichkeit beziehen.[214]

Auch die spirituell-moralische Basis der Menschheit ist eine einzige. Auch die *uirtutes* der Heiden tragen bereits im eigentlichen, gnadentheologischen Sinne zum von Gott intendierten Heil aller Menschen bei.[215] Wenn Augustin meint, diese natürlichen Fähigkeiten für wertlos oder gar für Laster erachten zu müssen, um die Taufgnade als allwirksam für das Heil profilieren zu können, denkt er pervers. Julians *intellectus gratiae* besagt, daß in der Schöpfung nichts verloren gehen kann.[216] Natürlich ist auch für Julian die durch die Taufe vermittelte Gnade allwirksam für das Heil. Das nimmt aber der Heilswirksamkeit der natürlichen

---

dem Konzept des »Bösen Willens« genau diese Möglichkeit eingeräumt, wenn er auch dem antiken Denken insofern verpflichtet blieb, als er die Möglichkeit, sie vernünftig erklären zu können, verneinte. Vgl. Chappell, Aristotle 176-207.

[211] Iul. *Turb*. 1,69 (CChr.SL 88, 357f.); vgl. *nupt*. 2,40 (CSEL 42, 293f.); Bruckner, Vier Bücher 40. Augustin versteht diese Stelle so, als ob Julian eine eigene Variation der Erbsündenlehre vertrete. Aus dem Kontext geht jedoch hervor, daß Julian den Satz im Irrealis versteht. Nach wie vor gilt: Er kennt kein Konzept einer real in jedem einzelnen Menschen wirksamen Ursünde. Vgl. Iul. *Turb*. 1,76f. (CChr.SL 88, 360); *nupt*. 2,48 (CSEL 42, 303); *c. Iul*. 3,56 (PL 44, 731).

[212] Iul. *Turb*. 2,94-97 (CChr.SL 88, 363); Zitat Julian nach *c. Iul*. 4,7;8;12 (PL 44, 739f.;742).

[213] Iul. *Turb*. 2,108 (CChr.SL 88, 365); Zitat Julian nach *c. Iul*. 4,19 (PL 44, 747f.).

[214] Iul. *Turb*. 2,112 (CChr.SL 88, 365); Zitat Julian nach *c. Iul*. 4,27 (PL 44, 751f.).

[215] Iul. *Turb*. 2,113 (CChr.SL 88, 366); Zitat Julian nach *c. Iul*. 4,28 (PL 44, 752f.).

[216] Vgl. *c. Iul*. 4,33 (PL 44, 755f.).

moralischen Fähigkeiten nichts von ihrer Bedeutung.[217] Die Gnade wird, so Julian, durch die natürlichen Verdienste des Menschen nicht infragegestellt bzw. vermindert, sondern bestätigt bzw. vermehrt. Julian vertritt, diesen Formulierungen nach zu urteilen, ein Modell, das sich spiegelbildlich und komplementär zu dem Augustins verhält. Seine Gnadenlehre ist gewissermaßen eine aristotelische Version der augustinischen.[218] Augustin betont die Idee der Gnade, Julian ihre Gestalt als Verdienste. Aus dem allgemeinen Heilswillen Gottes nach 1 Tim 2,4 leitet er ab, daß alle Menschen, gleich ob getauft oder ungetauft, nach ihren natürlichen Fähigkeiten gerichtet werden, wobei ihnen diese – unter Voraussetzung der Gnade – nie zum Nachteil, sondern immer nur zum Vorteil angerechnet werden; denn andernfalls wäre Gnade ja nicht Gnade und Natur nicht geschöpflich und gut, sondern beides gereichte den Menschen lediglich zum Fluch.[219]

Mit einem Zitat aus Ciceros *nat. deor.* (2,136-138) beschwört Julian die Gutheit und Schönheit des menschlichen Körpers: Letzterer ist von Gott so, wie er ist, gewollt, mit all seinen Regungen, auch denen etwa des sexuell erregten männlichen Glieds. Daß nicht alle diese Regungen der Kontrolle der Willensfreiheit unterliegen, ist kein Argument dafür, daß durch die Erbsünde die Willensfreiheit außer Kraft gesetzt bzw. nur zum Bösen zu gebrauchen ist. Auch andere Regungen, die für Augustin kein Problem darstellen, etwa die des Verdauungsapparates, unterliegen nicht der Kontrolle der Willensfreiheit.[220] Wenn in 2 Joh 2,16 von Konkupiszenz des Fleisches, der Augen und des Ehrgeizes die Rede ist (*concupiscentia carnis et concupiscentia oculorum et ambitio saeculi*), so sind damit Formen der Ausschweifung in den genannten Bereichen gemeint (*luxuriam intelligendam esse*). Deshalb noch einmal: Gottes Gnade zum Heil der Menschen besteht in der Fähigkeit *aller* Menschen zur Tugend der Mäßigung. Sie entwickelt sich in den Gläubigen zu wahrer Weisheit und Einsicht in das gnadenhafte Wirken Gottes. Das ist *intellectus gratiae* nach Julian.[221]

Auch in *Turb.* 3 propagiert Julian weiter diesen Gnadenbegriff: Gott beruft die Menschen zum Gebrauch ihrer natürlichen Fähigkeiten. Nichts Natürliches ist schlecht. Daß sich Adam und Eva kleideten, ist nicht darauf zurückzuführen, daß sie sich ihrer Nacktheit schämten (*nihil illic indecens nouumque senserunt*)[222] bzw. Angst vor ihrer Lust hatten, weil sie sich deren Sündhaftigkeit bewußt geworden wären. Wenn die Lust wirklich eine Sündenstrafe wäre, müßte man ja im Gegenteil alle Scham von sich werfen, um nicht das göttliche Urteil durch ein Aufbegehren der Enthaltsamkeit gegen Gott abzuschwächen.[223] Julian überzieht

---

[217] S. dazu bereits zu Beginn von *Turb.* 1; vgl. *c. Iul.* 3,8 (PL 44, 705f.); *c. Iul. imp.* 1,53 (CSEL 85/1, 48f.); Bruckner, Vier Bücher 28. Julians *intellectus gratiae* ist damit nicht weniger paradox als der Augustins. Augustin nennt einen Gott, der die Mehrheit der Menschen verdammt, allmächtig, gerecht und gut, Julian eine Gnade, die zu einer bereits im Heil vollkommenen Natur hinzukommt, heilsnotwendig.

[218] Vgl. Thonnard, L'aristotelisme de Julien d'Éclane.

[219] Iul. *Turb.* 2,121-123 (CChr.SL 88, 367); paraphrasiert nach *c. Iul.* 4,40.42 (PL 44, 758f.).

[220] Iul. *Turb.* 2,138-142 (CChr.SL 88,369f.); Zitat Julian nach *c. Iul.* 4,59-63 (PL 44,766-768).

[221] Iul. *Turb.* 2,149 (CChr.SL 88, 371f.); Zitat Julian nach *c. Iul.* 4,80 (PL 44, 779).

[222] Iul. *Turb.* 3,159 (CChr.SL 88, 373); paraphrasiert in *c. Iul.* 5,5 (PL 44, 784f.).

[223] Iul. *Turb.* 3,164 (CChr.SL 88, 374); paraphrasiert nach *c. Iul.* 5,9 (PL 44, 788).

hier bewußt dialektisch, um gegen Augustins Gnadendialektik seinen Begriff einer
im aristotelischen Sinn »realistischen« Heilsperspektive vorstellen zu können:
Wenn, so Julian, die Rede ist davon, daß jemand völlig seinen Begierden ausgeliefert ist, dann heißt das eben nicht, daß so jemand aufgrund einer die Schöpfung insgesamt pervertierenden Ursünde durch die Macht Gottes selbst immer tiefer in diese Ausweglosigkeit hineingetrieben wird (bis hin zur ewigen Verdammnis), wenn ihm nicht zusätzlich zur »hinreichenden« Gnade (der Berufung) die
»rettende« Gnade (der Erwählung, der *uocatio congrua*) zuhilfe kommt. Ein solches »Umkippen« der urständlichen und natürlichen Schöpfungsordnung als ganzer ist aus Julians Sicht unmöglich. Es widerspräche dem Begriff der Schöpfung.
Vielmehr ist die Dramatik einer menschlichen Unheilssituation so zu verstehen,
daß jeder Mensch trotz seines Aufbegehrens gegen Gott und die Schöpfungsordnung durch die Geduld Gottes durch diese Krise hindurchgetragen wird, um dann
auf lange Sicht doch das Heil zu erlangen.[224]

Julian hält nichts von Augustins Verfahren, im *intellectus gratiae* die Bedeutung seiner Begrifflichkeit ständig dialektisch umzuwerten, so als ob sie sich
durch das Gnadenwirken jeweils auf eine von der (urständlichen) geschöpflichen
Natur völlig verschiedene neue Realität bezöge. Er möchte vielmehr auf dem Boden der natürlich zu begreifenden Tatsachen bleiben. Abgesehen von der Frage,
wie das Wirken der Gnade oder auch ihr Nichtwirken zu verstehen ist, gibt es,
so Julian, natürliche Mittel zum Umgang mit der Konkupiszenz, um so zu einem
glücklichen Lebenswandel zu finden. Dazu zitiert Julian erneut Cicero, und zwar
das verlorene Werk *expositio consiliorum suorum*: Als eine Gruppe angeheiterter
junger Männer, zusätzlich erregt durch aufreizendes Flötenspiel, dabei war, bei
einer ehrbaren Frau einzubrechen, soll Pythagoras die Flötenspielerin angehalten
haben, einen Spondeus zu spielen, dessen getragener Ernst die Heißsporne beruhigte.[225] Durch natürliche Phänomene erregte Exzesse lassen sich, so Julian, also
auch durch natürliche Mittel zähmen, so daß im Idealfall die Sünde ganz eliminiert wird.[226] Im Zentrum dieser Prozesse steht jedoch die menschliche Willensfreiheit. An dieser vollzieht sich auch das Gericht; denn wie der rechte Gebrauch
der natürlichen Mittel durch die Willensfreiheit belohnt wird, so wird ihr un-
rechter Gebrauch bestraft. Gott allein weiß, so nun auch Julian, im Reichtum seiner Weisheit und Ratschlüsse (Röm 11,33), wie dies geschehen wird.[227] Auf der
Basis dieses unwiderruflichen Postulats der Willensfreiheit auszuschließen ist freilich erneut, so Julian, eine irgendwie geartete Erbsünde. Eltern, die Kinder zeug-

---

[224] Iul. *Turb.* 3,167-169 (CChr.SL 88, 375); Zitat Julian nach *c. Iul.* 5,13.15 (PL 44, 790.793).
[225] Cic. *frg. exp. cons.*; zitiert nach Iul. *Turb.* 3,178-181 (CChr.SL 88, 376); Zitat Julian nach
c. Iul. 5,23 (PL 44, 797f.).
[226] Iul. *Turb.* 3,187 (CChr.SL 88, 377f.); Zitat Julian nach *c. Iul.* 5,27 (PL 44, 801).
[227] Iul. *Turb.* 3,194 (CChr.SL 88, 378f.); Zitat Julian nach *c. Iul.* 5,35 (PL 44, 895): »*o altitudo diuitiarum sapientiae et scientiae dei*« [Röm 11,33] *qui extra futuram operum retributione
ex multa parte liberum arbitrium formam uoluit implere iudicii. iustissime enim sibi bonus homo
malusque committitur, ut et bonus se fruatur et malus se ipse patiatur.* Dieses Zitat illustriert die
Kongenialität Julians mit Augustin. So wie Augustin vom im *intellectus gratiae* erfaßten Faktum
des Gerichts auf die Prädestination schließt, so Julian von der aufgrund seiner Auffassung von
Gottes Schöpfergnade unwiderruflich postulierten Willensfreiheit des Menschen auf das Gericht.

ten, die aufgrund der Erbsünde und weil sie ungetauft sterben würden, zur ewigen Verdammnis vorherbestimmt wären, wären quasi durch Gott, der dies ja vorherwüßte und vorherbestimmte, legitimierte Kindermörder.[228] Julian hält diesen Gedanken für absurd, ja ausgesprochen pervers. Für ihn sind sowohl Schuld als auch Sünde nicht übertragbare spirituell moralische Größen. Wer keine Tatsünde begangen hat, kann auch keine Sünde »haben.«[229] Ebensowenig Sinn hat es, sich auf die Inkommensurabilität der Zustände außer- bzw. innerhalb des Wirkungsbereichs der Gnade hinauszureden, da man um Vergleiche so oder so nicht herumkommt. Also vergleiche man von Anfang an Gleiches mit Gleichem. Die sexuelle Kraft eines Mannes etwa bleibt nach der Taufe dieselbe, die sie vorher war.[230] Sie ändert nicht durch die Einwirkungen der Taufe ihre Qualität. Sie zu zügeln oder nicht bleibt das persönliche Problem des betreffenden Mannes. So gesehen hat Gott allen Menschen prinzipiell die Fähigkeit zur Ehe bzw. Ehelosigkeit gegeben. Jeder der wirklich enthaltsam leben will, hat dazu die Fähigkeit, aufgrund seines freien Willens.[231]

In *Turb.* 4 schließlich versucht Julian, durch weitere biblische und am Ende des Buches auch patristische Belege seine Argumentation gegen Augustins Erbsündenlehre noch besser zu fundieren. Erneut stellt er an den Anfang eine Manifestation seines *intellectus gratiae*: Die Dummheit ist die Mutter aller Laster (*matrem esse omnium uitiorum*), die Weisheit der Anfang der Gottesliebe (Weish 7,28).[232] Im Unterschied zu Augustin bezieht er diese Einsicht jedoch auf den natürlichen Urzustand des Menschen, den er nach wie vor erhalten sieht (*bonum inuiolatae inculpataeque naturae*). Auf ihn bezieht sich die Wiedergeburt in Christus (Joh 3,6) und nicht auf den vom Teufel beherrschten Zustand, den Augustin an die Wand malt, so Julian.[233] Augustin setzt, so Julian, bei seiner Gnadenlehre immer die Erbsünde voraus, aber mit welcher Begründung? »Erklär mir doch,« fragt er, »mit welchem Recht kann einer Person eine Sünde zugeschrieben werden, die weder sündigen wollte noch konnte?«[234] Die Konkupiszenz reicht als phänomenologischer Verweis als Begründung für eine Ursünde nicht aus. Sie ist ein natürlicher (quasi sechster) Sinn (*sensus*).[235] Ihr Gebrauch ist erst dann problematisch, wenn er nicht im Sinne ihrer geschöpflichen Bestimmung erfolgt.[236] Das hat aber dann nichts mit Ursünde zu tun; denn gleich was der Mensch tut, er kann seine gute Geschöpflichkeit nicht durch einen sündigen Akt außer kraft setzen.

---

[228] Iul. *Turb.* 3,202 (CChr.SL 88, 379); paraphrasiert in *c. Iul.* 5,43 (PL 44, 808).

[229] Iul. *Turb.* 3,218f. (CChr.SL 88, 382); paraphrasiert in *c. Iul.* 5,57 (PL 44, 815): *qui non fecit [peccatum] habere non potuit.* Vgl. Jes 53,9; 1 Petr 2,22.

[230] Iul. *Turb.* 3,219 (CChr.SL 88, 382); Zitat Julian nach *c. Iul.* 5,57f. (PL 44, 815f.).

[231] Iul. *Turb.* 3,230f. (CChr.SL 88, 383); Zitat Julian nach *c. Iul.* 5,65 (PL 44, 819f.).

[232] Iul. *Turb.* 4,234f. (CChr.SL 88, 383); paraphrasiert in *c. Iul.* 6,1 (PL 44, 821).

[233] Iul. *Turb.* 4,239-242 (CChr.SL 88, 384); paraphrasiert in *c. Iul.* 6,3.6 (PL 44, 822.824); vgl. *nupt.* 1,21f. (CSEL 42, 233.235).

[234] Iul. *Turb.* 4,259f. (CChr.SL 386); Zitat Julian nach *c. Iul.* 6,24 (PL 44, 836).

[235] Iul. *Turb.* 4,295 (CChr.SL 88, 390); Zitat Julian nach *c. Iul.* 6,56 (PL 44, 855): *sensus est igitur concupiscentia et mala qualitas non est; ergo quando minuitur concupiscentia sensus minuitur.*

[236] Iul. *Turb.* 4,301 (CChr.SL 88, 391); paraphrasiert in *c. Iul.* 6,63 (PL 44, 861).

Mit anderen Worten: Der Mensch ist ganz einfach nicht in der Lage, durch einen
sündigen Akt, etwa den Adams, eine der Schöpfungsordnung gewissermaßen bei-
geordnete sündhafte Substruktur in der Welt zu begründen. Sobald die Schöpfermacht Gottes einen solchen Akt in die Schranken wiese, bräche auch eine solche
Struktur sofort wieder in sich zusammen. Gottes Omnipräsenz in der Schöpfung,
sein Werk, die Schöpfung selbst, verhindert, so Julian, daß das Werk des Teufels
universale Dimensionen annimmt. Das Konzept der Ursünde ist damit ad absurdum geführt; denn wie soll Augustin die Wurzel des Übels in dem aufspüren,
was er selbst eine Gnadengabe Gottes nennt?[237] Damit widerlegt Julian Augustins
Erbsündenlehre mit demselben Argument, mit dem Augustin sie aus dem *intellectus gratiae* heraus begründet, dem auf den eigenen Erkenntnisvorgang reflektierenden Verweis auf das universale, also im Erkenntnisprozeß selbst in erster
Linie intellektuelle Wirken der Gnade.

Es geht Julian dabei nicht nur formal um die Einhaltung des aristotelischen
Kategorienschemas, sondern vor allem auch inhaltlich um das geistige Erfassen
des Wesens des christlichen Heilsweges. Dazu zitiert er die oben bereits in Augustins Widerlegung behandelten Kirchenväter: Wer nicht erkennt, daß er im Prinzip gut geschaffen ist und keine Sünde seinen Körper in einem universalen Sinne
zu einem »Körper der Unzucht« machen kann, so zitiert er Basilius, der hat eben
nicht die Fähigkeit, ein Leben in gottgeweihter sexueller Enthaltsamkeit zu führen; denn ein Körper, der in seinem Wesen lasterhaft ist, kann nicht zum Ort der
Tugend werden.[238] Nach demselben Prinzip, so Julian, leugnet Johannes Chrysostomus die Ursünde Neugeborener.[239] Bei der Verwendung entsprechender Motive
aus Paulus' Römerbrief schließlich ist Paulus' jüdischer Hintergrund zu berücksichtigen.[240] Paulus' »Gesetzeskritik,« so Julian, ist eigentlich Kritik an über-
triebenem Festhalten an alten Gewohnheiten.[241] Augustins Erbsündenlehre wäre
unter dieser Voraussetzung schon von Paulus selbst her zu widerlegen.[242] Die »Eigenart von Augustins Berichterstattung« (Bruckner) hat zumindest die Überlieferung eines solchen Unternehmens Julians verhindert. Was bleibt, ist der Ein-

---

[237] Iul. *Turb.* 4,77a.89 (CChr.SL 88, 360.363); Zitat Julian nach *c. Iul.* 6,66; vgl. 1,42-44 (PL
44, 863; 669-671).

[238] Ps-Basil. *adu. Man.*; Zitat nach Iul. *Turb.* 4,309 (CChr.SL 88, 392); Zitat Julian nach *c.
Iul.* 1,16 (PL 44, 650).

[239] Iul. *Turb.* 4,312 (CChr.SL 88, 393f.); Zitat Julian nach *c. Iul.* 1,21 (PL 44, 654f.).

[240] Nach Julian äußert Paulus den Satz *non enim quod uolo bonum hoc ago* etc. (Röm 7,19)
dezidiert als Jude (*Iudaeum esse*). Eine ähnliche Deutung erfährt Gal 2,20 (*uiuo non ego iam,
uiuit uero in me Christus*). Vgl. *c. Iul.* 2,30; 6,71 (PL 44, 693f.; 866).

[241] Iul. *Turb.* 4,315 (CChr.SL 88, 394); Zitat Julian nach *c. Iul.* 6,73 (PL 44, 867): *exaggerat
apostolus uim consuetudinis*.

[242] Wie aus einigen Ungereimtheiten im Referat Augustins hervorgeht, hat Julian genau dies,
nämlich eine Widerlegung der Erbsünden- und Ehelehre Augustins mit Mitteln paulinischer Theologie, im folgenden (*c. Iul. imp.* 1,68 [CSEL 85/1, 73]) als Antwort auf Augustins Exegese von
1 Kor 7,3-6 in *nupt.* 1,16 (CSEL 42, 228f.) getan. Augustin hat diese Stelle jedoch unterschlagen,
so daß sie verloren ist. Dabei hatte Augustin Julian in *c. Iul.* 2,20 (PL 44, 687) aufgefordert, er
solle ihm doch einmal darlegen, wie er mit seiner Lehre die paulinische Theologie verdrehe. Nach
Bruckner (Vier Bücher 75, Anm. 3) wirft dies »ein nicht unbedenkliches Licht« auf Augustins Berichterstattung.

druck, daß Julians Theologie, so wie sie bereits aus den wenigen Fragmenten von
Turb. zu erschließen ist, durchaus auf einer eigenen erkenntnistheoretisch-gnadentheologischen biblischen Basis und nicht zuletzt auch in der altkirchlichen christlichen Tradition steht, wenn sie sich auch auf die von Augustin vorgegebenen
Themen von Ehe- und Erbsündenlehre beschränkt.

(c) *Intellectus gratiae* aus dem Geist des Widerspruchs (*c. Iul.* 3-6)

In *c. Iul.* 3-6 geht Augustin detailliert auf die in *Turb.* entwickelten Argumente
ein. Er tut dies im Sinne seines *intellectus gratiae*: Er hoffe, daß sich Julian zusätzlich zu den in *c. Iul.* 1-2 vorgelegten Traditionsargumenten nun auch durch
Sachargumente überzeugen lasse und nicht zu denen gehöre, von denen es heiße,
sie »wollten nicht einsehen« (Ps 35,4) oder beharrten wider besseres Wissen
hartnäckig auf ihrer Meinung (Spr 29,19)?[243] Er habe freilich nicht den Eindruck, daß Julian sich auch nur der Bedeutung des Ausdrucks »Gottes Hilfe« bewußt sei, da er die Möglichkeit vollständiger Sündlosigkeit für den Menschen
postuliere und damit das für alle, auch die spirituell und moralisch vollkommen-
sten Menschen gültige Gebet *dimitte nobis debita nostra* (Mt 6,12) zur Bedeu-
tungslosigkeit degradiere.[244] Augustin will nicht darüber diskutieren, ob die
kaiserlich-kirchliche Seite die Pelagianer fair behandelt habe oder ob die harte
Behandlung Zeichen des Mangels an Argumenten der stärkeren Seite sei. Man sei
gegen Häretiker vorgegangen, und daß auch Julian eine Häresie vertrete, stelle
für ihn eine der Grundlagen der Diskussion dar.[245] Man wolle nun aber nicht bei
äußeren Details (wie Aufzählung von Greueltaten der gegnerischen Seite usw.)
stehenbleiben, sondern zur Sache kommen.

Julians Einwand, so Augustin, seine, Augustins, Erbsündenlehre stelle die
Schöpfermacht Gottes infrage, weil sie dem Teufel universale Macht über die
Menschen zuschreibe, ist gefährlich dumm. Sie übersieht, daß ja nicht nur Kinder, sondern auch Erwachsene der Macht des Bösen ausgesetzt sind. Würde Julian auch dies verneinen, würde er das Übel in der Welt leugnen bzw. Gottes
Macht, es zu überwinden. Wenn er es aber bejaht, muß er zugeben, daß ein
Kampf zwischen göttlichen und teuflischen Mächten in der Welt stattfindet, daß
die Menschen unter der Macht des Teufels stehen und der Erlösung durch Christus bedürfen.[246] Ebenso ist es mit Julians Tauflehre, nach der die Taufe lediglich eine Ergänzung der natürlichen Begabungen der jeweils Getauften darstellt. Augustin spricht in diesem Zusammenhang von einer paradoxen Konzeption des Pelagianismus, ähnlich der des stoischen Dogmas. Ungeachtet der Tatsache, daß auch sein *intellectus gratiae* auf dem Paradox gründet, daß ein guter,
allmächtiger und gerechter Gott es überhaupt zugelassen hat, daß durch die
Freiheit des Menschen das Böse in die Welt eindrang, fordert er Logik ein und

---

[243] *C. Iul.* 3,1 (PL 44, 701).
[244] *C. Iul.* 3,2 (PL 44, 702).
[245] *C. Iul.* 3,5 (PL 44, 703f.).
[246] *C. Iul.* 3,7 (PL 44, 705).

postuliert, daß die Heilung durch die Taufe sich nur auf eine vorher vorliegende Krankheit, eben die Sünde, beziehen könne.[247] Jene positivistische und vermeintlich optimistische Deutung der Taufe als Bestätigung oder Ergänzung der natürlichen Begabungen des Menschen, so Augustin, ist irreführend. Die Erbarmungslosigkeit der Weltwirklichkeit spricht für eine Ursünde, die die Menschheit mit Schuld und Leid belastet, sie in eine *massa perditionis* verwandelt, aus der nur einzelne durch die Taufgnade und ihre Wirkung (das *donum perseuerantiae*) als Gefäße des Erbarmens (Röm 9,23) gerettet werden.[248] Wenn Julian die Notwendigkeit der Kindertaufe infragestellt, darf er sich nicht wundern, wenn sich der kirchliche Volkszorn gegen ihn entlädt;[249] denn die einfachen Gläubigen wissen sehr wohl aus eigener Erfahrung, wie real die Wirkung der Ursünde ist, wenn etwa bereits Neugeborene unter dem Befall von Dämonen leiden. Aber nicht, so Augustin, wie Julian unterstellt, der eheliche Akt als solcher überträgt diese Dinge auf die Kinder, sondern etwas Grundlegenderes, dem sich auch der eheliche Akt nicht entziehen kann, obwohl, ja gerade weil er von seinem Wesen als sexueller Akt her notwendigerweise davon Gebrauch macht. Julians Individualismus, der eine Übertragung von Schuld von den Eltern auf die Kinder ablehnt, ist in seiner Schärfe nicht haltbar.[250] Die individuelle Willensfreiheit existiert nicht losgelöst von ihren Bedingtheiten. So positiv die Ausübung der Sexualität in der Ehe zu bewerten sein mag, sie ist bedingt durch die ursündliche Konkupiszenz, einem Übel, das auch bei seiner Verwendung für einen guten Zweck ein solches bleibt und als solches auf die im konkupiszitären sexuellen Akt gezeugte Nachkommenschaft weiterwirkt.[251]

Freilich sind ehelich wie nichtehelich gezeugte Menschen in ihrer Geschöpflichkeit gut. Nur: Mit ihrer Geschöpflichkeit koinzidiert die Ursünde. Wenn, so Augustin, Julian meint, die Tatsache, daß der Vollzug der Ehe ein Gut ist, habe auch die Gutheit der Konkupiszenz zur Folge, verwechselt er Kausalität und Koinzidenz. Die Kausalität, die zur erbsündlichen Verfaßtheit jedes neugeborenen Menschen führt, ist die durch die Konkupiszenz wirksame Ursünde, die auch im sexuellen Akt wirkt und sich so auf jede neue Generation überträgt. Sie koinzidiert mit der Tatsache, daß im sexuellen Akt die Konkupiszenz zwar anwesend ist, aber zugleich auch durch die gegenseitige Liebe auf die Prokreation des Nachwuchses hin überwunden wird.[252] Julian, so Augustin, hat zwar recht, wenn

---

[247] *C. Iul.* 3,8f. (PL 44, 705f.). Zur Frage, wer hier die stoischere Philosophie vertrete, vgl. Wolfson, Philosophical implications; Rist, Augustine 168-173.

[248] *C. Iul.* 3,10 (PL 44, 707). Als Beispiel für jene Erbarmungslosigkeit der Weltwirklichkeit schon auf der vormoralischen natürlichen Ebene nennt Augustin die Taubheit, eine Krankheit, die, wie er angibt, die Menschen am Glauben hindere, da es doch in Röm 10,17 heiße, »der Glaube kommt vom Hören.« Aus diesem Beispiel wie auch aus dem folgenden ist abzulesen, daß sich seine Polemik hier nicht gerade auf dem höchsten Niveau bewegt.

[249] *C. Iul.* 3,11 (PL 44, 707f.).

[250] *C. Iul.* 3,13 (PL 44, 708).

[251] *C. Iul.* 3,15 (PL 44, 709).

[252] *C. Iul.* 3,16 (PL 44, 710). Was Augustin unterschlägt, ist, wie im vorhergehenden Abschnitt gezeigt, daß auch Julian sehr wohl zwischen Kausalität und Koinzidenz unterscheidet. Nur seine Grenzziehung ist anders. Anders als für Augustin ist Konkupiszenz für Julian ein Gut. Das Übel ist der Exzeß. Was bei Julian im sexuellen Akt koinzidiert, sind also Güter, etwa das Gut der

er sagt, daß durch den ehelichen Liebesakt nur Gutes verwirklicht wird, vor allem die Liebe der Gatten und unter Umständen auch ihr Kinderwunsch. Er unterschlägt jedoch die andere Hälfte der Wahrheit, daß die Kinder dieser Eltern erneut der erbsündlichen Belastung ausgesetzt sind, die ja auch in ihren Eltern
wirksam ist. Zwar werden die Kinder von Gott gut geschaffen und von ihren Eltern in der Vervollkommnung ihrer ehelichen Liebe gezeugt, dennoch wirkt auch
in ihnen bereits bei ihrer Empfängnis die durch die in den Eltern bei ihrer
sexuellen Aktivität wirksame Konkupiszenz übertragene Ursünde.[253] Schon gegen
den manichäischen Dualismus, so Augustin, habe er betont,[254] daß die Lehre von
der durch die Ursünde verdorbenen Natur nicht besage, daß der Mensch von einem (als zweite gleich ewige Substanz neben einem guten Gott existierenden)
bösen Gott als böses Wesen geschaffen wurde. Er habe immer die Gutheit Gottes
und der Schöpfung betont. Aber der Mensch sündigte in Adam durch seine Willensfreiheit und machte sich dadurch zu einer *massa damnata*. Denjenigen, die
dadurch die ewige Verdammnis erleiden, ist nicht damit geholfen, daß man sie in
den Himmel hineinerklärt. So weit, so Augustin, sei nicht einmal Pelagius gegangen. Jener habe vielmehr versucht, zwischen dem Himmelreich und anderen Formen ewiger Seligkeit zu unterscheiden. Im Fahrwasser Pelagius' schlägt auch Julian in diesem Bereich Kompromißlösungen vor. Im Sinne des *intellectus gratiae*
hält Augustin dies jedoch für unbiblisch, inkonsistent und aus diesen beiden
Gründen unheilstiftend.[255]

Julian, so Augustin, unterscheidet nicht zwischen Konkupiszenz und bloßer
Vitalität. Er meint, der Mensch könne sich durch seine Selbstbeherrschung nicht
nur zu den bösen Gefühlen und Regungen in sich verhalten, sondern auch prinzipiell dazu, sie zu haben oder nicht zu haben. In Wirklichkeit aber entdeckt sich
der Mensch immer schon als jemand, der diese oder jene Regung in sich spürt.
Nimmt er wahr, daß sie aus der Konkupiszenz entspringt, hat er die Sünde be-

---

Konkupiszenz und das Gut der Nachkommenschaft als göttliche Gabe. Für Julian geschieht Augustins Bezeichnung der Konkupiszenz als Übel willkürlich und unbegründet. In Augustins Augen
freilich gilt dasselbe für Julians Grenzziehung zwischen Konkupiszenz und Exzeß.

[253] *C. Iul.* 3,18 (PL 44, 711). Julians alttestamentliche Beispiele, so Augustin, sind deshalb
unpassend. Die menschliche Sexualität ist nach dem Fall eine andere als vorher. Im Beispiel von
Abraham und Sara betont die Bibel gerade nicht, daß sie ihr Kind auf natürlichem Wege zeugten,
sondern im Gegenteil, daß sie dazu nicht mehr in der Lage waren und Gottes Hilfe bedurften. Ihr
Versuch, es auf eigene Weise zu tun, ohne Gott zu involvieren, wird ihnen gerade auch in diesem
Beispiel als Sünde angerechnet. Erneut könnte, wie im vorhergehenden Abschnitt gezeigt, Julian
hierzu erwidern, daß auch er eben dies zeigen wollte, daß nämlich Abrahams und Saras Eheglück
unabhängig von ihrer Fähigkeit bestand, Kinder zu zeugen. Daß Gott eingriff, weist weniger auf
ihre Sünde als auf die Gnade Gottes zusätzlich zu ihrem Eheglück hin. Augustins Theorie von der
Ursünde ist hier zumindest überflüssig, wenn sie nicht gar den Gedanken der Bibelstelle pervertiert. Vgl. *c. Iul.* 3,21-23 (PL 44, 712-714). Gen 16; 18; 25; Iul. *Turb.* 1,38f.; 43a (CChr.SL 88,
350f.).

[254] Vgl. oben in Kapitel IV, Abschn. 2.

[255] *C. Iul.* 3,24f. (PL 44, 714f.). Zur Erklärung dieses letzten Satzes: Der *intellectus gratiae*
als erkenntnistheoretische und hermeneutische Grunddimension der Gnade nach Augustin kann das
Heil ja nur wirken, wenn erkenntnistheoretische und hermeneutische Vollendung in der Gnadenlehre erzielt ist. Deshalb die Bemühungen Augustins um die Gnadenlehre und deshalb auch die
Frustration wegen der seiner Ansicht nach unzulänglichen und irreführenden Studien Julians.

reits begangen, ohne eine Wahl gehabt zu haben, sie zu begehen oder nicht zu begehen. Er kann also nur noch den Herrn um Vergebung bitten (Mt 6,13).[256] Julian, so Augustin, erliegt einem fundamentalen Mißverständnis, was die menschliche Natur betrifft. Da nützt es ihm nichts, daß auch er die Aszese hochschätzt. Was ihm fehlt, ist Einsicht in die Wahl der Mittel, um sie heilsrelevant umzusetzen. Diese gewährt allein die Gnade durch Einsicht in das Verhältnis von Ursünde und Vorherbestimmung im *intellectus gratiae*.[257]

Nach erneuter Bemühung von Cypr. *ep.* 64 und einigen Bemerkungen zu Julians Römerbriefdeutung[258] kommt Augustin noch einmal auf Julians Beispiele aus dem Alten Testament zu sprechen, um den Druck auf seinen Konkupiszenzbegriff zu verstärken. Julian, so Augustin, präsentiert keine Exegese, sondern Fiktion. Wie kann er Abimelech (Gen 20,6) aufgrund seiner Unwissenheit »gerecht« nennen? Wird Ignoranz neuerdings mit Gerechtigkeit gleichgesetzt? Und auf welcher erkenntnistheoretischen Grundlage sind Säuglinge gerecht oder unschuldig zu nennen, außer aufgrund von Äußerlichkeiten?[259] Abimelech, so Augustin, wurde von Gott hart bestraft. Die Frauen seines Hauses wurden unfruchtbar, seine Nachkommen auf Generationen hinaus verflucht. Warum sollte Gott die Konkupiszenz der Männer von Sodom (Gen 18,26) für schlimmer erachten als die Konkupiszenz züchtiger Eheleute? Insofern sie Konkupiszenz ist, ist sie ein Übel, von dem die Menschen nur durch die Gnade befreit werden können, die bei der Einsicht ansetzt, wegen dieser Sünde die Gnade nötig zu haben.[260] Auch 1 Joh 2,16 meint nicht nur exzessive Formen der Konkupiszenz (*luxuria*). Johannes verurteilt die Konkupiszenz deshalb, weil sie nicht vom Vater ist,[261] und er verurteilt sie rundheraus. Es gibt keine gemäßigte Form der Konkupiszenz, die gut wäre.

Ist, so fragt Augustin, Julian in seiner Verteidigung der Konkupiszenz Epikureer? Antwort: Nein; denn er preist ja die Tugend. Wie aber will er diese verwirklichen – ohne *intellectus gratiae*, um in das Lob der Kirche einzustimmen, in Frömmigkeit als wahrer Weisheit (Ijob 28,28), die er nur erbeten kann; denn der Herr ist es, der die Blinden weise macht, daß sie wahrhaft sehen (Ps 145,8). Wem es an Weisheit mangelt, der soll den Herrn darum bitten (Jak 1,5). Edelste Frucht dieser Weisheit wird sein, die eigene Sündhaftigkeit als Erlösungsbedürftigkeit und somit als Hoffnungspotential, als Boden für das Wirken der Gnade zu erkennen und Gott um sein Erbarmen bitten zu können (Mt 6,12). Es ist, so Augustin, pervers zu glauben, es sei ein Ausdruck von Laxismus, so zu denken wie Paulus: »Was ich bin, bin ich durch die Gnade Gottes« (1 Kor 15,10). Gehört Julian etwa zu den Reichen und Hochmütigen, denen es mißfällt, daß Gott dazu neigt, sich der Schwachen zu erbarmen (Ps 122,4), während diese oft keine andere Wahl haben als all ihre Hoffnung auf Ihn zu setzen (Ps 13,6)?[262]

---

[256] *C. Iul.* 3,26f. (PL 44, 715f.); vgl. Iul. *Turb.* 1,44f. (CChr.SL 88, 351).
[257] *C. Iul.* 3,29 (PL 44, 717); vgl. Iul. *Turb.* 1,49f. (CChr.SL 88, 352).
[258] *C. Iul.* 3,30-35 (PL 44, 717-721); vgl. Iul. *Turb.* 1,50-58 (CChr.SL 88, 352-355).
[259] *C. Iul.* 3,36f. (PL 44, 721f.); vgl. Iul. *Turb.* 1,17b.59.55 (CChr.SL 88, 345.355.353).
[260] *C. Iul.* 3,38-41 (PL 44, 722f.); vgl. Iul. *Turb.* 1,60-62 (CChr.SL 88, 355f.).
[261] *C. Iul.* 3,45 (PL 44, 725).
[262] *C. Iul.* 3,48 (PL 44, 726f.); vgl. Iul. *Turb.* 1,67 (CChr.SL 88, 357).

Die Konkupiszenz als Übel beschäftigt Augustin auch in *c. Iul.* 4. Paulus, so beginnt er, empfahl die Ehe als Heilmittel gegen die Konkupiszenz (1 Kor 7,9), als Zugeständnis (1 Kor 7,6) zur Vermeidung von Sünden im Rahmen christlicher Berufung, vor allem zur sexuellen Enthaltsamkeit in einem Leben in Ehelosigkeit. Die Ehe stellt also keine eigene Form der Berufung dar. Sie soll lediglich verhindern helfen, daß schwächere Naturen in Versuchungen geraten (vgl. Mt 6,13), denen sie nicht gewachsen sind, und zwar auf dem Hintergrund der Erfahrung, daß jeder Mensch von seiner je eigenen Konkupiszenz in Versuchung geführt wird (Jak 1,14). Im Vater-Unser bittet jeder Gläubige Gott um Erlösung von allen Versuchungen und allem Bösen, sowohl innerhalb als auch außerhalb der Ehe. Es geht bei der Konkupiszenz also nicht um Exzesse irgendwelcher Art, sondern um die im ursündlichen Kontext ob in oder außerhalb der Ehe leider »ganz normale« Abwendung des Menschen von Gott, die sich in den in 1 Joh 2,16 genannten ursündlichen Grundverhaltensweisen manifestiert.[263] Julians Analyse, so Augustin, ist demgegenüber oberflächlich. Sie lotet nicht die (Un-) Tiefen menschlicher Natur bzw. in Unterscheidung dazu die Tiefen des göttlichen Ratschlusses (Röm 11,33) aus. Wird nicht in der Schwachheit die spirituell moralische Vollendung des Menschen verwirklicht (2 Kor 12,9)?[264] Warum sollte es nicht möglich sein, durch Gebrauch eines Übels Gutes zu wirken, also durch Konkupiszenz in einem ganz genau festgelegten Rahmen, der Ehe, Gottes Auftrag zu erfüllen, sich zu lieben und Kinder zu zeugen?

Mit »Verwirklichung« ist hier nicht bloß »Unterstützung« (*adiuuare*) zusätzlich zu den natürlichen Fähigkeiten gemeint, sondern Grundlegung und Vollendung, beginnend vor dem Anfang individuellen Lebens und endend noch jenseits der Vollendung seiner selbst, in der Transzendenz (der Gnade) Gottes.[265] Wer nicht getauft ist, gehört per definitionem nicht diesem Bereich an.[266] Erst die Gnade bringt Hoffnung in ein Leben, dessen Tugenden ohne sie Laster sind.[267] Aber auch unter Voraussetzung der Taufe gilt: Ohne Bekehrung durch die Gnade kein Heil (Ps 79,8). Die Bekehrung aber ist Gottes Werk. Alles, was durch sie an Bösem überwunden und an Gutem in einem erneuert ist, stammt aus Christus. Nur in ihm kann man sich in diesem Sinne rühmen (1 Kor 1,31). Alles was nicht in diesem Sinne aus Glauben ist, ist Sünde (Röm 14,23).[268] Zwar gibt es auch ein Naturrecht (-gesetz) für Nichtgetaufte, aber nur im Hinblick darauf, daß ihre Verdammnis bei seiner Einhaltung milder ausfällt als für die, die sich nicht einmal daran halten.[269]

---

[263] *C. Iul.* 4,6 (PL 44, 738f.).

[264] *C. Iul.* 4,11 (PL 44, 741f.).

[265] *C. Iul.* 4,15f. (PL 44, 743f.); vgl. Spr 8,35 LXX; Phil 2,13; 1 Kor 2,12 (*ut sciant quae a deo donata sunt eis*); Iul. *Turb.* 2,101-105 (CChr.SL 88, 364).

[266] *C. Iul.* 4,17 (PL 44, 745); vgl. Röm 1,17 (*iustus ex fide uiuit*); Röm 10,17.4 (*fides ex auditu, auditus autem per uerbum Christi; finis legis Christus ad iustitiam omni credenti*); Gal 2,21 (*si per legem iustitia, ergo Christus gratis mortuus est*); vgl. auch *ciu. dei* 19,25 (CChr.SL 48, 696); Iul. *Turb.* 2,106 (CChr.SL 88, 364).

[267] *C. Iul.* 4,19 (PL 44, 747).

[268] *C. Iul.* 4,21-24 (PL 44, 749f.).

[269] *C. Iul.* 4,25 (PL 44, 750).

Julians Annahme, es gebe nur eine einzige Wirklichkeit für Heiden wie für
Christen, zielt, so Augustin, an der Heilswirklichkeit vorbei. Augustins Wirklich-
keitsbegriff ist soteriologischer Natur. Für ihn hängt alles an der Hoffnung auf
Heil. Wer das Heil nicht erlangt, wird verdammt. Einen Zwischenzustand gibt es
nicht. Deswegen ist die Sünde dessen, der im Hinblick auf das Heil im Glauben
steht, anders zu bewerten als die Sünde dessen, der im Hinblick auf die ewige
Verdammnis nicht im Glauben steht. Der letztere lebt bereits dadurch ein lasterhaftes Leben, daß er nicht glaubt, gleich wie tugendhaft er nach landläufigen
Vorstellungen leben mag.[270] Der tugendhafte Gläubige zeichnet sich im Gegenteil
gerade dadurch aus, daß er sich trotz inhaltlicher und formaler Erfüllung der Gesetze (also Taufe plus Einhaltung aller Gebote) seiner Sündigkeit bewußt ist (1
Joh 1,8), also durch *intellectus gratiae*. Auf letzteren kommt letztlich alles an. Er
ist die Wahrnehmungsgrundlage, die erkenntnistheoretische Grundlage des Heils.
Ohne ihn ist Heil nicht erfahrbar. Ein Ungläubiger, so Augustin, der eine gute
Tat vollbringt und verdammt wird, wird nicht für die gute Tat bestraft, sondern
weil er nicht fähig ist, ihre Bedeutung im Licht der Gnade zu erkennen (1 Kor
1,31).[271] Ebenso Werke der Barmherzigkeit. Außer im Glauben (Gal 5,6) sind sie
kein Maßstab für das Heil. In bestimmten Fällen sind sie sogar Ausgeburt der
Bosheit, des Ungehorsams gegenüber Gott (Ex 23,3; 1 Sam 15). Alles kommt auf
die Perzeption des Ratschlusses Gottes an. Deshalb ist auch der Umkehrschluß
Julians, die Konkupiszenz sei ein Gut und die Ausübung der Sexualität eine
Tugend, weil daraus das Gut der Nachkommenschaft entspringt, absurd.[272]

Julians Deutung von Mt 7,7 und 1 Tim 2,4, daß Gott gebe, noch ehe jemand
anklopfe, weil er wolle, daß alle gerettet werden, ist nach Augustin ebenfalls abwegig. 1 Tim 2,4, so Augustin, ist so zu verstehen, daß nur die gerettet werden,
in bezug auf die Gott will, daß sie durch die Gnade Christi gerettet werden.[273]
Der Herr kennt die Seinen (2 Tim 2,19; vgl. Num 16,5.26). Er weiß, wen er gerechterweise gerettet haben will. Er braucht nicht den Rat der Menschen. Die
Menschen sind es, die sich in der Position des Suchens und Fragens befinden:
Warum rettet er die einen und verwirft die anderen? Ohne Gnade gibt es keine
Einsicht in diesen Sachverhalt. Die Menschen können nur Gottes Erbarmen preisen und sein Gericht (Ps 100,1), wobei das Gericht Verdienst des Menschen ist,
während das Wunder der Gnade in der Erwählung besteht.[274] Diese stellt nicht,
wie Julian eingewandt hatte, die Freiheit infrage. Augustin verweist dazu auf
seine Ausführungen in *grat. pecc. orig.* 1,52,[275] die Julian seiner Ansicht nach
mißverstanden hatte. Statt die erkenntnistheoretischen Verweise als solche im

---

[270] *C. Iul.* 4,27 (PL 44, 751): *nec uera est castitas animi fornicantis.* Vgl. in diesem Zusammenhang auch erneut Röm 14,23.
[271] *C. Iul.* 4,30 (PL 44, 754); vgl. Iul. *Turb.* 2,114 (CChr.SL 88, 366).
[272] *C. Iul.* 4,39 (PL 44, 758); vgl. Iul. *Turb.* 2,120 (CChr.SL 88, 366f.).
[273] *C. Iul.* 4,42 (PL 44, 759); vgl. Iul. *Turb.* 2,123 (CChr.SL 88, 367; zur Diskussion dieser
Stelle s. Chéné, Volonté salvifique; Sage, Volonté salvifique; Lössl, Spuren 218; vgl. außerdem
oben Kapitel IV, Abschn. 6 zu *spir. litt.*, sowie Kapitel V, Teil A., Abschn. 2 (a), S. 248.
[274] *C. Iul.* 4,46 (PL 44, 761); vgl. Röm 9,20f.; Jak 2,13: *iudicio superexsultet misericordia.*
[275] *C. Iul.* 4,47 (PL 44, 762); vgl. *grat. pecc. orig.* 1,52 (CSEL 42, 163); Iul. *Turb.* 2,124
(CChr.SL 88, 367); vgl. oben in diesem Kapitel, Teil A., S. 264f.

Hinblick auf den *intellectus gratiae* zu verstehen, hatte er sie als metaphysische und dementsprechend als kontradiktorische Aussagen gedeutet. Zugunsten eines Gnadenverständnisses höherer Ordnung, das vom Gedanken eines guten und universalen Schöpfer- und Erlöserwillens Gottes geleitet ist, nicht von den Zwängen der Logik, hatte er Augustins Kompatibilismus abgelehnt.[276] So jedenfalls versteht es Augustin und hält dagegen: Ein derartiges Gnadenverständnis paßt nicht in diese sündige Welt. Julian benutzt es, um seine unerträglichen Vorstellungen über die sexuelle Konkupiszenz als Gut zu verbreiten und deren maßvolle Ausübung sogar in den Rang einer Tugend zu erheben. Er redet ja auch schon gar nicht mehr von »fleischlicher« (*erubescis enim dicere [concupiscentia] carnalis*), sondern bloß noch von natürlicher Konkupiszenz (*concupiscentia naturalis*).[277] Sollte er mit dem Ausdruck »natürlicher Tod« ebenso frei umgehen, wird er wohl bald, so wie er jetzt behauptet, daß jeder, der die Konkupiszenz als Übel bezeichnet, auch die Ehe und den Nachwuchs als Übel bezeichnet, behaupten, daß jeder, der den Tod als Übel bezeichnet, auch die Sterblichen und das irdische Leben als Übel bezeichnet.[278] Sieht er denn nicht das Problem? Sicher beschwört Cicero in *nat. deor.* das Wunderbare an den Körperfunktionen und die Natürlichkeit der Sexualität. Aber in *rep.* nennt er die Natur auch eine Stiefmutter, die die Menschenkinder hilflos, schwach und schutzbedürftig ins Leben entläßt, wie es auch in Sir 40,1 heißt: »Ein schweres Joch lastet auf den Kindern Adams, von ihrer Geburt bis zu ihrem Tod.« Cicero war der Grund für diese beklagenswerten Zustände, die er gleichwohl deutlich als solche wahrnahm, unbekannt (*rem uidit, causam nesciuit*).[279] Der Kontext seiner Darstellung deutet jedoch an, daß er den Zusammenhängen auf der Spur war. In *rep.* 3 wollte er vor allem darstellen, wie Herrschaft unter den Menschen funktioniert. Er handelte verschiedene Herrschaftsformen ab und schreckte zum Beispiel auch davor nicht zurück, die Tyrannei zu rechtfertigen, insofern sie dem Ziel dient, die Ordnung wiederherzustellen. Und es war in diesem Zusammenhang, daß er sagte, daß die Seele den Körper regiere wie ein König seine Untertanen, wie ein Herr seinen Sklaven, und daß sich dies eben auch daran zeige, daß sie die Begierde in die Knie zwinge und breche (*coercet et frangit*). Ganz offensichtlich, so Augustin, hat Cicero die Konkupiszenz als Übel betrachtet, wenn er auch keine explizite (biblische) Erbsündenlehre vertrat. Aber seine Anschauungen ähneln der Erbsündenlehre eher als Julians Novitäten. Julian, so Augustin, solle lieber nicht so viel aus Büchern zitieren, die er, Augustin, viel besser kenne.[280]

Die Diskussion der Cicero-Stelle stand im Kontext der Frage nach den Motiven der postlapsarischen Bekleidungsaktion Adams und Evas. Bekleideten sich die beiden, weil sie sich schämten (Augustin) oder aus praktischen, vielleicht gar kosmetischen Motiven (Julian)? In *nupt.* 1 hatte Augustin sehr stark auf äußerliche Indizien gepocht, die, wie er meinte, seine Position bestätigten, etwa die ihn

---

[276] Iul. *Turb.* 2,125 (CChr.SL 88, 367; paraphrasiert in *c. Iul.* 4,48 (PL 44, 762).
[277] *C. Iul.* 4,52 (PL 44, 766); vgl. Iul. *Turb.* 2,130 (CChr.SL 88, 368).
[278] *C. Iul.* 4,56 (PL 44, 765); vgl. Iul. *Turb.* 2,135-137 (CChr.SL 88, 368f.).
[279] *C. Iul.* 4,60 (PL 44, 767); Cic. *rep.* 3 prooem.
[280] *C. Iul.* 4,61 (PL 44, 767f.).

irritierende Selbständigkeit der Bewegungen des männlichen Glieds als Anhaltspunkt für die die Willensfreiheit einschränkende Wirkung der sündhaften sexuellen Konkupiszenz. Julian hatte dagegen gefragt, welche Anhaltspunkte Augustin
denn bei der Frau habe. Nach diesem Einwand nun findet Augustin Überlegungen
zu derartigen Äußerlichkeiten auf einmal geschmacklos und weist auf die innere
Dimension der Thematik hin. In Mt 5,28, so sein Einwand jetzt, sagt Christus
selbst, daß nicht eine äußerliche Bewegung, sondern die innere Haltung ausschlaggebend sei, ob jemand eine Sünde im Bereich der Konkupiszenz begehe
oder nicht.[281] Das gilt auch in bezug auf die Eßlust. Sie ist zwar ein weniger
den Persönlichkeitskern des Menschen betreffendes Laster, aber eben doch ein
Laster. Essen ist beim Menschen immer schon mehr als nur Nahrungsaufnahme.
Wie das Umfeld der sexuellen Aktivität ist auch das des Essens mit Schamgefüh-
len geladen. Eine Stelle aus Vergils *Aeneis* zeigt, wie die Unterdrückung der
Eßlust schon im paganen Kontext in ähnlicher Weise als Tugend gefeiert wird
wie die sexuelle Enthaltsamkeit.[282]

Anders als die meisten altkirchlichen Schriftsteller meint Augustin, daß die
ersten Menschen im Paradies sehr wohl sexuell aktiv waren und auch Nahrung zu
sich nahmen. Dennoch hält er die konkrete Art und Weise, wie diese körperlichen Tätigkeiten vollzogen wurden, für sehr verschieden von dem, was im Kontext der Ursünde darunter verstanden wird. Konkupiszenz in dem schon von Paulus beschriebenen Sinne eines Widerstreits von Geist und Fleisch (Gal 5,17), wie
er sich etwa in quälendem Hunger oder Durstgefühl äußert, kann es im Paradies
jedenfalls nicht gegeben haben, nur glückselig einfache, gute Handlungen.[283] Zu
dieser Auffassung von Glückseligkeit (*beatitudo*) bemüht Augustin im abschließenden Teil von *c. Iul.* 4 die Schlüssellektüre seines Frühwerks, Ciceros *Hort.*:
Obwohl von christlich-heilsgeschichtlichem Denken unberührt, postuliert er im
Hort. den Vorrang des Geistes vor den Begierden des Körpers. Nur so sei wahre
Glückseligkeit zu erreichen, die allein in der Weisheit bestehe. Obwohl er die
wahre Weisheit, Christus, nicht kannte (*nesciebat*), war er auf der Suche nach ihr
(deshalb seine Existenz als *philosophus*, »Weisheitssuchender«) und deshalb fähig,
der wahren philosophischen Gnadenlehre (dem *intellectus gratiae*) die Strukturen
vorzugeben.[284] Augustin bemüht also den paganen Klassiker Cicero als Autorität
für seine Gnadenlehre: Auch jener habe die Konkupiszenz als Wurzel des Übels
erkannt und bekämpft (*uehementer arguebat*). Auf ihn und die gesamte pagane
Antike kann sich Julian ebensowenig berufen wie auf die Bibel.[285] Julian, so Au-

---

[281] *C. Iul.* 4,65 (PL 44, 769f.); Iul. *Turb.* 2,145 (CChr.SL 88, 371); Rist, Augustine 324.

[282] Als nach einem Gastmahl die Tische abgeräumt werden, heißt es dazu: Und »die Eßlust
wurde unterdrückt« (*amor compressus edendi*). *C. Iul.* 4,67 (PL 44, 771); vgl. Verg. *Aen.* 8,184.

[283] *C. Iul.* 4,69 (PL 44, 772).

[284] *C. Iul.* 4,72 (PL 44, 774f.); Cic. *Hort.* frg. 84,1.

[285] In *c. Iul.* 4,75f. (PL 44, 776-778) zitiert Augustin zur Untermauerung seiner Argumentation
eine Liste von Philosophen, auf die sich Julian berufen habe (vgl. Iul. *Turb.* 2,148 [CChr.SL 88,
371]): Thales, Anaximander, Anaximenes, Anaxagoras, Xenophanes, Melissus, Platon sowie die
Pythagoreer. Die ersten fünf, so Augustin, hatte Julian wohl wegen ihrer Naturlehren gewählt.
Aber, so weiter, Julian hat entgegen seinen eigenen Angaben nicht alle genannt und damit die un-
erfahrenen Leser in die Irre geführt; denn es gab auch Gegner der Lehren der Naturphilosophen,

gustin, versagt bei der Aufgabe, die beiden Traditionsstränge aufeinander zu beziehen. Natürlich, so fährt er fort, wußte Cicero nichts von der biblischen Schöp-
fungs- und Erbsündenlehre.[286] Seine scharfe Analyse der conditio humana kommt
ihr jedoch beeindruckend nahe. Auch sie beschreibt die Realität des menschlichen
Daseins, ohne beim Versuch, ihren Sinn zu erfassen, von der prinzipiellen Annahme der Allmacht und Gerechtigkeit Gottes abzurücken. Das im *Hort.* überlieferte Beispiel von den Piraten, die ihre Gefangenen mit Leichen zusammenban-
den, um sie bei lebendigem Leib verrotten zu lassen, entspricht in diesem Zusammenhang wie kaum ein anderes aus der paganen Antike der biblischen Vorstellung vom Joch Adams, unter dem die Menschen seit urdenklichen Zeiten bis
heute leiden (Sir 40,1).[287] Auch Julian bräuchte sich nur die Situation der Menschen genau anzusehen, vor allem etwa das Schicksal der Kinder – oder warum
nicht auch sein eigenes?[288] Er würde vielleicht ähnliche Einsichten haben wie
Cicero und seine Polemik gegen ihn, Augustin, noch einmal überdenken.
       In *c. Iul.* 5 nimmt Augustin diesen Gedanken auf und hält Julian die konkrete
pastorale Situation der Kindertaufe entgegen. Was würde Julian den Eltern Neugeborener antworten, um ihnen angesichts der Leiden ihrer Kinder zu helfen, ihren Glauben an den einen allmächtigen, guten und gerechten Gott nicht zu verlieren? Solche Eltern, einfache Leute (*simplices*), machen, so Augustin, vernünftigerweise die Ursünde (Röm 5,12) dafür verantwortlich.[289] Sie eilen mit ihren neugeborenen Kindern zur Taufe, weil sie glauben, daß sie so zumindest dem
ewigen Tod und der Verdammnis entrissen werden.[290] Mit seinen ironischen und
unsachgemäßen Bemerkungen, so Augustin, macht sich Julian über solche Leute
wie auch ihn, der sie ernst nehme, lustig.[291] Auch Julians Erwiderung, man müßte, wenn es nach Augustins Sündenverständnis ginge, nach dem Fall ja erst recht
sündigen, um mitzuhelfen, Gottes Gerechtigkeit durchzusetzen, ist Augustin zu
wenig ernsthaft angesichts der dramatischen Hintergründigkeit des Gedankens,

---

etwa Diogenes (gemeint ist Diogenes von Appolonia), den Julian wohl deshalb nicht erwähnte,
weil er Angst hatte, die Leser könnten ihn mit dem Kyniker Diogenes von Sinope verwechseln,
der, wie ja auch Julian, vorschlage, die sexuellen Bedürfnisse als rein natürlich zu betrachten und
in der Öffentlichkeit zu befriedigen. Warum aber, so Augustin, hält sich Julian nicht lieber an die
größten Philosophen, vor allem Platon, den Cicero in *fin.* 5 beinahe den Gott der Philosophen genannt hätte? Wohl weil er ahnt, daß diese sämtlich seine, Augustins, Position bestätigen.
       Durch diese Art der Argumentation subsumiert Augustin in ähnlicher Weise wie die altkirch-
lichen Schriftsteller, Tyconius und Philo auch die pagane Philosophie unter sein vom *intellectus
gratiae* bestimmtes Denken und nimmt ihr so jede Eigenständigkeit. Für sich genommen bzw. in
den Händen von Häretikern wie Julian ist sie ebenso Irrtum wie die Tugenden der Heiden Laster
sind. Nur im Rahmen eines im *intellectus gratiae* stehenden Denkens, wie Augustin es versteht,
verkündet sie die Wahrheit.
    [286] *C. Iul.* 4,77 (PL 44, 778).
    [287] *C. Iul.* 4,78 (PL 44, 778f.); Cic. *Hort.* frg. 99,1.
    [288] *C. Iul.* 4,83 (PL 44, 781f.). In diesem Zusammenhang zitiert Augustin aus Terent. *Hautont.*
1,1,25: *humani nihil abs te alienum puta*, »Bedenke, nichts Menschliches ist dir fremd.« Vgl. Iul.
Turb. 2,153 (CChr.SL 88, 372).
    [289] Zur Deutung eines solchen Verhaltens als »vernünftig« vgl. Burns, Common Sense.
    [290] *C. Iul.* 5,3f. (PL 44, 783f.); vgl. Iul. *Turb.* 3,157 (CChr.SL 88, 373).
    [291] *C. Iul.* 5,5-8 (PL 44, 784-787); vgl. *nupt.* 1,5-7 (CSEL 42, 215-219); *c. duas epp. Pel.*
1,31 (CSEL 60, 448); Gen 3,7; 2,25; 3,11; Iul. *Turb.* 3,159-163 (CChr.SL 88, 373f.).

der Julian gar nicht bewußt zu sein scheint: Ohne daß er es weiß, redet er nämlich mit seiner Polemik einem biblischen Motiv das Wort, nämlich dem Racheen-
gel (Ps 77,49) bzw. der Rache Gottes (Hos 13,11), die heilsökonomisch, also als
Auswirkung der vom Menschen selbst ausgehenden Ursünde zu verstehen ist.[292]

Mit Heilsökonomie meint Augustin immer beide Seiten der Bilanz, Gewinner
und Verlierer. Heil wird nur den zum Heil Bestimmten zuteil. Wenn davon die
Rede ist, daß Gott jemanden zu seinem Unheil verstockt, dann heißt das, daß er
ihn (unter Voraussetzung der Ursünde, so daß nicht Gott selbst für das Unheil
verantwortlich gemacht werden kann) nicht zum Heil bestimmt hat.[293] Die in der
Sünde Verstockten und Versklavten (2 Petr 2,19) dienen im Kontext der Heilsgeschichte immer als Kontrast zu den Erlösten. Sie sind Grund zum Jubeln für ihre
Feinde (Sir 8,30f.). Ihre heilsgeschichtliche Bedeutung gleicht der Ägyptens, das
Israel zur Warnung vom Herrn selbst in die Irre geführt wurde (Jes 19,14), zur
Sünde und Strafe (im Sinne der Ursünde) zugleich (Jes 63,17; 64,5f.). Im gegebenen Fall konnte Gott diese Strafe auch gegen Israel wenden und die Feinde
stärken (Jos 11,20; 1 Kön 12,15) und er konnte, was, so Augustin, im Kontext
des *intellectus gratiae* nicht falsch zu verstehen ist, die Feinde der Gnade aktiv
täuschen (1 Thess 2,10).[294]

Augustin sieht sich zu solchen Behauptungen berechtigt, weil im Bereich der
Ratschlüsse Gottes alle übrigen Beurteilungskriterien auf die zentralen systematischen, im gegebenen Zusammenhang erkenntnistheoretischen Grundvorausetzun-
gen Allmacht, Gutheit und Gerechtigkeit Gottes hin relativiert werden. Angesichts bleibender Widersprüche gilt: Gottes Ratschlüsse sind unergründlich (Ps
35,7; Röm 11,33-35). Zwar wird im Glauben alles eingesehen, aber da der Glaube vom Hören des Evangeliums Christi (Röm 10,17) kommt, also ein im Vollzug
heilswirksamer intellektueller Prozeß ist, bei dem die (zum Teil kontradiktori-
schen) Aussagen der Bibel unter Voraussetzung der genannten Grundannahmen
aufeinander bezogen werden, heißt dies: Schon die Fähigkeit zu hören, einzusehen und danach zu handeln ist von Gott gnadenhaft ausschließlich denen gegeben, die er prädestiniert hat. Erneut gilt nur unter dieser Voraussetzung: Er ver-
gilt jedem nach seinen Taten (Röm 2,4-6; vgl. Ps 62,13). Nur die, denen er die
Gnade der Bekehrung (in diesem Fall in einem sehr konkreten Sinn intellektuell
verstanden) als Gabe verleiht, werden sich aus der Schlinge des Teufels befreien
können (2 Tim 2,25f.). Mit ihnen ist Gott geduldig. Ihnen schafft er Raum zur
Bekehrung (2 Petr 3,9). Er kennt, noch bevor sie ihn kennen, die seinen (2 Tim

---

[292] *C. Iul.* 5,8 (PL 44, 786f.); vgl. 1 Kor 5,5 (jemandes Fleisch soll dem Satan übergeben
werden, um für den Tag des Herrn seine Seele zu retten); Röm 11,25 (ein Teil Israels wird verstockt, bis die Zahl der Heiden erreicht ist; *enn. in Ps* 26,2,5 (CChr.SL 38, 156): *non est ista
potestas irati sed poena damnati.*

[293] In diesem Sinne ist auch der in *c. Iul.* 5,10f. (PL 44, 788f.) ausführlich diskutierte Begriff
tradere zu verstehen. Vgl. Röm 1,28 (*tradidit illos deus in reprobum sensum*); Röm 1,24.26; Iul.
Turb. 3,165 (CChr.SL 88, 374f.).

[294] *C. Iul.* 5,12f. (PL 44, 790f.); vgl. Röm 9,22 (Gott läßt mit passiver Macht die Bösen in ihr
Unglück laufen: *perfecta sunt in perditionem*); Ez 14,9 (*ego dominus seduxi prophetam illum*); 1
Kön 22,19-22 (*et dixit [dominus]: seduces et praeualebis; exi et fac sic*); außerdem Iul. *Turb.*
3,167 (CChr.SL 88, 375).

2,19), die wenigen, die er auserwählt hat, also nicht die vielen, die berufen sind (Mt 22,14), sondern nur die, die *secundum propositum*, im Sinne der Vorherbestimmung zum Heil berufen sind, noch ehe irgendein Verdienst vorliegt. Die Gnade ist Gnade in Christus Jesus. Sie wirkte, noch ehe diese Welt erschaffen war (2 Tim 1,8f.), noch ehe ihre Fundamente gelegt waren (Eph 1,4). Die so berufen sind, wie hier dargelegt, also damals schon, als ob sie schon existiert hätten (Röm 4,17), sind auch bereits verherrlicht (Röm 8,28-30). So ist Gnade im *intellectus gratiae* zu verstehen. Andernfalls, so Augustin, kann von Gnade nicht die Rede sein (Röm 11,5f.).[295]

Eine Analyse der Gnade hat beim umfassenden Phänomen der Sünde anzusetzen. Wenn, so Augustin, Julian nicht davon ausgehen will, daß es sich bei der Ursünde, die am Phänomen der Konkupiszenz an die Oberfläche des geschichtlich konkreten Alltagslebens tritt, um eine umfassende, universale Wirklichkeit im Menschen handelt (Mt 6,12f.; Jak 1,14), ist ihm nicht zu helfen. Der *intellectus gratiae* ist an ihm verlorengegangen. Zwar ist der Ansatzpunkt der Sünde der menschliche Intellekt.[296] Ausgetragen aber wird der Kampf des Menschen mit der Sünde unter Mithilfe Christi durch seine Mittlerschaft (Gal 2,21; 5,6) im Leib. Dessen schwächster und am wenigsten der Willensfreiheit zugängliche Ort ist die Sexualität.[297] Die sexuelle Konkupiszenz ist ein Übel. Sie ist bezwingbar, aber nicht mit Mitteln der natürlichen praktischen Vernunft, sondern nur mit Mitteln der Gnade.[298] Läge die Natur des Menschen in ihrer urständlichen Gutheit vor, gäbe es kein Übel in der Welt. »Der Mensch würde der Natur gehorchen und keinen Lehrer brauchen, um zu spüren, was ihr entspricht; denn eine gute Natur kann nichts schlechtes begehren.«[299] Wie aber ist es in Wirklichkeit, wenn Paulus sogar davon spricht, daß nichts Gutes in ihm wohnt (Röm 7,18)? Wie ist es möglich, daß das Gute das Böse am Ende doch überwindet (Röm 12,21)? Erneut leugnet Augustin, gesagt zu haben, die sexuelle Konkupiszenz sei unüberwindbar. Sie ist überwindbar, aber nur »durch die Gnade Gottes, die ausgegossen ist in unseren Herzen durch den Heiligen Geist« (Röm 5,5),[300] und nur allmählich und vor dem Absterben des irdischen Leibes nie völlig;[301] denn solange die im Leib

---

[295] *C. Iul.* 5,14 (PL 44, 791-793); vgl. *Iul. Turb.* 168 (CChr.SL 88, 375); zur Verwendung von Röm 10,17 außerdem auch oben in diesem Abschnitt S. 357, Anm. 248.

[296] *C. Iul.* 5,17 (PL 44, 794); vgl. Gen 3,5 (*eritis sicut dii*); Röm 1,21 (*insipiens cor eorum*); *Iul. Turb.* 3,171 (CChr.SL 88, 375).

[297] *C. Iul.* 5,19-23 (PL 44, 795-798); vgl. *Iul. Turb.* 3,173-181 (CChr.SL 88, 375f.).

[298] *C. Iul.* 5,27 (PL 44, 800f.); vgl. Gal 5,17 (*caro concupiscit aduersus spiritum*); Röm 6,12f. (*nec oboedientes desideriis estis*); 1 Joh 1,8 (*si dixerimus, quia peccatum non habemus* [...] *ueritas in nobis non est*); *Iul. Turb.* 3,187 (CChr.SL 88, 377f.).

[299] Cic. *Hort.* frg. 38; *C. Iul.* 5,29 (PL 44, 803); *Iul. Turb.* 3,188 (CChr.SL 88, 378).

[300] *C. Iul.* 5,32 (PL 44, 804); vgl. 5,38f. (PL 44, 807); *Iul. Turb.* 3,191 (CChr.SL 88, 378). Wenn auch, so Augustin, Lukan in den *Pharsalia* 2,388-391 davon redet, daß Cato ein Muster an Selbstbeherrschung war, so ist damit nicht gesagt, daß er frei von Konkupiszenz war. Im *intellectus gratiae* (nach augustinischem Verständnis) gilt, daß jemand nicht dann enthaltsam leben kann, wenn er will, sondern wenn Gott es ihm gibt (vgl. Mt 19,11f.).

[301] *C. Iul.* 5,40 (PL 44, 807f.); vgl. *Iul. Turb.* 3,198 (CChr.SL 88, 379). Auch nach der Heilszusage ist um Heil zu beten (1 Petr 3,7: *ne impediantur orationes uestrae*); die Ehe bleibt Zugeständnis (1 Kor 7,5f.); die Bitte um Vergebung ist fester Bestandteil des Vater-Unsers (Mt 6,12).

vorherrschende sexuelle Konkupiszenz den Intellekt absorbiert (*delectatione submergitur*), ist vollkommene Glückseligkeit nur in der Hoffnung auf die erst im Tod vollendete Umwandlung des Leibes möglich. Daß nur im Intellekt vollkommenes Glück möglich ist, entspricht klassisch-antiker Philosophie.[302] Mit der Existenz als Voraussetzung für Intellekt ist es nach Augustin absurd, wie Julian zu meinen, für Verdammte wäre es besser, sie wären nie geboren worden. Geboren zu sein, um im Intellekt Erfüllung zu finden, so Augustin, sei jeder Form von Nichtexistenz vorzuziehen, selbst im Zustand ewiger Verdammnis. Im Unterschied zur paganen Antike ist der Intellekt für Augustin nun aber nicht mehr nur Quelle des Glücks, sondern auch der Schuld- und Leidensfähigkeit, der Fähigkeit, die Verdammnis überhaupt »erleben« zu können. Ist diese nur in geringem Maße gegeben, etwa bei beschränkten intellektuellen Voraussetzungen, z. B. bei Säuglingen, ist auch die Strafe extrem milde (*mitissima poena*).[303]

Bei allen zahlreichen Bibelreferenzen zur geschöpflichen Gutheit des Menschen, die er ungefragt beibringt, so Augustin, unterläßt es Julian systematisch, diejenigen Abschnitte der betreffenden Stellen zu zitieren, in denen so etwas wie die Ursünde auch nur angedeutet sein könnte. Julians Deutung von Mt 5,45, Gott lasse die Sonne über Gute wie Böse aufgehen, mithilfe von Ijobstellen, wo Ijob auf die umfassende Gutheit seiner leiblichen Geschöpflichkeit hinweist (Ijob 10,11f.), zielt ins Leere; denn auch Ijob spricht davon, daß man nicht einmal von einem neugeborenen Kind sagen könne, es sei ohne Sünde (Ijob 14,5 LXX).[304] Dasselbe gilt für Julians Hinweis auf die aristotelische Unterscheidung von Substanz und Akzidens. Paulus' Rede, daß die Sünde durch einen einzigen Menschen in die Welt kam und auf alle Menschen überging (Röm 5,12), meint nicht Vererbung im Sinne von Vererbung der Hautfarbe, also einen biologischen Vorgang, sondern vielmehr eine Art Kulturleistung (negativer Art), wie die Weitergabe (*traditio*) von Erinnerungen. Beim Akt des Sich-Erinnerns werden sinnliche Wahrnehmungen in geistige Zustände überführt und durch kommunikatives Handeln manchmal über viele Generationen hinweg weitergereicht. Die physische Wirkung von Erinnerungen wird von der Tradition als hoch eingeschätzt. So gibt es Leute, die glauben, daß sich das, was eine Frau während der Empfängnis eines Kindes oder der Schwangerschaft mit ihm an sinnlichen Eindrücken wahrnimmt, direkt auf die leibliche Beschaffenheit des Kindes überträgt (*tradidit*), so daß das Kind schön wird, wenn die Mutter etwas Schönes wahrnimmt, und häßlich, wenn sie etwas Häßliches wahrnimmt.[305] Diesem Leib-Seele-Problem läßt sich nun aber mit der aristotelischen Kategorienlehre nicht beikommen, geht es doch um Transformation von Sinnlichem in Geistiges und und umgekehrt, sowie um die Interaktion von Leib und Geist (Gegenstände des Denkens, erkenntnistheoretische Vollzüge), Phänomenen, an denen die Schematisierung der Kategorienlehre und damit auch Julians Gegenentwurf scheitert.[306]

---

[302] Cic. *Hort.* frg. 84,4; *C. Iul.* 5,42 (PL 44, 808); Iul. *Turb.* 3,201 (CChr.SL 88, 379).

[303] *C. Iul.* 5,44 (PL 44, 809); vgl. Mt 10,15; 11,24; Iul. *Turb.* 3,203 (CChr.SL 88, 379).

[304] *C. Iul.* 5,49 (PL 44, 811); vgl. Iul. *Turb.* 3,211 (CChr.SL 88, 380).

[305] *C. Iul.* 5,51 (PL 44, 812f.); vgl. Iul. *Turb.* 3,212 (CChr.SL 88, 380).

[306] Vgl. dazu neuerdings auch Rist, Augustine 327: »Interestingly, Julian appealed to Aristotle

Weitere Einwände zu Schriftbelegen Julians folgen: Das Argument, daß alle
Menschen ohne Sünde seien, weil Christus, der in »Gestalt ihres Fleisches« (Röm
8,3) erschien, ohne Sünde sei, beruht auf einer Umkehrung der Voraussetzungen.
In Wirklichkeit ist für die Menschen die Sündlosigkeit Christi deshalb von Bedeutung, weil sie ihre Ursünde konterkariert. Der Gedanke, daß im Falle einer
Sünde der Eltern bei der Zeugung Gott (der den Nachwuchs ja bei der Zeugung
aus nichts schafft) im geheimen (Sir 3,22f.) eine eventuell übertragene Erbsünde
sofort wieder von den frisch empfangenen Kindern entferne, sieht vom Geheimnischarakter der infragestehenden Vorgänge ab (vgl. 2 Makk 7,22).[307] Mit Sicherheit gesagt werden kann freilich umgekehrt, so Augustin, daß, wenn die Ursünde
durch die Konkupiszenz vererbt wird, sie nicht bei einer jungfräulichen Empfängnis vererbt wird.[308] Julians Apolinarismusvorwurf weist er zurück.[309] Es gehe hier
nicht um die Frage, ob Christus eine menschliche Natur habe oder nicht, sondern
darum, daß seine menschliche Natur ohne Sünde sei.[310] Nur in Kontrast dazu, im
Licht der Gnade Christi, erkennt Jakobus die Konkupiszenz in den Menschen (Jak
1,14f.) und Paulus die in sich selbst (Röm 7,18). Dementsprechend gilt auch die
Distinktion zwischen Sexualität in der Ehe als Gut und Konkupiszenz als dabei in
Gebrauch genommenes Übel, frei nach Spr 10,1 LXX: »Ein gebildeter Sohn wird
weise sein, auch wenn er sich einen schlechten Diener hält.«[311] Julian widerspricht sich, so Augustin, wenn er einerseits die Ehe lediglich als sexuelle Vereinigung der Körper apostrophiert, andererseits aber das, was sich in ihr vollzieht, nämlich eben die sexuelle Vereinigung der Körper, auf eine tiefere Bedeutung hin interpretiert haben will.[312] Seine eigene Distinktion von prokreativer
Intention und damit koinzidierender Lust beim ehelichen Verkehr versteht Augu-

---

in the course of his attack on Augustine's treatment of the relationship between 'will' and the
seeds; uninterestingly he failed to develop an Aristotelian-style alternative to Augustine's account
of man as a whole. Julian's failure was precisely as a philosopher.«

[307] *C. Iul.* 5,53 (PL 44, 813f.); vgl. Iul. *Turb.* 3,214 (CChr.SL 88, 381).

[308] *C. Iul.* 5,54 (PL 44, 814); vgl. Iul. *Turb.* 3,215 (CChr.SL 88, 381); *pecc. mer.* 1,10 (CSEL
60, 11f.): *occulta tabe carnalis concupiscentiae suae tabificauit in se omnes de sua stirpe uentu-*
ros.

[309] *C. Iul.* 5,55 (PL 44, 814f.); vgl. Iul. *Turb.* 3,216 (CChr.SL 88, 381). Erst in *c. Iul. imp.*
4,46-50 (PL 45, 1365-1368) wird Augustin sagen können, daß die apolinaristische Häresie ja gar
nicht, wie Julian meine, darin bestehe, daß Christus nicht zu sinnlichen Wahrnehmungen fähig
gewesen sei, sondern als göttliche Seele einen unbeseelten menschlichen Leib angenommen habe.

[310] *C. Iul.* 5,57 (PL 44, 815); vgl. Iul. *Turb.* 3,218-221 (CChr.SL 88, 382). Wieder weist Augustin Julians Auslegung von Mt 5,44f. zurück (Gott, der seine Sonne über Guten und Bösen aufgehen lasse), so als ob Christus und die übrigen Menschen bei der Nachahmung Gottes auf derselben Stufe stehen würden. Wenn Christus nicht in einem wesentlichen Punkt anders ist, so Augustin, wenn er nicht der ist, *qui peccatum non fecit* (1 Petr 2,22), dann ist seine soteriologische
Rolle wertlos, dann ist er nicht der, als der er geglaubt wird, dann ist (in Augustins Begrifflichkeit) Gnade nicht mehr Gnade. Vgl. im folgenden *c. Iul.* 5,58 (PL 44, 816): *hoc autem quod*
non est bonum Christus in natura si haberet sua, non sanaret in nostra.

[311] *c. Iul.* 5,60 (PL 44, 817); vgl. Iul. *Turb.* 3,223 (CChr.SL 88, 382). Im folgenden weist
Augustin darauf hin, daß dieser Problematik die zölibatären Menschen ebenso ausgesetzt seien wie
die verheirateten, entsprechend der Einsicht Paulus' Röm 7,18: *non habitat in me, hoc est in*
carne mea, bonum. Er nimmt damit einen Gedankengang auf, der bereits zweimal anklang, nämlich in *c. Iul.* 3,42.4,9 (PL 44, 723.740f.); 1 Joh 2,15f.; 1 Kor 7,31.

[312] *C. Iul.* 5,62 (PL 44, 818); vgl. Iul. *Turb.* 3,226 (CChr.SL 88, 382).

stin dagegen als widerspruchsfrei.[313] Julian, der die Konkupiszenz als Gut definiert, so Augustin, läßt die Asymmetrie zwischen Fleisch und Geist außer acht.
Es gibt (trotz Gal 5,17), so Augustin, keine Konkupiszenz des Geistes. Konkupiszenz ist das im Menschen, was dem Geist entfremdet. Ihre durch die durch sie
vererbte Ursünde dem Menschen auferlegte Sündhaftigkeit wird durch die Taufe
ausgeräumt, nicht jedoch sie selbst als problematische Veranlagung (malum). Als
solche muß der Mensch sie auch nach der Taufe in stetem gnadengestützten Ringen niederhalten, je nach Lebensstand auf verschiedene Weise, Eheleute etwa dadurch, daß sie die Intention ihrer sexuellen Aktivitäten rein auf Nachwuchs hin
ausrichten. Diesem bleibt dann seinerseits die erneute Vererbung der Ursünde
durch die Konkupiszenz nicht erspart, so daß sich jeder Generation die Herausforderung zu Taufe und Umkehr neu stellt.[314] Wenn, so Augustin, Julian meint,
Schuld könne nicht durch einen Akt weitergegeben werden, der selbst unschuldig
ist, dann soll er doch erklären, wo die Schuld sonst ihren Ursprung nimmt, von
einer Natur etwa, die böse geschaffen oder mit Gott gleichewig ist, wie die
Manichäer behaupten?[315] Es geht nicht darum, durch einen Lobpreis des sexuell
enthaltsamen Lebens das Gut der Ehe zu verunglimpfen. Die Menschen müssen
aber präzise unterscheiden können, welche Kräfte in welchen ihrer Vollzüge
wirken, um zu einer Einsicht darüber zu finden, auf welchem Weg sie das Heil
erlangen können, das ihnen Gott zweifellos verheißen hat. Nach Augustin ist dies
nur unter Annahme einer in den genannten konkupiszitären Vollzügen weitervererbten Urschuld möglich.[316] Es geht also, so Augustin, nicht darum, mit den
Häretikern (1 Tim 4,3) die Ehe wegen der Sexualität als schmutziges Geschäft zu
verunglimpfen, die Sexualität darf jedoch auch nicht als Mittel der Emanzipation
des Menschen von Gott betrachtet werden wie bei Julian.[317]

Damit leitet Augustin über zu c. Iul. 6, das mit einer Reflexion auf den Zusammenhang von Übel und Dummheit (insipientia) beginnt. Nur die Weisen sind
fähig, Gott in rechter Weise zu loben und sich dadurch Heil zu erwerben, weil
sie von Gott geliebt sind. Begabung mit Weisheit ist also in besonderer Weise als
Ausdruck der Liebe Gottes zu deuten (Weish 7,28), Torheit als Zeichen für Mangel an Gnade. Toren sind noch weniger zu beneiden als Tote (Sir 22,15). Dementsprechend ist die Tatsache zu beurteilen, daß Kinder, wenn sie geboren werden, an ihrer unmittelbaren Unfähigkeit, die Welt zu verstehen, leiden. Sie leiden
einen Mangel, ein Übel, das zunächst vom Gut des Lernenkönnens nicht aufgewogen wird. Die Erbsündenlehre besagt, daß sie in Adam sogar an der Schuld an
diesem Übelstand teilhaben, die nur durch die Taufe getilgt werden kann, weil
sie der Ort ist, in dem Christus durch seine Gnade das zerstörerische Werk des
Teufels vernichtet und seine Weltherrschaft antritt.[318] »Erinnere dich,« ermahnt

---

[313] C. Iul. 5,63 (PL 44,818f.); nupt. 1,7 (CSEL 42,218f.); Iul. Turb. 3,229 (CChr.SL 88,383).
[314] C. Iul. 5,63 (PL 44, 818f.); vgl. Iul. Turb. 3,227f. (CChr.SL 88, 382f.).
[315] C. Iul. 5,64 (PL 44, 819); vgl. Iul. Turb. 3,230f. (CChr.SL 88, 383).
[316] C. Iul. 5,65 (PL 44, 819f.); vgl. Iul. Turb. 232f. (CChr.SL 88, 383).
[317] C. Iul. 5,66 (PL 44, 820); vgl. 1 Kor 7,7; Joh 15,5; Mt 19,11.
[318] C. Iul. 6,1-23 (PL 44, 821-835); vgl. Iul. Turb. 4,234-257 (CChr.SL 88, 383-386); vgl.
Turb. 2,165; 1,80 (CChr.SL 88, 374.361); nupt. 1,21f. (CSEL 42, 233-236).

Augustin Julian, »Gott hat das Schwache erwählt, um das Starke zuschanden zu machen« (1 Kor 1,27). Es geht also nicht darum, die Ehe zu verunglimpfen, sondern die Erlösungsbedürftigkeit des Menschen auch in diesem Punkt zu betonen.

Augustin geht von anderen Voraussetzungen aus als Julian. Julian fragt: »Wie kann einer Person gerechterweise Schuld zugeschrieben werden, wenn sie persönlich gar keine Schuld auf sich geladen hat?« Augustin antwortet: Es geht hier um den Anfangspunkt des Gedankens. Nicht vom äußeren Eindruck ist auszugehen, sondern von der Aussage 2 Kor 5,15: Christus starb für alle. Also starb er auch für jene kleinen Kinder. Also sind auch jene kleinen Kinder schuld an seinem Tod, nicht wegen einer von ihnen begangenen Tat, auch nicht weil Gott und Teufel sich gegen die Menschheit verschworen haben, sondern aufgrund der von Adam aus- und durch die Konkupiszenz auf alle Menschen übergehenden Sünde und Schuld.[319] Der Sinn dieser Einsicht ist jedoch nicht das bedauernswerte Schicksal jener, sondern vielmehr im Blick auf Christus der dahinterstehende Heilswille Gottes, der mehr für die Menschen tun will als nur ihre Natur retten. Wer getauft ist, hat Christus angezogen (Gal 3,27). Er hat mehr als sein Leben. Er hat ein neues Leben in Christus (1 Joh 5,12). Freilich gilt umgekehrt auch, daß, wer nicht in Christus lebt, kein Leben hat, also mit dem Teufel untergeht (Hebr 2,14).[320] Daß dies durch eine vererbte Ursünde (Röm 5,12) geschehen kann, setzt das Verantwortungsprinzip nicht außer Kraft. Im Alten Testament ist öfter davon die Rede, daß das ganze Volk für die Sünden seiner Führer büßen mußte (2 Sam 24), selbst im Fall von Unwissenheit (Jos 7). Das Motiv des Jochs Adams (Sir 40,1) ist biblisch. Wie stellt sich, so Augustin, Julian überhaupt das Gericht (2 Kor 5,10) für die kleinen Kinder vor? Was haben sie an Glauben im Sinne von Mk 16,16 zu bieten, wenn nicht das, was ihnen durch den Glauben derer, die sie nach ihrem eigenen Glauben taufen ließen, gegeben wurde?[321]

Die manichäische Frage nach der »Natur« des Übels, so Augustin, trägt zur Soteriologie nichts bei. Die Frage ist, wie die Rettung erfolgt (Kol 1,13). Man kann also ebensogut von einer natürlichen Gottverlassenheit in der Ursünde (Eph 2,3) reden.[322] Nicht er, Augustin, vertrete hier unerhörte Neuerungen, sondern

---

[319] C. Iul. 6,24 (PL 44, 836); vgl. Iul. Turb. 4,259f. (CChr.SL 88, 386).

[320] C. Iul. 2,27 (PL 44, 838). Sehr deutlich an dieser Stelle ist (in negativer Darstellung) das erkenntnistheoretische Verständnis von Heil. Die »Welt des Teufels« (zu der etwa auch die ungetauft verstorbenen Säuglinge gehören), zeichnet sich durch völlige Abwesenheit von (gnadenhafter) geistiger Präsenz aus.

[321] C. Iul. 6,29 (PL 44, 839); vgl. Iul. Turb. 4,265 (CChr.SL 88, 386).

[322] C. Iul. 6,33 (PL 44, 841); vgl. Iul. Turb. 4,270 (CChr.SL 88, 387). Es geht hier um die schon in lib. arb. 3,19,54 (CChr.SL 29, 307) behandelte Frage nach der Bedeutung der »Quasi-Natürlichkeit« der Ursünde. Augustin wollte dies nicht metaphysisch, sondern erkenntnistheoretisch-soteriologisch verstanden wissen, wie er auch in retract. 1,9,2 (CChr.SL 57, 23f.) betont, es sei eine Sache, die Frage nach dem Ursprung des Übels zu behandeln, und eine andere, den Weg aus dem Übel heraus zu beschreiben, also Soteriologie zu betreiben. S. dazu Lössl, Wege 332; 350, Anm. 122. An der hier angegebenen Stelle nun schließt Augustin erneut eine text- bzw. literarkritische Bemerkung an. Julian hatte insistiert, natura heiße im vorliegenden Vers Eph 2,3 (fuimus natura filii irae) »völlig,« nicht »von Natur aus.« Augustin hielt dagegen: Die alten Übersetzer hätten dieses in der von Julian genannten Bedeutung unübliche Wort nicht verwendet, wenn ihnen nicht sein systematischer Gehalt wichtig gewesen wäre: quod utique cauere debuit interpretum antiquitas, nisi etiam fidei haec esset antiquitas, cui uestra coepit resistere nouitas. Daß

Julian, auch und sogar in bezug auf die pagane Antike. Julian solle sich nicht ständig auf sie berufen, da sie vielmehr ihn, Augustin, bestätige. Es folgt ein Satz aus Ciceros zweiter anticatilinarischer Rede (»An dieser Seite streitet Zucht, an deiner Frechheit. Hier Enthaltsamkeit, dort Lust.«),[323] den Augustin folgendermaßen interpretiert: Julians Klage, bestimmte Leute hätten ihn schmählich verraten, ist unberechtigt. Doch sollten die so Verleumdeten nicht Böses mit Bösem vergelten (1 Petr 3,9). Julian aber solle sich fragen, auf welcher Grundlage er solche Anschuldigungen vorbringe, der er, obwohl er zölibatär lebe, die Lust preise und so das Kreuz seiner Bedeutung entleere (1 Kor 1,17).[324] Weiter weist Augustin den Vorwurf zurück, er habe behauptet, die Taufe würde die Getauften nur zum Teil von ihren Sünden erlösen. Daß durch die natürliche Prokreation die Ursünde weitervererbt werde, habe mit der Taufe primär nichts zu tun. Die Fähigkeit zur natürlichen Prokreation ergibt sich ja nicht aus der Taufe. Also besteht auch kein Grund anzunehmen, daß diese sie in irgendeiner Weise beeinflusse. So wie durch die natürliche Prokreation die Ursünde weitervererbt werde, so durch die Taufe die Erlösung. Augustin sieht hier kein logisches Problem.[325] Problematisch findet er dagegen Julians Folgerungen aus dessen Deutung der Konkupiszenz als einer positiven Kraft, die aus der geistigen Sehnsucht nach dem Ewigen entspringt. Er gibt zwar zu, daß es ohne jene Regung der Seele keine Konkupiszenz gäbe. Deswegen seien die beiden Phänomene aber noch lange nicht identisch. Wenn, so Augustin, die geistige Regung als die ursprünglichere erkannt wird, so ist sie auch in der Praxis als solche zu respektieren. Und wenn die auf das Vergängliche bezogene Regung in dieser Hinsicht als Hindernis erkannt wird, so ist sie auf jene hin zu überwinden.[326] Der Leib ist Tempel des Heiligen Geistes (1 Kor 3,17) nur insofern, als dies verwirklicht werden kann. Gott wohnt nicht in einem sündigen Tempel (Weish 7,24f.), außer er tritt von sich aus ein und heiligt so den Tempel. Der Mensch kann nur darum bitten (Mt 6,12), um dann aufgrund dieser im *intellectus gratiae* und im Rahmen der sakramentalen Heilsordnung ausgesprochenen Bitte auch berechtigterweise auf Vergebung zu hoffen. Sündlosigkeit und vollkommene Freiheit von Konkupiszenz sind also möglich, aber, wie gesagt, nur in der Gnade, d. h. im Glauben und in der Hoffnung (vgl. Röm 7,23).[327]

---

allerdings in der Tat Julian die traditionsgemäße Version vertrat, legt sich aus der Behandlung der Stelle durch Hier. *ad Eph* 1 (PL 26, 498) nahe. Es war Augustin, dem der systematische Gehalt von *natura* im Hinblick auf seine Erbsündenlehre am Herzen lag. Text- und Literarkritik stehen an dieser Stelle erneut im Dienst seines *intellectus gratiae*. Zur Diskussion dieser Stelle in der Forschung s. Lössl, Spuren 195.

[323] *C. Iul.* 6,34 (PL 44, 841); vgl. Iul. *Turb.* 4,258; 271a (CChr.SL 88, 386.387); Cic. *orat.* 2 in Catilinam: *ex hac parte pudor pugnat, ab te petulantia; hinc continentia, illinc libido.* Im politischen Kontext der ciceronischen Rede dürfte *continentia* freilich mit »Beständigkeit« und *libido* mit »Laune« zu übersetzen sein.

[324] *C. Iul.* 6,35f. (PL 44, 841f.); vgl. Iul. *Turb.* 4,272f. (CChr.SL 88, 387). Zu den Umständen (Situation 418 und Verbannung Julians) s. oben S. 310-314.

[325] *C. Iul.* 6,40 (PL 44, 843f.); vgl. Iul. *Turb.* 4,278-280 (CChr.SL 88, 387f.); vgl. Lk 20,34 (*filii huius saeculi generant et generantur*); *pecc. mer.* 1,20-27 (CSEL 60, 20-27).

[326] *C. Iul.* 6,41f. (PL 44, 845f.); vgl. Iul. *Turb.* 4,281 (CChr.SL 88, 388).

[327] *C. Iul.* 6,44 (PL 44, 847f.); vgl. Iul. *Turb.* 4,284-286 (CChr.SL 88, 388f.). Julians *intellectus gratiae* ist Augustin also einerseits zu vage, andererseits zu definitiv. Die Erlösung von den

Letzteres gilt auch, wenn der Erlösungsprozeß bereits eingesetzt hat (Röm 8,23),[328] etwa durch die Taufe (1 Kor 6,9f.).[329] Auch wenn die Konkupiszenz von ihrem sündigen Charakter befreit ist, bleibt sie als Belastung der Seele (Weish 9,15) erhalten. Von Versuchungen redet Paulus für Getaufte (1 Kor 2,14f.).[330] Die Schuld ist ja keine Eigenschaft der Konkupiszenz, sondern des Menschen, der sich auf sie einläßt. Vor der Taufe hat er diesbezüglich keine Wahl. Die eigentliche Bewährungsprobe beginnt also mit der Taufe, wenn die ererbte Schuld getilgt und die Konkupiszenz nur noch als mögliche Schuld erhalten ist. Dann muß der Mensch weiter seinen Kampf gegen das Übel in sich kämpfen und dazu braucht er zusätzlich zur Taufgnade die Gnade der Beständigkeit im Glauben.[331]

Damit hypostasiere er, Augustin, nicht die Konkupiszenz oder mache sie zu einer geistigen Substanz. Julians diesbezüglicher Vorwurf gegen ihn lege übrigens nahe, daß Julian selbst keine sehr hohe Meinung von der von ihm doch so hoch gepriesenen Konkupiszenz habe; denn wenn Julian sie »nur« als Handlungsmotiv »affektionaler Qualität« (*affectionalis qualitas*) bezeichne, spreche er ihr doch selbst die Substanzialität und damit die Gutheit ab.[332] Hier liegt also, so Augustin, ein fundamentaler Widerspruch in der Argumentation Julians. Er selber, Augustin, dagegen unterscheide feinsäuberlich zwischen Erkenntnistheorie und Metaphysik und betreibe eben keine »Metaphysik des Bösen« nach manichäischem Vorbild. Auf der Ebene der Erkenntnistheorie, so Augustin, ist es durchaus zulässig, Substanzielles als Beispiel für nicht Substanzielles zu bringen. Damit hypostasiere man noch nicht etwas nicht Substanzielles, etwa das Übel.[333] Das wäre nur dann der Fall, wenn man zusätzlich den metaphysischen Rahmen änderte. Aber selbst dann könnte man auf erkenntnistheoretischer Ebene leicht die Konsistenz eines solchen Konzepts nachprüfen. Die Rede etwa von einer »Schöpfung des Teufels« ist absurd. Sie vertauscht nur die Etiketten »Gott« und »Teufel.« Entscheidend ist doch, was mit dem Begriff »Schöpfung« inhaltlich gemeint ist. Entscheidend ist immer, zu erkennen, welche Stellung den jeweils verwende-

---

Sünden durch Hoffnung (Röm 8,23f.) bezieht Julian auf die Tatsünden, sowohl auf die begangenen, als auch auf die noch nicht begangenen. Sie besteht in den Verdiensten, wiederum, nicht nur in den geleisteten, sondern auch in den noch nicht geleisteten. Augustin lehnt das Konzept eines vorauseilenden Verdienstes ab; denn was bedeutet eine Belohnung für ein Verdienst, das noch gar nicht geleistet wurde? Etwas anderes, so Augustin, ist es mit der vorauseilenden Gnade, weil diese Gottes ist und in Gott keine logischen Unterscheidungen gemacht werden müssen. Nach Augustin hat Julian zwei Möglichkeiten. Entweder er setzt sein Vertrauen in etwas Unmögliches, Absurdes, nämlich daß der Mensch sich selbst retten kann, oder er verzweifelt an der Gnade Gottes (Mt 12,32), für Augustin der Inbegriff der Sünde wider den Heiligen Geist; vgl. auch Lk 23,42 über die Hoffnung des reuigen Schächers auf Vergebung der Sünden. Julian selbst, so Augustin, habe (vgl. *c. Iul.* 3,42) von den »Verdiensten« des sexuell enthaltsamen, ehelosen Lebens gegenüber der Ehe gesprochen. Wie kann er einen solchen Verdienstbegriff ohne Gnadenbegriff logisch rechtfertigen? Woher genau sollte die Motivation für ein solches Verdienstdenken kommen? Etwa aus der Konkupiszenz?

[328] *C. Iul.* 6,47 (PL 44, 849); vgl. Iul. *Turb.* 4,288f. (CChr.SL 88, 389); Jak 1,14.

[329] *C. Iul.* 6,49 (PL 44, 850); vgl. Iul. *Turb.* 4,290f. (CChr.SL 88, 389).

[330] *C. Iul.* 6,49 (PL 44, 851); vgl. *c. Iul.* 6,51 (PL 44, 852); *nupt.* 1,28 (CSEL 42, 240f.).

[331] *C. Iul.* 6,51f. (PL 44, 853f.); vgl. Iul. *Turb.* 4,292 (CChr.SL 88, 389f.).

[332] *C. Iul.* 6,54 (PL 44, 851f.); vgl. Iul. *Turb.* 4,294 (CChr.SL 88, 390); Röm 7,18-25.

[333] *C. Iul.* 6,59 (PL 44, 857f.); vgl. *nupt.* 1,26-30 (CSEL 42, 238-243); Mt 7,17.

ten Begriffen im Rahmen der jeweils zugrundegelegten Seinsordnung zukommt. Wenn etwa von der Schuldhaftigkeit der Konkupiszenz die Rede ist, dann ist diese nicht die Eigenschaft eines Wesens mit dem Namen Konkupiszenz, sondern des betreffenden Menschen, der von der Konkupiszenz besessen ist. Durch die Taufe wird der Mensch von Schuld befreit, nicht die Konkupiszenz. Durch die Taufe wird jedoch nicht die Konkupiszenz als habituelles Übel entfernt. Das geschieht erst durch die Gnade der Beharrlichkeit im Verlauf der Zeit bis zum irdischen Tod – wenn es geschieht. Damit ist noch keiner Substantivierung des Bösen das Wort geredet, sondern lediglich ein erkenntnistheoretischer Zugang des Menschen zu seiner heilsgeschichtlichen Situation eröffnet.[334] Der Mensch erfährt sich als jemand, in dem sich ein Kampf zwischen gut und böse abspielt, aber nicht deswegen, weil ein solcher von außen an ihn herangetragen worden wäre, als etwas, wofür er selbst nicht verantwortlich zu zeichnen wäre. Vielmehr ist dieser Kampf Ergebnis einer Handlung bzw. Haltung, an der jeder einzelne Mensch selbst im Rahmen seines Eingebundensein in die Generationenfolge nach bzw. in Adam die Verantwortung trägt.[335]

In diesem Zusammenhang steht eine weitere Diskussion über Logik: Julian hatte eingewandt, daß Augustins These, die Konkupiszenz könne ihren Sünden- und Schuldcharakter verlieren und dennoch als Übel im Menschen aktiv bleiben, da auch Sünden ihre Aktualität verlieren und dennoch schuldhaft bleiben können, falsch sei, da nicht alle Gegensätze in einem logischen System umkehrbar seien (*cogitare non posse contrariorum omnium reciprocationem*). Einige Prinzipien, so Augustin, müssen immer stehenbleiben, damit der Umkehrprozeß als solcher erkennbar bleibt. Genau das ist bei der Erbsündenlehre der Fall. Gerade weil der Schöpfungsglaube in der Gnadenlehre in seiner Universalität unangetastet bleibt, ändern sich unter der Voraussetzung, daß die Gnade seitens des Menschen in der Ursünde abgelehnt wird, sämtliche Bedingungen innerhalb dieses Rahmens. Sie sind dann nicht mehr in ihrer Heilsrelevanz erkennbar. Darum, die Möglichkeit ihrer Erkennbarkeit im Rahmen ihrer Bedingtheit zu formulieren, geht es in der Gnadenlehre, insofern sie theologische Erkenntnislehre ist und den *intellectus gratiae* propagiert. Und noch einmal: Augustin will nicht metaphysische, sondern erkenntnistheoretische Überlegungen anstellen: Durch Adams Sünde existiert ein Gesetz der Sünde in allen Menschen, nicht als Substanz, nicht als Akzidens, sondern als Gesetz des Denkens und Handelns. Der Mensch kann es vergessen. Es kann ihm aber auch wieder einfallen; denn im Denken Gottes und der Engel ist es nie ausgelöscht. Wenn dann die Gnade einsetzt, fängt der Mensch an, mit ihm bzw. gegen es zu arbeiten; denn das Wirken der Gnade besteht genau darin, die Sünde vom Bewußtsein des Sünders her in einem Prozeß der Selbst- und Gotteserkenntnis zu überwinden (*quid si obliuiscatur se deliquisse* [...]*? non est certe in corpore* [...], *non est in animo* [...] *sed tamen est* [...] *manet quippe omnino donec remittatur*). Bei der Demonstration des Erkenntnisprozesses stützt sich Augustin auf Joh 8,44 (wo Jesus den Teufel als Vater der Lüge bezeichnet, was

---

[334] *C. Iul.* 6,60 (PL 44, 858f.); vgl. *nupt.* 1,28-30 (CSEL 42, 240-243); Iul. *Turb.* 4,298 (CChr.SL 88, 391).

[335] *C. Iul.* 6,62f. (PL 44, 860-862); vgl. Iul. *Turb.* 4,300 (CChr.SL 88, 391).

die Juden nach Joh nicht von ihrer Schuld dispensiert, da sie ihn ja aus eigener Entscheidung als ihren Vater annehmen) und Röm 5,12. Schuld, so Augustin, ist der von der Ursünde belastete Mensch deshalb, weil er objektiv an der Entscheidung Adams beteiligt ist, auch wenn er sich als Individuum »nicht daran erinnern« kann. Im *intellectus gratiae* lernt er genau dies zu tun. Er fängt an, seine Schuld wahrzunehmen und genau das wird zu seiner Rettung führen, nicht weil er etwas (eine böse Substanz) von sich selbst preisgeben müßte, sondern weil er (als Subjekt und Substanz) erst dadurch ganz und heil wird.

Nach einer Stellungnahme zu weiteren logischen Einwänden Julians[336] diskutiert Augustin Julians Referat einiger Stellen aus manichäischen Schriften und fährt dann fort:[337] Nicht er, sondern Julian verbreite manichäisches Gedankengut, wenn er die katholische Lehre von der Ursünde verwerfe.[338] Angriffe Julians, er, Augustin, lehre Versatzstücke manichäischer Lehre, etwa: Der Sündenfall bestehe darin, daß Eva ein Verhältnis mit der Schlange gehabt habe, weist er zurück.[339] Die Zusammenhänge, die er, Augustin, in diesem Bereich herstelle, gingen über jene bereits von Paulus, aber auch von den im ersten Buch (*c. Iul.* 1,16-26) zitierten Kirchenvätern hergestellten nicht hinaus.

Lediglich in einem Punkt hält Augustin es für notwendig, sich zu korrigieren, nämlich bezüglich der Lehre des *initium fidei* bzw. *initium gratiae*. Hierzu habe er in früheren Werken (zur Exegese von Röm 7,14.18.24) vertreten, daß Paulus, wenn er von sich selbst als fleischlich (*ego autem carnalis sum*) und noch dem Gesetz der Sünde unterworfen rede, voraussetze, daß er sich noch nicht im Ein-

---

[336] *C. Iul.* 6,64f. (PL 44, 862f.); vgl. Iul. *Turb.* 4,302f. (CChr.SL 88, 391f.). Augustins Hauptvorwurf gegen Julian lautet, Julian habe diese logischen Einwände nur deshalb gebracht, weil er sich sicher war, daß seine Leser sie nicht verstehen. Wäre er an der Einsicht der Leser interessiert, so würde er etwa nicht Gen 3,18 (wo gesagt wird, daß Gott Dornen und Disteln wachsen läßt, um auf den Sündern das Leben schwer zu machen) so interpretieren, daß die Bauern, die das Unkraut auf ihren Feldern bekämpfen, gegen Gottes Ratschluß arbeiten. Im *intellectus gratiae* wird der Zusammenhang vielmehr so gedeutet, daß durch die Überwindung der Mühen auch dem Sünder das Heil winkt. Vgl. Hos 13,14 (*ubi est mors, contentio tua?*); 1 Kor 15,55 (*ubi est mors, uictoria tua; ubi est mors, aculeus tuus?*).

[337] *C. Iul.* 6,67 (PL 44, 863f.); vgl. *c. Iul. imp.* 3,172-187 (CSEL 85/1, 473-490) und dazu im folgenden Abschn. 3 (b); vgl. Iul. *Turb.* 4,305 (CChr.SL 88, 392). Augustin geht an dieser Stelle auf Passagen aus Iul. *Turb.* ein, die er oben bereits in *c. Iul.* 1,37-46; 5,59; 64-66; 4,60 (PL 44, 666-672.816.819f.767) behandelt hatte; vgl. Iul. *Turb.* 1,77a.89; 3,222.229; 4,304.329 (CChr.SL 88, 360-363.382f.392.396); zur letzten Belegstelle auch Cic. *rep.* 3.

[338] *C. Iul.* 6,67 (PL 44, 864). Augustin impliziert, daß Julian im unterstellten Fall gezwungen ist anzunehmen entweder, daß Gott nicht allmächtig, gerecht und gut ist, weil er die ungetauft verstorbenen Säuglinge verwerfe, oder, daß letztere von Natur aus böse seien.

[339] *C. Iul.* 6,68 (PL 44, 864f.); vgl. Iul. *Turb.* 4,306 (CChr.SL 88, 392). Julian, so Augustin, stützt sich dabei auf eine mehrere Aspekte seiner Erbsündenlehre kombinierende Stelle in *pecc. mer.* 1,28 (CSEL 60, 27f.): *filios mulieris quae serpenti credidit ut libidine corrumperetur, non liberari nisi per filium uirginis, quae angelo credidit ut sine libidine fetaretur.* Die Distinktionen, so Augustin, sind jedoch auch an dieser Stelle deutlich sichtbar: Der Sündenfall hat seinen Ursprung in einem intellektuellen Akt bzw. einem Akt intellektueller Abwesenheit. Seine Wirkung hingegen erstreckt sich auch auf die äußersten Bereiche des menschlichen Daseins, so daß auch der Erlösungsprozeß nur dann vollendet ist, wenn auch diese erreicht sind. Anzusetzen hat er hingegen da, wo auch die Sünde anzugreifen pflegt, beim Intellekt. Augustin kann sich hier auf 2 Kor 11,3 (vgl. 1 Kor 15,33) berufen: *timeo ne sicut serpens Euam fefellit in uersutia sua, ita corrumpantur mentes uestrae a simplicitate et castitate, quae est in Christo.*

flußbereich der Gnade befinde. Diese Meinung vertritt der späte Augustin nicht mehr. Es sei vernünftiger, anzunehmen, daß diese Einsicht, eben als *intellectus gratiae*, bereits unter dem Eindruck des Wirkens der Gnade erfolge, im Kontext der Auseinandersetzung eines vom Heiligen Geist erfüllten Menschen mit dem Rest an Konkupiszenz in sich selbst im Hinblick auf dessen Überwindung und die eigene Erlösung.[340]

Wie will Julian, so Augustin, ein solches Denken aufrechterhalten, wenn er die Lesart *in quo* in Röm 5,12 verwirft und damit auch den damit verbundenen Gedanken, daß eine Identität der Sünde Adams und der Ursünde aller Menschen in der gemeinsamen Menschennatur liegt, in der auch die Hoffnung auf eine gemeinsame Rettung aller durch Christus besteht?[341] Julians Einwände gegen die Lesart *in quo* weist Augustin zurück. Zu unterscheiden seien Ursünde und Tatsünden. Kain habe Abel nicht »wegen« (*propter quod*) der Sünde seines Vaters getötet, sondern aus Neid. Dieser entsprang der Konkupiszenz, die durch Adams Fall als Ursünde in allen Menschen herrscht. Gesündigt wird nicht »wegen« der Ursünde, so als ob diese etwas Äußerliches wäre, sondern »in ihr.« »In Adam« haben alle gesündigt dergestalt, daß von Adam die Sünde auf alle Menschen überging.[342] Es kommt hier, so Augustin, gar nicht so sehr auf den Wortlaut des (ohnehin nicht paulinischen) Tradux-Begriffes an, den Julian so vehement ablehnt – der pelagianische Begriff der Nachahmung (*imitatio*) ist ja ebenfalls nicht paulinisch –, sondern auf das zentrale Motiv paulinischer Theologie: Daß dem ersten Adam, der, durch das Wort aus Erde geformt, Fleisch wurde, ein zweiter Adam gegenübersteht, in dem, von einer Frau geboren, das Wort selbst Fleisch wurde. Und so wie durch die Sünde des ersten der Tod über alle kam, so wurde er durch den Tod des zweiten für alle überwunden.[343] Unabhängig von der Verwendung des Tradux-Begriffs, so Augustin, gilt: Als wir in Adam Sünder waren,

---

[340] *C. Iul.* 6,70-74 (PL 44, 865-868); vgl. Iul. *Turb.* 1,63; 4,316-319 (CChr.SL 88, 356; 394). Augustin versieht diesen zentralen Gedanken seiner Lehre vom *intellectus gratiae* mit einer Fülle von biblischen Referenzen: Die Konkupiszenz belaste natürlich auch weiterhin die Seelen der Heiligen (Weish 9,15), auch wenn die Früchte des Geistes in ihnen schon im Wachstum begriffen seien (1 Kor 15,44). Jeder Erfolg in diesem Bereich müsse der Gnade zugeschrieben werden, d. h. in der Gnade eingesehen werden (1 Kor 1,30f.). Die Gnadeneinsicht besteht in dieser Situation gerade in der Widersprüchlichkeit der Einsicht, daß man »schon in Christus lebt« bzw. »Christus in einem lebt« (Gal 2,20) und dennoch »nichts Gutes in einem wohnt« (Röm 7,18). Der Geist steht gegen das Fleisch in einer Dynamik der Konkupiszenzen (Gal 5,17). Dies wird gerade dadurch erkannt, daß der Geist bereits in den Herzen der Gläubigen ausgegossen ist (Röm 5,5). Julian, so Augustin, könne nicht behaupten, Paulus rede hier von den Kräften der Gewohnheit (*exaggerat apostolus uim consuetudinis*). Es gehe hier nicht mehr um Gewohnheiten, sondern um eine Analyse der Tiefenschichten. Paulus erforschte sein Innerstes und fand jene Dynamik von Sünde und Gnade (Röm 6,13; 7,12.17. 25). Es geht hier also nicht um eine Definition von Substanzen als gut oder böse, sondern eben um die Analyse jenes gnadenhaften Erkenntnisprozesses, wie er von Paulus in einer für alle Christen ursprünglichen Weise durchgeführt wurde und in dessen Tradition im Unterschied zu Julian auch er, Augustin, stehe.

[341] *C. Iul.* 6,75 (PL 44, 868); vgl. Iul. *Turb.* 4,324a (CChr.SL 88, 395). Julian zieht *propter quod* vor, nach Griech. ἐφ' ᾧ, eine in der lateinischen Tradition nach Ambrosiaster weitgehend unterdrückte Lesart; zur Forschung s. Lössl, Spuren 194; 208f.; 220-222.

[342] *C. Iul.* 6,75f. (PL 44, 868f.); vgl. Iul. *Turb.* 4,324b (CChr.SL 88, 395).

[343] *C. Iul.* 6,77 (PL 44, 869); vgl. Röm 5,8f.; Iul. *Turb.* 4,325 (CChr.SL 88, 395).

hat Er uns vom Zorn erlöst (Röm 5,8f.). Weiter sagt Paulus über diesen Zorn, daß die Menschen von Natur aus seine Kinder waren (Eph 2,3).[344] Nicht die Sünde als solche steht im Mittelpunkt des Interesses Augustins, sondern der Komplex Sünde-Erlösung im Kontext der Adam-Christus-Typologie (Röm 5,16). In deren Spannungsfeld erstreckt sich auch die biblische Heilsgeschichte.

Die »vielen« nach Röm 5,16, so Augustin, sind dabei kein Widerspruch zu »allen,« die unter Gottes Heilswillen subsumiert werden (1 Tim 2,4). Auch Abraham wurde an einer Stelle als »Vater aller Nationen« (Gen 22,18), an anderer Stelle als »Vater vieler Nationen« (Gen 17,5) bezeichnet. Paulus redet einmal davon, daß »viele« glauben, aber nicht »alle« (2 Thess 3,2). Umgekehrt sind mit den »vielen« Übertretungen des Gesetzes (Röm 5,16), die durch die eine Heilstat Christi relativiert werden, »alle« gemeint; denn worin bestünde sonst ihre Universalität?[345] Gerade in der Prädestinationslehre, so Augustin, ist die Gnadenwirkung universal zu verstehen. Julians Vorwurf, er ersetze die Universalität der Heilserwartung durch das Konzept einer Rettung »vieler,« findet er nicht gerechtfertigt. Genau das Gegenteil sei der Fall. Das Paradox seiner Gnadenlehre, so Augustin, liegt gerade darin, daß deswegen, weil das Heil universal konzipiert ist, faktisch nur wenige gerettet werden. Christus ist nicht umsonst gestorben (Gal 2,21). Er ist der Mittler zwischen Gott und den Menschen, der einzige, in dessen Namen alle gerettet werden (1 Tim 2,5), die gerettet werden. In ihm werden alle lebendig gemacht werden, weil in ihm Gott dadurch, daß er ihn von den Toten erweckt hat, für alle den Glauben (an die Auferstehung und das ewige Leben) konstituiert hat (Apg 17,31). Aber gerade weil dieses Heil universal ist ist es auch exklusiv, doch nicht, weil Gott sich mit dem Teufel gegen die Menschen verschworen hätte, sondern weil alle in Adam gesündigt haben.[346] Deshalb, so Augustin, war gerade nach biblischem Verständnis die rein natürliche Prokreation schon immer mit der Vererbung von Schuld verbunden (Gal 4,24). Der Bund mit Gott galt von Anfang an als etwas, was darüber hinauswies (Jer 21,24-32),[347] eben auf Gott hin, von dem er ja initiiert wurde und der auch die Fähigkeit verleiht, dies einzusehen. Bei Julian vermißte Augustin diese Fähigkeit, was ihn aber nicht davon abhielt, in c. Iul. ausgiebig aus seinen Schriften zu zitieren, im Gegenteil. Als Kontrastmittel dienten sie ihm dazu, seinen eigenen *intellectus gratiae* nur umso akzentuierter zu formulieren.

---

[344] C. Iul. 6,78f. (PL 44, 869-871); vgl. Jer 20,14; Ijob 3,3; 14,1-5 LXX; Sir 14,18; 25,33; 40,1; Koh 1,2f.; Röm 8,20; Ps 38,6; 89,5-9; Joh 4,36.

[345] C. Iul. 6,80 (PL 44, 871f.); vgl. 1 Kor 15,22 (*sicut in Adam omnes moriuntur, ita et in Christo omnes uiuificabuntur*); Iul. Turb. 4,326 (CChr.SL 88, 395f.).

[346] C. Iul. 6,81 (PL 44, 871f.).

[347] C. Iul. 6,82 (PL 44, 872f.); vgl. Gen 9,22-25; 1 Kön 1,12; Jer 32,18; Ex 20,5; Gal 4,24; Mt 23,9.

3. *CONTRA IULIANUM OPUS IMPERFECTUM*

(a) Julians *ad Florum*

Als Augustin sich in *c. Iul.* mit *Turb.* auseinandersetzte, hatte Julian, als Bischof abgesetzt und aus seiner Heimat verbannt, Italien verlassen.[348] Nach einigem Umherirren war er vorübergehend am Sitz Theodors, des Bischofs von Mopsuestia untergekommen.[349] Während des Aufenthalts dort fand er offenbar die Zeit, an einer schon länger geplanten umfassenden Widerlegung der Erbsünden- und Gnadenlehre Augustins zu arbeiten.[350] Als ihm sein väterlicher Freund Florus (*beatissime pater Flore*) aus Konstantinopel *nupt.* 2 zuschickte, nahm er dies zum Anlaß, das geplante Werk in die Form einer Widerlegung dieser Schrift Augustins zu gießen.[351] Um 426 hatte er die acht Bücher *ad Florum* dann fertiggestellt. Sechs von ihnen sind vollständig erhalten, da Augustin sie in *c. Iul. imp.* Abschnitt für Abschnitt zitierte. Nur die Bücher 7-8 sind verloren; denn *c. Iul. imp.* blieb unvollendet, nachdem Augustin im Sommer 430 die Arbeit daran einstellte, ehe er am 28. August desselben Jahres starb.

Julian beginnt *Flor.* mit dem Vorwurf gegen Augustin, er gehe bei der Widerlegung seiner Schriften mit unlauteren und unsachgemäßen Mitteln vor,[352] um sodann Rechenschaft über seine eigenen Argumentationsgrundlagen abzulegen. Er gehe aus von der Gutheit und Gerechtigkeit Gottes. Diese sei für alle Menschen Vorbild und könne durch Anwendung der natürlichen Willensfreiheit nachgeahmt werden.[353] Eine »natürliche Sünde,« die die Menschen von Geburt an an dieser Nachahmung hinderte, gibt es, so Julian, nicht. Sünde resultiert aus individueller Unmäßigkeit (*immoderatio*).[354] Sie setzt nach Augustins eigenen Worten Freiheit voraus, »Willen, etwas loszulassen oder an etwas festzuhalten, was die Gerechtigkeit verbietet und wovon es jemandem freisteht, Abstand zu nehmen.«[355] Wäre den Menschen diese Fähigkeit entzogen, stünde auch der Wert der Sakramente infrage; denn was für eine Art von Gnade ist das, so Julian, die eine Masse unschuldiger Kinder in die ewige Verdammnis stürzt oder die göttliche Institution der Ehe als vom Teufel eingesetzt erklärt?[356] Am Ende einer ausführlichen Dis-

---

[348] Vgl. *c. Iul.* 2,34 (PL 44, 697).

[349] Vgl. Bruckner, Julian 4f.46f.110-125.

[350] Iul. *Flor.* nach *c. Iul. imp.* 1,1 (CSEL 85/1, 5). Julian konzentriert sich auf die Widerlegung des Traduzianismus, wie er ihn in Augustins Erbsündenlehre vertreten sieht, diskutiert aber (etwa in *Flor.* 1) auch Augustins Gnaden- und Prädestinationslehre im allgemeinen mit ihren problematischen Aussagen zur Willensfreiheit.

[351] Iul. *Flor.* nach *c. Iul. imp.* 1,2; 3,166 (CSEL 85/1, 6.469).

[352] Iul. *Flor.* nach *c. Iul. imp.* 1,14.17 (CSEL 85/1, 13.15).

[353] Iul. *Flor.* nach *c. Iul. imp.* 1,27-45 (CSEL 85/1, 22-32); vgl. als Belege Dtn 32,4 (*deus fidelis, in quo non est iniquitas*); Ps 10,8; 118,172; Sir 15,14-17 (*deus fecit hominem et dimisit eum in manibus consilii sui*); Jes 1,19; 1 Kor 15,34; Gal 6,7 (die Aufforderung *nolite errare* als Indiz für die Willensfreiheit); Aug. *duabus* ann. 15 (CSEL 25/1, 70); McGrath, Divine Justice.

[354] Iul. *Flor.* nach *c. Iul. imp.* 1,46-51 (CSEL 85/1, 33-45).

[355] *Duabus ann.* 15 (CSEL 25/1, 70) nach Iul. *Flor.* nach *c. Iul. imp.* 1,44 (CSEL 85/1, 31).

[356] Iul. *Flor.* nach *c. Iul.* 1,52-63 (CSEL 85/1, 45-60). Hier liegt einer der springenden Punkte

kussion einiger Schriften Augustins zu diesen Bereichen[357] kritisiert Julian Augustin nicht nur wegen der entstellten Wiedergabe seiner, Julians, Gedanken, sondern auch wegen seines Umgangs mit der Bibel.[358] In *Flor.* 2 betont Julian die Dringlichkeit wie auch die Möglichkeit einer Widerlegung von Augustins Erbsündenlehre[359] und legt eine Alternative vor. Dabei stützt er sich auf exegetische und logische Beweisverfahren, die Augustins *intellectus gratiae* sowohl mit der menschlichen Vernunft als auch mit der in der Kirche überlieferten biblischen Lehre unvereinbar erweisen sollen.[360] In *Flor.* 3 konzentriert er sich auf die Wi-

---

von Julians *intellectus gratiae*: Entspräche, so Julian, die Schöpfung nicht bereits durch ihre natürliche Geschöpflichkeit (im Menschen gegeben durch seine Möglichkeit der Sündlosigkeit in der zur vollkommenen Gerechtigkeit hin offenen Willensfreiheit) der durch die Gnade Gottes in der Taufe empfangenen Herrlichkeit, wäre die Schöpfung gar nicht fähig, diese Gnade zu empfangen.

[357] Konkret *nupt.* 1,1; 1,26; 1,40 (vgl. dort Zitat Ambr. *frg. Is*); *nupt.* 2,6-8 (CSEL 42, 211f.; 238f.; 251f.; 257-260); *c. duas epp. Pel.* 1,4; 7 (CSEL 60, 425; 428f.); *gest. Pel.* 23f.; 30 (CSEL 42, 76-78; 83f.); *c. Iul.* 6,75 (PL 44, 868f.); *pecc. mer.* 1,3f. (CSEL 60, 4-6); *conf.* 9,18 (CChr.SL 27, 144; vgl. dort Augustins Bericht über die Selbstbezichtigung seiner Mutter als *meribibula*, den Julian in »gemeiner« Weise [Bruckner] gegen Augustin persönlich wendet); vgl. außerdem Julians Verwendung der aus *c. Iul.* 1-2 bekannten patristischen Belege Ambr. *Noe* 3,7; *exp. Luc.* 1,37; 2,56; 7,27; 142; 234; *paen.* 1,3,13; Greg. Naz. *orat.* 2,9; 41,14; Hilar. *in Ps* 118,174; Cypr. *orat. dom.* 16; Io. Chrys. *ad Olympiam* 10,3 (nach PG 3,3); Cic. *offic.* 1,7. Julian unter anderem: *c. Iul. imp.* 1,66 (CSEL 85/1, 64): Augustin behauptet, Christus habe wegen der Abscheulichkeit der Sexualität eine Jungfrau zur Mutter gehabt; *c. Iul. imp.* 1,67 (CSEL 85/1, 66f.): Paulus' Aussage zur Erlösung durch Gnade in Röm 7,24f. bezieht sich nicht auf die Ursünde, sondern auf eine »Gewohnheit zu sündigen;« *c. Iul. imp.* 1,76 (CSEL 85/1, 92): Augustin bekennt sich nicht eindeutig zur Geschöpflichkeit der Willensfreiheit. In *c. Iul. imp.* 1,78 (CSEL 85/1, 93) hält Julian dagegen seine Definition der Willensfreiheit, die er von Augustins Frühwerk *duabus ann.* 15 abgedeckt sieht: *libertas arbitrii, qua a deo emancipatus homo est, in ammittendi peccati et abstinendi a peccato possibilitate consistit.* Vgl. *c. Iul. imp.* 1,79 (CSEL 85/1, 94). In *c. Iul. imp.* 1,82 (CSEL 85/1, 95) bekennt er sich zu einem *intellectus liberi arbitrii.* Er wirft Augustin vor, Widersprüchliches zu Gnade und Freiheit zu konstruieren, etwa in *c. Iul. imp.* 1,86 (CSEL 85/1, 98). Es folgen Schriftbelege zur Willensfreiheit: Joh 8,32f.; 10,38; Mt 23,37f.; Jes 1,19f. Augustin habe in seinen Schriften den biblischen Freiheitsbegriff aufgegeben, nämlich das Bekenntnis zur Hilfsfunktion des Gesetzes (Jes 8,20) und zur Gutheit der natürlichen Willensfreiheit. Vgl. *c. Iul. imp.* 1,94.97.99 (CSEL 85/1, 109.113.117).

[358] In *c. Iul. imp.* 1,73 (CSEL 85/1, 87-89) bringt er ein Beispiel, wie Augustin dadurch, daß er ihn unvollständig zitiert, den Sinngehalt seiner Aussagen verzerrt. In *c. Iul. imp.* 1,132-141 (CSEL 85/1, 144-163) folgt eine ausführliche Auseinandersetzung mit Augustins Exegese von Röm 9-11. Julian wehrt sich gegen eine prädestinatianistische Deutung des Abschnitts. Es gebe auf der Ebene des Schrifttextes auch moralische Gründe für die Verwerfung Esaus. Auch 2 Tim 2,21 (*erit uas in honorem*) setze die Willensfreiheit voraus (*ecce officium liberae uoluntatis*). Generell plädiert Julian für die Unterscheidung eines historischen und eines prophetischen Schriftsinns: *quibus uerbis* [Julian hat als Beispielsatz Jes 45,8f. angeführt: *rorate caeli desuper*] *etsi secundum historiam Cyrus rex, secundum prophetiam tamen incarnatio saluatoris exprimitur, qui quoniam erat de uirgine nasciturus, Iudaeorum et omnium infidelium obstinatio conuenitur, ne sint signis fidelibus perduelles.* Augustins Synthese von historischer und dogmatischer Deutung unter Absehung vom allegorischen Paradigma lehnt er ab: Mit welchen Händen, so fragt er, formt Gott die Gefäße zur Ehre bzw. zum Zorn? *c. Iul. imp.* 1,141 (CSEL 85/1, 158): *non habes manus, quibus tunc in uas aliquod formabatur.*

[359] Dringlichkeit wegen des Skandals, den, so Julian, das ungerechte Vorgehen gegen ihn und seine Anhänger bedeutete, Möglichkeit durch die Sachlage: Augustins Erbsündenlehre ist in sich widersprüchlich. Vgl. *c. Iul. imp.* 2,11.16.23-43 (CSEL 85/1, 170.173.177-194).

[360] Augustin, so Julian, vertritt eine widersprüchliche Auslegung von Röm 5,12. Nach Weish 2,25 (*imitantur autem eum qui sunt ex parte ipsius*) wird Adams Sünde durch Imitation verursacht,

derlegung der Theorie Augustins von der Vererbung der Ursünde von den Eltern
auf die Kinder durch die Konkupiszenz im Zeugungsakt,[361] wendet sich dann
gegen Augustins Begriff der Willensfreiheit, der keiner sei,[362] und beweist zu-

---

nicht durch Prokreation tradiert. Vgl. *nupt.* 2,45 (CSEL 42, 298f.); *c. Iul. imp.* 2,50 (CSEL
85/1, 199). Vgl. außerdem *c. Iul. imp.* 2,63 (CSEL 85/1, 210): Die »Tradierung« ist geistiger,
nicht körperlicher (*more seminum*) Natur. Auf systematischer Ebene fragt Julian Augustin nach
c. Iul. imp. 2,68 (CSEL 85/1, 212), wie er denn bei der Universalität seines *intellectus gratiae*
den Übergang vom Gesetz zur Gnade denken wolle. Er hält statt des augustinischen Gnadenbegriffs den Begriff der »Erfüllung des Gesetzes« für vernünftiger und glaubt, damit das Problem
der Dualität von Gesetz und Gnade ausräumen zu können. Vgl. *c. Iul. imp.* 2,72 (CSEL 85/1,
216). Er erinnert an Augustins Sündendefinition von *duabus ann.* 15. Auch nach Paulus, so in *c.
Iul. imp.* 2,112 (CSEL 85/1, 243), ist Sünde immer individuell begangene Tatsünde, auch Adams
Sünde. Von »Natur« steht bei Paulus in bezug auf die Sünde nichts. Die Natur des Menschen kann
nach Paulus immer nur vom Guten zum Besseren voranschreiten. Vgl. *c. Iul. imp.* 2,117 (CSEL
85/1, 248). Röm 5,14 bezieht sich deshalb nicht auf die neugeborenen Kinder, sondern auf die
Hoffnung von Menschen, die Gebrauch von ihrer Willensfreiheit machen können. Vgl. *c. Iul.
imp.* 2,142 (CSEL 85/1, 265). Paulus, so Julian, redet nicht von einer Kollektivschuld in Adam.
Omnes meint bei ihm nicht »Menschheit« sondern »viele Individuen.« Vgl. *c. Iul. imp.* 2,148
(CSEL 85/1, 270). Überhaupt seien Quantitäten in diesem Zusammenhang immer relativ zu verstehen, da man es mit Unendlichkeit zu tun habe. Logisch sei es daher anzunehmen, daß, wenn
Paulus davon rede, daß in Christus viele gerettet würden, gemeint sei, daß mehr gerettet als verdammt würden, nicht umgekehrt. Vgl. *c. Iul. imp.* 2,206 (CSEL 85/1, 318). Daß einige verdammt werden, nimmt allerdings auch Julian an, der sich im übrigen in *intellectus catholicus*
wähnt. Vgl. *c. Iul. imp.* 2,218 (CSEL 85/1, 329). Bekehrung entspringt für ihn einem gehorsamen Herzen (*ex corde*). Augustin dagegen steht dem Begriff des Herzens mißtrauisch gegenüber; denn *ex corde* heißt *ex uoluntate*, was für ihn immer nach Leugnung der Gnade riecht. Vgl. *c.
Iul. imp.* 2,230f. (CSEL 85/1, 344f.). Julian aber ist überzeugt: Die Gnade verwirklicht sich in
der *humanitas*, auch schon bei Paulus. Sein *intellectus gratiae* besteht in einer vereinfachten Auslegung der Bibel als Quelle einer Vernunftlehre, die der Mensch in Anwendung seiner natürlichen
moralischen Fähigkeiten in die Praxis umsetzen kann. Vgl. *c. Iul. imp.* 2,234 (CSEL 85/1, 347).

[361] Er führt zunächst alttestamentliche Belegstellen an (*c. Iul. imp.* 3,1-66), dann Bedenken
grundsätzlicher Art gegen eine solche Vorstellung (*c. Iul. imp.* 3,67-83). Mit der Diskussion
einiger neutestamentlicher Stellen (*c. Iul. imp.* 3,84-95) schließt dieser erste Teil von *Flor.* 3. Dtn
24,14-16, so Julian, verweist auf die individuelle Verantwortlichkeit des Menschen. (*unusquisque
in suo peccato morietur*). Vgl. *c. Iul. imp.* 3,12 (CSEL 85/1, 356f.). Träfe der Traduzianismus
zu, müßten logischerweise auch die von den Eltern auf die Kinder übertragenen Sünden der Kinder auf die Eltern rückwirken (*remeare*). Vgl. *c. Iul. imp.* 3,20 (CSEL 85/1, 362). Aber selbst
2 Kön 14,5 schließt eine solche Wechselwirkung aus. Vgl. *c. Iul. imp.* 3,30 (CSEL 85/1, 368).
Ez 18,1-30 (»die Väter essen die Trauben, den Söhnen werden die Zähne stumpf«), ist im prophetischen Schriftsinn im Hinblick auf die Unveränderlichkeit von Gottes Ratschluß zu deuten und
nicht als Übertragung von Sündenschuld. Vgl. *c. Iul. imp.* 3,57 (CSEL 85/1, 396). Augustin, so
Julian, propagiert das Bild eines Willkürgottes, der einer von der Sünde geknechteten Menschheit
gegenübersteht. Dieses Bild widerspricht dem biblischen Gottesbild ebenso wie dem der Tradition.
Außerdem steht es im Widerspruch zur menschlichen Vernunft. Augustins Interpretation von Röm
5,12 steht gegen Paulus' Selbstverständnis ebenso wie gegen die traditionelle Paulusexegese. Wo
Paulus von der Menschheit als Generationenfolge redet, wie in Hebr 2,11 (*ex uno omnes sancti-
ficantur*), redet er von *ex uno*, nicht von *per unum*. Vgl. *c. Iul. imp.* 3,86 (CSEL 85/1, 413).

[362] Er knüpft dabei an Augustins Begriff eines *intellectus gratiae* an. Mt 11,25f. (*abscondisti
haec a sapientibus* [...] *reuelasti paruulis*) verweise gerade nicht auf die Abwesenheit von Willensfreiheit, sondern setze eine solche gerade auch auf der Seite der Schwachen voraus. Er, Julian, vertrete sehr wohl auch einen *intellectus gratiae*, aber nicht im Sinne eines *deus ex machina*,
der die in der Ursünde Verlorenen erst mit ausreichend Freiheit versorgen müßte, sondern als all-
zeit gegenwärtige, geschöpflich gesetzte, natürliche Hilfe von Gott. Vgl. *c. Iul. imp.* 3,106f.
(CSEL 85/1, 426f.). Für Julian bedeutet Sünde angesichts der von Gott gesetzten geschöpflichen

nächst auf systematischem Wege,[363] schließlich sogar anhand eines Textvergleichs zwischen einem »Brief Manis an die Perserin Menoch«[364] und Stellen aus *nupt.* Augustins Abhängigkeit vom Manichäismus.[365]

Ordnung nicht »Fall« aus einem labilen Gleichgewicht, sondern »unnötige und aufwendige Anstrengung des Bösen gegen das viel mächtigere Gute.« Vgl. *c. Iul. imp.* 3,111 (CSEL 85/1, 432): *multo esse enim maiorem laborem committere crimina quam cauere.*

[363] Er geht dazu noch einmal aus von seiner eigenen Prämisse einer im Urzustand erhaltenen guten Geschöpflichkeit, die die Gutheit der fleischlichen Konkupiszenz (*concupiscentia carnis*) gegenüber einer Konkupiszenz zum Bösen (*concupiscentia mala*) postuliert. Vgl. *c. Iul. imp.* 3,142 (CSEL 85/1, 447). Augustin dagegen, der, so Julian, zwar den Manichäern vorwerfe, zwei Naturen, gut und böse, zu lehren, lehre selbst, daß es eine böse Natur gebe. Der einzige Unterschied zwischen ihm und den Manichäern bestehe darin, daß er, statt sich auf die Erklärung des Ursprungs der bösen Natur zu kaprizieren, sich auf deren Vermittlung durch die im Zeugungsakt tätige Konkupiszenz konzentriere. Dagegen Julian nach *c. Iul. imp.* 3,144 (CSEL 85/1, 450): Nicht nur in Adam, sondern in jedem einzelnen Menschen verwirklicht Gott die gute Menschennatur. So wird nicht nur der Ursprung aller Menschen in Adam besser erklärt, sondern auch die Ausbreitung der Menschheit als Generationenfolge, nämlich als Creatio continua auf der Ebene der Menschheit. Die Vorstellung vom Sündenfall bezieht sich dann also auf jede Generation. Jedes Kind erlebt also seine eigene Vertreibung aus dem Paradies. Es wird nicht schon in Sünde gezeugt und geboren. Demnach nützt also den Kindern die Gnade Christi als Helfer zum Guten, den Erwachsenen aber als Erlöser vom Bösen (Mt 9,12). Augustin erweist sich dadurch, daß er die Kinder in Sünde gezeugt und geboren sieht, als Manichäer. Vgl. *c. Iul. imp.* 3,160 (CSEL 85/1, 464): *quoniam est naturale peccatum, malam esse naturam.*

[364] Augustin bestritt lediglich, das Dokument zu kennen (*istam epistulam me omnino nescire*), was bei seiner Kenntnis manichäischer Literatur ambivalent wirkt. Warum hat er nicht seine Identität als manichäische Schrift infragegestellt? Lieu, Manicheism 210: »The Manicheans' readiness to turn to Paul may have triggered off alarm bells.« Die heutige Forschung ist demgegenüber nicht viel weiter. Das Dokument ist vom Titel und vom Inhalt her manichäisch, sonst aber nirgends belegt. Vgl. Flügel, Fihrist 337; Bruckner, Julian 82f.; Aalders, L'Épître; Decret, Aspects 228f., Anm. 56.; Wermelinger, Rom 275.

[365] In derselben Weise wie Augustin interpretiert Mani (der von Julian genannte Verfasser des Textes) dort Stellen aus Joh und einigen Paulusbriefen: »Was aus dem Fleisch geboren ist, ist Fleisch, was aber aus Geist geboren ist, Geist« (Joh 3,6). »Wurzel allen Übels aber ist die Konkupiszenz« (1 Tim 6,10). Vgl. *c. Iul. imp.* 3,172-175 (CSEL 85/1, 473-475). Durch die Konkupiszenz aber ist, so Mani nach dem vorliegenden Dokument, der Teufel zum Urheber des Körpers geworden; Zitat Mani nach Iul. *Flor.* in *c. Iul. imp.* 3,180 (CSEL 85/1, 480): *per concupiscentiam corporum auctor diabolus est.* Zur Illustration schließt Mani Röm 7,19 an (*non bonum quod uolo, sed malum operor*). Damit, so Julian, legt sich eine Abhängigkeit Augustins von Mani zumindest nahe. Noch ehe die Willensfreiheit sich für gut oder böse entscheiden kann, so diese Lehre, steckt der Mensch bereits durch seine natürliche Konkupiszenz im Bösen fest. Warum sonst, so Mani nach Julian, werde die Kindertaufe praktiziert? *c. Iul. imp.* 3,185 (CSEL 85/1, 487). Der Eindruck, so Julian, daß Augustin in der Tradition des Manichäismus steht, ist überwältigend. Vgl. *c. Iul. imp.* 3,193.99 (CSEL 85/1, 494.498); *nupt.* 2,36 (CSEL 42, 290f.). Dagegen hält Julian seine Position: Die Gnade, immer verstanden als Gnade Christi, bezieht sich, insofern sie Heilmittel für Sünden ist, immer auf von mündigen Menschen begangene Tatsünden, ansonsten aber (insbesondere was Kleinkinder angeht) auf die Vervollkmmnung von bereits von seinem Ursprung her Gutem. Ursprung der individuellen Tatsünden ist die Konkupiszenz zum Bösen (*concupiscentia mala*), die von der fleischlichen Konkupiszenz (*concupiscentia carnis*) zu unterscheiden ist. Einen kollektiven Ursprung des Bösen gibt es nicht, also auch keine Weitervermittlung im Sinne des Traduzianismus. Der Ursprung des individuellen Bösen liegt ebenfalls im Dunkel. Wenn es *ratio* hätte, wäre es nicht böse. Was jedoch bereits im Individuum von der Schöpfung her als *ratio* angelegt ist, ist gut und auf Gnade in Christus im Sinne von Röm 5,18 hin offen. Der Erfüllung in der Gemeinschaft mit Christus entspricht keine Solidargemeinschaft der Sünder in Adam. Vgl. *c. Iul. imp.* 3,208-216 (CSEL 85/1, 502-505).

In *Flor.* 4 untersucht Julian Augustins Begriff der sexuellen Konkupiszenz als Übel. Er steht, so Julian, im Widerspruch zur Lehre von der Gutheit der Schöpfung und Gottes Inkarnation in Christus. Augustins Distinktionen im Bereich der Sündenlehre (freiwillig begangene und unfreiwillige, natürliche, »ursprüngliche« Sünden, *peccata moralia / peccata originalia*) seien abwegig, ebenso seine Berufung auf Ambrosius als Autorität für seine Erbsündenlehre und einige in diesem Zusammenhang zitierte Schriftstellen.[366] In *Flor.* 5 konzentriert sich Julian nach einigen einleitenden Bemerkungen[367] auf die Diskussion von Augustins Begriff des »bösen Willens« als Ursprung des Bösen. Wenn, so Julian, dieses Konzept auf einen realen Gegenstand, nämlich eine Form des freien Willens, bezogen wäre, so wäre damit im Sinne des Manichäismus Gott selbst als Urheber dieser Form des freien Willens, also des bösen Willens, des Ursprungs des Bösen selbst ermittelt.[368] Nur durch das klassische 'Ακρασία-Modell, nach dem das Böse im

---

[366] Nach einem erneuten Überblick zu Plan und Anlage von *Flor.* insgesamt in *c. Iul. imp.* 4,1 (PL 45, 1337f.) geht Julian ausführlich auf die Widersprüchlichkeit von Augustins Konkupiszenzbegriff in systematischer wie in biblischer Hinsicht ein. Vgl. *c. Iul. imp.* 4,2-44 (PL 45, 1339-1364); vgl. *nupt.* 2,12-14 (CSEL 42, 263-266). Da Sexualität geschöpflich ist, so Julian, kann sie nicht Ursprung von Sünde sein, auch nicht derart, daß durch sie die Ursünde weitervererbt würde. Die von Augustin angeführten Negativbeispiele (Schamgefühl, Eifersucht etc.) sind kulturell bedingte Einschränkungen. Naturvölker erleben Sexualität und natürliche Nachkommenschaft durchweg positiv. Augustins Auffassung von Leiblichkeit hat, so weiter (*c. Iul. imp.* 4,45-89 [PL 45, 1365-1390]), auch Konsequenzen für seine Christologie. Denkt Augustin sich die Inkarnation wie die Apolinaristen, daß Christus als göttliche Seele einen menschlichen Kadaver angenommen habe (*cadauer hominis suscepisse*)? Erstreckt sich Christi Menschwerdung nicht auch und gerade auf seine fleischliche Konkupiszenz? Auch Augustins Unterscheidung von natürlichen (*naturalia*) und freiwillig (*moralia, uoluntaria*) begangenen Sünden (*c. Iul. imp.* 4,90-104 [PL 45, 1391-1400]) ist zu bestreiten (gegen *nupt.* 2,15 [CSEL 42, 266-268]): *quidquid enim naturale est, uoluntarium non esse manifestum est*). Augustins Berufung auf Ambrosius in diesem Zusammenhang ist ebenso unberechtigt (*c. Iul. imp.* 4,105-122 [PL 45, 1401-1418]; vgl. erneut *nupt.* 2,15) wie seine Berufung auf Weish 12,10 (*c. Iul. imp.* 4,123-136 [PL 45, 1419-1430]): *semen enim erat maledictum ab initio*. Solche Aussagen sind im Alten Testament historisch, auf Israel und Kanaan bezogen, zu verstehen (vgl. auch Dan 13,56; Ez 16,3.45). Eine Übertragung auf die metaphysische Konstitution des Menschen ist Manichäismus.

[367] *C. Iul. imp.* 5,1-26 (PL 45, 1431-1465). Julian betont zunächst wiederum die Notwendigkeit eines Vorgehens gegen Augustin (*c. Iul. imp.* 5,1-4 [PL 45, 1431-1435]), um dann erneut speziell gegen einige in *nupt.* 2,25-42 (CSEL 42, 277-296) vorgelegte Exegesen zu polemisieren, außerdem gegen den Begriff *natura uitiata*. Vgl. Strohm, Natura uitiata; Lamberigts, Creator 11, bes. Anm. 44. Der Gegensatz zwischen Julian und Augustin ist hier stärker, als Lamberigts meint. Damit, daß man Julians Ablehnung des Kompatibilismus (*uel naturale, uel uoluntarium, tertium non datur*) teilt, hat man noch nicht bewiesen, daß Augustins Begriff der *natura uitiata* eine »akzidentelle« und »prinzipiell erlösbare« Form der Sünde meint. Vielmehr hat Julian richtig gesehen, daß Augustin gerade das Gegenteil damit meinte, nämlich eine prinzipielle Nichterlösbarkeit der Ursünde auf der Ebene der Geschöpflichkeit, die ein Konzept der individuellen Prädestination rechtfertigt, der kongruenten Berufung als einer *electio ex nihilo*, einer zweiten Schöpfung aus dem Nichts der *massa damnata*. Tatsächlich, so Julian, vertrat Augustin damit zumindest indirekt so etwas wie die Lehre einer Schöpfung des Bösen *ex nihilo*.

[368] *C. Iul. imp.* 5,26-64 (PL 45, 1464-1506). Die systematischen Grundlagen für seine Argumentation gewinnt Julian in diesem Abschnitt aus modallogischen Überlegungen: Augustin, so Julian, behandelt den Begriff *ex nihilo* wie einen realen Gegenstand. Dadurch entsteht der Eindruck, es sei dieses augustinische *nihilum*, auf das es bei der Schöpfung ankomme und nicht Gott selbst. Insofern Augustin die Gnadenlehre strukturell ähnlich wie die Schöpfungslehre entwickelt, trifft Entsprechendes auf den Begriff des Bösen zu. Vgl. *c. Iul. imp.* 5,33-38 (1471-1473). Julian

Exzeß begründet liegt, sind, so Julian, derartige Fehler zu vermeiden.[369] In *Flor.*
6 schließlich fordert Julian seine Leser erneut auf, sich von der Gnadenlehre Augustins zu distanzieren.[370] Im Anschluß an das am Ende von *Flor.* 5 Gesagte fragt
er nach dem hinter der Schöpfungs- und Urstandslehre der Gnadentheologie Augustins liegenden metaphysischen (manichäisch dualistischen?) Grundmodell, wiederum in enger Anlehnung an die biblischen Grundtexte.[371]

---

hat nun zwar recht unter der Voraussetzung, daß es Augustin in seiner Argumentation um die realen Gegenstände als solche, also um Metaphysik ging. Was aber, wenn Augustin nicht die Beziehungen der realen bzw. logischen Gegenstände (*deus, nihilum, bonum, malum* etc.) untereinander im Blick hatte, sondern die Möglichkeit des (sündigen bzw. begnadeten) Menschen, sie in ihrer Signifikanz zu erkennen und den dabei gewonnenen Einsichten gemäß zu leben? Entsprechendes legen die modallogischen Überlegungen zu den Instanzen des Sündigen-Müssens (*non posse non peccare*), Sündigen-Könnens (*posse peccare*), Nicht-Sündigen-Müssens (*posse non peccare*) und Nicht-Sündigen-Könnens (*non posse non peccare*) sowie die Lehre von den verschiedenen Stufen der Gnade bzw. die Frage nach dem *initium gratiae* (*ante legem, sub lege, sub gratia, in pace*) zumindest nahe; vgl. Lössl, Spuren 209f. (Lit.). Weitere Stellen, wo Augustin das Problem in Auseinandersetzung mit Julian diskutiert, sind *c. duas epp. Pel.* 3,17 (CSEL 60, 505-507); *ciu. dei* 22,30 (CChr.SL 48, 863f.); *c. Iul. imp.* 6,10. 12 (PL 45, 1518.1522-1524); vgl. auch oben Kapitel IV, Abschn. 6 zu *spir. litt.*, sowie Kapitel V, Teil A, zu *nat. grat.*

[369] Vgl. Chappell, Aristotle, xi. Chappells Behandlung der Thematik zeigt jedoch im Gegensatz zur Polemik Julians, daß Augustins Gedankengänge per se keine metaphysische Extrapolation der Lehre vom Bösen beinhalten, also nicht notwendigerweise systematisch abhängig vom Manichäismus sind.

[370] Ganz im Sinne seiner eigenen Sündenlehre hält Julian Augustins Gnadenlehre selbst für einen Exzeß, nämlich eines religiösen Fanatikers auf seiten des Urhebers und einer Masse von Laxisten auf der Adressatenseite. Vgl. *c. Iul. imp.* 6,1-3 (PL 45, 1507). Um der Vernunftgemäßheit christlichen Lebens willen sollte man sich davon distanzieren *[istud] in dei Christianorum cultu non habere consortium*). Vgl. *c. Iul. imp.* 6,4-6 (PL 45, 1508-1510).

[371] In direkter Anlehnung an die Schöpfungs- und Sündenfallerzählung Gen 1-3 weist er die historisch-metaphysische Deutung der Sünde Adams zurück. Die positiven Aussagen über die Schöpfung (*erat ualde bona*), so Julian, halten den Aussagen über die durch den Mißbrauch geschöpflicher Freiheit verursachten Sünden die Waage. Vgl. *c. Iul.* 6,7-30 (PL 45, 1511-1580). Adams Sünde selbst schränkt die Willensfreiheit der Menschen insgesamt nicht ein, sie setzt sie vielmehr nach wie vor voraus (*libertas autem nihil est aliud quam possibilitas boni malique*). Andernfalls müßte man fragen, wie es grundsätzlich möglich war, daß Adam sündigte, bzw. wie es möglich ist, daß Menschen sündigen. Adams Situation ist vor wie nach dem Fall die gleiche wie die aller Menschen: Die Möglichkeit zu sündigen besteht in der Freiheit, es zu tun oder nicht zu tun. Die Annahme eines in Adam hypostasierten Falls dagegen öffnet dem manichäischen Fragen nach dem Ursprung des (substanziellen) Bösen Tür und Tor. Augustin, so Julian, entwickelt in diesem Zusammenhang geradezu eine Stufenontologie des Bösen (*bene itaque intelleximus, quod quanto maioris peccati participes sunt, tanto in condemnatione scelestis omnibus praeferantur*). Gerade der Theologie Paulus' tut solches Denken Unrecht (*usurpasti eam*). Vgl. *c. Iul. imp.* 6,31-41 (PL 45, 1583-1604). »In Adam« sterben nach 1 Kor 15,22 bedeutet gerade nicht in ihm als dem »natürlichen« Stammvater aller Menschen sterben, sondern in dem sterben, was er aus freiem Willen tat, nämlich die Sünde. Der Ausdruck »in« bezieht sich also auf den moralisch mimetischen Aspekt (*imitatio*). Andernfalls wäre auch Christus mit seinem Fleisch in die Sündigkeit Adams mit einbezogen. Seine Erlöserfunktion stünde infrage. »Von den Toten« (Kol 1,18; 1 Thess 4,17; Mt 25,46; 1 Kor 15,23-28) bedeutet in diesem Zusammenhang nicht in erster Linie »vom natürlichen Tod.« Dieser spielt im Bereich der Soteriologie eine untergeordnete Rolle. Es geht vielmehr um den Tod des (moralischen!) Sündigens. Augustins Vermischung des moralischen und des natürlichen Todesbegriffes ist ebenfalls auf manichäischen Einfluß zurückzuführen. Die christliche Hoffnung (vgl. 1 Kor 15,29-49) bezieht sich auf die Überwindung des Hangs zum Sündigen. Der Übergang ins ewige Heil (Röm 6,19: *in sanctificationem*) bahnt sich auf natürlichem Wege an. In Christus wächst der Mensch durch seine geschöpflich angelegten moralischen

So zeigt sich,[372] daß Julian in *Flor.* der in der Erbsündenlehre gründenden Gnadentheologie Augustins ein zumindest nicht widersprüchlicheres gnadentheologisches Modell entgegengesetzt hat, nämlich das auf dem Vertrauen in die durch die Güte und Gerechtigkeit Gottes gute und wohlgeordnete Schöpfung beruhende Konzept der natürlichen Fähigkeit des Menschen zum Guten.[373] Notwendigerweise spitzte sich dadurch die Diskussion zwischen Julian und Augustin immer wieder zu auf die Frage nach dem Ob bzw. Woraufhin der von Augustin angenommenen, durch die im Zeugungsakt wirksame sexuelle Konkupiszenz weitervererbten, quasi natürlichen Ursünde aller Menschen. Wurde erst durch dieses Konzept die Liebe Gottes radikal soteriologisch erfaßt oder bedeutet es die Leugnung der Willensfreiheit und die Entmündigung des Menschen bis hin zur Manipulation durch eine Art Kryptodoketismus oder Manichäismus? Wie bereits in einigen Punkten angedeutet, bietet sich erneut der Begriff des *intellectus gratiae* und die Konzentration auf die erkenntnistheoretische Dimension der Diskussion als übergreifendes Paradigma dieser scheinbar unvermittelbar gegensätzlichen, von Augustin aber (wie schon in *c. Iul.*) bewußt in dieser Weise arrangierten Positionen an.

(b) Augustins letzte Erwiderung

Es kann nicht lange nach der Fertigstellung und Veröffentlichung der *retract.* gewesen sein,[374] als Augustin sich genötigt sah, gegen *Flor.*, von dem ihm Alypius von Rom aus zunächst die ersten fünf, später die restlichen drei Bücher zugeschickt hatte,[375] Stellung zu nehmen. Eigentlich hatte er beabsichtigt, seinen Lebensabend mit der Ordnung des Nachlasses seiner Briefe und Predigten zu verbringen. Die Kontroverse mit Julian jedoch zwang ihn ebenso wie die Auseinandersetzung mit den Mönchen von Hadrumetum und Südgallien zu erneuter literarischer Tätigkeit im Bereich seiner Gnadentheologie. Tag und Nacht arbeitete er, um beides voranzubringen. Doch mit der Revision der Briefe und Predigten wurde er überhaupt nicht, mit dem Werk gegen Julian nur mehr zu drei Vierteln fertig, ehe er starb.

Dem Fragment sieht man seine Entstehungsgeschichte an. Anders als mit *c. Iul.* beabsichtigte Augustin, mit *c. Iul. imp.* eine klassische *refutatio*, eine Satz-für-Satz-Widerlegung der Schrift Julians.[376] Doch scheint er sich damit am Ende übernommen zu haben, was auch am Text ersichtlich wird. Während er etwa in den ersten Büchern (vor allem im dritten) noch einige dramatische Höhepunkte

---

Fähigkeiten über sich selbst hinaus. Jede andere Sichtweise stellt die Menschheit Christi infrage und wird, so Julian, seiner Erlöserfunktion nicht gerecht (vgl. 1 Kor 15,46-57).

[372] Vgl. dazu bereits Bruckner, Julian 49-68.

[373] Vgl. Lamberigts, Creator.

[374] Zum Schluß der *retract.* weiß Augustin noch nichts von den Werken zu sagen, die er in den verbleibenden drei Jahren seines Lebens (427-430) noch verfassen sollte, darunter *c. Iul. imp.*, *praedest. sanct.*, *dono perseu.* und *haeres.* Vgl. *retract.* 2 epilogus (CChr.SL 57, 142f.).

[375] Vgl. *ep.* 224,2 an Quoduultdeus (CSEL 57, 452f.).

[376] Vgl. *c. Iul. imp. praefatio* (CSEL 85/1, 4).

im Erzählduktus erzeugen konnte, werden sowohl die zitierten Abschnitte als auch die Kommentare vor allem im sechsten Buch immer langatmiger und repetitiver. Symptomatisch für den Stil jener letzten Passagen in Augustins literarischem Werk überhaupt könnte der Schlußsatz von *c. Iul. imp.* sein. In ihm wird nur einmal mehr das wiederholt, was vorher schon hunderte Male gesagt worden war: Dadurch daß sie das in der Sünde Adams in die Menschennatur eingepflanzte, über die natürliche Fortpflanzung weitervererbte Böse leugnen, tragen die Pelagianer nicht etwa zur Widerlegung und Überwindung des Manichäismus, sondern im Gegenteil zu seiner Bestätigung bei.[377]

C. Iul. imp. 1-3

In *c. Iul. imp.* präsentiert Augustin ein letztes Mal seinen *intellectus gratiae*: Die Manichäer sind für ihn nur dadurch zu widerlegen, daß das Böse als zwar nicht von Gott in der Schöpfung grundgelegt, aber dennoch durch die auf die Sünde Adams bezogene Erlösung in Christus in die Heilsgeschichte einbezogen gedacht wird. Das Elend der Menschheit zeigt es deutlich, so Augustin: Unter der Voraussetzung, daß weder Gott noch der einzelne Mensch es verursacht haben kann, ist es allein in einer Erbsündenlehre erklärbar, die als Kontrast zu einer Gnadenlehre zu entwickeln ist. So lehrt es die katholische Einsicht im Glauben (*lux catholicae fidei ueritatis*).[378] Das von Julian vertretene pelagianische Modell droht, die von der Kirche verkündete Klarheit zu verdunkeln. Insofern repräsentiert der Pelagianismus genau das, was er leugnet, nämlich eine in den intellektuellen Auswirkungen der Erbsünde befangene Menschheit.[379] Dummheit, Verblendung, mangelnde Einsicht gegenüber der selbstevidenten Auslegung von Schrift und Tradition durch seine Gnadenlehre, das ist der Hauptvorwurf Augustins gegen Julian.[380] Mangels Gnade (oder besser, im Sinne von Augustins *intellectus gratiae*, mangels Gnaden*begriffs*) versteht Julian, so Augustin, alle zentralen Probleme verkehrt. Nicht er, Augustin, Julian ist es, den man als Kindermörder bezeichnen müßte, da er die Abschaffung der Kindertaufe propagiert.[381] Julians Einsicht in Gottes Gnade und Gerechtigkeit ist pelagianisch, nicht christlich.[382] Julian ist ignorant, was Gottes Gerechtigkeit betrifft (Röm 10,3).[383] Julians Rede von einer Gerechtigkeit »ohne Trug und ohne Gnade« (*sine fraude, sine gratia*) abstrahiert von der Wirklichkeit der Situation des Menschen vor Gott.[384] Der Mensch

---

[377] *C. Iul. imp.* 6,41 (PL 45, 1608); vgl. *c. Iul. imp.* 1,97 (CSEL 85/1, 113): *utinam Manicheum fortiter destrueres, non turpiter adiuuares.*

[378] *C. Iul. imp.* 1,1-3 (CSEL 85/1, 5-7).

[379] Vgl. *c. Iul. imp.* 1,5 (CSEL 85/1, 8); Ps 143,4 (*dies uelut umbra*).

[380] *C. Iul. imp.* 1,12-14 (CSEL 85/1, 12f.).

[381] *C. Iul. imp.* 1,22.27.34 (CSEL 85/1, 20.23.25); vgl. Sir 40,1.

[382] Noch in *spir. litt.* hatte Augustin seinen Gegnern ausdrücklich nicht die Christlichkeit abgesprochen; vgl. oben in Kapitel IV, Abschn. 6, bes. S. 189f.

[383] *C. Iul. imp.* 1,35.37 (CSEL 85/1, 26f.).

[384] Julian hatte das Gleichnis von den Arbeitern im Weinberg Mt 20,1-10 angeführt, die alle den gleichen Lohn erhalten. Vgl. dazu oben Kapitel V, Teil B, S. 322f. zu *c. duas epp. Pel.* 2,13 (CSEL 60, 473f.).

hat gegenüber Gott keine Ansprüche geltend zu machen. Der Fall »in Adam« aus purem Hochmut (*superbia*) hat ihn in ein Elend (*miseria*) gestürzt, das Gottes ungeschuldete Gnade überhaupt erst zur Barmherzigkeit (*misericordia*) werden läßt. Vor dem Fall waren Gnade und Urstandsgerechtigkeit eins. Nach dem Fall resultiert die Urstandsgerechtigkeit in der Verwerfung aller; denn alle sind in Adam schuldig. Wie kann nun Gott einige aus der Verwerfung erretten (erwählen), also Barmherzigkeit walten lassen, und dabei gleichzeitig seine Gerechtigkeit zur Vollendung bringen?[385] Jenes zur Urstandsgnade und -gerechtigkeit hinzutretende Erbarmen (*misericordia*) korreliert zwar zum Elend (*miseria*) des Falls, erklärt es jedoch nicht; denn wie Sein läßt sich Gnade nicht aus ihrer Negation erklären. Nicht in der urstandsgerechten Rationalität der Gnade also, sondern in ihrer analog auf Rationalität hin reduzierten Suprarationalität ist Gottes Gerechtigkeit als eine Art von Gerechtigkeit zu verstehen, die gnadenhaft ist, nicht eingeklagt werden kann (*ineffabilis et inscrutabilis gratia*), weil sie den Angeklagten mehr an Schuld erläßt, als jene je erhoffen oder erbitten könnten. Die Verwirklichung jener gnadenhaften Gerechtigkeit ist freilich allein von ihrem Stifter her möglich. Ihre Kommunikation erfolgt nicht durch Einforderung seitens der Angeklagten, sondern durch Erbeten in Glaube und Hoffnung, Verhaltensweisen, die selbst schon wieder gnadengewirkt sind.

Julian, so Augustin, kann oder will das nicht einsehen (*sed tu aut non potes intellegere aut non uis*).[386] Anders die von *c. Iul.* 1-2 her bekannten, nunmehr erneut zitierten Kirchenväter,[387] die, so Augustin, den Zusammenhang zwischen Erbsünde, Erlösung und dem mit dem Heilsprozeß identischen Erkenntnisprozeß sehen. Christus, Gottes Gnade, ist gekommen, um zu suchen, was verloren war (Lk 19,10). In ihm ist Einsicht als Gnade. Nicht freilich, daß schon die Säuglinge alles erkennen würden und dadurch mündig wären – wozu auch? Sie können ja selbst nichts zur Befreiung aus ihrer prekären Lage tun. Aber daß ihnen in Christus (*in domino*) jene Mündigkeit (*gloria*) übertragen wird (1 Kor 1,31), was freilich deren vorherigen Verlust in Adam impliziert,[388] darauf spielt auch schon Mt 11,25 mit der Aussage an, es sei den Weisen und Klugen verborgen, den Unmündigen aber offenbart worden.[389]

Ähnlich argumentiert Augustin zu Julians Bewertung der Sexualität. Es geht nicht an, die Ausübung der Sexualität als solcher als gut zu bezeichnen. Das hieße, dem Ehebruch Vorschub zu leisten. Der Trieb zur sexuellen Aktivität als

---

[385] *C. Iul. imp.* 1,38f. (CSEL 85/1, 28f.); vgl. Röm 9,16; 11,33.

[386] Vgl. auch Augustins Anspielung auf die Verblendung der Herzen im Zusammenhang mit der dreifachen Wirkung der Erbsünde (Sünde, Strafe, Gericht), die er ebensogut an Julian selbst demonstrieren könnte; *c. Iul. imp.* 1,47 (CSEL 85/1, 35); Mt 23,26; Weish 2,21; Ps 68,24.

[387] Die Stellen sind identisch mit den oben in diesem Teil des Kapitels, Abschn. 2 (a) zu *c. Iul.* 1-2 angeführten. Vgl. *c. Iul. imp.* 1,48-53 (CSEL 85/1, 38-50).

[388] *C. Iul. imp.* 1,56.64 (CSEL 85/1, 53.62); vgl. Mk 10,14 par. (*saluum facit populum suum a peccatis eorum*); 2 Kor 5,14 (*omnes mortui sunt [etiam paruuli]*); Hebr 2,14 (*[Christus] euacuaret eum qui potestatem habebat mortis, id est diabolum*). Das Argument ist zirkulär: Natürliche Freiheit, so Augustin, reicht nicht aus, da Erbsünde vorliegt. Daß Erbsünde vorliegt, ist daran erkenntlich, daß natürliche Freiheit als nicht ausreichend erkannt und Gnade postuliert wird.

[389] *C. Iul. imp.* 1,57.63 (CSEL 85/1, 55.59).

solcher, die Konkupiszenz, ist böse. Nur in der Ehe wird von ihm (als etwas schlechtem) ein guter Gebrauch gemacht, und zwar im Hinblick auf die Treue der Gatten (*fides*) und die Aussicht auf Nachwuchs (*filios procreandi*).[390] Julian fehlt es an Judiz (*non habes exercitatos sensus ad separandum bonum a malo*). Die inneren Kämpfe all derer, etwa der erneut nach *c. Iul.* 1-2 zitierten Kirchenväter (*audi catholicos intellectores apostoli!*), die sich im Sinne von Röm 7,17-19 mit ihrer Konkupiszenz auseinandersetzen, sind ihm offensichtlich fremd. Er meint, sich gegen eine Form des Manichäismus auflehnen zu müssen, und wendet sich in Wirklichkeit gegen die eigene Tradition.[391] Diese, so Augustin, vertritt den Begriff der *natura uitiata*, der besagt, daß die Natur des Menschen zwar nicht böse geschaffen wurde, aber durch die Sünde Adams doch so böse geworden ist, daß bereits die im sexuellen Akt gezeugten Kinder mit ihr auf die Welt kommen, auch dann, wenn der Akt innerhalb einer Ehe stattfindet und deshalb qua Akt als gut bezeichnet werden kann. Das, wovon er Gebrauch macht, ist und bleibt dennoch ein Übel, von dem auch das, was er hervorbringt, nämlich ein weiteres menschliches Individuum, in seinem Wesen betroffen ist, nämlich durch seine Sterblichkeit, Konkupiszenz und Verdunkelung des Intellekts.[392]

Julians *intellectus liberi arbitrii* hält Augustin unter Verweis auf Röm 10,3 (*ignorantes dei iustitiam*) für absurd. Ohne Befreiung (*liberatum*; vgl. Röm 6,22) durch die Gnade, so sein Einwand, taugt die Willensfreiheit (*liberum arbitrium*) nur zum Bösen (vgl. Röm 6,22: *liberati a peccato*). Die in ihr gegebene Einsicht ist in Wirklichkeit Ignoranz.[393] Umgekehrt kann auch Augustin nur auf Julian einreden, doch Einsicht zu zeigen (*audite et intellegite*). Machen kann er ihm seine Einsicht nicht; denn die Liebe, die zu ihr hinführt und in der sie mündet, wird vom Heiligen Geist Christi, ohne den nichts möglich ist (Joh 15,5), in den Herzen der Gläubigen ausgegossen (Röm 5,5).[394] Wenn Julian einmal die Wahrheit sagt, so Augustin, dann unabsichtlich, dadurch daß er sie leugnet. Es trifft nämlich zum Beispiel zu, daß der freie Wille, so, wie er im Paradieseszustand zum Bösen verführt wurde, weil es ihm gut ging, im Elend der Sündhaftigkeit zum Bösen verführt wird, weil es ihm schlecht geht. Julian hatte letzteres zugegeben und ersteres geleugnet, da er den Paradieseszustand präsentisch verstand. Augustin dagegen versteht den Sündenfall wie ein historisches Ereignis und stellt fest, daß nach seinem Eintreffen der natürliche freie Wille des Menschen von sich aus in jedem Fall unfähig zum Guten und der Gnade bedürftig ist. Er ist auf moralischer Ebene böse und als Idee oder Begriff (im kantischen Sinne des Wor-

---

[390] *C. Iul. imp.* 1,65 (CSEL 85/1, 63).

[391] *C. Iul. imp.* 1,69 (CSEL 85/1, 76).

[392] *C. Iul. imp.* 1,71f.97 (CSEL 85/1, 80-87.114).

[393] *C. Iul. imp.* 1,79f. (CSEL 85/1, 94f.); vgl. Röm 10,3; Spr 2,12 (*cogitatio sancta seruabit te*); 2 Kor 3,5 (*sufficientia nostra ex deo est*); Ps 17,2 (*domine, uirtus mea*); *c. Iul. imp.* 2,154 (CSEL 85/1, 278).

[394] Vgl. *c. Iul. imp.* 1,97 (CSEL 85/1, 114) und die dort verwendeten Schriftbelege Joh 15,5 (*sine me nihil potestis facere*); Spr 8,35 LXX; Phil 2,13; Ps 36,23 (*a domino gressus hominis dirigentur*). Die Widersprüchlichkeit seines eigenen *intellectus gratiae* interpretiert Augustin als im Geheimnischarakter des Wesens Gottes selbst angelegt: »iudicia« enim dei sicut »multa abyssus« [Ps 35,7] et »gratia eius non ex operibus; alioquin gratia iam non gratia« [Röm 11,6].

tes, wie man heute sagen könnte) blind (das heißt, es fehlt ihm die Anschauung, nämlich der Gnade). Wie die Vater-Unser-Bitte um Vergebung der Sünden (Mt 6,13) zeigt, hat jeder Mensch, auch der Getaufte, in dieser Hinsicht Gnadenhilfe nötig.[395] Der Wille ist vom Herrn bereitet (Spr 8,35 LXX). Der Herr wirkt das Wollen und Handeln noch vor (*pro*) dem menschlichen Eigenwillen (Phil 2,13) und auch die Liebe (zur Einsicht bzw. in der sie besteht) kommt von Gott (1 Joh 4,7). Daß die Gnade Gottes zwar zur Erlangung von Erkenntnis nötig sei, nicht aber zur Erlangung der sie mit Sinn erfüllenden Liebe, die ja doch mehr ist als die Erkenntnis selbst, das, so Augustin, glauben nur Häretiker und Feinde der Gnade,[396] für die Gnade absurderweise Einschränkung der Freiheit bedeutet.[397] Auch hier liegt für Augustin eine Perversion des Intellekts vor: Julian glaubt, daß die Gnade im Widerspruch zur Freiheit steht, weil er sie negativ definiert, nämlich als Macht, die die (positive) »*Fähigkeit* zu sündigen« außer Kraft setzt. Gnade in dieser Form gewissermaßen als »Negation einer Negation« aufzufassen, hält Augustin jedoch erneut für kryptomanichäischen Unsinn.[398] Er kann nun seinerseits Julian vorwerfen, daß er das Sündigen als Bezug zu etwas Realem definiert und damit dem Bösen einen ontologischen Status einräumt. Julians Definition der Willensfreiheit als »Fähigkeit zu sündigen,« so Augustin, krankt am Mangel an Einsicht darüber, daß diese »Fähigkeit« in Wirklichkeit eine bittere Notwendigkeit darstellt (vgl. Ps 24,17: »Reiß mich heraus aus meinem Eingebundensein in Notwendigkeiten!«). Notwendigkeit (Abwesenheit von Freiheit) ist Abwesenheit von Gnade. Gnade ist Freiheit, Geschenk Gottes zur Verwirklichung seiner Gerechtigkeit dadurch, daß dem Menschen die (nun wirklich positive) Fähigkeit gegeben wird, Gutes zu tun. Julians hartnäckige Fehlinterpretation dieser Zusammenhänge ist Zeichen von Mangel an Gnade.[399] Entsprechendes gilt bezüglich des Konzepts des Vorherwissens Gottes.[400] Vorherwissen und Vorherbestimmung fallen zusammen im gekreuzigten Christus, der Gnade Gottes und dem Heil der Menschen (Eph 2,8; 6,23), dem Mittler zwischen Gott und den Menschen (1 Tim 2,5), in dessen Geist die Menschen glauben und sich rühmen können (2 Kor 4,13).[401] Da in Adam alle Menschen gesündigt haben (Röm 5,12), wirkt Gottes Gnade bei den Erwählten als unverdiente Rettung aus ansonsten sicherem Unheil. Ein »Rechtsanspruch« des Menschen gegenüber Gott besteht nur auf Verwerfung, nicht auf Erwählung zum Heil (Röm 9,20).[402] Letztere ist reine Gnade, ungeschuldet, gratis, mehr als hätte erhofft, geschweige denn eingefordert werden können. Wer sich seines Heils rühmt, soll sich deshalb im Herrn rühmen (1 Kor 1,31) oder, anders ausgedrückt, nur wer sich im Herrn rühmt, rühmt sich wirklich seines Heils. Er ist der Gott, den Paulus verkündet. Wenn Julian in sei-

---

[395] *C Iul. imp.* 1,90 (CSEL 85/1, 103).
[396] *C. Iul. imp.* 1,95 (CSEL 85/1, 110).
[397] *C. Iul. imp.* 1,100 (CSEL 85/1, 118).
[398] *C. Iul. imp.* 1,103-105 (CSEL 85/1, 120f.).
[399] *C. Iul. imp.* 1,106 (CSEL 85/1, 124f.): vgl. in diesem Kontext Augustins Bezeichnung Cyprians als *bonus intellector huius apostoli.*
[400] *C. Iul. imp.* 1,119 (CSEL 85/1, 135).
[401] *C. Iul. imp.* 1,124 (CSEL 85/1, 138).
[402] *C. Iul. imp.* 1,125 (CSEL 85/1, 139); vgl. Röm 9,20.

ner pelagianischen Werkstatt (*ex officina pelagiana*) einen besseren als ihn zu-
sammenzimmere, so sei das seine Sache.[403]
Julians Deutung der Geschichte von Esau und Jakob (Röm 9) gehe am theologischen Grundkonzept des Neuen Testamentes vorbei. Nach 1 Joh 4,19 hat Gott
die Menschen zuerst geliebt (*prior dilexit nos*), ohne Vorleistungen. Esau ist vorgängig zu seinen moralischen Verfehlungen und unabhängig von ihnen verworfen, Jakob vorgängig zu seinen Verdiensten und unabhängig von ihnen erwählt
worden.[404] Nicht auf den Nutzen der Menschen, sondern auf die Herrlichkeit
Gottes kommt es an. Gott wird durch seine Taten verherrlicht, gleich ob sie für
die betreffenden Menschen Heil oder Unheil bedeuten (Ez 36,22). Von sich aus
freilich wirkt Gott immer alles zum Guten. Dennoch entsteht aus dem Eigensinn
der Menschen das Böse und fällt immer wieder auf sie zurück. Das Konzept der
Willensfreiheit setzt all dies bereits voraus (Spr 8,35 LXX). Für den *intellectus
gratiae* besteht kein Widerspruch zwischen ihm und den verschiedenen Arten der
Gnade (Schöpfung, Urstand, Erwählung usw.), die in ihm alle übereinkommen.
Julian dagegen, so Augustin, spielt die Erwählungsgnade gegen die ursprüngli-
cheren Gnadenarten aus bzw. leugnet sie.[405]
Daß er das tut, meint Augustin, ist kein Wunder, zitiert er doch lieber die
Weisheit Ciceros und rühmt sich seiner eigenen Fähigkeiten (Ps 48,7), statt das
Lob Gottes anzustimmen (Ps 116,1), die eigentliche Quelle der Fähigkeiten eines
Menschen (Ps 62,2; 17,2), auch der Willensfreiheit (Spr 8,35 LXX).[406] Unter den
Voraussetzungen, die er macht, muß Julian freilich der Kindertaufe jeglichen
Nutzen absprechen (*paruulos frustra fieri Christianos*). Das aber ist weder ver-
nunftgemäß noch katholisch. Zum katholischen Gnadenverständnis, so Augustin,
gehört auch ein Verständnis der Ursünde sowie der Unterscheidung von Sündenschuld und -strafe in ihrer Vererbung.[407] Letztere erfolgt logischerweise im
konkupiszitären prokreativen Akt. Selbst wenn dieser, ausgeführt im Rahmen der
urständlich geheiligten Ehe, in sich selbst gut sein sollte, wirkt in ihm dennoch
das Übel der Konkupiszenz. Die Konkupiszenz ist weder selbst eine urständliche
Einrichtung, noch in irgendeiner Weise konstitutiv für die in der Ehe als ur-
ständlicher Einrichtung ausgeübte Sexualität.[408] Im ehelichen Akt, der als solcher gut ist, kommt also im ursündlichen Kontext das Übel der Konkupiszenz zur
Anwendung. Der Akt selbst wird dadurch zwar nicht böse, allerdings wird auch
das Böse, das er zur Anwendung bringt, nicht gut. Vielmehr pflanzt es sich ak-
zidentell bzw. koninzidentell zum Akt selbst fort, und zwar in dem, was durch es
hervorgebracht wird, also der Nachkommenschaft. Das geschieht nicht ursächlich
durch Imitation; denn das Böse fällt ja auch nicht in den Bereich des freien Akts,
sondern in den der Naturnotwendigkeiten. Im Fortpflanzungsakt nachgeahmt wer-

---

[403] *C. Iul. imp.* 1,129.140 (CSEL 85/1, 141.156f.); vgl. Lössl, Spuren 205.

[404] *C. Iul. imp.* 1,131-138 (CSEL 85/1, 141-155).

[405] *C. Iul. imp.* 1,138 (CSEL 85/1, 154); vgl. in den hierauf folgenden Paragraphen noch
einmal den Gang durch Röm 9, *c. Iul. imp.* 1,141 (CSEL 85/1, 162f.).

[406] *C. Iul. imp.* 2,4-6 (CSEL 85/1, 166f.).

[407] *C. Iul. imp.* 2,30-32.36-40 (CSEL 85/1, 184f.188-192).

[408] *C. Iul. imp.* 2,45 (CSEL 85/1, 195).

den kann also nie das Böse, sondern immer nur das Gute, da er ja in sich selbst
gut ist. Insofern im einzelnen Menschen Bosheit vorliegt, ist sie durch Vererbung
übertragen worden, nicht durch Nachahmung; denn die Nachahmung bezieht sich
nicht auf die Erb-, sondern die Tatsünde. Nachgeahmt wird nicht Adam, sondern
der Teufel, und nicht im sexuellen Akt selbst, der in sich gut ist, sondern in dem
mit diesem Akt koinzidierenden Begehren, das in sich schlecht ist. Dennoch kann
die Vererbung nicht biologisch materieller Art sein, da dann die Sünde ja der
Leiblichkeit des Menschen zugeschrieben würde. Als Träger der Vererbung wäre
demnach also die Seele zu betrachten. Allerdings legt sich Augustin nicht auf ein
bestimmtes Seelenmodell fest, so daß eine genaue Beschreibung des Vererbungs-
prozesses ausbleibt. Er beschränkt sich wie üblich auf die entsprechenden bibeltheologischen Motive (z. B. Röm 5,12) und verweist auf die Unmöglichkeit,
der Erbsündenlehre ein konsistentes philosophisches (traduzianistisches oder
kreatianistisches) Seelen-Modell entsprechen zu lassen.[409]
   Der nach der Konkupiszenz zweitwichtigste Aspekt bei der Ausbreitung der
Sünde ist das Gesetz. Es ist zwar nicht Ursprung der Sünde, aber deren Kataly-
sator, so sehr, daß ohne Gesetz gar nicht von Konkupiszenz geredet werden
kann. Es dient einerseits dem Vorantreiben des Heilsprozesses, ist also retrospek-
tiv immer schon Mittel der Gnade, etwa wenn es im *intellectus gratiae* die Sünde
ins Bewußtsein hebt, andererseits stellt es jedoch nicht selbst das Heil dar, wie
Julian etwa mit seinem Heilsbegriff der Gesetzeserfüllung dies nahelegt. Vielmehr kann es im Gegenteil zum Haupthindernis für das in der Gnade vermittelte
Heil werden;[410] denn Gnade erwächst nicht quasi evolutorisch aus der Erfüllung
des Gesetzes durch die natürliche Willensfreiheit. Wenn das der Fall wäre, wäre
Christus umsonst gestorben. Heil erwächst vielmehr aus der Gnade in Christus.
Zu dieser Vorstellung, so Augustin, gehört notwendigerweise die Vorstellung von
der durch die Erbsünde korrupten Natur (*natura uitiata*). Sonst könnte man keinen Erlöser propagieren, dessen Erlösungswerk auch die kleinen Kinder miteinbe-
bezieht.[411] Julian möge dies endlich einsehen und schweigen (*intellege et tace*).
Seine Leugnung der Erbsünde als Ursprung des die Kinder affizierenden Übels
fördere manichäisches Denken, da Spekulationen darüber, woher jenes Leid der
vermeintlich unschuldigen Kinder komme, von Gott oder einer bösen Macht außerhalb Gott, also einer zweiten ewigen Substanz, Tür und Tor geöffnet werden.[412] Sein *intellectus gratiae* schließt kleine Kinder vom Gnadenwirken aus. Er
ist damit weder Intellekt (*o dementiam singularem!*) noch Gnade.[413]
   Julians Tendenz, Glaube und Gesetz nicht kausal, sondern koinzidenziell
aufeinander zu beziehen, als ob in der Schrift (*consuetudo scripturarum*) kein
eindeutiger Zusammenhang zwischen Gesetz, Gnade und Glaube bestünde, verrät,
so Augustin, Mangel an Glaubens-, oder besser, Gnadeneinsicht (*sic intellegunt,
qui non intellegunt*). Schon das Gesetz ist ja aus Gott. Der Glaube des Alten Bun-

---

[409] *C. Iul. imp.* 2,49-57 (CSEL 85/1, 198-205); vgl. Rist, Augustine 317-320.
[410] *C. Iul. imp.* 2,84 (CSEL 85/1, 221).
[411] *C. Iul. imp.* 2,101 (CSEL 85/1, 232).
[412] *C. Iul. imp.* 2,110 (CSEL 85/1, 242f.).
[413] *C. Iul. imp.* 2,117 (CSEL 85/1, 249).

des bezieht sich auf das Gesetz des Bundes, von der Initiation her symbolisiert durch die Beschneidung. Im Neuen Bund verhält es sich entsprechend durch den Bezug von Gnade und Taufe.[414] Wiederum kontrastiert Augustin Julians Mangel an Einsicht mit dem Zusammenhang von Einsicht und Gnade im *intellectus gratiae*: Durch die Taufe wirkt der Heilige Geist das Gute in den Menschen. Er gießt Gottes Liebe in ihren Herzen aus (Röm 5,5). Dadurch erlangen die Menschen das Bedürfnis, aber auch die tatsächliche Fähigkeit, das Gute zu tun. Diese Fähigkeit ist nun aber gleichbedeutend mit der Einsicht, daß jenes Bedürfnis wie auch jene Fähigkeit von Gott und nicht von einem selbst kommt (1 Kor 1,31). Die gnadenhafte Kraft zum Tun des Guten aufgrund der Freiheit des Willens erwächst also primär aus einer Einsicht. Das Fundament wie die Spitze dieser Einsicht ist die Gnade. Augustin spitzt an dieser Stelle seinen Begriff vom *intellectus gratiae* derart zu, daß er, Erinnerungen an sein Frühwerk heraufbeschwörend, sagen kann, es handelt sich dabei um christliche Philosophie (*philosophia christiana*), und zugleich im Sinne seines Spätwerks die Einsicht beibehalten kann: »Das ist die Gnade, die der katholische Glaube verkündet.«[415] Ihr entspricht das durch die Ursünde verursachte Unheil der *massa damnata*, aus dem sie die Erwählten errettet, entsprechend der Bedeutung des die Sünden sühnenden Kreuzestodes Christi, den die Taufe symbolisiert (Röm 6,3). Wenn es heißt, alle haben in Adam gesündigt und aufgrund dessen sind alle in ihm gestorben (Röm 5,12), dann entspricht dem die Taufe auf den Tod des zweiten Adam, Christus (Röm 6,3). In beide soteriologischen Zusammenhänge sind bereits die neugeborenen Kinder mit einbezogen (*ibi sunt et paruuli*).[416] Die Gleichheit aller Menschen in Adam bezüglich Sünde und Tod erwächst also, wie schon bei Paulus, aus der natürlichen Abstammung von ihm. Der Zusammenhang von natürlicher Prokreation unter der ursündlichen Bedingtheit der Konkupiszenz und Ursünde einerseits und von Nicht-Begehren (Ex 20,17; Dtn 5,21)[417] und Wiedergeburt in Christus andererseits, so Augustin, ist deutlich. Wer dies nicht in dieser Weise einsehen kann oder meint, eine davon abweichende Einsicht zu haben wie Julian, hat überhaupt keine Einsicht.[418] Julian soll schweigen und den Kleinen doch endlich wohlgesonnen sein, am besten dadurch, daß er sie (*infantem*), die ja noch nicht sprechen können (*nefantem*), nachahme (*iam, quaeso, tace: attende infantem et imitare non fantem*).[419] Er möge die Augen öffnen und zur Einsicht finden. Bei der Lehre von der Erbsünde geht es nicht um die Sünde (*peccatum*), sondern um den Sünder (*per unum peccantem*; Röm 5,16). Also nicht in der einen (kollektiven) Sünde haben alle mitgesündigt, sondern im einen Sünder tragen alle ihre je eigene (individuelle) Erbsünde. Ersteres wäre in der Tat Manichäis-

---

[414] *C. Iul. imp.* 2,161 (CSEL 85/1, 283).
[415] *C. Iul. imp.* 2,166 (CSEL 85/1, 287). Die Stelle erinnert unter Einbeziehung von Röm 5,5, 1 Kor 4,7 und 1 Kor 1,31 frappant an *ad Simplicianum* 1,2,21 (s. dort den Ausdruck *intellectus gratiae*); zum Ausdruck *philosophia christiana* an dieser Stelle s. Madec, Philosophia christiana; zum Zusammenhang mit *ad Simplicianum* 1,2 s. Flasch, Logik, bes. 127-130.
[416] *C. Iul. imp.* 2,187 (CSEL 85/1, 305).
[417] *C. Iul. imp.* 2,152 (CSEL 85/1, 276).
[418] *C. Iul. imp.* 2,191 (CSEL 85/1, 308).
[419] *C. Iul. imp.* 2,201 (CSEL 85/1, 313).

mus, da Sünde als quasi allmächtiger Gegenstand aufgefaßt würde, der auf alle wirkt. In seiner Erbsündenlehre jedoch, so Augustin, wird der Manichäismus wirkungsvoll widerlegt; denn in ihr kommt es zu einer Kombination der beiden grundlegenden Einsichten christlichen Glaubens, zum einen, daß der einzelne Mensch für seine Handlungen und Haltungen (also auch für die Ursünde) verantwortlich ist, zum andern, daß er bei der Bewältigung seines Lebens moralische Unterstützung erfährt.[420] Im *intellectus gratiae* ist der Gnadenbegriff universal, ein Bereich außerhalb der Gnade nicht denkbar; dennoch ist in ihm die Gnade nichts Äußerliches, sondern vielmehr die Freiheit des Menschen Konstituierendes. Schon der Begriff des *initium gratiae*, bezogen auf die jeweiligen Zustände *ante legem* bzw. *sine lege* und *sub lege*, ist nur unter Voraussetzung der Gnade einsehbar. Im Zuge des durch die Gnade forcierten Heilsprozesses ist der vorgesetzliche und gesetzliche Zustand des Menschen immer schon dabei, überwunden zu werden. Selbst die reale Möglichkeit der Verdammnis, also der am Beispiel ihrer Realisierung an bestimmten Personen (Pharao, Esau; s. Röm 9,13; 18) sichtbaren Verwerfung wird als gnadenhaft eingesehen.[421] Wahre Einsicht im Bereich der Gnadenlehre ist selbst gnadenhaft. Die Kriterien sind vorgegeben,[422] in den paulinischen Schriften, in der liturgischen Praxis der Kirche (Mt 6,13). Eph 2,3 entstammt keinem manichäischen Werk.[423] Die Fähigkeit zu hören, zu glauben und im Glauben einzusehen, ist gnadengewirkt.[424]

In *c. Iul. imp.* 3 verlagert sich der Schwerpunkt der Diskussion auf die Umstände der Vererbung der Ursünde. Augustin wendet sich gegen Julians Auffassung, die Sündenfallgeschichte sei allegorisch statt historisch zu verstehen. Unzutreffend sei die Ansicht, daß jeder Mensch im Prinzip in sein eigenes Paradies hineingeboren und erst durch seinen eigenen Sündenfall wieder daraus vertrieben werde. In den entsprechenden Schriftstellen sei von »Anfang« (Weish 12,11), »Natur« (Eph 2,3) und »Generationen« (Ex 20,5; Num 14,18; Dtn 5,9; Jer 32,18) die Rede, nicht von individuell motivierter Imitation.[425] Auch Julian könnte dies

---

[420] *C. Iul. imp.* 2,213.215 (CSEL 85/1, 322.324).

[421] *C. Iul. imp.* 2,217-219 (CSEL 85/1, 328-331).

[422] *C. Iul. imp.* 2,223 (CSEL 85/1, 337); vgl. Spr 19,21 (*multae cogitationes in corde uiri, consilium autem domini manet in aeternum*); Ps 31,19, den eine Vincentius Victor ins Feld geführt hatte (*nolite esse sicut equus et mulus non habentes intellectum*).

[423] Vgl. oben in diesem Teil, Abschn. 2 (c), S. 370, Anm. 322 zu *c. Iul.* 6,33.

[424] *C. Iul. imp.* 2,228-230 (CSEL 85/1, 344f.); vgl. Jer 24,7; Spr 8,35 LXX. Die negative Konnotation von *cor* entspricht der hauptsächlichen Verwendung dieses Begriffs bei Augustin, die sich auf das sündige Herz des Menschen gegenüber der Gnade Gottes bezieht. Vgl. *enn. in Ps* 26 (CChr.SL 38, 154-160).

[425] *C. Iul. imp.* 3,11-20 (CSEL 85/1, 355-363). Augustin verteidigt sich hier auch gegen Julians Einwand, daß, wenn die Sünden der Eltern sich auf die Kinder auswirkten, sich auch die Sünden der Kinder auf die Eltern auswirken müßten. Geschichte, so Augustin, bewegt sich immer nur in eine Richtung. Sie wiederholt sich nicht. Die Vergangenheit ist nicht veränderbar. Augustin denkt also nicht formallogisch (vgl. etwa die stoische Ablehnung des Gedankens eines Weiterlebens nach dem Tode, weil die Nichtexistenz vor der Geburt der Nichtexistenz nach dem Tod entspreche). Er geht im aristotelischen Sinne von der Realität von individuellen historischen Ereignisse sowie ihrer Irreversibilität aus. Deswegen auch die Annahme der Unfähigkeit des Menschen, die Ursünde rückgängig zu machen. Historizität der Ursünde besagt eben dies (weniger die Existenz eines mythischen Urmenschen Adam). Das Gesamt der Geschichte wird im *intellectus gratiae* als

einsehen, wenn er nicht in seinem Irrtum verharrte. Statt dessen höhlt er mit seiner »Weisheit« die Bedeutung des Kreuzes aus.,[426] »Er redet viel, hat aber wenig Einsicht« (*multum loqueris et parum sapis*). Augustin unterstellt Julian also anders, als dieser ihm, keine lügnerischen Absichten. Andererseits trägt für ihn bereits Julians Uneinsichtigkeit schuldhafte Züge.[427] In Anspielung auf die im Spätwerk nur selten gebrauchte Stelle Jes 7,9b LXX weist er darauf hin, daß Gnade die Voraussetzung für die Einsicht bestimmter Glaubenswahrheiten (etwa über die Vererbung der Ursünde) ist.[428] Sein Argument ist erneut zirkulär, wenn nicht tautologisch: Es ist diese Gnade (der augustinischen Gnadenlehre), in der diese Wahrheit (die Erbsündenlehre) eingesehen wird.[429] Auch Julians Exegese von Hebr 2,11, so Augustin, wo die Ausdrücke *ex uno* und *per unum* durcheinandergeworfen werden, zeugt von mangelndem Intellekt. »Aus« (*ex*) meint immer einen genuinen Ursprung, etwa Gott (*ex deo*). Adam aber ist nicht Ursprung. Das *per* weist ihn vielmehr als Vermittler von etwas für etwas, in diesem Fall als biologischen »Erzeuger« aus (vgl. auch den Ausdruck *per generationes*). Er übermittelt seinem Nachkommen dessen natürliches Leben (aus, *ex*, der korrupten Natur). Damit, so Augustin, ist erneut auch die Distinktion zwischen natürlicher Zeugung und spiritueller Wiedergeburt als zutreffend erwiesen. Daß Julian sie ablehnt, ist einer seiner schwersten Irrtümer und zugleich Hinweis auf seinen Mangel an (gnadenhafter) Einsicht. Solange in diesem Punkt keine Änderung eintritt, so Augustin, kann Julian sagen, was er will, es ist nur delirantes Nichts (*te* [...] *delirantem* [...] *cum dicas nihil*).[430]

»Aus« Gott, so Augustin zum Abschluß des Abschnitts, ist die Liebe (1 Joh 4,7), in der die Gläubigen Kinder Gottes sind (1 Joh 3,1). In ihrem Geist (Röm 5,5) wird Intellekt nicht nur als Konzept, dem Buchstaben nach, Wirklichkeit, die Rede ist vielmehr davon, daß er in Tatkraft umgesetzt wird (Joh 1,12).[431] Die Gnade kommt dabei immer allem zuvor (Spr 8,35 LXX; Phil 2,13).[432] Wenn, so Augustin, Julian ihm vorwerfe, er leugne die Willensfreiheit, weil er sage, sie sei

---

im Kontext der Universalität der Gnade stehend erfaßt (vgl. die Intention von *ciu. dei*). Julian dagegen versteht die biblischen Aussagen als ethisch-spirituelle Anregungen zur Vervollkommnung der einzelnen Gläubigen durch Nachahmung. Während Julian demnach die Sünde Adams als eine allen anderen Menschen fremde betrachtet, ist es für Augustin kein Problem, sie unter der Bezeichnung »in Adam« als die jedem einzelnen Menschen je eigene Sünde zu verstehen. Vgl. *c. Iul. imp.* 3,25 (CSEL 85/1, 366): *nostra uero, quia »fuit Adam et in illo fuimus omnes.«* Ferner erneut Ambr. *exp. Luc* 7,234 (CChr.SL 14, 295).

[426] *C. Iul. imp.* 3,31 (CSEL 85/1, 370).

[427] Vgl. *c. Iul. imp.* 3,51f. (CSEL 85/1, 391f.).

[428] *C. Iul. imp.* 3,54 (CSEL 85/1, 394). Augustin bezieht sich im unmittelbaren Zusammenhang auf Julians Interpretationen von Ez 18,1-20, wo es heißt, daß nach Gottes eigenem Wort jeder nach seinen eigenen Werken beurteilt werde. Gott übertrage Schuld nicht auf andere Generationen. Augustin: Gerade solche Aussagen seien allein im *intellectus gratiae* richtig zu verstehen, also nicht im Hinblick auf eine Leugnung der Erbsündenlehre.

[429] *C. Iul. imp.* 3,68-83 (CSEL 85/1, 403-407).

[430] *C. Iul. imp.* 3,92 (CSEL 85/1, 418).

[431] *C. Iul. imp.* 3,106f. (CSEL 85/1, 426-428): Nur durch Gnade ist der freie Wille mehr als ein theoretisches Konzept. Vgl. Spr 8,35 LXX; Mt 26,41; 2 Kor 13,7; *c. Iul. imp.* 3,110 (CSEL 85/1, 431); Ps 50,7; Ijob 14,4; Röm 7,15.18.23.19.

[432] *C. Iul. imp.* 3,114 (CSEL 85/1, 434f.).

nicht unter die Güter zu rechnen, so unterschlage er den Zusatz, den er immer mache: »insofern sie nicht [durch die Gnade] befreit ist« (si liberata non est).[433] Es folgt ein Passus, in dem Augustin die Diskussion zu einem direkten Schlagabtausch arrangiert hat:

Julian: »Ist Gott also der Schöpfer von Bösem [da nach Augustin die natürliche Willensfreiheit nach dem Sündenfall nicht mehr unter die Güter gerechnet werden kann]?«

Augustin: »Du verstehst nicht den Sinn der Aussage des Propheten (Jes 45,7): 'Ich schaffe Übel' (ego creo mala).«

Julian: »Werden Unschuldige bestraft, da Gott in dieser Weise als Schöpfer tätig ist?«

Augustin: »Von ursprünglich Unschuldigen und Schöpfung Gottes kann in diesem Zusammenhang [von Ursünde und Verwerfung] nicht die Rede sein.«

Julian: »Sind jene Unschuldigen vom Teufel besessen, weil Gott es so gefügt hat?«

Augustin [zynisch]: »Übergibt nicht auch der Apostel (gerechterweise, nicht aus böser Absicht) 'Menschen dem Satan' [vgl. 1 Kor 5,5: tradere satanae] und 'wirkt nicht auch Gott in einigen [Menschen] die Verwerfung' (Röm 1,28: tradidit quosdam in reprobum sensum)? Ich wünsche euch übrigens nicht, zu dieser Gruppe gerechnet zu werden.«

Julian: »Und rechnet Gott also den Menschen ein Verbrechen an, das er mit eigener Hand begangen hat?«

Augustin: »Es ist kein Verbrechen von Gottes Hand, was sich die Neugeborenen aufgrund ihrer verdorbenen Herkunft (uitiata origine) zuziehen.«

Julian: »Und setzt Gott das, wozu der Teufel in seiner Schwachheit verführt, in aller Gründlichkeit und Ausdauer in Wirklichkeit um (fingit), sorgt er dafür, daß es sich fortpflanzt, bewahrt er es in seiner Existenz und begründet er es in seinem Wesen (format)?«

Augustin: »Nicht mit dem, wozu der Teufel verführt, verfährt Gott in dieser Weise, sondern mit der Natur, die durch die Verführung verdorben (uitiata) wurde. Sie formt Gott zu einer guten.«

Julian: »Und fordert er vom Menschen, dem er in dieser Weise das Böse eingegeben hat, Früchte der Gutheit zurück?«

Augustin: »Nicht das Böse eingegeben hat Gott dem Menschen. Vielmehr reinigt Gott durch die Wiedergeburt [der Taufe; Joh 3,5] den einzelnen Menschen von dem Bösen, das die verdorbene Weise der menschlichen Fortpflanzung ihm gezwungenermaßen auf seinen Lebensweg mitgegeben hat.«

Julian: »Und nachher wird dann auf der ganzen Linie des Gesetzes gelogen, Gott sei gerecht?«

Augustin: »Aber du bist es doch, der lügt, wenn du leugnest, eine Sünde zu haben durch das schwere Joch, dessen die Nachkommen Adams würdig sind [Sir 40,1]; denn was sonst versuchst du die ganze Zeit zu beweisen, als daß Gott ungerecht ist?«

---

[433] C. Iul. imp. 3,118 (CSEL 85/1, 436).

Julian: »Und der so viele Verbrechen begangen hat, wird dann weiterhin Gott genannt? - Nein...«

Augustin: »Da Gott kein Verbrechen begangen hat, hat er auch dies nicht begangen, dessen ihr ihn beschuldigt, nämlich ohne das Verdienst irgendeiner Art von Ursünde soviele kleine Kinder so sehr leiden zu lassen, sei es durch direkte Verursachung, sei es durch dessen Zulassung.«

Julian: »...Es gibt kein Verbrechen in Gott. Gott hat keine bösen Menschen erschaffen, ja er könnte gar keine Menschen erschaffen, die von Natur aus böse sind (*si mali essent natura*). Wie es nun aber Sache der Katholiken ist, an Gott als den Schöpfer alles Guten zu glauben, so glauben die Manichäer an Gott als den Schöpfer alles Bösen.«[434]

Dieser Ausschnitt zeigt beispielhaft, von einem welch tiefen gegenseitigen Mißverständnis bezüglich des von der jeweiligen Gnadenlehre projizierten Erkenntnisgegenstandes die Kontroverse gekennzeichnet war. Die Schärfe der Auseinandersetzung resultierte daraus, daß beide Denker den höchsten Wert ihrer Positionen in deren intellektueller Konsistenz sahen. Beide hatten ein Konzept des *intellectus gratiae*, der Einsicht als zentralem Aspekt des Heils. Für Julian lag er darin, Gott als den guten Schöpfer zu erkennen und ein Leben der urständlichen Tugenden zu führen. Für ihn ist Augustins Soteriologie ein Pfuhl unaufgeklärten Aberglaubens, die Ausgeburt manichäischen Dualismus, katholischem Glaubensempfinden (*intellectus catholicus*) zuwider. Augustin dagegen witterte in Julians Konzeption mangelnden Tiefgang. Sie waren ihm zu glatt und bezogen nicht die ganze Wirklichkeit des Menschseins mit ein. Er reagierte mit drastischen Bildern, um die Gefahren von Julians durchgängig optimistischem und nicht von welt- und heilsgeschichtsphilosophischen, sondern lediglich einfachen logischen und moralischen Überlegungen dominiertem Gottes- und Menschenbild zu illustrieren. Zumal seine notorischen Verweise auf das Leid der Kinder stechen in die Augen. Sie waren jedoch von denselben Motiven geleitet, wie Julians diskriminierende Attacken gegen den Manichäismus und den »Punier« Augustin als dessen vermeintlichen Vertreter. Wenn Augustin bis zum Schluß und immer wieder auf das Leid der Kinder zu sprechen kommt, geht es ihm nicht darum, ein negatives Gottesbild zu propagieren. Er setzt die Güte und Gerechtigkeit Gottes voraus (Ps 9,9). Wen er im Blick hat, sind vielmehr die Menschen und deren Heil; denn obwohl Gott sie gut geschaffen hat, sind sie notorisch, von ihrer Haltung her, ursündlich, böse (*uitio mali sunt*). Die Rolle Gottes in dieser Verstrickung ist einzig und allein die des Erlösers. Wie er diese wahrnimmt, ist freilich seine Sache. Die Bibelaussagen hierzu geben nur Anhaltspunkte. Diese sind zwar möglichst widerspruchsfrei zu systematisieren. Letztlich aber bleiben Gottes Ratschlüsse ebenso verborgen wie die Prinzipien seiner Rechtsprechung.[435]

Neben gegenseitigen Vorwürfen von Ignoranz und Uneinsichtigkeit ist es vor allem der Manichäismusvorwurf Julians gegen Augustin, der weite Teile des drit-

[434] *C. Iul. imp.* 3,128-136 (CSEL 85/1, 442-444).

[435] *C. Iul. imp.* 3,136 (CSEL 85/1, 443f.); vgl. die Begründung der Auffassung von Gottes Gerechtigkeit als prinzipiell verschieden von menschlicher Gerechtigkeit mit Hilfe von Ps 9,9 (*iudicabit orbem terrarum in aequitate*); s. dazu auch McGrath, Justice.

ten Buches dominiert.[436] Augustins Überlegungen zum Schicksal der Kinder, so
Julian, sind verheerend nicht nur für das Gottesbild (etwa hinsichtlich der Vorstellung eines bösen Gottes, der die Menschen böse schafft), sondern auch für das
Sündenverständnis der Erwachsenen (etwa hinsichtlich eines aufkeimenden Fatalismus).[437] Dagegen Augustin: Um eine fatale Engführung handle es sich vielmehr
bei Julians Weigerung, in diese Problematik einzusteigen. Die Pelagianer er-
richteten ein eigenes Denksystem ohne Vermittlung zu biblischen Aussagen und
den realen irdischen Verhältnissen (*sic sapiant qui nisi haeretici Pelagiani?*).[438]
Worum es ihm, Augustin, nach den von ihm vorgegebenen erkenntnistheoretischen Grundlagen gehe, erkenne Julian nicht und rede deshalb am Thema vorbei
(*quid loquaris, ignoras*).[439] Den von Julian zitierten Mani-Brief will Augustin
nicht kennen. Er ignoriert die offensichtlichen Parallelen seiner Paulusexegese
mit der Manis und wiederholt die bekannte Formel Joh 3,6, was aus Fleisch geboren ist, ist Fleisch, was aus Geist geboren ist, Geist. Von der Intention des
Evangelisten her verbiete sich ein anderes Verständnis dieser Stelle als seines
(*non enim euangelicus ipse totus locus aliud permittit intellegi*).[440]
    Mißverständlich, so Augustin, ist schließlich auch Julians Definition von
Manichäismus. Mani habe nie gelehrt, daß Gott auch auf dem Umweg über das
von den Menschen zu verantwortende Böse (Ursünde) das Gute schafft und der
Mensch im keuschen Vollzug der Ehe ein Übel (Konkupiszenz) zum Guten gebraucht. Etwas anderes ist es, wenn jemand das Böse (Konkupiszenz) gut nennt,
wie Julian. Ein solches Denken kommt dem zentralen Dogma des Manichäismus,
jenem statischen, Übergänge und Bekehrungen, also Gnade und Freiheit in jeglicher Form leugnenden Dualismus schon näher. Wenn er nämlich die Schlechtigkeit des Übels leugnet (also leugnet, daß die durch die Ursünde im Zeugungsakt
propagierte Konkupiszenz eine Sünde ist), dann muß er sich fragen lassen, warum er sich bemühe, kein lasterhaftes Leben zu führen; denn wenn die Konkupiszenz kein Übel ist, besteht doch auch nicht die Gefahr, durch sie in ein lasterhaftes Leben abzuleiten bzw. wenn jemand ein lasterhaftes Leben führen würde,
könnte man ihn deswegen nicht verurteilen. Er würde ja notwendigerweise so
leben. Das heißt, unter Julians Voraussetzungen könnte man überhaupt keine
Wertung im Sinne der Lehre von der Willensfreiheit vornehmen.[441] Das wäre
dann wirklich Manichäismus, so wie Augustin ihn in seinen jungen Jahren tatsächlich praktiziert hat. Für Augustin berühren sich Manichäismus und Pelagianismus in diesem Punkt. Sie führen die Vernünftigkeit der Bewertung von Handlungen eines Menschen ad absurdum, weil sie nicht zwischen den Handlungen
selbst und den Handelnden unterscheiden, die sie ausführen. Im Manichäismus
sind die Individuen nicht im eigentlichen Sinn Individuen, sondern nur Teile eines
Ganzen, des Lichts bzw. der Finsternis. Im Pelagianismus sind die Individuen

---

[436] *C. Iul. imp.* 3,138 (CSEL 85/1, 445).
[437] Vgl. dazu auch *c. duas epp. Pel.* 2,9 (CSEL 60, 468f.); s. oben S. 322.
[438] *C. Iul. imp.* 3,156 (CSEL 85/1, 462).
[439] *C. Iul. imp.* 3,162 (CSEL 85/1, 467).
[440] *C. Iul. imp.* 3,172 (CSEL 85/1, 474).
[441] *C. Iul. imp.* 3,183 (CSEL 85/1, 482).

nur Individuen und insofern identisch mit ihren Handlungen. Deswegen, so Augustin, hat Julian nichts für die kleinen Kinder übrig, weil er sie nicht als Personen ernst nimmt.

Ein wesentlicher Aspekt des *intellectus gratiae*, so Augustin, ist die Unterscheidung von Personen und Handlungen. »Es ist ein grundlegender Unterschied, ob man sagt 'Ein Mensch ist böse' oder 'Er ist das Böse.'«[442] Julians Spitzfindigkeiten bezüglich der metaphysischen Implikationen seines Begriffs der *natura uitiata* erübrigen sich. Es geht nicht um die Frage, ob sie Substanz oder Akzidens, sondern darum, wie sie erkenntnis- und handlungstheoretisch im Hinblick auf das Heil zu aktivieren (nämlich mit Hilfe der Gnade zu bekehren) sei.[443] Im Sinne seines *intellectus gratiae* fordert Augustin Julian deshalb zu einer Relecture seiner Gnadenlehre auf (*relege et intellege*),[444] ehe er zum Schluß seine Positionen noch einmal bekräftigt: Die Konkupiszenz ist ein Übel und als solches in Schrift und Tradition überliefert (Röm 7,7; Gal 5,17).[445] Im Sinne des *intellectus gratiae* gilt es, dies einzusehen und auf das ewige Heil hin zu überwinden. Julians nebulöse Geschwätzigkeit (*nebulosa loquacitas*), so Augustin, trug dazu bisher herzlich wenig bei.

C. Iul. imp. 4-6

Das vierte Buch setzt ein mit einem Gesamtüberblick Julians zu *Flor.*[446] Sodann wiederholt Augustin unter Verwendung von Sir 40,1 noch einmal seine Unterscheidung von Manichäismus, Pelagianismus und christlicher (augustinischer) Erbsünden- und Gnadenlehre.[447] Er möchte damit seinen Lesern seinen *intellectus gratiae* nahebringen. So überzeugt ist er bei diesem Unternehmen von der Evidenz seiner Argumentation, daß er glaubt, dieses Ziel durch einfaches Nebeneinanderstellen der verschiedenen Positionen erreichen zu können.[448] Julian wirft er demgegenüber Unredlichkeit bzw. Mangel an Einsicht bei der Wiedergabe seiner Argumente vor.[449] Was Julian leugne, sei genau das, woran er leide, Blindheit, Mangel an Einsicht aufgrund eines erbsündlichen Mangels an Gnade, Mangel also an *intellectus gratiae*, Bedürftigkeit seines Intellekts, was die Fähigkeit angehe, die zentralen Glaubensgeheimnisse einzusehen.[450] Erneut führt Augustin biblische und patristische Argumente für seine Position an und verweist auf die in seinen Augen fatalen Folgen von Julians Ansichten zur Kindertaufe.[451] Julian behaupte, die Erbsündenlehre relativiere die Universalität der im Sakrament wirk-

---

[442] *C. Iul. imp.* 3,188 (CSEL 85/1, 492).

[443] *C. Iul. imp.* 3,189.206 (CSEL 85/1, 493.501).

[444] *C. Iul. imp.* 3,190 (CSEL 85/1, 493).

[445] *C. Iul. imp.* 3,210-212 (CSEL 85/1, 503f.).

[446] *C. Iul. imp.* 4,5 (PL 45, 1342).

[447] *C. Iul. imp.* 4,2 (PL 45, 1339).

[448] *C. Iul. imp.* 4,5 (PL 45, 1342).

[449] *C. Iul. imp.* 4,3 (PL 45, 1339).

[450] *C. Iul. imp.* 4,16 (PL 45, 1346).

[451] *C. Iul. imp.* 4,8-13 (PL 45, 1343-1345); vgl. Ijob 14,4 LXX (*quis potest facere mundum de inmundo semine?*); Phil 2,13; Gal 5,17; Mt 1,21; Joh 1,10; 12,31; 15,19; 1 Joh 5,19; 2,16.

samen Gnade Christi. Dabei sei er es, der den Gnadenbegriff verwässere, weil er
so tue, als ob die vermeintlich unschuldigen Säuglinge die Taufe nicht zu ihrem
Heil bräuchten. In Wirklichkeit schließe er diese Menschengruppe durch seine
Spekulationen vom Heil aus. Weniger im *intellectus gratiae* gefestigte Gläubige
könne er damit wohl verunsichern, nicht aber mit beiden Beinen im Leben stehende Katholiken;[452] denn was klingt verrückter (*quid est autem insanius?*), als
zu versuchen, zwischen dem Laster als solchem und der darauf bezogenen Konkupiszenz zu unterscheiden,[453] um dann auch für Christus anzunehmen, er habe
eine natürlich gute Konkupiszenz besessen?[454] Zu unterscheiden ist aber vielmehr, so Augustin, zwischen den urständlich reinen Sinnen (*carnis sensus*) und
ihrem konkupiszitären Mißbrauch (*carnalis concupiscentiae motus*), einem ur-
lichen Phänomen.[455] Die Schrift lehre dies ebenso wie die Tradition (*scriptura
dicit* [...] *disce ab Ambrosio*) im *intellectus gratiae*.[456] An diesem ermangle es
Julian offensichtlich. Sonst könnte er nicht wider die Schrift (Weish 1,13: *deus
mortem non fecit*) behaupten, der Tod sei natürlich, also geschöpflich.[457] Und
wenn es in Sir 11,14 heiße, Leben und Tod seien vom Herrn (*mors et uita a
domino est*), so sei zu unterscheiden zwischen den geschöpflichen Werken des
Herrn (*operibus*) und seinem Gericht (*iudicia*). Die im Gericht verhängten Sündenstrafen seien nicht Werke des Herrn im Sinne der Schöpfung, sondern würden
vom Sünder aus eigenem Antrieb an sich selbst vollstreckt. Dementsprechend
unterscheide die Bibel nicht zwischen Sünden und Sündenstrafen (*uide quaedam
peccata etiam poenas esse peccantium*).[458] Sünden und ihre Folgen entstehen also
nicht, so Augustin, wie Julian meint, immer wieder neu und je individuell aufgrund der Willensfreiheit im Bereich einer ansonsten kerngesunden Schöpfung.
Das wären dann ja keine richtigen Sünden, sondern lediglich unwesentliche Ab-

---

[452] *C. Iul. imp.* 4,20 (PL 45, 1348): *inaniter ista dicis: nullus uel idiota, catholicus sic isto loco
accipit mundum.* Augustin bezieht sich konkret auf die Auslegung von 1 Joh 2,16, wo Julian den
Ausdruck *mundus* aus schöpfungstheologischen Erwägungen im übertragenen Sinn verstanden haben will: Mit Gott als Schöpfer und Christus als Herrn der Welt dürfe nicht die Welt als ganzes
als lasterhaft verteufelt werden; sonst würde man ja Christus und Teufel gleichsetzen. Augustin
dagegen: Genau das zu tun läuft Julian in Gefahr, weil er die vom *intellectus gratiae* her klare (*ita
quisquam desipit, ut etiam elementorum hic existimet intelligenda esse peccata*) und angesichts von
1 Joh 2,2 (*ipse est propitiatio peccatorum nostrorum; non solum nostrorum, sed et totius mundi*)
auch biblische Grenzziehung verwische. Deshalb die Aufforderung an Julian: *noli apertis rebus
nebulas loquacitatis offundere.*
[453] *C. Iul. imp.* 4,22 (PL 45, 1349).
[454] *C. Iul. imp.* 4,53 (PL 45, 1370). Die hier zitierte *ueritas membrorum* bezieht sich auf das
wahrhaft inkarnatorische Menschsein Christi, von dem weiter unten noch die Rede sein wird, im
Unterschied zur erbsündlichen Verfaßtheit des Menschen, der Christus nur von seiner Erlöserrolle
her (als zweiter Adam) »entsprach« (*in similitudine carnis, non in carne peccati*). Vgl. *c. Iul. imp.*
4,60 (PL 45, 1375). Röm 8,3.
[455] *C. Iul. imp.* 4,26f. (PL 45, 1352); vgl. Gen 3,7; Gal 3,7; 5,17. Die *discordia carnis et
spiritus*, die im letzteren zutagetrete, ist, so Augustin, gesundes Glaubensgut (*fides sana*), das der
Wahnsinn (*error insanus*) sowohl der Manichäer als auch der Pelagianer leugne.
[456] *C. Iul. imp.* 4,28 (PL 45, 1352).
[457] *C. Iul. imp.* 4,32 (PL 45, 1354).
[458] Vgl. *c. Iul. imp.* 4,34f. (PL 45, 1355f.); vgl. Röm 1,28 (*non probauerunt deum habere in
notitia, tradidit illos deus in reprobam mentem, ut faciant quae non conueniunt*); 1 Kön 22 die Geschichte von König Ahab, dessen Sünde ihre Strafe enthielt.

weichungen auf einem ansonsten richtigen Weg. Nein, es ist vielmehr so, daß die
eine, einzige Ursünde sich gleichsam wie ein Virus in einer Art Selbstreproduk-
tionsprozeß durch die ganze Schöpfung hindurch fortpflanzt, indem sie deren gesunde Struktur benutzt und zugleich verdirbt. Ohne diese Sünde gäbe es im Bereich der ebenfalls infizierten Willensfreiheit und Geistigkeit des Menschen von
vornherein keine *discordia carnis et spiritus* und auch keinen Mangel an *intellec-
tus gratiae*, wie Julian ihn an den Tag legt.[459] Gott hat, so Augustin, alles gut geschaffen, allerdings nur insoweit er es im
Anfang aus dem Nichts geschaffen hat, nicht jedoch, insoweit die Masse, aus der
heraus er einige neu schafft, durch die Ursünde aus sich selbst heraus verworfen
ist.[460] Für die natürlicherweise ohne Intellekt geschaffenen Tiere ist ihr Mangel
an Intellekt keine Strafe, wohl aber für die nicht natürlich in diesem Zustand
geschaffenen Menschen. Für sie ist Mangel an Einsicht (und ein Leben in Sünde
ist Ausdruck eines solchen Mangels) Mangel an Gnade.[461] Das gilt prinzipiell.
Die (unbegreiflicherweise aus bösem Willen begangene) Sünde *ist* bereits der Exzeß.[462] Der Mensch, so Augustin, findet sich in diesem Leben immer schon als
Sünder vor, in einem sterblichen (Röm 8,10), gebrechlichen Leib (Weish 9,15:
corpus enim corruptibile aggrauat animam).[463] Durch den Sündenfall wurde der
Mensch ob seiner Nacktheit verwirrt. Die Auswirkung der Sünde auf seinen Intellekt war ebenso gravierend, wenn nicht, angesichts seiner Grundkonstitution
als *animal rationale*, noch gravierender als auf seinen Leib.[464] Wenn einige Naturvölker keine Scham an den Tag legen oder sich die Kyniker keiner Obszönität
schämen, so ist dies keine Widerlegung der Konkupiszenzlehre, sondern vielmehr
eine weitere Bestätigung der Universalität der Konkupiszenz. Es zeigt sich daran
nur, wie ganzen Völkerschaften ihre ursprüngliche Gottbezogenheit abhandenge-
kommen ist. So sehr Julian mit den richtigen Beobachtungen arbeitet, so wenig
versteht er sie auszuwerten.[465] Ihm fehlt, so Augustin, einfach die Einsicht in
das Wirken der Gnade (Christi), vor allem auch im intellektuellen Bereich.[466]
Sonst würde er nicht in kontraproduktiver Weise versuchen, die wahre, von
Paulus grundgelegte, von Ambrosius überlieferte und von ihm, Augustin, verteidigte Christologie und Gnadenlehre mit Manichäismus und Apollinarismus gleichzusetzen.[467]

---

[459] Vgl. *c. Iul. imp.* 4,36f. (PL 45, 1356f.) und das oben unter Abschnitt 2 (c) bereits zu *c. Iul.*
4,80 (PL 44, 779f.) angesprochene textkritische Problem in 1 Kor 12,23-25, wo nicht von *uere-
cundiora*, sondern von *inhonesta membra* die Rede sei, die aufgrund des empfindlichen Scham-
gefühls in höheren Ehren gehalten werden müßten. Die Beschämung, so Augustin, sei wie der
Tod (Röm 8,10) eine Folge der Sünde. Das habe Julian im *intellectus gratiae* einzusehen.

[460] *C. Iul. imp.* 4,40 (PL 45, 1360).

[461] *C. Iul. imp.* 4,38.41 (PL 45, 1359f.); vgl. Ps 48,15; 31,9 (*sicut equus et mulus non habeas
intellectum*); Gal 5,17.

[462] S. hierzu erneut Chappells (Aristotle) Vergleich zwischen dem klassischen (aristotelischen)
ἀκρασία-Begriff und Augustins Begriff des »bösen Willens.«

[463] *C. Iul. imp.* 4,43 (PL 45, 1362f.).

[464] *C. Iul. imp.* 4,44 (PL 45, 1364).

[465] *C. Iul. imp.* 4,45 (PL 45, 1365).

[466] *C. Iul. imp.* 4,48 (PL 45, 1366).

[467] *C. Iul. imp.* 4,50 (PL 45, 1363).

Julian, so Augustin, sieht die wesentlichen Punkte der Gnadenlehre nicht ein. Seine Weisheit ist Schwachsinn. Nach ihm wäre Christus nicht der sündenloseste, sondern der am meisten mit Konkupiszenz behaftete Mensch;[468] denn nach Julian, so Augustin, führt die Konkupiszenz zur Keuschheit, nicht die Befreiung von ihr durch die Gnade in Christus. Für Julian ist es entscheidend, daß Christus Genitalien besaß,[469] für Augustin, wie er in seiner durch die Umstände seiner Empfängnis und Geburt als Mensch bedingten gnadenhaften Verfaßtheit und seiner in seiner Göttlichkeit gegründeten soteriologischen Funktionalität mit ihnen umging. Schon für Ambrosius, so Augustin, hatte die Entstehung eines Menschen aus dem Koitus als Kriterium für seine Sündigkeit gegolten.[470] Deswegen ist auch nicht die Leiblichkeit Christi als solche das primäre soteriologische Motiv der Christologie, sondern deren sich aus ihrem Ursprung (Göttlichkeit und Jungfräulichkeit der Mutter) herleitende geistige Bedeutung.[471] Als zweiter Adam und in seiner Menschheit hätte Christus natürlich erneut die Ursünde begehen können bzw. es wäre möglich gewesen, daß er seiner Erlöserrolle nicht entsprochen hätte, wenn er auf die Versuchungen eingegangen wäre. Insofern beruhte seine soteriologische Aufgabenstellung nicht auf einem Automatismus. Die Versuchungen an ihm waren echt. Aber sie griffen nicht bei der sündhaften Anlage der Konkupiszenz an. Christus hatte die Wahl, in Konkupiszenz zu fallen oder nicht, da er von Anfang an von Konkupiszenz frei war. Dadurch daß er sich bis zuletzt von Konkupiszenz freihielt, wurde er zum Urheber der Erlösung aller Menschen, wie einst Adam Urheber der Sünde aller Menschen wurde.[472] So ist auch zu verstehen, daß er nicht *als* sündiges Fleisch Mensch wurde, sondern *wie* das sündige Fleisch (Röm 8 3: *in similitudine carnis peccati*), er, der selbst ohne Sünde war, dem sündigen Fleisch ähnlich, indem er es freiwillig annahm, ohne durch eine aufgrund der Konkupiszenz seiner Eltern an ihm wirksamen Ursünde dazu gezwungen zu sein. Julian, so Augustin, solle bedenken, was er hier gut und was er böse nenne.[473] Daß Christus das sündige Fleisch annahm, war gut. Das ändert aber nichts an der Tatsache, daß das sündige Fleisch böse ist. Daß das sündige Fleisch böse im Sinne von ursündlich korrupt ist, ändert nichts daran, daß es gut geschaffen wurde. Wenn das nicht der Fall wäre, könnte es ja nicht erlöst werden. Für Augustin ist klar: So wie der Manichäismus die Erlösbarkeit des Fleisches leugnet, weil er es mit dem Bösen selbst (*malum*) identifiziert, so leugnet der (julianische) Pelagianismus seine Erlösbarkeit (im Sinne von Erlösungsbedürftigkeit), weil er es mit dem Guten selbst identifiziert.

Im Zuge seiner Widerlegung weist Augustin Julian nicht nur sein eigenes falsches Denken, sondern auch eine häretische Tradition nach. So wie Julian

---

[468] *C. Iul. imp.* 4,52 (PL 45, 1369).

[469] *C. Iul. imp.* 4,54 (PL 45, 1371).

[470] *C. Iul. imp.* 4,55 (PL 45, 1372); vgl. *nupt.* 1,40; 2,14f.; Ambr. *frg. exp. Is* 2 (CChr.SL 14, 405): *ex commixtione maris et feminae nasci expertem delicti neminem posse.*

[471] *C. Iul. imp.* 4,56 (PL 45, 1372).

[472] *C. Iul. imp.* 4,57 (PL 45, 1373); Sir 18,50 (*post concupiscentias tuas non eas*). Christus erfüllte in vollkommener, gnadenhafter Weise das Gebot *non concupisces* (Ex 20,17).

[473] *C. Iul. imp.* 4,60-64 (PL 45, 1375f.).

hätten bereits die Manichäer und auch Pelagius gedacht. Sie seien seine Tradition, nicht aber Ambrosius und die Kirchenväter.[474] Er, Augustin, müsse Julian, nicht Julian ihn, Augustin, dazu ermahnen, zum Katholizismus zurückzukehren, um endlich zur Einsicht zu gelangen, einer Einsicht, die in ihrem Wesen Gnade ist; denn in wessen Macht läge es schon, mit der Geistesschärfe geboren zu werden, die zu eine solchen Einsicht befähigt?[475] Es sei eine Frage der Gnade. Diese aber äußere sich nicht durch schneidende Kritik, Blasphemie und ignorantes Querulantentum, sondern durch vorsichtiges, der eigenen Unwürdigkeit ständig bewußtes Vortasten im Bereich der biblischen Glaubenswahrheiten.[476] Den Häretiker erkennt man nicht daran, daß er sich hin und wieder irrt, sondern daß er mit pedantischer Hartnäckigkeit strittige Thesen aufstellt und vertritt.[477]

Erneut provoziert dieser Gedanke Augustin zu Überlegungen bezüglich der Modalitäten des Sündigens bzw. der Freiheit des Willens. Er gesteht zwar die Notwendigkeit der Koinzidenz von Willensfreiheit und Sünde (*sine uoluntate libera peccatum esse non posse, quod et nos dicimus*), nicht aber die Notwendigkeit eines kausalen Zusammenhangs (*nisi in uoluntate [...] non concedimus*) zu.[478] Er bringt dazu eine Reihe von Bildern (z. B.: Ohne Feuer gibt es keine [Holz-]Kohlen; denn diese entstehen erst durch das Feuer. Dagegen gilt nicht der Satz:

---

[474] *C. Iul. imp.* 4,66f. (PL 45, 1377f.): *multum falleris [...] tandem tace [...] itane non accusat susceptam tuam, qui dicit concupiscentiam carnis aduersus spiritum ex praeuaricatione primi hominis in nostram uertisse naturam* [Ambr. *exp. Luc* 7,12]? *et quis est hic?* *ille scilicet, cuius fidem et purissimum in scripturis sensum, sicut cum Pelagius auctor tuus praedicat* [vgl. Pelag. *lib. arb.* 3 in Aug. *grat. lib. arb.* 46f.], *ne inimicus quidem ausus est reprehendere.* Vgl. im folgenden 4,72 (1380) auch die Aufzählung der bereits aus c. *Iul.* 1-2 bekannten Schriftsteller (Irenäus, Cyprian, Hilarius, Ambrosius, Gregor von Nazianz, Basilius, Johannes Chrysostomus [Constantinopolitanus] *aliosque plurimos*) und der erneute Verweis auf Julians Mangel an *intellectus gratiae*: *o frontem linguatam, mentemque caecatam!* In 4,66 wirft Augustin Julian erneut auch seine Definition von *concupiscentia* als *concupiscentia naturalis* gegenüber seinem, Augustins, pejorativen *concupiscentia carnalis* vor: *nonne concupiscentia beatitudinis est concupiscentia naturalis? cur ambigue loqueris?* Wahrscheinlich würde Julian den ersten dieser beiden Sätze sogar bejahen, den zweiten bezüglich der Zweideutigkeit seiner Defintion aber zurückweisen; denn unter der Voraussetzung, daß es keine Erbsünde gibt, gibt es auch keine *concupiscentia carnalis* im augustinischen Sinn, d. h. jegliche Form der Konkupiszenz ist innerhalb der Grenzen vernünftigen Gebrauchs, also wenn sie nicht im Exzeß praktiziert wird, gut.

[475] *C. Iul. imp.* 4,75 (PL 45, 1381). Inhalt dieser Einsicht ist für Augustin an dieser Stelle natürlich weiterhin seine Erbsündenlehre mit dem Begriff der Konkupiszenz im Mittelpunkt, die sich eben auch negativ auf die Einsichtsfähigkeit des Menschen auswirkt (Weish 9,15; Sir 22,10 u. a.). Erneut verweist Augustin auf die universale Bedeutung des Ausdrucks *mundus* in 1 Joh 2,16. Julians Verweis, Jesus Christus habe nirgends im Evangelium von einer Erbsünde gesprochen, von der er frei gewesen wäre, kontert Augustin mit der Bemerkung: »Was er nicht gesagt hat, ist auch nicht [im Sinn der Gnadenlehre] einzusehen« (*non est intelligendum, quod non dixit*). Gegen Julian stehe jedoch die breite Basis des biblischen Befunds (vgl. erneut Ps 50,7; Mt 6,13). Wenn Julian es trotz seiner Verbosität (*multum loquens et parum sapiens*) nicht einsehen könne, andere könnten es. Vgl. *c. Iul. imp.* 4,86 (PL 45, 1387).

[476] *C. Iul. imp.* 4,88 (PL 45, 1390); vgl. Mt 6,13; Jak 1,13f.

[477] *C. Iul. imp.* 4,89 (PL 45, 1391). Im Sinne der bereits im Frühwerk entwickelten *uoluntas fallendi* (vgl. *uera rel.* 33 [CChr.SL 32, 227]) ist auch der Irrtum wesentlich vom *intellectus gratiae* her zu verstehen. Im Unterschied zu leicht korrigierbaren Flüchtigkeitsfehlern ist im eigentlichen Sinn Irrtum das hartnäckige Beharren auf heterodoxen (nach Augustin im Sinne von Burns, Common sense, und im Sinne des *intellectus gratiae* »unvernünftigen«) Positionen.

[478] *C. Iul. imp.* 4,91 (PL 45, 1392).

Nur im Falle von Feuer gibt es Kohlen; denn natürlich bleiben nach dem Erlö-
schen eines Feuers Kohlen übrig). Sogar eine grammatische Begründung aus der
Analyse der Wörter *sine* und *nisi* liefert er. Tiefer jedoch kann er seine Position
formal nicht begründen; denn es handelt sich bei ihr nicht um ein abgeleitetes
Argument, sie stellt vielmehr eine Grundvoraussetzung dar, ein unbeweisbares
Axiom, das einhergeht mit der grundsätzlichen Ablehnung der julianischen Annahme, daß »nicht aus freiem Willen« (*non ex uoluntate*) gleichbedeutend ist mit
»notwendigerweise« (*ex necessitate*).[479] Augustin setzt gegenüber Julian ein diffe-
renzierteres und inhaltlich gefülltes Verständnis von *non ex uoluntate* voraus, auf
dem Hintergrund seiner Erbsünden- und Gnadenlehre, die eine rein formale Behandlung des Problems ausschließt. Willensfreiheit ist danach immer schon entweder (1) der Zustand des Willens vor dem Fall, in dem der Mensch zwar nicht
(*ex necessitate*) sündigen muß, aber kann (*posse peccare, posse non peccare*),
oder (2) der Zustand des Willens nach dem Fall, vor dem Beginn des Gnadenwirkens (*non posse non peccare*), in dem der Mensch zwar (*necessitate*) sündigen
muß, aber dennoch (per defintionem) einen Willen hat, oder (3) der Zustand des
Willens nach Beginn, aber vor Vollendung des Gnadenwirkens (*posse peccare,
posse non peccare*) oder schließlich (4) der Zustand des Willens bei Vollendung
des Gnadenwirkens (*non posse peccare*). Gerade dieser letztere Zustand, so Augustin, darf nicht erneut unter dem Aspekt der *necessitas* verstanden werden. Die
Unfähigkeit zu sündigen darf gerade nicht als Notwendigkeit, nicht zu sündigen,
mißverstanden werden. Vollendung der Freiheit durch die Gnade als Unfähigkeit
zu sündigen schließt Notwendigkeit vielmehr gerade aus. Anders als Julian kennt
also Augustin keine rein formale Bedeutung der Begriffe Freiheit und Notwendigkeit. Sie sind für ihn immer schon inhaltlich im Sinne seiner Gnadenlehre, also
im *intellectus gratiae* zu verstehen.[480]

Wenn, so Augustin, Ambrosius davon sprach, daß niemand, der durch einen
sexuellen Akt gezeugt wurde, frei von Sünde sei, so meinte er damit offenbar die
Ursünde.[481] Da er mit diesem Hinweis im Sinne von Joh 15,5 (*sine me nihil potestis facere*) die Gnade Christi im Blick hatte, die den Menschen in welcher Situation auch immer das Heil bringt, kann er deswegen nicht als Manichäer bezeichnet werden, geschweige denn alle, die nach ihm diese Lehre vertreten, etwa auch
er, Augustin. Auch Paulus, so Augustin weiter, kann mit Eph 2,3 nur die Ursünde gemeint haben, die auch die Blindheit im wörtlichen ebenso wie im übertragenen Sinn einschließt.[482] Entscheidend ist das universale Verständnis von Ursünde als Voraussetzung eines universalen Gnadenverständnisses im Sinne des *intellectus gratiae*. Augustin meint damit wie üblich folgendes: Alle Menschen sind
von Adams Fall betroffen. Gott ist nicht einem von ihnen gegenüber zu irgend-

---

[479] Vgl. *c. Iul. imp.* 4,93 (PL 45, 1393).

[480] Diesem Gedankengang entspricht auch seine erneute Verwendung von Schrift- und Väterstellen sowie die ständigen Verweise auf Julians Probleme im Bereich der Einsicht. Vgl. *c. Iul.
imp.* 4,92-119 (PL 45, 1393-1413); vgl. Röm 7,19; Phil 1,23; Hebr 7,9f.; Ambr. *paen.* 2,3; *exp.
Luc* 4 zu Lk 4,38; *exp. Luc* 7 zu Lk 15,24; *c. Iul. imp.* 4,101.104.116.119 (PL 45, 1397.
1400f.1410.1413).

[481] *C. Iul. imp.* 4,121 (PL 45, 1416).

[482] *C. Iul. imp.* 4,123 (PL 45, 1420).

etwas verpflichtet, da gilt: »Mögest du [Herr] mit niemandem Erbarmen haben, der Böses getan hat« (Ps 58,6). Der Herr haßt in der Tat alle, die Böses getan haben (Ps 5,7). Wie aber ist das zu verstehen? Haßt Gott die Menschen, die doch seine Geschöpfe sind (Weish 11,25)? »Gott,« so Augustin, »liebt die Menschen, und zwar so sehr, daß er sie sogar insofern liebt, als sie böse (*iniqui*) sind, weil sie Menschen sind, obwohl er sie haßt, weil sie böse sind. Also bleiben auch die Sünder, die Gott haßt, Menschen, da Gott seine Schöpfung (*suum opificium*) liebt, wodurch ihnen jedoch im Gegenteil das Elend nicht erspart bleibt, weil Gott auch das Gericht (*iudicium*) liebt [durch das sie {als Folge ihrer Sünde, nicht aufgrund eines von der Schöpferliebe unterschiedenen Wirkens Gottes} der ewigen Verdammnis anheimfallen].«[483]

Dieser Abschnitt gehört zu den Texten, in denen die Widersprüchlichkeit des *intellectus gratiae* am pointiertesten zum Ausdruck kommt und die Julian am ehesten zu der Kritik verleiteten, Augustin drehe sich die Begriffe zurecht, ohne zu einem argumentativen Ziel zu gelangen. Ist Gott nun gnädig oder ist er es nicht? Was bedeutet der Ausdruck »Gnade,« wenn sich Gnade sowohl auf die erstreckt, die Gott zur Erlösung erwählt, als auch auf die, die er zur Verdammnis verwirft? Augustin verweist hierzu erneut auf die Unbegreiflichkeit Gottes (Röm 11,33f.). Der Herr selbst gewährt Weisheit und Einsicht (Spr 2,6: *dominus autem dat sapientiam*), d. h. er hat diejenigen, die dies einsehen und danach handeln, von Anfang an vorherbestimmt und von denen abgesondert, die er nicht zu einem solchen Privileg erwählt hat.[484] Von Natur aus gehören alle zu diesem vermaledeiten Stamm (nämlich Adams, der Menschheit). Nichts kann sie retten und niemand kann deswegen mit Gott rechten (1 Kor 4,7). Daß es aber Hoffnung gibt, ist nicht Verdienst der Menschen.[485] Was haben sie, das sie nicht empfangen hätten (1 Kor 4,7)? Alles, wessen sie sich rühmen können, stammt vom Herrn (1 Kor 1,31). In diesem Sinne also ist Gott als in allem gerecht zu verstehen, gerade auch was das Leid der Menschen betrifft. Alles Böse, was dem Menschen widerfährt, hat der Mensch seiner eigenen Schuld zuzuschreiben, alles Gute aber Gottes Erbarmen gegenüber dieser Schuldigkeit. In dieser Weise, so Augustin, ist die Ursünde bzw. der Komplex der Ursünden (*originalia peccata*) im *intellectus gratiae* einzusehen und darf nicht geleugnet werden.[486] Ebenso verhält es sich mit Vorherwissen (*praescius*) und Vorherbestimmung durch Gott. Sie sind als Gnade einzusehen (*intelligimus gratiam*).[487]

Das fünfte Buch beginnt mit einer Frage Julians: Bedeutet die Prädestinationslehre für den einzelnen Menschen subjektiv nicht dasselbe wie als gut bzw. böse von Gott erschaffen worden zu sein? Augustins Erwiderung ist gegen Julians Verdienstethos gerichtet, fällt aber auf ihn selbst zurück: »Das ist also eure

---

[483] *C. Iul. imp.* 4,124 (PL 45, 1422); vgl. Studer, Gratia 241, Anm. 104.

[484] *C. Iul. imp.* 4,128 (PL 45, 1424): *hinc intellige »semen ab initio maledictum«* [Weish 12,11].

[485] So versteht Augustin Mt 19,26 (*quod enim hominibus impossibile est, deo facile est*). Vgl. *c. Iul. imp.* 4,129 (PL 45, 1427).

[486] *C. Iul. imp.* 4,130 (PL 45, 1427).

[487] *C. Iul. imp.* 4,132 (PL 45, 1428).

herausragende Wissenschaft, keinem Menschen einsichtig, außer einigen wenigen
vernunftbegabten, und selbst diesen bemitleidenswürdigen nur, wenn sie sich un-
säglich abmühen.«[488] Trotz dieses Widerspruchs hält Augustin gegen eine solche
»Philosophie der Mühsal« seinen *intellectus gratiae* (*misericordiam gratiamque sa-
pietis*).[489] Er bewährt sich vor allem bei der Deutung der Ursünde und ihrer Auswirkungen, Tod und Konkupiszenz. Julian, so Augustin, versucht vergeblich, diese beiden Phänomene als Indizien der Ursünde wegzuinterpretieren. Doch es verhält sich nun einmal so: die Ursünde wird übertragen, und zwar in Form der im
Geschlechtsakt wirkenden Konkupiszenz als Erblaster (*uitia seminum*).[490]
    Julians Argumente, so Augustin, disqualifizieren sich selbst. Er brauche sie
nur neben die seinen zu stellen, um zu zeigen, daß sie keiner Kritik standhielten.
Außerdem könne er zeigen, daß Julian in seiner Polemik seine, Augustins, Argumente verzerrt wiedergegeben und dadurch versucht habe, den Leser zu manipu-
lieren.[491] Allerdings bewegt sich Augustin auch mit diesem Argument im Kreis;
denn er setzt auch für Julians Argumente voraus, daß sie nur durch seinen, Augustins, *intellectus gratiae* richtig, nämlich als falsch, erkannt werden können.
»Gegen alles verschließt Julian seine Augen,« meint Augustin.[492] Dabei hat Gott
offenbart, daß Leib und Seele im Widerstreit miteinander liegen (Gal 5,17), daß
der Mensch in Sünde empfangen und mit einer schweren Last (Weish 9,15) geboren wird, daß er sich seiner Nacktheit nur deshalb schämen muß (Gen 3,11), weil
dies der Fall ist, daß dies durch einen Menschen in die Welt kam und von ihm
aus über alle anderen Menschen (Röm 5,12). Wer, so Augustin, nur sorgfältig
die Argumente Julians mit den seinen vergleicht, wird sehen, wer recht hat.[493]
Was Julian vorlegt, ist schlichtweg Un-, wenn nicht Wahnsinn: Zu sagen, es sei
natürlich und gut, taub oder blind zu sein, wenn diese Behinderungen sogar den
gnadenhaften Glaubens- und Erkenntnisprozeß beeinträchtigen, eine Tatsache, für
die Julian und seine Anhänger im übertragenen Sinne selbst Zeugnis ablegen.[494]
Zwar unterscheidet auch Julian Gutes von Bösem, aber nach welchen Kriterien,
fragt Augustin, wenn er das Gleichnis Mt 7,17 (Gute Bäume bringen gute Früchte hervor, schlechte Bäume schlechte Früchte) dahingehend auslegt, daß ehelich
gezeugte Kinder gut, unehelich gezeugte Kinder aber schlecht seien?[495] Das habe
er, Augustin, nie behauptet. Wenn Julian es vertrete, wie aus seinen Worten her-
vorgehe, so ziele es am Gedanken der geschöpflichen Gutheit der Ehe völlig vorbei. Wenn er aber eine entsprechende negative Schlußfolgerung vermeiden wolle,

---

[488] *C. Iul. imp.* 5,3 (PL 45, 1434).
[489] *C. Iul. imp.* 5,4 (PL 45, 1435).
[490] *C. Iul. imp.* 5,11 (PL 45, 1441). Der Mensch, so Augustin, Ps 143,4 zitierend, lebt unter
der Last jener *uitia* wie unter einem den Sinn der Erdentage entleerenden Fluch (*homo uanitati
similis factus est* [...] *dies eius sicut umbra praetereunt*).
[491] *C. Iul. imp.* 5,15 (PL 45, 1447).
[492] *C. Iul. imp.* 5,16 (PL 45, 1449).
[493] *C. Iul. imp.* 5,21 (PL 45, 1455).
[494] *C. Iul. imp.* 5,22 (PL 45, 1456f.); vgl. Gal 3,11; Röm 10,17; Eph 2,3.
[495] *C. Iul. imp.* 5,23 (PL 45, 1458); s. oben Abschn. 2 (b) zu Iul. *Turb.* 69; 76f. (CChr.SL 88,
357f.; 360): Julian nahm dies nur hypothetisch an, um die Folgen von Augustins Erbsündenlehre
zu illustrieren.

müsse er eine zusätzliche Annahme einführen, nämlich die der natürlich guten sexuellen Aktivität außerhalb der Ehe.[496] Damit jedoch, so Augustin, begeht Julian
einen Kategorienfehler. Er deklariert die Ehe als Spezialfall eines natürlich guten
sexuellen Akts. In Wirklichkeit ist der Vollzug der Ehe die einzige Weise, in der
Menschen sich in guter Weise sexuell begegnen. Es gibt bei den Menschen keine
rein natürliche Form sexueller Begegnung. Die Ehe ist als solche von Gott ge-
stiftet (Spr 19,14 LXX), gnadenhaft, und dementsprechend die einzige Form, in
der die natürliche Veranlagung des Menschen zur Sexualität gott- bzw. schöp-
fungsgemäß gelebt wird (unbeschadet dessen, was über die Erbsünde in bezug auf
die Nachkommenschaft gesagt wurde). Zum Ende des Abschnitts präsentiert Augustin Paulus und Ambrosius erneut als *intellectores gratiae* im Bereich des
Konzepts der *natura uitiata* und bezeichnet Julian demgegenüber als dumm und
ignorant.[497] Julians Positionen dagegen scheitern bereits auf der fundamental
ontologischen Ebene der Gottes- und Schöpfungslehre. Julians Distinktionen, so
Augustin, zielen an der Wahrheit des im christlichen Glauben gnadenhaft Ein-
zusehenden vorbei. Der christliche Gottesbegriff schließt Einheit, Gerechtigkeit,
Gutheit, Allmacht und Allwirksamkeit Gottes ein (Ps 148,5: *ipse dixit et facta
sunt*). Bereits bei der Frage nach der Existenz Gottes muß über diese Fragen, eigentlich Fragen nach den Eigenschaften Gottes, Klarheit herrschen. Sonst redet
man aneinander vorbei. So behaupten etwa auch die Manichäer, sie glaubten an
Gott,[498] wenn es aber um die Eigenschaften Gottes geht, verwickeln sie sich in
Widersprüche, die auch das Wesen Gottes betreffen. Wer ein Gott gleiches, ihm
entgegengesetztes ewiges Prinzip bekennt, kann nicht ernsthaft behaupten, an
Gott zu glauben; an welchen denn, so Augustin? Den guten oder den bösen?[499]
Ohne das monarchische Prinzip gibt es keinen vernünftig begründbaren, also auch
keinen christlichen Gottglauben. Man glaubt entweder an den einen, guten, ge-
rechten, allmächtigen und durch seine Gnade allwirksamen Gott oder man glaubt
an etwas anderes als Gott, sei es an ein gutes vs. ein böses Prinzip (wie die
Manichäer) oder an ein Prinzip göttlicher Gnade vs. ein Prinzip menschlicher
Willensfreiheit (wie die Pelagianer). Hier zeigt sich erneut, so Augustin, wo die
Fäden manichäischen und pelagianischen Denkens zusammenlaufen. Wer Gott
nicht als den glaubt und dann im Glauben auch gnadenhaft einsieht, der alles aus
nichts schafft und im Zuge seiner Schöpfer- und Erlösertätigkeit das Nichts (denn
mehr ist es nicht) des durch den Menschen entfesselten Bösen überwindet, der
nimmt den Glauben an diesen einen, guten, gerechten und allmächtigen Gott
nicht ganz ernst.[500] Er behält sich vielmehr neben Gott noch andere Prinzipien
vor, sei es ein manichäisches Prinzip des Bösen oder ein pelagianisches Prinzip
der natürlichen Willensfreiheit. Auch letztere wird ja als offen auf ein von der
Gnade Gottes nicht erreichbares Prinzip des Bösen hin gedacht.[501]

---

[496] *C. Iul. imp.* 5,24 (PL 45, 1460f.).
[497] *C. Iul. imp.* 5,25 (PL 45, 1464).
[498] *C. Iul. imp.* 5,30 (PL 45, 1468); Ps 13,1 (*dixit insipiens in corde suo: non est deus*).
[499] *C. Iul. imp.* 5,31 (PL 45, 1470).
[500] *C. Iul. imp.* 5,36 (PL 45, 1472).
[501] Vgl. Julians Definition der Willensfreiheit als Fähigkeit, das Böse zuzulassen oder ab-

Im Glauben eingesehen wird dagegen, so Augustin, daß wer »fähig ist, zu sündigen« (*posse peccare*), nicht wesensgleich mit Gott sein kann (*naturam dei non esse dicimus, quae peccare potuit*). Daß Gott »nicht fähig ist zu sündigen« (*non posse peccare*), bedeutet keine Einschränkung seiner Allmacht.[502] Jene definiert sich vielmehr von daher. Und nicht nur das. Gottes Wirken guten Willens im Menschen konstituiert auch die menschliche Freiheit (*si operatur deus in homine uoluntatem bonam*), nicht zu sündigen (*posse non peccare*). Außer Kraft gesetzt wird dabei die von der Ursünde bewirkte Einschränkung, die die Natur des Menschen zur *natura uitiata* gemacht hatte. (In jenem Zustand hatte der Mensch gar nicht anders gekonnt als zu sündigen: *non posse non peccare*.) »Ausgemachte Dummheit,« so Augustin, jene Befreiung mit Zwang gleichzusetzen! Wer nur ein klein wenig Einsicht hat, kann leicht sehen, daß Julian hier nichts zur Sache beiträgt,[503] wenn er nicht gar der Gegenseite, den Manichäern, zu Hilfe eilt, indem er ständig anzweifelt, daß das Übel einem Mangel an Gutem entspringe, als ein solcher Mangel aber mächtig und nur durch die Schöpfer- und Erlösermacht Gottes zu überwinden sei.[504]

Damit wendet sich Augustin wieder anthropologischen Aspekten zu. Er beginnt bei der Frage nach der Bewertung der Sünde des Teufels (1 Joh 3,8: *ab initio diabolus peccat*), die der Sünde Adams vorausgeht. Sollte sie von Ewigkeit her notwendig sein, wäre damit die Schuld des Teufels vermindert. Wäre sie hingegen kontingent, könnte sich auch der Teufel im Sinne von Ps 50,18 (*cor contritum et humiliatum deus non despiciet*) bekehren. Damit aber wäre die Möglichkeit einer ewigen Verdammnis ausgeschlossen. Origenes, so Augustin, soll dies gelehrt haben. Aber die Lehre wurde verworfen; denn im Sinne des *intellectus gratiae* und der in ihm erfaßten (oben genannten) Stufung von Notwendigkeit und Möglichkeit zu sündigen bedeutet Zwang zum Sündigen noch nicht Abwesenheit von Schuld. Was im Urstand aus Gnade Möglichkeit war, kann infralapsarisch aus Zwang zur Strafe werden (die Möglichkeit zu sündigen etwa und die Wirklichkeit der Sünde), und nur die Gnade kann das Verhältnis wieder umgekehren, aber auch wiederum nur im Rahmen der von ihr festgesetzten gesetzlichen Regelungen. Demnach hat der Teufel keine Chance; denn nachdem er wie alle Engel (anders als die Menschen) direkt in den Himmel hinein erschaffen worden war, fiel er unmittelbar durch seinen Eigenwillen ein für allemal wieder aus dem Zustand der Anschauung Gottes heraus. In seinem Fall trat die Höchstform der Strafe für den Mißbrauch der Höchstform der Gnade ein. Von einer Bekehrung des Teufels zu reden wäre ein Widerspruch in sich.[505]

---

zulehnen (*libertas arbitrii ammittendi peccati uel abstinendi a peccato*); *c. Iul. imp.* 1,78 (CSEL 85/1, 93). Wie oben in Abschn. 3 (a) gezeigt, konnte sich Julian mit dieser Definition allerdings sogar auf Augustinus, *duabus ann.* 15 berufen.

[502] Unter *c. Iul. imp.* 5,55 (PL 45, 1482) weist Augustin darauf hin, es genüge zu wissen, daß das Notwendige das Mögliche subsumiere, nicht aber das Mögliche das Notwendige: *satis est nosse omne necessarium esse possibile, non omne possibile esse necessarium*. Vgl. erneut zu Beginn von Kapitel V, Teil A, zu *nat. grat.* 8.

[503] *C. Iul. imp.* 5,42 (PL 45, 1479); vgl. Ijob 39,16.

[504] *C. Iul. imp.* 5,44 (PL 45, 1481).

[505] *C. Iul. imp.* 5,47 (PL 45, 1483f.); vgl. die Begründung in *ciu. dei* 21,7.23 (CChr.SL 48,

Anders dagegen beim Menschen, der sich hic et nunc, in Raum und Zeit im
Zwischenzustand seiner Konkupiszenz erlebt (*non quod uolo facio bonum, sed
quod nolo malum*). Insofern ihm seine Sündigkeit bewußt wird, ist er bereits
dabei, die Sünde zu überwinden, befindet er sich bereits im Zustand *sub gratia*,
d. h. das Bewußtwerden seiner konkupiszitären Zwiespältigkeit ist eine rudimentäre Form des *intellectus gratiae*.[506] Julian dagegen, der eben dies leugnet, findet
sich von der dadurch vermittelten Wahrheit ausgeschlossen (*a ueritate seclusus*).
Sein Gebrauch des Wortes »nichts« ist mißverständlich. Wenn er »Vom Nichts
überwunden zu werden« im Sinne von »von nichts überwunden zu werden« versteht, so Augustin, dann würde danach ja auch Gott »vom Nichts,« weil ja »von
nichts« überwunden. Ohne Voraussetzung einer unbedingten und auch konsequenten, d. h. das Gericht beinhaltenden Heilszusage Gottes (2 Tim 2,13: *negare se
ipsum non potest*) und das Konzept eines auf seiten des Menschen durch die
Ursünde mächtigen Nichts, aus dessen *massa damnata* Gott durch seine Gnade
wenigstens eine bestimmte Anzahl von Erwählten neu erschafft, ist ein geordnetes
Gnadendenken im Sinne eines *intellectus gratiae* unmöglich. Gott ist es, der den
Menschen wieder geradebiegt (Sir 7,30: *fecit deus hominem rectum*). Er bereitet
in ihm nicht nur den Willen (Spr 8,35 LXX), sondern mit dem Wollen auch das
Wirken (Phil 2,13). Jegliche Weisheit, die etwas anderes nahelegt, stammt nicht
»von oben« (vgl. Jak 3,15), sondern ist irdische, tierische, teuflische Weis-
heit.[507] Ein solches Denken, so Augustin, das schon in seiner Anwendung auf Er-
wachsene als pervers entlarvt wird, stellt für Kinder erst recht kein Heil in
Aussicht. Es ist alles andere als Gnadendenken, was Soterio-Logie im wahrsten
Sinne des Wortes (Heil durch Einsicht in den Heilsprozeß) eigentlich sein sollte.
Es enthält keinen *intellectus gratiae* und trägt auch nicht zur Entwicklung oder
Entfaltung eines solchen bei. Es ist infolgedessen schon in seinen Ansätzen
zurückzuweisen.[508] Zu halten ist dagegen der *intellectus gratiae*, daß, wer sich
rühmt, sich im Herrn rühme (2 Kor 10,17), weil niemand sich zugutehalten kann,
nicht zur Masse der Verdammten zu gehören. Gott ist auch dafür zu loben, daß
er Menschen zum Teufel schickt (Mt 25,33), sie zu Gefäßen seines Zornes macht
(Röm 9,22), was allerdings nicht so zu verstehen ist, daß er sie dergestalt erschafft, sondern, nachdem sie durch die Ursünde so geworden sind, in seinem
unveränderlich positiven Schöpferwillen so sein läßt, wie sie sind. »Insofern sie
Menschen sind, ist und bleibt ihre Natur gut. Gott hat sie so geschaffen. Insofern
sie aber [von Adam, nicht von Gott her: *ad semen pertinet maledictum ab initio*;
Weish 12,11] in Sünde geboren sind, werden sie, wenn sie nicht wiedergeboren
werden, verdammt.«[509] Durch die Taufe wiedergeboren aber werden sie in Chri-

---

768-770; 787-789), daß auch für den körperlosen Teufel die ewige Verdammnis eine Strafe bedeutet und warum diese Strafe (ewige Strafe für kontingente Handlung) gerechtfertigt ist.
[506] Vgl. hierzu die übliche Auslegung von Röm 7,19-25 in *c. Iul. imp.* 5,50f. (PL 45, 1485f.).
Vgl. auch *c. Iul. imp.* 5,53 (PL 45, 1486): *intelligamus ut possumus et feramus*.
[507] *C. Iul. imp.* 5,57 (PL 45, 1491): *non est ista sapientia desursum descendens, sed terrena,
animalis, diabolica* [Jak 3,15].
[508] *C. Iul. imp.* 5,59 (PL 45, 1492).
[509] *C. Iul. imp.* 5,64 (PL 45, 1504); vgl. Weish 12,11.

stus, der alle, auch schon die kleinen Kinder, die von ihrem Stammvater Adam her dieser Masse angehören, aus dem Verderben herausreißt und in sein Reich überführt (Kol 1,13). Gerettet aber werden sie aus der Macht des Bösen, der durch den Taufexorzismus aus ihnen heraus- und aus der Welt hinausgetrieben wird (Joh 12,31). Natürlich stellt die Taufe nur eine erste, rudimentäre conditio sine qua non für das Heil dar. Aber für die Neugeborenen, so Augustin, ist sie gerade deshalb entscheidend, und nicht nur für sie; denn auch wenn später viele Getaufte vom Glauben ab-, in ein unmoralisches Leben ver- und so der ewigen Verdammnis anheimfallen, ist doch die Lehre vom *intellectus gratiae* eine wichtige Grundlage, auf der die Gnade überhaupt erst wirksam werden kann (*ne malitia mutet intellectum eorum*; Weish 4,11).[510] Die Gnade selbst ist es, die in ihm die Einsicht gewährt, daß die Neugeborenen zwar nicht als Sünder geschaffen, aber doch aufgrund der in der konkupiszitären Empfängnis vererbten Ursünde geboren werden, also gerechterweise leiden und auf die ewige Verdammnis hin sterben, wenn sie sterben (entsprechend Sir 40,1: *graui iugo a die exitus de uentre*). In der Gnade selbst wird die Konkupiszenz als Widerstreit in der Seele erlebt (entsprechend dem Verständnis von Röm 7,19 als *sub gratia*). Schließlich wird im *intellectus gratiae* auch die Unerforschlichkeit der Ratschlüsse Gottes angesichts all dieser obskuren Zusammenhänge akzeptiert. In all diesen Punkten fehlt Julian die rechte Einsicht. Er besitzt nicht den *intellectus gratiae*, wie sich an seinen verworrenen Gedankengängen leicht ablesen läßt. Wenn es möglich wäre, so Augustin, täte man deshalb am besten daran, ihn durch einen Exorzismus wie den im Taufritus vollzogenen aus der Kirche auszutreiben, einen Exorzismus, dessen Anwendung bei der Kindertaufe Julian selbst ja für überflüssig hält.[511]

Mit *c. iul. imp.* 6 bricht das Werk ab. Augustin beginnt das Buch mit einer Bekräftigung seiner Katholizität und konzentriert sich dann erneut unmittelbar auf die Frage der (Un-) Heilsbedeutung der biologischen Fortpflanzung angesichts der Abrahamsverheißung Gen 22,17 (*innumerabilis multitudo*) sowie des in Sir 40,1 genannten Glaubenssachverhalts der *natura uitiata*.[512] Die Sünde ist nicht geschöpflich in dem Sinne, daß sie Gottes Geschöpf und gut wäre. Aber obwohl der Mensch sie freiwillig begeht, hat er aus sich heraus nicht die Macht, sie nicht zu begehen. Das Erklärungsmodell der Ursünde führt dies darauf zurück, daß der erste Mensch durch seine Sünde zusammen mit seiner Unsterblichkeit auch die Übereinstimmung seines (freien) Willens mit Gottes (gnädigem) Willen verlor. Es entstand ein asymmetrisches Verhältnis zwischen der menschlichen Willensfreiheit und der göttlichen Gnade. Von sich aus war die menschliche Freiheit nur zum Sündigen fähig. Erst Gottes Gnade in Christus (1 Tim 2,5) richtet den Willen wieder auf, so daß er zum Tun des Guten fähig wird. Gottes Geist führt

---

[510] *C. Iul. imp.* 5,64 (PL 45, 1505).

[511] *C. Iul. imp.* 5,64 (PL 45, 1506).

[512] *C. Iul. imp.* 6,3 (PL 45, 1507f.); s. dazu oben unter Abschnitt 2 (b) zu Iul. *Turb.* 33-65 (CChr.SL 88, 349-357) zu Gen 12-22; *c. Iul.* 3,20-40 (PL 44, 712-720); und im folgenden *c. Iul. imp.* 6,26 (PL 45, 1563): *dolorem pariendi poenam dicimus esse peccati.* Vgl. Gen 3,16. Vermehrung auf rein natürlicher Ebene bedeutet Vermehrung des Leids (*multiplicans multiplicabo tristitias tuas*). Nur auf der geistigen Ebene des *intellectus gratiae* findet auch Vermehrung der Gnade statt. Weish 7,22: *in sapientia spiritus multiplex.*

die derart Begnadeten dann über ihren natürlichen Tod hinaus zur Überwindung des Todes.[513] Genau dies aber will oder kann Julian nicht einsehen. Ohne *intellectus gratiae* kann er das Ausmaß der Ursünde nicht abschätzen. Er unterschätzt es und damit auch das Maß der Gnade. Er kann so nicht einmal einen fundierten Gottesbegriff entwickeln, geschweige denn eine fundierte Christologie. Auch den Manichäern ist nur mit einer Erbsünden- (Röm 5,16) und Prädestinationslehre (Spr 8,35 LXX) beizukommen.[514] Wer nur gelehrte Disputationen anstellt, wird den *intellectus gratiae* nicht erlangen. »In Gottes Augen sind die Denkanstrengungen der Weisen nichts wert« (Ps 93,11). Nur Demut zählt (Mt 11,25).[515] Für den demütigen, von der Gnade getragenen Intellekt aber scheint es evident (*euidenter apparet*), daß die menschliche Willensfreiheit ohne Gnade das Gute nicht in die Tat umsetzen kann. Allein die Gnade Christi (Röm 7,25) kann die Seele aus der ursündlichen Korruptheit befreien (1 Kor 15,53),[516] die sie in jene Auseinandersetzung zwischen Leib und Geist (Gal 5,17) getrieben hat, so daß das Leben eine einzige Versuchung wurde (Ijob 7,1 LXX: *tentatio est super terram*). Wenn nun durch Gottes Gnade in Christus das Sterbliche vom Leben absorbiert wird (2 Kor 5,4), dann ist das ob der Ausmaße der Ursünde nur dadurch möglich, daß es ein allmächtiger, guter und gerechter Gott ist, der hier zu Werke geht, und daß seine Schöpfung ursprünglich gut ist. Das, so Augustin, explizit zu Julians Manichäismusvorwurf, der eher Julian als Manichäer entlarve, denn ihn, Augustin.[517]

Julian hat also nicht diesen aus der Demut entspringenden *intellectus gratiae*. Für ihn trifft zu, was in Spr 29,15 steht: »Der hartherzige Knecht wird sich nicht auf gutes Zureden hin ändern. Wenn er zwar auch Einsicht hat, so handelt er doch nicht danach.« Solange die Einsicht nicht aus dem Herzen kommt und mit dem Handeln in Übereinstimmung gebracht wird, liegt keine gnadenhafte Einsicht vor. Eine Einsicht, so Augustin, die sich wie die Julians nur zur Kritik an der Allwirksamkeit der Gnade als Erlösung aus der Ursünde eignet, ist jedenfalls keine auf den Kern des christlichen Glaubens bezogene gnadenhafte Einsicht. In Julian ist Herz und Verstand nicht integriert. Beides liegt vielmehr unvermittelt nebeneinander.[518] Auch von einer Blindheit des Herzens (*caecitas igitur cordis*) spricht Augustin in diesem Zusammenhang erneut. Er bezieht den Ausdruck sowohl subjektiv auf Julian, als auch objektiv auf die Auswirkungen der Ursünde, insofern er sie mit Julian diskutiert. Ausgangspunkt ist erneut die paulinische Erfahrung des Willenszwiespalts (Gal 5,17; Röm 7,15). Die Verzweiflung des Sünders über diesen Zustand, die nach Augustin als erste Regung der Gnade spürbar wird und als ein erster Schritt im *intellectus gratiae* zu interpretieren ist, bezieht sich, so Augustin, auch auf ein mit der Ursünde gewissermaßen identisches fundamentales Nichtwissen, das den Sünder irritiert. Der Sünder sieht plötzlich ein, welches Ausmaß seine Sündhaftigkeit hatte, auf welche vorher

---

[513] C. Iul. imp. 6,7 (PL 45, 1512).
[514] C. Iul. imp. 6,9 (PL 45, 1517).
[515] C. Iul. imp. 6,12 (PL 45, 1525).
[516] C. Iul. imp. 6,13 (PL 45, 1525).
[517] C. Iul. imp. 6,14 (PL 45, 1529f.).
[518] C. Iul. imp. 6,15 (PL 45, 1533f.); vgl. Ez 11,19; 36,26; Gal 3,21.

ungeahnten Bereiche sie sich erstreckte, und er beginnt nun, weniger seine moralischen Verfehlungen zu bereuen als vielmehr die Blindheit, die zu ihnen führte oder zumindest mit ihnen koinzidierte. Im Aufleuchten des *intellectus gratiae* erkennt der Sünder diese Blindheit als wesentlichen Aspekt der Ursünde und bittet Gott um Vergebung jener »Sünden der Ignoranz« (Ps 24,7: *delicta ignorantiae*) sowie um Erleuchtung, die für ihn nunmehr als ein wesentlicher Aspekt der Gnade erkenntlich wird (Ps 12,4: *illumina oculos meos*).[519] Gott, so Augustin, ist ein Gott, dessen Weisheit sich in seiner Gerechtigkeit und Barmherzigkeit manifestiert und umgekehrt (Spr 3,16 LXX: *eius sapientia legem et misericordiam in lingua portat*). Würde Julian nach jener Gerechtigkeit Gottes (also nach Einsicht in deren Wirken, also das Wirken der Gnade, also nach dem *intellectus gratiae*) Konkupiszenz empfinden statt auf seine eigenen Tugenden zu bauen, so Augustin, müßte man sich weniger Sorgen um ihn machen.[520]

Erneut spitzt sich Augustins Gnadenargumentation auf die Christologie hin zu. Gott führt die Heiligen durch den Sohn ins Licht der Gnade und in sein Reich (Kol 1,12f.). In Christi Namen wird das Volk erlöst (Mt 1,21). Der Menschensohn ist gekommen, um zu suchen und zu heilen, was verloren ist (Lk 19,10), nicht die Gerechten zu berufen, sondern die Sünder (Mt 9,12f.). Augustin sieht hier erneut einen engen Zusammenhang zwischen einer starken Christologie und Gnaden- sowie einer starken Erbsündenlehre. Was bedeutet das, daß die Menschheit so verloren ist, daß nur die Gnade Christi sie erlösen kann? Offenbar das, was mit Weish 9,15 angedeutet wird, daß alle Menschen vom Mutterleib an mit einem ursündlichen Verderben belastet sind, dem Joch Adams (Sir 40,1). So sind die Zusammenhänge einzusehen (*sicut me intelligere oportet, intelligo*).[521]

Julian irrt sich heftig (*uehementer erratis*), wenn er, so Augustin, die christologische Signifikanz seiner, Augustins, Gnadenlehre unterschätzt. Die jungfräuliche Empfängnis Christi, für orthodoxe Katholiken unbestrittener Glaubensinhalt, steht in einem inneren Zusammenhang zur Überwindung der Ursünde in Christus. »Empfangen vom Heiligen Geist« (*non de uirili semine, sed de spiritu sancto*) bedeutet, daß Christus sich nicht *im* sündigen Fleisch, sondern *wie* (*in similitudine carnis peccati*) das sündige Fleisch inkarniert hat. Er ist von der Ursünde, besonders ihren Auswirkungen auf den Intellekt unberührt und kann Adam (die gesamte Menschheit) durch die Wahrheit seiner aus der Weisheit selbst gezogenen Lehre befreien (Weish 10,2).[522] Versteht Julian, so Augustin, etwa nicht den Sinn seiner eigenen Worte (*intelligisne quid dicas?*)? Hat er keinen Zugang zur gesunden katholischen Einsicht (*intellectus sanus catholicus*)?[523] Das Konzept einer im Geist empfangenen Liebe, die ihr Leben hingibt für die Freunde

---

[519] *C. Iul. imp.* 6,17 (PL 45, 1539f.).

[520] *C. Iul. imp.* 6,18 (PL 45, 1541f.): *hanc dei iustitiam concupisce, o fili Iuliane, noli in tua uirtute confidere*. Statt sich im Herrn zu rühmen (1 Kor 1,31), rühmt Julian sich seiner eigenen moralischen Fähigkeiten. Dagegen steht schon Cypr. *Quir.* 3,4 (CChr.SL 3, 92): *in nullo gloriandum, quando nostrum nihil sit*.

[521] *C. Iul. imp.* 6,19-21 (PL 45, 1543-1548).

[522] *C. Iul. imp.* 6,22 (PL 45, 1553): *sic enim intelligenda est a delicto suo eduxisse sapientia*.

[523] *C. Iul. imp.* 6,27 (PL 45, 1571f.).

(Joh 15,13) übersteigt freilich die Auffassungskraft reiner, natürlicher Rationalität. Nur auf der soliden Grundlage eines Gnadenbegriffs kann auch ein Begriff der Gerechtigkeit Gottes entwickelt werden. So ist etwa auch der Tod des gerechten Abel gnadenhaft und glorreich, Antizipation des Todes Christi und deshalb auf einer ganz anderen Ebene angesiedelt als die Lehre von der Entstehung des Todes durch die Ursünde. Anders als Adam ist Abel bereits eine erste Erlöserfigur, nicht dazu geeignet, die Erbsündenlehre zu widerlegen, im Gegenteil. In Abel findet die im *intellectus gratiae* kontextualisierte (*congruenter intelligens*) Erbsündenlehre bereits ihre erste Bestätigung und Entsprechung: Je größer die Sünde, desto größer die Gnade, die sie überwindet.[524] Ebensowenig wie der Tod Abels kann auch die Gebärfreudigkeit von unter möglichst natürlichen Bedingungen lebenden Frauen (etwa bei Naturvölkern) das ursündliche Verdikt widerlegen. Augustin: »Ist eine Strafe etwa deshalb weniger als Strafe zu betrachten, weil sie geringer ist (*numquid ideo est nulla poena, quia minor est*)?«[525]

Das Leid, das Augustin hier als universalen Komplex sieht, soll, so sein Konzept, nicht im Rahmen einer Trennung von Intellekt und Wirklichkeit, wie Julian sie mit seiner analytischen Annäherungsweise vollzieht, als Möglichkeit wegdiskutiert werden, so als ob es nur aus einer Vielzahl individueller Ausnahmefälle, gewissermaßen aus geringfügigen moralischen Unfällen entspringe, die durch moralische Anstrengung leicht überwunden werden können. Es geht, so Augustin, vielmehr darum, wirkliches Leid zu erlösen, nicht durch eine Art Spieltheorie, bei der der Erlöser, Christus, moralisch-mimetisch imitiert wird, sondern durch wesenhafte Identifikation Gottes mit den Menschen, durch eine Inkarnation der Gnade, beginnend beim Intellekt. Sie erschöpft sich zwar nicht in ihm. Der intellektuelle Aspekt der Gnade stellt aber angesichts der wesenhaften Intellektualität des Menschen wie auch Gottes einen Kernaspekt des Gnadenwirkens dar. Der Mensch ist wie Gott geistiges Wesen, Seele. Seine Leiblichkeit ist als wesentlicher Aspekt dieser Geistigkeit als geschöpfliche gut. Der *intellectus gratiae* ist also Intellekt in dieser Kernbedeutung des Wortes, Ort der kommunikativen Einheit Gottes mit der Schöpfung im Menschen. Und gerade in dieser Hinsicht ist er auch Gnade, Gnade Christi als Gnade Gottes. Christi Erlöserfunktion besteht in allererster Linie in der Überwindung des Todes als Überwindung der Sünde in der Auferstehung des Fleisches,[526] also der Wiederherstellung der durch die Ursünde (durch Tod und Konkupiszenz, Konkupiszenz verstanden auch im Kontext eines Mangels an Intellekt) verdorbenen Leiblichkeit, Geschöpflichkeit und Gottähnlichkeit des Menschen. Wer dies einsieht, so Augustin zum Schluß, hat im Sinne von Spr 8,35 LXX *intellectus gratiae* und rühmt sich nicht seiner selbst oder gar seines eigenen Intellekts, sondern im Herrn (1 Kor 1,31; 2 Kor 10,17: *qui gloriatur, in domino glorietur*).[527]

---

[524] *C. Iul. imp.* 6,27f. (PL 45, 1575f.).
[525] *C. Iul. imp.* 6,29 (PL 45, 1578).
[526] *C. Iul. imp.* 6,36.40 (PL 45, 1593f.; 1601f.); vgl. 1 Kor 15,22; Ps 115,15 (Paraphrase nach Augustin: *non suo genere sed illius munere pretiosa est*).
[527] *C. Iul. imp.* 6,41 (PL 45, 1606).

ZUSAMMENFASSUNG UND SCHLUSS

In Absetzung zu der in der Forschung vorherrschenden Tendenz einer Trennung von Früh- und Spätwerk im allgemeinen und von Erkenntnistheorie und Gnadentheologie im besonderen, sollten in der vorliegenden Untersuchung beide Aspekte, Erkenntnis (bzw. Einsicht) und Gnade zu einem einzigen Interpretament zusammengefaßt und die Entwicklung und Entfaltung des Konzepts eines *intellectus gratiae* im gnadentheologischen Werk Augustins nachgezeichnet werden.

Wie in Kapitel I dargestellt, ist ein solches Konzept im weitesten Sinne nicht erst bei Augustin selbst, sondern bereits in vielen Formen spätantiker Religionsphilosophie zu verorten, wie sie auf Augustin eingewirkt haben. In die charakteristisch augustinische Form gegossen freilich wurde das Motiv, wie in Kapitel II ausgeführt, in der frühen Paulusexegese (390 bis 397). Im Zuge der dort stattfindenden Entwicklung erfuhr das ursprünglich philosophische Motiv eine Veränderung, die allerdings nicht vorschnell mit seiner Auswechslung durch ein anderes Motiv gleichgesetzt werden sollte. Auch auf dem Höhepunkt der frühen Entwicklung, in *ad Simplicianum* 1,2, bedeutet *intellectus gratiae*, der Schlüsselbegriff jener Quaestio, nicht Kapitulation des Intellekts vor der Gnade, sondern Rekapitulation und Reorientierung (Bekehrung) des an den Widersprüchen seiner Grundfragen irregewordenen Intellekts durch die Gnade. Zwar wurde im *intellectus gratiae* der individuelle Wille als von Gott vorherbestimmt konzipiert, aber noch nicht im frühneuzeitlichen Sinne als reiner Wille, sondern insofern er sich als solcher geistig erfährt. Nicht als ein magischer *deus ex machina* wirkt die vorherbestimmende Gnade im *intellectus gratiae* nach *ad Simplicianum* 1,2, sondern als ein aus sich heraus wirkkräftiges erkenntnistheoretisches Unterscheidungsprinzip, das verschiedene Methoden spätantiker Religionsphilosophie in sich vereint und zugleich über sie hinausweist.

In den Kapiteln III, IV und V wurde dies auch für einige Bereiche des Spätwerks nachgewiesen. Ausgehend von *ad Simplicianum* 2,1, wurde in Kapitel III die sakramententheologische Anwendung des Konzepts vorgeführt, die sich sowohl gegen die donatistische Lehre von der Heilsnotwendigkeit der Wiedertaufe in bestimmten Fällen (*lapsi*), als auch gegen die pelagianische Lehre von der Nicht-Heilsnotwendigkeit der Taufe richtete. In Kontrast zu seinen Gegenpositionen erkannte Augustin im *intellectus gratiae*, daß die *conditio sine qua non* der sakramentalen Voraussetzung dafür, daß Erlösung überhaupt als Möglichkeit am intellektuellen Horizont des Menschen aufscheint, durch eine einmalige Taufe unwiderruflich erteilt wird (bei jedem weiteren Lapsus genügen Reue und Umkehr für einen Neuanfang), daß jedoch andererseits diese Taufe tatsächlich heilsnotwendig ist, es also kein Heil außerhalb der in der Kirche in ein christliches Leben umgesetzten Taufgnade gibt und die Taufe selbst noch keine Garantie für die Erlösung beinhaltet. Diese bleibt eine ständige (geistige) Herausforderung, und zwar nur innerhalb des Rahmens der orthodoxen Christenheit. Am Ende von Kapitel III zeigte sich, daß Augustin die Aufrechterhaltung der erkenntnistheoretisch-gnadentheologischen Fragestellung in diesem Sinne wichtiger war als eine metaphysische Option (etwa Kreatianismus vs. Traduzianismus). In Kapitel IV wurde, ebenfalls in Kontrast zu konkurrierenden Positionen manichäischer, paganer und pelagianischer Provenienz und im Kontext von *doctr.* als christlichem wissenschaftstheoretischen Grundlagenwerk, die hermeneutische Dimension des *intellectus gratiae* beleuchtet. Kapitel V handelt von der Zuspitzung und Engführung des Konzepts in der pelagianischen Kontroverse.

Für jede dieser Entwicklungen liegen die Anfänge im Jahr 397, dem Abfassungsjahr von *conf.*, *doctr.* und *ad Simplicianum*, den Schlüsseltexten des *intellectus gratiae*. Jede dieser Entwicklungen vollzog sich auch entlang von Kontrovers- und Konfliktstellungen, die Augustin (im wahrsten Sinne seines *uti*-Prinzips) zur Akzentuierung des Konzepts nutzte. Er betonte aber nicht nur seinen ideologischen Charakter als Kampflehre (eben gegen die genannten Kontrahenten), sondern darüberhinaus auch seinen hypothetisch-aporetischen Charakter als Wissenschaft. So baute er das von Anfang an vorhandene Schriftargument aus und reflektierte auf seine Methoden. Er griff immer wieder auf philosophische Argumentationsformen der Frühzeit zurück, nicht zuletzt in den modallogischen Diskussionen der pelagianischen Kontroverse. Er argumentierte zunehmend auch historisch-theologisch. Die Berufung sogar auf möglicherweise oder mit Sicherheit heterodoxe Kirchenlehrer wie Cyprian (zur Tauflehre) oder Tyconius (zur Hermeneutik) zeichnet sich durch eine für den *intellectus gratiae* typische argumentative Vorgehensweise aus. Es lag kein geschichtswissenschaftliches, sondern ein systematisches, wenn nicht gar ideologisches Interesse vor. Also kam es auch nicht darauf an, den jeweils zitierten Autor in seinem eigenen Kontext zu begreifen. Es genügte, wenn aus seinem Text ein Argument konstruiert werden konnte, das den eigenen Ansprüchen genügte. Je mehr solcher Argumente zu einem kohärenten Text zusammengefügt werden konnten, desto besser schien Augustin sein *intellectus gratiae* formuliert zu sein. In dieser Weise verwendete er nicht nur Argumente früherer Kirchenschriftsteller, sondern auch Texte von Philo von Alexandrien und paganen Autoren, nicht zuletzt Cicero, der gerade in den letzten Schriften gegen Julian relativ häufig, im Rückblick auf das Frühwerk und nicht zuletzt in Erinnerung an die *Hortensius*-Lektüre zitiert wird, mit der bekanntlich alles angefangen hatte.

SUMMARY AND CONCLUSION

»Paul had spoken; Augustine had understood. That should be enough.«[1] Thus Peter Brown sums up the late Augustine's teaching on grace. To gain insight was Augustine's concern throughout his life. Again according to Brown, »Augustine often uses the word *progress* during his old age.«[2] In *ep.* 143,2 he distances himself from Cicero, who claimed that he never had to correct himself in anything he had written. In contrast, for Augustine, perfection was rather »becoming perfect« in an ongoing intellectual (conversion) process. Errors play an important part in that process. The »heretics« he confronts hold views he himself had held at an earlier time and overcome in a struggle primarily not against moral weakness but ignorance.[3] For him, the basic form of grace is intellect, *intellectus gratiae*. To point out in detail what that means regarding the epistemological and (regarding the message of biblical texts) hermeneutical dimension of Augustine's teaching on grace, is the intention of this book.

The subject of Augustine's intellectual development was his Christian faith, based on Scripture (with a stress on Pauline writings) and Church tradition, the background of which was the philosophical-religious learning of (pagan and Christian) Late Antiquity.[4] The contradictions of his thought, especially regarding the coincidence of evil and an almighty, good and just God, would not irritate him. It was an axiomatic option to assume that »God judged it better to bring good out of evil than not to allow evil to exist.«[5] As he understood the biblical texts, humanity's basic problem was an intellectual and epistemological-hermeneutical one, connected to the way the biblical texts were interpreted in the Christian tradition and the light of the human intellect. In the given human condition, tainted by original sin, he thought it impossible for human beings to overcome the fundamental contradiction of their lives, being originally conceived as to want and do good, while in the given situation to do and even to want evil. Only in the realm of hope and faith in Christ, provided by God's grace, the possibility arises that God gives those whom he wants to be saved the capacity to have intellectual insight into that process and be saved. If that proves to be one of the central ideas or even the central idea of Augustine's soteriology, then prior to the traditional »Augustinian« concept of faith originating in and aiming at understanding (*fides quaerens intellectum*; *intellectus fidei*) a more fundamental concept of »intellect as grace« (*intellectus gratiae*) would have to be assumed in his thought on grace, from which both faith and intellect have to be thought to originate.[6] Intellect would then be *the* basic form of grace, salvation an intellectual event.[7]

---

[1] P. Brown, Augustine of Hippo, London 1967, p. 359.

[2] Brown, Augustine, p. 353.

[3] Cf. *lib. arb.* 3,18 (CChr.SL 29, 306).

[4] On a broad, yet thorough and highly sophisticated approach to that aspect cf. most recently J. F. Rist, Augustine. Ancient Thought Baptized, Cambridge 1994.

[5] *Ench.* 8,2 (CChr.SL 46, 64).

[6] The phrase appears for the first time in *ad Simplicianum* 1,2,21 (CChr.SL 44, 53). On its problematic there cf. most elaborately K. Flasch, Logik des Schreckens, Mayence 1990.

[7] Cf. also Flasch, Logik des Schreckens, p. 97-108.

The close interaction of Augustine's life and literary work is a central aspect of research in both. Born in 354 in Thagaste (now Souk Ahras, Algeria) he became a student of rhetoric in Carthage at the age of 19. He recalls being influenced by Cicero's dialogue *Hortensius*, a text from which he quotes till the end of his life. Reading it Augustine seems to have experienced some kind of religious conversion. It resulted in his becoming a »hearer« (*auditor*) of Manicheism.[8] Twelve years later, in 386, as a 31-year-old rhetorician at the imperial court in Milan, he again changed direction and reapproached Christianity. This time he was influenced by some unspecified »Platonic books.«[9]

The vast complex of the circumstances and motives of what Augustine later called his conversion has been widely and intensely discussed on the basis of his extant writings from the time of his 32nd birthday on 13 November 386 to his death on 28 August 430.[10] Augustine understood his writing as an aspect of his conversion.[11] Towards the end of his life it became more and more intense and prolific. On Easter 387 he was baptised by Ambrose in the episcopal church of Milan.[12] By the end of 388 he had returned to Thagaste and started staying there as an ascetic (*seruus dei*). In 390/1 he was ordained presbyter (elder) by the bishop and the congregation of that Church in Hippo Rhegius on today's Tunisia's Mediterranean coast and between 395 und 397 appointed and ordained bishop of that city, staying in office till his death in 430.

It seems that around the time of his becoming bishop between May 395 and August 397[13] Augustine's intellectual development once more entered a critical stage. Shortly before he had become presbyter (either late in 390 or early in 391) he had taken leave to immerse in intensive biblical studies. His aim then, however, had not been to establish a proper text, a translation or a commentary by means of philological research in the text and its history as is done by modern exegetes or was done to some extent in his own days by a scholar like Jerome. His efforts were aimed rather at focussing on the text's dogmatic content as held in the tradition of his church (as he understood it). He wanted to forge it into an effective rhetoric, which he could deliver as a dialectically skilled preacher in front of a church community situated in a permanent critical state of religious controversy (between Catholics, Donatists and adherents of Manicheism). As a result, some key themes emerged, mainly in the realm of soteriology, concerning questions of sin and salvation, and in the process of the exegesis of Pauline wri-

---

[8] As the most intricate study on Augustine's state of mind around 373 cf. E. Feldmann, Der Einfluß des Hortensius und des Manichäismus auf das Denken des jungen Augustin, 2 vols., Diss. Münster 1975. On the topic of reading in Augustine cf. most recently B. Stock, Augustine the Reader. Meditation, Self-Knowledge and the Ethics of Interpretation, Harvard UP 1996.

[9] Cf. P. F. Beatrice, Quosdam Platonicorum Libros. The Platonic Reading of Augustine in Milan, in: VigChr 43 (1989) p. 248-281; Rist, Augustine 3f.

[10] On the history of this discussion cf. chapter I in this book.

[11] *Ergo scribendum est*, reason tells him in *solil.* 1,1: »In order to draw closer to God you must write, even though it may be difficult at times.«

[12] On historical details about Ambrose's Milan around that year cf. N. McLynn, Ambrose of Milan, Berkeley 1992.

[13] On the discussion of the date cf. at the beginning of chapter III in this book.

tings. They can be identified already in works written between 390 and 397. But although certain themes converge already at this stage (much more than in writings dating from the years between 386 and 389), the breakthrough towards the one great, central soteriological key theme was yet to come.[14]

It did so in 397 with *ad Simplicianum* 1,2.[15] There Augustine for the first time proclaims his *intellectus gratiae* with all its radical consequences by holding that there is a necessary link between unconditional divine predestination (to salvation) and the reprobation of all those who are not predestined.[16] *Ad Simplicianum* 1,2 is one of the cornerstones of Augustine's teaching on grace.[17] Many studies on the subject conclude with *ad Simplicianum* and the *confessiones*,[18] comparatively few are concerned with the aftermath of the development and the close and vital links between *ad Simplicianum* and Augustine's later teaching on grace.[19] This book is a contribution to closing that gap. It assumes

---

[14] What that meant in detail can be studied in writings gradually emerging during both periods, like *lib. arb.* (388-397), as I tried to show in: J. Lössl, Wege der Argumentation in Augustinus' de libero arbitrio, in: ThPh 70 (1995) p. 321-354.

[15] First reflections in an accompanying letter (*ep.* 37) to the later bishop of Milan, Ambrose's successor, Simplicianus, on the predestinationist views held there in connection with an exegesis of Rom 9 still show a certain hesitation to claim full orthodoxy for those views. Later in life Augustine would be less cautious and accuse everyone not agreeing with him on the matter as a heretic. Cf. Flasch, Logik des Schreckens, p. 7-11.48-51.

[16] The concept of *intellectus gratiae* thus serves directly as an argument for predestination. Indirectly it also functions as a presupposition for the teaching on original sin as Augustine developed it, although that aspect was not yet explicit in 397. (Later Augustine would stress that there wasn't a time when he did not teach original sin.) According to that teaching there is a kind of sin which preceeds sins committed in individually sinful acts. Though still »committed« individually by every human being, that sin would however not have taken place in a sinful act but in the event of every individual's conception (as transmitted by the parents in the act of procreation) on the ground of the first human being's, Adam's, original sin. Every human being would have sinned *in Adam*, i. e. he or she would have received through sexual transmission (from the parents) the full effect of Adam's original sin (guilt and punishment included), even before he or she could have developed his or her own ability to choose whether to sin or not to sin. According to Augustine only the assumption of such a sin would allow also to assume (in the *intellectus gratiae*) a condition in which all human beings who are not predestined to salvation, as being left (not predestined − Augustine tries to avoid that conclusion) to reprobation, i. e. ultimately to eternal damnation. On the literary development of those views in *de libero arbitrio, ad Simplicianum, de peccatorum meritis et remissione* and *de spiritu et littera* cf. J. Lössl, De peccatorum meritis et remissione y de spiritu et littera. Su dependencia respecto al de libero arbitrio y ad Simplicianum, in: Augustinus, to be published in 1997.

[17] A strong stress is laid on this by Flasch in Logik des Schreckens, cf. p. 240-303.

[18] *Conf.* being an adaptation of the formal insights of *ad Simplicianum* 1,2 to personal biography.

[19] Richard Simon, for example, in his Histoire critique des principaux commentateurs du Nouveau Testament of 1693 divides the two areas (Augustine's early and late exegesis on Pauline writings) and does not see any links between them. Bossuet in his Défense de la tradition et des saint Pères of the same year, however, suggests one ongoing development and close links between Augustine's early and late teaching on grace. Later studies are mainly interested in the early development, especially with regard to its exegetical aspects, such as V. Weber, Kritische Geschichte der Exegese des 9. Kapitels, resp. der Verse 14-24 des Römerbriefs bis auf Chrysostomus und Augustinus einschließlich, Würzburg 1889; Ph. Platz, Der Römerbrief in der Gnadenlehre Augustins, Würzburg 1938; M. Löhrer, Der Glaubensbegriff des heiligen Augustinus, Einsiedeln 1955; A. Zeoli, La teologia agostiniana della grazia, Neapel 1963; P. Fredriksen, Augustine's Early Interpretation of Paul, Diss. Princeton 1979. On a broader and less exegetical approach see R. Lorenz, Gnade und Erkenntnis bei Augustinus, in: ZKG 75 (1964) p. 21-78; A. Schindler, Art. Gnade, in: RAC 11 (1981) p. 382-446; W. Si-

that the development of Augustine's teaching on grace can be understood best by looking at the concept of *intellectus gratiae*, as an intellectual process. Augustine himself stresses that point again and again till the end of his life.[20]

Although the term *gratia* does not yet occur in the very early period between 386 and 390 – it is used for the first time in *de uera religione* of 390 – its meaning and content can nevertheless be felt already then, especially with regard to its links with the ancient philosophical concept of intellect, as is argued in chapter I. According to Werner Jaeger the concept of intellect as God's gift is central to Platonic epistemology. More recently T.D.J. Chappell has shown that it is linked already in Aristotle with the question, whether ἐγκράτεια, the ability to be and do good, can be achieved and held by human beings in the first place or whether it has to be reestablished through divine assistance after having been lost by the human beings through ἀκρασία.[21] Chapter II deals with the development of the concept up to 397 and *ad Simplicianum* 1,2. In Chapter III, IV and V examples are given how Augustine applies the concept to various theological challenges he encountered after 397, with the Donatist controversy and its sacramental theology and biblical hermeneutics or the Pelagian controversy and its soteriology. Augustine was aware of the fact that his teaching of the *intellectus gratiae* after 397 emerged mainly by way of controversy. The overamplification of certain positions resulting from the rhetorical and political use of the concept corresponded to his intentions as a theological rhetorician. He was never to transcend that paradigm (neither in the direction of philosophy nor of mystics).[22]

---

monis, Anliegen und Grundgedanke der Gnadenlehre Augustins, in: MThZ 34 (1983) p. 1-21. Further literature on the subject can be found in: Flasch, Logik des Schreckens, esp. p. 299-303, and, as an update till the end of 1994, in: J. Lössl, Auf den Spuren des Intellectus Gratiae, in: Philophronesis für Norbert Brox, Graz 1995, p. 214-227.

[20] *Dono perseu*. 55 (PL 45, 1027): *quamuis neminem uelim sic amplecti omnia mea, ut me sequatur, nisi in iis in quibus me non errasse perspexerit. nam propterea nunc facio libros, in quibus opuscula mea retractanda suscepi, ut nec me ipsum in omnibus me secutum fuisse demonstrem, sed proficienter me existimo deo miserante scripsisse, non tamen a perfectione coepisse: quandoquidem arrogantius loquor quam uerius, si uel nunc dico me ad perfectionem sine ullo errore scribendi iam in ista aetate uenisse.* ET: »I would never want anyone to embrace the body of my teaching and follow me, except where there is proof that I am not mistaken; for that is also why I am now working on books to review my earlier works. I want to show that I, too, do not follow myself in everything. Granted God's mercy I do consider myself as having made progress in writing rather than having been perfect from the beginning. And in fact, my talk would be by far more arrogant than true, if ever in this lifetime I claimed to have reached flaw- and errorless perfection in writing.« On a similar thought in *ep*. 143 see at the beginning of chapter IV in this book.

[21] Cf. W. Jaeger, Aristoteles. Grundlegung einer Geschichte seiner Entwicklung, Berlin 1923, esp. p. 22; T. D. J. Chappell, Aristotle and Augustine on Freedom, London 1995; on Augustine alone cf. also J. Wetzel, Augustine and the Limits of Virtue, Cambridge 1992.

[22] See for example *retract*. 2,1 (CChr.SL 57, 89). In *c. Iul*. 1,21f. (PL 44, 654-656) Augustine argues against Julian of Eclanum that the reason why John Chrysostom had developed a less accentuated teaching on original sin than him, Augustine, was that he had not been challenged by such »enemies of grace« (*inimici gratiae*) like him, Julian, who denied its significance altogether. The question, however, arises why Augustine had developed his strong view on predestination in *ad Simplicianum* 1,2 in a rather peaceful situation, before any of the great controversies had broken out, »dans un esprit pacifique,« as already Bossuet noticed (cf. Lössl, Spuren, p. 198). Was it the force of the argument that drove him to develop such a view or could it be that already *ad Simplicianum* has to be situated in the context of some controversy (against Manicheism or Milanese Neoplato-

To think, however, that the concept of *intellectus gratiae* was thus merely a kind of propaganda trick or priorily motivated by pastoral intentions (to excite and move the congregation)[23] would be a fatal mistake. Augustine first put the central question of the *intellectus gratiae* (»How is it possible that a good God allows human beings who have not personally sinned to be eternally damned?«) to himself and only then, but then with all the radical consequences, to his congregation. This is what the pastoral intention of his teaching on grace really looks like. Augustine does not demand from every Christian to theologise at the same level he does, but that alone is no reason for him not to confront even children with issues like predestination and reprobation. After all, according to him, the problems affect them as well. It would be irresponsible not to confront them with the truth.[24] For him the central issue of the *intellectus gratiae* is not a pastoral but a fundamental one. His discussions on grace, original sin, predestination, reprobation, eternal salvation, damnation, heaven and hell are not discussions of certain emotions or images (as is often understood with regard to their aftermath in medieval art and popular piety), but of insights, gained through mercilessly logical operations (even though they may have been carried out in the realm of theological rhetoric). For Augustine, salvation was an essentially intellectual reality – or it was not at all.

The epistemological and hermeneutical dimension of Augustine's soteriological teaching has never been analysed in a single study taking into account the whole of Augustine's literary output. Many studies, of course, have dealt with the teachings on grace, original sin and predestination,[25] others have concentrated on epistemology.[26] But only Rudolf Lorenz, in an article published in 1964,[27] has combined the two. In this written version of his inaugural lecture as professor in Mayence, he states that reflecting on how Augustine combined his ideas on intellect and grace might lead to a comprehensive view of his theological enterprise as a whole. This book reasserts and transcends Lorenz's findings. Lorenz himself admits that his article does not quite fill the gap which he proves exists concerning research in this field. He adds that a possible reason why scholars often do not see the problem is the tendency mentioned above to split Augustine's writings into earlier and a later works. The former are meant to belong to pagan Late Antiquity and classical *latinitas*, the latter are counted more or less

---

nism)? For further allegations in that direction see Flasch, Logik des Schreckens, p. 52-56; Lössl, Spuren, p. 198, esp. note 41.

[23] Thus T. G. Ring, Die pastorale Intention Augustins in *Ad Simplicianum*, in: Homo spiritalis. FS L. Verheijen, Würzburg 1987, p. 171-184.

[24] In *De catechizandis rudibus* he stresses, however, that there are different (less and more appealing) ways of telling the truth. But the doctrinal contents even of that little book are in no way less fierce than those of any of his other works on grace, as is shown in chapter IV.

[25] Cf. A. Sage, Le péché originel dans la pensée de saint Augustin, de 412 à 430, in: RÉAug 15 (1969) p. 75-112; W. Simonis, Anliegen und Grundgedanke der Gnadenlehre Augustins, in: MThZ 34 (1983) p. 1-21; J. M. Rist, Augustine on Free Will and Predestination, in: JThS N.S. 20 (1969) p. 420-447; on further literature Lössl, Auf den Spuren des Intellectus Gratiae, p. 214-218.

[26] Numerous recent titles can be found in: Ch. Horn, Augustinus, Munich 1995, p. 61-81.

[27] R. Lorenz, Gnade und Erkenntnis bei Augustinus, in: ZKG 75 (1964) 21-78, reprinted in: C. Andresen, ed., Zum Augustin-Gespräch der Gegenwart, vol. 2, Darmstadt 1981, p. 43-125.

as ramblings on medieval theological topics, heavily biblical and scholastic, stressing themes like original sin, predestination, sacramental theology and ecclesiastical affairs. The Latin of those writings is often being considered non-classical and, as such, simple, straightforward, not very refined and even primitive. Concerning its content the early work is studied from a historical philosophical point of view as treating a number of topics on epistemology, metaphysics and ethics, however, in a rather popular fashion, typical for late ancient rhetorics and general higher education. The later work is usually interpreted in the context of post-Reformation theology concentrating on topics like justification, predestination and original sin. With the exception of Lorenz nobody has ever tried to demonstrate in a sufficiently elaborate way either that already the early work contains traces of the later theology of grace (the simpler task), or that in the soteriological later work the fundamental thoughts of the early epistemology and hermeneutics are still prevalent.[28] A brief discussion of the three main points Lorenz makes in his article may show, how the thesis of this book, in its outset, relies on them and at the same time intends to transcend them. They read as follows: (1) In the context of the early work the nexus »intellect and grace« has to be looked for in the area »teaching on happiness« (*beatitudo*); (2) Having started from there, an attempt may be made to outline the conceptual structure of the nexus, which would (3) make it possible to explore what might be called the metaphysical background of Augustine's teaching on grace.

(1) To try and present the emergence of soteriology in Augustine's later work from his earlier teaching on happiness makes a lot of sense. The classical teaching on happiness, *beatitudo* or εὐδαιμονία, which Augustine still stands for in his early writings, changes into a biblical soteriology in his later writings. In fact, traces of the latter can already be seen in the earliest writings, for example in *de beata uita*, together with *contra Academicos* Augustine's very first work extant.[29] However, already Augustine's earliest teachings on grace are of a more complex nature than Lorenz could have accounted for in his article.[30] The particular role, for example, of the attitude of pious scepticism which Augustine displays, his unwillingness to put up with conventional teaching traditions, his sense

---

[28] This is also stressed in a more recent contribution by A. Solignac, Les excès de l'intellectus fidei dans la doctrine d'Augustin sur a grâce, in: NRTh 110 (1988) p. 825-849.

[29] The classical study on this topic was presented by R. Holte, Béatitude et Sagesse. S. Augustin et le problème de la fin de l'homme dans la philosophie ancienne, Paris 1962. As a more recent contribution see P. King, Augustine. Against the Academicians and The Teacher, Indianapolis 1995 (Introduction, translation and commentary to contra Academicos and de magistro with extracts from other early works, especially on the combination of intellect and happiness).

[30] Although, for example, the word *gratia* is not used before *uera rel.* of 390, its meaning in the later teaching on grace can nevertheless be traced already in *beata uita* of November 386. There, in cc. 19-21, Augustine stresses that happiness (and therefore intellect) depend in the last instance on the will of God. So far the teaching is purely classical. However, it does not stop there, as Augustine's mother Monica adds a twist which is typical for North African Christianity: God does not only provide happiness for those in whom he implants his will to follow him, he does also cause the unhappiness of those who live a bad life showing by that behaviour that they do not have the will to follow him. Thus the omnipresence of God and the coincidence of evil is explained as well as the coincidence of God's intellect and will as grace and human intellect and will as inspired by the former as the source and goal of happiness.

of criticism and piety, as E. P. Meijering has pointed out,[31] must be seen in context with the development of an increasingly scholastic and methodological approach to certain problems, the use of hypothesis, of principles of verification by trial and error, of several kinds and levels of knowledge or apparent knowledge and of several, even contradicting, ways of developing an argument (*in utramque partem disserere*), all taught in the Academic tradition.[32] One has to take into account the effects of such a foreknowledge on Augustine's sympathetic as well as polemical attitude towards Manicheism, the link between his Academic scepticism and his turning towards Neoplatonism, his analytical operations on epistemology, his exegetical skills, his use of the argument from self consciousness, his reflections on the origin of language etc. All of these aspects are discussed at further length in chapter I of this book. They play a vital part in the prehistory of a full blown concept of *intellectus gratiae* in the later work.

(2) Already in an earlier article on Augustine's fundamental theological methodology or »theory of science« (Wissenschaftslehre)[33] (the »science« of drawing Christian doctrine from biblical texts by means of textual analysis and mediating it through systematic teaching and preaching), Lorenz had pointed out the structural affinity and convergence of epistemology and soteriology in Augustine, which exists at two levels. At a first level, grace and intellect are related towards each other from outside, meaning that intellect is added on to grace and grace on to intellect. Concerning the question of an interior life, for example, where the *interior intimo meo* (*conf.* 3,6,11) refers to someone who is beyond the innerest part of one's self. No matter how far one goes into one's own interior, that (person or realm) *interior intimo meo* (whom Augustine calls God) is always a step further »beyond« relating to one's *interior* from »there.« At a second level, Lorenz observes a certain permeation of epistemology and teaching on grace, as, while free will is founded by grace, the *intentio* of knowledge striving for intellect, does not seem to. In the realm of epistemology, he notes, »there seems to be a danger of mixing nature and grace into one.«[34] In another important study, G. Strauss seems to support that view, when he writes that, in Augustine, »the teaching on original sin, an important element of the teaching on grace, has no equivalent in epistemology.«[35] But is that true? In a multitude of soteriological

---

[31] Augustin über Schöpfung, Ewigkeit und Zeit, Leiden 1979, p. 116.

[32] Augustine drew much of his knowledge on late Academic epistemology from Cicero. Cicero's Academic teachers were Philo of Larissa and his pupil Antiochus of Ascalon. In difference to his predecessor Antiochus is said to have accepted the stoic concept of semblance (*uerisimilitas*) as »concept to be grasped« ($\kappa\alpha\tau\alpha\lambda\eta\pi\tau\iota\kappa\dot{\eta}$ $\phi\alpha\nu\tau\alpha\sigma\acute{\iota}\alpha$), a form of true knowledge, claiming that such reasoning can already be found in Plato's *Theaitetos*. The Academy had formerly not accepted that kind of knowledge as epistemologically sound. Cicero, too, does not seem to try to defend it. Augustine uses it in *Contra Academicos*. Yet in later writings he does not seem to rely on it in particular. On the historical-philosophical background in this field see most recently in: J. G. F. Powell, Cicero the Philosopher, Oxford 1996, the contributions made by W. Görler on Cicero's persistent scepticism, J. Glucker on his use of words like *probabile*, *ueri simile* and related terms, and R. W. Sharples on causes and necessary conditions in the *Topica* and *De fato*, pp. 85-143.247-271.

[33] R. Lorenz, Die Wissenschaftslehre Augustins, in: ZKG 67 (1955/6) 29-60.213-251.

[34] Gnade und Erkenntnis bei Augustinus, p. 76.

[35] G. Strauss, Schriftgebrauch, Schriftauslegung und Schriftbeweis bei Augustin, Tübingen 1959, p. 14.

texts, especially in his later writings, Augustine develops epistemology totally within the context of soteriology and, vice versa, does so by developing soteriology along the lines of an epistemology. Very often he refers back from soteriological reflections to epistemological ones, thus trying to show that they are based on philosophically sound arguments and presuppositions.[36]

Augustine developed his positions mainly in controversies, in earlier years against Manicheism and Donatism, later against Pelagius and Julian of Eclanum. By the end of the day, for him, Manicheism and Pelagianism were results of the same basic misunderstanding concerning the nature of the human being as an intellectual being created by God, destined to share in God's basically intellectual life while in the given situation of original sin being dependent on God's interference and help through grace. That help includes before anything else the foundation of intellect through grace, which thus is a basic element of salvation. The basic error of Manicheism was to ignore the dynamic unity of creation. It divided it into two static sections. One was excluded from salvation, the other one had already achieved it. The basic error of Pelagianism was to ignore the fundamental need of creation to be helped by God's grace to overcome the threat of division through sin, to be helped into the one and only salvation initiated and completed through the *intellectus gratiae*, in which even sin and damnation were not excluded from the realm of salvation. Through the *intellectus gratiae*, Augustine thought, it would be easy to understand why there is a good, almighty and just God, who allows people, for example little children, to be eternally damned for no other reason except that they are not baptized. To achieve such a kind of intel-

---

[36] For example, when he states in *praedest. sanct.* 5,10 (PL 44, 968): *posse habere fidem, sicut posse habere caritatem, naturae est hominum*, he does not want to neutralise his teaching on grace through a »synergistic reductionism«, but rather assumes grace to be working in and through nature. The same applies to his talk of natural ignorance and weakness in human beings in *lib. arb.* 3,19,54 (CChr.SL 29, 307) and the exegesis of Eph 2,3 (*natura filii irae* as »by nature children of wrath« instead of »thoroughly« or »in the first place children of wrath«, which is philologically sounder, as was already remarked by Jerome in his commentary on the Ephesians), even though in that particular case the problem of compatibilism (How can free will and natural necessity work together?) arises. (Note also the fact that in contrary to what one might expect the optimistic statement is found in a later, *praedest. sanct.* of 429, the apparently pessimistic one in an earlier work, *lib. arb.* of at the latest 397.) The prior objective of both of these quotations for Augustine was not to show how grace and nature work together. What he wanted to show was rather that neither grace nor nature (integrated in grace) can be recognized and understood without an appropriate notion of grace. That notion, according to Augustine, is not only created and transmitted by grace, it is itself grace, *intellectus gratiae*. Outside of it grace cannot be recognized as such, without it intellect cannot be achieved, within it grace always appears as nature (within it nature is integrated in grace), even where nature is recognized as *natura uitiata*, as fallen nature. Sin itself, therefore, can be recognized as such only through grace, by the *intellectus gratiae*, because, wherever sin is dominant, the natural intellect does not even suffice to recognize it as sin or nature as fallen. There is therefore indeed an epistemological equivalent to original sin, a kind of ignorance of sin, caused by original sin, resulting in a lack of *intellectus gratiae*. It can be overcome only by the working of grace, which constitutes *intellectus gratiae*, which initiates a process of salvation, which is by nature an intellectual process.

In contrast to that interpretation especially of Eph 2,3 see Jerome *ad Eph* 1 (PL 26, 498). Augustine understood *natura* in Eph 2,3 as *naturaliter*, while Jerome, the better linguist, understood it as *prorsus* or *omnino*, »thoroughly« or »in the first place«. Augustine discusses the point for the first time in *pecc. mer.* 1,21; 2,10 (CSEL 60, 27; 87). Cf. also Simon, Histoire critique, p. 289; Lössl, Auf den Spuren des Intellectus gratiae, p. 195.

lect, Augustine did not cease to struggle with the contradictions of his thought. In ever new attempts and in ever varying literary forms he dealt with the same questions again and again.

(3) Lorenz's article is mainly interested in the evaluation of systematic arguments. It rather neglects questions concerning the literary forms Augustine employs for developing them. The question arises if that neglect does not lead to a possible misunderstanding of what Lorenz calls the metaphysical background of Augustine's teaching on grace. In the third section of his article he tries to illuminate that background relating Augustine's teaching on God, the soul and creation to that on grace. Looking, however, at the actual development of Augustine's teaching on grace, particularly between 390 and 397, one notices that ontology and soteriology are in fact not converging but drifting apart. One gets the impression that, for Augustine, the way in which both aspects were relating to one another became more and more obscure. This is particularly obvious in regard to Augustine's concept of the soul. While he had tried in earlier writings like *de libero arbitrio* to find some metaphysical ground for his reflections on the soul,[37] he obviously abandoned that practice in his later writings. Towards the end of his life, Augustine did decidedly not make any attempt to back his daring dialectics on grace, especially on predestination and reprobation, with any kind of metaphysics whatsoever.[38] As the discussions with Vincentius Victor in *de anima et eius origine* and Julian of Eclanum suggest, he would have been forced to hold some kind of apokatastasis teaching, meaning that, in the end, to be saved was equivalent to not to be saved, since everything that exists is equally good in regard to its value as God's creation and however corrupt it may be in the course of time, God restitues it in eternity.[39] In some instances, however, he nevertheless hints at such a solution, for example, when he says that otherwise innocent children who die unbaptized face an extremely mild punishment (*mitissima poena*), or, when he writes that, within God's plan of salvation, being eternally damned is the better solution for the respective human beings to being completely annihilated. Eternal damnation thus would have to be considered a form of salvation through a God, who, »in his goodness,« would let human beings rather be damned than face annihilation.[40]

Augustine tended to attribute his failure to find a satisfactory answer to these questions to the incomprehensibility of God's counsels.[41] In his last years, once

---

[37] On some details cf. Lössl, Wege der Argumentation, p. 350 (literature!).

[38] Cf. Rist, Augustine, p. 317-320; G. J. P. O'Daly, Augustine's Philosophy of Mind, London 1987, p. 15-20.

[39] As described in part B of chapter V, Augustine, quoting Ps-Basil *adu. Manichaeos* in *c. Iul.* 1,16 (PL 44, 650), rejects the use of metaphysical concepts for a Christian soteriology. Such use, he writes, would either lead to Manicheism (assertion of an evil substance along with a good one) or Pelagianism (denial of an ultimate evil force that can only be overcome by God's grace). He did not mention the third possibility offered here as the consequence of his own teaching, which he of course would have rejected as well.

[40] In earlier writings like *uera rel.* he might have considered the possibility of apokatastasis: That through the universality of the *intellectus gratiae* every human being is eventually led to eternal salvation. For a closer examination cf. J. Lössl, Autorität durch Authentizität. Augustins Lehre von den Lebensaltern in de uera religione, in: WiWei 59 (1996) 1-14, esp. 13-14.

[41] Cf. in this context the biblical quotations he most often used: 1 Cor 1,31 (*qui gloriatur, in domi-*

422   SUMMARY AND CONCLUSION

more displaying the Academic sceptic attitudes of his early Milan days, he may have deliberately abstained from developing a »metaphysics of grace.« It might have revealed him as a crypto-Manichean, as Julian suspected, or, as one might add, some Gnostic monist with an apokatastasis teaching. But against the warnings in that direction and against the protest of Julian of Eclanum, he did make an attempt to develop an epistemology of grace, even though it sometimes looks like a metaphysics. Julian did not even want in epistemological terms to reflect on matters human beings could not be made accountable for with regard to their actions. He wanted to separate the reflections on natural reason and the way it justifies or condemns certain acts from those on a form of grace with a hidden agenda concerning the evaluation of ethical behaviour.[42] Augustine, the pious philosophical and religious scepticist and inquirer, however, wanted to have it all together: A definitive hope for salvation, a definitive notion of grace (i. e. that only God can bring about that salvation), an epistemological and hermeneutical framework to put both, religious hope and philosophical concepts into comprehensive teaching, preaching and sacramental practice in the biblical and patristic tradition and in the actual communal life of the Church. The only aspect left to separate him from Gnosticism and Manicheism was his reluctance to declare his definitive concepts to be concepts referring to metaphysical reality. According to himself, his last resort were not substances but a dynamics of intellect beginning and ending with the assumption that grace and salvation are in the first place and ultimately an intellectual reality, *intellectus gratiae*.

Assuming that this *intellectus gratiae* is one of the central concepts of Augustine's teaching on grace and his theological enterprise as a whole, this book tries to take into account the whole of Augustine's writings. However, the quantity of the latter made it necessary to select, especially among the later writings. Hardly any mention is made of the great works on creation (*de genesi ad litteram*), the trinity (*de trinitate*), spirituality (*enarrationes in Psalmos*) and, with some exceptions, eschatology (*de ciuitate dei*). The majority of the practical theological writings, letters and sermons, too, remained unconsidered, as well as a number of anti-Manichean and anti-Donatist writings.[43] Nevertheless, the quantity of material used remains considerable. Not every single document could be scrutinized with the historical-philological care it would have deserved. Only the narrow

---

no glorietur: »Whoever praises him- or herself, may praise him- or herself in the Lord«) – if that was possible at all; for: Rom 11,33 (*o altitudo diuitiarum sapientiae et scientiae dei, quam incomprehensibilia sunt iudicia eius et inuestigabiles uiae eius*: »Oh depth of the riches of God's wisdom and knowledge, impossible it is to understand his judgements and investigate his ways«).

[42] The problematic of the latter is illustrated in James Hogg's novel The Private Memoirs and Confessions of a Justified Sinner, where the hero takes up to all kinds of mischief in the name of God's grace.

[43] That may sound a lot, but the mass of the material passed over must be held against the weight of that included. Augustine's major concern was to get an understanding of what grace is, how it works and how that understanding could possibly be passed on to others. Asked by his friend and fellow bishop Evodius why he judged so low the significance of the great theological works listed above (on creation, trinity etc.) he answered: »If Christ died only for those who can with certainty apprehend these matters [e. g. on the trinity], we are virtually wasting our time in the church.« Cf. *ep.* 169,4 to Evodius, quoted in Brown, Augustine, p. 354.

theological-philosophical scope of the original thesis could be upheld throughout: To illuminate the epistemological accent of Augustine's teaching on grace, how the workings of grace may and must be understood in order to be made effective with regard to the salvation of those who reflect on them and to whom they are proclaimed. The term *intellectus gratiae* is used to circumscribe that whole complex of thought in a tentative way, not in an attempt to deliver a new systematic approach to the topic. The intention was to reconstruct Augustine's own theory. There are hardly any new historical discoveries to be announced either. The same applies to the field of history of biblical exegesis. The purpose of this book was not to analyse Augustine's biblical exegesis, but how the concept of *intellectus gratiae* influenced even that particular field of Augustine's work with the Bible and how biblical material in the way Augustine worked with it shaped his concept of the *intellectus gratiae* thus leading up to his very own contribution to the history of biblical exegesis, biblical theology, philosophy of religion and the history of ideas in general.

To conclude: Contemporary scholarship tends to divide Augustine's writings into early and late works in general, epistemology and soteriology in particular. This book in contrast tries to show how the latter both work together in the concept of an *intellectus gratiae* in the one whole of Augustine's work.

As shown in chapter I, that concept in the widest sense did not originate in Augustine's own thought, but can be found already in a multitude of late ancient models of philosophy of religion, which influenced his early intellectual development (373-390). Those influences were not lost, when, between 390 and 397, his efforts in Pauline exegesis culminated in the teaching on predestination in *ad Simplicianum* 1,2. There, the term *intellectus gratiae* does not so much indicate the capitulation of the intellect before an incapacitating power of grace. What Augustine tries to point out in that quaestio is the need for the ordinary human intellect to recapitulate and get reorientated or, in other words, converted, through grace, after the loss of its original clarity through something that would later (after 411) be called original sin (cf. chapter II).

For Augustine, the concept of *intellectus gratiae* was to be conceived as predestined by God, however not in the early modern sense as pure will, but as will, insofar it experiences itself intellectually. To explain that concept in the context of a christological soteriology, Augustine used, already in his earliest works, 1 Cor 1,24: Christ is the morally powerful virtue and the intellectually powerful wisdom of God. Intellect and will are one in the *intellectus gratiae* as the very basic effect of Christ as grace in the converted person. Thus grace predestined does not work as a kind of *deus ex machina*, but as a selfeffected epistemological principle, a criterion of truth that unites a multitude of epistemological models and methods of late ancient philosophy of religion.

In chapters III, IV and V features of the later work were interpreted in the light of those insights. Starting from a basic reflection in the realm of a sacramental theology in *ad Simplicianum* 2,1, Augustine applies the concept to sacramental theology. There it functions as a criterion against the Donatist teaching of rebaptism as well as against the Pelagian misunderstanding of baptism as not necessary for salvation. In contrast to his adversaries Augustine recognised in the light of the *intellectus gratiae* that a single baptism once and for all fulfills the *conditio sine qua non* of a sacramental basis for nothing else but the pure possibility of something like salvation lighting up on the horizon of human intellect. For any further lapse remorse and conversion were to be considered sufficient to renew baptismal grace. On the other hand, baptism, according to Augustine, is necessary for salvation. There is no salvation outside the church and its way of transforming baptismal grace into a Christian life. But again, baptism as such is no guarantee for salvation. The latter remains constantly under threat. It poses a spiritual challenge which only the orthodox and morally outstanding Christian is able to face in an appropriate way. At the end of the third chapter it is made clear that, for Augustine, keeping the epistemological question open in that regard is much more important than chosing one of the metaphysical options proposed like Creatianism or Traducianism. For him, the way in which the soul originates does in no way relate to the way its salvation is brought about or, for that matter, not brought about. Now, if salvation is of prior importance to the soul and metaphysics does not affect it in any way, it may be concluded that the latter does not play any constitutive role in the whole process.

In chapter IV, again in contrast to competing models presented by Manicheism, Paganism and Pelagianism, and in the context of *de doctrina christiana* as a basic epistemological and hermeneutical work in its own right, the hermeneutical dimension of the concept of *intellectus gratiae* is discussed. Chapter V finally deals with the critical reductionist development of the concept in the Pelagian controversy.

Any of these later developments has its beginning in the year 397, when such central works like the *confessiones*, *de doctrina christiana* and *ad Simplicianum* were written or at least begun to be written. Each of those developments emerged alongside controversies and conflicts which were used by Augustine (in the pure sense of his principle of *uti*) to draw closer to what he hoped would eventually end up in the perfection of the *intellectus gratiae*. That merely assertive (not yet verified) aspect of the doctrine served on the one hand as a justification for polemics and militant ideologising, on the other hand for developing means for dealing with its sceptical and hypothetical character as some sort of science, especially in the way he tried to secure consistency for his biblical exegesis.[44] Again and again he also used philosophical ways of arguing, last but not least in the discussions on the modal logic of the possibility of sin and salvation (*non posse peccare, posse non peccare, posse peccare, non posse non peccare etc.*) with Pelagius and Julian of Eclanum. Against the latter he also argued at the level of historical theology by means of making authoritative use of the arguments of earlier Christian teachers like Cyprian, Ambrose and John Chrysostom. He even did not shrink from quoting heterodox views like those of Cyprian on rebaptism or Tyconius' on biblical hermeneutics to further his concept. As he

---

[44] Cf. on that aspect C. Starnes, Augustinian Biblical Exegesis and the Origins of Modern Science, in: J. C. Schnaubelt, ed., Collectanea Augustiniana. Augustine: Second Founder of the Faith, New York 1990, p. 345-355.

once said at the end of *c. duas epp. Pel.*: He had no intention of presenting the complete theories of those earlier teachers in their own right, he just wanted to make use of them for his own purpose. Even authors like Philo of Alexandria and Cicero thus serve towards a better understanding of what Augustine actually means by *intellectus gratiae*. Together with the texts even of heretics like Julian of Eclanum, their contribution to salvation is as important as, for example, that of Augustine's own writings or the Bible, at least as long as they are taught alongside with the latter.

The numerous quotations from Cicero's *Hortensius* in Augustine's last work, the *opus imperfectum contra Iulianum*, create a strong impression in the reader that a circle is drawn to a close. It was, after all, the *Hortensius*, with which everything had started in 373. Augustine's early work is still situated in the late ancient philosophical-theological tradition, in which the connection of intellectual effort and religious gift had played such a prominent role, as can be seen, for example, in the *protreptikos* of Iamblichus, which itself draws heavily on Aristotle's work of the same title, which again is a source of the *Hortensius*. At its conclusion, Augustine's work points beyond Antiquity. But then again, a circle is drawn to a close, too. Augustine died in 430. The roots of his concept of *intellectus gratiae* remain thoroughly ancient. That it may at the same time be biblical and Christian, though, as Julian's protest suggests, not without this being put to question, should no longer be considered too much of a contradiction.

QUELLEN- UND LITERATURVERZEICHNIS

Das folgende Verzeichnis ist untergliedert in (1) ein Abkürzungsverzeichnis zu Quellensammlungen sowie nicht im unten angegebenen Abkürzungsverzeichnis aufgeführten Zeitschriften und Sammelschriften, (2) ein Verzeichnis der Editionen und Übersetzungen antiker Quellen, (3) ein Literaturverzeichnis auf dem Stand vom Januar 1997. Lexikonartikel wurden (mit einer Ausnahme) nicht in das Literaturverzeichnis aufgenommen.
        Zitiert wird Literatur jeweils mit Verfassernamen und Kurztitel. Letztere sind im Verzeichnis kursiv geschrieben. Die Abkürzungen sowie die Zählung der biblischen Bücher folgen den Loccumer Richtlinien, mit Ausnahme der Zählung der Psalmen, die der altlateinischen Überlieferung der Septuaginta-Übersetzung folgt. Von der Einheitsübersetzung stark abweichende Septuaginta-Stellen werden mit dem Kürzel »LXX« markiert (z. B. Jes 7,9b LXX). Abkürzungen antiker Autoren und Werke sind im folgenden Literaturverzeichnis (2) angegeben. Titel von Zeitschriften, Sammelwerken, Lexika usw. sind nach dem Abkürzungsverzeichnis der Theologischen Realenzyklopädie (TRE), zusammengestellt von S. Schwertner, Berlin-New York ²1993, abgekürzt.

1. ABKÜRZUNGEN

AA	Aurelius Augustinus. Festschrift der Görres-Gesellschaft zum 1500. Todestage des heiligen Augustinus, M. Grabmann & J. Mausbach, Hrsg., Köln 1930.
ACIAg	Atti del congresso internationale su S. Agostino nel XVI centenario della conversione. Roma, 15-20 settembre 1986, 2 Bde., Institutum Patristicum Augustinianum, Rom 1987.
AugL	Augustinus-Lexikon, C. Mayer (Hrsg.), Basel 1994ff.
AugLG	Sankt Augustinus. Der Lehrer der Gnade. Gesamtausgabe seiner antipelagianischen Schriften, Würzburg 1955ff.
AugSeel	Sankt Augustinus. Der Seelsorger. Ausgabe seiner moraltheologischen Schriften, Würzburg 1949ff.
BAug	Bibliothèque augustinienne. Oeuvres de saint Augustin, Paris 1946ff.
CAG	Commentaria in Aristotelem Graeca, 23 Bde., Preussische Akademie der Wissenschaften, Berlin 1882-1909.
CChr.SL	Corpus Christianorum. Series latina, Tournhout 1954ff.
CSEL	Corpus scriptorum ecclesiasticorum latinorum, Wien 1866ff.
FC	Fontes christiani. Zweisprachige Neuausgabe christlicher Quellentexte aus Altertum und Mittelalter, N. Brox u. a. (Hrsg.), Freiburg i. Br. 1991ff.
JECS	Journal of Early Christian Studies, 1993ff.
MAug	Miscellanea Agostiniana, 2 Bde., Rom 1930/1.
PG	J. P. Migne, Patrologia cursus completus. Series graeca, Paris 1857ff.
PL	J. P. Migne, Patrologia cursus completus. Series latina, Paris 1844ff.
PhRhet	Philosophy and Rhetoric, 1968ff.
SC	Sources chrétiennes, Paris 1942ff.

2. QUELLEN

Ambrosiaster (Ambrosiast.)
comm. ep.   *commentarius in epistulas Paulinas*, in: CSEL 81/1-3 (H. J. Vogels).

Ambrosius Mediolanensis (Ambr.)
Abr.   *de Abraham*, in: CSEL 32/1, 501-638 (C. Schenkl).
apol. Dau.   *de apologia prophetae Dauid*, in: CSEL 32/2, 299-355 (C. Schenkl); SC 239 (1977: P. Hadot).
bono mort.   *de bono mortis*, in: CSEL 32/1, 703-753 (C. Schenkl).
exp. Luc.   *expositio euangelii secundum Lucam*, in: CChr.SL 14, 1-400 (M. Adriaen).
fid.   *de fide (ad Gratianum Augustinum)*, in: CSEL 78, 3-307 (O. Faller).

frg. Is   *expositio Isaiae prophetae (fragmentum)*, in: CChr.SL 14, 405-408 (P. A. Ballerini).

fuga saec.   *de fuga saeculi*, in: CSEL 32/2, 163-207 (C. Schenkl).

Iac.   *de Iacob et uita beata*, in: CSEL 32/2, 1-70 (C. Schenkl).

Isaac an.   *de Isaac uel anima*, in: CSEL 32/1, 639-700 (C. Schenkl).

Noe   *de Noe*, in: CSEL 32/1, 411-497 (C. Schenkl).

paen.   *de paenitentia*, in: SC 179 (1971: R. Gryson).

parad.   *de paradiso*, in: CSEL 32/1, 265-336 (C. Schenkl).

in Pss   *explanatio super psalmos 12*, in: CSEL 64 (M. Petschenig).

in Ps 118   *expositio de psalmo 118*, in: CSEL 62 (M. Petschenig).

sacr. regen.   *de sacramento regenerationis siue de philosophia* (frg.); s. G. Madec, Saint Ambroise et la philosophie 256-268.

Tob.   *de Tobia*, in: CSEL 32/2, 519-573 (C. Schenkl).

Ammianus Marcellinus (Amm. Marc.)

res gestae   *res gestae*, hrsg. von W. Seyfarth, 2 Bde., Leipzig 1978.

Aristoteles (Arist.)

cat.   *categoriae*, hrsg. von L. Minio-Paluello, Oxford 1949, 3-45.

met.   *metaphysica*, hrsg. von W. Jäger, Oxford 1957.

protr.   *protreptikos*. Text, Einleitung, Übersetzung und Kommentar von I. Düring, Frankfurt am Main ²1993.

Augustinus Hipponensis (Aug.)

c. Acad.   *contra Academicos*, in: CChr.SL 29, 3-61 (W. M. Green).
BAug 4 (1948) 14-203 (R. Jolivet).
Augustinus, Philosophische Frühdialoge, übers. und komment. von E. Mühlenberg / I. Schwarz-Kirchenbauer / B. R. Voss, Zürich 1972, 43-143.
Augustine, Against the Academicians and The Teacher. Translated, with Introduction and Notes, by P. King, Indianapolis / Ind. 1995, 1-93.

adult. coniug.   *de adulterinis coniugiis*, in: CSEL 41, 347-410 (J. Zycha).
BAug 2 (1948) 108-233 (G. Combès).
AugSeel 7 (1949: J. Schmid).

agon. christ.   *de agone christiano*, in: CSEL 41, 101-138 (J. Zycha).

an. orig.   *de anima et eius origine*, in: CSEL 60, 303-419 (C. F. Urba / J. Zycha).
BAug (1975) 376-667 (J. Plagnieux / F.-J. Thonnard).
AugLG 3 (1977) 167-282 (A. Maxsein / D. Morick).

bapt.   *de baptismo*, in: CSEL 51, 145-375 (M. Petschenig).
BAug 29 (1964: M. Petschenig / G. Bavaud / G. Finaert).

beata uita   *de beata uita*, in: CChr.SL 29, 65-85 (W. M. Green).
Augustinus, Philosophische Frühdialoge, eingel., übers. und komment. von E. Mühlenberg / I. Schwarz-Kirchenbauer / B. R. Voss, Zürich-Stuttgart (1972) 1982, 181-213.
Augustinus, De beata uita / Über das Glück, übers. von I. Schwarz-Kirchenbauer / W. Schwarz, Stuttgart 1982.
BAug 4/1 (1987) 48-128 (J. Doignon).

bono coniug.   *de bono coniugali*, in: CSEL 41, 187-230 (J. Zycha).
BAug 2 (1948) 22-99 (G. Combès).
AugSeel 3 (1949: A. Maxsein).

bono uid.   *de bono uiduitatis*, in: CSEL 41, 305-343 (J. Zycha).
AugSeel 5 (1952: A. Maxsein).

breu. conl.   *breuiculus conlationis*, in: CChr.SL 149A, 261-306 (S. Lancel). S. auch Conc. *gest. conl.*

cat. rud.   *de catechizandis rudibus*, in: CChr.SL 46, 121-178 (J. Bauer).
Aurelius Augustinus, Vom ersten katechetischen Unterricht (= SKV 7), Übersetzung, Einleitung und Anmerkungen von O. Wermelinger, München 1985.
BAug 11/1 (1991: G. Madec).

ciu. dei	*de ciuitate dei*, in: CChr.SL 47, 1-314; 48, 321-866 (B. Dombart / A. Kalb). BAug 33-37 (1959/60: G. Bardy / G. Combès). Augustinus. Vom Gottesstaat. Übersetzung, Einleitung und Kommentar von W. Thimme / C. Andresen, 2 Bde., (Zürich 1955) München ²1985.
conf.	*confessiones*, in: CChr.SL 27, 1-273 (L. Verheijen). BAug 13-14 (1962: M. Skutella / A. Solignac / E. Tréhorel). S. Aureli Augustini Confessionum libri XIII, ed. M. Skutella / H. Jürgens / W. Schaub, Stutgardiae 1981. Augustinus, Bekenntnisse, übers. von W. Thimme, München 1985. Augustinus, *confessiones*, übers. von J. Bernhart, (München 1955) Frankfurt am Main 1987. Augustinus, Bekenntnisse. Einleitung und Übersetzung von K. Flasch / B. Mojsich Stuttgart 1989. Augustine, Confessions. Latin Text with English Commentary by J. J. O'Donnell, vol.s I-III, Oxford 1992.
cons. eu.	*de consensu euangelistarum*, in: CSEL 43, 1-418 (F. Weihrich).
cont.	*de continentia*, in: CSEL 41, 141-183 (J. Zycha).
(correct.)	*de correctione Donatistarum = ep.* 185, in: CSEL 57, 1-44 (A. Goldbacher).
corr.	*de correptione et gratia*, in: PL 44, 915-946. BAug 24 (1962) 268-381 (J. Chéné / J. Pintard). AugLG 7 (²1987) 160-239 (S. Kopp).
c. Cresc.	*contra Cresconium*, in: CSEL 52, 325-582 (M. Petschenig).
cur. mort.	*de cura pro mortuis*, in: CSEL 41, 621-659 (J. Zycha).
dialectica	*de dialectica*, hrsg., übers. und kommentiert von B. D. Jackson / J. Pinborg, Reidel 1975.
diu. qu. 83	*de diuersis quaestionibus octogesima tribus*, in: CChr.SL 44A, 11-249 (A. Mutzenbecher). BAug 10 (1952) 52-379 (G. Bardy / J.-A. Beckaert / J. Boutet).
diu. daem.	*de diuinatione daemonum*, in: CSEL 41, 599-618 (J. Zycha).
doctr.	*de doctrina christiana*, in: CChr.SL 32, 1-167 (J. Martin). *de doctrina christiana*, ed. and transl. by R. P. H. Green, Oxford 1995.
dono perseu.	*de dono perseuerantiae*, in: PL 45, 993-1034. AugLG 7 (²1987) 328-439 (A. Zumkeller). BAug 24 (1962) 600-765 (J. Chéné / J. Pintard).
duabus ann.	*de duabus animabus*, in: CSEL 25/1, 51-80 (J. Zycha).
c.duas epp. Pel.	*contra duas epistulas Pelagianorum*, in: CSEL 60, 423-570 (C. F. Urba / J. Zycha). BAug 23 (1974) 312-657 (F.-J. Thonnard / E. Bleuzen / A. C. De Veer). AugLG 3 (1977) 283-408 (D. Morick).
ench.	*enchiridion de fide spe et caritate*, in: CChr.SL 46, 49-114 (E. Evans). BAug 9 (1947) 102-327 (J. Rivière).
enn. in Pss	*enarrationes in Psalmos*, in: CChr.SL 38, 1-616; 39, 623-1417; 40, 1425-2196 (E. Dekkers / J. Fraipont).
epp.	*epistulae*, in: CSEL 34/1, 1-125; 34/2, 1-746; 44, 1-736; 57, 1-656 (A. Goldbacher); CSEL 88, 3-138 (J. Divjak). BAug 46B (1987) 42-416 (J. Divjak).
ep. Rom inch.	*epistulae ad Romanos inchoata expositio*, in: CSEL 84, 145-181 (J. Divjak).
ep. Io. tr.	*in epistulam Iohannis ad Parthos tractatus*, in: PL 35, 1977-2062. SC 75 (1961: P. Agaësse).
c. ep. fund.	*contra epistulam Manichaei quam uocant fundamenti*, in: CSEL 25/1, 193-248 (J. Zycha). S. auch Man. *ep. fund.*
c. ep. Parm.	*contra epistulam Parmeniani*, in: CSEL 51, 19-141 (M. Petschenig).
exc. urb. Rom	*de excidio urbis Romae*, in: CChr.SL 46, 249-262 (M. V. O'Reilly).
c. Fort.	*contra Fortunatum*, in: CSEL 25/1, 83-112 (J. Zycha).
exp. ep. Gal	*expositio epistulae ad Galatas*, in: CSEL 84, 55-141 (J. Divjak).
exp. prop. Rom	*expositio quarundam propositionum ex epistula apostoli ad Romanos*, in: CSEL 84, 3-52 (J. Divjak). AugLG Prolegomena 1 (1989: T. G. Ring).

c. Faustum   *contra Faustum Manichaeum*, in: CSEL 25/1, 251-797 (J. Zycha).
c. Felic.   *contra Felicem Manichaeum*, in: CSEL 25/2, 801-852 (J. Zycha).
fid. op.   *de fide et operibus*, in: CSEL 41, 35-97 (J. Zycha).
fid. symb.   *de fide et symbolo*, in: CSEL 41, 3-32 (J. Zycha).
fid. rer. inuis.   *de fide rerum inuisibilium*, in: CChr.SL 46, 1-19 (M. P. J. van den Hout).
c. Gaud.   *contra Gaudentium Donatistarum episcopum*, in: CSEL 53, 201-274 (M. Petschenig).
Gen. litt. imp.   *de Genesi ad litteram liber imperfectus*, in: CSEL 28/1, 459-503 (J. Zycha).
Gen. litt.   *de Genesi ad litteram*, in: CSEL 28/1, 3-435 (J. Zycha).
    BAug 48-49 (1972: A. Solignac).
Gen. adu. Man.   *de Genesi aduersus Manicheos*, in: PL 34, 173-220.
gest. Pel.   *de gestis Pelagii*, in: CSEL 42, 51-122 (C. F. Urba / J. Zycha).
    AugLG 2 (1964) 198-319 (B. Altaner).
    BAug 21 (1966) 432-579 (G. De Plinval / J. De la Tullaye).
grat. pecc. orig.   *de gratia Christi et de peccato originali*, in: CSEL 42, 125-206 (C. F. Urba / J. Zycha).
    AugLG 2 (1964) 320-466 (A. Fingerle).
    BAug 22 (1975) 52-269 (J. Plagnieux / F.-J. Thonnard).
grat. lib. arb.   *de gratia et libero arbitrio*, in: PL 44, 881-912.
    AugLG 7 (²1987) 76-159 (S. Kopp).
    BAug 24 (1962) 90-207 (J. Chéné / J. Pintard).
(grat. NT)   *de gratia testamenti noui ad Honoratum = ep.* 140, in: CSEL 44, 155-234 (A. Goldbacher).
haeres.   *de haeresibus ad Quoduultdeum*, in: CChr.SL 46 (283-) 286-345 (R. Van der Plaetse / C. Beukers).
immort. an.   *de immortalitate animae*, in: CSEL 89, 101-128 (W. Hörmann). BAug 5 (1948) 170-219 (P. De Labriolle).
    Augustinus, Selbstgespräche / Von der Unsterblichkeit der Seele. Einführung, Übertragung, Erläuterungen und Anmerkungen von H. Müller, München-Zürich 1986, 154-205.
(inqu. Ian.)   *ad inquisitiones Ianuarii = ep.* 54-55, in: CSEL 34/2, 158-213 (A. Goldbacher).
adu. Iud.   *aduersus Iudaeos*, in: PL 42, 51-64.
c. Iul.   *contra Iulianum*, in: PL 44, 641-874.
c. Iul. imp.   *contra Iulianum opus imperfectum*, in: PL 45, 1049-1608.
    c. Iul. imp. 1-3, in: CSEL 85/1, 3-506 (E. Kalinka / M. Zelzer).
lib. arb.   *de libero arbitrio*, in: CChr.SL 29, 211-321 (W. M. Green).
    Augustinus, Theologische Frühschriften, hrsg. und übers. von W. M. Green / W. Thimme, Zürich-Stuttgart 1962, 30-363.
    BAug 6 (1976) 190-529 (G. Madec).
    F. de Capitani, Hrsg., Il De libero arbitrio di S. Agostino. Studio introduttivo, testo, traduzione e commento, Mailand 1987.
c. litt. Pet.   *contra litteras Petiliani*, in: CSEL 52, 3-227 (M. Petschenig).
loc.   *in heptateuchum locutionum*, in: CChr.SL 33, 381-465 (J. Fraipont).
de magistro   *de magistro*, in: CChr.SL 29, 157-203 (K. D. Daur).
    Augustinus, Philosophische Spätdialoge, übers. von K. H. Lütcke / G. Weigel, Zürich-München 1973, 268-385.
    Aurelius Augustinus. De magistro. Einführung, Übersetzung und Kommentar von E. Schadel, Bamberg 1975.
    BAug 6 (1976) 42-153 (G. Madec).
    Augustine, Against the Academicians and The Teacher. Translated, with Introduction and Notes by P. King, Indianapolis / Ind. 1995, 94-146.
mend.   *de mendacio*, in: CSEL 41, 413-466 (J. Zycha).
c. mend.   *contra mendacium*, in: CSEL 41, 469-528 (J. Zycha).
    AugSeel 2 (1953: P. Keseling).
mor.   *de moribus ecclesiae catholicae et de moribus Manicheorum*, in: CSEL 90, 3-156 (J. B. Bauer).
musica   *de musica*, in: PL 32, 1081-1194.

nat. boni	*de natura boni*, in: CSEL 25/2, 855-889 (J. Zycha).
nat. grat.	*de natura et gratia*, in: CSEL 60, 233-299 (C. F. Urba / J. Zycha).
	BAug 21 (1966) 244-413 (G. De Plinval / J. De la Tullaye).
	AugLG 1 (1971) 436-567 (A. Maxsein).
nupt.	*de nuptiis et concupiscentia*, in: CSEL 42, 211-319 (C. F. Urba / J. Zycha).
	BAug 23 (1974) 52-289 (F.-J. Thonnard / E. Bleuzen / A. C. De Veer).
	AugLG 3 (1977) 75-166 (A. Fingerle).
Dulc. qu.	*de octo Dulcitii quaestionibus*, in: CChr.SL 44A, 253-297 (A. Mutzenbecher).
op. mon.	*de opere monachorum*, in: CSEL 41, 531-595 (J. Zycha).
ord.	*de ordine*, in: CChr.SL 29, 89-137 (W. M. Green).
	BAug 4 (1948) 302-459 (R. Jolivet).
	Augustinus, Philosophische Frühdialoge, übers. von B. R. Voss / I. Schwarz-Kirchenbauer / W. Schwarz / E. Mühlenberg, Zürich-München 1972, 245-333.
(orig. an.)	*de origine animae = ep.* 166 *ad Hieronymum*, in: CSEL 44, 545-585 (A. Goldbacher).
patientia	*de patientia*, in: CSEL 41, 663-691 (J. Zycha).
pecc. mer.	*de peccatorum meritis et remissione*, in: CSEL 60, 3-151 (C. F. Urba / J. Zycha).
	AugLG 1 (1971) 54-301 (R. Habitzky).
perf. iust. hom.	*de perfectione iustitiae hominis*, in: CSEL 42, 3-48 (C. F. Urba / J. Zycha).
	AugLG 2 (1964) 128-197 (A. Fingerle).
	BAug 21 (1966) 126-219 (G. De Plinval / J. De la Tullaye).
praedest. sanct.	*de praedestinatione sanctorum*, in: PL 44, 959-992.
	AugLG 7 ([2]1987) 240-327 (A. Zumkeller).
	BAug 24 (1962) 464-597 (J. Chéné / J. Pintard).
(praesentia dei)	*de praesentia dei ad Dardanum = ep.* 187, in: CSEL 57, 81-119 (A. Goldbacher).
c. Prisc.	*contra Priscillianistas*, in: CChr.SL 49, 165-178 (K. D. Daur).
(qu. c. pag.)	*quaestiones expositae contra paganos = ep.* 102, in: CSEL 34/2, 544-578 (A. Goldbacher).
qu. in Mt	*quaestiones 16 in Matthaeum*, in: CChr.SL 44B, 119-140 (A. Mutzenbecher).
qu. hept.	*quaestiones in heptateuchum*, in: CChr.SL 33, 1-377 (J. Fraipont).
quant. an.	*de quantitate animae*, in: CSEL 89, 131-231 (W. Hörmann).
	BAug 5 (1948) 226-397 (P. De Labriolle).
	Augustinus, Philosophische Spätdialoge, übers. von K. H. Lütcke / G. Weigel, Zürich-München 1973, 44-245.
rhet.	*de rhetorica*, in: PL 32, 1439-1448.
	C. Halm, Rhetores latini minores (Lipsiae 1863), Frankfurt am Main 1964, 137-151.
retract.	*retractationes*, in: CChr.SL 57, (1-) 5-143 (A. Mutzenbecher). BAug 12 (1950: G. Bardy).
uirg.	*de sancta uirginitate*, in: CSEL 41, 235-302 (J. Zycha).
	AugSeel 4 (1952: I. M. Dietz).
c. Sec. Man.	*contra Secundinum Manichaeum*, in: CSEL 25/2, 905-947 (J. Zycha).
(sent. Iac.)	*de sententia Iacobi = ep.* 167 *ad Hieronymum*, in: CSEL 44, 586-609 (A. Goldbacher).
serm.dom.mont.	*de sermone domini in monte*, in: CChr.SL 35 (A. Mutzenbecher).
c. serm. Arr.	*contra sermonem Arrianorum*, in: PL 42, 683-708.
sermo(nes)	*sermones*, in: PL 38-39; 46; PLS 2.
	sermones de uetere testamento id est sermones 1-50 secundum ordinem uulgatum insertis etiam nouem sermonibus post Maurinos repertis, in: CChr.SL 41 (C. Lambot).
	sermones post Maurinos reperti, in: MAug 1 (1930: G. Morin).
s. Caillau	MAug 1 (1930) 243-274.
s. Casin.	MAug 1 (1930) 401-419.
s. Denis	MAug 1 (1930) 11-164.
s. Dolbeau	RÉAug 35 (1989) 432.
	RÉAug 37 (1991) 42-52.58-77.271-288.294f.303-306.

	RBén 101 (1991) 244-249.251-256.
	RBén 102 (1992) 52-63.66-74.275-282.288-297.
	RÉAug 38 (1992) 63-79.
	AnBoll 110 (1992) 282-289.296-304.
	RechAug 26 (1992) 90-141.
	RBén 103 (1993) 313-320.327-338.
	RÉAug 39 (1993) 73-87.97-106.384-395.411-420.
	VL.AGLB 24/2 (1993) 537-559.
	RÉAug 40 (1994)
	RBén 104 (1994).
s. Étaix	RBén 86 (1976) 41-48.
	RÉAug 26 (1980) 70-72.
	RÉAug 28 (1982) 253f.
	RBén 98 (1988) 12.
s. Frangip.	MAug 1 (1930) 169-237.
s. Fransen	RBén 84 (1974) 252.
s. frg.	RBén 51 (1939) 21.
s. frg. Lambot	RBén 79 (1969) 208-214.
s. frg. Verbr.	RBén 84 (1974) 251-267.
s. Guelf.	MAug 1 (1930) 441-585.
	RBén 87 (1977) 223-225.
s. Haffner	RBén 77 (1967) 326-328.
s. Lambot	RBén 51 (1939) 10-23.
	RBén 57 (1947) 112-116.
	RBén 58 (1948) 36-42.
	RBén 59 (1949) 62-68.78-80.
	RBén 66 (1956) 156-158.
	RÉAug 24 (1978) 89-91.
s. Liver.	MAug 1 (1930) 391-395.
s. Mai	MAug 1 (1930) 285-386.
s. Morin	MAug 1 (1930) 589-613.624-664.
	G. Morin, Études, textes, découvertes 1, Maredsous / Paris 1913.
s. Wilm.	MAug 1 (1930) 673-719.
	RBén 44 (1932) 204f.
	RBén 79 (1969) 63-69.180-184.
ad Simplicianum	*ad Simplicianum*, in: CChr.SL 44, 7-91 (A. Mutzenbecher).
	BAug 10 (1952) 410-579 (G. Bardy / J.-A. Beckaert / J. Boutet).
	K. Flasch, Logik des Schreckens. Text, Übersetzung und Einleitung von 'ad Simplicianum' 1,2, Mainz 1990.
	AugLG Prolegomena 3 (1991: T. G. Ring).
solil.	*soliloquia*, in: CSEL 89, 3-98 (W. Hörmann).
	BAug 5 (1948) 24-63 (P. De Labriolle).
	Augustinus, Selbstgespräche / Von der Unsterblichkeit der Seele. Lat./dt. Einführung, Übertragung und Anmerkungen von H. Müller, Zürich-München 1986, 6-153.
speculum	*speculum*, in: CSEL 12, 3-285 (F. Weihrich).
spir. litt.	*de spiritu et littera*, in: CSEL 60, 155-229 (C. F. Urba / J. Zycha).
	AugLG 1 (1971) 302-435 (S. Kopp).
symbol. cat.	*de symbolo ad catechumenos*, in: CChr.SL 46, 185-199 (R. Van der Plaetse).
tr.	*in Iohannis euangelium tractatus*, in: CChr.SL 36, 1-688 (R. Willems).
	tr. 1-79, in: BAug 71-74A (1969-1993: M.-F. Berrouard).
trin.	*de trinitate*, in: CChr.SL 50; 50A (W. J. Mountain, F. Glorie).
uera rel.	*de uera religione*, in: CChr.SL 32, 187-260 (K. D. Daur).
	BAug 8 (1951) 22-191 (J. Pegon).
	Augustinus, De uera religione / Über die wahre Religion, Übersetzung und Anmerkungen von W. Thimme, Nachwort von K. Flasch, (Zürich 1962) Stuttgart ²1983.
(uid. deo)	*de uidendo deo* = *ep.* 147, in: CSEL 44, 274-331 (A. Goldbacher).

un. bapt.	*de unico baptismo*, in: CSEL 53, 3-34 (M. Petschenig).
util. cred.	*de utilitate credendi*, in: CSEL 25/1, 3-48 (J. Zycha).
	BAug 8 (1951) 208-301 (J. Pegon).
	FC 9 (1992: A. Hoffmann).
util. ieiun.	*de utilitate ieiunii*, in: CChr.SL 46, 231-241 (S. D. Ruegg).
	AugSeel 8 (1958: R. Arbesmann).

Basilius Caesarensis (Basil.)
sermo(nes)   *homiliae et sermones*, in: PG 31, 163-618.

(Pseudo-) Basilius (Ps-Basil.)
adu. Man.   *aduersus Manichaeos*; s. Altaner, Augustinus und Basilius 273; Bardenhewer,
                 Literatur 3, 139. G. J. M. Bartelink, Art. Basilius, in: AugL 1 (1994) 614-617.

Bonifatius I. (Bonif.)
epp.   *epistulae*, in: PL 20, 750-784.

Caelestius (Caelest.)
lib. fid.   *libellus fidei*, in: PL 48, 499-505.

Caelestinus [Coelestinus] (Caelestin.)
epp.   *epistulae*, in: PL 50, 417-538.

(M. Tullius) Cicero (Cic.)
Acad.   *Academici libri*, in: M. Tulli Ciceronis scripta quae manserunt omnia, fasc. 42,
                 hrsg. von O. Plasberg, (Leipzig 1922) Stuttgart 1980, 1-25.
                 M. Tullius Cicero, Hortensius, Lucullus, Academici libri, hrsg. und übers. von
                 L. Straume-Zimmermann / F. Broemser / O. Gigon, München-Zürich 1990,
                 270-309.
in Catil.   *oratio in Catilinam secunda*, in: M. Tulli Ciceronis scripta quae manserunt
                 omnia, pars. 2, vol. 2, hrsg. von C. F. W. Müller, Leipzig 1885, 262-273.
fin.   *de finibus*, in: M. Tulli Ciceronis de finibus bonorum et malorum, rec. Th.
                 Schiche (Leipzig 1915), Stuttgart 1961.
                 M. Tullius Cicero, De finibus bonorum et malorum / Über das höchste Gut und
                 das größte Übel, lat. / dt., übersetzt und herausgegeben von H. Merklin,
                 Stuttgart 1989.
Hort.   *Hortensius*, hrsg. von A. Grilli, Mailand 1962.
                 M. Tullius Cicero, Hortensius, Lucullus, Academici libri, hrsg. und übers. von
                 L. Straume-Zimmermann / F. Broemser / O. Gigon, München-Zürich 1990, 6-
                 111.
nat. deor.   *de natura deorum*, in: M. Tulli Ciceronis scripta quae manserunt omnia, fasc.
                 45, post O. Plasberg ed. W. Ax, Leipzig [2]1933, Nachdr. Stuttgart 1980.
                 M. Tullius Cicero, De natura deorum / Über das Wesen der Götter, hrsg. und
                 übers. von U. Blank-Sangmeister, mit einem Nachwort von K. Thraede, Stutt-
                 gart 1995.
offic.   *de officiis*, in: M. Tulli Ciceronis scripta quae manserunt omnia, fasc. 48, hrsg.
                 von C. Atzert, Leipzig (1932) [4]1963, 1-123.
                 M. Tullius Cicero, De officiis / Vom rechten Handeln, hrsg. und übers. von K.
                 Büchner, München-Zürich [3]1987.
rep.   *de re publica*, in: M. Tullii Ciceronis opera scripta, fasc. 39, hrsg. von. K.
                 Ziegler, Leipzig / Stuttgart [6]1964.
                 M. Tullius Cicero, De re publica / Vom Gemeinwesen, hrsg. und übers. von K.
                 Büchner, Stuttgart 1993.
Tusc.   *Tusculanae disputationes*, in: M. Tulli Ciceronis scripta quae manserunt omnia,
                 fasc. 44, hrsg. von M. Pohlenz, Leipzig (1918) 1965.
                 M. Tullius Cicero, Gespräche in Tusculum, hrsg. von O. Gigon, Zürich-Düssel-
                 dorf [6]1992.

Coelestinus
  s. Caelestin.

Concilia (Conc.)
conc. Afr.	*concilia Africae* 345-525, in: CChr.SL 149/1 (C. Munier).
gest. conl.	*gesta conlationis Carthaginiensis* 411, in: CChr.SL 149/2 (S. Lancel).
	SC 194.195.224.373 (1972.1972.1975.1991: S. Lancel).

Cyprianus Carthaginensis (Cypr.)
bono pat.	*de bono patientiae*, in: CChr.SL 3A, 118-133 (C. Moreschini).
dom. or.	*de dominica oratione*, in: CChr.SL 3A, 90-113 (C. Moreschini).
Donat.	*ad Donatum*, in: CChr.SL 3A, 3-13 (M. Simonetti).
eccl. un.	*de ecclesiae catholicae unitate*, in: CChr.SL 3, 249-268 (M. Bévenot).
epp.	*epistulae*, in: CSEL 3, 465-842 (W. Hartel).
	epistularium (*epp.* 1-57), in: CChr.SL 3B (G. F. Diercks).
Fort.	*ad Fortunatum*, in: CChr.SL 3, 183-216 (R. Weber).
laps.	*de lapsis*, in: CChr.SL 3, 221-242 (M. Bévenot).
mort.	*de mortalitate*, in: CChr.SL 3A, 17-32 (M. Simonetti).
op. eleem.	*de opere et eleemosynis*, in: CChr.SL 3A, 55-72 (M. Simonetti).
Quir.	*ad Quirinum*, in: CChr.SL 3, 3-179 (R. Weber).
sent. episc.	*sententiae episcoporum 87*, in: CSEL 3, 435-461 (W. Hartel).

Episcopi Aquileienses (Episc. Aquil.)
lib. fid.	*libellus fidei episcoporum Aquileiae*, in: PL 48, 506-526.

Gesta conlationis Carthaginiensis (411)
  s. Conc. *gest. conl.*

Gregorius Nazianzenus (Greg. Naz.)
orat.	*orationes*, in: PG 35, 395-1252.
	T. Rufini orationes Greg. Naz. novem interpr., in: CSEL 46 (A. Engelbrecht).
	orat. 16 *de grandinis uastatione* (CSEL 46, 237-261).
	orat. 38 *de epiphaniis* (CSEL 46, 87-108). Gr. SC 358 (1990) 104-149 (C. Moreschini / P. Gallay).
	orat. 41 *de pentecoste* (CSEL 46, 141-163). Gr. SC 358 (1990) 312-355 (C. Moreschini / P. Gallay).

Hieronymus (Hier.)
comm. Ion.	*commentarius in Ionam*, in: SC 323 (1985: Y.-M. Duval).
comm. Mt	*commentarius in Mathaeum*, in: CChr.SL 77 (D. Hurst / M. Adriaen).
c. Iou.	*contra Iouinianum*, in: PL 23, 211-338.
adu. Helu.	*aduersus Heluidium (de perpetua uirginitate beatae Mariae)*, in: PL 23, 181-206.
in Hierem.	*in Hieremiam prophetam*, in: CChr.SL 74 (S. Reiter).
adu. Pel.	*aduersus Pelagianos (dialogus)*, in: CChr.SL 80 (C. Moreschini).

Hilarius Pictauiensis (Hilar.)
tr. Ps	*tractatus super Psalmos*, in: CSEL 22 (A. Zingerle).

Homerus (Hom.)
Odyss.	*Odyssea*, 2 Bde., hrsg. von Th. W. Allen, Oxford ²1917; 1919. Nachdruck 1965; 1963.

Iamblichus (Iambl.)
protr.	*protreptikos*, hrsg. H. Pistelli, Leipzig 1884. Nachdruck: Stuttgart 1967. Jamblique, Protreptique, hrsg., übers. und komment. von É. Des Places, Paris 1989.
in Tim.	*in Platonis Timaeum* (frg.), hrsg. von J. M. Dillon, Berkeley 1969.

Innocentius I. (Innoc.)
epp.   *epistulae*, in: PL 20, 463-608.

Irenaeus Lugdunensis (Iren.)
adu. haer.   *aduersus haereses* 1-5.
                        Buch 1: SC 263.264 (1979: A. Rousseau / L. Doutreleau); FC 8/1 (1993: N.
                        Brox).
                        Buch 2: SC 293.294 (1982: A. Rousseau / L. Doutreleau); FC 8/2 (1993: N.
                        Brox).
                        Buch 3: SC 210.211 (1974: A. Rousseau / L. Doutreleau); FC 8/3 (1995: N.
                        Brox).
                        Buch 4: SC 100/1-2 (1965: A. Rousseau unter Mitarbeit von B. Hemmerdinger
                        / L. Doutreleau / C. Mercier); FC 8/4 (1997: N. Brox).
                        Buch 5: SC 152.153 (1969: A. Rousseau / L. Doutreleau / C. Mercier).

Iohannes Chrysostomos (Io. Chrys.)
sermo(nes)   *sermones 9 in Genesim*, in: PG 54, 581-630.
                        sermo ad neophytos, in: SC 50 (^{3}1985) 168-181 (A. Wenger). Vgl. Haidacher,
                        Eine unbeachtete Rede.
epp.   *epistulae ad Olympiam*, in: SC 13bis (1968) 106-389 (A.-M. Malingrey).

Iulianus Aeclanensis (Iul.)
bono const.   *de bono constantiae*, in: CChr.SL 88, 401-402 (L. De Coninck / M. J.
                        D'Hont).
comm. cant.   *commentarius in canticum canticorum*, in: CChr.SL 88, 398-401 (L. De Co-
                        ninck / M. J. D'Hont).
dicta   *dicta in quadam disputatione publica*, in: CChr.SL 88, 336 (L. De Coninck /
                        M. J. D'Hont).
ep. Rom.   *epistula ad Romanos*, in: CChr.SL 88, 396-398 (L. De Coninck / M. J.
                        D'Hont).
ep. Ruf.   *epistula ad Rufum*, in: CChr.SL 88, 336-340 (L. De Coninck / M. J. D'Hont).
ep. Val.   *epistula ad Valerium comitem*, in: CChr.SL 88, 335 (L. De Coninck / M. J.
                        D'Hont).
ep. Zos.   *epistula ad Zosimum*, in: CChr.SL 88, 335-336 (L. De Coninck / M. J.
                        D'Hont).
exp. Iob   *expositio libri Iob*, in: CChr.SL 88, 3-109 (L. De Coninck / M. J. D'Hont).
Flor.   *ad Florum (libri octo)*, davon sechs erhalten in: Aug. *c. Iul. imp.* 1-3 (CSEL
                        85/1); 3-6 (PL 45, 1337-1608).
tr. proph.   *tractatus prophetarum Osee, Iohel et Amos*, in: CChr.SL 88, 115-329 (L. De
                        Coninck / M. J. D'Hont).
Turb.   *Ad Turbantium (libri quattuor)*, in: CChr.SL 88, 340-396 (L. De Coninck / M.
                        J. D'Hont).
                        Die *vier Bücher* Julians von Aeclanum an Turbantius. Eingeleitet und herausge-
                        geben von A. Bruckner (= NSGTK 8), Berlin 1910, Neudruck Aalen 1973.

Lactantius (Lact.)
diu. inst.   *diuinae institutiones*, in: CSEL 19 (S. Brandt).
                        SC 326.337.377.204.205 (1986.1987.1992.1973: P. Monat).

Libellus fidei
    s. Episc. Aquil. *lib. fid.*; Pelag. *lib. fid.*; Caelest. *lib. fid.*

Mani(chae-us/i) (Man.)
ep. fund.   *epistula fundamenti*. E. Feldmann, Die *ep. fund.* der nordafrikanischen Mani-
                        chäer. Versuch einer Rekonstruktion, Altenberge 1987.
ep. Men.   *epistula ad Menoch*. G. J. D. Aalders, L'épître à Menoch attribué à Mani, in:
                        VigChr 14 (1960) 245-249.

Marius Mercator (Mar. Merc.)

comm. Iul.   *commonitorium aduersum haeresim Pelagii et Caelestii uel etiam scripta Iuliani* (= Collect. Palat. 3-14), in: ACO I/V/1, 5-23 (E. Schwartz).

comm. Cael.   *commonitorium super nomine Caelestii* (= Collect. Palat. 35-36), in: ACO I/V/1, 65-70 (E. Schwartz).

Marius Victorinus (Mar. Vict.)

op. theol.   *opera theologica (= ad Candidum, adu. Arrianum, hymn.)*, in: CSEL 83/1 (P. Henry, P. Hadot).

op. exeg.   *opera exegetica (= expp. Gal, Eph, Phil)*, in: CSEL 83/2 (F. Gori).

Orosius (Oros.)

comm.   *commonitorium de errore Priscillianistarum et Origenistarum*, in: CSEL 18, 151-157 (G. Schepss).

hist. pag.   *historiae aduersum paganos*, in: CSEL 5, 1-600 (K. Zangemeister).

lib. apol.   *liber apologeticus contra Pelagianos*, in: CSEL 5, 603-664 (K. Zangemeister).

Paulinus Nolensis [Burdigalensis] (Paul. Nol.)

carmin.   *carmina*, in: CSEL 30 (W. De Hartel).

epp.   *epistulae*, in: CSEL 29 (W. De Hartel).

Pelagius (Pelag.)

comm. Rom   *commentarius in epistulam Pauli ad Romanos*, hrsg. von Th. de Bruyn, Pelagius' Commentary on St. Paul's Epistle to the Romans. Translated with Introduction and Notes (= OECS), Oxford 1993.

ep. amic.   *epistula ad amicum suum quondam presbyterum* (frg.), in: Aug. *gest. Pel.* 30,54 (CSEL 42, 107).

ep. disc.   *epistula ad discipulos* (frg.), in: Aug. *grat. pecc. orig.* 2,16 (CSEL 42, 177-178).

ep. Inn.   *epistula ad Innocentium* (frg.), in: PL 48, 610-611.

exp. ep.   *expositiones 13 epistularum Pauli*, hrsg. von A. Souter, Pelagius' Expositions of Thirteen Epistles of St. Paul. Text and Apparatus Criticus (Texts and Studies IX/2), Cambridge 1922-1926 (= PLS 1, 1110-1374).

lib. arb.   *de libero arbitrio* (frg.), in: Proceed. British Acad. 2 (1905) 437-438 (A. Souter); JThS 12 (1910/1) 32-35 (= PLS 1, 1539-1542).

lib. fid.   *libellus fidei*, in: PL 48, 488-491.

lib. test.   *liber testimoniorum* (frg.), in: PL 48 (594-596).

nat.   *de natura* (frg.), in: PL 48, 599-606 (unvollst.); s. Aug. *nat. grat.* (CSEL 60, 233-299).

Pindarus (Pind.)

olymp.   *Olympionikis*. Olympische Oden, in: Pindar, Siegeslieder, hrsg., übers. und eingel. von D. Bremer, Stuttgart 1992, 6-103.

Plato (Plat.)

Opera, 5 Bde., hrsg. von J. Burnet, Oxford 1900-1907. Nachdruck 1979.

ep. 7   *epistula 7*, in: Opera, Bd. 5, 323-352.

Tim.   *Timaios*, in: Opera, Bd. 4, 17-105.

Plotinus (Plot.)

ennead.   *enneades*, hrsg. von P. Henry / H.-R. Schwyzer, in: *Plotini opera*, editio minor, 3 Bde., Oxford 1964-1982.

Porphyrius (Porph.)

frg.   *fragmenta*, hrsg. A. Smith, Stuttgart 1993.

isag.   *isagoge et in Aristotelis categorias commentarium*, hrsg. von A. Busse, Berlin 1887.
    On Aristotle »Categories,« ed. St. K. Strange, Ithaca / N. Y. 1992.

(orac. chald.	*oracula chaldaica*, hrsg. von G. Kroll, Breslau 1894. Nachdruck Hildesheim 1962. Oracles chaldaïque, ed. É. des Places (= éd. Budé), Paris 1971. The Chaldean Oracles. Text, Translation and Commentary by R. Majercik, Leiden 1989.)
in Tim.	*in Platonis Timaeum commentarium* (frg.), hrsg. von A. R. Sodano, Neapel 1964.

Possidius (Poss.)

indic.	*operum s. Augustini elenchus a Possidio eiusdem discipulo Calamensi episcopo digestus*, in: MAug 2 (1931) 149-233 (A. Wilmart). Von Poss. *uit. Aug.* 18 als *indiculus* (*indiculum*) bezeichnet.
uit. Aug.	*sancti Augustini uita*. Einleitung, Text, Übersetzung und Erläuterungen von H. T. Weiskotten, Princeton 1919.

(P.) Terentius (Afer) (Ter.)

Hautont.	*Hautontimorumenos*, in: P. Terenti Afri comoediae, hrsg. von S. Prete, Heidelberg 1969, 113-174.

Tyconius (Tyc.)

lib. reg.	*liber regularum*. The Book of Rules. Herausgegeben und eingeleitet von F. C. Burkitt, Cambridge 1894.

(P.) Vergilius (Maro) (Verg.)

	P. Vergili Maronis Opera, hrsg. von O. Ribbeck, Leipzig 1894. Nachdruck Hildesheim 1966.
Aen.	*Aeneis*, in: Opera 211-835.
Georg.	*Georgica*, in: Opera 59-208.

3. LITERATUR

Aalders, G.J.A., L'*Épître* à Menoch attribuée à Mani, in: VigChr 14 (1960) 245-249.

Adam, A., Der manichäische *Ursprung* der Lehre von den zwei Reichen bei Augustin, in: ThLZ 77 (1952) 385-390. Entspr. Adam, Sprache und Dogma 133-140.

___, Das *Fortwirken* des Manichäismus bei Augustinus, in: ZKG 69 (1958) 1-25. Entspr. Adam, Sprache und Dogma 141-166.

___, *Sprache und Dogma*, Gütersloh 1969.

___, *Texte* zum Manichäismus, Berlin ²1969.

___, Lehrbuch der *Dogmengeschichte*, Gütersloh ²1970.

Adam, K., Die geistige *Entwicklung* des Heiligen Augustinus, Darmstadt 1954.

Adamo, L., *Boezio e Mario Vittorino traduttori* e interpreti delli Isagoge di Porfirio, in: RCSF 22 (1967) 141-164.

Ahern, M.B., The Problem of *Evil*, London 1971.

Aland, B., *Cogitare* Deum in den Confessiones Augustins, in: Pietas. FS B. Kötting 93-104.

Albrecht, M. von, Geschichte der römischen Literatur, 2 Bde., München 1994.

Alexander, W., Sex and *Philosophy* in Augustine, in: AugStud 5 (1974) 197-208.

Alfaric, P., Les *écritures* manichéennes I, Paris 1918.

___, L'*Évolution* intellectuelle de S. Augustin, I: Du Manichéisme au Néoplatonisme, Paris 1918.

___, Die geistliche *Entwicklung* des heiligen Augustinus, in: Widengren, Manichäismus 331-361.

Alfeche, M., *Groaning* Creation in the Theology of Augustine, in: Aug (L) 34 (1984) 5-52.

Alflatt, M.E., The *Development* of the Idea of Involuntary Sin in St. Augustine, in: RÉAug 20 (1974) 113-134.

___, The *Responsibility* for Involuntary Sin in St. Augustine, in: RechAug 10 (1975) 170-186.

Allgeier, A., Der *Einfluß* des Manichäismus auf die exegetische Fragestellung bei Augustin, in: AA 1-13.

Altaner, B., Kleine patristische *Schriften* (= TU 83), Berlin 1967.
__, Augustinus und *Irenäus*, in: Altaner, Schriften 194-203.
__, Augustinus und *Gregor* von Nazianz, Gregor von Nyssa, in: Altaner, Schriften 277-285.
__, Augustinus und *Basilius* der Große, in: Altaner, Schriften 269-276.
__, Augustinus und Johannes *Chrysostomus*, in: Altaner, Schriften 302-311.
__, Altlateinische *Übersetzungen* von Chrysostomusschriften, in: Altaner, Schriften 416-436.
__ (& Stuiber, A.), *Patrologie*. Leben, Schriften und Lehre der Kirchenväter, Freiburg i.Br. u.a. ^{8}1978.
Anderson, D.L., The Book of Rules of *Tyconius*. Introduction, Translation, Commentary, Diss. Southern Baptist Theological Seminary 1974.
Andresen, C., Zum *Augustin-Gespräch (1)* der Gegenwart, (= WdF 5), Darmstadt 1962.
__, Rez. R. Holte, Beatitude, in: Gnomon 39 (1967) 260-267.
__, *Bibliographia* Augustiniana, Darmstadt ^{2}1973.
__, Zum *Augustin-Gespräch (2)* der Gegenwart, Bd. 2 (= WdF 327), Darmstadt 1981.
Annas, J. (& Barnes, J.), The Modes of *Scepticism*, Cambridge 1985.
__, *Doing* Without Objective Values. Ancient and Modern Strategies, in: Schofield, Norms 3-29.
Arbesmann, R., Christ the *medicus humilis* in St. Augustine, in: AugM 2 (1954) 622-629.
Arendt, H., Der *Liebesbegriff* bei Augustin, Berlin 1929.
Arieti, D.V., u. a., Hrsg., *Hamartia*. The Concept of Error in the Western Tradition, New York-Toronto 1983.
Armstrong, A.H., Spiritual or Intelligible *Matter* in Plotinus and St. Augustine, in: AugM 1 (1954) 277-283.
__, *Salvation* – Plotinian and Christian, in: DR 75 (1957) 126-139.
__, St. Augustine and *Platonism*, Villanova 1967.
__, Hrsg., The *Cambridge History of Later Greek and Early Medieval Philosophy*, Cambridge 1967.
Armstrong, G.T., Die *Genesis* in der Alten Kirche, Tübingen 1962.
Arnold, D.W.H., Hrsg., De *doctrina christiana*. A Classic of Western Culture, Notre Dame & London 1995.
Arnold, J., Begriff und heilsökonomische Bedeutung der göttlichen *Sendungen* in Augustinus' »de trinitate,« in: RechAug 25 (1991) 3-69.
Arnou, R., Le *désir* de Dieu dans la philosophie de Plotin, Paris 1921.
Arostegui, A., *Interpretación agustiniana del »nisi credideritis, non intellegetis,«* in: RF (M) 24 (1965) 277-283.
Assunto, R., Die *Theorie* des Schönen im Mittelalter, Köln (1963) 1982.
Auerbach, E., »*Sermo humilis,«* in: Ders., *Literatursprache* und Publikum in der lateinischen Spätantike und im Mittelalter, Bern 1958, 25-33.
Aulén, G., *Christus Victor*, New York 1951.
Babcock, W., Augustine's Interpretation of *Romans* (AD 394-396), in: AugStud 10 (1979) 55-74.
__, Augustine and Tyconius. A Study in the Latin *Appropriation* of Paul, in: StPatr 17 (1982) 1209-1215.
__, Augustine and Paul. The *Case* of Rom 9, in: StPatr 16 (1985) 473-479.
__, Augustine on *Sin* and Moral Agency, in: JRE 16 (1988) 28-55.
__, *Tyconius*: The Book of Rules, Atlanta/Georgia 1989.
__, Hrsg., The *Ethics* of St. Augustine, Atlanta 1991.
Baguette, Ch., Une *période stoïcienne* dans l'évolution de s. Augustin, in: RÉAug 16 (1970) 47-77.
Ballay, L., Der *Hoffnungsbegriff* bei Augustin (= MThS 2/29), München 1964.
Baltzer, J.P., Des hl. Augustinus *Lehre* über die Prädestination und Reprobation, Wien 1871.
Bammel, C.P., *Adam in Origen*, in: Williams, Making 62-93.
__, *Augustine*, Origen and the *Exegesis* of St. Paul, in: Aug 32 (1992) 341-368.
Barclift, Ph.L., In *Controversy* with Saint Augustine. Julian of Eclanum on the Nature of Sin, in: RThAM 58 (1991) 5-20.
Bardenhewer, O., Geschichte der altkirchlichen *Literatur*, 5 Bde. (1913) Darmstadt 1962.
__, Augustinus über *Röm 7,14ff.*, in: MAug 2 (1931) 879-883.
Bardy, G., La littérature patristique des »*quaestiones et responsiones*« sur l'écriture sainte, in: RB 41 (1932) 515-537.
__, *Saint Augustin*. L'homme et l'oeuvre, Paris ^{7}1948.

__, »Philosophie« et »philosophe« dans le vocabulaire chrétien des premiers siècles, in: RAM 25 (1949) 97-108.

__, S. Augustin et Tertullien, in: AThA 13 (1953) 145-150.

__, Les méthodes de travail de s. Augustin, in: AugM 1 (1954) 19-29.

Barnes, M.R., Augustine in Contemporary Trinitarian Theology, in: TS 56 (1995) 237-250.

Barnes, T.D., Religion and Society in the Age of Theodosius, in: Meynell, Grace 157-175.

__, Augustine, Symmachus and Ambrose, in: McWilliam, Rhetor 7-13.

Bartelink, G.J.M., Die Beeinflussung Augustins durch die griechischen Patres, in: Augustiniana traiectina, Paris 1987, 9-24.

__, »Fragilitas« (»infirmitas«) humana chez saint Augustin, in: Collectanea Augustiniana. Mélanges T.S. van Bavel, Löwen, Bd. 2 (1991) 815-828.

Barth, H., Die Freiheit der Entscheidung im Denken Augustins, Basel 1935.

Barwick, K., Probleme der stoischen Sprachlehre und Rhetorik, Berlin 1957.

Bastiaensen, A.A.R., Augustin et ses prédécesseurs latins chrétiens, in: Augustiniana traiectina, Paris 1987, 25-57.

Bavard, G., La doctrine de la prédestination et de réprobation d'après S. Augustin et Calvin, in: RÉAug 5 (1959) 431-438.

Baxter, J.H., Notes on the Latin of Julian of Eclanum, in: ALMA 21 (1949) 5-54.

Beatrice, P.F., Tradux peccati. Alle fonti della dottrina agostiniana del peccato originale (= StPatrMediolan. 8), Mailand 1978.

__, Quosdam Platonicorum libros. The Platonic Reading of Augustine in Milan, in: VigChr 43 (1989) 248-281.

Beierwaltes, W., Augustins Interpretation von Sap 11,21, in: RÉAug 15 (1969) 51-61.

__, Zu Augustins Metaphysik der Sprache, in: AugStud 2 (1971) 179-195.

__, »Aequalitas numerosa.« Zu Augustins Begriff des Schönen, in: WiWei 38 (1975) 140-157.

__, »Deus est ueritas.« Zur Rezeption des griechischen Wahrheitsbegriffs in der frühchristlichen Theologie, in: Pietas. FS B. Kötting 15-29.

__, Regio beatitudinis. Zu Augustins Begriff des glücklichen Lebens, SHAW.PH 6/1981.

__, Denken des Einen. Studien zur neuplatonischen Philosophie und ihrer Wirkungsgeschichte, Frankfurt am Main 1985.

Benett, C., The Conversion of Vergil: The Aeneid in Augustine's Confessions, in: RÉAug 34 (1988) 47-69.

Benito y Durán, A., San Pablo en San Agustin, in: Augustinus 9 (1964) 5-32.

Benoît, A. (& Munier, Ch.), Die Taufe in der Alten Kirche, Bern 1994.

Benz, E., Marius Victorinus und die Entwicklung der abendländischen Willensmetaphysik (= FKGG 1), Stuttgart 1932.

Berlinger, R., Das Nichts und der Tod, Frankfurt am Main 1954.

__, Augustins dialogische Metaphysik, Frankfurt am Main 1962.

Bernard, R., La prédestination du Christ total selon s. Augustin, in: RechAug 3 (1964) 1-58.

Berrouard, M.-F., Saint Augustin et le ministère de la prédication, in: RechAug 2 (1962) 447-501.

__, La date des tractatus 1-54 in Iohannis Euangelium de saint Augustin, in: RechAug 7 (1971) 105-168.

__, L'exégèse augustinienne de Rom 7,7-25 entre 396-418, in: RechAug 16 (1981) 101-196.

__, L'activité littéraire de saint Augustin du 11 septembre au 1er décembre 419 d'après la lettre 23*A à Possidius de Calama, in: Lettres de saint Augustin découvertes par J. Divjak, Paris 1983, 311f.314-318.

__, L'exégèse de saint Augustin prédicateur du quatrième Évangile. Le sens de l'unité des Écritures, in: FZPhTh 34 (1987) 311-338.

__, Saint Augustin et le mystère du Christ, chemin, vérité et vie, in: Collectanea Augustiniana 431-449.

Beyenka, B., The Name of St. Ambrose in the Works of Saint Augustine, in: AugStud 5 (1974) 19-28.

Bianchi, U., Augustine on Concupiscence, in: StPatr 22 (1989) 202-212.

Bidez, J., Vie de Porphyre, Ghent 1913. Nachdruck: Hildesheim 1964.

Billicsich, F., Studien zu den Bekenntnissen des heiligen Augustinus, Wien 1929.

__, Das Problem des Übels in der Philosophie des Abendlandes, Bd. 1, Von Platon bis Thomas von Aquino, Wien ²1955.

Blackburn, S.W., Spreading the *Word*, Oxford 1984.
Blic, J. de, La *date* du sermon de saint Augustin in Ps 32, in: Gr. 17 (1936) 407-412.
__, *Platonisme* et christianisme dans la conception augustinienne du Dieu créateur, in: RSR 30 (1940) 172-190.
Bloch, H., *The Pagan Revival* in the West at the End of the Fourth Century, in: Momigliano, Conflict 193-218.
Blumenberg, H., *Licht* als Metapher der Wahrheit. Im Vorfeld der philosophischen Begriffsbildung, in: StGen 10 (1957), 432-447.
__, Augustins Anteil an der Geschichte des Begriffs der theoretischen *Neugierde*, in: RÉAug 7 (1961) 35-70.
__, *Curiositas und ueritas*. Zur Ideengeschichte von conf. 10,35, in: StPatr 6 (1962) 294-302.
__, Die Legitimität der *Neuzeit*, Frankfurt am Main 1966.
__, *Säkularisierung* und Selbstbehauptung, Frankfurt am Main 1974.
__, Die *Lesbarkeit* der Welt, Frankfurt am Main 1981.
__, Der *Prozeß* der theoretischen Neugierde, Frankfurt am Main ⁴1988.
Blumenthal, H.J. (& Clark, E.G.), Hrsg., The *Divine Iamblichus*, Bristol 1993.
Bobzien, S., Die stoische *Modallogik*, Würzburg 1986.
Bochet, J., S. Augustin et le *désir* de Dieu, Paris 1983.
Boeft, J. den, Il *dolore* del diavolo (ciu. dei 19,13), in: ACIAg 2 (1987) 347-353.
Böhler, D., *Ecce homo* (Joh 19,5) – Ein Zitat aus dem AT, in: BZ 39 (1995) 104-108.
Böhlig, A. (& Markschies, Ch.), *Gnosis* und Manichäismus (= BZNW 72), Berlin u. a. 1994.
Boissier, G., La *conversion* de saint Augustin, in: RDM 85 (1888) 43-69. S. auch, Boissier, Fin I, 339-379.
__, La *fin* du paganisme, 2 Bde., Paris 1891.
Bok, S., *Lying*, New York 1979.
Bolgiani, F., La *conversione* di S. Agostino e l'VIII° libro delle »Confessioni,« Turin 1956.
Bonner, F.I., *Libido* and concupiscentia in St. Augustine, in: StPatr 6 (1962) 303-314.
__, *Augustine as Biblical Scholar*, in: CHB 2 (1970) 541-563.
__, *Rufinus* of Syria and African Pelagianism, in: AugStud 1 (1970) 31-47.
__, »Vera lux illa est quae illuminat:« The *Christian Humanism* of Augustine, in: SCH (L) 14 (1977) 23-50.
__, Augustine's Doctrine of Man: *Image* of God and Sinner, in: Aug 24 (1984) 495-514.
__, Augustine's Conception of *Deification*, in: JThS N. S. 37 (1986) 369-386.
__, St. *Augustine* of Hippo. Life and Controversies, Norwich ²1986.
__, The *Desire* for God and the Need for Grace in Augustine's Theology, in: ACIAg 1 (1987) 203-215.
__, Augustine's Attitude to *Women* and »Amicitia,« in: Homo spiritalis. FS L. Verheijen, Würzburg 1987, 259-275.
__, Augustine and *Pelagianism*, in: AugStud 24 (1993) 27-47.
Bonwetsch, N., *Röm 7,14ff.* in der alten Kirche und in Luthers Vorlesungen über den Römerbrief, in: NKZ 30 (1919) 135-156.
Bǿrresen, K.E., *Subordination* and Equivalence. The Nature and Role of Women in Augustine and Thomas Aquinas, Washington / D. C. 1981.
__, In *Defense* of Augustine: How Femina is Homo? In: Aug (L) 40 (1990) 411-428.
__, *Patristic 'Feminism'*: The Case of Augustine, in: AugStud 25 (1994) 139-152.
Borsche, T., Macht und Ohnmacht der *Wörter*. Bemerkungen zu Augustins »de magistro,« in: Mojsich, Sprachphilosophie 121-161.
__, *Was etwas ist*. Fragen nach der Wahrheit bei Platon, Augustin, Nikolaus von Kues und Nietzsche, München 1990.
Bossuet, J.-B., *Défense* de la tradition et des saint Pères, Paris 1693. Zitiert nach Bossuet, Oeuvres, Bd. 24, Paris 1828.
Boublik, V., La *predestinazione*. S. Paolo e S. Agostino, Rom 1961.
Bouman, J., *Augustinus*. Lebensweg und Theologie, Gießen u. a. 1987.
Bourke, V.J., *Voluntarism* in Augustine's Ethico-Legal Thought, in: AugStud 1 (1970) 7-9.
__, Augustine and the *Roots* of Moral Values, in: AugStud 6 (1975) 65-74.
__, Augustine's *Love of Wisdom*. An Introspective Philosophy, West Lafayette 1992.

Bouwman, G., Des *Julian* von Aeclanum Kommentar zu den Propheten Osee, Joel und Amos (= AnBib 9), Rom 1958.

Boyer, Ch., L'idee de *verité* dans la philosophie de saint Augustin, Paris 1920.

__, Christianisme et Néoplatonisme dans la *formation* de Saint Augustin, Rom ²1953.

__, *Essais* anciens et nouveaux sur la doctrine de Saint Augustin, Mailand 1970.

Brabant, O., *Confiteri* – enuntiare uitam suam chez Saint Augustin d'après l'Enn in Ps 55 et le livre X des Confessions, in: ScEs 21 (1969) 253-279.

Bright, P., The Book of Rules of *Tyconius*. Its Purpose and Inner Logic (= Christianity and Judaism in Antiquity 2), Notre Dame / Indiana 1988.

Brisson, J.-P., *Autonomisme* et Christianisme dans l'Afrique romaine de Septime Sévère à l'invasion vandale, Paris 1958.

Broglie, G. de, Pour une meilleure *intelligence* du 'de correptione et gratia', in: AugM 3 (1955) 317-337.

Brown, P., St. Augustine's Attitude to *Religious Coercion*, in: JRS 54 (1964) 107-116.

__, *Augustine* of Hippo. A Biography, London 1967; *Augustinus* von Hippo, Frankfurt am Main ²1982.

__, *Pelagius* and His Supporters. Aims and Environment, in: JThS N. S. 19 (1968) 93-144.

__, The *Patrons* of Pelagius. The Roman Aristocracy Between East and West, in: JThS N. S. 21 (1970) 56-72.

__, *Religion* and Society in the Age of Saint Augustine, London 1972.

__, *Sexuality* and Society in the Fifth Century A. D.: Augustine and Julian of Eclanum, in: Gabba, Tria Corda 49-70.

__, The *Body* and Society. Men, Women and Sexual Renunciation in Early Christianity, New York 1988; Die *Keuschheit* der Engel, München 1991.

__, *Power* and Persuasion in Late Antiquity. Towards a Christian Empire, Madison / Wisc. 1992; *Macht und Rhetorik* in der Spätantike, München 1995.

Brown, R., The First *Evil Will* Must Be Incomprehensible. A Critique of Augustine, in: JAAR 46 (1978) 315-329.

Brox, N., *Der einfache Glaube* und die Theologie. Zur altkirchlichen Geschichte eines Dauerproblems, in: Kairos 14 (1972) 161-187.

__, *Suchen und Finden*. Zur Nachgeschichte von Mt 7,7 (Lk 11,9b), in: Orientierung an Jesus. FS J. Schmid 17-36.

__, *Consentius über Origenes*, in: VigChr 36 (1982) 141-144.

__, *Kirchengeschichte* des Altertums, Düsseldorf ²1992.

Bruckner, A., *Julian* von Eclanum (= TU 15/3a), Leipzig 1897.

__, *Faustus* von Mileve, Basel 1901.

__, *Quellen* zur Geschichte des pelagianischen Streites, Tübingen 1906.

__, Die *vier Bücher* des Julian von Aeclanum an Turbantius, Berlin 1910.

Brunner, P., Charismatische und methodische Schriftauslegung nach Augustins *Prolog* zu »de doctrina christiana,« in: KuD 1 (1955) 59-69.85-103.

Bruwaene, M. van den, La théologie de *Cicéron*, Louvain 1937.

Bubacz, B.S., St. Augustine's *'si fallor sum'*, in: AugStud 9 (1978) 35-44.

__, Augustine's Illumination Theory and *Epistemic Structuring*, in: AugStud 11 (1980) 35-48.

__, St. Augustine's *Theory of Knowledge*. A Contemporary Analysis, New York 1981.

Bucher, A.J., Der *Ursprung* der Zeit aus dem Nichts. Zum Zeitbegriff Augustins, in: RechAug 11 (1976) 35-51.

Bucher, Th.G., Zur formalen *Logik* bei Augustinus, in: FZPhTh 29 (1982) 3-45.

__, Augustinus und der *Skeptizismus*. Zur Widerlegung in Contra Academicos, in: ACIAg 2 (1987) 321-392.

Buchheit, V., Augustinus unter dem *Feigenbaum* (zu conf. 8), in: VigChr 22 (1968) 257-271.

Budzik, S., *Doctor pacis*. Theologie des Friedens bei Augustinus, Innsbruck 1988.

Buonaiuti, E., La *genesi* della dottrina agostiniana intorno al peccato originale, Rom 1916.

__, The *Genesis* of Augustine's Idea of Original Sin, in: HThR 10 (1917) 159-175.

__, *Manicheism* and Augustine's Idea of »massa perditionis,« in: HThR 20 (1927) 117-127.

Burkert, W., *Weisheit und Wissenschaft*. Studien zu Pythagoras, Philolaos und Platon (= ErBSK 10), Nürnberg 1962.

Burkitt, F.C., The *Old Latin* and the Itala, Cambridge 1896.

Burleigh, J.H.S., St. Augustine on *Baptism*, in: RTR 15 (1956) 65-80.
Burnaby, J., *Amor dei*. A Study of the Religion of St. Augustine, London 1947.
__, The *retractationes* of Saint Augustine. Self Criticism or Apologia? In: AugM 1 (1954) 85-92.
Burns, J.P., Augustine's Role in the *Imperial Action* Against Pelagius, in: JThS N.S. 30 (1979) 67-83.
__, The Interpretation of *Romans* in the Pelagian Controversy, in: AugStud 10 (1979) 43-54.
__, The *Development* of Augustine's Doctrine of Operative Grace, Paris 1980.
__, A *Change* in Augustine's Doctrine of Operative Grace in 418, in: StPatr 16 (1985) 491-496.
__, St. Augustine. The *Original Condition* of Humanity, in: StPatr 22 (1989) 219-222.
__, The Athmosphere of Election. Augustinianism as *Common Sense*, in: JECS 2 (1994) 325-339.
Burns, P., Augustine's Distinctive Use of the *Psalms* in the Confessions. The Role of Music and Recitation, in: AugStud 24 (1994) 133-146.
Burnyeat, M.F., Hrsg., *The Skeptical Tradition*, Berkeley 1983.
__, *Wittgenstein* and Augustine 'de magistro', in: PAS.S 1987.
Burrows, M.S. (& Rorem P.), Biblical *Hermeneutics* in Historical Perspective. Studies in Honour of K. Froelich, Grand Rapids / Mich. 1991.
Burt, D.X., Augustine on the Morality of *Violence*. Theoretical Issues and Applications, in: ACIAg 3 (1987) 25-54.
__, Augustine on the *State* as a Natural Society, in: Collectanea Augustiniana. Mélanges T. S. van Bavel, Löwen, Bd. 1 (1990) 155-166.
Bury E. (& Meunier B.), Hrsg., *Les pères de l'église* au xviie siècle (= Actes du colloque de Lyon 2-5 octobre 1991), Paris 1993.
Bushman, R.M., St. Augustine's Metaphysics and *Stoic Doctrine*, in: NSchol 26 (1952) 283-304.
Busse, A., Die neuplatonischen *Ausleger* der Isagoge des Porphyrius, Berlin 1892.
Bywater, I., On a Lost Dialogue of Aristotle, in: JP 2 (1869) 55-69.
Cambronne, P., Recherches sur la *structure de l'imaginaire* dans les Confessions de saint Augustin, Paris 1982.
__, *Imaginaire et théologie* dans les Confessions de saint Augustin, in: BLE 88 (1987) 206-228.
Camelot, P.Th., *Sacramentum fidei*, in: AugM 2 (1954) 891-896.
Cameron, A., *Paganism* and Literature in Late Fourth Century Rome, in: Fuhrmann, Christianisme 1-30.
__, *Christianity* and the Rhetoric of Empire, Berkeley 1991.
__, *Rom* in der Spätantike, München 1994.
Campenhausen, H. von, Lateinische *Kirchenväter*, Stuttgart ⁷1996.
Canning, R., The Unity of *Love* for God and Neighbour, in: Aug (L) 37 (1987) 38-121.
__, The *Unity* of Love for God and Neighbour, Leuwen 1993.
Cantalamessa, R., Hrsg., *Etica* sessuale e matrimonia nel cristianesimo delle origini, Mailand 1976.
Caprioli, A., (& Vaccaro, L.), Hrsg., Agostino e la *conversione* cristiana, Palermo 1988.
Casamassa, A., Il *pensiero* di Sant' Agostino nel 396-397, Rom 1919.
Cayré, F., La *contemplation* augustinienne. Principes de spiritualité et de théologie, Paris ²1954.
__, *Dieu présent* dans la vie de l'esprit, Paris 1951.
Chadwick, H., The *Consolations* of Music, Logic, Theology and Philosophy, Oxford 1981.
__, *Augustine*, Oxford 1986.
Champoux, R., L'*union* du corps et de l'âme selon saint Augustin, in: Dialogue 1 (1962) 309-315.
Chapman, E., St. Augustine's Philosophy of *Beauty*, New York 1939.
Chappell, T.D.J., *Aristotle* and Augustine on Freedom, London 1995.
Châtillon, F., Les *méthodes* de travail de saint Augustin, in: RMAL 10 (1954) 181-184.
Chéné, J., Les *origines* de la controverse semi-pélagienne, in: AThA 13 (1953) 56-109.
__, S. Augustin enseigne-t-il dans le »de spiritu et littera« l'universalité de la *volonté salvifique* de Dieu? In: RSR 47 (1959) 215-224.
__, La *théologie* de S. Augustin. Grâce et prédestination, Paris-Lyon 1962.
Chuvin, P., *Chronique des derniers païens*. La disparition du paganisme dans l'Empire romain, du règne de Constantin à celui de Justinian, Paris 1990.
Clancy, F.G., St. Augustine, his predecessors and contemporaries, and the exegesis of *2 Tim 2,20*, in: StPatr 27 (1993) 242-248.

Clark, E.A., Adam's Only Companion. Augustine and the Early Christian Debate on *Marriage*, in: RechAug 21 (1986) 139-162.

__, Ascetic *Piety* and Women's Faith. Essays in Late Ancient Christianity, Queenstown / Ont. 1986.

__, *Vitiated Seed* and Holy Vessels. Augustine's Manichean Past, in: Clark, Piety 291-349.

Clark, M.T., *Augustine*. Philosopher of Freedom, New York 1958.

__, *Victorinus* and Augustine. Some Differences, in: AugStud 17 (1986) 147-159.

__, Was Saint Augustine a *Voluntarist*? In: StPatr 18 (1990) 8-13.

Clarke, Th.E., St. Augustine and *Cosmic Redemption*, in: TS 19 (1958) 133-164.

Clemence, J., Saint Augustin et la *péché originel*, in: NRTh 70 (1948) 727-754.

Colish, M., The *Stoic Tradition* from Antiquity to the Early Middle Ages, 2 Bde., Leiden 1985.

Collaert, J., *Saint Augustin grammairien* dans le »de magistro,« in: RÉAug 17 (1971) 279-292.

Collinge, W., Augustine and *Theological Falsification*, in: AugStud 13 (1982) 43-53.

Combès, G., Saint *Augustin* et la culture classique, Paris 1927.

Comeau, M., Saint Augustin. Éxégète du *quatrième Évangile*, Paris 1930.

Confessioni di Agostino d'Ippona, Le, Libri X-XIII (= Lectio Augustini 4) Palermo 1987.

Cooper, J.C., Why did Augustine Write Books 11-13 of the *Confessions*? In: AugStud 2 (1971) 37-46; 93-104.

Courcelle, P., Les *lettres grecques* en Occident. De Macrobe à Cassiodore, Paris ²1948 (ET: *Late Latin Writers* and their Greek Sources, Cambridge / Mass. 1969).

__, *Recherches* sur les Confessions de Saint Augustin, Paris (1950) ²1968.

__, *L'enfant* et les »sorts bibliques,« in: VigChr 7 (1953) 194-220.

__, Les Confessions de Saint Augustin dans la *tradition littéraire*. Antécédents et postérité, Paris 1963.

Coward, H.G., *Memory* and Scripture in the Conversion of Augustine, in: Meynell, Grace 19-30.

Coyle, J.K., The Fathers on *Women*, in: Scholer, Women 117-167.

Cranz, F.E., The *Development* of Augustine's Ideas on Society Before the Donatist Controversy, in: Markus, Augustine 349-356.

Crawford, D.D., *Intellect* and Will in Augustine's Confessions, in: RelSt 24 (1988) 291-302.

Crombrugghe, C. van, La *doctrine christologique* et sotériologique de saint Augustin et ses rapports avec le néo-platonisme, in: RHE 5 (1904) 237-257; 477-504.

Crosson, F.J., The Structure of the *de magistro*, in: RÉAug 35 (1989) 120-127.

Dahl, A., *Augustin und Plotin*. Philosophische Untersuchungen zum Trinitätsproblem und zur Nuslehre, Lund 1945.

Daraki, M., Une *religiosité* sans Dieu, in: RSPhTh 74 (1990) 269-282.

Dassmann, E., *Preisen* und Bekennen. Sünde und Gnade in der Erfahrung und Theologie Augustins, in: WiWei 43 (1980) 1-15.

__, *Glaubenseinsicht* – Glaubensgehorsam. Augustinus über Wert und Grenzen der »auctoritas,« in: Theologie. Grund und Grenzen. FS H. Dolch, Paderborn 1982, 255-271.

__, *Tam Ambrosius quam Cyprianus* (c. Iul. imp. 4,112). Augustins Helfer im pelagianischen Streit, in: FS W. Schneemelcher, Stuttgart u. a. 1989, 259-268.

__, *Augustinus*. Heiliger und Kirchenlehrer, Stuttgart 1993.

De Bruyn, Th., *Pelagius' Commentary*; s. oben Pelag. comm. Rom.

De Bruyne, D., Saint Augustin *reviseur* de la Bible, in: MAug 2 (1931) 521-606.

Decret, F., *Aspects* du Manichéisme dans l'Afrique Romaine, Paris 1970.

__, *L'Afrique Manichéenne* (ive-ve siècles), 2 Bde., Paris 1978.

De la Peza, E., El significado de *cor* en San Agustin, Paris 1962.

Delaroche, B., Saint *Augustin*. Lecteur et interprète de saint Paul dans le de pecc. mer., Paris 1996.

Demandt, A., Die *Spätantike* (= HAW III.6), München 1989.

Demmer, D., *Lutherus interpres*. Der theologische Neuansatz in seiner Römerbriefexegese unter besonderer Berücksichtigung Augustins (=UKG 4), Witten-Ruhr 1968.

De Mondadon, L., *Bible et Église* dans l'apologétique de s. Augustin, in: RSR 2 (1911) 209-239.441-457.546-569.

Den Bok, N.W., *Freedom* of the Will, in: Aug (L) 44 (1994) 237-270.

Denifle, H., Die abendländischen Schriftausleger bis Luther über *iustitia dei* (Röm 1,17) und »iustificatio,« Mainz 1905.

Des Places, É., *Pindar* et Platon, Paris 1949.

De Plinval, G., *Essai* sur le style et la langue de Pélage, Fribourg 1947.

__, La *resistencia* a lo sobrenatural. Pelagianismo, humanismo, atéismo, in: Augustinus 1 (1956) 581-600.

Deuse, W., Der *Demiurg* bei Porphyrios und Jamblich, in: Die Philosophie des Neuplatonismus 238-278.

__, Untersuchungen zur mittelplatonischen und neuplatonischen *Seelenlehre*, Wiesbaden 1983.

De Veer, A.C., *Reuelare – reuelatio*. Éléments d'une étude sur l'emploi du mot et sur sa signification chez s. Augustin, in: RechAug 2 (1962) 331-357.

__, La date du *»de unico baptismo«* de saint Augustin, in: RÉAug 10 (1964) 35-38.

__, *L'exégèse de Rom 7* et ses variations, in: BAug 23 (1974) 770-778.

Dewart, J.M., The *Christology* of the Pelagian Controversy, in: StPatr 17/3 (1982) 1221-1245.

__, Augustine's Developing Use of the *Cross* 387-400, in: AugStud 15 (1984) 15-33.

Dideberg, D., Saint Augustin et la *première Épître de saint Jean*. Une théologie de l'amour, Paris 1975.

__, *Caritas*. Prolégomènes à une étude de la théologie augustinienne de la charité, in: Signum pietatis. FS C. Mayer, Würzburg 1989, 369-381.

Didier, J.C., S. Augustin et le *baptême* des enfants, in: RÉAug 2 (1956) 109-129.

Diggs, B.J., Saint Augustine against the Academicians, in: Tr. 7 (1949/50) 73-93.

Diels, H., *Aristoteles' Protreptikos* und Ciceros Hortensius, in: AGPh 1 (1888) 477-497.

Dienel, R., Ciceros *Hortensius* und des Hl. Augustinus de beata uita, Wien 1914.

Diesner, H.J., *Kirche und Staat* im spätrömischen Reich, Berlin 1964.

Dihle, A., Die Vorstellung vom *Willen* in der Antike, Göttingen 1985.

DiLorenzo, R.D., *Ciceronianism* and Augustine's Conception of Philosophy, in: AugStud 13 (1982) 171-176.

Dillon, J.M., The Concept of *Two Intellects*, in: Phronesis 18 (1973) 176-185.

__, The *Middle Platonists*, London-Ithaka / N. Y. 1977.

__ (& A. A. Long), Hrsg., The Question of *Eclecticism*. Studies in Later Greek Philosophy, Berkeley 1988.

Dinkler, E., Die *Anthropologie* Augustins (= FKGG 4), Stuttgart 1934.

Djuth, M., The *Hermeneutics* of the »de libero arbitrio« 3. Are There Two Augustines? In: StPatr 27 (1993) 281-289.

Dodaro, R., *Christus iustus* and Fear of Death in Augustine's Dispute with Pelagius, in: Signum pietatis. FS C. Mayer, Würzburg 1989, 341-361.

Dodds, E.R., Pagan and Christian in an Age of *Anxiety*, London 1965.

Dönt, E., *Aufbau* und Glaubwürdigkeit der Konfessionen und die Cassiciacum-Gespräche des Augustinus, in: WSt 82 (1969) 181-197.

__, Zur Frage der *Einheit* von Augustins Konfessionen, in: Hermes 99 (1971) 350-361.

Doignon, J., Notes de *critique textuelle* sur le »de beata uita« de saint Augustin, in: RÉAug 23 (1977) 63-82.

__, Leçons méconnues et exégèse du texte du *contra Academicos* de saint Augustin, in: RÉAug 27 (1981) 67-84.

__, *Une définition oubliée* de l'amour conjugal édénique chez Augustin (»piae caritatis adfectus;« Gen litt. 3,21,33), in: VetChr 19 (1982) 25-36.

__, État des questions relatives aux *premiers dialogues* de saint Augustin, in: Mayer, Augustinus-forschung 47-86.

Dorner, A., *Augustinus*. Sein theologisches System und seine religionsphilosophische Anschauung, Berlin 1873.

Dörrie, H., *Porphyrios* als Mittler zwischen Plotin und Augustin, in: Beierwaltes, Platonismus 410-439.

__, Zur *Methodik antiker Exegese*, in: ZNW 65 (1974) 121-138.

Dörries, H., Das *Verhältnis* des Neuplatonischen und Christlichen in Augustinus »de uera religione,« in: ZNW 33 (1924) 64-102.

Doyle, G.W., St. *Augustine*'s Tractatus on the Gospel of John Compared with the Rhetorical Theory of »de doctrina christiana,« Diss. University of North Carolina 1975.

Drobner, H.R., *Person-Exegese und Christologie* bei Augustinus. Zur Herkunft der Formel »una persona,« Leiden 1986.

__, Lehrbuch der *Patrologie*, Freiburg i. Br. 1994.

Droge, A.J., *Homer or Mose*? Early Christian Interpretations of the History of Culture, Tübingen 1989.

___ (& Tabor, J.D.), A *Noble Death*. Suicide and Martyrdom Among Christians and Jews in Antiquity, San Francisco 1992.

Dubarle, A.M., La *pluralité des péchés héréditaires* dans la tradition augustinienne, in: RÉAug 3 (1957) 113-136.

___, Le *péché originel*. Perspectives théologiques, Paris 1983.

Duchrow, U., *Signum* und »superbia« beim jungen Augustin (386-390), in: RÉAug 7 (1961) 369-372.

___, Zum *Prolog* von Augustins »de doctrina christiana,« in: VigChr 17 (1963) 165-172.

___, *Sprachverständnis* und biblisches Hören bei Augustin, Tübingen 1965.

___, Der *Aufbau* von Augustins Schriften »confessiones« und »de trinitate,« in: ZThK 62 (1965) 338-367.

___, Der sogenannte psychologische Zeitbegriff Augustins im Verhältnis zur physikalischen und geschichtlichen *Zeit*, in: ZThK 63 (1966) 267-288.

___, Christenheit und *Weltverantwortung*. Traditionsgeschichte und systematische Struktur der Zweireichelehre, Stuttgart 1970.

Dünzl, F., Braut und Bräutigam. Die Auslegung des Canticum durch Gregor von Nyssa, Tübingen 1992.

___, Die Canticumexegese des Gregor von Nyssa und des Origenes im Vergleich, in: JAC 36 (1993) 94-109.

Dulaey, M., La *rêve* dans la vie et la pensée de saint Augustin, Paris 1973.

Du Roy, O., *L'intelligence* de la foi en la trinité selon saint Augustin. Genèse de sa théologie trinitaire jusqu'en 391, Paris 1966.

Dutoit, E., Augustin et le dialogue du *de beata uita*, in: MH 6 (1949) 33-48.

___, *Augustin et Cicéron*, in: NV 35 (1960) 55-63.

Duval, Y.-M., La *date* du »de natura« de Pélage. Les premières étapes de la controverse sur la nature de la grâce, in: RÉAug 36 (1990) 257-283.

Ebert, Th., The Origin of the *Stoic Theory of Signs* in Sextus Empiricus, in: OSAP 5 (1987) 83-126.

Eborowicz, W., Quelques remarques sur le *contra Iulianum* de s. Augustin, in: Augustinus 12 (1967) 161-164.

Eck, W., Der *Episkopat* im spätantiken Afrika. Organisatorische Entwicklung, soziale Herkunft und öffentliche Funktion, in: HZ 236 (1983) 265-295.

Edwards, M.J., *Two Images* of Pythagoras. Iamblichus and Porphyry, in: Blumenthal, Divine Iamblichus 159-172.

Eerdt, W., *Marius Victorinus* Afer. Der erste lateinische Pauluskommentator, Frankfurt am Main 1980.

Eggersdorfer, F.X., Der hl. *Augustinus als Pädagoge* und seine Bedeutung für die Geschichte der Bildung (= StrThSt 8), Freiburg i. Br. 1907.

Eichenseer, C., Das *Symbolum* Apostolicum beim Hl. Augustinus, St. Ottilien 1960.

Elm, S., *Virgins* of God. The Making of Asceticism in Late Antiquity, Oxford 1994.

Elssius, Ph., *Encomiasticon Augustinianum*, Brüssel 1654.

Emillson, E., Plotinus on *Sense Perception*, Cambridge 1988.

Engels, J., La *doctrine du signe* chez saint Augustin, in: StPatr 6 (1962) 366-373.

Evangeliou, Ch., Aristotle's *Categories* and Porphyry (= Philosophia Antiqua 48), Leiden 1988.

Evans, G.R., *Alienatio* and Abstract Thinking in Augustine, in: DR 98 (1980) 190-200.

___, Neither a *Pelagian* nor a Manichée, in: VigChr 35 (1981) 234f.

___, Augustine on *Evil*, Cambridge 1982.

___, Augustine on *Knowing* What to Believe, in: AugStud 24 (1993) 7-25.

Evans, R.F., *Pelagius*. Inquiries and Reappraisals, London 1968.

Fairweather, E.R., St. Augustine's Interpretation of *Infant Baptism*, in: AugM 2 (1954) 897-903.

Faul, D., The Date of the *de continentia* of St. Augustine, in: StPatr 6 (1962) 374-382.

Feehan, Th., The Morality of *Lying* in St. Augustine, in: AugStud 21 (1990) 67-81.

___, Augustine's Own *Example* of Lying, in: AugStud 22 (1990) 165-190.

Feil, E., *Religio*. Die Geschichte eines neuzeitlichen Grundbegriffs vom Frühchristentum bis zur Reformation, Göttingen 1986.

Feinberg, J., Noncomparative *Justice*, in: PhRev 83 (1974) 297-338.

Feldmann, E., Der *Einfluß* des Hortensius und des Manichäismus auf das Denken des jungen Augustin, 2 Bde., Diss. Münster 1975.

__, *Christus-Frömmigkeit* der Mani-Jünger. Der suchende Student Augustinus in ihrem »Netz?« In: Pietas. FS B. Kötting (= JAC.E 8), Münster 1980, 198-216.

__, *Konvergenz* von Strukturen? Ciceros Hortensius und Plotins Enneaden im Denken Augustins, in: ACIAg 1 (1987) 315-330.

__, *Sinn-Suche* in der Konkurrenz der Angebote von Philosophien und Religionen. Exemplarische Darstellung ihrer Problematik beim jungen Augustinus, in: Homo spiritalis. FS L. Verheijen, Würzburg 1987, 100-117.

__, Die *epistula fundamenti* der nordafrikanischen Manichäer. Versuch einer Rekonstruktion, Altenberge 1987.

__, Unverschämt genug vermaß er sich, *astronomische Anschauungen* zu lehren. Augustins Polemik gegen Mani in *conf.* 5,3ff., in: Signum Pietatis. FS C. P. Mayer 105-120.

__, Noch einmal: Die Confessiones des Augustinus und ihre *Einheit*, in: StPatr 18 (1990) 64-70.

__, *Art. Conf*essiones, in: AugL, Bd. 1 (1994), 1134-1193.

Feret, H.-M., *Sacramentum-res* dans la langue théologique de saint Augustin, in: RSPhTh 29 (1940) 218f.

Ferguson, J., *Pelagius*. A Historical and Theological Study, Cambridge 1956.

Fernandez, A., De mente S. Augustini relate ad unitatem *sensus litteralis*, in: VD 7 (1927) 278-284.

Ferrari, L.C., *Symbols* of Sinfulness in Book II of Augustine's Confessions, in: AugStud 2 (1971) 93-104.

__, *Astronomy* and Augustine's Break with the Manichées, in: RÉAug 19 (1973) 263-276.

__, The Theme of the *Prodigal Son* in Augustine's Confessions, in: RechAug 12 (1977) 105-118.

__, *Paul* at the Conversion of Augustine (conf. 8,12,29f.), in: AugStud 11 (1980) 5-20.

__, The *Conversions* of Saint Augustine, Villanova 1984.

__, Saint Augustine's *Conversion Scene*. The End of a Modern Debate? In: StPatr 22 (1989) 235-250.

__, *Isaiah* and the Early Augustine, in: Collectanea Augustiniana. Mélanges T. S. van Bavel, Löwen, Bd. 2 (1991) 739-756.

__, Augustine's *Discovery* of Paul (conf. 8,21,27), in: AugStud 22 (1991) 37-61.

__, *Truth* and Augustine's Conversion Scene, in: Collectanea Augustiniana. Mélanges T. S. van Bavel, Löwen, Bd. 1 (1990) 9-19.

Ferrère, F., La *situation religieuse* de l'Afrique romaine depuis la fin du IVe siècle jusqu'à l'invasion vandale (429), Paris 1897.

Ferwerda, R., *Plotinus' Presence* in Augustine, in: Augustiniana traiectina, Paris 1987, 107-118.

Fibus, B., *uia* ueritatis et uitae, in unitate fidei saluificae, per genuinem interpretationem d. Augustini super epistulam ad Romanos, perque uarias deductiones theologico-polemicos contra atheos, paganos, Iudaeos, Mahumetanos, haereticos et infideles quoscumque nouissime ac perspicue demonstrata, Köln 1696.

Fischer, N., Augustins Philosophie der *Endlichkeit* (= MaPF 28), Bonn 1987.

Flasch, K., *Augustin*. Einführung in sein Denken, Stuttgart 1980.

__, *Logik* des Schreckens, Mainz 1990.

__, *Was ist Zeit?* Frankfurt am Main 1993.

Flashar, H., Platon und Aristoteles im *Protreptikos des Iamblichos*, in: AGPh 47 (1965) 53-79.

Fleteren, F.E. van, *Authority* and Reason, Faith and Understanding in the thought of St. Augustine, in: AugStud 4 (1973) 33-71.

__, Augustinus *de uera religione*. A New Approach, in: Aug 16 (1976) 475-497.

Floëri, F., Remarques sur la doctrine augustinienne du *péché originel*, in: StPatr 9 (1966) 416-421.

Flügel, G., Ibn al-Nadim, *Fihrist* al-'Ulum, Leipzig 1871.

Folliet, G., La *typologie* du Sabbat chez S. Augustin. Son interpretation milleniariste entre 388-400, in: RÉAug 2 (1956) 371-390.

__, *Deificari in otio*. Augustin ep. 10,2, in: RechAug 2 (1962) 225-236.

__, *Trahere-contrahere* peccatum. Observations sur la terminologie augustinienne du péché, in: Homo spiritalis. FS L. Verheijen, Würzburg 1987, 118-135.

__, *»Massa damnata – massa sanctorum«* chez saint Augustin, in: RAE 33 (1992) 95-109.

Fontaine, J., Sens et *valeur* des images dans les Confessions, in: AugM 1 (1954) 117-126.

__, Une *révolution* littéraire dans l'Occident latin. Les Confessions de saint Augustin, in: BLE 88 (1987) 173-193.

Fontaine, N., *Explication* de S. Augustin et des autres Pères latins sur le Nouveau Testament, 4 Bde., Lyon 1690.

Forman, R.J., *Augustine's Music*: »Keys« to the Logos, in: R. R. La Croix (Hrsg.), Augustine on Music: An Interdisciplinary Collection of Essays, Edwin Mellen Press 1988, 17-27.

Forschner, M., Die stoische *Ethik*, Stuttgart ²1995.

Forster, K., Metaphysische und heilsgeschichtliche Betrachtungsweise in Augustins *Weisheitsbegriff*, in: AugM 2 (1954) 381-389.

__, Die ekklesiologische Bedeutung des *Corpus-Begriffs* im »liber regularum« des Tyconius, in: MThZ 7 (1956) 173-183.

Fortin, E.L., Christianisme et *culture philosophique* au cinquième siècle, Paris 1959.

__, Augustine and the Problem of Christian *Rhetoric*, in: AugStud 5 (1974) 85-100.

Frank, M. (& Haverkamp,A.),Hrsg.,*Individualität*(= Poetik & Hermeneutik 13),München 1988.

Frank, S., *Geboren aus der Jungfrau Maria*. Das Zeugnis der Alten Kirche, in: Zum Thema Jungfrauengeburt, Stuttgart 1970, 91-120.

Frede, M., Die stoische *Logik*, Göttingen 1974.

__, *Essays* in Ancient Philosophy, Oxford 1987.

__, The Skeptic's *Beliefs*, in: Ders., Essays 179-200.

__, The Skeptic's Two Kinds of *Assent* and the Question of the Possibility of Knowledge, in: Ders., Essays 201-222.

__, Stoics and Skeptics on Clear and Distinct *Impressions*, in: Ders., Essays 151-176.

Fredriksen, P., Augustine's Early *Interpretation* of Paul, Diss. Princeton 1979.

__, Augustine on *Romans* (= ECLS 6), Society of Biblical Literature 1982.

__, Paul and Augustine. *Conversion Narratives*, Orthodox Traditions and the Retrospective Self, in: JThS N. S. 37 (1986) 3-34.

__, Beyond the *Body-Soul-Dichotomy*. Augustine on Paul Against the Manicheans and the Pelagians, in: RechAug 23 (1988) 87-114.

__, *Vile Bodies*: Paul and Augustine on the Resurrection of the Flesh, in: Burrows, Hermeneutics 75-87.

Frend, W.H.C., A Note on the *Berber Background* in the Life of Augustine, in: JTS 43 (1942) 188-191.

__, The *Donatist Church*. A Movement of Protest in Roman North Africa, Oxford 1952.

__, The *Gnostic-Manichean Tradition* in Roman North Africa, in: JEH 4 (1953) 13-26.

__, The Rise of *Christianity*, London 1984.

Fürst, A., *Veritas latina*. Augustins Haltung gegenüber Hieronymus' Bibelübersetzungen, in: RÉAug 40 (1994) 105-126.

__, Zur *Vielfalt* altkirchlicher Soteriologie. Augustins Berufung auf Hieronymus im pelagianischen Streit, in: Philophronesis für N. Brox (= GThS 19), Graz 1995, 119-185.

Fugier, H., *L'image* de Dieu. Centre dans les Confessions de saint Augustin, in: RÉAug 1 (1955) 379-395.

Fuhrer, Th., Das *Kriterium der Wahrheit* in Augustins »contra Academicos,« in: VigChr 46 (1992) 257-275.

__, Der Begriff *ueri simile* bei Cicero und Augustin, in: MH 50 (1993) 107-125.

Fuhrmann, M., Hrsg., *Christianisme* et formes littéraires de l'Antiquité tardive en Occident (= Fondation Hardt, Entretiens sur l'Antiquité Classique 23), Genf 1977.

__, *Rom* in der Spätantike, München 1994.

Gabba, E., Hrsg., *Tria Corda*. Scritti in honore di Arnaldo Momigliano (= Bibliotheca di Athenaeum 1), Como 1983.

Gabillon, A., *Romanianus* alias Cornelius..., in: RÉAug 24 (1978) 58-70.

Gadamer, H.G., Der aristotelische *Protreptikos* und die entwicklungsgeschichtliche Betrachtung der aristotelischen Ethik, in: Hermes 63 (1928) 138-164.

__,*Wahrheit und Methode*. Grundzüge einer philosophischen Hermeneutik, Tübingen ²1965.

Galea-Cannura, C., The Problem of *True Religion* in »de uera religione,« in: Augustinian Panorama 2 (1985) 25-42.

Gallay, J., *Dilige et quod uis fac*. Notes d'exégèse augustinenne, in: RSR 43 (1955) 545-555.

448   QUELLEN- UND LITERATURVERZEICHNIS

__, La *conscience* de la charité fraternelle d'après les »Tractatus in primam epistulam Ioannis« de S. Augustin, in: RÉAug 1 (1955) 1-20.

Gast, J., S. Aurelii Augustini tam in Vetus quam in Novum Testamentum *commentarii*, ex omnibus eiusdem lucubrationibus, Basel 1542, Venedig 1543.

Gawlick, G., *Cicero* in der Patristik (= StPatr 9), Berlin 1966.

Geerlings, W., Zur Frage des *Nachwirken*s des Manichäismus in der Theologie Augustins, in: ZkTh 93 (1971) 45-60.

__, Der manichäische *Iesus patibilis* in der Theologie Augustins, in: ThQ 152 (1972) 124-131.

__, *Christus exemplum*. Studien zur Christologie und Christusverkündigung Augustins (= TTS 13), Mainz 1978.

__, *Hiob und Paulus*. Theodizee und Paulinismus in der lateinischen Theologie am Ausgang des vierten Jahrhunderts, in: JAC 24 (1981) 56-66.

__, Das *Freundschaftsideal* Augustins, in: ThQ 161 (1981) 265-274.

__, *Jesaia 7,9b* bei Augustinus. Die Geschichte eines fruchtbaren Mißverständnisses, in: WiWei 50 (1987) 5-12.

__, *Bekehrung durch Belehrung*. Zur 1600. Jahrfeier der Bekehrung Augustins, in: ThQ 167 (1987) 195-208.

__ (& König, H.), *Origenes* – »uir ecclesiasticus,« Bonn 1995.

Geiger, L.-B., L'*expérience du mal*. La souffrance, valeur chrétien, Paris (Tournai) 1957.

Gerosa, P., S. Agostino e l'*imperialismo romano*, in: MAug 2 (1931) 977-1040.

Gersh, St., Hrsg., Middle *Platonism* and Neoplatonism. The Latin Tradition, 2 Bde., Notre Dame / Indiana 1986.

Gessel, W., *Eucharistische Gemeinschaft* bei Augustinus (= Cass. 21), Würzburg 1966.

Ghellinck, J. de, Pour l'histoire du mot *sacramentum*, Löwen 1924.

__, *Imitari-imitatio*, in: Archivum Romanicum 22 (1940) 151-159.

Giardina, A., Aspetti della *burocrazia* nel Basso Impero, Rom 1977.

Gibbon, E., The *History* of the Decline and Fall of the Roman Empire, 6 Bde., London (1776-1781) 1995.

Gibert, P., *Péché originel* ou problème occidental? In: Études 371 (1989) 247-255.

Gilson, E., *Introduction* à l'étude de s. Augustin, Paris 1931.

__, *Philosophie et incarnation* selon saint Augustin, Paris 1947.

__, L'*infinité* divine chez s. Augustin, in: AugM 1 (1954) 569f.

Goodman, M., *Mission and Conversion*. Proselytizing in the Religious History of the Roman Empire, Oxford 1994.

Gorday, P., Principles of Patristic Exegesis. *Romans 9-11* in Origen, John Chrysostom and Augustine, New York-Toronto 1983.

Gorman, M.M., *Aurelius Augustinus*. The Testimony of the Oldest Manuscripts of Saint Augustine's Works, in JThS N.S. 35 (1984) 475-480.

Grabowski, S.J., Saint Augustine and the *Presence* of God, in: TS 13 (1952) 336-358.

__, The All-Present *God*. A Study in St. Augustine, St. Louis 1954.

Graeser, A., *Plotinus and the Stoics*, Leiden 1972.

__, *Zenon von Kition*. Positionen und Probleme, Berlin 1975.

Grandgeorge, L., S. Augustin et le *néoplatonisme*, Paris 1896.

Green, W.M., Initium omnis peccati *superbia*. Augustine on Pride as the First Sin, in: UCPCP 13 (1949) 407-431.

__, *Augustine's Use of Punic*, in: PSPUC 11 (1951) 179-190.

Greshake, G., *Gnade* als konkrete Freiheit. Eine Untersuchung zur Gnadenlehre des Pelagius, Mainz 1972.

Grillmeier, A., *Jesus der Christus* im Glauben der Kirche I, Freiburg i. Br. ³1990.

Grondjis, L.H., Analyse du *manichéisme* numidien au IVe siècle, in: AugM 3 (1955) 391-410.

__, *Numidian Manichaeism* in Augustine's time, in: Ned.ThT 9 (1954) 21-42.

Gross, J., Das Wesen der *Erbsünde* nach Augustinus, in: AugM 2 (1954) 773-787.

__, Geschichte des *Erbsündendogma*s I, München 1960.

Grossi, V., L'*auctoritas di Agostino* nella dottrina del peccatum originis del concilio di Carthagine del 419 al concilio di Trento, in: Aug 31 (1991) 329-360.

__, La cuestion de la *voluntad salvífica* en los últimos escrítos de Agustín (420-427), in: Augustinus 36 (1991) 127-139.

__, Il *battesimo* e la polemica pelagiana negli anni 411-413 (pecc. mer. – ep. 98 ad Bonifatium), in: Aug 9 (1969) 30-61.

__, La *crisi antropologica* nel monasterio di Adrumeto, in: Aug 19 (1979) 103-133.

Grotz, K., Die *Einheit* der Confessiones. Warum bringt Augustin in den letzten Büchern seiner Confessiones eine Auslegung der Genesis? Diss. Tübingen 1970.

Guardini, R., Die *Bekehrung* des Aurelius Augustinus, München ³1959.

Günther, D., *Schöpfung* und Geist. Studien zum Zeitverständnis Augustins im XI. Buch der Confessiones, Amsterdam 1992.

Guitton, J., Le *temps* et l'éternité chez Plotin et saint Augustin, Paris 1933.

Gumpel, P., *Unbaptized Infants*. May They Be Saved? In: DR 72 (1954) 342-458.

Guy, J.-C., Unité et structure logique de la *Cité de Dieu* de Saint Augustin, Paris 1961.

Guzzo, A., *Agostino* e Tommaso, Turin 1958.

__, Agostino. Dal »*contra Academicos*« al »*de uera religione*«, in: Guzzo, Agostino 67-75.

Hadot, I., *Seneca* und die griechisch römische Tradition der Seelenleitung, Berlin 1969.

__, *Arts* libéraux et philosophie dans la pensée antique, Paris 1984.

Hadot, P., *Citations de Porphyre* chez Augustin (à propos d'un livre récent), in: RÉAug 6 (1960), 204-244.

__, »*Numerus intelligibilis* infinite crescit.« Augustin, Epistula 3,2, in: Misc. A. Combès, Divinitas 11 (1967) 181-191.

__, *Porphyre et Victorinus*, Paris 1968.

__, *Marius Victorinus*. Recherches sur sa vie et ses oeuvres, Paris 1971.

__, La présentation du *platonisme* par Augustin, in: Kerygma und Logos. FS C. Andresen, Göttingen 1979, 272-279.

__, *Exercices spirituels* et philosophie antique, Paris 1981. DT: *Philosophie als Lebensform.* Geistige Übungen in der Antike, Berlin 1991.

__, The *Harmony* of Plotinus and Aristotle According to Porphyry, in: Sorabji, Aristotle Transformed 125-140.

__, La notion de l'*infini* chez saint Augustin, in: Philosophie 26 (1990) 59-72.

Haenchen, E., Die Frage nach der *Gewißheit* beim jungen Augustin, Stuttgart 1932.

Haendler, G., *Cyprians Auslegung zu Gal 2,11ff.*, in: ThLZ 97 (1972) 561-568.

Häring, H., Die *Macht* des Bösen, Einsiedeln 1969.

__, Das *Problem* des Bösen in der Theologie, Darmstadt 1985.

Hagendahl, H., *Methods of Citation* in Post-Classical Latin Prose, in: Er. 45 (1947) 114-128.

__, Zu Augustins Beurteilung von *Röm in ciu. dei.*, in: WSt 79 (1966) 509-516.

__, Augustine and the *Latin Classics* (= Studia Graeca et Latina Gothoburgensia 20/1-2), 2 Bde., Göteborg 1967.

Hager, F.P., Die *Materie und das Böse* im antiken Platonismus, in: MH 19 (1962) 73-103.

Hahn, T., *Tyconius-Studien*, Leipzig 1910.

Haidacher, S., Eine unbeachtete Rede des hl. *Chrysostomus* an Neugetaufte, in: ZkTh 28 (1904) 168-193.

Halfwassen, J., Der *Aufstieg zum Einen*. Untersuchungen zu Platon und Plotin (= BZA 9), Stuttgart-Leipzig 1992.

Hamilton, G.J., Augustine's *Methods* of Biblical Interpretation, in: Meynell, Grace 103-119.

Hamm, B., Promissio, pactum, ordinatio. *Freiheit und Selbstbindung* in der scholastischen Gnadenlehre (= BHTh 54), Tübingen 1977.

Hanse, H., *Gott haben* in der Antike und im frühesten Christentum, Berlin 1939.

Happ, H., *Hyle*. Studien zum aristotelischen Materiebegriff, Berlin 1971.

Harbert, B., *Romans 5,12*. Old Latin & Vulgate in the Pelagian Controversy, in: StPatr 22 (1989) 261-264.

Hardy, R.P., L'Actualité de révélation dans les *Tractatus in Iohannem*, Paris 1974.

Haring, N.M., The Augustinian *Axiom*. »Nulli sacramento iniuria facienda est,« in: MS 16 (1954) 87-117.

Harnack, A. von, Augustins *Konfessionen* (1888), in: Harnack, Reden und Aufsätze I, 49-79.

__, *Lehrbuch* der Dogmengeschichte, 3 Bde., Freiburg i. Br. ²1890.

__, Die *Retraktationen* Augustins, in: SAB (1905) 1096-1131.

__, *Reden und Aufsätze*, Gießen ²1906.

Harrison, C., *Beauty* and Revelation in the Thought of Saint Augustine, Oxford 1992.

__, »Who Is Free From Sin?« – The Figure of *Job* in the Thought of Saint Augustine, in: Letture 483-488.

Heaney-Hunter, J.A.C., The Links Between *Sexuality* and Original Sin in the Writings of John Chrysostom and Augustine, Diss. Fordham / New York 1988.

Heil, J., Augustine's Attack on *Skepticism*: The »contra Academicos,« in: HThR 65(1972) 99-116.

Heiler, Th., »*Translatio* religionis.« Die Paulusdeutung des Origenes in seinem Kommentar zum Römerbrief, Köln 1990.

Helm, P., *Grace and Causation*, in: SJTh 32 (1979) 101-112.

__, Hrsg., *Divine Commands* and Morality, Oxford 1981.

Hendrikx, E., Augustins Verhältnis zur *Mystik* (= Cass. 1), Würzburg 1936. Teilübersetzung und -abdruck in: Andresen, Augustin-Gespräch (1) 271-346.

__ (& Wolters, J.B.), *Augustinus*, Groningen-Djakarta 1954.

Hennigfeld, J., Geschichte der *Sprachphilosphie*. Antike und Mittelalter, Berlin-New York 1994.

__, *Augustinus*. Äußeres Zeichen und inneres Wort, in: Hennigfeld, Sprachphilosophie 125-167.

Henry, P., *Plotin* et l'occident (= SSL 15), Löwen 1934.

__, *Augustine* and Plotinus, in: JThS 38 (1937) 1-23.

__, La *vision* d'Ostie. Sa place dans la vie et l'oeuvre de saint Augustin, Paris 1938. DT (Teilabdruck): Die *Vision* zu Ostia, in: Andresen, Augustin-Gespräch (1) 201-270.

Herzog, R., *Partikuläre Prädestination*. Anfang und Ende einer Ich-Figuration. Thesen zu den Folgen eines augustinischen Theologumenon, in: Frank, Individualität 100-105.

__, *Non in sua voce*. Augustins Gespräch mit Gott in den Confessiones, in: Das Gespräch (= Philosophie und Hermeneutik 11), München 1984, 213-250.

Hessen, J., Augustins *Metaphysik* der Erkenntnis, Leiden 1960.

Hick, J., *Evil* and the God of Love, London 1977.

Hölscher, L., The Reality of the *Mind*. Augustine's Philosophical Arguments for the Human Soul as a Spiritual Substance, London-New York 1986.

Hoff, A.J.L. van, From Autothanasia to *Suicide*. Self-Killing in Classical Antiquity, London-New York 1990.

Hoffmann, A., *Der junge Augustinus*. Erst Feind, dann Verfechter der katholischen Lehre, in: WiWei 56 (1993) 16-29.

Holl, A., Augustins *Bergpredigtexegese* nach seinem Frühwerk »de sermone domini in monte libri duo,« Wien 1960.

__, *Seminalis ratio*. Ein Beitrag zur Begegnung der Philosophie mit den Naturwissenschaften, Wien 1961.

__, Die Welt der *Zeichen* bei Augustin. Religionsphänomenologische Analyse des 13. Buches der Confessiones, Wien 1963.

Holl, K., Gesammelte *Aufsätze* zur Kirchengeschichte, Tübingen 1928.

__, Augustins innere *Entwicklung* (1922), in: Holl, Aufsätze III, 54-117.

Holte, R., *Béatitude* et sagesse. S. Augustin et le problème de la fin de l'homme dans la philosophie ancienne, Paris 1962.

Honnay, G., *Caelestius*, Discipulus Pelagii, in: Aug (L) 44 (1994) 271-302.

Hopkins, J., Augustine on *Foreknowledge* and Free Will, in: IJPR 8 (1977) 111-126.

Horn, Ch., Augustins Philosophie der *Zahlen*, in: RÉAug 40 (1994) 389-415.

__, *Augustinus*, München 1995.

__, Augustinus und die Entwicklung des philosophischen *Willensbegriffs*, in: Zeitschr. philos. Forsch. 50 (1996) 113-132.

Hübner, W., Die *praetoria memoriae* im zehnten Buch der Confessiones. Vergilisches bei Augustin, in: RÉAug 27 (1981) 245-263.

Hugo, L., Der geistige *Sinn* der Hl. Schrift beim hl. Augustinus, in: ZkTh 32 (1908) 657-672.

Hultgren, G., Le *commandement d'amour* chez S. Augustin, Paris 1939.

Hunter, D.G., Augustinian *Pessimism*? A New Look at Augustine's Teaching on Sex, Marriage and Celibacy, in: AugStud 25 (1994) 153-177.

Jackson,B.D.,The Theory of *Signs* in Augustine's »de doctrina christiana,«in:RÉAug15(1969)9-49.

Jackson, M.G.St.A., Augustine All at Sea. An Interpretation of the Opening Paragraphs of *de beata uita*, in: StPatr 18 (1990) 71-77.

Jacobson, J., Augustine and *Dido*, in: HThR 65 (1972) 296f.

Jacquin, A.M. La *prédestination* d'après saint Augustin, in: MAug 2 (1931), 853-878.

Jaeger, W., Aristoteles. Grundlegung einer Geschichte seiner Entwicklung, Berlin (1923) 1967.

Jäntsch, J., Führt der *Ambrosiaster* zu Augustinus oder Pelagius? In: Scholastik 9 (1934) 92-99.

Janssen, K., Die Entstehung der *Gnadenlehre* Augustins, Diss. Rostock 1936.

Jauncey, E., The Doctrine of *Grace*, London 1925.

Jed, S., *Chaste Thinking*. The Rape of Lucretia and the Birth of Humanism, Bloomington 1989.

Jeffrey, D.L., Mistakenly *logocentric*. Centering Poetic Language in a Scriptural Tradition, in: RL 22 (1990) 33-46.

Jeremias, J., Die *Kindertaufe* in den ersten vier Jahrhunderten, Göttingen 1958.

Johnson, D.W., *Verbum* in the Early Augustine, in: RechAug 8 (1972) 25-53.

Johnson, W.R., Isocrates Flowering. The *Rhetoric* of Augustine, in: PhRhet 9 (1976) 217-231.

Jolivet, R., Le *problème du mal* d'après saint Augustin, Paris ³1936.

__, Dieu soleil des esprits. La doctrine augustinienne de l'*illumination*, Paris 1934.

Jonas, H., *Gnosis* und spätantiker Geist, Bd. 1, Göttingen 1934, ⁴1988; Bd. 2, Göttingen 1993.

__, Augustin und das paulinische *Freiheitsproblem*, Göttingen ²1965.

Jordan, R., *Time and Contingency* in St. Augustine, in: RMet 8 (1955) 394-417.

Jossua, J.-P., *Discours* chrétiens et scandale du mal, Paris 1979.

Journet, Ch., *Le mal*. Essai théologique, Paris 1961. DT: Vom Geheimnis des *Übels*. Theologischer Essay, Essen 1963.

Jürgens, H., *Pompa diaboli*. Die lateinischen Kirchenväter und das antike Theater (= TBAW 46), Stuttgart u. a. 1972.

Kaden, E.H., Die *Edikte* gegen die Manichäer von Diokletian bis Justinian, in: FS H. Lewald, Basel 1953, 55-68.

Kahn, C.H., Discovering the *Will*: From Aristotle to Augustine, in: Dillon, Eclecticism 234-259.

Kamlah, W., *Christentum* und Geschichtlichkeit. Untersuchungen zur Entstehung des Christentums und zu Augustins Bürgerschaft Gottes, Stuttgart ²1951.

Kannengiesser, Ch., *Enarratio in Ps 118*. Science de la revélation et progrès spirituel, in: RechAug 1 (1962) 359-381.

__ (& Madec, G.), A propos de la thèse de P. Hadot sur Porphyre et Victorinus, in: RÉAug 29 (1983) 97-128.

__, A *Conflict* in Christian Hermeneutics in Roman Africa. Tyconius vs. Augustine, Berkeley / Cal. 1989.

__, *Quintilian, Tyconius and Augustine*, in: Illinois Classical Studies 19 (1994) 239-252, 251f.

__, *Local Setting and Motivation of de doctrina christiana*, in: Collectanea Augustiniana. »Presbyter factus sum,« J. T. Lienhard u. a. (Hrsg.), New York 1993, 331-339.

__, The Interrupted de doctrina christiana, in: D. W.-H. Arnold & P. Bright, Hrsg., Augustine of Hippo. »de doctrina christiana.« A Classic of Western Culture, Notre Dame 1995, 1-29.

Katô, T., *Melodia interior*. Sur le traité 'de pulchro et apto', in: RÉAug 12 (1966) 229-240.

Keienburg, F.H., Die Geschichte der Auslegung von *Röm 13,1-7*, Gelsenkirchen 1952.

Keller, A., Aurelius Augustinus und die *Musik*. Untersuchungen zu »de musica« im Kontext seines Schrifttums (= Cass. 44), Würzburg 1993.

Kenny, A., *Aristotle's Theory of the Will*, London 1979.

Kevane, E., *Paideia* and Anti-Paideia. The Prooemium of St. Augustine's »de doctrina christiana,« in: AugStud 1 (1970) 153-190.

__, *Christian Philosophy*. The Intellectual Side of Augustine's Conversion, in: AugStud 17 (1986) 47-83.

Kienzler, K., Der Aufbau der Confessiones im Spiegel der *Bibelzitate*, in: RechAug 24 (1989) 123-164.

Kinder, E., *Reich Gottes und Kirche* bei Augustin, Berlin 1954.

King, P., Augustine; s. oben unter Aug. c. Acad.

Kirwan, Ch., *Augustine*, London-New York 1989.

Kleffmann, T., Die *Erbsündenlehre* im sprachtheologischen Horizont. Eine Interpretation Augustins, Luthers und Hamanns, Tübingen 1994.

Kleffner, A.I., *Porphyrius*. Der Neuplatoniker und Christenfeind, Paderborn 1896.

Klein, R., Die neuen *Augustinus-Predigten*, in: Gymnasium 100 (1993) 370-384.

Klose, Th., *Quaerere deum*. Suche nach Gott und Verständnis Gottes in den Bekenntnissen Augustins, in: ThPh 54 (1979) 183-218.

Knappitsch, A., Sanctus Augustinus' *Zahlensymbolik*, Graz 1905.

Knauer, G.N., *Psalmenzitate* in Augustins Konfessionen, Göttingen 1955.

__, *Peregrinatio animae*. Zur Frage der Einheit der augustinischen Konfessionen, in: Hermes 85 (1957) 216-248.

König, E., *Augustinus philosophus*. Christlicher Glaube und philosophisches Denken in den Frühschriften Augustins, München 1970.

König, H., *Christus Heniochos*, in: Geerlings, Origenes 45-58.

Körner, F., Die Entwicklung Augustins von der Anamnesis- zur Illuminationslehre im Lichte seines *Innerlichkeitsprinzips*, in: ThQ 134 (1954) 397-447.

__, *Deus in homine uidet*. Das Subjekt des menschlichen Erkennens nach der Lehre Augustins, in: PhJ 64 (1956) 166-217.

__, *Augustinus* zwischen Tagaste und Mailand, in: MThZ 9 (1958) 17-33; 110-123.

Kolb, K., Menschliche *Freiheit* und göttliches Vorherwissen nach Augustin, Freiburg i. Br. 1908.

Kopperschmidt, J., *Rhetorik und Theodizee*. Studie zur hermeneutischen Funktionalität der Rhetorik bei Augustin, in: KuD 17 (1971) 273-291.

Koschorke, K., *Suchen und Finden* in der Auseinandersetzung zwischen gnostischem und kirchlichem Christentum, in: WuD 14 (1977) 51-65.

Krämer, H.J., Der Ursprung der *Geistmetaphysik*. Untersuchungen zur Geschichte des Platonismus zwischen Platon und Plotin, Amsterdam ²1967.

Kranz, G., *Augustinus*, Mainz 1994.

Kraus, G., *Vorherbestimmung*. Traditionelle Prädestinationslehre im Licht gegenwärtiger Theologie, Freiburg 1977.

Kremer, K., Zum Verhältnis von *Neuplatonismus und Christentum*, in: ANRW II.36/2, 994-1032.

Kretzmann, N., *Abraham, Isaac and Eutyphro*. God and the Basis of Morality, in: Arieti, Hamartia 27-50.

Kreuzer, J., *Pulchritudo*. Vom Erkennen Gottes bei Augustin, München 1995.

Kühner, K., Augustins Anschauung von der *Erlösungsbedeutung Christi* im Verhältnis zur voraugustinischen Erlösungslehre bei den griechischen und lateinischen Vätern, Diss. Heidelberg 1890.

Kümmel, W.G., *Röm 7* und das Bild des Menschen im Neuen Testament (= Röm 7 und die Bekehrung des Paulus), München 1974.

Kuhn, H., Die *Bekenntnisse* des hl. Augustinus als literarisches Werk,in: StZ 181 (1968) 223-238.

Kuntz, P.G., *Augustine*. From »homo error« to »homo viator,« in: AugStud 11 (1980) 79-89.

Kunzelmann, A.W., Die zeitliche *Festlegung* der Sermones des hl. Augustinus, Würzburg 1928.

__, Die *Chronologie* der Sermones des hl. Augustinus, in: MAug 2 (1931) 417-520.

Kursawe, B., Die Bedeutung von *excitare* im Werk Augustins, in: Signum pietatis. FS C. Mayer, Würzburg 1989, 217-230.

Kusch, H., *Studien* über Augustinus 1. Trinitarisches in den Büchern 2-4 und 10-13 der Confessiones, in: FS F. Dornseiff, Leipzig 1953, 124-183.

La Bonnardière, A.M., Le verset paulinien *Rom 5,5* dans l'oeuvre de saint Augustin, in: AugM 2 (1954) 657-665.

__, Le *cantique des cantiques* dans l'oeuvre de saint Augustin, in: RÉAug 1 (1955) 225-237.

__, La date du *de continentia* de saint Augustin, in: RÉAug 5 (1959) 121-127.

__, *Biblia Augustiniana*. Livres Historiques; Les douze petits prophètes; Les épîtres aux Thessaloniciens, à Tite, et à Philemon; Le Deutéronome; Le Livre de la Sagesse; Le Livre de Jérémie; Le Livre des Proverbes, Paris 1960-1975.

__, »Tu es Petrus.« La péricope *Mt 16,13-23* dans l'oeuvre de saint Augustin, in: Irénikon 34 (1961) 451-499.

__, Recherches de *chronologie* augustinienne, Paris 1965.

__, Les trente-deux premières *Enn. in Pss* dictées par s. Augustin, in: École pratique des hautes études, sect. V, sc. rel., ann. 79 (1971/2) 281-284.

__, Recherches sur les antécédents, les sources et la rédaction du livre 6 du *de trinitate* de saint Augustin, in: École pratique des hautes études, sect. V, sc. rel., ann. 83 (1974/5) 202-211.

__, Les »Enn in Pss« prêchées par saint Augustin à Carthage en *décembre 409*, in: RechAug 11 (1976) 52-90.

__, La date des *sermons 151-156* de saint Augustin, in: RÉAug 29 (1983) 129-136.

__, *Saint Augustin et la Bible* (= La Bible tous les temps 3), Paris 1986, 27-47.

Labriolle, P. de, Saint Augustin et *Sénèque*, in: RPh 54 (1928) 47-49.

La Croix, P.R., Augustine on the *Simplicity* of God, in: NSchol 51 (1977) 453-469.

Ladner, G.B., St. Augustine's Conception of the *Reformation* of Man to the Image of God, in: AugM 2 (1954) 867-878.

Lamberigts, M., Julian of Aeclanum. A Plea for a Good *Creator*, in: Aug (L) 38 (1988) 5-24.

__, Augustine, Julian of Eclanum, and E. *Pagels' »Adam*, Eve, and the Serpent,« in: Aug (L) 39 (1989) 393-435.

__, Julien d'Éclane et Augustin d'Hippone. *Deux conceptions* d'Adam, in: Aug (L) 40 (1990) 373-410.

__, Augustine and Julian of Aeclanum on *Zosimus*, in: Aug (L) 42 (1992) 311-330.

Lamirande, E., Un siècle et demi d'études sur l'*ecclésiologie* de s. Augustin, in: RÉAug 8 (1962) 1-124.

__, L'*Eglise céleste* selon saint Augustin, Paris 1963.

__, Church, State and *Tolerance*. An Intriguing Change of Mind in Augustine, Villanova 1975.

Lamoreaux, J.C., *Episcopal Courts* in Late Antiquity, in: JECS 3 (1995) 143-167.

Lancel, S., A propos des lettres de s. Augustin et de la *Conference de Carthage* 411, in: RHE 77 (1982) 446-454.

Lane Fox, R., *Pagans* and Christians, Harmondsworth 1986.

Larsen, B.D., *Jamblique* de Chalcis. Exegète et philosophe, Aarhus 1972.

Lausberg, H., *Handbuch der literarischen Rhetorik*. Eine Grundlegung der Literaturwissenschaft, 2 Bde., München ²1973.

Lawless, G., *Interior Peace* in the Confessions of St. Augustine, in: RÉAug 26 (1980) 45-61.

Le Blond, J.-M., Les *Conversions* de saint Augustin, Paris 1950.

Lebourlier, J., *Grâce et liberté* chez s. Augustin, in: AugM 2 (1954) 789-793.

Lechner, O., Zu Augustins *Metaphysik der Engel*, in: StPatr 9 (1966) 422-430.

Leclerq, H., L'*Afrique chrétienne*, 2 Bde. Paris 1904.

Leeming, B., Augustine, Ambrosiaster and the *massa*, in: Gr. 11 (1930) 58-91.

Legewie, B., S. Augustinus über die *Erbsünde*, Bonn 1928.

Leisegang, H., Der *Ursprung* der Lehre Augustins von der »civitas dei,« in: AKuG 16 (1925) 127-155.

Lekkerkerker, A.F.N., *Römer 7 und Römer 9* bei Augustin, Amsterdam 1942.

Le Landais, P., *Quatre mois* de prédication de saint Augustin. Les »Enn in Pss« 119-133 et les »Tractatus 1-12 in Ioannem,« in: RSR 36 (1948) 226-250.

__, *Deux années* de prédication de saint Augustin. Introduction à la lecture de l'In Ioannem, Paris 1953, 9-35.

Le Nain de Tillemont, S., *Mémoires* pour servir à l'histoire ecclésiastique de six premières siècles XIII, Paris 1702.

Lenfant, B., *Biblia augustiniana* sive collectio et explicatio omnium locorum sacrae scripturae quae sparsim reperiuntur in omnibus sancti Augustini operibus, ordine biblico, 2 Bde., Paris (1661) 1670.

Léon-Dufour, X., *Grâce et libre arbitre* chez saint Augustin, in: RSR 33 (1946) 139-163.

Les sources de Plotin. Entretiens, Fondation Hardt 5, Paris 1960.

Letture cristiane dei Libri Sapienzali. XX incontro di studiosi dell antichità cristiana, 9-11 maggio 1991 (= SEAug 37), Rom 1992.

Lévy, C., *Cicero Academicus*. Recherches sur les Académiques et sur la philosophie cicéronienne, École française de Rome, Palais Farnèse 1992.

Lewalter, E., *Eschatologie und Weltgeschichte* in der Gedankenwelt Augustins, in: ZKG 53 (1934) 1-51.

Lienhart, J., *Friendship* in Paulinus of Nola and Augustine, in: Collectanea Augustiniana. Mélanges T. S. van Bavel, Löwen, 1 (1990) 279-296.

Lieu, S., *Manicheism* in the later Roman Empire and Medieval China (= WUNT 63), Tübingen ²1992.

Lipgens, W., Die *Bekenntnisse* Augustins als Beitrag zur christlichen Geschichtsauffassung, in: MThZ 2 (1951) 164-177.

Lloyd, A.C., »Nosce teipsum« and *conscientia*, in: AGPh 46 (1964) 188-200.

Lobignac, M., Sanctus Augustinus Sacrae Scripturae *Interpres*, in: VD 10 (1930) 368-373.

Locher, A., Augustins Erkenntnislehre in dem Dialog *de magistro* und das Problem ihrer Interpretation, Diss. Tübingen 1960.

Löhrer, M., Der *Glaubensbegriff* des hl. Augustinus in seinen ersten Schriften bis zu den Confessiones, Einsiedeln 1955.

Lössl, J., *Religio*, philosophia und pulchritudo in Augustinus »de uera religione,« in: VigChr 47 (1993) 363-373.

__, *Augustinus*. Exeget oder Philosoph? In: WiWei 57 (1994) 97-114. ET: *Augustine*. Exegete or Philosopher? In: ThD 42 (1995) 35-41.

__, Rez. Wetzel, Limits, in: ThPh 69 (1994) 277f.

__, Rez. Harrison, Beauty, in: ThPh 69 (1994) 279f.

__, *The One*. A Guiding Concept in Augustine's »de uera religione,« in: RÉAug 40(1994) 79-103.

__, Rez. Rist, Augustine, in: ThPh 70 (1995) 273-275.

__, Auf den *Spuren* des »intellectus gratiae.« 300 Jahre Erforschung von Augustins Römerbrief-exegese, in: Philophronesis für N. Brox (= GThS 19), Graz 1995, 187-227.

__, *Wege* der Argumentation in Augustinus' »de libero arbitrio,« in: ThPh 70 (1995) 321-354.

__, Rez. Chappell, Aristotle, in: ThPh 71 (1996) 114-116.

__, Rez. Cic. *nat. deor.*, in: ThPh 71 (1996) 109f.

__, *Autorität* durch Authentizität. Augustins Lehre von den Lebensaltern in »de uera religione,« in: WiWei 59 (1996) 1-14.

Lof, J., Der numidische *Manichäismus* im vierten Jahrhundert, in: StPatr 8 (1966) 118-129.

Lohse, B., Zu Augustins *Engellehre*, in: ZKG 70 (1959) 278-291.

__, Zur *Eschatologie* des älteren Augustin (ciu. dei 20,9), in: VigChr 21 (1967) 221-240.

Lorenz, B., Notizen zum *Bild des Meeres* in den Confessiones, in: StPatr 18 (1990) 85-89.

Lorenz, R., *Fruitio dei* bei Augustin, in: ZKG 63 (1950/1) 75-135.

__, Die *Wissenschaftslehre* Augustins, in: ZKG 67 (1955/6) 29-60.213-251.

__, *Gnade und Erkenntnis* bei Augustinus, in: ZKG 75 (1964) 21-78.

Lossky, V., Les éléments de *théologie négative* dans la pensée de saint Augustin, in: AugM 1 (1954) 575-581.

Louit, D., Le *reniement* et l'amour de Pierre dans la prédication de saint Augustin, in: RechAug 10 (1975) 227-229.

Louth, A., *Augustine on Language*, in: LaTh 3 (1989) 151-158.

Lubac, H. de, Note sur s. Augustin *lib. arb. 3,20,56*, in: AugM 3 (1955) 279-286.

Lucas, J.R., The *Freedom* of the Will, Oxford 1970.

__, *Pelagius* and S. Augustine, in: JThS N. S. 22 (1971) 73-85.

Lütcke, H., *Auctoritas* bei Augustin, Stuttgart 1968.

Ludwig, D.L., Der sogenannte *Indiculus* des Possidius, Göttingen 1984.

Luneau, A., L'*Histoire du salut* chez les pères de l'église, Paris 1969.

Lyonnet, S., De doctrina praedestinationis et reprobationis in *Rom 9*, in: VD 34 (1956) 193-201.257-271.

__, *Rom 5,12* chez saint Augustin. Note sur l'élaboration de la doctrine augustinienne du péché originel, in: Mélanges H. de Lubac I, Lyon 1963, 327-339.

__, Augustin et Rom 5,12 *avant* la controverse pélagienne. Note complémentaire, in: Biblica 45 (1964) 541f.

__, *Augustin et Rom 5,12* avant la controverse pélagienne, in: NRT 7 (1967) 842-849.

Madec, G., *Connaissance* de dieu et action des grâces. Les citations de l'Épître aux Romaines 1,18-25 dans les oeuvres de s. Augustin, in: RechAug 2 (1962) 273-309.

__, Augustin. *Disciple* et adversaire de Porphyre, in: RÉAug 10 (1964) 365-369.

__, Pour et contre la *memoria dei*, in: RÉAug 11 (1965) 89-92.

__, Notes sur l'*intelligence* augustinenne de la foi, in: RÉAug 17 (1971) 119-142.

__, Pour interprétation de *c. Acad. 2,2,5*, in: RÉAug 17 (1971) 322-328.

__, *Saint Ambroise et la philosophie*, Paris 1974.

__, Hrsg., *Ambroise de Milan*, Paris 1974.

__, »*Christus* scientia et sapientia nostra.« Le principe de cohérence de la doctrine augustinienne, in: RechAug 10 (1975) 77-85.

__, Analyse du *de magistro*, in: RÉAug 21 (1975) 63-71.

__, *Tempora christiana*. Expression du triomphalisme chrétien ou récrimination païenne? In: Scientia Augustiniana. FS A. Zumkeller, Würzburg 1975, 112-136.

__, *Philosophia christiana*. Augustin, »contra Iulianum« 4,14,72, in: Mélanges M. de Gandillac, Paris 1985, 585-597.

__, L'*historicité* des dialogues de Cassiciacum, in: RÉAug 32 (1986) 207-231.

__, La *patrie* et la voie, Paris 1989.

__, Le *Neoplatonisme* dans la conversion d'Augustin. L'état du question, in: Mayer, Augustinus-forschung 9-25.

__, Les »*Annales* Augustiniennes« - Lenain de Tillemont et la »Vita S. Augustini« des Mauristes, in: 3 Cent. de l'édition Mauriste de s. Augustin, Paris 1990, 215-233.

__, Rez. Flasch, Logik, in: RÉAug 37 (1991) 387-390.

__, Le *Christ des païens* d'après le »de consensu euangelistarum« de saint Augustin, in: RechAug 26 (1992) 3-67.

__, *Saint Augustin et la philosophie*. Notes critiques, Paris 1992.

Maier, F.G., *Augustin* und das antike Rom (= TBAW 39), Stuttgart 1955.

Maier, J.L.. L'*épiscopat* de l'Afrique romaine, vandale, et byzantin, Rom 1973.

Majercik, R., The *Chaldean Oracles*. Text, Translation and Commentary, Leiden 1989.

Mancal, J., Untersuchungen zum *Begriff der Philosophie* bei M. Tullius Cicero, München 1982.

Mandouze, A., L'*extase d'Ostie*, in: AugM 1 (1954) 67-84.

__, Où en est la question de la *mystique augustinienne*? In: AugM 3 (1955) 103-163.

__, S. Augustin et la *religion romaine*, in: RechAug 1 (1958) 187-223.

__, Saint Augustin. L'*aventure* de la raison et de la grâce, Paris 1968.

__, *Prosopographie* de l'Afrique chrétienne 303-533 (= Prosopographie chrétienne du Bas Empire I), Paris 1982.

Mara, M.G., Agostino di Ippona. »*Massa* peccatorum – massa sanctorum,« in: Studi storico religiosi 4 (1980) 77-87.

__, Agostino. *Interprete* di Paolo, Rom 1993.

Marafioti, D., Il problema dell' *initium fidei* in sant' Agostino fino al 397, in: Aug 21 (1981) 541-565.

__, L'*uomo* tra legge e grazia. Analisi teologica del »de spiritu et littera« di s. Agostino, Brescia 1983.

__, Alle origini del teorema della *predestinazione* (ad Simplicianum 1,2,13-22), in: ACIAg 1 (1987) 257-277.

Marec, E., *Monuments* chrétiens d'Hippone, ville episcopale de St. Augustin, Paris 1958.

Margerie, B. de, Introduction à l'histoire de l'*exégèse*, Paris 1983.

Markus, R.A., St. Augustine on *Signs*, in: Phronesis 2 (1957) 60-83. S. auch Markus, Augustine 61-85.

__, *Imago* et »similitudo« in Augustine, in: RÉAug 10 (1964) 125-143.

__, Marius *Victorinus* and Augustine, in: Armstrong, Cambridge History of Later Greek and Early Medieval Philosophy 327-419.

__, *Saeculum*. History and Society in the Theology of Saint Augustine, Cambridge 1970.

__, Hrsg., *Augustine*. A Collection of Critical Essays, London 1972.

__, The *End* of Ancient Christianity, Cambridge 1990.

__, Augustine's Confessions and the Controversy with Julian of Eclanum. *Manicheism Revisited*, in: Aug (L) 41 (1991) 913-925.

Marrou, H.I., S. Augustin et la *fin* de la culture antique, Paris (1938) ⁵1958. DT: Augustinus und das *Ende* der antiken Bildung, Paderborn ²1996.

__ (& La Bonnardière, A.-M.), Le dogme de la *résurrection* et la théologie des valeurs humaines selon l'enseignement de saint Augustin, in: RÉAug 12 (1966) 111-136.

__, *Augustinus* in Selbstzeugnissen und Bilddokumenten (= Rororo Monographien 8/880), Reinbek ²1984.

Martin, J., Abfassung, Veröffentlichung und Überlieferung von Augustins Schrift *de doctrina christiana*, in: Traditio 18 (1962) 69-87.

__, Antike *Rhetorik*. Technik und Methode (= HAW 2/3), München 1974.

Martindale, J.R., The *Prosopography* of the Later Roman Empire II, Cambridge 1980.

Martinetto, G., Les *premières réactions* antiaugustiniennes de Pélage,in: RÉAug 17(1971) 83-117.

Masai, F., Les *conversions* de s. Augustin et les débuts du spiritualisme de l'Occident, in: MAug 67 (1961) 1-40.

Maschio, G., L'*argomentazione patristica* di s. Agostino nella prima fase della controversia pelagiana (412-418), in: Aug 26 (1986) 459-479.

Matthews, A.W., *Si fallor sum*, in: Markus, Augustine 151-164.

__, The *Development* of St. Augustine from Neoplatonism to Christianity 386-391, Washington 1981.

Maurach, G., Hrsg., *Römische Philosophie*, Darmstadt 1976.

Mausbach, J., Die *Ethik* des hl. Augustinus, 2 Bde., Freiburg i. Br. ²1929.

Maxsein, A., *Philosophia cordis*. Das Wesen der Personalität bei Augustinus, Salzburg 1966.

Mayer, C.P., Die *Zeichen* in der geistlichen Entwicklung und in der Theologie des jungen Augustin, Würzburg 1969.

__, *Die antimanichäischen Schriften Augustins*. Entstehung, Absicht und kurze Charakteristik der einzelnen Werke unter dem Aspekt der darin verwendeten Zeichentermini, in: Aug 14 (1974) 277-313.

__, Die Zeichen in der geistigen Entwicklung und in der Theologie Augustins. Die *antimanichäische Epoche* (= Cass. 24/2), Würzburg 1974.

__, *Taufe und Erwählung*. Zur Dialektik des sacramentum-Begriffes in der antidonatistischen Schrift Augustins »de baptismo,« in: Scientia Augustiniana. FS. A. Zumkeller, Würzburg 1975, 22-42.

__, Prinzipien der *Hermeneutik* Augustins und daraus sich ergebende Probleme, in: Forum katholische Theologie 1 (1985) 197-211.

__, Augustins *Bekehrung* im Lichte seiner Bekenntnisse. Ein Exempel der kirchlichen Gnadenlehre, in: AugStud 17 (1986).

__, *Pietas* und »uera pietas quae caritas est.« Zwei Kernfragen der Auseinandersetzung Augustins mit der heidnischen Antike, in: Augustiniana traiectina, Paris 1987, 119-136.

__ (& Chelius, K.H.), Internationales Symposion über den Stand der *Augustinusforschung* 1987 (= Cass. 39), Würzburg 1989.

__, Herkunft und Normativität des Terminus *regula* bei Augustin, in: Collectanea Augustiniana. Mélanges T. S. van Bavel, Löwen, 1 (1990) 127-154.

McCool, G.A., The Ambrosian Origin of St. Augustine's Theology of the *Image* of God in Man, in: TS 20 (1959) 66.

McEvoy, J., St. Augustine's Account of *Time* and Wittgenstein's Criticism, in: RMet 37 (1984) 547-577.

McKinnon, J., *Music* in Early Christian Literature, Cambridge 1987.

McGrath, A.E., Divine *Justice* and Divine Equity in the Controversy Between Augustine and Julian of Eclanum, in: DR 101 (1983) 312-319.

McMahon, R., Augustine's Prayerful *Ascent*. An Essay on the Literary Form of the Confessions, Athens / Ga. 1989.

McWilliam, J., Hrsg., Augustine. From *Rhetor* to Theologian, Waterloo / Ont. 1992.

Meijering, F.P., *Augustin* über Schöpfung, Ewigkeit und Zeit, Leiden 1979.

Mennel, S., *Augustine's »I«*, The »Knowing Subject,« and the Self, in: JECS 2 (1994) 291-324.

Merdinger, J.E., *Rome* and the African Church in the Time of Augustine, Yale UP 1997.

Merkel, H., Die *Widersprüche* zwischen den Evangelien. Ihre polemische und apologetische Behandlung in der Alten Kirche bis zu Augustin, Tübingen 1971.

__, La *pluralité* des Évangiles comme problème théologique et exégétique dans l'Église ancienne, Bern 1978.

Merlin, N., S. Augustin et les dogmes du *péché originel* et de la grâce, Paris 1931.

Metzger, G., *Kirche und Mission* in den Briefen Augustins, Gütersloh 1936.

Meyer, H., War Augustin *Intellektueller oder Mystiker?* In: AugM 3 (1954) 429-437.

Meynell, H., Hrsg., *Grace*, Politics and Desire. Essays on Augustine, Calgary 1990.

Miethe, T.L., St. Augustine and *Sense Knowledge*, in: AugStud 8 (1977) 11-19.

__, *Augustinian Bibliography* 1970-1980, Westport / Conn. 1982.

Mignucci, M., *Logic and Omniscience*, in: OSAP 3 (1985) 219-246.

Miles, M.R., Augustine on the *Body* (= AAR Diss. Ser. 31), Missoula / Mont. 1979.

__, *Vision*. The Eye of the Body and the Eye of the Mind in Saint Augustine (trin.; conf.), in: JR 63 (1983) 125-142.

__, *Carnal Knowing*. Female Nakedness and Religious Meaning in the Christian West, Boston 1989.

Miyatani, Y., *Theologia conuersionis* in St. Augustine, in: ACIAg 1 (1987) 49-60.

Mohrmann, Ch., *Observations* sur les Confessions de saint Augustin, in: RevSR 33 (1959) 360-371.

__, Die altchristliche *Sondersprache* in den »sermones« des hl. Augustinus, Amsterdam 1965.

Mojsich, B., Hrsg., *Sprachphilosophie* in Antike und Mittelalter, Amsterdam 1986.

Momigliano, A., Hrsg., The *Conflict* Between Paganism and Christianity in the Forth Century, Oxford 1963.

Monagle, J.F., *Friendship* in St. Augustine's Biography, in: AugStud 2 (1971) 81-92.

Monceaux, P., *Histoire littéraire* de l'Afrique chrétienne, Bde. 6-7, Paris 1922/3.

__, Le Manichéen *Faustus* de Milev. Restitution de ses Capitula, in: Mémoires de l'Institut National de France 43, Paris 1933.

__, S. Augustin et S. *Antoine*, in: MAug 2 (1931) 61-89.

Monrad, M.J., Über den sachlichen Zusammenhang der neuplatonischen Philosophie mit vorhergehenden Denkrichtungen, besonders mit dem *Skepticismus*, in: PhM 24 (1888) 156-193.

Montcheuil, Y. de, L'hypothèse de l'*état originel* d'ignorance et de difficulté d'après le »de libero arbitrio« de s. Augustin, in: RSR 23 (1933) 197-221.

__, La *polémique* de s. Augustin contre Julien d'Eclane d'après l'Opus imperfectum, in: RSR 44 (1956) 193-218.

Morán, C., Un capitulo en la historia de la moral matrimonial. A propósito del »adversus Jovinianum« de S. Jerónimo y del »de *bono coniugali*« de S. Agustin, in: EstAg 8 (1973) 329-353.

Morán, J., Sobre la *memoria dei* agustiniana, in: Augustinus 9 (1964) 205-209.

Moreau, M., *Mémoire et durée*, in: RÉAug 1 (1955) 239-250.

__, Le *dossier Marcellinus* dans la correspondance de saint Augustin, in: RechAug 9(1973) 3-181.

Morin, G., Un *ouvrage restitué* à Julien d'Eclanum. Le commentaire du Ps-Rufin sur les prophètes Osee, Joel et Amos, in: RB 30 (1913) 1-24.

Moriones, F., El *camino providencial* de salvación en la doctrina agustiniana, in: Augustinus 12 (1967) 313-334.

Mosher, D.L.,The Argument of St. Augustine's *contra Academicos*,in: AugStud 12(1981) 89-113.

Most, G.W., *Rhetorik und Hermeneutik*, in: AuA 30 (1984) 62-79.

Mourant, J.A., The Augustinian Argument for the *Existence of God*, in: PhSt 12 (1963) 92-106.

__, Augustine and the *Academics*, in: RechAug 4 (1966) 67-96.

Müller, M., Die Lehre des hl. Augustinus von der *Paradiesesehe*, Regensburg 1954.

Mutzenbecher, A., *Codex Leningrad* Q. v. I. 3 (Corbie). Ein Beitrag zu seiner Beschreibung, in: SE 18 (1967/8) 432-435.

__, Bemerkungen zum *Indiculum* des Possidius. Eine Rezension zu Ludwig, Indiculus, in: RÉAug 33 (1987) 128-131.

Mveng, E., *Paganisme et christianisme*. Christianisation de la civilisation païenne de l'Afrique romaine d'après la correspondance de saint Augustin, Diss. Lyon 1964.

Nabert, J., Essai sur le *mal*, Paris 1970.

Nash, R.H., The *Light* of the Mind. St. Augustine's Theory of Knowledge, Lexington 1969.

Nédoncelle, M., L'*abandon de Mani* par Augustin ou la logique de l'optimisme, in: RechAug 2 (1962) 17-32.

Nicolai, M., Hrsg., Agostino à Milano. Il *Battesimo* (= Augustiniana. Testi e studi 3), Palermo 1988.

Niebergall, A., Augustins Anschauung von der *Gnade*. Ihre Entstehung und Entwicklung vor dem pelagianischen Streit bis zum Abschluß der Confessiones, Diss. Marburg 1944.

Niewadomski, J., Die *Sorge* um die ganze Bibel. Augustinus' Bemühen um den biblischen Gott des Zornes, in: BiLi 59 (1986) 237-246.

__, Vom verfluchten zum nichterwählten, aber doch verdammten Esau. *Prädestinationsdilemma* im Licht von René Girard, in: ACIAug 3 (1987) 297-307.

Nolte, V., Augustins *Freundschaftsideal* in seinen Briefen (= Cass. 6), Würzburg 1939.

Normann, F., *Christos Didaskalos*. Die Vorstellung von Christus als Lehrer in der christlichen Literatur des ersten und zweiten Jahrhunderts, Münster 1967.

Nussbaum, M., The *Fragility* of Goodness, Cambridge 1980.

Nygren, A., *Eros und Agape*. Gestaltwandlungen der christlichen Liebe, Gütersloh ^{2}1954.

Nygren, G., Das *Prädestinationsproblem* in der Theologie Augustins, Göttingen 1956.

__, The Augustinian Concept of *Grace*, in: StPatr 2 (1957) 258-269.

Oberhelman, S.M., *Rhetoric* and Homiletics in Fourth-Century Christian Literature. Prose Rhythm, Oratorical Style and Preaching in the Works of Ambrose, Jerome and Augustine (= APA, American Classical Studies 26), Atlanta 1991.

O'Connell, R.J., The Plotinian *Fall* of the Soul in St. Augustine, in: Tr. 19 (1963) 1-35.

__, St. Augustine's Early Theory of *Man*, Cambridge 1968.

__, St. Augustine's Confessions. The *Odyssey* of Soul, Cambridge / Mass. 1969.

__, *Art* and the Christian Intelligence in St. Augustine, Oxford 1978.

__, *Pre-Existence* in the Early Augustine, in: RÉAug 26 (1980) 176-188.

__, *Isaiah's Mothering God* in St. Augustine's Confessions, in: ACIAg 2 (1987) 188-206.

__, The *Origin* of the Soul in Augustine's Later Works, New York 1987.

__, *Involuntary Sin* in the 'de libero arbitrio', in: RÉAug 37 (1991) 23-36.

O'Daly, G.J.P., Did Augustine Ever Believe in the Soul's *Pre-Existence*? In: AugStud 5 (1974) 227-235.

__, Augustine on the *Origin* of Souls, in: Platonismus und Christentum. FS H. Dörrie (= JAC.E 10), Münster 1983, 184-191.

__, Augustine's Philosophy of *Mind*, London 1987.

__, *Predestination* and Freedom in Augustine's Ethics, in: Vesey, Philosophy 85-97.

O'Donnell, J.J., Augustine's Classical *Readings*, in: RechAug 15 (1980) 144-175.

O'Donovan, O., The Problem of *Self-Love* in Augustine, New Haven / Conn. & London 1980.

__, »Usus« and »Fruitio« in Augustine, *de doctr. 1*, in: JThS N. S. 33 (1982) 361-397.

Ohly, F., *Hohelied-Studien*. Grundzüge einer Geschichte der Hoheliedauslegung des Abendlandes bis 1200, Wiesbaden 1958.

O'Leary, J.S., Questioning Back. The Overcoming of *Metaphysics* in Christian Tradition, Minneapolis / Minn. 1985.

Olmsted, W.R., Philosophical *Enquiry* and Religious Transformation, in: JR 69 (1989) 14-35.

O'Meara, J.J., Augustine's view of *authority* and reason in AD 386, in: IThQ 18 (1951) 338-346.

__, The *Historicity* of the Early Dialogues of St. Augustine, in: VigChr 5 (1951) 150-178.

__, The *Young Augustine*, London-New York 1954.

__, *Augustine and Neo-Platonism*, in: RechAug 1 (1958) 91-111.

__, Porphyry's Philosophy From *Oracles* in Augustine, Paris 1959.

__, *Neo-Platonism and Christian Thought*, Norfolk / Virginia 1982.

Opelt, I., *Doctrina* und »doctrina christiana,« in: AU 9 (1966) 5-22.

__, Materialien zur *Nachwirkung* von Augustins Schrift »de doctrina christiana,« in: JAC 17 (1974) 64-73.

__, Das Bild des *Sokrates* in der christlichen Literatur, in: Platonismus und Christentum. FS H. Dörrie (= JAC.E 10), Münster 1983, 192-207.

O'Rourke-Boyle, M., *Augustine* in the Garden of Zeus. Lust, Love and Language, in: HThR 83 (1990) 117-139.

Pagels, E., The *Politics* of Paradise. Augustine's Exegesis of Gen 1-3 versus that of John Chrysostom, in: HThR 78 (1985) 67-99.

__, *Adam*, Eve and the Serpent, London-New York 1988. DT: *Adam*, Eva und die Schlange, Reinbek 1991.

Pellegrino, M., Intorno al *testo* del »de libero arbitrio« di s. Agostino,in: RFIC 36(1958) 186-188.

__, Les *Confessions* de saint Augustin, Paris 1960.

__, *Salus tua ego sum* (Ps 34,3) in conf. 1,5; 9,1. Il problema della salvezza nelle Confessioni di s. Agostino, in: Aug 7 (1967) 221-257.

Pépin, J., Recherches sur le sens et les origines de l'expression *caelum caeli* dans le livre XII des Confessions de saint Augustin, in: ALMA 23 (1953) 185-274.

__, Une nouvelle source de saint Augustin: Le zètèma de Porphyre sur l'*union* de l'âme et du corps, in: RÉAug 10 (1964) 53-107.

__, Hrsg., *Entretiens* sur l'homme et le diable, Paris 1965.

__, *Influences païennes* sur l'angélologie et la démonologie de s. Augustin, in: Pépin, Entretiens 51-74.

Perler, O., Der *Nus* bei Plotin und das Verbum bei Augustin als vorbildliche Ursache der Welt. Vergleichende Untersuchung (= SF), Fribourg 1931.

__, (& Maier, J.L.), Les *voyages* de St. Augustin, Paris 1969.

Peters, E., What was *God* Doing before He Created the Heavens and the Earth, in: Aug (L) 34 (1984) 53-74.

__, *Aenigma Salomonis*. Manichean Anti-Genesis Polemic and the »uitium curiositatis« in conf. 3,6, in: Aug (L) 36 (1986) 48-64.

Peterson, E., *Jesus* bei den Manichäern, in: ThLZ 53 (1928) 241-250.

Pfligersdorffer, G., *Augustino praeceptori*. Gesammelte Aufsätze zu Augustinus, Salzburg 1987.

__, Augustins Confessiones und die *Arten* der Confessio, in: Ders., Augustino praeceptori 59-77.

__, Das *Bauprinzip* von Augustins Confessiones, in: Ders., Augustino praeceptori 79-100.

__, Bemerkungen zu den *Proömien* von Augustins »contra Academicos« 1 und »de beata uita,« in: Ders., Augustino praeceptori 33-58.

__, Eine weniger beachtete Partie in Augustins Confessiones (*conf. 4,4,7-12,9*) in interpretierender Darstellung, in: Ders., Augustino praeceptori 201-238.

Philips, G., La *raison du mal* d'après s. Augustin, Löwen 1927.

Piault, B., Autour de la controverse pélagienne: *le troisième lieu*, in: RSR 44 (1956) 481-514.

Pike, N., Omnipotence and *God's Ability to Sin*, in: Helm, Divine Commands 67-82.

Pinborg, J., Das *Sprachdenken der Stoa* und Augustins Dialektik, in: CM 23 (1962) 144-177.

Pincherle, A., *L'ecclesiologia nella controversia donatista*, in: RicRel 1 (1925) 35-55.

__, *Da Ticonio a Sant' Agostino*, in: RicRel 1 (1925) 443-466.

__, La *formazione teologica* di sant' Agostino, Rom 1947.

__, *Ambrogio* ed Agostino, in: Aug. 14 (1974) 385-407.

__, Sulla formazione della dottrina agostiniana della *grazia*, in: RSLR 11 (1975) 1-23.

__, The *Confessions* of St. Augustine. A Reappraisal, in: AugStud 7 (1976) 119-133.

Pinckaers, S., Le problème de l'*intrinsice malum*. Esquisse historique, in: FZPhTh 29 (1982) 373-388.

Pirovano, D., La parola di Dio come *incarnazione* del Verbo in sant' Agostino, in: Aug 4 (1964) 77-104.

Pizzolato, F., Il *de beata uita* o la possibile felicità nel tempo, in: Reale, Opera letteraria 31-112.

Platz, Ph., Der *Römerbrief* in der Gnadenlehre Augustins (= Cass. 5), Würzburg 1938.

Plumpe, J.-C., »*Viuum saxum* – uiui lapides.« The Concept of the Living Stone in Classical and Christian Antiquity, in: Tr. 1 (1943) 1-14.

Pohlenz, M., Die *Stoa*, Göttingen, Bd. 1 (1948) ⁶1984, Bd. 2 (1949) ⁵1980.

Pontet, M., L'*exégèse* de s. Augustin prédicateur, Paris 1945.

Poschmann, B., Die kirchliche Vermittlung der *Sündenvergebung* nach Augustinus, in: ZkTh 45 (1921) 208-228; 405-432; 496-526.

Powell, J.G.F., Hrsg., *Cicero* the Philosopher, Oxford 1995.

Power, K., *Sed unam tamen*. Augustine and His Concubine, in: AugStud 23 (1992) 49-76.

__, Veiled *Desire*. Augustine's Writing on Women, London 1995.

Prenter, R., *Metaphysics* and Eschatology in Sacramental Teaching, in: StTh 1 (1948) 5-26.

Press, G.A., The Content and Argument of Augustine's de *doctrina christiana*, in: Aug (L) 31 (1981) 165-182.

Prestel, P., Die Rezeption der ciceronischen Rhetorik durch Augustinus in de *doctrina christiana*, Frankfurt am Main 1992.

Procopé, J.F., *Initium omnis peccato superbia*, in: StPatr 22 (1989) 315-320.

Puech, H.C., Der Begriff der *Erlösung im Manichäismus*, in: ErJb 1936, 183-286.

__, Le *manichéisme*, son fondateur, sa doctrine, Paris 1949.

__, *Plotin et les gnostiques*, in: Les sources de Plotin 161-174.

__, Sur le *manichéisme* et autres essais, Paris 1979.

Rabbow, P., *Seelenführung*. Methodik der Exerzitien in der Antike, München 1954.

Rahner, H., *Antenna crucis*, in: ZkTh 65(1941) 61-80; 66(1942) 89-118.196-227; 67(1943) 1-21.

Rahner, K., Augustinus und der *Semipelagianismus*, in: ZkTh 62 (1938) 171-196.

Ramsay, P., Human Sexuality in the *History* of Redemption, in: JRE 16 (1988) 56-86.

Ratzinger, J., Beobachtungen zum Kirchenbegriff des *Tyconius*, in: RÉAug 6 (1958) 173-185.

Raveaux, Th., *Aduersus Iudaeos*. Antisemitismus bei Augustinus? In: Signum pietatis. FS C. Mayer, Würzburg 1989, 37-51.

Reale, G., u. a., Hrsg., L'*opera letteraria* di Agostino tra Cassiciacum e Milano, Palermo 1987.

Rees, B.R., *Pelagius*. A Reluctant Heretic, Boydell / Suffolk 1988.

Reesor, M.E., The *Nature* of Man in Early Stoic Philosophy, London 1989.

Refoulé, R., *Datation* du premier concile de Carthage contre les Pélagius et du libellis fidei de Rufin, in: RÉAug 9 (1963) 41-49.

__, *Misère des enfants et péché originel* d'après s. Augustin, in: RThom 63 (1963) 341-362.

__, *Julien d'Éclane*. Théologien et philosophe, in: RevSR 52 (1964) 42-84.

Regen, F., Zu Augustins Darstellung des *Platonismus* am Anfang des achten Buches der Ciuitas Dei, in: Platonismus und Christentum. FS H. Dörrie (= JAC.E 10), Münster 1983, 208-227.

Reil, E., Aurelius Augustinus *de catechizandis rudibus*. Ein religionsdidaktische Konzept, St. Ottilien 1989.

Remy, G., Le *Christ médiateur* dans l'oeuvre de saint Augustin, 2 Bde., Paris 1979.

Renwart, L., *Péché d'Adam*. Péché du monde, in: NRT 113 (1991) 535-542.

Rétif, A., A propos de l'interpretation de chapître 7 des Romains par saint Augustin [*Rom 7*], in: RSR 33 (1946) 368-371.

Reuter, H., *Augustinische Studien*, Gotha 1887.

Ricken, F., *Philosophie der Antike*, Stuttgart ⁶1988.

__, *Antike Skeptiker*, München 1994.

Riedl, J., *Röm 2,14ff. und das Heil der Heiden* bei Augustinus und Thomas, in: ThPh 40 (1965) 189-213.

Rief, J., Der *Ordo-Begriff* des jungen Augustin, Paderborn 1962.

Ries, J., Introduction aux *études manichéens*, in: EThL 33 (1957) 453-482; 35 (1959) 362-409.

__, La *Bible* chez Augustin et chez les manichéens, in: RÉAug 9 (1963) 201-215.

__, *Jésus Christ* dans la religion de Mani. Quelques éléments d'une confrontation de saint Augustin avec un hymnaire christologique manichéen copte, in: Aug (L) 14 (1964) 437-454.

Riga, P.J., *Created Grace* in St. Augustine, in: AugStud 3 (1972) 113-130.

Rigby, P., *Original Sin* in Augustine's Confessions, Ottawa 1987.

Rinetti, P., Sant' Agostino e l' *ecclesia mater*, in: AugM 2 (1954) 827-834.

Ring, T.G., Die pastorale *Intention* Augustins in »ad Simplicianum,« in: Homo spiritalis. FS L. Verheijen, Würzburg 1987, 171-184.

__, *Röm 7 in den Enn in Pss*, in: Signum pietatis. FS C. Mayer, Würzburg 1989, 383-407.

__, *Electio* in der Gnadenlehre Augustins, in: FS W. Eckermann, Würzburg 1994, 39-79.

__, Bruch oder Entwicklung im *Gnadenbegriff* Augustins? In: Aug (L) 44 (1994) 31-113.

Ripanti, G., L'allegoria o l'*intellectus figuratus* nel »de doctrina christiana« di Agostino, in: RÉAug 18 (1972) 219-232.

Rist, J.M., *Plotinus*. The Road to Reality, Cambridge 1967.

__, *Stoic Philosophy*, Cambridge 1969.

__, Augustine on Free Will and *Predestination*, in: JThS N. S. 20 (1969) 420-447.

__, A *Man* of Monstrous Vanity, in: JThS N. S. 42 (1991) 138-143.

__, *Augustine*. Ancient Thought Baptized, Cambridge 1994.

Ritter, A.M., *Platonismus* und Christentum in der Spätantike, in: ThR 49 (1984) 31-56.

Ritter, J., *Mundus intelligibilis*. Eine Untersuchung zur Aufnahme und Umwandlung der neuplatonischen Ontologie bei Augustinus, Frankfurt am Main 1937.

Rivière, J., Le »*droit*« du démon sur les pécheurs avant s. Augustin,in: RThAM 3(1931) 113-139.

__, Le dogme de la *rédemption* chez s. Augustin, Paris ³1933.

__, Sur le *concept de »necessaire«* en s. Augustin, in: RevSR 17 (1937) 36-41.

__, *Hétérodoxie des Pelagius* en fait de rédemption? In: RHE 41 (1946) 5-43.

Roche, W., *Measure, Number and Weight* in Saint Augustine, in: NSchol 15 (1941) 350-376.

Rodriguez Neira, R., *Intelleccion y language* en san Agustin, in: Augustinus 18 (1970) 145-156.

Roguet, A.M. (& Didier, J.Ch.),Faut-il *baptiser les enfants*?La réponse da la tradition,Paris 1967.

Rohmer, J., L'*intentionalité des sensations* chez saint Augustin, in: AugM 1 (1954) 491.

Roloff, D., *Gottähnlichkeit*, Vergöttlichung und Erhöhung zum seligen Leben. Untersuchungen zur Herkunft der platonischen Angleichung an Gott, Berlin 1970.

Rondet, H., La théologie de saint *Augustin prédicateur*, in: BLE 62 (1971) 81-105.241-57.

Rosenkranz, K., *Ästhetik des Häßlichen* (1853), Darmstadt 1989.

Ross, J.F., *Philosophical Theology*, Indianapolis-Cambridge 1980.

Ross, W.D., Aristotelis *fragmenta* selecta, Oxford 1955.

Rottmanner, A., Der *Augustinismus*. Eine dogmengeschichtliche Studie, München 1892. S. auch in: R. Jud, Hrsg., A. Rottmanner, Geistesfrüchte aus der Klosterzelle. Gesammelte Aufsätze, München 1908, 11-32.

Rousseau, Ph., *Augustine and Ambrose*. The Loyalty and Single-Mindedness of a Disciple, in: Aug (L) 27 (1977) 151-165.

Ruef, H., Augustin über Semiotik und Sprache. Sprachtheoretische Analysen zu Augustins Schrift *de dialectica* (386) mit einer deutschen Übersetzung, Bern 1981.

Rueger, H.P., Hieronymus, die Rabbinen und Paulus. Zur Vorgeschichte des Begriffspaares *innerer und äußerer Mensch*, in: ZNW 68 (1977) 132-137.

Runia, D.T., Exegesis and Philosophy. *Studies in Philo* of Alexandria, London 1991.

__, *Philo* in Early Christian Literature, Assen / Minneapolis 1993.

Rusch, W.G., *Baptism of Desire* in Ambrose and Augustine, in: StPatr 15 (1984) 374-378.

Russell, F.H., »Only Something Good Can Be Evil.« The Genesis of Augustine's *Secular Ambivalence*, in: TS 51 (1990) 698-716.

Russell, R.P., Cicero's Hortensius and the *Problem of Riches* in Saint Augustine, in: Scientia Augustiniana. FS A. Zumkeller, Würzburg 1975, 12-21.

Sage, A., De la *grâce du Christ*, modèle et principe de la grâce, in: RÉAug 7 (1961) 17-34.

___, Les *deux temps* de grâce, in: RÉAug 7 (1961).

___, Faut-il anathématiser la doctrine augustinienne de la *prédestination*?In:RÉAug8(1962)233-242.

___, »*Praeparatur uoluntas* a domino,« in: RÉAug 10 (1964) 1-20.

___, La *volonté salvifique* universelle de Dieu dans la pensée de s. Augustin, in: RechAug 3 (1965) 107-131.

___, Péché originel. *Naissance* d'un dogme, in: RÉAug 13 (1967) 211-248.

___, Le *péché originel* dans la pensée de saint Augustin, de 412 à 430,in: RÉAug 15(1969)75-112.

Salaville, S., La *connaissance du Grec* chez s. Augustin, in: EOr 21 (1922) 387-393.

Samek Ludovici, E., *Sessualità*, matrimonio e concupiscenza in sant' Agostino, in: Cantalamessa, Etica, 244-246.

Sasse, H., Sacra scriptura. Bemerkungen zur *Inspirationslehre* Augustins, in: FS F. Dornseiff, Leipzig 1953, 262-273.

Schädel, E., Aurelius Augustinus *de magistro*, Diss. Bamberg 1975.

Schaffner, O., *Christliche Demut*. Des hl. Augustinus Lehre von der Humilitas, Würzburg 1959.

Schäublin, Ch., Zur paganen Prägung der christlichen *Exegese*, in: Van Oort, Christliche Exegese 148-173.

Scheel, O., Die Anschauung Augustins über *Christi Person und Werk*, Tübingen-Leipzig 1901.

Schelkle, K.-H., *Virgil* in der Deutung Augustins, Stuttgart-Berlin 1939.

___, Erwählung und Freiheit im *Römerbrief* nach der Auslegung der Väter, in: ThQ 131 (1951) 17-31.189-207.

___, *Paulus*. Lehrer der Väter. Die altkirchliche Auslegung von Röm 1-11, Düsseldorf 1956.

Schilling, O., Die Staats- und *Soziallehre* des hl. Augustin, Freiburg i. Br. 1910.

Schindler, A., *Querverbindungen* zwischen Augustins theologischer und kirchenpolitischer Entwicklung 390-400, in: ThZ 29 (1973) 95-116.

___, *Imputative Rechtfertigung* bei Augustin? In: Signum pietatis. FS C. Mayer, Würzburg 1989, 409-423.

Schmidt, E.A., *Zeit* und Geschichte bei Augustin, SHAW.PH 1985.

___, Augustins *Geschichtsverständnis*, in: FZPhTh 34 (1987) 361-378.

Schmidt, R., *Aetates mundi*. Die Weltalter als Gliederungsprinzip der Geschichte, in: ZKG 67 (1955/6) 288-317.

Schmidt-Dengler, W.G., Die *aula memoriae* in den Konfessionen des hl. Augustinus, in: RÉAug 14 (1968) 68-89.

___, Der rhetorische *Aufbau* des achten Buches der Konfessionen des hl. Augustin, in: RÉAug 15 (1969) 195-208.

Schmitt, A., *Zahl und Schönheit* in Augustins »de musica« VI, in: Würzb. Jb. f. d. Altertumswiss. 16 (1990) 221-237.

Schmitt, É., Le *mariage chrétien* dans l'oeuvre de saint Augustin, Paris 1983.

Schmucker, J., Die *Gnade des Urstands und die Gnade der Auserwählten* in Augustins »de correptione et gratia,« Rom 1940.

Schnaubelt, J.C., Hrsg., *Collectanea Augustiniana*. Augustine: Second Founder of the Faith, New York 1990.

Schöpf, A., *Wahrheit und Wissen*. Die Begründung der Erkenntnis bei Augustin, München 1965.

Schofield, M. (& Striker, G.), Hrsg., The *Norms* of Nature, Cambridge-Paris 1986.

Scholer, D.M., Hrsg., *Women* in Early Christianity, New York-London 1993.

Scholz, H., Glaube und Unglaube in der *Weltgeschichte*. Ein Kommentar zu Augustins »de ciuitate dei,« Leipzig 1911.

Scholz, H., *Der Gottesgedanke in der Mathematik*, in: Blätter für Deutsche Philosophie 8 (1931/2) 328-338.

Schoonenberg, J.A.M., Gedanken über die *Kindertaufe*, in: ThPQ 114 (1966) 230-239.

Schreckenburg, H., Die christlichen *Aduersus-Iudaeos*-Texte und ihr literarisches und historisches Umfeld (1.-11. Jh.) (= EHS.T 23/172), Frankfurt am Main 1982.

Schubert, P.A., Augustins *Lex-aeterna*-Lehre nach Inhalt und Quellen (= BGPhMA 24/2), Münster 1924.

Schuller, A. (& Rhaden, W. von), Hrsg., Die andere Kraft. Zur *Renaissance des Bösen*, Berlin 1993.

Schwager, R., Unfehlbare *Gnade* gegen göttliche Erziehung. Die Erlösungsproblematik in der pelagianischen Krise, in: ZkTh 104 (1982) 257-290 (= R. Schwager, Der wunderbare *Tausch*, München 1986, 101-134).

Sciacca, M.F., *L'interiorité* objective, Mailand 1953.

__, Il *principio* della metafisica di s. Agostino e tentativi metafisici del pensiero moderno, in: Humanitas 9 (1954) 947-958.

Seeliger, H.R., Aberglaube, Wissenschaft und die Rolle der *historica narratio* in Augustins »de doctrina christiana,« in: WiWei 43 (1980) 148-155.

Séjourné, P., Les *conversions* de saint Augustin d'après le »de libero arbitrio,« in: RevSR 25 (1951) 243-264.333-363.

Sfameni Gasparro, G., *Concupiscenza* e generazione. Aspetti antropologici della dottrina agostiniana del peccato originale, in: ACIAg 2 (1987) 225-255.

Shanzer, D., Latent *Narrative Patterns*. Allegorical Chains and Literary Unity in Augustine's Confessions, in: VigChr 46 (1992) 40-56.

Sieben, H.J., Zur Entwicklung der *Konzilsidee*, IV. Teil. Konzilien in Leben und Lehre des Augustinus von Hippo, in: ThPh 46 (1971) 496-528.

__, Die *res* der Bibel. Eine Analyse von Augustinus, »de doctrina christiana« 1-3, in: RÉAug 21 (1975) 72-90.

__, Der Psalter und die Bekehrung der *uoces* und »affectus.« Zu Augustins conf. 9,4,6 und 10,33, in: ThPh 52 (1977) 481-497.

Siems, K., Hrsg., *Sexualität und Erotik* in der Antike (= WdF 605), Darmstadt ²1994.

Simon, M., *Punique ou berbère?* In: AIPh 13 (1955) 613-629.

Simon, R., *Histoire critique* des principaux commentateurs du Nouveau Testament, depuis le commencement du Christiansisme jusques à nôtre temps, Rotterdam 1693. Nachdruck: Frankfurt am Main 1969.

Simone, R., *Sémiologie augustinienne*, in: Semiotica 6 (1972) 1-31.

__, Modern Research on the *Sources* of Saint Augustine's Doctrine of Original Sin, in: AugStud 11 (1980) 205-227.

Simonis, W., Heilsnotwendigkeit der Kirche und *Erbsünde* bei Augustinus, in: ThPh 43 (1968) 481-501. Entspr. Andresen, Augustinus-Gespräch (2).

__, »*Ecclesia* uisibilis et inuisibilis,« Frankfurt am Main 1970.

__, Anliegen und Grundgedanke der *Gnadenlehre* Augustins, in: MThZ 34 (1983) 1-21.

Sirridge, M., St. Augustine and the *Deputy Theory*, in: AugStud 6 (1975) 107-116.

__, Augustine. *Every Word Is a Name*, in: NSchol 50 (1976) 183-192.

Smalbrugge, M.A., *L'argumentation probabiliste* d'Augustin dans le »contra Academicos,« in: RÉAug 32 (1986) 255-279.

__, Les *notions d'enseignement* et de parole dans le »de magistro« et l'»in Iohannis euangelium,« in: Aug 27 (1987) 523-538.

Smith, A., *Porphyry*'s Place in the Neo-Platonic Tradition. A Study in Post-Plotinian Neo-Platonism, Den Haag 1974.

__, Iamblichus' Views on the *Relationship* of Philosophy to Religion, in: Blumenthal, Divine Iamblichus 74-86.

Solignac, A., La condition de *l'homme pécheur* d'après s. Augustin, in: NRTh 78(1956) 359-387.

__, *Doxographies et manuels* dans la formation philosophique de s. Augustin, in: RechAug 1 (1958) 113-148.

__, Le *caractère aporétique* du »de genesi ad litteram,« in: BAug 48 (1972) 575-580.

__, *Exégèse et métaphysique*. Genèse 1,1-3 chez saint Augustin, in: In Principio. Interprétations des premiers versets de la Genèse, Paris 1973, 153-171.

__, Le *livre X des Confessions*, in: Le Confessioni 9-34.

__, Les *excès* de l'intellectus fidei dans la doctrine d'Augustin sur la grâce, in: NRTh 110 (1988) 825-849.

Somers, H., La *gnose augustinienne*. Sense et valeur de la doctrine de l'image, in: RÉAug 7 (1961) 1-15.

__, *Image de Dieu*. Les sources de l'exégèse augustinienne, in: RÉAug 7 (1961) 105-125.

Sorabji, R., *Necessity, Cause and Blame*, London 1980.
__, *Time, Creation and the Continuum*, London 1983.
__, Hrsg., *Aristotle Transformed*, London 1990.
Souter, A., The Earliest *Commentaries* on the Epistles of Paul, Oxford 1927.
Speyer, W., *Frühes Christentum* im antiken Strahlungsfeld, Tübingen 1989.
Stäcker, Th., Die Stellung der *Theurgie in der Lehre Jamblichs* (= St. klass. Philol. 92), Frankfurt am Main 1995.
Staffner, H., Die Lehre des hl. Augustinus über das Wesen der *Erbsünde*, in: ZkTh 79 (1957) 385-416.
Stark, J.Ch.,The *Pauline Influence* on Augustine's Notion of the Will,in:VigChr43(1989)345-360.
Starnes, C., Saint Augustine on *Infancy and Childhood*. Commentary on the First Book of Augustine's Confessions, in: AugStud 6 (1975) 15-43.
__, The *Unity* of the Confessions, in: StPatr 18 (1990) 105-111.
__, *Augustinian Biblical Exegesis and the Origins of Modern Science*, in: Schnaubelt, Collectanea Augustiniana 345-355.
Stead, Ch., *Augustine's de magistro*. A Philosopher's View, in: Signum pietatis. FS C. Mayer, Würzburg 1989, 63-74.
Steidle, W., Augustins *Confessiones* als Buch, in: Romanitas-Christianitas, Berlin u. a. 1982, 436-527.
Stein, J., Die *Erkenntnislehre der Stoa*, Berlin 1888.
Stenzel, A., Die *Taufe*. Eine genetische Erklärung der Taufliturgie (= FGTh 7/8), Innsbruck 1958.
Stephany, W.A., *Thematic Structure* in Augustine's Confessions, in: AugStud 20 (1989) 129-142.
Stewart, A.C., *The de peccatorum meritis* and Augustine's Rejection of Pre-Existence, in: RÉAug 34 (1988) 274-279.
Stiglmayr, J., Das Werk der Augustinischen Confessionen mit einem *Opfergelübde* besiegelt, in: ZAM 5 (1930) 234-245.
__, Zum *Aufbau* der Confessiones des hl. Augustin, in: Schol. 7 (1932) 387-403.
Stock, B., Augustine the *Reader*. Meditation, Self-Knowledge and the Ethics of Interpretation, Cambridge / Mass. 1996.
Stoeckle, B., Die Lehre von der erbsündlichen *Konkupiszenz* in ihrer Bedeutung für das christliche Leibethos, Ettal 1954.
Stough, C., *Greek Skepticism*. A Study in Epistemology, Berkeley 1969.
Strange, S.K., *Plotinus*, Porphyry, and the Neoplatonic Interpretation of the »Categories,« in: ANRW II.36/2, 955-974.
Strauss, G., *Schriftgebrauch*, Schriftauslegung und Schriftbeweis bei Augustin (= BGBH 1), Tübingen 1959.
Striker, G., Über den *Unterschied* zwischen den Pyrrhoneern und den Akademikern, in: Phronesis 26 (1981) 153-171.
Stritzky, M.-B. von, Beobachtungen zur Verbindung zwischen *Gregor von Nyssa und Augustin*, in: VigChr 28 (1974) 176-185.
Strohm, M., Der Begriff der *natura uitiata* bei Augustin, in: ThQ 135 (1955) 184-203.
Studer, B., *Sacramentum et exemplum* chez saint Augustin, in: RechAug 10 (1968) 87-141.
__, Zur *Theophanieexegese* Augustins (= StAns 59), Rom 1971.
__ (& Daley, B.), *Soteriologie* in der Schrift und Patristik (= HDG III.2a), Freiburg i. Br. 1978.
__, »Credo in Deum Patrem omnipotentem.« Zum *Gottesbegriff* des Heiligen Augustinus, in: ACIAg 1 (1987) 163-188.
__, *Rez. Prestel*, De doctrina christiana, in: JAC 36 (1993) 219-224.
__, *Gratia* Christi − Gratia Dei, Rom 1994.
Suda, J.M., *Ps 51,7* als Belegstelle für Augustins Erbsündenlehre. Zur Aktualität des Alten Testaments, in: FS G. Sauer, Frankfurt am Main 1992, 187-198.
Sutherland, C.M., *Love* as Rhetorical Principle. The Relationship Between Content and Style in the Rhetoric of St. Augustine, in: Meynell, Grace 139-154.
Sylvester-Johnson, J.A., The *Psalms* in the Confessions of Augustine, Ann Arbor / Mich. 1995 (= Diss. Southern Baptist Theological Seminary 1981).
Talon, F., Saint Augustin, a-t-il réllement enseigné la *pluralité des sens littéraux* dans l'Écriture, in: RSR 11 (1921) 1-28.
Tardieu, M., Hrsg., Les *règles* de l'interpretation, Paris 1987.

__, Principes de l'*exégèse manichéenne* du Nouveau Testament, in: Tardieu, Règles 123-146.
Tarrant, H., *Scepticism or Platonism?* Cambridge 1985.
Tauer, J., *Neue Orientierungen* zur Paulusexegese des Pelagius, in: Aug 34 (1994) 313-358.
Taylor, Ch., *Quellen des Selbst*. Die Entstehung der neuzeitlichen Identität, Frankfurt am Main 1994. ET: Cambridge 1989.
Te Selle, E., *Nature and Grace* in Augustine's Expositions of Gen 1,1-5, in: RechAug 5 (1968) 95-137.
__, *Augustine the Theologian*, London 1970.
__, *Rufinus* the Syrian, Caelestius, Pelagius. Explorations in the Prehistory of the Pelagian Controversy, in: AugStud 3 (1972) 66-79.
__, *Porphyry* and Augustine, in: AugStud 5 (1974) 113-147.
__, Some Reflections on Augustine's *Use of Scripture*, in: AugStud 7 (1976) 165-178.
Teske, R.J., The *World Soul and Time* in St. Augustine, in: AugStud 14 (1983) 75-92.
__, *Platonic Reminiscence and Memory of the Present* in St. Augustine, in: NSchol 58 (1984) 220-235.
__, »Vocans temporales, faciens aeternos.« St. Augustine on *Liberation from Time*, in: Tr. 41 (1985) 24-47.
__, *Love of Neighbour* in St. Augustine, in: ACIAg 3 (1987) 81-102.
__, The *Image* and Likeness of God in Saint Augustine's »de Genesi ad litteram liber imperfectus,« in: Aug. 30 (1990) 441-451.
Testard, M., S. *Augustin et Cicéron*, 2 Bde., Paris 1958.
Theiler, W., Rez. Henry, Plotin, in: ByZ 41 (1941) 172-176.
__, Die *Vorbereitung* des Neuplatonismus, Berlin-Zürich 1964.
__, *Forschungen* zum Neuplatonismus (= QSGP 10), Berlin 1966.
__, *Porphyrius und Augustin* (1933), in: Theiler, Forschungen 160-251.
__, Antike und christliche *Rückkehr* zu Gott, in: FS Th. Klauser (= JAC.E 1), Münster 1964, 253-261.
Thimme, W., Augustins geistige *Entwicklung* in den ersten Jahren nach seiner Bekehrung, Berlin 1908.
__, *Augustin*. Ein Lebens- und Charakterbild aufgrund seiner Briefe, Göttingen 1910.
Thonnard, F.-J., La *prédestination* augustinienne et l'interprétation de O. Rottmanner, in: RÉAug 9 (1963) 259-287.
__, La prédestination augustinienne. Sa place en la *philosophie augustinienne*, in: RÉAug 10 (1964) 97-123.
__, Prétendues contradictions dans la doctrine de s. Augustin sur le *péché originel*, in: RÉAug 10 (1964) 370-374.
__, La notion de *concupiscence* en philosophie augustinienne, in: RechAug 3 (1965) 59-105.
__, *L'aristotelisme de Julien d'Éclane* et s. Augustin, in: RÉAug 11 (1965) 296-304.
__, La notion de *nature* chez s. Augustin. Ses progrès dans la polémique antipélagienne, in: RÉAug 11 (1965) 239-265.
__, *Justice de Dieu et justice humaine* selon s. Augustin, in: Augustinus 12 (1967) 387-402.
Tillemont, s. Le Nain de Tillemont.
Trapè, A., Un celebro testo di sant' Agostino sull' ignoranza e la difficoltà (*retract. 1,9,6*) e l'*opus imperfectum contra Iulianum*, in: AugM 2 (1954) 795-803.
__, *Libertà e grazia*, in: ACIAg 1 (1987) 189-202.
Trout, D.E., The *Dates* of the Ordination of Paulinus of Bordeaux and of His Departure for Nola, in: RÉAug 37 (1991) 237-260.
Tscholl, J., Augustins Interesse für *das körperliche Schöne*, in: Aug (L) 14 (1964) 72-104.
Turmel, J., Histoire du dogme du *péché originel*, Mâcon 1904.
Ueberweg, F., *Grundriß* der Geschichte der Philosophie. Neubearb. Ausgabe, hrsg. von H. Flashar, Basel-Stuttgart. Bd. 3: Die Philosophie der Antike. Ältere Akademie-Aristoteles-Peripatos, 1983; Bd. 4: Die hellenistische Philosophie, 1994.
Ueding, G. (& Steinbrink, B.), Grundriß der *Rhetorik*, Stuttgart 1986.
__, *Klassische Rhetorik*, München 1995.
Ulbrich, H., Augustins *Briefe zum pelagianischen Streit*, Diss. Göttingen 1958.
__, Augustins *Briefe zur entscheidenden Phase* des pelagianischen Streits, in: RÉAug 9 (1963) 51-75.235-258.

Van Bavel, T.J., Recherches sur la Christologie de s. Augustin. *L'humain et le divin dans le Christ* d'après s. Augustin, Fribourg 1954.

__, L'humanité du christ comme *lac paruulorum* et comme »uia« dans la spiritualité du saint Augustin, in: Aug (L) 7 (1957) 245-281.

__, Inferas-inducas – a propos de *Mt 6,13* dans les oeuvres de saint Augustin, in: RBen 49 (1959) 348-351.

__ (& Van der Zandee, F.), *Repertoire* bibliographique de S. Augustin 1950-1960 (= IP 3), Steenbrügge-Den Haag 1963.

__, The Influence of Cicero's Ideal of *Friendship* on Augustine, in: Augustiniana traiectina, Paris 1987, 59-72.

__, The Double Face of Love in St. Augustine. The Daring Inversion: Love is God, in: ACIAg 3 (1987) 69-80.

__, The Creator and the *Integrity of Creation*, in: AugStud 21 (1990) 1-33.

__, L'*option* pour les pauvres chez Augustin, in: CBG 21 (1991) 73-88.

Van der Lof, G., Warum wurde *Tyconius* nicht katholisch? In: ZNW 57 (1966) 260-283.

Van der Meer, F., *Sacramentum* chez saint Augustin, in: MD 13 (1948) 50-64.

__, Augustinus der *Seelsorger*, Köln ³1958.

Vanneste, A., *Nature et grâce* dans la théologie de saint Augustin, in: RechAug 10(1975)143-169.

__, La nouvelle théologie du *péché originel*, in: EThL 67 (1991) 249-277.

Van Oort, J., *Augustine and Mani on concupiscentia sexualis*, in: Augustiniana traiectina, Paris 1987, 137-152.

__, *Augustine on Sexual Concupiscence and Original Sin*, in: StPatr 22 (1989) 382-386.

__, *Jerusalem and Babylon*. A Study into Augustine's City of God and the Sources of his Doctrine of the Two Cities, Leiden 1991.

__ (& Wickert, U.), Hrsg., *Christliche Exegese* zwischen Nicaea und Chalcedon, Kampen 1992.

__, *Augustin und der Manichäismus*, in: ZRGG 46 (1994) 126-142.

Van Winden, J.C.M., Once Again *caelum caeli*, in: Collectanea Augustiniana. Mélanges T. S. van Bavel, Löwen, Bd. 2 (1991) 904-911.

Verbeke,G.,L'évolution de la *doctrine du pneuma*. Du stoïcisme à s. Augustin,Löwen-Paris 1945.

__, *Augustin et le stoïcisme*, in: RechAug 1 (1958) 67-89.

__, Pensée et discernement chez saint Augustin. Quelques réflexions sur le sens du term *cogitare*, in: RechAug 2 (1962) 59-80.

Verbraken, P.-P., Le *sermon 214* de saint Augustin. Pour la tradition du symbole, in: RBen 72 (1962) 7-21.

__, Études critiques sur les *sermons* authentiques de saint Augustin, Steenbrugge 1976.

Verheijen, L.M.J., Saint Augustin et les *signes*, in: Aug (L) 19 (1969) 640-643.

__, Le premier livre du *de doctrina christiana* d'Augustin, in: Aug. traiect., Paris 1987, 169-187.

Vesey, G., The *Philosophy* in Christianity, Cambridge 1989.

Vincent, M., Saint Augustin. Maître de prière d'après les *Enn. in Pss* (= ThH 8), Paris 1990.

Vogels, H.J., Sankt Augustins Schrift *de consensu euangelistarum*, Freiburg i. Br. 1908.

__, *Die Hl. Schrift bei Augustinus*, in: AA 411-421.

Voss, B.R., Der *Dialog* in der frühchristlichen Literatur, München 1970.

Wallis, R.T., *Scepticism and Neoplatonism*, in: ANRW II,36,2 (1987) 911-954.

Walter, Ch., Der Ertrag der *Auseinandersetzung* mit den Manichäern für das hermeneutische Problem bei Augustin, Diss. München 1972.

Wang, J. Tch'ang Tche, Saint Augustin et les *virtus des païens*, Paris 1938.

Warns, G.-D., Zur Frage der *Einheitlichkeit* von Augustins »diu. qu. 83,« Diss. Berlin 1972.

Watson, G., St. Augustine and the *Inner Word*. The Philosophical Background, in: IThQ 54 (1988) 81-92.

Weaver, R.H., *Divine Grace* and Human Agency. A Study of the Semi-Pelagian Controversy (= Patristic Monograph Series 15), Mercer UP 1996.

Weber, V., *Kritische Geschichte* der Exegese des 9. Kapitels, resp. der Verse 14-23 des Römerbriefes bis auf Chrysostomus und Augustinus einschließlich, Würzburg 1889.

Weisch, A., *Cicero* und die Neue Akademie. Untersuchungen zur Entstehung und Geschichte des antiken Skeptizismus, Münster 1961.

Weismann, W., *Kirche und Schauspiel*. Die Schauspiel im Urteil der lateinischen Kirchenväter unter besonderer Berücksichtigung von Augustin (= Cass. 27), Würzburg 1972.

Weiß, F., Die *Gartenszene* in den Bekenntnissen des hl. Augustinus, in: SKZ 126 (1958) 88-90.

Wendolsky, R., *Virtus und Sapientia* beim frühen Augustin, Diss. Salzburg 1966.

Wenning, G., Die *Illuminationslehre* Augustins. Eine kritische Bestandsaufnahme unter besonderer Berücksichtigung der Ergebnisse Hessens, in: Aug (L) 39 (1989) 99-118.

___, Der Einfluß des Manichäismus und des Ambrosius auf die *Hermeneutik* Augustins, in: RÉAug 36 (1990) 80-90.

Wermelinger, O., *Rom* und Pelagius. Die theologische Position der römischen Bischöfe im pelagianischen Streit in den Jahren 411-432, Stuttgart 1975.

___, *Neuere Forschungskontroversen* um Augustinus und Pelagius, in: Mayer, Augustinusforschung 189-217.

Westra, H.J., *Augustine and Poetic Ethics*, in: Meynell, Grace 87-100.

Wetzel, J., Augustine and the *Limits* of Virtue, Cambridge 1992.

___, *Pelagius Anticipated*. Grace and Election in Augustine's »ad Simplicianum,« in: McWilliam, Rhetor 121-132.

Wickham, L.R., *Pelagianism in the East*, in: Williams, Making 200-213.

Widengren, G., *Mani* und der Manichäismus, Stuttgart 1961.

___, Hrsg., Der *Manichäismus* (= WdF 168), Darmstadt 1977.

Wienbruch, U., *Erleuchtete Einsicht*. Zur Erkenntnislehre Augustins (= APPP 218), Bonn 1989.

Wiles, M.F., *The Divine Apostle*. The Interpretation of St. Paul's Epistles in the Early Church, Cambridge 1967.

Williams, N.P., The Ideas of the Fall and of *Original Sin*. A Historical and Critical Study, London 1927.

Williams, R., The *Making* of Orthodoxy. Essays in Honour of H. Chadwick, Oxford 1989.

Williams, Th., Hrsg., *Augustine*. On Free Choice of the Will. Translation, Introduction and Notes, Indianapolis / Ind. 1993. S. auch unter (2) Quellen, Augustinus, lib. arb.

Wilmart, A., Le »de Lazaro« de *Potamius*, in: JThS 19 (1918) 289-304.

___, La collection des *38 homélies* latines de saint Jean Chrysostome, in: JThS 19 (1918) 305-327.

Wilson-Kastner, P., *Grace as Participation in the Divine Life* in the Theology of Augustine of Hippo, in: AugStud 7 (1976) 135-172.

Wolfson, H.A., *Philosophical Implications* of the Pelagian Controversy, in: PAPS 103 (1959) 554-562.

Wörter, F., Die *Geistesentwicklung* des hl. Augustinus bis zu seiner Taufe, Paderborn 1892.

Wolfskeel, C.W., Some Remarks with Regard to Augustine's Conception of *Man as the Image of God*, in: VigChr 30 (1976) 63-71.

Wright, D.F., *Tractatus 20-22* of Augustine's »in Iohannem,« in: JThS N. S. 15 (1964) 317-330.

___, The *Manuscripts* of St. Augustine's Tractatus in Euangelium Iohannis. A Preliminary Survey and Check-List, in: RechAug 8 (1972) 80-106.

___, *Donatist Theologoumena in Augustine?* Baptism, Reviviscence of Sins and Unworthy Ministers, in: ACIAg 2 (1987) 213-224.

Wundt, M., Ein *Wendepunkt* in Augustins Entwicklung, in: ZNW 21 (1922) 53-64.

___, Zur *Chronologie* augustinischer Schriften, in: ZNW 21 (1922) 128-135.

Wyrwa, D., Augustins geistliche *Auslegung des Johannesevangeliums*, in: Van Oort, Christliche Exegese 185-216.

Zarb, S., Unité ou multiplicité des *sens littéraux* dans la Bible? In: RThom 37 (1932) 251-300.

___, *De anno consecrationis episcopalis sancti Augustini*, in: Angelicum 10 (1933) 261-285.

___, *Chronologia tractatum* s. Augustini in euangelium primamque epistulam Ioannis apostoli, in: Angelicum 10 (1933) 50-110.

___, *Chronologia operum* sancti Augustini, Rom 1934.

___, *Chronologia enarrationum* s. Augustini in Psalmos, in: Angelicum 12 (1935) 52-81.245-253; 13 (1936) 93-108.252-282.

Zeoli, A., La téologia agostiniana della *grazia* fino alle »quaestiones ad Simplicianum« 396, Neapel 1963.

Zum Brunn, E., *Le dilemme de l'être et du néant* chez s. Augustin, Amsterdam ²1984.

Zumkeller, A., Das *Mönchtum* des hl. Augustinus (= Cass. 11), Würzburg ²1968.

___, Augustinus über die *Zahl der Guten bzw. Auserwählten*, in: Augustinus 10 (1970) 421-457.

___, *Propositum* in seinem spezifisch christlichen und theologischen Verständnis bei Augustinus, in: Homo spiritalis. FS L. Verheijen, Würzburg 1987, 295-310.

REGISTER

1. BIBELSTELLEN

Gen
1-3: 349f.; 382.; 458
   (Pagels).
1,1-5: 464 (TeSelle).
1,2: 153.
1,3: 153; 244; 245.
1,4: 153.
1,26: 67; 245.
1,27: 48;192;290;337.
1,28: 267; 326; 339.
2,17: 122; 337.
2,23: 283.
2,24: 151; 271; 275;
   277; 350.
2,25: 364.
3: 215; 337; 339.
3,5: 366.
3,6f.: 274; 318; 319;
   364; 397; 407.
3,9: 153.
3,11: 364; 403.
3,16: 133.
3,18: 374.
3,19: 123.
4,1: 349.
6-8: 114.
6,7: 68.
9,1: 349.
9,6: 234.
12-22: 407.
17,5: 376.
17,10: 149.
17,14: 344.
18,26: 359.
19,24: 350.
20,1-18: 350.
20,6: 359.
22,17: 407.
22,18: 287; 376.
25,23: 192.
38,9: 272.
41,1-8: 100.

Ex
1,8-22: 76.
3,4: 169.
3,22: 204.
10: 57.
11,2: 204.
12,35: 204.
14: 179.
20,5: 200; 376; 391.
20,17:149;152;188;191;
   250;257;258;263;
   277;291;390;399.

23,3: 361.
33,19: 152; 201.
33,20: 332.

Lev
19,2: 329.
19,18: 46;287;442(Can-
   ning); 450 (Hult-
   gren); 464 (Tes-
   ke).

Num
14,18: 391.
16,5: 361.
16,26: 361.
21,7: 200.
21,8: 151; 334.
22-24: 103.
22,28-30: 101; 261.

Dtn
5,9: 200; 391.
5,21: 390.
6,4f.: 46; 442(Canning);
   450 (Hultgren).
7,3: 270.
13,2: 203.
21,23: 151.
24,14-16: 379.
31,17: 213.
32,4: 377.
32,20: 213.

Jos
7: 370.
11,20: 365.

1 Sam
9,17: 99f.
10: 98.
10,1: 100.
10,9: 100.
10,10: 99; 104; 299.
10,12: 101.
10,16: 100.
13,14: 199.
15: 361.
16: 98.
16,14: 79; 99; 104;
   144; 299.
19,23: 103.
24,7: 102.
28,14-20: 203.

2 Sam
1,14-16: 102.
24: 370.

1 Kön
1,12: 376.
3,26: 115.
8,47: 235.
12,15: 365.
22,19-22: 365; 397.

2 Kön
1,9: 233.
4,34f.: 284.
14,5: 379.

2 Chr
30,12: 320.

Esra (= 1 Esra)
8,25: 326.
10,11: 270.

Tob
3,2: 235.
8,9: 227.

Est
14,13: 320.
15,9-11: 320.

2 Makk
1,24: 233.
7,22: 368.

Ijob (LXX)
1,22: 342.
2,5: 102.
3,3: 376.
7,1: 304;308;346;408.
7,9: 233.
9,5: 227.
10,11: 367.
14,1-5: 376.
14,4: 392; 396.
14,5: 332; 367.
14,16: 242.
28,28: 190; 199; 217;
   232; 306; 359.
33,3f.: 283.
39,16: 405.
42,5f.: 131.

Ps (LXX)
1,2: 290.
1,4: 342.
2,7: 200.
2,9b: 157.
2,10: 300.
2,11: 236; 300.
2,12: 227.

3,7: 290.
3,16: 190; 326; 409.
3,34: 196;220;226;227;
232;234;286.
4,26: 289.
8,35: 52;200;201;244;
248;278;291;298;
299;303;305;309;
318;323;326;329;
341;360;386;387;
388;391;392;406;
408;410;461(Sage).
9,8: 300.
10,1: 368.
10,19: 297.
16,1: 323.
18,21: 228.
18,22: 279.
19,3: 290.
19,14: 290; 404.
19,21: 391.
20,9: 254; 317; 329;
332; 345.
23,14: 300.
24,12: 68.
29,15: 408.
29,19: 300; 356.

Koh
1,2f.: 54; 75; 376.
1,18: 191.
1,33: 154.
3,5: 275.
7,20: 321.
7,26: 236.
12,7: 144.

Hld
4,12-13: 113; 117.
5,3: 180.
6,8: 112; 170; 180; 182.
8,5: 181; 182.

Weish
1,1: 76.
1,13: 397.
2,21: 385.
2,24: 123.
2,25: 123; 378.
4,11: 127;280;282;283;
302;304;307;407.
7,6f.: 253.
7,16: 209.
7,22: 407.
7,24f.: 371.
7,28: 354; 369.
8,21: 191; 194; 240.
9,14: 154.
9,15: 286;372;375;
398;400;403.

10,2: 409.
11,21: 232; 439
(Beierwaltes).
11,25: 87; 185; 402.
12,10: 381.
12,11: 391; 402; 406.
13,9: 53; 203; 232; 285.

Sir
1,16: 202.
3,20: 158.
3,22f.:285;307;327;368.
7,30: 406.
10,9-15: 175.
10,15: 53; 247.
11,14: 397.
14,18: 376.
15,14-17: 377.
18,6: 181; 186.
18,30: 258.
18,50: 399.
19,16: 253.
22,10: 400.
22,15: 369.
25,2: 136.
25,16: 202.
25,24: 126.
25,33: 376.
33,10-15: 89.
33,12: 90.
33,16f.: 95.
33,17: 90.
37,23: 204.
40,1: 341;362;364;370;
376;384;393;396;
407;409.

Jes (LXX)
1,2: 331.
1,19: 377; 378.
1,20: 378.
5,20: 199.
5,25: 297.
6,10: 151.
7,9b: 23-25; 149; 151;
154;171;176;185;
203;238;279;281;
341;392; 448
(Geerlings).
7,14: 265.
8,20: 252; 253; 378.
11,2: 279.
19,14: 365.
26,10: 157; 192.
29,2: 230.
45,8: 378.
46,4: 226.
52,5: 189.
52,13: 156.
53,9: 354.

54,13: 263; 304.
56,1: 330.
57,16: 306; 307.
63,17: 365.
64,5f.: 365.

Jer
1,5: 78.
9,24: 187.
17,5: 303; 309.
17,13: 151.
20,14: 376.
21,24-32: 376.
23,24: 226.
24,7: 391.
31(38),33f.: 192; 304.
32,18: 376; 391.
32,40: 306; 326.

Bar
2,31: 309.

Ez
3,12: 244.
11,19: 408.
14,9: 365.
16,3: 381.
16,19: 350.
16,45: 381.
18,1-30: 379; 392.
18,2: 200.
32,38: 326.
36,22: 326; 388.
36,26: 320; 408.
36,27: 304; 326.
36,32: 326.
36,38: 326.

Dan
2: 100.
3,27-29: 235.
3,87: 180.
4,1-15: 100.
13,56: 381.

Hos
2,24/5: 58.
13,11: 365.
13,14: 374.

Joël
2,26: 233.

Jona
2,8: 244.

Hab
2,4: 199; 316.

13,13f.: 223.
14,17: 330.
14,23: 278;316;360f.
16,19: 199.

1 Kor
1,10: 288.
1,13: 113.
1,17:209;246;248;371.
1,18: 304.
1,19: 248.
1,20: 199;280.
1,21: 198.
1,24: 24f.;36;43;51;63;
    68;132;167;170;214;
    226;267;305;325f.
1,25: 198.
1,27: 303;370.
1,29: 295.
1,30: 232;295;325f.375.
1,31: 8;82;95;151;173;
    175;180;183f.;187;
    189;190;194f.;196,
    Anm. 249;201;209;
    225;255;260f.;263;
    278;288;295;303;
    305;307-309;315;
    324-326;329;332;
    342;345;360f.;375;
    385;387;390;402;
    409f.;421f.
2,6: 76;132;184.
2,9: 161;165.
2,12: 292;360.
2,14: 372.
2,15: 56;95;372.
2,16: 253.
2,31: 297.
3-4: 308.
3,2: 132.
3,5f.: 308.
3,7: 125;192;257;263.
3,17: 82;371.
3,20: 286.
3,21: 151;288.
4,5: 268.
4,7: 83;147;173;190;
    195;196, Anm. 249;
    235;255;260;288;
    291;294;300;303;
    309;320;326;329;
    390;402.
5,5: 365;393.
5,7: 205;230.
6,9: 372.
6,10: 112;372.
6,19: 325.
7,3-6: 275;355.
7,4: 266;267.
7,5: 366.

7,6: 360;366.
7,7: 369.
7,9: 272;360.
7,10f.: 268;269;270.
7,12: 270.
7,16: 271.
7,25:269;279;287;291.
7,28-36: 268.
7,29-33: 275.
7,29: 272.
7,31: 368.
7,36: 290.
7,39: 271.
8,1: 204;292;326.
8,4: 169.
8,7: 271.
8,11: 271.
9,2-7: 128.
9,17: 290.
9,22: 163.
9,24: 309.
9,27: 345.
10,6-10: 150.
10,12: 306;308.
10,13: 194;306f.
10,17: 157.
10,19f.: 203.
10,23: 271.
11,1: 125.
11,3: 275.
11,19: 221.
11,29: 110.
12,1-31: 245.
12,3: 62;331.
12,4: 100.
12,6: 55.
12,9: 343.
12,12-27: 157.
12,23-25: 398.
12,27: 82.
13: 105.
13,1-13: 245.
13,1-3:103;107;119;238.
13,2: 117;193.
13,4: 309.
13,7: 104;194;238.
13,8: 198.
13,9: 48;154;183.
13,10: 331.
13,11f.: 99;118;161;
    183;192;229;238;
    325;331f.
13,13: 198.
15,10: 175;211;255;
    261;291;359.
15,12: 113.
15,13: 204.
15,22: 87;125;138;143;
    187;233;265;376;
    382;410.

15,23-28: 382.
15,29-49: 382.
15,32: 113.
15,33: 374.
15,34: 377.
15,36: 350.
15,38: 350.
15,41: 192;193.
15,44:128;133;150;375.
15,45: 306.
15,46-57: 383.
15,47: 260.
15,50: 198.
15,52: 160.
15,53: 408.
15,54: 317.
15,55: 336;342;374.
15,56f.: 290.
16,14: 292.

2 Kor
2,12-17: 305.
2,15: 385.
2,16: 67.
3,3: 192.
3,5: 264;306;308;323.
3,6: 81;152;187f.196;
    205;218;233f.254;
    260;263;291f.299;
    326.
3,16: 99;151.
4,4: 152.
4,5f.: 192.
4,6: 153;192.
4,13: 227;248;324;387.
4,16: 67;70;250;263;
    275;277.
5,4: 408.
5,6: 197.
5,7: 188.
5,10: 95;304;370.
5,13f.: 163;385.
5,15: 370.
5,16: 150.
5,17: 200.
5,20: 200;324.
5,21: 244.
6,10: 232.
6,11: 151.
10,17: 8;82;189;225;
    260;278;323;406;
    410.
11,3: 374.
12,4: 343.
12,7-9: 263.
12,9: 295;345;360.
12,15: 163.
12,19: 325.
13,3: 271.
13,7: 392.

Gal

1,6-9: 63.
1,9: 150.
2,11-14: 106;116;449
  (Haendler).
2.16: 63.
2,20: 63;181;211;355;
  375.
2,21: 248;255;260;326;
  360;366;376.
3,7: 397.
3,11: 285f.;316;403.
3,19f.:259;285.
3,21f.:152;263;265;408.
3,24: 259;263;326.
3,25: 63.
3,26: 326.
3,27: 370.
4,3: 64.
4,4f.: 157;268.
4,6: 64.
4,9: 287.
4,19: 64.
4,24: 324;376.
5,5: 252.
5,6: 175;191;199;260;
  306;326;361;366.
5,11: 248.
5,14: 46.
5,17: 4;262;286;329;
  342;346;366;369;
  375;396-398;403;
  408.
5,22f.: 107.
5,25: 65.
6,7: 305f.;377.

Eph

1,3: 305.
1,4-11: 306;366.
1,4: 366.
1,10: 200.
1,11: 306.
1,12: 305.
1,18: 175;283;288.
1,23: 157;306.
2,1-5: 316.
2,3: 49, Anm. 32; 129;
  173; 177; 183; 200;
  277; 298; 345; 370;
  376; 391; 401; 403;
  420.
2,8-10: 200;322;387.
2,10: 288.
2,14: 233.
2,16: 128.
3,14-19: 245.
3,15: 95.
3,16: 285.
3,17: 187;205.

3,18: 186.
3,19: 205.
3,20: 195.
4,3: 104;105;151.
4,4-6: 173.
4,8: 71; 250;291.
4,13: 233.
4,14: 233.
4,24: 233.
5,8: 244;258.
5,23: 271.
5,25: 274.
5,26: 327.
5,27: 198;327;330.
5,32: 275.
6,23: 309;387.

Phil

1,6: 308.
1,21: 330;342.
1,23: 401.
1,29: 305.
2,6-8: 163.
2,7-11: 234.
2,8: 70.
2,12f.: 84;188;192;200;
  247; 250; 260; 287;
  305; 308f. 318; 320;
  360; 386f. 392; 396;
  406.
3,6: 316.
3,9: 260;325.
3,12: 256;258;325;331.
3,14f.: 132;258;289;
  325;331.
3,18: 325.
3,20: 173.
4,4: 330.
4,7: 200;287.

Kol

1,12: 409.
1,13: 370;407;409.
1,18: 382.
2,8f.: 25.
3,10: 285.
3,25: 322.
4,2-4: 305.

1 Thess

2,7b: 163.
2,10: 365.
2,13: 305.
4,5: 268.
4,17: 382.

2 Thess

1,8: 290.
3,2: 186;376.

1 Tim

1,5: 110;149;162;193;
  198;243;262;268.
1,7: 283.
1,8: 109;243;259.
1,20: 153.
2,4: 58;102;194;200f.;
  295;304;348;351;
  361;376.
2,5f.:167;190;193;240;
  259;304;319;325;
  376;387;407;460
  (Remy).
3,7: 181;231.
3,10: 318.
4,3: 369.
4,4: 102.
4,12: 209.
5,14: 266;268;272.
6,9: 346.
6,10: 263;380.

2 Tim

1,7: 292;326.
1,8f.: 186;294;366.
2,13: 406.
2,15: 233.
2,19: 113;361;365f.
2,20: 90;105f.;116;
  222;301;365;442
  (Clancy).
2,21: 378.
2,25f.: 292;365.
3,13b: 246.
4,7: 324.

Tit

1,10: 222.
1,16: 62.
3,3: 316.
3,5: 283;317f.;320.

Phlm

14b: 250.

Hebr

1,5: 200.
2,11: 379;392.
2,14: 370;385.
5,5: 200.
7,9f.: 401.
10,38: 199.
11,1: 183.
13,4: 266;268.

Jak

1,1: 61.
1,5f.: 194;288;359.
1,13: 400.
1,14f.: 317;360;366;

368;372;400.
1,17: 279;288;291;
      294;300;309.
1,18: 157.
1,19: 297.
2,13: 159:254;361.
3,1: 297.
3,14: 309.
3,15: 246;406.
3,17: 309.
4,6: 196;220.
4,17: 270.

1 Petr
1,2-3: 61.
2,4f.: 151.
2,22: 342;354;368.
3,7: 366.
3,9: 371.
3,20f.: 114.
4,17f.: 154;157.
5,5: 12;196;220.

2 Petr
1,2: 61.
2,16: 261.
2,19: 365.
2,20: 234.
3,9: 365.

1 Joh
444 (Dideberg).
1,3: 61.
1,8: 131;327;329;345;
      361;366.
1,9: 111.
1,10: 331.
2,2: 397.
2,9: 111;112.
2,15: 276;368.
2,16: 215;238f.263;
      274;321;352;359f.
      368;396f.400.
2,17: 276.
2,19: 111;306f.
3,1: 292;392.
3,2: 75;131.
3,8: 123;405.
3,9: 331.
3,15: 111;112.
3,16: 162.
4,1: 194.
4,7f.: 263;292;309;
      326;387;392.
4,10: 64;162;184.
4,14: 259.

4,18: 183;292;300.
4,19: 292;388.
5,12: 370.
5,19: 396.

Jud
1,1-2: 61.

Church, s. Kirche.
Chuvin, P. 15; 442.
Cicero 9-12; 20-23; 29; 118; 208; 296; 352; 362f.; 364; 367; 371; 374; 378; 388; 412-414; 419f.; 425; 433 (Werke); 441 (Bruwaene); 444 (Diels; Dienel; DiLorenzo); 447 (Fuhrer); 448 (Gawlick); 453 (Lévy); 455 (Mancal); 459 (Powell; Prestel); 461 (Russell); 464 (Testard); 465 (Van Bavel; Weisch).
Circumcellionen 93.
Cirta 136, Anm. 148.
Clancy, F.G. 442.
Claritas, s.Licht,Offenbarung,Herrlichkeit.
Clark, E.A. 443.
Clark, E.G. 440.
Clark, M.T. 443.
Clarke, Th.E. 14; 443.
Clauis 116.
Clemence, J. 443.
Coercitio 93;97f.250;300;311f.441(Brown).
Colish, M. 443.
Collaert, J. 443.
Collinge, W. 443.
Columba, s. Hoheliedexegese.
Combès, G. 443.
Comeau, M. 167; 443.
Common sense 38; 107; 117; 120; 289; 364; 442 (Burns).
Concupiscentia (carnis/carnalis), s. Fleischlichkeit, Konkupiszenz; zu C. naturalis s. außerdem (als julianischen Kontrastbegriff) Exzess;
– iustitiae dei 409, Anm. 520.
Conscientia, s. Wissen.
Consentius 163; 441 (Brox).
Constantinus 118.
Consuetudo, s. Gewohnheit.
Continentia, s. Enthaltsamkeit.
Conuenientia, Konvenienz, s. Einheit.
Cooper, J.C. 443.
Cor, s. Herz.
Cornelius (Apg 10) 82.
Cornelius, s. Romanianus.
Corpus, s. Körper.
Correptio,s.Zurechtweisung.
Cotta, C. Aurelius (Pontifex Maximus) 9, Anm. 7.; 12.
Courcelle, P. 9;16f.210;212;223;230;443.
Coward, H.G. 443.
Coyle, J.K. 443.
Cranz, F.E. 70; 85; 443.
Crawford, D.D. 443.
Creation, s. Schöpfung.
Cresconius 288.
Crombrugghe, C. van 443.
Crosson, F.J. 443.
Curiositas, s. Neugier.
Cursus, s. Streben.
Cyprian von Karthago 105; 106-118; 143;

145; 147; 204; 289; 314; 325; 328-332; 334; 342f.; 345; 378; 387; 400; 409; 412; 424; 434 (Werke); 443 (Dassmann); 449 (Haendler).

Dämonen 118; 119; 357.
Dämonologie, s. Dämonen, Engel.
Dahl, A. 443.
Daley, B. 463.
Damnation, eternal, s. Verdammnis.
Daniel 100; 103.
Daraki, M. 443.
Dardanus 273.
Dassmann, E. 334; 443.
Dauer 457 (Moreau).
David 102; 165; 199.
De Bruyn, Th. 120; 443.
De Bruyne, D. 50; 129; 443.
De Coninck, L. 312.
Decret, F. 148; 380; 443.
Deificari in otio 446 (Folliet), s. auch Gott werden.
De la Peza, E. 443.
Delaroche, B. 122; 443.
Delumeau, J. 93.
Demagogie 357.
Demandt, A. 155; 443.
Demiurg 444 (Deuse).
Demmer, D. 443.
De Mondadon, L. 50; 443.
Demut 53; 70f.; 81; 133; 158; 163; 166; 170; 175; 180f.; 190; 192; 196; 198f.; 215; 220; 231; 235; 240f.; 244; 254; 279; 308; 326; 408; 461 (Schaffner).
Den Bok, N.W. 443.
Denifle, H. 62; 443.
Denken (Gottes) 437 (Aland).
Deogratias 158-166.
De Plinval, G. 140; 444.
Descartes 30; 34.
Desiderium, s. Sehnsucht.
Des Places, É. 9; 444.
Determinismus 315; 323; s. auch Notwendigkeit.
Deuse, W. 444.
De Veer, A.C. 118; 444.
Dewart, J.M. 444.
Diabolus, s. Teufel.
Dialektik 10; 139; 353.
Dialog97,Anm.5;439(Berlinger);465(Voss).
Dideberg, D. 444.
Didier, J.C. 444; 460.
Dido 450 (Jacobson).
Difficultas, s. Ignoranz, Schwachheit.
Diggs, B.J. 444.
Diels, H. 10; 444.
Dienel, R. 444.
Dihle, A. 27; 444.
Dilige et quod uis fac 447 (Gallay).
DiLorenzo, R.D. 10; 444.

Nuslehre 443 (Dahl).
Nussbaum, M. 457.
Nutzen, s. Pragmatik.
Nygren, A. 457.
Nygren, G. 212; 457.

Oberhelman, S.M. 457.
Obscuritas, s. Gott, Geheimnis.
O'Connell, R.J. 457f.
O'Daly, G.J.P. 7;33;40;173;281;421;458.
O'Donnell, J.J. 26; 458.
O'Donovan, O. 458.
Offenbarung 98f. 103; 111; 149; 151; 172f.
    173; 177; 181; 192; 206; 225; 250; 264;
    268; 286; 322; 325; 341; 359; 384; 390;
    409; 449 (Harrison); 466 (Wieland).
Officiis (*de*, Ciceros) 378, Anm. 357.
Ohly, F. 112f. 458.
O'Leary, J.S. 458.
Olmsted, W.R. 458.
Olympias 338.
Olympius Hispanus 334.
O'Meara, J.J. 16f. 42; 212; 220; 458.
Omnipräsenz, s. Gegenwart.
Onan 272.
One, the, s. Eine, das.
Ontologie 34; 54; 75; 88; 145; 193; 200;
    229; 239; 241; 244; 283; 317; 341; 387;
    404; 460 (Ritter).
Opelt, I. 146f. 458.
Opferbegriff 228-230; 235; 463 (Stiglmayr).
Optatus von Mileve 204.
Optatus (*episcopus Hispanus*) 281.
Optimismus 93; 216; 394.
Ordnung, s. *ordo*, Heilsordnung.
Ordo 97, Anm. 8; 177; 212; 215; 339; 355;
    362; 373; 460 (Rief).
Origenes 113;163;310;405; 438 (Bammel);
    441 (Brox); 445 (Dünzl); 448 (Geerlings;
    Gorday); 450 (Heiler); 452 (König).
Original sin, s. Erbsündenlehre, Ursünde.
O'Rourke-Boyle, M. 458.
Orosius 142; 251; 436.
Orthodoxie 1-8; 70; 75; 96-98; 108; 110;
    116; 163; 256; 262; 265; 321f. 336; 348;
    409; 411; 415; 424.
Ostia, Vision von 224; 450 (Henry); 455
    (Mandouze).

Pädagogik 445 (Eggersdorfer), s. auch
    Lehrer, Religionsdidaktik.
Pagan, Paganismus 53;67; 97, Anm. 5; 105;
    118;154-167;170;174;189f.203;241;259;
    270;287;297f.350f.361;363f.367;371;411;
    413;424;440 (Bloch); 442 (Cameron; Chu-
    vin);444(Dodds);446(Ferrère);453(Lane
    Fox);455-457(Madec;Mandouze;Momigli-
    ano;Mveng);461(Schäublin);465(Wang).
Pagels, E. 310; 453 (Lamberigts); 458.
Παιδαγωγός, s. Lehrer.

Paradiesesehe 363; 444 (Doignon); 457
    (Müller).
Paradiesgarten 113f. 117; 337.
Paradox 117; 138f. 150; 159; 182; 185;
    214; 243; 276; 291; 296; 303; 308; 352;
    356; 376.
Parel, A.J. 1.
Parmenianus 98; 106.
Pascha, transitus, exodus, salus 179f. 204.
Pastoral, s. Verkündigung.
Paulinus von Nola 26;257;259;278;311;436;
    453 (Lienhart); 464 (Trout).
Paulinus von Mailand 121.
Paulus 1;21;49-95;59;93;101;106;110f.113;
    116; 119; 122; 125f.131f.139f.146;151f.
    166; 175; 189; 194; 204; 223; 235; 249;
    255; 289; 303; 305; 308; 316f. 320; 322;
    324f.331; 342f.346; 349f.355; 359f.363;
    366-368; 372; 374; 376; 379; 382; 387;
    390; 395; 401; 404; 413; 438f. (Babcock;
    Bammel;Benito y Durán);445 (Eerdt); 447
    (Fredriksen); 450f. (Heiler; Jonas); 455
    (Mara); 460f. (Rueger; Schelkle); 463f.
    (Souter; Stark; Tauer); 466 (Wiles).
Pelagianismus 49; 55; 79; 93; 97f. 118;
    119-145; 148; 158; 168; 174; 179; 187-
    196; 199; 210-410; 412; 420; 424; 440f.
    (Bonner; Bruckner); 445 (Evans); 448f.
    (Geerlings; Harbert); 462f. (Schwager;
    Souter; Stark); 464 (Tauer; TeSelle; Ul-
    brich); 466 (Wickham; Wolfson);
—, seine Gemeinsamkeit mit dem Manichäis-
    mus nach Augustin 395f. 399; 404.
Pelagius 120-122;130;139-141;146;187-196;
    210-266;311;328;337;358;400;420;424;
    436;441-444(Brown;Burns;Dassmann; De
    Bruyn;DePlinval;Dewart);446(Ferguson);
    451 (Jäntsch); 454f. (Lucas; Martinetto);
    459f. (Rees; Refoulé; Rivière); 464 (Tau-
    er; TeSelle); 466 (Wermelinger; Wetzel).
Pellegrino, M. 458.
Pépin, J. 458.
Perfectio, perfection s. Vollkommenheit.
Perler, O. 50; 96f. 120; 458.
Permixtio naturarum, s. Vermischung.
Perseuerantia, s. Beharrlichkeit.
Person, *persona* 70; 178; 199; 278; 307;
    322; 324; 370; 396; 444 (Drobner); 461
    (Scheel).
Personalität 178; 307; 322; 456 (Maxsein).
Perversion 349f. 353f. 359; 406.
Peters, E. 458.
Peterson, E. 11; 458.
Petilianus 118f.
Petrus (Apostel) 50f. 102; 106; 108; 116;
    181; 183; 186.
Petrus (Presbyter) 283.
Pfligersdorffer, G. 212; 458f.
Phaidros 343.
Pharao 55;69;76-78;86;100;103;279f.391;

SUPPLEMENTS TO VIGILIAE CHRISTIANAE

1. TERTULLIANUS. *De idololatria.* Critical Text, Translation and Commentary by J.H. WASZINK and J.C.M. VAN WINDEN. Partly based on a Manuscript left behind by P.G. VAN DER NAT. 1987. ISBN 90 04 08105 4
2. SPRINGER, C.P.E. *The Gospel as Epic in Late Antiquity.* The *Paschale Carmen* of Sedulius. 1988. ISBN 90 04 08691 9
3. HOEK, A. VAN DEN. *Clement of Alexandria and His Use of Philo in the* Stromateis. An Early Christian Reshaping of a Jewish Model. 1988. ISBN 90 04 08756 7
4. NEYMEYR, U. *Die christlichen Lehrer im zweiten Jahrhundert.* Ihre Lehrtätigkeit, ihr Selbstverständnis und ihre Geschichte. 1989. ISBN 90 04 08773 7
5. HELLEMO, G. *Adventus Domini.* Eschatological Thought in 4th-century Apses and Catecheses. 1989. ISBN 90 04 08836 9
6. RUFIN VON AQUILEIA. *De ieiunio* I, II. Zwei Predigten über das Fasten nach Basileios von Kaisareia. Ausgabe mit Einleitung, Übersetzung und Anmerkungen von H. MARTI. 1989. ISBN 90 04 08897 0
7. ROUWHORST, G.A.M. *Les hymnes pascales d'Éphrém de Nisibe.* Analyse théologique et recherche sur l'évolution de la fête pascale chrétienne à Nisibe et à Édesse et dans quelques Églises voisines au quatrième siècle. 2 vols: I. Étude; II. Textes. 1989. ISBN 90 04 08839 3
8. RADICE, R. and D.T. RUNIA. *Philo of Alexandria.* An Annotated Bibliography 1937–1986. In Collaboration with R.A. BITTER, N.G. COHEN, M. MACH, A.P. RUNIA, D. SATRAN and D.R. SCHWARTZ. 1988. repr. 1992. ISBN 90 04 08986 1
9. GORDON, B. *The Economic Problem in Biblical and Patristic Thought.* 1989. ISBN 90 04 09048 7
10. PROSPER OF AQUITAINE. *De Providentia Dei.* Text, Translation and Commentary by M. MARCOVICH. 1989. ISBN 90 04 09090 8
11. JEFFORD, C.N. *The Sayings of Jesus in the Teaching of the Twelve Apostles.* 1989. ISBN 90 04 09127 0
12. DROBNER, H.R. and KLOCK, CH. *Studien zur Gregor von Nyssa und der christlichen Spätantike.* 1990. ISBN 90 04 09222 6
13. NORRIS, F.W. *Faith Gives Fullness to Reasoning.* The Five Theological Orations of Gregory Nazianzen. Introduction and Commentary by F.W. NORRIS and Translation by LIONEL WICKHAM and FREDERICK WILLIAMS. 1990. ISBN 90 04 09253 6
14. OORT, J. VAN. *Jerusalem and Babylon.* A Study into Augustine's *City of God* and the Sources of his Doctrine of the Two Cities. 1991. ISBN 90 04 09323 0
15. LARDET, P. *L'Apologie de Jérôme contre Rufin.* Un Commentaire. 1993. ISBN 90 04 09457 1
16. RISCH, F.X. *Pseudo-Basilius: Adversus Eunomium IV-V.* Einleitung, Übersetzung und Kommentar. 1992. ISBN 90 04 09558 6
17. KLIJN, A.F.J. *Jewish-Christian Gospel Tradition.* 1992. ISBN 90 04 09453 9
18. ELANSKAYA, A.I. *The Literary Coptic Manuscripts in the A.S. Pushkin State Fine Arts Museum in Moscow.* ISBN 90 04 09528 4
19. WICKHAM, L.R. and BAMMEL, C.P. (eds.). *Christian Faith and Greek Philosophy in Late Antiquity.* Essays in Tribute to George Christopher Stead. 1993. ISBN 90 04 09605 1
20. ASTERIUS VON KAPPADOKIEN. *Die theologischen Fragmente.* Einleitung, kritischer Text, Übersetzung und Kommentar von Markus Vinzent. 1993. ISBN 90 04 09841 0

21. HENNINGS, R. *Der Briefwechsel zwischen Augustinus und Hieronymus und ihr Streit um den Kanon des Alten Testaments und die Auslegung von Gal. 2,11-14.* 1994. ISBN 90 04 09840 2

22. BOEFT, J. DEN & HILHORST, A. (eds.). *Early Christian Poetry.* A Collection of Essays. 1993. ISBN 90 04 09939 5

23. McGUCKIN, J.A. *St. Cyril of Alexandria: The Christological Controversy.* Its History, Theology, and Texts. 1994. ISBN 90 04 09990 5

24. REYNOLDS, Ph.L. *Marriage in the Western Church.* The Christianization of Marriage during the Patristic and Early Medieval Periods. 1994. ISBN 90 04 10022 9

25. PETERSEN, W.L. *Tatian's Diatessaron.* Its Creation, Dissemination, Significance, and History in Scholarship. 1994. ISBN 90 04 09469 5

26. GRÜNBECK, E. *Christologische Schriftargumentation und Bildersprache.* Zum Konflikt zwischen Metapherninterpretation und dogmatischen Schriftbeweistraditionen in der patristischen Auslegung des 44. (45.) Psalms. 1994. ISBN 90 04 10021 0

27. HAYKIN, M.A.G. *The Spirit of God.* The Exegesis of 1 and 2 Corinthians in the Pneumatomachian Controversy of the Fourth Century. 1994. ISBN 90 04 09947 6

28. BENJAMINS, H.S. *Eingeordnete Freiheit.* Freiheit und Vorsehung bei Origenes. 1994. ISBN 90 04 10117 9

29. SMULDERS s.j., P. (tr. & comm.). *Hilary of Poitiers' Preface to his* Opus historicum. 1995. ISBN 90 04 10191 8

30. KEES, R.J. *Die Lehre von der* Oikonomia Gottes *in der* Oratio catechetica *Gregors von Nyssa.* 1995. ISBN 90 04 10200 0

31. BRENT, A. *Hippolytus and the Roman Church in the Third Century.* Communities in Tension before the Emergence of a Monarch-Bishop. 1995. ISBN 90 04 10245 0

32. RUNIA, D.T. *Philo and the Church Fathers.* A Collection of Papers. 1995. ISBN 90 04 10355 4

33. DE CONICK, A.D. *Seek to See Him.* Ascent and Vision Mysticism in the Gospel of Thomas. 1996. ISBN 90 04 10401 1

34. CLEMENS ALEXANDRINUS. *Protrepticus.* Edidit M. MARCOVICH. 1995. ISBN 90 04 10449 6

35. BÖHM, T. *Theoria – Unendlichkeit – Aufstieg.* Philosophische Implikationen zu *De vita Moysis* von Gregor von Nyssa. 1996. ISBN 90 04 10560 3

36. VINZENT, M. *Pseudo-Athanasius, Contra Arianos IV.* Eine Schrift gegen Asterius von Kappadokien, Eusebius von Cäsarea, Markell von Ankyra und Photin von Sirmium. 1996. ISBN 90 04 10686 3